완벽한 실전 대비 문제

- 두 가지 이상의 개념을 사용하여 해결하는 문제, 고난도 문제 등을 제공하여 문제 해결 능력 및 실전 감각을 키울 수 있도록 하였습니다.
- 문항별로 해당 유형을 링크하여 어떤 유형의 문제인지 알 수 있도록 하였습니다.

창의력 + 문제

각 강당 한 문제씩 창의력+ 문제를 제공하여 학생들의 사고력 및 창의력을 극대화 시키고, 다각화된 수학 문제를 접하여 문제 해결 능력을 강화할 수 있도록 하였습니다.

서술형 문제

서술형 답안지 작성 시 꼭 써야 하는 개념 및 공식을 '핵심 개념 및 공식'으로 제시하여 서술형 답안 작성에 도움을 줄 수 있도록 하였습니다.

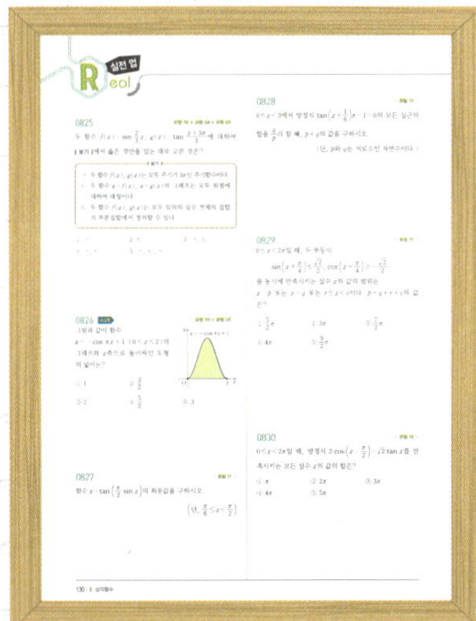

정답 및 해설

첨삭 풀이

선생님의 첨삭을 추가하여 한층 더 자세하고 친절한 풀이를 제공하였습니다.

● 다른 풀이 ●

일반적인 풀이 방법 이외에 서로 다른 아이디어를 이용한 풀이를 제공하여 문제를 다각도에서 볼 수 있게 하였습니다.

해설 속 칠판

실제 수업 시 선생님이 다루는 추가적인 내용을 '해설 속 칠판'으로 제공하여 학교 수업과 같은 친숙함을 더했습니다.

선생님 톡톡

선생님이 직접 전하는 실전에서 유용한 팁 또는 주의 사항 등을 제시하였습니다.

One Point Lesson

'Real 실전 업' 문제 풀이는 'One Point Lesson'을 제공함으로써 문제 풀이의 핵심 전략을 짚어 주었습니다.

 차례

메가스터디
문제기본서

수학 I

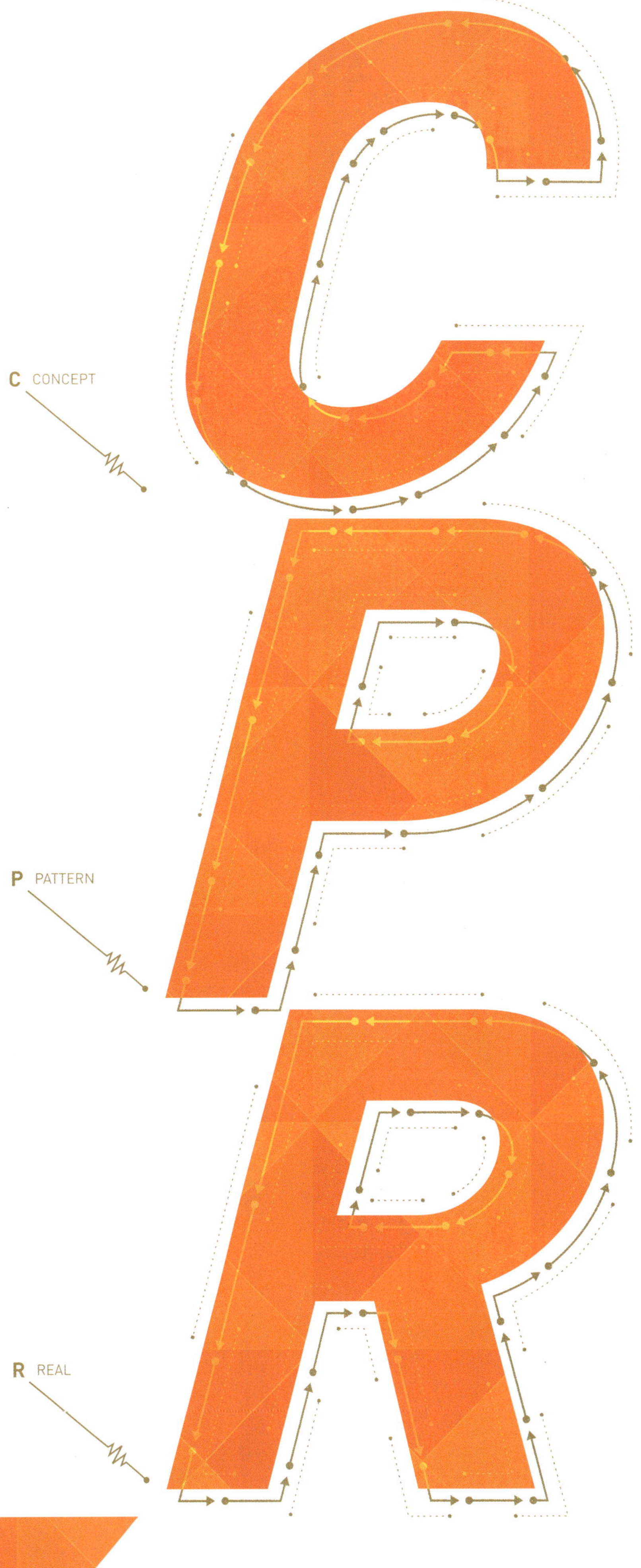

이 책의 구성 및 특장

핵심 개념 정리

교과서의 핵심 개념을 분석하여 한 번에 학습할 수 있는 분량으로 나누어 제공함으로써 학습량에 대한 부담을 줄였습니다.

개념 확인 문제

개념 바로 아래에 각각의 개념을 적용하여 해결할 수 있는 확인 문제를 제공하여 개념에 대한 이해를 확인할 수 있도록 하였습니다.

교과서를 분석한 3단계 시스템

현재 교과서 흐름인 '예제 – 유제 – 변형 문제'의 3단계 체제를 도입하여 각각의 유형을 1쪽 5문제 '대표 예제 – 유제 – 변형 – 활용1 – 활용2'로 구성함으로써 각각의 유형을 완벽하게 마스터할 수 있도록 하였습니다.

CPR만의 유형명 및 해결 전략

내용적으로 같은 개념 또는 접근성으로 유형을 분류하고, 각각의 유형에 따른 실전 풀이 방법 또는 해결 전략 등을 제시하여 유형 학습에 도움이 될 수 있도록 하였습니다.

대표 예제 한 번 더

대표 예제의 쌍둥이 문제를 한 번 더 풀어 봄으로써 유형에 대한 이해력과 문제 해결 능력을 높일 수 있도록 하였습니다.

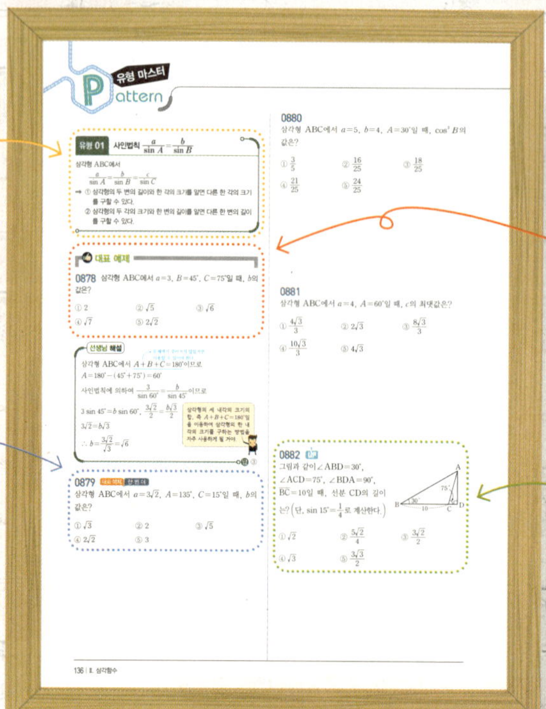

선생님과 함께 푸는 대표 예제

현직 선생님의 첨삭과 코멘트를 포함한 대표 예제 해설을 제공하여 대표 예제의 중요성 및 출제 의도를 파악할 수 있도록 하였습니다.

UP

다소 어렵지만 자주 나오는 문제를 **UP**으로 나타내었습니다.

I. 지수함수와 로그함수

개념 01 거듭제곱과 거듭제곱근

(1) **거듭제곱**: 어떤 수 a를 여러 번 곱한 a, a^2, a^3, $\cdots$, a^n, $\cdots$
을 통틀어 a의 거듭제곱이라 하고, a^n에서 a를 거듭제곱의
밑, n을 거듭제곱의 지수라 한다.

(2) **거듭제곱근**: n이 2 이상의 정수일 때, 실수 a에 대하여 n제
곱하여 a가 되는 수, 즉 방정식 $x^n=a$를 만족시키는 x를
a의 n제곱근이라 한다.
또한, a의 제곱근, 세제곱근, 네제곱근, $\cdots$을 통틀어 a의
거듭제곱근이라 한다.

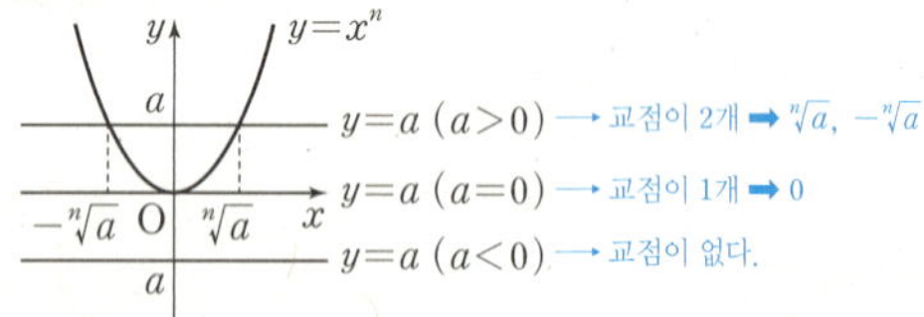

(3) 실수 a의 n제곱근 중 실수인 것은 다음과 같다.

	$a>0$	$a=0$	$a<0$
n이 짝수	$\sqrt[n]{a}$, $-\sqrt[n]{a}$	0	없다.
n이 홀수	$\sqrt[n]{a}$	0	$\sqrt[n]{a}$

> **참고** 실수 a의 n제곱근 중 실수인 것의 개수는 함수 $y=x^n$의 그래프와
> 직선 $y=a$의 교점의 개수와 같다.
> • n이 짝수일 때

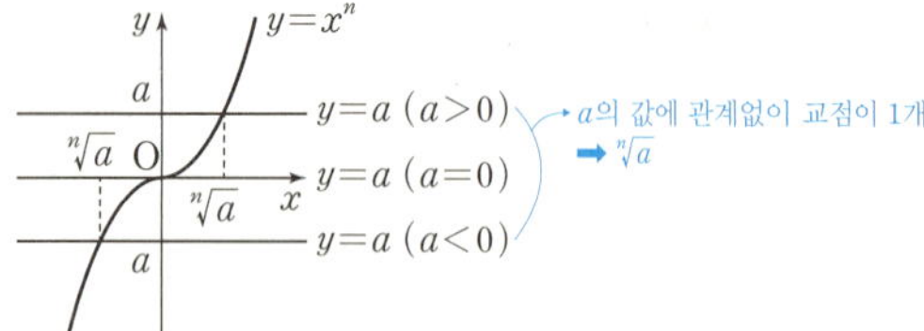

> • n이 홀수일 때

> **참고** n이 홀수일 때, $\sqrt[n]{a}$의 부호는 a의 부호와 일치한다.

[0001~0004] 다음 거듭제곱근을 구하시오.

0001 -9의 제곱근

0002 8의 세제곱근

0003 -27의 세제곱근

0004 1의 네제곱근

[0005~0008] 다음 거듭제곱근 중 실수인 것을 구하시오.

0005 4의 제곱근

0006 $\dfrac{9}{16}$의 제곱근

0007 -8의 세제곱근

0008 $(-3)^4$의 네제곱근

[0009~0012] 다음 값을 구하시오.

0009 $\sqrt[3]{125}$　　　　**0010** $\sqrt[5]{-32}$

0011 $\sqrt[4]{0.0081}$　　　　**0012** $\sqrt[4]{\dfrac{16}{625}}$

개념 02 거듭제곱근의 성질

$a>0$, $b>0$이고 m, n이 2 이상의 자연수일 때
(1) $\sqrt[n]{a}\,\sqrt[n]{b}=\sqrt[n]{ab}$
(2) $\dfrac{\sqrt[n]{a}}{\sqrt[n]{b}}=\sqrt[n]{\dfrac{a}{b}}$
(3) $(\sqrt[n]{a})^m=\sqrt[n]{a^m}$ $\longrightarrow \sqrt[n]{a^n}=(\sqrt[n]{a})^n=a$
(4) $\sqrt[m]{\sqrt[n]{a}}=\sqrt[mn]{a}=\sqrt[n]{\sqrt[m]{a}}$
(5) $\sqrt[np]{a^{mp}}=\sqrt[n]{a^m}$ (단, p는 자연수)

[0013~0022] 다음 값을 구하시오.

0013 $\sqrt[4]{2}\times\sqrt[4]{8}$　　　　**0014** $\sqrt[3]{12}\times\sqrt[3]{18}$

0015 $\dfrac{\sqrt[3]{54}}{\sqrt[3]{2}}$　　　　**0016** $\dfrac{\sqrt[5]{80}}{\sqrt[5]{\dfrac{5}{2}}}$

0017 $(\sqrt[4]{36})^2$　　　　**0018** $(\sqrt[6]{27})^4$

0019 $\sqrt[4]{\sqrt[3]{81}}$　　　　**0020** $\sqrt{\sqrt[3]{729}}$

0021 $\sqrt[3]{32}\times\sqrt[6]{4}$　　　　**0022** $\dfrac{\sqrt[4]{3^5}}{\sqrt[8]{3^2}}$

개념 03 지수의 정수로의 확장

(1) 0 또는 음의 정수인 지수의 정의
$a \neq 0$이고 n이 자연수일 때
① $a^0 = 1$ ② $a^{-n} = \dfrac{1}{a^n}$

(2) **지수가 정수일 때의 지수법칙**
$a \neq 0$, $b \neq 0$이고 m, n이 정수일 때
① $a^m a^n = a^{m+n}$ ② $a^m \div a^n = a^{m-n}$
③ $(a^m)^n = a^{mn}$ ④ $(ab)^n = a^n b^n$

[0023~0026] 다음 값을 구하시오.

0023 $\left(\dfrac{2}{3}\right)^0$

0024 $(\sqrt[3]{5})^0$

0025 3^{-2}

0026 $\left(-\dfrac{1}{3}\right)^{-3}$

[0027~0030] 다음 식을 간단히 하시오.

0027 $4^3 \times 2^{-4}$

0028 $\{(-2)^{-3}\}^{-2}$

0029 $12^{-2} \times \left(\dfrac{3}{2}\right)^{-3}$

0030 $(-3)^{-6} \div 9^{-2}$

개념 04 지수의 유리수로의 확장

(1) **유리수인 지수의 정의**
$a > 0$이고 m은 정수, n은 2 이상의 정수일 때
① $a^{\frac{m}{n}} = \sqrt[n]{a^m}$ ② $a^{\frac{1}{n}} = \sqrt[n]{a}$

(2) **지수가 유리수일 때의 지수법칙**
$a > 0$, $b > 0$이고 r, s가 유리수일 때
① $a^r a^s = a^{r+s}$ ② $a^r \div a^s = a^{r-s}$
③ $(a^r)^s = a^{rs}$ ④ $(ab)^r = a^r b^r$

참고 지수가 정수가 아닌 유리수이고 밑이 음수이면 지수법칙이 성립하지 않는다.
예를 들이 $\{(-1)^2\}^{\frac{1}{2}} = (-1)^{2 \cdot \frac{1}{2}} = -1$로 계산하지 않고 다음과 같이 계산해야 한다.
$$\{(-1)^2\}^{\frac{1}{2}} = 1^{\frac{1}{2}} = 1$$

[0031~0034] 다음을 a^r 꼴로 나타내시오.
(단, $a > 0$, r는 유리수이다.)

0031 $\sqrt[3]{a}$

0032 $\sqrt[4]{a^7}$

0033 $\dfrac{1}{\sqrt[3]{a^5}}$

0034 $\dfrac{\sqrt[3]{a}}{\sqrt[3]{a^5}}$

[0035~0038] 다음 식을 간단히 하시오. (단, $a > 0$, $b > 0$)

0035 $(3^{\frac{5}{6}})^3 \times 3^{\frac{1}{2}}$

0036 $(2^{\frac{2}{3}})^{\frac{3}{4}} \times \sqrt[3]{4} \div 2^{\frac{1}{6}}$

0037 $(\sqrt[6]{a^3} \times \sqrt[4]{b^3})^8$

0038 $(a^3 b^5)^{\frac{1}{2}} \times (a^{\frac{1}{4}} b^{\frac{3}{4}})^6$

개념 05 지수의 실수로의 확장

(1) **실수인 지수의 정의**
지수가 유리수인 경우와 마찬가지로 지수가 무리수인 경우에도 a^p ($a > 0$, p는 무리수)과 같이 정의할 수 있다.
따라서 지수를 실수까지 확장하여 a^x ($a > 0$, x는 실수)과 같이 정의할 수 있다.

(2) **지수가 실수일 때의 지수법칙**
$a > 0$, $b > 0$이고 x, y가 실수일 때
① $a^x a^y = a^{x+y}$ ② $a^x \div a^y = a^{x-y}$
③ $(a^x)^y = a^{xy}$ ④ $(ab)^x = a^x b^x$

참고 지수법칙이 성립하기 위한 지수의 범위에 따른 밑의 조건

지수의 범위	자연수	정수	유리수	실수
밑의 조건	(밑)≠0	(밑)≠0	(밑)>0	(밑)>0

[0039~0042] 다음 식을 간단히 하시오. (단, $a > 0$, $b > 0$)

0039 $5^{\sqrt{8}} \times 25^{\sqrt{2}}$

0040 $3^{\sqrt{12}} \times 3^{\sqrt{27}} \div 3^{\sqrt{3}}$

0041 $(a^{\sqrt{3}})^{\sqrt{48}}$

0042 $(a^{\sqrt{6}} \times b^{\sqrt{\frac{3}{2}}})^{\frac{2}{\sqrt{6}}}$

유형 01 거듭제곱근의 뜻

실수 a의 n제곱근 중 실수인 것은 다음과 같다.

	$a>0$	$a=0$	$a<0$
n이 짝수	$\sqrt[n]{a},\ -\sqrt[n]{a}$	0	없다.
n이 홀수	$\sqrt[n]{a}$	0	$\sqrt[n]{a}$

참고 실수 $a\ (a\neq0)$의 n제곱근은 복소수의 범위에서 n개 존재한다.
예를 들어 1의 네제곱근은 $1,\ -1,\ i,\ -i$의 4개이다.

👍 대표 예제

0043 다음 중 옳은 것은?

① 2는 -16의 네제곱근이다.

② 125의 세제곱근은 5뿐이다.

③ -2의 세제곱근 중 실수인 것은 $\sqrt[3]{-2}$ 뿐이다.

④ n이 홀수일 때, 2의 n제곱근 중 실수인 것은 2개이다.

⑤ n이 짝수일 때, -3의 n제곱근 중 실수인 것은 2개이다.

선생님 해설

① 2는 16의 네제곱근이다.

② 125의 세제곱근은 방정식 $x^3=125$의 근이므로
$(x-5)(x^2+5x+25)=0$
$5,\ \dfrac{-5\pm5\sqrt{3}i}{2}$의 3개이다.

③ 3은 홀수이므로 -2의 세제곱근 중 실수인 것은 $\sqrt[3]{-2}$ 뿐이다.

④ n이 홀수이므로 2의 n제곱근 중 실수인 것은 1개이다.

⑤ n이 짝수이고 $-3<0$이므로 -3의 n제곱근 중 실수인 것은 없다.

a의 n제곱근은 n제곱하여 a가 되는 수, 즉 방정식 $x^n=a$를 만족시키는 x임을 명심해!

답 ③

0044 대표 예제 한 번 더
다음 중 옳지 <u>않은</u> 것은?

① 3은 $(-3)^4$의 네제곱근이다.

② -64의 세제곱근 중 실수인 것은 -4뿐이다.

③ $\sqrt{729}$의 세제곱근 중 실수인 것은 3뿐이다.

④ n이 홀수일 때, -5의 n제곱근 중 실수인 것은 1개이다.

⑤ n이 짝수일 때, 4의 n제곱근 중 실수인 것은 없다.

0045
-27의 세제곱근 중 실수인 것을 a, 1의 네제곱근 중 실수인 것의 개수를 b, -7의 세제곱근 중 실수인 것의 개수를 c라 할 때, $a+b+c$의 값은?

① -2 ② -1 ③ 0
④ 1 ⑤ 2

0046
| 보기 |에서 옳은 것만을 있는 대로 고른 것은?

┤ 보기 ├

ㄱ. 27의 세제곱근 중 실수인 것은 3뿐이다.

ㄴ. -4의 네제곱근 중 실수인 것은 $-\sqrt[4]{4}$뿐이다.

ㄷ. -1의 세제곱근 중 허수인 것은 2개이다.

ㄹ. -1의 네제곱근 중 허수인 것은 2개이다.

① ㄱ, ㄴ ② ㄱ, ㄷ ③ ㄴ, ㄷ
④ ㄴ, ㄹ ⑤ ㄷ, ㄹ

0047
실수 x에 대하여 x의 세제곱근 중 실수인 것의 개수를 $f(x)$, x의 네제곱근 중 실수인 것의 개수를 $g(x)$라 할 때,
$$f(-1)+f(0)+f(1)+g(-1)+g(0)+g(1)$$
의 값은?

① 2 ② 3 ③ 4
④ 5 ⑤ 6

유형 02 거듭제곱근의 계산

근호 안의 수를 소인수분해한 후 거듭제곱근의 성질을 이용하여 식을 간단히 한다.

➡ 거듭제곱근의 성질

$a>0$, $b>0$이고 m, n이 2 이상의 자연수일 때

① $\sqrt[n]{a}\,\sqrt[n]{b}=\sqrt[n]{ab}$

② $\dfrac{\sqrt[n]{a}}{\sqrt[n]{b}}=\sqrt[n]{\dfrac{a}{b}}$

③ $(\sqrt[n]{a})^m=\sqrt[n]{a^m}$

④ $\sqrt[m]{\sqrt[n]{a}}=\sqrt[mn]{a}=\sqrt[n]{\sqrt[m]{a}}$

⑤ $\sqrt[np]{a^{mp}}=\sqrt[n]{a^m}$ (단, p는 자연수)

👍 대표 예제

0048 다음 중 옳지 <u>않은</u> 것은?

① $\sqrt[3]{2}\times\sqrt{2}=\sqrt[6]{2^5}$

② $\sqrt{\sqrt[3]{3}\times\sqrt[3]{243}}=3$

③ $\sqrt[3]{\sqrt[3]{-512}}=-2$

④ $\sqrt[3]{\dfrac{8}{-27}}=-\dfrac{2}{3}$

⑤ $\sqrt[3]{16}\times\dfrac{1}{\sqrt[6]{32}}=2$

선생님 해설

• 3, 2의 최소공배수가 6이므로 $\sqrt[6]{}$ 꼴로 변형한다.

① $\sqrt[3]{2}\times\sqrt{2}=\sqrt[6]{2^2}\times\sqrt[6]{2^3}=\sqrt[6]{2^2\times2^3}=\sqrt[6]{2^5}$

② $\sqrt{\sqrt[3]{3}\times\sqrt[3]{243}}=\sqrt{\sqrt[3]{3\times3^5}}=\sqrt[6]{3^6}=3$

③ $\sqrt[3]{\sqrt[3]{-512}}=\sqrt[9]{(-2)^9}=-2$

④ $\sqrt[3]{\dfrac{8}{-27}}=\sqrt[3]{\left(-\dfrac{2}{3}\right)^3}=-\dfrac{2}{3}$

⑤ $\sqrt[3]{16}\times\dfrac{1}{\sqrt[6]{32}}=\sqrt[6]{2^8}\times\sqrt[6]{\dfrac{1}{2^5}}$

$\phantom{⑤ \sqrt[3]{16}\times}=\sqrt[6]{2^8\times\dfrac{1}{2^5}}$

$\phantom{⑤ \sqrt[3]{16}\times}=\sqrt[6]{2^3}=\sqrt{2}$

거듭제곱근의 성질은 계산 과정에서 중요하게 쓰이니까 정확하게 기억하고 이용할 수 있어야 해~

답 ⑤

0049 대표 예제 | 한 번 더

다음 중 옳은 것은?

① $\sqrt[3]{-3}\times\sqrt[9]{(-3)^2}=\sqrt[9]{81}$

② $\sqrt[4]{27}\div\sqrt[3]{9}=\sqrt[12]{3}$

③ $\sqrt[3]{\sqrt{2}\times\sqrt[4]{128}}=\sqrt[3]{16}$

④ $\sqrt[3]{\sqrt[3]{\sqrt[3]{1024}}}=2$

⑤ $\left(\sqrt[4]{2^3}\times\dfrac{1}{\sqrt[3]{2^2}}\right)^6=2$

0050

$\sqrt[3]{\dfrac{\sqrt[4]{3}}{\sqrt{2^5}}}\times\sqrt{\dfrac{\sqrt[n]{2}}{\sqrt[6]{3}}}=\dfrac{1}{\sqrt[4]{2^3}}$이 성립할 때, 자연수 n의 값은?

① 6 ② 8 ③ 10

④ 12 ⑤ 14

0051

$(\sqrt[3]{2}+\sqrt[3]{9})^3-3\sqrt[3]{18}(\sqrt[3]{2}+\sqrt[3]{9})$를 간단히 하면?

① 11 ② 13 ③ 15

④ 17 ⑤ 19

0052

$\sqrt[3]{\dfrac{8}{\sqrt{4}}}-\sqrt[3]{\dfrac{4}{\sqrt{4^3}}}$를 간단히 하면?

① $\dfrac{\sqrt[3]{2}}{2}$ ② $\dfrac{\sqrt[3]{4}}{2}$ ③ 1

④ $\sqrt[3]{2}$ ⑤ $\sqrt[3]{4}$

유형 03 문자를 포함한 거듭제곱근의 계산

거듭제곱근에 문자가 포함된 경우
$$\sqrt[n]{a}=\sqrt[mn]{a^m},\ \sqrt[m]{\sqrt[n]{a}}=\sqrt[mn]{a}\ (m,\ n\text{은 2 이상의 자연수},\ a>0)$$
을 이용하여 근호를 하나로 변형한 후 거듭제곱근의 성질을 이용하여
식을 간단히 한다.

🖐 대표 예제

0053 $x>0$일 때, $\sqrt[3]{\dfrac{\sqrt[4]{x^3}}{\sqrt{x}}}\times\sqrt[4]{\dfrac{\sqrt[3]{x^2}}{\sqrt{x}}}$ 을 간단히 하면?

① $\dfrac{1}{\sqrt[4]{x}}$ ② $\dfrac{1}{\sqrt[8]{x}}$ ③ 1

④ $\sqrt[8]{x}$ ⑤ $\sqrt[4]{x}$

선생님 해설

거듭제곱근의 성질을 이용하여 근호를 하나로 변형하면
$$\sqrt[3]{\dfrac{\sqrt[4]{x^3}}{\sqrt{x}}}\times\sqrt[4]{\dfrac{\sqrt[3]{x^2}}{\sqrt{x}}}=\dfrac{\sqrt[3]{\sqrt[4]{x^3}}}{\sqrt[3]{\sqrt{x}}}\times\dfrac{\sqrt[4]{\sqrt[3]{x^2}}}{\sqrt[4]{\sqrt{x}}}=\dfrac{\sqrt[12]{x^3}}{\sqrt[6]{x}}\times\dfrac{\sqrt[12]{x^2}}{\sqrt[8]{x}}$$
$$=\dfrac{\sqrt[4]{x}}{\sqrt[6]{x}}\times\dfrac{\sqrt[6]{x}}{\sqrt[8]{x}}=\dfrac{\sqrt[4]{x}}{\sqrt[8]{x}}=\dfrac{\sqrt[8]{x^2}}{\sqrt[8]{x}}$$
$$=\sqrt[8]{\dfrac{x^2}{x}}=\sqrt[8]{x}$$

답 ④

0054 대표 예제 한 번 더

$a>0,\ b>0$일 때, $\sqrt[3]{4a^4b^2}\times\sqrt[6]{8a^5b^4}\div\sqrt[4]{4a^6b^4}$ 을 간단히 하면?

① $\sqrt[3]{ab}$ ② $\sqrt[3]{a^2b}$ ③ $\sqrt[3]{ab^2}$
④ $\sqrt[3]{4ab}$ ⑤ $\sqrt[3]{4a^2b}$

0055

1이 아닌 양수 x에 대하여 $\sqrt[4]{\dfrac{\sqrt[6]{x^n}}{\sqrt{x}}}\times\sqrt[3]{\dfrac{\sqrt[4]{x}}{\sqrt{x}}}=1$을 만족시키는 자연수 n의 값은?

① 1 ② 2 ③ 3
④ 4 ⑤ 5

0056

$a>0$일 때, $\dfrac{\sqrt[3]{a^2\sqrt[4]{a^3\sqrt[5]{a^4}}}}{\sqrt[5]{a\sqrt[4]{a^3\sqrt[3]{a}}}}=\sqrt[m]{a^n}$ 을 만족시키는 서로소인 두 자연수 $m,\ n$에 대하여 $m-n$의 값은?

① 17 ② 18 ③ 19
④ 20 ⑤ 21

0057

$a>0,\ b>0$일 때,
$$\sqrt[m]{a^3b^n}\times\sqrt{ab^3}\div\sqrt[n]{4ab^2}=\dfrac{ab\sqrt{ab}}{2}$$
를 만족시키는 2 이상의 두 자연수 $m,\ n$에 대하여 $m+n$의 값은?

① 4 ② 5 ③ 6
④ 7 ⑤ 8

유형 04 지수가 정수인 식의 계산

① $a \neq 0$이고 n이 자연수일 때

$$a^0 = 1, \quad a^{-n} = \frac{1}{a^n}$$

0^0은 정의하지 않는다.

② 지수가 정수일 때의 지수법칙

$a \neq 0$, $b \neq 0$이고 m, n이 정수일 때

- $a^m a^n = a^{m+n}$
- $a^m \div a^n = a^{m-n}$
- $(a^m)^n = a^{mn}$
- $(ab)^n = a^n b^n$

참고 음의 정수인 지수의 식을 정리할 때, 밑이 같은 경우 가장 낮은 차수인 값으로 묶어서 식을 정리한다.

 대표 예제

0058 $\dfrac{9}{2^{-3} + 2^{-6}}$ 를 간단히 하면?

① 48 ② 56 ③ 64

④ 72 ⑤ 81

선생님 해설

분모를 지수가 가장 낮은 차수인 2^{-6}으로 묶으면

$$\frac{9}{2^{-3} + 2^{-6}} = \frac{9}{2^{-6}(2^3 + 1)}$$

$$= \frac{1}{2^{-6}} = 2^6 = 64$$

답 ③

0059 대표 예제 | 한 번 더

$\dfrac{2^{-4} + 2^{-6}}{3^0 + 3^{-2}}$ 을 간단히 하면?

① $\dfrac{3^2}{2^7}$ ② $\dfrac{3^2}{2^6}$ ③ $\dfrac{3^3}{2^7}$

④ $\dfrac{3^3}{2^6}$ ⑤ $\dfrac{3^3}{2^5}$

0060

실수 a에 대하여 $3^{-a} = 2$일 때, $\left(\dfrac{1}{81}\right)^{3a}$의 값은?

① 2^{-12} ② 2^{-6} ③ 2^3

④ 2^6 ⑤ 2^{12}

0061

$\dfrac{4^{-6} \times (2^{-4})^{-3} \div 2^{-4}}{8^{-2} \times 2^4}$ 을 4의 거듭제곱으로 나타낸 것은?

① 4 ② 4^2 ③ 4^3

④ 4^4 ⑤ 4^5

0062

$a \neq 0$일 때,

$$\frac{1}{a^{-6}+1} + \frac{1}{a^{-3}+1} + \frac{1}{a^0+1} + \frac{1}{a^3+1} + \frac{1}{a^6+1}$$

을 간단히 하면?

① $a^{-1} + \dfrac{1}{2}$ ② $a + \dfrac{1}{2}$ ③ 1

④ $\dfrac{3}{2}$ ⑤ $\dfrac{5}{2}$

유형 05 지수가 실수인 식의 계산

$a>0$, $b>0$이고 x, y가 실수일 때
① $a^x a^y = a^{x+y}$ 　　② $a^x \div a^y = a^{x-y}$
③ $(a^x)^y = a^{xy}$ 　　④ $(ab)^x = a^x b^x$

대표 예제

0063 $3^{-\frac{1}{2}} 2^{\frac{4}{3}} \times (4^{\frac{2}{3}} 3^{\frac{4}{3}})^{\frac{1}{2}} \div (9^{\frac{1}{3}} 2^{-1})^{-\frac{1}{2}}$의 값은?

① $\sqrt{3}$ 　　② $\sqrt{6}$ 　　③ $2\sqrt{2}$

④ $2\sqrt{3}$ 　　⑤ $2\sqrt{6}$

선생님 해설

$3^{-\frac{1}{2}} 2^{\frac{4}{3}} \times (4^{\frac{2}{3}} 3^{\frac{4}{3}})^{\frac{1}{2}} \div (9^{\frac{1}{3}} 2^{-1})^{-\frac{1}{2}}$

$= 3^{-\frac{1}{2}} 2^{\frac{4}{3}} \times (2^{\frac{4}{3}} 3^{\frac{4}{3}})^{\frac{1}{2}} \div (3^{\frac{2}{3}} 2^{-1})^{-\frac{1}{2}}$

$= 3^{-\frac{1}{2}} 2^{\frac{4}{3}} \times 2^{\frac{2}{3}} 3^{\frac{2}{3}} \div 3^{-\frac{1}{3}} 2^{\frac{1}{2}}$

$= 3^{-\frac{1}{2}+\frac{2}{3}-(-\frac{1}{3})} 2^{\frac{4}{3}+\frac{2}{3}-\frac{1}{2}}$

$= 3^{\frac{1}{2}} 2^{\frac{3}{2}} = 2\sqrt{6}$

$2^{\frac{3}{2}} = 2^{1+\frac{1}{2}} = 2 \times 2^{\frac{1}{2}} = 2\sqrt{2}$

지수법칙을 이용할 때 밑을 소수로 가장 간단히 나타내는 것부터 해야 해.

답 ⑤

0064 대표 예제 한 번 더

$\dfrac{(3^{\frac{2}{3}} 2^{-\frac{1}{2}})^{\frac{1}{2}} \times (9^{\frac{5}{2}} 8^{\frac{9}{4}})^{\frac{1}{3}}}{(3^{\frac{1}{3}} 2^{-\frac{1}{2}})^{6}}$의 값은?

① 16 　　② 24 　　③ 32

④ 36 　　⑤ 48

0065

$(2^{\sqrt{2}})^{\sqrt{6}+\sqrt{2}} \times (2^{\sqrt{3}})^{\sqrt{3}+1} \div 8^{1+\sqrt{3}}$의 값은?

① 2 　　② 4 　　③ 8

④ 16 　　⑤ 32

0066

$256^{-\frac{1}{n}}$이 자연수가 되도록 하는 정수 n의 개수는?

① 1 　　② 2 　　③ 3

④ 4 　　⑤ 5

0067 UP

$(2^{\frac{1}{4}} 3^{\frac{1}{3}})^{\frac{2}{5}}$이 어떤 자연수의 n제곱근이 되도록 하는 모든 자연수 n의 값의 합은? (단, $2 \leq n \leq 100$)

① 180 　　② 185 　　③ 190

④ 195 　　⑤ 200

유형 06 거듭제곱근을 a^r (r는 유리수)으로 나타내기

거듭제곱근이 포함된 식을 정리할 때, 밑이 같은 분수인 지수의 형태로 변환하여 정리한다.

➡ $a>0$이고 m, n이 2 이상의 정수일 때

① $\sqrt[n]{a}=a^{\frac{1}{n}}$ ② $\sqrt[m]{\sqrt[n]{a}}=\sqrt[mn]{a}=a^{\frac{1}{mn}}$

👍 대표 예제

0068 $\sqrt{2\sqrt[3]{2\sqrt[4]{2}}}\times\sqrt[6]{2\sqrt{8}}$을 간단히 하면?

① $2^{\frac{3}{4}}$ ② $2^{\frac{7}{8}}$ ③ 2

④ $2^{\frac{9}{8}}$ ⑤ $2^{\frac{5}{4}}$

선생님 해설

$\sqrt{2\sqrt[3]{2\sqrt[4]{2}}}\times\sqrt[6]{2\sqrt{8}}$

$=\sqrt{2}\times\sqrt{\sqrt[3]{2}}\times\sqrt{\sqrt[3]{\sqrt[4]{2}}}\times\sqrt[6]{2}\times\sqrt[6]{\sqrt{2^3}}$

$=\sqrt{2}\times\sqrt[6]{2}\times\sqrt[24]{2}\times\sqrt[6]{2}\times\sqrt[12]{2^3}$

$=2^{\frac{1}{2}}\times 2^{\frac{1}{6}}\times 2^{\frac{1}{24}}\times 2^{\frac{1}{6}}\times 2^{\frac{1}{4}}$

$=2^{\frac{1}{2}+\frac{1}{6}+\frac{1}{24}+\frac{1}{6}+\frac{1}{4}}$

$=2^{\frac{27}{24}}=2^{\frac{9}{8}}$

거듭제곱근의 계산은 거듭제곱근의 성질을 이용하여 식을 간단히 할 수도 있지만 식이 복잡한 경우에는 거듭제곱근을 a^r 꼴로 바꾼 후 지수법칙을 이용하는 것이 좋아!

○ 답 ④

0069 대표 예제 한 번 더

$\sqrt[3]{2^2\sqrt[4]{2\sqrt{2^3}}}\div\sqrt{\sqrt[4]{2^3}}$을 간단히 하면?

① $2^{\frac{1}{6}}$ ② $2^{\frac{1}{4}}$ ③ $2^{\frac{1}{3}}$

④ $2^{\frac{5}{12}}$ ⑤ $2^{\frac{1}{2}}$

0070

1이 아닌 모든 양수 a에 대하여

$$\sqrt[3]{a\sqrt[4]{a^3\sqrt{x}}}=\sqrt[5]{a^3\sqrt[3]{a}}$$

를 만족시키는 x를 a의 거듭제곱으로 나타낸 것은?

① a ② a^2 ③ a^3

④ a^4 ⑤ a^5

0071

$\left(\dfrac{\sqrt[4]{2^2\sqrt[5]{2^2}}}{\sqrt[3]{2^5\sqrt{2^3}}}\right)^n$이 정수가 되도록 하는 자연수 n의 최솟값은?

① 3 ② 6 ③ 9

④ 12 ⑤ 15

0072

이차방정식 $2x^2-9x+1=0$의 두 근을 α, β라 할 때, $(8^\alpha)^\beta\times\sqrt[3]{2^{-\alpha}}\times\sqrt[3]{2^{-\beta}}$의 값은?

① 2^{-6} ② 2^{-3} ③ 1

④ 2^3 ⑤ 2^6

유형 07 양의 실수를 유리수인 지수로 나타내기

a, b는 자연수, p, q는 실수이고 m, n은 0이 아닌 정수일 때
$$a^m=p,\ b^n=q \Longleftrightarrow a=p^{\frac{1}{m}},\ b=q^{\frac{1}{n}}$$
임을 이용하여 a와 b의 곱으로 이루어진 양의 실수 N을 p, q에 대한 식으로 나타낼 수 있다.

👍 대표 예제

0073 $8^4=a$, $9^3=b$일 때, 6^8을 a, b로 나타낸 것은?

① $a^{\frac{2}{3}}b^{\frac{4}{3}}$ 　　② $a^{\frac{2}{3}}b^{\frac{8}{3}}$ 　　③ $a^{\frac{4}{3}}b^{\frac{4}{3}}$

④ $a^{\frac{8}{3}}b^{\frac{8}{3}}$ 　　⑤ $a^4 b^{\frac{8}{3}}$

선생님 해설

$8^4=(2^3)^4=2^{12}=a$에서 $2=a^{\frac{1}{12}}$

$9^3=(3^2)^3=3^6=b$에서 $3=b^{\frac{1}{6}}$

$\therefore\ 6^8=(2\cdot3)^8=2^8\cdot3^8$
$\qquad =(a^{\frac{1}{12}})^8\cdot(b^{\frac{1}{6}})^8$
$\qquad =a^{\frac{2}{3}}b^{\frac{4}{3}}$

8^4, 9^3을 소수의 거듭제곱 꼴로 바꾸고, 소수의 지수가 1이 되도록 등식을 변형하여 해결하는 문제야.

답 ①

0074 대표 예제 | 한 번 더

$16^{\frac{3}{2}}=a$, $27^{\frac{2}{5}}=b$일 때, $96^{\frac{1}{2}}$을 a, b로 나타낸 것은?

① $(ab)^{\frac{5}{12}}$ 　　② $(ab)^{\frac{1}{2}}$ 　　③ $(ab)^{\frac{7}{12}}$

④ $(ab)^{\frac{2}{3}}$ 　　⑤ $(ab)^{\frac{3}{4}}$

0075

$\sqrt[4]{8}=a$, $\sqrt[m]{81}=b$일 때, 12^{12}을 a, b로 나타내면 $a^{4n}b^9$이다. 두 자연수 m, n에 대하여 $m+n$의 값은? (단, $m\geq2$)

① 8 　　② 9 　　③ 10

④ 11 　　⑤ 12

0076

세 양수 a, b, c에 대하여 $a^3=2$, $b^4=4$, $c^{10}=5$일 때, $(abc)^n$이 자연수가 되도록 하는 자연수 n의 최솟값은?

① 10 　　② 15 　　③ 20

④ 30 　　⑤ 60

0077

$a^4=27$, $b^3=25$일 때, $a^m b^n=N^2$을 만족시키는 자연수 N이 존재한다. 두 자연수 m, n에 대하여 $m+n$의 최솟값은?

① 10 　　② 11 　　③ 12

④ 13 　　⑤ 14

유형 08 **지수법칙과 곱셈 공식**

$a>0$, $b>0$이고 x, y가 실수일 때
① $(a^x+b^y)(a^x-b^y)=a^{2x}-b^{2y}$
② $(a^x\pm b^y)^2=a^{2x}\pm 2a^x b^y+b^{2y}$ (복부호동순)
③ $(a^x\pm b^y)^3=a^{3x}\pm 3a^{2x}b^y+3a^x b^{2y}\pm b^{3y}$ (복부호동순)
등의 곱셈 공식을 이용하여 식을 정리한다.

👍 대표 예제

0078 $a>0$, $b>0$일 때,
$$(a^{\frac{1}{4}}-b^{\frac{1}{4}})(a^{\frac{1}{4}}+b^{\frac{1}{4}})(a^{\frac{1}{2}}+b^{\frac{1}{2}})(a+b)$$
를 간단히 하면?

① $a+b$ ② $a-b$ ③ ab
④ a^2+b^2 ⑤ a^2-b^2

선생님 해설

$(a^{\frac{1}{4}}-b^{\frac{1}{4}})(a^{\frac{1}{4}}+b^{\frac{1}{4}})(a^{\frac{1}{2}}+b^{\frac{1}{2}})(a+b)$
$=(a^{\frac{2}{4}}-b^{\frac{2}{4}})(a^{\frac{1}{2}}+b^{\frac{1}{2}})(a+b)$
$=(a^{\frac{1}{2}}-b^{\frac{1}{2}})(a^{\frac{1}{2}}+b^{\frac{1}{2}})(a+b)$
$=(a^{\frac{2}{2}}-b^{\frac{2}{2}})(a+b)$
$=(a-b)(a+b)$
$=a^2-b^2$

곱셈 공식
$(a+b)(a-b)=a^2-b^2$을
여러 번 사용하는 문제야.
이외에도 다양한 곱셈 공식
이 결합될 수 있는 유형이
니까 곱셈 공식을
복습해 두자!

답 ⑤

0079 대표 예제 한 번 더
$(3^{\frac{1}{2}}+3^{-\frac{1}{2}})(3^{\frac{1}{2}}-3^{-\frac{1}{2}})-(3^{\frac{1}{2}}-3^{-\frac{1}{2}})^2$의 값은?

① $\dfrac{1}{3}$ ② $\dfrac{2}{3}$ ③ 1
④ $\dfrac{4}{3}$ ⑤ $\dfrac{5}{3}$

0080
$a>0$일 때, $\{(a^{\frac{1}{2}}+a^{-\frac{1}{2}})^2-2\}^2-2$를 간단히 하면?

① $a^{\frac{1}{2}}+a^{-\frac{1}{2}}$ ② $a-a^{-1}$ ③ $a+a^{-1}$
④ a^2-a^{-2} ⑤ a^2+a^{-2}

0081
$a>0$일 때, $(a^{\frac{2}{3}}+a^{-\frac{2}{3}})^3-(a^{\frac{2}{3}}-a^{-\frac{2}{3}})^3$을 간단히 하면?

① $2a^2+6a^{\frac{2}{3}}$ ② $2a^2+6a^{-\frac{2}{3}}$ ③ $6a^{\frac{2}{3}}+2a^{-2}$
④ $6a^{-\frac{2}{3}}+2a^{-2}$ ⑤ $2a^2+6a^{\frac{2}{3}}+2a^{-2}$

0082
$$\dfrac{1}{1-5^{-\frac{1}{4}}}+\dfrac{1}{1+5^{-\frac{1}{4}}}+\dfrac{2}{1+5^{-\frac{1}{2}}}+\dfrac{4}{1+5^{-1}}$$의 값은?

① $\dfrac{10}{3}$ ② 5 ③ $\dfrac{20}{3}$
④ $\dfrac{25}{3}$ ⑤ 10

유형 09 $a^x + a^{-x}$ 꼴의 식의 값 구하기

실수 x에 대하여 $a^x + a^{-x}$의 값이 주어질 때 (단, $a>0$)
① $a^{2x} + a^{-2x} = (a^x + a^{-x})^2 - 2$
② $a^{3x} + a^{-3x} = (a^x + a^{-x})^3 - 3(a^x + a^{-x})$
과 같이 $a^x a^{-x} = 1$임을 이용하여 식의 값을 구한다.

👍 대표 예제

0083 $a>0$이고 $a^{\frac{1}{2}} + a^{-\frac{1}{2}} = 3$일 때, $a^2 + a^{-2}$의 값은?

① 41 　　　　② 43 　　　　③ 45
④ 47 　　　　⑤ 49

선생님 해설

$a^{\frac{1}{2}} + a^{-\frac{1}{2}} = 3$이므로
$$a + a^{-1} = (a^{\frac{1}{2}} + a^{-\frac{1}{2}})^2 - 2$$
$$= 3^2 - 2 = 7$$
$$\therefore \ a^2 + a^{-2} = (a + a^{-1})^2 - 2$$
$$= 7^2 - 2 = 47$$

답 ④

0084 대표 예제 | 한 번 더

$a>0$이고 $a^{\frac{1}{2}} + a^{-\frac{1}{2}} = \sqrt{5}$일 때, $a^3 + a^{-3}$의 값은?

① 17 　　　　② 18 　　　　③ 19
④ 20 　　　　⑤ 21

0085

$2^{2x} + 2^{-2x} = 14$일 때, $\dfrac{2^x + 2^{-x}}{2^{\frac{x}{2}} + 2^{-\frac{x}{2}}}$의 값은?

① $\dfrac{4}{3}$ 　　　　② $\sqrt{2}$ 　　　　③ $\dfrac{2\sqrt{5}}{3}$

④ $\dfrac{\sqrt{22}}{3}$ 　　　　⑤ $\dfrac{2\sqrt{6}}{3}$

0086

$a>1$이고 $\sqrt[3]{a} + \dfrac{1}{\sqrt[3]{a}} = \sqrt{5}$일 때, $\dfrac{a^3 + a^2}{a+1} - \dfrac{a^{-3} + a^{-2}}{a^{-1} + 1}$의 값은?

① $5\sqrt{5}$ 　　　　② $6\sqrt{5}$ 　　　　③ $7\sqrt{5}$
④ $8\sqrt{5}$ 　　　　⑤ $9\sqrt{5}$

0087

$a>1$이고 $a^{\frac{1}{4}} - a^{-\frac{1}{4}} = \sqrt{2}$일 때, $\dfrac{a + a^{-1} + 10}{a - a^{-1}}$의 값은?

① 1 　　　　② $\sqrt{2}$ 　　　　③ $\sqrt{3}$
④ 2 　　　　⑤ $\sqrt{5}$

유형 10 $\dfrac{a^x-a^{-x}}{a^x+a^{-x}}$ 꼴의 식의 값 구하기

주어진 식의 값을 이용할 수 있도록 $\dfrac{a^x-a^{-x}}{a^x+a^{-x}}$ 꼴의 분모와 분자에 a^x을 곱하여 식에 대입한다.

👍 대표 예제

0088 $a>0$이고 $a^{2x}=2$일 때, $\dfrac{a^x+a^{-x}}{a^x-a^{-x}}$의 값은?

① 1   ② 2   ③ 3

④ 4   ⑤ 5

선생님 해설

$\dfrac{a^x+a^{-x}}{a^x-a^{-x}}$의 분모와 분자에 a^x을 곱하면

$$\dfrac{a^x+a^{-x}}{a^x-a^{-x}}=\dfrac{a^x(a^x+a^{-x})}{a^x(a^x-a^{-x})}$$

$$=\dfrac{a^{2x}+1}{a^{2x}-1}$$

$$=\dfrac{2+1}{2-1}=3$$

조건으로 a^{2x}의 값이 주어졌으니 구하는 식을 a^{2x}을 포함한 식으로 변형해야 해.

답 ③

0089 대표 예제 한 번 더

$6^{\frac{1}{x}}=4$일 때, $\dfrac{2^x-2^{-x}}{2^x+2^{-x}}$의 값은?

① $\dfrac{5}{7}$ ② $\dfrac{3}{4}$ ③ $\dfrac{7}{9}$

④ $\dfrac{4}{5}$ ⑤ $\dfrac{9}{11}$

0090

$9^x=2$일 때, 서로소인 두 자연수 p, q에 대하여

$\dfrac{3^x+3^{-x}}{27^x+27^{-x}}=\dfrac{q}{p}$이다. $p+q$의 값은?

① 3   ② 4   ③ 5

④ 6   ⑤ 7

0091

$a>0$이고 $\dfrac{a^x+a^{-x}}{a^x-a^{-x}}=\dfrac{9}{7}$일 때, a^{8x}의 값은?

① 2^{10} ② 2^{12} ③ 2^{14}

④ 2^{16} ⑤ 2^{18}

0092

$a>0$이고 $a^{4x}=\sqrt{2}+1$일 때, $\dfrac{a^{6x}-a^{-6x}}{a^{2x}-a^{-2x}}$의 값은?

① $\sqrt{2}+1$ ② $\sqrt{2}+2$ ③ $2\sqrt{2}+1$

④ $2\sqrt{2}+2$ ⑤ $2\sqrt{2}+3$

유형 11 $a^x=k$의 조건이 주어진 경우 식의 값 구하기

$a^x=k$, $b^y=k$일 때, $a=k^{\frac{1}{x}}$, $b=k^{\frac{1}{y}}$이므로
$$ab=k^{\frac{1}{x}+\frac{1}{y}},\ \frac{a}{b}=k^{\frac{1}{x}-\frac{1}{y}}$$

대표 예제

0093 두 실수 x, y에 대하여 $24^x=36$, $54^y=216$일 때, $\dfrac{2}{x}+\dfrac{3}{y}$의 값은?

① 1 ② 2 ③ 3
④ 4 ⑤ 5

선생님 해설

$24^x=36$에서
$24=36^{\frac{1}{x}}=(6^2)^{\frac{1}{x}}=6^{\frac{2}{x}}$ …… ㉠
$54^y=216$에서
$54=216^{\frac{1}{y}}=(6^3)^{\frac{1}{y}}=6^{\frac{3}{y}}$ …… ㉡
㉠, ㉡을 변끼리 곱하면
$1296=6^{\frac{2}{x}}\cdot6^{\frac{3}{y}}$, $6^4=6^{\frac{2}{x}+\frac{3}{y}}$
$\therefore \dfrac{2}{x}+\dfrac{3}{y}=4$

답 ④

0094 대표 예제 | 한 번 더

두 실수 m, n에 대하여 $17^m=9$, $153^n=81$일 때, $\dfrac{2}{m}-\dfrac{4}{n}$의 값은?

① -2 ② -1 ③ 0
④ 1 ⑤ 2

0095

세 실수 x, y, z에 대하여 $2^x=6^y=3^z$일 때, $\dfrac{1}{x}-\dfrac{1}{y}+\dfrac{1}{z}$의 값은? (단, $xyz\neq0$)

① -1 ② $-\dfrac{1}{2}$ ③ 0
④ $\dfrac{1}{2}$ ⑤ 1

0096

두 실수 x, y에 대하여 $11^x=4$, $88^y=8$일 때, $\dfrac{a}{x}+\dfrac{b}{y}=9$를 만족시키는 두 실수 a, b가 존재한다. 이때 $a+b$의 값은?

① 1 ② 2 ③ 3
④ 4 ⑤ 5

0097 UP

세 실수 x, y, z에 대하여 $3^x=4^{-y}$, $8^y=18^{-z}$일 때, $\dfrac{4}{x}-\dfrac{1}{y}$을 z로 나타낸 것은? (단, $xyz\neq0$)

① $\dfrac{1}{z}$ ② $\dfrac{3}{2z}$ ③ $\dfrac{2}{z}$
④ $\dfrac{5}{2z}$ ⑤ $\dfrac{3}{z}$

① 관계식이 주어질 때 ➡ 주어진 관계식에 알맞은 값을 대입한다.

② 관계식이 주어지지 않을 때 ➡ 주어진 미정계수를 이용하여 관계식을 세운 후 지수법칙을 이용한다.

참고 지수법칙의 실생활에의 활용 문제의 특성상 미정계수가 많이 나오므로 미정계수를 소거하는 식을 찾는 것이 중요하다.

대표 예제

0098 일정한 비율로 증식하는 세균의 처음의 개체 수를 k_0, t시간 후의 개체 수를 k라 할 때, 다음과 같은 관계식이 성립한다고 한다.

$$k=k_0 \times a^t \ (\text{단, } a \text{는 } a>0 \text{인 상수이다.})$$

5시간 후 이 세균의 개체 수는 처음 수의 2배가 된다고 하면 15시간 후의 세균의 개체 수는 처음 수의 m배가 된다고 한다. 실수 m의 값은?

① 2   ② 4   ③ 6

④ 8   ⑤ 10

선생님 해설

5시간 후 이 세균의 개체 수는 처음 수의 2배가 되므로
$2k_0 = k_0 \times a^5 \quad \therefore a^5 = 2$
따라서 15시간 후의 세균의 개체 수는
$k_0 \times a^{15} = k_0 \times (a^5)^3 = 8k_0$
$\therefore m=8$

답 ④

0099 **대표 예제** **한 번 더**

물을 M_0 mL 가지고 있는 빨래를 건조기에 넣고 t분 건조시킬 때 남아있는 물의 양을 M mL라 하면 다음과 같은 관계식이 성립한다고 한다.

$$M=M_0 \times p^t \ (\text{단, } p \text{는 } p>0 \text{인 상수이다.})$$

물을 1000 mL 가지고 있는 빨래를 이 건조기에 넣고 15분 건조시켰을 때 남아있는 물의 양이 27 mL이면 물을 200 mL 가지고 있는 빨래를 이 건조기에 넣고 10분 건조시켰을 때 남아있는 물의 양은?

① 10 mL   ② 12 mL   ③ 14 mL

④ 16 mL   ⑤ 18 mL

0100 빛이 어떤 렌즈를 한 장 통과할 때마다 그 밝기가 일정 비율 감소한다고 한다. 이 렌즈를 4장 겹쳐서 빛을 통과시킬 때 처음 밝기에 비해 밝기가 64 % 감소하였다. 이 렌즈를 6장 겹쳐서 빛을 통과시킬 때, 감소하는 밝기의 비율은?

① 76.4 %   ② 77.4 %   ③ 78.4 %

④ 79.4 %   ⑤ 80.4 %

0101 최대 용량이 W_0인 새 배터리를 완전 방전시킨 후 충전하는 시행을 n회 하고 난 후의 최대 용량을 W라 할 때, 다음과 같은 관계식이 성립한다고 한다.

$$W=\frac{1}{2}W_0(1+p^n) \ (\text{단, } p \text{는 } 0<p<1 \text{인 상수이다.})$$

최대 용량이 16000인 새 배터리를 완전 방전시킨 후 충전하는 시행을 300회 하고 난 후의 최대 용량이 9000일 때, 이 배터리를 추가로 200회 더 충전하고 난 후의 최대 용량은?

① 8125   ② 8250   ③ 8375

④ 8500   ⑤ 8625

0102 출력량이 W인 펌프에 연결된 원기둥 모양의 수도관에서 단면인 원의 넓이를 S, 원의 둘레의 길이를 L이라 하자. 이 수도관에서 물이 가득 찬 상태로 흐를 때의 물의 속력을 v라 하면 다음과 같은 관계식이 성립한다고 한다.

$$v=k\left(\frac{W \times L}{S}\right)^{\frac{3}{2}} \ (\text{단, } k \text{는 상수이다.})$$

단면인 원의 반지름의 길이가 각각 a, b인 원기둥 모양의 두 수도관 A, B에서 물이 가득 찬 상태로 흐르고 있다. 두 수도관 A, B에 연결되어 있는 펌프의 출력량이 각각 1000, 500일 때, 수도관 A에 흐르는 물의 속력은 수도관 B에서 흐르는 물의 속력의 8배이다. $\dfrac{b}{a}$의 값을 구하시오.

(단, 두 수도관 A, B에 대한 상수 k의 값은 서로 같다.)

0103

· 유형 09 ·

$x=\sqrt[4]{2}-\dfrac{1}{\sqrt[4]{2}}$일 때, $x+\sqrt{x^2+4}$의 값은?

① $2^{-\frac{5}{2}}$ ② $2^{-\frac{5}{4}}$ ③ 1

④ $2^{\frac{5}{4}}$ ⑤ $2^{\frac{5}{2}}$

0104

· 유형 07 ·

$3^8-2\times3^7+3^6=a$, $2^{10}-2^9+2^8=b$라 할 때, 12를 a, b로 나타낸 것은?

① $\dfrac{a^{\frac{1}{3}}b^{\frac{1}{2}}}{2^{\frac{1}{3}}3^{\frac{1}{2}}}$ ② $\dfrac{a^{\frac{1}{3}}b^{\frac{1}{2}}}{2^{\frac{1}{3}}3^{\frac{1}{4}}}$ ③ $\dfrac{a^{\frac{1}{3}}b^{\frac{1}{4}}}{2^{\frac{1}{3}}3^{\frac{1}{4}}}$

④ $\dfrac{a^{\frac{1}{6}}b^{\frac{1}{4}}}{2^{\frac{1}{6}}3^{\frac{1}{4}}}$ ⑤ $\dfrac{a^{\frac{1}{6}}b^{\frac{1}{4}}}{2^{\frac{1}{3}}3^{\frac{1}{4}}}$

0105

· 유형 01 ·

2 이상의 자연수 n에 대하여 3의 n제곱근 중 실수인 것의 개수를 $f(n)$이라 할 때,

$$f(2)+f(3)+f(4)+\cdots+f(100)$$

의 값은?

① 99   ② 100   ③ 149

④ 150   ⑤ 199

0106

· 유형 06 ·

$4^4\times\left(\dfrac{1}{\sqrt{2}}\right)^{-6}\div2^{\frac{m}{3}}$이 자연수가 되도록 하는 자연수 m의 개수는?

① 9   ② 10   ③ 11

④ 12   ⑤ 13

0107

· 유형 04 ·

$a=\sqrt[6]{3-\sqrt{2}}$일 때,

$$\frac{a^8+a^7+a^6}{a^{-4}+a^{-5}+a^{-6}}=m+n\sqrt{2}$$

이다. 두 유리수 m, n에 대하여 $m+n$의 값은?

① 2   ② 3   ③ 4

④ 5   ⑤ 6

0108

· 유형 02 ·

두 대각선의 길이가 각각 a, b인 마름모의 넓이가 $\dfrac{\sqrt[4]{2}}{4}$, 둘레의 길이가 $2\sqrt{3}\sqrt[8]{2}$일 때, $a+b$의 값은?

① $\sqrt[8]{2^5}$ ② $\sqrt[8]{2^7}$ ③ $\sqrt[8]{2^9}$

④ $\sqrt[8]{2^{11}}$ ⑤ $\sqrt[8]{2^{13}}$

0109

• 유형 05 + 유형 07 •

$F(a, n) = a^{\frac{1}{n}}$이라 할 때,

$$F(a, 1 \cdot 2 \cdot 3) \times F(a^2, 2 \cdot 3 \cdot 4) \times F(a^3, 3 \cdot 4 \cdot 5) \times \cdots$$
$$\times F(a^{10}, 10 \cdot 11 \cdot 12) = 4^{\frac{5}{3}}$$

을 만족시키는 양수 a의 값은?

① 2^5 ② 2^6 ③ 2^7

④ 2^8 ⑤ 2^9

0110 사고력

• 유형 11 •

실수 x, y, z와 양수 a, b, c가 다음 조건을 만족시킨다.

> (가) $a^x = b^y = c^z = 256$
> (나) $x + y + z = 4$, $(x-2)(y-2)(z-2) = 8$

abc의 값을 구하시오.

0111 창의력 +

• 유형 12 •

두 복사기 A, B에는 각각 확대, 축소 복사 버튼이 있다. 두 복사기의 확대, 축소 비율은 각각 다르며 그 비율은 다음과 같다.

> (가) 복사기 A의 확대 버튼을 4번 누르면 넓이가 2인 도형은 넓이가 16인 도형으로 출력된다.
> 또한, 복사기 A의 축소 버튼을 3번 누르면 길이가 4인 선분은 길이가 2인 선분으로 출력된다.
> (나) 복사기 B의 확대 버튼의 비율은 $2^{\frac{1}{4}}$이고, 축소 버튼의 비율은 $2^{-\frac{1}{6}}$이다.

복사기 A의 확대 버튼을 2번, 축소 버튼을 1번 눌러서 나온 출력물을 다시 복사기 B로 복사하여 원래의 출력물의 크기와 같게 출력이 되도록 하고자 할 때, 복사기 B의 확대 버튼과 축소 버튼을 누르는 횟수의 합의 최솟값을 구하시오. (단, 비율의 기준은 길이이다.)

0112

• 유형 10 •

$a > 0$이고 $a^x = 3$일 때, $\dfrac{a^{\frac{5}{2}x} + a^{-\frac{x}{2}}}{a^{\frac{x}{2}} + a^{-\frac{5}{2}x}}$의 값을 구하시오.

✓ **필요 개념 및 공식**

☐ 지수의 확장   ☐ 지수법칙

0113

• 유형 11 •

0이 아닌 세 실수 x, y, z에 대하여 $4^x = 3^y = 24^z$일 때, $\dfrac{2}{z} = \dfrac{a}{x} + \dfrac{2}{y}$를 만족시키는 실수 a의 값을 구하시오.

0114

• 유형 06 •

2 이상의 한 자리의 자연수 m과 두 자리의 자연수 n에 대하여 $\sqrt[m]{n^6}$이 자연수가 되도록 하는 순서쌍 (m, n)의 개수를 구하시오.

✓ **필요 개념 및 공식**

☐ 지수의 확장   ☐ 합의 법칙과 곱의 법칙

Concept 개념 체크

개념 01 로그의 정의

밑의 조건 · 진수의 조건
$a>0$, $a\neq1$, $N>0$에 대하여 $a^x=N$을 만족시키는 실수 x는 오직 하나만 존재한다. 이 실수 x를 $x=\log_a N$과 같이 나타내고, a를 밑으로 하는 N의 로그라 한다. 즉,
$$a^x=N \iff x=\log_a N$$
이때 N을 $\log_a N$의 진수라 한다.

[0115~0118] 다음 등식을 $x=\log_a N$ 꼴로 나타내시오.

0115 $3^2=9$

0116 $4^{-3}=\dfrac{1}{64}$

0117 $1000^{\frac{1}{3}}=10$

0118 $5^0=1$

[0119~0122] 다음 등식을 $a^x=N$ 꼴로 나타내시오.

0119 $\log_2 16=4$

0120 $\log_8 2=\dfrac{1}{3}$

0121 $\log_{\frac{1}{3}} 27=-3$

0122 $\log_{\sqrt{7}} 49=4$

[0123~0126] 다음이 정의되도록 하는 실수 x의 값의 범위를 구하시오.

0123 $\log_2(x+5)$

0124 $\log_3(x^2-3x)$

0125 $\log_{x-2} 5$

0126 $\log_{3x-2}(7-x)$

[0127~0130] 다음 값을 구하시오.

0127 $\log_2 32$

0128 $\log_3 \dfrac{1}{81}$

0129 $\log_2 \sqrt{2}$

0130 $\log_{\frac{1}{3}} \dfrac{1}{27}$

[0131~0134] 다음 식을 만족시키는 x의 값을 구하시오.

0131 $\log_2 x=4$

0132 $\log_7 x=0$

0133 $\log_{\frac{1}{3}} x=3$

0134 $\log_x 25=-2$

개념 02 로그의 성질

$a>0$, $a\neq1$, $M>0$, $N>0$일 때
(1) $\log_a 1=0$, $\log_a a=1$
(2) $\log_a MN=\log_a M+\log_a N$
(3) $\log_a \dfrac{M}{N}=\log_a M-\log_a N$
(4) $\log_a M^k=k\log_a M$ (단, k는 실수)

참고 $\log_a \dfrac{1}{N}=-\log_a N$, $\log_a a^k=k$

[0135~0139] 다음 값을 구하시오.

0135 $\log_2 2-\log_5 1$

0136 $\log_2 \dfrac{2}{7}+\log_2 56$

0137 $\log_3 108-\log_3 4$

0138 $\dfrac{1}{2}\log_3 25+\log_3 \dfrac{1}{5}$

0139 $\log_5 50-\log_5 5+\log_5 \dfrac{5}{2}$

[0140~0143] $\log_2 3=a$, $\log_2 5=b$일 때, 다음을 a, b로 나타내시오.

0140 $\log_2 75$

0141 $\log_2 180$

0142 $\log_2 \dfrac{5}{9}$

0143 $\log_2 \dfrac{36}{25}$

개념 03 로그의 밑의 변환

(1) **로그의 밑의 변환**
$a>0$, $a\neq1$, $b>0$, $b\neq1$, $N>0$일 때
① $\log_a N=\dfrac{\log_b N}{\log_b a}$ ② $\log_a b=\dfrac{1}{\log_b a}$

참고 · $\log_a b\times\log_b a=\log_a b\times\dfrac{1}{\log_a b}=1$
· $\log_a b\times\log_b c\times\log_c a=1$ (단, $c>0$, $c\neq1$)

(2) **로그의 밑의 변환을 이용한 성질**
$a>0$, $a\neq1$, $b>0$일 때
① $\log_{a^m} b^n=\dfrac{n}{m}\log_a b$ (단, m, n은 실수, $m\neq0$)
② $a^{\log_c b}=b^{\log_c a}$ (단, $c>0$, $c\neq1$)
③ $a^{\log_a b}=b$

[0144~0149] $\log_5 2=a$, $\log_5 3=b$일 때, 다음을 a, b로 나타내시오.

0144 $\log_2 3$

0145 $\log_3 2$

0146 $\log_2 5$

0147 $\log_3 5$

0148 $\log_6 16$

0149 $\log_{12} 36$

[0150~0155] 다음 값을 구하시오.

0150 $\log_4 32$

0151 $\log_{100} \dfrac{1}{1000}$

0152 $\log_{\frac{1}{10}} \sqrt{1000}$

0153 $4^{\log_2 3}$

0154 $3^{\log_3 2}+2^{\log_4 9}$

0155 $\log_3 5 \times \log_5 7 \times \log_7 9$

개념 04 상용로그

(1) **상용로그** : 10을 밑으로 하는 로그를 상용로그라 하고, 양수 N에 대하여 상용로그 $\log_{10} N$은 보통 밑 10을 생략하여 $\log N$과 같이 나타낸다.

(2) **상용로그표** : 상용로그표는 0.01의 간격으로 1.00부터 9.99까지의 수에 대한 상용로그의 값을 반올림하여 소수점 아래 넷째 자리까지 나타낸 것이다.

> 예 상용로그표에서 $\log 2.15$의 값을 구하려면 2.1의 가로줄과 5의 세로줄이 만나는 곳에 있는 수 0.3324를 찾으면 된다.
> 즉, $\log 2.15=0.3324$이다.

수	0	1	⋯	5	⋯	9
⋮	⋮	⋮	⋯	⋮	⋯	⋮
2.0	.3010	.3032	⋯	.3118	⋯	.3201
2.1	.3222	.3243	⋯	.3324	⋯	.3404
2.2	.3424	.3444	⋯	.3522	⋯	.3598
⋮	⋮	⋮	⋯	⋮	⋯	⋮

[0156~0161] 다음 값을 구하시오.

0156 $\log 100$

0157 $\log \sqrt{10}$

0158 $\log \sqrt[5]{1000}$

0159 $\log \dfrac{1}{\sqrt[4]{100}}$

0160 $\log 10\sqrt{10}+\log \sqrt[3]{100}$

0161 $\log \dfrac{1}{500}+\log \dfrac{1}{20}$

[0162~0165] $\log 1.72=0.2355$임을 이용하여 다음 값을 구하시오.

0162 $\log 17.2$

0163 $\log 1720$

0164 $\log 0.0172$

0165 $\log 0.172$

[0166~0169] $\log 5.51=0.7412$임을 이용하여 다음 등식을 만족시키는 x의 값을 구하시오.

0166 $\log x=1.7412$

0167 $\log x=3.7412$

0168 $\log x=-0.2588$

0169 $\log x=-2.2588$

[0170~0173] 상용로그표를 이용하여 다음 값을 구하시오.

수	0	1	2	3
3.1	.4914	.4928	.4942	.4955
3.2	.5051	.5065	.5079	.5092
3.3	.5185	.5198	.5211	.5224
3.4	.5315	.5328	.5340	.5353

0170 $\log 3.12$

0171 $\log 3220$

0172 $\log 0.34$

0173 $\log 0.00333$

개념 05 상용로그의 정수 부분과 소수 부분

양수 N에 대하여 상용로그는
$$\log N=n+\alpha \quad (n\text{은 정수}, \ 0\leq\alpha<1)$$
와 같이 나타낼 수 있다. 이때 n을 $\log N$의 정수 부분, α를 $\log N$의 소수 부분이라 한다.

> 예 • $\log 63.5=1.8028=1+0.80280$이므로
> $\log 63.5$의 정수 부분은 1, 소수 부분은 0.80280이다.
> • $\log 0.00241=-2.6180=-3+0.38200$이므로
> $\log 0.00241$의 정수 부분은 -3, 소수 부분은 0.38200이다.

[0174~0177] 다음 $\log N$의 정수 부분과 소수 부분을 각각 구하시오.

0174 $\log N=1.5888$

0175 $\log N=5.3962$

0176 $\log N=-3.3478$

0177 $\log N=-0.3063$

유형 01 로그의 정의

$a > 0$, $a \neq 1$, $N > 0$일 때
$$a^x = N \iff x = \log_a N$$

참고 로그로 표현되어 있는 식을 지수로 나타낸 후 지수법칙 또는 로그의 정의를 이용하여 값을 구한다.

👍 대표 예제

0178 $\log_a 2 = \dfrac{1}{3}$일 때, a^2의 값은?

① 16   ② 27   ③ 32
④ 64   ⑤ 81

선생님 해설

$\log_a 2 = \dfrac{1}{3}$에서 로그의 정의에 의하여

$a^{\frac{1}{3}} = 2$

$a^{\frac{1}{3}} = 2$의 양변을 여섯제곱하면

$(a^{\frac{1}{3}})^6 = 2^6 \qquad \therefore a^2 = 64$

답 ④

0179 대표 예제 한 번 더
$a = \log_2 5$일 때, 8^a의 값은?

① 25   ② 32   ③ 64
④ 125   ⑤ 128

0180
$\log_a 3 = 2$, $\log_b 7 = 4$일 때, ab^2의 값은?

① $2\sqrt{2}$ ② 3   ③ $2\sqrt{3}$
④ 4   ⑤ $\sqrt{21}$

0181
$\log_2 \{\log_2 (\log_3 x)\} = 1$일 때, x의 값은?

① 1   ② 3   ③ 9
④ 27   ⑤ 81

0182
$x = \log_2 (\sqrt{5} - 2)$일 때, $4^x + 4^{-x}$의 값은?

① 16   ② 18   ③ 20
④ 22   ⑤ 24

유형 02 로그의 밑과 진수의 조건

로그가 정의되려면 밑은 1이 아닌 양수이고 진수는 양수이어야 한다.
즉, $\log_{f(x)} g(x)$는
① 밑의 조건 ➡ $f(x) > 0$, $f(x) \neq 1$
② 진수의 조건 ➡ $g(x) > 0$
을 동시에 만족시키는 x의 값의 범위에서 정의된다.

👍 대표 예제

0183 $\log_{x+2}(-x^2+x+6)$이 정의되도록 하는 모든 정수 x의 값의 합은?

① 1   ② 3   ③ 5
④ 7   ⑤ 9

선생님 해설

밑의 조건에서 $x+2 > 0$, $x+2 \neq 1$
$x > -2$, $x \neq -1$
$\therefore -2 < x < -1$ 또는 $x > -1$ ······ ㉠
진수의 조건에서 $-x^2+x+6 > 0$
$x^2-x-6 < 0$, $(x+2)(x-3) < 0$
$\therefore -2 < x < 3$ ······ ㉡
㉠, ㉡의 공통부분을 구하면
$-2 < x < -1$ 또는 $-1 < x < 3$
따라서 정수 x는 0, 1, 2이므로 그 합은
$0+1+2 = 3$

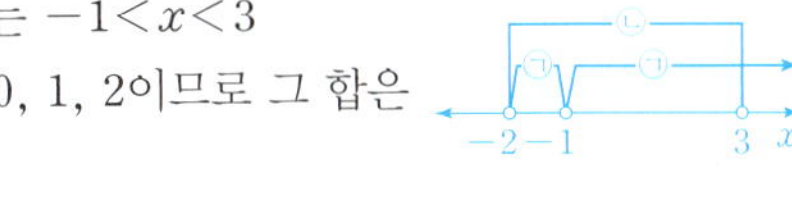

○**답** ②

0184 `대표 예제` `한 번 더`

$\log_{x-1}(x^2-10x+24)$가 정의되도록 하는 정수 x의 최솟값은?

① 1   ② 2   ③ 3
④ 4   ⑤ 5

0185

$\log_{a-2}(a^2-9)$와 $\log_{a-2}(7-a)$가 모두 정의되기 위한 정수 a의 개수는?

① 2   ② 3   ③ 4
④ 5   ⑤ 6

0186

$\log_{|x-3|}(7x-x^2)$이 정의되도록 하는 정수 x의 최댓값과 최솟값의 합은?

① 5   ② 6   ③ 7
④ 8   ⑤ 9

0187

모든 실수 x에 대하여 $\log_{m+4}(2x^2+2mx-3m)$이 정의되도록 하는 정수 m의 개수를 구하시오.

유형 03　로그의 성질

$a>0$, $a\neq1$, $M>0$, $N>0$일 때
① $\log_a 1=0$, $\log_a a=1$
② $\log_a MN=\log_a M+\log_a N$
③ $\log_a \dfrac{M}{N}=\log_a M-\log_a N$
④ $\log_a M^k=k\log_a M$ (단, k는 실수)

대표 예제

0188　$\log_3 12+\log_3 \dfrac{1}{\sqrt{2}}+\dfrac{1}{2}\log_3 \dfrac{1}{8}$의 값은?

① -2　　　② -1　　　③ 0
④ 1　　　⑤ 2

선생님 해설

$$\log_3 12+\log_3 \frac{1}{\sqrt{2}}+\frac{1}{2}\log_3 \frac{1}{8}$$
$$=\log_3 12+\log_3 \frac{1}{\sqrt{2}}+\log_3 \left(\frac{1}{8}\right)^{\frac{1}{2}}$$
$$=\log_3 12+\log_3 \frac{1}{\sqrt{2}}+\log_3 \frac{1}{2\sqrt{2}}$$
$$=\log_3 \left(12\cdot\frac{1}{\sqrt{2}}\cdot\frac{1}{2\sqrt{2}}\right)$$
$$=\log_3 3$$
$$=1$$

밑이 같은 로그의 계산은 로그의 성질만 잘 이용하면 쉽게 해결할 수 있어.

답 ④

0189　대표 예제 | 한 번 더

$2\log_2 \sqrt[3]{2}-\dfrac{1}{3}\log_2 6+\log_2 \sqrt[3]{3}$의 값은?

① $\dfrac{1}{3}$　　　② $\dfrac{2}{3}$　　　③ 1
④ $\dfrac{4}{3}$　　　⑤ $\dfrac{5}{3}$

0190

$\log_5 \{\log_3 (\log_2 8)\}$의 값은?

① -1　　　② 0　　　③ 1
④ 2　　　⑤ 3

0191

세 양수 x, y, z가 $\log_6 3x+\log_6 8y+\log_6 \dfrac{z}{2}=2$를 만족시킬 때, $\{(2^x)^{3y}\}^z$의 값을 구하시오.

0192

1이 아닌 세 양수 a, b, c에 대하여 $abc=1$일 때, $\log_a b+\log_b a+\log_b c+\log_c b+\log_c a+\log_a c$의 값은?

① -6　　　② -3　　　③ 0
④ 3　　　⑤ 6

유형 04 로그의 밑의 변환

$a>0$, $a\neq1$, $b>0$, $b\neq1$, $N>0$일 때

① $\log_a N=\dfrac{\log_b N}{\log_b a}$

② $\log_a b=\dfrac{1}{\log_b a}$

👍 대표 예제

0193 1이 아닌 양수 x에 대하여

$$\dfrac{1}{\log_2 x}+\dfrac{1}{\log_5 x}+\dfrac{1}{\log_7 x}=\log_x p$$

일 때, 양수 p의 값은?

① 10 　　② 30 　　③ 50

④ 70 　　⑤ 90

선생님 해설

$$\dfrac{1}{\log_2 x}+\dfrac{1}{\log_5 x}+\dfrac{1}{\log_7 x}=\log_x 2+\log_x 5+\log_x 7$$
$$=\log_x(2\cdot5\cdot7)$$
$$=\log_x 70$$
$$\therefore p=70$$

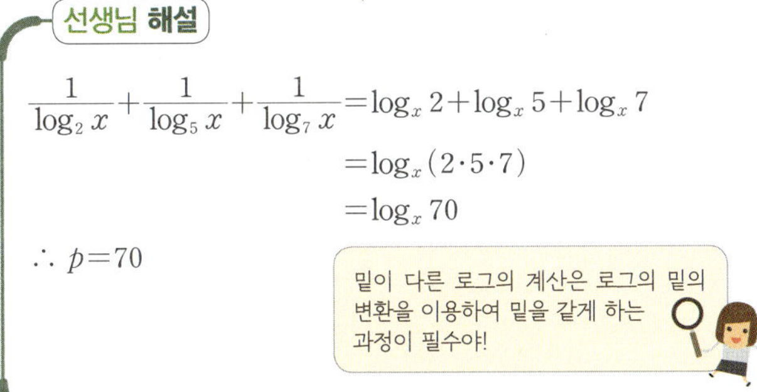

답 ④

0194 대표 예제 한 번 더

1이 아닌 세 양수 a, b, x에 대하여 $\log_a x=\dfrac{1}{3}$, $\log_b x=\dfrac{1}{4}$

일 때, $\log_x ab$의 값은?

① $\dfrac{1}{12}$ 　　② $\dfrac{7}{12}$ 　　③ 1

④ 7 　　⑤ 12

0195

$(\log_2 3+\log_3 4)^2-(\log_2 3-\log_3 4)^2$의 값은?

① 2 　　② 4 　　③ 6

④ 8 　　⑤ 10

0196

$\log_2(\log_4 3)+\log_2(\log_5 4)+\log_2(\log_6 5)+\cdots$
$$+\log_2(\log_{81} 80)$$

의 값은?

① -2 　　② -1 　　③ 0

④ 1 　　⑤ 2

0197

1이 아닌 두 양수 a, b에 대하여 $\log_a 2=10$, $\log_b 4=5$일

때, $\log_a 8b$의 값은?

① 20 　　② 24 　　③ 28

④ 32 　　⑤ 34

유형 05　로그의 여러 가지 성질

$a>0$, $a\neq1$, $b>0$일 때

① $\log_{a^m} b^n=\dfrac{n}{m}\log_a b$ (단, m, n은 실수, $m\neq0$)

② $a^{\log_c b}=b^{\log_c a}$ (단, $c>0$, $c\neq1$)

③ $a^{\log_a b}=b$

🖒 대표 예제

0198 $(\log_{\sqrt{2}}3-\log_4\sqrt{3})\times\log_{\sqrt{3}}4$의 값은?

① 3　　　　② 5　　　　③ 7

④ 9　　　　⑤ 11

선생님 해설

$(\log_{\sqrt{2}}3-\log_4\sqrt{3})\times\log_{\sqrt{3}}4$

$=(\log_{2^{\frac{1}{2}}}3-\log_{2^2}3^{\frac{1}{2}})\times\log_{3^{\frac{1}{2}}}2^2$

$=\left(2\log_2 3-\dfrac{1}{4}\log_2 3\right)\times 4\log_3 2$

$=\dfrac{7}{4}\log_2 3\times 4\log_3 2$

$=7$

답 ③

0199　대표 예제　한 번 더

$(\log_{\sqrt{5}}9+\log_5 3)(\log_9\sqrt{5}+\log_3 5)$의 값은?

① $\dfrac{11}{2}$　　　　② $\dfrac{23}{4}$　　　　③ 6

④ $\dfrac{25}{4}$　　　　⑤ $\dfrac{13}{2}$

0200

$(3^{\log_{\sqrt{3}}2-\log_3 8})^2$의 값은?

① $\dfrac{1}{2}$　　　　② $\dfrac{1}{3}$　　　　③ $\dfrac{1}{4}$

④ $\dfrac{1}{8}$　　　　⑤ $\dfrac{1}{9}$

0201

$(\sqrt{3})^{2\log_3 2-\log_{\sqrt{3}}2+\log_3\sqrt{2}}$의 값은?

① 1　　　　② $\sqrt[4]{2}$　　　　③ $\sqrt{2}$

④ 2　　　　⑤ $2\sqrt{2}$

0202

$2^{\log_2\left(1-\frac{1}{3^2}\right)+\log_2\left(1-\frac{1}{4^2}\right)+\log_2\left(1-\frac{1}{5^2}\right)+\cdots+\log_2\left(1-\frac{1}{20^2}\right)}$의 값은?

① $\dfrac{1}{10}$　　　　② $\dfrac{3}{10}$　　　　③ $\dfrac{1}{2}$

④ $\dfrac{7}{10}$　　　　⑤ $\dfrac{9}{10}$

유형 06 $\log_a b = c$를 이용하여 로그의 값 나타내기

$\log_a b = c$ 꼴의 조건을 이용하여 또 다른 로그의 값을 나타낼 때에는 다음과 같은 순서로 구한다.
❶ 주어진 식과 구하는 식의 밑을 같게 한다.
❷ 구하는 식의 밑과 진수를 소인수분해하여 로그의 합으로 변형한다.
❸ 주어진 식을 ❷의 식에 대입한다.

👍 대표 예제

0203 $\log_2 3 = x$, $\log_2 5 = y$일 때, $\log_{60} 100$을 x, y로 나타낸 것은?

① $\dfrac{2x+y}{x+y}$ ② $\dfrac{2y+1}{x+y}$ ③ $\dfrac{2x+y}{x+y+2}$

④ $\dfrac{2y+2}{x+y+2}$ ⑤ $\dfrac{x+2y}{x+y+2}$

선생님 해설

$$\log_{60} 100 = \frac{\log_2 100}{\log_2 60}$$
$$= \frac{\log_2 (2^2 \cdot 5^2)}{\log_2 (2^2 \cdot 3 \cdot 5)}$$
$$= \frac{\log_2 2^2 + \log_2 5^2}{\log_2 2^2 + \log_2 3 + \log_2 5}$$
$$= \frac{2 + 2\log_2 5}{2 + \log_2 3 + \log_2 5}$$
$$= \frac{2y+2}{x+y+2}$$

답 ④

0204 대표 예제 한 번 더

$\log_3 2 = a$, $\log_{\frac{1}{3}} 5 = b$일 때, $\log_{12} 150$을 a, b로 나타낸 것은?

① $\dfrac{a-2b+1}{2a-1}$ ② $\dfrac{a+2b+1}{2a-1}$ ③ $\dfrac{a-b+1}{2a+1}$

④ $\dfrac{a-2b+1}{2a+1}$ ⑤ $\dfrac{a+2b+1}{2a+1}$

0205

$\log_5 14 = a$, $\log_5 \dfrac{4}{7} = b$일 때, $\log_5 98 = pa + qb$이다. 두 유리수 p, q에 대하여 $p^2 + q^2$의 값은?

① $\dfrac{8}{3}$ ② $\dfrac{26}{9}$ ③ $\dfrac{28}{9}$

④ $\dfrac{10}{3}$ ⑤ $\dfrac{32}{9}$

0206

$\log_2 3 = a$, $\log_3 5 = b$일 때, $\log_{40} 150$을 a, b로 나타낸 것은?

① $\dfrac{2ab+b+1}{ab+2}$ ② $\dfrac{ab+a+1}{ab+3}$ ③ $\dfrac{2ab+a+1}{ab+3}$

④ $\dfrac{2a+1}{ab+4}$ ⑤ $\dfrac{2ab+1}{ab+4}$

0207 UP

$\log_2 3 = p$, $\log_3 5 = q$, $\log_5 7 = r$일 때, $\log_{90} 140$을 p, q, r로 나타낸 것은?

① $\dfrac{pqr+q+1}{pq+q}$ ② $\dfrac{pqr+2q}{pq+2p}$ ③ $\dfrac{p+q+1}{qr+1}$

④ $\dfrac{pqr+2p+1}{qr+2q}$ ⑤ $\dfrac{pqr+pq+2}{pq+2p+1}$

유형 07 $a^x=b$를 이용하여 로그의 값 나타내기

$a^x=b$ 꼴의 조건을 이용하여 또 다른 로그의 값을 나타낼 때에는 다음과 같은 순서로 구한다.
❶ $a^x=b$가 $\log_a b=x$임을 이용하여 주어진 식을 로그로 나타낸 후 밑을 같게 한다.
❷ 구하는 식의 밑과 진수를 소인수분해하여 로그의 합으로 변형한다.
❸ ❶의 식을 ❷의 식에 대입한다.

👍 대표 예제

0208 $3^x=2$, $3^y=5$라 할 때, $\log_{90} 300$을 x, y로 나타낸 것은?

① $\dfrac{x+2y+1}{x+y+2}$ ② $\dfrac{2x+2y+1}{x+y+2}$ ③ $\dfrac{x+2y+1}{x+y+1}$

④ $\dfrac{2x+y+1}{x+y+1}$ ⑤ $\dfrac{2x+2y+1}{x+y+1}$

선생님 해설

$3^x=2$에서 $\log_3 2=x$
$3^y=5$에서 $\log_3 5=y$

$$\therefore \log_{90} 300 = \frac{\log_3 300}{\log_3 90}$$

$$= \frac{\log_3 (2^2 \cdot 3 \cdot 5^2)}{\log_3 (2 \cdot 3^2 \cdot 5)}$$

$$= \frac{2 \log_3 2 + 1 + 2 \log_3 5}{\log_3 2 + 2 + \log_3 5}$$

$$= \frac{2x+2y+1}{x+y+2}$$

답 ②

0209 대표 예제 한 번 더
$4^a=5$, $2^b=7$이라 할 때, $\log_{35} 70$을 a, b로 나타낸 것은?

① $\dfrac{a+b+1}{2a-b}$ ② $\dfrac{2a+b+1}{2a-b}$ ③ $\dfrac{a+2b+1}{2a+b}$

④ $\dfrac{a+b+1}{2a+b}$ ⑤ $\dfrac{2a+b+1}{2a+b}$

0210
$3^a=p$, $3^b=q$일 때, $\log_{pq} p^2 q^3$을 a, b로 나타낸 것은?
(단, $ab\neq 0$, $pq\neq 1$)

① $\dfrac{2a-3b}{a-b}$ ② $\dfrac{a-2b}{a-b}$ ③ $\dfrac{a+3b}{a+b}$

④ $\dfrac{2a+b}{a+b}$ ⑤ $\dfrac{2a+3b}{a+b}$

0211
1이 아닌 두 양수 a, b에 대하여 $a^m=b^n=3$일 때, $\log_a \sqrt{a^2 b}$의 값을 m, n으로 나타낸 것은?

① $\dfrac{2m+n}{m}$ ② $\dfrac{m+2n}{m}$ ③ $\dfrac{m+2n}{n}$

④ $\dfrac{2m+n}{2n}$ ⑤ $\dfrac{m+2n}{2n}$

0212
$2^l=a$, $4^m=b$, $8^n=c$일 때,

$$\log_2 \frac{a^2 c}{\sqrt{b}} = xl+ym+zn$$

이다. 세 실수 x, y, z에 대하여 $x^2+y^2+z^2$의 값을 구하시오.

•018쪽 유형 11을 로그를 이용하여 해결하는 방법이다.

유형 08 **주어진 조건을 이용하여 식의 값 구하기**

① 로그의 정의를 이용하여 식의 값 구하기
  $a^x=b^y=k$ 꼴의 조건이 주어지면 로그의 정의를 이용하여 x, y를
  로그로 나타낸 후 주어진 식에 대입한다.
② 로그의 성질을 이용하여 식의 값 구하기
  로그의 성질을 이용하여 식의 값을 구할 때에는 다음과 같은 순서로
  구한다.
  ❶ 주어진 조건을 이용하여 미지수 사이의 관계식을 구한다.
  ❷ 구하는 식을 변형한 후 ❶의 식을 대입한다.

👍 대표 예제

0213 $16^a=9^b=6$일 때, $\dfrac{1}{2a}+\dfrac{1}{b}$의 값은?

① 1 ② $\dfrac{3}{2}$ ③ 2

④ $\dfrac{5}{2}$ ⑤ 3

선생님 해설

$16^a=9^b=6$에서 $a=\log_{16}6$, $b=\log_9 6$

$\therefore \dfrac{1}{2a}+\dfrac{1}{b}=\dfrac{1}{2\log_{16}6}+\dfrac{1}{\log_9 6}=\dfrac{1}{2}\log_6 16+\log_6 9$

$\qquad\qquad\quad =\log_6 16^{\frac{1}{2}}+\log_6 9=\log_6 4+\log_6 9$

$\qquad\qquad\quad =\log_6(4\cdot 9)=\log_6 36$

$\qquad\qquad\quad =\log_6 6^2=2$

● **다른 풀이** ●

$16^a=6$에서 $16=6^{\frac{1}{a}}$, $2^4=6^{\frac{1}{a}}$

$\therefore 2^2=6^{\frac{1}{2a}}$ ……… ㉠

$9^b=6$에서 $9=6^{\frac{1}{b}}$

$\therefore 3^2=6^{\frac{1}{b}}$ ……… ㉡

㉠, ㉡을 변끼리 곱하면

$2^2\cdot 3^2=6^{\frac{1}{2a}}\cdot 6^{\frac{1}{b}}$, $6^2=6^{\frac{1}{2a}+\frac{1}{b}}$

$\therefore \dfrac{1}{2a}+\dfrac{1}{b}=2$

답 ③

0214 `대표 예제` `한 번 더`

$7^x=36$, $42^y=6$일 때, $\dfrac{2}{x}-\dfrac{1}{y}$의 값은?

① $-\dfrac{3}{2}$ ② -1 ③ $-\dfrac{1}{2}$

④ $\dfrac{1}{2}$ ⑤ 1

0215

두 양수 x, y에 대하여 $x^2y^5=1$일 때, $\log_x x^3y^2$의 값은?

(단, $x\neq 1$)

① $\dfrac{11}{5}$ ② $\dfrac{12}{5}$ ③ $\dfrac{13}{5}$

④ $\dfrac{14}{5}$ ⑤ 3

0216

1보다 큰 세 실수 a, b, c에 대하여 $\log_a b : \log_c b=2:1$
일 때, $\log_{\sqrt{c}} a+2\log_a c$의 값은?

① 3 ② $\dfrac{7}{2}$ ③ 4

④ $\dfrac{9}{2}$ ⑤ 5

0217

세 실수 x, y, z에 대하여

$$a^x=b^y=c^z=\dfrac{1}{81}, \quad \dfrac{1}{x}+\dfrac{1}{y}+\dfrac{1}{z}=-\dfrac{1}{2}$$

일 때, abc의 값을 구하시오.

(단, a, b, c는 1이 아닌 양수이다.)

유형 09 로그와 이차방정식

이차방정식 $ax^2+bx+c=0$의 두 근이 $\log_k p$, $\log_k q$이면

① $\log_k p+\log_k q=\log_k pq=-\dfrac{b}{a}$

② $\log_k p\times\log_k q=\dfrac{c}{a}$

👍 대표 예제

0218 이차방정식 $x^2+3x-5=0$의 두 근을 $\log_2 a$, $\log_2 b$라 할 때, ab의 값은?

① $\dfrac{1}{8}$　　　　② $\dfrac{1}{4}$　　　　③ 1

④ 4　　　　⑤ 8

선생님 해설

이차방정식의 근과 계수의 관계에 의하여

$\log_2 a+\log_2 b=-3$

$\log_2 ab=-3$

$\therefore ab=2^{-3}=\dfrac{1}{8}$

답 ①

0219 대표 예제 | 한 번 더

이차방정식 $x^2-4x+2=0$의 두 근을 $\log_3 a$, $\log_3 b$라 할 때, $\log_a b+\log_b a$의 값은?

① 4　　　　② 6　　　　③ 8

④ 10　　　　⑤ 12

0220

x에 대한 이차방정식 $x^2+2x+a=0$의 두 근이 $\log_{p^2} q^5$, $\log_{q^2} \sqrt{p}$일 때, 상수 a의 값은?

(단, p, q는 1이 아닌 양수이다.)

① $\dfrac{3}{8}$　　　　② $\dfrac{1}{2}$　　　　③ $\dfrac{5}{8}$

④ $\dfrac{3}{4}$　　　　⑤ $\dfrac{7}{8}$

0221

이차방정식 $2x^2-8x+k=0$의 두 근이 $\log_2 a$, $\log_2 b$이다. $a+b=10$일 때, 상수 k의 값을 구하시오.

0222

이차방정식 $x^2+\sqrt{5}x-5=0$의 두 근을 $\log_2 p$, $\log_2 q$라 할 때, $\log_p 2-\log_q 2$의 값은? (단, $\log_2 p>\log_2 q$)

① $\dfrac{1}{5}$　　　　② $\dfrac{\sqrt{5}}{5}$　　　　③ 1

④ $\sqrt{5}$　　　　⑤ 5

유형 10 상용로그의 값

$1 \leq a < 10$인 a에 대하여 $\log a = k$ ($0 \leq k < 1$)일 때
① $\log(10^n \times a)$의 값을 구하는 경우 (단, n은 실수)
　$\log(10^n \times a) = \log 10^n + \log a = n + k$
② $\log x = m + k$인 x의 값을 구하는 경우 (단, m은 정수)
　$\log x = m + k = \log 10^m + \log a = \log(10^m \times a)$에서
　$x = 10^m \times a$

👍 대표 예제

0223 $\log 2 = 0.3010$일 때, 다음 중 옳지 <u>않은</u> 것은?

① $\log 0.2 = -1.3010$　　② $\log 0.5 = -0.3010$

③ $\log 4 = 0.6020$　　④ $\log 5 = 0.6990$

⑤ $\log 20 = 1.3010$

선생님 해설

① $\log 0.2 = \log(10^{-1} \times 2) = \log 10^{-1} + \log 2$
　　　$= -1 + 0.3010 = -0.6990$

② $\log 0.5 = \log \dfrac{1}{2} = -\log 2 = -0.3010$

③ $\log 4 = \log 2^2 = 2 \log 2 = 2 \times 0.3010 = 0.6020$

④ $\log 5 = \log \dfrac{10}{2} = \log 10 - \log 2$
　　　$= 1 - 0.3010 = 0.6990$

⑤ $\log 20 = \log(10 \times 2)$
　　　$= \log 10 + \log 2$
　　　$= 1 + 0.3010 = 1.3010$

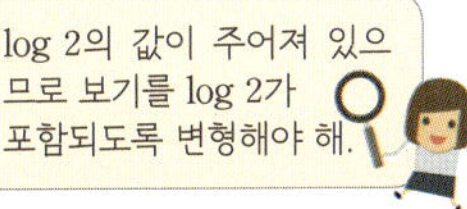

답 ①

0224 대표 예제 한 번 더

$\log 4.25 = 0.6284$일 때, 다음 중 옳지 <u>않은</u> 것은?

① $\log 42500 = 4.6284$　　② $\log 425 = 2.6284$

③ $\log \sqrt{4.25} = 0.3142$　　④ $\log 0.425 = 0.3716$

⑤ $\log 0.000425 = -3.3716$

0225

$\log N = -2.3820$인 실수 N의 값을 다음 상용로그표를
이용하여 구한 것은?

수	1	2	3	4	5
2.4	.3820	.3838	.3856	.3874	.3892
⋮	⋮	⋮	⋮	⋮	⋮
4.1	.6138	.6149	.6160	.6170	.6180

① 0.00241　　② 0.00415　　③ 0.0241

④ 0.0415　　⑤ 0.241

0226

$\sqrt{8.18}$의 값을 다음 상용로그표를 이용하여 구한 것은?

수	6	7	8
2.8	.4564	.4579	.4594
2.9	.4713	.4728	.4742
⋮	⋮	⋮	⋮
8.0	.9063	.9069	.9074
8.1	.9117	.9122	.9128

① 2.86　　② 2.87　　③ 2.88

④ 2.96　　⑤ 2.97

0227

2.22^4의 값을 다음 상용로그표를 이용하여 구한 것은?

수	1	2	3
2.2	.3444	.3464	.3483
2.3	.3636	.3655	.3674
2.4	.3820	.3838	.3856

① 23.2　　② 23.3　　③ 24.1

④ 24.2　　⑤ 24.3

유형 11 로그의 정수 부분과 소수 부분

$a>0$, $a\neq1$, $N>0$에 대하여
$$\log_a N=n+\alpha \quad (n\text{은 정수},\ 0\leq\alpha<1)$$
일 때, $\log_a N$의 정수 부분은 n, 소수 부분은 $\alpha=\log_a N-n$이다.
이때 $\log_a N$의 값이 음수이면 $0\leq(\text{소수 부분})<1$이 되도록 정수 부분을 결정한다.

참고 $a>1$, 자연수 N에 대하여 $a^k\leq N<a^{k+1}$이면
$$k=\log_a a^k\leq\log_a N<\log_a a^{k+1}=k+1$$
이 성립한다. 즉, $\log_a N$의 정수 부분은 k이다.

👍 대표 예제

0228 $\log_3 60$의 정수 부분을 p, 소수 부분을 q라 할 때, $9(p+3^q)$의 값은?

① 45　　　② 47　　　③ 49
④ 51　　　⑤ 53

선생님 해설

$\log_3 27<\log_3 60<\log_3 81$에서 $3<\log_3 60<4$이므로
$p=3$, $q=\log_3 60-3$
$$\begin{aligned}\therefore\ 9(p+3^q)&=9(3+3^{\log_3 60-3})\\&=9(3+3^{\log_3 60-\log_3 3^3})\\&=9(3+3^{\log_3 \frac{20}{9}})\\&=9\left(3+\frac{20}{9}\right)\\&=27+20=47\end{aligned}$$

답 ②

0229 대표 예제 한 번 더

$\log_2 \dfrac{1}{12}$의 정수 부분을 a, 소수 부분을 b라 할 때, $a\times2^b$의 값은?

① $-\dfrac{16}{3}$　　　② -5　　　③ $-\dfrac{14}{3}$
④ $-\dfrac{13}{3}$　　　⑤ -4

0230

$\log A=-4.68$일 때, $\log A\sqrt{A}$의 정수 부분은?

① -8　　　② -7　　　③ -6
④ -5　　　⑤ -4

0231

$\log \dfrac{1}{x}$의 정수 부분이 -2일 때, 자연수 x의 개수를 구하시오.

0232

$\log_3 x$의 정수 부분이 3, $\log_2 x$의 정수 부분이 4가 되도록 하는 자연수 x의 개수는?

① 5　　　② 6　　　③ 7
④ 8　　　⑤ 9

유형 12 　상용로그의 정수 부분의 성질

① A^k의 자릿수 구하기
  $A^k\,(A^k\geq1)$의 자릿수는 다음과 같은 순서로 구한다.
  ❶ $\log A^k$의 정수 부분을 구한다.
  ❷ $n\leq\log A^k<n+1$이면 A^k은 $(n+1)$자리의 정수이다.
  　　　　　　　　　　(단, n은 0 이상의 정수이다.)
② A^k의 소수점 아래에서 처음으로 0이 아닌 숫자가 나타나는 자리 구하기
  $A^k\,(0<A^k<1)$이 소수점 아래 몇 째 자리에서 처음으로 0이 아닌 숫자가 나타나는지는 다음과 같은 순서로 구한다.
  ❶ $\log A^k$의 정수 부분을 구한다.
  ❷ $-n\leq\log A^k<-(n-1)$이면 A^k은 소수점 아래 n째 자리에서 처음으로 0이 아닌 숫자가 나타난다. (단, n은 자연수이다.)

👍 대표 예제

0233 3^{20}은 몇 자리의 자연수인가?
　　　　　　　　　　(단, $\log 3=0.4771$로 계산한다.)

① 8　　　　② 9　　　　③ 10
④ 11　　　⑤ 12

선생님 해설

$\log 3^{20}=20\log 3=20\times0.4771=9.542$
따라서 $\log 3^{20}$의 정수 부분이 9이므로 

3^{20}은 10자리의 자연수이다.

　　　　　　　　　　　　　　　답 ③

0234 [대표 예제] [한 번 더]

$\left(\dfrac{1}{2}\right)^{20}$은 소수점 아래 n째 자리에서 처음으로 0이 아닌 숫자가 나타날 때, 자연수 n의 값은?
　　　　　　(단, $\log 2=0.3010$으로 계산한다.)

① 6　　　　② 7　　　　③ 8
④ 9　　　　⑤ 10

0235

2^n이 17자리의 자연수가 되도록 하는 모든 자연수 n의 값의 합을 구하시오. (단, $\log 2=0.3$으로 계산한다.)

0236

13^{100}이 112자리의 자연수일 때, 13^{40}은 몇 자리의 자연수인가?

① 41　　　　② 42　　　　③ 43
④ 44　　　　⑤ 45

0237

자연수 a에 대하여 a^{50}이 200자리의 자연수이다. $\left(\dfrac{1}{a}\right)^5$은 소수점 아래 n째 자리에서 처음으로 0이 아닌 숫자가 나타날 때, 자연수 n의 값은?

① 16　　　　② 17　　　　③ 18
④ 19　　　　⑤ 20

유형 13 상용로그의 소수 부분의 성질

① $\log A$와 $\log B$의 소수 부분이 서로 같으면
  $\log A - \log B = (정수)$
② $\log A$와 $\log B$의 소수 부분의 합이 1이면
  $\log A + \log B = (정수)$

🤚 대표 예제

0238 $10 < x < 100$일 때, $\log \sqrt{x}$와 $\log \dfrac{1}{x}$의 차가 정수가 되도록 하는 $\log x$의 값은?

① 1 ② $\dfrac{7}{6}$ ③ $\dfrac{4}{3}$

④ $\dfrac{3}{2}$ ⑤ $\dfrac{5}{3}$

선생님 해설

$\log \sqrt{x}$와 $\log \dfrac{1}{x}$의 차가 정수가 되도록 하려면

$\log \sqrt{x} - \log \dfrac{1}{x} = \dfrac{1}{2} \log x + \log x = \dfrac{3}{2} \log x$

$\left(\log \dfrac{1}{x} = \log x^{-1} = -\log x \right)$

에서 $\dfrac{3}{2} \log x$가 정수이어야 한다.

이때 $10 < x < 100$에서

$1 < \log x < 2$, $\dfrac{3}{2} < \dfrac{3}{2} \log x < 3$

따라서 $\dfrac{3}{2} \log x = 2$이므로

$\log x = \dfrac{4}{3}$

답 ③

0239 [대표 예제] [한 번 더]
$100 \leq x < 1000$일 때, $\log x^2$과 $\log x^5$의 차가 정수가 되도록 하는 모든 실수 x의 값의 곱은?

① 10^6 ② 10^7 ③ 10^8

④ 10^9 ⑤ 10^{10}

0240
두 양수 x, y에 대하여 $\log x$와 $\log y$의 정수 부분이 각각 3, 7이고, $\log x$의 소수 부분과 $\log y$의 소수 부분이 서로 같을 때, $\log \sqrt{\dfrac{x}{y}}$의 값은?

① -5 ② -4 ③ -3

④ -2 ⑤ -1

0241
$\log x$의 정수 부분이 5이고, $\log x$의 소수 부분과 $\log \sqrt[5]{x^2}$의 소수 부분의 합이 1일 때, $\log \sqrt[5]{x}$의 값은?

① $\dfrac{8}{7}$ ② $\dfrac{7}{6}$ ③ $\dfrac{6}{5}$

④ $\dfrac{5}{4}$ ⑤ $\dfrac{4}{3}$

0242
두 양수 x, y에 대하여 $\log x$와 $\log y$의 정수 부분이 각각 3, 4이고, $\log x$의 소수 부분과 $\log y$의 소수 부분의 합이 1일 때, $\log \sqrt{xy}$의 값은?

① 1 ② 2 ③ 3

④ 4 ⑤ 5

유형 14 상용로그의 실생활에의 활용

① 관계식이 주어질 때 ➡ 주어진 관계식에 알맞은 값 또는 문자를 대입하여 로그의 정의 및 성질을 이용한다.
② 일정하게 증가하거나 감소할 때 ➡ 현재의 양이 A이고 매년 a %씩 증가할 때, n년 후의 양은 $A\left(1+\dfrac{a}{100}\right)^n$이다.

• 매년 a %씩 감소할 때, n년 후의 양은 $A\left(1-\dfrac{a}{100}\right)^n$이다.

👍 대표 예제

0243 지진의 규모를 M, 지진파 에너지를 E라 할 때, 다음과 같은 관계식이 성립한다고 한다.

$$\log E = 12.24 + 1.44M$$

규모가 4인 지진파 에너지를 E_1, 규모가 6인 지진파 에너지를 E_2라 할 때, E_2는 E_1의 몇 배인가?

(단, $\log 7.59 = 0.88$로 계산한다.)

① 7.59　　② 8.8　　③ 75.9
④ 88　　⑤ 759

선생님 해설

규모가 4인 지진파 에너지가 E_1이므로
$\log E_1 = 12.24 + 1.44 \times 4 = 18$
규모가 6인 지진파 에너지가 E_2이므로
$\log E_2 = 12.24 + 1.44 \times 6 = 20.88$

$\therefore \log \dfrac{E_2}{E_1} = \log E_2 - \log E_1$

$\qquad = 20.88 - 18 = 2.88$

$\qquad = 2 + 0.88 = \log 10^2 + \log 7.59$

$\qquad = \log(10^2 \times 7.59) = \log 759$

따라서 $\dfrac{E_2}{E_1} = 759$에서 $E_2 = 759E_1$이므로 E_2는 E_1의 759배이다.

답 ⑤

0244 대표 예제 한 번 더

어느 전자기기에서 발생되는 전자파의 세기를 T_0, 이 전자기기로부터 d m만큼 떨어진 곳에서의 전자파의 세기를 T라 할 때, 다음과 같은 관계식이 성립한다고 한다.

$$T = T_0 \times (\sqrt[9]{0.2})^d$$

이 전자기기로부터 3 m 떨어진 곳에서의 전자파의 세기를 T_1, 15 m 떨어진 곳에서의 전자파의 세기를 T_2라 하자. $T_1 = kT_2$일 때, k의 값은?

(단, $\log 2 = 0.301$, $\log 8.55 = 0.932$로 계산한다.)

① 2　　② 3.01　　③ 8.55
④ 9.32　　⑤ 20

0245

어느 커피전문점의 매출액이 매월 일정하게 증가하여 30개월 후 첫 달 매출액의 4배가 되었다. 30개월 동안 이 커피전문점의 매출액은 매월 몇 %씩 증가하였는가?

(단, $\log 1.047 = 0.02$, $\log 2 = 0.3$으로 계산한다.)

① 4.6　　② 4.7　　③ 4.8
④ 4.9　　⑤ 5

0246

빛이 어떤 유리판을 한 장 통과할 때마다 그 밝기가 10 %씩 감소한다고 한다. 밝기가 300(lx)인 빛이 이 유리판을 6장 통과하였을 때의 밝기(lx)는? (단, lx는 빛의 조명도를 나타내는 단위이고, $\log 3 = 0.477$, $\log 1.59 = 0.201$로 계산한다.)

① 159　　② 168　　③ 180
④ 193　　⑤ 201

0247

어떤 정수기가 정수 작업을 1회 할 때마다 a %의 불순물을 제거한다고 하자. 정수 작업을 5회 하였을 때, 불순물의 양이 처음 불순물의 양의 $\dfrac{1}{100}$이 되도록 하는 a의 값은?

(단, $\log 3.99 = 0.6$으로 계산한다.)

① 60.1　　② 60.3　　③ 60.5
④ 60.7　　⑤ 60.9

0248

· 유형 11 ·

$\log 50$의 정수 부분을 a, 소수 부분을 b라 할 때, $\dfrac{10^a+10^b}{10^a-10^b}$의 값은?

① 2   ② $\dfrac{5}{2}$ ③ 3

④ $\dfrac{7}{2}$ ⑤ 4

0249

· 유형 02 ·

모든 실수 x에 대하여
$$\log_{a^2}(x^2+2ax+10)$$
이 정의되도록 하는 정수 a의 개수는?

① 3   ② 4   ③ 5

④ 6   ⑤ 7

0250

· 유형 04 ·

삼각형 ABC의 세 변의 길이 a, b, c 사이에
$$\log_{b+c} a + \log_{b-c} a = 2\log_{b+c} a \times \log_{b-c} a$$
인 관계가 성립할 때, 이 삼각형은 어떤 삼각형인가?

(단, $a\neq1$, $b-c>1$)

① 빗변의 길이가 a인 직각삼각형

② 빗변의 길이가 b인 직각삼각형

③ 빗변의 길이가 c인 직각삼각형

④ $a=b$인 이등변삼각형

⑤ 정삼각형

0251

· 유형 03 ·

$x=\left(\sqrt{6+\sqrt{11}}-\sqrt{6-\sqrt{11}}\right)^{\frac{1}{5}}$일 때,
$\log_2 x+\log_2 x^2+\log_2 x^3+\log_2 x^4$의 값은?

① $\dfrac{1}{4}$ ② $\dfrac{1}{2}$ ③ 1

④ 2   ⑤ 4

0252

· 유형 08 ·

1이 아닌 서로 다른 세 양수 a, b, c에 대하여 $\log_2 abc=10$이 성립할 때, $a^x=b^y=c^z=4$를 만족시키는 세 실수 x, y, z에 대하여 $\dfrac{1}{x}+\dfrac{1}{y}+\dfrac{1}{z}$의 값은?

① 2   ② 3   ③ 4

④ 5   ⑤ 6

0253

· 유형 14 ·

어느 가정에 설치된 공기 청정기는 실내 먼지의 양이 $1\,\text{m}^3$당 $200\,\mu\text{g}(1\,\mu\text{g}=10^{-6}\,\text{g})$이 되면 자동으로 작동한다. 이 공기 청정기가 가동되기 시작하고 t초 후 $1\,\text{m}^3$당 실내 먼지의 양을 $x(t)$라 할 때, 다음과 같은 관계식이 성립한다고 한다.

$$x(t)=20+180\times 3^{-\frac{t}{256}}\,(\mu\text{g}/\text{m}^3)$$

이 공기 청정기가 가동되기 시작하고 n초 후 실내 먼지의 양이 $1\,\text{m}^3$당 $30\,\mu\text{g}$이 되었다고 할 때, n의 값을 구하시오.

(단, $\log 2=0.3$, $\log 3=0.48$로 계산한다.)

0254 · 유형 12 ·

두 자연수 A, B에 대하여 $\dfrac{B^4}{A^3}$의 정수 부분은 7자리의 수이고, $\dfrac{A^3}{B^2}$은 소수점 아래 넷째 자리에서 처음으로 0이 아닌 숫자가 나타날 때, B는 몇 자리의 수인가?

① 1   ② 2   ③ 3

④ 4   ⑤ 5

0255 · 유형 06 ·

$\log_2 6 = k$일 때, $\log_3 \sqrt{6} - \log_6 \sqrt{3}$을 k로 나타낸 것은?

① $\dfrac{2k-1}{2k(k-1)}$ ② $\dfrac{2k+1}{2k(k-1)}$ ③ $\dfrac{2k-1}{2k(k+1)}$

④ $\dfrac{2k+1}{2k(k+1)}$ ⑤ $\dfrac{2k+1}{2k(k+3)}$

0256 · 유형 01 + 유형 03 ·

100 이하의 자연수 n에 대하여 $f(n)$이
$$2^{f(n)} = n \times 2^n$$
을 만족시킬 때, $f(n)$이 정수가 되도록 하는 n의 개수를 구하시오.

0257 · 유형 08 ·

그림과 같이 삼각형 ABC의 내심 I에 대하여 선분 AI의 연장선과 변 BC의 교점을 D라 할 때, $\overline{AB}=3$, $\overline{AC}=4$, $\overline{BC}=6$, $\overline{AI}=\log_2 x$, $\overline{DI}=\log_4 y$이다. 두 양수 x, y에 대하여 $x=y^k$일 때, 상수 k의 값은?

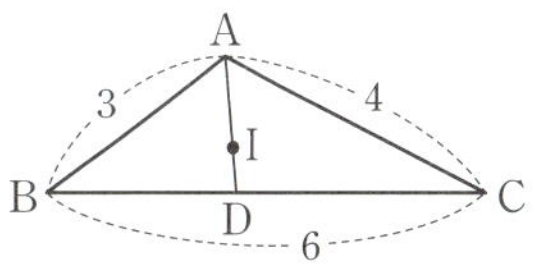

① $\dfrac{1}{3}$ ② $\dfrac{5}{12}$ ③ $\dfrac{1}{2}$

④ $\dfrac{7}{12}$ ⑤ $\dfrac{2}{3}$

0258 · 유형 04 ·

1이 아닌 서로 다른 두 양수 a, b가 $\log_a b = \log_b a$를 만족시킬 때, $4a^4 + 2ab + b^4$의 최솟값을 구하시오.

0259 · 유형 07 ·

$2^{2a^2}=x$, $2^{ab}=y$, $2^{b^2}=xy$일 때, $\log_{x^2} \sqrt{y}$의 값은?
$$\text{(단, } a>1, \ b>1, \ x>1, \ y>1)$$

① $\dfrac{1}{8}$ ② $\dfrac{1}{4}$ ③ $\dfrac{1}{2}$

④ 1   ⑤ 2

0260

· 유형 10 ·

$\sqrt[3]{469000}$의 값을 다음 상용로그표를 이용하여 구한 것은?

수	7	8	9
4.5	.6599	.6609	.6618
4.6	.6693	.6702	.6712
⋮	⋮	⋮	⋮
7.6	.8848	.8854	.8859
7.7	.8904	.8910	.8915

① 76.7 ② 77.7 ③ 77.8

④ 777 ⑤ 778

0261

· 유형 11 ·

자연수 k에 대하여 $a_k=0$ 또는 $a_k=1$일 때,

$$\log_3 2 = a_1 + \frac{a_2}{2} + \frac{a_3}{2^2} + \frac{a_4}{2^3} + \cdots$$

가 성립한다고 한다. $a_1 + 2a_2 + 3a_3$의 값은?

① 1 ② 2 ③ 3

④ 4 ⑤ 5

0262

· 유형 03 + 유형 12 ·

두 자연수 m, n이 다음 조건을 만족시킨다.

> (가) $1 < m < 10$
> (나) $1 \le \log n < 2$

$\log_m n$이 자연수가 되도록 하는 두 자연수 m, n의 순서쌍 (m, n)의 개수를 구하시오.

0263

사고력

· 유형 03 + 유형 05 ·

1보다 큰 자연수 x에 대하여

$$f(x) = \begin{cases} \log_2(\log_4 x) & (\log_4 x\text{가 유리수일 때}) \\ 0 & (\log_4 x\text{가 무리수일 때}) \end{cases}$$

라 하자. $f(2)+f(3)+f(4)+\cdots+f(100)=\log_2 \dfrac{q}{p}$일 때, $p+q$의 값을 구하시오. (단, p, q는 서로소인 자연수이다.)

0264

· 유형 11 ·

$\log 2a$의 정수 부분과 $\log 4a$의 정수 부분의 합이 2가 되도록 하는 자연수 a의 개수는?

① 12 ② 14 ③ 16

④ 18 ⑤ 20

0265

창의력 +

· 유형 03 ·

다음 조건을 만족시키는 70 이하의 자연수 n의 개수를 구하시오.

> $\log_3 \dfrac{n}{a}$이 자연수가 되도록 하는 자연수 a가 오직 한 개 존재한다.

서술형 문제

0266
· 유형 03 + 유형 04 + 유형 05 ·

세 수

$$A=\log_{\frac{1}{2}}\{\log_9(\log_5 125)\},$$

$$B=\log_2 5 \times \log_3 4 \times \log_5 9,$$

$$C=4^{\log_2 12-2}$$

의 대소를 비교하시오.

☑ 필요 개념 및 공식
- [ ] 로그의 성질
- [ ] 로그의 밑의 변환

0267
· 유형 01 + 유형 04 ·

a, b, c가 1이 아닌 양수일 때, $a^{\log_b c}=c^{\log_b a}$이 성립함을 보이시오.

0268
· 유형 08 ·

세 양수 x, y, z에 대하여 $2^a=x$, $2^b=y$, $2^c=z$가 $a+b+c=0$을 만족시킨다.

$$\log_2 x^{\frac{1}{b}+\frac{1}{c}}+\log_2 y^{\frac{1}{c}+\frac{1}{a}}+\log_2 z^{\frac{1}{a}+\frac{1}{b}}=k$$

일 때, k^2의 값을 구하시오.

☑ 필요 개념 및 공식
- [ ] 로그의 정의
- [ ] 로그의 성질

0269
· 유형 14 ·

어느 지하철의 10년 전의 이용 승객이 p명이었다. 그 후 5년 동안 매년 15 %씩 승객의 수가 증가하였고, 그 다음 5년 동안은 매년 20 %씩 승객의 수가 감소하였다. 현재 이용 승객을 kp명이라 할 때, $100k$의 값을 구하시오.

(단, $\log 6.6=0.820$, $\log 9.2=0.964$로 계산한다.)

☑ 필요 개념 및 공식
- [ ] 지수법칙
- [ ] 상용로그의 정수 부분과 소수 부분

0270
· 유형 11 + 유형 13 ·

서로 다른 두 양수 x, y가 다음 조건을 만족시킨다.

> (가) $\log x$와 $\log y$의 정수 부분이 서로 같다.
>
> (나) $\log x$와 $\log \dfrac{1}{y}$의 소수 부분이 서로 같다.
>
> (다) $\log x^2 y^3$의 정수 부분은 22이다.

$\log xy$의 값을 구하시오.

☑ 필요 개념 및 공식
- [ ] 상용로그의 소수 부분의 성질

0271
· 유형 03 ·

다음은 500의 모든 약수를 작은 것부터 차례대로 나열한 것이다.

$$a_1,\ a_2,\ a_3,\ \cdots,\ a_n$$

$[\log a_1+\log a_2+\log a_3+\cdots+\log a_n]$의 값을 구하시오. (단, $[x]$는 x보다 크지 않은 최대 정수이고, $\log 2=0.3$으로 계산한다.)

☑ 필요 개념 및 공식
- [ ] 소인수분해를 이용하여 약수 구하기
- [ ] 로그의 성질

개념 01　지수함수의 뜻과 그래프

(1) **지수함수**
　a가 1이 아닌 양수일 때, $y=a^x$을 a를 밑으로 하는 지수함수라 한다.

(2) **지수함수 $y=a^x$ $(a>0,\ a\neq1)$의 성질**
　① 정의역은 실수 전체의 집합이고, 치역은 양의 실수 전체의 집합이다. ・a의 값에 관계없이 $a^0=1$이므로 점 $(0,\ 1)$을 지난다.
　② 그래프는 점 $(0,\ 1)$을 지나고, x축을 점근선으로 갖는다.
　③ $a>1$일 때, x의 값이 증가하면 y의 값도 증가한다.
　　$0<a<1$일 때, x의 값이 증가하면 y의 값은 감소한다.

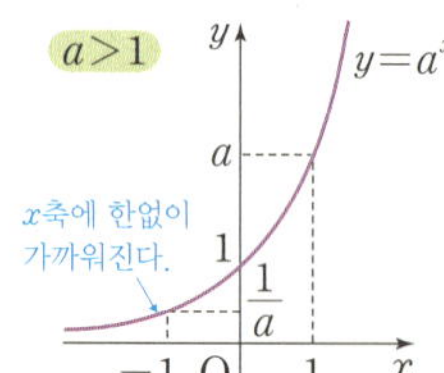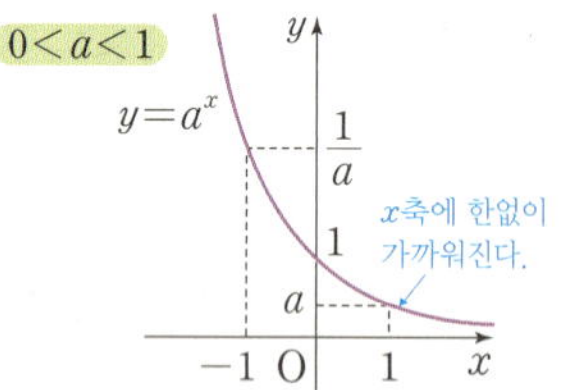

(3) **지수함수의 그래프의 평행이동과 대칭이동**
　지수함수 $y=a^x$의 그래프를
　① x축의 방향으로 m만큼, y축의 방향으로 n만큼 평행이동
　　$\Rightarrow y=a^{x-m}+n$
　② x축에 대하여 대칭이동 $\Rightarrow y=-a^x$
　③ y축에 대하여 대칭이동 $\Rightarrow y=\left(\dfrac{1}{a}\right)^x$
　④ 원점에 대하여 대칭이동 $\Rightarrow y=-\left(\dfrac{1}{a}\right)^x$

0272 지수함수인 것만을 | 보기 |에서 있는 대로 고르시오.

| 보기 |
ㄱ. $y=2^x$　　　　　ㄴ. $y=x^5$
ㄷ. $y=(2-\sqrt{2})^{-x+1}$　　ㄹ. $y=\dfrac{1}{3^x}$

0273 함수 $f(x)=\left(\dfrac{1}{2}\right)^x$에 대한 설명으로 | 보기 |에서 옳은 것만을 있는 대로 고르시오.

| 보기 |
ㄱ. 치역은 양의 실수 전체의 집합이다.
ㄴ. $x_1<x_2$이면 $f(x_1)<f(x_2)$이다.
ㄷ. 함수 $y=f(x)$의 그래프를 x축에 대하여 대칭이동하면 함수 $y=2^x$의 그래프와 일치한다.

[0274~0277]　함수 $y=a^x$ $(a>1)$의 그래프가 오른쪽 그림과 같을 때, 다음 함수의 그래프를 그리시오.

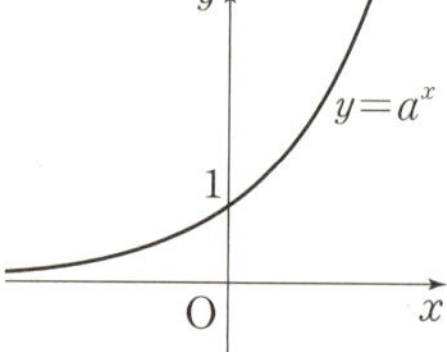

0274 $y=a^{x-2}$

0275 $y=a^x-1$

0276 $y=-a^x$

0277 $y=-\dfrac{1}{a^x}$

개념 02　지수함수의 최대 · 최소

(1) **지수함수를 이용한 두 수의 대소 비교**
　지수함수 $y=a^x$에서 x의 값이 증가할 때
　① $a>1$이면 y의 값은 증가한다.
　② $0<a<1$이면 y의 값은 감소한다.
　・두 수의 대소를 비교할 때 밑을 같게 할 수 있으면 밑을 같게 한 후 지수의 대소를 비교한다.

(2) **제한된 범위에서의 지수함수의 최대 · 최소**
　정의역이 $\{x|\alpha\leq x\leq\beta\}$일 때 지수함수 $y=a^x$은
　① $a>1$이면 $x=\alpha$일 때 최솟값 a^α, $x=\beta$일 때 최댓값 a^β을 갖는다.
　② $0<a<1$이면 $x=\alpha$일 때 최댓값 a^α, $x=\beta$일 때 최솟값 a^β을 갖는다.
　・제한된 범위에서의 지수함수의 최대 · 최소는 두 경계에서의 함숫값 중 큰 값이 최댓값, 작은 값이 최솟값이다.

[0278~0281]　다음 ☐ 안에 $>$, $<$ 중 옳은 것을 써넣으시오.

0278 $\sqrt[5]{64}\ \square\ \sqrt{8}$　　　**0279** $\sqrt[4]{1000}\ \square\ \sqrt[5]{10000}$

0280 $\sqrt{\left(\dfrac{1}{3}\right)^5}\ \square\ \sqrt[4]{\dfrac{1}{3^9}}$　　**0281** $\sqrt[3]{0.01}\ \square\ \sqrt[6]{0.001}$

[0282~0285]　다음 함수의 최댓값과 최솟값을 구하시오.

0282 $y=2^x$ $(-1\leq x\leq3)$

0283 $y=\left(\dfrac{1}{3}\right)^x$ $(0\leq x\leq2)$

0284 $y=9\cdot3^x$ $(-4\leq x\leq-1)$

0285 $y=2^{-x}+1$ $(-1\leq x\leq2)$

개념 03   지수에 미지수가 있는 방정식

(1) 밑을 같게 할 수 있는 경우

주어진 방정식을 $a^{f(x)}=a^{g(x)}$ $(a>0,\ a\neq1)$ 꼴로 변형한 후

$$a^{f(x)}=a^{g(x)} \Longleftrightarrow f(x)=g(x)$$

임을 이용하여 방정식 $f(x)=g(x)$를 푼다.

(2) a^x 꼴이 반복되는 경우

$a^x=t$로 치환하여 t에 대한 방정식을 푼다.

이때 $a^x>0$이므로 $t>0$임에 주의한다.

(3) 지수가 같은 경우

$a^{f(x)}=b^{f(x)}$ 꼴이면 $a=b$ 또는 $f(x)=0$이다.

(단, $a>0,\ b>0$)

[0286~0289] 다음 방정식을 푸시오.

0286 $2^x=128$

0287 $3^{x-1}=\dfrac{\sqrt{3}}{3}$

0288 $4^x=2\cdot8^{2x}$

0289 $(3\sqrt{3})^{x-1}=\dfrac{1}{9^x}$

0290 다음은 방정식 $2^{2x}-3\cdot2^x-4=0$의 해를 구하는 과정이다. (가), (나), (다)에 알맞은 식 또는 값을 써넣으시오.

> $2^x=t$ $(t>0)$라 하고 주어진 방정식을 t에 대하여 나타내면
>
> $$\boxed{\quad\text{(가)}\quad}=0$$
>
> 위의 방정식을 풀면 $t>0$이므로 $t=\boxed{\text{(나)}}$
>
> 즉, $2^x=\boxed{\text{(나)}}$이므로 $x=\boxed{\text{(다)}}$

[0291~0294] 다음 방정식을 푸시오.

0291 $3^{2x}+3^x-2=0$

0292 $2^{2x}-6\cdot2^x+8=0$

0293 $9^x-3^x-6=0$

0294 $2^{2x+1}+2^x-1=0$

[0295~0296] 다음 방정식을 푸시오.

0295 $2^{2x+1}=3^{2x+1}$

0296 $(2x+1)^{1-x}=7^{1-x}$ $\left(x>-\dfrac{1}{2}\right)$

개념 04   지수에 미지수가 있는 부등식

(1) 밑을 같게 할 수 있는 경우

❶ 주어진 부등식을 $a^{f(x)}>a^{g(x)}$ $(a>0,\ a\neq1)$ 꼴로 변형한다.

❷ $a>1$일 때에는 $f(x)>g(x)$임을 이용하여 부등식 $f(x)>g(x)$를 푼다.

❸ $0<a<1$일 때에는 $f(x)<g(x)$임을 이용하여 부등식 $f(x)<g(x)$를 푼다.

(2) a^x 꼴이 반복되는 경우

❶ $a^x=t$ $(t>0)$로 치환한다.

❷ t에 대한 부등식을 푼다.

❸ (1)의 방법을 이용하여 x의 값을 구한다.

[0297~0300] 다음 부등식을 푸시오.

0297 $3^x>81$

0298 $\left(\dfrac{1}{2}\right)^{2x-3}<2\sqrt{2}$

0299 $8^{x-1}\geq2\cdot4^{2x+1}$

0300 $\left(\dfrac{1}{5}\right)^{x+2}\leq5\cdot\left(\dfrac{1}{25}\right)^x$

0301 다음은 부등식 $5^{2x}-6\cdot5^x+5\leq0$의 해를 구하는 과정이다. (가)~(마)에 알맞은 식 또는 값을 써넣으시오.

> $5^x=t$ $(t>0)$라 하고 주어진 부등식을 t에 대하여 나타내면
>
> $$\boxed{\quad\text{(가)}\quad}\leq0$$
>
> 위의 부등식을 풀면 $\boxed{\text{(나)}}\leq t\leq\boxed{\text{(다)}}$
>
> 즉, $\boxed{\text{(나)}}\leq5^x\leq\boxed{\text{(다)}}$이므로 $\boxed{\text{(라)}}\leq x\leq\boxed{\text{(마)}}$

[0302~0305] 다음 부등식을 푸시오.

0302 $\left(\dfrac{1}{4}\right)^x-5\cdot\left(\dfrac{1}{2}\right)^x+4\leq0$

0303 $4^x-2^x-12\leq0$

0304 $0.01^x-11\cdot0.1^x+10>0$

0305 $3^{2x+1}+2\cdot3^x>1$

유형 01 지수함수

함수 $f(x)=a^x$ $(a>0,\ a\neq1)$에 대하여
① $f(k)=a^k$
② 정의역: 실수 전체의 집합, 치역: 양의 실수 전체의 집합
③ $a>1$이면 x의 값이 증가할 때 y의 값도 증가
　　$0<a<1$이면 x의 값이 증가할 때 y의 값은 감소
④ x축 $(y=0)$을 점근선으로 갖는다.
⑤ 함수 $y=\left(\dfrac{1}{a}\right)^x$의 그래프와 y축에 대하여 대칭이다.

🔖 대표 예제

0306 함수 $f(x)=a^x$ $(a>0,\ a\neq1)$에 대하여
$f(1)+f(2)=6$일 때, $f(0)+f(-1)$의 값은?

① $\dfrac{1}{2}$　　　② 1　　　③ $\dfrac{3}{2}$

④ 2　　　⑤ $\dfrac{5}{2}$

선생님 해설

$f(1)+f(2)=6$에서
$f(1)+f(2)=a^1+a^2=a+a^2=6$
$a^2+a-6=0,\ (a+3)(a-2)=0$
$\therefore a=2\ (\because a>0)$
따라서 $f(x)=2^x$이므로
$f(0)+f(-1)=2^0+2^{-1}$
　　　　　　　　$=1+\dfrac{1}{2}=\dfrac{3}{2}$

$f(1)+f(2)=6$에서 a에 대한 식을 만들어 a의 값을 구할 때 $a>0$임에 주의하여 구한다.

답 ③

0307 【대표 예제】【한 번 더】
함수 $f(x)=a^x$ $(a>0,\ a\neq1)$에 대하여
$f(-1)+f(-2)=12$일 때, $f(2)+\dfrac{1}{f(1)}$의 값은?

① $\dfrac{26}{9}$　　　② 3　　　③ $\dfrac{28}{9}$

④ $\dfrac{29}{9}$　　　⑤ $\dfrac{10}{3}$

0308
함수 $f(x)=a^x$과 임의의 실수 $x,\ y$에 대하여 **보기**에서
옳은 것만을 있는 대로 고른 것은?

(단, a는 1이 아닌 양수이다.)

---- **보기** ----

ㄱ. $f(-x)=\dfrac{1}{f(x)}$

ㄴ. $f(x+y)=f(x)f(y)$

ㄷ. $f(nx)=nf(x)$ (단, n은 2 이상의 자연수)

① ㄱ　　　② ㄷ　　　③ ㄱ, ㄴ

④ ㄴ, ㄷ　　　⑤ ㄱ, ㄴ, ㄷ

0309
함수 $f(x)=a^x$의 역함수를 $g(x)$라 하자. $f(3)=\dfrac{1}{8}$일 때,
$g(4)\cdot g\left(\dfrac{\sqrt{2}}{2}\right)$의 값은? (단, $a>0,\ a\neq1$)

① -3　　　② -1　　　③ 1

④ 3　　　⑤ 5

0310
함수 $f(x)=a^x-a^{-x}$에 대하여 $f(k)=2$일 때, $f(3k)$의
값은? (단, $a>0,\ a\neq1$)

① 8　　　② 10　　　③ 12

④ 14　　　⑤ 16

유형 02 지수함수의 그래프의 평행이동과 대칭이동

함수 $y=a^x$의 그래프를
① x축의 방향으로 m만큼, y축의 방향으로 n만큼 평행이동
  $\Rightarrow y=a^{x-m}+n$
② x축에 대하여 대칭이동 $\Rightarrow y=-a^x$
③ y축에 대하여 대칭이동 $\Rightarrow y=\left(\dfrac{1}{a}\right)^x$
④ 원점에 대하여 대칭이동 $\Rightarrow y=-\left(\dfrac{1}{a}\right)^x$

👆 대표 예제

0311 함수 $y=2^{2x}$의 그래프를 x축의 방향으로 m만큼, y축의 방향으로 n만큼 평행이동하였더니 함수 $y=\dfrac{1}{8}\cdot 4^x+2$의 그래프와 일치하였다. mn의 값을 구하시오.

선생님 해설

함수 $y=2^{2x}$의 그래프를 x축의 방향으로 m만큼, y축의 방향 (x 대신 $x-m$을 대입)
으로 n만큼 평행이동한 그래프의 식은 (y 대신 $y-n$을 대입)
$y-n=2^{2(x-m)}$, $y=2^{2x}\cdot 2^{-2m}+n$
$\therefore y=\dfrac{1}{2^{2m}}\cdot 4^x+n$

이 식이 $y=\dfrac{1}{8}\cdot 4^x+2$와 일치하므로

$\dfrac{1}{2^{2m}}=\dfrac{1}{8}=\dfrac{1}{2^3}$, $n=2$

따라서 $m=\dfrac{3}{2}$, $n=2$이므로

$mn=\dfrac{3}{2}\cdot 2=3$

답 3

0312 대표 예제 한 번 더

함수 $y=4\cdot\left(\dfrac{1}{2}\right)^x+5$의 그래프는 함수 $y=a^x$의 그래프를 x축의 방향으로 m만큼, y축의 방향으로 n만큼 평행이동한 것과 같다. $a+m+n$의 값은? (단, $a>0$, $a\neq 1$)

① $\dfrac{11}{2}$ ② $\dfrac{13}{2}$ ③ $\dfrac{15}{2}$

④ $\dfrac{17}{2}$ ⑤ $\dfrac{19}{2}$

0313

그림과 같이 함수 $y=\left(\dfrac{1}{3}\right)^{x-m}+n$의 그래프는 점 $(-2,\ 0)$을 지나고 직선 $y=-3$을 점근선으로 갖는다. mn의 값을 구하시오.
(단, m, n은 상수이다.)

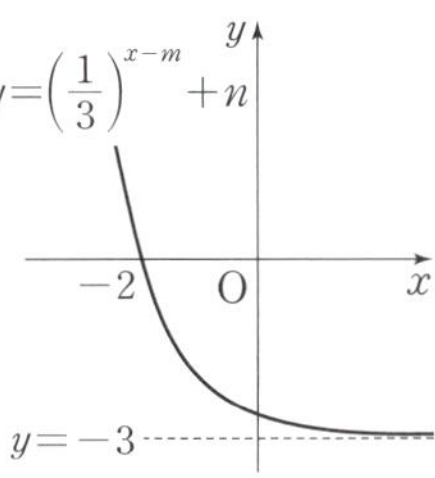

0314

함수 $y=4\cdot 2^x+1$의 그래프를 y축에 대하여 대칭이동한 후 x축의 방향으로 1만큼, y축의 방향으로 a만큼 평행이동하였더니 함수 $y=b^{x-c}-1$의 그래프와 일치하였다. $a+b+c$의 값은? (단, b, c는 상수이다.)

① $\dfrac{1}{2}$ ② 1 ③ $\dfrac{3}{2}$

④ 2 ⑤ $\dfrac{5}{2}$

0315 UP

함수 $y=\left(\dfrac{4}{9}\right)^x$의 그래프를 평행이동 또는 대칭이동하여 겹쳐질 수 있는 그래프의 식만을 | 보기 |에서 있는 대로 고른 것은?

| 보기 |
ㄱ. $y=\left(\dfrac{9}{4}\right)^{x-1}+1$
ㄴ. $y=2\cdot\left(\dfrac{4}{9}\right)^{x+1}$
ㄷ. $y=5\cdot 2^{-2x}\cdot 3^{2x}$

① ㄱ ② ㄷ ③ ㄱ, ㄴ
④ ㄴ, ㄷ ⑤ ㄱ, ㄴ, ㄷ

03. 지수함수

유형 03 지수함수의 그래프 위의 점

함수 $y=a^x$ $(a>0,\ a\neq1)$의 그래프가 점 $(p,\ q)$를 지난다.
$\iff q=a^p$

👍 대표 예제

0316 그림과 같이 함수 $y=2^x$의 그래프 위의 두 점 $A(x_1,\ y_1)$, $B(x_2,\ y_2)$에 대하여 $y_1y_2=4$일 때, x_1+x_2의 값은?

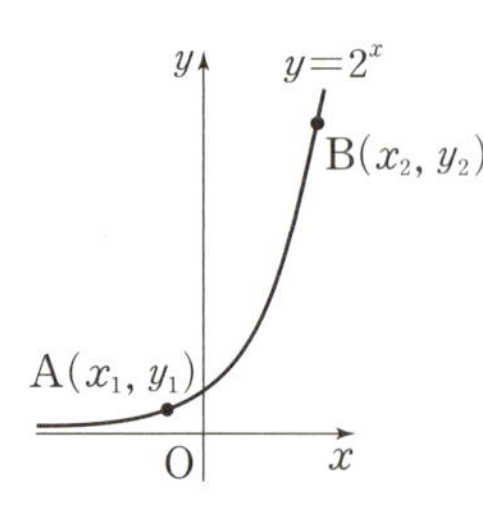

① 1 ② $\dfrac{3}{2}$

③ 2 ④ $\dfrac{5}{2}$

⑤ 3

선생님 해설

두 점 $A(x_1,\ y_1)$, $B(x_2,\ y_2)$는 함수 $y=2^x$의 그래프 위의 점이므로

$y_1=2^{x_1},\ y_2=2^{x_2}$

$y_1y_2=4$에서

$y_1y_2=2^{x_1}\cdot2^{x_2}$

$\quad\ =2^{x_1+x_2}=4=2^2$

$\therefore\ x_1+x_2=2$

'그래프 위의 점이다'
'그래프가 점을 지난다'
⟹ 함수의 식에 점의 좌표를 대입하면 성립한다.

답 ③

0317 대표 예제 한 번 더

그림과 같이 함수 $f(x)=a^x$ $(a>1)$의 그래프가 두 점 $A(x_1,\ 2)$, $B(x_2,\ 6)$을 지난다. 선분 AB의 중점을 M, 점 M에서 x축에 내린 수선의 발을 H라 할 때, 함수 $y=f(x)$의 그래프와 직선 MH의 교점의 y좌표는?

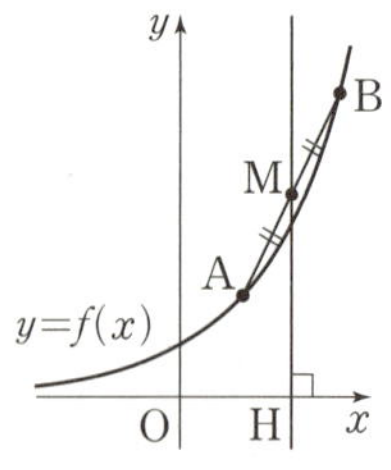

① $2\sqrt{3}$ ② $\sqrt{14}$ ③ 4

④ $3\sqrt{2}$ ⑤ $2\sqrt{5}$

0318 그림과 같이 두 함수 $y=a^x$, $y=a^{2x}$ $(a>1)$의 그래프와 직선 $y=4$가 만나는 점을 각각 A, B라 하자. 함수 $y=a^x$의 그래프와 y축이 만나는 점을 C라 할 때, 삼각형 ABC의 넓이는 3이다. 상수 a의 값은?

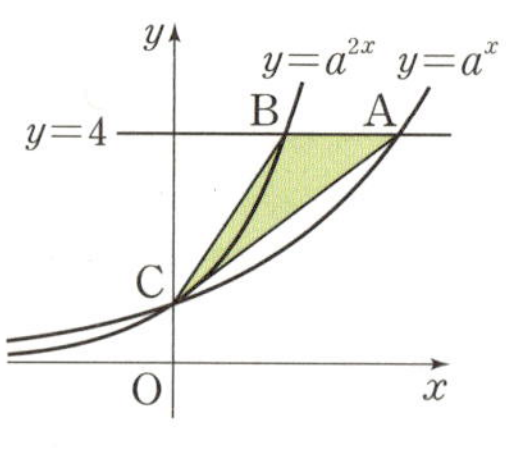

① $\sqrt{2}$ ② $\sqrt{3}$ ③ 2

④ $\sqrt{5}$ ⑤ $\sqrt{6}$

0319 그림과 같이 두 함수 $y=a^x$, $y=a^{-x}$ $(a>1)$의 그래프와 직선 $x=1$의 교점을 각각 A, B라 하자. $\overline{AB}=\dfrac{5}{6}$일 때, 상수 a의 값은?

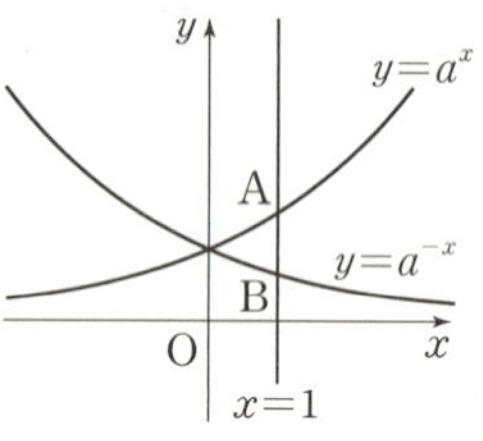

① $\dfrac{7}{6}$ ② $\dfrac{4}{3}$

③ $\dfrac{3}{2}$ ④ $\dfrac{5}{3}$

⑤ $\dfrac{11}{6}$

0320 그림과 같이 두 함수 $y=2^x$, $y=4^x$의 그래프가 있다. 함수 $y=2^x$의 그래프 위의 점 A를 지나고 각각 x축, y축과 평행한 직선이 함수 $y=4^x$의 그래프와 만나는 점을 각각 B, C라 하고, 점 C를 지나고 x축에 평행한 직선이 함수 $y=2^x$의 그래프와 만나는 점을 D라 하자. $\dfrac{\overline{CD}}{\overline{AB}}$의 값을 구하시오. (단, 점 A는 제1사분면 위의 점이다.)

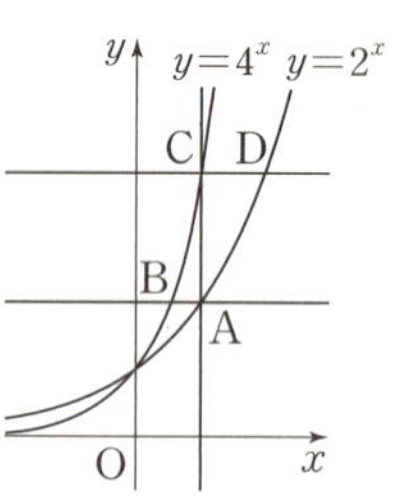

유형 04 지수함수를 이용한 수의 대소 비교

대소 비교를 하려는 수의 밑을 같게 한 후 지수함수의 성질을 이용한다.
$f(x)=a^x$에서
① $a>1$일 때, x의 값이 증가하면 y의 값도 증가한다.
  즉, $x_1<x_2 \iff a^{x_1}<a^{x_2}$
② $0<a<1$일 때, x의 값이 증가하면 y의 값은 감소한다.
  즉, $x_1<x_2 \iff a^{x_1}>a^{x_2}$

🔑 대표 예제

0321 세 수 $A=2^{\sqrt{3}}$, $B=\sqrt[3]{16}$, $C=\sqrt{8\sqrt[3]{2}}$의 대소 관계로 옳은 것은?

① $A<B<C$ ② $A<C<B$ ③ $B<A<C$
④ $B<C<A$ ⑤ $C<A<B$

선생님 해설

$A=2^{\sqrt{3}}$
$B=\sqrt[3]{16}=(2^4)^{\frac{1}{3}}=2^{\frac{4}{3}}$
$C=\sqrt{8\sqrt[3]{2}}=(2^3 \cdot 2^{\frac{1}{3}})^{\frac{1}{2}}$
$\quad =2^{\frac{1}{2}\left(3+\frac{1}{3}\right)}=2^{\frac{5}{3}}$

이때 $\dfrac{4}{3}<\dfrac{5}{3}<\sqrt{3}$이고 밑이 1보다 크므로

$2^{\frac{4}{3}}<2^{\frac{5}{3}}<2^{\sqrt{3}}$ ← $\left(\dfrac{5}{3}\right)^2=\dfrac{25}{9}=2.\times\times\times$, $(\sqrt{3})^2=3$이므로 $\dfrac{5}{3}<\sqrt{3}$

즉, $B<C<A$

답 ④

0322 대표 예제 한 번 더

세 수 $A=\dfrac{\sqrt{3}}{9}$, $B=\dfrac{\sqrt[3]{243}}{27}$, $C=\dfrac{\sqrt{81\sqrt{3}}}{81}$의 대소 관계로 옳은 것은?

① $A<B<C$ ② $A<C<B$ ③ $B<A<C$
④ $B<C<A$ ⑤ $C<A<B$

0323

세 수 $A=\sqrt{\dfrac{3}{2}}$, $B=\sqrt[5]{\dfrac{27}{4}}$, $C=\sqrt[7]{\dfrac{81}{8}}$의 대소 관계로 옳은 것은?

① $A<B<C$ ② $A<C<B$ ③ $B<A<C$
④ $B<C<A$ ⑤ $C<A<B$

0324

두 수 $A=(a^a)^a$, $B=a^{a^a}$에 대하여 ┃보기┃에서 옳은 것만을 있는 대로 고른 것은? (단, $a>0$, $a\neq1$)

┃보기┃

ㄱ. $a=\dfrac{1}{3}$이면 $A>B$이다.
ㄴ. $a=\sqrt{3}$이면 $A>B$이다.
ㄷ. $a=3$이면 $A>B$이다.

① ㄱ ② ㄷ ③ ㄱ, ㄴ
④ ㄴ, ㄷ ⑤ ㄱ, ㄴ, ㄷ

0325

$0<a<1$일 때, a, a^a, a^{a^a}의 대소 관계로 옳은 것은?

① $a<a^a<a^{a^a}$ ② $a<a^{a^a}<a^a$ ③ $a^a<a<a^{a^a}$
④ $a^a<a^{a^a}<a$ ⑤ $a^{a^a}<a<a^a$

$p \leq x \leq q$에서 정의된 지수함수 $f(x) = a^{x-m} + n$ $(a>0,\ a \neq 1)$에 대하여
① $a>1$이면 최댓값 $f(q)$, 최솟값 $f(p)$
② $0<a<1$이면 최댓값 $f(p)$, 최솟값 $f(q)$

참고 지수함수 $f(x)=a^{x-m}+n$ $(a>0,\ a \neq 1)$은 증가함수 또는 감소함수이므로 경계에서 각각 최댓값과 최솟값을 갖는다.

👍 대표 예제

0326 $0 \leq x \leq 2$에서 정의된 함수 $f(x) = 2^{x-1} + k$의 최솟값이 3일 때, 최댓값은 M이다. $M+k$의 값은?

(단, k는 상수이다.)

① 5　　　　② 6　　　　③ 7
④ 8　　　　⑤ 9

선생님 해설

x의 값이 증가하면 $f(x)$의 값도 증가한다.

밑이 1보다 크므로 $0 \leq x \leq 2$에서 정의된 함수 $f(x) = 2^{x-1} + k$는 $x=0$에서 최솟값, $x=2$에서 최댓값을 갖는다.

이때 최솟값이 3이므로

$$f(0) = 2^{0-1} + k = \frac{1}{2} + k = 3$$

$$\therefore k = \frac{5}{2}$$

$$f(2) = 2^{2-1} + \frac{5}{2} = 2 + \frac{5}{2} = \frac{9}{2}$$

$$\therefore M = \frac{9}{2}$$

$$\therefore M + k = \frac{9}{2} + \frac{5}{2} = 7$$

답 ③

0327 대표 예제 한 번 더
$-1 \leq x \leq 0$에서 정의된 함수
$$f(x) = 2^{m-2x} + n$$
이 최댓값 6, 최솟값 0을 가질 때, $m+n$의 값은?

(단, m, n은 상수이다.)

① -2　　　② -1　　　③ 0
④ 1　　　　⑤ 2

0328 $a \leq x \leq 1$에서 정의된 함수 $f(x) = \left(\frac{1}{2}\right)^{x+1} + b$의 최댓값은 $\frac{11}{4}$, 최솟값은 1이다. $a+b$의 값은? (단, b는 상수이다.)

① $-\dfrac{5}{4}$　　　② -1　　　③ $-\dfrac{3}{4}$
④ $-\dfrac{1}{2}$　　　⑤ $-\dfrac{1}{4}$

0329 두 함수 $f(x) = 2^{x+2}$, $g(x) = 3^{k-x}$에 대하여 함수 $h(x)$를 $h(x) = f(x)g(x)$라 하자. $-2 \leq x \leq 1$에서 함수 $h(x)$의 최댓값이 81일 때, 최솟값은 m이다. $k+m$의 값을 구하시오. (단, k는 상수이다.)

0330 $-1 \leq x \leq 1$에서 정의된 함수 $f(x) = a^{x+2}$의 최댓값을 M, 최솟값을 m이라 할 때, $4M = 9m$을 만족시키는 모든 실수 a의 값의 합은? (단, $a>0$, $a \neq 1$)

① $\dfrac{11}{6}$　　　② 2　　　③ $\dfrac{13}{6}$
④ $\dfrac{7}{3}$　　　⑤ $\dfrac{5}{2}$

유형 06 a^x 꼴이 반복되는 함수의 최대·최소

a^x $(a>0,\ a\neq1)$의 꼴이 반복되는 경우는 다음과 같은 순서로
최대·최소를 구한다.

❶ $a^x=t\ (t>0)$로 놓고 주어진 x의 값의 범위로부터 t의 값의 범위를 구한다.

❷ t의 값의 범위에서 치환하여 얻은 t에 대한 함수의 최대·최소를 구한다.

[참고] x의 값의 범위에 따른 t의 값의 범위에 주의한다.

🔷 대표 예제

0331 함수 $y=4^x-2^{x+2}+5$는 $x=a$에서 최솟값 b를 갖는다. $a+b$의 값은?

① -2 ② -1 ③ 0

④ 1 ⑤ 2

[선생님 해설]

$y=4^x-2^{x+2}+5$
$\quad=(2^x)^2-4\cdot2^x+5$

$2^x=t\ (t>0)$라 하면 주어진 함수는

$y=t^2-4t+5$
$\quad=(t-2)^2+1$

이므로 $t=2$, 즉 $x=1$에서 최솟값
1을 가지므로 ·$2^x=2$에서 $x=1$

$a=1,\ b=1$

$\therefore\ a+b=1+1=2$

> 제한된 범위에서 최대·최소를 구하는 것이 아닌 이차함수의 최대·최소를 이용하는 점을 주의깊게 보자.
> 이 유형을 계기로 이차함수의 성질을 복습하는 것이 좋다.

[답] ⑤

0332 [대표 예제] [한 번 더]
$x\geq2$에서 정의된 함수 $y=11+2^{x+1}-4^x$은 $x=a$에서 최댓값 b를 갖는다. $a+b$의 값은?

① 5 ② 7 ③ 9

④ 11 ⑤ 13

0333
$1\leq x\leq2$에서 정의된 함수 $y=9^x-4\cdot3^{x+1}+2$의 최댓값을 M, 최솟값을 m이라 할 때, $M-m$의 값은?

① 3 ② 6 ③ 9

④ 12 ⑤ 15

0334
함수 $y=\left(\dfrac{1}{4}\right)^x-k\cdot2^{1-x}+10$의 최솟값이 -6일 때, 양수 k의 값은?

① 1 ② 2 ③ 3

④ 4 ⑤ 5

0335
함수 $y=2^{x+a}-4^x+b$는 $x=-2$에서 최댓값 $\dfrac{17}{16}$을 갖는다. $a+b$의 값은? (단, $a,\ b$는 상수이다.)

① -1 ② $-\dfrac{1}{2}$ ③ 0

④ $\dfrac{1}{2}$ ⑤ 1

유형 07 $y=a^{f(x)}$ 꼴의 함수의 최대·최소

주어진 범위에서 $f(x)$의 최댓값, 최솟값을 구한 후, a의 값의 범위에 따라 $y=a^{f(x)}$의 최대·최소를 구한다.
① $a>1$일 때, $f(x)$가 최대일 때 y도 최대, $f(x)$가 최소일 때 y도 최소이다.
② $0<a<1$일 때, $f(x)$가 최대일 때 y는 최소, $f(x)$가 최소일 때 y는 최대이다.

👍 대표 예제

0336 함수 $y=2^{x^2+2x+3}-1$은 $x=a$에서 최솟값 b를 갖는다. $a+b$의 값은?

① 1   ② 2   ③ 3
④ 4   ⑤ 5

선생님 해설

$f(x)=x^2+2x+3$이라 하면 함수 $y=2^{f(x)}-1$은 밑이 1보다 크므로 함수 $y=f(x)$가 최소일 때 최소가 된다. (→ x의 값이 증가하면 y의 값도 증가한다.)
$f(x)=x^2+2x+3=(x+1)^2+2$
이므로 함수 $y=2^{f(x)}-1$은 $x=-1$일 때 최소이고 최솟값은
$y=2^{f(-1)}-1=2^2-1=3$
따라서 $a=-1$, $b=3$이므로
$a+b=-1+3=2$

답 ②

0337 대표 예제 · 한 번 더

$0\le x\le 3$일 때, 함수 $y=3^{\frac{|x-2|}{2}+1}-1$은 $x=a$에서 최댓값 b, $x=c$에서 최솟값 d를 갖는다. $a+b+c+d$의 값은?

① 12   ② 14   ③ 16
④ 18   ⑤ 20

0338

정의역이 $\{x\,|\,1\le x\le 3\}$인 함수
$$y=\left(\frac{1}{2}\right)^{x^2+2x+a}+1$$
의 최댓값이 9일 때, 상수 a의 값은?

① -8 ② -6 ③ -4
④ -2 ⑤ 0

0339

두 함수 $f(x)=2^{x+1}$, $g(x)=\left(\frac{1}{4}\right)^{x-3}$에 대하여 함수 $h(x)=f(x)g(x)$의 최솟값을 구하시오.

0340

$0\le x\le 3$에서 정의된 함수 $y=a^{x^2-2x-2}$의 최댓값이 8이 되도록 하는 모든 실수 a의 값의 합은? (단, $a>0$, $a\ne 1$)

① 8   ② $\dfrac{17}{2}$ ③ 9
④ $\dfrac{19}{2}$ ⑤ 10

유형 08 $a^x + a^{-x}$ 꼴이 포함된 함수의 최대·최소

$a^x > 0$, $a^{-x} > 0$이므로 산술평균과 기하평균의 관계에 의하여
$a^x + a^{-x} \geq 2\sqrt{a^x \cdot a^{-x}} = 2$ (등호는 $x=0$일 때 성립)임을 이용하여 최 댓값 또는 최솟값을 구한다.

참고 같은 것이 반복되는 경우는 치환하여 구한다.

👍 대표 예제

0341 함수 $y = 2^{x+1} + 2^{3-x}$은 $x=a$에서 최솟값 b를 갖는다. $a+b$의 값은?

① 1 ② 3 ③ 5
④ 7 ⑤ 9

선생님 해설

$2^{x+1} > 0$, $2^{3-x} > 0$이므로 산술평균과 기하평균의 관계에 의하여
$2^{x+1} + 2^{3-x} \geq 2\sqrt{2^{x+1} \cdot 2^{3-x}}$
　　　　　　　　$= 2\sqrt{2^4}$
　　　　　　　　$= 2 \cdot 4 = 8$

$2^{x+1} \cdot 2^{3-x}$에서 $2^x \cdot 2^{-x} = 1$이므로 두 수의 곱이 상수가 되어 최솟값 을 구할 수 있다.

이때 등호는 $2^{x+1} = 2^{3-x}$일 때 성립하므로
$x+1 = 3-x$, $2x = 2$
$\therefore x = 1$
따라서 $a=1$, $b=8$이므로
$a+b = 1+8 = 9$

답 ⑤

0342 대표 예제 | 한 번 더
함수 $y = 3^{a+x} + 3^{b-x}$이 $x=0$에서 최솟값 18을 가질 때, $a^2 + b^2$의 값은? (단, a, b는 상수이다.)

① 1 ② 2 ③ 4
④ 5 ⑤ 8

0343
그림과 같이 두 함수 $y = 2^x$, $y = -2^{2-x}$의 그래프와 직선 $x=k$의 교점을 각각 A, B라 할 때, 선분 AB의 길이는 $k=\alpha$일 때 최솟값 β를 갖는다. $\alpha + \beta$의 값은?

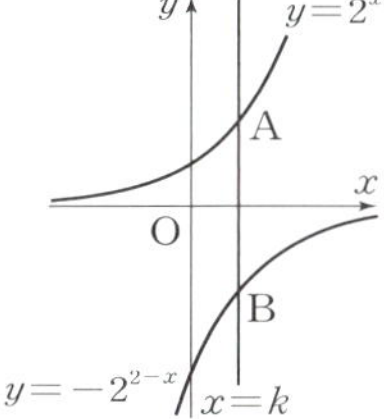

① 1 ② 3
③ 5 ④ 7
⑤ 9

0344
함수 $y = 4^x + 4^{-x} + 2^x + 2^{-x} + 1$의 최솟값은?

① 2 ② 3 ③ 4
④ 5 ⑤ 6

0345
함수 $y = a(3^x + 3^{-x}) - 9^x - 9^{-x} + b$가 $x=1$에서 최댓값 $\dfrac{7}{9}$을 가질 때, $a-b$의 값을 구하시오. (단, a, b는 상수이다.)

유형 09　밑이 같고 지수에 미지수가 있는 방정식

$a>0$, $a\neq1$일 때,
$$a^{f(x)}=a^{g(x)} \Longleftrightarrow f(x)=g(x)$$

👍 대표 예제

0346 방정식 $16^x-2^{x^2+3}=0$의 모든 실근의 합은?

① 2　　　　② 4　　　　③ 6

④ 8　　　　⑤ 10

선생님 해설

$16^x-2^{x^2+3}=0$에서 $2^{4x}=2^{x^2+3}$이므로
$4x=x^2+3$, $x^2-4x+3=0$
밑이 같으므로 지수끼리 같아야 한다.
$(x-1)(x-3)=0$
∴ $x=1$ 또는 $x=3$
따라서 모든 실근의 합은
$1+3=4$

● **다른 풀이** ●
$2^{4x}=2^{x^2+3}$이므로
$4x=x^2+3$, $x^2-4x+3=0$
이때 이차방정식 $x^2-4x+3=0$의 두 근을 각각 α, β라 하면
이차방정식의 근과 계수의 관계에 의하여
$\alpha+\beta=4$

 **답** ②

0347 〔대표 예제〕〔한 번 더〕

방정식 $\left(\dfrac{2}{3}\right)^{2x-1}=\left(\dfrac{3}{2}\right)^{x^2-2}$을 만족시키는 두 실근을 각각 α, β라 할 때, $\alpha^2+\beta^2$의 값은?

① 2　　　　② 4　　　　③ 6

④ 8　　　　⑤ 10

0348 방정식 $(2^x-4)(3^x-k)=0$의 두 근이 4, α일 때, $\alpha+k$의 값을 구하시오. (단, k는 상수이다.)

0349 방정식 $(2\sqrt{2})^{x^2-2}-\dfrac{16^x}{2^k}=0$의 한 근이 3일 때, 다른 한 근을 α라 하자. $\alpha+k$의 값은? (단, k는 상수이다.)

① $\dfrac{7}{6}$　　　② $\dfrac{4}{3}$　　　③ $\dfrac{3}{2}$

④ $\dfrac{5}{3}$　　　⑤ $\dfrac{11}{6}$

0350 $f(x)=x^2+x$에 대하여 방정식 $\dfrac{3^{f(x+1)}}{9^{f(x-1)}}=\dfrac{1}{27}$의 모든 실근의 합을 구하시오.

유형 10 a^x 꼴이 반복되는 방정식

$a^x=t$로 놓고 t에 대한 방정식을 푼 후 해를 구한다.
이때 $t>0$임에 유의한다.

👍 대표 예제

0351 방정식 $3^{2x+1}-10\cdot3^x+3=0$의 두 실근의 합은?

① -2　　　② -1　　　③ 0

④ 1　　　⑤ 2

선생님 해설

$3^x=t\ (t>0)$라 하면 주어진 방정식은
$3t^2-10t+3=0$, $(3t-1)(t-3)=0$

$\therefore t=\dfrac{1}{3}$ 또는 $t=3$

즉, $3^x=3^{-1}$ 또는 $3^x=3$이므로 $x=-1$ 또는 $x=1$
따라서 두 실근의 합은
$-1+1=0$

● **다른 풀이** ●

이차방정식 $3t^2-10t+3=0$의 판별식을 D라 하면

$\dfrac{D}{4}=(-5)^2-3\cdot3=16>0$

이때 이차방정식의 근과 계수의 관계에 의하여 두 근의 합과
두 근의 곱이 모두 양수이므로 이차방정식 $3t^2-10t+3=0$은
서로 다른 두 양의 실근을 갖는다.
따라서 두 양의 실근을 각각 3^α, 3^β이라 하면 이차방정식의 근
과 계수의 관계에 의하여
$t=3^x$이므로 x에 대한 방정식의 근이 α, β이면
t에 대한 방정식의 근은 3^α, 3^β이다.
$3^\alpha\cdot3^\beta=3^{\alpha+\beta}=1$　　$\therefore \alpha+\beta=0$

답 ③

0352 대표 예제 한 번 더
방정식 $2^{x+1}+2^{2-x}=9$의 두 실근의 곱은?

① -4　　　② -2　　　③ 0

④ 2　　　⑤ 4

0353

방정식 $2^x+2^{3-x}=k$의 한 근이 $x=1$일 때, 다른 한 근은?
(단, k는 상수이다.)

① -2　　　② -1　　　③ 0

④ 1　　　⑤ 2

0354

방정식 $a^x+\dfrac{1}{a^x}=\dfrac{17}{4}$의 한 근이 $x=-2$일 때, 다른 한 근
을 $x=b$라 하자. $a+b$의 값을 구하시오. (단, $a>1$)

0355

방정식 $2^{1+2x}+2^{1-2x}-2^x-2^{-x}-6=0$의 모든 실근의 곱
은?

① -1　　　② $-\dfrac{1}{2}$　　　③ 0

④ $\dfrac{1}{2}$　　　⑤ 1

유형 11 지수를 포함한 방정식의 응용

(1) 밑이 같은 경우
　지수끼리 같다고 하여 근을 판별한다.
(2) a^x 꼴이 반복되는 경우
　x에 대한 방정식 $pa^{2x}+qa^x+r=0$ $\cdots$ ㉠에서 $a^x=t$ $(t>0)$로
　치환하여 얻은 t에 대한 이차방정식 $pt^2+qt+r=0$ $\cdots$ ㉡이 근
　$t=a^a$을 가지면 방정식 ㉠은 근 $x=a$를 갖는다.
　따라서 ㉡이 양의 실근을 가지면 ㉠은 실근을 갖는다.

대표 예제

0356 방정식 $4^x-m\cdot2^{x+1}+m+2=0$이 서로 다른 두 실근을 갖도록 하는 자연수 m의 최솟값을 구하시오.

선생님 해설

$2^x=t$ $(t>0)$라 하면 주어진 방정식은
$t^2-2mt+m+2=0$ $\quad\cdots\cdots$ ㉠
이차방정식 ㉠이 서로 다른 두 양의 실근을 가지면 주어진 방정식은 서로 다른 두 실근을 갖는다. $\quad\small{\leftarrow t>0$이므로}$
(i) 이차방정식 ㉠의 판별식을 D라 하면
$$\frac{D}{4}=(-m)^2-(m+2)=m^2-m-2>0$$
$$(m+1)(m-2)>0$$
$$\therefore m<-1 \text{ 또는 } m>2$$
(ii) (두 근의 합)$=2m>0$
$$\therefore m>0$$
(iii) (두 근의 곱)$=m+2>0$
$$\therefore m>-2$$

> 수학 (상)의 유형 이차방정식의 실근의 부호와 이차방정식의 근의 위치가 사용되는 유형이니 다시 학습하자.

(i), (ii), (iii)에서 $m>2$
따라서 조건을 만족시키는 자연수 m의 최솟값은 3이다.

답 3

0357 〔대표 예제 한 번 더〕
방정식 $25^x-8\cdot5^x+m^2-9=0$이 오직 하나의 실근을 갖도록 하는 정수 m의 개수는?

① 5　　　　② 7　　　　③ 9
④ 11　　　⑤ 13

0358
방정식 $5^{x^2}=\dfrac{25^x}{\sqrt{5^m}}$이 실근을 갖도록 하는 정수 m의 최댓값은?

① 1　　　　② 2　　　　③ 3
④ 4　　　　⑤ 5

0359
방정식 $3^{2x-1}-k\cdot3^x+1=0$의 두 근이 연속한 정수일 때, 상수 k의 값은?

① $\dfrac{1}{3}$　　　② $\dfrac{2}{3}$　　　③ 1
④ $\dfrac{4}{3}$　　　⑤ $\dfrac{5}{3}$

0360 〔UP〕
방정식 $9^{x-1}-k\cdot3^{x-2}+1=0$이 서로 다른 두 실근을 가질 때, 두 근이 모두 양수가 되도록 하는 정수 k의 최댓값과 최솟값의 합을 구하시오.

유형 12　밑이 같고 지수에 미지수가 있는 부등식

① $a>1$일 때
$$a^{f(x)}<a^{g(x)} \Longleftrightarrow f(x)<g(x)$$
② $0<a<1$일 때
$$a^{f(x)}<a^{g(x)} \Longleftrightarrow f(x)>g(x)$$

 **대표 예제**

0361 부등식 $\dfrac{27^x}{81} \geq \left(\dfrac{1}{3}\right)^{1-x}$ 을 만족시키는 자연수 x의 최솟값을 구하시오.

선생님 해설

$\dfrac{27^x}{81} \geq \left(\dfrac{1}{3}\right)^{1-x}$ 에서 $3^{3x-4} \geq 3^{x-1}$

밑이 1보다 크므로

$3x-4 \geq x-1$, $2x \geq 3$

$\therefore x \geq \dfrac{3}{2}$

따라서 부등식을 만족시키는 자연수 x의 최솟값은 2이다.

● **다른 풀이** ●

$\dfrac{27^x}{81} \geq \left(\dfrac{1}{3}\right)^{1-x}$ 에서 $\left(\dfrac{1}{3}\right)^{4-3x} \geq \left(\dfrac{1}{3}\right)^{1-x}$

밑이 1보다 작으므로

$4-3x \leq 1-x$　$\therefore x \geq \dfrac{3}{2}$

따라서 부등식을 만족시키는 자연수 x의 최솟값은 2이다.

답 2

0362　대표 예제 | 한 번 더

부등식 $\dfrac{16}{2^{x^2}} \geq \dfrac{4^x}{16}$ 을 만족시키는 x의 값의 범위가 $\alpha \leq x \leq \beta$ 일 때, $\beta-\alpha$의 값은?

① 2　　　　② 4　　　　③ 6
④ 8　　　　⑤ 10

0363

부등식 $(2^x-10)(2^x-100)<0$을 만족시키는 모든 자연수 x의 값의 합은?

① 9　　　　② 12　　　　③ 15
④ 18　　　　⑤ 21

0364

부등식 $81 \cdot 3^x \geq 9^{|x-a|}$ 을 만족시키는 x의 값의 범위가 $0 \leq x \leq b$일 때, $a+b$의 값은? (단, a는 상수이다.)

① 2　　　　② 4　　　　③ 6
④ 8　　　　⑤ 10

0365

$f(x)=x(x-2)$에 대하여 부등식 $\dfrac{4^{f(x)}}{2^{f(x+1)}}<64$를 만족시키는 자연수 x의 개수를 구하시오.

유형 13 a^x 꼴이 반복되는 부등식

$a^x=t$로 놓고 t에 대한 부등식을 푼 후 해의 범위를 구한다.
이때 $a^x>0$이므로 $t>0$임에 유의한다.

👍 대표 예제

0366 부등식 $3^{2x+1}-28\cdot3^{x-1}+1<0$의 해는?

① $-2<x<2$ ② $-2<x<1$
③ $-1<x<2$ ④ $0<x<2$
⑤ $1<x<2$

선생님 해설

$3^{2x+1}-28\cdot3^{x-1}+1<0$에서

$3\cdot(3^x)^2-\dfrac{28}{3}\cdot3^x+1<0$

$3^x=t$ $(t>0)$라 하고 주어진 부등식의 양변에 3을 곱하여 정리하면

$9t^2-28t+3<0$

$(9t-1)(t-3)<0$

$\therefore \dfrac{1}{9}<t<3$

즉, $3^{-2}<3^x<3^1$이고 밑이 1보다 크므로

$-2<x<1$

답 ②

0367 〔대표 예제〕〔한 번 더〕
부등식 $4^x-2^{x-1}-3\leq0$을 만족시키는 x의 값의 범위는?

① $x\leq1$ ② $x\leq2$ ③ $x\geq1$
④ $0\leq x\leq2$ ⑤ $1\leq x\leq2$

0368
부등식 $3^{x+2}+3^{x-2}\geq1+3^x\cdot3^x$의 해가 $\alpha\leq x\leq\beta$일 때, $\alpha+\beta$의 값은?

① -2 ② -1 ③ 0
④ 1 ⑤ 2

0369
부등식 $2^{x-1}+2^{5-x}\leq a$를 만족시키는 x의 값의 범위가 $1\leq x\leq b$일 때, $a+b$의 값은? (단, a는 상수이다.)

① 21 ② 22 ③ 23
④ 24 ⑤ 25

0370
부등식 $a^{2x}-10a^x+b\leq0$을 만족시키는 x의 값의 범위가 $1\leq x\leq3$일 때, $a+b$의 값은?

(단, $a>1$이고, b는 상수이다.)

① 12 ② 14 ③ 16
④ 18 ⑤ 20

 지수를 포함한 부등식의 응용

(1) 밑이 같은 경우
  지수끼리의 부등식에서 판별한다.
(2) a^x 꼴이 반복되는 경우
  x에 대한 부등식 $pa^{2x}+qa^x+r<0$ ⋯ ㉠에서 $a^x=t$ $(t>0)$로
  치환하여 얻은 t에 대한 이차방정식 $pt^2+qt+r=0$이 양의 실수
  를 해로 가지면 부등식 ㉠은 해를 갖는다.

👍 대표 예제

0371 부등식 $3^{2x}-3^{x+1}+k<0$이 해를 갖도록 하는 정수 k의
최댓값을 구하시오.

선생님 해설

$3^x=t$ $(t>0)$라 하면 주어진 부등식은
$t^2-3t+k<0$ ⋯⋯ ㉠
부등식 ㉠이 $t>0$의 범위에서 해를 가지려면 이차방정식
$t^2-3t+k=0$이 중근이 아닌 하나의 양의 실근을 갖거나 서로
다른 두 양의 실근을 가져야 한다.

(i) 부등식 ㉠이 양의 실근을 하나만 가질 경우
   두 근의 곱이 0 이하이면 되므로 $k\leq0$

(두 근의 합)$=3>0$ 이므로 실근을 가질 경우 양의 실근이 반드시 존재한다.

(ii) 부등식 ㉠의 서로 다른 두 근이 모두 양수일 경우
   • 이차방정식 $t^2-3t+k=0$의 판별식을 D라 하면
   $$D=(-3)^2-4\cdot1\cdot k=9-4k>0 \qquad \therefore\ k<\frac{9}{4}$$
   • (두 근의 합)$=3>0$, (두 근의 곱)$=k>0$
   따라서 공통 범위를 구하면 $0<k<\frac{9}{4}$

$D=0$이면 중근을 가지므로 부등식 을 만족시키는 해 가 없다.

(i), (ii)에서 k의 값의 범위는 $k<\frac{9}{4}$이므로 조건을 만족시키는

정수 k의 최댓값은 2이다.

답 2

0372 대표 예제 | 한 번 더
부등식 $3^{2x}-2k\cdot3^x+k^2-k+3\leq0$의 해가 존재하도록 하
는 실수 k의 최솟값을 구하시오.

0373
모든 실수 x에 대하여 부등식 $\left(\dfrac{1}{2}\right)^{a(x-2)^2}>2^{a+3}$이 성립하
도록 하는 정수 a의 최댓값은? (단, $a\neq0$)

① -5 　　② -4 　　③ -3
④ -2 　　⑤ -1

0374
부등식 $4^x-(a-1)\cdot2^{x+1}+2(a+3)\leq0$이 오직 하나의 실
근만을 갖도록 하는 정수 a의 값은?

① -3 　　② -1 　　③ 1
④ 3 　　⑤ 5

0375
모든 실수 x에 대하여 부등식 $2^{2x-1}+a\cdot2^x-a^2+3a\geq0$이
성립하도록 하는 실수 a의 최댓값을 M, 최솟값을 m이라
하자. $M+m$의 값은?

① -1 　　② 1 　　③ 3
④ 5 　　⑤ 7

유형 15 지수를 포함한 연립방정식과 연립부등식

① 연립방정식
  $a^x=A$, $b^y=B$ ($A>0$, $B>0$)로 치환한 후,
  A, B에 대한 연립방정식을 푼다.
② 연립부등식
  각각의 부등식의 해의 범위의 공통 범위를 구한다.

  참고 $A<B<C$의 꼴인 경우 $\begin{cases} A<B \\ B<C \end{cases}$로 나누어 푼다.

🖐 대표 예제

0376 연립방정식 $\begin{cases} 3\cdot2^x+2\cdot3^y=18 \\ 2^{x-1}-3^{y-1}=1 \end{cases}$ 의 해가 $x=\alpha$, $y=\beta$일

때, $\alpha+\beta$의 값을 구하시오.

선생님 해설

$\begin{cases} 3\cdot2^x+2\cdot3^y=18 \\ 2^{x-1}-3^{y-1}=1 \end{cases}$ 에서 $\begin{cases} 3\cdot2^x+2\cdot3^y=18 \\ \dfrac{1}{2}\cdot2^x-\dfrac{1}{3}\cdot3^y=1 \end{cases}$

$2^x=A$, $3^y=B$ ($A>0$, $B>0$)라 하면

주어진 연립방정식은 $\begin{cases} 3A+2B=18 \\ \dfrac{A}{2}-\dfrac{B}{3}=1 \end{cases}$

이 연립방정식을 풀면 $A=4$, $B=3$
즉, $2^x=2^2$, $3^y=3$이므로 $x=2$, $y=1$
따라서 $\alpha=2$, $\beta=1$이므로
$\alpha+\beta=2+1=3$

답 3

0377 대표 예제 한 번 더

연립방정식 $\begin{cases} 2^{x+1}+2^{y+1}=9 \\ 2^{x+y+1}=4 \end{cases}$ 의 해가 $x=\alpha$, $y=\beta$일 때,

$\alpha^2+\beta^2$의 값을 구하시오. (단, $\alpha<\beta$)

0378

연립방정식 $\begin{cases} 2^{x+1}-3^y=5 \\ 4^x+9^y=25 \end{cases}$ 의 해를 $x=\alpha$, $y=\beta$라 할 때,

$10\alpha+\beta$의 값은?

① 10 　　　　② 11 　　　　③ 12
④ 21 　　　　⑤ 22

0379

부등식 $\dfrac{1}{16^x}<\left(\dfrac{1}{2}\right)^{x^2}<\dfrac{1}{2}$ 을 만족시키는 정수 x의 개수는?

① 0 　　　　② 1 　　　　③ 2
④ 3 　　　　⑤ 4

0380

연립부등식

$$\begin{cases} 2^{x^2-4}<(\sqrt{2})^{x+2} \\ 4^{x-2}-5\cdot2^{x-3}+1<0 \end{cases}$$

의 해가 $\alpha<x<\beta$일 때, $\alpha+\beta$의 값은?

① 3 　　　　② $\dfrac{7}{2}$ 　　　　③ 4
④ $\dfrac{9}{2}$ 　　　　⑤ 10

유형 16　지수함수의 실생활에의 활용

처음의 양을 A라 하고 단위시간 동안의 변화율을 a라 할 때, t시간 후의 양 $f(t)$는
$$f(t)=A\times a^t$$

🖐 대표 예제

0381　어느 축산업체에서 발생하는 폐수는 정수시설을 거쳐 배출해야 하는데, 이 업체가 가진 정수시설은 1회 가동 시 정수 전 불순물의 양의 $\dfrac{3}{4}$을 제거한다고 한다. 최초 발생한 폐수의 불순물 대비 정수 후 남아있는 불순물의 양이 $\dfrac{1}{1000}$ 이하가 되면 배출 가능하다고 할 때, 폐수를 배출하기 전 정수시설은 최소 k회를 가동해야 한다. k의 값을 구하시오.

선생님 해설

1회 가동 시 정수 전 불순물의 양의 $\dfrac{3}{4}$을 제거하므로 남은 양은 정수 전의 $\dfrac{1}{4}$이다. 즉, 최초 발생한 폐수의 불순물의 양을 A라 하면 n회 가동 후 남아있는 불순물의 양은 $\left(\dfrac{1}{4}\right)^n A$가 된다.

한편, 정수 후 남아있는 불순물의 양이 $\dfrac{1}{1000}A$ 이하이면 배출 가능하므로

$$\left(\dfrac{1}{4}\right)^n A\leq\dfrac{1}{1000}A,\ 4^n\geq1000$$

- 1회: $A\times\dfrac{1}{4}$
- 2회: $\left(A\times\dfrac{1}{4}\right)\times\dfrac{1}{4}$
- 3회: $\left(A\times\dfrac{1}{4}\times\dfrac{1}{4}\right)\times\dfrac{1}{4}$
  ⋮

이때 $4^4=256$, $4^5=1024$이므로 $n\geq5$
따라서 정수시설은 최소 5회 가동해야 하므로 $k=5$이다.

답 5

0382　[대표 예제] [한 번 더]
어느 IT업체에서 개발 중인 AI(인공지능)의 특정 영역 테스트에서의 오류 발생률이 50 %이었다. 이 업체는 시스템 개선을 통해 매달 오류 발생률을 절반으로 낮추기로 공약하였는데, 이 공약대로라면 최소 몇 개월 뒤부터 오류 발생률이 0.2 % 이하로 낮아지는가?

① 7개월　　　② 8개월　　　③ 9개월
④ 10개월　　⑤ 11개월

0383
어느 액체의 끓는 온도 $T(℃)$와 증기압 $P(\mathrm{mmHg})$ 사이에는 다음 관계식이 성립한다.
$$P=10^{k-\frac{1000}{T+250}}\ (\text{단, }k\text{는 상수})$$
이 액체의 끓는 온도가 50 ℃일 때의 증기압이 10 mmHg일 때, 이 액체의 끓는 온도가 350 ℃일 때의 증기압은 10^p mmHg이다. p의 값은?

① 2　　　　② $\dfrac{7}{3}$　　　　③ $\dfrac{8}{3}$

④ 3　　　　⑤ $\dfrac{10}{3}$

0384
육안으로 관찰한 별의 상대적 밝기를 등급으로 나타낸 것을 실시등급, 이 별이 10(pc)의 거리에 있다고 가정한 별의 밝기를 등급으로 나타낸 것을 절대등급이라 한다. 어떤 별이 지구로부터 $r(\mathrm{pc})$만큼 떨어져 있을 때의 실시등급 m과 절대등급 M 사이에는 다음 관계식이 성립한다.
$$\dfrac{r}{10}=10^{\frac{1}{5}(m-M)}$$
지구로부터 $10^{2.5}(\mathrm{pc})$만큼 떨어져 있는 별의 실시등급이 1.2일 때, 이 별의 절대등급은 M이다. $|10M|$의 값을 구하시오. (단, pc은 거리를 나타내는 단위이다.)

0385
어느 가정에서는 현재 총소득의 $\dfrac{1}{5}$만큼을 문화생활비로 지출하고 있다. 이 가정에서의 총소득은 매년 10 %씩 증가하고, 문화생활비는 매년 8 %씩 증가한다고 할 때, 10년 후 이 가정은 총소득의 p만큼을 문화생활비로 지출하게 된다. $65p$의 값을 구하시오.

(단, $1.1^{10}=2.6$, $1.08^{10}=2.2$로 계산한다.)

0386
• 유형 01 •

함수 $f(x)=a^x\,(a>1)$에 대하여 $f(2)+\dfrac{1}{f(2)}=7$일 때, $f(3)+\dfrac{1}{f(3)}$의 값을 구하시오.

0387
• 유형 02 + 유형 03 •

좌표평면에서 함수 $y=a^x$의 그래프를 y축에 대하여 대칭이동시킨 후, x축의 방향으로 2만큼, y축의 방향으로 -1만큼 평행이동시킨 그래프가 점 $(4, 1)$을 지난다. 양수 a의 값은?

① $\dfrac{1}{2}$ ② $\dfrac{\sqrt{2}}{2}$ ③ $\sqrt{2}$

④ 2 ⑤ $2\sqrt{2}$

0388
• 유형 03 + 유형 10 •

두 함수 $y=4^x$, $y=2^{x-1}$의 그래프가 직선 $x=k$와 만나는 점을 각각 A, B라 하자. $\overline{AB}=14$일 때, 실수 k의 값은?

① $\dfrac{1}{2}$ ② 1 ③ $\dfrac{3}{2}$

④ 2 ⑤ $\dfrac{5}{2}$

0389
• 유형 04 •

세 수 $A=\sqrt[3]{2}$, $B=\sqrt[4]{3}$, $C=\sqrt[6]{5}$의 대소 관계로 옳은 것은?

① $A<B<C$ ② $A<C<B$ ③ $B<A<C$

④ $B<C<A$ ⑤ $C<A<B$

0390
• 유형 05 •

$-1\leq x\leq 1$에서 정의된 두 함수
$$f(x)=a^x,\quad g(x)=b^x\,(0<a<1<b)$$
의 최댓값의 합이 3, 최솟값의 합이 $\dfrac{4}{3}$일 때, $\dfrac{b}{a}$의 값은?

① $\dfrac{7}{4}$ ② 2 ③ $\dfrac{9}{4}$

④ $\dfrac{5}{2}$ ⑤ $\dfrac{11}{4}$

0391
• 유형 03 + 유형 09 •

그림과 같이 두 함수 $y=2^x$, $y=\left(\dfrac{1}{2}\right)^x$의 그래프와 직선 $y=4$의 교점을 각각 A, B라 할 때, 삼각형 OAB의 넓이를 구하시오. (단, O는 원점이다.)

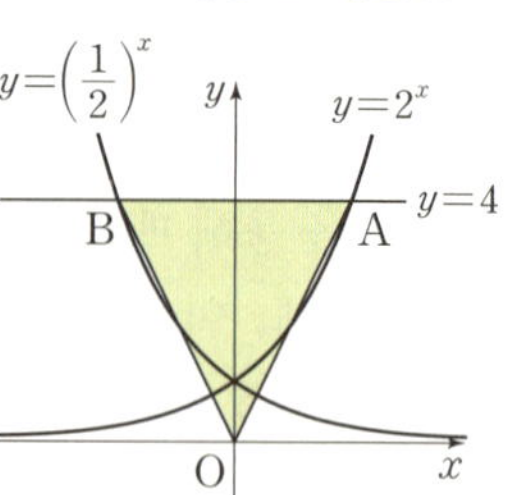

0392 · 유형 05 ·

정의역이 $\{x \mid -1 \leq x \leq 2\}$인 함수 $f(x)=2^{x-1} \cdot a^{1-x}$의 최댓값이 4이고, 최솟값이 $\dfrac{1}{16}$이 되도록 하는 상수 a에 대하여 $16a$의 값을 구하시오. (단, $a>0$)

0393 · 유형 08 ·

함수 $y=\dfrac{625+25^x+5^x}{5^x}$의 최솟값은?

① 47 ② 49 ③ 51

④ 53 ⑤ 55

0394 · 유형 13 ·

부등식 $2a^{2x}<2-3a^x \,(a>0)$의 해가 $x>\dfrac{1}{2}$이 되도록 하는 상수 a의 값은?

① $\dfrac{1}{4}$ ② $\dfrac{1}{2}$ ③ $\dfrac{\sqrt{2}}{2}$

④ $\sqrt{2}$ ⑤ 2

0395 사고력 · 유형 01 + 유형 03 ·

두 함수 $y=2^x$, $y=3^x$의 그래프와 직선 $x+y+1=0$이 만나는 점을 각각 $(x_1,\ y_1)$, $(x_2,\ y_2)$라 할 때, **보기**에서 옳은 것만을 있는 대로 고른 것은?

┤ 보기 ├

ㄱ. $x_1<x_2$

ㄴ. $x_1^{\,2}+(y_1-1)^2<x_2^{\,2}+(y_2-1)^2$

ㄷ. $\dfrac{y_1}{x_1}<\dfrac{y_2}{x_2}$

① ㄱ ② ㄴ ③ ㄱ, ㄷ

④ ㄴ, ㄷ ⑤ ㄱ, ㄴ, ㄷ

0396 · 유형 12 + 유형 14 ·

부등식 $(2^{x+1}-4)(2^{x+n}-32)\leq 0$을 만족시키는 정수 x의 개수가 2가 되도록 하는 모든 자연수 n의 값의 합은?

① 2 ② 4 ③ 6

④ 8 ⑤ 10

0397 · 유형 11 ·

다음 조건을 만족시키는 정수 k의 개수를 구하시오.

(가) $|k|<10$

(나) 방정식 $4^x+k\cdot 2^x-2k-3=0$은 오직 하나의 양의 실근을 갖는다.

0398

그림과 같이 두 함수 $y=a^x$, $y=b^x$ 의 그래프와 점 $P(6, 0)$을 지나고 x축에 수직인 직선이 만나는 점을 각각 A, B라 하고, 두 점 A, B에서 y축에 내린 수선의 발을 각각 C, D라 하자. 사각형 ABDC가 정사각형이고 함수 $y=b^x$의 그래프가 선분 AC의 중점 E를 지날 때, $\overline{AP}+\overline{BP}$의 값을 구하시오. (단, $a>1$, $b>1$)

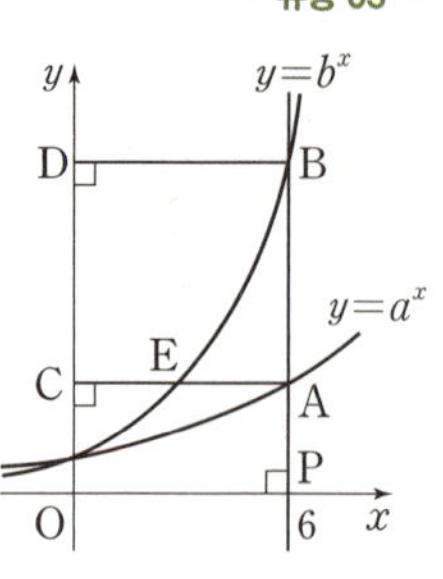

0399

두 함수
$$f(x)=x^2-2ax+5, \quad g(x)=b^x$$
에 대하여 함수 $(f \circ g)(x)$는 $x=\dfrac{1}{2}$일 때 최솟값 1을 갖는다. $0 \le x \le 3$에서 정의된 함수 $(g \circ f)(x)$의 최댓값을 M, 최솟값을 m이라 할 때, $\dfrac{M}{m}$의 값을 구하시오.

$$(\text{단, } a>0, \ b>0, \ b \ne 1)$$

0400

$x \ge 0$, $y \ge 0$, $x+y=1$일 때, 3^x+3^y의 최댓값을 M, 최솟값을 m이라 하자. M^2+m^2의 값을 구하시오.

0401

그림과 같이 함수 $y=\dfrac{(\sqrt{2})^x}{2}$의 그래프와 직선 $y=x+k$가 서로 다른 두 점 A, B에서 만난다. $\overline{AB}=2\sqrt{2}$일 때, 상수 k의 값은?

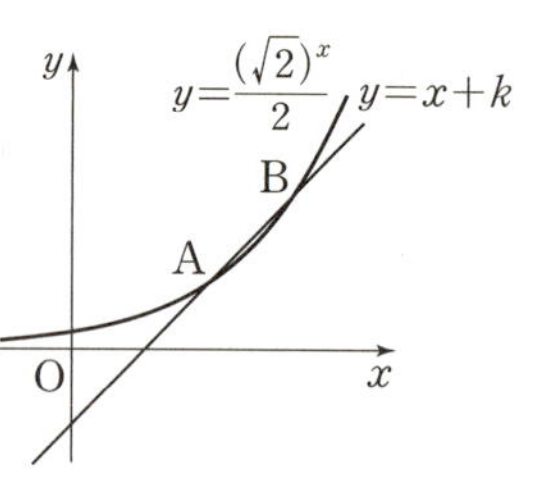

① $-\dfrac{7}{2}$ ② -3 ③ $-\dfrac{5}{2}$

④ -2 ⑤ $-\dfrac{3}{2}$

0402 사고력

함수 $f(x)=2^x+2^{-x}$에 대하여 두 곡선 $y=\dfrac{f(x)}{k}$, $y=\dfrac{k}{f(x)}$가 서로 다른 두 점 A, B에서 만난다. $\overline{AB}=4$일 때, $40k$의 값을 구하시오. (단, $k>0$)

0403 창의력＋

두 이차함수
$$f(x)=x^2-3x+3, \quad g(x)=2x^2-10x+13$$
에 대하여 방정식 $\{f(x)\}^{g(x)-5}=\{g(x)\}^{f(x)-7}$의 모든 근의 합을 구하시오.

0404
· 유형 01 ·

함수 $f(x)=\begin{cases} 2^x+1 & (x<2) \\ x+3 & (x\geq2) \end{cases}$ 의 역함수를 $g(x)$라 할 때, $(g\circ g)(6)$의 값을 구하시오.

☑ 필요 개념 및 공식
☐ 역함수의 성질　　　　　☐ 지수함수의 함숫값

0405
· 유형 12 ·

부등식 $x^{x^2-9}<x^{2x+6}$의 해를 구하시오. (단, $x>0$)

☑ 필요 개념 및 공식
☐ 밑이 같고 지수에 미지수가 있는 부등식

0406
· 유형 03 ·

그림과 같이 함수 $y=(\sqrt{2})^x$의 그래프 위의 두 점 A, B에 대하여 선분 AB의 중점의 좌표가 $(2, 3)$이다. 두 점 A, B의 y좌표를 각각 a, b라 할 때, a^2+b^2의 값을 구하시오.

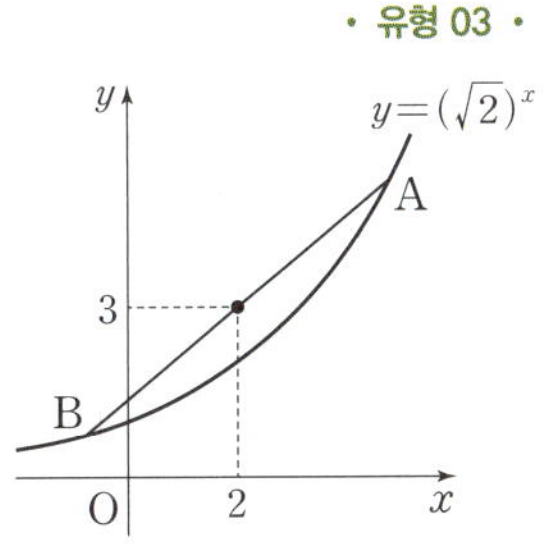

☑ 필요 개념 및 공식
☐ 지수함수의 그래프 위의 점　　☐ 지수법칙　　☐ 곱셈 공식의 변형

0407
· 유형 09 + 유형 15 ·

두 방정식
$$3^{x^2+y^2+1}=9^{xy-2z(z-1)},\quad 2^{x+y}=16^z$$
을 만족시키는 세 실수 x, y, z에 대하여 $x+2y+4z$의 값을 구하시오.

☑ 필요 개념 및 공식
☐ 밑이 같고 지수에 미지수가 있는 방정식　　☐ 실수 조건의 부정방정식
☐ 연립방정식

0408
· 유형 02 + 유형 03 + 유형 10 ·

두 함수 $f(x)=2^{x+1}-8$, $g(x)=\left(\dfrac{1}{2}\right)^{x-2}-1$의 그래프와 직선 $x=-1$로 둘러싸인 도형의 넓이를 구하시오.

☑ 필요 개념 및 공식
☐ 지수함수 $y=a^x$의 그래프의 개형　　☐ 지수함수의 그래프 위의 점
☐ 지수함수의 그래프의 평행이동과 대칭이동

0409
· 유형 01 + 유형 02 + 유형 03 ·

$x\geq0$에서 정의된 함수 $f(x)=|a^{2-x}+b|$ $(a>1)$에 대하여 함수 $y=f(x)$의 그래프와 직선 $y=t$ $(t>0)$가 만나는 점의 개수를 $g(t)$라 하자. $g(t)=1$을 만족시키는 t의 값의 범위가 $3<t\leq9$일 때의 상수 a의 값을 a_1, $3\leq t\leq9$일 때의 상수 a의 값을 a_2라 할 때, $a_1{}^2+a_2{}^2$의 값을 구하시오.

(단, b는 상수이다.)

☑ 필요 개념 및 공식
☐ 지수함수 $y=a^x$의 그래프의 성질　　☐ 절댓값 기호를 포함한 함수의 그래프

03. 지수함수

개념 01 　로그함수의 뜻과 그래프

(1) 지수함수 $y=a^x$ $(a>0,\ a\neq1)$의 역함수
$y=\log_a x$ $(a>0,\ a\neq1)$를 a를 밑으로 하는 로그함수라 한다.

(2) **로그함수** $y=\log_a x$ $(a>0,\ a\neq1)$**의 그래프와 성질**
① 정의역은 양의 실수 전체의 집합이고, 치역은 실수 전체의 집합이다.
② $a>1$일 때, x의 값이 증가하면 y의 값도 증가한다.
$0<a<1$일 때, x의 값이 증가하면 y의 값은 감소한다.
③ 그래프는 점 $(1,\ 0)$을 지나고, y축을 점근선으로 갖는다.
④ 지수함수 $y=a^x$의 그래프와 직선 $y=x$에 대하여 대칭이다.

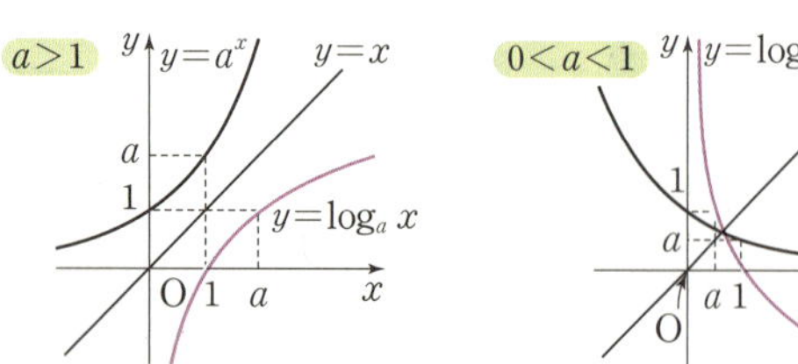

(3) **로그함수** $y=\log_a x$ $(a>0,\ a\neq1)$**의 그래프의 평행이동과 대칭이동**
① x축의 방향으로 m만큼, y축의 방향으로 n만큼 평행이동 $\Rightarrow$ $y=\log_a(x-m)+n$
② x축에 대하여 대칭이동 $\Rightarrow$ $y=-\log_a x$
③ y축에 대하여 대칭이동 $\Rightarrow$ $y=\log_a(-x)$
④ 원점에 대하여 대칭이동 $\Rightarrow$ $y=-\log_a(-x)$
⑤ 직선 $y=x$에 대하여 대칭이동 $\Rightarrow$ $y=a^x$

[0410~0411] 다음 함수의 역함수를 구하시오.

0410 $y=\left(\dfrac{1}{3}\right)^x$ 　　　**0411** $y=\log_2 x$

0412 함수 $y=\log_5 x$에 대한 설명으로 옳은 것만을
┃보기┃에서 있는 대로 고르시오.

┤ 보기 ├
ㄱ. 정의역과 치역이 같다.
ㄴ. 그래프는 점 $(5,\ 1)$을 지난다.
ㄷ. x의 값이 증가하면 y의 값은 감소한다.
ㄹ. 일대일대응이다.
ㅁ. 그래프의 점근선은 x축이다.
ㅂ. 함수 $y=5^x$의 그래프와 직선 $y=x$에 대하여 대칭이다.

[0413~0416] 함수 $y=\log_3 x$의 그래프를 이용하여 다음 함수의 그래프를 그리시오.

0413 $y=\log_3(x-2)$

0414 $y=\log_3 3x$

0415 $y=\log_3(-x)$

0416 $y=\log_3\dfrac{1}{x}$

개념 02 　로그함수의 최대·최소

(1) **로그함수를 이용한 두 수의 대소 비교**
로그함수 $y=\log_a x$ $(a>0,\ a\neq1)$에서 x의 값이 증가할 때
① $a>1$이면 y의 값은 증가한다.
② $0<a<1$이면 y의 값은 감소한다.

(2) **로그함수의 최대·최소**
정의역이 $\{x\,|\,m\leq x\leq n\}$인 로그함수
$y=\log_a x$ $(a>0,\ a\neq1)$는
① $a>1$이면 $x=m$에서 최솟값, $x=n$에서 최댓값을 갖는다.
② $0<a<1$이면 $x=m$에서 최댓값, $x=n$에서 최솟값을 갖는다.

[0417~0420] 다음 □ 안에 $>$, $<$ 중 옳은 것을 써넣으시오.

0417 $\log_3 4\ \square\ \log_3 \sqrt{12}$

0418 $\log_{\frac{1}{2}}\dfrac{3}{2}\ \square\ \log_{\frac{1}{2}}\dfrac{5}{3}$

0419 $-\log_5 4\ \square\ -\log_5 \dfrac{11}{3}$

0420 $\log_2 5\ \square\ \log_4 20$

[0421~0424] 다음 함수의 최댓값과 최솟값을 구하시오.

0421 $y=\log_2 x\ (4\leq x\leq32)$

0422 $y=-\log_3 x\ \left(\dfrac{1}{3}\leq x\leq27\right)$

0423 $y=\log_5(x-1)\ (2\leq x\leq20)$

0424 $y=\log_{\frac{1}{3}} 3x\ (1\leq x\leq9)$

개념 03 — 로그의 밑 또는 진수에 미지수가 있는 방정식

(1) $\log_a f(x) = b$ 꼴인 경우

$\log_a f(x) = b \Longleftrightarrow f(x) = a^b$ 임을 이용하여 푼다.

(단, $a > 0$, $a \neq 1$)

(2) 밑을 같게 할 수 있는 경우

주어진 방정식을 $\log_a f(x) = \log_a g(x)$ 꼴로 변형한 후

$\log_a f(x) = \log_a g(x) \Longleftrightarrow f(x) = g(x)$

임을 이용하여 푼다.

(단, $a > 0$, $a \neq 1$, $f(x) > 0$, $g(x) > 0$)

(3) $\log_a x$ 꼴이 반복되는 경우

$\log_a x = t$로 치환하여 t에 대한 방정식을 푼다.

(4) 진수가 같은 경우

$\log_{f(x)} h(x) = \log_{g(x)} h(x)$ 꼴이면

$f(x) = g(x)$ 또는 $h(x) = 1$을 푼다.

(단, $f(x) > 0$, $f(x) \neq 1$, $g(x) > 0$, $g(x) \neq 1$, $h(x) > 0$)

(5) 지수에 로그가 있는 경우

양변에 로그를 취하여 푼다.

예 $x^{\log x} = 10 \rightarrow \log x^{\log x} = \log 10 \rightarrow (\log x)^2 = 1$

[0425~0429] 다음 방정식을 푸시오.

0425 $\log_2 (7x - 3) = 5$

0426 $\log_{x-3} 9 = 2$

0427 $\log_3 (3x - 2) = \log_3 7$

0428 $\log_{\frac{1}{3}} x = \log_3 \dfrac{3}{2}$

0429 $\log_9 (2x - 1)^2 = \log_3 (11 - 2x)$

[0430~0434] 다음 방정식을 푸시오.

0430 $(\log x)^2 - 2 \log x = 0$

0431 $(\log_2 x - 1)(\log_2 x + 2) = 4$

0432 $\log_{x^2} 7 = \log_{5x-6} 7$

0433 $\log_{x+2} (3x - 5) = \log_{3x-2} (3x - 5)$

0434 $x^{\log x} = x$

개념 04 — 로그의 밑 또는 진수에 미지수가 있는 부등식

(1) 밑을 같게 할 수 있는 경우

주어진 부등식을 $\log_a f(x) > \log_a g(x)$ 꼴로 변형한 후

① $a > 1$일 때, 부등식 $f(x) > g(x) > 0$을 푼다.

② $0 < a < 1$일 때, 부등식 $g(x) > f(x) > 0$을 푼다.

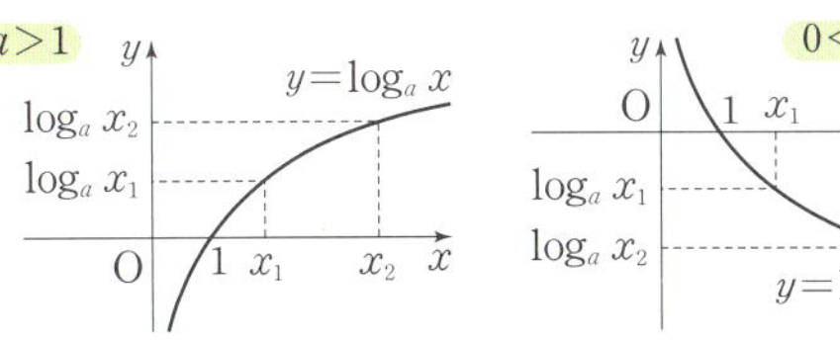

(2) $\log_a x$ 꼴이 반복되는 경우

$\log_a x = t$로 치환하여 t에 대한 부등식을 푼다.

(3) 지수에 로그가 있는 경우

양변에 로그를 취하여 푼다. 이때 로그의 밑 a가 $0 < a < 1$

이면 부등호의 방향이 바뀜에 주의한다.

예 $x^{\log x} > 10 \rightarrow \log x^{\log x} > \log 10 \rightarrow (\log x)^2 > 1$

[0435~0439] 다음 부등식을 푸시오.

0435 $\log_7 (2x - 1) > \log_7 (x + 1)$

0436 $\log_{\frac{1}{5}} x < \log_{\frac{1}{5}} (4 - x)$

0437 $\log_3 (2 - x) \geq 2$

0438 $\log_{\frac{1}{2}} x \geq -4$

0439 $\log_{\frac{2\sqrt{2}}{3}} (x - 1) \geq \log_{\frac{2\sqrt{2}}{3}} (7 - x)$

[0440~0444] 다음 부등식을 푸시오.

0440 $(\log_2 x)^2 - 3 \log_2 x \leq 0$

0441 $\left(\log_{\frac{1}{2}} x\right)^2 \leq 4$

0442 $(\log_3 x)^2 - \log_3 x^2 - 3 > 0$

0443 $x^{\log_3 x} < 9x$

0444 $x^{\log_{\frac{1}{2}} x} \leq x^2$

유형 01 로그함수 $y = \log_a x \ (a > 0,\ a \neq 1)$

① 함수 $f(x) = \log_a x$에 대하여
$$f(p) = q \iff \log_a p = q \iff a^q = p$$
② 자주 쓰이는 로그의 성질
  • $\log_a 1 = 0,\ \log_a a = 1$
  • $\log_{a^m} b^n = \dfrac{n}{m} \log_a b$ (단, $a > 0,\ a \neq 1,\ b > 0$)
③ 함수 $y = \log_a g(x)$의 정의역은 $g(x) > 0$인 범위로 정해진다.

👍 대표 예제

0445 함수 $f(x) = \log_3 x + k \log_9 (12x - 9)$에 대하여 $f(1) = 6$일 때, $f(3)$의 값을 구하시오. (단, k는 상수이다.)

선생님 해설

$f(x) = \log_3 x + k \log_9 (12x - 9)$
$\quad = \log_3 x + k \log_{3^2} (12x - 9)$
$\quad = \log_3 x + \dfrac{k}{2} \log_3 (12x - 9)$

이때 $f(1) = 6$이므로

$f(1) = \log_3 1 + \dfrac{k}{2} \log_3 (12 - 9) = \dfrac{k}{2} = 6$

$\therefore k = 12$

따라서 $f(x) = \log_3 x + 6 \log_3 (12x - 9)$에서

$f(3) = \log_3 3 + 6 \log_3 27 = 1 + 6 \cdot 3 = 19$

답 19

0446 대표 예제 | 한 번 더

함수 $f(x) = a \log_2 (x + 3) + b \log_5 (30 - 5x)$에 대하여 $f(1) = -6$, $f(5) = 5$일 때, 두 상수 a, b에 대하여 $a - b$의 값은?

① 11   ② 12   ③ 13
④ 14   ⑤ 15

0447

함수 $f(x) = 4 \log_{a^2} (ax - 2a)$가 $f(a^2) = 4$를 만족시킬 때, 상수 a의 값은? (단, $a > 0,\ a \neq 1$)

① 2   ② 3   ③ 4
④ 5   ⑤ 6

0448

함수 $f(x) = \log_3 (ax^2 + ax + 4)$의 정의역이 실수 전체의 집합이 되도록 하는 정수 a의 개수는?

① 13   ② 14   ③ 15
④ 16   ⑤ 17

0449

두 함수 $f(x)$, $g(x)$가 서로 같은 것만을 **보기**에서 있는 대로 고른 것은?

| 보기 |

ㄱ. $f(x) = \log_3 |x|,\ g(x) = \log_9 x^2$
ㄴ. $f(x) = \log_2 x^3,\ g(x) = \log_4 x^6$
ㄷ. $f(x) = \log_5 (-x^2 + 5x - 6)$
$\quad\ g(x) = \log_5 (3 - x) + \log_5 (x - 2)$

① ㄱ   ② ㄴ   ③ ㄱ, ㄷ
④ ㄴ, ㄷ   ⑤ ㄱ, ㄴ, ㄷ

유형 02 **로그함수의 그래프의 평행이동과 대칭이동**

함수 $f(x)=\log_a x$ $(a\neq 1,\ a>0)$의 그래프를
① x축의 방향으로 m만큼, y축의 방향으로 n만큼 평행이동
　➡ $y=\log_a(x-m)+n$
② x축에 대하여 대칭이동 ➡ $y=-\log_a x$
③ y축에 대하여 대칭이동 ➡ $y=\log_a(-x)$
④ 원점에 대하여 대칭이동 ➡ $y=-\log_a(-x)$
⑤ 직선 $y=x$에 대하여 대칭이동 ➡ $y=a^x$

👍 **대표 예제**

0450 함수 $y=\log_2 x$의 그래프를 x축의 방향으로 m만큼, y축의 방향으로 n만큼 평행이동한 그래프가 그림과 같을 때, 두 상수 m, n에 대하여 mn의 값을 구하시오.

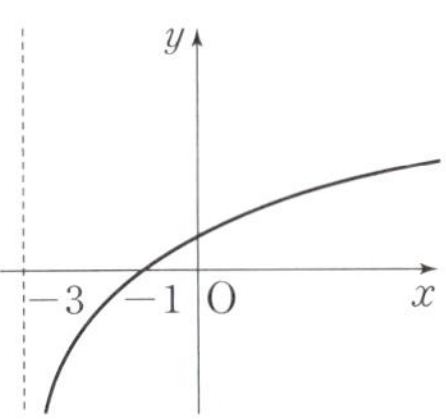

선생님 해설

함수 $y=\log_2 x$의 그래프를 x축의 방향으로 m만큼, y축의 방향으로 n만큼 평행이동한 그래프의 식은
$y=\log_2(x-m)+n$　점근선의 방정식은 $x=m$이다.
그림에서 점근선의 방정식이 $x=-3$이므로
$m=-3$
또한, 그림에서 그래프가 점 $(-1,\ 0)$을 지나므로
$0=\log_2(-1+3)+n$　∴ $n=-1$
∴ $mn=(-3)\cdot(-1)=3$

━━━━━━━ ◯답 3

0451 대표 예제 한 번 더
함수 $y=\log_3(x+a)+b$의 그래프는 점 $(6,\ 2)$를 지나고 직선 $x=5$를 점근선으로 갖는다. 두 상수 a, b에 대하여 $a-b$의 값은?

① -10　　② -9　　③ -8
④ -7　　⑤ -6

0452
함수 $y=2\log_4 x$의 그래프를 x축의 방향으로 a만큼 평행이동한 그래프와 함수 $y=\log_{a^2} bx$의 그래프가 점 $(6,\ 3)$에서 만날 때, $a+3b$의 값은? (단, b는 상수이다.)

① 28　　② 30　　③ 32
④ 34　　⑤ 36

0453
함수 $y=\log_5 x$의 그래프를 평행이동 또는 대칭이동하여 겹쳐질 수 있는 그래프의 식인 것만을 |보기|에서 있는 대로 고른 것은?

┤ 보기 ├
ㄱ. $y=5^{x-3}$　　　　ㄴ. $y=\log_{125} 125x^3$
ㄷ. $y=\log_5 \dfrac{10}{x}$　　　ㄹ. $y=3\log_5(5-x)$

① ㄱ, ㄴ　　② ㄱ, ㄷ　　③ ㄴ, ㄹ
④ ㄱ, ㄴ, ㄷ　　⑤ ㄴ, ㄷ, ㄹ

0454 🔺UP
함수 $y=\log_3 x$의 그래프를 x축의 방향으로 m만큼, y축의 방향으로 n만큼 평행이동한 후 y축에 대하여 대칭이동한 그래프의 식이 $y=\log_3 f(x)$이다. 함수 $y=f(x)$의 그래프가 두 점 $(-1,\ 6)$, $\left(-\dfrac{2}{3},\ 3\right)$을 지난다고 할 때, 두 상수 m, n에 대하여 $\dfrac{n}{m}$의 값을 구하시오.

유형 03 로그함수의 그래프 위의 점

함수 $y=\log_a x\ (a>0,\ a\neq1)$의 그래프가 점 $(p,\ q)$를 지나면
$$q=\log_a p \Longleftrightarrow a^q=p$$
임을 이용한다. 이때 지수의 성질을 함께 이용한다.

🔖 대표 예제

0455 그림과 같이 좌표평면 위에 네 점 $A(0,\ 0)$, $B(a,\ 0)$, $C(4,\ a)$, $D(0,\ a)$로 이루어진 정사각형 ABCD가 있다. 정사각형 ABCD의 두 대각선의 교점을 M이라 하면 함수 $y=\log_2 x+b$의 그래프가 점 M을 지난다. 이때 두 상수 a, b에 대하여 $a+b$의 값을 구하시오. (단, $a>1$)

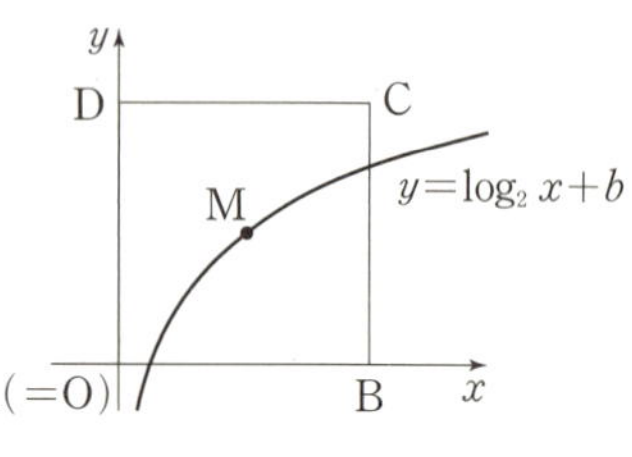

선생님 해설

사각형 ABCD가 정사각형이므로 두 점 B, C의 x좌표가 같다.
∴ $a=4$
이때 정사각형 ABCD의 두 대각선의 교점 M의 좌표는 $(2,\ 2)$이고 함수 $y=\log_2 x+b$의 그래프가 점 M을 지나므로
$2=\log_2 2+b$ ∴ $b=1$
∴ $a+b=4+1=5$

답 5

0456 대표 예제 한 번 더

그림과 같이 함수 $y=\log_a x$의 그래프 위의 점 C와 x축 위의 두 점 A, B에 대하여 사각형 ABCD가 넓이가 4인 정사각형이다. 함수 $y=\log_a x$의 그래프가 점 C와 선분 AD의 중점을 지날 때 상수 a의 값은? (단, $a>0$, $a\neq1$)

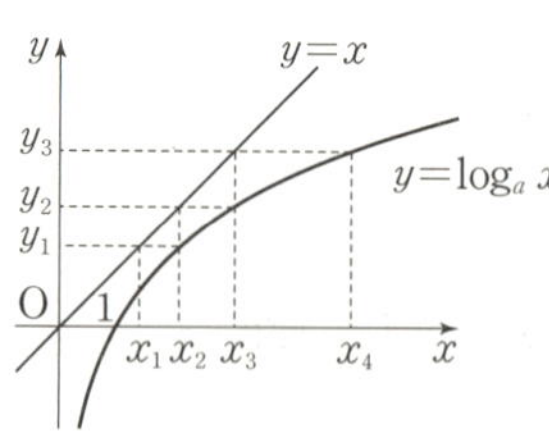

① 2   ② 3   ③ 4
④ 5   ⑤ 6

0457 그림과 같이 함수 $y=\log_3 x$의 그래프 위의 점 A와 x축 위에 두 점 B, C에 대하여 삼각형 ABC가 넓이가 $3\sqrt{3}$인 정삼각형일 때, 점 A의 x좌표를 구하시오.

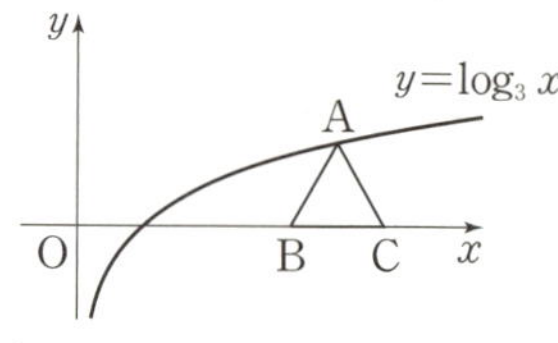

0458 그림과 같이 좌표평면 위에 함수 $y=\log_a x$의 그래프와 직선 $y=x$가 있다. 그림에서 각 점선은 x축 또는 y축에 평행하다고 할 때, $a^{y_3-x_1}$의 값과 항상 같은 것은? (단, $a>0$, $a\neq1$)

① x_1-y_2 ② y_3-x_2 ③ y_2+x_4
④ $\dfrac{x_4}{y_2}$ ⑤ $\dfrac{y_3}{x_1}$

0459 그림과 같이 직선 $y=-x+k$가 곡선 $y=\log_2 x$와 제1사분면에서 만나는 점을 A, 곡선 $y=\log_2 \dfrac{1}{x-4}$과 제4사분면에서 만나는 점을 B라 할 때, $\overline{AB}=4\sqrt{2}$가 성립한다. 이때 k의 값을 구하시오.

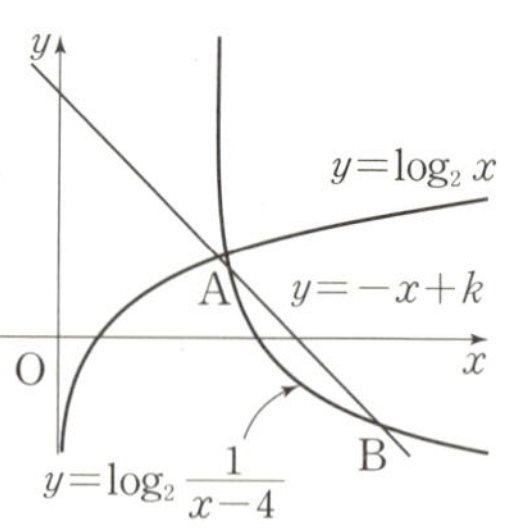

유형 04 로그함수의 역함수

① 함수 $y=\log_a(x-p)+q$ $(a>0,\ a\neq1)$의 역함수는 다음과 같은 순서로 구한다.
  ❶ x에 대하여 정리한다. $\Longrightarrow x=a^{y-q}+p$
  ❷ x와 y를 바꾼다. $\Longrightarrow y=a^{x-q}+p$
② 함수 $f(x)$의 역함수를 $g(x)$라 할 때,
$$f(a)=b \Longleftrightarrow g(b)=a$$

👍 대표 예제

0460 함수 $y=\log_3(x-2)+4$의 역함수가 $y=3^{f(x)}+2$일 때, $f(3)$의 값은?

① -3 ② -1 ③ 1
④ 3 ⑤ 5

선생님 해설

$y=\log_3(x-2)+4$에서
$y-4=\log_3(x-2)$
$3^{y-4}=x-2$
$\therefore x=3^{y-4}+2$
x와 y를 바꾸면
$y=3^{x-4}+2$
$\therefore f(x)=x-4$
$\therefore f(3)=-1$

> 역함수에 대한 문제는 x에 대하여 정리할 때 가장 주의해야 한다. 처음부터 틀리면 맞지 않는 식 때문에 시간 낭비만 있기 때문이다.

답 ②

0461 〔대표 예제 | 한 번 더〕
함수 $y=\log_2(ax-2a)-3$의 역함수가 $y=b^{x+2}+c$일 때, 세 상수 a, b, c에 대하여 $a+b+c$의 값은? (단, $a>0$)

① 2 ② 3 ③ 4
④ 5 ⑤ 6

0462
함수 $f(x)=\log_a x$의 그래프와 그 역함수의 그래프가 점 $\left(\dfrac{1}{2},\ 4a\right)$를 동시에 지난다. 이때 a의 값은?

(단, $a>0,\ a\neq1$)

① $\dfrac{1}{16}$ ② $\dfrac{1}{4}$ ③ 2
④ 8 ⑤ 16

0463
함수 $f(x)=\log_2\sqrt{3x+7}$에 대하여 함수 $g(x)$가 $(f\circ g)(x)=x$를 만족시킨다. 이때 $(g\circ g\circ f)(a)=3$을 만족시키는 상수 a의 값은?

① 2 ② 3 ③ 4
④ 5 ⑤ 6

0464
함수 $f(x)=\log_2(x+a)+b$의 그래프와 그 역함수의 그래프가 두 점에서 만나고, 두 교점의 x좌표가 4, 5일 때, 두 상수 a, b에 대하여 ab의 값은?

① -20 ② -18 ③ -16
④ -14 ⑤ -12

유형 05 로그함수를 이용한 수의 대소 비교

로그함수를 이용하여 수의 대소를 비교하려면
① 두 수를 밑이 같은 로그의 형태로 변형한다.
② 로그함수 $y=\log_a x\ (a>0,\ a\neq1)$의 성질로부터
  • $a>1$이면 $x<y \Longleftrightarrow \log_a x<\log_a y$
  • $0<a<1$이면 $x<y \Longleftrightarrow \log_a x>\log_a y$

대표 예제

0465 세 수 $2\log_3 11$, $2\log_9 50$, 5의 대소 관계를 비교하시오.

선생님 해설

$2\log_3 11=\log_3 11^2=\log_3 121$
$2\log_9 50=2\log_{3^2} 50=\log_3 50$ ──▸ 밑을 3으로 맞춘다.
$5=\log_3 3^5=\log_3 243$
이때 $50<121<243$이고 밑이 1보다 크므로
$\log_3 50<\log_3 121<\log_3 243$
즉, $2\log_9 50<2\log_3 11<5$

답 $2\log_9 50<2\log_3 11<5$

0466 다음 세 수 중 가장 큰 값을 M이라 할 때, 3^M의 값은?

$$\log_{\frac{1}{3}}\frac{4}{17},\ \log_{\sqrt{3}}2,\ \frac{1}{\log_5 3}$$

① 2   ② 3   ③ 4
④ 5   ⑤ 6

0467 $3<x<9$일 때, 세 수
$$A=\log_3 x^4,\ B=(\log_3 x)^2,\ C=\log_4(\log_3 x)$$
의 대소 관계는?

① $A>B>C$ ② $A>C>B$ ③ $B>C>A$
④ $C>A>B$ ⑤ $C>B>A$

0468 세 수
$$A=\log_3 48+\log_2 6,\ B=\log_2 24+\log_3 12,\ C=8$$
의 대소 관계는?

① $A>B>C$ ② $A>C>B$ ③ $B>C>A$
④ $C>A>B$ ⑤ $C>B>A$

0469 🔼 $0<a<b<1$일 때, 다음 ┃보기┃ 중 옳은 것만을 있는 대로 고른 것은?

┃ 보기 ┃

ㄱ. $\log_a \dfrac{a}{b}<\log_a \dfrac{b}{a}$

ㄴ. $\log_a(a^2+b^2)<1+\log_a 2b$

ㄷ. $a^{\frac{1}{a}}<b^{\frac{1}{b}}$

① ㄴ   ② ㄱ, ㄴ   ③ ㄱ, ㄷ
④ ㄴ, ㄷ   ⑤ ㄱ, ㄴ, ㄷ

유형 06 평행이동을 이용한 로그함수의 최대·최소

① 함수 $y=\log_a x$의 최대·최소
정의역이 $\{x \mid m \le x \le n\}$인 함수 $y=\log_a x$는
- $a>1$이면 $x=m$에서 최솟값, $x=n$에서 최댓값을 갖는다.
- $0<a<1$이면 $x=m$에서 최댓값, $x=n$에서 최솟값을 갖는다.

② 함수 $y=\log_a(px+q)$ (단, $p>0$)의 최대·최소

$$y=\log_a(px+q)=\log_a p\left(x+\frac{q}{p}\right)$$
$$=\log_a\left(x+\frac{q}{p}\right)+\log_a p$$

에서 함수 $y=\log_a(px+q)$의 그래프는 함수 $y=\log_a x$의 그래프를 x축의 방향으로 $-\dfrac{q}{p}$만큼, y축의 방향으로 $\log_a p$만큼 평행이동한 것이므로 ①과 마찬가지로 생각한다.

👍 대표 예제

0470 정의역이 $\{x \mid a \le x \le 125\}$인 함수 $y=\log_5 x$의 최댓값이 b, 최솟값이 1이다. 이때 $a+b$의 값을 구하시오.

선생님 해설

함수 $y=\log_5 x$의 밑이 1보다 크므로
$x=a$에서 최소이고 최솟값은 1이다.
즉, $1=\log_5 a$이므로 $a=5$
$x=125$에서 최대이고 최댓값은 b이다.
즉, $b=\log_5 125$이므로
$b=\log_5 5^3=3$
$\therefore a+b=5+3=8$

○ 답 8

0471 `대표 예제` `한 번 더`
정의역이 $\{x \mid a \le x \le b\}$인 함수 $y=\log_{\frac{1}{3}} x$의 최댓값이 4, 최솟값이 -1이다. 이때 $\dfrac{b}{a}$의 값은?

① 3　　　　　② 9　　　　　③ 27
④ 81　　　　⑤ 243

0472
정의역이 $\{x \mid a-2 \le x \le 2a-1\}$인 함수 $y=\log_{\frac{1}{2}}(x+a)$의 최댓값이 -2일 때, 최솟값은? (단, a는 상수이다.)

① -1　　　　② -2　　　　③ -3
④ -4　　　　⑤ -5

0473
$1 \le x \le 11$에서 정의된 함수 $y=\log_2(ax+3)$의 최댓값이 최솟값의 2배일 때, 양수 a의 최댓값은?

① 1　　　　　② 2　　　　　③ 3
④ 4　　　　　⑤ 5

0474
정의역이 $\{x \mid a \le x \le 27\}$인 함수 $y=\log_b x$의 치역이 $\{y \mid -1 \le y \le 3\}$이다. 이때 상수 b에 대하여 $\dfrac{b}{a}$의 최댓값은? (단, $b \ne 1$, $b>0$)

① 9　　　　　② 27　　　　③ 81
④ 243　　　　⑤ 729

유형 07 $\log_a x$ 꼴이 반복되는 함수의 최대·최소

① 함수 $y=p(\log_a x)^2+q\log_a x+r$와 같이 $\log_a x$ 꼴이 반복되는 함수의 최대·최소는 $\log_a x=t$로 치환하여 t에 대한 함수로 바꾸어서 구한다.
② $\log_a x=t$로 치환할 때, t의 값의 범위에 주의한다.

👍 대표 예제

0475 함수 $y=(\log_2 x)^2-4\log_2 2x+3$의 최솟값은?

① -1　　　　② -2　　　　③ -3
④ -4　　　　⑤ -5

선생님 해설

$y=(\log_2 x)^2-4\log_2 2x+3$에서
$y=(\log_2 x)^2-4\log_2 x-4\log_2 2+3$
　$=(\log_2 x)^2-4\log_2 x-1$
$\log_2 x=t$라 하면 주어진 함수는
$y=t^2-4t-1$
　$=(t-2)^2-5$
따라서 구하는 함수의 최솟값은 -5이다.

답 ⑤

0476　대표 예제　한 번 더

함수 $y=-2\left(\log_3 \dfrac{1}{x}\right)^2-3\log_3 x^4+5$의 최댓값은?

① 19　　　　② 21　　　　③ 23
④ 25　　　　⑤ 27

0477

정의역이 $\left\{x\,\middle|\,\dfrac{1}{4}\leq x\leq 64\right\}$인 함수 $y=\log_4 16x\cdot\log_4 \dfrac{4}{x}$의 최댓값과 최솟값의 곱은?

① $-\dfrac{45}{2}$　　　　② -20　　　　③ $-\dfrac{35}{2}$
④ -15　　　　⑤ $-\dfrac{25}{2}$

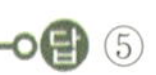

0478

함수 $y=(\log_5 x)^2+a\log_{25} x+b$가 $x=\dfrac{1}{25}$에서 최솟값 1을 가질 때, 두 상수 a, b에 대하여 $a+b$의 값은?

① 12　　　　② 13　　　　③ 14
④ 15　　　　⑤ 16

0479

정의역이 $\{x\,|\,2\leq x\leq 20\}$인 함수
$y=\log_2 x\cdot(a-\log_2 x)-5$는 $x=8$에서 최댓값을 갖고, $x=b$에서 최솟값 c를 갖는다. $a+b+c$의 값은?

① 6　　　　② 7　　　　③ 8
④ 9　　　　⑤ 10

유형 08 $y=\log_a f(x)$ 꼴의 함수의 최대·최소

함수 $g(x)=\log_a f(x)$에 대하여 $f(x)$의 최댓값을 M, 최솟값을 m
이라 하면
① $a>1$일 때, 함수 $g(x)$의 최댓값은 $\log_a M$, 최솟값은 $\log_a m$이다.
② $0<a<1$일 때, 함수 $g(x)$의 최댓값은 $\log_a m$, 최솟값은 $\log_a M$
이다.

👍 대표 예제

0480 $1\leq x\leq 4$에서 정의된 함수 $y=\log_2 (x^2-4x+8)$의
최댓값을 M, 최솟값을 m이라 할 때, $M-m$의 값은?

① 1   ② 2   ③ 3
④ 4   ⑤ 5

선생님 해설

$f(x)=x^2-4x+8$이라 하면
$f(x)=(x-2)^2+4$
함수 $f(x)$는 $1\leq x\leq 4$에서 $x=2$일 때 최솟값 4, $x=4$일 때
최댓값 8을 가지므로
$4\leq f(x)\leq 8$
$y=\log_2 f(x)$에서 밑이 1보다 크므로
$f(x)=8$에서 최대이고 최댓값은 3,
$f(x)=4$에서 최소이고 최솟값은 2
$\therefore M=3,\ m=2$
$\therefore M-m=1$

> $y=\log_a f(x)$에서 $f(x)$의 치역이 주어진 함수의 정의역이 되는 것을 잊지 않도록 한다.

답 ①

0481 [대표 예제] [한 번 더]

정의역이 $\{x\,|\,4\leq x\leq 7\}$인 함수 $y=\log_{\frac{1}{3}}\dfrac{x+5}{x-3}$의 최댓값
을 M, 최솟값을 m이라 할 때, $M-m$의 값은?

① 1   ② 2   ③ 3
④ 4   ⑤ 5

0482

정의역이 $\{x\,|\,3\leq x\leq a\}$인 함수 $y=\log_3 (\sqrt{2x-6}+b)$의
치역이 $\{y\,|\,0\leq y\leq 2\}$일 때, 상수 b에 대하여 ab의 값은?

① 32   ② 33   ③ 34
④ 35   ⑤ 36

0483

함수 $y=\log_a (x+13)+\log_a (37-x)$의 최솟값이 -4일
때, 상수 a의 값은? (단, $a>0$, $a\neq 1$)

① $\dfrac{1}{7}$ ② $\dfrac{1}{5}$ ③ 3
④ 5   ⑤ 7

0484

집합 $X=\{x\,|\,9\leq x\leq 81\}$에서 정의된 함수
$y=\log_a (\log_3 x)+b$가 최댓값 2, 최솟값 1을 가질 때, 두
상수 a, b에 대하여 $a+b$의 최댓값은? (단, $a>0$, $a\neq 1$)

① $\dfrac{3}{2}$ ② 2   ③ $\dfrac{5}{2}$
④ 3   ⑤ $\dfrac{7}{2}$

유형 09 로그가 포함된 특수한 꼴의 함수의 최대·최소

① $y=x^{f(x)}$과 같이 밑과 지수에 모두 x가 있는 함수의 최대·최소는
$$y=x^{f(x)} \Longleftrightarrow \log_a y=f(x)\log_a x$$
임을 이용하여 식을 변형한다.
- $a>1$이면 $\log_a y$가 최대가 될 때 y도 최대, $\log_a y$가 최소가 될 때 y도 최소가 된다.
- $0<a<1$이면 $\log_a y$가 최대가 될 때 y는 최소, $\log_a y$가 최소가 될 때 y는 최대가 된다.

② 로그의 성질이나 절대부등식을 이용하여 로그가 포함된 함수의 최대·최소를 구할 수도 있다.
- $\log_a x+\log_a y=\log_a xy \ (a>0,\ a\neq1)$
- $\log_a b=\dfrac{\log_c b}{\log_c a}=\dfrac{1}{\log_b a}$
$$(a>0,\ a\neq1,\ b>0,\ b\neq1,\ c>0,\ c\neq1)$$

👍 대표 예제

0485 정의역이 $\{x\,|\,1\leq x\leq16\}$인 함수 $y=x^{\log_2 x-6}$의 최댓값을 M, 최솟값을 m이라 할 때, $\dfrac{M}{m}$의 값을 구하시오.

선생님 해설

$y=x^{\log_2 x-6}$에서 ($x>0$이므로 $y=x^{\log_2 x-6}$에서 $y>0$이다.)
$\log_2 y=\log_2 x^{\log_2 x-6}=(\log_2 x-6)\log_2 x$
$\qquad\quad =(\log_2 x)^2-6\log_2 x$
$\log_2 x=t$라 하면 $1\leq x\leq16$에서 $0\leq t\leq4$
이때 주어진 함수는
$\log_2 y=t^2-6t=(t-3)^2-9$
이므로 $t=3$일 때 최소이고 최솟값은 -9
즉, $\log_2 y=-9$에서 $y=\dfrac{1}{512}$ $\therefore m=\dfrac{1}{512}$
$t=0$일 때 최대이고 최댓값은 0
즉, $\log_2 y=0$에서 $y=1$ $\therefore M=1$
$\therefore \dfrac{M}{m}=512$

◯답 512

0486 대표 예제 한 번 더

정의역이 $\left\{x\,\middle|\,\dfrac{1}{9}\leq x\leq\dfrac{1}{3}\right\}$인 함수 $y=27x^{\log_{\frac{1}{3}}x+2}$의 최댓값을 M, 최솟값을 m이라 할 때, $\dfrac{M}{m}$의 값을 구하시오.

0487

$x\geq2$일 때, 함수 $y=\log_5 25x+\log_x 625$의 최솟값은?

① 0　　　　② 2　　　　③ 4

④ 6　　　　⑤ 8

0488

$x>0$, $y>0$일 때, $\log_2\left(x+\dfrac{4}{y}\right)+\log_2\left(y+\dfrac{16}{x}\right)$의 최솟값은?

① $\log_2 30$　　　② 5　　　③ $\log_2 34$

④ $\log_2 36$　　　⑤ $\log_2 38$

0489

정의역이 $\left\{x\,\middle|\,\dfrac{1}{3}<x\leq a\right\}$인 함수 $y=x^{8\log_{3x}3}$의 최댓값이 81이 되도록 하는 a의 값은?

① 3　　　　② 9　　　　③ 27

④ 81　　　　⑤ 243

유형 10 밑이 같고 진수에 미지수가 있는 방정식

다음과 같은 순서로 해를 구할 수 있다.

❶ 로그의 성질

$$\log_{a^m} b^n = \frac{n}{m} \log_a b \ (단, \ a>0, \ a\neq 1, \ b>0)$$

를 이용하여 방정식의 각 항의 밑을 같게 한다.

❷ $\log_a f(x) = \log_a g(x) \Longleftrightarrow f(x) = g(x)$를 이용하여 방정식의 해를 구한다.

❸ 구한 해가 진수의 조건 $f(x)>0$, $g(x)>0$을 만족하는지 확인한다.

👍 대표 예제

0490 방정식 $\log_2(x-3) - 2\log_2 3 = 1 - \log_2(x+4)$의 해를 구하시오.

선생님 해설

진수의 조건에서 $x-3>0$, $x+4>0$

$x>3$, $x>-4$

$\therefore x>3$ ...... ㉠

$\log_2(x-3) - 2\log_2 3 = 1 - \log_2(x+4)$에서

$\log_2(x-3) + \log_2(x+4) = 1 + \log_2 9$

$\log_2(x-3)(x+4) = \log_2 18$

$(x-3)(x+4) = 18$

$x^2 + x - 30 = 0$

$(x+6)(x-5) = 0$

$\therefore x=-6$ 또는 $x=5$

이때 ㉠에 의해 주어진 방정식의 해는 $x=5$이다.

> 식을 통해 구한 해가 100 % 주어진 방정식의 해일 것이라고 생각하지 말자. 로그의 정의를 생각해야 하므로 그에 맞는 조건을 떠올리자.

답 $x=5$

0491 대표 예제 한 번 더

방정식 $\log_9(x+3)^3 = 3\log_3(3-x)$의 해를 구하시오.

0492

방정식 $\log_3 x \cdot \log_5 x = \log_{\sqrt{3}} 25$를 만족시키는 두 실근을 α, β라 할 때, $\dfrac{\beta}{5\alpha}$의 값은? (단, $\alpha<\beta$)

① 1   ② 5   ③ 25

④ 125   ⑤ 625

0493

방정식 $\log_{\sqrt{2}} |x| = \log_2(x+4) + 1$을 만족시키는 모든 근의 합은?

① 2   ② 3   ③ 4

④ 5   ⑤ 6

0494

연립방정식 $\begin{cases} \log_5(x^2+y^2) = 2 \\ \log_5 3 \cdot \log_3 \left(\log_2 \dfrac{16y}{x} \right) = 1 \end{cases}$의 해의 개수는?

① 2   ② 3   ③ 4

④ 5   ⑤ 6

유형 11 $\log_a x$의 꼴이 반복되는 방정식

① $\log_a x$의 꼴이 반복되는 방정식은 다음과 같은 방법으로 푼다.
  ❶ 방정식에 있는 로그의 밑을 같게 한다.
  ❷ $\log_a x = t$로 치환하여 t에 대한 방정식의 해 t_0을 구한다.
  ❸ 방정식 $\log_a x = t_0$을 푼다.
② $p(\log_a x)^2 + q\log_a x + r = 0 \ (p \neq 0)$ 꼴의 방정식은 다음과 같은 방법으로 푼다.
  ❶ 방정식의 실근을 α, β로 놓는다.
  ❷ $\log_a \alpha$, $\log_a \beta$가 이차방정식 $pt^2 + qt + r = 0$의 두 실근임을 이용하여 주어진 조건을 적용한다.

🖐 대표 예제

0495 방정식 $\log_2 x - \log_x 64 = -1$의 모든 근의 합은?

① $\dfrac{31}{8}$ ② 4 ③ $\dfrac{33}{8}$

④ $\dfrac{17}{4}$ ⑤ $\dfrac{35}{8}$

선생님 해설

$\log_2 x - \log_x 64 = -1$에서

$\log_2 x - \dfrac{\log_2 64}{\log_2 x} = -1$, $\log_2 x - \dfrac{6}{\log_2 x} = -1$

$\log_2 x = t \ (t \neq 0)$라 하면 주어진 방정식은 $\cdot x \neq 1$

$t - \dfrac{6}{t} = -1$, $t^2 + t - 6 = 0$

$(t+3)(t-2) = 0$ $\therefore t = -3$ 또는 $t = 2$

즉, $\log_2 x = -3$ 또는 $\log_2 x = 2$에서 $x = \dfrac{1}{8}$ 또는 $x = 4$

따라서 주어진 방정식의 모든 근의 합은

$\dfrac{1}{8} + 4 = \dfrac{33}{8}$

               답 ③

0496   대표 예제   한 번 더

방정식 $(\log_5 x)^2 - \log_5 x^4 + \log_5 3 = 0$의 두 근의 곱이 5^n일 때, 상수 n의 값을 구하시오.

0497

방정식 $(\log_7 x)^2 - 24\log_7 x + 3 = 0$의 두 근을 α, β라 할 때, $n \le \log_\alpha 2 + \log_\beta 2$를 만족시키는 자연수 n의 최댓값은?

① 2 ② 3 ③ 4

④ 5 ⑤ 6

0498

방정식 $\log_3 x \cdot (8 - \log_3 x) = a$가 1보다 큰 서로 다른 두 실근을 갖도록 하는 정수 a의 개수는?

① 13 ② 14 ③ 15

④ 16 ⑤ 17

0499

방정식 $|\log_2 x| \cdot \log_2 \dfrac{16}{x} = k$가 서로 다른 세 개의 실근을 갖도록 하는 모든 정수 k의 값의 합은?

① -2 ② 0 ③ 2

④ 4 ⑤ 6

유형 12 로그를 포함한 방정식의 풀이

① 진수가 같은 방정식 $\log_{f(x)} h(x) = \log_{g(x)} h(x)$ 꼴은
$f(x) = g(x)$ 또는 $h(x) = 1$을 푼다. 이때 밑과 진수의 조건에 주의한다.

② $f(x) > 0$, $g(x) > 0$일 때,
$$f(x) = g(x) \iff \log_a f(x) = \log_a g(x)$$
임을 이용하여 주어진 방정식을 변형하여 푼다.

👍 대표 예제

0500 방정식 $\log_{x^2-6x+9}(x+3) = \log_{3-x}(x+3)$의 해는?

① $x = -2$ ② $x = -1$ ③ $x = 0$

④ $x = 1$ ⑤ $x = 2$

선생님 해설

밑과 진수의 조건에서 

$x^2 - 6x + 9 > 0$, $x^2 - 6x + 9 \neq 1$, $3 - x > 0$, $3 - x \neq 1$, $x + 3 > 0$
$\therefore -3 < x < 2$ 또는 $2 < x < 3$ ...... ㉠

(ⅰ) 밑이 같은 경우
$x^2 - 6x + 9 = 3 - x$에서
$x^2 - 5x + 6 = 0$, $(x-2)(x-3) = 0$
$\therefore x = 2$ 또는 $x = 3$
$x = 2$, $x = 3$은 모두 ㉠을 만족시키지 않는다.

(ⅱ) 밑이 다른 경우
$x + 3 = 1$이어야 하므로 $x = -2$
$x = -2$는 ㉠을 만족시킨다.

(ⅰ), (ⅱ)에서 주어진 방정식의 해는 $x = -2$이다.

답 ①

0501 대표 예제 한 번 더
방정식 $\log_{x^2-5x+10}(2x-1) = \log_2 \sqrt{2x-1}$의 모든 실근의 합은?

① 2 ② 3 ③ 4

④ 5 ⑤ 6

0502

방정식 $x^{\log_3 x} = \dfrac{9}{x}$의 모든 실근의 합은?

① $\dfrac{26}{9}$ ② $\dfrac{28}{9}$ ③ $\dfrac{10}{3}$

④ $\dfrac{32}{9}$ ⑤ $\dfrac{35}{9}$

0503

방정식 $3^{2x} = 4^{4-x}$의 해는?

① $x = 2$ ② $x = 2\log_5 3$ ③ $x = 4\log_6 2$

④ $x = 2\log_7 5$ ⑤ $x = 2\log_8 6$

0504

방정식 $(2x)^{\log 2} - (5x)^{\log 5} = 0$의 해를 $x = a$라 할 때, a의 값은? (단, $x > 0$)

① $\dfrac{1}{10}$ ② $\dfrac{1}{5}$ ③ $\dfrac{1}{2}$

④ 1 ⑤ 2

유형 13　밑이 같고 진수에 미지수가 있는 부등식

① 로그의 성질

$$\log_{a^m} b^n = \frac{n}{m}\log_a b \ (\text{단, } a>0,\ a\neq1,\ b>0)$$

를 이용하여 부등식의 각 항의 밑을 같게 한다.

② 부등식을 $\log_a f(x) > \log_a g(x)$ 꼴로 변형한 후
- $a>1$이면 부등식 $f(x)>g(x)>0$을 푼다.
- $0<a<1$이면 부등식 $g(x)>f(x)>0$을 푼다.

👍 대표 예제

0505　다음 중 부등식 $\log_3(x-2)+\log_3(4-x)<0$을 만족시키는 x의 값이 될 수 <u>없는</u> 것은?

① $\dfrac{7}{3}$　　② $\dfrac{8}{3}$　　③ 3

④ $\dfrac{10}{3}$　　⑤ $\dfrac{11}{3}$

선생님 해설

진수의 조건에서 $x-2>0,\ 4-x>0$
$x>2,\ x<4$　∴ $2<x<4$　……㉠
$\log_3(x-2)+\log_3(4-x)<0$에서
$\log_3(x-2)(4-x)<\log_3 1$
이때 밑이 1보다 크므로
$(x-2)(4-x)<1$
$(x-2)(x-4)>-1$
$x^2-6x+9>0$
$(x-3)^2>0$
∴ $x\neq3$　……㉡

기본적으로 로그가 있는 부등식은 여러 조건을 만족해야하므로 공통 범위에 신경써야 한다.

㉠, ㉡의 공통 범위를 구하면
$2<x<3$ 또는 $3<x<4$
따라서 주어진 부등식을 만족시키는 x의 값이 될 수 없는 것은 ③이다.

답 ③

0506　대표 예제 한 번 더

다음 중 부등식 $\log_{\frac{1}{2}}(x^2+4x+6)\leq\log_{\frac{1}{4}}9$를 만족시키지 <u>않는</u> x의 값은?

① -5　　② -4　　③ -3

④ -2　　⑤ -1

0507

부등식 $\log_3(x^2+2x-3)>\log_3(3x+3)$의 해는?

① $x>1$　　② $1<x<2$　　③ $x>3$

④ $2<x<7$　　⑤ $x<7$

0508

직선 $y=f(x)$와 곡선 $y=g(x)$가 그림과 같을 때, 부등식 $\log_{x^2+2x+3}f(x)<\log_{x^2+2x+3}g(x)$의 해는?

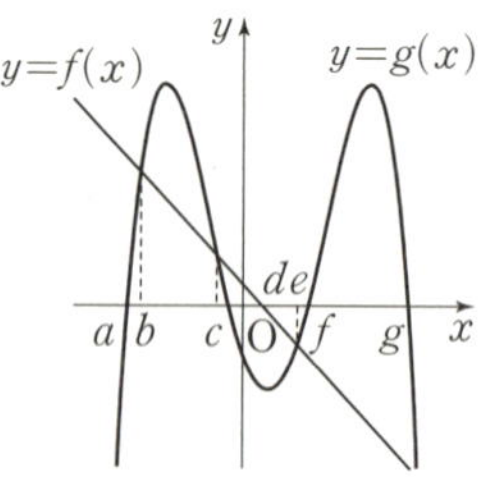

① $a<x<b$　　② $a<x<c$　　③ $b<x<c$

④ $d<x<e$　　⑤ $f<x<g$

0509

부등식 $\log_m(2x+2)\leq\log_m mx+\log_m(x-1)$의 해가 $1<x\leq5$일 때, 상수 m의 값은? (단, $m>0$, $m\neq1$)

① $\dfrac{3}{5}$　　② $\dfrac{6}{5}$　　③ $\dfrac{9}{5}$

④ $\dfrac{12}{5}$　　⑤ 3

유형 14 **진수에 로그가 있는 부등식**

$\log_a (\log_b x) > k$ $(a>0,\ a\neq1,\ b>0,\ b\neq1)$ 꼴의 부등식은
① 진수의 조건에서 $\log_b x > 0$
② $a>1$이면 $\log_b x > a^k$
  $0<a<1$이면 $\log_b x < a^k$

대표 예제

0510 부등식 $\log_2 (\log_3 x) > 2$의 해는?

① $0<x<1$ ② $1<x<3$ ③ $3<x<27$
④ $27<x<81$ ⑤ $x>81$

선생님 해설

진수의 조건에서
$x>0,\ \log_3 x>0$
$\therefore\ x>1$ …… ㉠
$\log_2 (\log_3 x) > 2$에서
$\log_2 (\log_3 x) > \log_2 4$
이때 밑이 1보다 크므로
$\log_3 x > 4$
$\log_3 x > \log_3 81$
$\therefore\ x>81$ …… ㉡
㉠, ㉡에서
$x>81$

답 ⑤

0511 대표 예제 한 번 더
부등식 $\log_{\frac{1}{3}} \left(\log_{\frac{1}{2}} x\right) > -1$의 해는?

① $\dfrac{1}{8}<x<1$ ② $\dfrac{1}{8}<x<2$ ③ $\dfrac{1}{4}<x<2$
④ $1<x<2$ ⑤ $x>2$

0512
부등식 $\log_{\frac{1}{5}} (\log_3 x) \geq a$의 해가 $1<x\leq9$일 때, 상수 a의 값은?

① -1 ② $-\log_5 4$ ③ $-\log_5 3$
④ $-\log_5 2$ ⑤ 0

0513
부등식 $\log_2 \{\log_3 (\log_2 x)\} \leq 1$을 만족시키는 정수 x의 개수는?

① 502 ② 504 ③ 506
④ 508 ⑤ 510

0514
부등식 $\log_a (\log_2 x) \leq 1$을 만족시키는 정수 x의 개수가 100일 때, 상수 a의 최솟값은? (단, $a>0,\ a\neq1$)

① $\log_2 100$ ② $\log_2 101$ ③ $\log_2 102$
④ $\log_2 103$ ⑤ $\log_2 104$

유형 15 $\log_a x$ 꼴이 반복되는 부등식

다음과 같은 순서로 부등식의 해를 구한다.
❶ 부등식에 있는 로그의 밑을 같게 한다.
❷ $\log_a x = t$로 치환하여 t에 대한 부등식을 푼다.
❸ x에 대한 부등식으로 바꾸어 다시 푼다.

👍 대표 예제

0515 부등식 $(\log_3 x)^3 < 27$의 해가 $a < x < b$일 때, $a+b$의 값은?

① 15   ② 19   ③ 23
④ 27   ⑤ 31

선생님 해설

진수의 조건에서 $x > 0$ …… ㉠
$\log_3 x = t$라 하면 주어진 부등식은
$t^3 < 27$, $t^3 - 27 < 0$
$(t-3)(t^2+3t+9) < 0$
이때 $t^2+3t+9 = \left(t+\dfrac{3}{2}\right)^2 + \dfrac{27}{4} > 0$이므로
$t-3 < 0$ $\therefore t < 3$
즉, $\log_3 x < 3$이므로 $x < 27$ …… ㉡
㉠, ㉡에서
$0 < x < 27$
따라서 $a=0$, $b=27$이므로
$a+b = 27$

답 ④

0516 [대표 예제] [한 번 더]

부등식 $\log_{\frac{1}{4}} 32x \cdot \log_2 \dfrac{64}{x} \leq 0$을 만족시키는 x의 최댓값은?

① 60   ② 61   ③ 62
④ 63   ⑤ 64

0517

부등식 $\log_5 (2x-1) \cdot \{a - \log_5 (2x-1)\} \geq b$의 해가
$\dfrac{3}{5} \leq x \leq 13$일 때, 두 상수 a, b에 대하여 $a-b$의 값은?

① -5 ② -3 ③ -1
④ 1   ⑤ 3

0518

연립부등식 $\begin{cases} (\log x)^3 < 1 \\ \dfrac{1}{(\log_5 x)^2} > 1 \end{cases}$ 을 만족시키는 모든 정수 x의

값의 합은?

① 3   ② 5   ③ 7
④ 9   ⑤ 11

0519

$\{\log_2 (x+6)\}^2 - |\log_2 (x+6)| - 6 \leq 0$을 만족시키는 정수 x의 개수는?

① 2   ② 4   ③ 6
④ 8   ⑤ 10

유형 16 로그를 포함한 부등식의 풀이

① $x^{f(x)}>g(x)$ 꼴의 부등식은 밑이 a인 로그의 대소 관계를 이용하여
- $a>1$이면 $f(x)\log_a x>\log_a g(x)$를 푼다.
- $0<a<1$이면 $f(x)\log_a x<\log_a g(x)$를 푼다.

② $a^{f(x)}>b^{g(x)}$ 꼴의 부등식은 밑이 c인 로그의 대소 관계를 이용하여
- $c>1$이면 $f(x)\log_c a>g(x)\log_c b$를 푼다.
- $0<c<1$이면 $f(x)\log_c a<g(x)\log_c b$를 푼다.

③ 밑에도 미지수가 있는 부등식은

$$\log_a b=\frac{\log_c b}{\log_c a}=\frac{1}{\log_b a}$$

을 이용하여 밑이 상수인 부등식으로 바꾸어 푼다.

👍 대표 예제

0520 부등식 $x^{2\log_2 x}\leq\dfrac{x^9}{512}$의 해가 $\alpha\leq x\leq\beta$일 때, $\alpha^2\beta$의 값을 구하시오.

선생님 해설

진수의 조건에서 $x>0$ $\qquad\qquad$ …… ㉠

$x^{2\log_2 x}\leq\dfrac{x^9}{512}$의 양변에 밑이 2인 로그를 취하면

$\log_2 x^{2\log_2 x}\leq\log_2 x^9-\log_2 512$

$2(\log_2 x)^2-9\log_2 x+9\leq0$

$\log_2 x=t$라 하면 주어진 부등식은

$2t^2-9t+9\leq0$, $(2t-3)(t-3)\leq0$

$\therefore\dfrac{3}{2}\leq t\leq3$

즉, $\dfrac{3}{2}\leq\log_2 x\leq3$이므로 $2\sqrt{2}\leq x\leq8$ …… ㉡

㉠, ㉡에서 $2\sqrt{2}\leq x\leq8$

따라서 $\alpha=2\sqrt{2}$, $\beta=8$이므로 $\alpha^2\beta=(2\sqrt{2})^2\cdot8=64$

📦 64

0521 대표 예제 한 번 더
부등식 $22^{x-1}>11^{x+1}$을 만족시키는 정수 x의 최솟값을 구하시오.

0522

부등식 $x^{\log_{\frac{1}{2}} x}>ax^b$의 해가 $\dfrac{1}{4}<x<2$가 되도록 하는 두 상수 a, b에 대하여 $a+b$의 값은?

① $\dfrac{1}{4}$ $\qquad$ ② $\dfrac{3}{4}$ $\qquad$ ③ $\dfrac{5}{4}$

④ $\dfrac{7}{4}$ $\qquad$ ⑤ $\dfrac{9}{4}$

0523

$0<x<4$에서 부등식 $x^{\frac{1}{x-5}}>m$이 항상 성립할 때, m의 최댓값은? (단, $m>0$)

① 2 $\qquad$ ② 1 $\qquad$ ③ $\dfrac{1}{2}$

④ $\dfrac{1}{4}$ $\qquad$ ⑤ $\dfrac{1}{8}$

0524 ⬆️UP
부등식 $\log_{x+2} 3<\log_{4-x} 9$의 해가 $a<x<b$ 또는 $c<x<d$일 때, $a+b-c-d$의 값은? (단, $b<c$)

① -10 $\qquad$ ② -8 $\qquad$ ③ -6

④ -4 $\qquad$ ⑤ -2

유형 17　로그를 포함한 방정식과 부등식의 응용

로그를 포함한 방정식과 부등식의 해의 조건을 다룰 때에는 다음 방법들을 활용한다.

① $\log_a x = t$로 치환하여 익숙한 방정식, 부등식에 관한 문제로 바꾸어 푼다.

② 특정한 범위에서 해가 존재할 조건을 묻는 문제의 경우 함수의 그래프를 이용하면 편리하다.

③ 모든 실수에 대하여 성립한다는 조건의 문제에서는 절대부등식을 활용할 수도 있다.

👍 대표 예제

0525 임의의 양수 x에 대하여 부등식

$$(\log_3 x)^2 - k \log_3 x + \frac{k}{2} + 6 \geq 0$$

이 성립하도록 하는 상수 k의 최댓값을 M, 최솟값을 m이라 하자. $M - m$의 값을 구하시오.

$\log_3 x = t$라 하면 주어진 부등식은

$$t^2 - kt + \frac{k}{2} + 6 \geq 0 \quad \cdots\cdots \ \text{㉠}$$

부등식 ㉠이 모든 실수 t에 대하여 성립해야 하므로

이차방정식 $t^2 - kt + \frac{k}{2} + 6 = 0$의 판별식을 D라 하면

$$D = (-k)^2 - 4\left(\frac{k}{2} + 6\right) \leq 0$$

$k^2 - 2k - 24 \leq 0$, $(k+4)(k-6) \leq 0$ $\quad \therefore \ -4 \leq k \leq 6$

따라서 $M = 6$, $m = -4$이므로 $M - m = 6 - (-4) = 10$

ㅇ**답** 10

0526 [대표 예제] [한 번 더]

방정식 $(\log_7 x)^3 - a \log_7 x + a - 1 = 0$이 오직 하나의 실근을 갖도록 하는 상수 a의 값의 범위는?

① $\dfrac{1}{4} < a < 1$ 　② $\dfrac{1}{2} < a < \dfrac{5}{4}$ 　③ $a < \dfrac{3}{4}$

④ $0 < a < 1$ 　⑤ $a < \dfrac{5}{4}$

0527

방정식 $\log_2 (7-x) + \log_2 (x+3) = n$이 서로 다른 두 실근을 갖도록 하는 모든 자연수 n의 개수는?

① 2 　　② 3 　　③ 4

④ 5 　　⑤ 6

0528

모든 양의 실수 x에 대하여 부등식

$$\log ax \cdot \log a^2 x > -1$$

이 성립하기 위한 상수 a의 값의 범위를 구하시오.

0529

모든 실수 x에 대하여 부등식 $3^{x^4+4} \geq a^{x^2}$이 성립할 때, 양수 a의 최댓값은?

① 9 　　② 27 　　③ 81

④ 243 　　⑤ 729

유형 18 로그함수의 실생활에의 활용

주어진 조건에 맞게 방정식 또는 부등식을 세운 다음 로그의 성질을
이용하여 해를 구한다.

 대표 예제

0530 지진에 의해서 발생된 에너지의 양은 보통 리히터 규모
로 나타내는데, 발생된 에너지가 x erg(에르그)인 지진의 리히
터 규모를 M이라 하면

$$\log x = k + \frac{3}{2}M$$

이 성립한다고 한다. 리히터 규모가 a인 지진의 에너지는 리히터
규모가 $a+2$인 지진의 에너지의 n배이다. n의 값은?

(단, k는 상수이다.)

① $\dfrac{1}{1000}$　　　② $\dfrac{1}{100}$　　　③ $\dfrac{1}{10}$

④ 10　　　⑤ 100

선생님 해설

리히터 규모가 a인 지진의 에너지를 x_a라 하면

$$\log x_a = k + \frac{3}{2}a \qquad \therefore \ x_a = 10^{k+\frac{3}{2}a}$$

리히터 규모가 $a+2$인 지진의 에너지를 x_{a+2}라 하면

$$\log x_{a+2} = k + \frac{3}{2}(a+2) = k + 3 + \frac{3}{2}a \qquad \therefore \ x_{a+2} = 10^{k+3+\frac{3}{2}a}$$

$$\frac{x_a}{x_{a+2}} = \frac{10^{k+\frac{3}{2}a}}{10^{k+3+\frac{3}{2}a}} = \frac{1}{10^3} \qquad \therefore \ x_a = \frac{1}{10^3}x_{a+2} = \frac{1}{1000}x_{a+2}$$

따라서 리히터 규모가 a인 지진의 에너지는 리히터 규모가
$a+2$인 지진의 에너지의 $\dfrac{1}{1000}$ 배이다.

답 ①

0531 대표 예제 | 한 번 더
공기 중에 섞여 있는 미세먼지는 공기청정기의 필터를 하나
통과할 때 마다 그 양이 20 %씩 감소한다고 한다. 미세먼지
의 양을 처음 양의 1 % 이하로 줄이려면 공기청정기의 필
터를 최소한 몇 개 만들어야 하는가?

(단, $\log 2 = 0.30$으로 계산한다.)

① 20　　　② 22　　　③ 23

④ 24　　　⑤ 25

0532 어떤 자동차의 중고차 가격은 구입 이후 매년 전년보다
40 % 낮은 가격에 형성된다고 한다. 예를 들어 구입 후
1년 뒤에는 처음 구입가보다 40 % 낮은 가격으로 중고차
가격이 형성된다. 2018년에 2000만 원인 차량을 구입했을
때, n년에 중고차 가격이 처음으로 500만 원 이하로 떨어
진다. n의 값을 구하시오.

(단, $\log 2 = 0.30$, $\log 3 = 0.47$로 계산한다.)

0533 두 국가 A, B는 2018년 이후에 매년 각각 5 %, 25 %씩
경제성장을 할 것으로 예상이 된다. 2018년 기준으로 A
국가의 경제규모는 B 국가의 경제규모의 2배라 할 때, n
년에 B 국가의 경제규모가 처음으로 A 국가의 경제규모를
초과한다. n의 값을 구하시오.

(단, $\log 2 = 0.30$, $\log 2.1 = 0.32$로 계산한다.)

0534 어느 백화점에서 한과세트를 만들어 팔고 있다. 이 백화점
에서는 매출신장을 위해 매년 그 전 해의 한과세트 1개의
원가는 1 % 줄이고, 포장을 바꿔 1 % 높은 가격에 판매한
다고 한다. 한과세트 1개에 대한 마진율은

$$(\text{마진율}) = \frac{(\text{판매가}) - (\text{원가})}{(\text{원가})}$$

이다. 현재의 마진율이 1 %일 때, 이러한 전략으로 n년 후에
처음으로 마진율이 10 % 이상이 된다. n의 값을 구하시오.
(단, $\log 1.01 = 0.004$, $\log 1.1 = 0.041$, $\log 9.9 = 0.995$
로 계산한다.)

0535

자연수 n에 대하여 함수 $f_n(x)$는
$$f_n(x)=\log_3(-x^2+2nx+8)$$
이라 하자. $0\leq x\leq 2n$에서 $f_n(x)$의 함숫값이 정수가 되도록 하는 x의 값의 개수를 a_n이라 할 때, $a_1+a_2+\cdots+a_{10}$의 값을 구하시오.

0536

두 집합 $X=\{x\,|\,1\leq x\leq 2\}$, $Y=\{x\,|\,1\leq x\leq a\}$와 최고차항의 계수가 양수인 일차함수 $h(x)$에 대하여 함수 $f(x)=\log_2(6x+b)$는 정의역이 X, 치역이 Y이고, 함수 $g(x)=\log_3 h(x)$는 정의역이 Y, 치역이 X이다. 이때 $h(a+b)$의 값을 구하시오. (단, b는 상수이다.)

0537

그림과 같이 좌표평면 위에 두 곡선
$$C_1:y=3\log_4 x,\quad C_2:y=\log_4(x+k)^3+k$$
가 있다. 곡선 C_1 위의 두 점 $A(1,\,0)$, $B(4,\,3)$을 각각 지나고 선분 AB에 수직인 두 직선이 곡선 C_2와 만나는 점을 각각 C, D라 하자. 두 곡선과 두 선분 AC, BD로 둘러싸인 영역의 넓이가 36일 때, 상수 k의 값을 구하시오.
(단, $k>0$)

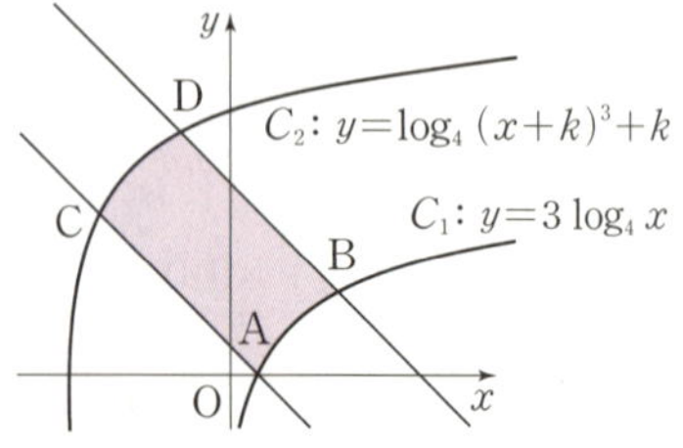

0538

그림과 같이 좌표평면 위에 세 점 $O(0,\,0)$, $A(-1,\,6)$, $B(m,\,n)$이 있다. 함수 $y=\log_3 9x$의 그래프가 점 B를 지나고 삼각형 OBA의 넓이가 29일 때, 두 자연수 m, n에 대하여 $m+n$의 값은?

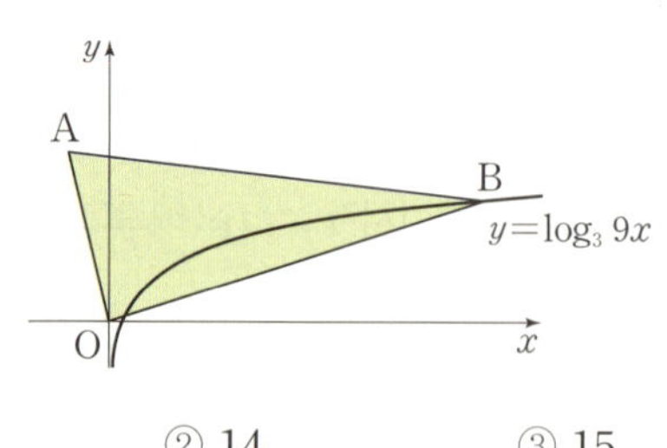

① 13　　② 14　　③ 15
④ 16　　⑤ 17

0539

그림과 같이 함수 $f(x)=\log_2 x$와 그 역함수 $y=g(x)$의 그래프가 있다. 곡선 $y=g(x)$ 위의 한 점 A에 대하여 점 A를 지나는 세 직선 l_1, l_2, l_3이 있고 직선 l_1은 x축과 수직, 직선 l_2는 x축과 평행, 직선 l_3은 기울기가 -1이다. 세 직선 l_1, l_2, l_3과 곡선 $y=f(x)$가 만나는 점을 차례로 B, C, D라 하면 점 B는 x축 위에 있다. 삼각형 BCD의 넓이는?

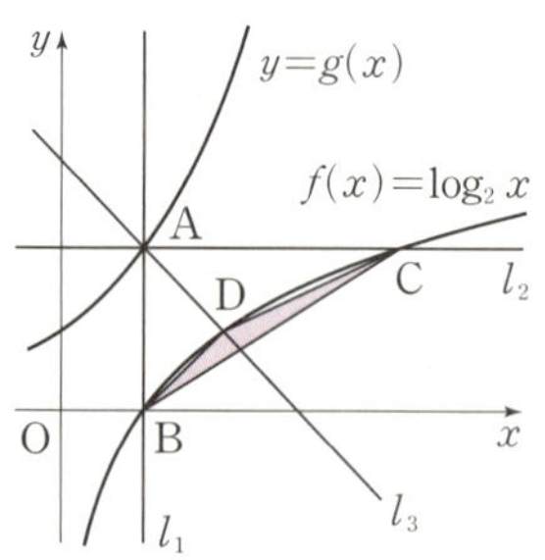

① $\dfrac{1}{2}$　　② 1　　③ $\dfrac{3}{2}$
④ 2　　⑤ $\dfrac{5}{2}$

0540 [사고력]
· 유형 05 ·

직선 $y=2-x$가 곡선 $y=|\log_2 x|$와 만나는 두 교점의 x좌표를 x_1, x_2 $(x_1<x_2)$, 직선 $y=2-x$가 곡선 $y=\log_3 x$와 만나는 교점의 x좌표를 x_3이라 하자. **│보기│**에서 옳은 것만을 있는 대로 고른 것은?

---│ 보기 │---

ㄱ. $\log_3 4x_1>0$

ㄴ. $\log_2 \dfrac{x_2}{x_3}>0$

ㄷ. $\dfrac{\log_3 x_2}{x_2}>\dfrac{\log_3 x_3}{x_3}$

---

① ㄱ   ② ㄷ   ③ ㄱ, ㄴ

④ ㄴ, ㄷ   ⑤ ㄱ, ㄴ, ㄷ

0541
· 유형 07 + 유형 13 ·

정의역이 $\{x\,|\,1\le x\le n,\ x$는 자연수$\}$인 함수
$y=\dfrac{2^{\log_3 x+1}-2}{x^{\log_3 2}-4}$의 최댓값이 0일 때, 자연수 n의 최댓값은?

① 6   ② 8   ③ 10

④ 12   ⑤ 14

0542
· 유형 09 ·

함수 $y=\log_{\frac{1}{2}}\left(x^2+\dfrac{9}{x^2+2}+4\right)$의 최댓값은?

① -5 ② -3 ③ -1

④ 1   ⑤ 3

0543
· 유형 09 ·

$\log_2 x^2 y^3=10$을 만족시키는 두 양수 x, y에 대하여 $(\log_4 x)^2+(\log_2 y)^2$의 최솟값은?

① 3   ② 4   ③ 5

④ 6   ⑤ 7

0544
· 유형 16 ·

부등식 $\log_{x^2}(x+12)>1$을 만족시키는 모든 정수 x의 값의 합을 구하시오.

0545
· 유형 11 ·

평면에서 중심이 원점 O이고 반지름의 길이가 4인 원 위의 점들의 집합을 X, 방정식 $\log_2 \dfrac{x}{y}=\left(\log_2 x+\log_{\frac{1}{2}} y\right)^2$을 만족시키는 해 $(x,\ y)$를 좌표로 하는 점들의 집합을 Y라 하자. **│보기│**에서 $X\cap Y$의 원소인 것만을 있는 대로 고른 것은?

---│ 보기 │---

ㄱ. $(2\sqrt{2},\ 2\sqrt{2})$ ㄴ. $(\sqrt{5},\ \sqrt{5})$

ㄷ. $\left(\dfrac{2\sqrt{3}}{3},\ \dfrac{2\sqrt{3}}{3}\right)$ ㄹ. $\left(\dfrac{8\sqrt{5}}{5},\ \dfrac{4\sqrt{5}}{5}\right)$

---

① ㄱ, ㄴ   ② ㄱ, ㄷ   ③ ㄱ, ㄹ

④ ㄴ, ㄷ   ⑤ ㄴ, ㄹ

0546 · 유형 12 ·

연립방정식 $\begin{cases} \log_{|x|}(x+y)=\log_{|y|}(x+y) \\ 3x^2+xy-y^2=9 \end{cases}$ 의 해의 개수는?

① 2   ② 3   ③ 4

④ 5   ⑤ 6

0547 · 유형 13 ·

세 집합

$$A=\{x\,|\,\log_2(2x^2+ax+b)\geq\log_{\sqrt{2}}|x|\},$$
$$B=\left\{x\,\middle|\,\left(\frac{3}{5}\right)^{x-4}<\left(\frac{25}{9}\right)^{4-x}\right\},$$
$$C=\{x\,|\,x\leq-1 \text{ 또는 } 3\leq x<4\}$$

에 대하여 $A\cap B=C$가 성립할 때, 두 상수 a, b에 대하여 $b-a$의 값은?

① -5 ② -3 ③ -1

④ 1 ⑤ 4

0548 · 유형 15 ·

두 자연수 a, b가 다음 조건을 만족시킨다.

> (가) $8a-b>0$
> (나) $\log_a b>\log_b a^6+1$

순서쌍 (a, b)의 개수를 구하시오.

0549 · 유형 10 ·

연립방정식 $\begin{cases} \dfrac{1}{\log_x 5}+\dfrac{1}{\log_y 3}=\sqrt{3}a \\ \log_3 x\cdot\log_5 y=a^2-4 \end{cases}$ 를 만족시키는 x, y의 순서쌍 (x, y)가 존재하도록 하는 정수 a의 개수를 구하시오.

0550 사고력 · 유형 17 ·

$\sqrt[3]{3}\leq x\leq 27$에서 방정식

$$\log_2(\log_3 x)-m\log_3 3x=0$$

이 실근을 갖도록 하는 실수 m의 최댓값과 최솟값의 차는?

① $\dfrac{1}{4}\log_2 3$ ② $\dfrac{1}{2}\log_2 3$ ③ $\dfrac{3}{4}\log_2 3$

④ $\log_2 3$ ⑤ $\dfrac{5}{4}\log_2 3$

0551 창의력 + · 유형 15 ·

두 집합

$$A=\{x\,|\,2x^2-(2a+3)x+3a<0\},$$
$$B=\left\{x\,\middle|\,\log_{\frac{1}{2}}x\cdot\log_{\frac{1}{2}}\frac{x^2}{256}>-6\right\}$$

에 대하여 $A\subset B$일 때, 모든 정수 a의 개수를 구하시오.

0552

• 유형 06 •

정의역이 $\{x\,|\,0.25 \le x \le 2\}$인 함수 $y=\log_{\frac{1}{2}} x+3$의 최댓값과 최솟값을 구하시오.

✔ **필요 개념 및 공식**
☐ 로그함수의 그래프　　☐ 로그함수의 최대·최소

0553

• 유형 01 •

함수 $f(x)=\log_3 \sqrt{1-\dfrac{1}{x+2}}$에 대하여

$$f(1)+f(2)+\cdots+f(k)=-2$$

를 만족시키는 자연수 k의 값을 구하시오.

✔ **필요 개념 및 공식**
☐ 로그의 뜻과 성질　　☐ 로그함수의 함숫값

0554

• 유형 12 •

방정식 $3^{\log_2 x} \cdot x^{\log_2 3} - 3^{\log_2 x+1} - 54 = 0$의 해를 구하시오.

✔ **필요 개념 및 공식**
☐ 로그의 뜻과 성질　　☐ 로그가 포함된 방정식　　☐ 지수가 포함된 방정식

0555

• 유형 17 •

$\log_2 p \cdot \log_2 q = 4$를 만족시키는 두 양수 p, q에 대하여 이차방정식 $x^2+2px+4q=0$이 서로 다른 두 실근을 갖도록 하는 p의 값의 범위를 구하시오.

✔ **필요 개념 및 공식**
☐ 로그의 뜻과 성질　　☐ 이차방정식의 판별식　　☐ 로그가 포함된 부등식

0556

• 유형 18 •

두 국가 A, B는 각각 오랜 세월 동안 매년 $2\,\%$, $5\,\%$씩의 인구증가율을 유지했다. 현재 국가 B의 인구가 국가 A의 인구의 3배라 할 때, 국가 A의 인구가 국가 B의 인구보다 많았던 것은 최소 몇 년 전인지 구하시오.

(단, $\log 1.05=0.0212$, $\log 1.02=0.0086$, $\log 3=0.4771$로 계산한다.)

✔ **필요 개념 및 공식**
☐ 상용로그　　☐ 로그가 포함된 부등식

0557

• 유형 09 •

두 실수 x, y가 다음 조건을 만족시킨다.

> (가) $x>1$, $y>0$　　　(나) $x^2 y^{2+\log x}=1$

이때 xy의 값의 범위를 구하시오.

✔ **필요 개념 및 공식**
☐ 로그의 뜻과 성질　　☐ 이차방정식의 판별식　　☐ 로그가 포함된 방정식

안녕 여러분~ 서지완 선생님이에요^^
어느덧 우리 수학(상), (하)를 넘어 수학Ⅰ에서 만나게 되었네요^^
지수함수와 로그함수는 재미있었어요?ㅎㅎ
지금까지 못보던 함수라 많이 당황스러웠을 텐데.
잘 이겨내 줘서 고마워요^^
이 책에서 배울 삼각함수, 수열 등 모두 생소할 거예요.
수학(상), (하)에서 배운 내용은 중학교 때까지 배운 내용에 조금의
살을 붙인 정도였다면 수학Ⅰ부터는 새로운 내용이에요.
그래서 더욱 머리가 지끈거리고 그만두고 싶어질 수 있어요.
쌤도 그 마음 잘 알아요~~
그렇지만 여러분들 열심히 쌤들 따라오며 잘 이겨내고 소화할 수 있죠?
우리 포기하지 말고 끝까지 CPR과 함께 달려 봐요!!
힘내요~ 우리! 파이팅^^

안녕 여러분! 승호 쌤이에요^^
오늘은 공부한 시간과 성적의 관계를 얘기해 줄게.
혹시 수학 공부에 많은 시간을 투자했는데,
수학 성적이 생각만큼 오르지 않은 적이 있지?
실제로 성적이 지수함수처럼 변하기 때문이야.
즉, x의 값이 점점 커지면 y의 값은 점점 더 크게 변하지.
특히, 복습이 무엇보다도 중요해. 처음 볼 때는 헷갈리고 어려운 내용도
두 번, 세 번 보게 되면 더 정확하고 빠르게 이해할 수 있거든.
만약 너희가 CPR 한 단원을 처음 풀 때 n시간이 걸렸다면 2번째, 3번째, …
풀 때는 $\dfrac{n}{2}$시간, $\dfrac{n}{4}$시간, …이 걸릴 거야.
즉, 처음에는 아리송하던 것도 시간을 투자할수록 더 적은 시간에
빠르고 정확하게 복습할 수 있고, 이해도의 효율도 엄청 높아져.
이번 단원을 다 푸느라 정말 고생 많았어. 하지만 진짜 실력이 늘어나는 것은
다시 한번 더 CPR을 풀어 볼 때라는 것을 기억해!!

Ⅱ. 삼각함수

개념 01   일반각

시초선 OX와 동경 OP가 나타내는 한
각의 크기를 $a°$라 하면 $\angle$XOP의 크기는
$$360°\times n+a° \ (n\text{은 정수})$$
꼴로 나타낼 수 있고, 이것을 동경 OP가
나타내는 일반각이라 한다.

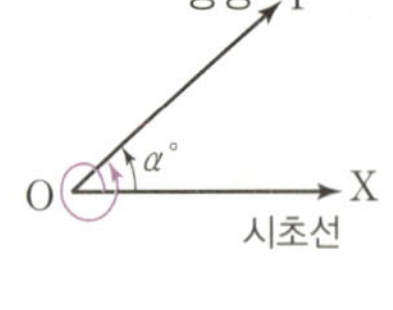

참고 일반각으로 나타낼 때에는 $a°$는 보통 $0°\leq a°<360°$인 것을 택한다.

[0558~0561] 시초선이 반직선 OX일 때, 다음 각을 나타내는
동경 OP의 위치를 그림으로 나타내시오.

0558 $60°$

0559 $225°$

0560 $-30°$

0561 $-150°$

[0562~0563] 다음 그림에서 시초선 OX와 동경 OP가 나
타내는 일반각 θ를 구하시오.

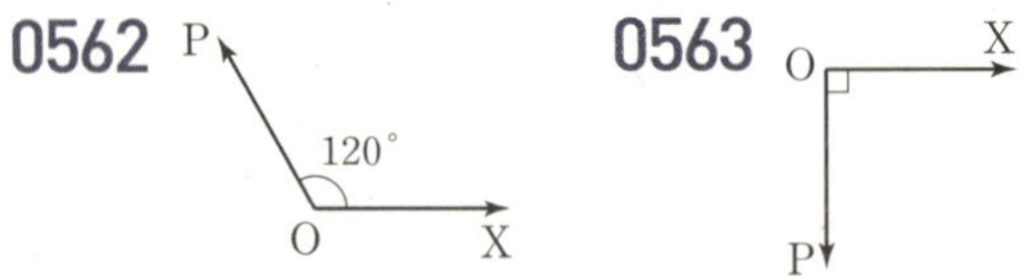

0562

0563

[0564~0567] 크기가 다음과 같은 각의 동경이 나타내는 일
반각을 $360°\times n+a°$ 꼴로 나타내고, 제몇 사분면의 각인지
말하시오. (단, n은 정수, $0°\leq a°<360°$)

0564 $370°$

0565 $860°$

0566 $-50°$

0567 $-470°$

개념 02   호도법

(1) **1라디안**: 반지름의 길이가 r인 원에서 길
이가 r인 호에 대한 중심각의 크기

(2) **호도법**: 라디안을 단위로 하여 각의 크기
를 나타내는 방법

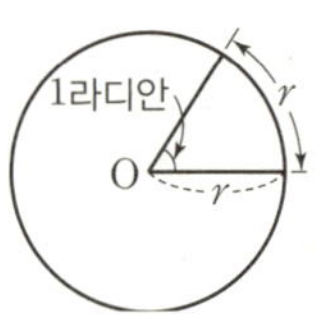

(3) 1라디안$=\dfrac{180°}{\pi}$, $1°=\dfrac{\pi}{180}$라디안

참고 일반적으로 호도법의 단위인 라디안은 생략한다.

[0568~0575] 다음 각을 육십분법은 호도법으로, 호도법은
육십분법으로 나타내시오.

0568 $60°$

0569 $315°$

0570 $-150°$

0571 $-240°$

0572 $\dfrac{\pi}{6}$

0573 $\dfrac{3}{4}\pi$

0574 $-\dfrac{3}{5}\pi$

0575 $-\dfrac{11}{6}\pi$

개념 03   부채꼴의 호의 길이와 넓이

반지름의 길이가 r, 중심각의 크기가 θ
(라디안)인 부채꼴의 호의 길이를 l, 넓이를
S라 하면
$$l=r\theta,\ S=\dfrac{1}{2}r^2\theta=\dfrac{1}{2}rl$$

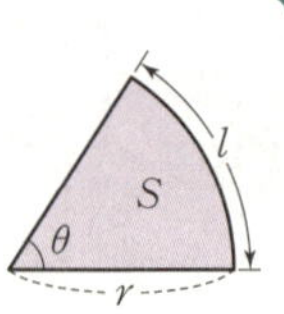

[0576~0578] 다음과 같은 부채꼴의 호의 길이 l과 넓이 S를
각각 구하시오.

0576 반지름의 길이가 4, 중심각의 크기가 $\dfrac{5}{4}\pi$

0577 반지름의 길이가 2, 중심각의 크기가 $\dfrac{11}{6}\pi$

0578 반지름의 길이가 3, 중심각의 크기가 $60°$

0579 반지름의 길이가 5, 호의 길이가 4π인 부채꼴의
넓이를 구하시오.

개념 04 삼각함수와 삼각함수의 값의 부호

(1) **삼각함수의 정의**

동경 OP가 나타내는 일반각의 크기 θ에 대하여

$$\sin\theta=\frac{y}{r},\ \cos\theta=\frac{x}{r},$$
$$\tan\theta=\frac{y}{x}\ (x\neq0)$$

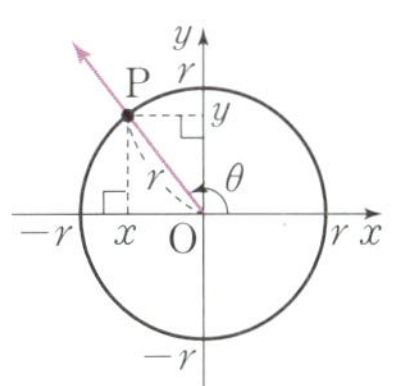

(2) **삼각함수의 값의 부호**

	제1사분면	제2사분면	제3사분면	제4사분면
$\sin\theta$	+	+	−	−
$\cos\theta$	+	−	−	+
$\tan\theta$	+	−	+	−

[0580~0583] 원점 O와 점 P에 대하여 동경 OP가 나타내는 각의 크기를 θ라 할 때, $\sin\theta$, $\cos\theta$, $\tan\theta$의 값을 각각 구하시오.

0580 $P(1,\sqrt{3})$

0581 $P(-2,4)$

0582 $P(-4,-1)$

0583 $P(5,-2)$

[0584~0587] 다음 조건을 동시에 만족시키는 각 θ는 제몇 사분면의 각인지 구하시오.

0584 $\sin\theta>0,\ \cos\theta>0$

0585 $\sin\theta>0,\ \cos\theta<0$

0586 $\tan\theta>0,\ \sin\theta<0$

0587 $\cos\theta>0,\ \tan\theta<0$

[0588~0591] 각 θ의 크기가 다음과 같을 때, $\sin\theta$, $\cos\theta$, $\tan\theta$의 값을 각각 구하시오.

0588 $\dfrac{5}{6}\pi$

0589 $\dfrac{4}{3}\pi$

0590 $-\dfrac{\pi}{6}$

0591 $-\dfrac{5}{4}\pi$

개념 05 삼각함수 사이의 관계

각 θ에 대하여 다음 관계가 성립한다.

(1) $\tan\theta=\dfrac{\sin\theta}{\cos\theta}$

(2) $\sin^2\theta+\cos^2\theta=1$

0592 각 θ가 제1사분면의 각이고 $\sin\theta=\dfrac{3}{5}$일 때, $\cos\theta$, $\tan\theta$의 값을 각각 구하시오.

0593 각 θ가 제3사분면의 각이고 $\cos\theta=-\dfrac{\sqrt{2}}{2}$일 때, $\sin\theta$, $\tan\theta$의 값을 각각 구하시오.

0594 $\sin\theta-\cos\theta=\dfrac{2}{3}$일 때, $\sin\theta\cos\theta$의 값을 구하시오.

0595 $\sin\theta\cos\theta=-\dfrac{1}{4}$일 때, $(\sin\theta+\cos\theta)^2$의 값을 구하시오.

[0596~0598] 다음 식을 간단히 하시오.

0596 $\dfrac{\tan^2\theta}{1+\tan^2\theta}$

0597 $\dfrac{1}{\cos^2\theta}-\tan^2\theta$

0598 $\dfrac{\sin\theta}{1+\cos\theta}+\dfrac{\sin\theta}{1-\cos\theta}$

유형 01 사분면의 각

정수 n에 대하여 각 θ가
① 제1사분면의 각인 경우: $360°\times n<\theta<360°\times n+90°$
② 제2사분면의 각인 경우: $360°\times n+90°<\theta<360°\times n+180°$
③ 제3사분면의 각인 경우: $360°\times n+180°<\theta<360°\times n+270°$
④ 제4사분면의 각인 경우: $360°\times n+270°<\theta<360°\times n+360°$

👍 대표 예제

0599 θ가 제2사분면의 각일 때, $\dfrac{\theta}{2}$는 제몇 사분면의 각인지 말하시오.

선생님 해설

θ가 제2사분면의 각이므로 정수 n에 대하여
$$360°\times n+90°<\theta<360°\times n+180°$$
$$\therefore\ 180°\times n+45°<\dfrac{\theta}{2}<180°\times n+90°$$

(i) $n=2k$ (k는 정수)일 때 → $180°\times n$ 꼴을 $360°\times k$ 꼴로 나타내기 위해 $n=2k,\ n=2k+1$로 경우를 나누어 계산한다.
$$180°\times 2k+45°<\dfrac{\theta}{2}<180°\times 2k+90°$$
$$\therefore\ 360°\times k+45°<\dfrac{\theta}{2}<360°\times k+90°$$ → $45°<\dfrac{\theta}{2}<90°$인 동경의 위치와 같다.

즉, $\dfrac{\theta}{2}$는 제1사분면의 각이다.

(ii) $n=2k+1$ (k는 정수)일 때
$$180°\times(2k+1)+45°<\dfrac{\theta}{2}<180°\times(2k+1)+90°$$
$$\therefore\ 360°\times k+225°<\dfrac{\theta}{2}<360°\times k+270°$$ → $225°<\dfrac{\theta}{2}<270°$인 동경의 위치와 같다.

즉, $\dfrac{\theta}{2}$는 제3사분면의 각이다.

(i), (ii)에서 $\dfrac{\theta}{2}$는 제1사분면 또는 제3사분면의 각이다.

답 제1사분면 또는 제3사분면

0600 대표 예제 한 번 더

θ가 제3사분면의 각일 때, $\dfrac{\theta}{2}$는 제몇 사분면의 각인가?

① 제1사분면
② 제2사분면
③ 제1사분면 또는 제2사분면
④ 제2사분면 또는 제3사분면
⑤ 제2사분면 또는 제4사분면

0601

2θ가 제1사분면의 각일 때, **| 보기 |** 에서 θ를 나타내는 동경이 존재할 수 있는 사분면을 있는 대로 고른 것은?

| 보기 |

ㄱ. 제1사분면
ㄴ. 제2사분면
ㄷ. 제3사분면
ㄹ. 제4사분면

① ㄱ, ㄴ
② ㄱ, ㄷ
③ ㄱ, ㄹ
④ ㄴ, ㄷ
⑤ ㄴ, ㄹ

0602

θ가 제4사분면의 각일 때, $\dfrac{\theta}{3}$를 나타내는 동경이 존재할 수 <u>없는</u> 사분면은?

① 제1사분면
② 제2사분면
③ 제3사분면
④ 제4사분면
⑤ 제2사분면 또는 제3사분면

0603

$\dfrac{\theta}{3}$가 제3사분면의 각일 때, θ를 나타내는 동경이 존재할 수 <u>없는</u> 사분면은?

① 제1사분면
② 제2사분면
③ 제3사분면
④ 제4사분면
⑤ 제1사분면 또는 제3사분면

유형 02 육십분법과 호도법

① 육십분법의 각을 호도법의 각으로 나타내려면

➡ (육십분법의 각) $\times \dfrac{\pi}{180}$

② 호도법의 각을 육십분법의 각으로 나타내려면

➡ (호도법의 각) $\times \dfrac{180^\circ}{\pi}$

👍 대표 예제

0604 다음 중 옳지 <u>않은</u> 것은?

① $50^\circ = \dfrac{5}{18}\pi$ ② $144^\circ = \dfrac{3}{5}\pi$ ③ $\dfrac{3}{2}\pi = 270^\circ$

④ $\dfrac{7}{6}\pi = 210^\circ$ ⑤ $-\dfrac{4}{9}\pi = -80^\circ$

선생님 해설

① $50^\circ = 50 \times \dfrac{\pi}{180} = \dfrac{5}{18}\pi$

② $144^\circ = 144 \times \dfrac{\pi}{180} = \dfrac{4}{5}\pi$

③ $\dfrac{3}{2}\pi = \dfrac{3}{2}\pi \times \dfrac{180^\circ}{\pi} = 270^\circ$

④ $\dfrac{7}{6}\pi = \dfrac{7}{6}\pi \times \dfrac{180^\circ}{\pi} = 210^\circ$

⑤ $-\dfrac{4}{9}\pi = \left(-\dfrac{4}{9}\pi\right) \times \dfrac{180^\circ}{\pi} = -80^\circ$

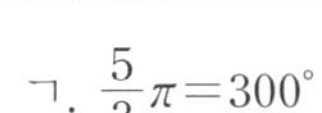

삼각함수 단원에서 육십분법과 호도법 모두 중요하므로 변환하는 방법을 정확히 알고, 변환할 수 있어야 해.

답 ②

0605 대표 예제 한 번 더

┃보기┃에서 옳은 것만을 있는 대로 고른 것은?

┤ 보기 ├

ㄱ. $\dfrac{5}{3}\pi = 300^\circ$ ㄴ. $\dfrac{\pi}{18} = 12^\circ$

ㄷ. $195^\circ = \dfrac{7}{6}\pi$ ㄹ. $-126^\circ = -\dfrac{7}{10}\pi$

① ㄱ, ㄴ   ② ㄱ, ㄷ   ③ ㄱ, ㄹ

④ ㄴ, ㄷ   ⑤ ㄴ, ㄹ

0606

다음 중 각을 나타내는 동경이 존재하는 사분면이 나머지 넷과 <u>다른</u> 하나는?

① $\dfrac{\pi}{6}$ ② 1100° ③ $\dfrac{29}{6}\pi$

④ -320° ⑤ $-\dfrac{11}{6}\pi$

0607

┃보기┃에서 옳은 것만을 있는 대로 고른 것은?

┤ 보기 ├

ㄱ. $5^\circ = \dfrac{\pi}{36}$

ㄴ. $210^\circ + \dfrac{2}{3}\pi = 360^\circ$

ㄷ. $\dfrac{\pi}{4}$와 -315°의 동경은 일치한다.

① ㄱ   ② ㄷ   ③ ㄱ, ㄴ

④ ㄱ, ㄷ   ⑤ ㄱ, ㄴ, ㄷ

0608

두 실수 a, b에 대하여 $\dfrac{a}{3}\pi = 15b^\circ$, $(20a+40)^\circ = \dfrac{b}{18}\pi$일 때, $a+b$의 값은?

① 8   ② 9   ③ 10

④ 11   ⑤ 12

유형 03 일치 또는 원점에 대하여 대칭인 두 동경의 위치 관계

두 각 α, β를 나타내는 동경이
① 일치할 때
$\Rightarrow \beta-\alpha=2n\pi$ (n은 정수)
② 원점에 대하여 대칭일 때
$\Rightarrow \beta-\alpha=(2n+1)\pi$ (n은 정수)

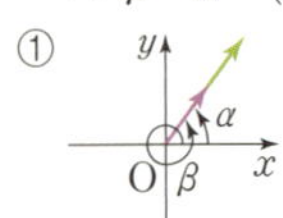 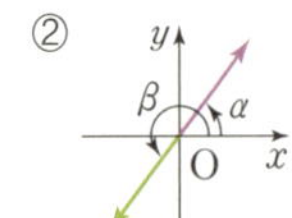

🧑 대표 예제

0609 각 θ를 나타내는 동경과 각 4θ를 나타내는 동경이 일치할 때, 각 θ의 크기는? (단, $0<\theta<\pi$)

① $\dfrac{\pi}{6}$ ② $\dfrac{\pi}{3}$ ③ $\dfrac{\pi}{2}$

④ $\dfrac{2}{3}\pi$ ⑤ $\dfrac{5}{6}\pi$

선생님 해설

두 각 θ, 4θ를 나타내는 동경이 일치하므로

$4\theta-\theta=2n\pi$ (n은 정수)

$3\theta=2n\pi$ $\therefore \theta=\dfrac{2n}{3}\pi$ ……㉠

이때 $0<\theta<\pi$이므로

$0<\dfrac{2n}{3}\pi<\pi$

$\therefore 0<n<\dfrac{3}{2}$

따라서 $n=1$이므로 $\theta=\dfrac{2}{3}\pi$이다.

> 두 각 θ와 4θ를 나타내는 동경이 일치한다고 해서 항상 $\theta=4\theta$은 아니야. 동경이 일치한다는 것은 n바퀴 회전해서 일치하는 것도 포함하기 때문에 $4\theta=\theta+2\pi\times n$의 관계가 성립하는 거지.

$n=1$을 ㉠에 대입한다.

답 ④

0610 [대표 예제] [한 번 더]
각 2θ를 나타내는 동경과 각 7θ를 나타내는 동경이 일치할 때, 가능한 각 θ의 크기의 개수는? (단, $0\leq\theta<5\pi$)

① 11 ② 12 ③ 13
④ 14 ⑤ 15

0611
각 θ를 나타내는 동경과 각 5θ를 나타내는 동경이 원점에 대하여 대칭일 때, 각 θ의 크기는? $\left(\text{단, } \dfrac{3}{2}\pi<\theta<2\pi\right)$

① $\dfrac{13}{8}\pi$ ② $\dfrac{27}{16}\pi$ ③ $\dfrac{7}{4}\pi$

④ $\dfrac{29}{16}\pi$ ⑤ $\dfrac{15}{8}\pi$

0612
각 θ를 나타내는 동경과 각 3θ를 나타내는 동경이 원점에 대하여 대칭일 때, 가능한 각 θ의 크기의 개수는?

(단, $0\leq\theta<10\pi$)

① 9 ② 10 ③ 11
④ 12 ⑤ 13

0613
각 3θ를 나타내는 동경과 각 -2θ를 나타내는 동경이 원점에 대하여 대칭일 때, 모든 각 θ의 크기의 합은?

(단, $0<\theta<2\pi$)

① $\dfrac{9}{2}\pi$ ② 5π ③ $\dfrac{11}{2}\pi$

④ 6π ⑤ $\dfrac{13}{2}\pi$

유형 04 직선에 대하여 대칭인 두 동경의 위치 관계

두 각 α, β를 나타내는 동경이
① x축에 대하여 대칭일 때
➡ $\alpha+\beta=2n\pi$ (n은 정수)
② y축에 대하여 대칭일 때
➡ $\alpha+\beta=(2n+1)\pi$ (n은 정수)
③ 직선 $y=x$에 대하여 대칭일 때
➡ $\alpha+\beta=2n\pi+\dfrac{\pi}{2}$ (n은 정수)

① 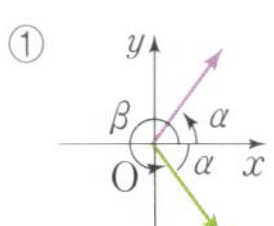   ② 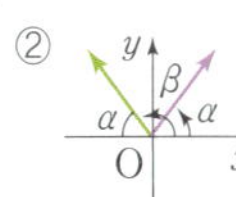   ③ 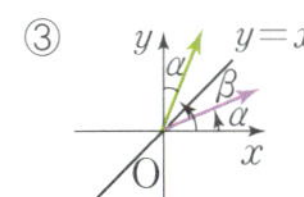

👍 대표 예제

0614 각 θ를 나타내는 동경과 각 3θ를 나타내는 동경이 x축에 대하여 대칭일 때, 각 θ의 크기는? (단, $0<\theta<\pi$)

① $\dfrac{\pi}{12}$　　　② $\dfrac{\pi}{6}$　　　③ $\dfrac{\pi}{4}$

④ $\dfrac{\pi}{2}$　　　⑤ $\dfrac{3}{4}\pi$

선생님 해설

두 각 θ, 3θ를 나타내는 동경이 x축에 대하여 대칭이므로
$\theta+3\theta=2n\pi$ (n은 정수)
$4\theta=2n\pi$　　$\therefore \theta=\dfrac{n}{2}\pi$　……㉠
이때 $0<\theta<\pi$이므로
$0<\dfrac{n}{2}\pi<\pi$　　$\therefore 0<n<2$
따라서 $n=1$이므로 $\theta=\dfrac{\pi}{2}$이다.

$n=1$을 ㉠에 대입한다.

답 ④

0615 대표 예제 │ 한 번 더

각 2θ를 나타내는 동경과 각 5θ를 나타내는 동경이 x축에 대하여 대칭일 때, 가능한 각 θ의 크기의 개수는?

(단, $0<\theta<4\pi$)

① 13　　　② 14　　　③ 15

④ 16　　　⑤ 17

0616 각 θ를 나타내는 동경과 각 4θ를 나타내는 동경이 y축에 대하여 대칭일 때, 각 θ의 크기는? $\left(\text{단, } \pi<\theta<\dfrac{3}{2}\pi\right)$

① $\dfrac{6}{5}\pi$　　　② $\dfrac{5}{4}\pi$　　　③ $\dfrac{13}{10}\pi$

④ $\dfrac{27}{20}\pi$　　　⑤ $\dfrac{7}{5}\pi$

0617 각 θ를 나타내는 동경과 각 2θ를 나타내는 동경이 직선 $y=x$에 대하여 대칭일 때, 각 θ의 크기는? $\left(\text{단, } \dfrac{\pi}{2}<\theta<\pi\right)$

① $\dfrac{7}{12}\pi$　　　② $\dfrac{2}{3}\pi$　　　③ $\dfrac{3}{4}\pi$

④ $\dfrac{5}{6}\pi$　　　⑤ $\dfrac{11}{12}\pi$

0618 각 8θ를 나타내는 동경과 각 -3θ를 나타내는 동경이 직선 $y=x$에 대하여 대칭일 때, 모든 각 θ의 크기의 합은?

(단, $0<\theta<2\pi$)

① 4π　　　② $\dfrac{9}{2}\pi$　　　③ 5π

④ $\dfrac{11}{2}\pi$　　　⑤ 6π

유형 05 두 동경이 이루는 각의 크기

두 각 α, β를 나타내는 두 동경이 이루는 각의 크기를 θ라 하면
$$\alpha - \beta = 2n\pi \pm \theta \ (n\text{은 정수})$$

🖒 대표 예제

0619 각 θ를 나타내는 동경과 각 4θ를 나타내는 동경이 이루는 각의 크기가 $\dfrac{\pi}{3}$일 때, 각 θ의 크기는? $\left(\text{단, } \dfrac{\pi}{2} < \theta < \dfrac{3}{4}\pi\right)$

① $\dfrac{5}{9}\pi$ ② $\dfrac{7}{12}\pi$ ③ $\dfrac{11}{18}\pi$

④ $\dfrac{23}{36}\pi$ ⑤ $\dfrac{2}{3}\pi$

선생님 해설

두 각 θ, 4θ를 나타내는 동경이 이루는 각의 크기가 $\dfrac{\pi}{3}$이므로

$$4\theta - \theta = 2n\pi \pm \dfrac{\pi}{3} \ (n\text{은 정수})$$

$$3\theta = 2n\pi \pm \dfrac{\pi}{3} \qquad \therefore \theta = \dfrac{6n \pm 1}{9}\pi$$

이때 $\dfrac{\pi}{2} < \theta < \dfrac{3}{4}\pi$이므로

$$\dfrac{\pi}{2} < \dfrac{6n \pm 1}{9}\pi < \dfrac{3}{4}\pi$$

(ⅰ) $\dfrac{\pi}{2} < \dfrac{6n-1}{9}\pi < \dfrac{3}{4}\pi$일 때, $\dfrac{11}{12} < n < \dfrac{31}{24}$

(ⅱ) $\dfrac{\pi}{2} < \dfrac{6n+1}{9}\pi < \dfrac{3}{4}\pi$일 때, $\dfrac{7}{12} < n < \dfrac{23}{24}$

(ⅰ), (ⅱ)에서 $n=1$이므로 $\theta = \dfrac{5}{9}\pi$이다.

답 ①

(ⅰ)의 경우이므로 $n=1$을 $\dfrac{6n-1}{9}\pi$에 대입한다.

0620 대표 예제 한 번 더
각 3θ를 나타내는 동경과 각 7θ를 나타내는 동경이 이루는 각의 크기가 $\dfrac{4}{5}\pi$일 때, 각 θ의 크기는? $\left(\text{단, } 0 < \theta < \dfrac{\pi}{4}\right)$

① $\dfrac{\pi}{9}$ ② $\dfrac{\pi}{8}$ ③ $\dfrac{\pi}{7}$

④ $\dfrac{\pi}{6}$ ⑤ $\dfrac{\pi}{5}$

0621 각 θ를 나타내는 동경과 각 5θ를 나타내는 동경이 서로 수직일 때, 다음 중 각 θ의 크기가 될 수 있는 것은?

① $\dfrac{\pi}{2}$ ② $\dfrac{9}{16}\pi$ ③ $\dfrac{5}{8}\pi$

④ $\dfrac{11}{16}\pi$ ⑤ $\dfrac{3}{4}\pi$

0622 각 θ를 나타내는 동경과 각 6θ를 나타내는 동경이 이루는 각의 크기가 $\dfrac{7}{6}\pi$일 때, 가능한 각 θ의 크기의 개수는?

$(\text{단, } 0 < \theta < 6\pi)$

① 24 ② 26 ③ 28

④ 30 ⑤ 32

0623 각 3θ를 나타내는 동경과 각 $-\theta$를 나타내는 동경이 이루는 각의 크기가 $\dfrac{7}{4}\pi$일 때, 모든 각 θ의 크기의 합은?

$(\text{단, } 0 < \theta < 2\pi)$

① $\dfrac{15}{2}\pi$ ② 8π ③ $\dfrac{17}{2}\pi$

④ 9π ⑤ $\dfrac{19}{2}\pi$

유형 06 부채꼴의 호의 길이와 넓이

반지름의 길이가 r, 중심각의 크기가 θ(라디안)인 부채꼴에서 호의 길이 l과 부채꼴의 넓이 S는

① $l = r\theta$

② $S = \dfrac{1}{2}r^2\theta = \dfrac{1}{2}rl$

③ (부채꼴의 둘레의 길이)$= 2r + l = 2r + r\theta$

👍 대표 예제

0624 호의 길이가 3π, 중심각의 크기가 $\dfrac{\pi}{4}$인 부채꼴의 넓이는?

① 10π　　　　② 12π　　　　③ 14π

④ 16π　　　　⑤ 18π

선생님 해설

부채꼴의 반지름의 길이를 r라 하면

$$3\pi = r \cdot \dfrac{\pi}{4} \qquad \therefore r = 12$$

따라서 구하는 부채꼴의 넓이는

$$\dfrac{1}{2} \cdot 12^2 \cdot \dfrac{\pi}{4} = 18\pi$$

● 다른 풀이 ●

부채꼴의 반지름의 길이가 12이므로 부채꼴의 넓이는

$$\dfrac{1}{2} \cdot 12 \cdot 3\pi = 18\pi$$

답 ⑤

0625 [대표 예제] [한 번 더]

넓이가 12π, 중심각의 크기가 $\dfrac{2}{3}\pi$인 부채꼴의 호의 길이는?

① 3π　　　　② $\dfrac{7}{2}\pi$　　　　③ 4π

④ $\dfrac{9}{2}\pi$　　　　⑤ 5π

0626

호의 길이가 6π이고 넓이가 24π인 부채꼴의 중심각의 크기는?

① $\dfrac{3}{4}\pi$　　　　② $\dfrac{7}{8}\pi$　　　　③ π

④ $\dfrac{9}{8}\pi$　　　　⑤ $\dfrac{5}{4}\pi$

0627

반지름의 길이와 호의 길이의 합이 8인 부채꼴의 넓이의 최댓값은?

① 5　　　　② 6　　　　③ 7

④ 8　　　　⑤ 9

0628

둘레의 길이가 36인 부채꼴의 넓이의 최댓값을 S, 그 때의 반지름의 길이를 r, 중심각의 크기를 θ라 할 때, $\dfrac{S+r}{\theta}$의 값은?

① 40　　　　② 45　　　　③ 50

④ 55　　　　⑤ 60

유형 07 부채꼴의 호의 길이와 넓이의 활용

① 원뿔의 경우 전개도에서 옆면에 해당하는 부채꼴의 호의 길이와 밑면에 해당하는 원의 둘레의 길이가 같다.
② 실생활 문제의 경우 부채꼴을 찾아 호의 길이와 넓이를 이용한 식을 세운 후 푼다.

👍 대표 예제

0629 밑면인 원의 반지름의 길이가 2이고, 모선의 길이가 6인 원뿔의 겉넓이는?

① 12π ② 13π ③ 14π
④ 15π ⑤ 16π

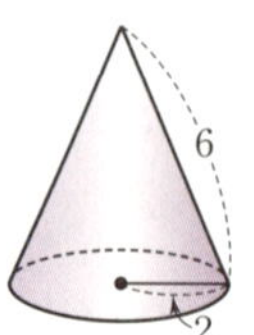

선생님 해설

밑면인 원의 반지름의 길이가 2이므로 둘레의 길이는
$2 \cdot 2\pi = 4\pi$
또한, 모선의 길이가 6이고 옆면에 해당하는 부채꼴의 호의 길이와 밑면인 원의 둘레의 길이가 같으므로 부채꼴의 중심각의 크기를 θ라 하면
$6 \cdot \theta = 4\pi$ ∴ $\theta = \dfrac{2}{3}\pi$
즉, 밑면인 원의 넓이는 $\pi \cdot 2^2 = 4\pi$이고,
옆면인 부채꼴의 넓이는 $\dfrac{1}{2} \cdot 6^2 \cdot \dfrac{2}{3}\pi = 12\pi$이다.
따라서 구하는 원뿔의 겉넓이는
$4\pi + 12\pi = 16\pi$

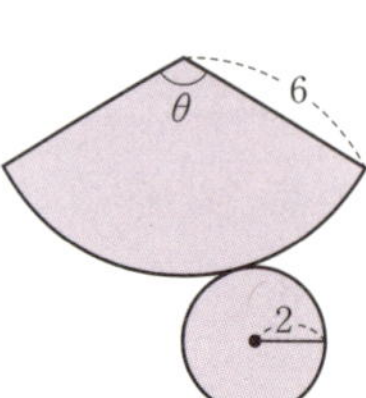

원뿔에 대한 문제는 원뿔의 전개도를 그리면 쉽게 해결할 수 있어.

$S = \dfrac{1}{2}rl$을 이용하여 $\dfrac{1}{2} \cdot 6 \cdot 4\pi = 12\pi$로 구할 수도 있다.

답 ⑤

0630 그림과 같이 어느 자동차에 장착된 길이가 60 cm인 와이퍼에 길이가 50 cm인 고무판이 부착되어 있다. 이 와이퍼의 작동반경이 $\dfrac{6}{7}\pi$일 때, 고무판이 회전하면서 닦은 유리창의 넓이는?

(단, 유리창은 평면이다.)

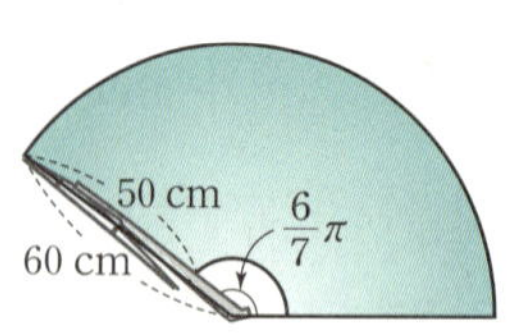

① $1300\pi \ \text{cm}^2$ ② $1400\pi \ \text{cm}^2$ ③ $1500\pi \ \text{cm}^2$
④ $1600\pi \ \text{cm}^2$ ⑤ $1700\pi \ \text{cm}^2$

0631 모선의 길이가 4이고 옆면인 부채꼴의 넓이가 8π인 원뿔의 부피는?

① $\dfrac{4\sqrt{3}}{3}\pi$ ② $\dfrac{5\sqrt{3}}{3}\pi$ ③ $2\sqrt{3}\pi$
④ $\dfrac{7\sqrt{3}}{3}\pi$ ⑤ $\dfrac{8\sqrt{3}}{3}\pi$

0632 그림과 같이 부채꼴 모양의 텃밭의 둘레에 울타리를 설치하고자 한다. 울타리의 길이가 40일 때, 텃밭의 넓이의 최댓값은?

① 60 ② 70
③ 80 ④ 90
⑤ 100

0633 그림과 같이 $\angle \text{CAB} = \dfrac{\pi}{2}$이고 $\overline{\text{AB}} = 3$인 직각삼각형 ABC를 직선 CA를 축으로 하여 한 번 돌렸을 때 얻는 도형의 부피가 12π이다. 원뿔의 옆면의 넓이는?

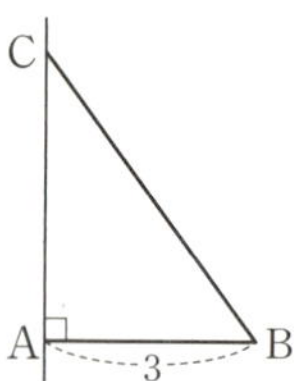

① 12π ② 13π
③ 14π ④ 15π
⑤ 16π

유형 08   삼각함수의 뜻

중심이 원점이고 반지름의 길이가 r인 원 위의 점 $P(x, y)$에 대하여 동경 OP가 x축의 양의 부분과 이루는 각의 크기를 θ라 하면

$$\sin\theta = \frac{y}{r},\ \cos\theta = \frac{x}{r},$$

$$\tan\theta = \frac{y}{x}\ (x \neq 0)$$

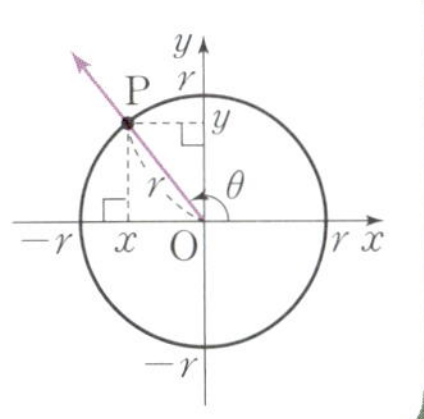

🖐 대표 예제

0634 원점 O와 점 $P(-4, 3)$을 지나는 동경 OP가 나타내는 각의 크기를 θ라 할 때, $5\sin\theta + 5\cos\theta - 4\tan\theta$의 값은?

① -4 ② -2 ③ 0

④ 2 ⑤ 4

선생님 해설

$\overline{OP} = \sqrt{(-4)^2 + 3^2} = 5$이므로

$\sin\theta = \dfrac{3}{5},\ \cos\theta = -\dfrac{4}{5},\ \tan\theta = -\dfrac{3}{4}$

$\therefore\ 5\sin\theta + 5\cos\theta - 4\tan\theta$

$= 5 \cdot \dfrac{3}{5} + 5 \cdot \left(-\dfrac{4}{5}\right) - 4 \cdot \left(-\dfrac{3}{4}\right)$

$= 2$

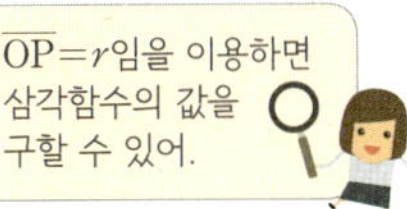

답 ④

0635 〔대표 예제〕〔한 번 더〕

원점 O와 점 $P(1, -2)$를 지나는 동경 OP가 나타내는 각의 크기를 θ라 할 때, $\dfrac{\sin\theta\,\tan\theta}{\cos\theta + \sqrt{5}}$의 값은?

① $\dfrac{2}{9}$ ② $\dfrac{1}{3}$ ③ $\dfrac{4}{9}$

④ $\dfrac{5}{9}$ ⑤ $\dfrac{2}{3}$

0636 원점 O와 제2사분면에 있는 점 $P(a, 2\sqrt{5})$에 대하여 동경 OP가 나타내는 각의 크기를 θ라 할 때, $\cos\theta = -\dfrac{2}{3}$이다. $a + \overline{OP}$의 값은?

① 2 ② $\dfrac{5}{2}$ ③ 3

④ $\dfrac{7}{2}$ ⑤ 4

0637 직선 $4x + 3y = 0$이 x축의 양의 부분과 이루는 각의 크기를 θ라 할 때, $n\sin\theta\cos\theta$가 정수가 되도록 하는 자연수 n의 최솟값은? (단, $0 < \theta < \pi$)

① 20 ② 25 ③ 30

④ 35 ⑤ 40

0638 제3사분면에 있는 점 $P(a, b)$는 반지름의 길이가 10이고 중심이 원점 O인 원 위의 점이다. 동경 OP가 나타내는 각의 크기를 θ라 할 때, $\tan\theta = \dfrac{1}{2}$이다. $a\sin\theta + b\cos\theta$의 값은?

① 6 ② 7 ③ 8

④ 9 ⑤ 10

유형 09 삼각함수의 값의 부호

각 사분면에서 양의 부호인 삼각함수는 다음과 같다.
① 제1사분면: $\sin\theta$, $\cos\theta$, $\tan\theta$
② 제2사분면: $\sin\theta$
③ 제3사분면: $\tan\theta$
④ 제4사분면: $\cos\theta$

👍 대표 예제

0639 $\dfrac{\pi}{2}<\theta<\pi$일 때,

$$\sin\theta-\cos\theta+\tan\theta-|\sin\theta|+|\cos\theta|-|\tan\theta|$$

를 간단히 하면?

① 0 ② $2(\sin\theta-\cos\theta)$
③ $2(\sin\theta+\tan\theta)$ ④ $2(\tan\theta-\cos\theta)$
⑤ $2(\sin\theta-\cos\theta+\tan\theta)$

선생님 해설

$\dfrac{\pi}{2}<\theta<\pi$이므로 θ는 제2사분면의 각이다.

따라서 $\sin\theta>0$, $\cos\theta<0$, $\tan\theta<0$이므로
$\sin\theta-\cos\theta+\tan\theta-|\sin\theta|+|\cos\theta|-|\tan\theta|$
$=\sin\theta-\cos\theta+\tan\theta-\sin\theta+(-\cos\theta)-(-\tan\theta)$
$=2(\tan\theta-\cos\theta)$

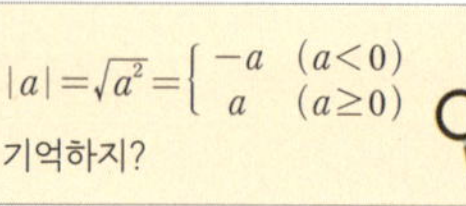

답 ④

0640 대표 예제 한 번 더

$\dfrac{3}{2}\pi<\theta<2\pi$일 때,

$$|\sin\theta|+|\cos\theta|+\sqrt{(\sin\theta-\cos\theta)^2}$$

을 간단히 하면?

① 0 ② $2\sin\theta$
③ $2\cos\theta$ ④ $2(\sin\theta-\cos\theta)$
⑤ $2(\cos\theta-\sin\theta)$

0641

$\sin\theta\cos\theta>0$, $\dfrac{\cos\theta}{\tan\theta}<0$을 동시에 만족시키는 각 θ는 제몇 사분면의 각인가?

① 제1사분면   ② 제2사분면   ③ 제3사분면
④ 제4사분면   ⑤ 제1사분면 또는 제3사분면

0642

$\sin\theta\cos\theta\neq 0$일 때, $\sqrt{\dfrac{\sin\theta}{\cos\theta}}=-\dfrac{\sqrt{\sin\theta}}{\sqrt{\cos\theta}}$를 만족시키는 θ의 값이 될 수 있는 것은?

① $\dfrac{\pi}{3}$ ② $\dfrac{2}{3}\pi$ ③ $\dfrac{7}{6}\pi$
④ $\dfrac{13}{7}\pi$ ⑤ $\dfrac{7}{3}\pi$

0643

$\sin\theta\tan\theta\neq 0$, $\sqrt{\sin\theta\tan\theta}=-\sqrt{\sin\theta}\sqrt{\tan\theta}$일 때,

$$\sqrt{(\sin\theta-\cos\theta)^2}+\sqrt{(\cos\theta-\tan\theta)^2}+\sqrt[3]{\sin^3\theta}+\sqrt[3]{\tan^3\theta}$$

을 간단히 하면?

① 0 ② $2\sin\theta$
③ $2\cos\theta$ ④ $2(\cos\theta-\sin\theta)$
⑤ $2(\cos\theta-\tan\theta)$

유형 10 삼각함수 사이의 관계

① $\tan\theta = \dfrac{\sin\theta}{\cos\theta}$

② $\sin^2\theta + \cos^2\theta = 1$

➡ $\sin^2\theta = 1 - \cos^2\theta,\ \cos^2\theta = 1 - \sin^2\theta$

🖒 대표 예제

0644 $(\sin\theta + \cos\theta)^3 - 2\sin\theta\cos\theta(\sin\theta + \cos\theta)$를 간단히 하면?

① 0 　　② $2\sin\theta$ 　　③ $2\cos\theta$

④ $\sin\theta + \cos\theta$ 　　⑤ $\sin\theta\cos\theta$

선생님 해설

$(\sin\theta + \cos\theta)^3 - 2\sin\theta\cos\theta(\sin\theta + \cos\theta)$

$= \sin^3\theta + 3\sin^2\theta\cos\theta + 3\sin\theta\cos^2\theta + \cos^3\theta$
$\qquad\qquad\qquad - 2\sin^2\theta\cos\theta - 2\sin\theta\cos^2\theta$

$= \sin^3\theta + \sin^2\theta\cos\theta + \sin\theta\cos^2\theta + \cos^3\theta$

$= \sin\theta(\sin^2\theta + \cos^2\theta) + \cos\theta(\sin^2\theta + \cos^2\theta)$

$= \sin\theta + \cos\theta$

● **다른 풀이** ●

$(\sin\theta + \cos\theta)^3 - 2\sin\theta\cos\theta(\sin\theta + \cos\theta)$

$= (\sin\theta + \cos\theta)\{(\sin\theta + \cos\theta)^2 - 2\sin\theta\cos\theta\}$

$= (\sin\theta + \cos\theta)(\sin^2\theta + \cos^2\theta)$

$= \sin\theta + \cos\theta$

답 ④

0645 대표 예제 | 한 번 더

$\dfrac{\tan\theta}{\cos\theta} + \dfrac{1}{\cos^2\theta}$ 을 간단히 하면?

① 1 　　② $\dfrac{1}{1 - \sin\theta}$ 　　③ $\dfrac{1}{1 + \sin\theta}$

④ $\dfrac{1}{1 - \cos\theta}$ 　　⑤ $\dfrac{1}{1 + \cos\theta}$

0646

$\left(\dfrac{1}{\sin\theta} - 1\right)\left(\dfrac{1}{\cos\theta} - 1\right)\left(\dfrac{1}{\sin\theta} + 1\right)\left(\dfrac{1}{\cos\theta} + 1\right)$을 간단히 하시오.

0647

$(\cos\theta + \tan\theta)^2 + \left(\sin\theta + \dfrac{1}{\tan\theta}\right)^2 - \left(\tan\theta - \dfrac{1}{\tan\theta}\right)^2$

을 간단히 하면?

① $\sin\theta + \cos\theta$ 　　　② $\sin\theta + \cos\theta + 1$

③ $2\sin\theta + 2\cos\theta + 1$ 　　④ $2\sin\theta + 2\cos\theta + 2$

⑤ $2\sin\theta + 2\cos\theta + 3$

0648

$0 < \sin\theta < \cos\theta$일 때,

$$\sqrt{3 + 6\sin\theta\cos\theta} + \sqrt{3 - 6\sin\theta\cos\theta}$$

를 간단히 하면?

① $2\sqrt{3}$ 　　② $\sqrt{3}\sin\theta$ 　　③ $\sqrt{3}\cos\theta$

④ $2\sqrt{3}\sin\theta$ 　　⑤ $2\sqrt{3}\cos\theta$

유형 11   삼각함수의 값을 이용하여 식의 값 구하기

$\tan\theta=\dfrac{\sin\theta}{\cos\theta}$, $\sin^2\theta+\cos^2\theta=1$을 이용하여 식을 정리하고 $\sin^2\theta=1-\cos^2\theta$, $\cos^2\theta=1-\sin^2\theta$를 이용하여 삼각함수의 값을 구하여 대입한다.

🖐 대표 예제

0649 θ가 제2사분면의 각이고 $\sin\theta=\dfrac{1}{3}$일 때, $\dfrac{1}{\cos\theta}+\tan\theta$의 값은?

① $-2\sqrt{2}$ ② $-\sqrt{2}$ ③ 0
④ $\sqrt{2}$ ⑤ $2\sqrt{2}$

선생님 해설

$\cos^2\theta=1-\sin^2\theta=1-\left(\dfrac{1}{3}\right)^2=\dfrac{8}{9}$

이때 θ가 제2사분면의 각이므로 $\cos\theta<0$이다. 즉,

$\cos\theta=-\dfrac{2\sqrt{2}}{3}$, $\tan\theta=\dfrac{\sin\theta}{\cos\theta}=\dfrac{\dfrac{1}{3}}{-\dfrac{2\sqrt{2}}{3}}=-\dfrac{1}{2\sqrt{2}}$

$\therefore \dfrac{1}{\cos\theta}+\tan\theta=-\dfrac{3}{2\sqrt{2}}-\dfrac{1}{2\sqrt{2}}=-\sqrt{2}$

답 ②

0650 〔대표 예제〕〔한 번 더〕

$\cos\theta=-\dfrac{2}{3}$일 때, $\sin\theta+\tan\theta$의 값은?

$\left(\text{단, } \pi<\theta<\dfrac{3}{2}\pi\right)$

① $\dfrac{\sqrt{5}}{6}$ ② $\dfrac{\sqrt{5}}{5}$ ③ $\dfrac{\sqrt{5}}{4}$
④ $\dfrac{\sqrt{5}}{3}$ ⑤ $\dfrac{\sqrt{5}}{2}$

0651

$\dfrac{1-\cos\theta}{1+\cos\theta}=7+4\sqrt{3}$일 때, $\sin\theta$의 값은? $\left(\text{단, } \dfrac{\pi}{2}<\theta<\pi\right)$

① $\dfrac{1}{2}$ ② $\dfrac{2}{3}$ ③ $\dfrac{3}{4}$
④ $\dfrac{4}{5}$ ⑤ $\dfrac{5}{6}$

0652

θ가 제1사분면의 각이고 $\dfrac{\cos\theta}{1+\sin\theta}+\dfrac{\cos\theta}{1-\sin\theta}=\dfrac{5}{2}$일 때, $\dfrac{1}{\sin\theta}+\dfrac{1}{\tan\theta}$의 값은?

① 2 ② $\dfrac{7}{3}$ ③ $\dfrac{8}{3}$
④ 3 ⑤ $\dfrac{10}{3}$

0653

$\sin\theta\cos\theta<0$이고 $\dfrac{\sin^2\theta-\cos^2\theta-\sin\theta}{2\sin\theta\cos^2\theta+\cos^2\theta}=-13$일 때, 서로소인 두 자연수 m, n에 대하여 $m\sin\theta+n\cos\theta=0$이다. $m+n$의 값은?

① 14 ② 15 ③ 16
④ 17 ⑤ 18

유형 12 $\sin\theta+\cos\theta$ 또는 $\sin\theta\cos\theta$의 값을 이용하여 식의 값 구하기

$\sin\theta\pm\cos\theta$ 또는 $\sin\theta\cos\theta$의 값이 주어졌을 때
$$(\sin\theta\pm\cos\theta)^2=1\pm2\sin\theta\cos\theta \ (복부호동순)$$
임을 이용하여 식의 값을 구한다.

대표 예제

0654 $\sin\theta-\cos\theta=\dfrac{1}{3}$일 때, $\sin^3\theta-\cos^3\theta$의 값은?

① $\dfrac{4}{9}$　　② $\dfrac{13}{27}$　　③ $\dfrac{14}{27}$

④ $\dfrac{5}{9}$　　⑤ $\dfrac{16}{27}$

선생님 해설

$\sin\theta-\cos\theta=\dfrac{1}{3}$에서 $(\sin\theta-\cos\theta)^2=\dfrac{1}{9}$

$\sin^2\theta-2\sin\theta\cos\theta+\cos^2\theta=\dfrac{1}{9}$

$1-2\sin\theta\cos\theta=\dfrac{1}{9}$, $2\sin\theta\cos\theta=\dfrac{8}{9}$

$\therefore \sin\theta\cos\theta=\dfrac{4}{9}$

$\therefore \sin^3\theta-\cos^3\theta$

$\quad =(\sin\theta-\cos\theta)(\underline{\sin^2\theta+\sin\theta\cos\theta+\cos^2\theta})^{\,1}$

$\quad =(\sin\theta-\cos\theta)(1+\sin\theta\cos\theta)$

$\quad =\dfrac{1}{3}\cdot\left(1+\dfrac{4}{9}\right)=\dfrac{13}{27}$

> 이 문제는 $\sin^3\theta-\cos^3\theta=(\sin\theta-\cos\theta)(1+\sin\theta\cos\theta)$임을 알고 $\sin\theta\cos\theta$의 값을 구하여 해결한 거야.
> 이처럼 이 유형은 a^3+b^3, a^3-b^3 등의 인수분해, $(a+b)^2$과 $(a-b)^2$ 사이의 관계 등을 알아야 해결할 수 있어.

답 ②

0655 $\sin\theta\cos\theta=-\dfrac{7}{18}$일 때, $\cos\theta-\sin\theta$의 값은?

$$\left(단, \frac{3}{2}\pi<\theta<2\pi\right)$$

① $\dfrac{2}{3}$　　② $\dfrac{5}{6}$　　③ 1

④ $\dfrac{7}{6}$　　⑤ $\dfrac{4}{3}$

0656 $\sin\theta+\cos\theta=\dfrac{\sqrt{7}}{4}$일 때, $\sin\theta-\cos\theta$의 값은?

$$\left(단, \frac{\pi}{2}<\theta<\pi\right)$$

① 1　　② $\dfrac{5}{4}$　　③ $\dfrac{3}{2}$

④ $\dfrac{7}{4}$　　⑤ 2

0657 $\sin\theta-\cos\theta=-\dfrac{1}{3}$일 때, $\tan^2\theta+\dfrac{1}{\tan^2\theta}$의 값은?

① $\dfrac{49}{16}$　　② $\dfrac{53}{16}$　　③ $\dfrac{59}{16}$

④ $\dfrac{61}{16}$　　⑤ $\dfrac{65}{16}$

0658 $\sin\theta+\cos\theta=\dfrac{\sqrt{2}}{2}$일 때, $\sin^4\theta-\cos^4\theta$의 값은?

$$\left(단, \frac{\pi}{2}<\theta<\pi\right)$$

① $\dfrac{1}{2}$　　② $\dfrac{\sqrt{2}}{2}$　　③ $\dfrac{\sqrt{3}}{2}$

④ 1　　⑤ $\dfrac{\sqrt{5}}{2}$

유형 13 삼각함수와 이차방정식

x에 대한 이차방정식 $ax^2+bx+c=0$의 두 근을 $\sin\theta$, $\cos\theta$라 할 때
$$\sin\theta+\cos\theta=-\frac{b}{a},\ \sin\theta\cos\theta=\frac{c}{a}$$
→ 이차방정식의 근과 계수의 관계

👍 대표 예제

0659 이차방정식 $8x^2-4x+a=0$의 두 근이 $\sin\theta$, $\cos\theta$일 때, 상수 a의 값은?

① -3 ② $-\dfrac{5}{2}$ ③ -2

④ $-\dfrac{3}{2}$ ⑤ -1

선생님 해설

이차방정식의 근과 계수의 관계에 의하여
$$\sin\theta+\cos\theta=\frac{1}{2},\ \sin\theta\cos\theta=\frac{a}{8}$$
$\sin\theta+\cos\theta=\dfrac{1}{2}$에서 $(\sin\theta+\cos\theta)^2=\dfrac{1}{4}$
$$\underset{1}{\underbrace{\sin^2\theta}}+2\sin\theta\cos\theta+\underset{1}{\underbrace{\cos^2\theta}}=\frac{1}{4}$$
$$1+2\cdot\frac{a}{8}=\frac{1}{4},\ \frac{a}{4}=-\frac{3}{4}$$
$$\therefore a=-3$$

답 ①

0660 대표 예제 한 번 더
이차방정식 $6x^2-ax+1=0$의 두 근이 $\sin\theta$, $\cos\theta$일 때, 양수 a의 값은?

① $\sqrt{3}$ ② $2\sqrt{3}$ ③ $3\sqrt{3}$

④ $4\sqrt{3}$ ⑤ $5\sqrt{3}$

0661
θ가 제2사분면의 각일 때, 이차방정식 $4x^2+2\sqrt{2}x-1=0$의 두 근을 $\sin\theta$, $\cos\theta$라 하자. $\sin\theta-\cos\theta$의 값은?

① $\dfrac{\sqrt{2}}{2}$ ② $\dfrac{\sqrt{3}}{2}$ ③ 1

④ $\dfrac{\sqrt{5}}{2}$ ⑤ $\dfrac{\sqrt{6}}{2}$

0662
이차방정식 $5x^2-6x-a=0$의 두 근이 $\sin\theta+\cos\theta$, $\sin\theta-\cos\theta$일 때, 상수 a의 값은?

① $\dfrac{3}{5}$ ② $\dfrac{4}{5}$ ③ 1

④ $\dfrac{6}{5}$ ⑤ $\dfrac{7}{5}$

0663
이차방정식 $12x^2-15x+a=0$의 두 근이 $\sin\theta$, $\cos\theta$일 때, 이차방정식 $x^2-bx+1=0$은 $\tan\theta$, $\dfrac{1}{\tan\theta}$을 두 근으로 가진다. ab의 값은? (단, a, b는 상수이다.)

① 10 ② 12 ③ 14

④ 16 ⑤ 18

0664

· 유형 02 + 유형 06 ·

▎보기▎에서 옳은 것만을 있는 대로 고른 것은?

───┤ 보기 ├───

ㄱ. $1°=\dfrac{\pi}{180}$ 라디안

ㄴ. 3라디안은 제3사분면의 각이다.

ㄷ. 중심각의 크기가 2라디안인 부채꼴의 호의 길이는 둘레의 길이의 $\dfrac{1}{2}$ 이다.

① ㄱ   ② ㄷ   ③ ㄱ, ㄴ
④ ㄱ, ㄷ   ⑤ ㄱ, ㄴ, ㄷ

0665

· 유형 09 + 유형 11 ·

$\sqrt{\sin\theta}=-\sqrt{\cos\theta}\sqrt{\tan\theta}$ 이고 $\sin^2\theta=\dfrac{1}{2}$ 일 때, $\sin\theta+\cos\theta-\tan\theta$ 의 값은?

① -1 ② $-\dfrac{1}{2}$ ③ 0
④ $\dfrac{1}{2}$ ⑤ 1

0666

· 유형 10 ·

$A=\dfrac{\cos\theta}{1-\tan\theta}+\dfrac{\sin\theta\tan\theta}{\tan\theta-1}$,

$B=\dfrac{\cos\theta}{1-\tan\theta}-\dfrac{\sin\theta\tan\theta}{\tan\theta-1}$

일 때, $A-\dfrac{1}{B}$ 을 간단히 하면?

① 0 ② $\sin\theta$ ③ $\cos\theta$
④ $2\sin\theta$ ⑤ $2\cos\theta$

0667

· 유형 02 ·

자연수 a, b, c에 대하여 $6a°=b\pi$, $\dfrac{b}{40}\pi=c°$일 때, $a+b+c$의 최솟값은?

① 71   ② 72   ③ 73
④ 74   ⑤ 75

0668 사고력

· 유형 01 + 유형 09 ·

$\sin\theta>0$, $\cos\theta<0$일 때, 각 $\dfrac{\theta}{2}$의 동경이 속하는 모든 영역을 좌표평면 위에 나타낸 것은? (단, 경계선은 제외한다.)

①
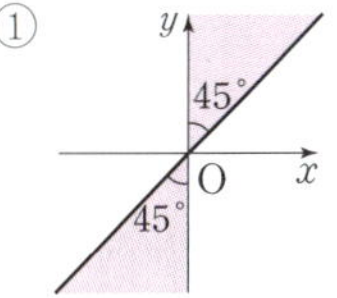
②
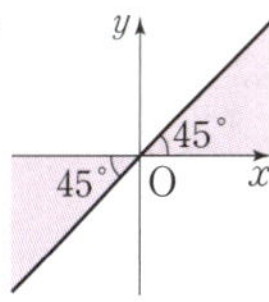
③
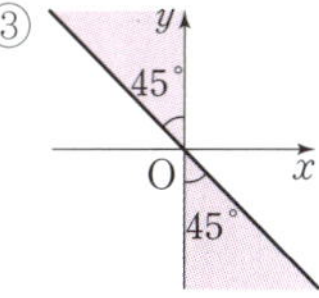
④
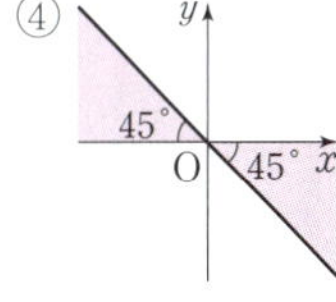
⑤
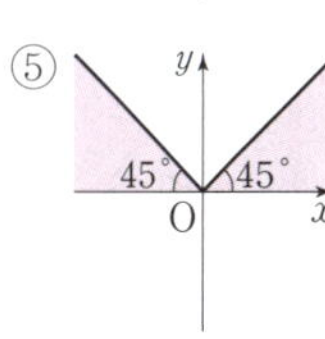

0669

· 유형 12 ·

θ가 제3사분면의 각이고 $\tan\theta+\dfrac{1}{\tan\theta}=4$일 때, $\sin\theta+\cos\theta$의 값은?

① $-\dfrac{\sqrt{6}}{2}$ ② $-\dfrac{\sqrt{5}}{2}$ ③ -1
④ $-\dfrac{\sqrt{3}}{2}$ ⑤ $-\dfrac{\sqrt{2}}{2}$

0670
· 유형 06 ·

그림과 같이 반지름의 길이가 1이고 중심각의 크기가 θ인 부채꼴 OAB 위의 점 B에서 선분 OA에 내린 수선의 발을 H라 하자. 부채꼴 OAB의 넓이를 S, 삼각형 BOH의 넓이를 T라 할 때, $\dfrac{T}{S}=\cos\theta\sin\theta$가 성립한다. 선분 AH의 길이는?

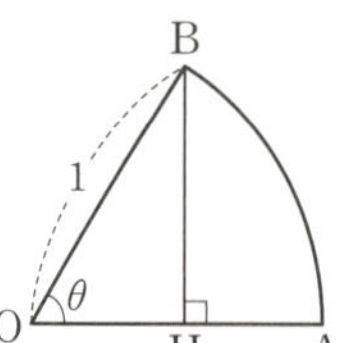

$$\left(\text{단, } 0<\theta<\dfrac{\pi}{2}\right)$$

① $1-\sin 1$　② $1-\cos 1$　③ $1-\sin 2$

④ $1-\cos 2$　⑤ $1-\sin 1\cos 1$

0671
· 유형 04 ·

각 θ를 나타내는 동경은 각 3θ를 나타내는 동경과 x축에 대하여 대칭이고, 각 6θ를 나타내는 동경과는 y축에 대하여 대칭이다. 양수 θ의 최솟값을 구하시오.

0672 사고력
· 유형 08 ·

그림과 같이 반지름의 길이가 1이고 중심이 원점 O인 원 위의 두 점 A, B에 대하여 동경 OA가 x축의 양의 방향과 이루는 각의 크기는 θ이고, 점 B는 x축의 음의 방향 위의 점이다.

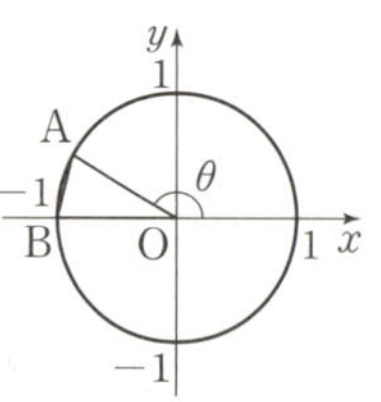

삼각형 ABO의 둘레의 길이가 $\dfrac{5}{2}$일 때, $\cos\theta$의 값은?

$$\left(\text{단, } \dfrac{\pi}{2}<\theta<\pi\right)$$

① $-\dfrac{7}{8}$　　② $-\dfrac{3}{4}$　　③ $-\dfrac{5}{8}$

④ $-\dfrac{1}{2}$　　⑤ $-\dfrac{3}{8}$

0673
· 유형 12 ·

$\sin^3\theta+\cos^3\theta=\dfrac{11}{16}$일 때, $\sin\theta+\cos\theta$의 값은?

$$\left(\text{단, } 0<\sin\theta+\cos\theta<1\right)$$

① $\dfrac{1}{6}$　　② $\dfrac{1}{3}$　　③ $\dfrac{1}{2}$

④ $\dfrac{2}{3}$　　⑤ $\dfrac{5}{6}$

0674
· 유형 13 ·

이차방정식 $x^2-ax+b=0$의 두 근이 $\sin\theta$, $\cos\theta$일 때, 이차방정식 $ax^2-bx+c=0$은 $\dfrac{1}{\sin\theta}$, $\dfrac{1}{\cos\theta}$을 두 근으로 가진다. $a+b+c$의 값을 구하시오.

$$\left(\text{단, } 0<a<2,\ b\neq 0,\ c\text{는 상수이다.}\right)$$

0675 창의력 +
· 유형 06 ·

그림과 같이 중심각의 크기가 θ이고 반지름의 길이가 1인 부채꼴 PAB의 중심 P가 반지름의 길이가 r인 원 C 위에 있을 때 다음 조건을 만족시킨다.

> (가) 원 C의 넓이는 부채꼴 PAB의 넓이의 $\dfrac{16}{\pi}$배이다.
>
> (나) 부채꼴 PAB를 원 C에 접하여 돌렸을 때, 중심 P는 출발 후 제자리에 올 때까지 원 C와 두 번 만난다.

$\dfrac{\pi}{2}r+\theta$의 값을 구하시오.

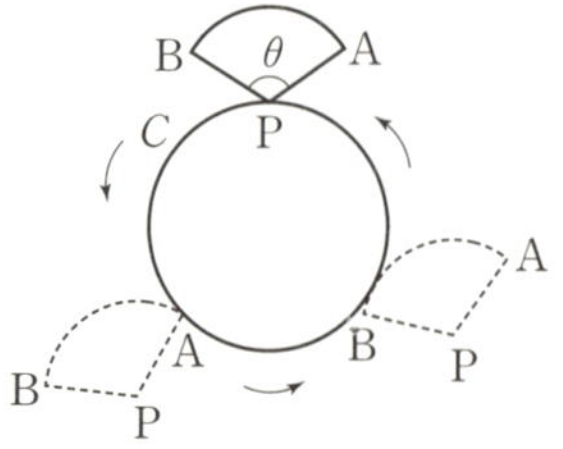

0676
• 유형 11 •

θ가 제1사분면의 각이고 $1+\dfrac{1}{1-\cos\theta}=4$일 때, $\sin\theta+\tan\theta$의 값을 구하시오.

✓ 필요 개념 및 공식

☐ $\sin^2\theta+\cos^2\theta=1$　　　☐ $\tan\theta=\dfrac{\sin\theta}{\cos\theta}$

0677
• 유형 03 •

각 θ를 나타내는 동경과 각 4θ를 나타내는 동경이 일직선 위에 있고 방향이 반대일 때, $\sin\theta$의 값을 구하시오.
$$\left(\text{단, } 0<\theta<\frac{\pi}{2}\right)$$

✓ 필요 개념 및 공식

☐ 두 동경의 위치 관계

0678
• 유형 06 •

넓이가 10인 부채꼴의 둘레의 길이의 최솟값을 구하시오.

✓ 필요 개념 및 공식

☐ 부채꼴의 호의 길이와 넓이　　　☐ 산술평균과 기하평균의 관계

0679
• 유형 08 •

원점 O와 점 $P(a, b)$에 대하여 점 P는 중심이 원점이고 반지름의 길이가 9인 원 위의 점일 때, 동경 OP가 나타내는 각의 크기를 θ라 하자.

$\log_2(\sin\theta)-\log_2(\cos\theta)=\dfrac{3}{2}$일 때, ab의 값을 구하시오.

✓ 필요 개념 및 공식

☐ 로그의 성질　　　☐ 탄젠트함수와 직선의 기울기의 관계

0680
• 유형 12 + 유형 13 •

x에 대한 이차방정식
$$x^2-(2\sin\theta+1)x-(\cos^2\theta+\cos\theta)=0$$
의 두 근의 차가 $\sqrt{5}$일 때, $\tan\theta$의 값을 구하시오.
$$(\text{단, } \cos\theta\neq0)$$

✓ 필요 개념 및 공식

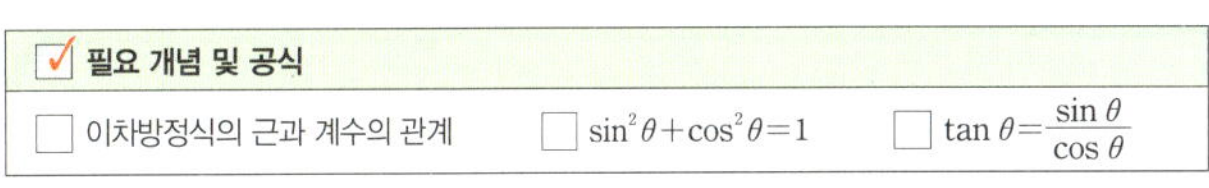

☐ 이차방정식의 근과 계수의 관계　　　☐ $\sin^2\theta+\cos^2\theta=1$　　　☐ $\tan\theta=\dfrac{\sin\theta}{\cos\theta}$

0681
• 유형 05 •

그림과 같이 시계의 시침과 분침에 대하여 오전 9시와 오후 3시 사이에 시침과 분침이 이루는 각의 크기가 $\dfrac{\pi}{6}$가 되는 횟수를 구하시오.

✓ 필요 개념 및 공식

☐ 두 동경의 위치 관계

개념 01 주기함수

함수 $f(x)$에서 정의역에 속하는 모든 x에 대하여
$$f(x+p)=f(x)$$
를 만족시키는 0이 아닌 상수 p가 존재할 때, 함수 $f(x)$를 주기함수라 하고, 최소의 양수 p를 그 함수의 주기라고 한다.

0682 실수 전체의 집합에서 정의된 함수 $f(x)$는 주기가 4인 주기함수이다. $f(1)=2$, $f(3)=4$일 때, $f(13)$의 값을 구하시오.

0683 실수 전체의 집합에서 정의된 함수 $f(x)$는 주기가 3인 주기함수이다. $0 \le x < 3$에서 $f(x)=x-1$일 때, $f(9)$의 값을 구하시오.

개념 02 함수 $y=\sin x$의 성질

(1) 정의역: 실수 전체의 집합
(2) 치역: $\{y \mid -1 \le y \le 1\}$
(3) 최댓값: 1, 최솟값: -1
(4) 주기: 2π
   즉, 모든 실수 x에 대하여
   $\sin(x+2n\pi)=\sin x$ (단, n은 정수)
(5) 그래프는 원점에 대하여 대칭이다.
   즉, 모든 실수 x에 대하여 $\sin(-x)=-\sin x$
   참고 함수 $y=a\sin bx$의 치역과 주기
   ① 치역: $\{y \mid -|a| \le y \le |a|\}$ ② 주기: $\dfrac{2\pi}{|b|}$

[0684~0687] 다음 함수의 그래프를 그리시오.

0684 $y=-\sin x$

0685 $y=\sin(-x)$

0686 $y=\sin(x+2\pi)$

0687 $y=\sin(x-\pi)$

[0688~0689] 다음 함수의 치역과 주기를 각각 구하고, 함수의 그래프를 그리시오.

0688 $y=3\sin x$

0689 $y=\sin 2x$

개념 03 함수 $y=\cos x$의 성질

(1) 정의역: 실수 전체의 집합
(2) 치역: $\{y \mid -1 \le y \le 1\}$
(3) 최댓값: 1, 최솟값: -1
(4) 주기: 2π
   즉, 모든 실수 x에 대하여
   $\cos(x+2n\pi)=\cos x$ (단, n은 정수)
(5) 그래프는 y축에 대하여 대칭이다.
   즉, 모든 실수 x에 대하여 $\cos(-x)=\cos x$
   참고 함수 $y=a\cos bx$의 치역과 주기
   ① 치역: $\{y \mid -|a| \le y \le |a|\}$ ② 주기: $\dfrac{2\pi}{|b|}$

[0690~0693] 다음 함수의 그래프를 그리시오.

0690 $y=-\cos x$

0691 $y=\cos(-x)$

0692 $y=\cos(x+2\pi)$

0693 $y=\cos(x-\pi)$

[0694~0695] 다음 함수의 치역과 주기를 각각 구하고, 함수의 그래프를 그리시오.

0694 $y=2\cos x$

0695 $y=\cos \dfrac{x}{2}$

[0696~0697] 다음 함수의 그래프를 그리시오.

0696 $y=\sin\left(x-\dfrac{\pi}{2}\right)$

0697 $y=\cos\left(x-\dfrac{\pi}{2}\right)$

개념 04 함수 $y=\tan x$의 성질

(1) 정의역: $x\neq n\pi+\dfrac{\pi}{2}$ (n은 정수)인 실수 전체의 집합

(2) 치역: 실수 전체의 집합

(3) 주기: π
즉, 모든 실수 x에 대하여
$\tan(x+n\pi)=\tan x$ (단, n은 정수)

(4) 그래프는 원점에 대하여 대칭이다.
즉, 모든 실수 x에 대하여 $\tan(-x)=-\tan x$

(5) 그래프의 점근선의 방정식: $x=n\pi+\dfrac{\pi}{2}$ (n은 정수)

참고 함수 $y=a\tan bx$의 주기와 그래프의 점근선의 방정식
① 주기: $\dfrac{\pi}{|b|}$ ② 점근선의 방정식: $x=\dfrac{n}{b}\pi+\dfrac{\pi}{2b}$ (n은 정수)

[0698~0701] 다음 함수의 그래프를 그리시오.

0698 $y=-\tan x$

0699 $y=\tan(-x)$

0700 $y=\tan(x+\pi)$

0701 $y=\tan\left(x-\dfrac{\pi}{2}\right)$

[0702~0703] 다음 함수의 주기와 점근선의 방정식을 각각 구하고, 함수의 그래프를 그리시오.

0702 $y=\tan 2x$

0703 $y=\tan\dfrac{x}{3}$

개념 05 삼각함수의 최대·최소와 주기

삼각함수	최댓값	최솟값	주기
$y=a\sin(bx+c)+d$	$|a|+d$	$-|a|+d$	$\dfrac{2\pi}{|b|}$
$y=a\cos(bx+c)+d$	$|a|+d$	$-|a|+d$	$\dfrac{2\pi}{|b|}$
$y=a\tan(bx+c)+d$	없다.	없다.	$\dfrac{\pi}{|b|}$

[0704~0709] 다음 함수의 최댓값, 최솟값, 주기를 각각 구하시오.

0704 $y=2\sin(3x+\pi)$

0705 $y=\dfrac{1}{3}\cos\left(2x-\dfrac{\pi}{2}\right)$

0706 $y=\tan 3x+1$

0707 $y=-\dfrac{3}{2}\sin\left(\dfrac{x}{2}+\dfrac{\pi}{6}\right)-\dfrac{1}{2}$

0708 $y=3\cos\left(\dfrac{\pi}{3}-2x\right)+1$

0709 $y=\dfrac{3}{2}\tan\left(\dfrac{\pi}{2}-\dfrac{x}{3}\right)-1$

[0710~0712] 다음 함수의 최댓값, 최솟값, 주기를 각각 구하시오.

0710 $y=|2\sin x|$

0711 $y=\left|\cos\dfrac{x}{2}\right|$

0712 $y=|\tan 2x|$

개념 06   삼각함수의 성질

(1) $2n\pi + x$ (n은 정수)의 삼각함수
  $\sin(2n\pi + x) = \sin x$, $\cos(2n\pi + x) = \cos x$,
  $\tan(2n\pi + x) = \tan x$

(2) $-x$의 삼각함수
  $\sin(-x) = -\sin x$, $\cos(-x) = \cos x$,
  $\tan(-x) = -\tan x$

(3) $\pi \pm x$의 삼각함수
  $\sin(\pi \pm x) = \mp \sin x$, $\cos(\pi \pm x) = -\cos x$,
  $\tan(\pi \pm x) = \pm \tan x$ (복부호동순)

(4) $\dfrac{\pi}{2} \pm x$의 삼각함수
  $\sin\left(\dfrac{\pi}{2} \pm x\right) = \cos x$, $\cos\left(\dfrac{\pi}{2} \pm x\right) = \mp \sin x$,
  $\tan\left(\dfrac{\pi}{2} \pm x\right) = \mp \dfrac{1}{\tan x}$ (복부호동순)

(5) $\dfrac{3}{2}\pi \pm x$의 삼각함수
  $\sin\left(\dfrac{3}{2}\pi \pm x\right) = -\cos x$, $\cos\left(\dfrac{3}{2}\pi \pm x\right) = \pm \sin x$,
  $\tan\left(\dfrac{3}{2}\pi \pm x\right) = \mp \dfrac{1}{\tan x}$ (복부호동순)

0713 ⊦ 보기 ⊦에서 옳은 것만을 있는 대로 고르시오.

> ⊦ 보기 ⊦
>
> ㄱ. $\sin(-x) = \sin x$ ㄴ. $\cos\left(\dfrac{\pi}{2} + x\right) = \cos x$
>
> ㄷ. $\tan(\pi - x) = -\tan x$ ㄹ. $\sin\left(\dfrac{\pi}{2} - x\right) = \cos x$
>
> ㅁ. $\cos(\pi + x) = \cos x$ ㅂ. $\tan\left(\dfrac{3}{2}\pi - x\right) = \dfrac{1}{\tan x}$

[0714~0721] 다음 삼각함수의 값을 구하시오.

0714 $\sin\left(-\dfrac{\pi}{4}\right)$ **0715** $\cos\dfrac{7}{4}\pi$

0716 $\sin\dfrac{4}{3}\pi$ **0717** $\tan\dfrac{13}{6}\pi$

0718 $\cos(-60°)$ **0719** $\sin 120°$

0720 $\cos 225°$ **0721** $\tan 300°$

개념 07   삼각함수를 포함한 방정식과 부등식

(1) **삼각함수를 포함한 방정식의 풀이**
  ❶ 주어진 방정식을 $\sin x = k$ (또는 $\cos x = k$ 또는
   $\tan x = k$) 꼴로 변형한다.
  ❷ 함수 $y = \sin x$ (또는 $y = \cos x$ 또는 $y = \tan x$)의 그래
   프와 직선 $y = k$의 교점의 x좌표를 구한다.

(2) **삼각함수를 포함한 부등식의 풀이**
  ❶ 부등호를 등호로 바꾸어 삼각함수를 포함한 방정식을
   푼다.
  ❷ (i) $\sin x > k$ (또는 $\cos x > k$ 또는 $\tan x > k$) 꼴의 부
   등식의 경우
    ❶의 결과를 이용하여 함수 $y = \sin x$의 그래프가 직선
    $y = k$보다 위쪽에 있는 x의 값의 범위를 구한다.
   (ii) $\sin x < k$ (또는 $\cos x < k$ 또는 $\tan x < k$) 꼴의 부
   등식의 경우
    ❶의 결과를 이용하여 함수 $y = \sin x$의 그래프가 직선
    $y = k$보다 아래쪽에 있는 x의 값의 범위를 구한다.

[0722~0725] 다음 방정식을 푸시오. (단, $0 \leq x < 2\pi$)

0722 $\sin x = \dfrac{1}{2}$

0723 $\cos x = -\dfrac{\sqrt{2}}{2}$

0724 $\tan x = \sqrt{3}$

0725 $2\sin x + \sqrt{3} = 0$

[0726~0729] 다음 부등식을 푸시오. (단, $0 \leq x < 2\pi$)

0726 $\sin x < -\dfrac{\sqrt{2}}{2}$

0727 $\cos x > \dfrac{\sqrt{3}}{2}$

0728 $\tan x \geq 1$

0729 $2\cos x + 1 \leq 0$

유형 01 주기함수

① 함수 $f(x)$의 주기가 p이면
$$f(x)=f(x+p)=f(x+2p)=\cdots=f(x+2np)$$
(단, n은 자연수)

② $f(x)=f(x+2a) \Longleftrightarrow f(x+a)=f(x-a)$

🖐 대표 예제

0730 함수 $f(x)=\sin x+\cos \dfrac{x}{2}+3$의 주기를 p라 할 때, $f(p)$의 값은?

① 1 ② 2 ③ 3
④ 4 ⑤ 5

선생님 해설

함수 $f(x)$의 주기가 p이므로 모든 실수 x에 대하여
$$f(x)=f(x+p)$$
위의 식의 양변에 $x=0$을 대입하면 $f(0)=f(p)$이므로
$$\begin{aligned} f(p)&=f(0)\\ &=\sin 0+\cos 0+3\\ &=0+1+3=4 \end{aligned}$$

$\cdots=f(-p)=f(0)=f(p)=f(2p)=\cdots$
즉, 주기를 이용하면 복잡한 x의 값을
간단히 할 수 있어.

답 ④

0731 대표 예제 · 한 번 더

함수 $f(x)=\sin \dfrac{x}{2}+\cos \dfrac{x}{3}-1$의 주기를 p라 할 때, $f(\pi+p)$의 값은?

① $\dfrac{1}{2}$ ② 1 ③ $\dfrac{3}{2}$
④ 2 ⑤ $\dfrac{5}{2}$

0732

함수 $f(x)=\sin \dfrac{x}{6}+\cos \left(\dfrac{\pi}{2}-\dfrac{x}{2}\right)+k$의 주기를 p라 하자. $f(0)=1$일 때, $f(\pi+2p)$의 값은? (단, k는 상수이다.)

① $\dfrac{1}{2}$ ② 1 ③ $\dfrac{3}{2}$
④ 2 ⑤ $\dfrac{5}{2}$

0733

함수 $f(x)$가 모든 실수 x에 대하여
$$f(x+1)=f(x-1)$$
을 만족시킨다. $f(0)=1$, $f(1)=2$일 때, $f(23)+f(32)+f(232)$의 값은?

① 1 ② 2 ③ 3
④ 4 ⑤ 5

0734

실수 전체의 집합에서 정의된 함수 $f(x)$가 다음 조건을 만족시킨다.

(가) $f(x)=\sin x+\cos 2x$ $(0\le x\le \pi)$
(나) 모든 실수 x에 대하여 $f(x+\pi)=f(x)$이다.

$f\left(\dfrac{13}{4}\pi\right)$의 값은?

① 0 ② $\dfrac{1}{2}$ ③ $\dfrac{\sqrt{2}}{2}$
④ $\dfrac{\sqrt{3}}{2}$ ⑤ 1

유형 02 사인함수 $y=a\sin bx$의 성질

① 최댓값: $|a|$, 최솟값: $-|a|$

② 주기: $\dfrac{2\pi}{|b|}$

③ 그래프는 점 $\left(\dfrac{n\pi}{|b|},\ 0\right)$에 대하여 대칭이다. (단, n은 정수)

④ 그래프는 직선 $x=\dfrac{2n-1}{2|b|}\pi$에 대하여 대칭이다. (단, n은 정수)

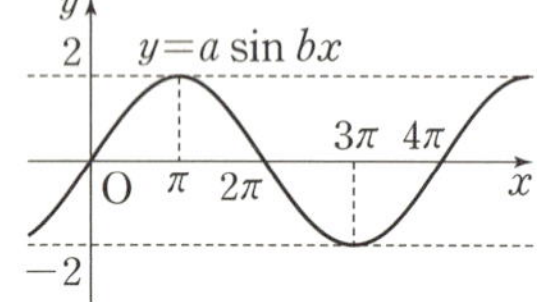 대표 예제

0735 함수 $y=a\sin bx$의 그래프가 그림과 같을 때, ab의 값은? (단, a는 상수이고, $b>0$)

① -2 ② -1
③ 1 ④ 2
⑤ 3

선생님 해설

주어진 함수의 그래프에서 최댓값과 최솟값이 각각 2, -2이므로

$|a|=2$  $0\le x\le 4\pi$에서의 그래프가 반복된다.

또한, 주기는 $4\pi-0=4\pi$이므로

$\dfrac{2\pi}{|b|}=4\pi$, $|b|=\dfrac{1}{2}$ $\therefore\ b=\dfrac{1}{2}\ (\because\ b>0)$

이때 $b>0$이므로 $a>0$이어야 한다.

$\therefore\ a=2$

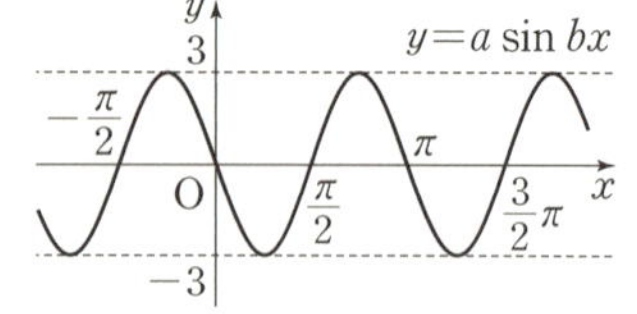

함수 $y=\sin x$의 그래프와 같은 꼴이다.

$\therefore\ ab=2\cdot\dfrac{1}{2}=1$

답 ③

0736 대표 예제 한 번 더

함수 $y=a\sin bx$의 그래프가 그림과 같을 때, $a+b$의 값은?

(단, a는 상수이고, $b>0$)

① -2 ② -1 ③ 0
④ 1 ⑤ 2

0737

함수 $f(x)=\dfrac{3}{2}\sin\dfrac{2}{3}\pi x$에 대한 다음 설명 중 옳지 <u>않은</u> 것은?

① 최댓값과 최솟값의 차는 3이다.

② 주기가 3인 주기함수이다.

③ 함수의 그래프는 점 $\left(\dfrac{3}{2},\ 0\right)$에 대하여 대칭이다.

④ 함수의 그래프는 직선 $x=3$에 대하여 대칭이다.

⑤ 임의의 실수 x에 대하여 $f(x)=-f(-x)$이다.

0738

그림과 같이 $0\le x\le 4\pi$에서의 함수 $y=\sin x$의 그래프와 직선 $y=k\ (0<k<1)$는 서로 다른 네 점에서 만난다. 네 점의 x좌표를 작은 수부터 크기순으로 a, b, c, d라 할 때, $a+b+c+d$의 값은?

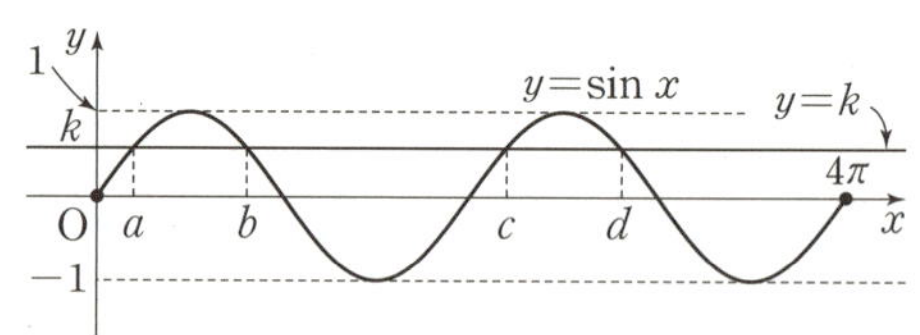

① 3π ② 4π ③ 5π
④ 6π ⑤ 7π

0739

그림과 같이 $0\le x\le\dfrac{5}{2}\pi$에서 정의된 함수 $f(x)=2\sin x$의 그래프와 직선 $y=k\ (0<k<2)$는 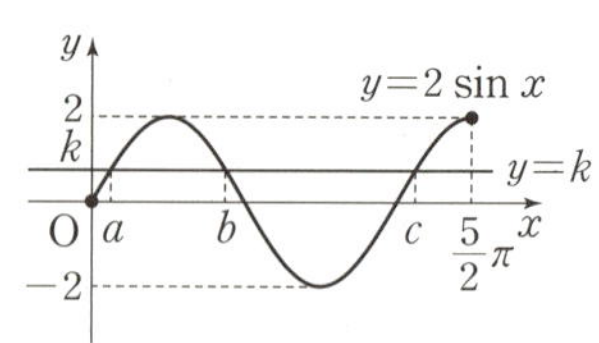 서로 다른 세 점에서 만난다. 세 점의 x좌표를 작은 수부터 크기순으로 a, b, c라 할 때, $f\left(\dfrac{c-b-2a}{6}\right)$의 값을 구하시오.

유형 03 코사인함수 $y=a\cos bx$의 성질

① 최댓값: $|a|$, 최솟값: $-|a|$

② 주기: $\dfrac{2\pi}{|b|}$

③ 그래프는 점 $\left(\dfrac{2n-1}{2|b|}\pi,\ 0\right)$에 대하여 대칭이다. (단, n은 정수)

④ 그래프는 직선 $x=\dfrac{n\pi}{|b|}$에 대하여 대칭이다. (단, n은 정수)

🖐 대표 예제

0740 함수 $y=a\cos bx$의 그래프가 그림과 같을 때, $a+b$의 값은?

(단, a는 상수이고, $b>0$)

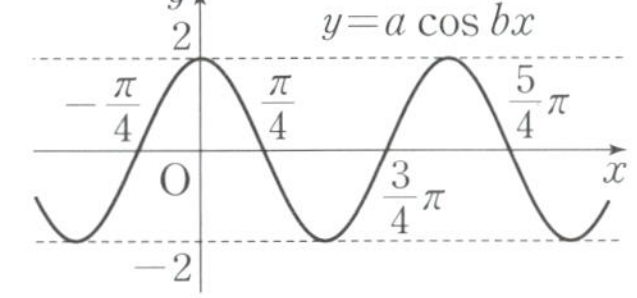

① -2 ② 0 ③ 2

④ 4 ⑤ 6

선생님 해설

주어진 함수의 그래프에서 최댓값과 최솟값이 각각 2, -2이므로

$|a|=2$ ⟵ $-\dfrac{\pi}{4}\le x\le\dfrac{3}{4}\pi$에서의 그래프가 반복된다.

또한, 주기는 $\dfrac{3}{4}\pi-\left(-\dfrac{\pi}{4}\right)=\pi$이므로

$\dfrac{2\pi}{|b|}=\pi,\ |b|=2$ $\therefore b=2\ (\because b>0)$

이때 $b>0$이므로 $a>0$이어야 한다.

$\therefore a=2$ 함수 $y=\cos x$의 그래프와 같은 꼴이다.

$\therefore a+b=2+2=4$

> $a=-2$이면 위의 그래프를 x축에 대하여 대칭이동한 그래프가 나타나.

답 ④

0741 대표 예제 한 번 더

함수 $y=a\cos bx$의 그래프가 그림과 같을 때, $a+b$의 값은?

(단, a는 상수이고, $b>0$)

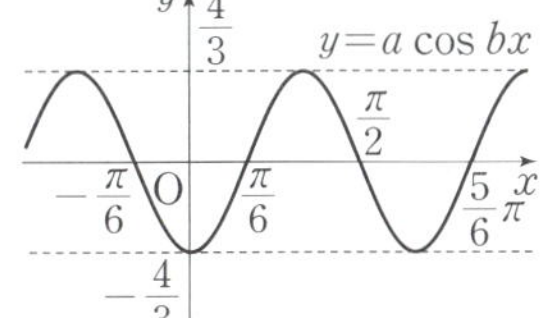

① $\dfrac{5}{3}$ ② $\dfrac{7}{3}$

③ 3 ④ $\dfrac{11}{3}$

⑤ $\dfrac{13}{3}$

0742

| 보기 |에서 함수 $f(x)=-\dfrac{3}{4}\cos\dfrac{\pi}{2}x$에 대한 설명으로 옳은 것만을 있는 대로 고른 것은?

├────── | 보기 | ──────┤

ㄱ. 주기가 4인 주기함수이다.

ㄴ. 함수의 그래프는 직선 $x=-2$에 대하여 대칭이다.

ㄷ. 임의의 실수 x에 대하여 $f(x)=f(-x)$이다.

① ㄱ   ② ㄷ   ③ ㄱ, ㄴ

④ ㄴ, ㄷ   ⑤ ㄱ, ㄴ, ㄷ

0743

그림과 같이 $x\ge0$에서 정의된 함수 $y=3\cos\dfrac{x}{2}$의 그래프와 직선 $y=k\ (0<k<3)$가 만나는 점의 x좌표를 작은 수부터 크기순으로 $x_1,\ x_2,\ x_3,\ \cdots$이라 하자. $x_9+x_{10}=\alpha\pi$일 때, α의 값을 구하시오.

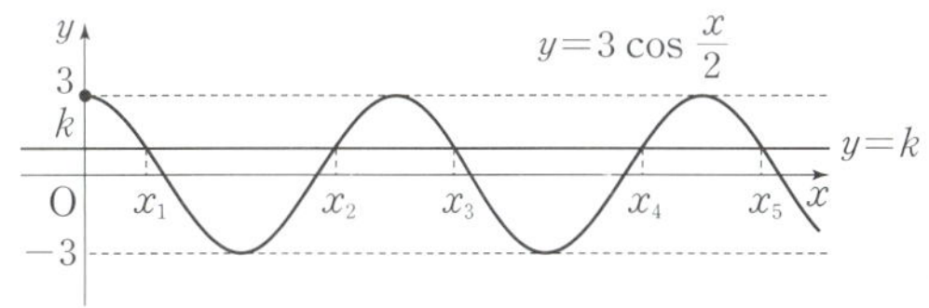

0744

그림과 같이 $0\le x\le\pi$에서 정의된 함수 $f(x)=\cos 3x$의 그래프와 직선 $y=k\ (0<k<1)$는 서로 다른 세 점에서 만난다.

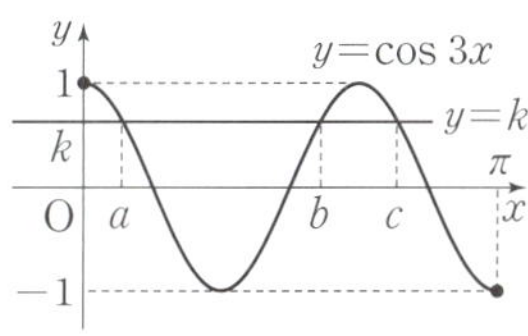

세 점의 x좌표를 작은 수부터 크기순으로 a, b, c라 할 때, $c=9a$가 성립한다. $f(c-b)$의 값을 구하시오.

유형 04   탄젠트함수 $y = a\tan bx$의 성질

① 정의역: $\left\{ x \mid x \neq \dfrac{n\pi}{|b|} + \dfrac{\pi}{2|b|} \text{인 모든 실수} \right\}$ (단, n은 정수)

    치역: 실수 전체의 집합

② 주기: $\dfrac{\pi}{|b|}$

③ 그래프는 점 $\left(\dfrac{n\pi}{|b|}, 0 \right)$에 대하여 대칭이다. (단, n은 정수)

④ 그래프의 점근선의 방정식: $x = \dfrac{n\pi}{|b|} + \dfrac{\pi}{2|b|}$ (단, n은 정수)

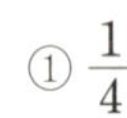 **대표 예제**

0745 함수 $y = \tan ax$의 그래프가 그림과 같을 때, 양수 a의 값은?

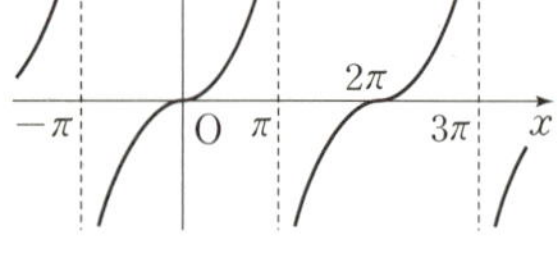

① $\dfrac{1}{4}$ ② $\dfrac{1}{2}$

③ 1 ④ 2 ⑤ 4

선생님 해설

주어진 함수의 그래프에서 주기는 $\pi - (-\pi) = 2\pi$이므로

$\dfrac{\pi}{|a|} = 2\pi$, $|a| = \dfrac{1}{2}$ ← $-\pi < x < \pi$에서의 그래프가 반복된다.

$\therefore a = \dfrac{1}{2}$ ($\because a > 0$)

탄젠트함수의 그래프가 주어졌다면 주기는 이웃하는 두 점근선을 이용하여 구하는 것이 더 쉬워.

답 ②

0746 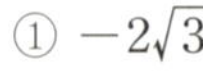 대표 예제 · 한 번 더

함수 $f(x) = a\tan bx$의 그래프가 그림과 같고 $f\left(\dfrac{\pi}{6} \right) = 3$일 때, ab의 값은?

(단, a는 상수이고, $b > 0$)

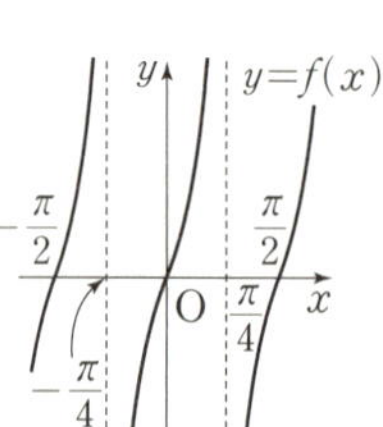

① $-2\sqrt{3}$ ② $-\sqrt{3}$

③ 1 ④ $\sqrt{3}$

⑤ $2\sqrt{3}$

0747

$0 \leq x \leq \pi$에서 나타나는 함수 $y = \tan 3x$의 그래프의 세 점근선을 원점에서 가까운 것부터 차례로 $x = x_1$, $x = x_2$, $x = x_3$이라 할 때, $\tan\left(x_3 - \dfrac{\pi}{2} \right)$의 값은?

① $-\sqrt{3}$ ② $-\dfrac{\sqrt{3}}{3}$ ③ 1

④ $\dfrac{\sqrt{3}}{3}$ ⑤ $\sqrt{3}$

0748

함수 $f(x) = 3\tan\left(-\dfrac{x}{2} \right)$에 대한 설명으로 **보기**에서 옳은 것만을 있는 대로 고른 것은?

— 보기 —

ㄱ. 직선 $x = \pi$는 함수 $y = f(x)$의 그래프의 점근선이다.

ㄴ. 정의역의 모든 원소 x에 대하여 $f(x + 4\pi) = f(x)$이다.

ㄷ. 두 함수 $y = f(-x)$, $y = -f(x)$의 그래프는 서로 일치한다.

① ㄱ   ② ㄷ   ③ ㄱ, ㄴ

④ ㄴ, ㄷ   ⑤ ㄱ, ㄴ, ㄷ

0749

그림과 같이 $0 \leq x \leq 6$에서 함수 $y = \tan \dfrac{\pi}{3} x$의 그래프와 두 직선 $y = k$, $y = 5k$로 둘러싸인 도형의 넓이가 36일 때, 양수 k의 값을 구하시오. $\left(\text{단, } x \neq \dfrac{3}{2},\ x \neq \dfrac{9}{2} \right)$

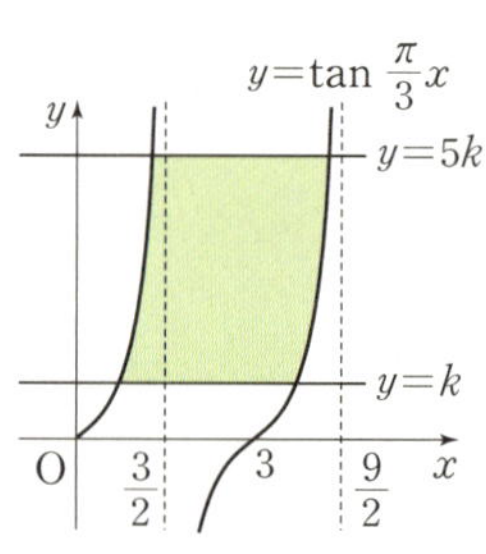

유형 05 삼각함수의 그래프의 평행이동

함수 $y=a\sin bx$의 그래프를 x축의 방향으로 m만큼, y축의 방향으로 n만큼 평행이동한 그래프는
$$y=a\sin b(x-m)+n$$

참고 $y=a\sin(bx+c)+d$는 $y=a\sin b\left(x+\dfrac{c}{b}\right)+d$ 꼴로 나타낸다.

• 함수 $y=a\sin bx$의 그래프를
x축의 방향으로 $-\dfrac{c}{b}$만큼, y축의 방향으로 d만큼
평행이동한 그래프이다.

👍 대표 예제

0750 함수 $y=2\sin(2x-4)+1$의 그래프는 함수 $y=2\sin 2x$의 그래프를 x축의 방향으로 m만큼, y축의 방향으로 n만큼 평행이동한 것이다. $m+n$의 값은?

① 1   ② 2   ③ 3

④ 4   ⑤ 5

선생님 해설

$y=2\sin(2x-4)+1$에서
$y-1=2\sin 2(x-2)$ ← 괄호 안의 x의 계수를 1로 나타내어야 한다.
즉, 함수 $y=2\sin(2x-4)+1$의 그래프는 함수
$y=2\sin 2x$의 그래프를 x축의 방향으로 2만큼, y축의 방향으로 1만큼 평행이동한 그래프이다.
따라서 $m=2$, $n=1$이므로
$m+n=2+1=3$

> 삼각함수의 그래프의 평행이동은 수학(상)에서 배운 도형의 평행이동과 같은 원리야. 즉, x축의 방향으로 a만큼, y축의 방향으로 b만큼 평행이동했다면 x 대신 $x-a$, y 대신 $y-b$를 대입하면 돼.

답 ③

0751 대표 예제 한 번 더

함수 $y=a\tan bx$의 그래프를 x축의 방향으로 m만큼, y축의 방향으로 n만큼 평행이동하였더니 함수
$y=3\tan\left(\dfrac{x}{2}+1\right)+2$와 겹쳐졌다. $a+b+m+n$의 값은? (단, a, b는 상수이다.)

① $\dfrac{5}{2}$ ② 3   ③ $\dfrac{7}{2}$

④ 4   ⑤ $\dfrac{9}{2}$

0752

함수 $y=-3\cos 2x$의 그래프를 x축의 방향으로 1만큼, y축의 방향으로 n만큼 평행이동하였더니 함수 $y=f(x)$의 그래프와 일치하였다. 함수 $f(x)$의 최댓값이 5이고 최솟값이 m일 때, $m+n$의 값은?

① -2 ② -1 ③ 0

④ 1   ⑤ 2

0753

함수 $y=a\sin\dfrac{x}{4}-2$의 그래프를 x축의 방향으로 π만큼, y축의 방향으로 3만큼 평행이동한 그래프를 $y=f(x)$라 하자. 모든 실수 x에 대하여 $f(x)\geq 0$일 때, 양수 a의 최댓값을 구하시오.

0754

함수 $y=3\cos\dfrac{x}{2}$의 그래프를 평행이동 또는 대칭이동하여 겹쳐질 수 있는 그래프의 식인 것만을 | 보기 |에서 있는 대로 고른 것은?

| 보기 |
ㄱ. $y=3\cos\left(\dfrac{x}{2}+\dfrac{\pi}{4}\right)+1$
ㄴ. $y=-3\cos\dfrac{x}{2}-1$
ㄷ. $y=3\sin\dfrac{x}{2}+1$

① ㄴ   ② ㄷ   ③ ㄱ, ㄴ

④ ㄱ, ㄷ   ⑤ ㄱ, ㄴ, ㄷ

유형 06 조건을 이용한 삼각함수의 미정계수의 결정

① $y=a\sin(bx+c)+d$, $y=a\cos(bx+c)+d$
 • a, d: 최댓값, 최솟값을 이용
 • b: 주기를 이용
 • c: x축에 대한 평행이동을 이용, d: y축에 대한 평행이동을 이용
② $y=a\tan(bx+c)+d$
 • a, d: 함숫값을 이용
 • b: 주기를 이용
 • c: x축에 대한 평행이동을 이용, d: y축에 대한 평행이동을 이용

👍 대표 예제

0755 함수 $f(x)=a\cos bx+c$의 최댓값과 최솟값이 각각 1, -3이고 주기가 $\dfrac{3}{2}\pi$일 때, $a+b+c$의 값은?

(단, $a>0$, $b>0$)

① 2 ② $\dfrac{7}{3}$ ③ $\dfrac{8}{3}$

④ 3 ⑤ $\dfrac{10}{3}$

선생님 해설

주어진 함수의 최댓값과 최솟값이 각각 1, -3이므로
$|a|+c=1$, $-|a|+c=-3$
$\therefore a+c=1$, $-a+c=-3$ $(\because a>0)$
위의 두 식을 연립하여 풀면
$a=2$, $c=-1$
또한, 주기가 $\dfrac{3}{2}\pi$이므로
$\dfrac{2\pi}{|b|}=\dfrac{3}{2}\pi$, $|b|=\dfrac{4}{3}$ $\therefore b=\dfrac{4}{3}$ $(\because b>0)$
$\therefore a+b+c=2+\dfrac{4}{3}+(-1)=\dfrac{7}{3}$

답 ②

0756 대표 예제 | 한 번 더
함수 $f(x)=a\sin bx+c$의 최댓값이 5이고, 최댓값과 최솟값의 차가 4이다. 모든 실수 x에 대하여 등식 $f(x+p)=f(x)$를 만족시키는 가장 작은 양수 p의 값이 $\dfrac{5}{3}\pi$일 때, $a+b-c$의 값을 구하시오. (단, $a>0$, $b>0$)

0757
함수 $f(x)=a\tan bx+c$의 그래프의 점근선의 방정식이 $x=2(2n+1)\pi$ (n은 정수)이고, $f(0)=-1$, $f(\pi)=3$일 때, abc의 값은? (단, $b>0$)

① -2 ② -1 ③ 0

④ 1 ⑤ 2

0758
함수 $f(x)=a\cos b\left(x+\dfrac{\pi}{2}\right)+c$가 다음 조건을 만족시킨다.

> (가) 함수 $f(x)$의 주기는 4π이다.
> (나) 함수 $f(x)$는 최댓값 6을 가진다.

$f\left(\dfrac{\pi}{6}\right)=3$일 때, $a+b+c$의 값은? (단, $a<0$, $b>0$)

① $\dfrac{1}{2}$ ② 1 ③ $\dfrac{5}{3}$

④ 2 ⑤ $\dfrac{5}{2}$

0759 UP
함수 $f(x)=a\tan(bx+c\pi)$에 대하여 $f\left(-\dfrac{\pi}{4}\right)=2$이고, 점근선의 방정식이 $x=n\pi$ (n은 정수)일 때, abc의 값을 구하시오. (단, $a>0$, $b>0$, $0<c<1$)

유형 07　그래프를 이용한 삼각함수의 미정계수의 결정

주어진 그래프에서 최댓값, 최솟값, 주기, 평행이동 등을 알아내어 삼각함수의 미정계수를 결정한다.

👍 대표 예제

0760 함수 $y=a\sin(bx+c)$의 그래프가 그림과 같을 때, abc의 값은? (단, $a>0$, $b>0$, $0<c<\pi$)

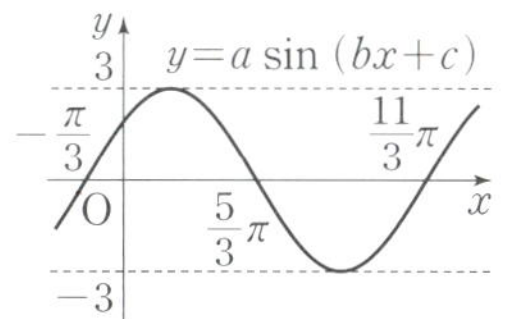

① $\dfrac{\pi}{4}$　　　② $\dfrac{\pi}{3}$

③ $\dfrac{\pi}{2}$　　　④ $\dfrac{2}{3}\pi$　　　⑤ $\dfrac{5}{4}\pi$

선생님 해설

주어진 함수의 그래프에서 최댓값과 최솟값이 각각 3, -3이므로

$|a|=3$　　∴ $a=3$ ($\because a>0$) ← $-\dfrac{\pi}{3}\le x\le\dfrac{11}{3}\pi$에서의 그래프가 반복된다.

또한, 주기는 $\dfrac{11}{3}\pi-\left(-\dfrac{\pi}{3}\right)=4\pi$이므로

$\dfrac{2\pi}{|b|}=4\pi$, $|b|=\dfrac{1}{2}$　　∴ $b=\dfrac{1}{2}$ ($\because b>0$)

← 원점을 지난다.

한편, 주어진 함수의 그래프는 함수 $y=3\sin\dfrac{1}{2}x$의 그래프를

x축의 방향으로 $-\dfrac{\pi}{3}$만큼 평행이동한 그래프와 같으므로

$y=3\sin\dfrac{1}{2}\left(x+\dfrac{\pi}{3}\right)=3\sin\left(\dfrac{x}{2}+\dfrac{\pi}{6}\right)$

← 주어진 함수의 그래프가 점 $\left(-\dfrac{\pi}{3},\,0\right)$을 지난다.

← 괄호 안에 x의 계수를 1로 나타내야 한다.

∴ $c=\dfrac{\pi}{6}$

∴ $abc=3\cdot\dfrac{1}{2}\cdot\dfrac{\pi}{6}=\dfrac{\pi}{4}$

그래프가 어느 점을 지나는지 파악해 봐.

답 ①

0761 대표 예제 | 한 번 더

함수 $y=a\cos(bx-c)$의 그래프가 그림과 같을 때, $a-b+c$의 값을 구하시오.
(단, $a>0$, $b>0$, $0<c<2\pi$)

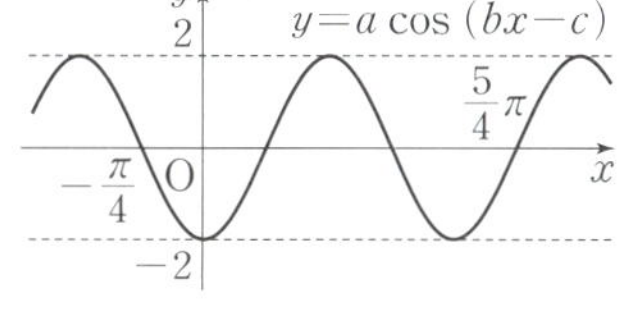

0762 함수 $y=\tan(ax+b)$의 그래프가 그림과 같을 때, ab의 값은? $\left(\text{단, } a>0,\ 0<b<\dfrac{\pi}{2}\right)$

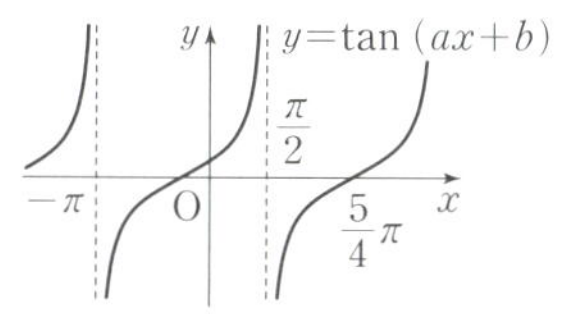

① $\dfrac{\pi}{9}$　　　② $\dfrac{2}{9}\pi$　　　③ $\dfrac{\pi}{3}$

④ $\dfrac{4}{9}\pi$　　　⑤ $\dfrac{5}{9}\pi$

0763 함수 $y=a\sin(bx-c\pi)+d$의 그래프가 그림과 같을 때, $a+b+c+d$의 값은?
(단, $a>0$, $b>0$, $0<c<1$)

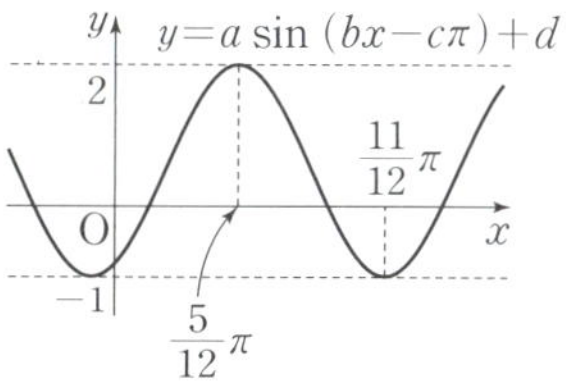

① $\dfrac{11}{3}$　　　② 4　　　③ $\dfrac{13}{3}$

④ $\dfrac{14}{3}$　　　⑤ 5

0764 함수 $y=a\cos(bx+c\pi)+d$의 그래프가 그림과 같을 때, $a+b+2c+d$의 값은?
(단, $a>0$, $b>0$, $0<c<2$)

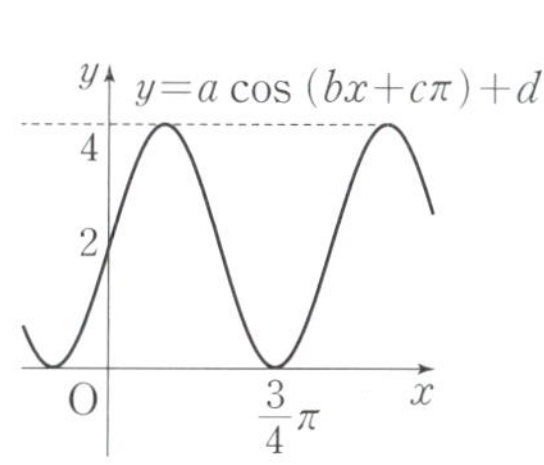

① 6　　　② 7

③ 8　　　④ 9

⑤ 10

유형 08 절댓값 기호를 포함한 삼각함수

① 함수 $y=a|\sin bx|+c$, $y=a|\cos bx|+c$의 특징
- $a>0$일 때: 최댓값은 $a+c$, 최솟값은 c
  $a<0$일 때: 최댓값은 c, 최솟값은 $a+c$
- 주기: $\dfrac{\pi}{|b|}$ (주기가 기존의 $\dfrac{1}{2}$배)

② 함수 $y=a|\tan bx|+c$의 특징
- $a>0$일 때: 최댓값은 없고, 최솟값은 c
  $a<0$일 때: 최댓값은 c, 최솟값은 없다.
- 주기: $\dfrac{\pi}{|b|}$ (주기의 변화 없음)

대표 예제

0765 함수 $y=a|\cos bx|+c$의 최댓값과 최솟값이 각각 3, 1이고 주기가 $\dfrac{\pi}{2}$일 때, $a+b+c$의 값을 구하시오.

(단, $a>0$, $b>0$)

선생님 해설

주어진 함수의 최댓값과 최솟값이 각각 3, 1이므로
$a+c=3$, $c=1$ $\therefore a=2$, $c=1$

→ 함수 $y=a|\cos bx|$의 최솟값은 0이다.

또한, 주기가 $\dfrac{\pi}{2}$이므로

$\dfrac{\pi}{|b|}=\dfrac{\pi}{2}$ $\therefore b=2$ ($\because b>0$)

$\therefore a+b+c=2+2+1=5$

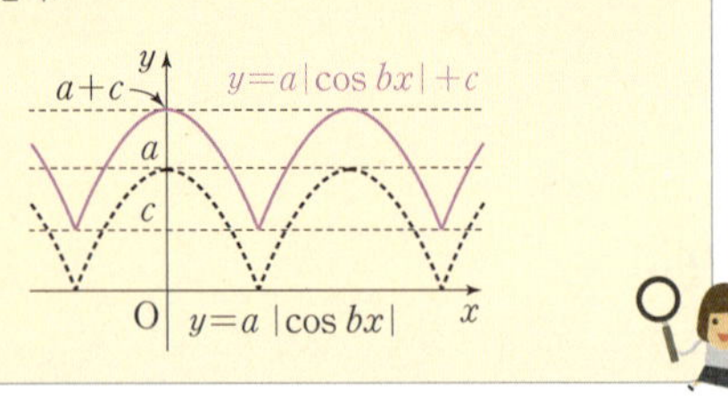

함수 $y=a|\cos bx|+c$의 그래프는 함수 $y=a|\cos bx|$의 그래프를 y축의 방향으로 c만큼 평행이동한 것과 같으니까 그래프의 개형은 다음 그림과 같아.

답 5

0766 대표 예제 한 번 더

함수 $f(x)=a|\sin bx|+c$의 최솟값은 -2이고, 주기는 2π이다. $f(\pi)=1$일 때, abc의 값을 구하시오.

(단, $a>0$, $b>0$)

0767

함수 $y=a|\cos bx|+c$의 그래프가 그림과 같을 때, $a+b+c$의 값은?

(단, $a>0$, $b>0$)

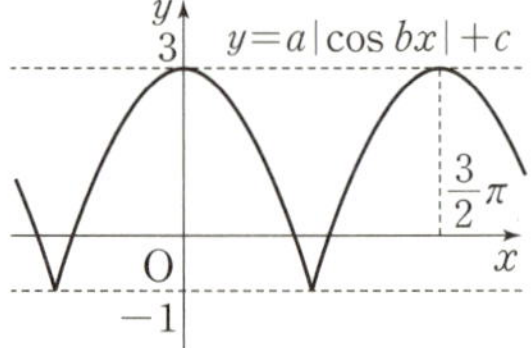

① $\dfrac{11}{3}$ ② 4 ③ $\dfrac{13}{3}$

④ $\dfrac{14}{3}$ ⑤ 5

0768

$-\dfrac{\pi}{4}\leq x\leq\dfrac{\pi}{6}$에서 정의된 함수 $y=|\tan x|+1$의 최댓값과 최솟값의 합은?

① 1 ② $\dfrac{3}{2}$ ③ 2

④ $\dfrac{5}{2}$ ⑤ 3

0769

함수 $f(x)=-2\left|\sin\dfrac{x}{2}\right|+1$에 대한 설명으로 **보기**에서 옳은 것만을 있는 대로 고른 것은?

┤ 보기 ├

ㄱ. 함수 $f(x)$의 최댓값은 1이다.
ㄴ. 함수 $f(x)$의 주기는 함수 $y=\cos x$의 주기와 같다.
ㄷ. 함수 $y=f(x)$의 그래프를 평행이동하여 함수 $y=2\left|\cos\dfrac{x}{2}\right|$의 그래프와 일치시킬 수 있다.

① ㄱ ② ㄷ ③ ㄱ, ㄴ

④ ㄴ, ㄷ ⑤ ㄱ, ㄴ, ㄷ

유형 09 삼각함수의 성질

다음과 같은 순서로 삼각함수를 변환한다.

❶ 각을 $\dfrac{n}{2}\pi \pm x$ (n은 정수) 꼴로 나타낸다.

❷ n이 짝수이면 함수는 그대로, n이 홀수이면 함수를
$\sin \to \cos$, $\cos \to \sin$, $\tan \to \dfrac{1}{\tan}$로 고친다.

❸ x를 예각으로 생각하여 각 $\dfrac{n}{2}\pi \pm x$를 나타내는 동경의 사분면을
구한 후 처음 주어진 삼각함수에 대한 부호를 찾아 부여한다.

👍 대표 예제

0770 $\sin\left(\dfrac{\pi}{2}-x\right)\cos(\pi+x)+\cos\left(\dfrac{\pi}{2}+x\right)\sin(\pi-x)$
를 간단히 하면?

① -1 ② $-\sin x$ ③ $-\cos x$
④ $\sin x$ ⑤ 1

선생님 해설

$\sin\left(\dfrac{\pi}{2}-x\right)\cos(\pi+x)+\cos\left(\dfrac{\pi}{2}+x\right)\sin(\pi-x)$
$=\cos x \cdot(-\cos x)+(-\sin x)\cdot \sin x$
$=-(\cos^2 x+\sin^2 x)$
$=-1$

답 ①

0771 대표 예제 한 번 더

$\left\{\cos\left(\dfrac{3}{2}\pi+x\right)+\cos(2\pi-x)\right\}\cos\left(\dfrac{\pi}{2}-x\right)$

$\qquad -\left\{\sin\left(\dfrac{3}{2}\pi+x\right)-\sin(2\pi-x)\right\}\sin\left(\dfrac{\pi}{2}+x\right)$

를 간단히 하면?

① -1 ② $-\cos x$ ③ 0
④ $\sin x$ ⑤ 1

0772

$\cos 100°+\sin 160°$의 값을 아래 삼각함수표를 이용하여
구한 것은?

θ	$\sin \theta$	$\cos \theta$	$\tan \theta$
$10°$	0.1736	0.9848	0.1763
$20°$	0.3420	0.9397	0.3640

① 0.0451   ② 0.1684   ③ 0.5156
④ 0.5977   ⑤ 0.6428

0773

$\sin \dfrac{5}{6}\pi+\cos \dfrac{5}{3}\pi+\tan \dfrac{5}{4}\pi$의 값은?

① -2 ② -1 ③ 0
④ 1 ⑤ 2

0774

$\cos \dfrac{13}{6}\pi \cos \dfrac{11}{6}\pi+\sin\left(-\dfrac{\pi}{4}\right)\sin \dfrac{11}{4}\pi$

$\qquad\qquad\qquad\qquad +\tan \dfrac{13}{6}\pi \tan \dfrac{10}{3}\pi$

의 값은?

① $\dfrac{1}{4}$ ② $\dfrac{1}{2}$ ③ $\dfrac{3}{4}$

④ 1 ⑤ $\dfrac{5}{4}$

유형 10 삼각함수의 성질의 활용

각의 크기의 합이 $\dfrac{\pi}{2}$ 또는 π인 것을 짝짓고 삼각함수 사이의 관계를 이용하여 간단히 한다.

대표 예제

0775 $\sin^2 1° + \sin^2 2° + \sin^2 3° + \cdots + \sin^2 89°$의 값은?

① $\dfrac{87}{2}$ ② 44 ③ $\dfrac{89}{2}$

④ 45 ⑤ $\dfrac{91}{2}$

선생님 해설

$\sin(90°-x) = \cos x$에서
$\sin 89° = \sin(90°-1°) = \cos 1°$,
$\sin 88° = \sin(90°-2°) = \cos 2°$,
$\sin 87° = \sin(90°-3°) = \cos 3°$,
$$\vdots$$
$\sin 46° = \sin(90°-44°) = \cos 44°$
이므로
$\sin^2 1° + \sin^2 2° + \sin^2 3° + \cdots + \sin^2 89°$
$= \sin^2 1° + \sin^2 2° + \cdots + \sin^2 43° + \sin^2 44° + \sin^2 45°$
$\qquad\qquad + \cos^2 44° + \cos^2 43° + \cdots + \cos^2 2° + \cos^2 1°$
$= (\sin^2 1° + \cos^2 1°) + (\sin^2 2° + \cos^2 2°) + \cdots$
$\qquad\qquad + (\sin^2 44° + \cos^2 44°) + \sin^2 45°$
$= \underbrace{1 + 1 + \cdots + 1}_{44개} + \left(\dfrac{\sqrt{2}}{2}\right)^2 = \dfrac{89}{2}$

● **다른 풀이** ●

$S = \sin^2 1° + \sin^2 2° + \sin^2 3° + \cdots + \sin^2 89°$ …… ㉠
라 하면 $\sin(90°-x) = \cos x$이므로
$\sin 1° = \cos 89°,\ \sin 2° = \cos 88°,\ \cdots,\ \sin 89° = \cos 1°$
$\therefore S = \cos^2 89° + \cos^2 88° + \cos^2 87° + \cdots + \cos^2 1°$ …… ㉡
㉠, ㉡을 변끼리 더하여 정리하면
$2S = (\sin^2 1° + \cos^2 1°) + (\sin^2 2° + \cos^2 2°) + \cdots$
$\qquad\qquad + (\sin^2 89° + \cos^2 89°)$
$\quad = \underbrace{1 + 1 + 1 + \cdots + 1}_{89개} = 89$

$\therefore S = \dfrac{89}{2}$

> 이 유형은 $\sin^2 x + \cos^2 x = 1$ 또는 $\tan x \times \dfrac{1}{\tan x} = 1$
> 을 이용해야 해. 즉, 주어진 각을 적절히 변환하여 이 꼴로 나타내는 것이 중요해.

답 ③

0776 [대표 예제] [한 번 더]

$\cos^2 1° + \cos^2 2° + \cos^2 3° + \cdots + \cos^2 180°$의 값을 구하시오.

0777

$\tan 1° \times \tan 3° \times \tan 5° \times \cdots \times \tan 89°$의 값은?

① $\dfrac{1}{3}$ ② $\dfrac{\sqrt{3}}{3}$ ③ 1

④ $\sqrt{3}$ ⑤ 3

0778

그림과 같이 점 O를 중심으로 하는 반원의 호 AB를 8등분하는 7개의 점을 점 A에 가까운 것부터 순서대로 A_1, A_2, A_3, $\cdots$, A_7이라 할 때,
$\sin^2(\angle AOA_1) + \sin^2(\angle AOA_2) + \cdots + \sin^2(\angle AOA_7)$
의 값을 구하시오.

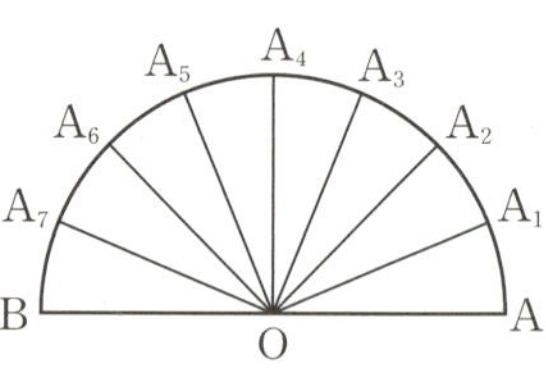

0779

함수
$$f(x) = \cos^2 x + \cos^2 3x + \cos^2 5x + \cos^2 7x + \cos^2 9x$$
에 대하여 $f\left(\dfrac{\pi}{20}\right)$의 값은?

① $\dfrac{1}{2}$ ② 1 ③ $\dfrac{3}{2}$

④ 2 ⑤ $\dfrac{5}{2}$

유형 11 삼각함수를 포함한 식의 최대·최소: 일차식 꼴

삼각함수의 성질을 이용하여 하나의 삼각함수로 변환한 후 주어진 범위에서의 최댓값과 최솟값을 구한다.

👍 대표 예제

0780 실수 전체의 집합에서 정의된 함수

$$y = \sin x + 2 \cos\left(x - \frac{\pi}{2}\right) + 1$$

의 최댓값과 최솟값의 합은?

① 1　　　　② 2　　　　③ 3

④ 4　　　　⑤ 5

선생님 해설

$$\cos\left(x - \frac{\pi}{2}\right) = \cos\left(\frac{\pi}{2} - x\right) = \sin x$$

$$y = \sin x + 2 \cos\left(x - \frac{\pi}{2}\right) + 1$$
$$= \sin x + 2 \sin x + 1$$
$$= 3 \sin x + 1$$

이므로 주어진 함수의 최댓값과 최솟값은 각각
$3 + 1 = 4$, $-3 + 1 = -2$
따라서 최댓값과 최솟값의 합은
$4 + (-2) = 2$

답 ②

0781 [대표 예제] [한 번 더]

실수 전체의 집합에서 정의된 함수

$$y = \sin(\pi - x) - 3 \cos\left(\frac{3}{2}\pi - x\right) + a$$

의 최댓값이 3일 때, 최솟값은? (단, a는 상수이다.)

① -5　　　　② -4　　　　③ -3

④ -2　　　　⑤ -1

0782 실수 전체의 집합에서 정의된 함수

$$y = 2 \sin\left(x + \frac{\pi}{6}\right) + \cos\left(x - \frac{4}{3}\pi\right) + 3$$

의 최댓값과 최솟값의 합은?

① 2　　　　② 3　　　　③ 4

④ 5　　　　⑤ 6

0783 $\dfrac{\pi}{6} \leq x \leq \dfrac{\pi}{2}$에서 정의된 함수

$$y = \sin(2\pi - x) + 3 \cos\left(\frac{\pi}{2} - x\right) + 1$$

의 최댓값을 M, 최솟값을 m이라 할 때, Mm의 값은?

① 3　　　　② 4　　　　③ 5

④ 6　　　　⑤ 7

0784 $\dfrac{5}{6}\pi \leq x \leq \dfrac{13}{6}\pi$에서 정의된 함수

$$y = a \cos x - \sin\left(x - \frac{\pi}{2}\right) - 1$$

의 최솟값이 -3일 때, 최댓값을 M이라 하자. $a + M$의 값은? (단, $a > -1$)

① 1　　　　② 2　　　　③ 3

④ 4　　　　⑤ 5

유형 12 삼각함수를 포함한 식의 최대·최소:
이차식, 유리식 꼴

삼각함수를 포함한 이차식 또는 유리식 꼴의 최대·최소는 다음과 같은 순서로 푼다.
❶ $\sin^2 x + \cos^2 x = 1$과 삼각함수의 성질을 이용하여 하나의 삼각함수로 나타낸다.
❷ $\sin x$ (또는 $\cos x$ 또는 $\tan x$)를 t로 치환하여 t에 대한 함수식을 구한다.
❸ t의 값의 범위에서 t에 대한 함수의 최댓값과 최솟값을 구한다.

🔖 대표 예제

0785 함수 $y = \sin^2 x + \cos x + 1$의 최댓값을 구하시오.

선생님 해설

$y = \sin^2 x + \cos x + 1$
$\quad = (1 - \cos^2 x) + \cos x + 1$
$\quad = -\cos^2 x + \cos x + 2$
이때 $\cos x = t$라 하면
$-1 \le t \le 1$이고
$y = -t^2 + t + 2$
$\quad = -\left(t - \dfrac{1}{2}\right)^2 + \dfrac{9}{4}$
따라서 함수 $y = -t^2 + t + 2$는
$t = \dfrac{1}{2}$일 때 최댓값 $\dfrac{9}{4}$를 가진다.

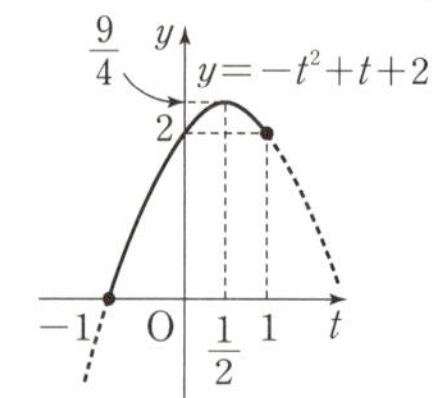

🅐답 $\dfrac{9}{4}$

0786 〔대표 예제〕〔한 번 더〕
함수 $y = 2\cos^2 x - \sin x$의 최댓값과 최솟값을 각각 M, m이라 할 때, $M + m$의 값은? (단, $0 \le x \le 2\pi$)

① $\dfrac{7}{8}$　　　② 1　　　③ $\dfrac{9}{8}$

④ $\dfrac{5}{4}$　　　⑤ $\dfrac{11}{8}$

0787
함수 $y = \cos^2 x - 2\cos\left(x + \dfrac{\pi}{2}\right) + a$의 최댓값이 3일 때, 최솟값을 m이라 하자. $a + m$의 값은? (단, a는 상수이다.)

① -1　　　② $-\dfrac{1}{2}$　　　③ 0

④ $\dfrac{1}{2}$　　　⑤ 1

0788
함수 $y = \dfrac{4\sin\left(\dfrac{\pi}{2} + x\right) + 7}{2\cos x + 3}$의 최댓값과 최솟값을 각각 M, m이라 할 때, $M - m$의 값은?

① $\dfrac{1}{5}$　　　② $\dfrac{2}{5}$　　　③ $\dfrac{3}{5}$

④ $\dfrac{4}{5}$　　　⑤ 1

0789
함수 $y = \dfrac{2\cos\left(\dfrac{3}{2}\pi - x\right) - a + 3}{\sin(\pi + x) + 2}$의 최댓값이 1일 때, 최솟값을 m이라 하자. $a^2 + m^2$의 값을 구하시오. (단, $a > 0$)

유형 13   삼각함수를 포함한 방정식: 일차식 꼴

삼각함수를 포함한 일차식 꼴의 방정식은 다음과 같은 순서로 푼다.

❶ 주어진 방정식을 $\sin x = k$ (또는 $\cos x = k$ 또는 $\tan x = k$) 꼴로 변형한다.

❷ 함수 $y = \sin x$ (또는 $y = \cos x$ 또는 $y = \tan x$)의 그래프와 직선 $y = k$의 교점의 x좌표를 구한다.

❸ ❷의 과정에서 $0 \le x \le \dfrac{\pi}{2}$에서의 삼각함수의 값을 참조하여 하나의 해를 먼저 구하고, 삼각함수의 성질을 이용하여 모든 해를 구한다.

👍 대표 예제

0790 $0 \le x < 2\pi$일 때, 방정식 $\sin\left(x - \dfrac{\pi}{6}\right) = \dfrac{1}{2}$을 만족시키는 모든 x의 값의 합은?

① $\dfrac{\pi}{3}$ ② $\dfrac{2}{3}\pi$ ③ π

④ $\dfrac{4}{3}\pi$ ⑤ $\dfrac{5}{3}\pi$

선생님 해설

함수 $y = \sin\left(x - \dfrac{\pi}{6}\right)$의 그래프보다 함수 $y = \sin t$의 그래프를 그리는 것이 더 쉽다.

$x - \dfrac{\pi}{6} = t$라 하면 $0 \le x < 2\pi$에서 $-\dfrac{\pi}{6} \le t < \dfrac{11}{6}\pi$이고

$\sin\left(x - \dfrac{\pi}{6}\right) = \dfrac{1}{2}$에서

$\sin t = \dfrac{1}{2}$

즉, 오른쪽 그림과 같이 $-\dfrac{\pi}{6} \le t < \dfrac{11}{6}\pi$에서 위의 방정식을 만족시키는 t의 값은

$t = \dfrac{\pi}{6}$ 또는 $t = \dfrac{5}{6}\pi$

즉, $x - \dfrac{\pi}{6} = \dfrac{\pi}{6}$ 또는 $x - \dfrac{\pi}{6} = \dfrac{5}{6}\pi$

$\therefore x = \dfrac{\pi}{3}$ 또는 $x = \pi$

따라서 구하는 모든 x의 값의 합은

$\dfrac{\pi}{3} + \pi = \dfrac{4}{3}\pi$

$t = \dfrac{\pi}{6}$ 또는 $t = \dfrac{5}{6}\pi$에서 답을 $\dfrac{\pi}{6} + \dfrac{5}{6}\pi = \pi$라고 구하는 경우가 종종 있어. t의 값이 아닌 x의 값을 구해야 하는 것을 잊지 마!

답 ④

0791 〔대표 예제〕 〔한 번 더〕

$0 \le x < 2\pi$일 때, 방정식 $\tan\left(x - \dfrac{\pi}{4}\right) = \dfrac{\sqrt{3}}{3}$을 만족시키는 모든 x의 값의 합은?

① $\dfrac{7}{6}\pi$ ② $\dfrac{4}{3}\pi$ ③ $\dfrac{3}{2}\pi$

④ $\dfrac{5}{3}\pi$ ⑤ $\dfrac{11}{6}\pi$

0792

$0 \le x < 2\pi$일 때, 방정식 $\sqrt{3}\cos x = \sin x$의 두 실근 α, β $(\alpha < \beta)$에 대하여 $\dfrac{\beta}{\alpha}$의 값을 구하시오.

0793

$0 \le x < 8$에서 방정식 $2\cos\dfrac{\pi}{2}x - \sqrt{2} = 0$의 모든 실근의 합을 구하시오.

0794

$0 \le x < 2\pi$일 때, 방정식
$$\cos\left(x + \dfrac{\pi}{6}\right) + \sin\left(\dfrac{\pi}{3} - x\right) + 1 = 0$$
을 만족시키는 모든 x의 값의 합은?

① $\dfrac{\pi}{3}$ ② $\dfrac{2}{3}\pi$ ③ π

④ $\dfrac{4}{3}\pi$ ⑤ $\dfrac{5}{3}\pi$

유형 14 삼각함수를 포함한 방정식: 이차식 꼴

삼각함수를 포함한 이차식 꼴의 방정식은 다음과 같은 순서로 푼다.
❶ $\sin^2 x + \cos^2 x = 1$과 삼각함수의 성질을 이용하여 하나의 삼각함수로 나타낸다.
❷ 삼각함수에 대한 이차방정식을 푼다.
❸ 방정식의 해를 구한다.

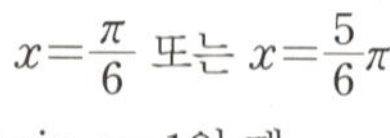 대표 예제

0795 $0 \le x < 2\pi$일 때, 방정식 $2\cos^2 x + 3(\sin x - 1) = 0$의 모든 실근의 합은?

① $\dfrac{\pi}{2}$　　　② π　　　③ $\dfrac{3}{2}\pi$

④ 2π　　　⑤ $\dfrac{5}{2}\pi$

선생님 해설

$2\cos^2 x + 3(\sin x - 1) = 0$에서
$2(1 - \sin^2 x) + 3\sin x - 3 = 0$
$2\sin^2 x - 3\sin x + 1 = 0$
$(2\sin x - 1)(\sin x - 1) = 0$
$\therefore \sin x = \dfrac{1}{2}$ 또는 $\sin x = 1$

(i) $\sin x = \dfrac{1}{2}$일 때
　$x = \dfrac{\pi}{6}$ 또는 $x = \dfrac{5}{6}\pi$

(ii) $\sin x = 1$일 때
　$x = \dfrac{\pi}{2}$

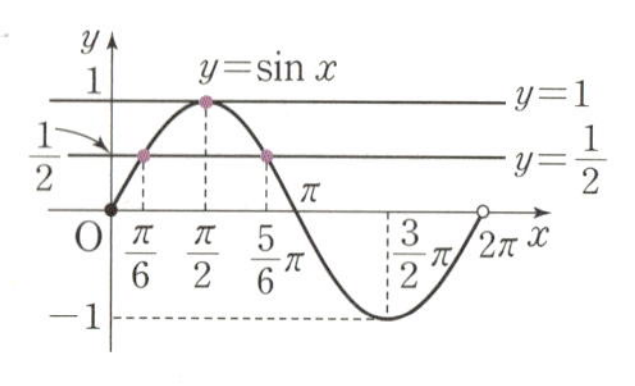

(i), (ii)에서 구하는 모든 실근의 합은
$\dfrac{\pi}{6} + \dfrac{5}{6}\pi + \dfrac{\pi}{2} = \dfrac{3}{2}\pi$

답 ③

0796 대표 예제　한 번 더
$0 \le x < 2\pi$에서 방정식 $2\sin^2 x - \cos x - 1 = 0$의 모든 실근의 합을 구하시오.

0797
$0 < x < 2\pi$에서 방정식 $\tan x = \dfrac{3}{\tan x}$의 네 실근을 작은 것부터 크기순으로 a, b, c, d라 할 때, $a + d - (b + c)$의 값은?

① -2π　　　② $-\pi$　　　③ 0
④ π　　　⑤ 2π

0798
삼각형의 한 내각 x가 $1 - 10\cos x = 25\sin^2 x$를 만족시킬 때, $\tan x$의 값은?

① $-\dfrac{4}{5}$　　　② $-\dfrac{3}{4}$　　　③ $\dfrac{3}{4}$
④ $\dfrac{4}{5}$　　　⑤ $\dfrac{5}{6}$

0799
$0 \le x < 2\pi$에서 정의된 두 함수
$$f(x) = \sin^2 x,\quad g(x) = 2\cos x + 1$$
의 그래프의 교점의 개수는?

① 0　　　② 1　　　③ 2
④ 3　　　⑤ 4

유형 15 **삼각함수를 포함한 방정식의 실근의 개수**

방정식 $f(x)=g(x)$의 서로 다른 실근의 개수는 두 함수 $y=f(x)$, $y=g(x)$의 그래프의 교점의 개수와 같다.

🔖 대표 예제

0800 방정식 $\sin x = \dfrac{1}{4\pi}x$의 서로 다른 실근의 개수는?

① 1 ② 3 ③ 5
④ 7 ⑤ 9

선생님 해설

주어진 방정식의 서로 다른 실근의 개수는 두 함수 $y=\sin x$, $y=\dfrac{1}{4\pi}x$의 그래프의 교점의 개수와 같고, 다음 그림과 같이 교점의 개수는 7이다.

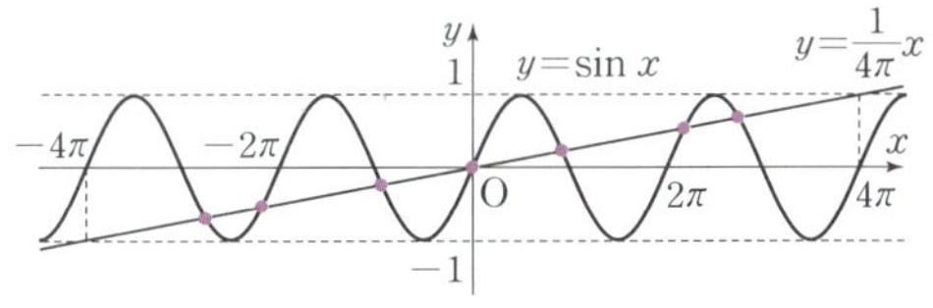

따라서 구하는 서로 다른 실근의 개수는 7이다.

두 함수의 그래프의 교점의 개수를 파악해야 하므로 삼각함수의 그래프뿐만 아니라 여러 가지 함수의 그래프도 정확히 그릴 수 있어야 해.

답 ④

0801 대표 예제 한 번 더
방정식 $8(\cos \pi x+1)=x^2$의 서로 다른 실근의 개수는?

① 2 ② 4 ③ 6
④ 8 ⑤ 10

0802
방정식 $\sqrt{x}+|\tan \pi x|=2$의 서로 다른 실근의 개수는?

① 2 ② 4 ③ 6
④ 8 ⑤ 10

0803
$-2\pi \leq x \leq 2\pi$에서 방정식 $\sin 3x-\sin x=0$의 서로 다른 실근의 개수는?

① 11 ② 12 ③ 13
④ 14 ⑤ 15

0804
$0 \leq x < 2\pi$에서 방정식 $\sqrt{1-\sin^2 2x}=\sin x$의 서로 다른 실근의 개수는?

① 1 ② 2 ③ 3
④ 4 ⑤ 5

유형 16 삼각함수를 포함한 방정식이 실근을 가질 조건

방정식 $f(x)=k$가 실근을 가지려면 함수 $y=f(x)$의 그래프와 직선 $y=k$가 적어도 한 점에서 만나야 한다.

👍 대표 예제

0805 x에 대한 방정식 $4\sin^2 x+2\cos x+k=0$이 실근을 갖도록 하는 정수 k의 개수를 구하시오.

선생님 해설

$4\sin^2 x+2\cos x+k=0$에서
$4(1-\cos^2 x)+2\cos x+k=0$
$\therefore\ 4\cos^2 x-2\cos x-4=k$
즉, 주어진 방정식이 실근을 가지려면 함수
$y=4\cos^2 x-2\cos x-4$의 그래프와 직선 $y=k$가 적어도 한 점에서 만나야 한다.
이때 $\cos x=t$라 하면 $-1\le t\le 1$이고
$y=4\cos^2 x-2\cos x-4$에서
$y=4t^2-2t-4$
$=4\left(t-\dfrac{1}{4}\right)^2-\dfrac{17}{4}$
이므로 오른쪽 그림과 같이 함수
$y=4t^2-2t-4$의 그래프와 직선
$y=k$가 만나도록 하는 k의 값의 범위는
$-\dfrac{17}{4}\le k\le 2$
따라서 구하는 정수 k의 개수는
$-4,\ -3,\ -2,\ -1,\ 0,\ 1,\ 2$
의 7이다.

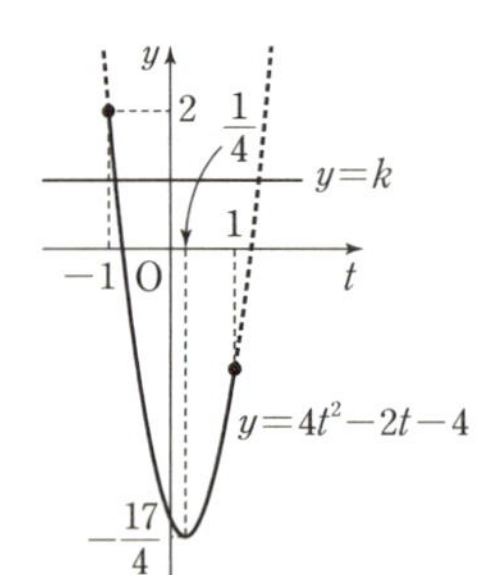

주어진 함수의 그래프를 그릴 수 없으므로 삼각함수를 치환하여 이차함수, 유리함수 등으로 나타내어 함수의 그래프를 그려야 해.

답 7

0806 대표 예제 한 번 더

x에 대한 방정식 $\cos^2 x+\cos\left(\dfrac{\pi}{2}+x\right)+k=0$이 실근을 갖도록 하는 실수 k의 최댓값은?

① 1 　　　② 2 　　　③ 3
④ 4 　　　⑤ 5

0807

$0\le x<\pi$일 때, x에 대한 방정식 $8\sin\left(x+\dfrac{\pi}{6}\right)-k=0$이 오직 하나의 실근을 갖도록 하는 정수 k의 개수를 m, 서로 다른 두 개의 실근을 갖도록 하는 정수 k의 개수를 n이라 하자. $m+n$의 값을 구하시오.

0808

x에 대한 방정식 $\dfrac{3}{3-2\cos x}=k$가 실근을 갖도록 하는 실수 k의 값의 최댓값을 M, 최솟값을 m이라 할 때, $M-m$의 값은?

① $\dfrac{11}{5}$ 　　　② $\dfrac{12}{5}$ 　　　③ $\dfrac{13}{5}$
④ $\dfrac{14}{5}$ 　　　⑤ 3

0809

$\dfrac{\pi}{2}\le x<\dfrac{3}{2}\pi$일 때, x에 대한 방정식
$$\dfrac{1-2\sin\left(\dfrac{3}{2}\pi+x\right)}{\cos x+2}=k$$
가 실근을 갖도록 하는 모든 정수 k의 값의 합은?

① -2 　　　② -1 　　　③ 0
④ 1 　　　⑤ 2

유형 17 삼각함수를 포함한 부등식: 일차식 꼴

삼각함수를 포함한 일차식 꼴의 부등식은 다음과 같은 순서로 푼다.
❶ 부등호를 등호로 바꾸어 삼각함수를 포함한 방정식을 푼다.
❷ 함수의 그래프와 직선의 위치 관계를 파악하여 부등식의 해의 범위를 구한다.

👍 대표 예제

0810 $0 \le x < 2\pi$일 때, 부등식 $2\sin\left(x - \dfrac{\pi}{6}\right) + \sqrt{3} \le 0$의 해의 범위는 $\alpha \le x \le \beta$이다. $\alpha + \beta$의 값을 구하시오.

선생님 해설

$x - \dfrac{\pi}{6} = t$라 하면 $0 \le x < 2\pi$에서 $-\dfrac{\pi}{6} \le t < \dfrac{11}{6}\pi$이고

$2\sin\left(x - \dfrac{\pi}{6}\right) + \sqrt{3} \le 0$에서

$\sin t \le -\dfrac{\sqrt{3}}{2}$

즉, 오른쪽 그림과 같이
$-\dfrac{\pi}{6} \le t < \dfrac{11}{6}\pi$에서
위의 부등식을 만족시
키는 t의 값의 범위는

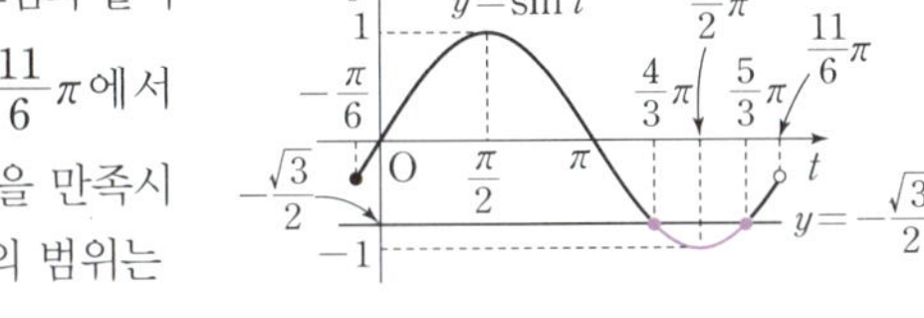

$\dfrac{4}{3}\pi \le t \le \dfrac{5}{3}\pi$

즉, $\dfrac{4}{3}\pi \le x - \dfrac{\pi}{6} \le \dfrac{5}{3}\pi$

$\therefore \dfrac{3}{2}\pi \le x \le \dfrac{11}{6}\pi$

따라서 $\alpha = \dfrac{3}{2}\pi$, $\beta = \dfrac{11}{6}\pi$이므로

$\alpha + \beta = \dfrac{3}{2}\pi + \dfrac{11}{6}\pi = \dfrac{10}{3}\pi$

답 $\dfrac{10}{3}\pi$

0811 대표 예제 한 번 더

$0 \le x < 4$일 때, 부등식 $2\cos\dfrac{\pi}{2}\left(x + \dfrac{1}{3}\right) \le \sqrt{2}$를 만족시키는 모든 정수 x의 값의 합은?

① 6   ② 7   ③ 8
④ 9   ⑤ 10

0812

$0 \le x < \pi$일 때, 부등식 $\sqrt{3}\tan 2x - 1 > 0$을 만족시키는 해의 범위가 $a < x < b$ 또는 $c < x < d$이다. $b + d - (a + c)$의 값은? (단, $b \le c$)

① $\dfrac{\pi}{3}$ ② $\dfrac{2}{3}\pi$ ③ π

④ $\dfrac{4}{3}\pi$ ⑤ $\dfrac{5}{3}\pi$

0813

$0 \le x < 2\pi$일 때, 부등식 $\sin x > \cos x$를 만족시키는 해의 범위가 $\alpha < x < \beta$이다. $\sin(\alpha + \beta) + \cos(\alpha - \beta)$의 값은?

① -2 ② -1 ③ 0
④ 1 ⑤ 2

0814

$0 \le x \le 8$일 때, 부등식 $-1 \le 2\cos\dfrac{\pi}{4}x \le \sqrt{3}$를 만족시키는 정수 x의 개수는?

① 0   ② 2   ③ 4
④ 6   ⑤ 8

유형 18 삼각함수를 포함한 부등식: 이차식 꼴

삼각함수를 포함한 이차식 꼴의 부등식은 다음과 같은 순서로 푼다.
❶ $\sin^2 x + \cos^2 x = 1$과 삼각함수의 성질을 이용하여 하나의 삼각함수로 나타낸다.
❷ 삼각함수에 대한 이차부등식을 푼다.
❸ 부등식의 해를 구한다.

👍 대표 예제

0815 $0 \leq x < 2\pi$일 때, 부등식
$$\cos^2 x - \sin^2 x + 5 \cos x + 3 \leq 0$$
의 해의 범위는 $\alpha \leq x \leq \beta$이다. $\alpha + \beta$의 값을 구하시오.

선생님 해설

부등식에 일차식 꼴의 코사인함수가 있으므로 $\sin^2 x$를 $1 - \cos^2 x$로 변환하여 코사인함수에 대한 부등식으로 나타낸다.

$\cos^2 x - \sin^2 x + 5 \cos x + 3 \leq 0$에서
$\cos^2 x - (1 - \cos^2 x) + 5 \cos x + 3 \leq 0$
$2 \cos^2 x + 5 \cos x + 2 \leq 0$
$(2 \cos x + 1)(\cos x + 2) \leq 0$
$2 \cos x + 1 \leq 0 \ (\because \cos x + 2 > 0)$
$\therefore \cos x \leq -\dfrac{1}{2}$

$-1 \leq \cos x \leq 1$이므로 $1 \leq \cos x + 2 \leq 3$

즉, 오른쪽 그림과 같이 $0 \leq x < 2\pi$에서 주어진 부등식을 만족시키는 x의 값의 범위는

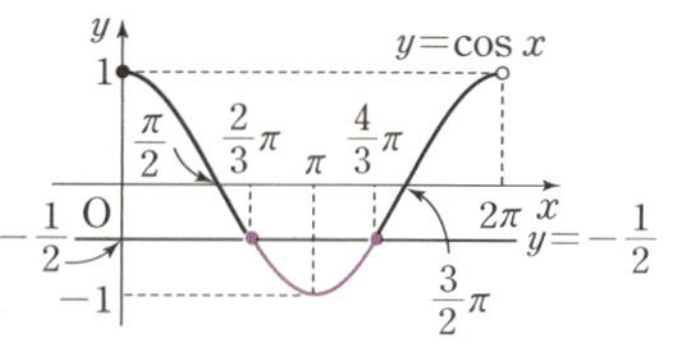

$\dfrac{2}{3}\pi \leq x \leq \dfrac{4}{3}\pi$

따라서 $\alpha = \dfrac{2}{3}\pi$, $\beta = \dfrac{4}{3}\pi$이므로

$\alpha + \beta = \dfrac{2}{3}\pi + \dfrac{4}{3}\pi = 2\pi$

답 2π

0816 [대표 예제] [한 번 더]
$0 \leq x < 2\pi$일 때, 부등식
$$\sin^2 x - \cos^2 x + 3 \sin x + 2 < 0$$
의 해의 범위는 $a < x < b$ 또는 $c < x < d$이다.
$c + d - (a + b)$의 값은? (단, $b \leq c$)

① $\dfrac{\pi}{6}$ ② $\dfrac{\pi}{3}$ ③ $\dfrac{\pi}{2}$

④ $\dfrac{2}{3}\pi$ ⑤ $\dfrac{5}{6}\pi$

0817
$0 \leq x < \pi$일 때, 부등식 $\tan^2 x - (\sqrt{3} - 1)\tan x < \sqrt{3}$ 의 해의 범위가 $a \leq x < b$ 또는 $c < x < d$이다. $a + b + c + d$의 값은? (단, $b \leq c$)

① $\dfrac{7}{4}\pi$ ② $\dfrac{11}{6}\pi$ ③ $\dfrac{23}{12}\pi$

④ 2π ⑤ $\dfrac{25}{12}\pi$

0818
$0 \leq x < 2\pi$일 때, 부등식 $\sin^2 x \geq \cos^2 x$를 만족시키는 실수 x의 값의 범위가 $a \leq x \leq b$ 또는 $c \leq x \leq d$이다.
$a + b + c + d = k\pi$일 때, k의 값을 구하시오. (단, $b \leq c$)

0819
$0 \leq x < 8$일 때, 부등식 $1 - 2\sin^2 \dfrac{\pi}{4}x < \sqrt{1 - \sin^2 \dfrac{\pi}{4}x}$ 를 만족시키는 정수 x의 개수는?

① 2   ② 4   ③ 6
④ 8   ⑤ 10

유형 19 삼각함수를 포함한 방정식과 부등식의 활용

이차방정식의 판별식을 이용하여 삼각함수에 대한 식을 세운다.
→ 계수가 실수인 이차방정식 $ax^2+bx+c=0$의 판별식을
$D=b^2-4ac$라 하면
① $D>0 \iff$ 서로 다른 두 실근
② $D=0 \iff$ 중근
③ $D<0 \iff$ 서로 다른 두 허근

🖐 대표 예제

0820 x에 대한 방정식 $x^2+2x+\tan\theta=0$이 실근을 갖지 않도록 하는 θ의 값의 범위가 $\alpha<\theta<\beta$일 때, $\alpha+\beta$의 값은?

(단, $0\leq\theta<\pi$)

① $\dfrac{\pi}{4}$　　　　② $\dfrac{\pi}{2}$　　　　③ $\dfrac{3}{4}\pi$

④ π　　　　⑤ $\dfrac{5}{4}\pi$

선생님 해설

주어진 이차방정식의 판별식을 D라 하면

$\dfrac{D}{4}=1-\tan\theta<0$

$\therefore \tan\theta>1$

즉, 오른쪽 그림과 같이 $0\leq\theta<\pi$에서 위의 부등식을 만족시키는 θ의 값의 범위는

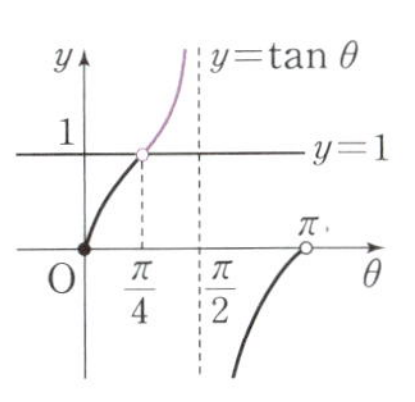

$\dfrac{\pi}{4}<\theta<\dfrac{\pi}{2}$

• 직선 $\theta=\dfrac{\pi}{2}$는 함수 $y=\tan\theta$의 그래프의 점근선이므로 $\dfrac{\pi}{2}$는 θ의 값의 범위에 포함되지 않는다.

따라서 $\alpha=\dfrac{\pi}{4}$, $\beta=\dfrac{\pi}{2}$이므로

$\alpha+\beta=\dfrac{\pi}{4}+\dfrac{\pi}{2}=\dfrac{3}{4}\pi$

답 ③

0821 대표 예제 한 번 더

x에 대한 이차방정식 $x^2+2x\sin\theta+\sin\theta=0$이 실근을 갖도록 하는 θ의 값은 $\theta=p$ 또는 $\theta=q$이다. $p+q$의 값은?

(단, $0\leq\theta<\pi$)

① $\dfrac{\pi}{6}$　　　　② $\dfrac{\pi}{3}$　　　　③ $\dfrac{\pi}{2}$

④ $\dfrac{2}{3}\pi$　　　　⑤ $\dfrac{5}{6}\pi$

0822

모든 실수 x에 대하여 이차부등식 $x^2-4x\sin\theta+1\geq0$이 성립하도록 하는 θ의 값의 범위가 $\alpha\leq\theta\leq\beta$일 때, $\alpha+\beta$의 값은? $\left(\text{단}, \dfrac{\pi}{2}\leq\theta\leq\dfrac{3}{2}\pi\right)$

① $\dfrac{\pi}{2}$　　　　② π　　　　③ $\dfrac{3}{2}\pi$

④ 2π　　　　⑤ $\dfrac{5}{2}\pi$

0823

x에 대한 방정식 $x^2-x\cos\theta+2\cos\theta-1=0$이 서로 다른 두 실근을 갖는다. 그중 한 근은 0보다 크고 1보다 작고, 다른 한 근은 0보다 작거나 1보다 크다. 다음 중 θ의 값이 될 수 있는 것은? $\left(\text{단}, 0\leq\theta<\dfrac{\pi}{2}\right)$

① $\dfrac{\pi}{12}$　　　　② $\dfrac{\pi}{6}$　　　　③ $\dfrac{\pi}{4}$

④ $\dfrac{\pi}{3}$　　　　⑤ $\dfrac{5}{12}\pi$

0824

이차함수 $y=x^2-x\cos\theta-3\cos\theta+1$의 그래프와 직선 $y=x\cos\theta-\sin^2\theta$가 한 점에서 만나도록 하는 상수 θ의 값을 α, β라 할 때, $\beta-\alpha$의 값은?

(단, $\alpha<\beta$이고, $0\leq\theta<2\pi$)

① π　　　　② $\dfrac{7}{6}\pi$　　　　③ $\dfrac{4}{3}\pi$

④ $\dfrac{3}{2}\pi$　　　　⑤ $\dfrac{5}{3}\pi$

0825 · 유형 02 + 유형 04 + 유형 09 ·

두 함수 $f(x)=\sin\dfrac{2}{3}x$, $g(x)=\tan\dfrac{x+3\pi}{3}$에 대하여

| 보기 |에서 옳은 것만을 있는 대로 고른 것은?

| 보기 |

ㄱ. 두 함수 $f(x)$, $g(x)$는 모두 주기가 3π인 주기함수이다.

ㄴ. 두 함수 $y=f(x)$, $y=g(x)$의 그래프는 모두 원점에 대하여 대칭이다.

ㄷ. 두 함수 $f(x)$, $g(x)$는 모두 임의의 실수 전체의 집합의 부분집합에서 정의할 수 있다.

---

① ㄱ 　② ㄷ 　③ ㄱ, ㄴ

④ ㄱ, ㄷ 　⑤ ㄱ, ㄴ, ㄷ

0826 　사고력 　· 유형 03 + 유형 05 ·

그림과 같이 함수
$y=-\cos\pi x+1\ (0\le x\le 2)$의
그래프와 x축으로 둘러싸인 도형
의 넓이는?

① 1 　② $\dfrac{3}{2}$

③ 2 　④ $\dfrac{5}{2}$ 　⑤ 3

0827 · 유형 11 ·

함수 $y=\tan\left(\dfrac{\pi}{2}\sin x\right)$의 최솟값을 구하시오.

$$\left(\text{단, } \dfrac{\pi}{6}\le x<\dfrac{\pi}{2}\right)$$

0828 · 유형 13 ·

$0\le x<3$에서 방정식 $\tan\left(x+\dfrac{1}{6}\right)\pi-1=0$의 모든 실근의

합을 $\dfrac{q}{p}$라 할 때, $p+q$의 값을 구하시오.

（단, p와 q는 서로소인 자연수이다.）

0829 · 유형 17 ·

$0\le x<2\pi$일 때, 두 부등식

$$\sin\left(x+\dfrac{\pi}{4}\right)\le\dfrac{\sqrt{2}}{2},\ \cos\left(x+\dfrac{\pi}{4}\right)\ge-\dfrac{\sqrt{2}}{2}$$

를 동시에 만족시키는 실수 x의 값의 범위는
$x=p$ 또는 $x=q$ 또는 $r\le x<s$이다. $p+q+r+s$의 값
은?

① $\dfrac{5}{2}\pi$ 　② 3π 　③ $\dfrac{7}{2}\pi$

④ 4π 　⑤ $\dfrac{9}{2}\pi$

0830 · 유형 14 ·

$0\le x<2\pi$일 때, 방정식 $2\cos\left(x-\dfrac{\pi}{2}\right)=\sqrt{2}\tan x$를 만
족시키는 모든 실수 x의 값의 합은?

① π 　② 2π 　③ 3π

④ 4π 　⑤ 5π

0831 · 유형 11 ·

$x+y=\dfrac{5}{6}\pi$를 만족시키는 두 실수 x, y에 대하여

$$\cos\left(x-\dfrac{\pi}{4}\right)+\sin\left(y+\dfrac{23}{12}\pi\right)+3$$

의 최댓값과 최솟값의 합을 구하시오.

0832 사고력 · 유형 10 ·

함수 $f(x)=\sin\left(\dfrac{\pi}{2}x+\dfrac{\pi}{3}\right)$에 대하여

$$f(1)+f(2)+f(3)+\cdots+f(25)$$

의 값은?

① $-\dfrac{\sqrt{3}}{2}$ ② $-\dfrac{1}{2}$ ③ 0

④ $\dfrac{1}{2}$ ⑤ $\dfrac{\sqrt{3}}{2}$

0833 · 유형 14 ·

$\dfrac{\pi}{2}\leq x<\dfrac{3}{2}\pi$일 때, 방정식 $1+\sin x\cos x=\cos^2 x$의 두 근의 차는?

① $\dfrac{\pi}{4}$ ② $\dfrac{\pi}{2}$ ③ $\dfrac{3}{4}\pi$

④ π ⑤ $\dfrac{5}{4}\pi$

0834 · 유형 11 ·

함수 $y=\cos\left(x-\dfrac{\pi}{6}\right)+3\sin\left(x-\dfrac{2}{3}\pi\right)+1$의 최댓값을 M, 최솟값을 m이라 할 때, $M-m$의 값은?

$$\left(\text{단, } \dfrac{\pi}{2}\leq x\leq\dfrac{3}{2}\pi\right)$$

① 1 ② 2 ③ 3

④ 4 ⑤ 5

0835 · 유형 17 ·

$0\leq x<2\pi$일 때, 부등식

$$\sin\left(x-\dfrac{\pi}{4}\right)+\cos\left(x-\dfrac{3}{4}\pi\right)<\sqrt{2}$$

의 해의 범위가 $a\leq x<b$ 또는 $c<x<d$이다. $a+d-(b+c)$의 값은? (단, $b\leq c$)

① $\dfrac{\pi}{4}$ ② $\dfrac{\pi}{2}$ ③ $\dfrac{3}{4}\pi$

④ π ⑤ $\dfrac{5}{4}\pi$

0836 · 유형 16 ·

$0\leq x<2\pi$일 때, x에 대한 방정식

$$\sin x+t\cos\left(x+\dfrac{3}{2}\pi\right)=2$$

가 실근을 갖도록 하는 실수 t의 값의 범위는 $t\leq p$ 또는 $t\geq q$이다. p^2+q^2의 값을 구하시오.

0837
· 유형 10 ·

각 θ를 나타내는 동경과 각 13θ를 나타내는 동경이 원점에 대하여 대칭일 때,

$$\sin\theta + \sin 2\theta + \sin 3\theta + \cdots + \sin 24\theta$$

의 값을 구하시오. $\left(\text{단, } 0<\theta<\dfrac{\pi}{6}\right)$

0838
· 유형 12 ·

$\dfrac{\pi}{6} \le x \le \dfrac{7}{6}\pi$에서 정의된 함수

$$y = \sqrt{3 + \sin(\pi+x) + \cos\left(x+\dfrac{\pi}{2}\right)} + 1$$

의 최댓값과 최솟값을 각각 M, m이라 할 때, $M-m$의 값은?

① -2 ② -1 ③ 0

④ 1 ⑤ 2

0839
· 유형 19 ·

x에 대한 이차함수 $f(x) = x^2 - tx + 4\cos\pi t$의 그래프와 직선 $y=0$이 오직 한 점에서만 만나도록 하는 실수 t의 개수는?

① 2 ② 4 ③ 6

④ 8 ⑤ 10

0840
사고력

· 유형 06 ·

함수 $f(x) = a\sin b\pi x$가 다음 조건을 만족시킨다.

> (가) $0 < f(1) = f(3) < 2$
> (나) 곡선 $y=f(x)$와 직선 $y=f(1)$은 $1<x<3$에서 만나지 않는다.

함수 $f(x)$의 최댓값이 2일 때, $16(a+b)$의 값을 구하시오. $\left(\text{단, } 0<x<\dfrac{2}{b}\right)$

0841
· 유형 13 ·

$0 \le x < 12$에서 정의된 함수

$$f(x) = 3\sin\dfrac{\pi}{6}x - \left|\sin\dfrac{\pi}{6}x\right|$$

에 대하여 방정식 $|f(x)| = 2$의 모든 실근의 합은?

① 21 ② 22 ③ 23

④ 24 ⑤ 25

0842
창의력

· 유형 07 ·

그림과 같이 함수 $f(x) = a\sin b\pi(x+c)$의 그래프와 y축이 만나는 점을 A라 하고, 점 A를 지나고 x축에 평행한 직선이 함수 $y=f(x)$의 그래프와 만나는 점 중 x좌표

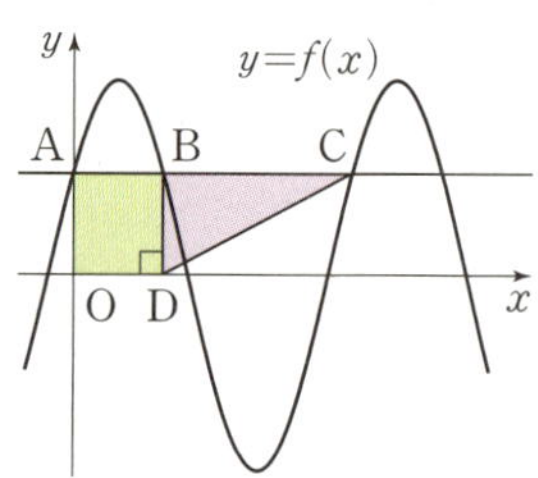

가 양수인 점을 y축에 가까운 점부터 차례로 B, C라 하자. 점 B에서 x축에 내린 수선의 발 D에 대하여 사각형 AODB는 정사각형이고 사각형 AODB와 삼각형 BDC의 넓이가 모두 4일 때, $6(a+b+c)$의 값을 구하시오.

$(\text{단, } a>0,\ b>0,\ 0<c<6$이고, O는 원점이다.$)$

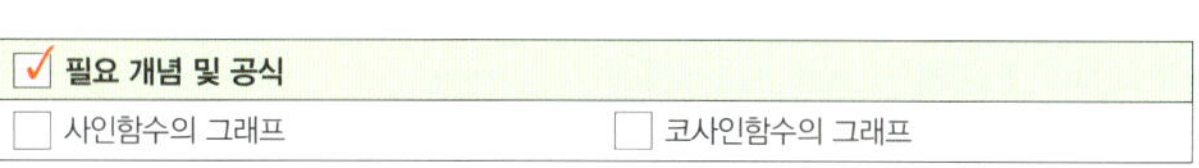

서술형 문제

0843 · 유형 05 ·

$0 \leq x < 2\pi$에서 정의된 함수 $y = 3\sin\left(x - \dfrac{\pi}{2}\right) - 1$의 그래프와 직선 $y = k$가 만나는 점의 개수를 $f(k)$라 할 때, $f(0) + f(1) + f(2)$의 값을 구하시오.

☑ **필요 개념 및 공식**
☐ 사인함수의 그래프의 평행이동

0844 · 유형 07 ·

함수 $y = a\cos(bx + c)$의 그래프가 그림과 같을 때, abc의 값을 구하시오.

$\left($단, $a > 0$, $b > 0$, $0 < c < \dfrac{\pi}{2}\right)$

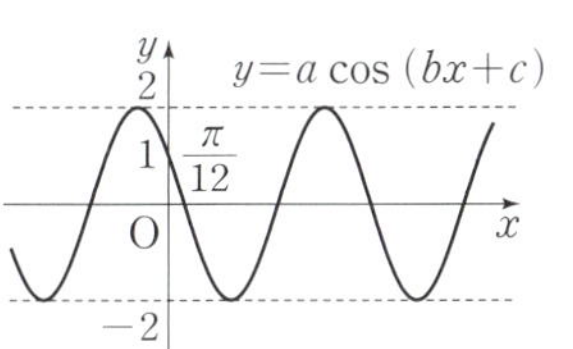

☑ **필요 개념 및 공식**
☐ 삼각함수의 최대·최소

0845 · 유형 14 ·

방정식 $\tan x - \dfrac{\sqrt{3}}{\tan x} = 1 - \sqrt{3}$을 만족시키는 실근 중 0보다 크고 2π보다 작은 모든 근의 합을 구하시오.

☑ **필요 개념 및 공식**
☐ 탄젠트함수의 그래프

0846 · 유형 17 ·

$0 \leq x < 2\pi$일 때, 부등식 $\dfrac{1}{2} < \sin x < \cos x$의 해의 범위를 구하시오.

☑ **필요 개념 및 공식**
☐ 사인함수의 그래프　　☐ 코사인함수의 그래프

0847 · 유형 13 ·

그림과 같이 함수 $y = 2\sin\dfrac{\pi}{3}x$ $(0 \leq x \leq 3)$의 그래프와 x축으로 둘러싸인 도형에 직사각형 ABCD가 내접한다. $\overline{AB} = 1$일 때, 직사각형 ABCD의 넓이를 구하시오.

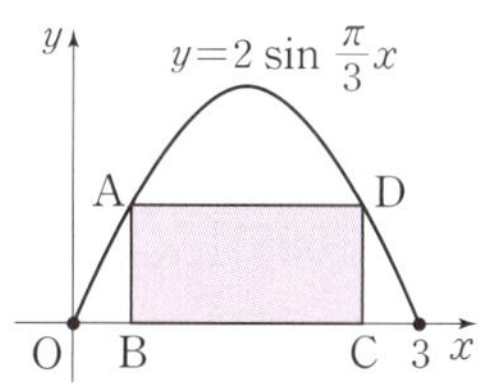

☑ **필요 개념 및 공식**
☐ 삼각함수를 포함한 방정식

0848 · 유형 10 ·

그림과 같이 $\overline{AB} = \overline{AC} = 5$, $\overline{BC} = 6$인 이등변삼각형 ABC에 대하여 $\angle A = \alpha$, $\angle B = \beta$라 할 때, $\sin(\alpha + \beta) - \cos(\alpha + \beta)$의 값을 구하시오.

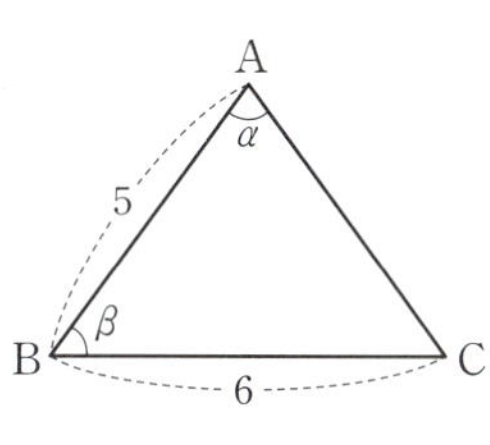

☑ **필요 개념 및 공식**
☐ $\sin(\pi - x) = \sin x$　　☐ $\cos(\pi - x) = -\cos x$

개념 01 사인법칙

삼각형 ABC의 외접원의 반지름의 길이를 R라 하면

(1) **사인법칙**

$$\frac{a}{\sin A}=\frac{b}{\sin B}=\frac{c}{\sin C}=2R$$

(2) **사인법칙의 변형**

① $\sin A=\dfrac{a}{2R}$, $\sin B=\dfrac{b}{2R}$, $\sin C=\dfrac{c}{2R}$

② $a=2R\sin A$, $b=2R\sin B$, $c=2R\sin C$

③ $a:b:c=\sin A:\sin B:\sin C$

참고 삼각형 ABC에서 세 각 $\angle$A, $\angle$B, $\angle$C의 크기를 각각 A, B, C로 나타내고, 이들의 대변 BC, CA, AB의 길이를 각각 a, b, c로 나타낸다.

[0849~0851] 삼각형 ABC에 대하여 다음을 구하시오.

0849 $a=3$, $A=30°$, $B=45°$일 때, b의 값

0850 $c=3\sqrt{2}$, $A=60°$, $C=45°$일 때, a의 값

0851 $b=8$, $B=135°$, $C=30°$일 때, c의 값

[0852~0854] 삼각형 ABC에 대하여 다음을 구하시오.

0852 $a=\sqrt{2}$, $b=2$, $A=30°$일 때, B의 크기

0853 $b=2$, $c=\sqrt{6}$, $B=45°$일 때, C의 크기

0854 $a=\sqrt{3}$, $b=3$, $B=120°$일 때, A의 크기

[0855~0856] 다음 조건을 만족시키는 삼각형 ABC에 대하여 외접원의 반지름의 길이를 구하시오.

0855 $a=6$, $A=60°$

0856 $b=10$, $B=135°$

개념 02 코사인법칙

삼각형 ABC에 대하여

(1) **코사인법칙**

① $a^2=b^2+c^2-2bc\cos A$

② $b^2=c^2+a^2-2ca\cos B$

③ $c^2=a^2+b^2-2ab\cos C$

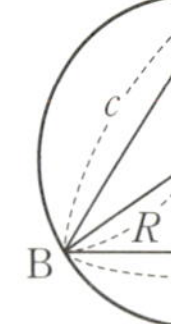

(2) **코사인법칙의 변형**

① $\cos A=\dfrac{b^2+c^2-a^2}{2bc}$

② $\cos B=\dfrac{c^2+a^2-b^2}{2ca}$

③ $\cos C=\dfrac{a^2+b^2-c^2}{2ab}$

[0857~0860] 삼각형 ABC에 대하여 다음을 구하시오.

0857 $a=3$, $c=2$, $B=60°$일 때, b의 값

0858 $a=2$, $b=\sqrt{3}$, $C=30°$일 때, c의 값

0859 $b=2\sqrt{2}$, $c=5$, $A=45°$일 때, a의 값

0860 $a=8$, $c=6$, $B=120°$일 때, b의 값

[0861~0864] 삼각형 ABC에 대하여 다음을 구하시오.

0861 $a=5$, $b=6$, $c=7$일 때, $\cos A$의 값

0862 $a=2$, $b=2$, $c=\sqrt{3}$일 때, $\cos C$의 값

0863 $a=5$, $b=\sqrt{19}$, $c=3$일 때, B의 크기

0864 $a=2$, $b=2\sqrt{3}$, $c=2$일 때, A의 크기

개념 03 삼각형의 넓이

삼각형 ABC의 넓이를 S라 하면

(1) $S = \dfrac{1}{2}bc\sin A = \dfrac{1}{2}ca\sin B = \dfrac{1}{2}ab\sin C$

(2) 삼각형 ABC의 외접원의 반지름의 길이를 R라 하면

$$S = \dfrac{abc}{4R}$$
$$= 2R^2 \sin A \sin B \sin C$$

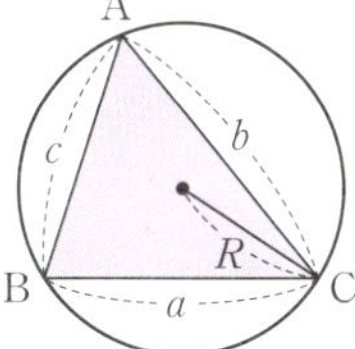

참고 헤론의 공식

삼각형의 세 변의 길이 a, b, c가 주어졌을 때, 삼각형의 넓이 S는

$$S = \sqrt{s(s-a)(s-b)(s-c)} \ \left(단, \ s = \dfrac{a+b+c}{2}\right)$$

[0865~0867] 다음 조건을 만족시키는 삼각형 ABC의 넓이를 구하시오.

0865 $a=5$, $c=2$, $B=60°$

0866 $b=\sqrt{2}$, $c=3$, $A=45°$

0867 $a=10$, $b=8$, $C=120°$

[0868~0870] 삼각형 ABC에 대하여 다음을 구하시오.

0868 $\triangle ABC=6$, $a=6$, $b=2$일 때, C의 크기

0869 $\triangle ABC=3$, $b=\sqrt{3}$, $c=4$일 때, A의 크기

0870 $\triangle ABC=8$, $a=4$, $c=4\sqrt{2}$일 때, B의 크기

0871 삼각형 ABC의 세 변의 길이의 곱이 48이고, 삼각형 ABC의 외접원의 반지름의 길이가 3일 때, 삼각형 ABC의 넓이를 구하시오.

개념 04 사각형의 넓이

(1) **평행사변형의 넓이**

평행사변형 ABCD에서 이웃하는 두 변의 길이가 a, b이고, 그 끼인각의 크기가 θ일 때, 평행사변형 ABCD의 넓이를 S라 하면

$$S = ab\sin\theta$$

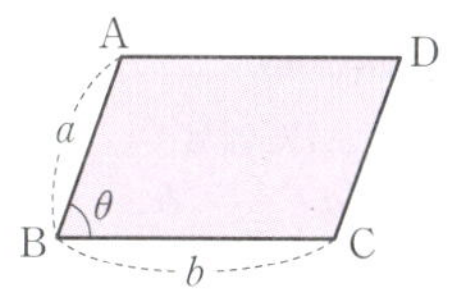

참고 $S = \triangle ABC + \triangle ACD$
$$= 2\times(\triangle ABC)$$
$$= 2\times\dfrac{1}{2}ab\sin\theta$$
$$= ab\sin\theta$$

(2) **사각형의 넓이**

사각형 ABCD에서 두 대각선의 길이가 p, q이고, 두 대각선이 이루는 각의 크기가 θ일 때, 사각형 ABCD의 넓이를 S라 하면

$$S = \dfrac{1}{2}pq\sin\theta$$

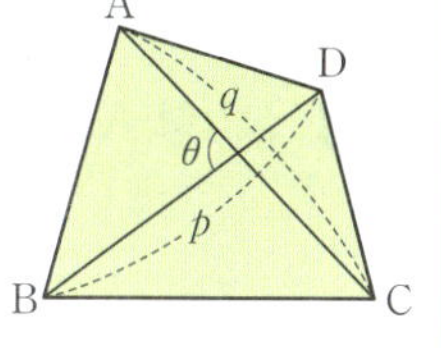

[0872~0874] 다음 조건을 만족시키는 평행사변형 ABCD의 넓이를 구하시오.

0872 $\overline{AB}=2$, $\overline{BC}=\sqrt{2}$, $\angle B=60°$

0873 $\overline{BC}=4$, $\overline{CD}=7$, $\angle C=150°$

0874 $\overline{CD}=\sqrt{2}$, $\overline{DA}=2\sqrt{2}$, $\angle D=45°$

[0875~0877] 사각형 ABCD의 두 대각선 a, b의 길이와 두 대각선이 이루는 각 θ의 크기가 다음과 같을 때, 사각형 ABCD의 넓이를 구하시오.

0875 $a=6$, $b=10$, $\theta=60°$

0876 $a=4$, $b=3\sqrt{2}$, $\theta=45°$

0877 $a=6\sqrt{3}$, $b=2\sqrt{2}$, $\theta=120°$

유형 01 사인법칙 $\dfrac{a}{\sin A}=\dfrac{b}{\sin B}$

삼각형 ABC에서
$$\frac{a}{\sin A}=\frac{b}{\sin B}=\frac{c}{\sin C}$$

➡ ① 삼각형의 두 변의 길이와 한 각의 크기를 알면 다른 한 각의 크기를 구할 수 있다.
② 삼각형의 두 각의 크기와 한 변의 길이를 알면 다른 한 변의 길이를 구할 수 있다.

👍 대표 예제

0878 삼각형 ABC에서 $a=3$, $B=45°$, $C=75°$일 때, b의 값은?

① 2 　　② $\sqrt{5}$ 　　③ $\sqrt{6}$

④ $\sqrt{7}$ 　　⑤ $2\sqrt{2}$

선생님 해설

• 문제에서 주어지지 않았지만 이용할 수 있어야 한다.

삼각형 ABC에서 $A+B+C=180°$이므로
$A=180°-(45°+75°)=60°$

사인법칙에 의하여 $\dfrac{3}{\sin 60°}=\dfrac{b}{\sin 45°}$이므로

$3\sin 45°=b\sin 60°$, $\dfrac{3\sqrt{2}}{2}=\dfrac{b\sqrt{3}}{2}$

$3\sqrt{2}=b\sqrt{3}$

$\therefore b=\dfrac{3\sqrt{2}}{\sqrt{3}}=\sqrt{6}$

> 삼각형의 세 내각의 크기의 합, 즉 $A+B+C=180°$임을 이용하여 삼각형의 한 내각의 크기를 구하는 방법을 자주 사용하게 될 거야.

답 ③

0879 대표 예제 | 한 번 더

삼각형 ABC에서 $a=3\sqrt{2}$, $A=135°$, $C=15°$일 때, b의 값은?

① $\sqrt{3}$ 　　② 2 　　③ $\sqrt{5}$

④ $2\sqrt{2}$ 　　⑤ 3

0880

삼각형 ABC에서 $a=5$, $b=4$, $A=30°$일 때, $\cos^2 B$의 값은?

① $\dfrac{3}{5}$ 　　② $\dfrac{16}{25}$ 　　③ $\dfrac{18}{25}$

④ $\dfrac{21}{25}$ 　　⑤ $\dfrac{24}{25}$

0881

삼각형 ABC에서 $a=4$, $A=60°$일 때, c의 최댓값은?

① $\dfrac{4\sqrt{3}}{3}$ 　　② $2\sqrt{3}$ 　　③ $\dfrac{8\sqrt{3}}{3}$

④ $\dfrac{10\sqrt{3}}{3}$ 　　⑤ $4\sqrt{3}$

0882

그림과 같이 $\angle ABD=30°$, $\angle ACD=75°$, $\angle BDA=90°$, $\overline{BC}=10$일 때, 선분 CD의 길이는? $\left(단, \sin 15°=\dfrac{1}{4}로 계산한다.\right)$

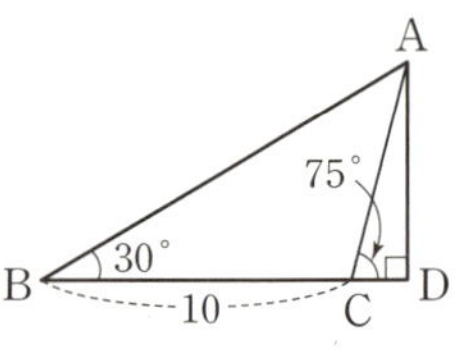

① $\sqrt{2}$ 　　② $\dfrac{5\sqrt{2}}{4}$ 　　③ $\dfrac{3\sqrt{2}}{2}$

④ $\sqrt{3}$ 　　⑤ $\dfrac{3\sqrt{3}}{2}$

유형 02 사인법칙 $\dfrac{a}{\sin A}=2R$

삼각형 ABC의 외접원의 반지름의 길이를 R라 하면

$\dfrac{a}{\sin A}=\dfrac{b}{\sin B}=\dfrac{c}{\sin C}=2R$이므로

① $\sin A=\dfrac{a}{2R}$, $\sin B=\dfrac{b}{2R}$, $\sin C=\dfrac{c}{2R}$

② $a=2R\sin A$, $b=2R\sin B$, $c=2R\sin C$

👍 대표 예제

0883 삼각형 ABC에서 $b=2$, $c=2$, $A=120°$일 때, 삼각형 ABC의 외접원의 반지름의 길이는?

① 1　　　　② $\sqrt{2}$　　　　③ $\sqrt{3}$

④ 2　　　　⑤ $\sqrt{5}$

선생님 해설

$b=c$이므로 삼각형 ABC는 이등변삼각형이다.

$B=\dfrac{1}{2}(180°-A)$

$\quad =\dfrac{1}{2}(180°-120°)$

$\quad =30°$

이때 삼각형 ABC의 외접원의 반지름의 길이를 R라 하면

사인법칙에 의하여 $\dfrac{2}{\sin 30°}=2R$이므로

$R=\dfrac{1}{\sin 30°}=\dfrac{1}{\dfrac{1}{2}}=2$

답 ④

0884 대표 예제 │ 한 번 더

한 변의 길이가 3인 정삼각형 ABC의 외접원의 반지름의 길이는?

① $\sqrt{2}$　　　　② $\sqrt{3}$　　　　③ 2

④ $\sqrt{5}$　　　　⑤ $\sqrt{6}$

0885

그림과 같이 원 위의 네 점 A, B, C, D에 대하여 $\overline{AC}=4$, $\overline{CD}=3$, $\sin(\angle CBD)=\dfrac{3}{5}$일 때, $\sin(\angle ABC)$의 값은?

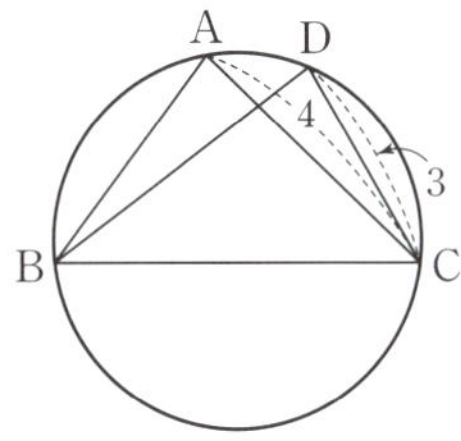

① $\dfrac{2}{5}$　　　　② $\dfrac{1}{2}$　　　　③ $\dfrac{3}{5}$

④ $\dfrac{2}{3}$　　　　⑤ $\dfrac{4}{5}$

0886

반지름의 길이가 5인 원에 내접하는 삼각형 ABC의 둘레의 길이가 20일 때, $\sin A+\sin B+\sin C$의 값은?

① 1　　　　② 2　　　　③ 3

④ 4　　　　⑤ 5

0887

그림과 같이 $\overline{AC}=6$, $\overline{BC}=8$, $\angle C=90°$인 직각삼각형 ABC에서 선분 BC를 $3:1$로 내분하는 점을 M이라 하자. 삼각형 ABM의 외접원의 반지름의 길이는?

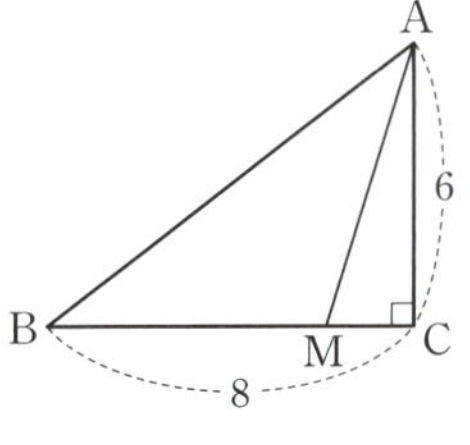

① $\sqrt{10}$　　　　② $\dfrac{4\sqrt{10}}{3}$　　　　③ $\dfrac{5\sqrt{10}}{3}$

④ $2\sqrt{10}$　　　　⑤ $\dfrac{7\sqrt{10}}{3}$

유형 03 사인법칙의 변형

삼각형 ABC의 외접원의 반지름의 길이를 R라 하면
$$a : b : c = 2R \sin A : 2R \sin B : 2R \sin C$$
$$= \sin A : \sin B : \sin C$$

🖐 대표 예제

0888 삼각형 ABC에 대하여 $a : b : c = 2 : 4 : 5$일 때,
$\dfrac{\sin A + 2\sin B + \sin C}{2\sin A - \sin B + 3\sin C}$의 값은?

① $\dfrac{1}{2}$　　　　② 1　　　　③ $\dfrac{3}{2}$

④ 2　　　　⑤ $\dfrac{5}{2}$

선생님 해설

$a : b : c = 2 : 4 : 5$이므로
$\sin A : \sin B : \sin C = 2 : 4 : 5$이고
$\sin A = 2k$, $\sin B = 4k$, $\sin C = 5k \ (k > 0)$라 하면
$\dfrac{\sin A + 2\sin B + \sin C}{2\sin A - \sin B + 3\sin C}$
$= \dfrac{2k + 2 \cdot 4k + 5k}{2 \cdot 2k - 4k + 3 \cdot 5k}$
$= \dfrac{15k}{15k}$
$= 1$

> 비례식인 경우 비례상수를 도입하여 값을 정하고 식의 값을 계산해야 해.

답 ②

0889 대표 예제 | 한 번 더
삼각형 ABC에 대하여
$$(a+b) : (b+c) : (c+a) = 7 : 11 : 8$$
일 때, $\dfrac{\sin A \sin B}{\sin^2 C}$의 값은?

① $\dfrac{1}{18}$　　　　② $\dfrac{1}{6}$　　　　③ $\dfrac{5}{18}$

④ $\dfrac{7}{18}$　　　　⑤ $\dfrac{1}{2}$

0890
삼각형 ABC에 대하여
$$\sin(A+B) : \sin(B+C) : \sin(C+A) = 4 : 2 : 3$$
일 때, $\dfrac{c^2}{ab}$의 값은?

① $\dfrac{5}{3}$　　　　② 2　　　　③ $\dfrac{7}{3}$

④ $\dfrac{8}{3}$　　　　⑤ 3

0891
삼각형 ABC에 대하여 $A : B : C = 1 : 1 : 4$일 때,
$\dfrac{ab + bc + ca}{a^2 + b^2 + c^2}$의 값은?

① $\dfrac{1+\sqrt{3}}{3}$　　　② $\dfrac{1+2\sqrt{3}}{3}$　　　③ $\dfrac{1+\sqrt{3}}{5}$

④ $\dfrac{1+2\sqrt{3}}{5}$　　　⑤ $\dfrac{2+\sqrt{3}}{5}$

0892
삼각형 ABC에 대하여
$$a + b - 2c = 0, \quad 2a - b - 2c = 0$$
을 만족시킬 때, $\dfrac{(\sin A + \sin B + \sin C)^2}{\sin^2 A + \sin^2 B + \sin^2 C}$의 값은?

① $\dfrac{36}{29}$　　　　② $\dfrac{49}{29}$　　　　③ $\dfrac{64}{29}$

④ $\dfrac{81}{29}$　　　　⑤ $\dfrac{100}{29}$

유형 04 코사인법칙

삼각형 ABC에서
$$a^2=b^2+c^2-2bc\cos A$$
$$b^2=c^2+a^2-2ca\cos B$$
$$c^2=a^2+b^2-2ab\cos C$$

➡ 두 변의 길이와 그 끼인각의 크기를 알면 나머지 한 변의 길이를 구할 수 있다.

👍 대표 예제

0893 삼각형 ABC에서 $a=6$, $c=4$, $B=60°$일 때, 삼각형 ABC의 외접원의 반지름의 길이는?

① $2\sqrt{2}$ ② $\dfrac{2\sqrt{21}}{3}$ ③ $\dfrac{4\sqrt{6}}{3}$

④ $\dfrac{4\sqrt{7}}{3}$ ⑤ $\dfrac{8\sqrt{2}}{3}$

선생님 해설

코사인법칙에 의하여
$$b^2=4^2+6^2-2\cdot4\cdot6\cdot\cos 60°$$
$$=16+36-2\cdot4\cdot6\cdot\frac{1}{2}=28$$

$\therefore b=2\sqrt{7}$ ($\because b>0$) 삼각형의 한 변의 길이이므로

이때 삼각형 ABC의 외접원의 반지름의 길이를 R라 하면 사인법칙에 의하여

$$\frac{2\sqrt{7}}{\sin 60°}=2R$$

$$\therefore R=\frac{2\sqrt{7}}{\frac{\sqrt{3}}{2}}\cdot\frac{1}{2}=\frac{2\sqrt{21}}{3}$$

답 ②

0894 [대표 예제] [한 번 더]

$a=3$, $c=2$, $B=120°$인 삼각형 ABC의 외접원의 넓이는?

① $\dfrac{16}{3}\pi$ ② $\dfrac{17}{3}\pi$ ③ 6π

④ $\dfrac{19}{3}\pi$ ⑤ $\dfrac{20}{3}\pi$

0895

그림과 같이 반지름의 길이가 $\sqrt{2}$인 원에 내접하는 삼각형 ABC에 대하여 $a=2$, $c=\sqrt{2}$일 때, b의 값은? (단, $B>90°$)

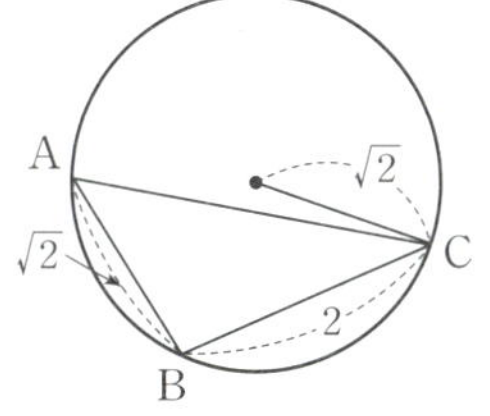

① $\sqrt{3}-1$ ② $\sqrt{3}$

③ $1+\sqrt{3}$ ④ 2

⑤ $2+\sqrt{2}$

0896

그림과 같이 $B=120°$, $b=2\sqrt{7}$인 삼각형 ABC에 대하여 $\sin A+3\sin C=\sqrt{7}\sin B$를 만족시킬 때, c의 값을 구하시오.

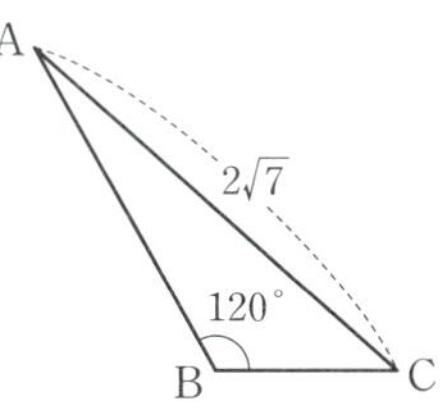

0897

그림과 같이 원에 내접하는 사각형 ABCD에 대하여 $\overline{AB}=3$, $\overline{AD}=4$, $\overline{CD}=4$, $\angle BCD=60°$일 때, 선분 BC의 길이는?

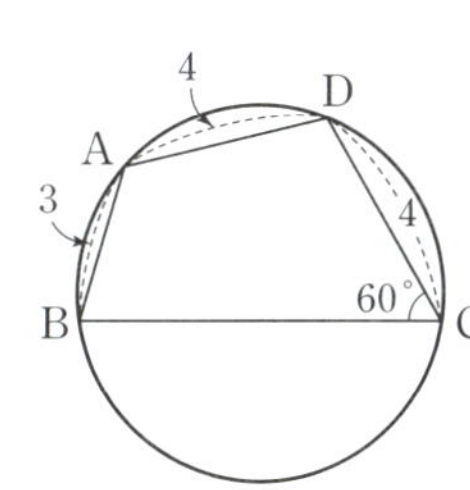

① 4 ② 5

③ 6 ④ 7

⑤ 8

유형 05　코사인법칙의 변형

삼각형 ABC에서

$$\cos A=\frac{b^2+c^2-a^2}{2bc}$$

$$\cos B=\frac{c^2+a^2-b^2}{2ca}$$

$$\cos C=\frac{a^2+b^2-c^2}{2ab}$$

➡ 세 변의 길이를 알 때 코사인법칙을 이용하여 삼각형의 세 각의 크기를 구할 수 있다.

👍 대표 예제

0898 삼각형 ABC에서 $a:b:c=2:\sqrt{2}:3$일 때, $\cos A$의 값은?

① $\dfrac{\sqrt{2}}{2}$　　② $\dfrac{7\sqrt{2}}{12}$　　③ $\dfrac{2\sqrt{2}}{3}$

④ $\dfrac{3\sqrt{2}}{4}$　　⑤ $\dfrac{5\sqrt{2}}{6}$

선생님 해설

$a:b:c=2:\sqrt{2}:3$이므로

$a=2t$, $b=\sqrt{2}t$, $c=3t$ $(t>0)$라 하자.

코사인법칙에 의하여

$$\cos A=\frac{(\sqrt{2}t)^2+(3t)^2-(2t)^2}{2\cdot\sqrt{2}t\cdot 3t}$$

$$=\frac{7t^2}{6\sqrt{2}t^2}=\frac{7\sqrt{2}}{12}$$

$t=1$일 때, 즉 $a=2$, $b=\sqrt{2}$, $c=3$으로 놓고 풀면 더 빨리 풀 수 있어.

답 ②

0899 대표 예제 한 번 더

삼각형 ABC에서 $\sin A:\sin B:\sin C=2:3:4$일 때, $\cos B$의 값은?

① $\dfrac{1}{2}$　　② $\dfrac{9}{16}$　　③ $\dfrac{5}{8}$

④ $\dfrac{11}{16}$　　⑤ $\dfrac{3}{4}$

0900

그림과 같이 $\overline{AB}=4$, $\overline{BC}=7$, $\overline{CA}=5$인 삼각형 ABC의 선분 BC 위의 점 D에 대하여 $\overline{BD}=4$, $\overline{CD}=3$을 만족시킬 때, 선분 AD의 길이는?

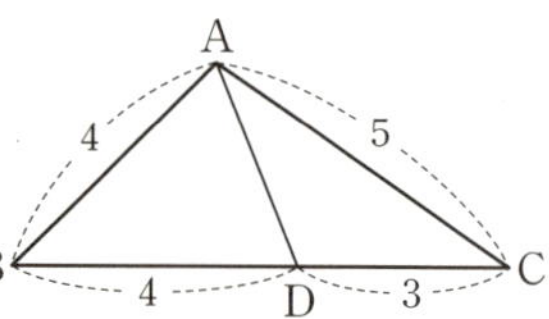

① $\sqrt{7}$　　② $\dfrac{8\sqrt{7}}{7}$　　③ $\dfrac{9\sqrt{7}}{7}$

④ $\dfrac{10\sqrt{7}}{7}$　　⑤ $\dfrac{11\sqrt{7}}{7}$

0901

삼각형 ABC에 대하여

$$2(a+b+c)(a+b-c)=7ab$$

를 만족시킬 때, $\tan C$의 값은?

① $\dfrac{\sqrt{5}}{3}$　　② $\dfrac{\sqrt{6}}{3}$　　③ $\dfrac{\sqrt{7}}{3}$

④ $\dfrac{2\sqrt{2}}{3}$　　⑤ 1

0902

$a=7$, $b=8$, $c=5$인 삼각형 ABC에 대하여 삼각형 ABC의 외접원의 넓이는?

① 16π　　② $\dfrac{49}{3}\pi$　　③ $\dfrac{50}{3}\pi$

④ 17π　　⑤ $\dfrac{52}{3}\pi$

유형 06   삼각형의 결정

사인법칙과 코사인법칙을 이용하여 주어진 식을 삼각형의 세 변의 길이에 대한 관계식으로 변형하여 삼각형의 형태를 파악한다.
이때 삼각형 ABC에서
① $a=b=c$이면 정삼각형
② $a=b$이면 $a=b$인 이등변삼각형
③ $a^2=b^2+c^2$이면 $A=90°$인 직각삼각형

대표 예제

0903 삼각형 ABC가 $\sin^2 A+\sin^2 B=\sin^2 C$를 만족시킬 때, 삼각형 ABC는 어떤 삼각형인가?

① 정삼각형
② $a=b$인 이등변삼각형
③ $a=c$인 이등변삼각형
④ $B=90°$인 직각삼각형
⑤ $C=90°$인 직각삼각형

선생님 해설

삼각형 ABC의 외접원의 반지름의 길이를 R라 하면 사인법칙에 의하여

$$\sin A=\frac{a}{2R},\ \sin B=\frac{b}{2R},\ \sin C=\frac{c}{2R}$$

이때 $\sin^2 A+\sin^2 B=\sin^2 C$에서

$$\left(\frac{a}{2R}\right)^2+\left(\frac{b}{2R}\right)^2=\left(\frac{c}{2R}\right)^2$$

$$\therefore\ a^2+b^2=c^2$$

따라서 삼각형 ABC는 $C=90°$인 직각삼각형이다.

• c가 빗변인 직각삼각형

● 다른 풀이 ●

$\sin A:\sin B:\sin C=a:b:c$이므로
$\sin^2 A+\sin^2 B=\sin^2 C$에서 $a^2+b^2=c^2$

답 ⑤

0904 〔대표 예제〕〔한 번 더〕
삼각형 ABC가 $a\sin A=b\sin B=c\sin C$를 만족시킬 때, 삼각형 ABC는 어떤 삼각형인가?

① 정삼각형
② $a=b$인 이등변삼각형
③ $b=c$인 이등변삼각형
④ $A=90°$인 직각삼각형
⑤ $C=90°$인 직각삼각형

0905 삼각형 ABC가 $c\cos A=a\cos C$를 만족시킬 때, 삼각형 ABC는 어떤 삼각형인가?

① 정삼각형
② $a=c$인 이등변삼각형
③ $b=c$인 이등변삼각형
④ $B=90°$인 직각삼각형
⑤ $C=90°$인 직각삼각형

0906 삼각형 ABC가 $2\sin A\cos B=\sin C$를 만족시킬 때, 삼각형 ABC는 어떤 삼각형인가?

① 정삼각형
② $a=b$인 이등변삼각형
③ $a=c$인 이등변삼각형
④ $A=90°$인 직각삼각형
⑤ $C=90°$인 직각삼각형

0907 삼각형 ABC가 $\cos^2 A+\cos^2 B=1+\cos^2 C$를 만족시킬 때, 삼각형 ABC는 어떤 삼각형인가?

① 정삼각형
② $a=c$인 이등변삼각형
③ $A=90°$인 직각삼각형
④ $C=90°$인 직각삼각형
⑤ $a=b$인 직각이등변삼각형

유형 07 삼각형의 실생활의 활용

① 삼각형에서 한 변의 길이와 그 양 끝 각의 크기를 알 때
 ➡ 사인법칙 이용
② 삼각형에서 두 변의 길이와 그 끼인각의 크기를 알 때
 ➡ 코사인법칙 이용

🖐 대표 예제

0908 그림과 같이 어느 도시의 세 지하철역 A, B, C가 있다. 서로 2 km 떨어진 두 지하철역 A, B에서 지하철역 C를 바라본 각의 크기가 각각 70°, 80°일 때, 두 지하철역 B, C 사이의 거리는? (단, $\sin 70°=0.94$로 계산한다.)

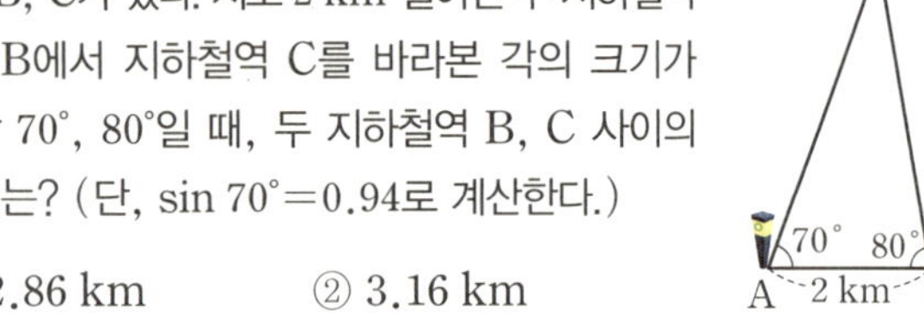

① 2.86 km ② 3.16 km
③ 3.46 km ④ 3.76 km
⑤ 4.06 km

선생님 해설

삼각형 ABC에서
$$C=180°-(A+B)$$
$$=180°-(70°+80°)$$
$$=30°$$

이때 사인법칙에 의하여 $\dfrac{\overline{AB}}{\sin 30°}=\dfrac{\overline{BC}}{\sin 70°}$이므로

$$\overline{AB}\sin 70°=\overline{BC}\sin 30°,\quad 2\times0.94=\overline{BC}\times\frac{1}{2}$$

$$\therefore \overline{BC}=4\times0.94=3.76$$

따라서 두 지하철역 B, C 사이의 거리는 3.76 km이다.

답 ④

0909 그림과 같이 긴바늘의 길이가 9 cm이고 짧은바늘의 길이가 6 cm인 시계가 8시를 가리킬 때, 두 바늘 끝 사이의 거리는 몇 cm인가?

① $4\sqrt{10}$ cm ② $3\sqrt{19}$ cm
③ $6\sqrt{5}$ cm ④ $10\sqrt{2}$ cm
⑤ $6\sqrt{6}$ cm

0910 그림과 같이 어느 왕릉의 발굴조사에서 부서진 원형 접시가 발견되었다. 접시의 둘레 위에 세 점을 잡아 삼각형을 그린 후 변의 길이를 재었더니 세 변의 길이가 각각 7 cm, 8 cm, 13 cm이었다. 이 접시의 반지름의 길이는?

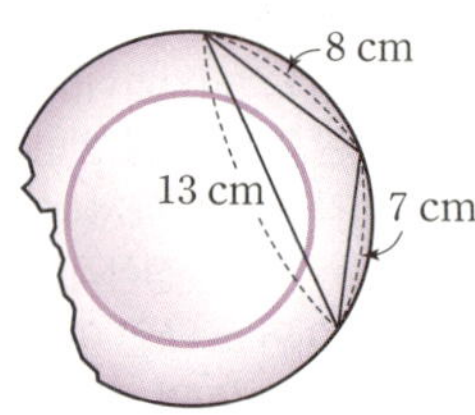

① $4\sqrt{3}$ cm ② $\dfrac{13\sqrt{3}}{3}$ cm ③ $\dfrac{14\sqrt{3}}{3}$ cm

④ $5\sqrt{3}$ cm ⑤ $\dfrac{16\sqrt{3}}{3}$ cm

0911 어느 빌딩의 꼭대기를 P, 바닥을 Q라 하면 100 m 떨어진 두 지점 A, B에 대하여 $\angle PAB=65°$, $\angle PBA=55°$, $\angle PAQ=60°$이다. 이 빌딩의 높이는?
(단, $\sin 55°=0.82$로 계산한다.)

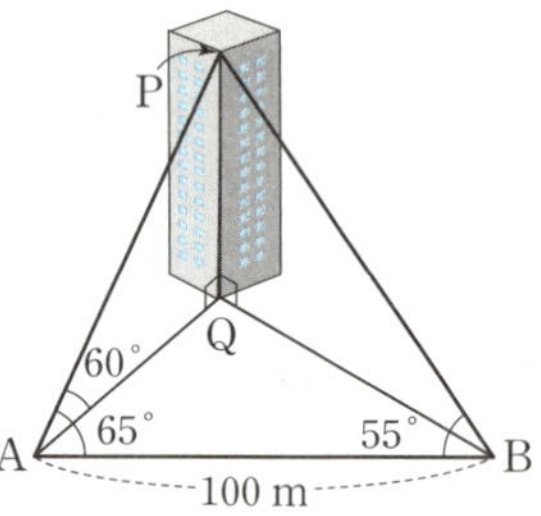

① 82 m ② 84 m ③ 86 m
④ 88 m ⑤ 90 m

0912 그림과 같은 도로에서 은혜는 선분 AB와 60°를 이루는 도로를 따라 지점 A에서 지점 C로 시속 4 km의 속력으로 걸어서 출발했고, 동시에 영주는 자전거를 타고 지점 B에서 지점 C로 시속 20 km의 속력으로 출발했다. 30분 후에 은혜와 영주가 지점 C에서 만났을 때, 두 지점 A, B 사이의 거리는?

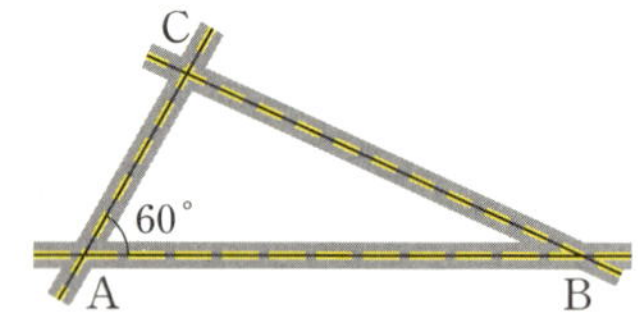

① $3\sqrt{10}$ km ② $(4\sqrt{6}-2)$ km
③ $(4\sqrt{6}+2)$ km ④ $(\sqrt{97}-1)$ km
⑤ $(\sqrt{97}+1)$ km

유형 08 두 변과 그 끼인각을 이용한 삼각형의 넓이

삼각형 ABC의 넓이를 S라 하면

$$S = \frac{1}{2}bc\sin A = \frac{1}{2}ca\sin B = \frac{1}{2}ab\sin C$$

🔆 대표 예제

0913 삼각형 ABC에서 $a=4$, $b=6$, $B=60°$일 때, 삼각형 ABC의 넓이는?

① $2\sqrt{3}+4\sqrt{2}$ ② $2\sqrt{3}+5\sqrt{2}$ ③ $2\sqrt{3}+6\sqrt{2}$

④ $3\sqrt{3}+4\sqrt{2}$ ⑤ $3\sqrt{3}+5\sqrt{2}$

선생님 해설

코사인법칙에 의하여

$6^2 = c^2 + 4^2 - 2 \cdot c \cdot 4 \cdot \cos 60°$

$36 = c^2 + 16 - 2 \cdot c \cdot 4 \cdot \frac{1}{2}$

$36 = c^2 + 16 - 4c$

$c^2 - 4c - 20 = 0$ → 이차방정식의 근의 공식을 이용하여 구한다.

$\therefore c = 2 + 2\sqrt{6}$ ($\because c > 0$) → 삼각형의 한 변의 길이이므로

따라서 구하는 삼각형 ABC의 넓이는

$\frac{1}{2} \cdot (2+2\sqrt{6}) \cdot 4 \cdot \sin 60° = \frac{1}{2} \cdot (2+2\sqrt{6}) \cdot 4 \cdot \frac{\sqrt{3}}{2}$

$\qquad\qquad = 2\sqrt{3} + 6\sqrt{2}$

답 ③

0914 `대표 예제` `한 번 더`

삼각형 ABC에서 $a=2\sqrt{3}$, $B=120°$, $C=30°$일 때, 삼각형 ABC의 넓이는?

① $\sqrt{3}$ ② $\frac{3}{2}\sqrt{3}$ ③ $2\sqrt{3}$

④ $\frac{5}{2}\sqrt{3}$ ⑤ $3\sqrt{3}$

0915

$a=4$, $c=3$인 예각삼각형 ABC의 넓이가 $2\sqrt{5}$일 때, b의 값은?

① 2 ② $2\sqrt{2}$ ③ 3

④ $2\sqrt{3}$ ⑤ 4

0916

삼각형 ABC에서 $a=4$, $b=\sqrt{3}$, $c=3$일 때, 삼각형 ABC의 넓이는?

① $\frac{\sqrt{23}}{2}$ ② $\sqrt{6}$ ③ $\frac{5}{2}$

④ $\sqrt{7}$ ⑤ $2\sqrt{2}$

0917 `UP`

삼각형 ABC에서 $a=\sqrt{7}$, $b+c=5$, $A=60°$일 때, 삼각형 ABC의 넓이는?

① $\frac{3\sqrt{3}}{2}$ ② $\frac{7\sqrt{3}}{4}$ ③ $2\sqrt{3}$

④ $\frac{9\sqrt{3}}{4}$ ⑤ $\frac{5\sqrt{3}}{2}$

유형 09　내접원의 반지름의 길이를 이용한 삼각형의 넓이

삼각형 ABC의 내접원의 반지름의 길이를 r, 삼각형 ABC의 넓이를 S라 하면

$$S=\frac{1}{2}r(a+b+c)$$

$$S=\triangle ABI+\triangle BCI+\triangle CAI$$
$$=\frac{1}{2}rc+\frac{1}{2}ra+\frac{1}{2}rb=\frac{1}{2}r(a+b+c)$$

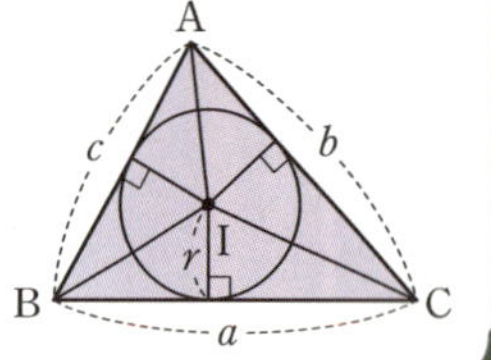

👍 대표 예제

0918 $a=2\sqrt{3}$, $c=4\sqrt{3}$, $B=60°$인 삼각형 ABC에 내접하는 원의 반지름의 길이는?

① $3-\sqrt{3}$　　② $3-\sqrt{2}$　　③ 3

④ $3+\sqrt{2}$　　⑤ $3+\sqrt{3}$

선생님 해설

$$\triangle ABC=\frac{1}{2}\cdot4\sqrt{3}\cdot2\sqrt{3}\cdot\sin 60°$$
$$=\frac{1}{2}\cdot4\sqrt{3}\cdot2\sqrt{3}\cdot\frac{\sqrt{3}}{2}=6\sqrt{3}\quad\cdots\cdots\ \text{㉠}$$

한편, 코사인법칙에 의하여
$$b^2=(4\sqrt{3})^2+(2\sqrt{3})^2-2\cdot4\sqrt{3}\cdot2\sqrt{3}\cdot\cos 60°$$
$$=48+12-2\cdot4\sqrt{3}\cdot2\sqrt{3}\cdot\frac{1}{2}=36$$

$\therefore b=6\ (\because \underline{b>0})$　삼각형의 한 변의 길이이므로

이때 삼각형 ABC의 내접원의 반지름의 길이를 r라 하면
$$\triangle ABC=\frac{1}{2}r(2\sqrt{3}+6+4\sqrt{3})$$
$$=3(1+\sqrt{3})r\quad\cdots\cdots\ \text{㉡}$$

㉠=㉡에서
$$6\sqrt{3}=3(1+\sqrt{3})r$$

$$\frac{2\sqrt{3}}{\sqrt{3}+1}=\frac{2\sqrt{3}(\sqrt{3}-1)}{(\sqrt{3}+1)(\sqrt{3}-1)}=\frac{6-2\sqrt{3}}{2}=3-\sqrt{3}$$

$$\therefore r=\frac{6\sqrt{3}}{3(1+\sqrt{3})}=3-\sqrt{3}$$

두 가지 방법으로 구한 삼각형의 넓이가 같음을 이용한 거야.

답 ①

0919　대표 예제　한 번 더

$a=2\sqrt{5}$, $b=6$, $c=4$인 삼각형 ABC에 내접하는 원의 반지름의 길이는?

① $\sqrt{5}-2$　　② $\sqrt{5}-1$　　③ $\sqrt{5}$

④ $\sqrt{5}+1$　　⑤ $\sqrt{5}+2$

0920

삼각형 ABC에서 $\sin A:\sin B:\sin C=3:5:6$이고 삼각형 ABC의 넓이가 $2\sqrt{14}$일 때, 삼각형 ABC에 내접하는 원의 반지름의 길이는?

① $\dfrac{2\sqrt{11}}{7}$　　② $\dfrac{4\sqrt{3}}{7}$　　③ $\dfrac{2\sqrt{13}}{7}$

④ $\dfrac{2\sqrt{14}}{7}$　　⑤ $\dfrac{8}{7}$

0921

둘레의 길이가 16인 삼각형 ABC에 대하여 $c=6$, $\cos C=\dfrac{4}{5}$일 때, 삼각형 ABC의 내접원의 반지름의 길이는?

① $\dfrac{1}{6}$　　② $\dfrac{1}{3}$　　③ $\dfrac{1}{2}$

④ $\dfrac{2}{3}$　　⑤ $\dfrac{5}{6}$

0922

삼각형 ABC에 내접하는 원의 반지름의 길이를 r라 하자. 삼각형 ABC에서 $a:b:c=3:3:4$일 때, $\dfrac{abc}{r^3}$의 값은?

① $\dfrac{43\sqrt{5}}{2}$　　② $22\sqrt{5}$　　③ $\dfrac{45\sqrt{5}}{2}$

④ $23\sqrt{5}$　　⑤ $\dfrac{47\sqrt{5}}{2}$

유형 10 외접원의 반지름의 길이를 이용한 삼각형의 넓이

삼각형 ABC의 외접원의 반지름의 길이를 R, 삼각형 ABC의 넓이를 S라 하면

$$S=\frac{abc}{4R} \quad \cdot \frac{1}{2}ab\sin C=\frac{1}{2}ab\cdot\frac{c}{2R}=\frac{abc}{4R}$$

$$=2R^2\sin A\sin B\sin C \quad \cdot \frac{1}{2}ab\sin C=\frac{1}{2}\cdot 2R\sin A\cdot 2R\sin B\cdot\sin C =2R^2\sin A\sin B\sin C$$

👍 대표 예제

0923 $A=120°$, $B=30°$, $C=30°$인 삼각형 ABC의 외접원의 반지름의 길이가 6일 때, 삼각형 ABC의 넓이는?

① $5\sqrt{3}$　　　② $6\sqrt{3}$　　　③ $7\sqrt{3}$

④ $8\sqrt{3}$　　　⑤ $9\sqrt{3}$

선생님 해설

$\cdot \sin 120°=\sin(90°+30°)=\cos 30°$

$\sin 120°=\dfrac{\sqrt{3}}{2}$, $\sin 30°=\dfrac{1}{2}$

따라서 구하는 삼각형 ABC의 넓이는

$2\cdot 6^2\cdot\sin 120°\cdot\sin 30°\cdot\sin 30°=2\cdot 36\cdot\dfrac{\sqrt{3}}{2}\cdot\dfrac{1}{2}\cdot\dfrac{1}{2}=9\sqrt{3}$

● **다른 풀이 1** ●

사인법칙에 의하여

$$\frac{a}{\sin 120°}=\frac{b}{\sin 30°}=\frac{c}{\sin 30°}=2\cdot 6$$

$\therefore a=2\cdot 6\cdot\sin 120°=2\cdot 6\cdot\dfrac{\sqrt{3}}{2}=6\sqrt{3}$,

$\quad b=2\cdot 6\cdot\sin 30°=2\cdot 6\cdot\dfrac{1}{2}=6$,

$\quad c=6$

따라서 구하는 삼각형 ABC의 넓이는

$\dfrac{6\sqrt{3}\cdot 6\cdot 6}{4\cdot 6}=9\sqrt{3}$

● **다른 풀이 2** ●

$b=6$, $c=6$이므로 구하는 삼각형 ABC의 넓이는

$\dfrac{1}{2}\cdot 6\cdot 6\cdot\sin 120°=\dfrac{1}{2}\cdot 6\cdot 6\cdot\dfrac{\sqrt{3}}{2}=9\sqrt{3}$

답 ⑤

0924 [대표 예제] [한 번 더]

$B=120°$, $C=45°$인 삼각형 ABC의 넓이가 $3-\sqrt{3}$이고, 삼각형 ABC에 외접하는 원의 반지름의 길이가 2일 때, $\sin A$의 값을 구하시오.

0925

그림과 같이 반지름의 길이가 4인 원 위의 세 점 A, B, C와 원의 중심 O에 대하여

$\angle\text{AOB}:\angle\text{BOC}:\angle\text{COA}=3:5:4$

이고, 삼각형 ABC의 넓이가 $12+4\sqrt{3}$일 때, $\sin(\angle\text{BAC})$의 값은?

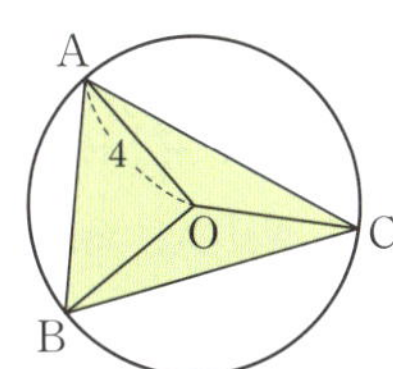

① $\dfrac{\sqrt{13}}{4}$　　　② $\dfrac{2+\sqrt{2}}{4}$　　　③ $\dfrac{2+\sqrt{3}}{4}$

④ $\dfrac{\sqrt{5}+\sqrt{2}}{4}$　　　⑤ $\dfrac{\sqrt{6}+\sqrt{2}}{4}$

0926

삼각형 ABC에 대하여 $a^2:(b^2+c^2):(b^2-c^2)=9:10:6$이고, 삼각형 ABC의 외접원의 반지름의 길이가 $4\sqrt{7}$일 때, 삼각형 ABC의 넓이는?

① $\dfrac{147\sqrt{7}}{4}$　　　② $37\sqrt{7}$　　　③ $\dfrac{149\sqrt{7}}{4}$

④ $\dfrac{75\sqrt{7}}{2}$　　　⑤ $\dfrac{151\sqrt{7}}{4}$

0927 

$A=105°$, $B=60°$, $b=\sqrt{6}$인 삼각형 ABC의 넓이가 $\dfrac{\sqrt{3}}{2}$일 때, $\sin C$의 값은?

① $\dfrac{\sqrt{6}-2}{8}$　　　② $\dfrac{\sqrt{6}-\sqrt{3}}{8}$　　　③ $\dfrac{\sqrt{6}-\sqrt{2}}{8}$

④ $\dfrac{\sqrt{6}-\sqrt{3}}{4}$　　　⑤ $\dfrac{\sqrt{6}-\sqrt{2}}{4}$

유형 11 삼각형의 넓이를 이용한 사각형의 넓이

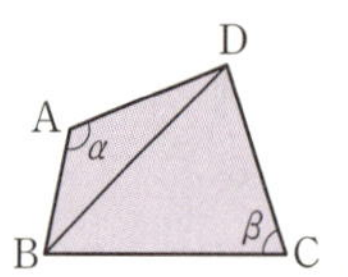

$\square ABCD$
$= \triangle ABD + \triangle BCD$
$= \dfrac{1}{2}\,\overline{AD}\cdot\overline{AB}\sin\alpha + \dfrac{1}{2}\,\overline{CD}\cdot\overline{CB}\sin\beta$

👍 대표 예제

0928 그림과 같이 $\overline{AB}=5$, $\overline{BC}=4$, $\overline{AD}=\sqrt{7}$, $\angle ABC=60°$, $\angle CAD=30°$인 사각형 ABCD의 넓이는?

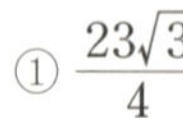 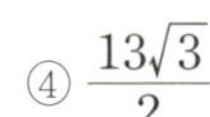 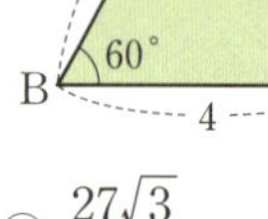

① $\dfrac{23\sqrt{3}}{4}$ 　② $6\sqrt{3}$

③ $\dfrac{25\sqrt{3}}{4}$ 　④ $\dfrac{13\sqrt{3}}{2}$ 　⑤ $\dfrac{27\sqrt{3}}{4}$

선생님 해설

$\triangle ABC = \dfrac{1}{2}\cdot 5\cdot 4\cdot \sin 60° = \dfrac{1}{2}\cdot 5\cdot 4\cdot \dfrac{\sqrt{3}}{2} = 5\sqrt{3}$

한편, 삼각형 ABC에서 코사인법칙에 의하여

$\overline{AC}^2 = 5^2 + 4^2 - 2\cdot 5\cdot 4\cdot \cos 60° = 25+16-2\cdot 5\cdot 4\cdot \dfrac{1}{2} = 21$

$\therefore \overline{AC} = \sqrt{21}\ (\because \overline{AC}>0)$

$\therefore \triangle ACD = \dfrac{1}{2}\cdot \sqrt{21}\cdot \sqrt{7}\cdot \sin 30° = \dfrac{1}{2}\cdot \sqrt{21}\cdot \sqrt{7}\cdot \dfrac{1}{2} = \dfrac{7\sqrt{3}}{4}$

따라서 구하는 사각형 ABCD의 넓이는

$\triangle ABC + \triangle ACD$

$= 5\sqrt{3} + \dfrac{7\sqrt{3}}{4} = \dfrac{27\sqrt{3}}{4}$

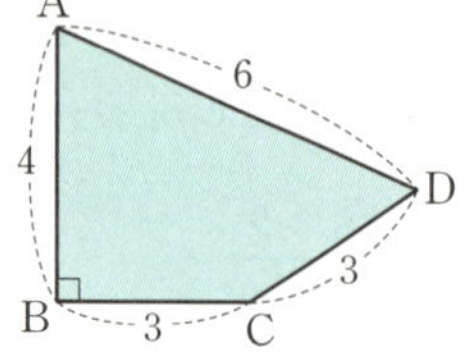

답 ⑤

0929 대표 예제 한 번 더

그림과 같이 $\overline{AB}=4$, $\overline{BC}=3$, $\overline{CD}=3$, $\overline{DA}=6$인 사각형 ABCD의 넓이는?

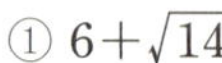 

① $6+\sqrt{14}$ 　② $6+2\sqrt{14}$

③ $8+\sqrt{14}$ 　④ $8+2\sqrt{14}$

⑤ $10+\sqrt{14}$

0930 그림과 같이 원에 내접하는 사각형 ABCD에서 $\overline{BC}=6$, $\overline{CD}=6$, $\overline{DA}=10$, $\angle ABC=120°$일 때, 사각형 ABCD의 넓이는?

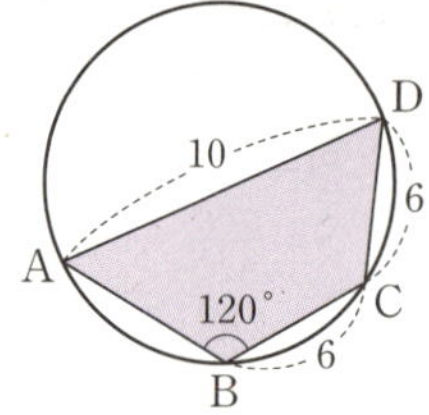

① $18\sqrt{3}$ 　② $19\sqrt{3}$

③ $20\sqrt{3}$ 　④ $21\sqrt{3}$

⑤ $22\sqrt{3}$

0931 그림과 같이 원에 내접하는 사각형 ABCD에서 $\overline{AB}=3$, $\overline{BC}=\sqrt{2}$, $\overline{CD}=2\sqrt{2}$, $\overline{DA}=1$일 때, 사각형 ABCD의 넓이는?

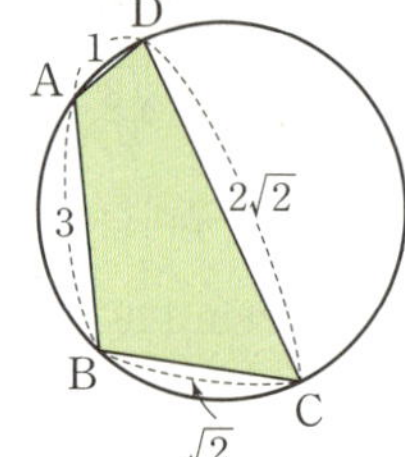

① $\dfrac{7}{2}$ 　② 4

③ $\dfrac{9}{2}$ 　④ 5

⑤ $\dfrac{11}{2}$

0932 그림과 같이 $\overline{BC}=\sqrt{6}-\sqrt{2}$, $\overline{CD}=2\sqrt{2}$, $\angle B=75°$, $\angle C=120°$인 사각형 ABCD의 넓이가 3일 때, 선분 AB의 길이는?

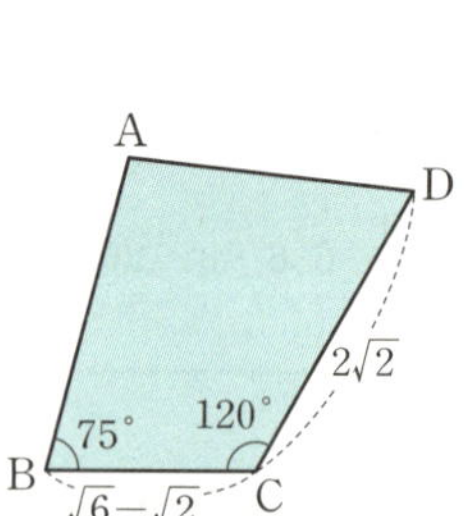

① $\sqrt{2}$ 　② $\sqrt{3}$

③ 2 　④ $\sqrt{5}$

⑤ $\sqrt{6}$

유형 12 평행사변형의 넓이

이웃하는 두 변의 길이가 각각 a, b이고, 그 끼인각의 크기가 θ인 평행사변형 ABCD의 넓이를 S라 하면
$$S = ab\sin\theta$$

👍 대표 예제

0933 그림과 같이 $\overline{AB}=3$, $\overline{BC}=2$, $\sin(\angle A)=\dfrac{1}{3}$인 평행사변형 ABCD의 넓이는?

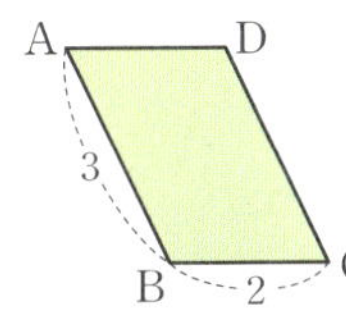

① 1 ② 2 ③ 3
④ 4 ⑤ 5

선생님 해설

사각형 ABCD가 평행사변형이므로
$\overline{AD}=\overline{BC}=2$ → 평행사변형은 대변의 길이가 각각 같다.
따라서 구하는 평행사변형 ABCD의 넓이는
$3 \cdot 2 \cdot \sin(\angle A) = 3 \cdot 2 \cdot \dfrac{1}{3} = 2$

● 다른 풀이 ●
→ 평행사변형은 대각의 크기가 각각 같으므로
$\angle A + \angle B + \angle C + \angle D = 2\pi$에서 $\angle A + \angle B + \angle A + \angle B = 2\pi$
$\therefore \angle A + \angle B = \pi$

$\angle A + \angle B = \pi$이므로
$\sin(\angle B) = \sin(\pi - \angle A) = \sin(\angle A) = \dfrac{1}{3}$
따라서 평행사변형 ABCD의 넓이는
$3 \cdot 2 \cdot \sin(\angle B) = 3 \cdot 2 \cdot \dfrac{1}{3} = 2$

답 ②

0934 【대표 예제】【한 번 더】
그림과 같이 $\overline{AB}=3$, $\overline{AD}=5$, $\cos(\angle C)=-\dfrac{1}{3}$인 평행사변형 ABCD의 넓이는?

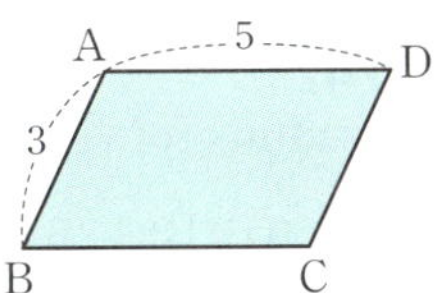

① $6\sqrt{2}$ ② $7\sqrt{2}$ ③ $8\sqrt{2}$
④ $9\sqrt{2}$ ⑤ $10\sqrt{2}$

0935
그림과 같이 $\overline{AB}=5$, $\overline{BC}=6$인 평행사변형 ABCD의 넓이가 15일 때, $\sin(\angle A)$의 값은?
(단, $0° < \angle B < 90°$)

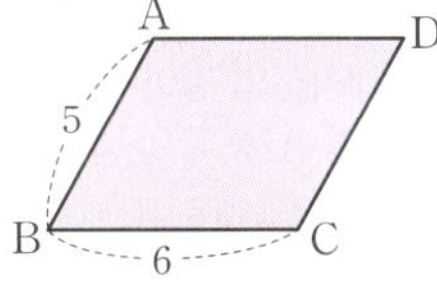

① $\dfrac{1}{4}$ ② $\dfrac{1}{3}$ ③ $\dfrac{1}{2}$
④ $\dfrac{\sqrt{2}}{2}$ ⑤ $\dfrac{\sqrt{3}}{2}$

0936
그림과 같이 $\overline{AB}=4$, $\overline{BC}=8$, $\overline{CA}=6$인 삼각형 ABC 두 개를 이어 붙여 만든 평행사변형 ABCD의 넓이는?

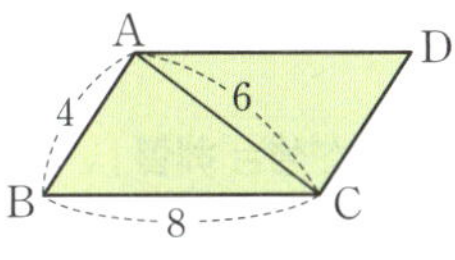

① $6\sqrt{15}$ ② $7\sqrt{15}$ ③ $8\sqrt{15}$
④ $9\sqrt{15}$ ⑤ $10\sqrt{15}$

0937 🆙
그림과 같이 $\overline{AC}=6$, $\overline{BD}=5\sqrt{2}$, $\angle ABC=60°$인 평행사변형 ABCD의 넓이는?

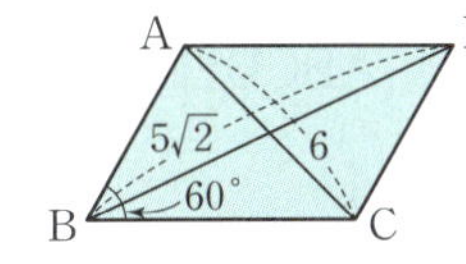

① $\dfrac{7\sqrt{3}}{2}$ ② $4\sqrt{3}$ ③ $\dfrac{9\sqrt{3}}{2}$
④ $5\sqrt{3}$ ⑤ $\dfrac{11\sqrt{3}}{2}$

유형 13 두 대각선의 길이를 이용한 사각형의 넓이

두 대각선의 길이가 p, q이고, 두 대각선이 이루는 각의 크기가 θ인 사각형 ABCD의 넓이를 S라 하면

$$S=\frac{1}{2}pq\sin\theta$$

대표 예제

0938 그림과 같이 $\overline{AC}=5$, $\overline{BD}=6$인 사각형 ABCD의 두 대각선의 교점 O에 대하여 $\angle COD=\theta$라 하자. $\cos\theta=\frac{4}{5}$일 때, 사각형 ABCD의 넓이는?

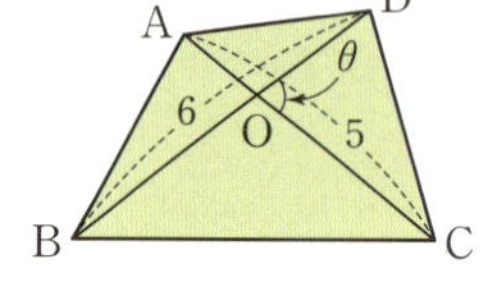

① 9 　② 12 　③ 15
④ 18 　⑤ 21

선생님 해설

$\sin\theta=\sqrt{1-\cos^2\theta}=\sqrt{1-\left(\frac{4}{5}\right)^2}=\frac{3}{5}$ 　(∵ $0°<\theta<180°$이므로 $0<\sin\theta\le1$)

따라서 구하는 사각형 ABCD의 넓이는

$\frac{1}{2}\cdot5\cdot6\cdot\sin\theta=\frac{1}{2}\cdot5\cdot6\cdot\frac{3}{5}=9$

답 ①

0939 대표 예제 한 번 더

그림과 같이 $\overline{BC}=4$, $\overline{BD}=7$, $\angle ABC=\angle CAB=70°$인 사각형 ABCD에 대하여 두 대각선 AC와 BD의 교점을 O라 하자. $\angle AOD=120°$일 때, 사각형 ABCD의 넓이는?

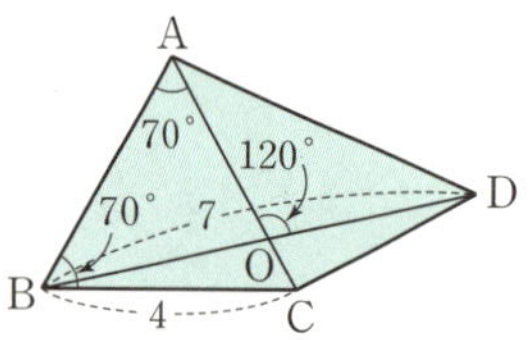

① $5\sqrt{3}$ 　② $6\sqrt{3}$ 　③ $7\sqrt{3}$
④ $8\sqrt{3}$ 　⑤ $9\sqrt{3}$

0940

그림과 같이 사각형 ABCD의 두 대각선 AC, BD의 교점을 O라 하자. $\overline{OA}=4$, $\overline{OB}=3$, $\overline{OD}=3$, $\overline{AB}=3$이고, 사각형 ABCD의 넓이가 $10\sqrt{5}$일 때, 선분 OC의 길이는?

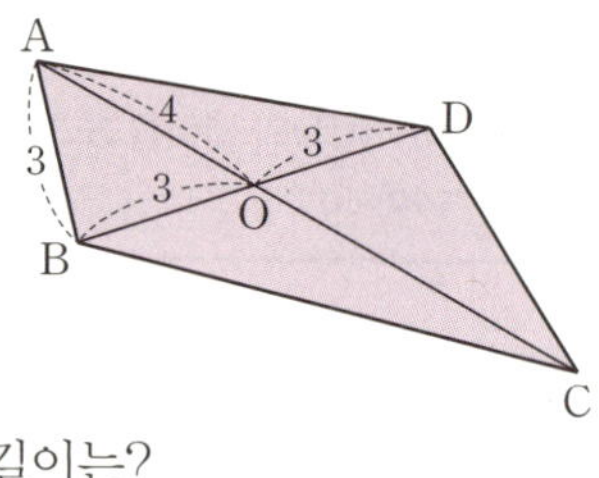

① 3 　② 4 　③ 5
④ 6 　⑤ 7

0941

그림과 같이 사각형 ABCD의 두 대각선 AC와 BD가 이루는 예각의 크기가 $60°$이다. $\overline{AC}+\overline{BD}=10$, 사각형 ABCD의 넓이가 $6\sqrt{3}$일 때, $\overline{AC}^2+\overline{BD}^2$의 값은?

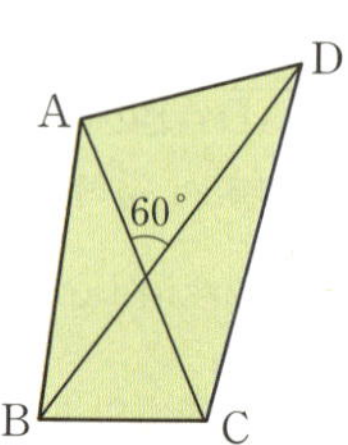

① 52 　② 54 　③ 56
④ 58 　⑤ 60

0942

좌표평면 위의 네 점 $O(0, 0)$, $A(6, 0)$, $B(4, 6)$, $C(0, 8)$을 꼭짓점으로 하는 사각형 OABC의 두 대각선 AC와 OB의 교점을 P라 하자. $\angle APB=\theta$라 할 때, $\sin\theta=\frac{q\sqrt{13}}{p}$이다. $p+q$의 값을 구하시오.

(단, p와 q는 서로소인 자연수이다.)

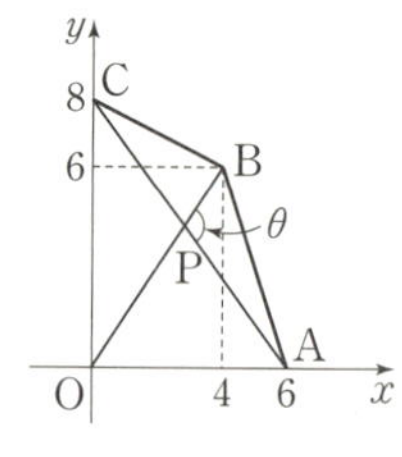

0943

· 유형 04 ·

그림과 같이 $\overline{AC}=\sqrt{19}$, $\angle ABC=15°$인 삼각형 ABC에서 선분 BC 위의 점 D에 대하여 $\overline{BD}=2\sqrt{3}$, $\angle ADC=30°$일 때, 선분 CD의 길이는?

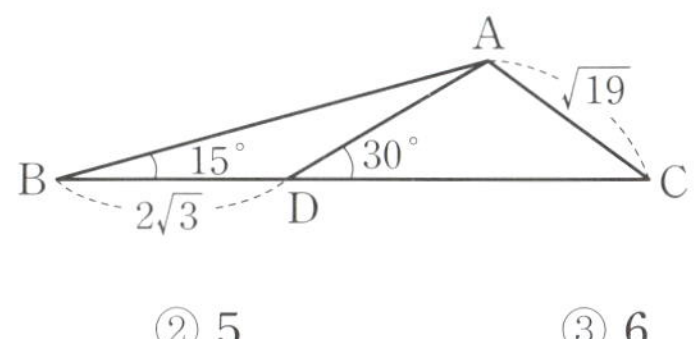

① 4 ② 5 ③ 6
④ 7 ⑤ 8

0944

· 유형 08 ·

그림과 같이 한 변의 길이가 4인 정삼각형 ABC에서 세 선분 AB, BC, CA를 $3:1$로 내분하는 점을 각각 D, E, F라 할 때, 삼각형 DEF의 넓이는?

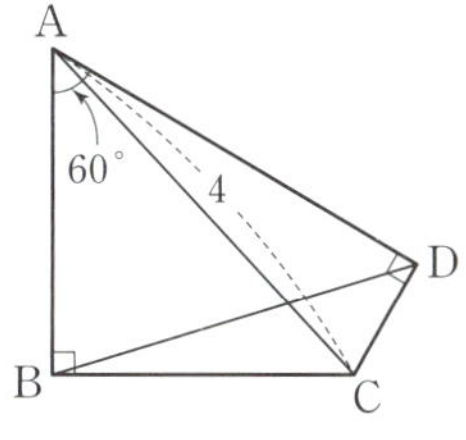

① $\sqrt{3}$ ② $\dfrac{5\sqrt{3}}{4}$ ③ $\dfrac{3\sqrt{3}}{2}$
④ $\dfrac{7\sqrt{3}}{4}$ ⑤ $2\sqrt{3}$

0945 

· 유형 02 ·

그림과 같이 사각형 ABCD에서 $\angle ABC=\angle CDA=90°$, $\angle BAD=60°$, $\overline{AC}=4$일 때, 선분 BD의 길이는?

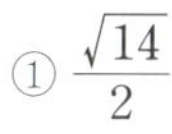

① $\sqrt{6}$ ② $2\sqrt{2}$
③ 3 ④ $\sqrt{10}$
⑤ $2\sqrt{3}$

0946

· 유형 03 ·

그림과 같이 삼각형 ABC의 세 꼭짓점 A, B, C에서 세 선분 BC, CA, AB에 내린 수선의 발을 각각 P, Q, R라 하자.

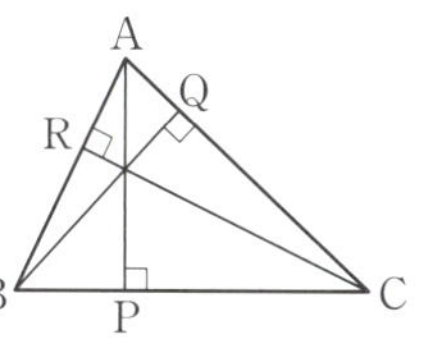

$\overline{AP}:\overline{BQ}:\overline{CR}=3:4:6$일 때, $\dfrac{\sin A+\sin B}{\sin A+\sin C}$의 값은?

① $\dfrac{2}{3}$ ② $\dfrac{5}{6}$ ③ 1
④ $\dfrac{7}{6}$ ⑤ $\dfrac{4}{3}$

0947

· 유형 02 ·

그림과 같이 반지름의 길이가 5인 원에 내접하는 삼각형 ABC에서 $A=30°$, $b=2\sqrt{3}$일 때, 선분 AB의 길이는? (단, $0°<B<90°$)

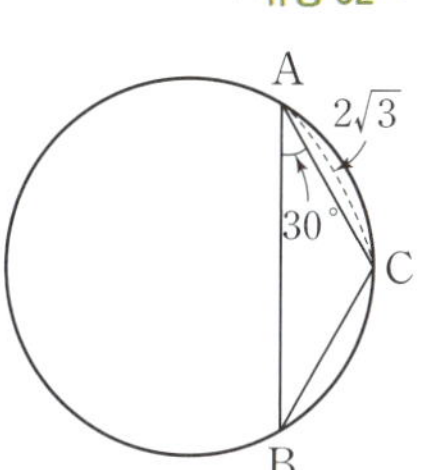

① $2+3\sqrt{3}$ ② $2+4\sqrt{3}$
③ $3+2\sqrt{3}$ ④ $3+\sqrt{22}$
⑤ $3+2\sqrt{6}$

0948

· 유형 09 ·

그림과 같이 $a=6$, $b=5$, $c=3$인 삼각형 ABC에 내접하는 반원의 반지름의 길이는?

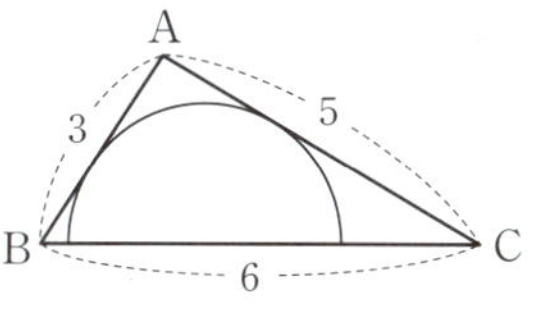

① $\dfrac{\sqrt{14}}{2}$ ② $\dfrac{\sqrt{15}}{2}$ ③ 2
④ $\dfrac{\sqrt{17}}{2}$ ⑤ $\dfrac{3\sqrt{2}}{2}$

0949
· 유형 13 ·

그림과 같이 $\overline{AB}=8$, $\overline{AD}=5$인 평행사변형의 두 대각선 AC, BD가 이루는 각의 크기가 $120°$일 때, 평행사변형 ABCD의 넓이는?

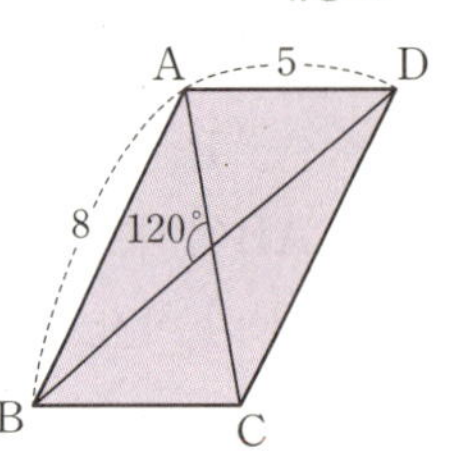

① $18\sqrt{3}$ ② $\dfrac{37\sqrt{3}}{2}$

③ $19\sqrt{3}$ ④ $\dfrac{39\sqrt{3}}{2}$

⑤ $20\sqrt{3}$

0950
· 유형 04 + 유형 05 ·

그림과 같이 $\overline{AB}=3$, $\angle A=60°$, $\angle B=90°$인 직각삼각형 ABC에서 선분 AC를 삼등분한 점을 각각 D, E라 하자. $\angle BDC=\theta$라 할 때, $\cos\theta$의 값은?

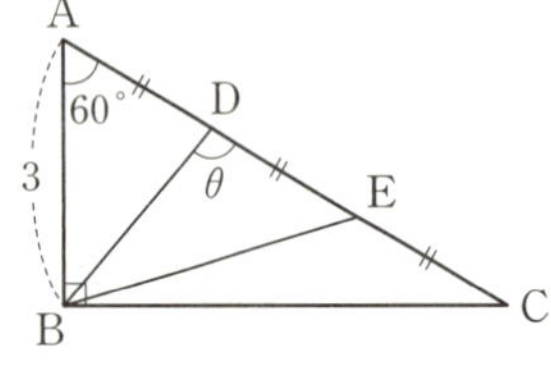

① $-\dfrac{\sqrt{7}}{14}$ ② $-\dfrac{\sqrt{7}}{7}$ ③ $-\dfrac{3\sqrt{7}}{14}$

④ $-\dfrac{2\sqrt{7}}{7}$ ⑤ $-\dfrac{5\sqrt{7}}{14}$

0951
사고력
· 유형 07 ·

그림과 같이 두 회사 A, B가 같이 이용하는 창고 P가 도로 옆에 있다. 창고 P에서 두 회사 A, B까지의 거리는 각각 100 m, 200 m이고, 이 도로 옆에 두 회사 A, B와의 거리의 합이 최소가 되는 곳에 주차장 Q를 지으려고 한다. $\angle APQ=45°$, $\angle BPQ=15°$일 때, 두 회사 A, B와 주차장 사이의 거리의 합의 최솟값을 구하시오.

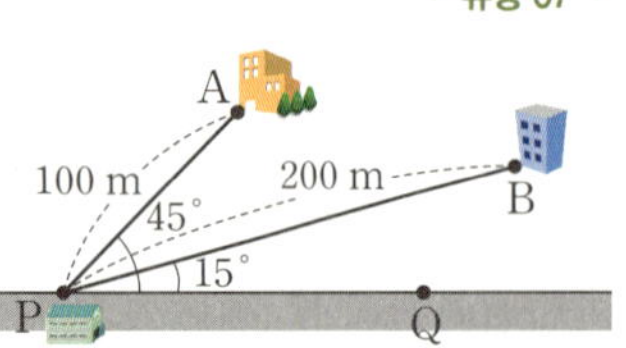

0952
· 유형 01 ·

그림과 같이 $\overline{AB}=12$, $\overline{AC}=4$인 삼각형 ABC에 대하여 선분 BC를 $2:1$로 내분하는 점을 M이라 하자.

$\angle BAM=\alpha$, $\angle CAM=\beta$라 할 때, $\dfrac{\sin\alpha}{\sin\beta}$의 값은?

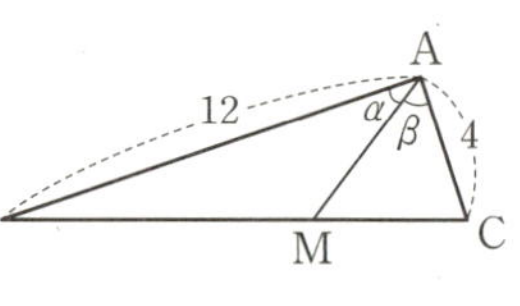

① $\dfrac{1}{4}$ ② $\dfrac{1}{3}$ ③ $\dfrac{1}{2}$

④ $\dfrac{2}{3}$ ⑤ $\dfrac{3}{4}$

0953
· 유형 08 ·

그림과 같이 사각형 ABCD에서 $\overline{AB}=6\sqrt{2}$, $\overline{BC}=3$, $\angle A=75°$, $\angle C=90°$, $\angle D=60°$일 때, 사각형 ABCD의 넓이는 $\dfrac{p+q\sqrt{3}}{2}$이다.

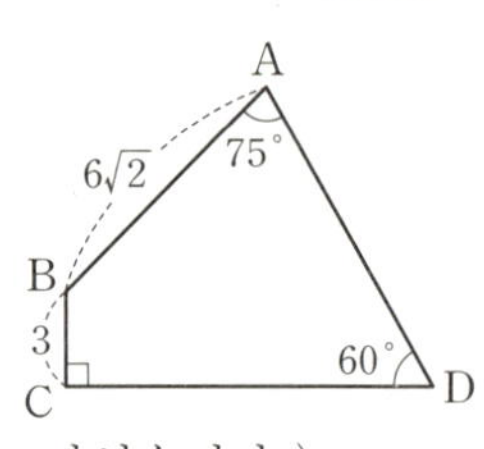

$p+q$의 값을 구하시오. (단, p, q는 자연수이다.)

0954
창의력 +
· 유형 04 ·

그림과 같이 $\angle A=60°$인 예각삼각형 ABC에서 선분 BC 위의 점 P에 대하여 $\overline{AP}=6$이다. 두 점 Q, R가 각각 선분 AB, AC 위의 점일 때, 삼각형 PQR의 둘레의 길이의 최솟값을 구하시오.

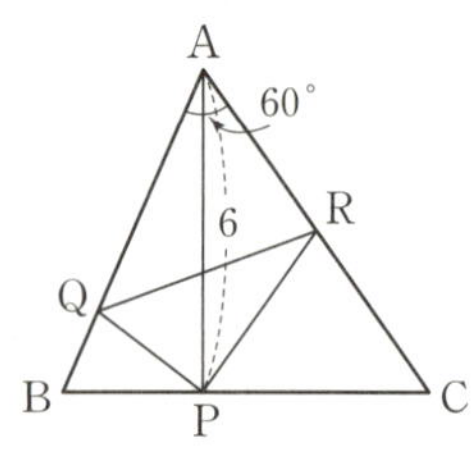

0955
• 유형 08 •

삼각형 ABC에서 $a=8$, $c=12$, $\sin(A+C)=\dfrac{3}{8}$일 때, 삼각형 ABC의 넓이를 구하시오.

✓ 필요 개념 및 공식
- $\sin(\pi-\theta)=\sin\theta$
- $\triangle ABC=\dfrac{1}{2}bc\sin A$

0956
• 유형 10 •

삼각형 ABC의 외접원의 반지름의 길이를 R, 넓이를 S라 할 때, $S=2R^2\sin A\sin B\sin C$가 성립함을 증명하시오.

✓ 필요 개념 및 공식
- 사인법칙
- $\triangle ABC=\dfrac{1}{2}bc\sin A$

0957
• 유형 02 •

그림과 같이 반지름의 길이가 3인 원에 내접하는 사각형 ABCD의 두 대각선 AC와 BD가 서로 수직일 때, $\overline{AD}^2+\overline{BC}^2$의 값을 구하시오.

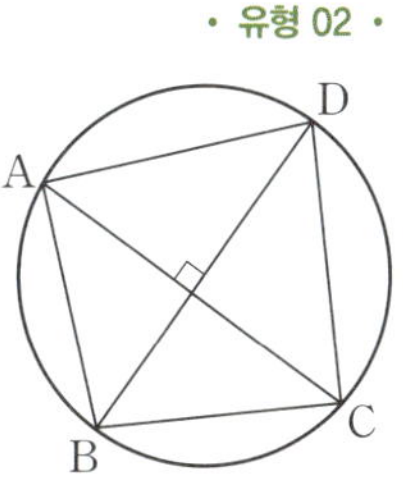

✓ 필요 개념 및 공식
- 사인법칙
- $\sin\left(\dfrac{\pi}{2}-\theta\right)=\cos\theta$
- $\sin^2\theta+\cos^2\theta=1$

0958
• 유형 05 •

삼각형 ABC에서 $a=4$, $b=8$일 때, A의 크기가 최대가 되도록 하는 c의 값을 구하시오.

✓ 필요 개념 및 공식
- 코사인법칙
- 산술평균과 기하평균의 관계

0959
• 유형 05 + 유형 08 •

$\overline{AB}=5$, $\overline{BC}=8$, $\overline{CA}=7$인 삼각형 ABC에 대하여 두 점 P, Q를 각각 선분 AB, AC 위의 점이라 하자. 두 점 P, Q를 지나는 직선에 의해 삼각형 ABC의 넓이가 이등분될 때, 선분 PQ의 길이의 최솟값을 구하시오.

✓ 필요 개념 및 공식
- $\triangle ABC=\dfrac{1}{2}bc\sin A$
- 코사인법칙
- 산술평균과 기하평균의 관계

0960
• 유형 04 •

그림과 같이 밑면의 반지름의 길이가 4이고 모선의 길이가 6인 원뿔에 대하여 밑면의 지름의 양 끝 점을 A, B, 원뿔의 꼭짓점을 O, 모선 OB의 중점을 P라 하자. 원뿔의 표면을 따라 두 점 A, P를 이은 최단 거리를 구하시오.

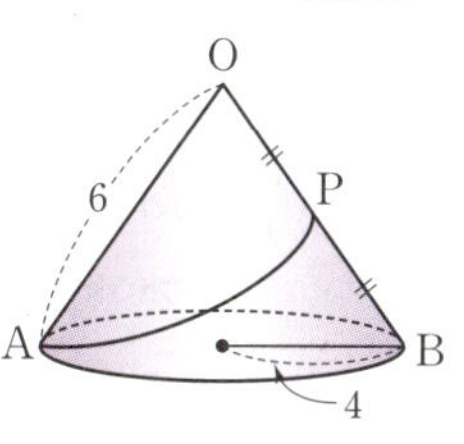

✓ 필요 개념 및 공식
- 부채꼴의 호의 길이
- 코사인법칙

안녕 얘들아^^ 박윤근 선생님이야~
삼각함수 단원이 끝났는데, 중학교에서 배웠던 삼각비와는 아주 달랐지?
하지만 우리들은 체계적인 CPR 수학I의 삼각함수를 한 번 풀어 봤기 때문에
삼각함수에 대해 두려움을 가질 필요가 없지.
여기서 질문!
  1. 삼각함수의 그래프를 그릴 수 있어?
  2. $\sin 60°$, $\cos 150°$, $\tan 225°$의 값을 알아?
두 질문의 답이 모두 'Yes'이면 훌륭해^^
이제부터는 삼각함수를 포함한 많은 문제 속에서 여러 가지 성질을 적용
하면서 삼각함수와 친해지면 돼^^
우리는 미적분 과목에서 삼각함수를 다시 한번 만나게 될 거야.
자!! 이제 어떤 단원을 만나더라도 두려워하지 말고 CPR과 꾸준히 공부해
나가면서 수학적 능력을 길러 보자!!
무엇이든 포기하지 않고 나아가고 있는 너는 너무 훌륭해!! 파이팅!!

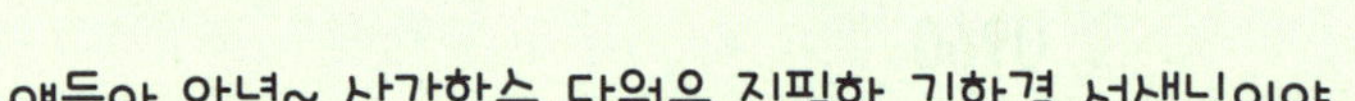

얘들아 안녕~ 삼각함수 단원을 집필한 김한결 선생님이야.
삼각함수 단원은 삼각형과 관련 있어 도형으로 접근하지만 결국 함수로
끝나서 어려움을 겪는 경우가 많을 거야.
기억해야 할 공식도 많고 그래프는 또 얼마나 생소한지.
그래도 이 단원을 마무리하면서 꼭 기억해야 할 두 가지가 있어.
첫 번째는 단위원이야.
외우기 힘든 공식도 단위원을 기억하면 쉽게 떠올릴 수 있어.
미적분 과목에서 배울 삼각함수의 극한도 단위원으로 접근하거든.
두 번째는 삼각함수의 그래프야.
문제 해결에서 함수의 그래프의 역할이 굉장히 중요해.
그래프를 그리는 것이 귀찮고 생각해내기도 힘들겠지만 그래프를 그리는
습관은 함수에 관련된 문제를 해결할 때 큰 힘이 돼.
앞으로 남아있는 수열 단원도 조금만 더 힘내서 정복해 보자!

Ⅲ. 수열

개념 01 수열

(1) **수열**: 차례대로 나열된 수의 열
(2) **항**: 수열을 이루고 있는 각각의 수를 그 수열의 항이라 한다.
 이때 각 항을 앞에서부터 차례대로 첫째항, 둘째항, 셋째항, … 또는 제1항, 제2항, 제3항, …이라 한다.
(3) **일반항**: 일반적으로 수열을 $a_1,\ a_2,\ a_3,\ \cdots,\ a_n,\ \cdots$과 같이 나타내고, 제$n$항 a_n을 이 수열의 일반항이라 한다.
 또한, 일반항이 a_n인 수열을 간단히 $\{a_n\}$과 같이 나타낸다.

> **참고** 수열은 정의역이 자연수 전체의 집합 N이고 공역이 실수 전체의 집합 R인 함수
> $$f : N \longrightarrow R,\ f(n)=a_n$$
> 으로도 볼 수 있다.

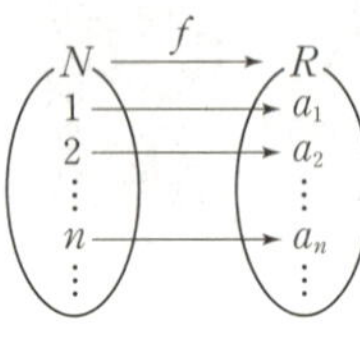

[0961~0963] 다음 수열의 제2항과 제4항을 각각 구하시오.

0961 $2,\ 4,\ 8,\ 16,\ 32,\ \cdots$

0962 $1,\ 0,\ 1,\ 0,\ 1,\ \cdots$

0963 $1,\ -2,\ 3,\ -4,\ 5,\ \cdots$

[0964~0966] 수열 $\{a_n\}$의 일반항이 다음과 같을 때, 첫째항부터 제4항까지 차례대로 나열하시오.

0964 $a_n = 3n-2$

0965 $a_n = n^2-1$

0966 $a_n = (-1)^n$

[0967~0969] 다음 수열의 일반항 a_n을 추측하시오.

0967 $5,\ 5,\ 5,\ 5,\ 5,\ \cdots$

0968 $2,\ 4,\ 6,\ 8,\ 10,\ \cdots$

0969 $\dfrac{1}{2},\ \dfrac{2}{3},\ \dfrac{3}{4},\ \dfrac{4}{5},\ \dfrac{5}{6},\ \cdots$

개념 02 등차수열

(1) **등차수열**: 첫째항부터 차례대로 일정한 수를 더하여 만든 수열
(2) **공차**: 등차수열에서 더하는 일정한 수
(3) **등차수열의 일반항**: 첫째항이 a, 공차가 d인 등차수열의 일반항 a_n은
$$a_n = a+(n-1)d\ (n=1,\ 2,\ 3,\ \cdots)$$
> **참고** 등차수열의 일반항은 $pn+q$ $(p,\ q$는 상수$)$ 꼴이다.
(4) **등차중항**: 세 수 $a,\ b,\ c$가 이 순서대로 등차수열을 이룰 때, b를 a와 c의 등차중항이라 한다.
 이때 $b-a=c-b$이므로
$$b=\frac{a+c}{2}$$

[0970~0971] 다음 수열이 등차수열을 이루도록 □ 안에 알맞은 수를 써넣으시오.

0970 $1,\ 3,\ \square,\ \square,\ 9,\ \cdots$

0971 $\square,\ 7,\ 4,\ 1,\ \square,\ \cdots$

0972 첫째항이 -4, 공차가 3인 등차수열의 제5항을 구하시오.

[0973~0974] 다음 등차수열의 일반항 a_n을 구하시오.

0973 첫째항이 3, 공차가 -4인 수열

0974 $2,\ 5,\ 8,\ 11,\ 14,\ \cdots$

0975 첫째항이 50이고 공차가 -4인 등차수열 $\{a_n\}$에 대하여 다음에 답하시오.

(1) 제20항을 구하시오.

(2) -2는 제몇 항인지 구하시오.

0976 세 수 $11,\ x,\ 7$이 이 순서대로 등차수열을 이룰 때, x의 값을 구하시오.

개념 03   등차수열의 합

등차수열의 첫째항부터 제n항까지의 합을 S_n이라 하면
(1) 첫째항이 a, 제n항이 l일 때
$$S_n=\frac{n(a+l)}{2}$$
(2) 첫째항이 a, 공차가 d일 때
$$S_n=\frac{n\{2a+(n-1)d\}}{2}$$

참고 첫째항이 a, 공차가 d일 때, (1)의 식에서 제n항 l은 $l=a+(n-1)d$
이므로 (2)의 식이 얻어진다.

0977 다음은 등차수열 $\{a_n\}$의 첫째항부터 제n항까지의 합을 구하는 과정이다. (가), (나)에 알맞은 것을 써넣으시오.

첫째항이 a, 공차가 d인 등차수열 $\{a_n\}$의 제n항을 l,
첫째항부터 제n항까지의 합을 S_n이라 하면
$$S_n=a+(a+d)+(a+2d)+\cdots$$
$$+(l-2d)+(l-\boxed{\text{(가)}})+l$$
$$\cdots\cdots\ \text{㉠}$$

이고, ㉠의 우변의 합의 순서를 거꾸로 나타내면
$$S_n=l+(l-\boxed{\text{(가)}})+(l-2d)+\cdots$$
$$+(a+2d)+(a+d)+a$$
$$\cdots\cdots\ \text{㉡}$$

㉠, ㉡을 변끼리 더하면
$$2S_n=(a+l)+(a+l)+(a+l)+\cdots$$
$$+(a+l)+(a+l)+(a+l)$$
$$=\boxed{\text{(나)}}\times(a+l)$$
이므로
$$S_n=\frac{n(a+l)}{2} \qquad \cdots\cdots\ \text{㉢}$$
이때 $l=a+(n-1)d$이므로 이를 ㉢에 대입하여 정리하면
$$S_n=\frac{n\{2a+(n-1)d\}}{2}$$

[0978~0979] 다음을 구하시오.

0978 첫째항이 -12, 제15항이 44인 등차수열의 첫째항부터 제15항까지의 합

0979 첫째항이 -3, 공차가 5인 등차수열의 첫째항부터 제20항까지의 합

[0980~0981] 다음 식의 값을 구하시오.

0980 $2+4+6+\cdots+88$

0981 $60+56+52+\cdots+16$

개념 04   수열의 합과 일반항 사이의 관계

수열 $\{a_n\}$의 첫째항부터 제n항까지의 합을 S_n이라 하면
$$a_1=S_1,\ a_n=S_n-S_{n-1}\ (n\geq2)$$
예 수열 $\{a_n\}$의 첫째항부터 제n항까지의 합 S_n이 $S_n=n^2-2n$일 때
① $a_1=S_1=1^2-2=-1$
② $a_7=S_7-S_6=(7^2-2\cdot7)-(6^2-2\cdot6)=35-24=11$

[0982~0985] 수열 $\{a_n\}$의 첫째항부터 제n항까지의 합 S_n이 다음과 같을 때, a_{10}의 값을 구하시오.

0982 $S_n=n+3$

0983 $S_n=n^2+n$

0984 $S_n=3n^2-1$

0985 $S_n=\dfrac{n+1}{n}$

[0986~0989] 수열 $\{a_n\}$의 첫째항부터 제n항까지의 합 S_n이 다음과 같을 때, 일반항 a_n을 구하시오.

0986 $S_n=n^2-4$

0987 $S_n=n^2-6n$

0988 $S_n=2n^2+n$

0989 $S_n=\dfrac{1}{n}$

유형 01   등차수열의 일반항

① 첫째항이 a, 공차가 d인 등차수열 $\{a_n\}$의 일반항 a_n은
$$a_n=a+(n-1)d \ (n=1, 2, 3, \cdots)$$
② 일반항이 $a_n=pn+q$인 등차수열 $\{a_n\}$의 공차는 p이다.
③ 등차수열 $\{a_n\}$의 공차가 d일 때
$$d=a_2-a_1=a_3-a_2=a_4-a_3=\cdots$$
④ 등차수열 $\{a_n\}$의 일반항에 대한 조건이 주어질 때는
$$a_n=a+(n-1)d$$
임을 이용하여 a, d에 대한 두 방정식을 세운 후 연립방정식을 풀어 a, d의 값을 각각 구한다.

👍 대표 예제

0990   제3항이 3, 제10항이 31인 등차수열의 공차는?

① 1 　　　　② 2 　　　　③ 3
④ 4 　　　　⑤ 5

선생님 해설

주어진 등차수열의 첫째항을 a, 공차를 d라 하자.
제3항이 3이므로
$$a+2d=3 \quad \cdots\cdots \text{㉠}$$
제10항이 31이므로
$$a+9d=31 \quad \cdots\cdots \text{㉡}$$
㉠, ㉡을 연립하여 풀면
$$7d=28 \quad \therefore d=4$$
따라서 이 등차수열의 공차는 4이다.

답 ④

0991   대표 예제 한 번 더

등차수열 $\{a_n\}$에서
$$a_3+a_7=26, \ a_{10}+a_{15}=71$$
일 때, a_{20}의 값은?

① 54 　　　　② 56 　　　　③ 58
④ 60 　　　　⑤ 62

0992

등차수열 $\{a_n\}$의 일반항 a_n이 $a_n=3n+k$이고 첫째항은 공차의 2배일 때, 상수 k의 값은?

① 1 　　　　② 3 　　　　③ 5
④ 7 　　　　⑤ 9

0993

첫째항이 2인 등차수열 $\{a_n\}$에 대하여
$$a_1-a_2+a_3-a_4+\cdots+a_{49}-a_{50}=75$$
일 때, a_{10}의 값은?

① -30 　　　　② -25 　　　　③ -20
④ -15 　　　　⑤ -10

0994

등차수열 $\{a_n\}$에 대하여 각 항을 2배하고 k만큼씩 더해서 만든 새로운 수열을 $\{b_n\}$이라 하자.
$$b_2=4, \ b_3+b_4=-4, \ a_2=b_5$$
일 때, 상수 k의 값은?

① 12 　　　　② 14 　　　　③ 16
④ 18 　　　　⑤ 20

유형 02 조건을 만족시키는 등차수열의 항

첫째항이 a, 공차가 d인 등차수열 $\{a_n\}$에서
① 처음으로 양수가 되는 항: 부등식 $a+(n-1)d>0$을 만족시키는 자연수 n의 최솟값을 구한다.
② 처음으로 음수가 되는 항: 부등식 $a+(n-1)d<0$을 만족시키는 자연수 n의 최솟값을 구한다.
③ $a_k=p$를 만족시키는 항: 방정식 $a+(k-1)d=p$를 만족시키는 자연수 k의 값을 구한다.

대표 예제

0995 제5항이 55, 제10항이 40인 등차수열 $\{a_n\}$에서 처음으로 음수가 되는 항은 제몇 항인가?

① 제21항   ② 제22항   ③ 제23항
④ 제24항   ⑤ 제25항

선생님 해설

등차수열 $\{a_n\}$의 첫째항을 a, 공차를 d라 하자.
제5항이 55이므로
$a+4d=55$ …… ㉠
제10항이 40이므로
$a+9d=40$ …… ㉡
㉠, ㉡을 연립하여 풀면
$a=67$, $d=-3$
$\therefore a_n=67+(n-1)\cdot(-3)=-3n+70$
즉, $-3n+70<0$에서 $3n>70$
$\therefore n>\dfrac{70}{3}=23.\times\times\times$
따라서 처음으로 음수가 되는 항은 제24항이다.
$\quad\leftarrow -3n+70<0$을 만족시키는 자연수 n의 최솟값

답 ④

0996
등차수열 $\{a_n\}$에서
$$a_8+a_{17}=0,\ a_{15}-a_{10}=20$$
일 때, $a_k=58$을 만족시키는 자연수 k의 값은?

① 26   ② 27   ③ 28
④ 29   ⑤ 30

0997
공차가 양수인 등차수열 $\{a_n\}$의 첫째항과 공차의 합이 -57, 차가 65일 때, $a_k a_{k+1}<0$을 만족시키는 자연수 k의 값은?

① 15   ② 16   ③ 17
④ 18   ⑤ 19

0998
두 등차수열 $\{a_n\}$, $\{b_n\}$의 첫째항이 각각 30, -15이고 공차가 각각 -4, 2이다. 수열 $\{b_n\}$의 제k항이 수열 $\{a_n\}$의 제k항보다 작을 때, 자연수 k의 최댓값을 구하시오.

0999 UP
첫째항과 공차가 모두 정수인 등차수열 $\{a_n\}$이 다음 조건을 만족시킬 때, a_{20}의 값은?

> (가) $-\dfrac{a_1}{10}=|a_2-a_1|+1$
>
> (나) 모든 항은 0이 아니고, 처음으로 양수가 되는 항은 제14항이다.

① 22   ② 26   ③ 30
④ 34   ⑤ 38

유형 03 · 두 수 사이에 수를 넣어서 만든 등차수열

두 수 a, b 사이에 n개의 수를 넣어 등차수열을 만들면
① a는 첫째항이고, b는 제$(n+2)$항이다.
② $b=a+(n+1)d$ (단, d는 공차)

👍 대표 예제

1000 두 수 5와 20 사이에 9개의 수 a_1, a_2, a_3, $\cdots$, a_9를 넣어
$$5,\ a_1,\ a_2,\ a_3,\ \cdots,\ a_9,\ 20$$
이 이 순서대로 등차수열을 이루도록 할 때, a_6의 값은?

① 11 　　　　② 12 　　　　③ 13
④ 14 　　　　⑤ 15

선생님 해설

주어진 등차수열의 공차를 d라 하자.
첫째항이 5, 제11항이 20이므로
$$5+10d=20,\ 10d=15 \qquad \therefore d=\frac{3}{2}$$
이때 a_6은 주어진 등차수열의 제7항이므로
$$a_6=5+6\cdot\frac{3}{2}=5+9=14$$

답 ④

1001 　대표 예제　한 번 더
두 수 -3과 13 사이에 3개의 수 a, b, c를 넣어
$$-3,\ a,\ b,\ c,\ 13$$
이 이 순서대로 등차수열을 이루도록 할 때, $b(c-a)$의
값은?

① 32 　　　　② 36 　　　　③ 40
④ 44 　　　　⑤ 48

1002
두 수 38과 -2 사이에 n개의 수 a_1, a_2, a_3, $\cdots$, a_n을 넣어
$$38,\ a_1,\ a_2,\ a_3,\ \cdots,\ a_n,\ -2$$
가 이 순서대로 등차수열을 이루도록 하였다. $a_9=20$일
때, n의 값은?

① 16 　　　　② 17 　　　　③ 18
④ 19 　　　　⑤ 20

1003
두 수 -1과 23 사이에 7개의 수를 넣고, 23과 41 사이에
n개의 수를 넣어
$$-1,\ a_1,\ a_2,\ \cdots,\ a_7,\ 23,\ b_1,\ b_2,\ \cdots,\ b_n,\ 41$$
이 이 순서대로 등차수열을 이루도록 할 때, n의 값은?

① 5 　　　　② 6 　　　　③ 7
④ 8 　　　　⑤ 9

1004
두 수 a와 -37 사이에 18개의 수 a_1, a_2, a_3, $\cdots$, a_{18}을 넣어
$$a,\ a_1,\ a_2,\ a_3,\ \cdots,\ a_{18},\ -37$$
이 이 순서대로 등차수열을 이루도록 하였다. $a=|a_1|$일
때, a의 값은?

① 1 　　　　② 2 　　　　③ 3
④ 4 　　　　⑤ 5

유형 04   등차중항

세 수 a, b, c가 이 순서대로 등차수열을 이루면 $b-a=c-b$이므로
$$b=\frac{a+c}{2} \iff 2b=a+c$$

👍 대표 예제

1005 세 수 $2a$, 7, $3a^2-2$가 이 순서대로 등차수열을 이루도록 하는 양수 a의 값은?

① 1   ② 2   ③ 3
④ 4   ⑤ 5

선생님 해설

세 수 $2a$, 7, $3a^2-2$가 이 순서대로 등차수열을 이루므로
$2\cdot7=2a+(3a^2-2)$, $3a^2+2a-16=0$
$(3a+8)(a-2)=0$
$\therefore a=-\dfrac{8}{3}$ 또는 $a=2$
따라서 양수 a의 값은 2이다.

답 ②

1006 대표 예제   한 번 더
다음 수열이 등차수열을 이루도록 하는 두 상수 x, y에 대하여 xy의 값은?

$$-2,\ x,\ 6,\ y,\ 14,\ \cdots$$

① 4   ② 8   ③ 12
④ 16   ⑤ 20

1007
두 자연수 a, b에 대하여 세 수 -3, a, b가 이 순서대로 등차수열을 이루고, 세 수 a^2, 13, b^2도 이 순서대로 등차수열을 이룰 때, $a+b$의 값은?

① 4   ② 5   ③ 6
④ 7   ⑤ 8

1008
두 상수 k, l과 이차방정식 $x^2-3x-7=0$의 두 근 α, β에 대하여 세 수 α, k, β가 이 순서대로 등차수열을 이루고, 세 수 $\dfrac{1}{\alpha}$, l, $\dfrac{1}{\beta}$도 이 순서대로 등차수열을 이룰 때, $k-l$의 값은?

① $\dfrac{9}{7}$ ② $\dfrac{10}{7}$ ③ $\dfrac{11}{7}$
④ $\dfrac{12}{7}$ ⑤ $\dfrac{13}{7}$

1009
그림과 같이 가로, 세로, 대각선 방향에 쓰여 있는 세 수가 각각 등차수열을 이룬다. 예를 들어 1, a, b가 이 순서대로 등차수열을 이루고, 1, c, 5도 이 순서대로 등차수열을 이루고, 1, d, f도 이 순서대로 등차수열을 이룬다. 이때 $a+b+c+d+e+f$의 값을 구하시오.

1	a	b
c	d	9
5	e	f

유형 05   등차수열을 이루는 수

① 세 수가 등차수열을 이룰 때: 세 수를 각각 $a-d$, a, $a+d$로 놓고 조건을 만족시키는 방정식을 세워서 푼다.
② 네 수가 등차수열을 이룰 때: 네 수를 각각 $a-3d$, $a-d$, $a+d$, $a+3d$로 놓고 조건을 만족시키는 방정식을 세워서 푼다.

대표 예제

1010 등차수열을 이루는 세 수의 합이 9이고, 곱이 -48일 때, 가장 큰 수와 가장 작은 수의 차는?

① 10 　　　　② 11 　　　　③ 12
④ 13 　　　　⑤ 14

선생님 해설

등차수열을 이루는 세 수를 $a-d$, a, $a+d$로 놓자.
세 수의 합이 9이므로
$(a-d)+a+(a+d)=9$
$3a=9$ 　　∴ $a=3$　 ← $a=3$을 대입
세 수의 곱이 -48이므로
$(3-d)\cdot 3\cdot(3+d)=-48$
$9-d^2=-16$, $d^2=25$
∴ $d=\pm 5$
즉, 세 수는 -2, 3, 8이므로 가장 큰 수와 가장 작은 수의 차는
$8-(-2)=10$

> 주어진 수열의 첫째항을 a, 공차를 d로 놓고 문제를 풀 수도 있지만 세 수의 합, 곱과 같은 조건이 주어지면 이와 같이 푸는 게 훨씬 간단해.

답 ①

1011 〔대표 예제〕〔한 번 더〕
등차수열을 이루는 네 수의 합이 64이고, 가장 큰 수는 가장 작은 수의 7배일 때, 이 수열의 공차는?

① 4 　　　　② 5 　　　　③ 6
④ 7 　　　　⑤ 8

1012
삼차방정식 $x^3-3x^2+kx+15=0$의 세 실근이 등차수열을 이룰 때, 상수 k의 값은?

① -10 　　　　② -11 　　　　③ -12
④ -13 　　　　⑤ -14

1013
$\angle A=90°$인 직각삼각형 ABC의 세 변의 길이가 등차수열을 이룬다고 한다. $\overline{BC}=10$일 때, 직각삼각형 ABC의 넓이를 구하시오.

1014 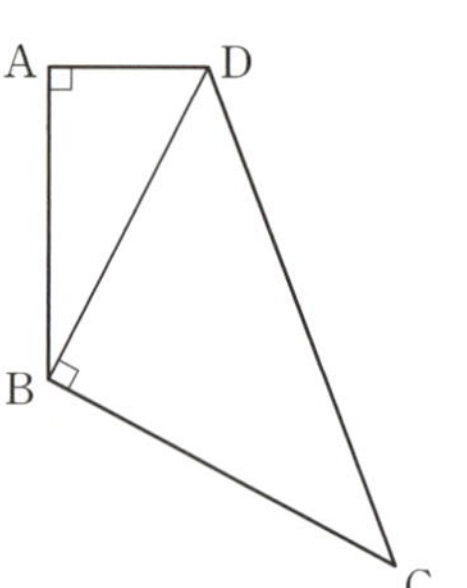
그림과 같이 네 변의 길이가 등차수열을 이루는 사각형 ABCD가 있다. 네 변의 길이의 합은 8이고 두 점 B, D를 이은 선분 BD에 대하여
$$\overline{BD}<\overline{BC}, \quad \angle DAB=\angle DBC=90°$$
일 때, 네 변 중 가장 짧은 변의 길이는 $a+b\sqrt{2}$이다. 이때 $a+b$의 값은? (단, a, b는 정수이다.)

① -4 　　　　② 0 　　　　③ 4
④ 8 　　　　⑤ 12

유형 06 등차수열의 합

등차수열의 첫째항부터 제n항까지의 합을 S_n이라 하면
① 첫째항 a와 제n항 l을 알 때
$$S_n = \frac{n(a+l)}{2}$$
② 첫째항 a와 공차 d를 알 때
$$S_n = \frac{n\{2a+(n-1)d\}}{2}$$
③ 제m항부터 제n항까지의 합 S는
$$S = S_n - S_{m-1}$$

👍 대표 예제

1015 $a_3=17$, $a_7=33$인 등차수열 $\{a_n\}$의 첫째항부터 제15항까지의 합은?

① 551   ② 553   ③ 555
④ 557   ⑤ 559

선생님 해설

등차수열 $\{a_n\}$의 첫째항을 a, 공차를 d라 하자.
$a_3=17$에서 $a+2d=17$ ······ ㉠
$a_7=33$에서 $a+6d=33$ ······ ㉡
㉠, ㉡을 연립하여 풀면
$a=9$, $d=4$
따라서 첫째항부터 제15항까지의 합은
$$\frac{15\{2\cdot9+(15-1)\cdot4\}}{2}=555$$

○**답** ③

1016

첫째항과 공차가 같은 등차수열 $\{a_n\}$의 제10항이 20일 때, 수열 $\{a_n\}$의 첫째항부터 제20항까지의 합은?

① 420   ② 430   ③ 440
④ 450   ⑤ 460

1017

첫째항이 2, 제k항이 -40인 등차수열 $\{a_n\}$의 첫째항부터 제k항까지의 합이 -418일 때, 수열 $\{a_n\}$의 공차는?

① -10 ② -8 ③ -6
④ -4 ⑤ -2 .

1018

$$a_3+a_4+a_5=30,\ a_7+a_8+a_9=66$$
을 만족시키는 등차수열 $\{a_n\}$의 제11항부터 제20항까지의 합은?

① 437   ② 439   ③ 441
④ 443   ⑤ 445

1019 👆UP

첫째항이 -32, 제25항이 40인 등차수열 $\{a_n\}$에 대하여
$|a_1|+|a_2|+|a_3|+\cdots+|a_{30}|$의 값을 구하시오.

유형 07 두 수 사이에 수를 넣어서 만든 등차수열의 합

두 수 a, b 사이에 n개의 수를 넣어 만든 등차수열의 합을 S라 하면
① S는 첫째항이 a, 끝항이 b, 항의 개수가 $n+2$인 등차수열의 합이다.
② $S=\dfrac{(n+2)(a+b)}{2}$

👍 대표 예제

1020 두 수 37과 -20 사이에 n개의 수 a_1, a_2, a_3, $\cdots$, a_n을 넣어 등차수열

$$37,\ a_1,\ a_2,\ a_3,\ \cdots,\ a_n,\ -20$$

을 만들었다. 이 수열의 모든 항의 합이 170일 때, n의 값은?

① 16 　　　② 18 　　　③ 20
④ 22 　　　⑤ 24

선생님 해설

첫째항이 37, 끝항이 -20, 항의 개수가 $n+2$인 등차수열의 합이 170이므로

$$\frac{(n+2)\{37+(-20)\}}{2}=170$$

$$n+2=20 \qquad \therefore n=18$$

○ 답 ②

1021

두 수 1과 97 사이에 n개의 수 a_1, a_2, a_3, $\cdots$, a_n을 넣어

$$1,\ a_1,\ a_2,\ a_3,\ \cdots,\ a_n,\ 97$$

이 이 순서대로 등차수열을 이루도록 하였다.

$$a_1+a_2+a_3+\cdots+a_n=1127$$

일 때, n의 값은?

① 17 　　　② 19 　　　③ 21
④ 23 　　　⑤ 25

1022

두 수 -1과 59 사이에 n개의 수 a_1, a_2, a_3, $\cdots$, a_n을 넣어 등차수열

$$-1,\ a_1,\ a_2,\ a_3,\ \cdots,\ a_n,\ 59$$

를 만들었다. $a_4=15$일 때, 이 수열의 모든 항의 합은?

① 460 　　　② 462 　　　③ 464
④ 466 　　　⑤ 468

1023

두 수 -8과 13 사이에 n개의 수를 넣고, 두 수 13과 52 사이에 $2n$개의 수를 넣어

$$-8,\ a_1,\ a_2,\ \cdots,\ a_n,\ 13,\ b_1,\ b_2,\ \cdots,\ b_{2n},\ 52$$

가 이 순서대로 등차수열을 이루도록 할 때, 이 수열의 모든 항의 합을 구하시오.

1024 🆙

두 수 -12와 18 사이에 m개의 수를 넣고, 두 수 18과 75 사이에 n개의 수를 넣어

$$-12,\ a_1,\ a_2,\ \cdots,\ a_m,\ 18,\ b_1,\ b_2,\ \cdots,\ b_n,\ 75$$

가 이 순서대로 등차수열을 이루도록 하였다.

$$31(a_1+a_2+\cdots+a_m)=b_1+b_2+\cdots+b_n$$

이 성립할 때, $n-m$의 값은?

① 9 　　　② 13 　　　③ 17
④ 21 　　　⑤ 25

유형 08 두 개 이상의 등차수열의 합

두 등차수열 $\{a_n\}$, $\{b_n\}$의 첫째항이 각각 a, b이고 공차가 각각 d, d'일 때
① 수열 $\{a_n+b_n\}$은 첫째항이 $a+b$, 공차가 $d+d'$인 등차수열이다.
② 수열 $\{a_n-b_n\}$은 첫째항이 $a-b$, 공차가 $d-d'$인 등차수열이다.

🖐 대표 예제

1025 두 등차수열 $\{a_n\}$, $\{b_n\}$의 첫째항의 합이 5, 공차의 합이 7일 때, $(a_1+a_2+a_3+\cdots+a_{15})+(b_1+b_2+b_3+\cdots+b_{15})$의 값은?

① 806 ② 808 ③ 810
④ 812 ⑤ 814

선생님 해설

두 등차수열 $\{a_n\}$, $\{b_n\}$의 공차를 각각 d, d'이라 하면
$a_1+b_1=5$, $d+d'=7$
즉, 수열 $\{a_n+b_n\}$은 첫째항 5, 공차가 7인 등차수열이므로
$(a_1+a_2+a_3+\cdots+a_{15})+(b_1+b_2+b_3+\cdots+b_{15})$
$=(a_1+b_1)+(a_2+b_2)+(a_3+b_3)+\cdots+(a_{15}+b_{15})$
$=\dfrac{15\{2\cdot5+(15-1)\cdot7\}}{2}=810$

← 수열 $\{a_n+b_n\}$의 제15항
➡ 항의 개수는 15

○**답** ③

1026 대표 예제 한 번 더

두 등차수열 $\{a_n\}$, $\{b_n\}$의 일반항이 각각
$$a_n=(1-\sqrt{2})n+2-\sqrt{2}, \quad b_n=(1+\sqrt{2})n-1+\sqrt{2}$$
일 때, $(a_1+a_2+a_3+\cdots+a_{20})+(b_1+b_2+b_3+\cdots+b_{20})$의 값은?

① 420 ② 425 ③ 430
④ 435 ⑤ 440

1027

두 등차수열 $\{a_n\}$, $\{b_n\}$의 첫째항이 각각 2, 5이고 공차가 각각 3, -2일 때,
$$(a_1+a_2+a_3+\cdots+a_{11})-(b_1+b_2+b_3+\cdots+b_{11})$$
의 값을 구하시오.

1028

수열
$$1, \ -1, \ 3, \ 2, \ 5, \ 5, \ 7, \ 8, \ 9, \ 11, \ \cdots$$
의 첫째항부터 제40항까지의 합은?

① 930 ② 940 ③ 950
④ 960 ⑤ 970

1029 

두 등차수열 $\{a_n\}$, $\{b_n\}$의 일반항이 각각
$$a_n=3n-32, \quad b_n=-2n+21$$
일 때,
$$(|a_1|+|a_2|+\cdots+|a_{18}|)+(|b_1|+|b_2|+\cdots+|b_{18}|)$$
의 값은?

① 401 ② 411 ③ 421
④ 431 ⑤ 441

유형 09 부분의 합이 주어진 등차수열의 합

첫째항이 a, 공차가 d인 등차수열 $\{a_n\}$의 첫째항부터 제n항까지의 합을 S_n이라 하면
① 부분합 S_n, S_{2n}이 주어진 경우

연립방정식 $\begin{cases} S_n = \dfrac{n\{2a+(n-1)d\}}{2} \\ S_{2n} = \dfrac{2n\{2a+(2n-1)d\}}{2} \end{cases}$ 를 풀어 a, d의 값을

각각 구한다.
② 임의의 자연수 k에 대하여 수열
$$S_k,\ S_{2k}-S_k,\ S_{3k}-S_{2k},\ \cdots$$
는 등차수열을 이룬다.

🖐 대표 예제

1030 등차수열 $\{a_n\}$의 첫째항부터 제n항까지의 합을 S_n이라 하자. $S_{10}=165$, $S_{20}=630$일 때, S_{30}의 값은?

① 1365 ② 1375 ③ 1385
④ 1395 ⑤ 1405

선생님 해설

등차수열 $\{a_n\}$의 첫째항을 a, 공차를 d라 하자.
$S_{10}=165$에서
$$\frac{10(2a+9d)}{2}=165 \qquad \therefore\ 2a+9d=33 \qquad \cdots\cdots \ ㉠$$
$S_{20}=630$에서
$$\frac{20(2a+19d)}{2}=630 \qquad \therefore\ 2a+19d=63 \qquad \cdots\cdots \ ㉡$$
㉠, ㉡을 연립하여 풀면
$a=3$, $d=3$
$$\therefore\ S_{30}=\frac{30\{2\cdot3+(30-1)\cdot3\}}{2}=1395$$

● 다른 풀이 ●

$S_{10}=165$, $S_{20}-S_{10}=630-165=465$이므로
수열 S_{10}, $S_{20}-S_{10}$, $S_{30}-S_{20}$, $\cdots$은 첫째항이 165, 공차가 300인 등차수열을 이룬다.
$$\therefore\ S_{30}=S_{10}+(S_{20}-S_{10})+(S_{30}-S_{20})$$
$$=\frac{3\{2\cdot165+(3-1)\cdot300\}}{2}=1395$$

제2항이 $S_{20}-S_{10}$,
첫째항이 S_{10}이므로
공차는
$(S_{20}-S_{10})-S_{10}$
$=465-165=300$

답 ④

1031 [대표 예제] [한 번 더]
등차수열 $\{a_n\}$에 대하여 첫째항부터 제8항까지의 합이 64, 제9항부터 제18항까지의 합이 260일 때, 수열 $\{a_n\}$의 첫째항부터 제24항까지의 합은?

① 575 ② 576 ③ 577
④ 578 ⑤ 579

1032 등차수열 $\{a_n\}$의 첫째항부터 제n항까지의 합을 S_n이라 하자. $S_{10}=190$, $S_{15}+S_{35}=0$일 때, $a_5+a_6+a_7+\cdots+a_{15}$의 값은?

① 100 ② 110 ③ 120
④ 130 ⑤ 140

1033 등차수열 $\{a_n\}$의 첫째항부터 제n항까지의 합을 S_n이라 하자. $S_1=58$, $S_5=250$일 때, $S_k=S_{2k}$를 만족시키는 자연수 k의 값을 구하시오.

1034 UP
공차가 d인 등차수열 $\{a_n\}$의 첫째항부터 제5항까지의 합이 305, 제10항부터 제20항까지의 합이 275이다. 첫째항부터 제k항까지의 합이 390일 때, $k-d$의 값을 구하시오.

유형 10 등차수열의 합의 최대·최소

등차수열 $\{a_n\}$의 첫째항부터 제n항까지의 합을 S_n이라 할 때
① 첫째항이 양수, 공차가 음수이고, a_k에서 처음으로 음수가 되면
S_n의 최댓값은 S_{k-1}이다.
② 첫째항이 음수, 공차가 양수이고, a_k에서 처음으로 양수가 되면
S_n의 최솟값은 S_{k-1}이다.

🖒 대표 예제

1035 등차수열 $\{a_n\}$의 첫째항부터 제n항까지의 합을 S_n이라
하자. $S_1=44$, $a_5=32$일 때, S_n의 최댓값은?

① 333 ② 337 ③ 341
④ 345 ⑤ 349

선생님 해설

등차수열 $\{a_n\}$의 첫째항을 a, 공차를 d라 하면
$a=S_1=44$
$a_5=32$에서 $44+4d=32$
$4d=-12$ $\therefore d=-3$
$\therefore a_n=44+(n-1)\cdot(-3)=-3n+47$
$a_n<0$에서 $-3n+47<0$
$3n>47$ $\therefore n>\dfrac{47}{3}=15.\times\times\times$

즉, 등차수열 $\{a_n\}$은 제16항에서 처음으로 음수가 되므로
S_n의 최댓값은 S_{15}이다.
$$\therefore S_{15}=\frac{15\{2\cdot44+(15-1)\cdot(-3)\}}{2}=345$$

답 ④

1036 대표 예제 한 번 더

제2항이 -52, 제6항이 -40인 등차수열 $\{a_n\}$의 첫째항부터
제n항까지의 합을 S_n이라 하면 S_n은 $n=k$에서 최솟값을
갖는다. 이때 자연수 k의 값은?

① 15 ② 17 ③ 19
④ 21 ⑤ 23

1037

첫째항이 -100, 공차가 d인 등차수열 $\{a_n\}$의 첫째항부터
제n항까지의 합을 S_n이라 하자. S_n이 오직 $n=13$에서만
최솟값을 가질 때, 정수 d의 값은?

① 2 ② 4 ③ 6
④ 8 ⑤ 10

1038

첫째항이 -30인 등차수열 $\{a_n\}$에 대하여
$$a_1+a_2+a_3+\cdots+a_8=a_1+a_2+a_3+\cdots+a_{13}$$
이 성립할 때, $a_1+a_2+a_3+\cdots+a_n$의 최솟값은?

① -167 ② -165 ③ -163
④ -161 ⑤ -159

1039

첫째항이 51, 공차가 정수인 등차수열 $\{a_n\}$의 첫째항부터
제n항까지의 합을 S_n이라 하자. S_n이 $n=k$, $n=l$에서 최
댓값을 가질 때, a_k의 값을 구하시오. (단, $10<k<l<50$)

유형 11 나머지가 같은 자연수의 합

① 자연수 d의 배수를 작은 것부터 차례대로 나열하면
$$d,\ 2d,\ 3d,\ \cdots$$
즉, 첫째항과 공차가 d인 등차수열이 된다.

② 자연수 d로 나누었을 때의 나머지가 $a\,(0<a<d)$인 자연수를 작은 것부터 차례대로 나열하면
$$a,\ a+d,\ a+2d,\ \cdots$$
즉, 첫째항이 a, 공차가 d인 등차수열이 된다.

대표 예제

1040 100과 200 사이에 있는 자연수 중에서 6으로 나누었을 때의 나머지가 3인 수의 총합은?

① 2380　　② 2390　　③ 2400
④ 2410　　⑤ 2420

선생님 해설

100과 200 사이에 있는 자연수 중에서 6으로 나누었을 때의 나머지가 3인 수를 작은 것부터 차례대로 나열하면
$$105,\ 111,\ 117,\ \cdots,\ 195 \quad \text{(첫째항이 105, 공차가 6인 등차수열)}$$
이때 $195=105+15\cdot6$에서 구하는 합은 첫째항이 105, 끝항이 195, 항의 개수가 16인 등차수열의 합과 같으므로
$$\frac{16(105+195)}{2}=2400$$
첫째항 105, 공차 6에 대하여 195는 $195=105+(16-1)\cdot6$, 즉 제16항이다.

답 ③

1041

집합
$$X=\{x\,|\,x\text{는 100보다 작은 3의 배수}\}$$
에 대하여 $n(X)=a$이고, 집합 X의 원소의 총합은 b일 때, $b-a$의 값은? (단, a, b는 상수이다.)

① 1650　　② 1655　　③ 1660
④ 1665　　⑤ 1670

1042

두 자리 자연수 중에서 4 또는 7로 나누어떨어지는 수의 총합은?

① 1745　　② 1748　　③ 1751
④ 1754　　⑤ 1757

1043

자연수 k의 배수 중에서 100 이하인 수의 총합이 230일 때, k의 값을 구하시오.

1044

$20\leq p\leq30$인 유리수 p 중에서 분모가 5인 기약분수의 총합은?

① 1000　　② 1100　　③ 1200
④ 1300　　⑤ 1400

유형 12　등차수열의 합의 활용

주어진 상황에서 등차수열을 찾아 등차수열의 합에 대한 식을 세워서 푼다.

👍 대표 예제

1045 관람객을 350명 이상 수용할 수 있는 공연장을 지으려고 한다. 관람석의 첫 번째 줄의 좌석수가 20이고, 두 번째 줄부터의 좌석수는 바로 앞 줄의 좌석수보다 4씩 늘어나도록 하면 최소 k번째 줄까지는 좌석을 만들어야 한다. 이때 k의 값은?

① 10　　　　② 11　　　　③ 12

④ 13　　　　⑤ 14

선생님 해설

관람석의 첫 번째 줄의 좌석수부터 차례대로 나열하면

20, 24, 28, …

즉, 좌석수는 첫째항이 20, 공차가 4인 등차수열을 이룬다.

이 수열의 첫째항부터 제n항까지의 합을 S_n이라 하면

$S_n \geq 350$에서

$$\frac{n\{2\cdot 20 + (n-1)\cdot 4\}}{2} \geq 350$$

$$\therefore n(n+9) \geq 175 \quad \cdots\cdots ㉠$$

㉠에서

$n=9$이면 $9\cdot 18 = 162 < 175$,

$n=10$이면 $10\cdot 19 = 190 > 175$

$$\therefore n \geq 10$$

따라서 최소 10번째 줄까지는 좌석을 만들어야 하므로

$$k = 10$$

답 ①

1046

연속하는 20개의 홀수의 합이 640일 때, 가장 큰 홀수는?

① 45　　　　② 47　　　　③ 49

④ 51　　　　⑤ 53

1047

크기가 같은 벽돌로 쌓은 탑이 있다. 이 탑의 $(k+1)$층을 이루는 벽돌의 수는 k층을 이루는 벽돌의 수보다 항상 일정한 수만큼 적다. 맨 위층은 한 개의 벽돌로 이루어져 있고, 1층은 43개의 벽돌로 이루어져 있다. 전체 탑을 이루는 벽돌의 수가 330일 때, 이 탑의 층수는?

① 13　　　　② 14　　　　③ 15

④ 16　　　　⑤ 17

1048

그림과 같이 좌표평면 위에 점 $P_n(n, 0)$ $(n=1, 2, 3, \cdots)$과 직선 $y=3x+2$가 있다. 점 P_n을 지나고 x축에 수직인 직선이 직선 $y=3x+2$와 만나는 점을 Q_n이라 하자.

$$\overline{P_1Q_1} + \overline{P_2Q_2} + \overline{P_3Q_3} + \cdots + \overline{P_kQ_k} = 185$$

일 때, 자연수 k의 값을 구하시오.

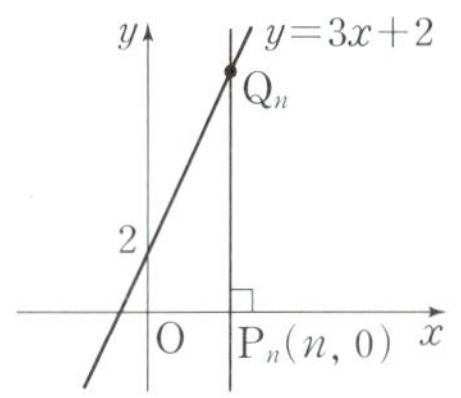

1049 📈

그림과 같이 $\angle B = 90°$인 직각삼각형 ABC에서 선분 AC를 20등분하는 점을 차례대로 P_1, P_2, P_3, $\cdots$, P_{19}라 하고, 각 점 P_1, P_2, P_3, $\cdots$, P_{19}에서 선분 AB에 내린 수선의 발을 차례대로 Q_1, Q_2, Q_3, $\cdots$, Q_{19}라 하자. $\overline{AB}=40$, $\overline{BC}=30$일 때, $\triangle AP_1Q_1 + \triangle Q_1P_2Q_2 + \triangle Q_2P_3Q_3 + \cdots + \triangle Q_{19}CB$의 값을 구하시오.

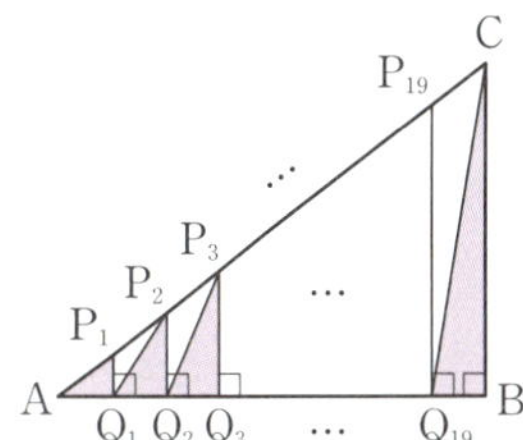

유형 13 수열의 합과 일반항 사이의 관계

수열 $\{a_n\}$의 첫째항부터 제n항까지의 합 S_n이 주어질 때
① (i) $n=1$일 때, $a_1=S_1$
　(ii) $n\geq2$일 때, $a_n=S_n-S_{n-1}$
　임을 이용하여 일반항 a_n을 구한다.
② $S_n=An^2+Bn+C$ (A, B, C는 상수)일 때
　• $C=0$이면 수열 $\{a_n\}$은 첫째항부터 등차수열을 이룬다.
　• $C\neq0$이면 수열 $\{a_n\}$은 제2항부터 등차수열을 이룬다.

대표 예제

1050 첫째항부터 제n항까지의 합 S_n이 $S_n=n^2+3n$인 수열 $\{a_n\}$에 대하여 $a_1+a_3+a_5+\cdots+a_{49}$의 값은?

① 1250　　　② 1300　　　③ 1350
④ 1400　　　⑤ 1450

선생님 해설

$S_n=n^2+3n$에서
(i) $n=1$일 때, $a_1=S_1=4$
(ii) $n\geq2$일 때
$\quad a_n=S_n-S_{n-1}$
$\quad\quad=(n^2+3n)-\{(n-1)^2+3(n-1)\}$
$\quad\quad=2n+2 \quad\cdots\cdots\ ㉠$
이때 $a_1=4$는 ㉠에 $n=1$을 대입한 것과 같으므로
$a_n=2n+2$
따라서 $a_1=4$, $a_{49}=100$이므로
$a_1+a_3+a_5+\cdots+a_{49}=\dfrac{25(4+100)}{2}=1300$
　　→ 항의 개수는 25

답 ②

1051

첫째항부터 등차수열을 이루는 수열 $\{a_n\}$의 첫째항부터 제n항까지의 합 S_n이 $S_n=2n^2+kn+3-k$일 때, 일반항 a_n은 $a_n=pn+q$이다. 이때 pq의 값은?

(단, k, p, q는 상수이다.)

① 4　　　② 6　　　③ 8
④ 10　　　⑤ 12

1052

첫째항부터 제n항까지의 합이 각각 n^2-15n, $2n^2+kn$인 두 수열 $\{a_n\}$, $\{b_n\}$에 대하여 $a_8=b_8$일 때, $a_{16}-b_{16}$의 값은? (단, k는 상수이다.)

① -16　　　② -6　　　③ 4
④ 14　　　⑤ 24

1053

수열 $\{a_n\}$에 대하여
$$a_1+a_3+a_5+\cdots+a_{2n-1}=2n^2-21n,$$
$$a_2+a_4+a_6+\cdots+a_{2n}=2n^2+kn$$
이 성립한다. 이 수열이 첫째항부터 등차수열을 이룰 때, 수열 $\{a_n\}$의 제11항부터 제20항까지의 합은?

① 100　　　② 102　　　③ 104
④ 106　　　⑤ 108

1054

0이 아닌 실수 a에 대하여 첫째항부터 제n항까지의 합 S_n이 $S_n=an^2+16n+a^2-a-2$인 수열 $\{a_n\}$이 있다. 이 수열이 첫째항부터 등차수열을 이루고 첫째항부터 제n항까지의 합의 최댓값 M이 존재할 때, M의 값을 구하시오.

1055 · 유형 01 ·

첫째항이 공차의 2배인 등차수열 $\{a_n\}$에 대하여

$$\frac{1}{a_1a_2}+\frac{1}{a_2a_3}+\frac{1}{a_3a_4}+\cdots+\frac{1}{a_{18}a_{19}}=\frac{1}{20}$$

일 때, 수열 $\{a_n\}$의 공차는? (단, $a_n>0$)

① 1   ② 2   ③ 3
④ 4   ⑤ 5

1056 · 유형 06 ·

첫째항이 모두 1이고, 공차가 각각 3, 4인 두 등차수열 $\{a_n\}$, $\{b_n\}$에 대하여 두 집합 A, B를 각각

$$A=\{a_1,\ a_2,\ a_3,\ \cdots\},\ B=\{b_1,\ b_2,\ b_3,\ \cdots\}$$

으로 정의하자. 집합 $A \cap B$의 원소를 작은 것부터 차례대로 나열한 수열을 $\{c_n\}$이라 할 때, $c_1+c_2+c_3+\cdots+c_{40}$의 값은?

① 9350   ② 9400   ③ 9450
④ 9500   ⑤ 9550

1057 · 유형 02 ·

두 등차수열 $\{a_n\}$, $\{b_n\}$의 제n항의 합이 100으로 항상 일정하다. 등차수열 $\{a_n\}$의 공차를 d라 하면 $|d|=4$이고, 제31항에서 처음으로 음수가 되는 항 -3을 갖는다. 이때 $|b_n|$의 최솟값을 구하시오.

1058 · 유형 09 ·

공차가 정수인 등차수열 $\{a_n\}$의 첫째항부터 제n항까지의 합을 S_n이라 하자. $S_k=55$, $S_{2k}=35$일 때, 자연수 k의 값은?

① 5   ② 6   ③ 7
④ 8   ⑤ 9

1059 · 유형 08 + 유형 13 ·

두 등차수열 $\{a_n\}$, $\{b_n\}$의 첫째항부터 제n항까지의 합을 각각 S_n, T_n이라 하자.

$$S_{29}+T_{29}=563,\ S_{30}+T_{30}=600$$

일 때, a_1+b_1의 값은?

① -5 ② -1 ③ 3
④ 7   ⑤ 11

1060 · 유형 07 ·

서로 다른 두 자연수 a와 b 사이에 n개의 수 a_1, a_2, a_3, $\cdots$, a_n을 넣어

$$a,\ a_1,\ a_2,\ a_3,\ \cdots,\ a_n,\ b$$

가 이 순서대로 등차수열을 이루도록 하였다.

$$a_1+a_2+a_3+\cdots+a_n=89$$

일 때, 이 수열의 모든 항의 합을 구하시오. (단, $n \geq 2$)

1061 · 유형 03 ·

두 수 5와 25 사이에 m개의 수를 넣어서 이 순서대로 등차수열 $\{a_n\}$을 만들고, 두 수 5와 45 사이에 n개의 수를 넣어서 이 순서대로 등차수열 $\{b_n\}$을 만든다. 두 등차수열 $\{a_n\}$, $\{b_n\}$의 공차를 각각 d, e라 할 때, 다음 조건을 만족시키는 순서쌍 (m, n)의 개수를 구하시오.

> (가) $d \geq 2e$
> (나) $11 \leq m+n \leq 20$

1062 · 유형 05 ·

직사각형 ABCD의 꼭짓점 A에서 대각선 BD에 내린 수선의 발을 E라 하자. 세 삼각형 ABE, AED, BCD의 넓이가 이 순서대로 등차수열을 이루고 $\overline{\text{AB}}=2\sqrt{3}$일 때, 선분 BD의 길이는?

① $\sqrt{3}$　　② 3　　③ $2\sqrt{3}$
④ $3\sqrt{3}$　　⑤ 6

1063 · 유형 08 ·

수열 $\{a_n\}$은
$$\{a_n\}: 1, 2, 1, 2, 1, 2, \cdots$$
이고, 수열 $\{b_n\}$은 첫째항이 -3, 공차가 d인 등차수열이다. 수열 $\{a_nb_n\}$의 첫째항부터 제20항까지의 합이 490일 때, d의 값을 구하시오.

1064 사고력 · 유형 11 ·

200 이하의 자연수 중에서 8로 나누었을 때의 나머지가 k $(k=1, 2, 3, \cdots, 7)$인 수의 총합을 S_k라 할 때, $S_1-S_2+S_3-S_4+S_5-S_6+S_7$의 값은?

① 2400　　② 2450　　③ 2500
④ 2550　　⑤ 2600

1065 · 유형 08 ·

좌표평면 위의 직선 $5x+2y=10n$ (n은 자연수)이 x축, y축과 만나는 점을 각각 A_n, B_n이라 하고, 삼각형 OA_nB_n의 둘레 및 내부에 존재하는 점 중 x좌표, y좌표가 모두 정수인 점의 개수를 S_n이라 하자. 이때 $S_n=541$을 만족시키는 n의 값을 구하시오. (단, O는 원점이다.)

1066 창의력 · 유형 04 ·

정수 k와 두 실수 a, b에 대하여 다음 조건을 만족시키는 순서쌍 (a, b)의 개수는 3이다.

> (가) $ab=k$
> (나) $a<4$, $a<b$
> (다) 세 수 a, b, 4가 등차수열을 이룬다.

k의 최댓값을 M, 최솟값을 m이라 할 때, $M-m$의 값은?

① 10　　② 12　　③ 14
④ 16　　⑤ 18

서술형 문제

1067
• 유형 01 •

수열 $\{3n+2\}$가 등차수열임을 보이시오.

1068
• 유형 04 •

세 수 a, b, c가 이 순서대로 등차수열을 이루고, 세 수 $-a^2$, b^2, c^2도 이 순서대로 등차수열을 이룰 때,

$$\frac{ab+2bc+3ca}{(a+b+c)(a-b-c)}$$ 의 값을 구하시오. (단, $abc \neq 0$)

☑ 필요 개념 및 공식

☐ 등차중항	☐ 인수분해

1069
• 유형 10 •

첫째항이 44, 제9항부터 제15항까지의 합이 0인 등차수열 $\{a_n\}$의 첫째항부터 제n항까지의 합을 S_n이라 할 때, S_n의 최댓값을 구하시오.

1070
• 유형 09 •

다음 조건을 만족시키는 등차수열 $\{a_n\}$의 공차를 구하시오.

(가) $a_2 = 9$

(나) 모든 자연수 n에 대하여 첫째항부터 제n항까지의 합이 그 다음 n개의 항의 합의 $\frac{1}{3}$이다.

☑ 필요 개념 및 공식

☐ 등차수열의 일반항	☐ 등차수열의 합	☐ 항등식의 성질

1071
• 유형 06 •

모든 항이 자연수인 등차수열 $\{a_n\}$에 대하여 제100항이 11의 배수이고, 첫째항부터 제10항까지의 합은 985이다. 이때 $a_1 - a_2 + a_3 - a_4 + \cdots + a_{49} - a_{50}$의 값을 구하시오.

☑ 필요 개념 및 공식

☐ 약수와 배수	☐ 등차수열의 합	☐ 공차

1072
• 유형 01 •

등차수열 $\{a_n\}$의 첫째항이 40, 공차가 -3이고 수열 $\{b_n\}$의 일반항 b_n은 $b_n = 2a_n + k$이다. 집합 X를

$$X = \{n \mid a_n b_n < 0, \ n\text{은 자연수}\}$$

로 정의할 때, $n(X) = 4$를 만족시키는 정수 k의 개수를 구하시오.

☑ 필요 개념 및 공식

☐ 등차수열의 일반항	☐ 이차부등식	☐ 집합의 뜻과 표현

개념 01 등비수열

(1) **등비수열**: 첫째항부터 차례로 일정한 수를 곱하여 만든 수열
(2) **공비**: 등비수열에서 곱하는 일정한 수
(3) **등비수열의 일반항**: 첫째항이 a, 공비가 $r\,(r \neq 0)$인 등비수열의 일반항 a_n은
$$a_n = ar^{n-1} \ (단, \ n=1, \ 2, \ 3, \ \cdots)$$
참고 일반적으로 공비가 r인 등비수열 $\{a_n\}$에서 제n항에 r를 곱하면 제$(n+1)$항이 되므로
$$a_{n+1} = ra_n \ (n=1, \ 2, \ 3, \ \cdots)$$
(4) **등비중항**: 0이 아닌 세 수 a, b, c가 이 순서대로 등비수열을 이룰 때, b를 a와 c의 등비중항이라 한다.
이때 $\dfrac{b}{a} = \dfrac{c}{b}$이므로
$$b^2 = ac$$

[1073~1074] 다음 수열이 등비수열을 이루도록 □ 안에 알맞은 수를 써넣으시오.

1073 1, 2, □, □, 16, $\cdots$

1074 □, -5, -1, □, $-\dfrac{1}{25}$, $\cdots$

[1075~1076] 다음 등비수열의 일반항 a_n을 구하시오.

1075 첫째항이 3, 공비가 -4인 수열

1076 9, 3, 1, $\dfrac{1}{3}$, $\dfrac{1}{9}$, $\cdots$

1077 첫째항이 48이고 공비가 $\dfrac{1}{2}$인 등비수열 $\{a_n\}$에 대하여 다음에 답하시오.

(1) 제4항을 구하시오.

(2) $\dfrac{3}{8}$은 제몇 항인지 구하시오.

[1078~1079] 다음 세 수가 주어진 순서대로 등비수열을 이룰 때, 양수 x의 값을 구하시오.

1078 2, x, 18

1079 -3, x, $-\dfrac{4}{3}$

개념 02 등비수열의 합

첫째항이 a, 공비가 r인 등비수열의 첫째항부터 제n항까지의 합을 S_n이라 하면

(1) $r \neq 1$일 때, $S_n = \dfrac{a(1-r^n)}{1-r} = \dfrac{a(r^n-1)}{r-1}$

(2) $r = 1$일 때, $S_n = na$

참고 $r<1$일 때는 $S_n = \dfrac{a(1-r^n)}{1-r}$, $r>1$일 때는 $S_n = \dfrac{a(r^n-1)}{r-1}$을 이용하면 계산이 편리하다.

[1080~1081] 다음을 구하시오.

1080 첫째항이 4, 공비가 2인 등비수열의 첫째항부터 제6항까지의 합

1081 첫째항이 1, 공비가 $\dfrac{1}{2}$인 등비수열의 첫째항부터 제8항까지의 합

[1082~1083] 다음 등비수열의 첫째항부터 제10항까지의 합을 구하시오.

1082 2, 6, 18, 54, 162, $\cdots$

1083 -3, $3\sqrt{2}$, -6, $6\sqrt{2}$, -12, $\cdots$

[1084~1085] 다음 식의 값을 구하시오.

1084 $3+6+12+\cdots+768$

1085 $48-24+12-\cdots+\dfrac{3}{4}$

유형 01　등비수열의 일반항

① 첫째항이 a, 공비가 r인 등비수열 $\{a_n\}$의 일반항 a_n은
$$a_n=ar^{n-1} \ (\text{단, } n=1, 2, 3, \cdots)$$
② 일반항이 $a_n=ap^n$인 등비수열 $\{a_n\}$의 공비는 p이다.
③ 등비수열 $\{a_n\}$의 공비가 r일 때
$$r=\frac{a_2}{a_1}=\frac{a_3}{a_2}=\frac{a_4}{a_3}=\cdots$$
④ 등비수열 $\{a_n\}$의 일반항에 대한 조건이 주어질 때는
$$a_n=ar^{n-1}$$
임을 이용하여 a, r에 대한 두 방정식을 세운 후 연립방정식을 풀어 a, r의 값을 각각 구한다.

👍 대표 예제

1086 제2항이 -9, 제5항이 243인 등비수열 $\{a_n\}$에 대하여 a_3의 값은?

① -81　　② -27　　③ 9

④ 27　　⑤ 81

선생님 해설

등비수열 $\{a_n\}$의 첫째항을 a, 공비를 r라 하자.
제2항이 -9이므로
$$ar=-9 \quad \cdots\cdots ㉠$$
제5항이 243이므로
$$ar^4=243 \quad \cdots\cdots ㉡$$
㉡÷㉠을 하면
$$r^3=-27 \quad \therefore r=-3$$
$r=-3$을 ㉠에 대입하면
$$a=3$$
따라서 $a_n=3\cdot(-3)^{n-1}$이므로
$$a_3=3\cdot(-3)^2=27$$

> 등비수열의 일반항을 구하기 위해서는 첫째항 a와 공비 r를 알아야 해. 따라서 주어진 조건을 각각 a, r에 대한 식으로 나타낸 후 연립방정식을 풀어서 구하자.

답 ④

1087　`대표 예제`　`한 번 더`
공비가 음수인 등비수열 $\{a_n\}$에 대하여
$$a_2=18, \ a_3:a_5=4:1$$
일 때, a_4의 값은?

① $-\dfrac{9}{2}$　　② $-\dfrac{9}{4}$　　③ 1

④ $\dfrac{9}{4}$　　⑤ $\dfrac{9}{2}$

1088
등비수열 $\{a_n\}$의 첫째항이 $\dfrac{1}{2}$, 공비가 2일 때,
$\log_2 a_1+\log_2 a_2+\log_2 a_3+\cdots+\log_2 a_{10}$의 값은?

① 35　　② 37　　③ 39

④ 41　　⑤ 43

1089
등비수열 $\{a_n\}$에 대하여 $\dfrac{a_2+a_3+a_4}{a_5+a_6+a_7}=\dfrac{1}{5}$일 때, $\dfrac{a_{10}}{a_1}$의 값을 구하시오.

1090
등비수열 $\{a_n\}$에 대하여
$$a_2+a_5=-\frac{26}{9}, \ a_1a_2a_3=-27$$
일 때, a_6의 값은?

① $-\dfrac{1}{9}$　　② $-\dfrac{1}{27}$　　③ $-\dfrac{1}{81}$

④ $\dfrac{1}{81}$　　⑤ $\dfrac{1}{27}$

유형 02 조건을 만족시키는 등비수열의 항

일반항이 $a_n = ar^{n-1}$인 등비수열 $\{a_n\}$에서
① $a_n > k$를 만족시키는 항: 부등식 $ar^{n-1} > k$를 만족시키는 자연수 n의 최솟값을 구한다.
② $a_n = k$를 만족시키는 항: 방정식 $ar^{n-1} = k$를 만족시키는 자연수 n의 값을 구한다.

👍 대표 예제

1091 첫째항이 5, 공비가 3인 등비수열 $\{a_n\}$에 대하여 $a_n > 1000$을 만족시키는 자연수 n의 최솟값은?

① 5   ② 6   ③ 7
④ 8   ⑤ 9

선생님 해설

등비수열 $\{a_n\}$의 첫째항이 5, 공비가 3이므로 일반항 a_n은
$a_n = 5 \cdot 3^{n-1}$
$a_n > 1000$에서 $5 \cdot 3^{n-1} > 1000$
$\therefore 3^{n-1} > 200$ ← $2^8 = 256$, $2^9 = 512$, $2^{10} = 1024$, $3^5 = 243$ 등은 외워두면 부등식을 쉽게 풀 수 있다.
이때 $3^4 = 81$, $3^5 = 243$이므로
$n - 1 \geq 5$ $\therefore n \geq 6$
따라서 조건을 만족시키는 자연수 n의 최솟값은 6이다.

답 ②

1092 [대표 예제] [한 번 더]

$a_2 = 12$, $a_4 = 3$이고 공비가 양수인 등비수열 $\{a_n\}$에 대하여 처음으로 $\dfrac{1}{20}$보다 작아지는 항은 제몇 항인가?

① 제9항   ② 제10항   ③ 제11항
④ 제12항   ⑤ 제13항

1093

공비가 $-\sqrt{2}$인 등비수열 $\{a_n\}$에 대하여 $a_4 = 8$일 때, $a_k = 128$을 만족시키는 자연수 k의 값은?

① 10   ② 11   ③ 12
④ 13   ⑤ 14

1094

모든 항이 양수인 등비수열 $\{a_n\}$에 대하여
$$a_2 a_4 = 2^{18}, \quad a_3 a_5 = 2^{17}$$
일 때, a_n이 정수가 되도록 하는 자연수 n의 개수를 구하시오.

1095

모든 항이 양수인 두 등비수열 $\{a_n\}$, $\{b_n\}$에 대하여
$$a_3 = b_4, \quad a_5 = b_8$$
이 성립할 때, $a_{17} = b_k$를 만족시키는 자연수 k의 값은?

① 24   ② 26   ③ 28
④ 30   ⑤ 32

 두 수 사이에 수를 넣어서 만든 등비수열

두 수 a, b 사이에 n개의 수를 넣어 등비수열을 만들면
① a는 첫째항이고, b는 제$(n+2)$항이다.
② $b=ar^{n+1}$ (단, r는 공비)

대표 예제

1096 두 수 3과 192 사이에 두 수 a, b를 넣어
$$3,\ a,\ b,\ 192$$
가 이 순서대로 등비수열을 이루도록 할 때, $a+b$의 값은?

① 58 ② 60 ③ 62
④ 64 ⑤ 66

선생님 해설

주어진 등비수열의 공비를 r라 하자.
첫째항이 3, 제4항이 192이므로
$3 \cdot r^3 = 192$, $r^3 = 64$ $\therefore r = 4$
이때 a, b는 각각 주어진 등비수열의 제2항, 제3항이므로
$a = 3 \cdot 4 = 12$, $b = 3 \cdot 4^2 = 48$
$\therefore a + b = 12 + 48 = 60$

답 ②

1097 대표 예제 | 한 번 더
두 수 32와 162 사이에 3개의 양수 p, q, r를 넣어
$$32,\ p,\ q,\ r,\ 162$$
가 이 순서대로 등비수열을 이루도록 할 때, $p+q+r$의 값은?

① 220 ② 224 ③ 228
④ 232 ⑤ 236

1098
두 수 6과 $-\dfrac{2}{81}$ 사이에 n개의 수 a_1, a_2, a_3, $\cdots$, a_n을 넣어
$$6,\ a_1,\ a_2,\ a_3,\ \cdots,\ a_n,\ -\frac{2}{81}$$
가 이 순서대로 등비수열을 이루도록 하였다. 이 수열의 공비가 $-\dfrac{1}{3}$일 때, 자연수 n의 값을 구하시오.

1099
두 수 3과 81 사이에 5개의 양수 a_1, a_2, a_3, a_4, a_5를 넣어
$$3,\ a_1,\ a_2,\ a_3,\ a_4,\ a_5,\ 81$$
이 이 순서대로 등비수열을 이루도록 하였다.
$a_1 a_2 a_3 a_4 a_5 = 3^{\frac{n}{m}}$일 때, $m+n$의 값은?
(단, m과 n은 서로소인 자연수이다.)

① 21 ② 23 ③ 25
④ 27 ⑤ 29

1100 
0이 아닌 두 실수 a와 b 사이에 3개의 양수 x, y, z를 넣어
$$a,\ x,\ y,\ z,\ b$$
가 이 순서대로 등비수열을 이루도록 할 때, xyz를 a, b로 나타낸 것은?

① $(ab)^2$ ② ab ③ $\sqrt{(ab)^3}$
④ $\sqrt[3]{(ab)^2}$ ⑤ $\sqrt[3]{ab}$

유형 04 등비중항

0이 아닌 세 수 a, b, c가 이 순서대로 등비수열을 이루면

$\dfrac{b}{a}=\dfrac{c}{b}$ 이므로

$$b^2=ac$$

👍 대표 예제

1101 세 양수 a, $2a+1$, $8a+4$가 이 순서대로 등비수열을 이루도록 하는 a의 값은?

① $\dfrac{1}{2}$ ② 1 ③ $\dfrac{3}{2}$

④ 2 ⑤ $\dfrac{5}{2}$

선생님 해설

세 양수 a, $2a+1$, $8a+4$가 이 순서대로 등비수열을 이루므로
$(2a+1)^2=a(8a+4)$, $4a^2=1$

$a^2=\dfrac{1}{4}$ $\quad\therefore a=\dfrac{1}{2}\ (\because a>0)$

답 ①

1102 대표 예제 한 번 더
다항식 $f(x)=x^2+x+a$를 각각 $x+1$, $x-1$, $x-4$로 나누었을 때의 나머지가 이 순서대로 등비수열을 이룰 때, 상수 a의 값은?

① $\dfrac{1}{4}$ ② $\dfrac{1}{2}$ ③ 1

④ 2 ⑤ 4

1103
이차방정식 $x^2-kx+8=0$의 서로 다른 두 실근 α, β에 대하여 α, β, $\alpha\beta$가 이 순서대로 등비수열을 이룰 때, 상수 k의 값은?

① 3 ② 4 ③ 5

④ 6 ⑤ 7

1104
세 양수 10, $y+1$, x는 이 순서대로 등차수열을 이루고, 9, $-2y$, x^2은 이 순서대로 등비수열을 이룰 때, $x+y$의 값을 구하시오.

1105 UP
그림과 같이 삼각형 ABC에서 ∠A의 이등분선이 선분 BC와 만나는 점을 D라 할 때, 세 삼각형 ABD, ADC, ABC의 넓이가 이 순서대로 등비수열을 이룬다.
$\triangle ABC = m \times \triangle ABD$일 때, 실수 m의 값은?

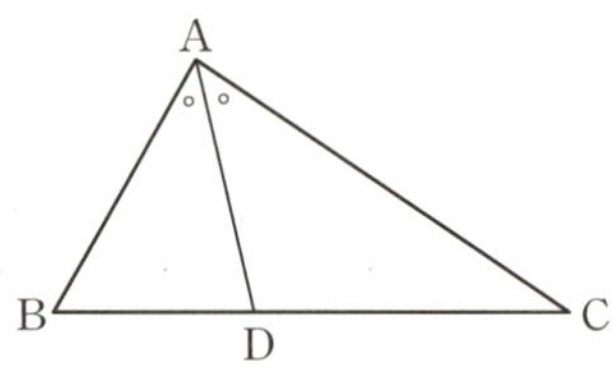

① $\dfrac{1+\sqrt{5}}{2}$ ② 2 ③ $\dfrac{2+\sqrt{5}}{2}$

④ $\dfrac{3+\sqrt{5}}{2}$ ⑤ 3

유형 05 등비수열을 이루는 수

세 수가 등비수열을 이루면 세 수를 각각 a, ar, ar^2으로 놓고 조건을 만족시키는 방정식을 세워서 푼다.

 **대표 예제**

1106 등비수열을 이루는 세 실수의 합이 3이고 곱이 -8일 때, 세 수 중 가장 작은 수는?

① -1 ② -2 ③ -3
④ -4 ⑤ -5

선생님 해설

등비수열을 이루는 세 실수를 a, ar, ar^2으로 놓자.
세 실수의 합이 3이므로
$a+ar+ar^2=3$
$\therefore a(1+r+r^2)=3$ ...... ㉠
세 실수의 곱이 -8이므로
$a \cdot ar \cdot ar^2=-8$, $(ar)^3=-8$
$ar=-2$ $\therefore a=-\dfrac{2}{r}$

$a=-\dfrac{2}{r}$를 ㉠에 대입하면

$-\dfrac{2}{r}(1+r+r^2)=3$

양변에 r를 곱하여 정리하면
$2r^2+5r+2=0$, $(r+2)(2r+1)=0$

$\therefore r=-2$ 또는 $r=-\dfrac{1}{2}$

$r=-2$일 때 $a=1$, $r=-\dfrac{1}{2}$일 때 $a=4$이므로 세 실수는
1, -2, 4이다.
따라서 가장 작은 수는 -2이다.

 **답** ②

1107 삼차방정식 $x^3+14x^2-84x+m=0$의 서로 다른 세 실근이 등비수열을 이룰 때, 상수 m의 값은?

① -216 ② -108 ③ -72
④ 108 ⑤ 216

1108 곡선 $y=2x^3-kx^2-10x$와 직선 $y=16x-16$이 서로 다른 세 점에서 만나고, 교점의 x좌표가 등비수열을 이룰 때, 상수 k의 값은?

① 5 ② 7 ③ 9
④ 11 ⑤ 13

1109 어느 직육면체의 가로의 길이, 세로의 길이, 높이가 이 순서대로 등비수열을 이룬다고 한다. 직육면체의 겉넓이가 112, 부피가 64일 때, 이 직육면체의 모든 모서리의 길이의 합을 구하시오.

1110 세 짝수 a, b, c가 이 순서대로 등비수열을 이루고 $a+b+c=42$일 때, 모든 a의 값의 합을 구하시오.
$($단, $a<b<c)$

유형 06 등비수열의 실생활에의 활용

일정한 비율로 변하는 실생활 상황에서 처음의 양을 a, 매시간(또는 매년) 일정한 증가율을 r라 하면 n시간(또는 n년) 후의 양은
$$a(1+r)^n$$

🖓 대표 예제

1111 어느 직장인이 받는 연봉은 매년 일정한 비율로 증가한 다고 한다. 이 직장인이 5년 후에 받을 연봉이 현재 받는 연봉의 1.5배일 때, 20년 후에 받을 연봉은 5년 후에 받을 연봉의 몇 배인가?

① $\dfrac{27}{32}$배 ② $\dfrac{27}{16}$배 ③ $\dfrac{27}{8}$배

④ $\dfrac{81}{8}$배 ⑤ $\dfrac{81}{4}$배

선생님 해설

현재 받는 연봉을 a, 매년 연봉의 증가율을 r라 하자.
5년 후에 받을 연봉이 $a(1+r)^5$이므로
$$a(1+r)^5=\frac{3}{2}a \quad \therefore (1+r)^5=\frac{3}{2}$$
20년 후에 받을 연봉이 $a(1+r)^{20}$이므로
$$\frac{a(1+r)^{20}}{a(1+r)^5}=(1+r)^{15}=\{(1+r)^5\}^3$$
$$=\left(\frac{3}{2}\right)^3=\frac{27}{8}$$

> 일정한 비율로 증가하거나 감소하는 상황은 등비수열을 이뤄.

따라서 20년 후에 받을 연봉은 5년 후에 받을 연봉의 $\dfrac{27}{8}$배이다.

답 ③

1112 각 장을 통과할 때마다 일정한 비율로 소음이 감소하는 소음 방지 매트가 있다. 어느 집에서 층간소음을 줄이기 위해 이 소음 방지 매트를 바닥에 설치하려고 한다. 3장의 매트를 설치한 후 소음의 크기가 처음 소음의 크기보다 20 % 줄어 들었다고 할 때, 6장의 매트를 설치하면 소음의 크기가 처음 소음의 크기보다 몇 % 줄어드는가?

(단, 소음의 단위는 dB(데시벨)이다.)

① 30 % ② 32 % ③ 34 %
④ 36 % ⑤ 38 %

1113 어느 동영상 공유 사이트에 소속된 BJ는 업로드한 동영상의 조회 수에 따라 수익이 생긴다고 한다. 2017년 1월부터 매월 일정한 비율로 수익이 증가하여 6개월 후인 2017년 7월의 수익이 2017년 1월의 수익의 4배가 되었다. 이와 같은 비율로 수익이 계속 증가할 때, 2018년 1월의 수익은 2017년 7월의 수익에 비해 1200만 원이 늘어났다. 2017년 4월의 수익은 얼마였는가?

① 100만 원 ② 150만 원 ③ 200만 원
④ 250만 원 ⑤ 300만 원

1114 어느 제약회사에서 신약을 개발하여 매월 일정한 비율로 매출액이 증가할 것으로 예상된다. 3개월 후의 매출액이 현재 매출액의 1.2배일 때, 현재 매출액의 2배를 초과하게 되는 것은 몇 개월 후인지 구하시오.

(단, $\log 2=0.30$, $\log 3=0.48$로 계산한다.)

1115 UP

마라톤 경기를 하고 있는 두 선수 A, B가 있다. 현재 선수 B가 선수 A보다 100 m 앞서 있고, 현재 두 선수 A, B의 위치를 각각 a_1, a_2라 하자. 선수 A가 a_2에 도착했을 때 B의 위치를 a_3이라 하고, 선수 A가 a_3에 도착했을 때 B의 위치를 a_4라 하자. 이와 같은 방법으로 자연수 n에 대하여 점 a_n을 정한다. 선수 A의 속력이 선수 B의 속력의 2배일 때, 두 선수 A, B 사이의 거리가 처음으로 1 m 미만이 되는 A의 위치는?

(단, 두 선수 A, B의 속력은 각각 일정하다.)

① a_6과 a_7 사이 ② a_7과 a_8 사이 ③ a_8과 a_9 사이
④ a_9와 a_{10} 사이 ⑤ a_{10}과 a_{11} 사이

유형 07   등비수열과 도형

도형의 길이, 넓이, 부피 등이 일정한 비율로 변할 때, 주어진 그림에서
규칙성을 파악하여 수열의 일반항을 구한다.

🖐 대표 예제

1116 한 변의 길이가 2인 정삼각형 모양의 종이가 있다. 1회
의 시행에서 각 변의 중점을 이어서 만든 정삼각형을 오려 낸다.
2회의 시행에서는 1회의 시행의 결과
로 남은 3개의 작은 정삼각형에서 같은
방법으로 만든 정삼각형을 오려 내어
그림과 같은 결과를 얻는다. 이와 같은
시행을 10회 반복한 후 남아 있는 도형
의 넓이는?

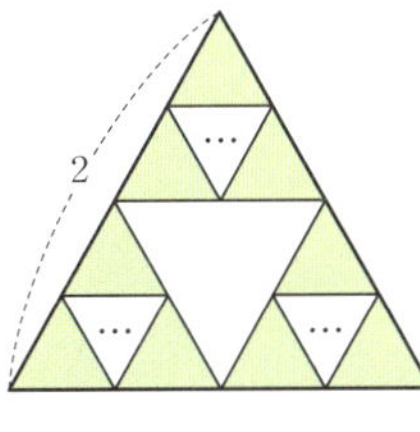

① $\dfrac{\sqrt{3}}{8}\left(\dfrac{3}{4}\right)^{10}$ ② $\dfrac{\sqrt{3}}{4}\left(\dfrac{3}{4}\right)^{10}$ ③ $\dfrac{\sqrt{3}}{2}\left(\dfrac{3}{4}\right)^{10}$

④ $\sqrt{3}\left(\dfrac{3}{4}\right)^{10}$ ⑤ $\left(\dfrac{3}{4}\right)^{10}$

선생님 해설

한 변의 길이가 2인 정삼각형의 넓이를 S, n회 시행 후 남아
있는 도형의 넓이를 S_n이라 하자.

$S=\dfrac{\sqrt{3}}{4}\cdot 2^2=\sqrt{3}$이고, 1회 시행 후 남아 있는 도형의 넓이 S_1은

S의 $\dfrac{3}{4}$배이므로

$S_1=\dfrac{3}{4}S=\dfrac{3}{4}\cdot\sqrt{3}=\dfrac{3\sqrt{3}}{4}$

한편, $(n+1)$회 시행 후 남아 있는 도형의 넓이 S_{n+1}은

S_n의 $\dfrac{3}{4}$배이므로

$S_{n+1}=\dfrac{3}{4}S_n$

즉, 수열 $\{S_n\}$은 첫째항이 $\dfrac{3\sqrt{3}}{4}$, 공비가 $\dfrac{3}{4}$인 등비수열이므로

$S_n=\dfrac{3\sqrt{3}}{4}\cdot\left(\dfrac{3}{4}\right)^{n-1}$

따라서 10회 시행 후 남아 있는 도형의 넓이는

$S_{10}=\dfrac{3\sqrt{3}}{4}\cdot\left(\dfrac{3}{4}\right)^9=\sqrt{3}\left(\dfrac{3}{4}\right)^{10}$

● 답 ④

1117 [대표 예제] [한 번 더]

그림과 같이 정사각형 모양의 종이에서
각 변의 중점을 이어서 정사각형을 그리
는 시행을 계속할 때, n번째에 그린 정
사각형을 A_n이라 하자. 정사각형 A_2의

넓이가 $\dfrac{9}{4}$일 때, 정사각형 A_6의 네 변의

길이의 합을 S라 하자. 이때 $4S$의 값을 구하시오.

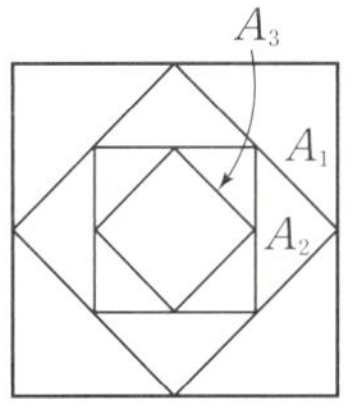

1118

그림과 같이 한 변의 길이가 1인 정삼각형을 T_0이라 하자.
T_0의 세 변을 각각 삼등분한 후 가운데 선분을 한 변으로
하는 정삼각형을 그리고 그 가운데 선분을 지워서 만든 도
형을 T_1이라 하자. T_1의 12개의 선분을 각각 삼등분한 후
가운데 선분을 한 변으로 하는 정삼각형을 그리고 그 가운
데 선분을 지워서 만든 도형을 T_2라 하자. 이와 같은 시행
을 10회 반복한 후 만들어진 도형 T_{10}의 둘레의 길이는?

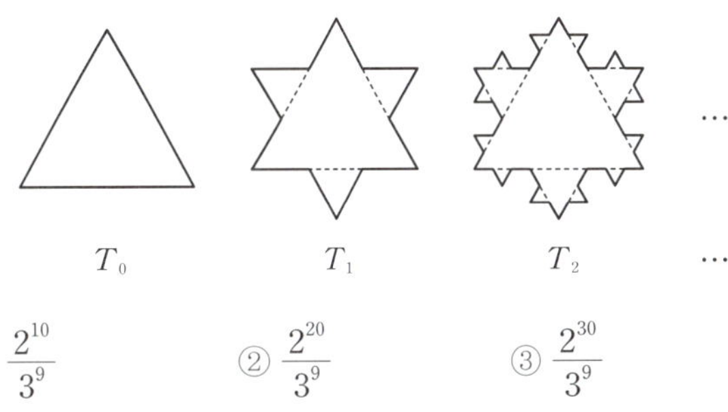

① $\dfrac{2^{10}}{3^9}$ ② $\dfrac{2^{20}}{3^9}$ ③ $\dfrac{2^{30}}{3^9}$

④ $\dfrac{3^{10}}{2^9}$ ⑤ $\dfrac{3^{20}}{2^9}$

1119 [UP]

그림과 같이 한 변의 길이가 1인
정육각형 $A_1B_1C_1D_1E_1F_1$의 넓이를
S_1이라 하자. 정육각형
$A_1B_1C_1D_1E_1F_1$의 각 변의 중점을
이어서 만든 정육각형을
$A_2B_2C_2D_2E_2F_2$라 하고, 그 넓이를

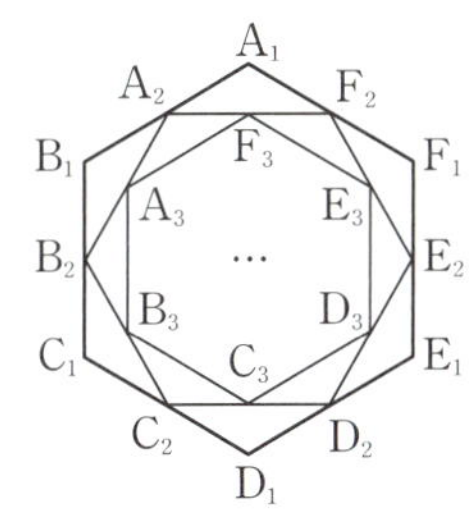

S_2라 하자. 이와 같은 시행을 반복할 때, $S_{10}=\sqrt{3}\times\dfrac{3^n}{2^m}$이다.

이때 $m+n$의 값을 구하시오. (단, m, n은 자연수이다.)

유형 08 등비수열의 합

첫째항이 a, 공비가 r인 등비수열의 첫째항부터 제n항까지의 합을 S_n이라 하면

① $r \neq 1$일 때, $S_n = \dfrac{a(1-r^n)}{1-r} = \dfrac{a(r^n-1)}{r-1}$

② $r = 1$일 때, $S_n = na$

🖐 대표 예제

1120 $a_3 = 12$, $a_6 = 96$인 등비수열 $\{a_n\}$의 첫째항부터 제6항까지의 합은?

① 177 　　② 180 　　③ 183

④ 186 　　⑤ 189

선생님 해설

등비수열 $\{a_n\}$의 첫째항을 a, 공비를 r라 하자.

$a_3 = 12$에서 $ar^2 = 12$　　…… ㉠

$a_6 = 96$에서 $ar^5 = 96$　　…… ㉡

㉡÷㉠을 하면

$r^3 = 8$　　∴ $r = 2$

$r = 2$를 ㉠에 대입하면

$4a = 12$　　∴ $a = 3$

따라서 첫째항부터 제6항까지의 합은

$\dfrac{3 \cdot (2^6 - 1)}{2 - 1} = 189$

 답 ⑤

1121 [대표 예제] [한 번 더]

등비수열 $\{a_n\}$의 첫째항부터 제n항까지의 합을 S_n이라 하자.

$$a_3 + a_5 = 5, \quad a_6 + a_8 = 40$$

일 때, $4S_8$의 값은?

① 235 　　② 245 　　③ 255

④ 265 　　⑤ 275

1122

등비수열 $\{a_n\}$에 대하여 $a_3 = \dfrac{3}{2}$, $a_6 = -\dfrac{3}{16}$일 때,

$$a_1{}^2 + a_2{}^2 + a_3{}^2 + \cdots + a_{10}{}^2 = k\left(1 - \dfrac{1}{2^{20}}\right)$$

을 만족시키는 실수 k의 값은?

① 36 　　② 48 　　③ 60

④ 72 　　⑤ 84

1123

수열

$$9, \ 99, \ 999, \ \cdots$$

의 첫째항부터 제10항까지의 합은?

① $\dfrac{100}{9}(10^{10} - 1)$ 　　② $\dfrac{10}{9}(10^{10} - 1)$

③ $\dfrac{10}{3}(10^9 - 1)$ 　　④ $\dfrac{100}{9}(10^9 - 1)$

⑤ $\dfrac{10}{9}(10^9 - 1)$

1124

$p = 2^{100}$, $q = 3^{100}$에 대하여 6^{100}의 약수의 총합을 p, q로 나타낸 것은?

① $(2p-1)(3q-1)$ 　　② $\dfrac{1}{2}(2p-1)(3q-1)$

③ $(p-1)(q-1)$ 　　④ $\dfrac{1}{2}(p-1)(q-1)$

⑤ $\dfrac{1}{3}(p-1)(q-1)$

유형 09   부분의 합이 주어진 등비수열의 합

첫째항이 a, 공비가 r인 등비수열 $\{a_n\}$의 첫째항부터 제n항까지의 합을 S_n이라 하면

① 부분합 S_n, S_{2n}이 주어진 경우

$$\begin{cases} S_n = \dfrac{a(r^n-1)}{r-1} \\[2mm] S_{2n} = \dfrac{a(r^{2n}-1)}{r-1} = \dfrac{a(r^n-1)(r^n+1)}{r-1} \end{cases} \text{이므로}$$

$$S_{2n} \div S_n = r^n + 1$$

② 임의의 자연수 k에 대하여 수열

$$S_k,\ S_{2k}-S_k,\ S_{3k}-S_{2k},\ \cdots$$

는 등비수열을 이룬다.

👍 대표 예제

1125 등비수열 $\{a_n\}$의 첫째항부터 제n항까지의 합을 S_n이라 하자. $S_4=6$, $S_8=24$일 때, S_{20}의 값은?

① 716   ② 726   ③ 736

④ 746   ⑤ 756

선생님 해설

등비수열 $\{a_n\}$의 첫째항을 a, 공비를 r라 하자.

$S_4=6$에서

$$\frac{a(r^4-1)}{r-1}=6 \qquad\qquad \cdots\cdots \ \text{㉠}$$

$S_8=24$에서

$$\frac{a(r^8-1)}{r-1}=\frac{a(r^4-1)(r^4+1)}{r-1}=24 \qquad \cdots\cdots \ \text{㉡}$$

㉡÷㉠을 하면

$$r^4+1=4 \qquad \therefore \ r^4=3$$

$r^4=3$을 ㉠에 대입하면

$$\frac{2a}{r-1}=6 \qquad \therefore \ \frac{a}{r-1}=3$$

$$\therefore \ S_{20}=\frac{a(r^{20}-1)}{r-1}=\frac{a}{r-1}\cdot\{(r^4)^5-1\}$$

$$=3\cdot(3^5-1)=726$$

● 다른 풀이 ●

$S_4=6$, $S_8-S_4=24-6=18$이므로 수열 S_4, S_8-S_4, $\cdots$, $S_{20}-S_{16}$, $\cdots$은 첫째항이 6, 공비가 3인 등비수열을 이룬다.

$$\therefore \ S_{20}=S_4+(S_8-S_4)+(S_{12}-S_8)+(S_{16}-S_{12})+(S_{20}-S_{16})$$

$$=\frac{6\cdot(3^5-1)}{3-1}=726$$

답 ②

1126 대표 예제 한 번 더

등비수열 $\{a_n\}$의 첫째항부터 제n항까지의 합을 S_n이라 하자. $S_n=20$, $S_{2n}=60$일 때, S_{3n}의 값을 구하시오.

1127

등비수열 $\{a_n\}$에 대하여

$$a_1+a_2+a_3+\cdots+a_{16}=160,$$

$$a_2+a_4+a_6+\cdots+a_{16}=40$$

일 때, 수열 $\{a_n\}$의 공비는?

① $\dfrac{1}{6}$ ② $\dfrac{1}{5}$ ③ $\dfrac{1}{4}$

④ $\dfrac{1}{3}$ ⑤ $\dfrac{1}{2}$

1128

등비수열 $\{a_n\}$에 대하여

$$a_1+a_2+a_3=5,\ a_4+a_5+a_6=10$$

일 때, $a_7+a_8+a_9+\cdots+a_{30}$의 값은?

① $5(2^9-4)$ ② $5(2^{10}-4)$ ③ $5(2^{10}-1)$

④ $10(2^{10}-4)$ ⑤ $10(2^{10}-1)$

1129

모든 항이 서로 다른 등비수열 $\{a_n\}$에 대하여

$$S_n=\frac{1}{a_1}+\frac{1}{a_2}+\frac{1}{a_3}+\cdots+\frac{1}{a_n}$$

이라 하자. $S_{10}=4S_5$일 때, $S_{15}=kS_5$를 만족시키는 상수 k의 값을 구하시오. (단, $a_n\neq 0$)

유형 10　등비수열의 합과 일반항 사이의 관계

수열 $\{a_n\}$의 첫째항부터 제n항까지의 합 S_n이 주어질 때
① (i) $n=1$일 때, $a_1=S_1$
　 (ii) $n\geq2$일 때, $a_n=S_n-S_{n-1}$
　 임을 이용하여 일반항 a_n을 구한다.
② $S_n=Ar^n+B$ (A, B는 상수, $r\neq0$, $r\neq1$)일 때
　 ・$A+B=0$이면 수열 $\{a_n\}$은 첫째항부터 등비수열을 이룬다.
　 ・$A+B\neq0$이면 수열 $\{a_n\}$은 제2항부터 등비수열을 이룬다.

🖕 대표 예제

1130 수열 $\{a_n\}$의 첫째항부터 제n항까지의 합을 S_n이라 하자. $S_n=3\times2^{n+1}+k$일 때, 수열 $\{a_n\}$이 첫째항부터 등비수열을 이루도록 하는 상수 k의 값은?

① -6 　　　② -4 　　　③ -2
④ 2 　　　　⑤ 4

선생님 해설

$S_n=3\times2^{n+1}+k$에서
(i) $n=1$일 때, $a_1=S_1=12+k$
(ii) $n\geq2$일 때
　 $a_n=S_n-S_{n-1}$
　 　$=(3\times2^{n+1}+k)-(3\times2^n+k)$
　 　$=3\times2^n$ 　…… ㉠
이때 수열 $\{a_n\}$이 첫째항부터 등비수열을 이루려면
$a_1=12+k$는 ㉠에 $n=1$을 대입한 것과 같아야 하므로
$12+k=3\times2$ 　∴ $k=-6$

● 다른 풀이 ●
$S_n=3\times2^{n+1}+k=6\times2^n+k$에서
수열 $\{a_n\}$이 첫째항부터 등비수열을 이루려면
$6+k=0$ 　∴ $k=-6$

답 ①

1131 수열 $\{a_n\}$의 첫째항부터 제n항까지의 합 S_n이
　　$S_n=4^n+1$
일 때, 수열 $\{a_{2n}\}$의 공비는?

① 2 　　　　② 4 　　　　③ 8
④ 16 　　　⑤ 32

1132 수열 $\{a_n\}$의 첫째항부터 제n항까지의 합 S_n이 $S_n=10n^2-16n$, 수열 $\{b_n\}$의 첫째항부터 제n항까지의 합 T_n이 $T_n=p^n-4$이다. $a_4=b_4$일 때, 자연수 p의 값은?

① 2 　　　　② 3 　　　　③ 4
④ 5 　　　　⑤ 6

1133 수열 $\{a_n\}$의 첫째항부터 제n항까지의 합을 S_n이라 하자. $S_n=3\times(-2)^{3-n}-\dfrac{4}{3}a_2$일 때, a_1의 값은?

① 48 　　　② 42 　　　③ 36
④ 30 　　　⑤ 24

1134 수열 $\{a_n\}$의 첫째항부터 제n항까지의 합을 S_n이라 하면 $S_n=n^2+n+1$이다.

$$2^{a_1}+2^{a_2}+2^{a_3}+\cdots+2^{a_{10}}=\frac{1}{3}(2^p+2^q)$$

일 때, $p+q$의 값을 구하시오. (단, p, q는 자연수이다.)

유형 11 등비수열의 합의 활용

① 일정한 비율로 변하는 실생활 상황에서 처음의 양을 a, 매시간(또는 매년) 일정한 증가율을 r라 하면 n시간(또는 년) 후의 총합은
$$a+ar+ar^2+\cdots+ar^n=\frac{a(r^{n+1}-1)}{r-1}$$
② 도형의 길이, 넓이, 부피 등이 일정한 비율로 변할 때, 주어진 그림에서 규칙성을 파악하여 수열의 일반항을 찾은 후 총합을 구한다.

🖐 대표 예제

1135 어느 지역에 400만 m^3의 천연가스가 매장되어 있다. 2010년에 이 지역의 천연가스의 채굴량은 10만 m^3이고 매년 10 %씩 채굴량을 늘린다고 한다. 이 천연가스가 모두 고갈되는 해는 몇 년인가?

(단, $1.1^{16}=4.6$, $1.1^{17}=5.1$, $1.1^{18}=5.6$으로 계산한다.)

① 2025년   ② 2026년   ③ 2027년
④ 2028년   ⑤ 2029년

선생님 해설

2010년에 천연가스의 채굴량은 10만 m^3이고 매년 10 %씩 채굴량을 늘리면 n년 후의 천연가스의 총채굴량은
$$\frac{10(1.1^{n+1}-1)}{1.1-1}=100(1.1^{n+1}-1)$$
이 천연가스가 고갈되려면
$100(1.1^{n+1}-1)\geq400$에서 $1.1^{n+1}\geq5$
이때 $1.1^{16}=4.6$, $1.1^{17}=5.1$이므로
$n+1\geq17$ $\therefore n\geq16$
따라서 천연가스가 모두 고갈되는 해는
$2010+16=2026$(년)

○**답** ②

1136
어느 지역의 쌀 생산율이 매년 일정한 비율로 감소한다고 한다. 2011년부터 2015년까지 5년 동안 12만 kg의 쌀이 생산되었고, 2016년부터 2020년까지 5년 동안 3만 kg의 쌀이 생산되었을 때, 2021년에 생산될 쌀의 양은 2011년에 생산된 쌀의 양의 몇 배인가?

① $\dfrac{1}{32}$배   ② $\dfrac{1}{16}$배   ③ $\dfrac{1}{8}$배

④ $\dfrac{1}{4}$배   ⑤ $\dfrac{1}{2}$배

1137
그림과 같이 길이가 9인 선분 AB가 있다. 선분 AB를 삼등분하는 점 A_1, B_1을 각각 중심으로 하고 선분 A_1B_1을 반지름으로 하는 두 원이 만나는 두 점을 각각 P_1, Q_1이라 하자. 선분 A_1B_1을 삼등분하는 점 A_2, B_2를 각각 중심으로 하고 선분 A_2B_2를 반지름으로 하는 두 원이 만나는 두 점을 각각 P_2, Q_2라 하자. 이와 같은 시행을 계속하여 n번째에 얻은 두 호 $P_nA_nQ_n$, $P_nB_nQ_n$의 길이의 합을 l_n이라 할 때, $l_1+l_2+l_3+\cdots+l_8$의 값은?

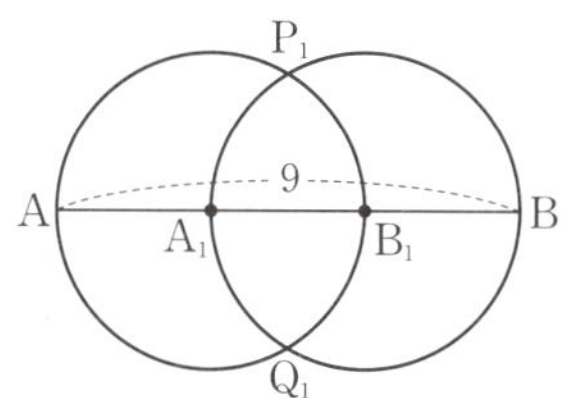

① $4\pi\left\{1-\left(\dfrac{1}{3}\right)^7\right\}$ ② $4\pi\left\{1-\left(\dfrac{1}{3}\right)^8\right\}$

③ $6\pi\left\{1-\left(\dfrac{1}{3}\right)^7\right\}$ ④ $6\pi\left\{1-\left(\dfrac{1}{3}\right)^8\right\}$

⑤ $6\pi\left\{1-\left(\dfrac{1}{3}\right)^9\right\}$

1138
그림과 같이 정사각형 $P_1Q_1Q_2R_1$, $P_2Q_2Q_3R_2$, $P_3Q_3Q_4R_3$, $\cdots$이 있다. $\overline{Q_1Q_2}=12$, $\overline{Q_2Q_3}=6$, $\overline{Q_3Q_4}=3$이고, 정사각형 $P_nQ_nQ_{n+1}R_n$에 대하여 삼각형 $R_nP_{n+1}R_{n+1}$의 넓이를 S_n이라 할 때, $S_1+S_2+S_3+\cdots+S_{20}$의 값은?

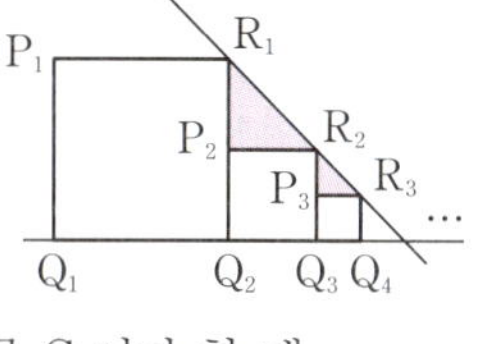

① $12\left\{1-\left(\dfrac{1}{4}\right)^{20}\right\}$ ② $18\left\{1-\left(\dfrac{1}{4}\right)^{20}\right\}$

③ $24\left\{1-\left(\dfrac{1}{4}\right)^{20}\right\}$ ④ $30\left\{1-\left(\dfrac{1}{4}\right)^{20}\right\}$

⑤ $36\left\{1-\left(\dfrac{1}{4}\right)^{20}\right\}$

유형 12 원리합계

① 연이율 r의 1년마다 복리로 매년 초에 a원씩 n년 동안 적립할 때, n년째 말의 적립금의 원리합계 S_n은

$$S_n = a(1+r) + a(1+r)^2 + a(1+r)^3 + \cdots + a(1+r)^n$$
$$= \frac{a(1+r)\{(1+r)^n - 1\}}{r} \text{(원)}$$

② 연이율 r의 1년마다 복리로 매년 말에 a원씩 n년 동안 적립할 때, n년째 말의 적립금의 원리합계 S_n은

$$S_n = a + a(1+r) + a(1+r)^2 + \cdots + a(1+r)^{n-1}$$
$$= \frac{a\{(1+r)^n - 1\}}{r} \text{(원)}$$

🖒 대표 예제

1139 연이율이 3 %이고 1년마다 복리로 매년 초에 100만 원씩 10년 동안 적립할 때, 10년째 말의 적립금의 원리합계는?

(단, $1.03^{10}=1.33$으로 계산한다.)

① 1030만 원　　② 1133만 원　　③ 1200만 원

④ 1230만 원　　⑤ 1330만 원

선생님 해설

매년 초 적립금의 원리합계를 그림으로 나타내면 다음과 같다.

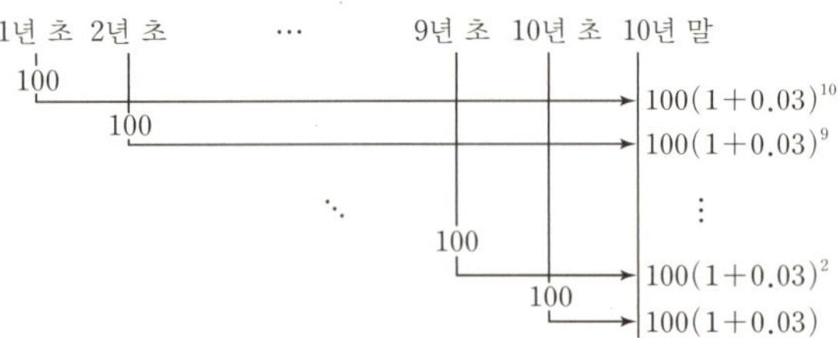

즉, 10년째 말의 적립금의 원리합계는

$$100(1+0.03) + 100(1+0.03)^2 + \cdots$$
$$+ 100(1+0.03)^9 + 100(1+0.03)^{10}$$
$$= 100 \times 1.03 + 100 \times 1.03^2 + \cdots + 100 \times 1.03^9 + 100 \times 1.03^{10}$$
$$= \frac{100 \times 1.03 \times (1.03^{10} - 1)}{1.03 - 1}$$
$$= \frac{100 \times 1.03 \times 0.33}{0.03}$$
$$= 1133 \text{(만 원)}$$

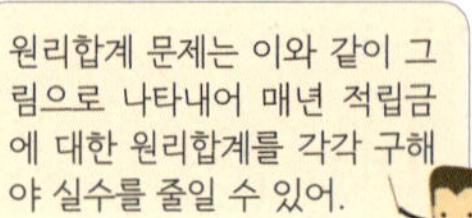

답 ②

1140 대표 예제 한 번 더

연이율이 5 %이고 1년마다 복리로 매년 말에 50만 원씩 5년 동안 적립할 때, 5년째 말의 적립금의 원리합계를 구하시오. (단, $1.05^5=1.28$로 계산한다.)

1141

연이율이 4 %이고 1년마다 복리로 매년 초에 일정한 금액을 10년 동안 적립하여 10년째 말에 6240만 원이 되게 하려고 할 때, 매년 초에 얼마씩 적립해야 하는가?

(단, $1.04^{10}=1.48$로 계산한다.)

① 460만 원　　② 470만 원　　③ 480만 원

④ 490만 원　　⑤ 500만 원

1142

정부는 적금 상품에서 발생되는 이자 소득에 대하여 15.4 %를 세금으로 부과한다고 한다. 연수는 월이율이 1 %이고 매월 복리로 계산하는 적금 상품에 가입하여 매월 초에 20만 원씩 24개월 동안 적립하였다. 연수가 24개월째 말에 세금을 납부하고 실제로 받는 금액은?

(단, $1.01^{24}=1.3$으로 계산한다.)

① 5725340원　　② 5776580원　　③ 5813360원

④ 5865960원　　⑤ 5921160원

1143 UP

세연이는 목돈을 마련하기 위하여 다음과 같은 적금 상품에 가입하였다.

(가) 첫 해 1월 1일에는 500만 원을 적립한다.
(나) 그 다음 해부터는 전년도에 적립한 금액의 10 %를 늘려서 매년 1월 1일에 적립한다.
(다) 연이율은 5 %이고 1년마다 복리로 계산한다.

이 상품에 2015년 1월 1일에 가입하여 2024년 12월 31일까지 10년 동안 적립한 금액의 원리합계를 구하시오.

(단, $1.05^{10}=1.6$, $1.1^{10}=2.6$으로 계산한다.)

1144

· 유형 04 ·

한 변의 길이가 각각 3, 4인 두 개의 정사각형을 겹쳐서 새로운 정사각형을 만든다. 그림과 같이 세 부분을 각각 A, B, C라 할 때, A, B, C의 넓이가 이 순서대로 등비수열을 이루도록 하는 B의 넓이는?

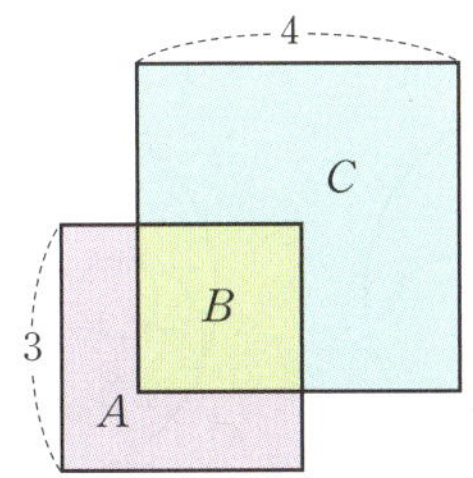

① $\dfrac{81}{25}$ ② 4 ③ $\dfrac{121}{25}$

④ $\dfrac{144}{25}$ ⑤ $\dfrac{169}{25}$

1145

· 유형 03 + 유형 08 ·

두 수 3과 384 사이에 n개의 양수 x_1, x_2, x_3, $\cdots$, x_n을 넣어

$$3,\ x_1,\ x_2,\ x_3,\ \cdots,\ x_n,\ 384$$

가 이 순서대로 등비수열을 이루도록 하였다.
$x_1+x_2+x_3+\cdots+x_n=378$일 때, 자연수 n의 값을 구하시오.

1146

· 유형 10 ·

수열 $\{a_n\}$의 첫째항부터 제n항까지의 합을 S_n이라 하면 $S_n=p^{n+1}-q$이다. 수열 $\{a_n\}$이 첫째항부터 공비가 $\dfrac{1}{2}$인 등비수열을 이룰 때, p^3+q^3의 값은? (단, p, q는 상수이다.)

① $\dfrac{1}{16}$ ② $\dfrac{1}{8}$ ③ $\dfrac{1}{4}$

④ $\dfrac{1}{2}$ ⑤ 1

1147

· 유형 09 ·

등비수열 $\{a_n\}$의 첫째항부터 제n항까지의 합을 S_n이라 하자. $S_{20}=40$, $\dfrac{S_{30}}{S_{10}}=13$일 때, S_{40}의 값을 구하시오.

1148

· 유형 01 ·

공차가 0이 아닌 등차수열 $\{a_n\}$과 등비수열 $\{b_n\}$이 다음 조건을 만족시킨다.

> (가) $a_1=b_1$, $a_2=b_2$, $a_4=b_4$
>
> (나) $b_5=-\dfrac{1}{4}$

이때 b_{10}의 값을 구하시오.

1149

· 유형 08 ·

이차방정식 $x^2+x+1=0$의 두 근을 α, β라 할 때,

$$\left(1-\frac{1}{\alpha}+\frac{1}{\alpha^2}-\cdots-\frac{1}{\alpha^{19}}\right)\left(1-\frac{1}{\beta}+\frac{1}{\beta^2}-\cdots-\frac{1}{\beta^{19}}\right)$$

의 값을 구하시오.

1150

· 유형 01 ·

그림과 같이 첫째항과 공차가 모두 양수인 등차수열 $\{x_n\}$에 대하여 지수함수 $f(x)=a^x$ 위의 점 $(x_n, f(x_n))$에서 x축에 내린 수선의 발까지의 거리를 l_n이라 하자.

$$\frac{l_7}{l_2}+\frac{l_8}{l_3}+\frac{l_9}{l_4}+\cdots+\frac{l_{16}}{l_{11}}=40$$일 때, $\dfrac{l_{21}}{l_6}$의 값을 구하시오.

(단, a는 $a>1$인 상수이다.)

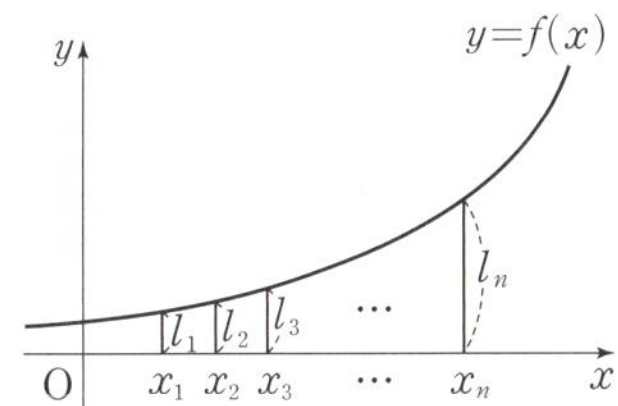

1151
· 유형 12 ·

지민이는 2001년 초에 은행에 가서 매년 초에 500만 원씩 연이율 5 %의 복리로 10년 동안 적립하는 적금 상품에 가입하였다. 지민이는 2011년 초에 은행에 가서 적립한 모든 돈을 찾아 연이율 4 %의 복리로 10년 동안 예치하여 2021년 초에 찾는 예금을 하였다. 지민이가 2021년 초에 받게 되는 금액의 원리합계는?

(단, $1.04^{10}=1.5$, $1.05^{10}=1.6$으로 계산한다.)

① 9300만 원　　② 9350만 원　　③ 9400만 원
④ 9450만 원　　⑤ 9500만 원

1152 사고력
· 유형 11 ·

그림과 같이 시계 방향으로 1부터 14까지 적혀 있는 게임판 위에 말이 1의 위치에서 시작하여 이동하는 게임이 있다. 첫 번째 시행에서는 시계 방향으로 2만

8	9	10	11	12
7				13
6				14
5	4	3	2	1

큼 이동하고, 두 번째 시행에서는 첫 번째 시행 후 말의 위치에서 시계 반대 방향으로 2^2만큼 이동한다. 세 번째 시행에서는 두 번째 시행 후 말의 위치에서 시계 방향으로 2^3만큼 이동하고, 네 번째 시행에서는 세 번째 시행 후 말의 위치에서 시계 반대 방향으로 2^4만큼 이동한다. 이와 같은 과정을 반복하여 10번째 시행 후 말의 위치에 적혀 있는 숫자를 구하시오.

1153
· 유형 03 ·

서로 다른 두 양수 x, y에 대하여 x, a, b, y는 이 순서대로 등차수열을 이루고, x, c, d, y는 이 순서대로 등비수열을 이룰 때, | 보기 |에서 옳은 것만을 있는 대로 고른 것은?

| 보기 |

ㄱ. $x+y=a+b$　　　ㄴ. $xy=cd$

ㄷ. $a+b>c+d$

---

① ㄱ　　　　② ㄴ　　　　③ ㄱ, ㄴ
④ ㄱ, ㄷ　　　⑤ ㄱ, ㄴ, ㄷ

1154
· 유형 07 ·

그림과 같이 1회의 시행에서 반지름의 길이가 1인 원 C의 내부에 서로 외접하면서 원 C에 내접하는 합동인 3개의 원을 그리고, 2회의 시행에서는 1회의 시행에서 새로 그려진 3개의 원의 내부에 같은 방법으로 각각 3개의 원을 그린다. 이와 같은 시행을 반복할 때, 10회의 시행에서 새로 그려진 모든 원의 둘레의 길이의 합은 $2\pi \times (a\sqrt{3}-b)^{10}$이다. 이때 $a+b$의 값을 구하시오. (단, a, b는 자연수이다.)

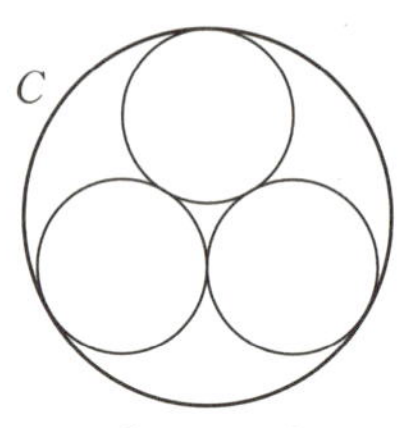

[1회 시행]　　　　[2회 시행]

1155 창의력 +
· 유형 04 ·

그림과 같이 좌표평면 위에 세 점 $P(0, p)$, $Q(-q, 0)$, $R(0, -r)$와 두 점 $A(4, 0)$, $B(9, 0)$이 있다. 점 P는 선분 BQ를 지름으로 하는 원 위에 있고, 점 Q는 선분 PR를 지름으로 하는 원 위에, 점 R는 선분 AQ를 지름으로 하는 원 위에 있다. 이때 $\dfrac{\overline{OB}}{\overline{OR}}$의 값은?

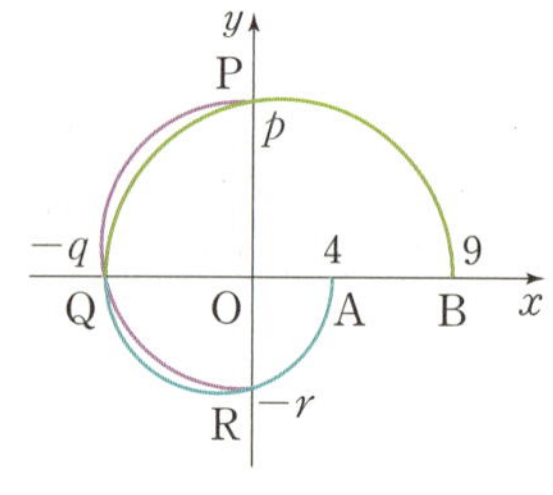

(단, O는 원점이고, $0<r<q<p$이다.)

① $\dfrac{3}{4}$　　　② $\dfrac{3\sqrt{2}}{4}$　　　③ $\dfrac{3\sqrt{3}}{4}$

④ $\dfrac{3\sqrt{6}}{4}$　　　⑤ $\dfrac{3\sqrt{2}}{2}$

1156
• 유형 04 •

1이 아닌 세 양수 a, b, c가 이 순서대로 등비수열을 이룰 때, $\dfrac{1}{\log_a b} + \dfrac{1}{\log_c b}$ 의 값을 구하시오.

☑ 필요 개념 및 공식
☐ 등비중항	☐ 로그의 밑의 변환

1157
• 유형 01 •

등비수열 $\{a_n\}$에 대하여 $a_m = n$, $a_n = m$일 때, a_{3m-2n}을 m, n으로 나타내시오. (단, $3m - 2n > 0$)

☑ 필요 개념 및 공식
☐ 등비수열의 일반항	☐ 지수법칙

1158
• 유형 02 •

첫째항이 30, 공비가 $-\dfrac{1}{2}$인 등비수열 $\{a_n\}$에 대하여 $\dfrac{1}{100} < a_n < 1$을 만족시키는 모든 자연수 n의 값의 합을 구하시오.

☑ 필요 개념 및 공식
☐ 등비수열의 일반항	☐ 지수를 포함한 부등식

1159
• 유형 06 •

어떤 자동차 보험 상품은 1년 동안 자동차의 주행 거리가 10000 km 이하이면 그 다음 해의 보험료를 그 해 보험료에서 10 % 할인해 주고, 10000 km를 초과하면 보험료를 유지한다고 한다. 어느 운전자가 올해 5000 km를 주행하였고, 매년 주행 거리가 전년도보다 10 % 늘어난다고 하자. 올해 보험료를 100만 원 납입하였을 때, 10년 후에 납입하는 보험료를 다음 표를 이용하여 구하시오.

n	6	7	8	9	10
0.9^n	0.53	0.48	0.43	0.39	0.35
1.1^n	1.77	1.95	2.14	2.36	2.59

1160
• 유형 05 + 유형 08 •

150 이하의 자연수 중에서 서로 다른 4개의 수를 택한 후 작은 것부터 차례대로 나열하여 수열을 만들었다. 이 수열이 공비가 자연수인 등비수열을 이루도록 할 때, 4개의 수의 합의 최댓값을 구하시오.

☑ 필요 개념 및 공식
☐ 등비수열을 이루는 4개의 수: a, ar, ar^2, ar^3	☐ 등비수열의 합

1161
• 유형 11 •

그림과 같이 중심각의 크기가 $\dfrac{2}{3}\pi$인 부채꼴 AOB가 있다. 호 AB를 삼등분하는 점을 A_1, B_1이라 하고, 호 A_1B_1을 삼등분하는 점을 A_2, B_2라 하자. 이와 같은 방법으로 호 $A_{n-1}B_{n-1}$을 삼등분하는 점을 A_n, B_n이라 할 때, $\angle AOB_{10}$의 크기를 구하시오.

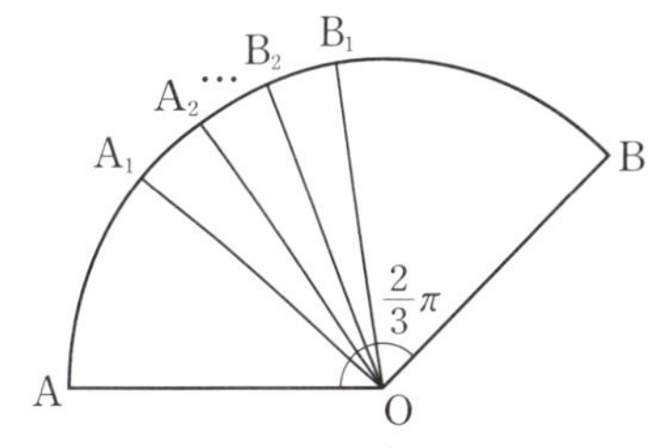

개념 01 　합의 기호 $\sum$의 뜻과 성질

(1) 합의 기호 $\sum$의 뜻

수열 $\{a_n\}$의 첫째항부터 제n항까지의 합

$a_1+a_2+a_3+\cdots+a_n$을 합의 기호 $\sum$를 사용하여 $\displaystyle\sum_{k=1}^{n} a_k$와 같이 나타낸다. 즉,

$$a_1+a_2+a_3+\cdots+a_n=\sum_{k=1}^{n} a_k$$

> **참고** · $\displaystyle\sum_{k=1}^{n} a_k$는 k 대신 다른 문자를 사용하여 $\displaystyle\sum_{i=1}^{n} a_i,\ \sum_{j=1}^{n} a_j$ 등과 같이 나타낼 수 있다.
>
> · $m \le n$일 때, 수열 $\{a_n\}$의 제m항부터 제n항까지의 합은 $\displaystyle\sum_{k=m}^{n} a_k$와 같이 나타낸다.

(2) $\sum$의 성질

① $\displaystyle\sum_{k=1}^{n}(a_k \pm b_k)=\sum_{k=1}^{n} a_k \pm \sum_{k=1}^{n} b_k$ (복부호동순)

② $\displaystyle\sum_{k=1}^{n} ca_k=c\sum_{k=1}^{n} a_k$ (단, c는 상수)

③ $\displaystyle\sum_{k=1}^{n} c=cn$ (단, c는 상수)

> **참고** $\displaystyle\sum_{k=1}^{n} a_k b_k \ne \sum_{k=1}^{n} a_k \cdot \sum_{k=1}^{n} b_k$임에 주의한다.

[1162~1165] 다음을 합의 꼴로 나타내시오.

1162 $\displaystyle\sum_{k=1}^{4} 2k$

1163 $\displaystyle\sum_{n=1}^{5} 2^{n-1}$

1164 $\displaystyle\sum_{j=1}^{n}(2j+1)$

1165 $\displaystyle\sum_{i=5}^{n} i^2$

[1166~1170] 다음을 합의 기호 $\sum$를 사용하여 나타내시오.

1166 $2+2+2+2+2+2+2+2$

1167 $1+3+5+\cdots+(2n-1)$

1168 $3+3^2+3^3+\cdots+3^n$

1169 $1+\dfrac{1}{2}+\dfrac{1}{3}+\cdots+\dfrac{1}{50}$

1170 $2+4+6+\cdots+24$

[1171~1174] $\displaystyle\sum_{k=1}^{8} a_k=10,\ \sum_{k=1}^{8} b_k=-6$일 때, 다음 식의 값을 구하시오.

1171 $\displaystyle\sum_{k=1}^{8}(2a_k+3)$ 　　**1172** $\displaystyle\sum_{k=1}^{8}(-b_k+4)$

1173 $\displaystyle\sum_{k=1}^{8}(a_k-2b_k)$ 　　**1174** $\displaystyle\sum_{k=1}^{8}(3a_k+b_k-5)$

개념 02 　자연수의 거듭제곱의 합

(1) $\displaystyle\sum_{k=1}^{n} k=1+2+3+\cdots+n=\dfrac{n(n+1)}{2}$

(2) $\displaystyle\sum_{k=1}^{n} k^2=1^2+2^2+3^2+\cdots+n^2=\dfrac{n(n+1)(2n+1)}{6}$

(3) $\displaystyle\sum_{k=1}^{n} k^3=1^3+2^3+3^3+\cdots+n^3=\left\{\dfrac{n(n+1)}{2}\right\}^2$

> **예** (1) $\displaystyle\sum_{k=1}^{10} k=\dfrac{10\cdot 11}{2}=55$
>
> (2) $\displaystyle\sum_{k=1}^{10} k^2=\dfrac{10\cdot 11\cdot 21}{6}=385$
>
> (3) $\displaystyle\sum_{k=1}^{10} k^3=\left(\dfrac{10\cdot 11}{2}\right)^2=55^2=3025$

[1175~1178] 다음 식의 값을 구하시오.

1175 $\displaystyle\sum_{k=1}^{10}(2k+2)$ 　　**1176** $\displaystyle\sum_{k=1}^{5}(3k^2-4k+1)$

1177 $\displaystyle\sum_{k=1}^{4}(k+1)(k-3)$ 　　**1178** $\displaystyle\sum_{k=1}^{6} k(k+1)(k-1)$

[1179~1180] 다음을 계산하시오.

1179 $1\cdot 3+2\cdot 4+3\cdot 5+\cdots+n(n+2)$

1180 $3^2+5^2+7^2+\cdots+(2n+1)^2$

[1181~1182] 다음 식의 값을 구하시오.

1181 $3^2+4^2+5^2+\cdots+10^2$

1182 $1^2\cdot 2+2^2\cdot 3+3^2\cdot 4+\cdots+8^2\cdot 9$

개념 03   유리식을 포함한 수열의 합

(1) 유리식을 포함한 수열의 합은 부분분수로 변형하여 구한다.

① $\displaystyle\sum_{k=1}^{n}\frac{1}{k(k+1)}=\sum_{k=1}^{n}\left(\frac{1}{k}-\frac{1}{k+1}\right)$

② $\displaystyle\sum_{k=1}^{n}\frac{1}{(k+a)(k+b)}=\frac{1}{b-a}\sum_{k=1}^{n}\left(\frac{1}{k+a}-\frac{1}{k+b}\right)$
$$\text{(단, } a\neq b)$$

참고 부분분수로의 변형
$$\frac{1}{AB}=\frac{1}{B-A}\left(\frac{1}{A}-\frac{1}{B}\right)\text{ (단, } A\neq B)$$

(2) 무리식을 포함한 수열의 합은 분모 또는 분자를 유리화하여 구한다.

$$\sum_{k=1}^{n}\frac{1}{\sqrt{k}+\sqrt{k+1}}=\sum_{k=1}^{n}\frac{\sqrt{k+1}-\sqrt{k}}{(\sqrt{k+1}+\sqrt{k})(\sqrt{k+1}-\sqrt{k})}$$
$$=\sum_{k=1}^{n}(\sqrt{k+1}-\sqrt{k})$$

[1183~1186] 다음 식의 값을 구하시오.

1183 $\displaystyle\sum_{k=1}^{10}\frac{2}{k(k+2)}$

1184 $\displaystyle\sum_{k=3}^{12}\frac{1}{(k-2)(k-1)}$

1185 $\displaystyle\sum_{k=1}^{15}\frac{2}{\sqrt{k}+\sqrt{k+1}}$

1186 $\displaystyle\sum_{k=1}^{4}\frac{4}{\sqrt{2k-1}+\sqrt{2k+1}}$

[1187~1190] 다음을 계산하시오.

1187 $\dfrac{1}{1\cdot 2}+\dfrac{1}{2\cdot 3}+\dfrac{1}{3\cdot 4}+\cdots+\dfrac{1}{n(n+1)}$

1188 $\dfrac{1}{1\cdot 4}+\dfrac{1}{4\cdot 7}+\dfrac{1}{7\cdot 10}+\cdots+\dfrac{1}{(3n-2)(3n+1)}$

1189 $\dfrac{1}{\sqrt{1}+\sqrt{2}}+\dfrac{1}{\sqrt{2}+\sqrt{3}}+\dfrac{1}{\sqrt{3}+\sqrt{4}}+\cdots$
$$+\dfrac{1}{\sqrt{2n}+\sqrt{2n+1}}$$

1190 $\dfrac{2}{\sqrt{5}+\sqrt{7}}+\dfrac{2}{\sqrt{7}+\sqrt{9}}+\dfrac{2}{\sqrt{9}+\sqrt{11}}+\cdots$
$$+\dfrac{2}{\sqrt{2n-1}+\sqrt{2n+1}}$$

개념 04   묶으면 규칙성을 갖는 수열

$$1,\ 1,\ 2,\ 1,\ 2,\ 3,\ 1,\ 2,\ 3,\ 4,\ \cdots$$
와 같이
$$(1),\ (1,\ 2),\ (1,\ 2,\ 3),\ (1,\ 2,\ 3,\ 4),\ \cdots$$
로 묶으면 규칙성을 갖는 수열에 대한 문제는 다음과 같은 순서로 해결한다.

❶ 수열의 각 항이 갖는 규칙을 파악하여 규칙성을 갖는 묶음으로 나눈다.

❷ 각 묶음의 항의 개수를 파악한다.

❸ 각 묶음의 첫 번째 항(또는 마지막 항)이 갖는 규칙성을 조사하여 구하는 값과의 관계를 찾는다.

1191 수열
$$1,\ 1,\ 2,\ 1,\ 2,\ 3,\ 1,\ 2,\ 3,\ 4,\ \cdots$$
에 대하여
$$(1),\ (1,\ 2),\ (1,\ 2,\ 3),\ (1,\ 2,\ 3,\ 4),\ \cdots$$
로 묶었을 때, 다음에 답하시오.

(1) n번째 묶음을 구하시오.

(2) 첫 번째 묶음부터 n번째 묶음까지의 항의 개수를 구하시오.

(3) 처음으로 나타나는 10은 몇 번째 묶음에 포함되어 있는지 구하시오.

(4) 수열 $1,\ 1,\ 2,\ 1,\ 2,\ 3,\ 1,\ 2,\ 3,\ 4,\ \cdots$에서 처음으로 나타나는 10은 제몇 항인지 구하시오.

① $\displaystyle\sum_{k=1}^{n} a_k = a_1 + a_2 + a_3 + \cdots + a_n$

② $\displaystyle\sum_{k=1}^{n} a_{2k-1} = a_1 + a_3 + a_5 + \cdots + a_{2n-1}$

③ $\displaystyle\sum_{k=1}^{n} a_{2k} = a_2 + a_4 + a_6 + \cdots + a_{2n}$

④ $\displaystyle\sum_{k=1}^{n} (a_{2k-1} + a_{2k}) = a_1 + a_2 + a_3 + a_4 + \cdots + a_{2n-1} + a_{2n} = \sum_{k=1}^{2n} a_k$

⑤ $\displaystyle\sum_{k=m}^{n} a_k = a_m + a_{m+1} + a_{m+2} + \cdots + a_n$ (단, $m \leq n$)

👍 대표 예제

1192 $\displaystyle\sum_{k=1}^{n} (a_{2k-1} + a_{2k}) = 2n^2$일 때, $\displaystyle\sum_{k=1}^{10} a_k$의 값은?

① 5 　　　　② 25 　　　　③ 50

④ 100 　　　　⑤ 200

선생님 해설

$$\sum_{k=1}^{n} (a_{2k-1} + a_{2k}) = (a_1 + a_2) + (a_3 + a_4) + (a_5 + a_6) + \cdots$$
$$+ (a_{2n-1} + a_{2n})$$
$$= \sum_{k=1}^{2n} a_k = 2n^2$$

이므로 $\displaystyle\sum_{k=1}^{10} a_k = 2 \cdot 5^2 = 50$ ← 양변에 $n=5$를 대입

답 ③

1193 대표 예제 한 번 더

$\displaystyle\sum_{k=1}^{n} (a_{3k-2} + a_{3k-1} + a_{3k}) = 4^n$일 때, $\displaystyle\sum_{k=1}^{15} a_k$의 값은?

① 2^{10} 　　　　② 2^{12} 　　　　③ 2^{14}

④ 2^{16} 　　　　⑤ 2^{18}

1194

$\displaystyle\sum_{k=1}^{n} a_k = n^2 - n$일 때, $\displaystyle\sum_{k=1}^{15} (a_{2k-1} + a_{2k})$의 값은?

① 840 　　　　② 850 　　　　③ 860

④ 870 　　　　⑤ 880

1195

$\displaystyle\sum_{k=1}^{n} a_k = 4n^2$, $\displaystyle\sum_{k=1}^{n} a_{2k} = 5n$일 때, $\displaystyle\sum_{k=1}^{5} a_{2k-1}$의 값은?

① 350 　　　　② 375 　　　　③ 400

④ 425 　　　　⑤ 450

1196

수열 $\{a_n\}$에 대하여 $a_1 = 1$, $\displaystyle\sum_{k=1}^{n} (a_k + a_{k+1}) = n^2 + 2n$일 때, $\displaystyle\sum_{k=1}^{10} a_k = 55$이다. 이때 a_{10}의 값은?

① 10 　　　　② 11 　　　　③ 12

④ 13 　　　　⑤ 14

유형 02 Σ의 성질

① $\sum\limits_{k=1}^{n}(a_k+b_k)=\sum\limits_{k=1}^{n}a_k+\sum\limits_{k=1}^{n}b_k$

② $\sum\limits_{k=1}^{n}(a_k-b_k)=\sum\limits_{k=1}^{n}a_k-\sum\limits_{k=1}^{n}b_k$

③ $\sum\limits_{k=1}^{n}ca_k=c\sum\limits_{k=1}^{n}a_k$ (단, c는 상수)

④ $\sum\limits_{k=1}^{n}c=cn$ (단, c는 상수)

👍 대표 예제

1197 $\sum\limits_{k=1}^{20}a_k=5$, $\sum\limits_{k=1}^{20}a_k^{\,2}=20$일 때, $\sum\limits_{k=1}^{20}(a_k+1)^2$의 값은?

① 40　　　② 50　　　③ 60

④ 70　　　⑤ 80

선생님 해설

$\sum\limits_{k=1}^{20}(a_k+1)^2=\sum\limits_{k=1}^{20}(a_k^{\,2}+2a_k+1)$

$=\sum\limits_{k=1}^{20}a_k^{\,2}+2\sum\limits_{k=1}^{20}a_k+\sum\limits_{k=1}^{20}1$

$=20+2\cdot5+1\cdot20=50$

답 ②

1198 대표 예제 한 번 더

$\sum\limits_{k=1}^{10}(a_k+b_k)=-20$, $\sum\limits_{k=1}^{10}(2a_k-3b_k)=100$일 때, $\sum\limits_{k=1}^{10}a_k$의 값은?

① 0　　　② 2　　　③ 4

④ 6　　　⑤ 8

1199

$\sum\limits_{k=1}^{20}(a_k+b_k)^2=50$, $\sum\limits_{k=1}^{20}(a_k^{\,2}+b_k^{\,2})=30$일 때, $\sum\limits_{k=1}^{20}a_kb_k$의 값은?

① 1　　　② 5　　　③ 10

④ 15　　　⑤ 20

1200

$\sum\limits_{k=1}^{n}a_k=3n^2$, $\sum\limits_{k=1}^{n}b_k=-4n$일 때, $\sum\limits_{k=1}^{20}(a_k+10b_k+15)$의 값은?

① 400　　　② 500　　　③ 600

④ 700　　　⑤ 800

1201

수열 $\{a_n\}$이 모든 자연수 n에 대하여 $a_n\neq-1$이고 $\sum\limits_{k=1}^{10}\dfrac{a_k^{\,2}}{a_k+1}=50$, $\sum\limits_{k=1}^{10}\dfrac{1}{a_k+1}=5$일 때, $\sum\limits_{k=1}^{10}a_k$의 값은?

① 50　　　② 55　　　③ 60

④ 65　　　⑤ 70

유형 03 $\sum\limits_{k=1}^{n} r^k$ 꼴의 계산

$$\sum_{k=1}^{n} r^k = r + r^2 + r^3 + \cdots + r^n = \frac{r(r^n-1)}{r-1} \ (\text{단}, \ r \neq 1)$$

↳ 첫째항이 r, 공비가 r인 등비수열의 첫째항부터 제n항까지의 합

 **대표 예제**

1202 $\sum\limits_{k=1}^{6} (2^k+1)^2$의 값은?

① 5518 ② 5618 ③ 5718

④ 5818 ⑤ 5918

선생님 해설

$$\sum_{k=1}^{6} (2^k+1)^2 = \sum_{k=1}^{6} (2^{2k} + 2 \cdot 2^k + 1)$$
$$= \sum_{k=1}^{6} 4^k + 2\sum_{k=1}^{6} 2^k + \sum_{k=1}^{6} 1$$

일반항이 $a_n = 4^n$인 등비수열 $\{a_n\}$의 첫째항부터 제6항까지의 합

$$= \frac{4(4^6-1)}{4-1} + 2 \cdot \frac{2(2^6-1)}{2-1} + 1 \cdot 6$$
$$= 5460 + 252 + 6 = 5718$$

답 ③

1203 대표 예제 한 번 더

$\sum\limits_{k=1}^{10} (3^k - 3^{-k})^2$의 값은?

① $\dfrac{9^9}{8} - \dfrac{1}{8}\left(\dfrac{1}{9}\right)^8 - 21$ ② $\dfrac{9^9}{8} - \dfrac{1}{8}\left(\dfrac{1}{9}\right)^9 - 21$

③ $\dfrac{9^{10}}{8} - \dfrac{1}{8}\left(\dfrac{1}{9}\right)^9 - 21$ ④ $\dfrac{9^{10}}{8} - \dfrac{1}{8}\left(\dfrac{1}{9}\right)^{10} - 21$

⑤ $\dfrac{9^{11}}{8} - \dfrac{1}{8}\left(\dfrac{1}{9}\right)^{10} - 21$

1204

$\sum\limits_{k=1}^{20} \dfrac{4^k - 3^k}{6^k} = a + b\left(\dfrac{1}{2}\right)^{20} + c\left(\dfrac{2}{3}\right)^{20}$을 만족시키는 세 정수 a, b, c에 대하여 $a+b+c$의 값은?

① -4 ② -2 ③ 0

④ 2 ⑤ 4

1205

첫째항이 1, 공비가 3인 등비수열 $\{a_n\}$에 대하여 첫째항부터 제n항까지의 합을 S_n이라 할 때, $\sum\limits_{k=1}^{20} S_k$의 값은?

① $\dfrac{3^{20}}{4} - \dfrac{43}{4}$ ② $\dfrac{3^{21}}{4} - \dfrac{43}{4}$ ③ $\dfrac{3^{21}}{4} - \dfrac{33}{4}$

④ $\dfrac{3^{22}}{4} - \dfrac{43}{4}$ ⑤ $\dfrac{3^{22}}{4} - \dfrac{33}{4}$

1206

$\sum\limits_{k=1}^{n} (2^k - 4)^2 = 100 + 16n$을 만족시키는 자연수 n의 값은?

① 2 ② 3 ③ 4

④ 5 ⑤ 6

① $\displaystyle\sum_{k=1}^{n} k = 1+2+3+\cdots+n = \dfrac{n(n+1)}{2}$

② $\displaystyle\sum_{k=1}^{n} k^2 = 1^2+2^2+3^2+\cdots+n^2 = \dfrac{n(n+1)(2n+1)}{6}$

③ $\displaystyle\sum_{k=1}^{n} k^3 = 1^3+2^3+3^3+\cdots+n^3 = \left\{\dfrac{n(n+1)}{2}\right\}^2$

👍 대표 예제

1207 $\displaystyle\sum_{k=1}^{10} (2k)^2 + \sum_{k=1}^{10} (2k+1)^2$의 값은?

① 3010 ② 3110 ③ 3210
④ 3310 ⑤ 3410

선생님 해설

$$\sum_{k=1}^{10} (2k)^2 + \sum_{k=1}^{10} (2k+1)^2 = \sum_{k=1}^{10} 4k^2 + \sum_{k=1}^{10}(4k^2+4k+1)$$

$\sum$ 안의 다항식을 정리한 후 $\sum k$, $\sum k^2$, $\sum k^3$ 꼴로 나누어 계산하자.

$$= 8\sum_{k=1}^{10} k^2 + 4\sum_{k=1}^{10} k + \sum_{k=1}^{10} 1$$

$$= 8 \cdot \dfrac{10 \cdot 11 \cdot 21}{6} + 4 \cdot \dfrac{10 \cdot 11}{2} + 1 \cdot 10$$

$$= 3080 + 220 + 10 = 3310$$

답 ④

1208 대표 예제 | 한 번 더

$\displaystyle\sum_{k=1}^{10} (k^3-k^2) + \sum_{i=1}^{10} (i^2+i+1)$의 값은?

① 2910 ② 2955 ③ 3000
④ 3045 ⑤ 3090

1209

$\displaystyle\sum_{k=1}^{n+1} (k^2-3k) = 28$을 만족시키는 자연수 n의 값은?

① 1 ② 2 ③ 3
④ 4 ⑤ 5

1210

$\displaystyle\sum_{k=1}^{10} \dfrac{6(1^2+2^2+3^2+\cdots+k^2)}{k}$의 값은?

① 945 ② 950 ③ 955
④ 960 ⑤ 965

1211

$\displaystyle\sum_{k=1}^{15} k + \sum_{k=2}^{15} k + \sum_{k=3}^{15} k + \cdots + \sum_{k=15}^{15} k$의 값은?

① 1210 ② 1220 ③ 1230
④ 1240 ⑤ 1250

유형 05 $\sum$를 여러 개 포함한 식

$\sum$를 여러 개 포함한 식은 안쪽의 $\sum$부터 계산한다.
이때 $\sum$가 어떤 문자에 대한 식인지 파악하고, 상수인 것과 상수가 아닌 것을 구분하여 계산한다.

 **대표 예제**

1212 $\displaystyle\sum_{n=1}^{8}\left\{\sum_{k=1}^{n}(k+n)\right\}$의 값은?

① 300   ② 324   ③ 348

④ 372   ⑤ 396

선생님 해설

$$\sum_{n=1}^{8}\left\{\sum_{k=1}^{n}(k+n)\right\}=\sum_{n=1}^{8}\left(\sum_{k=1}^{n}k+\sum_{k=1}^{n}n\right)$$

k에 대한 수열의 합이므로 n은 상수이다.

$$=\sum_{n=1}^{8}\left\{\frac{n(n+1)}{2}+n^2\right\}$$
$$=\sum_{n=1}^{8}\left(\frac{3}{2}n^2+\frac{1}{2}n\right)$$
$$=\frac{3}{2}\cdot\frac{8\cdot9\cdot17}{6}+\frac{1}{2}\cdot\frac{8\cdot9}{2}$$
$$=306+18=324$$

답 ②

1213 대표 예제 한 번 더

$\displaystyle\sum_{n=1}^{6}\left(\sum_{m=1}^{n}mn\right)$의 값은?

① 256   ② 262   ③ 266

④ 272   ⑤ 276

1214

실수 a에 대하여 $\displaystyle\sum_{n=1}^{5}\left[\sum_{m=1}^{n}\left\{\sum_{k=1}^{m}(n+a)\right\}\right]=210$일 때, a의 값을 구하시오.

1215

이차방정식 $x^2-13x+30=0$의 두 근을 m, n이라 할 때, $\displaystyle\sum_{i=1}^{m}\left\{\sum_{j=1}^{n}(i+j)\right\}$의 값은? (단, m, n은 자연수이다.)

① 210   ② 215   ③ 220

④ 225   ⑤ 230

1216

$\displaystyle\sum_{n=1}^{10}\left(\sum_{k=1}^{n}2^{n-k}\right)$의 값은?

① $\dfrac{1}{2036}$ ② $\dfrac{1}{1012}$ ③ 1

④ 1012   ⑤ 2036

 ∑로 표현된 수열의 합과 일반항

수열 $\{a_n\}$의 첫째항부터 제n항까지의 합을 S_n이라 하면
(ⅰ) $n=1$일 때, $a_1=S_1$
(ⅱ) $n\geq2$일 때, $a_n=S_n-S_{n-1}=\sum_{k=1}^{n}a_k-\sum_{k=1}^{n-1}a_k$
임을 이용하여 일반항 a_n을 구한다.

🖐 대표 예제

1217 수열 $\{a_n\}$에 대하여 $\sum_{k=1}^{n}a_k=n^2$일 때, $\sum_{k=1}^{10}a_{2k-1}$의 값은?

① 180　　② 185　　③ 190
④ 195　　⑤ 200

선생님 해설

수열 $\{a_n\}$의 첫째항부터 제n항까지의 합을 S_n이라 하면
$$S_n=n^2$$
(ⅰ) $n=1$일 때, $a_1=S_1=1$
(ⅱ) $n\geq2$일 때
$$a_n=S_n-S_{n-1}$$
$$=n^2-(n-1)^2$$
$$=2n-1\quad\cdots\cdots\text{㉠}$$
이때 $a_1=1$은 ㉠에 $n=1$을 대입한 것과 같으므로
$$a_n=2n-1$$
따라서 $a_{2k-1}=2(2k-1)-1=4k-3$이므로
$$\sum_{k=1}^{10}a_{2k-1}=\sum_{k=1}^{10}(4k-3)$$
$$=4\cdot\frac{10\cdot11}{2}-3\cdot10$$
$$=220-30=190$$

　　　　답 ③

1218 대표 예제 | 한 번 더

수열 $\{a_n\}$에 대하여 $\sum_{k=1}^{n}a_k=n^3-2n^2+n$일 때,
$\sum_{k=1}^{5}a_{2k}$의 값은?

① 440　　② 450　　③ 460
④ 470　　⑤ 480

1219

수열 $\{a_n\}$에 대하여 $\sum_{k=1}^{n}a_k=3^n-1$일 때, $\sum_{k=1}^{10}\frac{1}{a_k}$의 값은?

① $\frac{3}{4}\left(1-\frac{1}{3^9}\right)$　　② $\frac{3}{4}\left(1-\frac{1}{3^{10}}\right)$　　③ $\frac{9}{4}\left(1-\frac{1}{3^{10}}\right)$

④ $\frac{3}{4}\left(1-\frac{1}{3^{11}}\right)$　　⑤ $\frac{9}{4}\left(1-\frac{1}{3^{11}}\right)$

1220

수열 $\{a_n\}$에 대하여 $\sum_{k=1}^{n}a_k=n^2+2n$일 때, $\sum_{k=1}^{6}(k-1)^2a_k$의
값은?

① 570　　② 585　　③ 600
④ 615　　⑤ 630

1221

수열 $\{a_n\}$에 대하여 $\sum_{k=1}^{n}a_k=2n^3+3n^2+n+6$일 때,
$\frac{1}{6}\sum_{k=1}^{10}a_{3k-2}$의 값을 구하시오.

유형 07 나열된 수열의 제k항을 찾아서 합 구하기

나열된 수열의 제k항을 찾아서 합을 구하는 문제는 다음과 같은 순서로 해결한다.
❶ 주어진 수열의 제k항 a_k를 구한다.
❷ $\sum$의 성질을 이용하여 수열의 합을 구한다.

👍 대표 예제

1222 수열의 합 $1\cdot4+2\cdot5+3\cdot6+\cdots+15\cdot18$의 값은?

① 1200 　　　② 1300 　　　③ 1400
④ 1500 　　　⑤ 1600

선생님 해설

수열 $1\cdot4$, $2\cdot5$, $3\cdot6$, $\cdots$, $15\cdot18$의 제k항을 a_k라 하면
$a_k=k(k+3)=k^2+3k$ ← 규칙성을 찾아서 a_k를 유추한다.

$$\therefore\ 1\cdot4+2\cdot5+3\cdot6+\cdots+15\cdot18=\sum_{k=1}^{15}a_k=\sum_{k=1}^{15}(k^2+3k)$$
$$=\frac{15\cdot16\cdot31}{6}+3\cdot\frac{15\cdot16}{2}$$
$$=1240+360=1600$$

답 ⑤

1223 대표 예제 한 번 더
수열 $1\cdot2^2$, $2\cdot3^2$, $3\cdot4^2$, $\cdots$의 첫째항부터 제10항까지의 합은?

① 3700 　　　② 3750 　　　③ 3800
④ 3850 　　　⑤ 3900

1224
수열 1, $1+2$, $1+2+4$, $1+2+4+8$, $\cdots$의 첫째항부터 제30항까지의 합이 2^a-b일 때, 두 자연수 a, b에 대하여 $a+b$의 값은? (단, $b<100$)

① 63 　　　② 64 　　　③ 65
④ 127 　　　⑤ 128

1225
수열 $\{a_n\}$이 1, $2+4$, $3+6+9$, $\cdots$일 때, $\displaystyle\sum_{k=1}^{8}a_k$의 값을 구하시오.

1226
수열의 합
$$9^2+99^2+999^2+\cdots+(\underbrace{999\cdots9}_{10개})^2$$
의 값을 S라 할 때, $99S$의 값은?

① $100^{10}-22\cdot10^{10}+1110$
② $100^{10}+22\cdot10^{10}+1110$
③ $100^{11}-22\cdot10^{11}+1110$
④ $100^{11}+22\cdot10^{11}+1110$
⑤ $100^{12}-22\cdot10^{12}+1110$

 **유형 08** 모든 항에 n이 포함된 수열의 합

모든 항에 n이 포함된 수열의 합은 다음과 같은 순서로 구한다.
❶ 주어진 수열의 제k항 a_k를 k와 n에 대한 식으로 나타낸다.
❷ $\sum$의 성질을 이용하여 수열의 합을 구한다.
　이때 n은 상수임에 주의하여 계산한다.

👍 대표 예제

1227 $S_n = \dfrac{1}{n} + \dfrac{2}{n} + \dfrac{3}{n} + \cdots + \dfrac{n}{n}$ 일 때, S_{25}의 값은?

① 10　　　　② 11　　　　③ 12
④ 13　　　　⑤ 14

선생님 해설

수열 $\dfrac{1}{n}$, $\dfrac{2}{n}$, $\dfrac{3}{n}$, $\cdots$, $\dfrac{n}{n}$ 의 제k항을 a_k라 하면

$a_k = \dfrac{k}{n}$

$\therefore S_n = \sum\limits_{k=1}^{n} a_k = \sum\limits_{k=1}^{n} \dfrac{k}{n} = \dfrac{1}{n} \sum\limits_{k=1}^{n} k$

$\qquad = \dfrac{1}{n} \cdot \dfrac{n(n+1)}{2} = \dfrac{n+1}{2}$

$\therefore S_{25} = \dfrac{25+1}{2} = 13$

답 ④

1228 대표 예제 한 번 더

수열의 합

$$\dfrac{1^2}{n(n+1)} + \dfrac{2^2}{n(n+1)} + \dfrac{3^2}{n(n+1)} + \cdots + \dfrac{n^2}{n(n+1)}$$

을 간단히 하면?

① $\dfrac{n+1}{6}$　　　② $\dfrac{2n+1}{6}$　　　③ $\dfrac{n+1}{3}$
④ $\dfrac{2n+1}{3}$　　　⑤ $\dfrac{n+1}{2}$

1229

자연수 n에 대하여

$$1 \cdot n + 2 \cdot (n-1) + 3 \cdot (n-2) + \cdots + n \cdot 1$$
$$= \dfrac{n(n+a)(n+b)}{c}$$

일 때, $a+b+c$의 값은? (단, a, b, c는 자연수이다.)

① 8　　　　② 9　　　　③ 10
④ 11　　　　⑤ 12

1230

$$\left(\dfrac{n+1}{n}\right)^2 + \left(\dfrac{n+2}{n}\right)^2 + \left(\dfrac{n+3}{n}\right)^2 + \cdots + \left(\dfrac{2n}{n}\right)^2$$
$$= \dfrac{5(n-2)^2}{n}$$

을 만족시키는 자연수 n의 값은?

① 5　　　　② 6　　　　③ 7
④ 8　　　　⑤ 9

1231

$$1 \cdot (2n-1) + 2 \cdot (2n-3) + 3 \cdot (2n-5) + \cdots + n \cdot 1$$
$$= \sum\limits_{k=1}^{20} k^2$$

을 만족시키는 자연수 n의 값을 구하시오.

유형 09 유리식을 포함한 수열의 합

유리식을 포함한 수열의 합은 부분분수로 변형하여 $k=1, 2, 3, \cdots, n$ 을 차례대로 대입한 후 주어진 식을 간단히 하여 구한다.

① $\displaystyle\sum_{k=1}^{n} \frac{1}{k(k+1)} = \sum_{k=1}^{n}\left(\frac{1}{k}-\frac{1}{k+1}\right)$

② $\displaystyle\sum_{k=1}^{n} \frac{1}{(k+a)(k+b)} = \frac{1}{b-a}\sum_{k=1}^{n}\left(\frac{1}{k+a}-\frac{1}{k+b}\right)$ (단, $a \neq b$)

대표 예제

1232 수열의 합

$$\frac{1}{2^2-1}+\frac{1}{4^2-1}+\frac{1}{6^2-1}+\cdots+\frac{1}{20^2-1}$$

의 값은?

① $\dfrac{2}{7}$ ② $\dfrac{1}{3}$ ③ $\dfrac{8}{21}$

④ $\dfrac{3}{7}$ ⑤ $\dfrac{10}{21}$

선생님 해설

수열 $\dfrac{1}{2^2-1}, \dfrac{1}{4^2-1}, \dfrac{1}{6^2-1}, \cdots, \dfrac{1}{20^2-1}$ 의 제k항을 a_k라 하면

$a_k = \dfrac{1}{(2k)^2-1} = \dfrac{1}{(2k-1)(2k+1)}$

$\quad = \dfrac{1}{2}\left(\dfrac{1}{2k-1}-\dfrac{1}{2k+1}\right)$

$\qquad\qquad\qquad (2k+1)-(2k-1)=2$

$\therefore \dfrac{1}{2^2-1}+\dfrac{1}{4^2-1}+\dfrac{1}{6^2-1}+\cdots+\dfrac{1}{20^2-1}$

$= \displaystyle\sum_{k=1}^{10} a_k = \sum_{k=1}^{10} \frac{1}{2}\left(\frac{1}{2k-1}-\frac{1}{2k+1}\right)$

$= \dfrac{1}{2}\left\{\left(1-\dfrac{1}{3}\right)+\left(\dfrac{1}{3}-\dfrac{1}{5}\right)+\left(\dfrac{1}{5}-\dfrac{1}{7}\right)+\cdots\right.$

$\left.\qquad\qquad\qquad\qquad\qquad +\left(\dfrac{1}{19}-\dfrac{1}{21}\right)\right\}$

$= \dfrac{1}{2}\left(1-\dfrac{1}{21}\right) = \dfrac{10}{21}$

답 ⑤

1233 [대표 예제] [한 번 더]

수열의 합

$$1+\frac{1}{1+2}+\frac{1}{1+2+3}+\cdots+\frac{1}{1+2+3+\cdots+100}$$

의 값이 $\dfrac{q}{p}$일 때, $p+q$의 값을 구하시오.

(단, p와 q는 서로소인 자연수이다.)

1234

자연수 전체의 집합을 정의역으로 하는 두 함수

$$f(n)=2n+2, \quad g(n)=n^2-1$$

에 대하여 $\displaystyle\sum_{k=1}^{10} \frac{4}{(g \circ f)(k)}$ 의 값은?

① $\dfrac{12}{23}$ ② $\dfrac{38}{69}$ ③ $\dfrac{40}{69}$

④ $\dfrac{14}{23}$ ⑤ $\dfrac{44}{69}$

1235

자연수 n에 대하여

$$S_n = \sum_{k=1}^{n} \frac{k(k+1)}{1^3+2^3+3^3+\cdots+k^3}$$

일 때, $S_m = \dfrac{27}{7}$ 을 만족시키는 자연수 m의 값을 구하시오.

1236

수열 $\{a_n\}$에 대하여 $a_n = \dfrac{(n+1)^2}{n(n+2)}$ 일 때, $\displaystyle\sum_{k=1}^{8} a_k$의 값은?

① $\dfrac{389}{45}$ ② $\dfrac{391}{45}$ ③ $\dfrac{131}{15}$

④ $\dfrac{79}{9}$ ⑤ $\dfrac{397}{45}$

유형 10 무리식을 포함한 수열의 합

무리식을 포함한 수열의 합은 분모 또는 분자를 유리화하여 구한다.

$$\sum_{k=1}^{n} \frac{1}{\sqrt{k}+\sqrt{k+1}}$$

$$=\sum_{k=1}^{n} \frac{\sqrt{k+1}-\sqrt{k}}{(\sqrt{k+1}+\sqrt{k})(\sqrt{k+1}-\sqrt{k})}$$

$$=\sum_{k=1}^{n} (\sqrt{k+1}-\sqrt{k})$$

👍 대표 예제

1237 수열의 합

$$\frac{2}{\sqrt{1}+\sqrt{3}}+\frac{2}{\sqrt{2}+\sqrt{4}}+\frac{2}{\sqrt{3}+\sqrt{5}}+\cdots+\frac{2}{\sqrt{7}+\sqrt{9}}$$

의 값은?

① $1+\sqrt{2}$ ② $2+\sqrt{2}$ ③ $3+\sqrt{2}$

④ $2+2\sqrt{2}$ ⑤ $3+2\sqrt{2}$

선생님 해설

수열 $\dfrac{2}{\sqrt{1}+\sqrt{3}}$, $\dfrac{2}{\sqrt{2}+\sqrt{4}}$, $\dfrac{2}{\sqrt{3}+\sqrt{5}}$, $\cdots$, $\dfrac{2}{\sqrt{7}+\sqrt{9}}$의 제$k$항

을 a_k라 하면

$$a_k=\frac{2}{\sqrt{k}+\sqrt{k+2}}$$

$$=\frac{2(\sqrt{k+2}-\sqrt{k})}{(\sqrt{k+2}+\sqrt{k})(\sqrt{k+2}-\sqrt{k})}$$

$$=\sqrt{k+2}-\sqrt{k}$$

$$\therefore \frac{2}{\sqrt{1}+\sqrt{3}}+\frac{2}{\sqrt{2}+\sqrt{4}}+\frac{2}{\sqrt{3}+\sqrt{5}}+\cdots+\frac{2}{\sqrt{7}+\sqrt{9}}$$

$$=\sum_{k=1}^{7} a_k=\sum_{k=1}^{7} (\sqrt{k+2}-\sqrt{k})$$

$$=(\sqrt{3}-1)+(\sqrt{4}-\sqrt{2})+(\sqrt{5}-\sqrt{3})+\cdots$$

$$+(\sqrt{8}-\sqrt{6})+(\sqrt{9}-\sqrt{7})$$

$$=\sqrt{9}+\sqrt{8}-\sqrt{2}-1=2+\sqrt{2}$$

답 ②

1238

$$\sum_{k=1}^{5} (-1)^{k-1} \frac{1}{\sqrt{k+1}-\sqrt{k}}$$의 값은?

① $\sqrt{5}-1$ ② $\sqrt{5}+1$ ③ $\sqrt{6}-1$

④ $\sqrt{6}+1$ ⑤ $\sqrt{6}+2$

1239

수열 $\{a_n\}$에 대하여 $a_n=\dfrac{\sqrt{2n-1}+\sqrt{2n+1}}{2}$일 때,

$\sum\limits_{k=1}^{n} \dfrac{1}{a_k}=8$을 만족시키는 자연수 n의 값은?

① 21 ② 40 ③ 41

④ 80 ⑤ 81

1240

$$\sum_{k=1}^{8} \frac{k+1}{\sqrt{k^2+k}+\sqrt{k^2+3k+2}}$$의 값은?

① $\dfrac{1}{2}(3\sqrt{10}-\sqrt{3})$ ② $\dfrac{1}{2}(3\sqrt{10}-\sqrt{2})$

③ $3\sqrt{10}-2$ ④ $3\sqrt{10}-\sqrt{3}$

⑤ $3\sqrt{10}-\sqrt{2}$

1241 🆙

$a_1=-1$이고, 공차가 양수인 등차수열 $\{a_n\}$에 대하여

$\sum\limits_{k=1}^{10} \dfrac{1}{\sqrt{a_k+1}+\sqrt{a_{k+1}+1}}=\sqrt{2}$일 때, a_5의 값을 구하시오.

유형 11 log를 포함한 수열의 합

$a>0$, $a\neq1$이고 $m>0$, $n>0$일 때, log를 포함한 수열의 합은

$$\log_a m+\log_a n=\log_a mn,\quad \log_a m-\log_a n=\log_a \frac{m}{n}$$

임을 이용하여 주어진 식을 간단히 한 후 구한다.

👍 대표 예제

1242 수열 $\{a_n\}$에 대하여 $a_n=\log_2 \dfrac{n+1}{n}$일 때, $\displaystyle\sum_{k=1}^{31} a_k$의 값은?

① 3 　　② $\dfrac{7}{2}$ 　　③ 4

④ $\dfrac{9}{2}$ 　　⑤ 5

선생님 해설

$$\sum_{k=1}^{31} a_k=\sum_{k=1}^{31} \log_2 \frac{k+1}{k}$$
$$=\log_2 \frac{2}{1}+\log_2 \frac{3}{2}+\log_2 \frac{4}{3}+\cdots+\log_2 \frac{32}{31}$$
$$=\log_2 \left(\frac{2}{1}\cdot\frac{3}{2}\cdot\frac{4}{3}\cdots\cdots\frac{32}{31}\right)$$
$$=\log_2 32=\log_2 2^5=5$$

두 해설 모두 로그의 성질을 이용한 거야.

● 다른 풀이 ●

$$\sum_{k=1}^{31} a_k=\sum_{k=1}^{31} \log_2 \frac{k+1}{k}$$
$$=\sum_{k=1}^{31} \{\log_2 (k+1)-\log_2 k\}$$
$$=(\log_2 2-\log_2 1)+(\log_2 3-\log_2 2)$$
$$\qquad+(\log_2 4-\log_2 3)+\cdots+(\log_2 32-\log_2 31)$$
$$=\log_2 32-\log_2 1=\log_2 2^5=5$$

답 ⑤

1243 대표 예제 한 번 더

$\displaystyle\sum_{k=2}^{27} \log_3 \dfrac{k^2-1}{k^2}$의 값은?

① $\log_3 12-3$ 　② $\log_3 14-3$ 　③ $4\log_3 2-3$

④ $\log_3 14-4$ 　⑤ $4\log_3 2-4$

1244

$\displaystyle\sum_{k=1}^{n} \log_5 \dfrac{2k+3}{2k+1}=3$을 만족시키는 자연수 n의 값은?

① 185 　　② 186 　　③ 187

④ 188 　　⑤ 189

1245

첫째항이 2, 공비가 4인 등비수열 $\{a_n\}$에 대하여
$\displaystyle\sum_{k=1}^{10} k\log_2 a_k$의 값은?

① 715 　　② 730 　　③ 745

④ 760 　　⑤ 775

1246

$\displaystyle\sum_{k=1}^{62} \log_{\sqrt{6}} \{\log_{k+1}(k+2)\}$의 값은?

① 2 　　② 4 　　③ 6

④ 8 　　⑤ 10

유형 12 묶으면 규칙성을 갖는 수열

① 묶으면 규칙성을 갖는 수열에 대한 문제는 다음과 같은 순서로 해결한다.
  ❶ 수열의 각 항이 갖는 규칙을 파악하여 규칙성을 갖는 묶음으로 나눈다.
  ❷ 각 묶음의 항의 개수를 파악한다.
  ❸ 각 묶음의 첫 번째 항(또는 마지막 항)이 갖는 규칙성을 조사하여 구하는 값과의 관계를 찾는다.
② 분수로 이루어진 수열은 분모 또는 분자가 같은 것끼리 묶거나 분모 또는 분자가 수열을 이루는 것끼리 묶는다.
③ 순서쌍으로 이루어진 수열은 각 성분의 합 또는 곱이 같은 것끼리 묶는다.

📋 대표 예제

1247 수열

$$1, 2, 1, 3, 2, 1, 4, 3, 2, 1, \cdots$$

에서 처음으로 나타나는 20은 제몇 항인가?

① 제188항   ② 제189항   ③ 제190항
④ 제191항   ⑤ 제192항

선생님 해설

주어진 수열을

$(1), (2, 1), (3, 2, 1), (4, 3, 2, 1), \cdots$

과 같이 묶으면 n번째 묶음의 첫 번째 항은 n이므로 처음으로 나타나는 20은 20번째 묶음의 첫 번째 항이다.

이때 n번째 묶음의 항의 개수는 n이므로 첫 번째 묶음부터 19번째 묶음까지의 항의 개수는

$$\sum_{k=1}^{19} k = \frac{19 \cdot 20}{2} = 190$$

따라서 $190 + 1 = 191$이므로 처음으로 나타나는 20은 제191항이다.

20번째 묶음의 첫 번째 항
첫 번째 묶음부터 19번째 묶음까지에 포함된 모든 항의 개수

답 ④

1248 대표 예제 한 번 더
수열

$$2, 2, 4, 2, 4, 8, 2, 4, 8, 16, \cdots$$

에서 2번째로 나타나는 64는 제몇 항인가?

① 제23항   ② 제24항   ③ 제25항
④ 제26항   ⑤ 제27항

1249
다음 수열의 제70항은?

$$\frac{1}{2}, \ \frac{1}{3}, \ \frac{2}{3}, \ \frac{1}{4}, \ \frac{2}{4}, \ \frac{3}{4}, \ \frac{1}{5}, \ \frac{2}{5}, \ \frac{3}{5}, \ \frac{4}{5}, \cdots$$

① $\dfrac{3}{13}$ ② $\dfrac{4}{13}$ ③ $\dfrac{5}{13}$

④ $\dfrac{3}{14}$ ⑤ $\dfrac{2}{7}$

1250
다음 수열의 제110항을 (a, b)라 할 때, $a - b$의 값은?

$$(1, 3), (3, 1), (1, 5), (3, 3), (5, 1),$$
$$(1, 7), (3, 5), (5, 3), (7, 1), \cdots$$

① -8 ② -4 ③ 0
④ 4 ⑤ 8

1251 🔼
수열 $\{a_n\}$이

$$1, 1, 3, 1, 3, 5, 1, 3, 5, 7, \cdots$$

일 때, $\displaystyle\sum_{k=1}^{60} a_k$의 값을 구하시오.

유형 13　묶으면 규칙성을 갖는 수열의 활용

삼각형 또는 바둑판 모양으로 배열된 수열은 같은 줄끼리 묶거나 작은 수부터 시작하여 방향에 따른 규칙을 찾아서 묶는다.

대표 예제

1252 다음과 같이 자연수를 규칙적으로 나열할 때, 제10행의 왼쪽에서 3번째에 있는 수는?

제1행	1
제2행	2　3
제3행	4　5　6
제4행	7　8　9　10
⋮	⋮

① 48　　　② 49　　　③ 50
④ 51　　　⑤ 52

선생님 해설

제n행에는 n개의 자연수가 있고, 제n행의 첫 번째 자연수는
{제1행부터 제$(n-1)$행까지의 자연수의 개수}$+1$
이므로 제10행의 왼쪽에서 3번째 수는
$$\sum_{k=1}^{9} k + 3 = \frac{9 \cdot 10}{2} + 3 = 45 + 3 = 48$$

답 ①

1253

그림과 같이 바둑판 모양의 표에 자연수를 규칙적으로 배열할 때, 위에서 7번째 줄의 왼쪽에서 5번째에 있는 수는?

1	2	5	10	⋯
4	3	6	11	
9	8	7	12	
16	15	14	13	
⋮				⋱

① 43　　　② 45　　　③ 47
④ 49　　　⑤ 51

1254

다음과 같이 나열된 45개의 수의 합은?

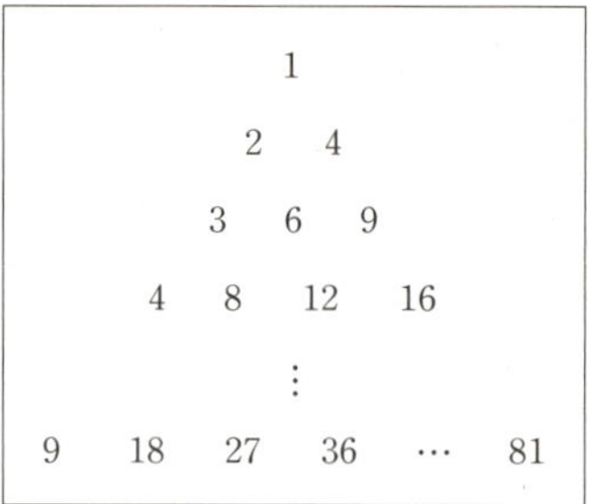

① 1020　　　② 1065　　　③ 1110
④ 1155　　　⑤ 1200

1255

그림과 같이 바둑판 모양의 표에서 중앙의 1에서부터 시작하여 시계 반대 방향으로 자연수를 차례대로 써나갈 때, 두 자연수 a, b에 대하여 $a+b$의 값을 구하시오.

⋱						
17	16	15	14	13		
18	5	4	3	12		
19	6	1	2	11		
20	7	8	9	10		
21	22		⋱			
				225	b	
					a	

1256 UP

그림과 같이 바둑판 모양의 표에 자연수를 규칙적으로 배열할 때, 3 이상의 두 자연수 i, j에 대하여 2^{85}은 i번째 줄의 왼쪽에서 j번째에 있는 수이다. 이때 $i+j$의 값을 구하시오.

1	1	1	1	⋯
1	2	4	8	
1	4	16	64	
1	8	64	512	
⋮				⋱

1257

• 유형 03 •

다항식 $f(x)=x^n(x-1)$을 $x-4$로 나누었을 때의 나머지를 a_n이라 할 때, $\displaystyle\sum_{k=1}^{100} a_k$의 값은?

① $4^{99}-1$ ② $4^{100}-4$ ③ $4^{100}-1$

④ $4^{101}-4$ ⑤ $4^{101}-1$

1258

• 유형 04 •

$\displaystyle\sum_{k=1}^{8}(k-a)^2$의 값이 최소가 되도록 하는 실수 a의 값은?

① 3 ② $\dfrac{7}{2}$ ③ 4

④ $\dfrac{9}{2}$ ⑤ 5

1259

• 유형 06 •

수열 $\{a_n\}$에 대하여 a_1, a_2, a_3, $\cdots$, a_n의 평균이 $2n+1$일 때, $\displaystyle\sum_{k=1}^{10} a_{2k}$의 값은?

① 410 ② 420 ③ 430

④ 440 ⑤ 450

1260

• 유형 02 •

모든 항이 음이 아닌 실수인 두 수열 $\{a_n\}$, $\{b_n\}$에 대하여

$$\sum_{k=1}^{10} a_k{}^2+\sum_{k=1}^{10} b_k{}^2=7,\quad \sum_{k=1}^{10} a_k b_k=3,$$

$$\sum_{k=1}^{5} a_k{}^2+\sum_{k=1}^{5} b_k{}^2=2,\quad \sum_{k=1}^{5} a_k b_k=1$$

일 때, | 보기 |에서 옳은 것만을 있는 대로 고른 것은?

| 보기 |

ㄱ. $\displaystyle\sum_{k=1}^{10}(a_k+b_k)^2=13$ ㄴ. $\displaystyle\sum_{k=6}^{10}(a_k-b_k)^2=1$

ㄷ. $\displaystyle\sum_{k=1}^{10}(a_k+b_k)=\sqrt{13}$

① ㄱ ② ㄴ ③ ㄱ, ㄴ

④ ㄱ, ㄷ ⑤ ㄴ, ㄷ

1261

• 유형 11 •

$\displaystyle\sum_{k=1}^{100}[\log_2 k]$의 값을 구하시오.

(단, $[x]$는 x보다 크지 않은 최대의 정수이다.)

1262

• 유형 10 •

그림과 같이 2 이상의 자연수 n에 대하여 이차함수 $y=\dfrac{x^2}{2}+1$의 그래프와 직선 $y=n$이 제2사분면에서 만나는 점을 A_n, 이차함수 $y=\dfrac{x^2}{2}$의 그래프와 직선 $y=n$이 제1사분면에서 만나는 점을 B_n이라 하자. 이때 $\displaystyle\sum_{k=2}^{49}\dfrac{1}{\mathrm{A}_n\mathrm{B}_n}$의 값은?

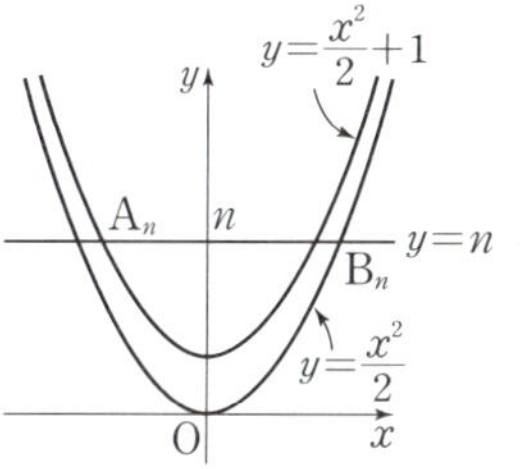

① $\dfrac{5\sqrt{2}}{2}$ ② $3\sqrt{2}$ ③ $\dfrac{7\sqrt{2}}{2}$

④ $4\sqrt{2}$ ⑤ $\dfrac{9\sqrt{2}}{2}$

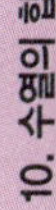

1263 `사고력` · 유형 05 ·

$\displaystyle\sum_{n=1}^{10}\left(\sum_{k=1}^{n} 2^k \sin\frac{kn\pi}{2}\right)$의 값은?

① 540 ② 546 ③ 552
④ 558 ⑤ 564

1264 · 유형 03 ·

첫째항이 1, 공비가 $\dfrac{1}{2}$인 등비수열 $\{a_n\}$에 대하여 $\displaystyle\sum_{k=1}^{10} ka_k$의 값은?

① $2-3\cdot\left(\dfrac{1}{2}\right)^8$ ② $2-3\cdot\left(\dfrac{1}{2}\right)^7$

③ $4-3\cdot\left(\dfrac{1}{2}\right)^8$ ④ $4-3\cdot\left(\dfrac{1}{2}\right)^7$

⑤ $4-3\cdot\left(\dfrac{1}{2}\right)^6$

1265 · 유형 06 + 유형 08 ·

수열 $\{a_n\}$에 대하여
$$na_1+(n-1)a_2+(n-2)a_3+\cdots+2a_{n-1}+a_n=n^3+2n^2-n$$
이 성립할 때, $\displaystyle\sum_{k=1}^{10} a_k$의 값을 구하시오.

1266 · 유형 13 ·

그림과 같이 바둑판 모양의 표에 자연수를 규칙적으로 배열할 때, 73은 총 몇 번 나타나는지 구하시오.

1	1	1	1	⋯
1	3	5	7	
1	5	9	13	
1	7	13	19	
⋮				⋱

1267 · 유형 04 ·

전체집합 $U=\{x\,|\,x$는 20 이하의 자연수$\}$의 부분집합 $A=\{a_1,\ a_2,\ a_3,\cdots,\ a_{10}\}$이 다음 조건을 만족시킨다.

> (가) 집합 A의 임의의 두 원소 $a_i,\ a_j\ (i\neq j)$에 대하여
> $$a_i-a_j\neq 0,\ a_i+a_j\neq 21$$
> (나) $\displaystyle\sum_{k=1}^{10} a_k^{\,2}=742$

이때 $\displaystyle\sum_{k=1}^{10} a_k$의 값을 구하시오.

1268 `창의력+` · 유형 01 ·

$z=\dfrac{1+i}{\sqrt{2}}$일 때, 자연수 n 이하의 자연수 k에 대하여 z^k이 실수가 되는 k의 개수를 a_n이라 하자. 두 실수 $a,\ b$에 대하여 $\displaystyle\sum_{k=1}^{31} z^k a_k=a+bi$일 때, $a-b$의 값은? (단, $i=\sqrt{-1}$)

① $4\sqrt{2}-4$ ② $4\sqrt{2}$ ③ $4\sqrt{2}+4$
④ $8\sqrt{2}-8$ ⑤ $8\sqrt{2}$

서술형 문제

1269
· 유형 02 ·

$\displaystyle\sum_{k=1}^{10} a_k=3$, $\displaystyle\sum_{k=1}^{10} a_k{}^2=4$, $\displaystyle\sum_{k=1}^{10} a_k{}^3=12$일 때, $\displaystyle\sum_{k=1}^{10} (a_k-1)^3$의 값을 구하시오.

✓ 필요 개념 및 공식	
☐ 곱셈 공식	☐ Σ의 성질

1270
· 유형 04 ·

$\displaystyle\sum_{k=1}^{n} k^2=\dfrac{n(n+1)(2n+1)}{6}$ 을 증명하시오.

✓ 필요 개념 및 공식		
☐ 곱셈 공식	☐ Σ의 성질	☐ 자연수의 거듭제곱의 합

1271
· 유형 09 ·

그림과 같이 함수 $y=\sqrt{x}$의 그래프와 직선 $y=n$의 교점의 x좌표를 x_n이라 할 때, $\displaystyle\sum_{k=1}^{m} \dfrac{2}{4x_k-1}>0.99$를 만족시키는 자연수 m의 최솟값을 구하시오.

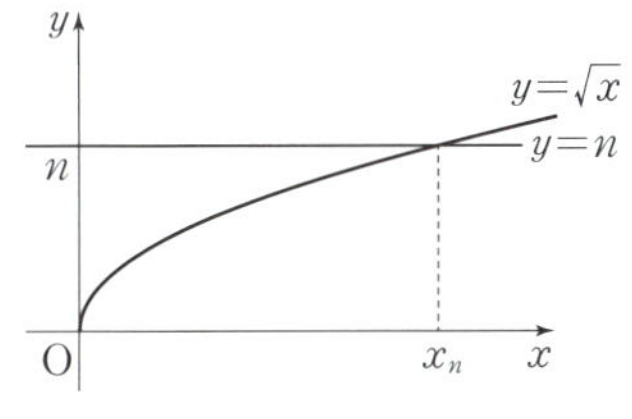

1272
· 유형 07 ·

다음과 같은 규칙으로 만들어지는 수열 $\{a_n\}$에 대하여 $\displaystyle\sum_{k=1}^{10} a_k$의 값을 구하시오.

$$\dfrac{1}{2},\ \dfrac{1+2}{4+8},\ \dfrac{1+2+4}{8+16+32},\ \dfrac{1+2+4+8}{16+32+64+128},\ \cdots$$

✓ 필요 개념 및 공식	
☐ $\displaystyle\sum_{k=1}^{n} r^k$ 꼴의 계산	

1273
· 유형 01 + 유형 04 ·

등차수열 $\{a_n\}$에 대하여

$$\sum_{k=1}^{3} a_{3k-2}=30,\ \sum_{k=2}^{5} a_{3k-1}=84$$

일 때, $\displaystyle\sum_{k=1}^{10} a_k{}^2$의 값을 구하시오.

✓ 필요 개념 및 공식		
☐ 합의 기호 Σ	☐ 등차수열의 일반항	☐ 자연수의 거듭제곱의 합

1274
· 유형 12 ·

자연수 n에 대하여 분모는 n^2 꼴이고 분자는 홀수인 분수로 이루어진 다음 수열의 첫째항부터 제50항까지의 합을 구하시오.

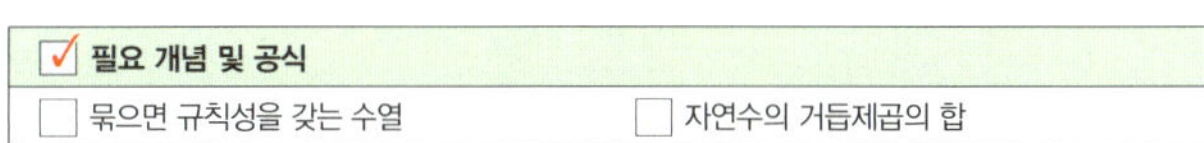

$$\dfrac{1}{1^2},\ \dfrac{1}{2^2},\ \dfrac{3}{2^2},\ \dfrac{1}{3^2},\ \dfrac{3}{3^2},\ \dfrac{5}{3^2},\ \dfrac{1}{4^2},\ \dfrac{3}{4^2},\ \dfrac{5}{4^2},\ \dfrac{7}{4^2},\ \cdots$$

✓ 필요 개념 및 공식	
☐ 묶으면 규칙성을 갖는 수열	☐ 자연수의 거듭제곱의 합

개념 01 수열의 귀납적 정의

수열을 처음 몇 개의 항과 이웃하는 여러 항 사이의 관계식으로 정의하는 것을 수열의 귀납적 정의라 한다.
일반적으로 수열 $\{a_n\}$에서
(ⅰ) 첫째항 a_1의 값
(ⅱ) 이웃하는 두 항 a_n과 a_{n+1} ($n=1,\ 2,\ 3,\ \cdots$) 사이의 관계식
이 주어지면 관계식에 $n=1,\ 2,\ 3,\ \cdots$을 대입하여 수열 $\{a_n\}$의 모든 항을 구할 수 있다.

참고 어떤 수열 $\{a_n\}$을 정의할 때, 일반항 a_n 또는 귀납적 정의를 이용하여 정의할 수 있다.

예 수열 $\{a_n\}$이 1, 2, 3, 4, $\cdots$일 때
· 일반항을 이용한 정의: $a_n=n$
· 귀납적 정의: $a_1=1,\ a_{n+1}=a_n+1$

[1275~1280] 다음과 같이 정의된 수열 $\{a_n\}$의 제4항을 구하시오. (단, $n=1,\ 2,\ 3,\ \cdots$)

1275 $a_1=5,\ a_{n+1}=a_n+n$

1276 $a_1=3,\ a_{n+1}=2a_n-1$

1277 $a_1=1,\ a_2=2,\ a_{n+2}=a_n-a_{n+1}$

1278 $a_1=1,\ a_2=-1,\ a_{n+2}=a_na_{n+1}$

1279 $a_1=4,\ a_{n+1}=\dfrac{2n}{n+1}a_n$

1280 $a_1=2,\ a_{n+1}=a_n+\dfrac{1}{n(n+1)}$

1281 수열 $\{a_n\}$이 다음과 같을 때, 수열 $\{a_n\}$을 귀납적으로 정의하시오.

$$2,\ \frac{1}{2},\ 2,\ \frac{1}{2},\ \cdots$$

개념 02 등차수열의 귀납적 정의

다음은 모두 첫째항이 a, 공차가 d인 등차수열 $\{a_n\}$의 귀납적 정의이다. (단, $n=1,\ 2,\ 3,\ \cdots$)
(1) $a_1=a,\ a_{n+1}=a_n+d$
(2) $a_1=a,\ a_{n+1}-a_n=d$
(3) $a_1=a,\ a_2=a+d,\ a_{n+2}-a_{n+1}=a_{n+1}-a_n$
(4) $a_1=a,\ a_2=a+d,\ 2a_{n+1}=a_n+a_{n+2}$

참고 (3), (4)의 경우에는 a_1의 값뿐만 아니라 a_2의 값도 주어져야 한다.

[1282~1283] 다음 등차수열을 $\{a_n\}$이라 할 때, 수열 $\{a_n\}$을 첫째항과 이웃한 두 항의 관계식을 이용하여 귀납적으로 정의하시오.

1282 $-1,\ 2,\ 5,\ 8,\ \cdots$

1283 $2,\ -2,\ -6,\ -10,\ \cdots$

[1284~1285] 다음 등차수열을 $\{a_n\}$이라 할 때, 수열 $\{a_n\}$을 a_1, a_2와 이웃한 세 항의 관계식을 이용하여 귀납적으로 정의하시오.

1284 $2,\ 7,\ 12,\ 17,\ \cdots$

1285 $20,\ 15,\ 10,\ 5,\ \cdots$

[1286~1289] 다음과 같이 정의된 수열 $\{a_n\}$의 일반항 a_n을 구하시오. (단, $n=1,\ 2,\ 3,\ \cdots$)

1286 $a_1=3,\ a_{n+1}=a_n+2$

1287 $a_1=-3,\ a_{n+1}-a_n=-1$

1288 $a_1=1,\ a_2=6,\ a_{n+2}-a_{n+1}=a_{n+1}-a_n$

1289 $a_1=20,\ a_2=17,\ 2a_{n+1}=a_n+a_{n+2}$

개념 03   등비수열의 귀납적 정의

다음은 모두 첫째항이 a, 공비가 r인 등비수열 $\{a_n\}$의 귀납적 정의이다. (단, $n=1, 2, 3, \cdots$)

(1) $a_1=a$, $a_{n+1}=ra_n$

(2) $a_1=a$, $\dfrac{a_{n+1}}{a_n}=r$

(3) $a_1=a$, $a_2=ar$, $\dfrac{a_{n+2}}{a_{n+1}}=\dfrac{a_{n+1}}{a_n}$

(4) $a_1=a$, $a_2=ar$, $a_{n+1}{}^2=a_n a_{n+2}$

참고   (3), (4)의 경우에는 a_1의 값뿐만 아니라 a_2의 값도 주어져야 한다.

[1290~1291] 다음 등비수열을 $\{a_n\}$이라 할 때, 수열 $\{a_n\}$을 첫째항과 이웃한 두 항의 관계식을 이용하여 귀납적으로 정의하시오.

1290 $2, 4, 8, 16, \cdots$

1291 $27, 9, 3, 1, \cdots$

[1292~1293] 다음 등비수열을 $\{a_n\}$이라 할 때, 수열 $\{a_n\}$을 a_1, a_2와 이웃한 세 항의 관계식을 이용하여 귀납적으로 정의하시오.

1292 $1, 5, 25, 125, \cdots$

1293 $\dfrac{1}{4}, \dfrac{1}{2}, 1, 2, \cdots$

[1294~1297] 다음과 같이 정의된 수열 $\{a_n\}$의 일반항 a_n을 구하시오. (단, $n=1, 2, 3, \cdots$)

1294 $a_1=2$, $a_{n+1}=3a_n$

1295 $a_1=3$, $\dfrac{a_{n+1}}{a_n}=\dfrac{1}{2}$

1296 $a_1=3$, $a_2=-6$, $\dfrac{a_{n+2}}{a_{n+1}}=\dfrac{a_{n+1}}{a_n}$

1297 $a_1=1$, $a_2=\dfrac{1}{3}$, $a_{n+1}{}^2=a_n a_{n+2}$

개념 04   수학적 귀납법

자연수 n에 대한 명제 $p(n)$이 모든 자연수 n에 대하여 성립함을 증명하려면 다음 두 가지를 보이면 된다.

(i) $n=1$일 때, 명제 $p(n)$이 성립한다.

(ii) $n=k$일 때, 명제 $p(n)$이 성립한다고 가정하면 $n=k+1$일 때도 명제 $p(n)$이 성립한다.

이와 같은 방법으로 자연수에 대한 어떤 명제가 참임을 증명하는 방법을 수학적 귀납법이라 한다.

참고   자연수 n에 대한 명제 $p(n)$이 m ($m\geq2$인 자연수) 이상인 모든 자연수 n에 대하여 성립함을 증명하려면 다음 두 가지를 보이면 된다.
   (i) $n=m$일 때, 명제 $p(n)$이 성립한다.
   (ii) $n=k$ ($k\geq m$)일 때, 명제 $p(n)$이 성립한다고 가정하면 $n=k+1$일 때도 명제 $p(n)$이 성립한다.

1298   다음은 모든 자연수 n에 대하여
$$1+3+5+\cdots+(2n-1)=n^2$$
이 성립함을 수학적 귀납법으로 증명한 것이다.

> (i) $n=1$일 때,
> $$(\text{좌변})=(\text{우변})=\boxed{\text{(가)}}$$
> 이므로 주어진 등식이 성립한다.
> (ii) $n=k$일 때, 주어진 등식이 성립한다고 가정하면
> $$1+3+5+\cdots+(2k-1)=k^2$$
> 위의 식의 양변에 $2k+1$을 더하면
> $$1+3+5+\cdots+(2k-1)+(2k+1)=k^2+(2k+1)$$
> $$=\boxed{\text{(나)}}$$
> 따라서 $n=k+1$일 때도 주어진 등식이 성립한다.
> (i), (ii)에서 모든 자연수 n에 대하여 주어진 등식이 성립한다.

위의 (가), (나)에 알맞은 것을 써넣으시오.

1299 $h>0$일 때, $n\geq2$인 모든 자연수 n에 대하여 다음 부등식이 성립함을 수학적 귀납법으로 증명하시오.

$$(1+h)^n>1+nh$$

유형 01 수열의 귀납적 정의

귀납적으로 정의된 수열 $\{a_n\}$의 제k항에 대하여
① k가 비교적 작은 수 (보통 10 이하)이면 a_1 또는 a_2의 값과 이웃한 항들 사이의 관계식을 이용하여 제k항까지 차례대로 구한다.
② k가 큰 수이면 a_1, a_2, a_3, $\cdots$을 차례대로 구한 후 반복되는 규칙을 찾아 제k항을 구한다.

대표 예제

1300 수열 $\{a_n\}$이

$$a_1=3,\quad a_{n+1}=\begin{cases}\dfrac{a_n}{n} & (a_n\geq 5\text{인 경우}) \\ a_n+n & (a_n<5\text{인 경우})\end{cases}\quad (n=1,\,2,\,3,\,\cdots)$$

으로 정의될 때, a_6의 값은?

① $\dfrac{4}{5}$ ② 1 ③ $\dfrac{6}{5}$

④ $\dfrac{7}{5}$ ⑤ $\dfrac{8}{5}$

선생님 해설

$a_1=3<5$이므로 $a_2=a_1+1=3+1=4$
$a_2=4<5$이므로 $a_3=a_2+2=4+2=6$
$a_3=6\geq 5$이므로 $a_4=\dfrac{a_3}{3}=\dfrac{6}{3}=2$
$a_4=2<5$이므로
$a_5=a_4+4=2+4=6$
따라서 $a_5=6\geq 5$이므로
$a_6=\dfrac{a_5}{5}=\dfrac{6}{5}$

답 ③

1301

수열 $\{a_n\}$이

$$a_1=2,\quad a_{n+1}=2a_n+2\quad (n=1,\,2,\,3,\,\cdots)$$

로 정의될 때, a_{10}의 값은?

① 2044   ② 2046   ③ 2048

④ 2050   ⑤ 2052

1302

수열 $\{a_n\}$이

$$a_1=a,\quad a_2=b,\quad a_{n+2}=2a_n-a_{n+1}\quad (n=1,\,2,\,3,\,\cdots)$$

로 정의되고 $a_4=5$, $a_6=13$일 때, $a+b$의 값은?

① 1   ② 2   ③ 3

④ 4   ⑤ 5

1303

수열 $\{a_n\}$이 모든 자연수 n에 대하여 다음 조건을 만족시킬 때, $\displaystyle\sum_{n=1}^{9} a_n$의 값은?

(가) $a_1=3$
(나) $a_{n+1}=-a_n+n^2$

① 119   ② 121   ③ 123

④ 125   ⑤ 127

1304

수열 $\{a_n\}$이

$$a_1=2,\quad a_{n+1}=1-\dfrac{1}{a_n}\quad (n=1,\,2,\,3,\,\cdots)$$

로 정의될 때, $a_1+a_2+a_3+\cdots+a_{50}$의 값은?

① 26   ② $\dfrac{53}{2}$ ③ 27

④ $\dfrac{55}{2}$ ⑤ 28

유형 02 등차수열의 귀납적 정의

① 모든 자연수 n에 대하여 $a_{n+1}=a_n+d$로 정의되는 수열 $\{a_n\}$은 공차가 d인 등차수열임을 이용한다.

② 모든 자연수 n에 대하여 $2a_{n+1}=a_n+a_{n+2}$로 정의되는 수열 $\{a_n\}$은 등차수열임을 이용한다. 이때 주어진 다른 항들을 이용하여 공차를 구한다.

👍 대표 예제

1305 수열 $\{a_n\}$이

$$a_1=30,\ a_{n+1}+4=a_n\ (n=1,\ 2,\ 3,\ \cdots)$$

으로 정의될 때, $a_k=2$를 만족시키는 자연수 k의 값은?

① 6 ② 7 ③ 8
④ 9 ⑤ 10

선생님 해설

$a_{n+1}+4=a_n$에서

$a_{n+1}=a_n-4$

즉, 수열 $\{a_n\}$은 첫째항이 30, 공차가 -4인 등차수열이므로

$a_n=30+(n-1)\cdot(-4)=-4n+34$

$a_k=2$에서 $-4k+34=2$

$4k=32$

$\therefore k=8$

> 먼저 주어진 관계식을 적당히 변형하여 어떤 수열인지 알아내야 해.

답 ③

1306 대표 예제 한 번 더

수열 $\{a_n\}$이

$$a_1=a,\ a_n-a_{n+1}+3=0\ (n=1,\ 2,\ 3,\ \cdots)$$

으로 정의될 때, $a_{10}=10$을 만족시키는 a의 값은?

① -20 ② -17 ③ -14
④ -11 ⑤ -8

1307 수열 $\{a_n\}$이

$$a_1=a,\ a_2=b,\ a_{n+2}-a_{n+1}=a_{n+1}-a_n$$
$$(n=1,\ 2,\ 3,\ \cdots)$$

으로 정의되고 $3a_3=a_8$, $a_6=22$일 때, $a+b$의 값은?

① 2 ② 4 ③ 6
④ 8 ⑤ 10

1308 수열 $\{a_n\}$이

$$a_1=68,\ a_3=62,\ a_{n+2}-2a_{n+1}+a_n=0$$
$$(n=1,\ 2,\ 3,\ \cdots)$$

으로 정의될 때, 자연수 k에 대하여 $f(k)=\sum_{n=1}^{k} a_n$의 최댓값은?

① 801 ② 803 ③ 805
④ 807 ⑤ 809

1309 

수열 $\{a_n\}$이

$$a_1=3,\ (k^2-12k+30)a_{n+1}=(-k^2+8k-12)a_n+k$$

로 정의될 때, 수열 $\{a_n\}$은 모든 자연수 n에 대하여 $a_n>0$인 등차수열이다. 상수 k의 값은?

① 3 ② 4 ③ 5
④ 6 ⑤ 7

유형 03 등비수열의 귀납적 정의

① 모든 자연수 n에 대하여 $a_{n+1}=ra_n$ $(r\neq0)$으로 정의되는 수열 $\{a_n\}$은 공비가 r인 등비수열임을 이용한다.
② 모든 자연수 n에 대하여 $a_{n+1}^2=a_na_{n+2}$로 정의되는 수열 $\{a_n\}$은 등비수열임을 이용한다. 이때 주어진 다른 항들을 이용하여 공비를 구한다.

👍 대표 예제

1310 수열 $\{a_n\}$이

$$a_1=5,\ \frac{a_{n+1}}{2}=a_n\ (n=1,\ 2,\ 3,\ \cdots)$$

으로 정의될 때, $a_k>1000$을 만족시키는 자연수 k의 최솟값은?

① 8   ② 9   ③ 10
④ 11   ⑤ 12

선생님 해설

$\dfrac{a_{n+1}}{2}=a_n$에서 $a_{n+1}=2a_n$

즉, 수열 $\{a_n\}$은 첫째항이 5, 공비가 2인 등비수열이므로
$a_n=5\cdot2^{n-1}$

$a_k>1000$에서
$5\cdot2^{k-1}>1000,\ 2^{k-1}>200$
이때 $2^7=128,\ 2^8=256$이므로
$k-1\geq8$ ∴ $k\geq9$
따라서 자연수 k의 최솟값은 9이다.

> 유형 02와 마찬가지로 관계식을 변형하여 어떤 수열인지 알아내야 해.

● 답 ②

1311 대표 예제 · 한 번 더

수열 $\{a_n\}$이

$$a_1=729,\ \frac{a_n+3}{a_{n+1}+1}=3\ (n=1,\ 2,\ 3,\ \cdots)$$

으로 정의될 때, $a_{10}=3^k$이다. 상수 k의 값은?

① -5 ② -4 ③ -3
④ -2 ⑤ 1

1312

수열 $\{a_n\}$이

$$a_1=2,\ a_{n+1}^2=a_na_{n+2}\ (n=1,\ 2,\ 3,\ \cdots)$$

로 정의되고 $\dfrac{a_{10}}{a_2}+\dfrac{a_{12}}{a_4}+\dfrac{a_{14}}{a_6}=12$일 때, a_{25}의 값은?

① 8   ② 16   ③ 32
④ 64   ⑤ 128

1313

수열 $\{a_n\}$이 모든 자연수 n에 대하여 다음 조건을 만족시킬 때, $a_1,\ a_2,\ a_3,\ \cdots,\ a_{10}$ 중 정수인 항의 개수는?

> (가) $a_2=2,\ a_4=4$
> (나) $a_{n+1}=\sqrt{a_na_{n+2}}$

① 5   ② 6   ③ 7
④ 8   ⑤ 9

1314 🔼 UP

수열 $\{a_n\}$이

$$a_1=\frac{1}{p},\ \log_2 a_{n+1}-\log_2 a_n=2\ (n=1,\ 2,\ 3,\ \cdots)$$

로 정의될 때, 첫째항부터 제n항까지의 합을 S_n이라 하자. S_6의 값이 자연수가 되도록 하는 소수 p의 최댓값은?

① 3   ② 5   ③ 7
④ 11   ⑤ 13

유형 04 수열의 귀납적 정의의 활용

수열의 귀납적 정의의 활용 문제는 다음과 같은 순서로 구한다.
❶ 문제에서 주어진 조건을 파악하여 a_n과 a_{n+1} 사이의 관계식을 구한다.
❷ ❶의 관계식을 이용하거나 $n=1, 2, 3, \cdots$을 차례대로 대입하여 문제를 해결한다.

👍 대표 예제

1315 가뭄을 대비하는 물탱크에 현재 2000 L의 물이 들어 있고, 물은 매일 전날 남은 양의 20 %를 이용하고 200 L를 새로 채워 넣는다. 오늘부터 n일째 되는 날 물탱크에 남아 있는 물의 양을 a_n L라 할 때,
$$a_{n+1}=sa_n+t \ (n=1, 2, 3, \cdots)$$
가 성립한다. 두 상수 s, t에 대하여 st의 값은?

① 80　　　② 100　　　③ 120
④ 140　　　⑤ 160

선생님 해설

$(n+1)$일째 되는 날의 물의 양은 n일째 되는 날의 물의 양의 80 %에 200 L를 더한 양과 같으므로
→ 20 % 이용하면 남은 양은 80 %이다.
$$a_{n+1}=\frac{80}{100}a_n+200$$
$$\therefore \ a_{n+1}=\frac{4}{5}a_n+200$$
따라서 $s=\frac{4}{5}$, $t=200$이므로
$$st=\frac{4}{5}\cdot200=160$$

답 ⑤

1316 〔대표 예제〕〔한 번 더〕
어느 배양액에 미생물을 배양하면 1시간마다 2마리는 죽고 나머지는 각각 4마리로 분열한다. 이 배양액에 미생물 3마리를 넣고 1시간 간격으로 관찰하였다. 배양을 시작하고 n시간 후 배양액 속의 미생물의 수를 a_n이라 할 때,
$$a_{n+1}=4a_n+k \ (n=1, 2, 3, \cdots)$$
가 성립한다. m시간 후 500마리가 넘게 관찰되었을 때, $m-k$의 최솟값은? (단, k, m은 상수이다.)

① 14　　　② 15　　　③ 16
④ 17　　　⑤ 18

1317
그림과 같이 정사각형의 방 A_1, A_2, A_3, $\cdots$이 맞물려서 붙어 있는 미로 게임이 있다. 참가자는 출발지에서 출발하여 인접한 방으로만 이동할 수 있다. 예를 들어 출발지에서는 A_1, A_2 방으로만 이동할 수 있다. 출발지에서 A_n 방까지 가는 방법의 수를 a_n이라 할 때,
$$a_{n+2}=xa_{n+1}+ya_n \ (n=1, 2, 3, \cdots)$$
이 성립한다. 두 상수 x, y에 대하여 $x+y$의 값은?
(단, A_{n+2} 방에서 A_n, A_{n+1} 방으로 이동할 수는 없다.)

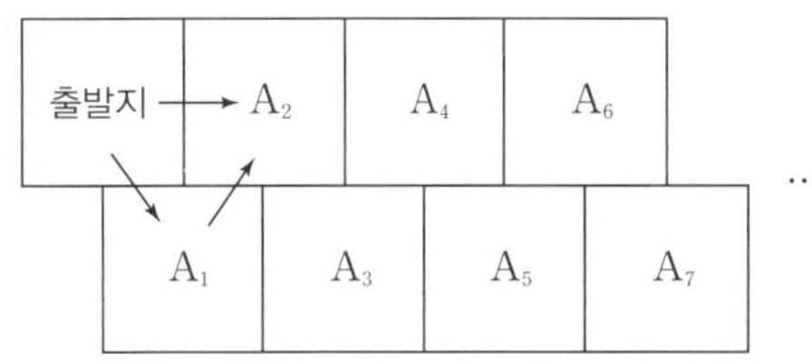

① 2　　　② 3　　　③ 4
④ 5　　　⑤ 6

1318
평면 위에 n개의 원이 있다. 이때 임의의 두 원은 서로 다른 두 점에서 만나고 어떤 세 개의 원도 한 점에서 만나지 않는다. 이 n개의 원들의 교점의 개수를 a_n이라 할 때, a_7의 값은? (단, $n\geq2$)

① 36　　　② 38　　　③ 40
④ 42　　　⑤ 44

1319
그림과 같이 한 변의 길이가 3인 정사각형의 한쪽 변에 그 변의 길이의 $\frac{1}{3}$을 한 변의 길이로 하는 정사각형을 이어 붙여 도형을 만들려고 한다. n단계의 도형의 둘레의 길이를 a_n이라 할 때, $a_6=k-\frac{1}{3^4}$이다. 상수 k의 값을 구하시오.

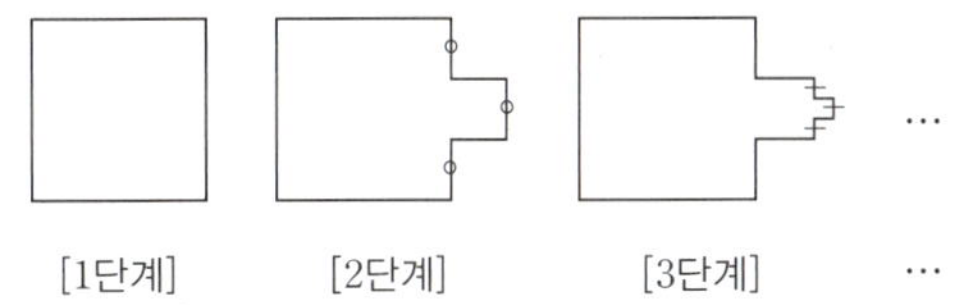

유형 05 수학적 귀납법

모든 자연수 n에 대하여 명제 $p(n)$이
(i) $p(a)$가 참이다.
(ii) $p(k)$가 참이면 $p(k+b)$도 참이다.
를 모두 만족시키면 $p(a)$, $p(a+b)$, $p(a+2b)$, $\cdots$가 모두 참이다.
(단, a, b는 자연수이다.)

🖐 대표 예제

1320 모든 짝수 n에 대하여 명제 $p(n)$이 성립함을 수학적 귀납법으로 증명하려면 다음을 보여야 한다.

> (i) $n=$ [(가)] 일 때, $p(n)$이 성립함을 보인다.
> (ii) $n=k$일 때, $p(n)$이 성립한다고 가정하면
> $n=$ [(나)] 일 때도 $p(n)$이 성립함을 보인다.

이때 (가), (나)에 알맞은 것은?

① 1, $k+1$ ② 1, $k+2$ ③ 2, $k+1$
④ 2, $k+2$ ⑤ 2, $2k$

선생님 해설

(i) $n=\boxed{2}$일 때, $p(n)$이 성립함을 보인다.
(ii) $n=k$일 때, $p(n)$이 성립한다고 가정하면
$n=\boxed{k+2}$일 때도 $p(n)$이 성립함을 보인다.

> (i)에 의하여 $p(2)$가 참이다.
> (ii)에 의하여 $p(2+2)$, 즉 $p(4)$가 참이다.
> (ii)에 의하여 $p(4+2)$, 즉 $p(6)$이 참이다.
> $\vdots$
> 즉, 명제 $p(n)$이 모든 짝수에 대하여 성립함을 알 수 있어!

답 ④

1321 집합 $X=\{3,\ 7,\ 11,\ 15,\ 19,\ \cdots\}$의 모든 원소 x에 대하여 명제 $p(x)$가 성립함을 수학적 귀납법으로 증명하려고 한다.
| 보기 |에서 반드시 보여야 하는 것만을 있는 대로 고른 것은?

> | 보기 |
> ㄱ. $p(1)$이 참이다.
> ㄴ. $p(3)$이 참이다.
> ㄷ. $p(k)$가 참이면 $p(3k-2)$도 참이다.
> ㄹ. $p(k)$가 참이면 $p(k+4)$도 참이다.

① ㄱ, ㄴ   ② ㄱ, ㄷ   ③ ㄴ, ㄷ
④ ㄴ, ㄹ   ⑤ ㄷ, ㄹ

1322 자연수 n에 대한 명제 $p(n)$이 다음 조건을 만족시킬 때, 반드시 참인 명제는?

> (가) $p(1)$, $p(3)$이 모두 참이다.
> (나) $p(k)$가 참이면 $p(2k)$도 참이다.

① $p(94)$ ② $p(96)$ ③ $p(98)$
④ $p(100)$ ⑤ $p(102)$

1323 자연수 n에 대한 명제 $p(n)$이 참이면 $p(n+2)$가 참이다. 명제 $p(n)$이 3 이상의 자연수 n에 대하여 성립함을 수학적 귀납법으로 증명하려면 $p(a)$, $p(b)$가 반드시 참임을 보여야 한다. 두 자연수 a, b에 대하여 $a+b$의 값은?
(단, $a<b$)

① 6 ② 7 ③ 8
④ 9 ⑤ 10

1324 UP
자연수 n에 대한 명제 $p(n)$이 다음 조건을 만족시킨다.

> (가) $p(k)$가 참이고 l이 k의 약수이면 $p(l)$도 참이다.
> (나) $p(k)$가 참이면 $p(k+3)$도 참이다.

$p(a)$가 참임을 보이면 모든 자연수 n에 대하여 $p(n)$이 성립한다고 할 때, 두 자리의 자연수 a의 개수는?

① 13 ② 14 ③ 15
④ 16 ⑤ 17

유형 06　수학적 귀납법을 이용한 배수의 증명

모든 자연수 n에 대하여 $f(n)$이 l의 배수임을 증명하려면
(i) $f(1)$이 l의 배수임을 보인다.
(ii) $f(k)$가 l의 배수라 가정한다.
(iii) $f(k+1)=s \cdot f(k)+g(k)$ (s는 정수) 꼴로 변형하여 $g(k)$가 l의 배수임을 보인 후 $f(k+1)$도 l의 배수임을 보인다.

🔵 대표 예제

1325 다음은 2 이상인 모든 자연수 n에 대하여 n^3-3n^2+8n-6이 3의 배수임을 수학적 귀납법으로 증명한 것이다.

(i) $n=\boxed{(가)}$일 때, $2^3-3\times2^2+8\times2-6=6$이므로 3의 배수이다.

(ii) $n=k$ $(k\geq2)$일 때, n^3-3n^2+8n-6이 3의 배수라 가정하면
$$k^3-3k^2+8k-6=3N \ (N은 \ 자연수)$$
$n=k+1$일 때
$$(k+1)^3-3(k+1)^2+8(k+1)-6$$
$$=(k^3-3k^2+8k-6)+3\times(\boxed{(나)})$$
$$=3N+3\times(\boxed{(나)})$$
$$=3(N+\boxed{(나)})$$
따라서 $n=k+1$일 때도 n^3-3n^2+8n-6이 3의 배수이다.

(i), (ii)에서 2 이상인 모든 자연수 n에 대하여 n^3-3n^2+8n-6은 3의 배수이다.

위의 (가)에 알맞은 수를 a, (나)에 알맞은 식을 $f(k)$라 할 때, $a+f(6)$의 값은?

① 33　　　　② 34　　　　③ 35
④ 36　　　　⑤ 37

선생님 **해설**

→2 이상의 모든 자연수 n에 대하여 성립하므로
$a=2$, $f(k)=k^2-k+2$이므로
$a+f(6)=2+(6^2-6+2)=34$

유형 **06**, **07**, **08**, **09**는 증명의 흐름을 잘 따라가는 것이 중요해.

○━ 답 ②

1326 다음은 모든 자연수 n에 대하여 $6^n-5n+24$가 25의 배수임을 수학적 귀납법으로 증명한 것이다.

(i) $n=1$일 때, $6-5+24=25$이므로 25의 배수이다.

(ii) $n=k$일 때, $6^n-5n+24$가 25의 배수라 가정하면
$$6^k-5k+24=\boxed{(가)} \ (N은 \ 자연수)$$
$n=k+1$일 때
$$6^{k+1}-5(k+1)+24=6^{k+1}-5k+19$$
$$=6\times\boxed{(가)}+25(\boxed{(나)})$$
$$=25(6N+\boxed{(나)})$$
따라서 $n=k+1$일 때도 $6^n-5n+24$가 25의 배수이다.

(i), (ii)에서 모든 자연수 n에 대하여 $6^n-5n+24$는 25의 배수이다.

위의 (가), (나)에 알맞은 식을 각각 $f(N)$, $g(k)$라 할 때, $f(2)+g(7)$의 값은?

① 48　　　　② 50　　　　③ 52
④ 54　　　　⑤ 56

1327 다음은 모든 자연수 n에 대하여 $\dfrac{n^3}{6}+\dfrac{n^2}{2}+\dfrac{n}{3}$이 자연수임을 수학적 귀납법으로 증명한 것이다.

(i) $n=1$일 때, $\dfrac{1}{6}+\dfrac{1}{2}+\dfrac{1}{3}=1$이므로 자연수이다.

(ii) $n=k$일 때, $\dfrac{n^3}{6}+\dfrac{n^2}{2}+\dfrac{n}{3}$이 자연수라 가정하면
$\dfrac{k^3}{6}+\dfrac{k^2}{2}+\dfrac{k}{3}$가 자연수이므로 $n=k+1$일 때
$$\dfrac{(k+1)^3}{6}+\dfrac{(k+1)^2}{2}+\dfrac{k+1}{3}$$
$$=\dfrac{k^3}{6}+\dfrac{k^2}{2}+\dfrac{k}{3}+\dfrac{\boxed{(가)}}{6}+\dfrac{2k+1}{2}+\dfrac{1}{3}$$
$$=\dfrac{k^3}{6}+\dfrac{k^2}{2}+\dfrac{k}{3}+\dfrac{(k+1)\times(\boxed{(나)})}{2}$$
따라서 $n=k+1$일 때도 $\dfrac{n^3}{6}+\dfrac{n^2}{2}+\dfrac{n}{3}$이 자연수이다.

(i), (ii)에서 모든 자연수 n에 대하여 $\dfrac{n^3}{6}+\dfrac{n^2}{2}+\dfrac{n}{3}$이 자연수이다.

위의 (가), (나)에 알맞은 식을 각각 $f(k)$, $g(k)$라 할 때, $f(4)-g(9)$의 값을 구하시오.

유형 07 수학적 귀납법을 이용한 등식의 증명

모든 자연수 n에 대하여 등식이 성립함을 증명하려면
(ⅰ) $n=1$일 때, 등식이 성립함을 보인다.
(ⅱ) $n=k$일 때, 등식이 성립한다고 가정한다.
(ⅲ) (ⅱ)의 등식의 양변에 적당한 식을 더하여 $n=k+1$일 때도 등식이 성립함을 보인다.

🖐 대표 예제

1328 다음은 모든 자연수 n에 대하여
$$1+2+2^2+\cdots+2^{n-1}=2^n-1$$
이 성립함을 수학적 귀납법으로 증명한 것이다.

> (ⅰ) $n=1$일 때,
> $$(\text{좌변})=(\text{우변})=1$$
> 이므로 주어진 등식이 성립한다.
> (ⅱ) $n=k$일 때, 주어진 등식이 성립한다고 가정하면
> $$1+2+2^2+\cdots+2^{k-1}=2^k-1$$
> 위의 식의 양변에 $\boxed{(\text{가})}$ 을 더하면
> $$1+2+2^2+\cdots+2^{k-1}+\boxed{(\text{가})}=2^k-1+\boxed{(\text{가})}$$
> $$=\boxed{(\text{나})}$$
> 따라서 $n=k+1$일 때도 주어진 등식이 성립한다.
> (ⅰ), (ⅱ)에서 모든 자연수 n에 대하여 주어진 등식이 성립한다.

위의 (가), (나)에 알맞은 식을 각각 $f(k)$, $g(k)$라 할 때, $f(4)+g(5)$의 값은?

① 78   ② 79   ③ 80
④ 81   ⑤ 82

> **선생님 해설**
>
> $1+2+2^2+\cdots+2^{k-1}=2^k-1$의 양변에 $\boxed{2^k}$ 을 더하면
> $$1+2+2^2+\cdots+2^{k-1}+\boxed{2^k}=2^k-1+\boxed{2^k}$$
> $$=\boxed{2^{k+1}-1}$$
> $\quad\quad 2^k+2^k=2\times2^k=2^{k+1}$
> 따라서 $f(k)=2^k$, $g(k)=2^{k+1}-1$이므로
> $f(4)+g(5)=2^4+2^6-1=79$
>
> ○ 답 ②

1329 대표 예제 한 번 더
다음은 모든 자연수 n에 대하여
$$\frac{1}{1\times3}+\frac{1}{3\times5}+\cdots+\frac{1}{(2n-1)(2n+1)}=\frac{n}{2n+1}$$
이 성립함을 수학적 귀납법으로 증명한 것이다.

> (ⅰ) $n=1$일 때,
> $$(\text{좌변})=(\text{우변})=\boxed{(\text{가})}$$
> 이므로 주어진 등식이 성립한다.
> (ⅱ) $n=k$일 때, 주어진 등식이 성립한다고 가정하면
> $$\frac{1}{1\times3}+\frac{1}{3\times5}+\cdots+\frac{1}{(2k-1)(2k+1)}=\frac{k}{2k+1}$$
> 위의 식의 양변에 $\boxed{(\text{나})}$ 을 더하면
> $$\frac{1}{1\times3}+\frac{1}{3\times5}+\cdots+\frac{1}{(2k-1)(2k+1)}+\boxed{(\text{나})}$$
> $$=\frac{k}{2k+1}+\boxed{(\text{나})}$$
> $$=\frac{k+1}{2k+3}$$
> $$=\frac{k+1}{2(k+1)+1}$$
> 따라서 $n=k+1$일 때도 주어진 등식이 성립한다.
> (ⅰ), (ⅱ)에서 모든 자연수 n에 대하여 주어진 등식이 성립한다.

위의 (가)에 알맞은 수를 a, (나)에 알맞은 식을 $f(k)$라 할 때, $30\times\dfrac{f(1)}{a}$의 값은?

① $\dfrac{1}{6}$ ② $\dfrac{1}{3}$ ③ 1
④ 3   ⑤ 6

1330

다음은 모든 자연수 n에 대하여

$$\sum_{k=1}^{n}\{k(k+1)\times(k+1)!+(k+2)!\}$$
$$=(n+1)\times(n+2)!-2$$

가 성립함을 수학적 귀납법으로 증명한 것이다.

주어진 등식의 좌변을 간단히 하면

$$\sum_{k=1}^{n}\{k(k+1)\times(k+1)!+(k+2)!\}$$
$$=\sum_{k=1}^{n}[\{k(k+1)+(k+2)\}\times(k+1)!]$$
$$=\sum_{k=1}^{n}\{(k^2+2k+2)\times(k+1)!\}$$

(i) $n=1$일 때,

$$(좌변)=(1^2+2\times1+2)\times2!=10,$$
$$(우변)=2\times3!-2=10$$

이므로 주어진 등식이 성립한다.

(ii) $n=m$일 때, 주어진 등식이 성립한다고 가정하면

$$\sum_{k=1}^{m}\{k(k+1)\times(k+1)!+(k+2)!\}$$
$$=(m+1)\times(m+2)!-2$$

위의 식의 양변에 ($\boxed{(가)}$)$\times(m+2)!$을 더하면

$$\sum_{k=1}^{m+1}\{k(k+1)\times(k+1)!+(k+2)!\}$$
$$=(m+1)\times(m+2)!-2$$
$$\qquad\qquad +(\boxed{(가)})\times(m+2)!$$
$$=(\boxed{(나)})\times(m+2)!-2$$
$$=(m+2)\times(m+3)!-2$$

따라서 $n=m+1$일 때도 주어진 등식이 성립한다.

(i), (ii)에서 모든 자연수 n에 대하여 주어진 등식이 성립한다.

위의 (가), (나)에 알맞은 식을 각각 $f(m)$, $g(m)$이라 할 때, $f(4)+g(2)$의 값은?

① 49　　　　② 51　　　　③ 53
④ 55　　　　⑤ 57

모든 자연수 n에 대하여 부등식이 성립함을 증명하려면

(i) $n=1$일 때, 부등식이 성립함을 보인다.
(ii) $n=k$일 때, 부등식이 성립한다고 가정한다.
(iii) $A>B$이면 $A\pm C>B\pm C$이고, $A>B$, $B>C$이면 $A>C$임을 이용하여 $n=k+1$일 때도 부등식이 성립함을 보인다.

👍 대표 예제

1331 다음은 2 이상의 자연수 n에 대하여

$$1+\frac{1}{2^2}+\frac{1}{3^2}+\cdots+\frac{1}{n^2}<2-\frac{1}{n}$$

이 성립함을 수학적 귀납법으로 증명한 것이다.

(i) $n=2$일 때, $(좌변)=\dfrac{5}{4}$, $(우변)=\dfrac{3}{2}$이므로 주어진 부등식이 성립한다.

(ii) $n=k$ $(k\geq2)$일 때, 주어진 부등식이 성립한다고 가정하면

$$1+\frac{1}{2^2}+\frac{1}{3^2}+\cdots+\frac{1}{k^2}<2-\frac{1}{k}$$

위의 식의 양변에 $\boxed{(가)}$ 을 더하면

$$1+\frac{1}{2^2}+\frac{1}{3^2}+\cdots+\frac{1}{k^2}+\boxed{(가)}$$
$$<2-\frac{1}{k}+\boxed{(가)}=2-\frac{\boxed{(나)}}{k(k+1)^2}$$
$$<2-\frac{k^2+k}{k(k+1)^2}=2-\frac{1}{k+1}$$

따라서 $n=k+1$일 때도 주어진 부등식이 성립한다.

(i), (ii)에서 2 이상의 모든 자연수 n에 대하여 주어진 부등식이 성립한다.

위의 (가), (나)에 알맞은 식을 각각 $f(k)$, $g(k)$라 할 때, $\dfrac{g(2)}{f(2)}$의 값은?

① 61　　　　② 63　　　　③ 65
④ 67　　　　⑤ 69

선생님 해설

$f(k)=\dfrac{1}{(k+1)^2}$, $g(k)=k^2+k+1$이므로

$$\frac{g(2)}{f(2)}=\frac{2^2+2+1}{\dfrac{1}{3^2}}=63$$

답 ②

1332

다음은 모든 자연수 n에 대하여 부등식
$$(n+2)! > 3^n$$
이 성립함을 수학적 귀납법으로 증명한 것이다.

> (i) $n=1$일 때,
> $$(\text{좌변}) = \boxed{(\text{가})}, \ (\text{우변}) = 3$$
> 이므로 주어진 부등식이 성립한다.
>
> (ii) $n=m$일 때, 주어진 부등식이 성립한다고 가정하면
> $$(m+2)! > \boxed{(\text{나})}$$
> 이므로
> $$(m+3)! = (m+3) \times (m+2)!$$
> $$> (m+3) \times \boxed{(\text{나})}$$
> 이때 m은 자연수이므로
> $$m \geq 1, \ m+3 \geq 4 > 3$$
> $$(m+3)! > (m+3) \times \boxed{(\text{나})}$$
> $$> 3 \times \boxed{(\text{나})}$$
> $$= \boxed{(\text{다})}$$
> 따라서 $n=m+1$일 때도 주어진 부등식이 성립한다.
>
> (i), (ii)에서 모든 자연수 n에 대하여 주어진 부등식이 성립한다.

위의 (가)에 알맞은 수를 a, (나), (다)에 알맞은 식을 각각 $f(m)$, $g(m)$이라 할 때, $\dfrac{f(a)}{g(2)}$ 의 값은?

① 23 ② 25 ③ 27
④ 29 ⑤ 31

1333

다음은 모든 자연수 n에 대하여 부등식
$$1 - \frac{1}{2} + \frac{1}{3} - \frac{1}{4} + \cdots + \frac{1}{2n-1} - \frac{1}{2n} < 1 - \frac{1}{4n}$$
이 성립함을 수학적 귀납법으로 증명한 것이다.

> (i) $n=1$일 때,
> $$(\text{좌변}) = \frac{1}{2}, \ (\text{우변}) = \frac{3}{4}$$
> 이므로 주어진 부등식이 성립한다.
>
> (ii) $n=k$일 때, 주어진 부등식이 성립한다고 가정하면
> $$1 - \frac{1}{2} + \frac{1}{3} - \frac{1}{4} + \cdots + \frac{1}{2k-1} - \frac{1}{2k} < \boxed{(\text{가})}$$
> 위의 식의 양변에 $\boxed{(\text{나})}$ 을 더하면
> $$1 - \frac{1}{2} + \frac{1}{3} - \frac{1}{4} + \cdots + \frac{1}{2k-1} - \frac{1}{2k} + \boxed{(\text{나})}$$
> $$< 1 - \frac{1}{4k} + \boxed{(\text{나})}$$
> $$< 1 - \frac{1}{4(k+1)}$$
> $$\left(\because -\frac{1}{4k} + \frac{1}{4(k+1)} + \boxed{(\text{나})} < 0 \right)$$
> 따라서 $n=k+1$일 때도 주어진 부등식이 성립한다.
>
> (i), (ii)에서 모든 자연수 n에 대하여 주어진 부등식이 성립한다.

위의 (가), (나)에 알맞은 식을 각각 $f(k)$, $g(k)$라 할 때, $\dfrac{f(14)}{g(3)}$ 의 값은?

① 52 ② 53 ③ 54
④ 55 ⑤ 56

유형 09 · 귀납적으로 정의된 수열이 포함된 명제의 증명

귀납적으로 정의된 수열 $\{a_n\}$의 일반항 a_n이 $a_n=f(n)$임을 보이려면
(i) $n=1$일 때, $a_1=f(1)$임을 보인다.
(ii) $n=k$일 때, $a_k=f(k)$가 성립한다고 가정한다.
(iii) (ii)를 이용하여 $n=k+1$일 때 $a_{k+1}=f(k+1)$이 성립함을 보인다.

 **대표 예제**

1334 다음은 모든 자연수 n에 대하여

$$a_1=1,\quad a_{n+1}=\frac{n+3}{n+1}a_n$$

으로 정의된 수열 $\{a_n\}$의 일반항이 $a_n=\dfrac{(n+1)(n+2)}{6}$임을 수학적 귀납법으로 증명한 것이다.

> (i) $n=1$일 때, $a_1=\dfrac{2\times3}{6}=1$이므로 성립한다.
>
> (ii) $n=k$일 때, $a_k=\dfrac{(k+1)(k+2)}{6}$가 성립한다고 가정하면
> $$a_{k+1}=\boxed{\text{(가)}}\times a_k$$
> $$=\boxed{\text{(가)}}\times\frac{(k+1)(k+2)}{6}$$
> $$=\boxed{\text{(나)}}$$
> 따라서 $n=k+1$일 때도 주어진 일반항이 성립한다.
> (i), (ii)에서 수열 $\{a_n\}$의 일반항은 $a_n=\dfrac{(n+1)(n+2)}{6}$
> 이다.

위의 (가), (나)에 알맞은 식을 각각 $f(k)$, $g(k)$라 할 때, $f(1)\times g(2)$의 값은?

① $\dfrac{17}{3}$ ② 6 ③ $\dfrac{19}{3}$

④ $\dfrac{20}{3}$ ⑤ 7

선생님 해설

$f(k)=\dfrac{k+3}{k+1}$, $g(k)=\dfrac{(k+2)(k+3)}{6}$이므로

$f(1)\times g(2)=\dfrac{4}{2}\times\dfrac{4\times5}{6}=\dfrac{20}{3}$

답 ④

1335
다음은 모든 자연수 n에 대하여

$$a_1=2,\quad a_{n+1}=\frac{9-2a_n}{4-a_n}$$

으로 정의된 수열 $\{a_n\}$의 일반항이 $a_n=\dfrac{3n-1}{n}$임을 수학적 귀납법으로 증명한 것이다.

> (i) $n=1$일 때, $a_1=\dfrac{3\times1-1}{1}=2$이므로 성립한다.
>
> (ii) $n=k$일 때, $a_k=\dfrac{3k-1}{k}$이 성립한다고 가정하면
> $$a_{k+1}=\frac{9-2a_k}{4-a_k}=\frac{9-\boxed{\text{(가)}}}{4-\dfrac{3k-1}{k}}=\frac{\boxed{\text{(나)}}}{k+1}$$
> 따라서 $n=k+1$일 때도 주어진 일반항이 성립한다.
> (i), (ii)에서 수열 $\{a_n\}$의 일반항은 $a_n=\dfrac{3n-1}{n}$이다.

위의 (가), (나)에 알맞은 식을 각각 $f(k)$, $g(k)$라 할 때, $f(2)\times g(6)$의 값은?

① 95 ② 100 ③ 105

④ 110 ⑤ 115

1336
수열 $\{a_n\}$이

$$a_1=1,\ a_2=1,\ a_{n+2}=a_n+a_{n+1}\ (n=1,\ 2,\ 3,\ \cdots)$$

로 정의될 때, 다음은 $\displaystyle\sum_{k=1}^{n}a_k^{\,2}=a_na_{n+1}$이 성립함을 수학적 귀납법으로 증명한 것이다.

> (i) $n=1$일 때, (좌변)=(우변)$=1$이므로 주어진 등식이 성립한다.
> (ii) $n=m$일 때, 주어진 등식이 성립한다고 가정하면
> $$\sum_{k=1}^{m}a_k^{\,2}=a_ma_{m+1}$$
> 위의 등식의 양변에 $\boxed{\text{(가)}}$을 더하면
> $$\sum_{k=1}^{m}a_k^{\,2}+\boxed{\text{(가)}}=a_ma_{m+1}+\boxed{\text{(가)}}$$
> $$=\boxed{\text{(나)}}\times(a_m+a_{m+1})$$
> $$=a_{m+1}a_{m+2}$$
> 따라서 $n=m+1$일 때도 주어진 등식이 성립한다.
> (i), (ii)에서 모든 자연수 n에 대하여 주어진 등식이 성립한다.

위의 (가), (나)에 알맞은 식을 각각 $f(m)$, $g(m)$이라 할 때, $f(5)+g(6)$의 값을 구하시오.

1337 · 유형 01 ·

수열 $\{a_n\}$이

$$a_1=3,\ a_2=2,\ a_{n+2}=\frac{a_{n+1}+1}{a_n}\ (n=1,\ 2,\ 3,\ \cdots)$$

로 정의될 때, $\displaystyle\sum_{k=1}^{100} a_k$의 값은?

① 180 ② 182 ③ 184
④ 186 ⑤ 188

1338 · 유형 02 ·

첫째항이 31인 수열 $\{a_n\}$이 모든 자연수 n에 대하여 다음 조건을 만족시킨다.

(가) $a_n>0$
(나) $4(a_{n+1}+a_n)^2=16a_na_{n+1}+9$

a_{51}의 값은?

① 100 ② 102 ③ 104
④ 106 ⑤ 108

1339 · 유형 01 + 유형 02 ·

수열 $\{a_n\}$이

$$a_1=2,\ (2n+3)a_{n+1}=(2n+1)a_n+2$$
$$(n=1,\ 2,\ 3,\ \cdots)$$

로 정의될 때, $a_{30}=\dfrac{q}{p}$이다. $p+q$의 값은?

(단, p, q는 서로소인 자연수이다.)

① 125 ② 127 ③ 129
④ 131 ⑤ 133

1340 · 유형 03 ·

$a_1=2$, $a_2=4$인 수열 $\{a_n\}$이 모든 자연수 n에 대하여 이차방정식 $a_{n+2}x^2-2a_{n+1}x+a_n=0$이 중근을 갖도록 할 때, 그 중근을 b_n이라 하자.

수열 $\{b_n\}$에 대하여 $b_1+b_2+b_3+\cdots+b_{100}$의 값은?

① 48 ② 50 ③ 52
④ 54 ⑤ 56

1341 · 유형 01 ·

수열 $\{a_n\}$이

$$a_1=1,\ a_{n+1}=a_n{}^2+a_n\ (n=1,\ 2,\ 3,\ \cdots)$$

으로 정의될 때, 다음 중 $\displaystyle\sum_{k=1}^{100} \log(a_k+1)$의 값과 같은 것은?

(단, $a_n>0$)

① $\log a_{99}$ ② a_{99} ③ a_{100}
④ $\log a_{101}$ ⑤ a_{101}

1342 사고력 · 유형 05 ·

자연수 n에 대한 명제 $p(n)$이 다음 조건을 만족시킨다.

(가) $p(k)$가 참이면 $p(k+2)$도 참이다.
(나) $p(k)$, $p(k+2)$가 참이면 $p(k+3)$도 참이다.

한 자리의 자연수 a, b에 대하여 명제

'$p(a)$가 참이면 $p(b)$도 반드시 참이다.'

가 참이 되도록 하는 순서쌍 $(a,\ b)$의 개수는?

① 36 ② 37 ③ 38
④ 39 ⑤ 40

1343

• 유형 07 •

다음은 모든 자연수 n에 대하여 등식

$$\sum_{k=1}^{n}\left\{k\times\left(\frac{1}{k}+\frac{1}{k+1}+\frac{1}{k+2}+\cdots+\frac{1}{n}\right)\right\}=\frac{n(n+3)}{4}$$

이 성립함을 수학적 귀납법으로 증명한 것이다.

(i) $n=1$일 때,

$$(\text{좌변})=(\text{우변})=1$$

이므로 주어진 등식이 성립한다.

(ii) $n=m$일 때, 주어진 등식이 성립한다고 가정하면

$$\sum_{k=1}^{m}\left\{k\times\left(\frac{1}{k}+\frac{1}{k+1}+\frac{1}{k+2}+\cdots+\frac{1}{m}\right)\right\}$$
$$=\boxed{\ (\text{가})\ }$$

이다. $n=m+1$일 때 주어진 등식이 성립함을 보이자.

$$\sum_{k=1}^{m+1}\left\{k\times\left(\frac{1}{k}+\frac{1}{k+1}+\frac{1}{k+2}+\cdots+\frac{1}{m+1}\right)\right\}$$
$$=\sum_{k=1}^{m}\left\{k\times\left(\frac{1}{k}+\frac{1}{k+1}+\frac{1}{k+2}+\cdots+\frac{1}{m}\right)\right\}$$
$$+\sum_{k=1}^{m}\left(k\times\boxed{\ (\text{나})\ }\right)+1$$
$$=\frac{(m+1)(m+4)}{4}$$

따라서 $n=m+1$일 때도 주어진 등식이 성립한다.

(i), (ii)에서 모든 자연수 n에 대하여 주어진 등식이 성립한다.

위의 (가), (나)에 알맞은 식을 각각 $f(m)$, $g(m)$이라 할 때, $f(13)\times g(3)$의 값은?

① 13   ② 15   ③ 17

④ 19   ⑤ 21

1344

• 유형 09 •

수열 $\{a_n\}$이

$$a_1=\frac{1}{2}, \quad a_{n+1}=\frac{a_n}{2}+\frac{1}{2^{n+1}} \quad (n=1, 2, 3, \cdots)$$

로 정의될 때, 다음은 $\sum_{k=1}^{n}a_k=2-\frac{n+2}{2^n}$가 성립함을 수학적 귀납법으로 증명한 것이다.

(i) $n=1$일 때,

$$(\text{좌변})=\frac{1}{2}, \quad (\text{우변})=2-\frac{1+2}{2^1}=\frac{1}{2}$$

이므로 주어진 등식이 성립한다.

(ii) $n=2$일 때,

$$(\text{좌변})=\frac{1}{2}+\frac{1}{2}=1, \quad (\text{우변})=2-\frac{2+2}{2^2}=1$$

이므로 주어진 등식이 성립한다.

(iii) $n=m-1$, $n=m$ $(m\geq2)$일 때, 주어진 등식이 성립한다고 가정하면

$$\sum_{k=1}^{m-1}a_k=2-\frac{m+1}{2^{m-1}}, \quad \sum_{k=1}^{m}a_k=2-\frac{m+2}{2^m}$$

이다. $n=m+1$일 때 주어진 등식이 성립함을 보이자.

$$\sum_{k=1}^{m+1}a_k=\sum_{k=1}^{m}a_k+a_{m+1}$$
$$=\sum_{k=1}^{m}a_k+\frac{1}{2}\left(\sum_{k=1}^{m}a_k-\sum_{k=1}^{m-1}a_k\right)+\boxed{\ (\text{가})\ }$$
$$=\frac{3}{2}\sum_{k=1}^{m}a_k-\frac{1}{2}\sum_{k=1}^{m-1}a_k+\boxed{\ (\text{가})\ }$$
$$=\frac{3}{2}\left(2-\frac{m+2}{2^m}\right)-\frac{1}{2}\left(2-\frac{m+1}{2^{m-1}}\right)$$
$$\qquad\qquad\qquad\qquad+\boxed{\ (\text{가})\ }$$
$$=2-\frac{3m+6}{2^{m+1}}+\boxed{\ (\text{나})\ }+\boxed{\ (\text{가})\ }$$
$$=2-\frac{m+3}{2^{m+1}}$$

따라서 $n=m+1$일 때도 주어진 등식이 성립한다.

(i), (ii), (iii)에서 모든 자연수 n에 대하여 주어진 등식이 성립한다.

위의 (가), (나)에 알맞은 식을 각각 $f(m)$, $g(m)$이라 할 때, $\dfrac{g(11)}{f(11)}$의 값은?

① 16   ② 18   ③ 20

④ 22   ⑤ 24

1345

· 유형 06 ·

다음은 2 이상의 자연수 n에 대하여 다항식 $x^n-nx+n-1$ 이 $(x-1)^2$으로 나누어떨어짐을 수학적 귀납법으로 증명한 것이다.

(i) $n=2$일 때, $x^2-2x+1=(x-1)^2$이므로 주어진 다항식이 $(x-1)^2$으로 나누어떨어진다.

(ii) $n=k\,(k\geq2)$일 때, $x^k-kx+k-1$이 $(x-1)^2$으로 나누어떨어진다고 가정하면

$$x^{k+1}-(k+1)x+k=\boxed{\ (가)\ }+(x^{k+1}-x^k-x+1)$$

이고

$$x^{k+1}-x^k-x+1$$
$$=\boxed{\ (나)\ }\times(x^{k-1}+x^{k-2}+x^{k-3}+\cdots+x+1)$$

이므로 다항식 $x^{k+1}-(k+1)x+k$는 $(x-1)^2$으로 나누어떨어진다.

따라서 $n=k+1$일 때도 주어진 명제가 성립한다.

(i), (ii)에서 2 이상의 자연수 n에 대하여 다항식 $x^n-nx+n-1$이 $(x-1)^2$으로 나누어떨어진다.

위의 (가)에 알맞은 다항식의 x의 계수를 $f(k)$, (나)에 알맞은 식을 $g(x)$라 할 때, $f(5)+g(4)$의 값을 구하시오.

1346 창의력+

· 유형 04 ·

그림과 같이 한 변의 길이가 1인 $2n$개의 정사각형으로 이루어진 직사각형 모양의 판이 있다.

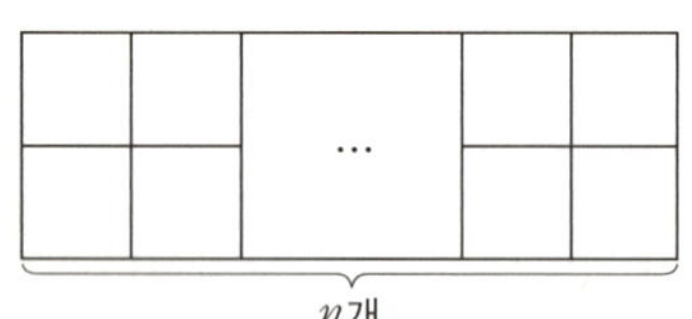

n개

이 판을 오른쪽 그림과 같은 두 개의 타일 A, B를 이용하여 빈틈없이 덮는 방법의 수를 a_n이라 할 때, a_5의 값은? (단, 판은 회전하거나 돌리지 않는다.)

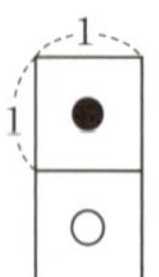
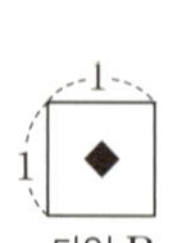

① 1213 ② 1214
③ 1215 ④ 1216
⑤ 1217

1347

· 유형 01 ·

수열 $\{a_n\}$이
$$a_1=1,\ a_{n+1}=4^n a_n\ (n=1,\ 2,\ 3,\ \cdots)$$
으로 정의될 때, $\log_2 a_{10}$의 값을 구하시오.

✓ 필요 개념 및 공식
☐ 수열의 귀납적 정의 ☐ 자연수의 거듭제곱의 합 ☐ 로그의 성질

1348

· 유형 03 ·

수열 $\{a_n\}$이
$$a_1=2,\ a_{n+1}(a_{n+1}+4a_n)=3a_n(2a_{n+1}+a_n)$$
$$(n=1,\ 2,\ 3,\ \cdots)$$
으로 정의될 때, 수열 $\{a_n\}$의 첫째항부터 제n항까지의 합을 S_n이라 하자. 이때 $S_n>999$를 만족시키는 자연수 n의 최솟값을 구하시오.

✓ 필요 개념 및 공식
☐ 수열의 귀납적 정의 ☐ 등비수열의 합

1349

· 유형 08 ·

2 이상의 자연수 n에 대하여
$$1+\frac{1}{\sqrt{2}}+\frac{1}{\sqrt{3}}+\cdots+\frac{1}{\sqrt{n}}>\sqrt{n}$$
이 성립함을 수학적 귀납법으로 증명하시오.

✓ 필요 개념 및 공식
☐ 부등식의 성질 ☐ 수학적 귀납법

안녕~ 주식 쌤이야. 이제 CPR 수학I도 다 끝났구나. 축하축하^^
우리가 한 권의 책을 다 풀었다고 공부가 끝난 것이 아니야.
여러 번의 복습을 통해 이 책의 내용을 완벽하게 이해하도록 노력해야 해.
그렇다면 책의 내용을 완벽하게 이해했는지 어떻게 알 수 있을까?
쌤은 책 한 권을 다 공부하면 책의 처음으로 돌아가서 차례 부분을 폈어.
차례에 나와 있는 대단원과 중단원의 제목을 보면서 각 단원의 구성과 중요 개념은 무엇인지,
또한 중요 개념에 대한 대표 예제는 무엇이 있으며, 같은 유형 문제는 무엇인지를 떠올렸지.

등비수열 단원을 예로 설명해 볼게.

구성	등비수열	등비수열의 합
중요 개념	공비, 일반항, 등비중항	등비수열의 합
대표 예제	등비수열의 일반항 조건을 만족시키는 등비수열의 항 두 수 사이에 수를 넣어서 만든 등비수열 등비중항을 이용하는 문제 :	등비수열의 합 부분의 합이 주어진 등비수열의 합 등비수열의 합과 일반항 사이의 관계 등비수열의 합의 실생활 및 도형에의 활용 :

이처럼 내 머릿속에서 그 내용을 모두 떠올릴 수 있다면 그 단원은 완벽하게 이해한 것이고,
그렇지 않으면 학습이 부족했다고 판단하고 그 단원의 내용을 다시 공부했지.
만약 차례에 있는 모든 내용을 모두 떠올릴 수 있다면 perfect한 학습이지.

자 그럼 이 책의 내용을 정확하게 이해했는지 차례를 펴고 그 내용을 떠올려 볼까?!

수	0	1	2	3	4	5	6	7	8	9
1.0	.0000	.0043	.0086	.0128	.0170	.0212	.0253	.0294	.0334	.0374
1.1	.0414	.0453	.0492	.0531	.0569	.0607	.0645	.0682	.0719	.0755
1.2	.0792	.0828	.0864	.0899	.0934	.0969	.1004	.1038	.1072	.1106
1.3	.1139	.1173	.1206	.1239	.1271	.1303	.1335	.1367	.1399	.1430
1.4	.1461	.1492	.1523	.1553	.1584	.1614	.1644	.1673	.1703	.1732
1.5	.1761	.1790	.1818	.1847	.1875	.1903	.1931	.1959	.1987	.2014
1.6	.2041	.2068	.2095	.2122	.2148	.2175	.2201	.2227	.2253	.2279
1.7	.2304	.2330	.2355	.2380	.2405	.2430	.2455	.2480	.2504	.2529
1.8	.2553	.2577	.2601	.2625	.2648	.2672	.2695	.2718	.2742	.2765
1.9	.2788	.2810	.2833	.2856	.2878	.2900	.2923	.2945	.2967	.2989
2.0	.3010	.3032	.3054	.3075	.3096	.3118	.3139	.3160	.3181	.3201
2.1	.3222	.3243	.3263	.3284	.3304	.3324	.3345	.3365	.3385	.3404
2.2	.3424	.3444	.3464	.3483	.3502	.3522	.3541	.3560	.3579	.3598
2.3	.3617	.3636	.3655	.3674	.3692	.3711	.3729	.3747	.3766	.3784
2.4	.3802	.3820	.3838	.3856	.3874	.3892	.3909	.3927	.3945	.3962
2.5	.3979	.3997	.4014	.4031	.4048	.4065	.4082	.4099	.4116	.4133
2.6	.4150	.4166	.4183	.4200	.4216	.4232	.4249	.4265	.4281	.4298
2.7	.4314	.4330	.4346	.4362	.4378	.4393	.4409	.4425	.4440	.4456
2.8	.4472	.4487	.4502	.4518	.4533	.4548	.4564	.4579	.4594	.4609
2.9	.4624	.4639	.4654	.4669	.4683	.4698	.4713	.4728	.4742	.4757
3.0	.4771	.4786	.4800	.4814	.4829	.4843	.4857	.4871	.4886	.4900
3.1	.4914	.4928	.4942	.4955	.4969	.4983	.4997	.5011	.5024	.5038
3.2	.5051	.5065	.5079	.5092	.5105	.5119	.5132	.5145	.5159	.5172
3.3	.5185	.5198	.5211	.5224	.5237	.5250	.5263	.5276	.5289	.5302
3.4	.5315	.5328	.5340	.5353	.5366	.5378	.5391	.5403	.5416	.5428
3.5	.5441	.5453	.5465	.5478	.5490	.5502	.5514	.5527	.5539	.5551
3.6	.5563	.5575	.5587	.5599	.5611	.5623	.5635	.5647	.5658	.5670
3.7	.5682	.5694	.5705	.5717	.5729	.5740	.5752	.5763	.5775	.5786
3.8	.5798	.5809	.5821	.5832	.5843	.5855	.5866	.5877	.5888	.5899
3.9	.5911	.5922	.5933	.5944	.5955	.5966	.5977	.5988	.5999	.6010
4.0	.6021	.6031	.6042	.6053	.6064	.6075	.6085	.6096	.6107	.6117
4.1	.6128	.6138	.6149	.6160	.6170	.6180	.6191	.6201	.6212	.6222
4.2	.6232	.6243	.6253	.6263	.6274	.6284	.6294	.6304	.6314	.6325
4.3	.6335	.6345	.6355	.6365	.6375	.6385	.6395	.6405	.6415	.6425
4.4	.6435	.6444	.6454	.6464	.6474	.6484	.6493	.6503	.6513	.6522
4.5	.6532	.6542	.6551	.6561	.6571	.6580	.6590	.6599	.6609	.6618
4.6	.6628	.6637	.6646	.6656	.6665	.6675	.6684	.6693	.6702	.6712
4.7	.6721	.6730	.6739	.6749	.6758	.6767	.6776	.6785	.6794	.6803
4.8	.6812	.6821	.6830	.6839	.6848	.6857	.6866	.6875	.6884	.6893
4.9	.6902	.6911	.6920	.6928	.6937	.6946	.6955	.6964	.6972	.6981
5.0	.6990	.6998	.7007	.7016	.7024	.7033	.7042	.7050	.7059	.7067
5.1	.7076	.7084	.7093	.7101	.7110	.7118	.7126	.7135	.7143	.7152
5.2	.7160	.7168	.7177	.7185	.7193	.7202	.7210	.7218	.7226	.7235
5.3	.7243	.7251	.7259	.7267	.7275	.7284	.7292	.7300	.7308	.7316
5.4	.7324	.7332	.7340	.7348	.7356	.7364	.7372	.7380	.7388	.7396

수	0	1	2	3	4	5	6	7	8	9
5.5	.7404	.7412	.7419	.7427	.7435	.7443	.7451	.7459	.7466	.7474
5.6	.7482	.7490	.7497	.7505	.7513	.7520	.7528	.7536	.7543	.7551
5.7	.7559	.7566	.7574	.7582	.7589	.7597	.7604	.7612	.7619	.7627
5.8	.7634	.7642	.7649	.7657	.7664	.7672	.7679	.7686	.7694	.7701
5.9	.7709	.7716	.7723	.7731	.7738	.7745	.7752	.7760	.7767	.7774
6.0	.7782	.7789	.7796	.7803	.7810	.7818	.7825	.7832	.7839	.7846
6.1	.7853	.7860	.7868	.7875	.7882	.7889	.7896	.7903	.7910	.7917
6.2	.7924	.7931	.7938	.7945	.7952	.7959	.7966	.7973	.7980	.7987
6.3	.7993	.8000	.8007	.8014	.8021	.8028	.8035	.8041	.8048	.8055
6.4	.8062	.8069	.8075	.8082	.8089	.8096	.8102	.8109	.8116	.8122
6.5	.8129	.8136	.8142	.8149	.8156	.8162	.8169	.8176	.8182	.8189
6.6	.8195	.8202	.8209	.8215	.8222	.8228	.8235	.8241	.8248	.8254
6.7	.8261	.8267	.8274	.8280	.8287	.8293	.8299	.8306	.8312	.8319
6.8	.8325	.8331	.8338	.8344	.8351	.8357	.8363	.8370	.8376	.8382
6.9	.8388	.8395	.8401	.8407	.8414	.8420	.8426	.8432	.8439	.8445
7.0	.8451	.8457	.8463	.8470	.8476	.8482	.8488	.8494	.8500	.8506
7.1	.8513	.8519	.8525	.8531	.8537	.8543	.8549	.8555	.8561	.8567
7.2	.8573	.8579	.8585	.8591	.8597	.8603	.8609	.8615	.8621	.8627
7.3	.8633	.8639	.8645	.8651	.8657	.8663	.8669	.8675	.8681	.8686
7.4	.8692	.8698	.8704	.8710	.8716	.8722	.8727	.8733	.8739	.8745
7.5	.8751	.8756	.8762	.8768	.8774	.8779	.8785	.8791	.8797	.8802
7.6	.8808	.8814	.8820	.8825	.8831	.8837	.8842	.8848	.8854	.8859
7.7	.8865	.8871	.8876	.8882	.8887	.8893	.8899	.8904	.8910	.8915
7.8	.8921	.8927	.8932	.8938	.8943	.8949	.8954	.8960	.8965	.8971
7.9	.8976	.8982	.8987	.8993	.8998	.9004	.9009	.9015	.9020	.9025
8.0	.9031	.9036	.9042	.9047	.9053	.9058	.9063	.9069	.9074	.9079
8.1	.9085	.9090	.9096	.9101	.9106	.9112	.9117	.9122	.9128	.9133
8.2	.9138	.9143	.9149	.9154	.9159	.9165	.9170	.9175	.9180	.9186
8.3	.9191	.9196	.9201	.9206	.9212	.9217	.9222	.9227	.9232	.9238
8.4	.9243	.9248	.9253	.9258	.9263	.9269	.9274	.9279	.9284	.9289
8.5	.9294	.9299	.9304	.9309	.9315	.9320	.9325	.9330	.9335	.9340
8.6	.9345	.9350	.9355	.9360	.9365	.9370	.9375	.9380	.9385	.9390
8.7	.9395	.9400	.9405	.9410	.9415	.9420	.9425	.9430	.9435	.9440
8.8	.9445	.9450	.9455	.9460	.9465	.9469	.9474	.9479	.9484	.9489
8.9	.9494	.9499	.9504	.9509	.9513	.9518	.9523	.9528	.9533	.9538
9.0	.9542	.9547	.9552	.9557	.9562	.9566	.9571	.9576	.9581	.9586
9.1	.9590	.9595	.9600	.9605	.9609	.9614	.9619	.9624	.9628	.9633
9.2	.9638	.9643	.9647	.9652	.9657	.9661	.9666	.9671	.9675	.9680
9.3	.9685	.9689	.9694	.9699	.9703	.9708	.9713	.9717	.9722	.9727
9.4	.9731	.9736	.9741	.9745	.9750	.9754	.9759	.9763	.9768	.9773
9.5	.9777	.9782	.9786	.9791	.9795	.9800	.9805	.9809	.9814	.9818
9.6	.9823	.9827	.9832	.9836	.9841	.9845	.9850	.9854	.9859	.9863
9.7	.9868	.9872	.9877	.9881	.9886	.9890	.9894	.9899	.9903	.9908
9.8	.9912	.9917	.9921	.9926	.9930	.9934	.9939	.9943	.9948	.9952
9.9	.9956	.9961	.9965	.9969	.9974	.9978	.9983	.9987	.9991	.9996

각(θ)	$\sin\theta$	$\cos\theta$	$\tan\theta$
0°	0.0000	1.0000	0.0000
1°	0.0175	0.9998	0.0175
2°	0.0349	0.9994	0.0349
3°	0.0523	0.9986	0.0524
4°	0.0698	0.9976	0.0699
5°	0.0872	0.9962	0.0875
6°	0.1045	0.9945	0.1051
7°	0.1219	0.9925	0.1228
8°	0.1392	0.9903	0.1405
9°	0.1564	0.9877	0.1584
10°	0.1736	0.9848	0.1763
11°	0.1908	0.9816	0.1944
12°	0.2079	0.9781	0.2126
13°	0.2250	0.9744	0.2309
14°	0.2419	0.9703	0.2493
15°	0.2588	0.9659	0.2679
16°	0.2756	0.9613	0.2867
17°	0.2924	0.9563	0.3057
18°	0.3090	0.9511	0.3249
19°	0.3256	0.9455	0.3443
20°	0.3420	0.9397	0.3640
21°	0.3584	0.9336	0.3839
22°	0.3746	0.9272	0.4040
23°	0.3907	0.9205	0.4245
24°	0.4067	0.9135	0.4452
25°	0.4226	0.9063	0.4663
26°	0.4384	0.8988	0.4877
27°	0.4540	0.8910	0.5095
28°	0.4695	0.8829	0.5317
29°	0.4848	0.8746	0.5543
30°	0.5000	0.8660	0.5774
31°	0.5150	0.8572	0.6009
32°	0.5299	0.8480	0.6249
33°	0.5446	0.8387	0.6494
34°	0.5592	0.8290	0.6745
35°	0.5736	0.8192	0.7002
36°	0.5878	0.8090	0.7265
37°	0.6018	0.7986	0.7536
38°	0.6157	0.7880	0.7813
39°	0.6293	0.7771	0.8098
40°	0.6428	0.7660	0.8391
41°	0.6561	0.7547	0.8693
42°	0.6691	0.7431	0.9004
43°	0.6820	0.7314	0.9325
44°	0.6947	0.7193	0.9657
45°	0.7071	0.7071	1.0000

각(θ)	$\sin\theta$	$\cos\theta$	$\tan\theta$
45°	0.7071	0.7071	1.0000
46°	0.7193	0.6947	1.0355
47°	0.7314	0.6820	1.0724
48°	0.7431	0.6691	1.1106
49°	0.7547	0.6561	1.1504
50°	0.7660	0.6428	1.1918
51°	0.7771	0.6293	1.2349
52°	0.7880	0.6157	1.2799
53°	0.7986	0.6018	1.3270
54°	0.8090	0.5878	1.3764
55°	0.8192	0.5736	1.4281
56°	0.8290	0.5592	1.4826
57°	0.8387	0.5446	1.5399
58°	0.8480	0.5299	1.6003
59°	0.8572	0.5150	1.6643
60°	0.8660	0.5000	1.7321
61°	0.8746	0.4848	1.8040
62°	0.8829	0.4695	1.8807
63°	0.8910	0.4540	1.9626
64°	0.8988	0.4384	2.0503
65°	0.9063	0.4226	2.1445
66°	0.9135	0.4067	2.2460
67°	0.9205	0.3907	2.3559
68°	0.9272	0.3746	2.4751
69°	0.9336	0.3584	2.6051
70°	0.9397	0.3420	2.7475
71°	0.9455	0.3256	2.9042
72°	0.9511	0.3090	3.0777
73°	0.9563	0.2924	3.2709
74°	0.9613	0.2756	3.4874
75°	0.9659	0.2588	3.7321
76°	0.9703	0.2419	4.0108
77°	0.9744	0.2250	4.3315
78°	0.9781	0.2079	4.7046
79°	0.9816	0.1908	5.1446
80°	0.9848	0.1736	5.6713
81°	0.9877	0.1564	6.3138
82°	0.9903	0.1392	7.1154
83°	0.9925	0.1219	8.1443
84°	0.9945	0.1045	9.5144
85°	0.9962	0.0872	11.4301
86°	0.9976	0.0698	14.3007
87°	0.9986	0.0523	19.0811
88°	0.9994	0.0349	28.6363
89°	0.9998	0.0175	57.2900
90°	1.0000	0.0000	

메가스터디 문제기본서
CPR
수학 I

메가스터디 문제기본서
CPR
수학 I

새교육과정

메가스터디

문제기본서

C CONCEPT

P PATTERN

R REAL

CPR

수학 I

정답 및 해설

메가스터디BOOKS

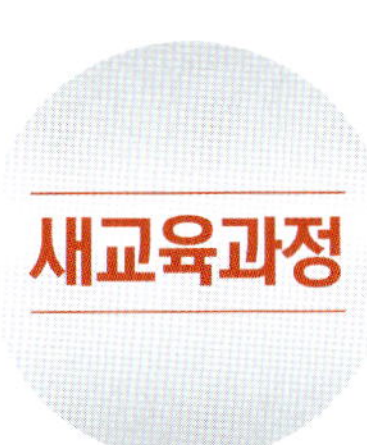

메가스터디 문제기본서
CPR
수학 Ⅰ

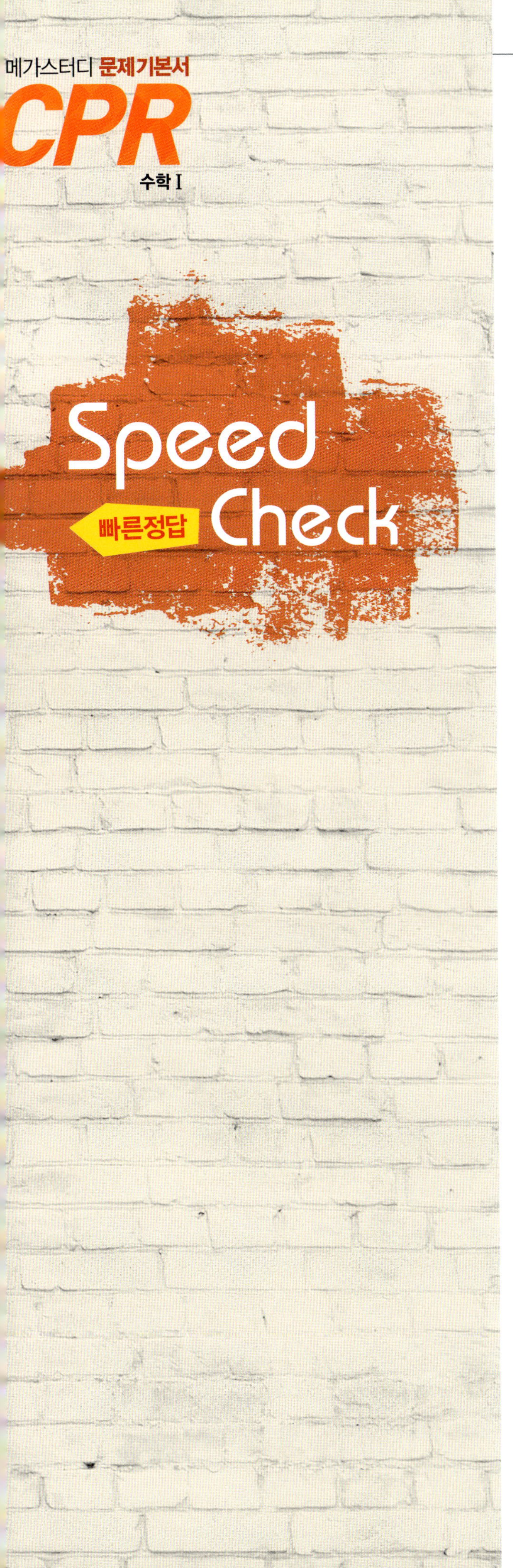

01 지수

0001 $\pm 3i$　0002 2 또는 $-1\pm\sqrt{3}i$

0003 -3 또는 $\dfrac{3\pm 3\sqrt{3}i}{2}$　0004 $\pm i$ 또는 ± 1　0005 ± 2

0006 $\pm\dfrac{3}{4}$　0007 -2　0008 ± 3　0009 5　0010 -2

0011 0.3　0012 $\dfrac{2}{5}$　0013 2　0014 6　0015 3

0016 2　0017 6　0018 9　0019 $\sqrt[3]{3}$　0020 3

0021 4　0022 3　0023 1　0024 1　0025 $\dfrac{1}{9}$

0026 -27　0027 4　0028 64　0029 $\dfrac{1}{486}$　0030 $\dfrac{1}{9}$

0031 $a^{\frac{1}{3}}$　0032 $a^{\frac{7}{4}}$　0033 $a^{-\frac{5}{3}}$　0034 $a^{-\frac{4}{3}}$　0035 27

0036 2　0037 $a^{4}b^{6}$　0038 $a^{3}b^{7}$　0039 $5^{4\sqrt{2}}$　0040 $3^{4\sqrt{3}}$

0041 a^{12}　0042 $a^{2}b$

0043 ③　0044 ⑤　0045 ③　0046 ②　0047 ⑤
0048 ⑤　0049 ②　0050 ①　0051 ①　0052 ②
0053 ④　0054 ⑤　0055 ⑤　0056 ①　0057 ①
0058 ③　0059 ①　0060 ⑤　0061 ③　0062 ⑤
0063 ⑤　0064 ③　0065 ②　0066 ④　0067 ①
0068 ④　0069 ⑤　0070 ②　0071 ⑤　0072 ③
0073 ①　0074 ①　0075 ④　0076 ④　0077 ②
0078 ⑤　0079 ④　0080 ⑤　0081 ③　0082 ④
0083 ④　0084 ②　0085 ⑤　0086 ④　0087 ③
0088 ③　0089 ①　0090 ③　0091 ②　0092 ③
0093 ④　0094 ①　0095 ③　0096 ③　0097 ⑤
0098 ④　0099 ⑤　0100 ③　0101 ②　0102 2

0103 ④　0104 ⑤　0105 ③　0106 ③　0107 ④
0108 ③　0109 ④　0110 16　0111 5　0112 9
0113 3　0114 281

02 로그

0115 $2=\log_{3}9$　0116 $-3=\log_{4}\dfrac{1}{64}$

0117 $\dfrac{1}{3}=\log_{1000}10$　0118 $0=\log_{5}1$

0119 $2^{4}=16$　0120 $8^{\frac{1}{3}}=2$　0121 $\left(\dfrac{1}{3}\right)^{-3}=27$

0122 $(\sqrt{7})^{4}=49$　0123 $x>-5$

0124 $x<0$ 또는 $x>3$　0125 $2<x<3$ 또는 $x>3$

0126 $\dfrac{2}{3}<x<1$ 또는 $1<x<7$　0127 5　0128 -4

0129 $\dfrac{1}{2}$　0130 3　0131 16　0132 1　0133 $\dfrac{1}{27}$

0134 $\dfrac{1}{5}$　0135 1　0136 4　0137 3　0138 0

1275 11　　**1276** 17　　**1277** 3　　**1278** 1　　**1279** 8

1280 $\dfrac{11}{4}$　　**1281** $a_1=2,\ a_{n+1}=\dfrac{1}{a_n}\ (n=1,\ 2,\ 3,\ \cdots)$

1282 $a_1=-1,\ a_{n+1}=a_n+3\ (n=1,\ 2,\ 3,\ \cdots)$

1283 $a_1=2,\ a_{n+1}=a_n-4\ (n=1,\ 2,\ 3,\ \cdots)$

1284 $a_1=2,\ a_2=7,\ 2a_{n+1}=a_n+a_{n+2}\ (n=1,\ 2,\ 3,\ \cdots)$

1285 $a_1=20,\ a_2=15,\ 2a_{n+1}=a_n+a_{n+2}\ (n=1,\ 2,\ 3,\ \cdots)$

1286 $a_n=2n+1$　　**1287** $a_n=-n-2$

1288 $a_n=5n-4$　　**1289** $a_n=-3n+23$

1290 $a_1=2,\ a_{n+1}=2a_n\ (n=1,\ 2,\ 3,\ \cdots)$

1291 $a_1=27,\ a_{n+1}=\dfrac{1}{3}a_n\ (n=1,\ 2,\ 3,\ \cdots)$

1292 $a_1=1,\ a_2=5,\ a_{n+1}{}^2=a_na_{n+2}\ (n=1,\ 2,\ 3,\ \cdots)$

1293 $a_1=\dfrac{1}{4},\ a_2=\dfrac{1}{2},\ a_{n+1}{}^2=a_na_{n+2}\ (n=1,\ 2,\ 3,\ \cdots)$

1294 $a_n=2\cdot3^{n-1}$　　**1295** $a_n=3\cdot\left(\dfrac{1}{2}\right)^{n-1}$

1296 $a_n=3\cdot(-2)^{n-1}$　　**1297** $a_n=\left(\dfrac{1}{3}\right)^{n-1}$

1298 (가) 1　(나) $(k+1)^2$　　　　**1299** 해설 참조

1300 ③　　**1301** ②　　**1302** ⑤　　**1303** ③　　**1304** ②
1305 ③　　**1306** ②　　**1307** ④　　**1308** ③　　**1309** ①
1310 ②　　**1311** ③　　**1312** ⑤　　**1313** ①　　**1314** ⑤
1315 ⑤　　**1316** ①　　**1317** ①　　**1318** ④　　**1319** 15
1320 ④　　**1321** ④　　**1322** ②　　**1323** ②　　**1324** ③
1325 ②　　**1326** ③　　**1327** 50　　**1328** ②　　**1329** ⑤
1330 ⑤　　**1331** ②　　**1332** ③　　**1333** ④　　**1334** ④
1335 ②　　**1336** 77

1337 ①　　**1338** ④　　**1339** ①　　**1340** ②　　**1341** ④
1342 ②　　**1343** ①　　**1344** ⑤　　**1345** 4　　**1346** ③
1347 90　　**1348** 7　　**1349** 해설 참조

0139 2　　0140 $a+2b$　0141 $2+2a+b$　　0142 $b-2a$

0143 $2+2a-2b$　　0144 $\dfrac{b}{a}$　0145 $\dfrac{a}{b}$　0146 $\dfrac{1}{a}$

0147 $\dfrac{1}{b}$　0148 $\dfrac{4a}{a+b}$　0149 $\dfrac{2a+2b}{2a+b}$　　0150 $\dfrac{5}{2}$

0151 $-\dfrac{3}{2}$　0152 $-\dfrac{3}{2}$　0153 9　0154 5　0155 2

0156 2　0157 $\dfrac{1}{2}$　0158 $\dfrac{3}{5}$　0159 $-\dfrac{1}{2}$　0160 $\dfrac{13}{6}$

0161 -4　0162 1.2355　　0163 3.2355

0164 -1.7645　　0165 -0.7645　0166 55.1

0167 5510　0168 0.551　0169 0.00551　　0170 0.4942

0171 3.5079　　0172 -0.4685

0173 -2.4776

0174 정수 부분: 1, 소수 부분: 0.5888

0175 정수 부분: 5, 소수 부분: 0.3962

0176 정수 부분: -4, 소수 부분: 0.6522

0177 정수 부분: -1, 소수 부분: 0.6937

0178 ④　0179 ④　0180 ⑤　0181 ⑤　0182 ②
0183 ②　0184 ③　0185 ②　0186 ③　0187 2
0188 ④　0189 ①　0190 ②　0191 512　0192 ②
0193 ④　0194 ④　0195 ④　0196 ①　0197 ⑤
0198 ③　0199 ④　0200 ④　0201 ②　0202 ④
0203 ④　0204 ④　0205 ②　0206 ③　0207 ⑤
0208 ②　0209 ⑤　0210 ⑤　0211 ⑤　0212 14
0213 ③　0214 ②　0215 ①　0216 ⑤　0217 9
0218 ①　0219 ②　0220 ③　0221 6　0222 ③
0223 ①　0224 ④　0225 ②　0226 ①　0227 ⑤
0228 ②　0229 ①　0230 ④　0231 90　0232 ①
0233 ③　0234 ②　0235 165　0236 ⑤　0237 ⑤
0238 ③　0239 ②　0240 ④　0241 ①　0242 ④
0243 ⑤　0244 ③　0245 ②　0246 ①　0247 ①

0248 ③　0249 ②　0250 ②　0251 ③　0252 ④
0253 672　0254 ②　0255 ①　0256 7　0257 ④
0258 6　0259 ②　0260 ②　0261 ②　0262 12
0263 49　0264 ⑤　0265 16　　0266 $A<B<C$
0267 해설 참조　　0268 9　0269 66　0270 9
0271 16

0284 최댓값: 3, 최솟값: $\dfrac{1}{9}$

0285 최댓값: 3, 최솟값: $\dfrac{5}{4}$　　0286 $x=7$　0287 $x=\dfrac{1}{2}$

0288 $x=-\dfrac{1}{4}$　　0289 $x=\dfrac{3}{7}$

0290 (가) t^2-3t-4　(나) 4　(다) 2　0291 $x=0$

0292 $x=1$ 또는 $x=2$　0293 $x=1$　0294 $x=-1$

0295 $x=-\dfrac{1}{2}$　　0296 $x=1$ 또는 $x=3$　0297 $x>4$

0298 $x>\dfrac{3}{4}$　　0299 $x\le-6$　　0300 $x\le3$

0301 (가) t^2-6t+5　(나) 1　(다) 5　(라) 0　(마) 1

0302 $-2\le x\le0$　　0303 $x\le2$　0304 $x<-1$ 또는 $x>0$

0305 $x>-1$

0306 ③　0307 ③　0308 ③　0309 ②　0310 ④
0311 3　0312 ③　0313 3　0314 ③　0315 ⑤
0316 ③　0317 ①　0318 ①　0319 ③　0320 2
0321 ④　0322 ⑤　0323 ②　0324 ③　0325 ②
0326 ③　0327 ②　0328 ①　0329 26　0330 ③
0331 ⑤　0332 ③　0333 ②　0334 ④　0335 ③
0336 ②　0337 ①　0338 ②　0339 64　0340 ②
0341 ⑤　0342 ⑤　0343 ③　0344 ④　0345 19
0346 ②　0347 ⑤　0348 83　0349 ①　0350 5
0351 ③　0352 ②　0353 ⑤　0354 4　0355 ①
0356 3　0357 ③　0358 ②　0359 ④　0360 16
0361 2　0362 ③　0363 ③　0364 ⑤　0365 4
0366 ②　0367 ①　0368 ③　0369 ②　0370 ④
0371 2　0372 3　0373 ②　0374 ⑤　0375 ③
0376 3　0377 5　0378 ④　0379 ③　0380 ②
0381 5　0382 ②　0383 ③　0384 63　0385 11

0386 18　0387 ②　0388 ④　0389 ②　0390 ③
0391 8　0392 8　0393 ③　0394 ①　0395 ③
0396 ④　0397 12　0398 12　0399 256　0400 28
0401 ④　0402 170　0403 6　0404 1
0405 $1<x<5$　　0406 28　0407 5　0408 21
0409 18

03　지수함수

0272 ㄱ, ㄷ, ㄹ　　0273 ㄱ　0274 해설 참조
0275 해설 참조　　0276 해설 참조
0277 해설 참조　　0278 $<$　0279 $<$　0280 $<$

0281 $<$　　0282 최댓값: 8, 최솟값: $\dfrac{1}{2}$

0283 최댓값: 1, 최솟값: $\dfrac{1}{9}$

04　로그함수

0410 $y=\log_{\frac{1}{3}}x$　　0411 $y=2^x$　0412 ㄴ, ㄹ, ㅂ

0413 해설 참조　　0414 해설 참조
0415 해설 참조　　0416 해설 참조　　　0417 $>$
0418 $>$　0419 $<$　0420 $>$
0421 최댓값: 5, 최솟값: 2
0422 최댓값: 1, 최솟값: -3
0423 최댓값: $\log_5 19$, 최솟값: 0

0966 -1, 1, -1, 1 0967 $a_n=5$ 0968 $a_n=2n$

0969 $a_n=\dfrac{n}{n+1}$ 0970 5, 7 0971 10, -2

0972 8 0973 $a_n=-4n+7$ 0974 $a_n=3n-1$

0975 (1) -26 (2) 제14항   0976 9

0977 (가) d (나) n 0978 240 0979 890 0980 1980

0981 456 0982 1 0983 20 0984 57 0985 $-\dfrac{1}{90}$

0986 $a_1=-3$, $a_n=2n-1$ $(n\geq2)$ 0987 $a_n=2n-7$

0988 $a_n=4n-1$ 0989 $a_1=1$, $a_n=-\dfrac{1}{n(n-1)}$ $(n\geq2)$

0990 ④   0991 ③   0992 ②   0993 ②   0994 ⑤
0995 ④   0996 ②   0997 ②   0998 8 0999 ②
1000 ④   1001 ③   1002 ④   1003 ①   1004 ①
1005 ②   1006 ⑤   1007 ③   1008 ④   1009 39
1010 ①   1011 ③   1012 ④   1013 24 1014 ①
1015 ③   1016 ①   1017 ⑤   1018 ⑤   1019 719
1020 ②   1021 ④   1022 ③   1023 462 1024 ①
1025 ③   1026 ⑤   1027 242 1028 ③   1029 ①
1030 ④   1031 ②   1032 ②   1033 10 1034 42
1035 ④   1036 ③   1037 ④   1038 ②   1039 3
1040 ③   1041 ①   1042 ②   1043 23 1044 ①
1045 ①   1046 ④   1047 ③   1048 10 1049 315
1050 ②   1051 ①   1052 ①   1053 ①   1054 64

1055 ③   1056 ②   1057 1 1058 ①   1059 ③
1060 178 1061 21 1062 ⑤   1063 2 1064 ③
1065 10 1066 ④   1067 해설 참조   1068 $-\dfrac{23}{24}$
1069 264 1070 6 1071 -425 1072 12

09 등비수열

1073 4, 8 1074 -25, $-\dfrac{1}{5}$ 1075 $a_n=3\cdot(-4)^{n-1}$

1076 $a_n=\left(\dfrac{1}{3}\right)^{n-3}$ 1077 (1) 6 (2) 제8항   1078 6

1079 2 1080 252 1081 $\dfrac{255}{128}$ 1082 $3^{10}-1$

1083 $93(\sqrt{2}-1)$ 1084 1533 1085 $\dfrac{129}{4}$

1086 ④   1087 ⑤   1088 ①   1089 125 1090 ②
1091 ②   1092 ②   1093 ③   1094 11 1095 ⑤
1096 ②   1097 ③   1098 4 1099 ④   1100 ③
1101 ①   1102 ①   1103 ④   1104 10 1105 ④
1106 ②   1107 ①   1108 ⑤   1109 56 1110 8
1111 ③   1112 ④   1113 ③   1114 12개월
1115 ②   1116 ④   1117 6 1118 ②   1119 29
1120 ⑤   1121 ③   1122 ②   1123 ④   1124 ②
1125 ②   1126 140 1127 ④   1128 ②   1129 13

1130 ①   1131 ④   1132 ②   1133 ③   1134 25
1135 ②   1136 ②   1137 ④   1138 ③   1139 ②
1140 280만 원   1141 ⑤   1142 ④
1143 10500만 원

1144 ④   1145 6 1146 ③   1147 400 1148 8
1149 3 1150 64 1151 ①   1152 5 1153 ⑤
1154 15 1155 ④   1156 2 1157 $\dfrac{n^3}{m^2}$ 1158 27

1159 43만 원   1160 270 1161 $\dfrac{\pi}{3}\left\{1+\left(\dfrac{1}{3}\right)^{10}\right\}$

10 수열의 합

1162 $2+4+6+8$ 1163 $1+2+4+8+16$
1164 $3+5+7+\cdots+(2n+1)$

1165 $5^2+6^2+7^2+\cdots+n^2$ 1166 $\displaystyle\sum_{k=1}^{8}2$

1167 $\displaystyle\sum_{k=1}^{n}(2k-1)$ 1168 $\displaystyle\sum_{k=1}^{n}3^k$ 1169 $\displaystyle\sum_{k=1}^{50}\dfrac{1}{k}$ 1170 $\displaystyle\sum_{k=1}^{12}2k$

1171 44 1172 38 1173 22 1174 -16 1175 130

1176 110 1177 -2 1178 420

1179 $\dfrac{n(n+1)(2n+7)}{6}$ 1180 $\dfrac{n(4n^2+12n+11)}{3}$

1181 380 1182 1500 1183 $\dfrac{175}{132}$ 1184 $\dfrac{10}{11}$ 1185 6

1186 4 1187 $\dfrac{n}{n+1}$ 1188 $\dfrac{n}{3n+1}$

1189 $\sqrt{2n+1}-1$ 1190 $\sqrt{2n+1}-\sqrt{5}$

1191 (1) $(1, 2, 3, \cdots, n)$ (2) $\dfrac{n(n+1)}{2}$
　　　(3) 10번째 묶음   (4) 제55항

1192 ③   1193 ①   1194 ④   1195 ②   1196 ①
1197 ②   1198 ⑤   1199 ③   1200 ④   1201 ②
1202 ③   1203 ⑤   1204 ③   1205 ③   1206 ③
1207 ④   1208 ⑤   1209 ③   1210 ①   1211 ④
1212 ②   1213 ③   1214 2 1215 ④   1216 ⑤
1217 ④   1218 ④   1219 ②   1220 ④   1221 2846
1222 ⑤   1223 ④   1224 ④   1225 750 1226 ⑩
1227 ④   1228 ②   1229 ②   1230 ③   1231 20
1232 ⑤   1233 301 1234 ④   1235 27 1236 ①
1237 ②   1238 ④   1239 ②   1240 ②   1241 19
1242 ⑤   1243 ⑦   1244 ②   1245 ①   1246 ①
1247 ⑤   1248 ⑤   1249 ②   1250 ①   1251 410
1252 ①   1253 ②   1254 ④   1255 514 1256 24

1257 ④   1258 ④   1259 ③   1260 ③   1261 480
1262 ⑦   1263 ④   1264 ④   1265 308 1266 9번
1267 72 1268 ②   1269 -1 1270 해설 참조
1271 50 1272 $\dfrac{1023}{1024}$ 1273 2020 1274 $\dfrac{37}{4}$

06 삼각함수의 그래프

0682 2　　**0683** -1　　**0684~0703** 해설 참조

0704 최댓값: 2, 최솟값: -2, 주기: $\dfrac{2}{3}\pi$

0705 최댓값: $\dfrac{1}{3}$, 최솟값: $-\dfrac{1}{3}$, 주기: π

0706 최댓값: 없다., 최솟값: 없다., 주기: $\dfrac{\pi}{3}$

0707 최댓값: 1, 최솟값: -2, 주기: 4π

0708 최댓값: 4, 최솟값: -2, 주기: π

0709 최댓값: 없다., 최솟값: 없다., 주기: 3π

0710 최댓값: 2, 최솟값: 0, 주기: π

0711 최댓값: 1, 최솟값: 0, 주기: 2π

0712 최댓값: 없다., 최솟값: 0, 주기: $\dfrac{\pi}{2}$

0713 ㄷ, ㄹ, ㅂ　　**0714** $-\dfrac{\sqrt{2}}{2}$　　**0715** $\dfrac{\sqrt{2}}{2}$

0716 $-\dfrac{\sqrt{3}}{2}$　**0717** $\dfrac{\sqrt{3}}{3}$　**0718** $\dfrac{1}{2}$　**0719** $\dfrac{\sqrt{3}}{2}$　**0720** $-\dfrac{\sqrt{2}}{2}$

0721 $-\sqrt{3}$　**0722** $x=\dfrac{\pi}{6}$ 또는 $x=\dfrac{5}{6}\pi$

0723 $x=\dfrac{3}{4}\pi$ 또는 $x=\dfrac{5}{4}\pi$

0724 $x=\dfrac{\pi}{3}$ 또는 $x=\dfrac{4}{3}\pi$

0725 $x=\dfrac{4}{3}\pi$ 또는 $x=\dfrac{5}{3}\pi$

0726 $\dfrac{5}{4}\pi<x<\dfrac{7}{4}\pi$

0727 $0\le x<\dfrac{\pi}{6}$ 또는 $\dfrac{11}{6}\pi<x<2\pi$

0728 $\dfrac{\pi}{4}\le x<\dfrac{\pi}{2}$ 또는 $\dfrac{5}{4}\pi\le x<\dfrac{3}{2}\pi$

0729 $\dfrac{2}{3}\pi\le x\le\dfrac{4}{3}\pi$

0730 ④	**0731** ①	**0732** ⑤	**0733** ④	**0734** ③
0735 ③	**0736** ②	**0737** ④	**0738** ④	**0739** 1
0740 ④	**0741** ①	**0742** ⑤	**0743** 36	**0744** 0
0745 ②	**0746** ⑤	**0747** ⑤	**0748** ⑤	**0749** 3
0750 ③	**0751** ③	**0752** ④	**0753** 1	**0754** ⑤
0755 ②	**0756** $\dfrac{1}{5}$	**0757** ②	**0758** ⑤	**0759** 1
0760 ①	**0761** π	**0762** ①	**0763** ①	**0764** ④
0765 5	**0766** -3	**0767** ①	**0768** ⑤	**0769** ③
0770 ①	**0771** ⑤	**0772** ②	**0773** ①	**0774** ⑤
0775 ③	**0776** 90	**0777** ①	**0778** 4	**0779** ⑤
0780 ③	**0781** ①	**0782** ①	**0783** ④	**0784** ②
0785 $\dfrac{9}{4}$	**0786** ③	**0787** ③	**0788** ④	**0789** 5
0790 ④	**0791** ⑤	**0792** 4	**0793** 16	**0794** ⑤
0795 ③	**0796** 3π	**0797** ③	**0798** ①	**0799** ③
0800 ④	**0801** ⑤	**0802** ④	**0803** ③	**0804** ③
0805 7	**0806** ①	**0807** 12	**0808** ④	**0809** ②
0810 $\dfrac{10}{3}\pi$	**0811** ①	**0812** ①	**0813** ①	**0814** ③

0815 2π	**0816** ④	**0817** ⑤	**0818** 4	**0819** ③
0820 ③	**0821** ③	**0822** ④	**0823** ⑤	**0824** ③

0825 ③	**0826** ③	**0827** 1	**0828** 17	**0829** ③
0830 ③	**0831** 6	**0832** ④	**0833** ①	**0834** ③
0835 ②	**0836** 10	**0837** 0	**0838** ④	**0839** ⑤
0840 36	**0841** ①	**0842** 29	**0843** 5	**0844** $\dfrac{4}{3}\pi$

0845 $\dfrac{23}{6}\pi$　**0846** $\dfrac{\pi}{6}<x<\dfrac{\pi}{4}$　　**0847** 2　**0848** $\dfrac{7}{5}$

07 삼각함수의 활용

0849 $3\sqrt{2}$　**0850** $3\sqrt{3}$　**0851** $4\sqrt{2}$　**0852** 45° 또는 135°

0853 60° 또는 120°　　**0854** 30°　**0855** $2\sqrt{3}$　**0856** $5\sqrt{2}$

0857 $\sqrt{7}$　**0858** 1　**0859** $\sqrt{13}$　**0860** $2\sqrt{37}$　**0861** $\dfrac{5}{7}$

0862 $\dfrac{5}{8}$　**0863** 60°　**0864** 30°　**0865** $\dfrac{5\sqrt{3}}{2}$　**0866** $\dfrac{3}{2}$

0867 $20\sqrt{3}$　**0868** 90°　**0869** 60° 또는 120°

0870 45° 또는 135°　　**0871** 4　**0872** $\sqrt{6}$　**0873** 14

0874 $2\sqrt{2}$　**0875** $15\sqrt{3}$　**0876** 6　　**0877** $9\sqrt{2}$

0878 ③	**0879** ⑤	**0880** ④	**0881** ③	**0882** ②
0883 ④	**0884** ②	**0885** ⑤	**0886** ②	**0887** ③
0888 ②	**0889** ③	**0890** ④	**0891** ④	**0892** ④
0893 ②	**0984** ④	**0895** ③	**0896** 4	**0897** ④
0898 ②	**0899** ④	**0900** ②	**0901** ③	**0902** ②
0903 ⑤	**0904** ①	**0905** ②	**0906** ②	**0907** ④
0908 ④	**0909** ②	**0910** ②	**0911** ①	**0912** ⑤
0913 ①	**0914** ⑤	**0915** ③	**0916** ①	**0917** ①
0918 ①	**0919** ②	**0920** ④	**0921** ④	**0922** ②
0923 ⑤	**0924** $\dfrac{\sqrt{6}-\sqrt{2}}{4}$		**0925** ⑤	**0926** ①
0927 ⑤	**0928** ⑤	**0929** ②	**0930** ④	**0931** ①
0932 ③	**0933** ②	**0934** ⑤	**0935** ①	**0936** ①
0937 ①	**0938** ①	**0939** ③	**0940** ④	**0941** ①
0942 82				

0943 ④	**0944** ④	**0945** ⑤	**0946** ④	**0947** ④
0948 ①	**0949** ④	**0950** ①	**0951** $100\sqrt{3}$ m	
0952 ④	**0953** 99	**0954** $6\sqrt{3}$	**0955** 18	
0956 해설 참조		**0957** 36	**0958** $4\sqrt{3}$	**0959** $\sqrt{30}$
0960 $3\sqrt{7}$				

08 등차수열

0961 4, 16　**0962** 0, 0　**0963** -2, -4

0964 1, 4, 7, 10　　　**0965** 0, 3, 8, 15

0424 최댓값: -1, 최솟값: -3

0425 $x=5$ 0426 $x=6$ 0427 $x=3$ 0428 $x=\dfrac{2}{3}$ 0429 $x=3$

0430 $x=1$ 또는 $x=100$ 0431 $x=\dfrac{1}{8}$ 또는 $x=4$

0432 $x=2$ 또는 $x=3$ 0433 $x=2$ 0434 $x=1$ 또는 $x=10$

0435 $x>2$ 0436 $2<x<4$ 0437 $x\leq-7$

0438 $0<x\leq16$ 0439 $1<x\leq4$

0440 $1\leq x\leq8$ 0441 $\dfrac{1}{4}\leq x\leq4$

0442 $0<x<\dfrac{1}{3}$ 또는 $x>27$ 0443 $\dfrac{1}{3}<x<9$

0444 $0<x\leq\dfrac{1}{4}$ 또는 $x\geq1$

0445 19   0446 ①   0447 ①   0448 ④   0449 ③
0450 3   0451 ④   0452 ②   0453 ④   0454 6
0455 5   0456 ①   0457 27   0458 ④   0459 6
0460 ②   0461 ⑤   0462 ①   0463 ①   0464 ⑤
0465 $2\log_9 50<2\log_3 11<5$ 0466 ④   0467 ①
0468 ⑤   0469 ④   0470 8   0471 ⑤   0472 ③
0473 ③   0474 ⑤   0475 ⑤   0476 ③   0477 ①
0478 ②   0479 ③   0480 ①   0481 ①   0482 ④
0483 ②   0484 ⑤   0485 512   0486 243   0487 ④
0488 ④   0489 ②   0490 $x=5$ 0491 $x=1$ 0492 ④
0493 ①   0494 ①   0495 ③   0496 4   0497 ①
0498 ③   0499 ⑤   0500 ①   0501 ⑤   0502 ②
0503 ③   0504 ①   0505 ③   0506 ④   0507 ③
0508 ③   0509 ①   0510 ⑤   0511 ①   0512 ④
0513 ⑤   0514 ②   0515 ④   0516 ⑤   0517 ⑤
0518 ④   0519 ④   0520 64   0521 8   0522 ②
0523 ④   0524 ③   0525 10   0526 ②   0527 ③
0528 $\dfrac{1}{100}<a<100$ 0529 ③   0530 ①   0531 ①
0532 2021   0533 2022   0534 5

0535 35   0536 -3 0537 6   0538 ①   0539 ①
0540 ①   0541 ②   0542 ②   0543 ②   0544 3
0545 ③   0546 ①   0547 ③   0548 7   0549 7
0550 ④   0551 3   0552 최댓값: 5, 최솟값: 2
0553 160   0554 $x=4$ 0555 $\dfrac{1}{2}<p<1$ 또는 $p>4$

0556 38년   0557 $xy>1$

0558 해설 참조   0559 해설 참조
0560 해설 참조   0561 해설 참조
0562 $360°\times n+120°$ (n은 정수)
0563 $360°\times n+270°$ (n은 정수)

0564 $360°\times n+10°$, 제1사분면
0565 $360°\times n+140°$, 제2사분면
0566 $360°\times n+310°$, 제4사분면
0567 $360°\times n+250°$, 제3사분면

0568 $\dfrac{\pi}{3}$ 0569 $\dfrac{7}{4}\pi$ 0570 $-\dfrac{5}{6}\pi$ 0571 $-\dfrac{4}{3}\pi$

0572 30°   0573 135°   0574 $-108°$ 0575 $-330°$

0576 $l=5\pi,\ S=10\pi$ 0577 $l=\dfrac{11}{3}\pi,\ S=\dfrac{11}{3}\pi$

0578 $l=\pi,\ S=\dfrac{3}{2}\pi$ 0579 10π

0580 $\sin\theta=\dfrac{\sqrt{3}}{2},\ \cos\theta=\dfrac{1}{2},\ \tan\theta=\sqrt{3}$

0581 $\sin\theta=\dfrac{2\sqrt{5}}{2},\ \cos\theta=-\dfrac{\sqrt{5}}{5},\ \tan\theta=-2$

0582 $\sin\theta=-\dfrac{\sqrt{17}}{17},\ \cos\theta=-\dfrac{4\sqrt{17}}{17},\ \tan\theta=\dfrac{1}{4}$

0583 $\sin\theta=-\dfrac{2\sqrt{29}}{29},\ \cos\theta=\dfrac{5\sqrt{29}}{29},\ \tan\theta=-\dfrac{2}{5}$

0584 제1사분면   0585 제2사분면
0586 제3사분면   0587 제4사분면

0588 $\sin\theta=\dfrac{1}{2},\ \cos\theta=-\dfrac{\sqrt{3}}{2},\ \tan\theta=-\dfrac{\sqrt{3}}{3}$

0589 $\sin\theta=-\dfrac{\sqrt{3}}{2},\ \cos\theta=-\dfrac{1}{2},\ \tan\theta=\sqrt{3}$

0590 $\sin\theta=-\dfrac{1}{2},\ \cos\theta=\dfrac{\sqrt{3}}{2},\ \tan\theta=-\dfrac{\sqrt{3}}{3}$

0591 $\sin\theta=\dfrac{\sqrt{2}}{2},\ \cos\theta=-\dfrac{\sqrt{2}}{2},\ \tan\theta=-1$

0592 $\cos\theta=\dfrac{4}{5},\ \tan\theta=\dfrac{3}{4}$

0593 $\sin\theta=-\dfrac{\sqrt{2}}{2},\ \tan\theta=1$ 0594 $\dfrac{5}{18}$ 0595 $\dfrac{1}{2}$

0596 $\sin^2\theta$ 0597 1   0598 $\dfrac{2}{\sin\theta}$

0599 제1사분면 또는 제3사분면   0600 ⑤   0601 ②
0602 ①   0603 ②   0604 ②   0605 ③   0606 ③
0607 ④   0608 ③   0609 ④   0610 ③   0611 ③
0612 ②   0613 ②   0614 ④   0615 ①   0616 ⑤
0617 ④   0618 ②   0619 ①   0620 ⑤   0621 ⑤
0622 ④   0623 ②   0624 ⑤   0625 ③   0626 ①
0627 ④   0628 ②   0629 ⑤   0630 ③   0631 ⑤
0632 ⑤   0633 ④   0634 ④   0635 ⑤   0636 ①
0637 ②   0638 ③   0639 ④   0640 ⑤   0641 ③
0642 ②   0643 ③   0644 ④   0645 ③   0646 1
0647 ⑤   0648 ③   0649 ②   0650 ①   0651 ①
0652 ④   0653 ④   0654 ②   0655 ⑤   0656 ②
0657 ①   0658 ②   0659 ①   0660 ④   0661 ⑤
0662 ⑤   0663 ②

0664 ④   0665 ⑤   0666 ④   0667 ①   0668 ①
0669 ①   0670 ②   0671 π 0672 ①   0673 ③
0674 -1 0675 4   0676 $\dfrac{5\sqrt{5}}{6}$ 0677 $\dfrac{\sqrt{3}}{2}$ 0678 $4\sqrt{10}$
0679 $18\sqrt{2}$ 0680 -1 0681 10회

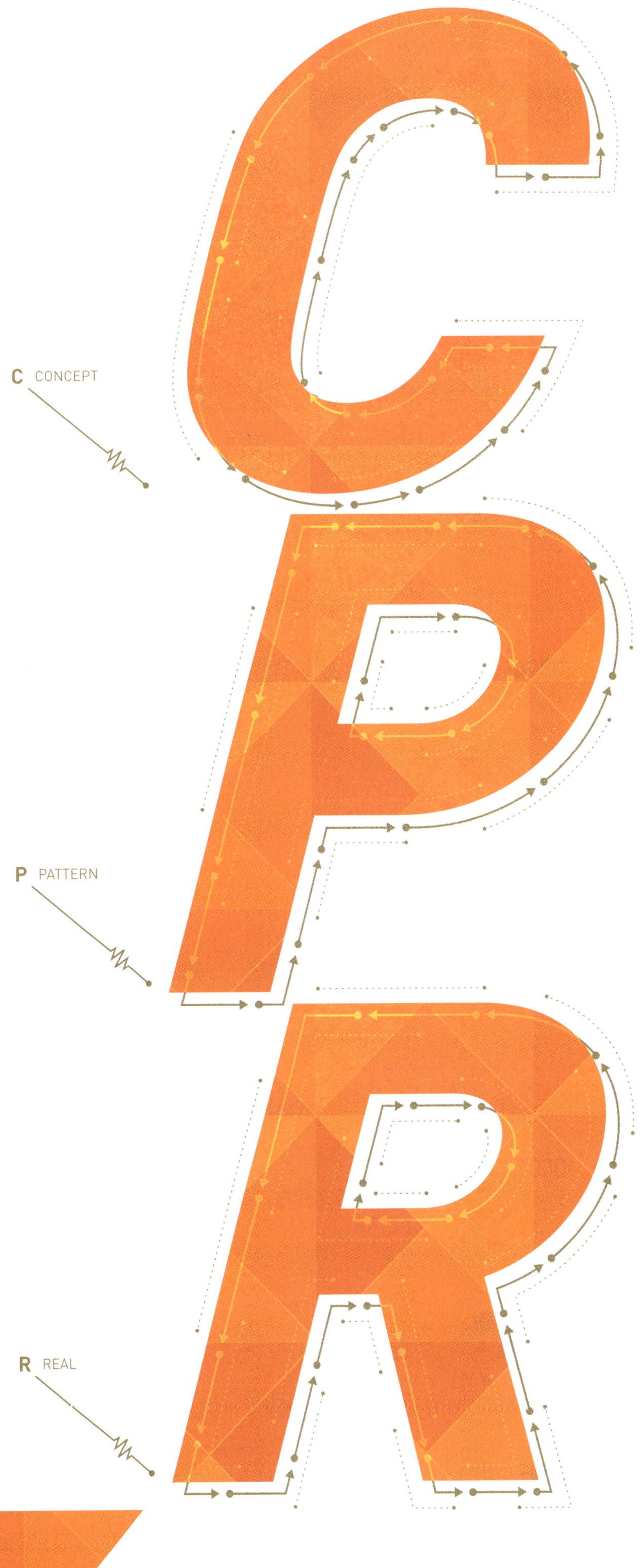

본문 006~007쪽

0001 답 $\pm 3i$

$x^2 = -9$에서 $x = \pm 3i$

0002 답 2 또는 $-1 \pm \sqrt{3}i$

$x^3 = 8$에서 $x^3 - 8 = 0$, $(x-2)(x^2+2x+4) = 0$

$\therefore x = 2$ 또는 $x = -1 \pm \sqrt{3}i$
$\quad\quad\quad\quad\quad\quad$ → $a^3 - b^3 = (a-b)(a^2+ab+b^2)$
→ $x^2+2x+4=0$에서 근의 공식을 이용하여 구한다.

0003 답 -3 또는 $\dfrac{3 \pm 3\sqrt{3}i}{2}$

$x^3 = -27$에서 $x^3 + 27 = 0$, $(x+3)(x^2-3x+9) = 0$

$\therefore x = -3$ 또는 $x = \dfrac{3 \pm 3\sqrt{3}i}{2}$
$\quad\quad\quad\quad\quad\quad$ → $a^3 + b^3 = (a+b)(a^2-ab+b^2)$
→ $x^2-3x+9=0$에서 근의 공식을 이용하여 구한다.

0004 답 $\pm i$ 또는 ± 1

$x^4 = 1$에서 $x^4 - 1 = 0$, $(x^2+1)(x+1)(x-1) = 0$

$\therefore x = \pm i$ 또는 $x = \pm 1$
→ $x^2+1=0$의 해

0005 답 ± 2

$x^2 = 4$에서 $x^2 - 4 = 0$, $(x+2)(x-2) = 0$

$\therefore x = \pm 2$

따라서 4의 제곱근 중 실수인 것은 ± 2이다.

0006 답 $\pm \dfrac{3}{4}$

$x^2 = \dfrac{9}{16}$에서 $x^2 - \dfrac{9}{16} = 0$, $\left(x + \dfrac{3}{4}\right)\left(x - \dfrac{3}{4}\right) = 0$

$\therefore x = \pm \dfrac{3}{4}$

따라서 $\dfrac{9}{16}$의 제곱근 중 실수인 것은 $\pm \dfrac{3}{4}$이다.

0007 답 -2

$x^3 = -8$에서 $x^3 + 8 = 0$, $(x+2)(x^2-2x+4) = 0$

$\therefore x = -2$ 또는 $x = 1 \pm \sqrt{3}i$

따라서 -8의 세제곱근 중 실수인 것은 -2이다.

0008 답 ± 3

$x^4 = (-3)^4$에서 $x^4 - 81 = 0$, $(x^2+9)(x+3)(x-3) = 0$

$\therefore x = \pm 3i$ 또는 $x = \pm 3$

따라서 $(-3)^4$의 네제곱근 중 실수인 것은 ± 3이다.

0009 답 5

125의 세제곱근 중 실수인 것은 5이므로 $\sqrt[3]{125} = 5$
→ $125 = 5^3$

0010 답 -2

-32의 5제곱근 중 실수인 것은 -2이므로 $\sqrt[5]{-32} = -2$
→ $-32 = (-2)^5$

0011 답 0.3

0.0081의 네제곱근 중 실수인 것은 ± 0.3이므로 $\sqrt[4]{0.0081} = 0.3$
→ $0.0081 = (\pm 0.3)^4$
→ $\sqrt[4]{0.0081} = 0.3$, $-\sqrt[4]{0.0081} = -0.3$

0012 답 $\dfrac{2}{5}$

$\dfrac{16}{625}$의 네제곱근 중 실수인 것은 $\pm \dfrac{2}{5}$이므로 $\sqrt[4]{\dfrac{16}{625}} = \dfrac{2}{5}$
→ $\dfrac{16}{625} = \left(\pm \dfrac{2}{5}\right)^4$
→ $\sqrt[4]{\dfrac{16}{625}} = \dfrac{2}{5}$, $-\sqrt[4]{\dfrac{16}{625}} = -\dfrac{2}{5}$

0013 답 2

$\sqrt[4]{2} \times \sqrt[4]{8} = \sqrt[4]{2 \times 8} = \sqrt[4]{16} = \sqrt[4]{2^4} = 2$

0014 답 6

$\sqrt[3]{12} \times \sqrt[3]{18} = \sqrt[3]{12 \times 18} = \sqrt[3]{216} = \sqrt[3]{6^3} = 6$

0015 답 3

$\dfrac{\sqrt[3]{54}}{\sqrt[3]{2}} = \sqrt[3]{\dfrac{54}{2}} = \sqrt[3]{27} = \sqrt[3]{3^3} = 3$

0016 답 2

$\dfrac{\sqrt[5]{80}}{\sqrt[5]{\dfrac{5}{2}}} = \sqrt[5]{80 \cdot \dfrac{2}{5}} = \sqrt[5]{32} = \sqrt[5]{2^5} = 2$

0017 답 6

$(\sqrt[4]{36})^2 = \sqrt[4]{36^2} = \sqrt[4]{(6^2)^2} = \sqrt[4]{6^4} = 6$

0018 답 9

$(\sqrt[6]{27})^4 = \sqrt[6]{27^4} = \sqrt[6]{(3^3)^4} = \sqrt[6]{3^{12}} = 3^2 = 9$

0019 답 $\sqrt[3]{3}$

$\sqrt[4]{\sqrt[3]{81}} = \sqrt[12]{81} = \sqrt[12]{3^4} = \sqrt[3]{3}$

0020 답 3

$\sqrt{\sqrt[3]{729}} = \sqrt[6]{729} = \sqrt[6]{3^6} = 3$

0021 답 4

$\sqrt[3]{32} \times \sqrt[6]{4} = \sqrt[3]{2^5} \times \sqrt[6]{2^2} = \sqrt[3]{2^5} \times \sqrt[3]{2}$

$\quad = \sqrt[3]{2^5 \times 2} = \sqrt[3]{2^6} = 2^2 = 4$

0022 답 3

$\dfrac{\sqrt[4]{3^5}}{\sqrt[8]{3^2}} = \dfrac{\sqrt[4]{3^5}}{\sqrt[4]{3}} = \sqrt[4]{\dfrac{3^5}{3}} = \sqrt[4]{3^4} = 3$

0023 답 1

0024 답 1

0025 답 $\dfrac{1}{9}$

$3^{-2}=\dfrac{1}{3^2}=\dfrac{1}{9}$

0026 답 -27

$\left(-\dfrac{1}{3}\right)^{-3}=\dfrac{1}{\left(-\dfrac{1}{3}\right)^3}=\dfrac{1}{-\dfrac{1}{27}}=-27$

0027 답 4

$4^3\times2^{-4}=(2^2)^3\times2^{-4}=2^6\times2^{-4}=2^{6+(-4)}=2^2=4$

0028 답 64

$\{(-2)^{-3}\}^{-2}=(-2)^{(-3)\cdot(-2)}=(-2)^6=64$

0029 답 $\dfrac{1}{486}$

$12^{-2}\times\left(\dfrac{3}{2}\right)^{-3}=\dfrac{1}{12^2}\times\left(\dfrac{2}{3}\right)^3=\dfrac{1}{(2^2\times3)^2}\times\dfrac{2^3}{3^3}$

$\qquad=\dfrac{1}{2^4\times3^2}\times\dfrac{2^3}{3^3}=\dfrac{1}{2\times3^5}=\dfrac{1}{486}$

0030 답 $\dfrac{1}{9}$

$(-3)^{-6}\div9^{-2}=3^{-6}\div(3^2)^{-2}=3^{-6}\div3^{-4}$

$\qquad=3^{-6-(-4)}=3^{-2}=\dfrac{1}{3^2}=\dfrac{1}{9}$

0031 답 $a^{\frac{1}{3}}$

0032 답 $a^{\frac{7}{4}}$

0033 답 $a^{-\frac{5}{3}}$

$\dfrac{1}{\sqrt[3]{a^5}}=\dfrac{1}{a^{\frac{5}{3}}}=a^{-\frac{5}{3}}$

0034 답 $a^{-\frac{4}{3}}$

$\dfrac{\sqrt[3]{a}}{\sqrt[3]{a^5}}=\sqrt[3]{\dfrac{a}{a^5}}=\sqrt[3]{\dfrac{1}{a^4}}=\dfrac{1}{a^{\frac{4}{3}}}=a^{-\frac{4}{3}}$

0035 답 27

$(3^{\frac{5}{6}})^3\times3^{\frac{1}{2}}=3^{\frac{5}{6}\times3}\times3^{\frac{1}{2}}=3^{\frac{5}{2}}\times3^{\frac{1}{2}}=3^{\frac{5}{2}+\frac{1}{2}}=3^3=27$

0036 답 2

$(2^{\frac{2}{3}})^{\frac{3}{4}}\times\sqrt[3]{4}\div2^{\frac{1}{6}}=2^{\frac{2}{3}\times\frac{3}{4}}\times\sqrt[3]{2^2}\div2^{\frac{1}{6}}=2^{\frac{1}{2}}\times2^{\frac{2}{3}}\div2^{\frac{1}{6}}$

$\qquad\qquad=2^{\frac{1}{2}+\frac{2}{3}-\frac{1}{6}}=2$

0037 답 a^4b^6

$(\sqrt[6]{a^3}\times\sqrt[4]{b^3})^8=(a^{\frac{1}{2}}\times b^{\frac{3}{4}})^8=(a^{\frac{1}{2}})^8\times(b^{\frac{3}{4}})^8=a^4b^6$

0038 답 a^3b^7

$(a^3b^5)^{\frac{1}{2}}\times(a^{\frac{1}{4}}b^{\frac{3}{4}})^6=(a^{\frac{3}{2}}b^{\frac{5}{2}})\times(a^{\frac{3}{2}}b^{\frac{9}{2}})$

$\qquad\qquad=a^{\frac{3}{2}+\frac{3}{2}}b^{\frac{5}{2}+\frac{9}{2}}=a^3b^7$

0039 답 $5^{4\sqrt{2}}$

$5^{\sqrt{8}}\times25^{\sqrt{2}}=5^{2\sqrt{2}}\times(5^2)^{\sqrt{2}}=5^{2\sqrt{2}}\times5^{2\sqrt{2}}$

$\qquad\qquad=5^{2\sqrt{2}+2\sqrt{2}}=5^{4\sqrt{2}}$

0040 답 $3^{4\sqrt{3}}$

$3^{\sqrt{12}}\times3^{\sqrt{27}}\div3^{\sqrt{3}}=3^{2\sqrt{3}}\times3^{3\sqrt{3}}\div3^{\sqrt{3}}=3^{2\sqrt{3}+3\sqrt{3}-\sqrt{3}}=3^{4\sqrt{3}}$

0041 답 a^{12}

$(a^{\sqrt{3}})^{\sqrt{48}}=(a^{\sqrt{3}})^{4\sqrt{3}}=a^{\sqrt{3}\cdot4\sqrt{3}}=a^{12}$

0042 답 a^2b

$(a^{\sqrt{6}}\times b^{\frac{\sqrt{3}}{2}})^{\frac{2}{\sqrt{6}}}=a^{\sqrt{6}\times\frac{2}{\sqrt{6}}}\times b^{\frac{\sqrt{3}}{2}\times\frac{2}{\sqrt{6}}}$

$\qquad\qquad=a^2\times b^{\frac{\sqrt{3}}{\sqrt{2}}\times\frac{2}{\sqrt{6}}}=a^2b$

본문 008~019쪽

0043 답 ③

0044 답 ⑤

① $(-3)^4=81$이므로 3은 $(-3)^4$의 네제곱근이다.

② -64의 세제곱근 중 실수인 것은 $\sqrt[3]{-64}=-4$뿐이다.

③ $\sqrt{729}=\sqrt{3^6}=3^3$이므로 3^3의 세제곱근 중 실수인 것은 3뿐이다.

④ n이 홀수이므로 -5의 n제곱근 중 실수인 것은 1개이다.

⑤ n이 짝수이고 $4>0$이므로 4의 n제곱근 중 실수인 것은 2개이다.

0045 답 ③

$\sqrt[3]{-27}=\sqrt[3]{(-3)^3}=-3$이므로 $a=-3$

$1>0$이므로 1의 네제곱근 중 실수인 것의 개수는 2이다.

$\therefore b=2$

-7의 세제곱근은 $\sqrt[3]{-7}$뿐이므로 -7의 세제곱근 중 실수인 것의

개수는 1이다.

$\therefore c=1$

$\therefore a+b+c=-3+2+1=0$

0046 답 ②

ㄱ. 27의 세제곱근 중 실수인 것은 $\sqrt[3]{27}=\sqrt[3]{3^3}=3$뿐이다. (참)

ㄴ. $-4<0$이므로 -4의 네제곱근 중 실수인 것은 없다. (거짓)

ㄷ. -1의 세제곱근은 방정식 $x^3=-1$의 근이므로 $x^3+1=0$에서

$\qquad(x+1)(x^2-x+1)=0$ $\qquad\therefore x=-1$ 또는 $x=\dfrac{1\pm\sqrt{3}i}{2}$

즉, -1의 세제곱근 중 허수인 것은 2개이다. (참)

ㄹ. -1의 네제곱근은 방정식 $x^4=-1$의 근이다.

이때 방정식 $x^4+1=0$의 실근은 존재하지 않으므로 <u>4개의 허근</u>을 갖는다. → 실수 a의 n제곱근은 복소수의 범위에서 n개 존재한다.

즉, -1의 네제곱근 중 허수인 것은 4개이다. (거짓)

따라서 옳은 것은 ㄱ, ㄷ이다.

0047 답 ⑤

x의 세제곱근 중 실수인 것은 $\sqrt[3]{x}$이므로 $f(x)=1$

$\therefore f(-1)=f(0)=f(1)=1$

$x>0$일 때 x의 네제곱근 중 실수인 것은 $\pm\sqrt[4]{x}$이므로 $g(x)=2$

$x=0$일 때 x의 네제곱근은 0뿐이므로 $g(0)=1$

$x<0$일 때 x의 네제곱근 중 실수인 것은 없으므로 $g(x)=0$

$\therefore f(-1)+f(0)+f(1)+g(-1)+g(0)+g(1)$
$=1+1+1+0+1+2=6$

0048 답 ⑤

0049 답 ②

① $\sqrt[3]{-3}\times\sqrt[9]{(-3)^2}=\sqrt[9]{(-3)^3}\times\sqrt[9]{(-3)^2}$
$=\sqrt[9]{(-3)^5}=\sqrt[9]{-243}$

② $\sqrt[4]{27}\div\sqrt[3]{9}=\sqrt[12]{3^9}\times\dfrac{1}{\sqrt[12]{3^8}}=\sqrt[12]{\dfrac{3^9}{3^8}}=\sqrt[12]{3}$

③ $\sqrt[3]{\sqrt{2}\times\sqrt[4]{128}}=\sqrt[3]{\sqrt[4]{2^2}\times\sqrt[4]{2^7}}=\sqrt[3]{\sqrt[4]{2^9}}$
$=\sqrt[12]{2^9}=\sqrt[4]{2^3}=\sqrt[4]{8}$

④ $\sqrt[3]{\sqrt[3]{\sqrt[3]{1024}}}=\sqrt[27]{2^{10}}$

⑤ $\left(\sqrt[4]{2^3}\times\dfrac{1}{\sqrt[3]{2^2}}\right)^6=\left(\dfrac{\sqrt[12]{2^9}}{\sqrt[12]{2^8}}\right)^6=(\sqrt[12]{2})^6=\sqrt{2}$

0050 답 ①

$\sqrt[3]{\dfrac{\sqrt[4]{3}}{\sqrt{2^5}}}\times\sqrt{\dfrac{\sqrt[n]{2}}{\sqrt[6]{3}}}=\dfrac{\sqrt[3]{\sqrt[4]{3}}}{\sqrt[3]{\sqrt{2^5}}}\times\dfrac{\sqrt{\sqrt[n]{2}}}{\sqrt{\sqrt[6]{3}}}=\dfrac{\sqrt[12]{3}}{\sqrt[6]{2^5}}\times\dfrac{\sqrt[2n]{2}}{\sqrt[12]{3}}=\dfrac{\sqrt[2n]{2}}{\sqrt[6]{2^5}}$

즉, $\dfrac{\sqrt[2n]{2}}{\sqrt[6]{2^5}}=\dfrac{1}{\sqrt[4]{2^3}}$이므로

$\sqrt[2n]{2}=\dfrac{\sqrt[6]{2^5}}{\sqrt[4]{2^3}}=\dfrac{\sqrt[12]{2^{10}}}{\sqrt[12]{2^9}}=\sqrt[12]{\dfrac{2^{10}}{2^9}}=\sqrt[12]{2}$

$\therefore n=6$

0051 답 ①

$(\sqrt[3]{2}+\sqrt[3]{9})^3-3\sqrt[3]{18}(\sqrt[3]{2}+\sqrt[3]{9})$
$=(\sqrt[3]{2}+\sqrt[3]{9})^3-3\sqrt[3]{2}\cdot\sqrt[3]{9}(\sqrt[3]{2}+\sqrt[3]{9})$
$=(\sqrt[3]{2})^3+(\sqrt[3]{9})^3$ ← $(a+b)^3-3ab(a+b)=a^3+b^3$
$=2+9=11$

0052 답 ②

$\sqrt[3]{\dfrac{8}{\sqrt{4}}}-\sqrt[3]{\dfrac{4}{\sqrt{4^3}}}=\dfrac{\sqrt[3]{2^3}}{\sqrt[3]{\sqrt{2^2}}}-\dfrac{\sqrt[3]{2^2}}{\sqrt[3]{\sqrt{2^6}}}=\dfrac{\sqrt[3]{2^3}}{\sqrt[6]{2^2}}-\dfrac{\sqrt[3]{2^2}}{\sqrt[6]{2^6}}$

$=\dfrac{2}{\sqrt[3]{2}}-\dfrac{\sqrt[3]{2^2}}{2}=\dfrac{4-\sqrt[3]{2^3}}{2\sqrt[3]{2}}$

$=\dfrac{1}{\sqrt[3]{2}}=\dfrac{\sqrt[3]{4}}{2}$ → 분모, 분자에 $\sqrt[3]{2^2}$을 곱하여 분모를 유리화한 것이다.

0053 답 ④

0054 답 ⑤

$\sqrt[3]{4a^4b^2}\times\sqrt[6]{8a^5b^4}\div\sqrt[4]{4a^6b^4}=\dfrac{\sqrt[3]{2^2a^4b^2}\times\sqrt[6]{2^3a^5b^4}}{\sqrt[4]{2^2a^6b^4}}$

$=\dfrac{\sqrt[12]{2^8a^{16}b^8}\times\sqrt[12]{2^6a^{10}b^8}}{\sqrt[12]{2^6a^{18}b^{12}}}$

$=\sqrt[12]{\dfrac{2^{14}a^{26}b^{16}}{2^6a^{18}b^{12}}}=\sqrt[12]{2^8a^8b^4}$

$=\sqrt[3]{2^2a^2b}=\sqrt[3]{4a^2b}$

0055 답 ⑤

$\sqrt[4]{\dfrac{\sqrt[6]{x^n}}{\sqrt{x}}}\times\sqrt[3]{\dfrac{\sqrt[4]{x}}{\sqrt{x}}}=\dfrac{\sqrt[4]{\sqrt[6]{x^n}}}{\sqrt[4]{\sqrt{x}}}\times\dfrac{\sqrt[3]{\sqrt[4]{x}}}{\sqrt[3]{\sqrt{x}}}=\dfrac{\sqrt[24]{x^n}}{\sqrt[8]{x}}\times\dfrac{\sqrt[12]{x}}{\sqrt[6]{x}}$

$=\dfrac{\sqrt[24]{x^n}}{\sqrt[24]{x^3}}\times\dfrac{\sqrt[24]{x^2}}{\sqrt[24]{x^4}}=\sqrt[24]{\dfrac{x^{n+2}}{x^7}}$

$=\sqrt[24]{\dfrac{x^n}{x^5}}=1$

$\therefore n=5$

0056 답 ①

$\dfrac{\sqrt[3]{a^2\sqrt[4]{a^3\sqrt[5]{a^4}}}}{\sqrt[5]{a^4\sqrt{a\sqrt[3]{a}}}}=\dfrac{\sqrt[3]{a^2}\sqrt[3]{\sqrt[4]{a^3}}\sqrt[3]{\sqrt[4]{\sqrt[5]{a^4}}}}{\sqrt[5]{a^4}\sqrt[5]{\sqrt{a}}\sqrt[5]{\sqrt{\sqrt[3]{a}}}}=\dfrac{\sqrt[3]{a^2}\sqrt[12]{a^3}\sqrt[60]{a^4}}{\sqrt[5]{a^4}\sqrt[20]{a}\sqrt[60]{a}}$

$=\dfrac{\sqrt[60]{a^{40}\cdot a^{15}\cdot a^4}}{\sqrt[60]{a^{12}\cdot a^3\cdot a}}=\sqrt[60]{\dfrac{a^{59}}{a^{16}}}=\sqrt[60]{a^{43}}$

따라서 $m=60$, $n=43$이므로

$m-n=60-43=17$ ← 60과 43은 서로소이다.

0057 답 ①

$\sqrt[m]{a^3b^n}\times\sqrt{ab^3}\div\sqrt[n]{4ab^2}=\dfrac{\sqrt[m]{a^3b^n}\times\sqrt{ab^3}}{\sqrt[n]{4ab^2}}$

$=\dfrac{\sqrt[2m]{a^6b^{2n}}\times\sqrt[2m]{a^mb^{3m}}}{\sqrt[n]{4}\sqrt[n]{ab^2}}$

$a>0$, $b>0$이므로 $\dfrac{\sqrt[2m]{a^6b^{2n}}\times\sqrt[2m]{a^mb^{3m}}}{\sqrt[n]{4}\sqrt[n]{ab^2}}=\dfrac{\sqrt{a^3b^3}}{2}$에서

$\sqrt[n]{4}=2$ $\therefore n=2$

따라서

$\dfrac{\sqrt[2m]{a^6b^4}\times\sqrt[2m]{a^mb^{3m}}}{2\sqrt{ab^2}}=\dfrac{\sqrt[2m]{a^6b^4}\times\sqrt[2m]{a^mb^{3m}}}{2\sqrt[2m]{a^mb^{2m}}}$

$=\dfrac{\sqrt[2m]{a^6b^{m+4}}}{2}$

에서 $\sqrt[2m]{a^6b^{m+4}}=\sqrt{a^3b^3}$이므로 $m=2$

$\therefore m+n=2+2=4$

0058 답 ③

0059 답 ①

$\dfrac{2^{-4}+2^{-6}}{3^0+3^{-2}}=\dfrac{2^{-6}(2^2+1)}{3^{-2}(3^2+1)}=\dfrac{2^{-6}\cdot5}{3^{-2}\cdot10}=\dfrac{2^{-7}}{3^{-2}}=\dfrac{3^2}{2^7}$

0060 답 ⑤

$\left(\dfrac{1}{81}\right)^{3a}=\left(\dfrac{1}{3^4}\right)^{3a}=(3^{-4})^{3a}=(3^{-a})^{12}$ 이므로

$\left(\dfrac{1}{81}\right)^{3a}=2^{12}$

0061 답 ③

$\dfrac{4^{-6}\times(2^{-4})^{-3}\div2^{-4}}{8^{-2}\times2^4}=\dfrac{(2^2)^{-6}\times(2^{-4})^{-3}}{(2^3)^{-2}\times2^4\times2^{-4}}$

$=\dfrac{2^{-12}\times2^{12}}{2^{-6}}=\dfrac{1}{2^{-6}}$

$=2^6=(2^2)^3=4^3$

0062 답 ⑤

분모와 분자에 a^6을 곱한다.
분모와 분자에 a^3을 곱한다.

$\dfrac{1}{a^{-6}+1}+\dfrac{1}{a^{-3}+1}+\dfrac{1}{a^0+1}+\dfrac{1}{a^3+1}+\dfrac{1}{a^6+1}$

$=\dfrac{a^6}{1+a^6}+\dfrac{a^3}{1+a^3}+\dfrac{1}{1+1}+\dfrac{1}{a^3+1}+\dfrac{1}{a^6+1}$

$a^0=1$

$=\dfrac{a^6+1}{1+a^6}+\dfrac{a^3+1}{1+a^3}+\dfrac{1}{2}$

$=1+1+\dfrac{1}{2}=\dfrac{5}{2}$

0063 답 ⑤

0064 답 ③

$\dfrac{(3^{\frac{2}{3}}2^{-\frac{1}{2}})^{\frac{1}{2}}\times(9^{\frac{5}{2}}8^{\frac{9}{4}})^{\frac{1}{3}}}{(3^{\frac{1}{3}}2^{-\frac{1}{2}})^6}=(3^{\frac{2}{3}}2^{-\frac{1}{2}})^{\frac{1}{2}}\times(3^5 2^{\frac{27}{4}})^{\frac{1}{3}}\times(3^{\frac{1}{3}}2^{-\frac{1}{2}})^{-6}$

$=3^{\frac{1}{3}}2^{-\frac{1}{4}}\times3^{\frac{5}{3}}2^{\frac{9}{4}}\times3^{-2}2^3$

$=3^{\frac{1}{3}+\frac{5}{3}+(-2)}2^{-\frac{1}{4}+\frac{9}{4}+3}$

$=2^5=32$

$3^0=1$

0065 답 ②

$(2^{\sqrt2})^{\sqrt6+\sqrt2}\times(2^{\sqrt3})^{\sqrt3+1}\div8^{1+\sqrt3}=2^{2\sqrt3+2}\times2^{3+\sqrt3}\div(2^3)^{1+\sqrt3}$

$=2^{2\sqrt3+2+3+\sqrt3-3(1+\sqrt3)}$

$=2^2=4$

0066 답 ④

$256^{-\frac{1}{n}}=(2^8)^{-\frac{1}{n}}=2^{-\frac{8}{n}}$ 이므로 $2^{-\frac{8}{n}}$이 자연수가 되도록 하려면 $-\dfrac{8}{n}$이 음이 아닌 정수이어야 한다.

따라서 정수 n의 개수는 $-1,\ -2,\ -4,\ -8$의 4이다.

0067 답 ①

$(2^{\frac{1}{4}}3^{\frac{1}{3}})^{\frac{2}{5}}$이 어떤 자연수 N의 n제곱근이라 하면

$\{(2^{\frac{1}{4}}3^{\frac{1}{3}})^{\frac{2}{5}}\}^n=(2^{\frac{1}{10}}3^{\frac{2}{15}})^n=2^{\frac{n}{10}}3^{\frac{2n}{15}}=N$

즉, $2^{\frac{n}{10}}3^{\frac{2n}{15}}$이 자연수가 되도록 하려면 n이 10의 배수이고 동시에 15의 배수이어야 한다.

따라서 n은 30의 배수이므로 모든 자연수 n의 값의 합은

$30+60+90=180$

$\dfrac{n}{10},\ \dfrac{2n}{15}$이 음이 아닌 정수이어야 하므로

0068 답 ④

0069 답 ⑤

$\sqrt[3]{2^2\sqrt{2\sqrt{2^3}}}\div\sqrt{\sqrt[4]{2^3}}=\sqrt[3]{2^2}\times\sqrt[3]{\sqrt{2}}\times\sqrt[3]{\sqrt{\sqrt[4]{2^3}}}\div\sqrt{\sqrt[4]{2^3}}$

$=\sqrt[3]{2^2}\times\sqrt[12]{2}\times\sqrt[24]{2^3}\div\sqrt[8]{2^3}$

$=2^{\frac{2}{3}}\times2^{\frac{1}{12}}\times2^{\frac{1}{8}}\div2^{\frac{3}{8}}$

$=2^{\frac{2}{3}+\frac{1}{12}+\frac{1}{8}-\frac{3}{8}}=2^{\frac{1}{2}}$

0070 답 ②

$\sqrt[3]{a\sqrt[4]{a^3\sqrt{x}}}=\sqrt[3]{a}\times\sqrt[12]{a^3}\times\sqrt[24]{x}=a^{\frac{1}{3}}\times a^{\frac{1}{4}}\times x^{\frac{1}{24}}=a^{\frac{7}{12}}x^{\frac{1}{24}}$,

$\sqrt[5]{a^3\sqrt[3]{a}}=\sqrt[5]{a^3}\times\sqrt[15]{a}=a^{\frac{3}{5}}\times a^{\frac{1}{15}}=a^{\frac{2}{3}}$

이므로 $a^{\frac{7}{12}}x^{\frac{1}{24}}=a^{\frac{2}{3}}$에서

$x^{\frac{1}{24}}=a^{\frac{2}{3}}\div a^{\frac{7}{12}}=a^{\frac{2}{3}-\frac{7}{12}}=a^{\frac{1}{12}}$

양변에 24제곱을 한다.

$\therefore\ x=a^2$

0071 답 ⑤

$\left(\dfrac{\sqrt[4]{2^2\sqrt{2^2}}}{\sqrt[3]{2\sqrt{2^3}}}\right)^n=\left(\dfrac{\sqrt[4]{2^2}\times\sqrt[20]{2^2}}{\sqrt[3]{2}\times\sqrt[15]{2^3}}\right)^n=\left(\dfrac{2^{\frac{1}{2}}\times2^{\frac{1}{10}}}{2^{\frac{1}{3}}\times2^{\frac{1}{5}}}\right)^n$

$=(2^{\frac{1}{2}+\frac{1}{10}-\frac{1}{3}-\frac{1}{5}})^n=(2^{\frac{1}{15}})^n=2^{\frac{n}{15}}$

따라서 $2^{\frac{n}{15}}$이 정수가 되도록 하는 자연수 n의 최솟값은 15이다.

0072 답 ③

이차방정식의 근과 계수의 관계에 의하여

$\alpha+\beta=\dfrac{9}{2}$, $\alpha\beta=\dfrac{1}{2}$

$\therefore\ (8^\alpha)^\beta\times\sqrt[3]{2^{-\alpha}}\times\sqrt[3]{2^{-\beta}}=2^{3\alpha\beta}\times2^{-\frac{\alpha}{3}}\times2^{-\frac{\beta}{3}}=2^{3\alpha\beta-\frac{\alpha+\beta}{3}}$

$=2^{3\times\frac{1}{2}-\frac{9}{2}\times\frac{1}{3}}=2^0=1$

0073 답 ①

0074 답 ①

$16^{\frac{3}{2}}=(2^4)^{\frac{3}{2}}=2^6=a$에서 $2=a^{\frac{1}{6}}$

$27^{\frac{2}{5}}=(3^3)^{\frac{2}{5}}=3^{\frac{6}{5}}=b$에서 $3=b^{\frac{5}{6}}$

$\therefore\ 96^{\frac{1}{2}}=(2^5\cdot3)^{\frac{1}{2}}=2^{\frac{5}{2}}3^{\frac{1}{2}}=(a^{\frac{1}{6}})^{\frac{5}{2}}\cdot(b^{\frac{5}{6}})^{\frac{1}{2}}=(ab)^{\frac{5}{12}}$

0075 답 ④

$\sqrt[4]{8}=2^{\frac{3}{4}}=a$에서 $2=a^{\frac{4}{3}}$

$\sqrt[m]{81}=3^{\frac{4}{m}}=b$에서 $3=b^{\frac{m}{4}}$

$\therefore\ 12^{12}=(2^2\cdot3)^{12}=2^{24}\cdot3^{12}$

$=(a^{\frac{4}{3}})^{24}\cdot(b^{\frac{m}{4}})^{12}=a^{32}b^{3m}$

따라서 $a^{32}b^{3m}=a^{4n}b^9$이므로

$3m=9,\ 32=4n$ $\quad\therefore\ m=3,\ n=8$

$\therefore\ m+n=3+8=11$

0076　답 ④

$a^3=2$에서 $a=2^{\frac{1}{3}}$

$b^4=4=2^2$에서 $b=2^{\frac{1}{2}}$

$c^{10}=5$에서 $c=5^{\frac{1}{10}}$

$\therefore (abc)^n=2^{\frac{n}{3}}\cdot 2^{\frac{n}{2}}\cdot 5^{\frac{n}{10}}=2^{\frac{5n}{6}}5^{\frac{n}{10}}$

이때 $(abc)^n$이 자연수가 되도록 하려면 $\dfrac{5n}{6}$, $\dfrac{n}{10}$이 음이 아닌 정수이어야 한다.

즉, n은 6의 배수이고 동시에 10의 배수이어야 하므로 n은 30의 배수이다.

6과 10의 최소공배수

따라서 자연수 n의 최솟값은 30이다.

0077　답 ②

$a^4=27=3^3$에서 $a=3^{\frac{3}{4}}$

$b^3=25=5^2$에서 $b=5^{\frac{2}{3}}$

$\therefore a^m b^n=(3^{\frac{3}{4}})^m\cdot(5^{\frac{2}{3}})^n=3^{\frac{3m}{4}}\cdot 5^{\frac{2n}{3}}$

즉, $N^2=3^{\frac{3m}{4}}\cdot 5^{\frac{2n}{3}}=(3^{\frac{3m}{8}}\cdot 5^{\frac{n}{3}})^2$에서 $3^{\frac{3m}{8}}\cdot 5^{\frac{n}{3}}$이 자연수이므로

$m=8,\ 16,\ 24,\ \cdots$

$n=3,\ 6,\ 9,\ \cdots$

따라서 $m+n$의 최솟값은 $m=8$, $n=3$일 때

$m+n=8+3=11$

0078　답 ⑤

0079　답 ④

$(3^{\frac{1}{2}}+3^{-\frac{1}{2}})(3^{\frac{1}{2}}-3^{-\frac{1}{2}})-(3^{\frac{1}{2}}-3^{-\frac{1}{2}})^2$

$=(3^{\frac{1}{2}})^2-(3^{-\frac{1}{2}})^2-\{(3^{\frac{1}{2}})^2-2\cdot 3^{\frac{1}{2}}\cdot 3^{-\frac{1}{2}}+(3^{-\frac{1}{2}})^2\}$

$3^{\frac{1}{2}}\cdot 3^{-\frac{1}{2}}=3^{\frac{1}{2}+(-\frac{1}{2})}=3^0=1$

$=3-3^{-1}-(3-2+3^{-1})$

$=2-2\cdot 3^{-1}$

$=2-\dfrac{2}{3}=\dfrac{4}{3}$

0080　답 ⑤

$\{(a^{\frac{1}{2}}+a^{-\frac{1}{2}})^2-2\}^2-2=\{(a^{\frac{1}{2}})^2+2a^{\frac{1}{2}}a^{-\frac{1}{2}}+(a^{-\frac{1}{2}})^2-2\}^2-2$

$\qquad =(a+2+a^{-1}-2)^2-2$

$\qquad =(a+a^{-1})^2-2$

$\qquad =a^2+2a\cdot a^{-1}+a^{-2}-2$

$\qquad =a^2+2+a^{-2}-2$

$\qquad =a^2+a^{-2}$

0081　답 ③

$(a^{\frac{2}{3}}+a^{-\frac{2}{3}})^3-(a^{\frac{2}{3}}-a^{-\frac{2}{3}})^3$

$=(a^{\frac{2}{3}})^3+3\cdot(a^{\frac{2}{3}})^2\cdot a^{-\frac{2}{3}}+3a^{\frac{2}{3}}\cdot(a^{-\frac{2}{3}})^2+(a^{-\frac{2}{3}})^3$

$\qquad -\{(a^{\frac{2}{3}})^3-3\cdot(a^{\frac{2}{3}})^2\cdot a^{-\frac{2}{3}}+3a^{\frac{2}{3}}\cdot(a^{-\frac{2}{3}})^2-(a^{-\frac{2}{3}})^3\}$

$=a^2+3a^{\frac{2}{3}}+3a^{-\frac{2}{3}}+a^{-2}-(a^2-3a^{\frac{2}{3}}+3a^{-\frac{2}{3}}-a^{-2})$

$=6a^{\frac{2}{3}}+2a^{-2}$

0082　답 ④

$\dfrac{1}{1-5^{-\frac{1}{4}}}+\dfrac{1}{1+5^{-\frac{1}{4}}}+\dfrac{2}{1+5^{-\frac{1}{2}}}+\dfrac{4}{1+5^{-1}}$

$=\dfrac{1+5^{-\frac{1}{4}}+1-5^{-\frac{1}{4}}}{(1-5^{-\frac{1}{4}})(1+5^{-\frac{1}{4}})}+\dfrac{2}{1+5^{-\frac{1}{2}}}+\dfrac{4}{1+5^{-1}}$

$=\dfrac{2}{1-5^{-\frac{1}{2}}}+\dfrac{2}{1+5^{-\frac{1}{2}}}+\dfrac{4}{1+5^{-1}}$

$=\dfrac{2(1+5^{-\frac{1}{2}})+2(1-5^{-\frac{1}{2}})}{(1-5^{-\frac{1}{2}})(1+5^{-\frac{1}{2}})}+\dfrac{4}{1+5^{-1}}$

$=\dfrac{4}{1-5^{-1}}+\dfrac{4}{1+5^{-1}}=\dfrac{4(1+5^{-1})+4(1-5^{-1})}{(1-5^{-1})(1+5^{-1})}$

$=\dfrac{8}{1-5^{-2}}=\dfrac{8}{1-\frac{1}{25}}=\dfrac{25}{3}$

0083　답 ④

0084　답 ②

$a^{\frac{1}{2}}+a^{-\frac{1}{2}}=\sqrt{5}$이므로

$a+a^{-1}=(a^{\frac{1}{2}}+a^{-\frac{1}{2}})^2-2=(\sqrt{5})^2-2=3$

$\therefore a^3+a^{-3}=(a+a^{-1})^3-3(a+a^{-1})=3^3-3\cdot 3=18$

0085　답 ⑤

$(2^x+2^{-x})^2=2^{2x}+2^{-2x}+2=14+2=16$에서

$2^x+2^{-x}=4\ (\because 2^x+2^{-x}>0)$

또한, $(2^{\frac{x}{2}}+2^{-\frac{x}{2}})^2=2^x+2^{-x}+2=4+2=6$에서

$2^{\frac{x}{2}}+2^{-\frac{x}{2}}=\sqrt{6}\ (\because 2^{\frac{x}{2}}+2^{-\frac{x}{2}}>0)$

$\therefore \dfrac{2^x+2^{-x}}{2^{\frac{x}{2}}+2^{-\frac{x}{2}}}=\dfrac{4}{\sqrt{6}}=\dfrac{2\sqrt{6}}{3}$

0086　답 ④

즉, $a^{\frac{1}{3}}+a^{-\frac{1}{3}}=\sqrt{5}$

$\sqrt[3]{a}+\dfrac{1}{\sqrt[3]{a}}=\sqrt{5}$에서

$a+a^{-1}=\left(\sqrt[3]{a}+\dfrac{1}{\sqrt[3]{a}}\right)^3-3\left(\sqrt[3]{a}+\dfrac{1}{\sqrt[3]{a}}\right)=(\sqrt{5})^3-3\sqrt{5}=2\sqrt{5}$

한편,

$(a-b)^2=(a+b)^2-4ab$

$(a-a^{-1})^2=(a+a^{-1})^2-4=(2\sqrt{5})^2-4=16$

에서 $a>1$이므로

$a>1$이면 $a>\dfrac{1}{a}$, 즉 $a>a^{-1}$　$\therefore a-a^{-1}>0$

$a-a^{-1}=4$

$\therefore \dfrac{a^3+a^2}{a+1}-\dfrac{a^{-3}+a^{-2}}{a^{-1}+1}=\dfrac{a^2(a+1)}{a+1}-\dfrac{a^{-2}(a^{-1}+1)}{a^{-1}+1}$

$\qquad =a^2-a^{-2}=(a+a^{-1})(a-a^{-1})$

$\qquad =2\sqrt{5}\cdot 4=8\sqrt{5}$

0087　답 ③

$a^{\frac{1}{4}}-a^{-\frac{1}{4}}=\sqrt{2}$에서

$a^{\frac{1}{2}}+a^{-\frac{1}{2}}=(a^{\frac{1}{4}}-a^{-\frac{1}{4}})^2+2=(\sqrt{2})^2+2=4$

$a+a^{-1}=(a^{\frac{1}{2}}+a^{-\frac{1}{2}})^2-2=4^2-2=14$

한편,
$$(a-a^{-1})^2=(a+a^{-1})^2-4=14^2-4=192$$
에서 $a>1$이므로
$$a-a^{-1}=8\sqrt{3}$$
$$\therefore \frac{a+a^{-1}+10}{a-a^{-1}}=\frac{14+10}{8\sqrt{3}}=\frac{24}{8\sqrt{3}}=\sqrt{3}$$

0088　답 ③

0089　답 ①

$6^{\frac{1}{x}}=4$에서 $6=4^x$

$\dfrac{2^x-2^{-x}}{2^x+2^{-x}}$의 분모와 분자에 2^x을 곱하면

$$\frac{2^x-2^{-x}}{2^x+2^{-x}}=\frac{2^x(2^x-2^{-x})}{2^x(2^x+2^{-x})}=\frac{4^x-1}{4^x+1}$$
$$=\frac{6-1}{6+1}=\frac{5}{7}$$

$2^x\cdot2^x=2^{x+x}=2^{2x}$
$=(2^2)^x=4^x$

0090　답 ③

$\dfrac{3^x+3^{-x}}{27^x+27^{-x}}$의 분모와 분자에 3^x을 곱하면

$$\frac{3^x+3^{-x}}{27^x+27^{-x}}=\frac{3^x(3^x+3^{-x})}{3^x(27^x+27^{-x})}=\frac{3^x(3^x+3^{-x})}{3^x(3^{3x}+3^{-3x})}$$
$$=\frac{3^{2x}+1}{3^{4x}+3^{-2x}}=\frac{9^x+1}{(9^x)^2+(9^x)^{-1}}$$
$$=\frac{2+1}{2^2+2^{-1}}=\frac{2}{3}$$

따라서 $p=3$, $q=2$이므로
$$p+q=3+2=5$$

0091　답 ②

$\dfrac{a^x+a^{-x}}{a^x-a^{-x}}$의 분모와 분자에 a^x을 곱하면

$$\frac{a^x+a^{-x}}{a^x-a^{-x}}=\frac{a^x(a^x+a^{-x})}{a^x(a^x-a^{-x})}=\frac{a^{2x}+1}{a^{2x}-1}=\frac{9}{7}$$
$$7(a^{2x}+1)=9(a^{2x}-1),\ 2a^{2x}=16$$
$$\therefore a^{2x}=8=2^3$$
$$\therefore a^{8x}=(a^{2x})^4=(2^3)^4=2^{12}$$

0092　답 ③

$\dfrac{a^{6x}-a^{-6x}}{a^{2x}-a^{-2x}}$의 분모와 분자에 a^{2x}을 곱하면

$$\frac{a^{6x}-a^{-6x}}{a^{2x}-a^{-2x}}=\frac{a^{2x}(a^{6x}-a^{-6x})}{a^{2x}(a^{2x}-a^{-2x})}=\frac{a^{8x}-a^{-4x}}{a^{4x}-1}$$
$$=\frac{(a^{4x})^2-(a^{4x})^{-1}}{a^{4x}-1}=\frac{(\sqrt{2}+1)^2-\dfrac{1}{\sqrt{2}+1}}{(\sqrt{2}+1)-1}$$
$$=\frac{3+2\sqrt{2}-(\sqrt{2}-1)}{\sqrt{2}}=\frac{4+\sqrt{2}}{\sqrt{2}}$$
$$=2\sqrt{2}+1$$

● 다른 풀이 ●

$$a^{6x}-a^{-6x}=(a^{2x})^3-(a^{-2x})^3$$
$$=(a^{2x}-a^{-2x})(a^{4x}+1+a^{-4x})$$

$a^3-b^3=(a-b)(a^2+ab+b^2)$

$$\therefore \frac{a^{6x}-a^{-6x}}{a^{2x}-a^{-2x}}=\frac{(a^{2x}-a^{-2x})(a^{4x}+1+a^{-4x})}{a^{2x}-a^{-2x}}=a^{4x}+1+a^{-4x}$$
$$=(\sqrt{2}+1)+1+\frac{1}{\sqrt{2}+1}=2\sqrt{2}+1$$

0093　답 ④

0094　답 ①

$17^m=9$에서 $17=9^{\frac{1}{m}}=3^{\frac{2}{m}}$　……㉠

$153^n=81$에서 $153=81^{\frac{1}{n}}=3^{\frac{4}{n}}$　……㉡

㉠, ㉡을 변끼리 나누면
$$\frac{17}{153}=3^{\frac{2}{m}}\div3^{\frac{4}{n}},\ 3^{-2}=3^{\frac{2}{m}-\frac{4}{n}}$$
$$\therefore \frac{2}{m}-\frac{4}{n}=-2$$

0095　답 ③

$x\neq0,\ y\neq0,\ z\neq0$

$2^x=6^y=3^z=k\ (k>0)$라 하면 $xyz\neq0$에서
$k\neq1$

밑을 k로 같게 하기 위한 과정이다.

$2^x=k$에서 $2=k^{\frac{1}{x}}$

$6^y=k$에서 $6=k^{\frac{1}{y}}$

$3^z=k$에서 $3=k^{\frac{1}{z}}$

이때 $6=2\cdot3$이므로
$$k^{\frac{1}{y}}=k^{\frac{1}{x}}\cdot k^{\frac{1}{z}},\ k^{\frac{1}{y}}=k^{\frac{1}{x}+\frac{1}{z}}$$

따라서 $\dfrac{1}{y}=\dfrac{1}{x}+\dfrac{1}{z}$이므로
$$\frac{1}{x}-\frac{1}{y}+\frac{1}{z}=0$$

0096　답 ③

$11^x=4$에서 $11=4^{\frac{1}{x}}=2^{\frac{2}{x}}$　……㉠

$88^y=8$에서 $88=8^{\frac{1}{y}}=2^{\frac{3}{y}}$　……㉡

㉠, ㉡을 변끼리 나누면
$$\frac{88}{11}=2^{\frac{3}{y}}\div2^{\frac{2}{x}},\ 2^3=2^{\frac{3}{y}-\frac{2}{x}}$$
$$\therefore -\frac{2}{x}+\frac{3}{y}=3$$

따라서 $-\dfrac{6}{x}+\dfrac{9}{y}=9$이므로
$$a=-6,\ b=9$$
$$\therefore a+b=-6+9=3$$

0097　답 ⑤

$3^x=4^{-y}=k\ (k>0)$라 하면 $xyz\neq0$에서
$k\neq1$

$3^x=k$에서 $3=k^{\frac{1}{x}}$　$\therefore 3^4=k^{\frac{4}{x}}$　……㉠

$4^{-y}=k$에서 $4=k^{-\frac{1}{y}}$　……㉡

㉠, ㉡을 변끼리 곱하면
$$3^4\cdot4=k^{\frac{4}{x}}\cdot k^{-\frac{1}{y}}\quad\therefore 18^2=k^{\frac{4}{x}-\frac{1}{y}}\quad……㉢$$

한편, $4^{-y}=2^{-2y}=k$에서 $2^y=k^{-\frac{1}{2}}$이고

$8^y=2^{3y}=18^{-z}$에서 $2^y=18^{-\frac{z}{3}}$이므로

$k^{-\frac{1}{2}}=18^{-\frac{z}{3}}$ $\therefore 18=k^{\frac{3}{2z}}$

따라서 ⓒ에서

$(k^{\frac{3}{2z}})^2=k^{\frac{4}{x}-\frac{1}{y}}$, $k^{\frac{3}{z}}=k^{\frac{4}{x}-\frac{1}{y}}$ $\therefore \frac{4}{x}-\frac{1}{y}=\frac{3}{z}$

0098 답 ④

0099 답 ⑤

물을 1000 mL 가지고 있는 빨래를 건조기에 넣고 15분 건조시켰을 때 남아있는 물의 양이 27 mL이므로

$27=1000\times p^{15}$ $\therefore p^{15}=\frac{27}{1000}=\left(\frac{3}{10}\right)^3$

따라서 물을 200 mL 가지고 있는 빨래를 이 건조기에 넣고 10분 건조시켰을 때 남아있는 물의 양은

$$200\times p^{10}=200\times(p^{15})^{\frac{2}{3}}=200\times\left\{\left(\frac{3}{10}\right)^3\right\}^{\frac{2}{3}}$$
$$=200\times\left(\frac{3}{10}\right)^2=18(\text{mL})$$

0100 답 ③

렌즈를 통과하기 전의 빛의 밝기를 L_0, 렌즈를 n장 통과 후 빛의 밝기를 L_n, 렌즈를 한 장 통과했을 때 빛의 밝기 감소율을 $a\,\%$라 하면

$$L_n=L_0\times\left(1-\frac{a}{100}\right)^n$$

이 렌즈를 4장 겹쳐서 빛을 통과시키면 통과하는 빛의 밝기는 <u>36 %이므로</u> 밝기가 64 % 감소했으므로 통과하는 빛의 밝기는 36 %이다.

$0.36L_0=L_0\times\left(1-\frac{a}{100}\right)^4$ $\therefore \left(1-\frac{a}{100}\right)^4=0.36=0.6^2$

따라서 이 렌즈를 6장 겹쳐서 빛을 통과시키면 통과하는 빛의 밝기는

$$L_0\times\left(1-\frac{a}{100}\right)^6=L_0\times\left\{\left(1-\frac{a}{100}\right)^4\right\}^{\frac{3}{2}}=L_0\times(0.6^2)^{\frac{3}{2}}$$
$$=L_0\times0.216$$

이므로 감소하는 밝기의 비율은 78.4 %이다.

0101 답 ②

최대 용량이 16000인 새 배터리를 완전 방전시킨 후 충전하는 시행을 300회 하고 난 후의 최대 용량이 9000이므로

$9000=\frac{1}{2}\cdot16000\cdot(1+p^{300})$, $\frac{9}{8}=1+p^{300}$

$\therefore p^{300}=\frac{1}{8}=\left(\frac{1}{2}\right)^3$

따라서 이 배터리를 추가로 200회 더 충전하면 총 충전 횟수는 500회이므로 구하는 최대 용량은

$$\frac{1}{2}\cdot16000\cdot(1+p^{500})=8000\{1+(p^{300})^{\frac{5}{3}}\}=8000\left[1+\left\{\left(\frac{1}{2}\right)^3\right\}^{\frac{5}{3}}\right]$$
$$=8000\left(1+\frac{1}{32}\right)=8250$$

0102 답 2

수도관 A에 흐르는 물의 속력을 v_A, 수도관 B에 흐르는 물의 속력을 v_B라 하면

$v_A=8v_B$

이때

$$v_A=k\left(\frac{1000\times2a\pi}{a^2\pi}\right)^{\frac{3}{2}}=k\left(\frac{2000}{a}\right)^{\frac{3}{2}},$$
$$v_B=k\left(\frac{500\times2b\pi}{b^2\pi}\right)^{\frac{3}{2}}=k\left(\frac{1000}{b}\right)^{\frac{3}{2}}$$

이므로 $k\left(\frac{2000}{a}\right)^{\frac{3}{2}}=8k\left(\frac{1000}{b}\right)^{\frac{3}{2}}$

$8=\left(\frac{\frac{2000}{a}}{\frac{1000}{b}}\right)^{\frac{3}{2}}=\left(\frac{2b}{a}\right)^{\frac{3}{2}}$, $\frac{2b}{a}=8^{\frac{2}{3}}=(2^3)^{\frac{2}{3}}=2^2=4$

$\therefore \frac{b}{a}=2$

본문 020~021쪽

0103 답 ④

One Point Lesson

$x=\sqrt[4]{2}-\frac{1}{\sqrt[4]{2}}$을 x^2+4에 대입한 후 곱셈 공식의 변형을 이용하여 식을 정리한다.

$x^2+4=\left(\sqrt[4]{2}-\frac{1}{\sqrt[4]{2}}\right)^2+4=\left(\sqrt[4]{2}+\frac{1}{\sqrt[4]{2}}\right)^2$이므로

$x+\sqrt{x^2+4}=\sqrt[4]{2}-\frac{1}{\sqrt[4]{2}}+\sqrt[4]{2}+\frac{1}{\sqrt[4]{2}}=2\sqrt[4]{2}=2^{\frac{5}{4}}$

$\rightarrow 2\sqrt[4]{2}=2\cdot\sqrt[4]{2}=2\cdot2^{\frac{1}{4}}=2^{1+\frac{1}{4}}=2^{\frac{5}{4}}$

0104 답 ⑤

One Point Lesson

가장 낮은 차수인 값으로 묶어서 주어진 조건식을 정리한다.

$$3^8-2\times3^7+3^6=3^6(3^2-2\times3+1)$$
$$=3^6(9-6+1)$$
$$=3^6\times4=a$$

이므로 $3^6=\frac{a}{4}$

$$2^{10}-2^9+2^8=2^8(2^2-2+1)$$
$$=2^8(4-2+1)$$
$$=2^8\times3=b$$

이므로 $2^8=\frac{b}{3}$

$\therefore 12=2^2\times3=(2^8)^{\frac{1}{4}}\times(3^6)^{\frac{1}{6}}$

$$=\left(\frac{b}{3}\right)^{\frac{1}{4}}\times\left(\frac{a}{4}\right)^{\frac{1}{6}}=\frac{a^{\frac{1}{6}}b^{\frac{1}{4}}}{2^{\frac{1}{3}}3^{\frac{1}{4}}}$$

0105 답 ③

One Point Lesson

n이 홀수인 경우와 짝수인 경우로 나누어 $f(n)$의 값을 구한다.

(i) n이 홀수일 때

3의 n제곱근 중 실수인 것의 개수는 1이므로

$f(n)=1$

(ii) n이 짝수일 때

3의 n제곱근 중 실수인 것의 개수는 2이므로

$f(n)=2$

(i), (ii)에서

$f(2)+f(3)+f(4)+\cdots+f(100)=49\cdot1+50\cdot2=149$

0106　답 ③

One Point Lesson
주어진 식의 밑을 2로 같게 한 후 조건을 만족시키는 m의 개수를 구한다.

$4^4\times\left(\dfrac{1}{\sqrt{2}}\right)^{-6}\div2^{\frac{m}{3}}=(2^2)^4\times(2^{-\frac{1}{2}})^{-6}\div2^{\frac{m}{3}}$

$=2^{8+3-\frac{m}{3}}=2^{11-\frac{m}{3}}$

이므로 $2^{11-\frac{m}{3}}$이 자연수가 되도록 하려면 $11-\dfrac{m}{3}$이 음이 아닌 정수이어야 한다.

따라서 자연수 m의 개수는 3, 6, 9, $\cdots$, 33의 11이다.

0107　답 ④

One Point Lesson
분모와 분자를 각각 가장 낮은 차수의 지수로 묶어서 정리한 후 공통인 항을 찾아 약분한다.

$\dfrac{a^8+a^7+a^6}{a^{-4}+a^{-5}+a^{-6}}=\dfrac{a^6(a^2+a+1)}{a^{-6}(a^2+a+1)}=\dfrac{a^6}{a^{-6}}$

$=a^{6-(-6)}=a^{12}$

$=(\sqrt[6]{3-\sqrt{2}})^{12}=(3-\sqrt{2})^2$

$=11-6\sqrt{2}$

따라서 $m=11$, $n=-6$이므로

$m+n=11+(-6)=5$

0108　답 ③

One Point Lesson
두 대각선의 길이가 각각 a, b인 마름모의 넓이는 $\dfrac{ab}{2}$, 둘레의 길이는 $2\sqrt{a^2+b^2}$임을 이용한다.

두 대각선의 길이가 각각 a, b인 마름모의 넓이가 $\dfrac{\sqrt[4]{2}}{4}$이므로

$\dfrac{ab}{2}=\dfrac{\sqrt[4]{2}}{4}$　$\therefore ab=\dfrac{\sqrt[4]{2}}{2}$

또한, 마름모의 한 변의 길이는 피타고라스 정리에 의하여

$\sqrt{\left(\dfrac{a}{2}\right)^2+\left(\dfrac{b}{2}\right)^2}=\dfrac{\sqrt{a^2+b^2}}{2}$

이므로 둘레의 길이는

$4\cdot\dfrac{\sqrt{a^2+b^2}}{2}=2\sqrt{a^2+b^2}$

즉, $2\sqrt{a^2+b^2}=2\sqrt{3}\sqrt[8]{2}$에서

$a^2+b^2=3\sqrt[4]{2}$

따라서

$(a+b)^2=a^2+2ab+b^2=3\sqrt[4]{2}+2\cdot\dfrac{\sqrt[4]{2}}{2}=4\sqrt[4]{2}=\sqrt[4]{2^9}$

이므로

$a+b=\sqrt[4]{\sqrt[4]{2^9}}=\sqrt[8]{2^9}$　$(\because a+b>0)$

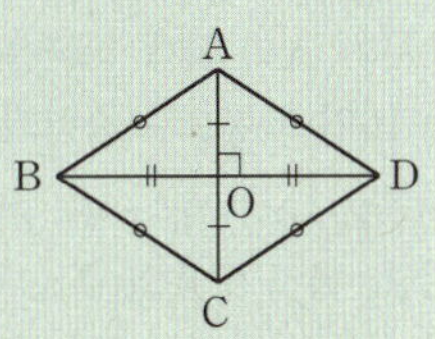

0109　답 ④

One Point Lesson
$F(a^n, n(n+1)(n+2))=a^{\frac{1}{n+1}-\frac{1}{n+2}}$임을 이용하여 식을 정리한다.

$F(a, 1\cdot2\cdot3)=a^{\frac{1}{1\cdot2\cdot3}}=a^{\frac{1}{2\cdot3}}=a^{\frac{1}{2}-\frac{1}{3}}$

$F(a^2, 2\cdot3\cdot4)=(a^2)^{\frac{1}{2\cdot3\cdot4}}=a^{\frac{1}{3\cdot4}}=a^{\frac{1}{3}-\frac{1}{4}}$

$F(a^3, 3\cdot4\cdot5)=(a^3)^{\frac{1}{3\cdot4\cdot5}}=a^{\frac{1}{4\cdot5}}=a^{\frac{1}{4}-\frac{1}{5}}$

$\vdots$

$F(a^{10}, 10\cdot11\cdot12)=(a^{10})^{\frac{1}{10\cdot11\cdot12}}=a^{\frac{1}{11\cdot12}}=a^{\frac{1}{11}-\frac{1}{12}}$

이므로

$F(a, 1\cdot2\cdot3)\times F(a^2, 2\cdot3\cdot4)\times F(a^3, 3\cdot4\cdot5)\times\cdots$
$\times F(a^{10}, 10\cdot11\cdot12)$

$=a^{\frac{1}{2}-\frac{1}{3}}\times a^{\frac{1}{3}-\frac{1}{4}}\times a^{\frac{1}{4}-\frac{1}{5}}\times\cdots\times a^{\frac{1}{11}-\frac{1}{12}}$

$=a^{\left(\frac{1}{2}-\frac{1}{3}\right)+\left(\frac{1}{3}-\frac{1}{4}\right)+\left(\frac{1}{4}-\frac{1}{5}\right)+\cdots+\left(\frac{1}{11}-\frac{1}{12}\right)}$

$=a^{\frac{1}{2}-\frac{1}{12}}=a^{\frac{5}{12}}$

따라서 $a^{\frac{5}{12}}=4^{\frac{5}{3}}$이므로

$a=(4^{\frac{5}{3}})^{\frac{12}{5}}=4^4=(2^2)^4=2^8$

0110　답 16

One Point Lesson
조건 (나)를 이용하여 $\dfrac{1}{x}+\dfrac{1}{y}+\dfrac{1}{z}$의 값을 구한다.

조건 (나)의 $(x-2)(y-2)(z-2)=8$에서

$(x-2)(y-2)(z-2)$
$=xyz-2(xy+yz+zx)+4(x+y+z)-8$

이고 $x+y+z=4$이므로

$xyz-2(xy+yz+zx)+4\cdot4-8=8$

$\therefore xyz=2(xy+yz+zx)$　$\cdots\cdots$ ㉠

조건 (가)의 $a^x=b^y=c^z=256$에서 $xyz\neq0$이므로 ㉠의 양변을 xyz로 나누면

$1=2\left(\dfrac{1}{x}+\dfrac{1}{y}+\dfrac{1}{z}\right)$　$\therefore \dfrac{1}{x}+\dfrac{1}{y}+\dfrac{1}{z}=\dfrac{1}{2}$

따라서 $a^x=b^y=c^z=256$에서

$a=256^{\frac{1}{x}}$, $b=256^{\frac{1}{y}}$, $c=256^{\frac{1}{z}}$

이므로 위의 세 식을 변끼리 곱하면

$abc=256^{\frac{1}{x}+\frac{1}{y}+\frac{1}{z}}=(2^8)^{\frac{1}{2}}=2^4=16$

0111　답 5

One Point Lesson
복사기 A의 확대 비율을 a, 축소 비율을 b라 하고 a, b의 값을 각각 구한다.

조건 (가)에서 복사기 A의 확대 비율을 a라 하면 1번 누를 때 넓이가 1인 도형은 넓이가 a^2인 도형으로 출력된다.

복사기 A의 확대 버튼을 4번 눌렀을 때 넓이가 2인 도형이 넓이가 16인 도형으로 출력되었으므로

$16=2\cdot(a^2)^4$, $a^8=8=2^3$ $\quad\therefore a=2^{\frac{3}{8}}$

또한, 복사기 A의 축소 비율을 b라 하면 3번 눌렀을 때 길이가 4인 선분이 길이가 2인 선분으로 출력되었으므로

$2=4\cdot b^3$, $b^3=\dfrac{1}{2}=2^{-1}$ $\quad\therefore b=2^{-\frac{1}{3}}$

즉, 복사기 A의 확대 버튼을 2번, 축소 버튼을 1번 눌러서 나온 출력물의 비율은

$a^2b=(2^{\frac{3}{8}})^2\cdot2^{-\frac{1}{3}}=2^{\frac{3}{4}+(-\frac{1}{3})}=2^{\frac{5}{12}}$

이때 복사기 B의 확대 버튼과 축소 버튼을 누르는 횟수를 각각 m, n $(m\geq0,\ n\geq0)$이라 하면

$(2^{\frac{1}{4}})^m\cdot(2^{-\frac{1}{6}})^n=2^{\frac{m}{4}+(-\frac{n}{6})}=2^{-\frac{5}{12}}$

$\dfrac{m}{4}-\dfrac{n}{6}=-\dfrac{5}{12}$ $\quad\therefore 3m-2n=-5$

따라서 조건을 만족시키는 m, n의 순서쌍 $(m,\,n)$은 $(1,\,4),\ (3,\,7),\ (5,\,10),\ (7,\,13),\ \cdots$

이므로 $m+n$의 최솟값은 $m=1$, $n=4$일 때 $1+4=5$

0112 🔑 9

$\dfrac{a^{\frac{5}{2}x}+a^{-\frac{x}{2}}}{a^{\frac{x}{2}}+a^{-\frac{5}{2}x}}$의 분모와 분자에 $a^{\frac{x}{2}}$을 곱하면

$\dfrac{a^{\frac{x}{2}}(a^{\frac{5}{2}x}+a^{-\frac{x}{2}})}{a^{\frac{x}{2}}(a^{\frac{x}{2}}+a^{-\frac{5}{2}x})}=\dfrac{a^{3x}+1}{a^x+a^{-2x}}$

❶

$a^x=3$이므로 구하는 식의 값은

$\dfrac{a^{3x}+1}{a^x+a^{-2x}}=\dfrac{(a^x)^3+1}{a^x+(a^x)^{-2}}=\dfrac{3^3+1}{3+3^{-2}}=\dfrac{28}{3+\frac{1}{9}}=9$

❷

채점 기준	배점 비율
❶ $a^{\frac{x}{2}}$을 분모와 분자에 곱하여 구하는 식 정리하기	60%
❷ $a^x=3$을 대입하여 식의 값 구하기	40%

● 다른 풀이 ●

분모를 $a^{-\frac{5}{2}x}$, 분자를 $a^{-\frac{x}{2}}$으로 각각 묶으면

$\dfrac{a^{\frac{5}{2}x}+a^{-\frac{x}{2}}}{a^{\frac{x}{2}}+a^{-\frac{5}{2}x}}=\dfrac{a^{-\frac{x}{2}}(a^{3x}+1)}{a^{-\frac{5}{2}x}(a^{3x}+1)}=a^{-\frac{x}{2}-(-\frac{5}{2}x)}=a^{2x}$

❶

$a^x=3$이므로 구하는 식의 값은 $a^{2x}=(a^x)^2=3^2=9$

❷

채점 기준	배점 비율
❶ 분모와 분자를 각각 묶어 구하는 식 간단히 하기	60%
❷ $a^x=3$을 대입하여 식의 값 구하기	40%

0113 🔑 3

$4^x=3^y=24^z=k\ (k>0)$라 하자.

❶

$4^x=2^{2x}=k$에서 $2=k^{\frac{1}{2x}}$

$3^y=k$에서 $3=k^{\frac{1}{y}}$

$24^z=k$에서 $24=k^{\frac{1}{z}}$

❷

이때 $24=2^3\cdot3$이므로

$k^{\frac{1}{z}}=(k^{\frac{1}{2x}})^3\cdot k^{\frac{1}{y}}=k^{\frac{3}{2x}+\frac{1}{y}}$

따라서 $\dfrac{1}{z}=\dfrac{3}{2x}+\dfrac{1}{y}$에서 $\dfrac{2}{z}=\dfrac{3}{x}+\dfrac{2}{y}$이므로 $a=3$

❸

채점 기준	배점 비율
❶ $4^x=3^y=24^z=k$라 하기	30%
❷ 각 수를 k의 거듭제곱으로 나타내기	30%
❸ $k^{\frac{1}{z}}=k^{\frac{3}{2x}+\frac{1}{y}}$임을 이용하여 실수 a의 값 구하기	40%

0114 🔑 281

$\sqrt[m]{n^6}=n^{\frac{6}{m}}$이 자연수가 되는 경우는 다음과 같이 두 가지로 나누어 생각할 수 있다.

(i) m이 6의 약수인 경우

n의 값에 관계없이 $n^{\frac{6}{m}}$은 자연수이므로 조건을 만족시키는 순서쌍 $(m,\,n)$의 개수는

$3\cdot90=270$ → $m=2,\,3,\,6$이고 $n=11,\,12,\,13,\,\cdots,\,99$이므로

❶

(ii) m이 6의 약수가 아닌 경우

$m=4$이면 $n^{\frac{6}{4}}=n^{\frac{3}{2}}$이므로 $n=4^2,\,5^2,\,6^2,\,\cdots,\,9^2$

$m=5$이면 $n^{\frac{6}{5}}$이므로 $n=2^5$

$m=7$이면 $n^{\frac{6}{7}}$이므로 n은 자연수의 7제곱인 수이어야 한다. 그런데 $2^7=128$이므로 두 자리의 자연수 중 7제곱인 수는 존재하지 않는다.

$m=8$이면 $n^{\frac{6}{8}}=n^{\frac{3}{4}}$이므로 $n=2^4,\,3^4$

$m=9$이면 $n^{\frac{6}{9}}=n^{\frac{2}{3}}$이므로 $n=3^3,\,4^3$

❷

(i), (ii)에서 조건을 만족시키는 순서쌍 $(m,\,n)$의 개수는 $270+6+1+2+2=281$

❸

채점 기준	배점 비율
❶ m이 6의 약수인 경우 조건을 만족시키는 순서쌍 $(m,\,n)$의 개수 구하기	30%
❷ m이 6의 약수가 아닌 경우 조건을 만족시키는 순서쌍 $(m,\,n)$ 구하기	60%
❸ 조건을 만족시키는 순서쌍 $(m,\,n)$의 개수 구하기	10%

본문 022~023쪽

0115 답 $2=\log_3 9$

0116 답 $-3=\log_4 \dfrac{1}{64}$

0117 답 $\dfrac{1}{3}=\log_{1000} 10$

0118 답 $0=\log_5 1$

0119 답 $2^4=16$

0120 답 $8^{\frac{1}{3}}=2$

0121 답 $\left(\dfrac{1}{3}\right)^{-3}=27$

0122 답 $(\sqrt{7})^4=49$

0123 답 $x>-5$
진수의 조건에서 $x+5>0$ $\quad\therefore x>-5$

0124 답 $x<0$ 또는 $x>3$
진수의 조건에서 $x^2-3x>0$
$x(x-3)>0$ $\quad\therefore x<0$ 또는 $x>3$

0125 답 $2<x<3$ 또는 $x>3$
밑의 조건에서 $x-2>0,\ x-2\neq1$
$x>2,\ x\neq3$ $\quad\therefore 2<x<3$ 또는 $x>3$

0126 답 $\dfrac{2}{3}<x<1$ 또는 $1<x<7$
밑의 조건에서 $3x-2>0,\ 3x-2\neq1$
$x>\dfrac{2}{3},\ x\neq1$ $\quad\therefore \dfrac{2}{3}<x<1$ 또는 $x>1$ $\quad\cdots\cdots$ ㉠
진수의 조건에서 $7-x>0$ $\quad\therefore x<7$ $\quad\cdots\cdots$ ㉡
㉠, ㉡의 공통부분을 구하면
$\dfrac{2}{3}<x<1$ 또는 $1<x<7$

0127 답 5
$\log_2 32=x$라 하면 로그의 정의에 의하여
$2^x=32=2^5$ $\quad\therefore x=5$

0128 답 -4
$\log_3 \dfrac{1}{81}=x$라 하면 로그의 정의에 의하여
$3^x=\dfrac{1}{81}=3^{-4}$ $\quad\therefore x=-4$

0129 답 $\dfrac{1}{2}$
$\log_2 \sqrt{2}=x$라 하면 로그의 정의에 의하여
$2^x=\sqrt{2}=2^{\frac{1}{2}}$ $\quad\therefore x=\dfrac{1}{2}$

0130 답 3
$\log_{\frac{1}{3}} \dfrac{1}{27}=x$라 하면 로그의 정의에 의하여
$\left(\dfrac{1}{3}\right)^x=\dfrac{1}{27}=\left(\dfrac{1}{3}\right)^3$ $\quad\therefore x=3$

0131 답 16
$\log_2 x=4$에서 $2^4=x$ $\quad\therefore x=16$

0132 답 1
$\log_7 x=0$에서 $7^0=x$ $\quad\therefore x=1$

0133 답 $\dfrac{1}{27}$
$\log_{\frac{1}{3}} x=3$에서 $\left(\dfrac{1}{3}\right)^3=x$ $\quad\therefore x=\dfrac{1}{27}$

0134 답 $\dfrac{1}{5}$
$\log_x 25=-2$에서 $x^{-2}=25=5^2=\left(\dfrac{1}{5}\right)^{-2}$ $\quad\therefore x=\dfrac{1}{5}$

0135 답 1
$\log_2 2-\log_5 1=1-0=1$

0136 답 4
$\log_2 \dfrac{2}{7}+\log_2 56=\log_2\left(\dfrac{2}{7}\cdot56\right)=\log_2 16$
$\qquad=\log_2 2^4=4$

0137 답 3
$\log_3 108-\log_3 4=\log_3 \dfrac{108}{4}=\log_3 27$
$\qquad=\log_3 3^3=3$

0138 답 0
$\dfrac{1}{2}\log_3 25+\log_3 \dfrac{1}{5}=\log_3 25^{\frac{1}{2}}+\log_3 \dfrac{1}{5}=\log_3 5+\log_3 \dfrac{1}{5}$
$\qquad=\log_3\left(5\cdot\dfrac{1}{5}\right)=\log_3 1=0$

0139 답 2
$\log_5 50-\log_5 5+\log_5 \dfrac{5}{2}=\log_5 \dfrac{50\cdot\frac{5}{2}}{5}=\log_5 25$
$\qquad=\log_5 5^2=2$

0140 답 $a+2b$
$\log_2 75=\log_2(3\cdot5^2)=\log_2 3+2\log_2 5=a+2b$

0141 답 $2+2a+b$
$\log_2 180=\log_2(2^2\cdot3^2\cdot5)=2\log_2 2+2\log_2 3+\log_2 5$
$\qquad=2+2a+b$

0142 답 $b-2a$

$\log_2 \dfrac{5}{9}=\log_2 5-\log_2 3^2=\log_2 5-2\log_2 3=b-2a$

0143 답 $2+2a-2b$

$\log_2 \dfrac{36}{25}=\log_2 36-\log_2 25=\log_2(2^2\cdot 3^2)-\log_2 5^2$

$\qquad=2\log_2 2+2\log_2 3-2\log_2 5=2+2a-2b$

0144 답 $\dfrac{b}{a}$

$\log_2 3=\dfrac{\log_5 3}{\log_5 2}=\dfrac{b}{a}$

0145 답 $\dfrac{a}{b}$

$\log_3 2=\dfrac{\log_5 2}{\log_5 3}=\dfrac{a}{b}$

0146 답 $\dfrac{1}{a}$

$\log_2 5=\dfrac{\log_5 5}{\log_5 2}=\dfrac{1}{a}$

0147 답 $\dfrac{1}{b}$

$\log_3 5=\dfrac{\log_5 5}{\log_5 3}=\dfrac{1}{b}$

0148 답 $\dfrac{4a}{a+b}$

$\log_6 16=\dfrac{\log_5 16}{\log_5 6}=\dfrac{\log_5 2^4}{\log_5(2\cdot 3)}$

$\qquad=\dfrac{4\log_5 2}{\log_5 2+\log_5 3}=\dfrac{4a}{a+b}$

0149 답 $\dfrac{2a+2b}{2a+b}$

$\log_{12} 36=\dfrac{\log_5 36}{\log_5 12}=\dfrac{\log_5(2^2\cdot 3^2)}{\log_5(2^2\cdot 3)}$

$\qquad=\dfrac{2\log_5 2+2\log_5 3}{2\log_5 2+\log_5 3}=\dfrac{2a+2b}{2a+b}$

0150 답 $\dfrac{5}{2}$

$\log_4 32=\log_{2^2} 2^5=\dfrac{5}{2}\log_2 2=\dfrac{5}{2}$

0151 답 $-\dfrac{3}{2}$

$\log_{100}\dfrac{1}{1000}=\log_{10^2} 10^{-3}=-\dfrac{3}{2}$

0152 답 $-\dfrac{3}{2}$

$\log_{\frac{1}{10}}\sqrt{1000}=\log_{10^{-1}} 10^{\frac{3}{2}}=-\dfrac{3}{2}$

0153 답 9

$4^{\log_2 3}=3^{\log_2 4}=3^{\log_2 2^2}=3^2=9$

0154 답 5

$3^{\log_3 2}+2^{\log_4 9}=2^{\log_3 3}+9^{\log_4 2}=2+9^{\log_{2^2} 2}$

$\qquad=2+9^{\frac{1}{2}}=2+3=5$

0155 답 2

$\log_3 5\times\log_5 7\times\log_7 9=\log_3 5\times\dfrac{\log_3 7}{\log_3 5}\times\dfrac{\log_3 9}{\log_3 7}$

$\qquad=\log_3 9=\log_3 3^2=2$

0156 답 2

$\log 100=\log 10^2=2$

0157 답 $\dfrac{1}{2}$

$\log\sqrt{10}=\log 10^{\frac{1}{2}}=\dfrac{1}{2}$

0158 답 $\dfrac{3}{5}$

$\log\sqrt[5]{1000}=\log 10^{\frac{3}{5}}=\dfrac{3}{5}$

0159 답 $-\dfrac{1}{2}$

$\log\dfrac{1}{\sqrt[4]{100}}=\log\dfrac{1}{10^{\frac{2}{4}}}=\log 10^{-\frac{1}{2}}=-\dfrac{1}{2}$

0160 답 $\dfrac{13}{6}$

$\log 10\sqrt{10}+\log\sqrt[3]{100}=\log 10^{\frac{3}{2}}+\log 10^{\frac{2}{3}}$

$\qquad=\dfrac{3}{2}+\dfrac{2}{3}=\dfrac{13}{6}$

0161 답 -4

$\log\dfrac{1}{500}+\log\dfrac{1}{20}=\log\left(\dfrac{1}{500}\cdot\dfrac{1}{20}\right)=\log\dfrac{1}{10000}$

$\qquad=\log 10^{-4}=-4$

0162 답 1.2355

$\log 17.2=\log(1.72\times 10)=\log 1.72+\log 10$

$\qquad=0.2355+1=1.2355$

0163 답 3.2355

$\log 1720=\log(1.72\times 10^3)=\log 1.72+\log 10^3$

$\qquad=0.2355+3=3.2355$

0164 답 -1.7645

$\log 0.0172=\log(1.72\times 10^{-2})=\log 1.72+\log 10^{-2}$

$\qquad=0.2355-2=-1.7645$

0165 답 -0.7645

$\log 0.172 = \log(1.72 \times 10^{-1}) = \log 1.72 + \log 10^{-1}$
$\qquad\quad = 0.2355 - 1 = -0.7645$

0166 답 55.1

$\log x = 1.7412 = 1 + 0.7412 = \log 10 + \log 5.51$
$\qquad\quad = \log(10 \times 5.51) = \log 55.1$
$\therefore\ x = 55.1$

0167 답 5510

$\log x = 3.7412 = 3 + 0.7412 = \log 10^3 + \log 5.51$
$\qquad\quad = \log(10^3 \times 5.51) = \log 5510$
$\therefore\ x = 5510$

0168 답 0.551

$\log x = -0.2588 = -1 + 0.7412 = \log 10^{-1} + \log 5.51$
$\qquad\quad = \log(10^{-1} \times 5.51) = \log 0.551$
$\therefore\ x = 0.551$

0169 답 0.00551

$\log x = -2.2588 = -3 + 0.7412 = \log 10^{-3} + \log 5.51$
$\qquad\quad = \log(10^{-3} \times 5.51) = \log 0.00551$
$\therefore\ x = 0.00551$

0170 답 0.4942

0171 답 3.5079

$\log 3220 = \log(3.22 \times 10^3) = \log 3.22 + \log 10^3$
$\qquad\quad = 0.5079 + 3 = 3.5079$

0172 답 -0.4685

$\log 0.34 = \log(3.40 \times 10^{-1}) = \log 3.40 + \log 10^{-1}$
$\qquad\quad = 0.5315 - 1 = -0.4685$

0173 답 -2.4776

$\log 0.00333 = \log(3.33 \times 10^{-3}) = \log 3.33 + \log 10^{-3}$
$\qquad\qquad = 0.5224 - 3 = -2.4776$

0174 답 정수 부분: 1, 소수 부분: 0.5888

0175 답 정수 부분: 5, 소수 부분: 0.3962

0176 답 정수 부분: -4, 소수 부분: 0.6522

$\log N = -3.3478 = -4 + (1 - 0.3478) = -4 + 0.6522$
이므로 정수 부분은 -4, 소수 부분은 0.6522이다.
$\quad$ $0 \le$ (소수 부분) <1이므로 -0.3478은 소수 부분이 아니다.

0177 답 정수 부분: -1, 소수 부분: 0.6937

$\log N = -0.3063 = -1 + (1 - 0.3063) = -1 + 0.6937$
이므로 정수 부분은 -1, 소수 부분은 0.6937이다.

0178 답 ④

0179 답 ④

$a = \log_2 5$에서 $2^a = 5$ $\qquad \therefore\ 8^a = (2^3)^a = (2^a)^3 = 5^3 = 125$

0180 답 ⑤

$\log_a 3 = 2$에서 $a^2 = 3$ $\qquad \therefore\ a = \sqrt{3}\ (\because\ a > 0)$
$\log_b 7 = 4$에서 $b^4 = 7$ $\qquad \therefore\ b^2 = \sqrt{7}$
$\therefore\ ab^2 = \sqrt{3} \cdot \sqrt{7} = \sqrt{21}$

0181 답 ⑤

$\log_2\{\log_2(\log_3 x)\} = 1$에서
$\log_2(\log_3 x) = 2,\ \log_3 x = 2^2 = 4$
$\therefore\ x = 3^4 = 81$

0182 답 ②

$x = \log_2(\sqrt{5} - 2)$에서 $2^x = \sqrt{5} - 2$이므로
$4^x = (2^2)^x = (2^x)^2 = (\sqrt{5} - 2)^2 = 9 - 4\sqrt{5}$
$4^{-x} = (4^x)^{-1} = \dfrac{1}{9 - 4\sqrt{5}} = 9 + 4\sqrt{5}$
$\therefore\ 4^x + 4^{-x} = (9 - 4\sqrt{5}) + (9 + 4\sqrt{5}) = 18$

$\dfrac{1}{9-4\sqrt{5}} = \dfrac{9+4\sqrt{5}}{(9-4\sqrt{5})(9+4\sqrt{5})}$
$\qquad = \dfrac{9+4\sqrt{5}}{9^2 - (4\sqrt{5})^2}$
$\qquad = 9 + 4\sqrt{5}$

0183 답 ②

0184 답 ③

밑의 조건에서 $x - 1 > 0,\ x - 1 \ne 1$
$x > 1,\ x \ne 2$ $\quad \therefore\ 1 < x < 2$ 또는 $x > 2$ $\quad \cdots\cdots$ ㉠
진수의 조건에서 $x^2 - 10x + 24 > 0$
$(x - 4)(x - 6) > 0$ $\quad \therefore\ x < 4$ 또는 $x > 6$ $\quad \cdots\cdots$ ㉡
㉠, ㉡의 공통부분을 구하면
$1 < x < 2$ 또는 $2 < x < 4$ 또는 $x > 6$
따라서 정수 x의 최솟값은 3이다.

0185 답 ②

두 로그의 밑의 조건에서 $a - 2 > 0,\ a - 2 \ne 1$
$a > 2,\ a \ne 3$ $\quad \therefore\ 2 < a < 3$ 또는 $a > 3$ $\quad \cdots\cdots$ ㉠
(i) $\log_{a-2}(a^2 - 9)$의 진수의 조건에서
$\quad a^2 - 9 > 0,\ (a + 3)(a - 3) > 0$
$\quad \therefore\ a < -3$ 또는 $a > 3$ $\qquad\qquad \cdots\cdots$ ㉡
$\quad$ ㉠, ㉡의 공통부분을 구하면
$\quad a > 3$
(ii) $\log_{a-2}(7 - a)$의 진수의 조건에서
$\quad 7 - a > 0$ $\quad \therefore\ a < 7$ $\qquad\qquad\quad \cdots\cdots$ ㉢
$\quad$ ㉠, ㉢의 공통부분을 구하면
$\quad 2 < a < 3$ 또는 $3 < a < 7$
(i), (ii)에서 $3 < a < 7$
따라서 정수 a의 개수는 4, 5, 6의 3이다.

0186 답 ③

밑의 조건에서 $|x-3|>0$, $|x-3|\neq 1$ ($x-3\neq 0$, $x-3\neq 1$, $x-3\neq -1$)

$\therefore x\neq 2$, $x\neq 3$, $x\neq 4$ $\cdots\cdots$ ㉠

진수의 조건에서 $7x-x^2>0$, $x^2-7x<0$

$x(x-7)<0$ $\therefore 0<x<7$ $\cdots\cdots$ ㉡

㉠, ㉡의 공통부분에서 정수 x는 1, 5, 6이므로 정수 x의 최댓값과 최솟값의 합은

$6+1=7$

0187 답 2

밑의 조건에서 $m+4>0$, $m+4\neq 1$

$m>-4$, $m\neq -3$

$\therefore -4<m<-3$ 또는 $m>-3$ $\cdots\cdots$ ㉠

진수의 조건에서 모든 실수 x에 대하여 $2x^2+2mx-3m>0$이어야 하므로 이차방정식 $2x^2+2mx-3m=0$의 판별식을 D라 하면

$\dfrac{D}{4}=m^2-2\cdot(-3m)<0$, $m^2+6m<0$ ($f(x)=2x^2+2mx-3m$이라 하면 $f(x)>0$이어야 하므로 $y=f(x)$)

$m(m+6)<0$ $\therefore -6<m<0$ $\cdots\cdots$ ㉡

㉠, ㉡의 공통부분을 구하면

$-4<m<-3$ 또는 $-3<m<0$

따라서 정수 m의 개수는 -2, -1의 2이다.

> **해설 속 칠판** 이차부등식이 항상 성립할 조건
>
> 모든 실수 x에 대하여
> (1) 이차부등식 $ax^2+bx+c>0$이 성립하려면
>   ➡ $a>0$, $b^2-4ac<0$
> (2) 이차부등식 $ax^2+bx+c\geq 0$이 성립하려면
>   ➡ $a>0$, $b^2-4ac\leq 0$
> (3) 이차부등식 $ax^2+bx+c<0$이 성립하려면
>   ➡ $a<0$, $b^2-4ac<0$
> (4) 이차부등식 $ax^2+bx+c\leq 0$이 성립하려면
>   ➡ $a<0$, $b^2-4ac\leq 0$

0188 답 ④

0189 답 ①

$$2\log_2 \sqrt[3]{2}-\frac{1}{3}\log_2 6+\log_2 \sqrt[3]{3}=\log_2 (\sqrt[3]{2})^2-\log_2 6^{\frac{1}{3}}+\log_2 \sqrt[3]{3}$$
$$=\log_2 \sqrt[3]{4}-\log_2 \sqrt[3]{6}+\log_2 \sqrt[3]{3}$$
$$=\log_2 \frac{\sqrt[3]{4}\cdot\sqrt[3]{3}}{\sqrt[3]{6}}=\log_2 \sqrt[3]{2}$$
$$=\log_2 2^{\frac{1}{3}}=\frac{1}{3}$$

0190 답 ②

$$\log_5\{\log_3(\log_2 8)\}=\log_5\{\log_3(\log_2 2^3)\}=\log_5(\log_3 3)$$
$$=\log_5 1=0$$

0191 답 512

$$\log_6 3x+\log_6 8y+\log_6 \frac{z}{2}=\log_6\left(3x\cdot 8y\cdot\frac{z}{2}\right)$$
$$=\log_6 12xyz$$

이므로 $\log_6 12xyz=2$에서

$12xyz=6^2=36$ $\therefore xyz=3$

$\therefore \{(2^x)^{3y}\}^z=2^{3xyz}=2^{3\cdot 3}=2^9=512$

0192 답 ②

$abc=1$이므로 $ab=\dfrac{1}{c}$, $bc=\dfrac{1}{a}$, $ca=\dfrac{1}{b}$

$$\therefore \log_a b+\log_b a+\log_b c+\log_c b+\log_c a+\log_a c$$
$$=(\log_a b+\log_a c)+(\log_b a+\log_b c)+(\log_c b+\log_c a)$$
$$=\log_a bc+\log_b ca+\log_c ab$$
$$=\log_a \frac{1}{a}+\log_b \frac{1}{b}+\log_c \frac{1}{c}$$
$$=\log_a a^{-1}+\log_b b^{-1}+\log_c c^{-1}$$
$$=(-1)+(-1)+(-1)=-3$$

0193 답 ④

0194 답 ④

$\log_a x=\dfrac{1}{3}$에서 $\log_x a=3$

$\log_b x=\dfrac{1}{4}$에서 $\log_x b=4$

$\therefore \log_x ab=\log_x a+\log_x b=3+4=7$

0195 답 ④

$\log_2 3=X$, $\log_3 4=Y$라 하면

$$(\log_2 3+\log_3 4)^2-(\log_2 3-\log_3 4)^2$$
$$=(X+Y)^2-(X-Y)^2$$
$$=(X^2+2XY+Y^2)-(X^2-2XY+Y^2)$$
$$=4XY$$
$$\therefore (\log_2 3+\log_3 4)^2-(\log_2 3-\log_3 4)^2=4\cdot\log_2 3\cdot\log_3 4$$
$$=4\cdot\log_2 3\cdot 2\log_3 2$$
$$=8$$

● **다른 풀이** ●

$$(\log_2 3+\log_3 4)^2-(\log_2 3-\log_3 4)^2$$
$$=\{(\log_2 3+\log_3 4)+(\log_2 3-\log_3 4)\}$$
$$\cdot\{(\log_2 3+\log_3 4)-(\log_2 3-\log_3 4)\}$$
$$=2\log_2 3\cdot 2\log_3 4=2\log_2 3\cdot 4\log_3 2=8$$

0196 답 ①

$$\log_2(\log_4 3)+\log_2(\log_5 4)+\log_2(\log_6 5)+\cdots$$
$$+\log_2(\log_{81} 80)$$
$$=\log_2(\log_4 3\cdot\log_5 4\cdot\log_6 5\cdot\cdots\cdot\log_{81} 80)$$
$$=\log_2\left(\frac{\log_2 3}{\log_2 4}\cdot\frac{\log_2 4}{\log_2 5}\cdot\frac{\log_2 5}{\log_2 6}\cdot\cdots\cdot\frac{\log_2 80}{\log_2 81}\right)$$
$$=\log_2\left(\frac{\log_2 3}{\log_2 81}\right)=\log_2\left(\frac{\log_2 3}{\log_2 3^4}\right)=\log_2\left(\frac{\log_2 3}{4\log_2 3}\right)$$
$$=\log_2 \frac{1}{4}=\log_2 2^{-2}=-2$$

0197 답 ⑤

$\log_a 2=10$에서 $\log_2 a=\dfrac{1}{10}$

$\log_b 4=\log_b 2^2=2\log_b 2=5$에서

$\log_b 2=\dfrac{5}{2}$ $\therefore \log_2 b=\dfrac{2}{5}$

$$\therefore \log_a 8b = \frac{\log_2 8b}{\log_2 a} = \frac{\log_2 2^3 + \log_2 b}{\log_2 a}$$

$$= \frac{3 + \dfrac{2}{5}}{\dfrac{1}{10}} = 10\left(3 + \frac{2}{5}\right) = 34$$

0198 답 ③

0199 답 ④

$$(\log_{\sqrt{5}} 9 + \log_5 3)(\log_9 \sqrt{5} + \log_3 5)$$

$$= (\log_{5^{\frac{1}{2}}} 3^2 + \log_5 3)(\log_{3^2} 5^{\frac{1}{2}} + \log_3 5)$$

$$= (4\log_5 3 + \log_5 3)\left(\frac{1}{4}\log_3 5 + \log_3 5\right)$$

$$= 5\log_5 3 \cdot \frac{5}{4}\log_3 5$$

$$= \frac{25}{4}$$

0200 답 ③

$$\log_{\sqrt{3}} 2 - \log_3 8 = \log_{3^{\frac{1}{2}}} 2 - \log_3 2^3$$

$$= 2\log_3 2 - 3\log_3 2$$

$$= -\log_3 2 = \log_3 \frac{1}{2}$$

$$\therefore (3^{\log_{\sqrt{3}} 2 - \log_3 8})^2 = (3^{\log_3 \frac{1}{2}})^2 = \left(\frac{1}{2}\right)^2 = \frac{1}{4}$$

0201 답 ②

$$2\log_3 2 - \log_{\sqrt{3}} 2 + \log_3 \sqrt{2} = 2\log_3 2 - \log_{3^{\frac{1}{2}}} 2 + \log_3 \sqrt{2}$$

$$= 2\log_3 2 - 2\log_3 2 + \log_3 \sqrt{2}$$

$$= \log_3 \sqrt{2}$$

$$\therefore (\sqrt{3})^{2\log_3 2 - \log_{\sqrt{3}} 2 + \log_3 \sqrt{2}} = (\sqrt{3})^{\log_3 \sqrt{2}} = (\sqrt{2})^{\log_3 \sqrt{3}}$$

$$= (\sqrt{2})^{\log_3 3^{\frac{1}{2}}} = (\sqrt{2})^{\frac{1}{2}} = \sqrt[4]{2}$$

0202 답 ④

$$\log_2\left(1 - \frac{1}{3^2}\right) + \log_2\left(1 - \frac{1}{4^2}\right) + \log_2\left(1 - \frac{1}{5^2}\right) + \cdots$$
$$+ \log_2\left(1 - \frac{1}{20^2}\right)$$

$$= \log_2\left\{\left(1 - \frac{1}{3^2}\right)\left(1 - \frac{1}{4^2}\right)\left(1 - \frac{1}{5^2}\right)\cdots\left(1 - \frac{1}{20^2}\right)\right\}$$

$$= \log_2\left\{\left(1 - \frac{1}{3}\right)\left(1 + \frac{1}{3}\right)\left(1 - \frac{1}{4}\right)\left(1 + \frac{1}{4}\right)\left(1 - \frac{1}{5}\right)\left(1 + \frac{1}{5}\right)\cdots\right.$$
$$\left.\left(1 - \frac{1}{20}\right)\left(1 + \frac{1}{20}\right)\right\}$$

$$= \log_2\left(\frac{2}{3} \cdot \frac{4}{3} \cdot \frac{3}{4} \cdot \frac{5}{4} \cdot \frac{4}{5} \cdot \frac{6}{5} \cdots \frac{19}{20} \cdot \frac{21}{20}\right)$$

$$= \log_2 \frac{7}{10}$$

$$\therefore 2^{\log_2\left(1 - \frac{1}{3^2}\right) + \log_2\left(1 - \frac{1}{4^2}\right) + \log_2\left(1 - \frac{1}{5^2}\right) + \cdots + \log_2\left(1 - \frac{1}{20^2}\right)} = 2^{\log_2 \frac{7}{10}}$$

$$= \left(\frac{7}{10}\right)^{\log_2 2}$$

$$= \frac{7}{10}$$

0203 답 ④

0204 답 ④

$$\log_{\frac{1}{3}} 5 = b \text{에서} \log_{3^{-1}} 5 = b, \ -\log_3 5 = b \qquad \therefore \log_3 5 = -b$$

$$\therefore \log_{12} 150 = \frac{\log_3 150}{\log_3 12} = \frac{\log_3 (2 \cdot 3 \cdot 5^2)}{\log_3 (2^2 \cdot 3)}$$

$$= \frac{\log_3 2 + 1 + 2\log_3 5}{2\log_3 2 + 1}$$

$$= \frac{a - 2b + 1}{2a + 1}$$

0205 답 ②

$$\log_5 14 = a \text{에서} \log_5 2 + \log_5 7 = a \qquad \cdots\cdots \ \bigcirc$$

$$\log_5 \frac{4}{7} = b \text{에서} 2\log_5 2 - \log_5 7 = b \qquad \cdots\cdots \ \bigcirc$$

$\bigcirc$, $\bigcirc$을 연립하면

$$\log_5 2 = \frac{a+b}{3}, \ \log_5 7 = \frac{2a-b}{3}$$

$$\therefore \log_5 98 = \log_5 (2 \cdot 7^2) = \log_5 2 + 2\log_5 7$$

$$= \frac{a+b}{3} + 2 \cdot \frac{2a-b}{3} = \frac{5}{3}a - \frac{1}{3}b$$

따라서 $p = \dfrac{5}{3}$, $q = -\dfrac{1}{3}$ 이므로

$$p^2 + q^2 = \left(\frac{5}{3}\right)^2 + \left(-\frac{1}{3}\right)^2 = \frac{26}{9}$$

0206 답 ③

$$\log_3 2 = \frac{1}{a}, \ \log_3 5 = b \text{이므로}$$

$$\log_{40} 150 = \frac{\log_3 150}{\log_3 40} = \frac{\log_3 (2 \cdot 3 \cdot 5^2)}{\log_3 (2^3 \cdot 5)}$$

$$= \frac{\log_3 2 + 1 + 2\log_3 5}{3\log_3 2 + \log_3 5}$$

$$= \frac{\dfrac{1}{a} + 1 + 2b}{\dfrac{3}{a} + b} = \frac{2ab + a + 1}{ab + 3}$$

0207 답 ⑤

$$\log_2 3 = p \text{에서} \log_3 2 = \frac{1}{p}$$

$$\log_5 7 = \frac{\log_3 7}{\log_3 5} \text{에서} r = \frac{\log_3 7}{q} \text{이므로} \log_3 7 = qr$$

$$\therefore \log_{90} 140 = \frac{\log_3 140}{\log_3 90} = \frac{\log_3 (2^2 \cdot 5 \cdot 7)}{\log_3 (2 \cdot 3^2 \cdot 5)}$$

$$= \frac{2\log_3 2 + \log_3 5 + \log_3 7}{\log_3 2 + 2 + \log_3 5}$$

$$= \frac{\dfrac{2}{p} + q + qr}{\dfrac{1}{p} + 2 + q} = \frac{pqr + pq + 2}{pq + 2p + 1}$$

0208 답 ②

0209 답 ⑤

$4^a=5$에서 $\log_4 5=\log_{2^2} 5=\dfrac{1}{2}\log_2 5=a$　∴ $\log_2 5=2a$

$2^b=7$에서 $\log_2 7=b$

$\begin{aligned}
\therefore \log_{35} 70 &=\frac{\log_2 70}{\log_2 35}=\frac{\log_2(2\cdot5\cdot7)}{\log_2(5\cdot7)}\\
&=\frac{1+\log_2 5+\log_2 7}{\log_2 5+\log_2 7}\\
&=\frac{2a+b+1}{2a+b}
\end{aligned}$

0210 답 ⑤

$3^a=p$에서 $\log_3 p=a$

$3^b=q$에서 $\log_3 q=b$

$\therefore \log_{pq} p^2 q^3=\dfrac{\log_3 p^2 q^3}{\log_3 pq}=\dfrac{2\log_3 p+3\log_3 q}{\log_3 p+\log_3 q}=\dfrac{2a+3b}{a+b}$

0211 답 ⑤

$a^m=3$에서 $\log_a 3=m$　∴ $\log_3 a=\dfrac{1}{m}$

$b^n=3$에서 $\log_b 3=n$　∴ $\log_3 b=\dfrac{1}{n}$

$\begin{aligned}
\therefore \log_a \sqrt{a^2 b} &=\frac{\log_3 \sqrt{a^2 b}}{\log_3 a}=\frac{\frac{1}{2}(2\log_3 a+\log_3 b)}{\log_3 a}\\
&=\frac{\frac{1}{2}\left(\frac{2}{m}+\frac{1}{n}\right)}{\frac{1}{m}}=\frac{m+2n}{2n}
\end{aligned}$

0212 답 14

$2^l=a$에서 $\log_2 a=l$

$4^m=b$에서 $\log_4 b=\log_{2^2} b=\dfrac{1}{2}\log_2 b=m$　∴ $\log_2 b=2m$

$8^n=c$에서 $\log_8 c=\log_{2^3} c=\dfrac{1}{3}\log_2 c=n$　∴ $\log_2 c=3n$

$\begin{aligned}
\therefore \log_2 \frac{a^2 c}{\sqrt{b}} &=\log_2 a^2+\log_2 c-\log_2 \sqrt{b}\\
&=2\log_2 a+\log_2 c-\frac{1}{2}\log_2 b\\
&=2l+3n-\frac{1}{2}\cdot2m\\
&=2l-m+3n
\end{aligned}$

따라서 $x=2,\ y=-1,\ z=3$이므로

$x^2+y^2+z^2=2^2+(-1)^2+3^2=14$

0213 답 ③

0214 답 ②

$7^x=36$에서 $x=\log_7 36=\log_7 6^2=2\log_7 6$

$42^y=6$에서 $y=\log_{42} 6$

$\begin{aligned}
\therefore \frac{2}{x}-\frac{1}{y} &=\frac{1}{\log_7 6}-\frac{1}{\log_{42} 6}=\log_6 7-\log_6 42\\
&=\log_6 \frac{7}{42}=\log_6 \frac{1}{6}=-1
\end{aligned}$

● 다른 풀이 ●

$7^x=36$에서 $7=6^{\frac{2}{x}}$　$\cdots\cdots$ ㉠

$42^y=6$에서 $42=6^{\frac{1}{y}}$　$\cdots\cdots$ ㉡

㉠, ㉡을 변끼리 나누면

$7\div42=6^{\frac{2}{x}}\div6^{\frac{1}{y}},\ \dfrac{1}{6}=6^{\frac{2}{x}-\frac{1}{y}}$

$\therefore \dfrac{2}{x}-\dfrac{1}{y}=-1$

0215 답 ①

$x^2 y^5=1$의 양변에 x를 밑으로 하는 로그를 취하면

$\log_x x^2 y^5=\log_x 1,\ \log_x x^2+\log_x y^5=0$

$2+5\log_x y=0$　∴ $\log_x y=-\dfrac{2}{5}$

$\begin{aligned}
\therefore \log_x x^3 y^2 &=\log_x x^3+\log_x y^2=3+2\log_x y\\
&=3+2\cdot\left(-\frac{2}{5}\right)=\frac{11}{5}
\end{aligned}$

0216 답 ⑤

$\log_a b:\log_c b=2:1$에서 $2\log_c b=\log_a b$

$\dfrac{2}{\log_b c}=\dfrac{1}{\log_b a},\ 2\log_b a=\log_b c$

$\log_b a^2=\log_b c$　∴ $a^2=c$

$\begin{aligned}
\therefore \log_{\sqrt{c}} a+2\log_a c &=\log_{\sqrt{a^2}} a+2\log_a a^2\\
&=\log_a a+4\log_a a\\
&=1+4=5
\end{aligned}$

0217 답 9

$a^x=b^y=c^z=\dfrac{1}{81}=3^{-4}$에서

$x=-4\log_a 3,\ y=-4\log_b 3,\ z=-4\log_c 3$

$\begin{aligned}
\therefore \frac{1}{x}+\frac{1}{y}+\frac{1}{z} &=-\frac{1}{4\log_a 3}+\left(-\frac{1}{4\log_b 3}\right)+\left(-\frac{1}{4\log_c 3}\right)\\
&=-\frac{1}{4}(\log_3 a+\log_3 b+\log_3 c)\\
&=-\frac{1}{4}\log_3 abc
\end{aligned}$

이때 $\dfrac{1}{x}+\dfrac{1}{y}+\dfrac{1}{z}=-\dfrac{1}{2}$이므로

$-\dfrac{1}{4}\log_3 abc=-\dfrac{1}{2},\ \log_3 abc=2$

$\therefore abc=3^2=9$

0218 답 ①

0219 답 ②

이차방정식의 근과 계수의 관계에 의하여

$\log_3 a+\log_3 b=4,\ \log_3 a\cdot\log_3 b=2$

$\begin{aligned}
\therefore \log_a b+\log_b a &=\frac{\log_3 b}{\log_3 a}+\frac{\log_3 a}{\log_3 b}=\frac{(\log_3 a)^2+(\log_3 b)^2}{\log_3 a\cdot\log_3 b}\\
&=\frac{(\log_3 a+\log_3 b)^2-2\log_3 a\cdot\log_3 b}{\log_3 a\cdot\log_3 b}\\
&=\frac{4^2-2\cdot2}{2}=6
\end{aligned}$

0220　답 ③

이차방정식의 근과 계수의 관계에 의하여
$$\log_{p^2} q^5 \cdot \log_{q^2} \sqrt{p} = a$$
$$\therefore a = \frac{5}{2} \log_p q \cdot \frac{1}{4} \log_q p = \frac{5}{8}$$

0221　답 6

이차방정식의 근과 계수의 관계에 의하여
$$\log_2 a + \log_2 b = 4, \ \log_2 a \cdot \log_2 b = \frac{k}{2}$$
$\log_2 a + \log_2 b = 4$에서 $\log_2 ab = 4$
$$\therefore ab = 2^4 = 16 \quad \cdots\cdots \ \bigcirc$$
이때 $a + b = 10$이므로 $b = 10 - a$를 $\bigcirc$에 대입하면
$$a(10 - a) = 16, \ a^2 - 10a + 16 = 0$$
$$(a - 2)(a - 8) = 0 \quad \therefore a = 2 \ 또는 \ a = 8$$
따라서 $a = 2, \ b = 8$ 또는 $a = 8, \ b = 2$이므로
$$\frac{k}{2} = \log_2 2 \cdot \log_2 8 = 1 \cdot \log_2 2^3 = 3$$에서 $k = 6$

0222　답 ③

이차방정식의 근과 계수의 관계에 의하여
$$\log_2 p + \log_2 q = -\sqrt{5}, \ \log_2 p \cdot \log_2 q = -5$$
$$\therefore (\log_2 q - \log_2 p)^2 = (\log_2 p + \log_2 q)^2 - 4 \log_2 p \cdot \log_2 q$$
$$= (-\sqrt{5})^2 - 4 \cdot (-5) = 25$$
이때 $\log_2 p > \log_2 q$에서 $\log_2 q - \log_2 p < 0$이므로
$$\log_2 q - \log_2 p = -5$$
$$\therefore \log_p 2 - \log_q 2 = \frac{1}{\log_2 p} - \frac{1}{\log_2 q}$$
$$= \frac{\log_2 q - \log_2 p}{\log_2 p \cdot \log_2 q}$$
$$= \frac{-5}{-5} = 1$$

0223　답 ①

0224　답 ④

① $\log 42500 = \log (10^4 \times 4.25)$
　　　　　　$= \log 10^4 + \log 4.25$
　　　　　　$= 4 + 0.6284 = 4.6284$

② $\log 425 = \log (10^2 \times 4.25)$
　　　　　$= \log 10^2 + \log 4.25$
　　　　　$= 2 + 0.6284 = 2.6284$

③ $\log \sqrt{4.25} = \log 4.25^{\frac{1}{2}} = \frac{1}{2} \log 4.25$
　　　　　　$= \frac{1}{2} \times 0.6284 = 0.3142$

④ $\log 0.425 = \log (10^{-1} \times 4.25)$
　　　　　$= \log 10^{-1} + \log 4.25$
　　　　　$= -1 + 0.6284 = -0.3716$

⑤ $\log 0.000425 = \log (10^{-4} \times 4.25)$
　　　　　　$= \log 10^{-4} + \log 4.25$
　　　　　　$= -4 + 0.6284 = -3.3716$

0225　답 ②

$$\log N = -2.3820 = -3 + (1 - 0.3820) = -3 + 0.6180$$
상용로그표에서 $\log 4.15 = 0.6180$이므로
$$-3 + 0.6180 = \log 10^{-3} + \log 4.15$$
$$= \log (10^{-3} \times 4.15)$$
$$= \log 0.00415$$
$$\therefore N = 0.00415$$

0226　답 ①

상용로그표에서 $\log 8.18 = 0.9128$이므로
$$\log \sqrt{8.18} = \log 8.18^{\frac{1}{2}} = \frac{1}{2} \log 8.18$$
$$= \frac{1}{2} \times 0.9128 = 0.4564$$
이때 상용로그표에서 $\log 2.86 = 0.4564$이므로
$$\log \sqrt{8.18} = \log 2.86 \quad \therefore \sqrt{8.18} = 2.86$$

0227　답 ⑤

상용로그표에서 $\log 2.22 = 0.3464$이므로
$$\log 2.22^4 = 4 \log 2.22 = 4 \times 0.3464 = 1.3856$$
이때 상용로그표에서 $\log 2.43 = 0.3856$이므로
$$1.3856 = 1 + 0.3856 = \log 10 + \log 2.43$$
$$= \log (10 \times 2.43) = \log 24.3$$
따라서 $\log 2.22^4 = \log 24.3$이므로
$$2.22^4 = 24.3$$

0228　답 ②

0229　답 ①

$\log_2 \dfrac{1}{16} < \log_2 \dfrac{1}{12} < \log_2 \dfrac{1}{8}$에서 $-4 < \log_2 \dfrac{1}{12} < -3$이므로
$$a = -4$$
$$b = \log_2 \frac{1}{12} - (-4) = \log_2 \frac{1}{12} + 4 = \log_2 \frac{1}{12} + \log_2 2^4$$
$$= \log_2 \left(\frac{1}{12} \times 16 \right) = \log_2 \frac{4}{3}$$
$$\therefore a \times 2^b = (-4) \times 2^{\log_2 \frac{4}{3}} = (-4) \times \frac{4}{3} = -\frac{16}{3}$$

0230　답 ①

$$\log A\sqrt{A} = \frac{3}{2} \log A = \frac{3}{2} \times (-4.68)$$
$$= -7.02 = -8 + 0.98$$
따라서 $\log A\sqrt{A}$의 정수 부분은 -8이다.

0231　답 90

$\log \dfrac{1}{x}$의 정수 부분이 -2이므로
$$-2 \leq \log \frac{1}{x} < -1, \ -2 \leq -\log x < -1$$
$$\therefore 1 < \log x \leq 2$$
따라서 $\log 10 < \log x \leq \log 10^2$에서
$$10 < x \leq 100$$
이므로 자연수 x의 개수는 $11, 12, 13, \cdots, 100$의 90이다.

0232 답 ①

$\log_3 x$의 정수 부분이 3이므로
$3 \leq \log_3 x < 4$, $\log_3 3^3 \leq \log_3 x < \log_3 3^4$
$\therefore 27 \leq x < 81$ ...... ㉠
$\log_2 x$의 정수 부분이 4이므로
$4 \leq \log_2 x < 5$, $\log_2 2^4 \leq \log_2 x < \log_2 2^5$
$\therefore 16 \leq x < 32$ ...... ㉡
㉠, ㉡의 공통부분을 구하면
$27 \leq x < 32$
따라서 자연수 x의 개수는 27, 28, 29, 30, 31의 5이다.

0233 답 ③

0234 답 ②

$\log \left(\dfrac{1}{2} \right)^{20} = \log 2^{-20} = -20 \log 2 = -20 \times 0.3010$
$\qquad\qquad = -6.02 = -7 + 0.98$
따라서 $\log \left(\dfrac{1}{2} \right)^{20}$의 정수 부분이 -7이므로 $\left(\dfrac{1}{2} \right)^{20}$은 소수점 아래
7째 자리에서 처음으로 0이 아닌 숫자가 나타난다.

0235 답 165

2^n이 17자리의 자연수가 되도록 하려면 $\log 2^n$의 정수 부분은 16
이어야 한다.
$16 \leq \log 2^n < 17$, $16 \leq n \log 2 < 17$
$16 \leq n \times 0.3 < 17$ $\quad \therefore 53.\times\times\times \leq n < 56.\times\times\times$
따라서 자연수 n의 값은 54, 55, 56이므로 그 합은
$54 + 55 + 56 = 165$

0236 답 ⑤

13^{100}이 112자리의 자연수이므로 $\log 13^{100}$의 정수 부분은 111이다.
$111 \leq \log 13^{100} < 112$, $111 \leq 100 \log 13 < 112$
$\therefore 1.11 \leq \log 13 < 1.12$
이때 $\log 13^{40} = 40 \log 13$이므로
$40 \times 1.11 \leq 40 \log 13 < 40 \times 1.12$ $\quad \therefore 44.4 \leq \log 13^{40} < 44.8$
따라서 $\log 13^{40}$의 정수 부분이 44이므로 13^{40}은 45자리의 자연수
이다.

0237 답 ⑤

a^{50}이 200자리의 자연수이므로 $\log a^{50}$의 정수 부분은 199이다.
$199 \leq \log a^{50} < 200$, $199 \leq 50 \log a < 200$
$\therefore 3.98 \leq \log a < 4$
이때 $\log \left(\dfrac{1}{a} \right)^5 = -5 \log a$이므로
$-5 \times 4 < -5 \log a \leq -5 \times 3.98$
$\therefore -20 < \log \left(\dfrac{1}{a} \right)^5 \leq -19.9$
따라서 $\log \left(\dfrac{1}{a} \right)^5$의 정수 부분이 -20이므로 $\left(\dfrac{1}{a} \right)^5$은 소수점 아래
20째 자리에서 처음으로 0이 아닌 숫자가 나타난다.
$\therefore n = 20$ $\quad \log \left(\dfrac{1}{a} \right)^5 = -20 + \alpha \ (0 \leq \alpha < 1)$

0238 답 ③

0239 답 ②

$\log x^2$과 $\log x^5$의 차가 정수가 되도록 하려면
$\log x^5 - \log x^2 = 5 \log x - 2 \log x = 3 \log x$
에서 $3 \log x$가 정수이어야 한다.
이때 $100 \leq x < 1000$에서
$2 \leq \log x < 3$, $6 \leq 3 \log x < 9$
즉, $3 \log x = 6$ 또는 $3 \log x = 7$ 또는 $3 \log x = 8$이므로
$\log x = 2$ 또는 $\log x = \dfrac{7}{3}$ 또는 $\log x = \dfrac{8}{3}$
$\therefore x = 10^2$ 또는 $x = 10^{\frac{7}{3}}$ 또는 $x = 10^{\frac{8}{3}}$
따라서 모든 실수 x의 값의 곱은
$10^2 \cdot 10^{\frac{7}{3}} \cdot 10^{\frac{8}{3}} = 10^{2 + \frac{7}{3} + \frac{8}{3}} = 10^7$

0240 답 ④

$\log x$의 소수 부분을 $\alpha \ (0 \leq \alpha < 1)$, $\log y$의 소수 부분을
$\beta \ (0 \leq \beta < 1)$라 하면 $\log x$의 소수 부분과 $\log y$의 소수 부분이
서로 같으므로
$\alpha = \beta$
따라서 $\log x = 3 + \alpha$, $\log y = 7 + \beta = 7 + \alpha$이므로
$\log \sqrt{\dfrac{x}{y}} = \dfrac{1}{2} \log \dfrac{x}{y} = \dfrac{1}{2} (\log x - \log y)$
$\qquad\qquad = \dfrac{1}{2} \{ (3 + \alpha) - (7 + \alpha) \}$
$\qquad\qquad = \dfrac{1}{2} \cdot (-4) = -2$

0241 답 ①

$\log x$의 소수 부분을 $\alpha \ (0 \leq \alpha < 1)$라 하면 $\log x = 5 + \alpha$이므로
$\log \sqrt[5]{x^2} = \dfrac{2}{5} \log x = \dfrac{2}{5} (5 + \alpha) = 2 + \dfrac{2}{5} \alpha$
이때 $0 \leq \dfrac{2}{5} \alpha < \dfrac{2}{5}$이므로 $\log \sqrt[5]{x^2}$의 소수 부분은 $\dfrac{2}{5} \alpha$이다.
$\log x$의 소수 부분과 $\log \sqrt[5]{x^2}$의 소수 부분의 합이 1이므로
$\alpha + \dfrac{2}{5} \alpha = 1$, $\dfrac{7}{5} \alpha = 1$ $\quad \therefore \alpha = \dfrac{5}{7}$
따라서 $\log x = 5 + \dfrac{5}{7} = \dfrac{40}{7}$이므로
$\log \sqrt[5]{x} = \dfrac{1}{5} \log x = \dfrac{1}{5} \cdot \dfrac{40}{7} = \dfrac{8}{7}$

0242 답 ④

$\log x$의 소수 부분을 $\alpha \ (0 \leq \alpha < 1)$, $\log y$의 소수 부분을
$\beta \ (0 \leq \beta < 1)$라 하면
$\log x = 3 + \alpha$, $\log y = 4 + \beta$
$\log x$의 소수 부분과 $\log y$의 소수 부분의 합이 1이므로
$\alpha + \beta = 1$
$\therefore \log \sqrt{xy} = \dfrac{1}{2} \log xy = \dfrac{1}{2} (\log x + \log y)$
$\qquad\qquad = \dfrac{1}{2} \{ (3 + \alpha) + (4 + \beta) \}$
$\qquad\qquad = \dfrac{1}{2} \cdot 8 = 4$

0243　답 ⑤

0244　답 ③

전자기기로부터 3 m 떨어진 곳에서의 전자파의 세기가 T_1이므로
$$T_1 = T_0 \times (\sqrt[9]{0.2})^3$$
전자기기로부터 15 m 떨어진 곳에서의 전자파의 세기가 T_2이므로
$$T_2 = T_0 \times (\sqrt[9]{0.2})^{15}$$
$$\therefore \ \frac{T_1}{T_2} = \frac{T_0 \times (\sqrt[9]{0.2})^3}{T_0 \times (\sqrt[9]{0.2})^{15}} = (\sqrt[9]{0.2})^{-12} = 0.2^{-\frac{4}{3}}$$
양변에 상용로그를 취하면
$$\log \frac{T_1}{T_2} = \log 0.2^{-\frac{4}{3}} = -\frac{4}{3}\log 0.2$$
$$= -\frac{4}{3}\log(2 \times 10^{-1}) = -\frac{4}{3}(\log 2 - 1)$$
$$= -\frac{4}{3}(0.301 - 1) = 0.932 = \log 8.55$$
따라서 $\dfrac{T_1}{T_2} = 8.55$에서 $T_1 = 8.55 T_2$이므로
$$k = 8.55$$

0245　답 ②

첫 달 매출액을 A라 하고, 매출액 증가율을 a %라 하면
$$A\left(1 + \frac{a}{100}\right)^{30} = 4A \qquad \therefore \ \left(1 + \frac{a}{100}\right)^{30} = 4$$
양변에 상용로그를 취하면
$$\log\left(1 + \frac{a}{100}\right)^{30} = \log 4, \ 30\log\left(1 + \frac{a}{100}\right) = 2\log 2$$
$$\log\left(1 + \frac{a}{100}\right) = \frac{1}{15}\log 2 = \frac{1}{15} \times 0.3 = 0.02$$
이때 $\log 1.047 = 0.02$이므로
$$1 + \frac{a}{100} = 1.047 \qquad \therefore \ a = 4.7$$
따라서 30개월 동안 이 커피전문점의 매출액은 매월 4.7 %씩 증가하였다.

0246　답 ①

밝기가 $300(\text{lx})$인 빛이 유리판을 6장 통과한 빛의 밝기는
$$300\left(1 - \frac{10}{100}\right)^6 = 300 \times 0.9^6$$
이때
밝기가 10 %씩 감소하므로 통과한 빛의 밝기는 90 %이다.
$$\log(300 \times 0.9^6) = \log(3 \times 10^2) + 6\log(3^2 \times 10^{-1})$$
$$= \log 3 + 2 + 6(2\log 3 - 1) = 13\log 3 - 4$$
$$= 13 \times 0.477 - 4 = 2.201 = 2 + 0.201$$
$$= \log 10^2 + \log 1.59 = \log(10^2 \times 1.59)$$
$$= \log 159$$
이므로 밝기가 $300(\text{lx})$인 빛이 유리판을 6장 통과하였을 때의 밝기는 $159(\text{lx})$이다.

0247　답 ①

처음 불순물의 양을 A라 하면 정수 작업을 5회 한 불순물의 양은
$$A\left(1 - \frac{a}{100}\right)^5 = \frac{1}{100} \times A \qquad \therefore \ \left(1 - \frac{a}{100}\right)^5 = \frac{1}{100}$$
불순물을 제거하므로 남은 불순물의 양은 a % 감소했다.
양변에 상용로그를 취하면
$$\log\left(1 - \frac{a}{100}\right)^5 = \log\frac{1}{100}, \ 5\log\left(1 - \frac{a}{100}\right) = -2$$

$$\log\left(1 - \frac{a}{100}\right) = -\frac{2}{5} = -0.4 = -1 + 0.6$$
$$= \log 10^{-1} + \log 3.99 = \log(10^{-1} \times 3.99)$$
$$= \log 0.399$$
따라서 $1 - \dfrac{a}{100} = 0.399$이므로
$$100 - a = 39.9 \qquad \therefore \ a = 60.1$$

0248　답 ③

> **One Point Lesson**
> 상용로그는 10을 밑으로 하는 로그이므로 10^x 꼴에 대한 상용로그의 값을 고려하여 정수 부분을 구한다.

$\log 10 < \log 50 < \log 100$에서 $1 < \log 50 < 2$이므로
$$a = 1$$
$$b = \log 50 - 1 = \log 50 - \log 10 = \log\frac{50}{10} = \log 5$$
$$\therefore \ \frac{10^a + 10^b}{10^a - 10^b} = \frac{10 + 10^{\log 5}}{10 - 10^{\log 5}} = \frac{10 + 5}{10 - 5} = 3$$

0249　답 ②

> **One Point Lesson**
> 로그의 밑과 진수의 조건을 동시에 만족시키는 a의 값의 범위를 구한다.

밑의 조건에서 $a^2 > 0$, $a^2 \neq 1$
$$\therefore \ a \neq 0, \ a \neq -1, \ a \neq 1 \qquad\qquad \cdots\cdots \ \text{㉠}$$
진수의 조건에서 모든 실수 x에 대하여 $x^2 + 2ax + 10 > 0$이어야 하므로 이차방정식 $x^2 + 2ax + 10 = 0$의 판별식을 D라 하면
$$\frac{D}{4} = a^2 - 10 < 0 \qquad \therefore \ -\sqrt{10} < a < \sqrt{10} \qquad \cdots\cdots \ \text{㉡}$$
㉠, ㉡의 공통부분에서 정수 a의 개수는 -3, -2, 2, 3의 4이다.

0250　답 ②

> **One Point Lesson**
> 주어진 식의 로그의 밑이 다르므로 밑을 같게 한다.

$\log_{b+c} a + \log_{b-c} a = 2\log_{b+c} a \times \log_{b-c} a$에서
진수가 모두 a이므로 밑을 a로 같게 한다.
$$\frac{1}{\log_a(b+c)} + \frac{1}{\log_a(b-c)} = 2 \times \frac{1}{\log_a(b+c)} \times \frac{1}{\log_a(b-c)}$$
양변에 $\log_a(b+c) \times \log_a(b-c)$를 곱하면
$$\log_a(b-c) + \log_a(b+c) = 2, \ \log_a\{(b-c)(b+c)\} = 2$$
로그의 정의에 의하여
$$(b-c)(b+c) = a^2, \ b^2 - c^2 = a^2 \qquad \therefore \ b^2 = a^2 + c^2$$
따라서 빗변의 길이가 b인 직각삼각형이다.

> **해설 속 칠판　삼각형의 세 변의 길이를 알 때 직각삼각형이 되는 조건**
>
> 세 변의 길이가 각각 a, b, c인 삼각형 ABC에서
> $$a^2 + c^2 = b^2$$
> 이면 이 삼각형은 빗변의 길이가 b인 직각삼각형이다.
>
> 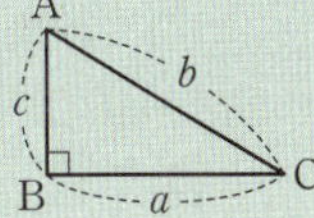

0251 답 ③

$x=(\sqrt{6+\sqrt{11}}-\sqrt{6-\sqrt{11}})^{\frac{1}{5}}$에서

$x^5=\sqrt{6+\sqrt{11}}-\sqrt{6-\sqrt{11}}$

$$(x^5)^2=(\sqrt{6+\sqrt{11}}-\sqrt{6-\sqrt{11}})^2$$
$$=(6+\sqrt{11})-2\sqrt{(6+\sqrt{11})(6-\sqrt{11})}+(6-\sqrt{11})$$
$$=12-2\sqrt{25}=2$$

$\therefore x^{10}=2$

$\therefore \log_2 x+\log_2 x^2+\log_2 x^3+\log_2 x^4=\log_2(x\cdot x^2\cdot x^3\cdot x^4)$
$$=\log_2 x^{10}$$
$$=\log_2 2=1$$

0252 답 ④

$\log_2 abc=10$이므로 $\log_2 a+\log_2 b+\log_2 c=10$ ······ ㉠

$a^x=4$에서 $x=\log_a 4$, $\dfrac{x}{2}=\log_a 2$
    $\log_a 4=\log_a 2^2=2\log_a 2$

$\therefore \dfrac{2}{x}=\log_2 a$

$b^y=4$에서 $y=\log_b 4$, $\dfrac{y}{2}=\log_b 2$

$\therefore \dfrac{2}{y}=\log_2 b$

$c^z=4$에서 $z=\log_c 4$, $\dfrac{z}{2}=\log_c 2$

$\therefore \dfrac{2}{z}=\log_2 c$

즉, ㉠에서 $\dfrac{2}{x}+\dfrac{2}{y}+\dfrac{2}{z}=10$이므로

$\dfrac{1}{x}+\dfrac{1}{y}+\dfrac{1}{z}=5$

● 다른 풀이 ●

$\log_2 abc=10$에서 로그의 정의에 의하여

$2^{10}=abc$ ······ ㉠

$a^x=b^y=c^z=4$에서 $a=4^{\frac{1}{x}}$, $b=4^{\frac{1}{y}}$, $c=4^{\frac{1}{z}}$

위의 식을 ㉠에 대입하면

$2^{10}=4^{\frac{1}{x}}\cdot 4^{\frac{1}{y}}\cdot 4^{\frac{1}{z}}=4^{\frac{1}{x}+\frac{1}{y}+\frac{1}{z}}=2^{2\left(\frac{1}{x}+\frac{1}{y}+\frac{1}{z}\right)}$

따라서 $10=2\left(\dfrac{1}{x}+\dfrac{1}{y}+\dfrac{1}{z}\right)$이므로

$\dfrac{1}{x}+\dfrac{1}{y}+\dfrac{1}{z}=5$

0253 답 672

$t=n$, $x(t)=30$을 주어진 관계식에 대입하면

$30=20+180\times 3^{-\frac{n}{256}}$, $180\times 3^{-\frac{n}{256}}=10$

$3^{-\frac{n}{256}}=\dfrac{1}{18}$ $\therefore 3^{\frac{n}{256}}=18$

양변에 상용로그를 취하면

$\log 3^{\frac{n}{256}}=\log(2\times 3^2)$, $\dfrac{n}{256}\log 3=\log 2+2\log 3$

$\dfrac{n}{256}=\dfrac{\log 2+2\log 3}{\log 3}=\dfrac{0.3+2\times 0.48}{0.48}=\dfrac{21}{8}$

$\therefore n=\dfrac{21}{8}\times 256=672$

0254 답 ②

$\dfrac{B^4}{A^3}$의 정수 부분은 7자리의 수이고, $\dfrac{A^3}{B^2}$은 소수점 아래 넷째 자리에서 처음으로 0이 아닌 숫자가 나타나므로

$\log\dfrac{B^4}{A^3}=6+\alpha$, $\log\dfrac{A^3}{B^2}=-4+\beta$ $(0\le\alpha<1, 0\le\beta<1)$
라 하면 $\log\dfrac{B^4}{A^3}=\log B^4-\log A^3=4\log B-3\log A$

$4\log B-3\log A=6+\alpha$ ······ ㉠

$3\log A-2\log B=-4+\beta$ ······ ㉡

㉠, ㉡에서 $2\log B=2+\alpha+\beta$

$\therefore \log B=1+\dfrac{\alpha+\beta}{2}$

이때 $0\le\dfrac{\alpha+\beta}{2}<1$이므로 $\log B$의 정수 부분은 1, 소수 부분은 $\dfrac{\alpha+\beta}{2}$이다.

따라서 B는 두 자리의 자연수이다.

0255 답 ①

$\log_2 6=\log_2(2\cdot 3)=1+\log_2 3=k$ $\therefore \log_2 3=k-1$

$\therefore \log_3\sqrt{6}-\log_6\sqrt{3}=\dfrac{1}{2}(\log_3 6-\log_6 3)$
$$=\dfrac{1}{2}\left(\dfrac{\log_2 6}{\log_2 3}-\dfrac{\log_2 3}{\log_2 6}\right)$$
$$=\dfrac{1}{2}\left(\dfrac{k}{k-1}-\dfrac{k-1}{k}\right)$$
$$=\dfrac{1}{2}\cdot\dfrac{k^2-(k-1)^2}{k(k-1)}$$
$$=\dfrac{2k-1}{2k(k-1)}$$

0256 답 7

$2^{f(n)}=n\times 2^n$에서 $\log_2 2^n=n\log_2 2=n$

$f(n)=\log_2(n\times 2^n)=n+\log_2 n$

즉, $f(n)$이 정수가 되도록 하려면 n이 2^k (k는 정수) 꼴이어야 한다.

따라서 100 이하의 자연수 n의 개수는 2^0, 2^1, 2^2, $\cdots$, 2^6의 7이다.

0257 답 ④

내심의 정의를 이용하여 각 선분의 길이 사이의 관계를 파악한다.

삼각형 ABC에서 선분 AD가 $\angle A$의 이등분선이므로 삼각형의 내각의 이등분선의 성질에 의하여

$$\overline{BD} : \overline{CD} = 3 : 4 \qquad \therefore \overline{BD} = 6 \cdot \frac{3}{3+4} = \frac{18}{7}$$

같은 방법으로 삼각형 ABD에서 선분 BI도 $\angle B$의 이등분선이므로

$$\overline{BA} : \overline{BD} = \overline{AI} : \overline{DI}, \ 3 : \frac{18}{7} = \log_2 x : \log_4 y$$

$$\frac{18}{7} \log_2 x = 3 \log_4 y, \ \frac{18}{7} \log_2 x = \frac{3}{2} \log_2 y$$

$$\log_2 x^{\frac{18}{7}} = \log_2 y^{\frac{3}{2}}, \ x^{\frac{18}{7}} = y^{\frac{3}{2}}$$

따라서 $x = (y^{\frac{3}{2}})^{\frac{7}{18}} = y^{\frac{7}{12}}$이므로

$$k = \frac{7}{12}$$

> **해설 속 칠판 삼각형의 여러 가지 성질**
>
> (1) 삼각형의 내심의 성질
> ① 삼각형의 세 내각의 이등분선은 한 점(내심)에서 만난다.
> ② 삼각형의 내심에서 세 변에 이르는 거리는 같다.
> (2) 삼각형의 내각의 이등분선의 성질
> 삼각형 ABC에서 $\angle A$의 이등분선이
> 변 BC와 만나는 점을 D라 하면
> $\overline{AB} : \overline{AC} = \overline{BD} : \overline{CD}$

0258 답 6

1이 아닌 서로 다른 두 양수 a, b에 대하여 $\log_a b \neq 1$이다.

$\log_a b = \log_b a$에서

$$\log_a b = \frac{1}{\log_a b}, \ (\log_a b)^2 = 1 \qquad \therefore \log_a b = \pm 1$$

이때 $a \neq b$이므로

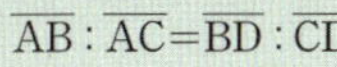

$$\log_a b = -1 \qquad \therefore b = \frac{1}{a}$$

로그의 정의에 의하여 $b = a^{-1} = \dfrac{1}{a}$

즉, 산술평균과 기하평균의 관계에 의하여

$$4a^4 + 2ab + b^4 = 4a^4 + 2a \cdot \frac{1}{a} + \left(\frac{1}{a}\right)^4 = 4a^4 + \frac{1}{a^4} + 2$$

$$\geq 2\sqrt{4a^4 \cdot \frac{1}{a^4}} + 2 = 2 \cdot 2 + 2 = 6$$

$$\left(\text{단, 등호는 } 4a^4 = \frac{1}{a^4} \text{일 때 성립}\right)$$

따라서 $4a^4 + 2ab + b^4$의 최솟값은 6이다.

> **해설 속 칠판 산술평균과 기하평균의 관계**
>
> $a > 0$, $b > 0$일 때, $\dfrac{a+b}{2} \geq \sqrt{ab}$ (단, 등호는 $a = b$일 때 성립)
> $a + b \geq 2\sqrt{ab}$

0259 답 ②

밑이 2인 로그를 이용하여 조건식과 구하는 식을 변형한다.

$2^{2a^2} = x$에서 $\log_2 x = 2a^2$

$2^{ab} = y$에서 $\log_2 y = ab$

$2^{b^2} = xy$에서 $\log_2 xy = b^2$

이때 $\log_2 x + \log_2 y = \log_2 xy$이므로

$$2a^2 + ab = b^2, \ 2a^2 + ab - b^2 = 0$$

$$(a+b)(2a-b) = 0 \qquad \therefore b = 2a \ (\because ab > 0)$$

$$\therefore \log_{x^2} \sqrt{y} = \frac{\log_2 \sqrt{y}}{\log_2 x^2} = \frac{\frac{1}{2}\log_2 y}{2\log_2 x} = \frac{\frac{1}{2}ab}{2 \cdot 2a^2} = \frac{a^2}{4a^2} = \frac{1}{4}$$

0260 답 ②

상용로그표를 이용하기 위해 $\sqrt[3]{469000}$을 4.69를 이용한 수로 나타낸다.

상용로그표에서 $\log 4.69 = 0.6712$이므로

$$\log \sqrt[3]{469000} = \log (4.69 \times 10^5)^{\frac{1}{3}} = \frac{1}{3}(\log 4.69 + \log 10^5)$$

$$= \frac{1}{3}(0.6712 + 5) = \frac{1}{3} \times 5.6712 = 1.8904$$

이때 상용로그표에서 $\log 7.77 = 0.8904$이므로

$$1.8904 = 1 + 0.8904 = \log 10 + \log 7.77$$

$$= \log(10 \times 7.77) = \log 77.7$$

따라서 $\log \sqrt[3]{469000} = \log 77.7$이므로

$$\sqrt[3]{469000} = 77.7$$

0261 답 ②

$\log_3 2$를 정수 부분과 소수 부분으로 나누어 a_k의 값을 구한다.

$a_k = 0$ 또는 $a_k = 1$이므로

$$0 \leq \frac{a_2}{2} + \frac{a_3}{2^2} + \frac{a_4}{2^3} + \cdots < 1$$

즉, $\log_3 2 = a_1 + \dfrac{a_2}{2} + \dfrac{a_3}{2^2} + \dfrac{a_4}{2^3} + \cdots$의 정수 부분은 a_1이다.

이때 $\log_3 1 < \log_3 2 < \log_3 3$에서 $0 < \log_3 2 < 1$이므로 $\log_3 2$의 정수 부분은 0이다.

$$\therefore a_1 = 0$$

$\log_3 2 = 0 + \dfrac{a_2}{2} + \dfrac{a_3}{2^2} + \dfrac{a_4}{2^3} + \cdots$의 양변에 2를 곱하면

$$2\log_3 2 = a_2 + \frac{a_3}{2} + \frac{a_4}{2^2} + \cdots$$

같은 방법으로 $0 \leq \dfrac{a_3}{2} + \dfrac{a_4}{2^2} + \dfrac{a_5}{2^3} + \cdots < 1$이므로

$2\log_3 2 = \log_3 4$의 정수 부분은 a_2이다.

이때 $\log_3 3 < \log_3 4 < \log_3 3^2$에서 $1 < \log_3 4 < 2$이므로 $\log_3 4$의 정수 부분은 1이다.

$$\therefore a_2 = 1$$

$2\log_3 2 = 1 + \dfrac{a_3}{2} + \dfrac{a_4}{2^2} + \dfrac{a_5}{2^3} + \cdots$의 양변에 2를 곱하면

$$4\log_3 2 = 2 + a_3 + \frac{a_4}{2} + \frac{a_5}{2^2} + \cdots$$

$0 \leq \dfrac{a_4}{2} + \dfrac{a_5}{2^2} + \dfrac{a_6}{2^3} + \cdots < 1$이므로 $4\log_3 2 = \log_3 16$의 정수 부분은 $2 + a_3$이다.

이때 $\log_3 3^2 < \log_3 16 < \log_3 3^3$에서 $2 < \log_3 16 < 3$이므로 $\log_3 16$의 정수 부분은 2이다.

$$\therefore a_3 = 0$$

$$\therefore a_1 + 2a_2 + 3a_3 = 0 + 2 \cdot 1 + 3 \cdot 0 = 2$$

0262 답 12

조건 (가)에서 $m=2, 3, 4, \cdots, 9$
조건 (나)에서 $1\leq\log n<2$이므로 $10\leq n<100$ $\qquad$ ……㉠
$\log_m n=k$ (k는 자연수)라 하면 $m^k=n$ $\qquad$ ……㉡
㉠, ㉡에서 $10\leq m^k<100$
(ⅰ) $m=2$일 때
$\quad$ $10\leq 2^k<100$을 만족시키는 자연수 k의 개수는 4, 5, 6의
$\quad$ 3이다.
(ⅱ) $m=3$일 때
$\quad$ $10\leq 3^k<100$을 만족시키는 자연수 k의 개수는 3, 4의 2이다.
(ⅲ) $m=4$일 때
$\quad$ $10\leq 4^k<100$을 만족시키는 자연수 k의 개수는 2, 3의 2이다.
(ⅳ) $m=5, 6, 7, 8, 9$일 때
$\quad$ $10\leq m^k<100$을 만족시키는 자연수 k의 개수는 2의 1이다.
(ⅰ)~(ⅳ)에서 순서쌍 (m, n)의 개수는
$3+2+2+1\cdot5=12$

0263 답 49

$\log_4 x=\dfrac{1}{2}\log_2 x$가 유리수이려면
$x=2^k$ (k는 정수)
꼴이어야 하므로
$x=2, 4, 8, 16, 32, 64$ ($\because 1<x\leq100$)
이때 $\log_2(\log_4 2^k)=\log_2\dfrac{k}{2}=\log_2 k-1$이므로 $\quad$ $\left(\log_4 2^k=\log_{2^2} 2^k\right.$
$\left.=\dfrac{k}{2}\log_2 2=\dfrac{k}{2}\right)$
$f(2)+f(4)+f(8)+f(16)+f(32)+f(64)$
$=(\log_2 1+\log_2 2+\log_2 3+\log_2 4+\log_2 5+\log_2 6)-6$
$=\log_2(1\cdot2\cdot3\cdot4\cdot5\cdot6)-6$
$=\log_2 720-6=\log_2 720-\log_2 2^6$
$=\log_2\dfrac{720}{64}=\log_2\dfrac{45}{4}$
따라서 $p=4$, $q=45$이므로
$p+q=4+45=49$

선생님 톡톡
로그의 성질을 이용하여 로그의 밑과 진수가 서로소가 되도록 정리했을
때, $\log_a b$ 꼴이 되면 항상 무리수의 값을 가져.
예 $\log_2 3$은 무리수이다.
$\quad$ $\log_2 3$을 유리수라 가정하면
$\quad$ $\log_2 3=\dfrac{q}{p}$ (p, q는 서로소인 자연수, $p\neq0$)
$\quad$ 라 할 수 있으므로
$\quad$ $3=2^{\frac{q}{p}}$ $\quad\therefore 3^p=2^q$
$\quad$ 이때 2와 3은 서로 다른 소수이고, p, q는 자연수이므로 $3^p=2^q$은
$\quad$ 모순이다.
$\quad$ 따라서 $\log_2 3$은 무리수이다.

0264 답 ⑤

$\log 2a$의 정수 부분과 $\log 4a$의 정수 부분을 각각 m, n이라 하자.
이때 $2a>1$, $4a>1$이므로 $\longrightarrow$ a가 자연수이므로
$0=\log 1<\log 2a$, $0=\log 1<\log 4a$
$\therefore m\geq0$, $n\geq0$
또한, $2a<4a$에서 $\log 2a<\log 4a$이므로
$m\leq n$
$\therefore 0\leq m\leq n$
즉, $m+n=2$를 만족시키는 경우는 다음과 같이 두 가지로 나눌
수 있다.
(ⅰ) $m=0$, $n=2$일 때
$\quad$ $0\leq\log 2a<1$에서 $\log 1\leq\log 2a<\log 10$
$\quad$ $1\leq2a<10$ $\quad\therefore\dfrac{1}{2}\leq a<5$ $\qquad$ ……㉠
$\quad$ 또한, $2\leq\log 4a<3$에서 $\log 100\leq\log 4a<\log 1000$
$\quad$ $100\leq4a<1000$ $\quad\therefore 25\leq a<250$ $\qquad$ ……㉡
$\quad$ ㉠, ㉡을 동시에 만족시키는 자연수 a는 존재하지 않는다.
(ⅱ) $m=1$, $n=1$일 때
$\quad$ $1\leq\log 2a<2$에서 $\log 10\leq\log 2a<\log 100$
$\quad$ $10\leq2a<100$ $\quad\therefore 5\leq a<50$ $\qquad$ ……㉢
$\quad$ 또한, $1\leq\log 4a<2$에서 $\log 10\leq\log 4a<\log 100$
$\quad$ $10\leq4a<100$ $\quad\therefore\dfrac{5}{2}\leq a<25$ $\qquad$ ……㉣
$\quad$ ㉢, ㉣의 공통부분을 구하면
$\quad$ $5\leq a<25$
(ⅰ), (ⅱ)에서 $5\leq a<25$
따라서 자연수 a의 개수는 5, 6, 7, $\cdots$, 24의 20이다.

0265 답 16

$\log_3\dfrac{n}{a}$이 자연수가 되도록 하려면 $\dfrac{n}{a}$이 3의 거듭제곱 꼴이어야
하므로
$\dfrac{n}{a}=3, 9, 27, 81, \cdots, 3^m$ (m은 자연수)
이때 n이 70 이하의 자연수이므로
$n=3a, 9a, 27a$ (a는 자연수)
따라서 자연수 a가 오직 한 개 존재하려면 70 이하의 자연수 n은
3의 배수 중 9의 배수와 27의 배수가 아닌 수, 즉 n은 3의 배수
중 9의 배수가 아닌 수이므로 그 개수는
$23-7=16$

선생님 톡톡
조건을 만족시키는 두 자연수 n, a의 순서쌍 (n, a)의 개수는 (3, 1),
(6, 2), (12, 4), (15, 5), (21, 7), (24, 8), (30, 10), (33, 11),
(39, 13), (42, 14), (48, 16), (51, 17), (57, 19), (60, 20),
(66, 22), (69, 23)의 16이야.

0266 답 $A<B<C$

$A=\log_{\frac{1}{2}}\{\log_9(\log_5 125)\}$
$\quad=\log_{\frac{1}{2}}\{\log_9(\log_5 5^3)\}=\log_{\frac{1}{2}}(\log_9 3)$
$\quad=\log_{\frac{1}{2}}(\log_{3^2} 3)=\log_{\frac{1}{2}}\dfrac{1}{2}=1$

$$B = \log_2 5 \times \log_3 4 \times \log_5 9$$
$$= \log_2 5 \times \frac{\log_2 4}{\log_2 3} \times \frac{\log_2 9}{\log_2 5} = \log_2 5 \times \frac{\log_2 2^2}{\log_2 3} \times \frac{\log_2 3^2}{\log_2 5}$$
$$= \log_2 5 \times \frac{2}{\log_2 3} \times \frac{2\log_2 3}{\log_2 5} = 4$$

❷

$$C = 4^{\log_2 12 - 2} = 4^{\log_2 12 - \log_2 2^2} = 4^{\log_2 \frac{12}{4}}$$
$$= 4^{\log_2 3} = 3^{\log_2 4} = 3^{\log_2 2^2} = 3^2 = 9$$

❸

$$\therefore A < B < C$$

❹

채점 기준	배점 비율
❶ A의 값 구하기	30 %
❷ B의 값 구하기	30 %
❸ C의 값 구하기	30 %
❹ A, B, C의 대소 비교하기	10 %

0267 답 해설 참조

$$x = a^{\log_b c} \qquad \cdots\cdots \ \text{㉠}$$
이라 하면 로그의 정의에 의하여
$$\log_a x = \log_b c$$
양변의 밑을 c로 변환하면
$$\frac{\log_c x}{\log_c a} = \frac{\log_c c}{\log_c b}, \ \frac{\log_c x}{\log_c a} = \frac{1}{\log_c b}$$
$$\log_c x = \frac{\log_c a}{\log_c b}, \ \log_c x = \log_b a$$
$$\therefore x = c^{\log_b a} \qquad \cdots\cdots \ \text{㉡}$$
㉠, ㉡에서 $a^{\log_b c} = c^{\log_b a}$

채점 기준	배점 비율
논리적으로 증명한 경우	100 %
논리적으로 비약이 있는 경우	70 %
전혀 타당하지 않은 경우	0 %

0268 답 9

$2^a = x$, $2^b = y$, $2^c = z$에서 로그의 정의에 의하여
$$\log_2 x = a, \ \log_2 y = b, \ \log_2 z = c$$

❶

$$\therefore \log_2 x^{\frac{1}{b} + \frac{1}{c}} + \log_2 y^{\frac{1}{c} + \frac{1}{a}} + \log_2 z^{\frac{1}{a} + \frac{1}{b}}$$
$$= \left(\frac{1}{b} + \frac{1}{c}\right)\log_2 x + \left(\frac{1}{c} + \frac{1}{a}\right)\log_2 y + \left(\frac{1}{a} + \frac{1}{b}\right)\log_2 z$$
$$= a\left(\frac{1}{b} + \frac{1}{c}\right) + b\left(\frac{1}{c} + \frac{1}{a}\right) + c\left(\frac{1}{a} + \frac{1}{b}\right)$$
$$= a\left(\frac{1}{a} + \frac{1}{b} + \frac{1}{c}\right) + b\left(\frac{1}{a} + \frac{1}{b} + \frac{1}{c}\right) + c\left(\frac{1}{a} + \frac{1}{b} + \frac{1}{c}\right) - 3$$
$$= \left(\frac{1}{a} + \frac{1}{b} + \frac{1}{c}\right)(a + b + c) - 3$$
$$= -3 \ (\because a + b + c = 0)$$

❷

따라서 $k = -3$이므로 $k^2 = (-3)^2 = 9$

❸

채점 기준	배점 비율
❶ a, b, c를 로그로 나타내기	30 %
❷ k의 값 구하기	60 %
❸ k^2의 값 구하기	10 %

0269 답 66

현재 이용 승객의 수는
$$p \times \left(1 + \frac{15}{100}\right)^5 \left(1 - \frac{20}{100}\right)^5 = p \times 1.15^5 \times 0.8^5$$
$$= p \times (1.15 \times 0.8)^5 \qquad {\scriptstyle (ab)^n = a^n b^n}$$
$$= p \times 0.92^5$$

❶

$$\log 0.92^5 = 5 \log 0.92 = 5 \log (9.2 \times 10^{-1})$$
$$= 5(\log 9.2 + \log 10^{-1}) = 5(0.964 - 1)$$
$$= 5 \times (-0.036) = -0.180$$
$$= -1 + 0.820 = \log 10^{-1} + \log 6.6$$
$$= \log (10^{-1} \times 6.6) = \log 0.66$$
$$\therefore 0.92^5 = 0.66$$
따라서 $k = 0.66$이므로
$$100k = 100 \times 0.66 = 66$$

❷

채점 기준	배점 비율
❶ 현재 이용 승객의 수를 p로 나타내기	40 %
❷ $100k$의 값 구하기	60 %

0270 답 9

조건 (가)에서 $\log x$의 정수 부분을 m이라 하면 $\log y$의 정수 부분도 m이다.
$\log x$, $\log y$의 소수 부분을 각각 α, β $(0 \le \alpha < 1, \ 0 \le \beta < 1)$라 하면
$$\log x = m + \alpha, \ \log y = m + \beta$$

❶

조건 (나)에서 $\log x$와 $\log \frac{1}{y}$의 소수 부분이 서로 같으므로
$$\log x - \log \frac{1}{y} = \log x - \log y^{-1}$$
$$= \log x + \log y$$
$$= (m + \alpha) + (m + \beta)$$
$$= 2m + \alpha + \beta$$
에서 $2m + \alpha + \beta$가 정수이어야 한다.
즉, $0 \le \alpha < 1$, $0 \le \beta < 1$에서 $0 \le \alpha + \beta < 2$이므로
$$\alpha + \beta = 0 \ \text{또는} \ \alpha + \beta = 1$$
이때 $\alpha + \beta = 0$이면 $\alpha = \beta = 0$이므로
$$\log x = \log y$$
그런데 x, y가 서로 다른 양수이므로 조건에 모순이다.
$$\therefore \alpha + \beta = 1$$

❷

조건 (다)에서
$$\log x^2 y^3 = 2 \log x + 3 \log y$$
$$= 2(m + \alpha) + 3(m + \beta)$$
$$= 5m + 2(\alpha + \beta) + \beta$$
$$= 5m + 2 + \beta \ (\because \alpha + \beta = 1)$$
즉, $\log x^2 y^3$의 정수 부분이 $5m + 2$이므로
$$5m + 2 = 22 \qquad \therefore m = 4$$

❸

$$\therefore \log xy = \log x + \log y$$
$$= (m + \alpha) + (m + \beta)$$
$$= 2m + \alpha + \beta$$
$$= 2 \cdot 4 + 1 = 9$$

❹

채점 기준	배점 비율
❶ 조건 (가) 이해하기	10%
❷ 조건 (나)를 이용하여 $\log x$와 $\log y$의 소수 부분의 합 구하기	30%
❸ 조건 (다)를 이용하여 $\log x$의 정수 부분 구하기	40%
❹ $\log xy$의 값 구하기	20%

0271 답 16

$500=2^2\times5^3$이므로 500의 약수의 개수는
$(2+1)(3+1)=3\times4=12$ ❶

따라서 500의 약수를 작은 것부터 차례대로 나열하면
$a_1=1,\ a_2=2,\ a_3=4,\ \cdots,\ a_{12}=500$
이때
$a_1\times a_{12}=a_2\times a_{11}=a_3\times a_{10}=\cdots=a_6\times a_7=500$
이므로
$a_1\times a_2\times a_3\times\cdots\times a_{12}=500^6=(2^2\times5^3)^6=2^{12}\times5^{18}$ ❷

$$\therefore [\log a_1+\log a_2+\log a_3+\cdots+\log a_n]$$
$$=[\log(a_1\times a_2\times a_3\times\cdots\times a_{12})]$$
$$=[\log(2^{12}\times5^{18})]$$
$$=[12\log2+18\log5] \qquad \log5=\log\frac{10}{2}=\log10-\log2=1-\log2$$
$$=[12\log2+18(1-\log2)]$$
$$=[-6\log2+18]$$
$$=[-6\times0.3+18]$$
$$=[16.2]=16$$ ❸

채점 기준	배점 비율
❶ 500의 약수의 개수 구하기	20%
❷ 500의 모든 약수의 곱 구하기	50%
❸ 주어진 식의 값 구하기	30%

선생님 톡톡

제곱수가 아닌 자연수 N에 대하여 N은 두 약수의 곱으로 표현될 수 있으니까 N의 모든 약수의 곱은 $N^{\frac{\text{약수의 개수}}{2}}$이야.

03 지수함수

본문 042~043쪽

0272 답 ㄱ, ㄷ, ㄹ

0273 답 ㄱ

ㄱ. 임의의 실수 x에 대하여 $\left(\frac{1}{2}\right)^x>0$이므로 함수 $f(x)$의 치역은 양의 실수 전체의 집합이다. (참)

ㄴ. $0<a<1$일 때 $x_1<x_2$이면 $a^{x_1}>a^{x_2}$이고, $0<\frac{1}{2}<1$이므로 $x_1<x_2$이면 $f(x_1)>f(x_2)$이다. (거짓)

ㄷ. 함수 $y=f(x)$의 그래프를 x축에 대하여 대칭이동하면 함수 $y=-\left(\frac{1}{2}\right)^x$의 그래프와 일치한다. (거짓)

따라서 옳은 것은 ㄱ이다.

$-y=\left(\frac{1}{2}\right)^x$에서 $y=-\left(\frac{1}{2}\right)^x$

참고로 $y=f(x)$의 그래프를 y축에 대하여 대칭이동하면 $y=\left(\frac{1}{2}\right)^x=2^x$

0274 답 해설 참조

함수 $y=a^{x-2}$의 그래프는 함수 $y=a^x$의 그래프를 x축의 방향으로 2만큼 평행이동한 것이므로 오른쪽 그림과 같다.

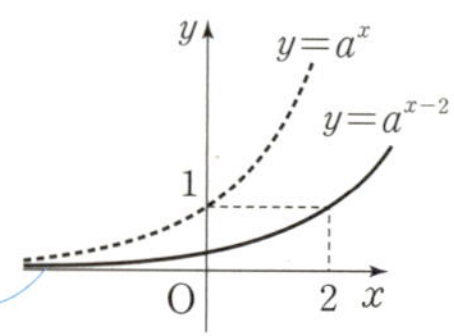

이 그래프는 점 $(2,\,1)$을 지나고 x축을 점근선으로 가지며, x의 값이 증가하면 y의 값도 증가한다.

0275 답 해설 참조

함수 $y=a^x-1$의 그래프는 함수 $y=a^x$의 그래프를 y축의 방향으로 -1만큼 평행이동한 것이므로 오른쪽 그림과 같다.

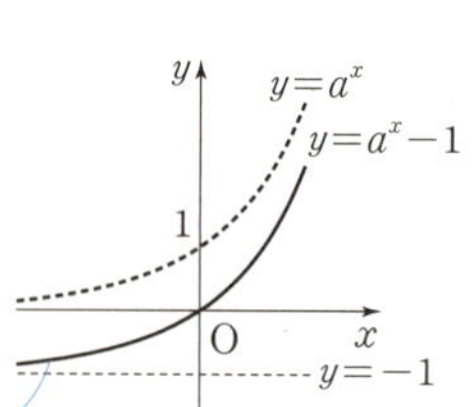

이 그래프는 원점을 지나고 직선 $y=-1$을 점근선으로 가지며 x의 값이 증가하면 y의 값도 증가한다.

0276 답 해설 참조

함수 $y=-a^x$의 그래프는 함수 $y=a^x$의 그래프를 x축에 대하여 대칭이동한 것이므로 오른쪽 그림과 같다.

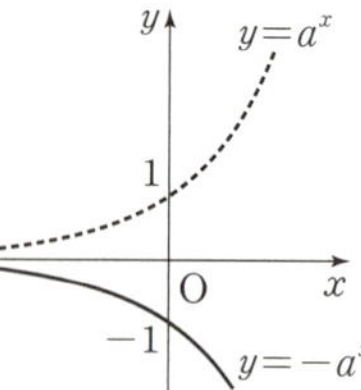

이 그래프는 점 $(0,\,-1)$을 지나고 x축을 점근선으로 가지며 x의 값이 증가하면 y의 값은 감소한다.

0277 답 해설 참조

$y=-\dfrac{1}{a^x}$에서 $-y=\left(\dfrac{1}{a}\right)^x$이므로 $-y=a^{-x}$

즉, 함수 $y=-\dfrac{1}{a^x}$의 그래프는 함수 $y=a^x$의 그래프를 원점에 대하여 대칭이동한 것이므로 오른쪽 그림과 같다.

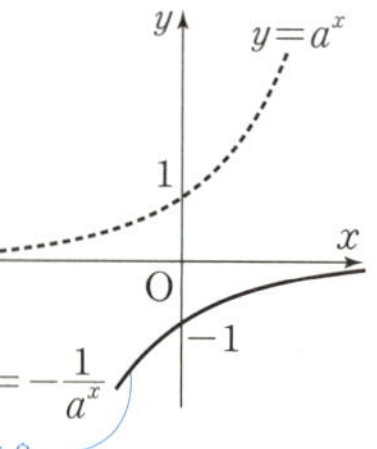

이 그래프는 점 $(0,\,-1)$을 지나고 x축을 점근선으로 가지며 x의 값이 증가하면 y의 값도 증가한다.

0278 답 $<$

$\sqrt[5]{64}=(2^6)^{\frac{1}{5}}=2^{\frac{6}{5}}$, $\sqrt{8}=(2^3)^{\frac{1}{2}}=2^{\frac{3}{2}}$이고 함수 $y=2^x$은 x의 값이 증가하면 y의 값도 증가한다.

이때 $\dfrac{6}{5}<\dfrac{3}{2}$이므로 $2^{\frac{6}{5}}<2^{\frac{3}{2}}$　•밑이 2이므로 1보다 크기 때문이다.

$\therefore \sqrt[5]{64}\boxed{<}\sqrt{8}$

0279　답 $<$

$\sqrt[4]{1000}=(10^3)^{\frac{1}{4}}=10^{\frac{3}{4}}$, $\sqrt[5]{10000}=(10^4)^{\frac{1}{5}}=10^{\frac{4}{5}}$이고 함수 $y=10^x$은 x의 값이 증가하면 y의 값도 증가한다.

이때 $\dfrac{3}{4}<\dfrac{4}{5}$이므로 $10^{\frac{3}{4}}<10^{\frac{4}{5}}$　•밑이 10이므로 1보다 크기 때문이다.

$\therefore \sqrt[4]{1000}\boxed{<}\sqrt[5]{10000}$

0280　답 $<$

$\sqrt{\left(\dfrac{1}{3}\right)^5}=\left\{\left(\dfrac{1}{3}\right)^5\right\}^{\frac{1}{2}}=\left(\dfrac{1}{3}\right)^{\frac{5}{2}}$, $\sqrt[4]{\dfrac{1}{3^9}}=\left\{\left(\dfrac{1}{3}\right)^9\right\}^{\frac{1}{4}}=\left(\dfrac{1}{3}\right)^{\frac{9}{4}}$이고

함수 $y=\left(\dfrac{1}{3}\right)^x$은 x의 값이 증가하면 y의 값은 감소한다.

이때 $\dfrac{5}{2}>\dfrac{9}{4}$이므로 $\left(\dfrac{1}{3}\right)^{\frac{5}{2}}<\left(\dfrac{1}{3}\right)^{\frac{9}{4}}$　•밑이 $\frac{1}{3}$이므로 0보다 크고 1보다 작기 때문이다.

$\therefore \sqrt{\left(\dfrac{1}{3}\right)^5}\boxed{<}\sqrt[4]{\dfrac{1}{3^9}}$

0281　답 $<$

$\sqrt[3]{0.01}=(0.1^2)^{\frac{1}{3}}=0.1^{\frac{2}{3}}$, $\sqrt[6]{0.001}=(0.1^3)^{\frac{1}{6}}=0.1^{\frac{1}{2}}$이고 함수 $y=0.1^x$은 x의 값이 증가하면 y의 값은 감소한다.

이때 $\dfrac{2}{3}>\dfrac{1}{2}$이므로 $0.1^{\frac{2}{3}}<0.1^{\frac{1}{2}}$　•밑이 0.1이므로 0보다 크고 1보다 작기 때문이다.

$\therefore \sqrt[3]{0.01}\boxed{<}\sqrt[6]{0.001}$

0282　답 최댓값: 8, 최솟값: $\dfrac{1}{2}$

함수 $y=2^x$은 x의 값이 증가하면 y의 값도 증가하므로 $-1\leq x\leq 3$에서

$x=3$일 때 최대이고 최댓값은 $2^3=8$

$x=-1$일 때 최소이고 최솟값은 $2^{-1}=\dfrac{1}{2}$

0283　답 최댓값: 1, 최솟값: $\dfrac{1}{9}$

함수 $y=\left(\dfrac{1}{3}\right)^x$은 x의 값이 증가하면 y의 값은 감소하므로 $0\leq x\leq 2$에서

$x=0$일 때 최대이고 최댓값은 $\left(\dfrac{1}{3}\right)^0=1$

$x=2$일 때 최소이고 최솟값은 $\left(\dfrac{1}{3}\right)^2=\dfrac{1}{9}$

0284　답 최댓값: 3, 최솟값: $\dfrac{1}{9}$

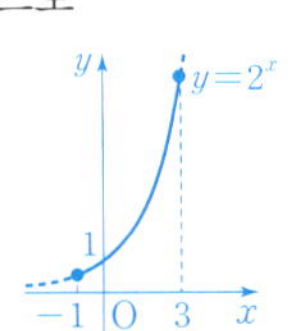

$y=9\cdot3^x$에서 $y=3^2\cdot3^x=3^{x+2}$　•함수 $y=3^x$의 그래프를 x축의 방향으로 -2만큼 평행이동한 것이다.

즉, 함수 $y=3^{x+2}$은 x의 값이 증가하면 y의 값도 증가하므로 $-4\leq x\leq -1$에서

$x=-1$일 때 최대이고 최댓값은 $3^1=3$

$x=-4$일 때 최소이고 최솟값은 $3^{-2}=\dfrac{1}{9}$

0285　답 최댓값: 3, 최솟값: $\dfrac{5}{4}$

함수 $y=2^{-x}+1$은 x의 값이 증가하면 y의 값은 감소하므로 $-1\leq x\leq 2$에서

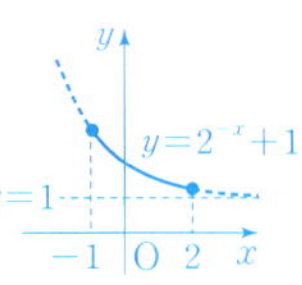

$x=-1$일 때 최대이고 최댓값은 $2^{-(-1)}+1=3$

$x=2$일 때 최소이고 최솟값은 $2^{-2}+1=\dfrac{5}{4}$

0286　답 $x=7$

$128=2^7$이므로 주어진 방정식은 $2^x=2^7$

양변의 밑이 2로 같으므로 $x=7$

0287　답 $x=\dfrac{1}{2}$

$\dfrac{\sqrt{3}}{3}=3^{\frac{1}{2}}\div3=3^{\frac{1}{2}-1}=3^{-\frac{1}{2}}$이므로 주어진 방정식은

$3^{x-1}=3^{-\frac{1}{2}}$

양변의 밑이 3으로 같으므로

$x-1=-\dfrac{1}{2}$　　$\therefore x=\dfrac{1}{2}$

0288　답 $x=-\dfrac{1}{4}$

$4^x=(2^2)^x=2^{2x}$, $2\cdot8^{2x}=2\cdot(2^3)^{2x}=2\cdot2^{6x}=2^{6x+1}$

이므로 주어진 방정식은 $2^{2x}=2^{6x+1}$

양변의 밑이 2로 같으므로

$2x=6x+1$　　$\therefore x=-\dfrac{1}{4}$

0289　답 $x=\dfrac{3}{7}$

$(3\sqrt{3})^{x-1}=(3^{\frac{3}{2}})^{x-1}=3^{\frac{3}{2}x-\frac{3}{2}}$, $\dfrac{1}{9^x}=\dfrac{1}{3^{2x}}=3^{-2x}$

이므로 주어진 방정식은

$3^{\frac{3}{2}x-\frac{3}{2}}=3^{-2x}$

양변의 밑이 3으로 같으므로

$\dfrac{3}{2}x-\dfrac{3}{2}=-2x$　　$\therefore x=\dfrac{3}{7}$

0290　답 (가): t^2-3t-4　(나): 4　(다): 2

$2^{2x}-3\cdot2^x-4=0$에서 $(2^x)^2-3\cdot2^x-4=0$

$2^x=t\ (t>0)$라 하고 주어진 방정식을 t에 대하여 나타내면

$\boxed{t^2-3t-4}=0$, $(t+1)(t-4)=0$

$\therefore t=-1$ 또는 $t=4$

이때 $t>0$이므로 $t=\boxed{4}$　•2^x의 값은 항상 양수이므로 $t>0$이다.

즉, $2^x=\boxed{4}=2^2$이므로 $x=\boxed{2}$

0291　답 $x=0$

$3^{2x}+3^x-2=0$에서 $(3^x)^2+3^x-2=0$

$3^x=t\ (t>0)$라 하면 주어진 방정식은

$t^2+t-2=0,\ (t+2)(t-1)=0$

$\therefore t=1\ (\because t>0)$

즉, $3^x=1=3^0$이므로 $x=0$

0292　답 $x=1$ 또는 $x=2$

$2^{2x}-6\cdot2^x+8=0$에서 $(2^x)^2-6\cdot2^x+8=0$

$2^x=t\ (t>0)$라 하면 주어진 방정식은

$t^2-6t+8=0,\ (t-2)(t-4)=0$

$\therefore t=2$ 또는 $t=4$

즉, $2^x=2$ 또는 $2^x=4=2^2$이므로 $x=1$ 또는 $x=2$

0293　답 $x=1$

$9^x-3^x-6=0$에서 $(3^x)^2-3^x-6=0$

$3^x=t\ (t>0)$라 하면 주어진 방정식은

$t^2-t-6=0,\ (t+2)(t-3)=0$

$\therefore t=3\ (\because t>0)$

즉, $3^x=3$에서 $x=1$

0294　답 $x=-1$

$2^{2x+1}+2^x-1=0$에서 $2\cdot(2^x)^2+2^x-1=0$

$2^x=t\ (t>0)$라 하면 주어진 방정식은

$2t^2+t-1=0,\ (2t-1)(t+1)=0$

$\therefore t=\dfrac{1}{2}\ (\because t>0)$

즉, $2^x=\dfrac{1}{2}=2^{-1}$에서 $x=-1$

0295　답 $x=-\dfrac{1}{2}$

$2^{2x+1}=3^{2x+1}$에서 밑이 2, 3으로 서로 같지 않고, 지수가 $2x+1$로 같으므로 $2x+1=0$이다.

즉, $x=-\dfrac{1}{2}$

밑이 같지 않으므로 $2^0=3^0$이 되어 그 값이 $1=1$로 같아야만 성립한다.

0296　답 $x=1$ 또는 $x=3$

주어진 등식이 성립하는 경우는 다음 두 가지 경우이다.

(ⅰ) 밑이 같은 경우　　지수가 $1-x$로 같기 때문에 적용된다.

　　$2x+1=7$　　$\therefore x=3$

(ⅱ) 밑이 다르고 지수가 0인 경우

　　양변의 지수가 모두 $1-x$이므로

　　$1-x=0$　　$\therefore x=1$

따라서 주어진 방정식의 해는

$x=1$ 또는 $x=3$

0297　답 $x>4$

$3^x>81$에서 $3^x>3^4$

양변의 밑이 3으로 같고 1보다 크므로

$x>4$

0298　답 $x>\dfrac{3}{4}$

$\left(\dfrac{1}{2}\right)^{2x-3}<2\sqrt{2}$에서 $\left(\dfrac{1}{2}\right)^{2x-3}<\left(\dfrac{1}{2}\right)^{-\frac{3}{2}}$

$2\sqrt{2}=\sqrt{2^3}=2^{\frac{3}{2}}=\left(\dfrac{1}{2}\right)^{-\frac{3}{2}}$

양변의 밑이 $\dfrac{1}{2}$로 같고 1보다 작은 양수이므로

$2x-3>-\dfrac{3}{2}$

$\therefore x>\dfrac{3}{4}$

부등호의 방향에 주의하도록 한다.

● 다른 풀이 ●

$\left(\dfrac{1}{2}\right)^{2x-3}=2^{-2x+3}$, $2\sqrt{2}=2^{\frac{3}{2}}$이므로 주어진 부등식은

$2^{-2x+3}<2^{\frac{3}{2}}$

양변의 밑이 2로 같고 1보다 크므로

$-2x+3<\dfrac{3}{2}$

$\therefore x>\dfrac{3}{4}$

0299　답 $x\leq-6$

$8^{x-1}\geq2\cdot4^{2x+1}$에서 $2^{3x-3}\geq2^{4x+3}$

$8^{x-1}=(2^3)^{x-1}=2^{3x-3}$

$2\cdot4^{2x+1}=2\cdot(2^2)^{2x+1}=2\cdot2^{4x+2}=2^{4x+3}$

양변의 밑이 2로 같고 1보다 크므로

$3x-3\geq4x+3$

$\therefore x\leq-6$

0300　답 $x\leq3$

$\left(\dfrac{1}{5}\right)^{x+2}\leq5\cdot\left(\dfrac{1}{25}\right)^x$에서 $\left(\dfrac{1}{5}\right)^{x+2}\leq\left(\dfrac{1}{5}\right)^{2x-1}$

양변의 밑이 $\dfrac{1}{5}$로 같고 1보다 작은 양수이므로

$5\cdot\left(\dfrac{1}{25}\right)^x=\left(\dfrac{1}{5}\right)^{-1}\cdot\left\{\left(\dfrac{1}{5}\right)^2\right\}^x=\left(\dfrac{1}{5}\right)^{2x-1}$

$x+2\geq2x-1$

$\therefore x\leq3$

● 다른 풀이 ●

$\left(\dfrac{1}{5}\right)^{x+2}=5^{-x-2}$, $5\cdot\left(\dfrac{1}{25}\right)^x=5\cdot5^{-2x}=5^{1-2x}$

이므로 주어진 부등식은

$5^{-x-2}\leq5^{1-2x}$

양변의 밑이 5로 같고 1보다 크므로

$-x-2\leq1-2x$

$\therefore x\leq3$

0301　답 (가): t^2-6t+5　(나): 1　(다): 5　(라): 0　(마): 1

$5^{2x}-6\cdot5^x+5\leq0$에서 $5^x=t\ (t>0)$라 하고 주어진 부등식을 t에 대하여 나타내면

$\boxed{t^2-6t+5}\leq0$

위의 부등식을 풀면

$(t-1)(t-5)\leq0$

$\therefore \boxed{1}\leq t\leq\boxed{5}$

위의 식으로부터 $\boxed{1}\leq5^x\leq\boxed{5}$

$1=5^0$, $5=5^1$이므로 $5^0\leq5^x\leq5^1$

밑이 5로 같고 1보다 크므로

$\boxed{0}\leq x\leq\boxed{1}$

0302　답 $-2\le x\le0$

$\left(\dfrac{1}{4}\right)^x-5\cdot\left(\dfrac{1}{2}\right)^x+4\le0$에서

$\left\{\left(\dfrac{1}{2}\right)^x\right\}^2-5\cdot\left(\dfrac{1}{2}\right)^x+4\le0$

$\left(\dfrac{1}{2}\right)^x=t\ (t>0)$라 하면 주어진 부등식은

$t^2-5t+4\le0$

$(t-1)(t-4)\le0$

$\therefore\ 1\le t\le4$

즉, $\left(\dfrac{1}{2}\right)^0\le\left(\dfrac{1}{2}\right)^x\le\left(\dfrac{1}{2}\right)^{-2}$이고 밑이 0보다 크고 1보다 작으므로

$-2\le x\le0$

0303　답 $x\le2$

$4^x-2^x-12\le0$에서 $(2^x)^2-2^x-12\le0$

$2^x=t\ (t>0)$라 하면 주어진 부등식은

$t^2-t-12\le0$

$(t+3)(t-4)\le0$

$\therefore\ -3\le t\le4$

이때 $t>0$이므로 $0<t\le4$ ── 주어진 부등식은 연립부등식 $\begin{cases}t>0\\t\le4\end{cases}$인데
$t>0$에서 $2^x>0$이고 모든 실수 x에 대하여 성립하므로 $t\le4$인 해만 구하면 돼.

즉, $2^x\le2^2$이고 밑이 1보다 크므로

$x\le2$

0304　답 $x<-1$ 또는 $x>0$

$0.01^x-11\cdot0.1^x+10>0$에서

$(0.1^x)^2-11\cdot0.1^x+10>0$

$0.1^x=t\ (t>0)$라 하면 주어진 부등식은

$t^2-11t+10>0$

$(t-1)(t-10)>0$

$\therefore\ 0<t<1$ 또는 $t>10$

(ⅰ) $0<t<1$일 때 ── 항상 $t>0$이므로 $t<1$의 해만 구한다.

　　즉, $0.1^x<0.1^0$에서 밑이 0보다 크고 1보다 작으므로

　　$x>0$

(ⅱ) $t>10$일 때

　　즉, $0.1^x>0.1^{-1}$에서 밑이 0보다 크고 1보다 작으므로

　　$x<-1$

따라서 주어진 부등식의 해는

$x<-1$ 또는 $x>0$

0305　답 $x>-1$

$3^{2x+1}+2\cdot3^x>1$에서 $3\cdot(3^x)^2+2\cdot3^x-1>0$

$3^x=t\ (t>0)$라 하면 주어진 부등식은

$3t^2+2t-1>0$

$(t+1)(3t-1)>0$

$\therefore\ t<-1$ 또는 $t>\dfrac{1}{3}$

이때 $t>0$이므로 $t>\dfrac{1}{3}$

즉, $3^x>3^{-1}$이고 밑이 1보다 크므로

$x>-1$

0306　답 ③

0307　답 ③

$f(-1)+f(-2)=12$에서

$f(-1)+f(-2)=a^{-1}+a^{-2}=\dfrac{1}{a}+\dfrac{1}{a^2}=12$

양변에 a^2을 곱하여 정리하면

$12a^2-a-1=0,\ (4a+1)(3a-1)=0$

$\therefore\ a=\dfrac{1}{3}\ (\because\ a>0)$ → $f(x)=\left(\dfrac{1}{3}\right)^x$이다.

$\therefore\ f(2)+\dfrac{1}{f(1)}=\left(\dfrac{1}{3}\right)^2+\dfrac{1}{\left(\dfrac{1}{3}\right)^1}=\dfrac{1}{9}+3=\dfrac{28}{9}$

0308　답 ③

ㄱ. $f(-x)=a^{-x}=(a^x)^{-1}=\dfrac{1}{a^x}=\dfrac{1}{f(x)}$ (참)

ㄴ. $f(x+y)=a^{x+y}=a^x\cdot a^y=f(x)f(y)$ (참)

ㄷ. $f(nx)=a^{nx}=(a^x)^n=\{f(x)\}^n\ne nf(x)$ (거짓)

따라서 옳은 것은 ㄱ, ㄴ이다.

0309　답 ②

$f(3)=\dfrac{1}{8}$에서 $f(3)=a^3=\dfrac{1}{8}=\left(\dfrac{1}{2}\right)^3$

$\therefore\ a=\dfrac{1}{2}$

$\therefore\ f(x)=\left(\dfrac{1}{2}\right)^x$

$g(4)=\alpha,\ g\left(\dfrac{\sqrt2}{2}\right)=\beta$라 하면 $f(\alpha)=4,\ f(\beta)=\dfrac{\sqrt2}{2}$에서

$f(\alpha)=\left(\dfrac{1}{2}\right)^\alpha=4=2^2=\left(\dfrac{1}{2}\right)^{-2}$

$\therefore\ \alpha=-2$

$f(\beta)=\left(\dfrac{1}{2}\right)^\beta=\dfrac{\sqrt2}{2}=2^{\frac{1}{2}}\cdot2^{-1}=2^{-\frac{1}{2}}=\left(\dfrac{1}{2}\right)^{\frac{1}{2}}$

$\therefore\ \beta=\dfrac{1}{2}$

$\therefore\ g(4)\cdot g\left(\dfrac{\sqrt2}{2}\right)=\alpha\cdot\beta=(-2)\cdot\dfrac{1}{2}=-1$

> **해설 속 칠판　역함수의 함숫값**
>
> 함수 f의 역함수가 f^{-1}일 때, 두 실수 a, b에 대하여
> $$f(a)=b\Longleftrightarrow f^{-1}(b)=a$$

0310　답 ④

$f(k)=2$이므로 $f(k)=a^k-a^{-k}=2$

$f(3k)=a^{3k}-a^{-3k}$ ── 인수분해 공식 $x^3-y^3=(x-y)(x^2+xy+y^2)$을 이용한다.

$\qquad=(a^k-a^{-k})(a^{2k}+a^k\cdot a^{-k}+a^{-2k})$

이때 $a^k\cdot a^{-k}=1$이므로

$$a^{2k}+a^k\cdot a^{-k}+a^{-2k}=a^{2k}+a^{-2k}+1$$
$$=(a^k-a^{-k})^2+3=2^2+3=7$$
$$\therefore f(3k)=2\cdot7=14$$

곱셈 공식의 변형식 $x^2+y^2=(x-y)^2+2xy$를 이용한다.

0311 답 3

0312 답 ③

함수 $y=a^x$의 그래프를 x축의 방향으로 m만큼, y축의 방향으로 n만큼 평행이동한 그래프의 식은

$$y-n=a^{x-m},\ y=a^x\cdot a^{-m}+n$$

$$\therefore y=\frac{1}{a^m}\cdot a^x+n$$

이 식이 $y=4\cdot\left(\frac{1}{2}\right)^x+5$와 일치하므로

$$a=\frac{1}{2},\ n=5$$

a^x과 $\left(\frac{1}{2}\right)^x$이 일치해야 한다.

이때 $\dfrac{1}{\left(\frac{1}{2}\right)^m}=4$이므로

$\dfrac{1}{\left(\frac{1}{2}\right)^m}=\dfrac{1}{\frac{1}{2^m}}=2^m$

$$2^m=2^2\quad\therefore m=2$$

$$\therefore a+m+n=\frac{1}{2}+2+5=\frac{15}{2}$$

0313 답 3

함수 $y=a^x$의 그래프의 점근선의 방정식이 $y=0(x$축$)$이므로 y축의 방향으로 n만큼 평행이동시키면 점근선의 방정식은 $y=n$이다.

함수 $y=\left(\frac{1}{3}\right)^{x-m}+n$의 그래프의 점근선의 방정식은 $y=n$이므로

$$n=-3$$

또한, 주어진 그래프가 점 $(-2,\ 0)$을 지나므로

$$0=\left(\frac{1}{3}\right)^{-2-m}-3,\ 3^{m+2}=3$$

$$m+2=1에서\ m=-1$$

$$\therefore mn=(-1)\cdot(-3)=3$$

0314 답 ③

$y=4\cdot2^x+1$에서 $y=2^{x+2}+1$이므로 주어진 함수의 그래프를 y축에 대하여 대칭이동한 후 x축의 방향으로 1만큼, y축의 방향으로 a만큼 평행이동한 그래프의 식은

$$y-a=2^{-(x-1)+2}+1$$

y축에 대하여 대칭이동: $y=2^{-x+2}+1$

$$\therefore y=\left(\frac{1}{2}\right)^{x-3}+a+1$$

밑을 $\frac{1}{2}$로 고친 이유는 지수 $-x+3$을 $x-3$으로 고쳐 함수의 식을 비교하기 위해서이다.

이 식이 $y=b^{x-c}-1$과 일치하므로

$$a=-2,\ b=\frac{1}{2},\ c=3$$

$$\therefore a+b+c=-2+\frac{1}{2}+3=\frac{3}{2}$$

0315 답 ⑤

ㄱ. $y=\left(\frac{9}{4}\right)^{x-1}+1$에서 $y=\left(\frac{4}{9}\right)^{-x+1}+1$

　즉, $y-1=\left(\frac{4}{9}\right)^{-(x-1)}$이므로 주어진 함수의 그래프는 함수

　$y=\left(\frac{4}{9}\right)^x$의 그래프를 y축에 대하여 대칭이동한 후, x축의 방향으로 1만큼, y축의 방향으로 1만큼 평행이동한 것이다.

밑의 거듭제곱 꼴이 아닌 수가 곱해져 있어서 답이 아닌 것처럼 보인다. 하지만 로그의 밑의 변환을 이용하여 밑을 같게 할 수 있다는 점을 잊지 않도록 한다.

ㄴ. 로그의 밑의 변환에 의하여 $2=\left(\frac{4}{9}\right)^{\log_{\frac{4}{9}}2}$이므로

$$y=2\cdot\left(\frac{4}{9}\right)^{x+1}=\left(\frac{4}{9}\right)^{x+1+\log_{\frac{4}{9}}2}$$

따라서 주어진 함수의 그래프는 함수 $y=\left(\frac{4}{9}\right)^x$의 그래프를 x축의 방향으로 $-1-\log_{\frac{4}{9}}2$만큼 평행이동한 것이다.

ㄷ. $y=5\cdot2^{-2x}\cdot3^{2x}$에서

$$2^{-2x}\cdot3^{2x}=\left(\frac{2}{3}\right)^{-2x}=\left(\frac{4}{9}\right)^{-x},\ 5=\left(\frac{4}{9}\right)^{\log_{\frac{4}{9}}5}$$이므로

$$y=\left(\frac{4}{9}\right)^{\log_{\frac{4}{9}}5}\cdot\left(\frac{4}{9}\right)^{-x}=\left(\frac{4}{9}\right)^{-(x-\log_{\frac{4}{9}}5)}$$

따라서 주어진 함수의 그래프는 함수 $y=\left(\frac{4}{9}\right)^x$의 그래프를 y축에 대하여 대칭이동한 후, x축의 방향으로 $\log_{\frac{4}{9}}5$만큼 평행이동한 것이다.

따라서 함수 $y=\left(\frac{4}{9}\right)^x$의 그래프를 평행이동 또는 대칭이동하여 겹쳐질 수 있는 그래프의 식은 ㄱ, ㄴ, ㄷ이다.

0316 답 ③

0317 답 ①

두 점 $A(x_1,\ 2)$, $B(x_2,\ 6)$이 함수 $f(x)=a^x$의 그래프 위의 점이므로

$$2=a^{x_1},\ 6=a^{x_2}\quad\cdots\cdots\ \text{㉠}$$

점 M은 선분 AB의 중점이므로 점 M의 x좌표는 $\dfrac{x_1+x_2}{2}$

따라서 직선 MH와 함수 $y=f(x)$의 그래프의 교점의 y좌표는

$$f\left(\frac{x_1+x_2}{2}\right)$$

직선 MH의 방정식은 $x=\dfrac{x_1+x_2}{2}$이다.

한편, ㉠에서 두 식을 변끼리 곱하면

$$12=a^{x_1}a^{x_2}$$

$$\therefore a^{x_1+x_2}=12\quad\cdots\cdots\ \text{㉡}$$

$$\therefore f\left(\frac{x_1+x_2}{2}\right)=a^{\frac{x_1+x_2}{2}}$$

$$=(a^{x_1+x_2})^{\frac{1}{2}}$$

$$=12^{\frac{1}{2}}\ (\because \text{㉡})$$

$$=2\sqrt{3}$$

0318 답 ①

점 C의 좌표가 $(0,\ 1)$이고 삼각형 ABC의 넓이가 3이므로

$$\frac{1}{2}\cdot(4-1)\cdot\overline{AB}=3\quad\therefore \overline{AB}=2$$

$B(k,\ a^{2k})$, $A(k+2,\ a^{k+2})$이라 하면 $a^{2k}=a^{k+2}$이므로

$$2k=k+2\quad\therefore k=2$$

$\overline{AB}=2$이고 점 A의 x좌표가 점 B의 x좌표보다 크므로 점 B의 x좌표를 k라 하면 점 A의 x좌표는 $k+2$이다.

이때 두 점 A, B의 y좌표는 4이므로

$$a^{2\cdot2}=a^4=4$$

$$\therefore a=\sqrt{2}\ (\because a>1)$$

0319 답 ③

두 점 A, B는 x좌표가 1이고 각각 두 함수 $y=a^x$, $y=a^{-x}$의 그래프 위의 점이므로

$$A(1,\ a),\ B(1,\ a^{-1})$$

이때 $\overline{AB}=\dfrac{5}{6}$이므로

$\overline{AB}=a-a^{-1}=\dfrac{5}{6}$ → $a-\dfrac{1}{a}=\dfrac{5}{6}$에서 분모의 최소공배수를 곱하는 것이다.

이 식의 양변에 $6a$를 곱하여 정리하면

$6a^2-5a-6=0,\ (3a+2)(2a-3)=0$

$\therefore a=\dfrac{3}{2}\ (\because a>1)$

0320 답 2

점 A의 좌표를 $(a,\ 2^a)$이라 하면 점 C의 x좌표는 a이므로 점 C의 좌표는 $(a,\ 4^a)$

점 B의 y좌표는 2^a이므로 점 B의 x좌표를 x_1이라 하면

$4^{x_1}=2^{2x_1}=2^a$ $\therefore x_1=\dfrac{a}{2}$

$\therefore \mathrm{B}\left(\dfrac{a}{2},\ 2^a\right)$

한편, 점 D의 y좌표는 4^a이므로 점 D의 x좌표를 x_2라 하면

$2^{x_2}=4^a=2^{2a}$ $\therefore x_2=2a$

$\therefore \mathrm{D}(2a,\ 4^a)$

따라서 $\overline{AB}=a-\dfrac{a}{2}=\dfrac{a}{2}$, $\overline{CD}=2a-a=a$이므로

$\dfrac{\overline{CD}}{\overline{AB}}=\dfrac{a}{\frac{a}{2}}=2$

0321 답 ④

0322 답 ⑤

$A=\dfrac{\sqrt{3}}{9}=3^{\frac{1}{2}}\cdot3^{-2}=3^{-\frac{3}{2}}=\left(\dfrac{1}{3}\right)^{\frac{3}{2}}$

$B=\dfrac{\sqrt[3]{243}}{27}=3^{\frac{5}{3}}\cdot3^{-3}=3^{-\frac{4}{3}}=\left(\dfrac{1}{3}\right)^{\frac{4}{3}}$

$C=\dfrac{\sqrt{81\sqrt{3}}}{81}=(3^4\cdot3^{\frac{1}{2}})^{\frac{1}{2}}\cdot3^{-4}$

$\quad=3^{\frac{9}{4}}\cdot3^{-4}=3^{-\frac{7}{4}}=\left(\dfrac{1}{3}\right)^{\frac{7}{4}}$

이때 $\dfrac{4}{3}<\dfrac{3}{2}<\dfrac{7}{4}$이고 밑이 0보다 크고 1보다 작으므로

$\left(\dfrac{1}{3}\right)^{\frac{7}{4}}<\left(\dfrac{1}{3}\right)^{\frac{3}{2}}<\left(\dfrac{1}{3}\right)^{\frac{4}{3}}$ → $\dfrac{16}{12}<\dfrac{18}{12}<\dfrac{21}{12}$

즉, $C<A<B$

0323 답 ②

$A=\sqrt{\dfrac{3}{2}}=2^{-\frac{1}{2}}\cdot3^{\frac{1}{2}}$

$B=\sqrt[5]{\dfrac{27}{4}}=2^{-\frac{2}{5}}\cdot3^{\frac{3}{5}}$

$C=\sqrt[7]{\dfrac{81}{8}}=2^{-\frac{3}{7}}\cdot3^{\frac{4}{7}}$

이므로

$2A=2\cdot2^{-\frac{1}{2}}\cdot3^{\frac{1}{2}}=2^{\frac{1}{2}}\cdot3^{\frac{1}{2}}=6^{\frac{1}{2}}$

$2B=2\cdot2^{-\frac{2}{5}}\cdot3^{\frac{3}{5}}=2^{\frac{3}{5}}\cdot3^{\frac{3}{5}}=6^{\frac{3}{5}}$

$2C=2\cdot2^{-\frac{3}{7}}\cdot3^{\frac{4}{7}}=2^{\frac{4}{7}}\cdot3^{\frac{4}{7}}=6^{\frac{4}{7}}$

이때 $\dfrac{1}{2}<\dfrac{4}{7}<\dfrac{3}{5}$이고 밑이 1보다 크므로

$2A<2C<2B$ → $\dfrac{35}{70}<\dfrac{40}{70}<\dfrac{42}{70}$

즉, $A<C<B$

0324 답 ③

$A=(a^a)^a=a^{a^2}$, $B=a^{a^a}$이다.

ㄱ. $a=\dfrac{1}{3}$이면 $2>\dfrac{1}{3}$이고, $0<a<1$이므로

$\quad a^2<a^a$ $\therefore a^{a^2}>a^{a^a}$ (참) → $0<a<1$이면 부등호의 방향이 바뀌므로 주의하자.

ㄴ. $a=\sqrt{3}$이면 $2>\sqrt{3}$이고 $a>1$이므로

$\quad a^2>a^a$ $\therefore a^{a^2}>a^{a^a}$ (참)

ㄷ. $a=3$이면 $2<3$이고 $a>1$이므로

$\quad a^2<a^a$ $\therefore a^{a^2}<a^{a^a}$ (거짓)

따라서 옳은 것은 ㄱ, ㄴ이다.

0325 답 ②

$f(x)=a^x$이라 하면 $0<a<1$이므로

$f(0)>f(a)>f(1)$ → $0<a<1$이므로 x의 값이 증가하면 $f(x)$의 값은 감소한다.

즉, $a<a^a<1$ ······ ㉠

㉠에서 $f(a)>f(a^a)>f(1)$, 즉 $a<a^{a^a}<a^a$

0326 답 ③

0327 답 ②

$f(x)=2^{m-2x}+n=2^{-2\left(x-\frac{m}{2}\right)}+n=\left(\dfrac{1}{4}\right)^{x-\frac{m}{2}}+n$

함수 $f(x)$는 $x=-1$에서 최대이고 최댓값이 6이므로

$f(-1)=2^{m+2}+n=4\cdot2^m+n=6$ ······ ㉠ → 밑이 0보다 크고 1보다 작기 때문이다.

$x=0$에서 최소이고 최솟값이 0이므로

$f(0)=2^m+n=0$ ······ ㉡

㉡에서 $2^m=-n$이므로 ㉠에 대입하면

$4\cdot(-n)+n=6$ $\therefore n=-2$

$2^m=2$에서 $m=1$

$\therefore m+n=1+(-2)=-1$

0328 답 ①

함수 $f(x)=\left(\dfrac{1}{2}\right)^{x+1}+b$는 $x=1$에서 최소이고 최솟값이 1이므로 → 밑이 0보다 크고 1보다 작기 때문이다.

$f(1)=\left(\dfrac{1}{2}\right)^{1+1}+b=\dfrac{1}{4}+b=1$

$\therefore b=\dfrac{3}{4}$

$x=a$에서 최대이고 최댓값이 $\dfrac{11}{4}$이므로

$f(a)=\left(\dfrac{1}{2}\right)^{a+1}+\dfrac{3}{4}=\dfrac{11}{4}$

$\left(\dfrac{1}{2}\right)^{a+1}=2=\left(\dfrac{1}{2}\right)^{-1}$

$\therefore a=-2$

$\therefore a+b=-2+\dfrac{3}{4}=-\dfrac{5}{4}$

0329 답 26

$$h(x)=f(x)g(x)$$
$$=2^{x+2}\cdot 3^{k-x}$$
$$=2^{x+2}\cdot 3^{-(x+2)+k+2}$$
$$=3^{k+2}\cdot\left(\frac{2}{3}\right)^{x+2}$$

밑이 서로 다르므로 지수를 같게 하기 위함이다.

밑이 0보다 크고 1보다 작기 때문이다.

함수 $h(x)$는 $x=-2$에서 최대이고 최댓값이 81이므로
$$h(-2)=3^{k+2}\cdot\left(\frac{2}{3}\right)^{-2+2}=3^{k+2}=81=3^4$$
$$\therefore k=2$$

$x=1$에서 최소이므로 최솟값은
$$h(1)=3^4\cdot\left(\frac{2}{3}\right)^{1+2}=3^4\cdot\frac{2^3}{3^3}=3\cdot 8=24$$
$$\therefore m=24$$
$$\therefore k+m=2+24=26$$

0330 답 ③

경계의 함숫값에서 최댓값, 최솟값을 언급하지 않은 이유는 a의 값의 범위에 따라 변하기 때문이다.

$f(x)=a^{x+2}$에서 $f(-1)=a,\ f(1)=a^3$

(i) $0<a<1$일 때 $M=f(-1),\ m=f(1)$이므로
   $4M=9m$에서
   $$4a=9a^3,\ a^2=\frac{4}{9}$$
   $$\therefore a=\frac{2}{3}$$

(ii) $a>1$일 때 $M=f(1),\ m=f(-1)$이므로
   $4M=9m$에서
   $$4a^3=9a,\ a^2=\frac{9}{4}$$
   $$\therefore a=\frac{3}{2}$$

따라서 구하는 모든 실수 a의 값의 합은
$$\frac{2}{3}+\frac{3}{2}=\frac{13}{6}$$

0331 답 ⑤

0332 답 ①

$$y=11+2^{x+1}-4^x=-(2^x)^2+2\cdot 2^x+11$$
$2^x=t\ (t>0)$라 하면 $x\geq 2$에서 $t\geq 4$
이때 주어진 함수는
$$y=-t^2+2t+11=-(t-1)^2+12$$
이므로 $t=4$, 즉 $x=2$일 때 최대이고 최댓값은 3이다.
따라서 $a=2,\ b=3$이므로
$$a+b=2+3=5$$

두 가지 방법으로 구할 수 있다.
① $-(4-1)^2+12=3$
② $-(2^2)^2+2\cdot 2^2+11=3$

해설 속 칠판 **제한된 범위에서의 이차함수의 최대·최소**

$\alpha\leq x\leq\beta$에서 이차함수 $f(x)=a(x-p)^2+q$의 최댓값과 최솟값은
① $\alpha\leq p\leq\beta$일 때, 즉 꼭짓점의 x좌표가 제한된 범위에 포함될 때, $f(\alpha)$, $f(\beta)$, $f(p)$ 중에서 가장 큰 값이 최댓값, 가장 작은 값이 최솟값이다.
② $p<\alpha$ 또는 $p>\beta$일 때, 즉 꼭짓점의 x좌표가 제한된 범위에 포함되지 않을 때, $f(\alpha)$, $f(\beta)$ 중에서 큰 값이 최댓값, 작은 값이 최솟값이다.

0333 답 ③

$$y=9^x-4\cdot 3^{x+1}+2=(3^x)^2-12\cdot 3^x+2$$
$3^x=t\ (t>0)$라 하면 $1\leq x\leq 2$에서 $3\leq t\leq 9$
이때 주어진 함수는
$$y=t^2-12t+2=(t-6)^2-34$$
이므로 $t=6$일 때 최소이고 최솟값은 -34, $t=3$ 또는 $t=9$일 때 최대이고 최댓값은 -25이다.
따라서 $M=-25,\ m=-34$에서
$$M-m=-25-(-34)=9$$

$(3-6)^2-34=-25$
$(9-6)^2-34=-25$

0334 답 ④

$$y=\left(\frac{1}{4}\right)^x-k\cdot 2^{1-x}+10=\left\{\left(\frac{1}{2}\right)^x\right\}^2-2k\cdot\left(\frac{1}{2}\right)^x+10$$
$\left(\frac{1}{2}\right)^x=t\ (t>0)$라 하면 주어진 함수는
$$y=t^2-2kt+10=(t-k)^2-k^2+10$$
이므로 $t=k$일 때 최소이고 최솟값은 $-k^2+10$이다.
이때 최솟값이 -6이므로
$$-k^2+10=-6,\ k^2=16$$
$$\therefore k=4\ (\because k>0)$$

0335 답 ③

$$y=2^{x+a}-4^x+b=-(2^x)^2+2^a\cdot 2^x+b$$
$2^x=t\ (t>0)$라 하면 주어진 함수는
$$y=-t^2+2^a\cdot t+b \qquad\cdots\cdots\ \bigcirc$$
한편, 주어진 함수는 $x=-2$, 즉 $t=\frac{1}{4}$에서 최대이고 최댓값은 $\frac{17}{16}$이므로

$t=2^{-2}=\frac{1}{4}$

$$y=-\left(t-\frac{1}{4}\right)^2+\frac{17}{16}=-t^2+\frac{1}{2}t+1 \qquad\cdots\cdots\ \bigcirc$$
두 식 $\bigcirc$, $\bigcirc$이 일치하므로
$$a=-1,\ b=1$$

$2^a=\frac{1}{2}=2^{-1}$

$$\therefore a+b=-1+1=0$$

0336 답 ②

0337 답 ①

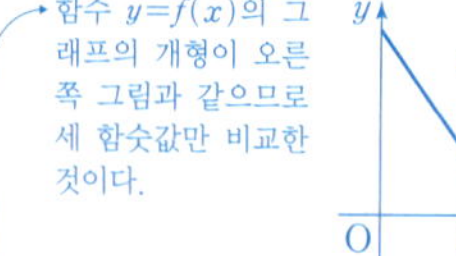

$f(x)=\dfrac{|x-2|}{2}+1$이라 하면 $f(0)=2,\ f(2)=1,\ f(3)=\dfrac{3}{2}$이므로 $0\leq x\leq 3$에서 $1\leq f(x)\leq 2$

함수 $y=3^{f(x)}-1$은 밑이 1보다 크므로 $f(0)=2$, 즉 $x=0$일 때 최대이고 최댓값은
$$y=3^{f(0)}-1=3^2-1=8$$
$$\therefore a=0,\ b=8$$

$f(2)=1$, 즉 $x=2$일 때 최소이고 최솟값은
$$y=3^{f(2)}-1=3^1-1=2$$
$$\therefore c=2,\ d=2$$
$$\therefore a+b+c+d=0+8+2+2=12$$

0338 답 ②

$f(x)=x^2+2x+a$라 하면 $f(x)=(x+1)^2+a-1$

$f(1)=a+3$, $f(3)=a+15$이므로 $1\leq x\leq 3$에서

$a+3\leq f(x)\leq a+15$

함수 $y=\left(\dfrac{1}{2}\right)^{f(x)}+1$에서 밑이 0보다 크고 1보다 작으므로

$f(1)=a+3$, 즉 $x=1$일 때 최대이고 최댓값은

$y=\left(\dfrac{1}{2}\right)^{f(1)}+1=\left(\dfrac{1}{2}\right)^{a+3}+1=9$

$\left(\dfrac{1}{2}\right)^{a+3}=8$, $\left(\dfrac{1}{2}\right)^{a+3}=\left(\dfrac{1}{2}\right)^{-3}$

$\therefore a=-6$

0339 답 64

$h(x)=f(x)g(x)$

$\quad =2^{x+1}\cdot\left(\dfrac{1}{4}\right)^{x-3}=2^{x+1}\cdot(2^{-2})^{x-3}$

$\quad =2^{x+1}\cdot 2^{-2x+6}=2^{-x+7}$

이때 $p(x)=x^2-2x+7$이라 하면

$p(x)=(x-1)^2+6$

함수 $h(x)=2^{p(x)}$은 밑이 1보다 크므로 $x=1$일 때 최소이고 최솟값은

$h(1)=2^{p(1)}=2^6=64$

0340 답 ②

$f(x)=x^2-2x-2$라 하면 $f(x)=(x-1)^2-3$

$f(0)=-2$, $f(1)=-3$, $f(3)=1$이므로 $0\leq x\leq 3$에서

$-3\leq f(x)\leq 1$

(i) $0<a<1$일 때,

함수 $y=a^{f(x)}$은 $f(1)=-3$, 즉 $x=1$일 때 최댓값을 가지므로

$y=a^{f(1)}=a^{-3}=8$ $\qquad \therefore a=\dfrac{1}{2}$

(ii) $a>1$일 때,

함수 $y=a^{f(x)}$은 $f(3)=1$, 즉 $x=3$일 때 최댓값을 가지므로

$y=a^{f(3)}=a^1=8$ $\qquad \therefore a=8$

(i), (ii)에서 구하는 모든 실수 a의 값의 합은

$\dfrac{1}{2}+8=\dfrac{17}{2}$

0341 답 ⑤

0342 답 ⑤

$3^{a+x}>0$, $3^{b-x}>0$이므로 산술평균과 기하평균의 관계에 의하여

$3^{a+x}+3^{b-x}\geq 2\sqrt{3^{a+x}\cdot 3^{b-x}}$

$\qquad\qquad\qquad =2\sqrt{3^{a+b}}=18$

$\sqrt{3^{a+b}}=9$ $\quad$ ……㉠

이때 등호는 $3^{a+x}=3^{b-x}$일 때 성립하고 이를 만족시키는 x의 값이 0이므로 $a+0=b-0$에서 $a=b$이다.

㉠에서 $3^{\frac{a+b}{2}}=9$이므로

$3^{\frac{a+a}{2}}=3^a=3^2$ $\quad \therefore a=b=2$

$\therefore a^2+b^2=2^2+2^2=8$

0343 답 ③

두 점 A, B의 좌표는 각각 $A(k,\,2^k)$, $B(k,\,-2^{2-k})$이고

$\overline{AB}=2^k-(-2^{2-k})=2^k+2^{2-k}$

$2^k>0$, $2^{2-k}>0$이므로 산술평균과 기하평균의 관계에 의하여

$\overline{AB}=2^k+2^{2-k}$

$\qquad \geq 2\sqrt{2^k\cdot 2^{2-k}}$

$\qquad =2\sqrt{2^2}=4$

이때 등호는 $2^k=2^{2-k}$일 때 성립하므로

$k=2-k$ $\qquad \therefore k=1$

따라서 $\alpha=1$, $\beta=4$이므로

$\alpha+\beta=1+4=5$

0344 답 ④

$2^x+2^{-x}=t$라 하면 $2^x>0$, $2^{-x}>0$이므로 산술평균과 기하평균의 관계에 의하여

$t=2^x+2^{-x}\geq 2\sqrt{2^x\cdot 2^{-x}}=2$ (단, 등호는 $2^x=2^{-x}$일 때 성립)

이때 $4^x+4^{-x}=(2^x+2^{-x})^2-2=t^2-2$이므로 주어진 함수는

$y=(t^2-2)+t+1$

$\quad =t^2+t-1=\left(t+\dfrac{1}{2}\right)^2-\dfrac{5}{4}$ $(t\geq 2)$

따라서 주어진 함수는 $t=2$일 때 최소이므로 최솟값은

$2^2+2-1=5$

0345 답 19

$3^x+3^{-x}=t$라 하면 $3^x>0$, $3^{-x}>0$이므로 산술평균과 기하평균의 관계에 의하여

$t=3^x+3^{-x}\geq 2\sqrt{3^x\cdot 3^{-x}}=2$ (단, 등호는 $3^x=3^{-x}$일 때 성립)

이때 $9^x+9^{-x}=(3^x+3^{-x})^2-2=t^2-2$이므로 주어진 함수는

$y=-t^2+at+b+2$ $(t\geq 2)$ $\qquad$ ……㉠

$x=1$일 때 t의 값은 $t=3+\dfrac{1}{3}=\dfrac{10}{3}>2$이므로 함수 ㉠은 $t=\dfrac{10}{3}$

에서 최댓값 $\dfrac{7}{9}$을 갖는다. 즉,

$y=-\left(t-\dfrac{10}{3}\right)^2+\dfrac{7}{9}$

$\quad =-t^2+\dfrac{20}{3}t-\dfrac{31}{3}$ $\qquad$ ……㉡

두 식 ㉠, ㉡이 일치하므로

$a=\dfrac{20}{3}$, $b+2=-\dfrac{31}{3}$

$\therefore b=-\dfrac{37}{3}$

$\therefore a-b=\dfrac{20}{3}-\left(-\dfrac{37}{3}\right)=19$

0346 답 ②

0347 답 ⑤

$\left(\dfrac{2}{3}\right)^{2x-1}=\left(\dfrac{3}{2}\right)^{x^2-2}$에서 $\left(\dfrac{3}{2}\right)^{-2x+1}=\left(\dfrac{3}{2}\right)^{x^2-2}$이므로

$-2x+1=x^2-2$, $x^2+2x-3=0$

$(x+3)(x-1)=0$

$\therefore x=-3$ 또는 $x=1$

즉, $\alpha=-3$, $\beta=1$ 또는 $\alpha=1$, $\beta=-3$이므로 $\alpha^2+\beta^2=10$

● **다른 풀이** ●

이차방정식 $x^2+2x-3=0$의 두 근이 α, β이므로 이차방정식의 근과 계수의 관계에 의하여

$\alpha+\beta=-2$, $\alpha\beta=-3$

$\therefore \alpha^2+\beta^2=(\alpha+\beta)^2-2\alpha\beta$
$=(-2)^2-2\cdot(-3)=10$

0348 답 83

방정식 $(2^x-4)(3^x-k)=0$에서

$2^x=4$ 또는 $3^x=k$

$2^x=4$에서 $2^x=2^2$ $\quad\therefore x=2$

이때 주어진 방정식의 두 근이 4, α이므로 $\alpha=2$이다.
두 근이 4, α인데 $x=2$가 근이므로 α가 2이어야 한다.

한편, $3^x=k$에서 주어진 방정식의 근이 $x=4$이므로

$k=3^4=81$

$\therefore a+k=2+81=83$

0349 답 ①

$(2\sqrt{2})^{x^2-2}-\dfrac{16^x}{2^k}=0$에서

$(2^{\frac{3}{2}})^{x^2-2}=\dfrac{(2^4)^x}{2^k}$, 즉 $2^{\frac{3}{2}x^2-3}=2^{4x-k}$이므로

$\dfrac{3}{2}x^2-3=4x-k$
밑이 같으므로 지수끼리 같다.

$3x^2-8x-6+2k=0$ $\quad\cdots\cdots$ ㉠

이 이차방정식의 한 근이 3이므로

$3\cdot3^2-8\cdot3-6+2k=0$

$\therefore k=\dfrac{3}{2}$

$k=\dfrac{3}{2}$을 ㉠에 대입하면

$3x^2-8x-6+2\cdot\dfrac{3}{2}=0$, $3x^2-8x-3=0$

$(3x+1)(x-3)=0$

$\therefore x=-\dfrac{1}{3}$ 또는 $x=3$

따라서 $\alpha=-\dfrac{1}{3}$이므로

$\alpha+k=-\dfrac{1}{3}+\dfrac{3}{2}=\dfrac{7}{6}$

0350 답 5

$\dfrac{3^{f(x+1)}}{9^{f(x-1)}}=\dfrac{1}{27}$의 양변에 $9^{f(x-1)}$을 곱하여 정리하면

$3^{f(x+1)}=3^{-3}\cdot3^{2f(x-1)}$

$3^{f(x+1)}=3^{2f(x-1)-3}$
밑이 같으므로 지수끼리 같다.

따라서 $f(x+1)=2f(x-1)-3$이므로

$(x+1)^2+(x+1)=2\{(x-1)^2+(x-1)\}-3$

$x^2+3x+2=2(x^2-x)-3$

$\therefore x^2-5x-5=0$

따라서 이차방정식의 근과 계수의 관계에 의하여 두 근의 합은 5이다.

0351 답 ③

0352 답 ②

$2^{x+1}+2^{2-x}=9$의 양변에 2^x을 곱하여 정리하면
좌변의 식에서 2^{-x}을 없애기 위함이다.

$2^{2x+1}-9\cdot2^x+2^2=0$

$2^x=t$ $(t>0)$라 하면 주어진 방정식은

$2t^2-9t+4=0$, $(2t-1)(t-4)=0$

$\therefore t=\dfrac{1}{2}$ 또는 $t=4$

즉, $2^x=2^{-1}$ 또는 $2^x=2^2$이므로

$x=-1$ 또는 $x=2$

따라서 두 실근의 곱은

$(-1)\cdot2=-2$

0353 답 ⑤

방정식 $2^x+2^{3-x}=k$의 한 근이 $x=1$이므로
대입하면 성립한다.

$2+2^2=k$ $\quad\therefore k=6$

이때 $2^x=t$ $(t>0)$라 하면 주어진 방정식은

$t+\dfrac{8}{t}=6$, $t^2-6t+8=0$

$(t-2)(t-4)=0$

$\therefore t=2$ 또는 $t=4$

즉, $2^x=2$ 또는 $2^x=2^2$이므로

$x=1$ 또는 $x=2$
$x=1$은 이미 제시된 근이다.

따라서 주어진 방정식의 다른 한 근은 2이다.

0354 답 4

방정식 $a^x+\dfrac{1}{a^x}=\dfrac{17}{4}$의 한 근이 $x=-2$이므로

$a^{-2}+\dfrac{1}{a^{-2}}=\dfrac{17}{4}$

$4a^4-17a^2+4=0$

$(4a^2-1)(a^2-4)=0$

$a>1$이므로 $a^2=4$에서 $a=2$

$\therefore 2^x+\dfrac{1}{2^x}=\dfrac{17}{4}$

이때 $2^x=t$ $(t>0)$라 하면 주어진 방정식은

$t+\dfrac{1}{t}=\dfrac{17}{4}$, $4t^2-17t+4=0$

$(4t-1)(t-4)=0$

$\therefore t=\dfrac{1}{4}$ 또는 $t=4$

즉, $2^x=2^{-2}$ 또는 $2^x=2^2$이므로

$x=-2$ 또는 $x=2$
$x=-2$는 이미 제시된 근이다.

따라서 $b=2$이므로

$a+b=2+2=4$

0355 답 ①

주어진 방정식을 정리하면

$2(2^{2x}+2^{-2x})-(2^x+2^{-x})-6=0$

이때 $2^x+2^{-x}=t$ $(t\geq2)$라 하면
산술평균과 기하평균의 관계에 의하여 $2^x+2^{-x}\geq2\sqrt{2^x\cdot2^{-x}}=2$
(단, 등호는 $2^x=2^{-x}$일 때 성립)

$2^{2x}+2^{-2x}=(2^x+2^{-x})^2-2=t^2-2$

이므로 주어진 방정식은

$2(t^2-2)-t-6=0$, $2t^2-t-10=0$

$(t+2)(2t-5)=0$

$\therefore t = \dfrac{5}{2}$ $(\because t \geq 2)$

$2^x + 2^{-x} = \dfrac{5}{2}$에서 $2^x = s$ $(s > 0)$라 하면

$s + \dfrac{1}{s} = \dfrac{5}{2}$, $2s^2 - 5s + 2 = 0$

$(2s - 1)(s - 2) = 0$

$\therefore s = \dfrac{1}{2}$ 또는 $s = 2$

즉, $2^x = 2^{-1}$ 또는 $2^x = 2$이므로

$x = -1$ 또는 $x = 1$

따라서 모든 실근의 곱은

$(-1) \cdot 1 = -1$

0356 답 3

0357 답 ③

$5^x = t$ $(t > 0)$라 하면 주어진 방정식은

$t^2 - 8t + m^2 - 9 = 0$ ······ ㉠

주어진 방정식이 오직 하나의 실근을 가지려면 방정식 ㉠이 하나의 양의 실근을 가지면 된다. 즉, 방정식 ㉠이 양의 중근을 갖거나, 두 근이 (양의 실근, 0) 또는 (양의 실근, 음의 실근)이면 된다.

(i) 양의 중근을 가질 경우

㉠의 판별식을 D라 하자.

(두 근의 합)$=8 > 0$이므로 $D = 0$이면 양의 중근을 갖는다.

$\dfrac{D}{4} = (-4)^2 - (m^2 - 9) = 25 - m^2 = 0$

$\therefore m = \pm 5$

(ii) 다른 한 근이 0 또는 음수인 경우

두 근의 곱이 0보다 작거나 같아야 한다.

(두 근의 곱)$= m^2 - 9 \leq 0$

$\therefore -3 \leq m \leq 3$

(i), (ii)에서 조건을 만족시키는 정수 m은

-5, -3, -2, -1, 0, 1, 2, 3, 5로 개수는 9이다.

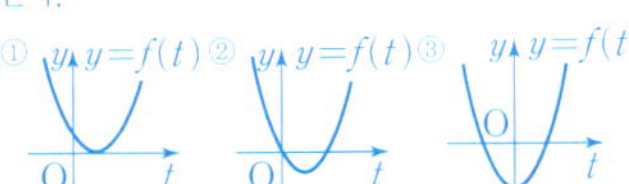

0358 답 ②

$5^{x^2} = \dfrac{25^x}{\sqrt{5^m}}$에서 $5^{x^2} = 5^{2x - \frac{m}{2}}$이므로

$x^2 - 2x + \dfrac{m}{2} = 0$

이 이차방정식의 판별식을 D라 하면

$\dfrac{D}{4} = (-1)^2 - \dfrac{m}{2} = 1 - \dfrac{m}{2} \geq 0$

$\therefore m \leq 2$

따라서 조건을 만족하는 정수 m의 최댓값은 2이다.

0359 답 ④

방정식의 두 근을 n, $n + 1$ (n은 정수)이라 하자.

$3^{2x-1} - k \cdot 3^x + 1 = 0$의 양변에 3을 곱하여 정리하면

$3^{2x} - k \cdot 3^{x+1} + 3 = 0$

$3^x = t$ $(t > 0)$라 하면 주어진 방정식은

$t^2 - 3kt + 3 = 0$ ······ ㉠

방정식 ㉠의 두 근이 3^n, 3^{n+1}이므로 이차방정식의 근과 계수의 관계에 의하여

$3^n \cdot 3^{n+1} = 3^{2n+1} = 3$

$2n + 1 = 1$ $\therefore n = 0$

따라서 주어진 방정식의 두 근은 $x = 0$, $x = 1$이고 이차방정식 ㉠의 두 근은 $3^0 = 1$, $3^1 = 3$이므로 이차방정식의 근과 계수의 관계에 의하여

$3k = 1 + 3 = 4$

$\therefore k = \dfrac{4}{3}$

0360 답 16

$9^{x-1} - k \cdot 3^{x-2} + 1 = 0$의 양변에 9를 곱하여 정리하면

$9^x - k \cdot 3^x + 9 = 0$

$3^x = t$ $(t > 0)$라 하면 주어진 방정식은

$t^2 - kt + 9 = 0$ ······ ㉠

주어진 방정식의 두 실근이 모두 양수이려면 $x > 0$일 때 $3^x > 1$이고 $3^x > 1$일 때 $t > 1$이므로 t에 대한 방정식 ㉠의 두 근이 모두 1보다 커야 한다.

(i) ㉠의 판별식을 D라 하면

$D = (-k)^2 - 4 \cdot 1 \cdot 9 = k^2 - 36 > 0$

$\therefore k < -6$ 또는 $k > 6$

(ii) $f(t) = t^2 - kt + 9$라 할 때

$f(1) = 1 - k + 9 > 0$

$\therefore k < 10$

(iii) 이차함수 $y = f(t)$의 그래프의 축의 방정식이

$t = \dfrac{k}{2}$이므로 $\dfrac{k}{2} > 1$

$\therefore k > 2$

(i), (ii), (iii)에서 조건을 만족시키는 상수 k의 값의 범위는

$6 < k < 10$

따라서 정수 k의 최댓값과 최솟값의 합은

$9 + 7 = 16$

0361 답 2

0362 답 ③

$\dfrac{16}{2^{x^2}} \geq \dfrac{4^x}{16}$에서 $2^{4 - x^2} \geq 2^{2x - 4}$

밑이 1보다 크므로

$4 - x^2 \geq 2x - 4$, $x^2 + 2x - 8 \leq 0$

$(x + 4)(x - 2) \leq 0$

$\therefore -4 \leq x \leq 2$

따라서 $\alpha = -4$, $\beta = 2$이므로

$\beta - \alpha = 2 - (-4) = 6$

0363　답 ③

$(2^x-10)(2^x-100)<0$에서
$10<2^x<100$
이때 $2^3=8$, $2^4=16$, $2^5=32$, $2^6=64$, $2^7=128$이므로
$4\leq x\leq 6$
따라서 구하는 모든 자연수 x의 값의 합은
$4+5+6=15$

0364　답 ⑤

$81\cdot 3^x\geq 9^{|x-a|}$에서 $3^{x+4}\geq 3^{2|x-a|}$
밑이 1보다 크므로
$x+4\geq 2|x-a|$
$-x-4\leq 2x-2a\leq x+4$

　　　　　$|f(x)|\leq g(x)$이면
　　　　　$-g(x)\leq f(x)\leq g(x)$

$-x-4\leq 2x-2a$에서 $x\geq \dfrac{2a-4}{3}$
$2x-2a\leq x+4$에서 $x\leq 2a+4$
$\therefore \dfrac{2a-4}{3}\leq x\leq 2a+4$
이때 x의 값의 범위가 $0\leq x\leq b$이므로
$\dfrac{2a-4}{3}=0$, $2a+4=b$에서
$a=2$, $b=8$
$\therefore a+b=2+8=10$

0365　답 4

$\dfrac{4^{f(x)}}{2^{f(x+1)}}<64$에서 $2^{2f(x)-f(x+1)}<2^6$
밑이 1보다 크므로
$2f(x)-f(x+1)<6$
$2(x^2-2x)-(x^2-1)-6<0$
$x^2-4x-5<0$
$(x+1)(x-5)<0$
$\therefore -1<x<5$
따라서 부등식을 만족시키는 자연수 x는 1, 2, 3, 4로 개수는 4
이다.

0366　답 ②

0367　답 ①

$4^x-2^{x-1}-3\leq 0$에서 $(2^x)^2-\dfrac{1}{2}\cdot 2^x-3\leq 0$
$2^x=t\ (t>0)$라 하고 주어진 부등식의 양변에 2를 곱하여 정리하면
$2t^2-t-6\leq 0$, $(2t+3)(t-2)\leq 0$
$\therefore -\dfrac{3}{2}\leq t\leq 2$
이때 $t>0$이므로 $0<t\leq 2$

　　　　　모든 실수 x에 대하여 항상 $t>0$이므로
　　　　　$t\leq 2$만 푼다.

즉, $2^x\leq 2$에서 밑이 1보다 크므로
$x\leq 1$

0368　답 ③

$3^{x+2}+3^{x-2}\geq 1+3^x\cdot 3^x$에서
$9\cdot 3^x+\dfrac{1}{9}\cdot 3^x\geq 1+(3^x)^2$

$3^x=t\ (t>0)$라 하고 주어진 부등식의 양변에 9를 곱하여 정리하면
$9t^2-82t+9\leq 0$
$(9t-1)(t-9)\leq 0$
$\therefore \dfrac{1}{9}\leq t\leq 9$
즉, $3^{-2}\leq 3^x\leq 3^2$에서 밑이 1보다 크므로
$-2\leq x\leq 2$
따라서 $\alpha=-2$, $\beta=2$이므로
$\alpha+\beta=-2+2=0$

● 다른 풀이 ●

$\alpha\leq x\leq\beta$에서 $3^\alpha\leq 3^x\leq 3^\beta$
즉, $3^\alpha\leq t\leq 3^\beta$에서 이차방정식 $9t^2-82t+9=0$의 두 근이 3^α, 3^β
이므로 이차방정식의 근과 계수의 관계에 의하여
$3^\alpha\cdot 3^\beta=3^{\alpha+\beta}=1=3^0$
$\therefore \alpha+\beta=0$

0369　답 ②

$2^{x-1}+2^{5-x}\leq a$에서 $\dfrac{1}{2}\cdot 2^x+32\cdot\dfrac{1}{2^x}\leq a$
$2^x=t\ (t>0)$라 하고 주어진 부등식의 양변에 $2t$를 곱하여 정리
하면
$t^2-2at+64\leq 0$ 　　…… ㉠
한편, $1\leq x\leq b$에서 $2^1\leq 2^x\leq 2^b$
해가 $2\leq t\leq 2^b$이고 t^2의 계수가 1인 이차부등식은
$(t-2)(t-2^b)\leq 0$
$\therefore t^2-(2+2^b)t+2\cdot 2^b\leq 0$
이것이 ㉠과 일치하므로
$2a=2+2^b$, $64=2\cdot 2^b$
$\therefore a=17$, $b=5$
$\therefore a+b=17+5=22$

0370　답 ④

$a^x=t\ (t>0)$라 하면 주어진 부등식은
$t^2-10t+b\leq 0$ 　　…… ㉠
$1\leq x\leq 3$에서 $a^1\leq a^x\leq a^3\ (\because a>1)$
$\therefore a\leq t\leq a^3$
해가 $a\leq t\leq a^3$이고 t^2의 계수가 1인 이차부등식은
$(t-a)(t-a^3)\leq 0$
$\therefore t^2-(a+a^3)t+a^4\leq 0$
이것이 ㉠과 일치하므로
$10=a+a^3$, $b=a^4$
$a^3+a=10$에서 $a^3+a-10=0$
$(a-2)(a^2+2a+5)=0$
$\therefore a=2\ (\because a는 실수)$
$a=2$를 $b=a^4$에 대입하면 $b=16$
$\therefore a+b=2+16=18$

0371　답 2

0372　답 3

$3^x=t\ (t>0)$라 하면 주어진 부등식은
$t^2-2kt+k^2-k+3\leq 0$ 　　…… ㉠

부등식 ㉠이 $t>0$의 범위에서 해를 가지려면 t에 대한 이차방정식 $t^2-2kt+k^2-k+3=0$이 적어도 하나의 양의 실근을 가져야 한다.

(i) 이차방정식 $t^2-2kt+k^2-k+3=0$의 판별식을 D라 하면

$$\frac{D}{4}=(-k)^2-1\cdot(k^2-k+3)$$
$$=k^2-k^2+k-3$$
$$=k-3\geq0$$
$$\therefore\ k\geq3$$

(ii) 이차방정식 $t^2-2kt+k^2-k+3=0$에서

$$(\text{두 근의 곱})=k^2-k+3$$
$$=\left(k-\frac{1}{2}\right)^2+\frac{11}{4}>0$$

이므로 두 실근 모두 양수이어야 한다.

즉, $(\text{두 근의 합})=2k>0$　　$\therefore\ k>0$

(i), (ii)에서 $k\geq3$

따라서 조건을 만족시키는 실수 k의 최솟값은 3이다.

0373　답 ②

$\left(\dfrac{1}{2}\right)^{a(x-2)^2}>2^{a+3}$이므로 $\left(\dfrac{1}{2}\right)^{a(x-2)^2}>\left(\dfrac{1}{2}\right)^{-a-3}$

주어진 부등식의 밑이 0보다 크고 1보다 작으므로

$$a(x-2)^2<-a-3$$
$$ax^2-4ax+5a+3<0\quad\cdots\cdots㉠$$

이차부등식 ㉠이 모든 실수 x에 대하여 성립하려면 $a<0$이고 이차방정식 $ax^2-4ax+5a+3=0$의 판별식을 D라 할 때 $D<0$이어야 하므로

$$\frac{D}{4}=(-2a)^2-a(5a+3)$$
$$=-a^2-3a=-a(a+3)<0$$
$$\therefore\ a<-3\ \text{또는}\ a>0$$

이때 $a<0$이므로 조건을 만족시키는 a의 값의 범위는

$$a<-3$$

따라서 정수 a의 최댓값은 -4이다.

0374　답 ⑤

$2^x=t\ (t>0)$라 하면 주어진 부등식은

$$t^2-2(a-1)t+2a+6\leq0\quad\cdots\cdots㉠$$

주어진 부등식이 오직 하나의 실근을 가지므로 부등식 ㉠은 오직 하나의 양의 실근을 가져야 한다.

이차방정식 $t^2-2(a-1)t+2a+6=0$의 판별식을 D라 하면

$$\frac{D}{4}=(a-1)^2-1\cdot(2a+6)$$
$$=a^2-4a-5=0$$
$$(a+1)(a-5)=0$$
$$\therefore\ a=-1\ \text{또는}\ a=5$$

이때 이차방정식 $t^2-2(a-1)t+2a+6=0$의 두 근의 합이 양수이어야 하므로

$$2(a-1)>0\quad\therefore\ a>1$$

따라서 조건을 만족시키는 a의 값은 5이다.

0375　답 ③

$2^{2x-1}+a\cdot2^x-a^2+3a\geq0$에서
$(2^x)^2+2a\cdot2^x-2a^2+6a\geq0$

$2^x=t\ (t>0)$라 하면 주어진 부등식은

$$t^2+2at-2a^2+6a\geq0\quad\cdots\cdots㉠$$

부등식 ㉠이 $t>0$의 범위에서 항상 성립하면 되므로 t에 대한 이차방정식 $t^2+2at-2a^2+6a=0$의 판별식 D에 대하여 $D\leq0$이거나, 이차방정식이 0 이하의 두 실근을 가져야 한다.

(i) $D\leq0$인 경우

$$\frac{D}{4}=a^2-(-2a^2+6a)$$
$$=3a^2-6a$$
$$=3a(a-2)\leq0$$
$$\therefore\ 0\leq a\leq2$$

(ii) 이차방정식이 0 이하의 두 실근을 갖는 경우

$D\geq0$에서 $a\leq0$ 또는 $a\geq2$

$$(\text{두 근의 합})=-2a\leq0$$
$$\therefore\ a\geq0$$
$$(\text{두 근의 곱})=-2a^2+6a$$
$$=-2a(a-3)\geq0$$
$$\therefore\ 0\leq a\leq3$$

따라서 공통 범위를 구하면

$$a=0,\ 2\leq a\leq3$$

(i), (ii)에서 조건을 만족시키는 a의 값의 범위는 $0\leq a\leq3$이므로 $M=3$, $m=0$이다.

$$\therefore\ M+m=3+0=3$$

0376　답 3

0377　답 5

$\begin{cases}2^{x+1}+2^{y+1}=9\\2^{x+y+1}=4\end{cases}$에서 $\begin{cases}2\cdot2^x+2\cdot2^y=9\\2\cdot2^x\cdot2^y=4\end{cases}$

$2^x=A$, $2^y=B\ (A>0,\ B>0)$라 하면 주어진 연립방정식은

$$\begin{cases}2A+2B=9\\2AB=4\end{cases}$$

이때 $A+B=\dfrac{9}{2}$, $AB=2$이므로 A, B를 두 근으로 하는 t에 대한 이차방정식을 세우면

$$t^2-\frac{9}{2}t+2=0$$
$$2t^2-9t+4=0,\ (2t-1)(t-4)=0$$
$$\therefore\ A=\frac{1}{2},\ B=4\ \text{또는}\ A=4,\ B=\frac{1}{2}$$

즉, $2^x=\dfrac{1}{2}$, $2^y=4$ 또는 $2^x=4$, $2^y=\dfrac{1}{2}$이므로

$$x=-1,\ y=2\ \text{또는}\ x=2,\ y=-1$$

이때 $\alpha<\beta$이므로 $\alpha=-1$, $\beta=2$

$$\therefore\ \alpha^2+\beta^2=(-1)^2+2^2=5$$

0378　답 ④

$\begin{cases}2^{x+1}-3^y=5\\4^x+9^y=25\end{cases}$에서 $\begin{cases}2\cdot2^x-3^y=5\\(2^x)^2+(3^y)^2=25\end{cases}$

$2^x=A$, $3^y=B\ (A>0,\ B>0)$라 하면 주어진 연립방정식은

$$\begin{cases}2A-B=5\quad\cdots\cdots㉠\\A^2+B^2=25\quad\cdots\cdots㉡\end{cases}$$

㉠에서 $B=2A-5$이므로 ㉡에 대입하면
$A^2+(2A-5)^2-25=0$
$5A^2-20A=0$, $5A(A-4)=0$
$\therefore A=4$ $(\because A>0)$
$B=2\cdot4-5=3$
즉, $2^x=2^2$, $3^y=3$이므로 $x=2$, $y=1$
따라서 $\alpha=2$, $\beta=1$이므로
$10\alpha+\beta=20+1=21$

0379 답 ③

$\dfrac{1}{16^x}<\left(\dfrac{1}{2}\right)^{x^2}<\dfrac{1}{2}$에서 $\left(\dfrac{1}{2}\right)^{4x}<\left(\dfrac{1}{2}\right)^{x^2}<\dfrac{1}{2}$

밑이 0보다 크고 1보다 작으므로 $1<x^2<4x$

(i) $1<x^2$에서 $x^2-1>0$
　　$(x+1)(x-1)>0$
　　$\therefore x<-1$ 또는 $x>1$
(ii) $x^2<4x$에서 $x^2-4x<0$
　　$x(x-4)<0$ $\therefore 0<x<4$
(i), (ii)에서 주어진 부등식의 해는 $1<x<4$
따라서 주어진 부등식을 만족시키는 정수 x는 2, 3으로 개수는 2
이다.

0380 답 ②

(i) $2^{x^2-4}<(\sqrt{2})^{x+2}$에서 $2^{x^2-4}<2^{\frac{x+2}{2}}$
　　밑이 1보다 크므로
　　$x^2-4<\dfrac{x+2}{2}$, $2x^2-x-10<0$
　　$(x+2)(2x-5)<0$
　　$\therefore -2<x<\dfrac{5}{2}$
(ii) $4^{x-2}-5\cdot2^{x-3}+1<0$에서
　　$\dfrac{1}{16}\cdot(2^x)^2-\dfrac{5}{8}\cdot2^x+1<0$
　　$2^x=t$ $(t>0)$라 하면 이 부등식은
　　$\dfrac{1}{16}t^2-\dfrac{5}{8}t+1<0$, $t^2-10t+16<0$
　　$(t-2)(t-8)<0$
　　$\therefore 2<t<8$
　　즉, $2^1<2^x<2^3$에서 밑이 1보다 크므로
　　$1<x<3$
(i), (ii)에서 주어진 부등식의 해는 $1<x<\dfrac{5}{2}$

따라서 $\alpha=1$, $\beta=\dfrac{5}{2}$이므로

$\alpha+\beta=1+\dfrac{5}{2}=\dfrac{7}{2}$

0381 답 5

0382 답 ②

오류 발생률이 50 %인 AI는 n개월 뒤의 오류 발생률이

$50\cdot\left(\dfrac{1}{2}\right)^n$ %이므로 오류 발생률이 0.2 % 이하로 낮아지려면

1개월 뒤: $50\cdot\dfrac{1}{2}$, 2개월 뒤: $\left(50\cdot\dfrac{1}{2}\right)\cdot\dfrac{1}{2}$, 3개월 뒤: $\left(50\cdot\dfrac{1}{2}\cdot\dfrac{1}{2}\right)\cdot\dfrac{1}{2}$ …

$50\cdot\left(\dfrac{1}{2}\right)^n\leq0.2$

$\left(\dfrac{1}{2}\right)^n\leq\dfrac{1}{250}$

이때 $\left(\dfrac{1}{2}\right)^7=\dfrac{1}{128}$, $\left(\dfrac{1}{2}\right)^8=\dfrac{1}{256}$이므로 $n\geq8$

따라서 이 공약대로라면 최소 8개월 뒤부터 오류 발생률이 0.2 % 이하로 낮아진다.

0383 답 ③

$T=50$일 때 $P=10$이므로 $10=10^{k-\frac{1000}{50+250}}=10^{k-\frac{10}{3}}$에서

$k-\dfrac{10}{3}=1$ $\therefore k=\dfrac{13}{3}$

따라서 $T=350$일 때 P의 값은

$P=10^{\frac{13}{3}-\frac{1000}{350+250}}=10^{\frac{13}{3}-\frac{5}{3}}=10^{\frac{8}{3}}$

$\therefore p=\dfrac{8}{3}$

0384 답 63

$\dfrac{10^{2.5}}{10}=10^{\frac{1}{5}(1.2-M)}$에서 $10^{1.5}=10^{\frac{1}{5}(1.2-M)}$이므로

$1.5=\dfrac{1}{5}(1.2-M)$

$7.5=1.2-M$ $\therefore M=-6.3$

$\therefore |10M|=|10\cdot(-6.3)|=|-63|=63$

0385 답 11

이 가정의 총소득을 A, 문화생활비를 B라 하면

$A\cdot\dfrac{1}{5}=B$, $\dfrac{B}{A}=\dfrac{1}{5}$ $\cdots\cdots$ ㉠

매년 총소득이 10 %씩 증가하므로 10년 후 이 가정의 총소득을 A'이라 하면

$A'=1.1^{10}A=2.6A$

매년 문화생활비가 8 %씩 증가하므로 10년 후 이 가정의 문화생활비를 B'이라 하면

$B'=1.08^{10}B=2.2B$

따라서 10년 후 이 가정의 총소득 대비 문화생활비로 지출하는 비율 p는

$p=\dfrac{B'}{A'}=\dfrac{2.2B}{2.6A}$

$=\dfrac{2.2}{2.6}\cdot\dfrac{B}{A}=\dfrac{11}{13}\cdot\dfrac{1}{5}=\dfrac{11}{65}$

$\therefore 65p=65\cdot\dfrac{11}{65}=11$

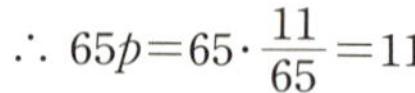

본문 060~063쪽

0386 답 18

One Point Lesson

두 함숫값 $f(a)$, $\dfrac{1}{f(a)}$은 서로 역수 관계임을 이용한다.

$f(2)+\dfrac{1}{f(2)}=a^2+\dfrac{1}{a^2}=7$이므로

$$\left(a+\frac{1}{a}\right)^2=a^2+\frac{1}{a^2}+2=7+2=9$$

$$\therefore a+\frac{1}{a}=3 \ (\because a>1)$$

$$\therefore f(3)+\frac{1}{f(3)}=a^3+\frac{1}{a^3}$$
$$=\left(a+\frac{1}{a}\right)\left(a^2-1+\frac{1}{a^2}\right)$$
$$=3(7-1)=18$$

0387 답 ②

대칭이동, 평행이동하여 얻은 함수의 그래프의 식에 점의 좌표를 대입한다.

$y=a^x$의 그래프를 y축에 대하여 대칭이동시킨 그래프의 식은
$$y=a^{-x}$$
이 그래프를 x축의 방향으로 2만큼, y축의 방향으로 -1만큼 평행이동시킨 그래프의 식은
$$y+1=a^{-(x-2)} \qquad \therefore y=a^{-x+2}-1$$
함수 $y=a^{-x+2}-1$의 그래프가 점 $(4, 1)$을 지나므로
$$1=a^{-2}-1, \ a^2=\frac{1}{2} \qquad \therefore a=\frac{\sqrt{2}}{2} \ (\because a>0)$$

0388 답 ④

$\overline{\mathrm{AB}}=14$를 만족시키는 방정식을 세워서 해결한다.

두 점 A, B의 좌표는 각각 $\mathrm{A}(k, 4^k)$, $\mathrm{B}(k, 2^{k-1})$이다.
이때 $\overline{\mathrm{AB}}=14$이므로
$$\overline{\mathrm{AB}}=|4^k-2^{k-1}|=\left|(2^k)^2-\frac{2^k}{2}\right|=14$$
$2^k=t \ (t>0)$라 하면
$$\left|t^2-\frac{t}{2}\right|=14$$
$$|2t^2-t|=28 \quad \cdots\cdots \ \bigcirc$$

(i) $t\geq\frac{1}{2}$일 때, $2t^2-t\geq0$이므로 $\bigcirc$에서
$$2t^2-t-28=0, \ (2t+7)(t-4)=0$$
$$\therefore t=4 \left(\because t\geq\frac{1}{2}\right)$$
즉, $2^k=4$에서 $k=2$

(ii) $0<t<\frac{1}{2}$일 때, $2t^2-t<0$이므로 $\bigcirc$에서
$$2t^2-t+28=0$$
위의 이차방정식의 판별식을 D라 하면
$$D=(-1)^2-4\cdot2\cdot28<0$$
따라서 주어진 방정식을 만족시키는 실수 t의 값이 존재하지 않는다.

(i), (ii)에서 조건을 만족시키는 실수 k의 값은 2이다.

0389 답 ②

밑을 같게 할 수 없을 때에는 지수를 같게 하여 밑의 크기를 비교한다.

세 자연수 3, 4, 6의 최소공배수가 12이므로

$$A=\sqrt[3]{2}=2^{\frac{1}{3}}=(2^4)^{\frac{1}{12}}=16^{\frac{1}{12}}$$
$$\therefore A^{12}=16$$
$$B=\sqrt[4]{3}=3^{\frac{1}{4}}=(3^3)^{\frac{1}{12}}=27^{\frac{1}{12}}$$
$$\therefore B^{12}=27$$
$$C=\sqrt[6]{5}=5^{\frac{1}{6}}=(5^2)^{\frac{1}{12}}=25^{\frac{1}{12}}$$
$$\therefore C^{12}=25$$
이때 $16<25<27$이므로
$$A^{12}<C^{12}<B^{12}$$
$$\therefore A<C<B \ (\because A>0, \ B>0, \ C>0)$$

0390 답 ③

각 함수의 최댓값, 최솟값을 구한다.

$0<a<1$이므로 함수 $f(x)=a^x$은 $-1\leq x\leq1$에서 $x=-1$일 때 최대이고 최댓값은 a^{-1}, $x=1$일 때 최소이고 최솟값은 a이다.
또한, $b>1$이므로 함수 $g(x)=b^x$은 $-1\leq x\leq1$에서 $x=1$일 때 최대이고 최댓값은 b, $x=-1$일 때 최소이고 최솟값은 b^{-1}이다.
이때 두 함수 $f(x)$, $g(x)$의 최댓값의 합이 3이므로
$$a^{-1}+b=\frac{1}{a}+b=3$$
$$b=3-\frac{1}{a} \qquad \cdots\cdots \ \bigcirc$$
최솟값의 합이 $\frac{4}{3}$이므로
$$a+b^{-1}=a+\frac{1}{b}=\frac{4}{3} \qquad \cdots\cdots \ \bigcirc\!\!\bigcirc$$
$\bigcirc$, $\bigcirc\!\!\bigcirc$에서
$$a+\frac{1}{3-\frac{1}{a}}=\frac{4}{3}, \ a+\frac{a}{3a-1}-\frac{4}{3}=0$$
$$3a(3a-1)+3a-4(3a-1)=0$$
$$9a^2-12a+4=0$$
$$(3a-2)^2=0 \qquad \therefore a=\frac{2}{3}$$
$a=\frac{2}{3}$를 $\bigcirc$에 대입하면
$$b=3-\frac{1}{\frac{2}{3}}=3-\frac{3}{2}=\frac{3}{2}$$
$$\therefore \frac{b}{a}=\frac{\frac{3}{2}}{\frac{2}{3}}=\frac{9}{4}$$

0391 답 8

두 점 A, B의 좌표를 각각 구하여 $\triangle \mathrm{OAB}$의 높이, 밑변의 길이를 찾는다.

두 점 A, B는 직선 $y=4$ 위의 점이므로 각각 $\mathrm{A}(x_1, 4)$, $\mathrm{B}(x_2, 4)$라 하자.
점 $\mathrm{A}(x_1, 4)$는 함수 $y=2^x$의 그래프 위의 점이므로
$$2^{x_1}=4 \qquad \therefore x_1=2$$
점 $\mathrm{B}(x_2, 4)$는 함수 $y=\left(\frac{1}{2}\right)^x$의 그래프 위의 점이므로
$$\left(\frac{1}{2}\right)^{x_2}=4, \ 2^{-x_2}=2^2 \qquad \therefore x_2=-2$$

선분 AB의 길이는
$x_1-x_2=2-(-2)=4$
따라서 삼각형 OAB의 넓이는
$\dfrac{1}{2}\cdot4\cdot4=8$

0392 답 8

> a의 값의 범위에 따라 함수의 증가와 감소가 달라진다.

$f(x)=2^{x-1}\cdot a^{1-x}=\left(\dfrac{2}{a}\right)^{x-1}$

(i) $0<\dfrac{2}{a}<1$, 즉 $a>2$일 때

함수 $f(x)$는 $-1\le x\le2$에서 $x=-1$일 때 최댓값, $x=2$일 때 최솟값을 갖는다.

$f(-1)=\left(\dfrac{2}{a}\right)^{-2}=\dfrac{a^2}{4}=4$

$a^2=16$ $\therefore a=4\ (\because a>0)$

$\therefore f(x)=\left(\dfrac{1}{2}\right)^{x-1}$

이때 $f(2)=\left(\dfrac{1}{2}\right)^{2-1}=\dfrac{1}{2}\ne\dfrac{1}{16}$이므로 조건을 만족하지 않는다.

(ii) $\dfrac{2}{a}>1$, 즉 $0<a<2$일 때

함수 $f(x)$는 $-1\le x\le2$에서 $x=2$일 때 최댓값, $x=-1$일 때 최솟값을 갖는다.

$f(2)=\dfrac{2}{a}=4$ $\therefore a=\dfrac{1}{2}$

$\therefore f(x)=\left(\dfrac{2}{\frac{1}{2}}\right)^{x-1}=4^{x-1}$

이때 $f(-1)=4^{-1-1}=\dfrac{1}{16}$이므로 조건을 만족시킨다.

(iii) $\dfrac{2}{a}=1$, 즉 $a=2$이면 $f(x)=1$이므로 최댓값과 최솟값 모두 1이 되어 조건을 만족하지 않는다.

(i), (ii), (iii)에서 $a=\dfrac{1}{2}$

$\therefore 16a=16\cdot\dfrac{1}{2}=8$

0393 답 ③

> $\dfrac{A+B+C}{D}=\dfrac{A}{D}+\dfrac{B}{D}+\dfrac{C}{D}$임을 이용하여 5^x에 대한 식으로 정리한다.

$y=\dfrac{625+25^x+5^x}{5^x}$

$=\dfrac{5^4+5^{2x}+5^x}{5^x}$

$=5^{4-x}+5^x+1$

$\ge2\sqrt{5^{4-x}\cdot5^x}+1$ (단, 등호는 $5^{4-x}=5^x$일 때 성립한다.)
   ←산술평균과 기하평균의 관계식

$=2\sqrt{5^4}+1$

$=50+1=51$

0394 답 ①

> $a^x=t\ (t>0)$로 치환한 후 구한 부등식의 해와 주어진 해가 같음을 이용한다.

$a^x=t\ (t>0)$라 하면 주어진 부등식은
$2t^2+3t-2<0$, $(2t-1)(t+2)<0$
$t+2>0$이므로

$2t-1<0$ $\therefore 0<t<\dfrac{1}{2}$

즉, $a^x<\dfrac{1}{2}$ $\cdots\cdots$ ㉠

이때 주어진 부등식의 해가 $x>\dfrac{1}{2}$이므로 $0<a<1$이고

식 ㉠은 $a^x<a^{\frac{1}{2}}$과 같다.
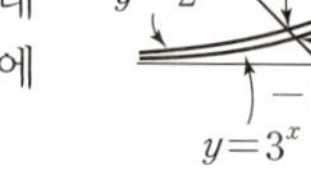

$a^{\frac{1}{2}}=\dfrac{1}{2}$ $\therefore a=\left(\dfrac{1}{2}\right)^2=\dfrac{1}{4}$

0395 답 ③

> 함수의 그래프와 직선을 좌표평면에 나타내어 판단한다.

두 함수 $y=2^x$, $y=3^x$의 그래프와 직선 $x+y+1=0$을 좌표평면에 나타내면 오른쪽 그림과 같다.

이때 $x<0$일 때 함수 $y=3^x$의 그래프는 함수 $y=2^x$의 그래프보다 x축에 가깝다.
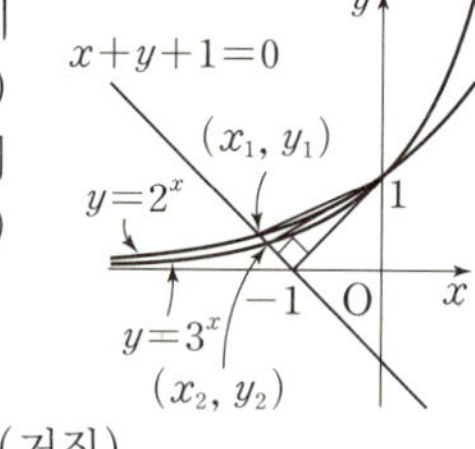

$\therefore x_1<x_2<0,\ 0<y_2<y_1$

ㄱ. $x_1<x_2<0$ (참)

ㄴ. 두 점 $(0,\ 1)$, $(x_1,\ y_1)$ 사이의 거리는
$\sqrt{x_1{}^2+(y_1-1)^2}$
두 점 $(0,\ 1)$, $(x_2,\ y_2)$ 사이의 거리는
$\sqrt{x_2{}^2+(y_2-1)^2}$
점 $(0,\ 1)$에서 직선 $x+y+1=0$에 내린 수선의 발의 좌표는 $(-1,\ 0)$이고, 두 점 $(x_1,\ y_1)$, $(-1,\ 0)$ 사이의 거리가 두 점 $(x_2,\ y_2)$, $(-1,\ 0)$ 사이의 거리보다 크므로
$\sqrt{x_1{}^2+(y_1-1)^2}>\sqrt{x_2{}^2+(y_2-1)^2}$
$\therefore x_1{}^2+(y_1-1)^2>x_2{}^2+(y_2-1)^2$ (거짓)

ㄷ. $x_1<x_2$의 양변에 x_1x_2를 더하면
$x_1+x_1x_2<x_2+x_1x_2$
$x_1(1+x_2)<x_2(1+x_1)$ $\cdots\cdots$ ㉠
이때 두 점 $(x_1,\ y_1)$, $(x_2,\ y_2)$는 직선 $x+y+1=0$ 위의 점이므로
$1+x_1=-y_1$, $1+x_2=-y_2$ $\cdots\cdots$ ㉡
㉡을 ㉠에 대입하면
$x_1\cdot(-y_2)<x_2\cdot(-y_1)$
$x_1y_2>x_2y_1$
$\therefore \dfrac{y_1}{x_1}<\dfrac{y_2}{x_2}$ (참)

따라서 옳은 것은 ㄱ, ㄷ이다.

0396 답 ④

부등식 $(2^{x+1}-4)(2^{x+n}-32)\leq0$의 양변에 $2^{-1}\cdot2^{-n}$을 곱하면
$2^{-1}\cdot2^{-n}>0$이므로
$2^{-1}\cdot2^{-n}\cdot(2^{x+1}-4)(2^{x+n}-32)\leq0$
$2^{-1}(2^{x+1}-2^2)\cdot2^{-n}(2^{x+n}-2^5)\leq0$
$(2^x-2)(2^x-2^{5-n})\leq0$

(i) $5-n>1$, 즉 $n<4$일 때,
  $2\leq2^x\leq2^{5-n}$
  밑이 1보다 크므로
  $1\leq x\leq5-n$
  위의 부등식을 만족시키는 정수 x의 개수가 2이므로
  $5-n=2$
  $\therefore n=3$

(ii) $5-n=1$, 즉 $n=4$일 때,
  $(2^x-2)^2\leq0$, $2^x=2$
  $\therefore x=1$
  따라서 부등식을 만족시키는 정수 x의 개수는 1이므로 조건을 만족시키지 않는다.

(iii) $5-n<1$, 즉 $n>4$일 때,
  $2^{5-n}\leq2^x\leq2$
  밑이 1보다 크므로
  $5-n\leq x\leq1$
  위의 부등식을 만족시키는 정수 x의 개수가 2이므로
  $5-n=0$ $\therefore n=5$

(i), (ii), (iii)에서 조건을 만족시키는 모든 자연수 n의 값은 3, 5이므로 그 합은
$3+5=8$

0397 답 12

$4^x+k\cdot2^x-2k-3=0$에서
$(2^x)^2+k\cdot2^x-2k-3=0$
$2^x=t\ (t>0)$라 하면 주어진 방정식은
$t^2+kt-2k-3=0$
한편, 방정식 $4^x+k\cdot2^x-2k-3=0$의 양의 실근을 α라 하면
$2^\alpha>1$이므로 방정식 $t^2+kt-2k-3=0$은 1보다 큰 실근을 가져야 한다.

(i) 방정식 $t^2+kt-2k-3=0$이 두 실근 t_1, t_2를 갖고 $t_1<1<t_2$일 때, $f(t)=t^2+kt-2k-3$이라 하면
  $f(1)=1^2+k\cdot1-2k-3$
    $=-k-2<0$ 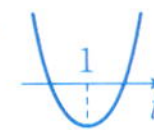 $f(1)<0$인 이유는 오른쪽 그림과 같다.
  $\therefore k>-2$

(ii) 방정식 $t^2+kt-2k-3=0$이 중근을 갖고 그 근이 1보다 클 때, 방정식 $t^2+kt-2k-3=0$의 판별식을 D라 하면
  $D=k^2-4(-2k-3)$
    $=k^2+8k+12=0$
  $(k+2)(k+6)=0$

$\therefore k=-2$ 또는 $k=-6$
$k=-2$일 때, 주어진 방정식은
$t^2-2t+1=0$, $(t-1)^2=0$
$\therefore t=1$
$t>1$의 조건을 만족시키지 않는다.
$k=-6$일 때, 주어진 방정식은
$t^2-6t+9=0$, $(t-3)^2=0$
$\therefore t=3$
$t>1$의 조건을 만족시킨다.
따라서 k의 값은 -6이다.

(i), (ii)와 조건 (가)에서 k의 값의 범위는
$k=-6$ 또는 $-2<k<10$
따라서 조건을 만족시키는 정수 k의 값은
-6, -1, 0, 1, 2, $\cdots$, 9로 개수는 12이다.

0398 답 12

점 $P(6, 0)$을 지나고 x축에 수직인 직선의 방정식은
$x=6$
직선 $x=6$과 두 함수 $y=a^x$, $y=b^x$의 그래프의 교점의 y좌표는 각각 a^6, b^6이다.
사각형 ABDC가 정사각형이므로
$\overline{AC}=\overline{AB}$, $b^6-a^6=6$ $\cdots\cdots$ ㉠
점 E는 선분 AC의 중점이므로 점 E의 x좌표는 3이고 두 점 A, E의 y좌표가 서로 같으므로
$a^6=b^3$ $\cdots\cdots$ ㉡
㉡을 ㉠에 대입하여 정리하면
$b^6-b^3-6=0$
$b^3=t\ (t>1)$라 하면
$t^2-t-6=0$, $(t+2)(t-3)=0$
$\therefore t=3\ (\because t>1)$
즉, $b^3=3$이므로 ㉡에서 $a^6=3$
$\therefore \overline{AP}+\overline{BP}=a^6+b^6$
  $=3+3^2$
  $=12$

0399 답 256

$b^x=t\ (t>0)$라 하면 함수 $y=(f\circ g)(x)$는
$y=t^2-2at+5$
  $=(t-a)^2+5-a^2$
이고, $t=a$, 즉 $b^x=a$일 때 최솟값 $5-a^2$을 갖는다.
이때 최솟값이 1이므로
$5-a^2=1$, $a^2=4$
$\therefore a=2\ (\because a>0)$
한편, $x=\dfrac{1}{2}$일 때 최솟값을 가지므로 $b^{\frac{1}{2}}=2$에서 $b=4$
$\therefore f(x)=x^2-4x+5$, $g(x)=4^x$

$0 \le x \le 3$에서 함수 $f(x)$의 최댓값은 $f(0)=5$, 최솟값은 $f(2)=1$
이므로 $0 \le x \le 3$에서 함수 $(g \circ f)(x)$의 최댓값 M과 최솟값 m은
$M=(g \circ f)(0)=4^5$
$m=(g \circ f)(2)=4$
$\therefore \dfrac{M}{m}=\dfrac{4^5}{4}=4^4=256$

> $f(x)=(x-2)^2+1$이므로
> $f(0)=5, f(2)=1, f(3)=2$
> 이다.

해설 속 칠판 **합성함수의 함숫값**

① 함수 $(g \circ f)(x)$를 구한 후 $x=a$를 대입하여 $(g \circ f)(a)$의 값을 구한다.
② $(g \circ f)(a)=g(f(a))$이므로 $f(a)$의 값을 구한 후 $x=f(a)$를 $g(x)$에 대입하여 $(g \circ f)(a)$의 값을 구한다.

0400 답 28

One Point Lesson
조건으로부터 x, y의 값의 범위를 구한 뒤 치환하여 최댓값과 최솟값을 구한다.

$x+y=1$, $x \ge 0$, $y \ge 0$에서
$x=1-y \ge 0$, $y=1-x \ge 0$
$\therefore 0 \le x \le 1$, $0 \le y \le 1$
$3^x=a$, $3^y=b \ (a>0, b>0)$라 하면
$1 \le a \le 3$, $1 \le b \le 3$
$ab=3^x \cdot 3^y=3^{x+y}=3 \ (\because x+y=1)$
$a+b=k$라 하면 산술평균과 기하평균의 관계에 의하여
$k=a+\dfrac{3}{a}\left(\because b=\dfrac{3}{a}\right)$
$\ge 2\sqrt{a \cdot \dfrac{3}{a}}\left(\text{단, 등호는 } a=\dfrac{3}{a}\text{일 때 성립한다.}\right)$
$=2\sqrt{3}$
즉, $a=\sqrt{3}$일 때 k의 최솟값은 $2\sqrt{3}$이므로 k의 값은 $1 \le a \le \sqrt{3}$일 때 감소, $\sqrt{3} \le a \le 3$일 때 증가한다.
$a=1$일 때 k의 값은 $1+3=4$
$a=3$일 때 k의 값은 $3+1=4$
$\therefore 2\sqrt{3} \le k \le 4$
따라서 $M=4$, $m=2\sqrt{3}$이므로
$M^2+m^2=4^2+(2\sqrt{3})^2=28$

> $k=a+\dfrac{3}{a}$의 그래프는 다음과 같다.

0401 답 ④

One Point Lesson
직선 $y=x+k$의 기울기가 1임을 이용하여 방정식을 세운다.

두 점 A, B의 좌표를 각각 $A(x_1, y_1)$, $B(x_2, y_2)$라 하면 직선 AB의 기울기가 1이므로
$x_2-x_1=y_2-y_1$

> $\dfrac{y_2-y_1}{x_2-x_1}=1$

$\overline{AB}=2\sqrt{2}$이므로
$\overline{AB}=\sqrt{(x_2-x_1)^2+(y_2-y_1)^2}$
$\qquad=\sqrt{2(x_2-x_1)^2}=2\sqrt{2}$
$\therefore x_2-x_1=2$
$y=\dfrac{(\sqrt{2})^x}{2}=(\sqrt{2})^{x-2}$이므로
$y_2-y_1=(\sqrt{2})^{x_2-2}-(\sqrt{2})^{x_1-2}=2 \quad \cdots\cdots ㉠$

$x_2=x_1+2$를 ㉠에 대입하여 정리하면
$(\sqrt{2})^{x_2-2}-(\sqrt{2})^{x_1-2}=(\sqrt{2})^{x_1}-(\sqrt{2})^{x_1-2}$
$\qquad\qquad=(\sqrt{2})^{x_1}-\dfrac{1}{2}\cdot(\sqrt{2})^{x_1}$
$\qquad\qquad=\dfrac{1}{2}\cdot(\sqrt{2})^{x_1}$
$\qquad\qquad=(\sqrt{2})^{x_1-2}$
즉, $(\sqrt{2})^{x_1-2}=2=(\sqrt{2})^2$이므로
$x_1=4$, $x_2=6$
$\therefore A(4, 2), B(6, 4)$

> $A\left(4, \dfrac{(\sqrt{2})^4}{2}\right), B\left(6, \dfrac{(\sqrt{2})^6}{2}\right)$이므로
> $A(4, 2), B(6, 4)$이다.

따라서 직선 $y=x+k$는 점 $A(4, 2)$를 지나므로
$2=4+k$
$\therefore k=-2$

0402 답 170

One Point Lesson
어떤 함수 $f(x)$가 정의역의 모든 원소 x에 대하여 $f(-x)=f(x)$이면 그래프는 y축에 대하여 대칭, $f(-x)=-f(x)$이면 그래프는 원점에 대하여 대칭임을 이용하여 문제를 해결한다.

임의의 실수 x에 대하여 $f(-x)=2^{-x}+2^x=f(x)$이므로 함수 $y=f(x)$의 그래프는 y축에 대하여 대칭이다.

따라서 두 곡선 $y=\dfrac{f(x)}{k}$, $y=\dfrac{k}{f(x)}$도 y축에 대하여 대칭이다.

두 곡선의 서로 다른 두 교점 A, B도 서로 y축에 대하여 대칭이고 $\overline{AB}$는 x축과 평행하다.
$\overline{AB}=4$에서 두 점 A, B의 x좌표는 각각 2, -2이므로 두 곡선
$y=\dfrac{f(x)}{k}$, $y=\dfrac{k}{f(x)}$는 $x=2$와 $x=-2$인 점에서 만난다.

따라서 $\dfrac{f(2)}{k}=\dfrac{k}{f(2)}$에서 $k^2=\{f(2)\}^2$이고 $k>0$이므로
$k=f(2)=2^2+2^{-2}$
$\quad=4+\dfrac{1}{4}=\dfrac{17}{4}$
$\therefore 40k=40 \cdot \dfrac{17}{4}=170$

해설 속 칠판 **대칭성을 갖는 함수의 그래프**

함수 f의 정의역의 모든 원소 x에 대하여
① $f(-x)=f(x)$: 함수 $y=f(x)$의 그래프는 y축에 대하여 대칭이다.
② $f(-x)=-f(x)$: 함수 $y=f(x)$의 그래프는 원점에 대하여 대칭이다.
③ $f(a-x)=f(a+x)$ 또는 $f(x)=f(2a-x)$:
　함수 $y=f(x)$의 그래프는 직선 $x=a$에 대하여 대칭이다.
④ $f(a-x)+f(a+x)=2b$ 또는 $f(x)+f(2a-x)=2b$:
　함수 $y=f(x)$의 그래프는 점 (a, b)에 대하여 대칭이다.

0403 답 6

One Point Lesson
양변의 밑과 지수가 각각 서로 다르고 밑과 지수에 모두 미지수가 있는 지수방정식은 양변의 밑과 지수가 각각 서로 일치할 때 외에도 밑이 1일 때와 지수가 0일 때 양변의 식의 값이 1로 일치하며 성립한다.

주어진 방정식이 성립하는 경우는
(i) 양변의 밑이 모두 1일 때
　$f(x)=1$에서
　$x^2-3x+3=1$, $x^2-3x+2=0$

$(x-1)(x-2)=0$ $\therefore$ $x=1$ 또는 $x=2$

$g(x)=1$에서

$2x^2-10x+13=1$, $x^2-5x+6=0$

$(x-2)(x-3)=0$ $\therefore$ $x=2$ 또는 $x=3$

따라서 조건을 만족하는 x의 값은 2이다.

(ii) 양변의 지수가 모두 0일 때

$f(x)-7=0$에서

$x^2-3x-4=0$, $(x+1)(x-4)=0$

$\therefore$ $x=-1$ 또는 $x=4$

$g(x)-5=0$에서

$2x^2-10x+8=0$, $x^2-5x+4=0$

$(x-1)(x-4)=0$

$\therefore$ $x=1$ 또는 $x=4$

따라서 조건을 만족시키는 x의 값은 4이다.

(iii) 밑과 지수가 모두 같을 때

$f(x)=g(x)$에서

$x^2-3x+3=2x^2-10x+13$

$x^2-7x+10=0$, $(x-2)(x-5)=0$

$\therefore$ $x=2$ 또는 $x=5$

$g(x)-5=f(x)-7$에서

$2x^2-10x+8=x^2-3x-4$

$x^2-7x+12=0$, $(x-3)(x-4)=0$

$\therefore$ $x=3$ 또는 $x=4$

따라서 조건을 만족시키는 x의 값은 없다.

(i), (ii), (iii)에서 주어진 방정식의 근은

$x=2$ 또는 $x=4$

따라서 주어진 방정식의 모든 근의 합은

$2+4=6$

선생님 톡톡

최고차항의 계수가 양수인 이차방정식 $f(x)=0$과 $g(x)=0$의 판별식을 각각 D_1, D_2라 하면

$D_1=(-3)^2-4\cdot1\cdot3=-3<0$, $\dfrac{D_2}{4}=(-5)^2-2\cdot13=-1<0$

이므로 임의의 실수 x에 대하여

$f(x)>0$, $g(x)>0$

0404 답 1

$x<2$일 때 $f(x)<5$, $x\geq2$일 때 $f(x)\geq5$이다.

$g(6)=k$라 하면 $f(k)=6$에서 $6>5$이므로

$f(k)=k+3=6$ ▸ $f(x)\geq5$인 경우이므로 $f(x)=x+3\,(x\geq2)$을 적용한다.

$\therefore$ $k=g(6)=3$ ❶

$(g\circ g)(6)=g(g(6))=g(3)=l$이라 하면

$f(l)=3$에서 $3<5$이므로   ▸ $f(x)<5$인 경우이므로 $f(x)=2^x+1\,(x<2)$을 적용한다.

$f(l)=2^l+1=3$, $2^l=2$ $\therefore$ $l=1$

$\therefore$ $(g\circ g)(6)=1$ ❷

채점 기준	배점 비율
❶ $g(6)$의 값 구하기	55%
❷ $(g\circ g)(6)$의 값 구하기	45%

0405 답 $1<x<5$

$x^{x^2-9}<x^{2x+6}$에서 $x=1$일 때

(좌변)$=1^{-8}=1$, (우변)$=1^8=1$

이므로 부등식은 성립하지 않는다. ❶

(i) $0<x<1$일 때,

$x^2-9>2x+6$, $x^2-2x-15>0$

$(x+3)(x-5)>0$

$\therefore$ $x<-3$ 또는 $x>5$

위의 범위와 $0<x<1$을 동시에 만족시키는 실수 x의 값은 존재하지 않는다. ❷

(ii) $x>1$일 때,

$x^2-9<2x+6$, $x^2-2x-15<0$

$(x+3)(x-5)<0$

$\therefore$ $-3<x<5$

위의 범위와 $x>1$의 공통 범위는

$1<x<5$ ❸

(i), (ii)에서 주어진 부등식의 해는

$1<x<5$ ❹

채점 기준	배점 비율
❶ $x=1$일 때 성립하지 않음을 확인하기	20%
❷ $0<x<1$일 때 성립하지 않음을 확인하기	30%
❸ $x>1$일 때 해 구하기	30%
❹ 주어진 부등식의 해 구하기	20%

0406 답 28

두 점 A, B의 좌표를 각각 $A(x_1,\ a)$, $B(x_2,\ b)$라 하면 선분 AB의 중점의 좌표가 $(2,\ 3)$이므로

$\dfrac{x_1+x_2}{2}=2$, $\dfrac{a+b}{2}=3$ ❶

두 점 A, B는 함수 $y=(\sqrt{2})^x$의 그래프 위의 점이므로

$a=(\sqrt{2})^{x_1}=2^{\frac{x_1}{2}}$, $b=(\sqrt{2})^{x_2}=2^{\frac{x_2}{2}}$

$\therefore$ $ab=2^{\frac{x_1}{2}}\cdot2^{\frac{x_2}{2}}=2^{\frac{x_1+x_2}{2}}$

$\qquad=2^2=4$ ❷

$\therefore$ $a^2+b^2=(a+b)^2-2ab=6^2-2\cdot4=28$ ❸

채점 기준	배점 비율
❶ x_1, x_2, a, b에 대한 관계식 구하기	20%
❷ ab의 값 구하기	50%
❸ a^2+b^2의 값 구하기	30%

0407 답 5

$3^{x^2+y^2+1}=9^{xy-2z(z-1)}$에서 $3^{x^2+y^2+1}=3^{2xy-4z^2+4z}$

밑이 3으로 같으므로

$x^2+y^2+1=2xy-4z^2+4z$

$x^2-2xy+y^2+4z^2-4z+1=0$

$(x-y)^2+(2z-1)^2=0$

이때 x, y, z는 실수이므로

$x=y$, $z=\dfrac{1}{2}$ $\cdots\cdots$ ㉠ ❶

$2^{x+y}=16^z$에서 $2^{x+y}=2^{4z}$

밑이 2로 같으므로

$x+y=4z$ ······ ㉡

                                  ❷

㉠을 ㉡에 대입하면

$x+x=2$ $\therefore x=1,\ y=1$

$\therefore x+2y+4z=1+2\cdot1+4\cdot\dfrac{1}{2}=5$

                                  ❸

채점 기준	배점 비율
❶ $3^{x+y+1}=9^{xy-2z(z-1)}$에서 x, y, z에 대한 관계식 구하기	40%
❷ $2^{x+y}=16^z$에서 x, y, z에 대한 관계식 구하기	30%
❸ $x+2y+4z$의 값 구하기	30%

0408   답 21

$y=2^{x+1}-8,\ y=\left(\dfrac{1}{2}\right)^{x-2}-1$을 연립하면

$2^{x+1}-8=\left(\dfrac{1}{2}\right)^{x-2}-1$

$2\cdot2^x-4\cdot\dfrac{1}{2^x}-7=0$

양변에 2^x을 곱하면

$2\cdot2^{2x}-7\cdot2^x-4=0$

$2^x=t\ (t>0)$라 하면

$2t^2-7t-4=0,\ (2t+1)(t-4)=0$

$\therefore t=4\ (\because t>0)$

즉, $2^x=4$에서 $x=2$

$x=2$를 $y=2^{x+1}-8$에 대입하면

$y=2^3-8=0$

따라서 두 함수 $y=f(x)$, $y=g(x)$의 그래프는 점 $(2,\ 0)$에서 만난다.

                                  ❶

$x=-1$을 $y=2^{x+1}-8$에 대입하면 $y=-7$

$x=-1$을 $y=\left(\dfrac{1}{2}\right)^{x-2}-1$에 대입하면 $y=7$

즉, 직선 $x=-1$과 두 함수 $y=f(x)$, $y=g(x)$의 그래프는 각각 점 $(-1,\ -7)$, 점 $(-1,\ 7)$에서 만난다.

                                  ❷

$-1\le x\le2$에서 정의된 함수 $y=2^{x+1}-8$의 그래프를 y축에 대하여 대칭이동한 뒤 평행이동하면 $-1\le x\le2$에서 정의된 함수 $y=\left(\dfrac{1}{2}\right)^{x-2}-1$의 그래프와 겹치므로

오른쪽 그림과 같이 함수 $y=\left(\dfrac{1}{2}\right)^{x-2}-1$의 그래프와 직선 $x=-1$ 및 x축으로 둘러싸인 도형의 넓이는 함수 $y=2^{x+1}-8$의 그래프와 두 직선 $y=-7$, $x=2$로 둘러싸인 도형의 넓이와 같다.

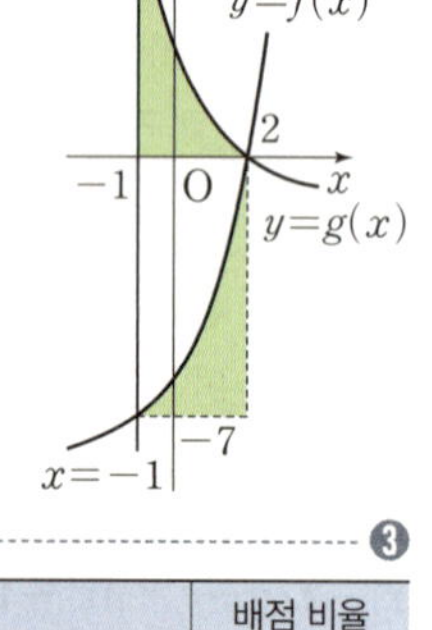

따라서 구하는 도형의 넓이는

$3\cdot7=21$

                                  ❸

채점 기준	배점 비율
❶ 두 함수 $y=f(x)$, $y=g(x)$의 그래프의 교점 구하기	25%
❷ 직선 $x=-1$과 두 함수 $y=f(x)$, $y=g(x)$의 그래프의 교점 구하기	25%
❸ 구하는 도형의 넓이 구하기	50%

0409   답 18

$a>1$이므로 함수 $y=a^{2-x}+b$는 x의 값이 증가하면 y의 값은 감소한다.

$\left[y=a^2\cdot\left(\dfrac{1}{a}\right)^x+b \right.$

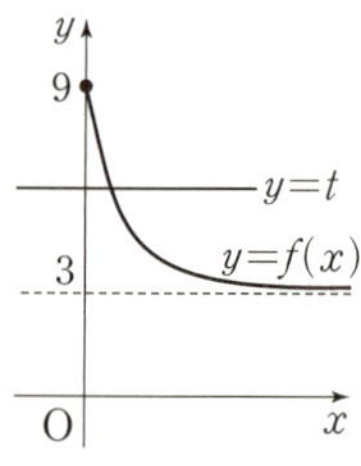

(i) $g(t)=1$을 만족시키는 t의 값의 범위가 $3<t\le9$이면 직선 $y=3$과 함수 $y=f(x)$의 그래프는 서로 만나지 않으므로 함수 $y=f(x)$의 그래프는 직선 $y=3$보다 위쪽에 있다.

즉, 직선 $y=3$은 함수 $y=f(x)$의 그래프의 점근선이므로 $b=3$이다.

이때 $f(0)=a_1^2+b=9$이어야 하므로

$a_1^2=9-b=9-3=6$

                                  ❶

(ii) $g(t)=1$을 만족시키는 t의 값의 범위가 $3\le t\le9$이면 직선 $y=3$과 함수 $y=f(x)$의 그래프는 한 점에서만 만나고 $0<t<3$이면 교점이 없거나 두 개 이상이다.

따라서 함수 $y=f(x)$의 그래프는 오른쪽 그림과 같다.

즉, 함수 $y=a^{2-x}+b$의 그래프의 점근선의 방정식이 $y=-3$이므로 $b=-3$이고, 함수 $y=f(x)$의 그래프는 점 $(0,\ 9)$를 지나므로

$a_2^2+b=9$ $\therefore a_2^2=9-b=9-(-3)=12$

                                  ❷

(i), (ii)에서

$a_1^2+a_2^2=6+12=18$

                                  ❸

채점 기준	배점 비율
❶ $g(t)=1$을 만족시키는 t의 값의 범위가 $3<t\le9$일 때의 상수 a의 값 a_1 구하기	40%
❷ $g(t)=1$을 만족시키는 t의 값의 범위가 해가 $3\le t\le9$일 때의 상수 a의 값 a_2 구하기	50%
❸ $a_1^2+a_2^2$의 값 구하기	10%

본문 064~065쪽

0410 답 $y=\log_{\frac{1}{3}} x$

0411 답 $y=2^x$

0412 답 ㄴ, ㄹ, ㅂ

ㄱ. 정의역은 양의 실수 전체의 집합, 치역은 실수 전체의 집합이다.
ㄷ. 밑 5가 1보다 크므로 x의 값이 증가하면 y의 값도 증가한다.
ㅁ. 그래프의 점근선은 y축이다.
따라서 옳은 것은 ㄴ, ㄹ, ㅂ이다.

0413 답 해설 참조

함수 $y=\log_3(x-2)$의 그래프는 함수 $y=\log_3 x$의 그래프를 x축의 방향으로 2만큼 평행이동한 것이므로 오른쪽 그림과 같다.

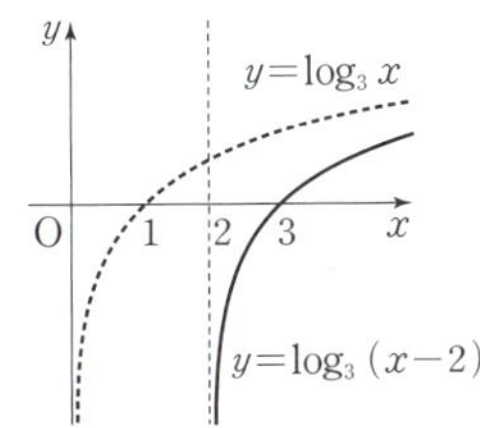

0414 답 해설 참조

$y=\log_3 3x=\log_3 x+1$에서 함수 $y=\log_3 3x$의 그래프는 함수 $y=\log_3 x$의 그래프를 y축의 방향으로 1만큼 평행이동한 것이므로 오른쪽 그림과 같다.

$\log_3 x+\log_3 3=\log_3 x+1$

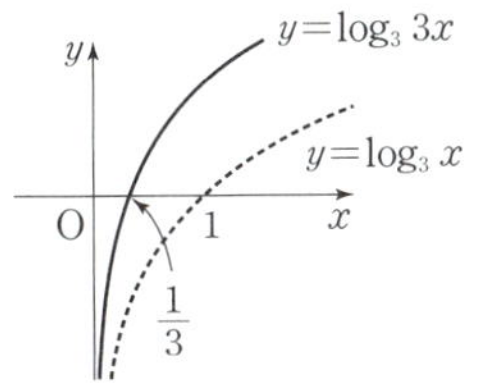

0415 답 해설 참조

함수 $y=\log_3(-x)$의 그래프는 함수 $y=\log_3 x$의 그래프를 y축에 대하여 대칭이동한 것이므로 오른쪽 그림과 같다.

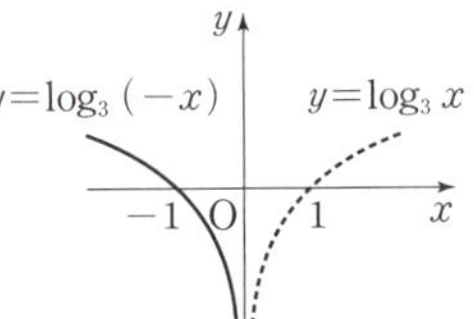

0416 답 해설 참조

$y=\log_3 \dfrac{1}{x}=\log_3 x^{-1}=-\log_3 x$에서 함수 $y=\log_3 \dfrac{1}{x}$의 그래프는 함수 $y=\log_3 x$의 그래프를 x축에 대하여 대칭이동한 것이므로 오른쪽 그림과 같다.

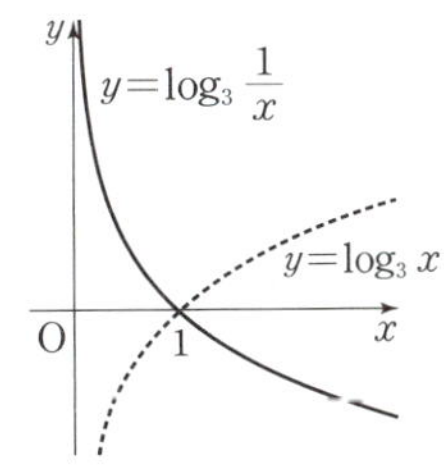

0417 답 $>$

함수 $y=\log_3 x$는 x의 값이 증가하면 y의 값도 증가하므로

$\log_3 4 > \log_3 \sqrt{12}$

0418 답 $>$

함수 $y=\log_{\frac{1}{2}} x$는 x의 값이 증가하면 y의 값이 감소하므로

$\log_{\frac{1}{2}} \dfrac{3}{2} > \log_{\frac{1}{2}} \dfrac{5}{3}$

0419 답 $<$

$y=-\log_5 x=\log_{\frac{1}{5}} x$

이때 함수 $y=-\log_5 x$는 x의 값이 증가하면 y의 값이 감소하므로

$-\log_5 4 < -\log_5 \dfrac{11}{3}$

0420 답 $>$

$\log_4 20=\log_2 \sqrt{20}$

이때 함수 $y=\log_2 x$는 x의 값이 증가하면 y의 값도 증가하므로

$\log_2 5 > \log_4 20$

0421 답 최댓값: 5, 최솟값: 2

함수 $y=\log_2 x$는 x의 값이 증가하면 y의 값도 증가하므로

$4 \le x \le 32$에서

$x=32$일 때 최대이고 최댓값 $\log_2 32=5$

$x=4$일 때 최소이고 최솟값은 $\log_2 4=2$

0422 답 최댓값: 1, 최솟값: -3

함수 $y=-\log_3 x$, 즉 $y=\log_{\frac{1}{3}} x$는 x의 값이 증가하면 y의 값은 감소하므로

$\dfrac{1}{3} \le x \le 27$에서

$x=\dfrac{1}{3}$일 때 최대이고 최댓값은 $\log_{\frac{1}{3}} \dfrac{1}{3}=1$

$x=27$일 때 최소이고 최솟값은

$\log_{\frac{1}{3}} 27=-\log_3 27=-3$

0423 답 최댓값: $\log_5 19$, 최솟값: 0

함수 $y=\log_5(x-1)$은 x의 값이 증가하면 y의 값도 증가하므로

$2 \le x \le 20$에서

$x=20$일 때 최대이고 최댓값은 $\log_5(20-1)=\log_5 19$

$x=2$일 때 최소이고 최솟값은 $\log_5(2-1)=0$

0424 답 최댓값: -1, 최솟값: -3

함수 $y=\log_{\frac{1}{3}} 3x$는 x의 값이 증가하면 y의 값은 감소하므로

$1 \le x \le 9$에서

$x=1$일 때 최대이고 최댓값은 $\log_{\frac{1}{3}} 3=-1$

$x=9$일 때 최소이고 최솟값은 $\log_{\frac{1}{3}} 27=-3$

0425 답 $x=5$

진수의 조건에서

$7x-3>0$ $\therefore x>\dfrac{3}{7}$ ...... ㉠

$\log_2(7x-3)=5$에서 $2^5=7x-3$ $\quad\therefore x=5$

$x=5$일 때 ㉠의 조건을 만족시키므로 주어진 방정식의 해이다.

0426 답 $x=6$

밑의 조건에서 $x-3>0$, $x-3\neq1$

$\therefore x>3$, $x\neq4$ $\quad\cdots\cdots$ ㉠

$\log_{x-3}9=2$에서 $x-3=3$ $\quad\therefore x=6$

$x=6$일 때 ㉠의 조건을 만족시키므로 주어진 방정식의 해이다.

0427 답 $x=3$

진수의 조건에서 $3x-2>0$

$\therefore x>\dfrac{2}{3}$ $\quad\cdots\cdots$ ㉠

$\log_3(3x-2)=\log_3 7$에서 $3x-2=7$

$\therefore x=3$

$x=3$일 때 ㉠의 조건을 만족시키므로 주어진 방정식의 해이다.

0428 답 $x=\dfrac{2}{3}$

진수의 조건에서 $x>0$ $\quad\cdots\cdots$ ㉠

$\log_{\frac{1}{3}} x=\log_3 \dfrac{3}{2}$에서

$-\log_3 x=\log_3 \dfrac{3}{2}$, $\log_3 \dfrac{1}{x}=\log_3 \dfrac{3}{2}$

$\dfrac{1}{x}=\dfrac{3}{2}$ $\quad\therefore x=\dfrac{2}{3}$

$x=\dfrac{2}{3}$일 때 ㉠의 조건을 만족시키므로 주어진 방정식의 해이다.

0429 답 $x=3$

진수의 조건에서 $(2x-1)^2>0$, $11-2x>0$

$\therefore x<\dfrac{11}{2}$, $x\neq\dfrac{1}{2}$ $\quad\cdots\cdots$ ㉠

$\log_9(2x-1)^2=\log_3(11-2x)$에서

$\log_{3^2}(2x-1)^2=\log_3(11-2x)$

$\log_3|2x-1|=\log_3(11-2x)$

$|2x-1|=11-2x$

(i) $x<\dfrac{1}{2}$이면 $-2x-1=11-2x$이므로 만족시키는 x가 존재하지 않는다.

(ii) $x\geq\dfrac{1}{2}$이면 $2x-1=11-2x$, $4x=12$ $\quad\therefore x=3$

(i), (ii)에서 $x=3$

$x=3$일 때 ㉠의 조건을 만족시키므로 주어진 방정식의 해이다.

0430 답 $x=1$ 또는 $x=100$

진수의 조건에서 $x>0$ $\quad\cdots\cdots$ ㉠

$\log x=t$라 하면 주어진 방정식은

$t^2-2t=0$, $t(t-2)=0$ $\quad\therefore t=0$ 또는 $t=2$

즉, $\log x=0$ 또는 $\log x=2$이므로 $x=1$ 또는 $x=100$

$x=1$ 또는 $x=100$일 때 ㉠의 조건을 만족시키므로 주어진 방정식의 해이다.

0431 답 $x=\dfrac{1}{8}$ 또는 $x=4$

진수의 조건에서 $x>0$ $\quad\cdots\cdots$ ㉠

$\log_2 x=t$라 하면 주어진 방정식은

$(t-1)(t+2)=4$

$t^2+t-6=0$

$(t+3)(t-2)=0$

$\therefore t=-3$ 또는 $t=2$

즉, $\log_2 x=-3$ 또는 $\log_2 x=2$이므로

$x=\dfrac{1}{8}$ 또는 $x=4$

$x=\dfrac{1}{8}$ 또는 $x=4$일 때 ㉠의 조건을 만족시키므로 주어진 방정식의 해이다.

0432 답 $x=2$ 또는 $x=3$

밑의 조건에서

$x^2>0$, $x^2\neq1$, $5x-6>0$, $5x-6\neq1$

$\therefore x>\dfrac{6}{5}$, $x\neq\dfrac{7}{5}$ $\quad\cdots\cdots$ ㉠

$\log_{x^2} 7=\log_{5x-6} 7$에서 진수가 같으므로

$x^2=5x-6$

$x^2-5x+6=0$

$(x-2)(x-3)=0$

$\therefore x=2$ 또는 $x=3$

$x=2$ 또는 $x=3$일 때 ㉠의 조건을 만족시키므로 주어진 방정식의 해이다.

0433 답 $x=2$

진수의 조건에서 $3x-5>0$

$\therefore x>\dfrac{5}{3}$ $\quad\cdots\cdots$ ㉠

밑의 조건에서

$x+2>0$, $x+2\neq1$, $3x-2>0$, $3x-2\neq1$

$\therefore x>\dfrac{2}{3}$, $x\neq1$ $\quad\cdots\cdots$ ㉡

㉠, ㉡에서 $x>\dfrac{5}{3}$ $\quad\cdots\cdots$ ㉢

(i) 진수가 1인 경우

$3x-5=1$에서 $x=2$

(ii) 밑이 같은 경우

$x+2=3x-2$에서 $x=2$

(i), (ii)에서 $x=2$일 때 ㉢의 조건을 만족시키므로 주어진 방정식의 해이다.

0434 답 $x=1$ 또는 $x=10$

진수의 조건에서 $x>0$ $\quad\cdots\cdots$ ㉠

$x^{\log x}=x$의 양변에 상용로그를 취하면

$\log x^{\log x}=\log x$

$(\log x)^2=\log x$

$(\log x)^2-\log x=0$

$\log x(\log x-1)=0$

즉, $\log x=0$ 또는 $\log x=1$이므로

$x=1$ 또는 $x=10$

$x=1$ 또는 $x=10$일 때 ㉠의 조건을 만족시키므로 주어진 방정식의 해이다.

0435 🖋 $x>2$

진수의 조건에서 $2x-1>0$, $x+1>0$

$\therefore x>\dfrac{1}{2}$ $\quad\cdots\cdots$ ㉠

주어진 부등식에서 밑이 1보다 크므로

$2x-1>x+1$

$\therefore x>2$ $\quad\cdots\cdots$ ㉡

㉠, ㉡의 공통 범위를 구하면

$x>2$

0436 🖋 $2<x<4$

진수의 조건에서 $x>0$, $4-x>0$

$\therefore 0<x<4$ $\quad\cdots\cdots$ ㉠

주어진 부등식에서 밑이 0보다 크고 1보다 작으므로

$x>4-x$

$\therefore x>2$ $\quad\cdots\cdots$ ㉡

㉠, ㉡의 공통 범위를 구하면

$2<x<4$

0437 🖋 $x\leq-7$

진수의 조건에서 $2-x>0$

$\therefore x<2$ $\quad\cdots\cdots$ ㉠

$\log_3(2-x)\geq2$에서 $\log_3(2-x)\geq\log_3 9$

밑이 1보다 크므로

$2-x\geq9$

$\therefore x\leq-7$ $\quad\cdots\cdots$ ㉡

㉠, ㉡의 공통 범위를 구하면

$x\leq-7$

0438 🖋 $0<x\leq16$

진수의 조건에서 $x>0$ $\quad\cdots\cdots$ ㉠

$\log_{\frac{1}{2}} x\geq-4$에서

$-\log_2 x\geq-4$

$\log_2 x\leq4$

$\log_2 x\leq\log_2 16$

밑이 1보다 크므로

$x\leq16$ $\quad\cdots\cdots$ ㉡

㉠, ㉡의 공통 범위를 구하면

$0<x\leq16$

0439 🖋 $1<x\leq4$

진수의 조건에서 $x-1>0$, $7-x>0$

$\therefore 1<x<7$ $\quad\cdots\cdots$ ㉠

주어진 부등식에서 밑이 0보다 크고 1보다 작으므로

$x-1\leq7-x$

$\therefore x\leq4$ $\quad\cdots\cdots$ ㉡

㉠, ㉡의 공통 범위를 구하면

$1<x\leq4$

0440 🖋 $1\leq x\leq8$

진수의 조건에서 $x>0$ $\quad\cdots\cdots$ ㉠

$\log_2 x=t$라 하면 주어진 부등식은

$t^2-3t\leq0$, $t(t-3)\leq0$

$\therefore 0\leq t\leq3$

즉, $0\leq\log_2 x\leq3$이므로

$\log_2 1\leq\log_2 x\leq\log_2 8$

밑이 1보다 크므로 $1\leq x\leq8$ $\quad\cdots\cdots$ ㉡

㉠, ㉡의 공통 범위를 구하면

$1\leq x\leq8$

0441 🖋 $\dfrac{1}{4}\leq x\leq4$

진수의 조건에서 $x>0$ $\quad\cdots\cdots$ ㉠

$\log_{\frac{1}{2}} x=t$라 하면 주어진 부등식은

$t^2\leq4$, $t^2-4\leq0$

$(t+2)(t-2)\leq0$

$\therefore -2\leq t\leq2$

즉, $-2\leq\log_{\frac{1}{2}} x\leq2$이므로

$-2\leq-\log_2 x\leq2$, $-2\leq\log_2 x\leq2$

$\therefore \log_2\dfrac{1}{4}\leq\log_2 x\leq\log_2 4$

밑이 1보다 크므로 $\dfrac{1}{4}\leq x\leq4$ $\quad\cdots\cdots$ ㉡

㉠, ㉡의 공통 범위를 구하면

$\dfrac{1}{4}\leq x\leq4$

0442 🖋 $0<x<\dfrac{1}{3}$ 또는 $x>27$

진수의 조건에서 $x>0$ $\quad\cdots\cdots$ ㉠

$\log_3 x^2=2\log_3 x$이므로

$\log_3 x=t$라 하면 주어진 부등식은

$t^2-2t-3>0$

$(t-3)(t+1)>0$

$\therefore t<-1$ 또는 $t>3$

즉, $\log_3 x<-1$ 또는 $\log_3 x>3$이므로

$\log_3 x<\log_3\dfrac{1}{3}$ 또는 $\log_3 x>\log_3 27$

밑이 1보다 크므로

$x<\dfrac{1}{3}$ 또는 $x>27$ $\quad\cdots\cdots$ ㉡

㉠, ㉡의 공통 범위를 구하면

$0<x<\dfrac{1}{3}$ 또는 $x>27$

0443 🖋 $\dfrac{1}{3}<x<9$

진수의 조건에서 $x>0$ $\quad\cdots\cdots$ ㉠

$x^{\log_3 x}<9x$의 양변에 밑이 3인 로그를 취하면 $\log_3 x^{\log_3 x}<\log_3 9x$

$(\log_3 x)^2<\log_3 x+2$

$(\log_3 x)^2-\log_3 x-2<0$

$\log_3 x=t$라 하면 주어진 부등식은

$t^2-t-2<0$

$(t+1)(t-2)<0$ $\qquad \therefore -1<t<2$

즉, $-1<\log_3 x<2$이므로 $\log_3 \dfrac{1}{3}<\log_3 x<\log_3 9$

밑이 1보다 크므로 $\dfrac{1}{3}<x<9$ $\quad$ …… ㉡

㉠, ㉡의 공통 범위를 구하면

$\dfrac{1}{3}<x<9$

0444 달 $0<x\le\dfrac{1}{4}$ 또는 $x\ge1$

진수의 조건에서 $x>0$ $\quad$ …… ㉠

$x^{\log_{\frac{1}{2}} x}\le x^2$의 양변에 밑이 $\dfrac{1}{2}$인 로그를 취하면

$\log_{\frac{1}{2}} x^{\log_{\frac{1}{2}} x}\ge\log_{\frac{1}{2}} x^2$ $\quad$ $\frac{1}{2}$이 0보다 크고 1보다 작으므로 부등호의 방향이 바뀐다.

$(\log_{\frac{1}{2}} x)^2\ge2\log_{\frac{1}{2}} x$, $(\log_{\frac{1}{2}} x)^2-2\log_{\frac{1}{2}} x\ge0$

$\log_{\frac{1}{2}} x=t$라 하면 주어진 부등식은

$t^2-2t\ge0$, $t(t-2)\ge0$

$\therefore t\le0$ 또는 $t\ge2$

즉, $\log_{\frac{1}{2}} x\le0$ 또는 $\log_{\frac{1}{2}} x\ge2$이므로

$\log_{\frac{1}{2}} x\le\log_{\frac{1}{2}} 1$ 또는 $\log_{\frac{1}{2}} x\ge\log_{\frac{1}{2}} \dfrac{1}{4}$

밑이 0보다 크고 1보다 작으므로

$x\le\dfrac{1}{4}$ 또는 $x\ge1$ $\quad$ …… ㉡

㉠, ㉡의 공통 범위를 구하면

$0<x\le\dfrac{1}{4}$ 또는 $x\ge1$

본문 066~083쪽

0445 달 19

0446 달 ①

$f(1)=a\log_2 4+b\log_5 25$

$\qquad =2a+2b=-6$

$\therefore a+b=-3$ $\quad$ …… ㉠

$f(5)=a\log_2 8+b\log_5 5$

$\qquad =3a+b=5$

$\therefore 3a+b=5$ $\quad$ …… ㉡

㉠, ㉡을 연립하여 a, b의 값을 구하면

$a=4$, $b=-7$

$\therefore a-b=4-(-7)=11$

0447 달 ①

$f(x)=4\log_{a^2}(ax-2a)$

$\qquad =2\log_a a(x-2)$

$\qquad =2\{\log_a(x-2)+\log_a a\}$

$\qquad =2\log_a(x-2)+2$

이때 $f(a^2)=2\log_a(a^2-2)+2=4$에서 $\log_a(a^2-2)=1$이므로

$a^2-2=a$, $a^2-a-2=0$

$(a+1)(a-2)=0$

$\therefore a=-1$ 또는 $a=2$

따라서 $a>0$이므로 구하는 상수 a의 값은 2이다.

0448 달 ④

(i) $a=0$인 경우

$\qquad f(x)=\log_3 4$이므로 상수함수이다.

(ii) $a\ne0$인 경우

$\qquad$ 진수의 조건에서 $ax^2+ax+4>0$ $\quad$ …… ㉠

$\qquad$ 즉, ㉠이 모든 실수 x에 대하여 성립해야 하므로 $a>0$이고

$\qquad$ 이차방정식 $ax^2+ax+4=0$의 판별식을 D라 하면

$\qquad D=a^2-16a<0$

$\qquad a(a-16)<0$

$\qquad \therefore 0<a<16$

(i), (ii)에서 조건을 만족시키는 정수 a는 0, 1, …, 15의 16개이다.

> **선생님 톡톡**
>
> 다항식 ax^2+bx+c가 포함된 문제에서는 $a=0$인 경우와 $a\ne0$인 경우의 풀이가 확연히 다르다는 것을 주의해. $a\ne0$인 경우 앞에서 배웠던 이차방정식이나 이차부등식의 여러 개념을 활용할 수 있기 때문에 꼭 구분하여 푸는 것에 주의하도록 하자!

0449 달 ③

ㄱ. 함수 $f(x)$의 정의역은 $|x|>0$인 범위, 즉 $x\ne0$이고

$\qquad f(x)=\begin{cases}\log_3 x & (x>0)\\ \log_3(-x) & (x<0)\end{cases}$

$\qquad$ 함수 $g(x)$의 정의역은 $x^2>0$인 범위, 즉 $x\ne0$이고

$\qquad g(x)=\log_9 x^2=\log_{3^2} x^2$

$\qquad =\begin{cases}\log_3 x & (x>0)\\ \log_3(-x) & (x<0)\end{cases}$

ㄴ. 함수 $f(x)$의 정의역은 $x^3>0$인 범위, 즉 $x>0$이고 함수 $g(x)$의 정의역은 $x^6>0$인 범위, 즉 $x\ne0$이므로 두 함수 $f(x)$, $g(x)$의 정의역이 같지 않다.

ㄷ. 함수 $f(x)=\log_5(-x^2+5x-6)$의 정의역은

$\qquad -x^2+5x-6>0$

$\qquad x^2-5x+6<0$, $(x-2)(x-3)<0$

$\qquad \therefore 2<x<3$

$\qquad$ 함수 $g(x)$의 정의역은 $3-x>0$, $x-2>0$에서 $2<x<3$이고

$\qquad g(x)=\log_5(3-x)+\log_5(x-2)$

$\qquad =\log_5(3-x)(x-2)$

$\qquad =\log_5(-x^2+5x-6)$

따라서 두 함수 $f(x)$, $g(x)$가 서로 같은 것은 ㄱ, ㄷ이다.

> **선생님 톡톡**
>
> ㄴ에서 $g(x)=\log_{2^2}(x^3)^2=\log_2 x^3$으로 착각하여 $f(x)=g(x)$로 판단해서 정의역이 같다고 생각하는 실수를 하지 않도록 한다.

0450 달 3

0451 달 ④

$y=\log_3(x+a)+b$의 그래프의 점근선의 방정식이 $x=5$이므로

$-a=5$ $\quad \therefore a=-5$

$y=\log_3(x-5)+b$의 그래프가 점 $(6, 2)$를 지나므로
$2=\log_3 1+b$ $\therefore b=2$
$\therefore a-b=-5-2=-7$

0452 답 ②

$y=2\log_4 x=\log_2 x$이므로 함수 $y=2\log_4 x$의 그래프를 x축의 방향으로 a만큼 평행이동한 그래프의 식은
$y=\log_2(x-a)$
이때 함수 $y=\log_2(x-a)$의 그래프가 점 $(6, 3)$을 지나므로
$3=\log_2(6-a)$에서
$6-a=2^3$ $\therefore a=-2$
함수 $y=\log_{(-2)}bx=\log_4 bx$의 그래프도 점 $(6, 3)$을 지나므로
$3=\log_4 6b$에서
$6b=64$ $\therefore b=\dfrac{32}{3}$
$\therefore a+3b=(-2)+3\cdot\dfrac{32}{3}=30$

0453 답 ④

ㄱ. 함수 $y=5^{x-3}$의 그래프는 함수 $y=\log_5 x$의 그래프를 직선 $y=x$에 대하여 대칭이동한 후 x축의 방향으로 3만큼 평행이동한 것이다.

ㄴ. $y=\log_{125}125x^3=\log_{125}x^3+\log_{125}125$
$\qquad =\log_{5^3}x^3+1=\log_5 x+1$
이므로 함수 $y=\log_{125}125x^3$의 그래프는 함수 $y=\log_5 x$의 그래프를 y축의 방향으로 1만큼 평행이동한 것이다.

ㄷ. $y=\log_5 \dfrac{10}{x}=-\log_5 x+\log_5 10$
이므로 함수 $y=\log_5 \dfrac{10}{x}$의 그래프는 함수 $y=\log_5 x$의 그래프를 x축에 대하여 대칭이동한 후 y축의 방향으로 $\log_5 10$만큼 평행이동한 것이다.

ㄹ. $y=3\log_5(5-x)=3\log_5\{-(x-5)\}$
이므로 함수 $y=3\log_5(5-x)$의 그래프는 함수 $y=3\log_5 x$의 그래프를 y축에 대하여 대칭이동한 후, x축의 방향으로 5만큼 평행이동한 것이다.

따라서 함수 $y=\log_5 x$의 그래프를 평행이동 또는 대칭이동하여 겹쳐질 수 있는 그래프의 식은 ㄱ, ㄴ, ㄷ이다.

0454 답 6

함수 $y=\log_3 x$의 그래프를 x축의 방향으로 m만큼, y축의 방향으로 n만큼 평행이동한 그래프의 식은
$y=\log_3(x-m)+n=\log_3(3^n x-3^n m)$
함수 $y=\log_3(3^n x-3^n m)$의 그래프를 y축에 대하여 대칭이동한 그래프의 식은
$y=\log_3(-3^n x-3^n m)$
$\therefore f(x)=-3^n x-3^n m$
이때 함수 $y=f(x)$의 그래프가 두 점 $(-1, 6)$, $\left(-\dfrac{2}{3}, 3\right)$을 지나므로
$3^n-3^n m=6$ $\cdots\cdots$ ㉠, $3^n\cdot\dfrac{2}{3}-3^n m=3$ $\cdots\cdots$ ㉡

㉠, ㉡을 연립하면
$\dfrac{1}{3}\cdot 3^n=3$ $\therefore n=2$
$n=2$를 ㉠에 대입하면
$9-9m=6$ $\therefore m=\dfrac{1}{3}$
$\therefore \dfrac{n}{m}=\dfrac{2}{\dfrac{1}{3}}=6$

0455 답 5

0456 답 ①

정사각형의 넓이가 4이므로 한 변의 길이는 2이다.
점 C의 좌표를 $(k, 2)$라 하면 점 A의 좌표는 $(k-2, 0)$이다.
한편, 선분 AD의 중점을 M이라 하면 점 M의 좌표는 $(k-2, 1)$이다.
이때 함수 $y=\log_a x$의 그래프가 두 점 C, M을 지나므로
$2=\log_a k$, $1=\log_a(k-2)$
$a^2=k$, $a=k-2$
두 식을 연립하면
$a^2=a+2$, $a^2-a-2=0$
$(a+1)(a-2)=0$
$\therefore a=2 \ (\because a>0)$

0457 답 27

정삼각형의 한 변의 길이를 $a \ (a>0)$라 하면 그 넓이는 $\dfrac{\sqrt{3}}{4}a^2$이고 정삼각형 ABC의 넓이가 $3\sqrt{3}$이므로
$\dfrac{\sqrt{3}}{4}a^2=3\sqrt{3}$, $a^2=12$
$\therefore a=2\sqrt{3} \ (\because a>0)$
이때 정삼각형 ABC의 높이는 $\dfrac{\sqrt{3}}{2}a$이므로
$\dfrac{\sqrt{3}}{2}\cdot 2\sqrt{3}=3$
즉, 점 A의 y좌표는 3이므로 점 $A(p, 3)$이라 하면
$3=\log_3 p$
$\therefore p=3^3=27$

0458 답 ④

주어진 그림에서 $x_1=y_1$, $x_2=y_2$, $x_3=y_3$이고,
$\log_a x_2=y_1$, $\log_a x_3=y_2$, $\log_a x_4=y_3$이므로
$x_2=a^{y_1}$, $x_3=a^{y_2}$, $x_4=a^{y_3}$
$\therefore a^{y_3-x_1}=\dfrac{a^{y_3}}{a^{x_1}}=\dfrac{a^{y_3}}{a^{y_1}}=\dfrac{x_4}{x_2}=\dfrac{x_4}{y_2}$

0459 답 6

곡선 $y=\log_2 \dfrac{1}{x-4}$은 곡선 $y=\log_2 x$를 x축에 대하여 대칭이동한 후 x축의 방향으로 4만큼 평행이동한 것과 같다.
점 A를 지나고 x축에 수직인 직선과 점 B를 지나고 y축에 수직인 직선의 교점을 C라 하자.

이때 점 A의 좌표를 $(a, \log_2 a)$라 하면
$\overline{AC}=2\log_2 a$, $\overline{BC}=4$
삼각형 ACB는 빗변의 길이가 $4\sqrt{2}$인 직각이등변삼각형이므로
$2\log_2 a=4$ $\therefore a=4$
$\therefore$ A$(4, 2)$
직선 $y=-x+k$가 점 A를 지나므로
$2=-4+k$
$\therefore k=6$

0460 답 ②

0461 답 ⑤

$y=\log_2(ax-2a)-3$에서
$y=\log_2(x-2)+\log_2 a-3$
$y-\log_2 a+3=\log_2(x-2)$
$x-2=2^{y-\log_2 a+3}$
$\therefore x=2^{y-\log_2 a+3}+2$
x와 y를 바꾸면 $y=2^{x-\log_2 a+3}+2$
이때 $b=2$, $-\log_2 a+3=2$, $c=2$이므로
$a=2$, $b=2$, $c=2$
$\therefore a+b+c=6$

0462 답 ①

함수 $f(x)$의 역함수를 $f^{-1}(x)$라 하면 함수 $y=f^{-1}(x)$의 그래프도 점 $\left(\dfrac{1}{2}, 4a\right)$를 지난다.

$f^{-1}\left(\dfrac{1}{2}\right)=4a$이므로 $f(4a)=\dfrac{1}{2}$

즉, $\log_a 4a=\dfrac{1}{2}$에서

$4a=a^{\frac{1}{2}}$, $a=16a^2$
$a(16a-1)=0$
$\therefore a=\dfrac{1}{16}$ $(\because a>0)$

선생님 톡톡
위의 문제와 같이 함수 $y=f(x)$와 그 역함수 $y=f^{-1}(x)$의 그래프의 교점이 반드시 직선 $y=x$ 위에 존재하는 것은 아니다.

0463 답 ①

함수 $f(x)$는 치역이 실수 전체의 집합인 일대일함수이므로
$(f \circ g)(x)=x$에서 $g(x)$는 $f(x)$의 역함수이다.
$\therefore (g \circ f)(x)=x$
이때 $(g \circ g \circ f)(x)=g(x)$이므로 $g(a)=3$
즉, $f(3)=a$이므로
$f(3)=\log_2 \sqrt{3 \cdot 3+7}=\log_2 4=2$
$\therefore a=2$

해설 속 칠판 **합성함수의 성질**

일반적으로 세 함수 f, g, h에 대하여 다음이 성립한다.
① $(f \circ g)(x) \neq (g \circ f)(x)$
② $(h \circ f \circ g)(x)=(h \circ (f \circ g))(x)$
$\qquad\qquad\quad\;\; =((h \circ f) \circ g)(x)$

0464 답 ⑤

함수 $y=f(x)$의 그래프와 그 역함수 $y=f^{-1}(x)$의 그래프의 교점은 직선 $y=x$ 위에 있다.
즉, 함수 $y=f(x)$의 그래프는 두 점 $(4, 4)$, $(5, 5)$를 지난다.
$f(4)=4$에서 $4=\log_2(4+a)+b$ …… ㉠
$f(5)=5$에서 $5=\log_2(5+a)+b$ …… ㉡
㉡-㉠에서
$1=\log_2(5+a)-\log_2(4+a)$
$1=\log_2 \dfrac{5+a}{4+a}$
$2=\dfrac{5+a}{4+a}$, $2(4+a)=5+a$
$\therefore a=-3$
$a=-3$을 ㉠에 대입하여 풀면 $b=4$
$\therefore ab=(-3) \cdot 4=-12$

0465 답 $2\log_9 50 < 2\log_3 11 < 5$

0466 답 ④

$\log_{\frac{1}{3}} \dfrac{4}{17}=-\log_3 \dfrac{4}{17}=\log_3 \dfrac{17}{4}$

$\log_{\sqrt{3}} 2=2\log_3 2=\log_3 4$

$\dfrac{1}{\log_5 3}=\log_3 5$

이때 $4<\dfrac{17}{4}<5$이고 밑이 1보다 크므로

$\log_3 4<\log_3 \dfrac{17}{4}<\log_3 5$

즉, $\log_{\sqrt{3}} 2<\log_{\frac{1}{3}} \dfrac{4}{17}<\dfrac{1}{\log_5 3}$

$\therefore M=\dfrac{1}{\log_5 3}$

$\therefore 3^M=3^{\frac{1}{\log_5 3}}=3^{\log_3 5}=5$

0467 답 ①

$3<x<9$의 각 변에 밑이 3인 로그를 취하면
$\log_3 3<\log_3 x<\log_3 9$
$\therefore 1<\log_3 x<2$ …… ㉠
$A-B=\log_3 x^4-(\log_3 x)^2$
$\qquad\;\; =4\log_3 x-(\log_3 x)^2$
$\qquad\;\; =\log_3 x(4-\log_3 x)>0$ $(\because ㉠)$
$\therefore A>B$
㉠에서 $\log_4 1<\log_4(\log_3 x)<\log_4 2$이므로
$0<\log_4(\log_3 x)<\dfrac{1}{2}$ …… ㉡
㉠에서 $1^2<(\log_3 x)^2<2^2$이므로
$1<(\log_3 x)^2<4$ …… ㉢
㉡, ㉢에서 $B>C$
$\therefore A>B>C$

해설 속 칠판

두 수 A, B의 대소 비교는 두 수의 차의 부호를 이용하여 확인할 수 있다.
· $A-B>0 \Longleftrightarrow A>B$
· $A-B<0 \Longleftrightarrow A<B$

0468 답 ⑤

$A=\log_3 48+\log_2 6$에서

$3^3<48<3^4$이므로 $3<\log_3 48<4$

$2^2<6<2^3$이므로 $2<\log_2 6<3$

$\therefore 5<A<7$ ...... ㉠

$B=\log_2 24+\log_3 12$에서

$2^4<24<2^5$이므로 $4<\log_2 24<5$

$3^2<12<3^3$이므로 $2<\log_3 12<3$

$\therefore 6<B<8$ ...... ㉡

$C=8$이므로 ㉠, ㉡에서 $A<C$, $B<C$이다.

한편,

$$\begin{aligned}
A-B&=(\log_3 48+\log_2 6)-(\log_2 24+\log_3 12)\\
&=(\log_3 48-\log_3 12)-(\log_2 24-\log_2 6)\\
&=\log_3 4-\log_2 4\\
&=\frac{1}{\log_4 3}-\frac{1}{\log_4 2}<0 \ (\because \log_4 3>\log_4 2)
\end{aligned}$$

$\therefore B>A$

$\therefore C>B>A$

0469 답 ④

ㄱ. $0<a<b<1$에서

　$\log_a a>\log_a b>\log_a 1$

　$\therefore 0<\log_a b<1$

　$\log_a \dfrac{a}{b}=1-\log_a b>0$

　$\log_a \dfrac{b}{a}=\log_a b-1<0$

　$\therefore \log_a \dfrac{a}{b}>\log_a \dfrac{b}{a}$ (거짓)

ㄴ. $1+\log_a 2b=\log_a 2ab$이고,

　$a^2+b^2>2ab \ (\because a\ne b)$이므로

　$\log_a(a^2+b^2)<\log_a 2ab \ (\because 0<a<1)$

　$\therefore \log_a(a^2+b^2)<1+\log_a 2b$ (참)

ㄷ. $0<a<b<1$에서

　$\dfrac{1}{a}\log_a a>\dfrac{1}{a}\log_a b$

　$\log_a a^{\frac{1}{a}}>\log_a b^{\frac{1}{a}}$

　$\therefore a^{\frac{1}{a}}<b^{\frac{1}{a}}$ ...... ㉠

　$\dfrac{1}{a}\log_b b>\dfrac{1}{b}\log_b b$에서

　$\log_b b^{\frac{1}{a}}>\log_b b^{\frac{1}{b}}$

　$\therefore b^{\frac{1}{a}}<b^{\frac{1}{b}}$ ...... ㉡

　㉠, ㉡에서

　$a^{\frac{1}{a}}<b^{\frac{1}{b}}$ (참)

따라서 옳은 것은 ㄴ, ㄷ이다.

0470 답 8

0471 답 ⑤

함수 $y=\log_{\frac{1}{3}} x$의 밑이 1보다 작으므로 $x=a$에서 최대이고 최댓값은 4이다.

즉, $4=\log_{\frac{1}{3}} a$이므로 $a=\left(\dfrac{1}{3}\right)^4=\dfrac{1}{81}$

$x=b$에서 최소이고 최솟값은 -1이다.

즉, $-1=\log_{\frac{1}{3}} b$이므로 $b=3$

$\therefore \dfrac{b}{a}=\dfrac{3}{\frac{1}{81}}=243$

0472 답 ③

함수 $y=\log_{\frac{1}{2}}(x+a)$의 밑이 1보다 작으므로 $x=a-2$에서 최대이고 최댓값은 -2이다.

즉, $-2=\log_{\frac{1}{2}}(2a-2)$이므로

$\left(\dfrac{1}{2}\right)^{-2}=2a-2$, $4=2a-2$ $\therefore a=3$

따라서 함수 $y=\log_{\frac{1}{2}}(x+3)$은 $x=5$에서 최소이고 최솟값은 $\log_{\frac{1}{2}} 8=-3$

　　$2a-1$에서 $2\cdot 3-1=5$

0473 답 ③

함수 $y=\log_2(ax+3)$의 밑이 1보다 크므로 $x=1$에서 최소이고, $x=11$에서 최대이다.

이때 주어진 함수의 최댓값이 최솟값의 2배이므로

$2\log_2(a+3)=\log_2(11a+3)$

$\log_2(a+3)^2=\log_2(11a+3)$

$(a+3)^2=11a+3$

$a^2-5a+6=0$

$(a-2)(a-3)=0$

$\therefore a=2$ 또는 $a=3$

따라서 구하는 상수 a의 최댓값은 3이다.

0474 답 ⑤

치역이 $\{y\,|\,-1\le y\le 3\}$이므로 함수 $y=\log_b x$의 최댓값은 3, 최솟값은 -1이다.

함수 $y=\log_b x$의 밑 b의 값에 따라 최댓값, 최솟값을 갖는 x의 값이 달라지므로

(i) $b>1$인 경우

　주어진 함수는 $x=27$에서 최대이고 최댓값이 3이므로

　$3=\log_b 27$

　$b^3=27$, $(b-3)(b^2+3b+9)=0$

　$\therefore b=3 \ (\because b$는 실수$)$

　$x=a$에서 최소이고 최솟값이 -1이므로

　$-1=\log_3 a$ $\therefore a=\dfrac{1}{3}$

　$\therefore \dfrac{b}{a}=\dfrac{3}{\frac{1}{3}}=9$

(ii) $0<b<1$인 경우

　주어진 함수는 $x=27$에서 최소이고 최솟값이 -1이므로

　$-1=\log_b 27$

　$b^{-1}=27$, $\dfrac{1}{b}=27$ $\therefore b=\dfrac{1}{27}$

　$x=a$에서 최대이고 최댓값이 3이므로

　$3=\log_{\frac{1}{27}} a$ $\therefore a=\left(\dfrac{1}{27}\right)^3=\dfrac{1}{3^9}$

$$\therefore \frac{b}{a}=\frac{\dfrac{1}{27}}{\dfrac{1}{3^9}}=3^6=729$$

(i), (ii)에서 $\dfrac{b}{a}$의 최댓값은 729이다.

0475 답 ⑤

0476 답 ③

$y=-2\left(\log_3 \dfrac{1}{x}\right)^2-3\log_3 x^4+5$에서

$y=-2(-\log_3 x)^2-12\log_3 x+5$

$\log_3 x=t$라 하면 주어진 함수는

$y=-2\cdot(-t)^2-12t+5$

$\quad=-2t^2-12t+5$

$\quad=-2(t+3)^2+23$

따라서 구하는 함수의 최댓값은 23이다.

0477 답 ①

$y=\log_4 16x\cdot\log_4 \dfrac{4}{x}$

$\quad=(\log_4 16+\log_4 x)(\log_4 4-\log_4 x)$

$\quad=(2+\log_4 x)(1-\log_4 x)$

$\quad=-(\log_4 x)^2-\log_4 x+2$

$\log_4 x=t$라 하면 $\dfrac{1}{4}\leq x\leq 64$에서

$\log_4 \dfrac{1}{4}\leq\log_4 x\leq\log_4 64$이므로

$-1\leq\log_4 x\leq 3$, 즉 $-1\leq t\leq 3$

이때 주어진 함수는

$y=-t^2-t+2=-\left(t+\dfrac{1}{2}\right)^2+\dfrac{9}{4}$

이므로 $t=-\dfrac{1}{2}$에서 최대이고 최댓값은 $\dfrac{9}{4}$, $t=3$에서 최소이고

최솟값은 -10이다.

따라서 구하는 최댓값과 최솟값의 곱은

$\dfrac{9}{4}\cdot(-10)=-\dfrac{45}{2}$

0478 답 ②

$y=(\log_5 x)^2+a\log_{25} x+b$에서

$y=(\log_5 x)^2+\dfrac{a}{2}\log_5 x+b$

$\log_5 x=t$라 하면 주어진 함수는

$y=t^2+\dfrac{a}{2}t+b$

$\quad=\left(t+\dfrac{a}{4}\right)^2-\dfrac{a^2}{16}+b$

이므로 $t=-\dfrac{a}{4}$에서 최소이고 최솟값은 $-\dfrac{a^2}{16}+b$이다.

이때 $x=\dfrac{1}{25}$, 즉 $t=-2$에서 최솟값 1을 가지므로

$-\dfrac{a}{4}=-2$에서 $a=8$

$-\dfrac{a^2}{16}+b=1$에서

$-\dfrac{64}{16}+b=1$, $-4+b=1$ $\quad\therefore b=5$

$\therefore a+b=8+5=13$

0479 답 ③

$y=\log_2 x\cdot(a-\log_2 x)-5$에서

$y=-(\log_2 x)^2+a\log_2 x-5$

$\log_2 x=t$라 하면 $2\leq x\leq 20$에서

$1=\log_2 2\leq t\leq\log_2 20=4.\times\times\times$

주어진 함수는 $x=8$에서 최댓값을 갖고, $x=b$에서 최솟값 c를 갖는다.

이때 주어진 함수는

$y=-t^2+at-5=-\left(t-\dfrac{a}{2}\right)^2+\dfrac{a^2}{4}-5$

이므로 $t=3$에서 최댓값을 갖는다. $\quad\bullet\log_2 8=3$

(i) $1\leq\dfrac{a}{2}\leq\log_2 20$인 경우

함수 $y=-\left(t-\dfrac{a}{2}\right)^2+\dfrac{a^2}{4}-5$의 대칭축이 t의 값의 범위에 포함되므로 $t=\dfrac{a}{2}$에서 최댓값을 갖는다.

즉, $\dfrac{a}{2}=3$에서 $a=6$

또한, $t=1$에서 최소이고 최솟값은

$-(1-3)^2+4=0$ $\quad\bullet$ 대칭축에서 더 멀기 때문이다.

$\therefore b=2$, $c=0$

(ii) $\dfrac{a}{2}<1$인 경우

함수 $y=-\left(t-\dfrac{a}{2}\right)^2+\dfrac{a^2}{4}-5$의 대칭축의 오른쪽 부분만이 t의 값의 범위에 포함되므로 $t=1$에서 최댓값을 갖고, $t=\log_2 20$에서 최솟값을 갖는다.

그러나 이는 모순이다. $\quad\bullet$ $x=8$에서 최대인데 $t=1$, 즉 $x=2$에서 최 댓값을 가지므로 모순이다.

(iii) $\dfrac{a}{2}>\log_2 20$인 경우

함수 $y=-\left(t-\dfrac{a}{2}\right)^2+\dfrac{a^2}{4}-5$의 대칭축의 왼쪽 부분만이 t의 값의 범위에 포함되므로 $t=1$에서 최솟값, $t=\log_2 20$에서 최 댓값을 갖는다.

그러나 이는 모순이다. $\quad\bullet$ 역시 $x=20$에서 최댓값을 가지므로 모순이다.

(i), (ii), (iii)에서

$a+b+c=6+2+0=8$

0480 답 ①

0481 답 ①

$f(x)=\dfrac{x+5}{x-3}$라 하면 $f(x)=\dfrac{x-3+8}{x-3}=\dfrac{8}{x-3}+1$

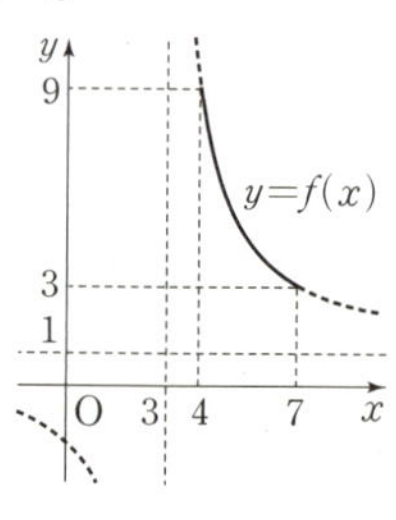

$4\leq x\leq 7$에서 함수 $y=f(x)$의 그래프는 오른쪽 그림과 같으므로 함수 $f(x)$는 $x=4$에서 최댓값 9, $x=7$에서 최솟값 3을 갖는다.

$\therefore 3\leq f(x)\leq 9$

$y=\log_{\frac{1}{3}} f(x)$에서 밑이 0보다 크고 1보다 작으므로

$f(x)=3$에서 최대이고 최댓값은 -1

$f(x)=9$에서 최소이고 최솟값은 -2

따라서 $M=-1$, $m=-2$이므로
$M-m=(-1)-(-2)=1$

0482 답 ④

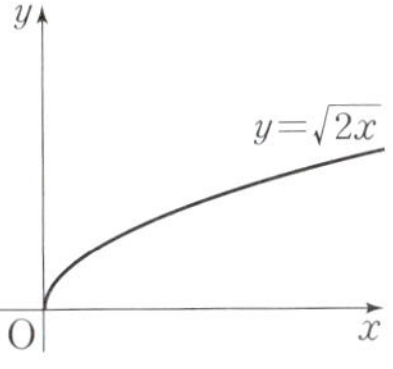

$f(x)=\sqrt{2x-6}+b$라 하면 함수
$y=f(x)$의 그래프는 오른쪽 그림과 같은
함수 $y=\sqrt{2x}$의 그래프를 x축의 방향으
로 3만큼, y축의 방향으로 b만큼 평행이
동한 것과 같다.
즉, 함수 $y=f(x)$는 $3\leq x\leq a$에서 $x=a$
일 때 최댓값, $x=3$일 때 최솟값을 갖는다.
$y=\log_3 f(x)$에서 밑이 1보다 크고 치역이 $\{y\,|\,0\leq y\leq 2\}$이므로
$x=3$일 때 최소이고 최솟값이 0이다.
즉, $0=\log_3(\sqrt{2\cdot3-6}+b)=\log_3 b$
$\therefore b=1$
$x=a$일 때 최대이고 최댓값이 2이다.
즉, $2=\log_3(\sqrt{2a-6}+1)$에서
$\sqrt{2a-6}+1=9$, $\sqrt{2a-6}=8$
$2a-6=64$ $\therefore a=35$
$\therefore ab=35\cdot1=35$

0483 답 ②

진수의 조건에서
$x+13>0$, $37-x>0$ $\therefore -13<x<37$
$y=\log_a(x+13)+\log_a(37-x)$
 $=\log_a(x+13)(37-x)$
$f(x)=(x+13)(37-x)$라 하면
$f(x)=-x^2+24x+481$
  $=-(x-12)^2+625$
함수 $f(x)$는 $-13<x<37$에서 $x=12$일 때 최댓값 625를 갖고,
최솟값은 갖지 않는다.
이때 $y=\log_a f(x)$는 밑 a가 0보다 크고 1보다 작아야 최솟값을
갖는다.
따라서 $0<a<1$일 때 함수 $y=\log_a f(x)$는 $f(x)=625$에서 최
소이고 최솟값은 -4이다.
즉, $-4=\log_a 625$에서
$4\log_a 5=-4$, $\log_a 5=-1$ $\therefore a=\dfrac{1}{5}$

0484 답 ⑤

$f(x)=\log_3 x$라 하면 함수 $y=f(x)$의 밑이 1보다 크므로
$9\leq x\leq 81$에서 $x=9$일 때 최솟값 2, $x=81$일 때 최댓값 4를 갖
는다.
$\therefore 2\leq f(x)\leq 4$

밑이 문자 a이므로 $a>1$ 또는 $0<a<1$의 경우로 나누어 생각한다.

(i) $a>1$인 경우
  함수 $y=\log_a f(x)+b$는 밑이 1보다 크므로
  $f(x)=4$에서 최대이고 최댓값은 2
  즉, $\log_a 4+b=2$ ······ ㉠
  $f(x)=2$에서 최소이고 최솟값은 1
  즉, $\log_a 2+b=1$ ······ ㉡
  ㉠−㉡을 하면
  $2-1=(\log_a 4+b)-(\log_a 2+b)$
  $1=\log_a 4-\log_a 2$
  $1=\log_a 2$ $\therefore a=2$
  $a=2$를 ㉡에 대입하여 풀면 $b=0$
  $\therefore a+b=2$

(ii) $0<a<1$인 경우
  함수 $y=\log_a f(x)+b$는 밑이 0보다 크고 1보다 작으므로
  $f(x)=2$에서 최대이고 최댓값은 2
  즉, $\log_a 2+b=2$ ······ ㉢
  $f(x)=4$에서 최소이고 최솟값은 1
  즉, $\log_a 4+b=1$ ······ ㉣
  ㉢−㉣을 하면
  $2-1=(\log_a 2+b)-(\log_a 4+b)$
  $1=\log_a 2-\log_a 4$
  $1=\log_a \dfrac{1}{2}$ $\therefore a=\dfrac{1}{2}$
  $a=\dfrac{1}{2}$을 ㉢에 대입하여 풀면 $b=3$
  $\therefore a+b=\dfrac{7}{2}$

(i), (ii)에서 $a+b$의 최댓값은 $\dfrac{7}{2}$이다.

0485 답 512

0486 답 243

$y=27x^{\log_{\frac{1}{3}} x+2}$에서
$\log_{\frac{1}{3}} y=\log_{\frac{1}{3}} 27x^{\log_{\frac{1}{3}} x+2}=\log_{\frac{1}{3}} 27+\log_{\frac{1}{3}} x^{\log_{\frac{1}{3}} x+2}$
$=-3+(\log_{\frac{1}{3}} x+2)\log_{\frac{1}{3}} x$
$=(\log_{\frac{1}{3}} x)^2+2\log_{\frac{1}{3}} x-3$

$\log_{\frac{1}{3}} x=t$라 하면 $\dfrac{1}{9}\leq x\leq\dfrac{1}{3}$에서 $1\leq t\leq 2$
이때 주어진 함수는
$\log_{\frac{1}{3}} y=t^2+2t-3=(t+1)^2-4$
이므로 $t=1$일 때 $\log_{\frac{1}{3}} y$는 최소이고 최솟값은 0
즉, $\log_{\frac{1}{3}} y$는 밑이 0보다 크고 1보다 작으므로 y는 최대이고
$\log_{\frac{1}{3}} y=0$에서 $y=1$ $\therefore M=1$
$t=2$일 때 $\log_{\frac{1}{3}} y$는 최대이고 최댓값은 5
즉, $\log_{\frac{1}{3}} y$는 밑이 0보다 크고 1보다 작으므로 y는 최소이고
$\log_{\frac{1}{3}} y=5$에서 $y=\dfrac{1}{243}$ $\therefore m=\dfrac{1}{243}$
$\therefore \dfrac{M}{m}=243$

0487 답 ④

$y=\log_5 25x+\log_x 625=2+\log_5 x+4\log_x 5$
 $=2+\log_5 x+\dfrac{4}{\log_5 x}$
이때 $x\geq2$에서 $\log_5 x>0$이므로 산술평균과 기하평균의 관계에
의하여
$\log_5 x+\dfrac{4}{\log_5 x}\geq 2\sqrt{\log_5 x\cdot\dfrac{4}{\log_5 x}}=4$
$\left(\text{단, 등호는 }\log_5 x=\dfrac{4}{\log_5 x}\text{일 때 성립}\right)$

따라서 구하는 식의 최솟값은
$$2+\log_5 x+\frac{4}{\log_5 x}=2+4=6$$

0488 답 ④

$$\log_2\left(x+\frac{4}{y}\right)+\log_2\left(y+\frac{16}{x}\right)$$
$$=\log_2\left(x+\frac{4}{y}\right)\left(y+\frac{16}{x}\right)$$
$$=\log_2\left(xy+\frac{64}{xy}+20\right)$$

이때 $x>0$, $y>0$이므로 산술평균과 기하평균의 관계에 의하여
$$xy+\frac{64}{xy}\geq 2\sqrt{xy\cdot\frac{64}{xy}}=16 \left(\text{단, 등호는 } xy=\frac{64}{xy} \text{일 때 성립}\right)$$
따라서 구하는 식의 최솟값은
$$\log_2(16+20)=\log_2 36$$

0489 답 ②

$y=x^{8\log_{9x}3}$에서
$$\log_3 y=\log_3 x^{8\log_{9x}3}=8\log_{9x}3\cdot\log_3 x$$
$$=\frac{8\log_3 x}{\log_3 9x}=\frac{8\log_3 x}{\log_3 x+2}$$

$\log_3 x=t$라 하면 $\frac{1}{3}<x\leq a$에서 $-1<t\leq\log_3 a$

이때 주어진 함수는
$$\log_3 y=\frac{8t}{t+2}=\frac{8(t+2)-16}{t+2}$$
$$=-\frac{16}{t+2}+8$$

함수 $\log_3 y=-\frac{16}{t+2}+8$은 $t>-2$인 범위에서 t의 값이 증가하면 $\log_3 y$의 값도 증가하므로 $t=\log_3 a$에서 최대이고 최댓값은 $\log_3 81=4$이다.

즉, $4=-\frac{16}{\log_3 a+2}+8$에서
$$-\frac{16}{\log_3 a+2}=-4, \log_3 a+2=4$$
$$\log_3 a=2 \quad \therefore a=9$$

0490 답 $x=5$

0491 답 $x=1$

진수의 조건에서 $(x+3)^3>0$, $3-x>0$
$$x>-3, x<3 \quad \therefore -3<x<3 \quad \cdots\cdots \text{㉠}$$
$\log_9(x+3)^3=3\log_3(3-x)$에서
$$\log_{3^2}(x+3)^3=3\log_3(3-x)$$
$$\frac{3}{2}\log_3(x+3)=3\log_3(3-x)$$
$$\log_3(x+3)=2\log_3(3-x)$$
$$\log_3(x+3)=\log_3(3-x)^2$$
$$x+3=(3-x)^2$$
$$x^2-7x+6=0$$
$$(x-1)(x-6)=0$$
$$\therefore x=1 \ (\because \text{㉠})$$

0492 답 ④

진수의 조건에서 $x>0 \quad \cdots\cdots \text{㉠}$
$\log_3 x\cdot\log_5 x=\log_{\sqrt{3}}25$에서
$$\log_3 x\cdot\frac{\log_3 x}{\log_3 5}=4\log_3 5, \ (\log_3 x)^2=(2\log_3 5)^2$$

(i) $\log_3 x=2\log_3 5$인 경우
$$\log_3 x=\log_3 5^2 \quad \therefore x=25$$
(ii) $\log_3 x=-2\log_3 5$인 경우
$$\log_3 x=\log_3\frac{1}{25} \quad \therefore x=\frac{1}{25}$$

㉠과 (i), (ii)에서 $\alpha=\frac{1}{25}$, $\beta=25$이므로
$$\frac{\beta}{5\alpha}=125$$

0493 답 ①

진수의 조건에서 $x\neq 0$, $x+4>0$
$$x\neq 0, \ x>-4$$
$$\therefore -4<x<0 \text{ 또는 } x>0 \quad \cdots\cdots \text{㉠}$$
$\log_{\sqrt{2}}|x|=\log_2(x+4)+1$에서
$$2\log_2|x|=\log_2(x+4)+\log_2 2$$
$$\log_2|x|^2=\log_2(2x+8)$$
$$\log_2 x^2=\log_2(2x+8)$$
$$x^2=2x+8$$
$$x^2-2x-8=0$$
여기에서 근과 계수의 관계를 바로 사용하지 않은 이유는 두 근이 모두 ㉠을 만족한다는 결과를 모르기 때문이다.
$$(x+2)(x-4)=0$$
$$\therefore x=-2 \text{ 또는 } x=4$$
㉠에 의해 주어진 방정식의 모든 근의 합은
$$4+(-2)=2$$

0494 답 ①

진수의 조건에서 $x^2+y^2>0$, $\frac{16y}{x}>1$

즉, x, y는 부호가 같은 실수이다.
$\log_5 3\cdot\log_3\left(\log_2\frac{16y}{x}\right)=1$에서
$$\log_3\left(\log_2\frac{16y}{x}\right)=\frac{1}{\log_5 3}, \ \log_3\left(\log_2\frac{16y}{x}\right)=\log_3 5$$
$$\log_2\frac{16y}{x}=5, \ \log_2\frac{y}{x}+4=5$$
$$\frac{y}{x}=2 \quad \therefore y=2x \quad \cdots\cdots \text{㉠}$$
㉠을 방정식 $\log_5(x^2+y^2)=2$에 대입하여 정리하면
$$\log_5 5x^2=2$$
$$5x^2=25, \ x^2=5 \quad \therefore x=\pm\sqrt{5}$$
$$\therefore x=\sqrt{5}, \ y=2\sqrt{5} \text{ 또는 } x=-\sqrt{5}, \ y=-2\sqrt{5}$$
이때 위에서 구한 방정식의 해는 진수의 조건을 만족시키므로 해의 개수는 2이다.

0495 답 ③

0496 답 4

$(\log_5 x)^2-\log_5 x^4+\log_5 3=0$에서

$(\log_5 x)^2 - 4\log_5 x + \log_5 3 = 0$

$\log_5 x = t$라 하면 주어진 방정식은

$t^2 - 4t + \log_5 3 = 0$

이때 방정식 $(\log_5 x)^2 - \log_5 x^4 + \log_5 3 = 0$의 두 근을 α, β라 하면 $\log_5 \alpha$, $\log_5 \beta$는 이차방정식 $t^2 - 4t + \log_5 3 = 0$의 두 실근이므로 이차방정식의 근과 계수의 관계에 의하여

$\log_5 \alpha + \log_5 \beta = 4$

$\log_5 \alpha\beta = 4$ $\therefore \alpha\beta = 5^4$

$\therefore n = 4$

0497 답 ①

$\log_7 x = t$라 하면 주어진 방정식은

$t^2 - 24t + 3 = 0$

이 방정식의 두 근이 $\log_7 \alpha$, $\log_7 \beta$이므로 이차방정식의 근과 계수의 관계에 의하여

$\log_7 \alpha + \log_7 \beta = 24$, $\log_7 \alpha \cdot \log_7 \beta = 3$

$$\log_\alpha 2 + \log_\beta 2 = \frac{\log_7 2}{\log_7 \alpha} + \frac{\log_7 2}{\log_7 \beta}$$

$$= (\log_7 2) \cdot \frac{\log_7 \alpha + \log_7 \beta}{\log_7 \alpha \cdot \log_7 \beta}$$

$$= (\log_7 2) \cdot \frac{24}{3} = 8\log_7 2$$

$$= \log_7 2^8$$

$7^2 < 2^8 < 7^3$이므로 $2 < \log_7 2^8 < 3$

따라서 $n \leq \log_\alpha 2 + \log_\beta 2$를 만족시키는 자연수 n의 최댓값은 2이다.

0498 답 ③

$\log_3 x \cdot (8 - \log_3 x) = a$에서

$(\log_3 x)^2 - 8\log_3 x + a = 0$

방정식 $\log_3 x \cdot (8 - \log_3 x) = a$가 1보다 큰 서로 다른 두 실근을 가져야 하므로 $\log_3 x = t$이라 하면 방정식 $t^2 - 8t + a = 0$이 서로 다른 두 양수 α, β를 근으로 가져야 한다.

방정식 $t^2 - 8t + a = 0$의 판별식을 D라 하면

$$\frac{D}{4} = (-4)^2 - a > 0$$

$\therefore a < 16$ …… ㉠

또한, $\alpha\beta > 0$이므로

$\alpha\beta = a > 0$ …… ㉡

㉠, ㉡에서

$0 < a < 16$

따라서 구하는 정수 a는 $1, 2, \cdots, 15$의 15개이다.

0499 답 ⑤

$|\log_2 x| \cdot \log_2 \dfrac{16}{x} = k$에서

$|\log_2 x| \cdot (\log_2 16 - \log_2 x) = k$

$\log_2 x = t$라 하면 주어진 방정식은

$|t|(4 - t) = k$ …… ㉠

$f(t) = |t|(4 - t)$라 하면 방정식 ㉠의 해의 개수는 함수 $y = f(t)$의 그래프와 직선 $y = k$의 교점의 개수와 같다.

$f(t) = \begin{cases} -t^2 + 4t & (t \geq 0) \\ t^2 - 4t & (t < 0) \end{cases}$ 이므로 함수 $y = f(x)$의 그래프는 오른쪽 그림과 같다.

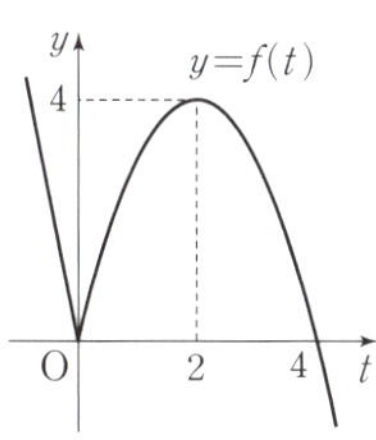

서로 다른 세 개의 실근을 갖도록 하는 k의 값의 범위는

$0 < k < 4$

따라서 모든 정수 k의 값은 $1, 2, 3$이므로 구하는 합은

$1 + 2 + 3 = 6$

0500 답 ①

0501 답 ⑤

밑과 진수의 조건에서

$x^2 - 5x + 10 > 0$, $x^2 - 5x + 10 \neq 1$, $2x - 1 > 0$

$\log_{x^2-5x+10}(2x-1) = \log_2 \sqrt{2x-1}$에서

$\log_{x^2-5x+10}(2x-1) = \dfrac{1}{2}\log_2(2x-1)$

$\log_{x^2-5x+10}(2x-1) = \log_4(2x-1)$

(i) 밑이 같은 경우

    $x^2 - 5x + 10 = 4$

    $x^2 - 5x + 6 = 0$

    $(x-2)(x-3) = 0$

    $\therefore x = 2$ 또는 $x = 3$

    $x = 2$, $x = 3$은 모두 밑과 진수의 조건을 만족시킨다.

(ii) 밑이 다른 경우

    $2x - 1 = 1$이어야 하므로 $x = 1$

    $x = 1$은 밑과 진수의 조건을 만족시킨다.

(i), (ii)에서 모든 실근의 합은

$1 + 2 + 3 = 6$

> **선생님 톡톡**
>
> 밑의 조건은 진수의 조건과 달리 양수인 조건과 1이 아니라는 조건을 함께 따져줘야 해. 그래서 대표 예제와 같이 밑이 완전제곱식이 되는 경우를 제외하고는 밑과 진수의 조건을 따지는 것이 오히려 복잡한 계산을 요구하는 경우가 많아. 이럴 때는 우선 방정식을 먼저 풀고, 구한 해가 주어진 밑과 진수의 조건에 맞는지 점검하면 훨씬 빠르고 정확하게 해결할 수 있어!

0502 답 ②

$x^{\log_3 x} = \dfrac{9}{x}$의 양변에 밑이 3인 로그를 취하면 $\log_3 x^{\log_3 x} = \log_3 \dfrac{9}{x}$

$(\log_3 x)^2 = 2 - \log_3 x$

$\log_3 x = t$라 하면 주어진 방정식은

$t^2 = 2 - t$, $t^2 + t - 2 = 0$

$(t+2)(t-1) = 0$

$\therefore t = -2$ 또는 $t = 1$

즉, $\log_3 x = -2$ 또는 $\log_3 x = 1$이므로

$x = \dfrac{1}{9}$ 또는 $x = 3$

따라서 주어진 방정식의 모든 실근의 합은

$3 + \dfrac{1}{9} = \dfrac{28}{9}$

0503 답 ③

$3^{2x}=4^{4-x}$의 양변에 상용로그를 취하면

$\log 9^x = \log 4^{4-x}$, $x \log 9 = (4-x) \log 4$

$x(\log 9 + \log 4) = 4 \log 4$

$x \log 36 = 4 \log 4$

$\therefore x = 4 \cdot \dfrac{\log 4}{\log 36} = 4 \log_{36} 4 = \dfrac{4 \log_6 4}{\log_6 36} = 4 \log_6 2$

0504 답 ①

$(2x)^{\log 2} - (5x)^{\log 5} = 0$

$(2x)^{\log 2} = (5x)^{\log 5}$

<u>양변에 상용로그를 취하면</u> $x>0$이므로 진수의 조건을 만족시킨다.

$\log 2 \cdot \log 2x = \log 5 \cdot \log 5x$

$\log 2 \cdot (\log 2 + \log x) = \log 5 \cdot (\log 5 + \log x)$

$(\log 2)^2 + \log 2 \cdot \log x = (\log 5)^2 + \log 5 \cdot \log x$

$\log x \cdot (\log 5 - \log 2) = (\log 2)^2 - (\log 5)^2$

$\log x = -\dfrac{(\log 5 + \log 2)(\log 5 - \log 2)}{\log 5 - \log 2}$

$\log x = -(\log 5 + \log 2)$

$\log x = -1$

$\therefore x = a = \dfrac{1}{10}$

0505 답 ③

0506 답 ④

진수의 조건에서 $x^2+4x+6=(x+2)^2+2>0$이므로 모든 실수 x에 대하여 진수는 항상 양수이다.

$\log_{\frac{1}{2}}(x^2+4x+6) \leq \log_{\frac{1}{4}} 9$에서

$\log_{\frac{1}{2}}(x^2+4x+6) \leq \log_{\left(\frac{1}{2}\right)^2} 3^2$

$\therefore \log_{\frac{1}{2}}(x^2+4x+6) \leq \log_{\frac{1}{2}} 3$

이때 밑이 0보다 크고 1보다 작으므로

$x^2+4x+6 \geq 3$

$x^2+4x+3 \geq 0$

$(x+3)(x+1) \geq 0$

$\therefore x \leq -3$ 또는 $x \geq -1$

따라서 주어진 부등식을 만족시키지 않는 x의 값은 ④이다.

0507 답 ③

진수의 조건에서 $x^2+2x-3>0$, $3x+3>0$

$(x-1)(x+3)>0$, $3x>-3$

$x<-3$ 또는 $x>1$, $x>-1$

$\therefore x>1$ ...... ㉠

이때 밑이 1보다 크므로

$x^2+2x-3>3x+3$

$x^2-x-6>0$

$(x-3)(x+2)>0$

$\therefore x<-2$ 또는 $x>3$ ...... ㉡

㉠, ㉡에서 $x>3$

0508 답 ③

$\log_{x^2+2x+3} f(x) < \log_{x^2+2x+3} g(x)$에서

$\dfrac{\log f(x)}{\log(x^2+2x+3)} < \dfrac{\log g(x)}{\log(x^2+2x+3)}$ ...... ㉠

이때 $x^2+2x+3=(x+1)^2+2>1$이므로

$\log(x^2+2x+3)>0$

㉠에서

$\log f(x) < \log g(x)$

$\therefore 0<f(x)<g(x)$

따라서 구하는 부등식의 해는

$b<x<c$

0509 답 ①

밑과 진수의 조건에서

$m \neq 1$, $m>0$, $2x+2>0$, $mx>0$, $x-1>0$ $\therefore x>1$

$\log_m(2x+2) \leq \log_m mx + \log_m(x-1)$에서

$\log_m(2x+2) - \log_m(x-1) \leq \log_m mx$

$\log_m \dfrac{2x+2}{x-1} \leq \log_m mx$

(i) $0<m<1$인 경우

$\dfrac{2x+2}{x-1} \geq mx$ ...... ㉠

$\dfrac{2x+2}{x-1} = \dfrac{4}{x-1}+2$이므로

$1<x\leq 5$에서 함수 $y=\dfrac{2x+2}{x-1}$

의 그래프는 오른쪽 그림과 같다.

직선 $y=mx$는 원점을 지나고 기울기가 m인 직선이므로 부등식 ㉠의 해가 $1<x\leq 5$이려면 직선 $y=mx$가 점 $(5, 3)$을 지나야 한다.

$3=5m$ $\therefore m=\dfrac{3}{5}$

(ii) $m>1$인 경우

$\dfrac{2x+2}{x-1} \leq mx$ ...... ㉡

(i)의 그래프에서 부등식 ㉡의 해가 $1<x\leq 5$일 수는 없다.

(i), (ii)에서 구하는 상수 m의 값은 $\dfrac{3}{5}$이다.

함수 $y=\dfrac{2x+2}{x-1}$의 그래프의 점근선의 방정식이 $x=1$이므로 원점을 지나는 직선은 $1<x\leq 5$에서 반드시 교점을 가지게 된다.

0510 답 ⑤

0511 답 ①

진수의 조건에서 $x>0$, $\log_{\frac{1}{2}} x>0$

$\therefore 0<x<1$ ...... ㉠

$\log_{\frac{1}{3}}\left(\log_{\frac{1}{2}} x\right) > -1$에서 $\log_{\frac{1}{3}}\left(\log_{\frac{1}{2}} x\right) > \log_{\frac{1}{3}} 3$

이때 밑이 0보다 크고 1보다 작으므로

$\log_{\frac{1}{2}} x < 3$ $\therefore x>\dfrac{1}{8}$ ...... ㉡

㉠, ㉡에서 $\dfrac{1}{8}<x<1$

0512 답 ④

진수의 조건에서 $x>0$, $\log_3 x>0$

$\therefore x>1$ ...... ㉠

$\log_{\frac{1}{5}}(\log_3 x) \geq a$에서 $\log_{\frac{1}{5}}(\log_3 x) \geq \log_{\frac{1}{5}}\left(\frac{1}{5}\right)^a$

이때 밑이 0보다 크고 1보다 작으므로

$\log_3 x \leq \left(\frac{1}{5}\right)^a$

$\therefore \ x \leq 3^{\left(\frac{1}{5}\right)^a}$ $\cdots\cdots$ ㉡

㉠, ㉡에서 $1 < x \leq 3^{\left(\frac{1}{5}\right)^a}$

이때 주어진 부등식의 해가 $1 < x \leq 9$이므로 $3^{\left(\frac{1}{5}\right)^a} = 9$에서

$\left(\frac{1}{5}\right)^a = 2$ $\therefore \ a = -\log_5 2$

0513 답 ⑤

진수의 조건에서 $\log_3(\log_2 x) > 0$, $\log_2 x > 0$, $x > 0$

$\log_2 x > 1$, $x > 1$, $x > 0$

$\therefore \ x > 2$ $\cdots\cdots$ ㉠

$\log_2\{\log_3(\log_2 x)\} \leq 1$에서 밑이 1보다 크므로

$\log_3(\log_2 x) \leq 2$, $\log_2 x \leq 9$

$\therefore \ x \leq 2^9$ $\cdots\cdots$ ㉡

㉠, ㉡에서 $2 < x \leq 512$

따라서 주어진 부등식을 만족시키는 모든 정수 x는 3, 4, $\cdots$, 511, 512의 510개이다.

0514 답 ②

밑과 진수의 조건에서 $a \neq 1$, $a > 0$, $\log_2 x > 0$, $x > 0$

$x > 1$ $\cdots\cdots$ ㉠

(i) $0 < a < 1$인 경우

  $\log_a(\log_2 x) \leq 1$에서 밑이 0보다 크고 1보다 작으므로

  $\log_2 x \geq a$ $\therefore \ x \geq 2^a$ $\cdots\cdots$ ㉡

  ㉠, ㉡에서

  $x \geq 2^a$

  이때 주어진 부등식을 만족시키는 정수 x의 개수는 무수히 많

  으므로 모순이다.

(ii) $a > 1$인 경우

  $\log_a(\log_2 x) \leq 1$에서 밑이 1보다 크므로

  $\log_2 x \leq a$ $\therefore \ x \leq 2^a$ $\cdots\cdots$ ㉢

  ㉠, ㉢에서 $1 < x \leq 2^a$

  주어진 부등식을 만족시키는 정수 x의 개수가 100이므로

  $101 \leq 2^a < 102$

  $\therefore \ \log_2 101 \leq a < \log_2 102$

(i), (ii)에서 구하는 상수 a의 최솟값은 $\log_2 101$이다.

0515 답 ④

0516 답 ⑤

진수의 조건에서

$x > 0$ $\cdots\cdots$ ㉠

$\log_{\frac{1}{4}} 32x \cdot \log_2 \dfrac{64}{x} \leq 0$에서

$-\dfrac{1}{2}\log_2 32x \cdot \log_2 \dfrac{64}{x} \leq 0$

$\log_2 32x \cdot \log_2 \dfrac{64}{x} \geq 0$

$(5 + \log_2 x)(6 - \log_2 x) \geq 0$

$(\log_2 x + 5)(\log_2 x - 6) \leq 0$

$\log_2 x = t$라 하면 주어진 부등식은

$(t + 5)(t - 6) \leq 0$

$\therefore \ -5 \leq t \leq 6$

즉, $-5 \leq \log_2 x \leq 6$이므로

$\dfrac{1}{32} \leq x \leq 64$ $\cdots\cdots$ ㉡

㉠, ㉡에서 $\dfrac{1}{32} \leq x \leq 64$

따라서 주어진 부등식의 해는 $\dfrac{1}{32} \leq x \leq 64$이므로 x의 최댓값은 64이다.

0517 답 ⑤

진수의 조건에서 $2x - 1 > 0$

$\therefore \ x > \dfrac{1}{2}$

$\dfrac{3}{5} \leq x \leq 13$에서 $\dfrac{1}{5} \leq 2x - 1 \leq 25$

$\therefore \ -1 \leq \log_5(2x-1) \leq 2$

$\log_5(2x-1) = t$라 하면 주어진 부등식은

$t(a - t) \geq b$, $-t^2 + at \geq b$

$t^2 - at + b \leq 0$

이 부등식의 해가 $-1 \leq t \leq 2$이어야 하므로 $(t+1)(t-2) \leq 0$에서

$t^2 - t - 2 \leq 0$

따라서 $a = 1$, $b = -2$이므로

$a - b = 1 - (-2) = 3$

0518 답 ④

진수의 조건에서

$x > 0$ $\cdots\cdots$ ㉠

$(\log x)^3 < 1$에서

$(\log x)^3 - 1 < 0$

$\log x = t$라 하면 위의 부등식은

$t^3 - 1 < 0$, $(t-1)(t^2 + t + 1) < 0$

$t - 1 < 0$ $(\because \ t^2 + t + 1 > 0)$

$\therefore \ t < 1$

즉, $\log x < 1$이므로

$x < 10$ $\cdots\cdots$ ㉡

$\dfrac{1}{(\log_5 x)^2} > 1$에서 $\log_5 x = s \ (s \neq 0)$라 하면

↳ s는 분모이기 때문이다.

$\dfrac{1}{s^2} > 1$, $s^2 < 1$

$(s+1)(s-1) < 0$

$\therefore \ -1 < s < 0$ 또는 $0 < s < 1$

즉, $-1 < \log_5 x < 0$ 또는 $0 < \log_5 x < 1$이므로

$\dfrac{1}{5} < x < 1$ 또는 $1 < x < 5$ $\cdots\cdots$ ㉢

㉠, ㉡, ㉢에서

$\dfrac{1}{5} < x < 1$ 또는 $1 < x < 5$

따라서 주어진 연립부등식을 만족시키는 모든 정수 x의 값은 2, 3, 4이므로 그 합은 $2 + 3 + 4 = 9$

0519 답 ④

진수의 조건에서 $x+6>0$
$\therefore x>-6$ ...... ㉠
$\{\log_2(x+6)\}^2=|\log_2(x+6)|^2$이므로
$|\log_2(x+6)|=t\ (t\geq0)$라 하면 주어진 부등식은
$t^2-t-6\leq0$
$(t+2)(t-3)\leq0$
$\therefore -2\leq t\leq3$
이때 $t\geq0$이므로 $0\leq t\leq3$
즉, $0\leq|\log_2(x+6)|\leq3$에서
$-3\leq\log_2(x+6)\leq3$
$\dfrac{1}{8}\leq x+6\leq8$
$\therefore -\dfrac{47}{8}\leq x\leq2$ ...... ㉡
㉠, ㉡에서
$-\dfrac{47}{8}\leq x\leq2$
따라서 구하는 모든 정수 x는 $-5,\ -4,\ -3,\ \cdots,\ 2$의 8개이다.

0520 답 64

0521 답 8

$22^{x-1}>11^{x+1}$의 양변에 상용로그를 취하면
$\log22^{x-1}>\log11^{x+1}$
$(x-1)\log22>(x+1)\log11$
$x(\log22-\log11)>\log11+\log22$
$x\log2>\log242$
$x>\dfrac{\log242}{\log2}$
$x>\log_2242$
$\therefore x>7.\times\times\times$
따라서 정수 x의 최솟값은 8이다.

> $2^7=128,\ 2^8=256$이므로
> $\log_22^7<\log_2242<\log_22^8$

0522 답 ③

$x^{\log_{\frac{1}{2}}x}>ax^b$의 양변에 밑이 $\dfrac{1}{2}$인 로그를 취하면
$\log_{\frac{1}{2}}x^{\log_{\frac{1}{2}}x}<\log_{\frac{1}{2}}ax^b$
$(\log_{\frac{1}{2}}x)^2<b\log_{\frac{1}{2}}x+\log_{\frac{1}{2}}a$
$(\log_{\frac{1}{2}}x)^2-b\log_{\frac{1}{2}}x-\log_{\frac{1}{2}}a<0$
$\log_{\frac{1}{2}}x=t$라 하면 주어진 부등식은
$t^2-bt-\log_{\frac{1}{2}}a<0$ ...... ㉠
$\dfrac{1}{4}<x<2$에서 $-1<t<2$
㉠의 해가 $-1<t<2$이어야 하므로
$(t+1)(t-2)<0$
$\therefore t^2-t-2<0$ ...... ㉡
㉠, ㉡이 일치하므로
$b=1,\ \log_{\frac{1}{2}}a=2$ $\therefore a=\dfrac{1}{4},\ b=1$
$\therefore a+b=\dfrac{1}{4}+1=\dfrac{5}{4}$

0523 답 ④

$x^{\frac{1}{x-5}}>m$의 양변에 밑이 2인 로그를 취하면
$\log_2x^{\frac{1}{x-5}}>\log_2m$
$\dfrac{1}{x-5}\cdot\log_2x>\log_2m$
$\log_2x<(x-5)\log_2m\ (\because 0<x<4)$
$0<x<4$에서 함수 $y=\log_2x$의 그래프는
오른쪽 그림과 같다.
직선 $y=(x-5)\log_2m$은 점 $(5,\ 0)$을
지나고 기울기가 $\log_2m$이므로 점 $(4,\ 2)$
를 지날 때, 기울기가 최대가 된다.

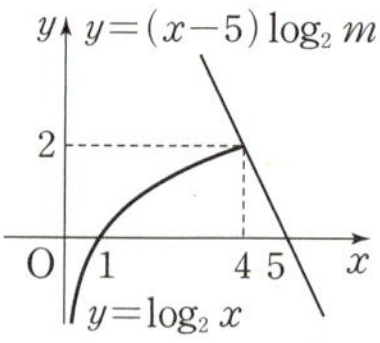

$\dfrac{0-2}{5-4}\geq\log_2m$
$-2\geq\log_2m$ $\therefore m\leq\dfrac{1}{4}$
따라서 구하는 m의 최댓값은 $\dfrac{1}{4}$이다.

0524 답 ③

밑의 조건에서
$x+2>0,\ x+2\neq1,\ 4-x>0,\ 4-x\neq1$
$\therefore -2<x<-1$ 또는 $-1<x<3$ 또는 $3<x<4$
$\log_{x+2}3<\log_{4-x}9$에서
$\dfrac{\log_33}{\log_3(x+2)}<\dfrac{\log_39}{\log_3(4-x)}$
$\therefore \dfrac{1}{\log_3(x+2)}<\dfrac{2}{\log_3(4-x)}$

> 진수가 3의 거듭제곱이므로 밑을 3으로 통일한다.

(i) $-2<x<-1$인 경우
  $\log_3(x+2)<0,\ \log_3(4-x)>0$이므로
  $\dfrac{1}{\log_3(x+2)}<\dfrac{2}{\log_3(4-x)}$에서
  $\log_3(4-x)>2\log_3(x+2)$
  $\log_3(4-x)>\log_3(x+2)^2$
  $4-x>(x+2)^2,\ x^2+5x<0$
  $x(x+5)<0$
  $\therefore -5<x<0$
  이때 $-2<x<-1$이므로 부등식의 해는
  $-2<x<-1$
(ii) $-1<x<3$인 경우
  $\log_3(x+2)>0,\ \log_3(4-x)>0$이므로
  $\dfrac{1}{\log_3(x+2)}<\dfrac{2}{\log_3(4-x)}$에서
  $\log_3(4-x)<2\log_3(x+2)$
  $\log_3(4-x)<\log_3(x+2)^2$
  $4-x<(x+2)^2,\ x^2+5x>0$
  $x(x+5)>0$
  $\therefore x<-5$ 또는 $x>0$
  이때 $-1<x<3$이므로 부등식의 해는
  $0<x<3$
(iii) $3<x<4$인 경우
  $\log_3(x+2)>0,\ \log_3(4-x)<0$이므로
  $\dfrac{1}{\log_3(x+2)}<\dfrac{2}{\log_3(4-x)}$에서

$\log_3(4-x) > 2\log_3(x+2)$
$\log_3(4-x) > \log_3(x+2)^2$
$4-x > (x+2)^2,\ x^2+5x < 0$
$x(x+5) < 0$
$\therefore -5 < x < 0$
이때 $3 < x < 4$이므로 부등식의 해는 존재하지 않는다.
(ⅰ), (ⅱ), (ⅲ)에서 주어진 부등식의 해는
$-2 < x < -1$ 또는 $0 < x < 3$
따라서 $a=-2,\ b=-1,\ c=0,\ d=3$이므로
$a+b-c-d = -2+(-1)-0-3 = -6$

0525 답 10

0526 답 ③
$\log_7 x = t$라 하면 주어진 방정식은
$t^3 - at + a - 1 = 0$
$f(t) = t^3 - at + a - 1$이라 하면 조립제법에 의하여

$$
\begin{array}{r|rrrr}
1 & 1 & 0 & -a & a-1 \\
  &   & 1 & 1 & -a+1 \\
\hline
  & 1 & 1 & -a+1 & 0
\end{array}
$$

이므로 $f(t) = (t-1)(t^2+t-a+1)$
이때 $f(t)=0$이 단 하나의 실근을 갖는 경우는 다음과 같다.
(ⅰ) $t^2+t-a+1=0$이 두 허근을 갖는 경우
　이차방정식 $t^2+t-a+1=0$의 판별식을 D라 하면
　$D = 1^2 - 4(-a+1) < 0$
　$4a - 3 < 0 \qquad \therefore a < \dfrac{3}{4}$
(ⅱ) $t^2+t-a+1=0$이 1을 중근으로 갖는 경우
　방정식 $t^2+t-a+1=0$의 판별식을 D라 하면
　$D = 1^2 - 4(-a+1) = 0$
　$4a-3 = 0 \qquad \therefore a = \dfrac{3}{4}$
　이때 $a = \dfrac{3}{4}$이면 방정식 $t^2+t-a+1=0$은 1을 근으로 갖지
　않는다.
(ⅰ), (ⅱ)에서 $a < \dfrac{3}{4}$

0527 답 ③
진수의 조건에서 $7-x > 0,\ x+3 > 0$
$x < 7,\ x > -3$
$\therefore -3 < x < 7$
$\log_2(7-x) + \log_2(x+3) = n$에서
$\log_2(7-x)(x+3) = \log_2 2^n$
$(x+3)(7-x) = 2^n \quad \cdots\cdots\ \㉠$
$-3 < x < 7$에서
함수 $y=(x+3)(7-x)$의 그래프는
오른쪽 그림과 같으므로 ㉠이 서로 다
른 두 실근을 가지려면
$0 < 2^n < 25$
따라서 주어진 부등식을 만족시키는 자
연수 n은 1, 2, 3, 4의 4개이다.

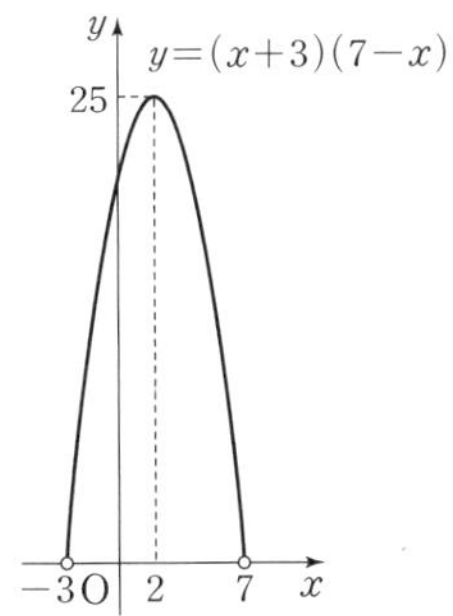

0528 답 $\dfrac{1}{100} < a < 100$
모든 양의 실수 x에 대하여 주어진 부등식이 성립하므로 진수의
조건에서
$a > 0 \qquad\qquad \cdots\cdots\ ㉠$
$\log ax \cdot \log a^2 x > -1$에서
$(\log x + \log a)(\log x + 2\log a) > -1$
$\log x = t$라 하면 주어진 부등식은
$(t + \log a)(t + 2\log a) > -1$
$t^2 + 3\log a \cdot t + 2 \cdot (\log a)^2 + 1 > 0$
모든 실수 t에 대하여 성립하므로 이차방정식
$t^2 + 3\log a \cdot t + 2 \cdot (\log a)^2 + 1 = 0$의 판별식을 D라 하면
$D = (3\log a)^2 - 4\{2 \cdot (\log a)^2 + 1\} < 0$
$(\log a)^2 - 4 < 0$
$(\log a + 2)(\log a - 2) < 0$
$\therefore -2 < \log a < 2$
즉, $\dfrac{1}{100} < a < 100 \qquad \cdots\cdots\ ㉡$
㉠, ㉡에서
$\dfrac{1}{100} < a < 100$

0529 답 ③
$x=0$일 때, 주어진 부등식은 양수 a의 값에 상관없이 항상 성립
한다.
$x \neq 0$일 때, $3^{x^4+4} \geq a^{x^2}$의 양변에 밑이 3인 로그를 취하면
$\log_3 3^{x^4+4} \geq \log_3 a^{x^2}$
$x^4 + 4 \geq x^2 \log_3 a$
$x^2 + \dfrac{4}{x^2} \geq \log_3 a$
이때 $x^2 > 0$이므로 산술평균과 기하평균의 관계에 의하여
$x^2 + \dfrac{4}{x^2} \geq 2\sqrt{x^2 \cdot \dfrac{4}{x^2}} = 4 \left(\text{단, 등호는 } x^2 = \dfrac{4}{x^2}\text{일 때 성립}\right)$
즉, $\log_3 a \leq 4$이면 주어진 부등식은 모든 실수 x에 대하여 성립하
므로 $a \leq 81$
따라서 양수 a의 최댓값은 81이다.

0530 답 ①

0531 답 ①
공기청정기의 필터의 개수를 n, 초기 미세먼지 양을 k_0이라 하면
공기청정기를 통과하고 난 후의 미세먼지의 양 k는
$k = k_0 \cdot \left(\dfrac{80}{100}\right)^n$
미세먼지의 양을 처음 양의 1 % 이하로 줄여야 하므로
$k \leq k_0 \cdot \dfrac{1}{100}$
$k_0 \cdot \left(\dfrac{80}{100}\right)^n \leq k_0 \cdot \dfrac{1}{100}$
$\left(\dfrac{8}{10}\right)^n \leq \dfrac{1}{100}$
양변에 상용로그를 취하면
$\log\left(\dfrac{8}{10}\right)^n \leq \log\dfrac{1}{100}$

$n(\log 2^3 - \log 10) \leq -2$

$n(3\log 2 - 1) \leq -2$

$n \geq \dfrac{2}{1 - 3\log 2}$

$\therefore n \geq \dfrac{2}{1 - 3 \cdot 0.30}$ $(\because \log 2 = 0.30)$

$\qquad = \dfrac{2}{1 - 0.9} = \dfrac{2}{0.1} = 20$

따라서 공기청정기의 필터를 최소한 20개 만들어야 한다.

0532 답 2021

m년 후 중고차의 가격은 $2000 \cdot (0.6)^m$만 원

$2000 \cdot (0.6)^m \leq 500$에서

$4 \cdot (0.6)^m \leq 1$

양변에 상용로그를 취하면

$\log\{4 \cdot (0.6)^m\} \leq \log 1$

$\log 4 + m \log 0.6 \leq 0$

$2\log 2 + m(\log 3 - \log 5) \leq 0$

$2\log 2 + m\{\log 3 - (1 - \log 2)\} \leq 0$

$2 \cdot 0.30 + m\{0.47 - (1 - 0.30)\} \leq 0$

$\qquad\qquad (\because \log 2 = 0.30,\ \log 3 = 0.47)$

$0.6 - 0.23m \leq 0$

$0.23m \geq 0.6$

$\therefore m \geq \dfrac{0.6}{0.23} = 2.\times\times\times$

따라서 3년 후인 2021년에 중고차 가격이 처음으로 500만 원 이하로 떨어진다.

$\therefore n = 2021$

0533 답 2022

2018년의 두 국가 A, B의 경제규모를 각각 $2k$, k라 하면 m년 후 두 국가 A, B의 경제규모는 각각 $2k \cdot (1.05)^m$, $k \cdot (1.25)^m$이다.

$2k \cdot (1.05)^m < k \cdot (1.25)^m$에서

$2 \cdot (1.05)^m < (1.25)^m$

양변에 상용로그를 취하면

$\log\{2 \cdot (1.05)^m\} < \log(1.25)^m$

$\log 2 + m \log 1.05 < m \log 1.25$

$\log 2 < m \log 1.25 - m \log 1.05$

$\log 2 < m \log \dfrac{1.25}{1.05},\ \log 2 < m \log \dfrac{25}{21}$

$\log 2 < m(\log 25 - \log 21)$

$\log 2 < m(2\log 5 - \log 21)$

$\log 2 < m\{2(1 - \log 2) - (1 + \log 2.1)\}$

$0.30 < m\{2(1 - 0.30) - (1 + 0.32)\}$

$\qquad\qquad (\because \log 2 = 0.30,\ \log 2.1 = 0.32)$

$0.30 < 0.08m$

$\therefore m > \dfrac{0.3}{0.08} = 3.75$

따라서 4년 후인 2022년에 B 국가의 경제규모가 처음으로 A 국가의 경제규모를 초과한다.

$\therefore n = 2022$

0534 답 5

현재의 한과세트 1개의 원가를 a, 판매가격을 b라 하면 마진율은

$\dfrac{b - a}{a} = \dfrac{b}{a} - 1$

m년 후의 마진율은

$\dfrac{(1.01)^m b - (0.99)^m a}{(0.99)^m a} = \dfrac{(1.01)^m b}{(0.99)^m a} - 1$

현재의 마진율이 1 %이므로

$\dfrac{b}{a} - 1 = \dfrac{1}{100}$

$\therefore \dfrac{b}{a} = \dfrac{101}{100}$

$\dfrac{(1.01)^m b}{(0.99)^m a} - 1 \geq \dfrac{10}{100}$에서

$\dfrac{(1.01)^m}{(0.99)^m} \cdot \dfrac{101}{100} \geq \dfrac{110}{100}$

$\dfrac{(1.01)^m}{(0.99)^m} \geq \dfrac{110}{101}$

양변에 상용로그를 취하면

$\log \dfrac{(1.01)^m}{(0.99)^m} \geq \log \dfrac{110}{101}$

$m(\log 1.01 - \log 0.99) \geq \log 110 - \log 101$

$m\{\log 1.01 - (\log 9.9 - 1)\} \geq (\log 1.1 + 2) - (\log 1.01 + 2)$

$m\{0.004 - (0.995 - 1)\} \geq (0.041 + 2) - (0.004 + 2)$

$0.009m \geq 0.037$

$\therefore m \geq \dfrac{0.037}{0.009} = 4.1\times\times\times$

따라서 처음으로 마진율이 10 % 이상이 되는 것은 5년 후이다.

$\therefore n = 5$

본문 084~087쪽

0535 답 35

One Point Lesson
진수가 어떤 조건을 만족해야 $f_n(x)$의 함숫값이 정수가 될지 생각해본다.

$g_n(x) = -x^2 + 2nx + 8$이라 하면 $f_n(x)$의 함숫값이 정수이므로

$g_n(x) = 3^m$ (m은 정수)

$g_n(x) = -x^2 + 2nx + 8$에서

$g_n(x) = -(x - n)^2 + n^2 + 8$

이때 함수 $y = g_n(x)$의 그래프와 직선 $y = 3^m$ (m은 정수)의 교점의 개수의 합이 a_n이 된다.

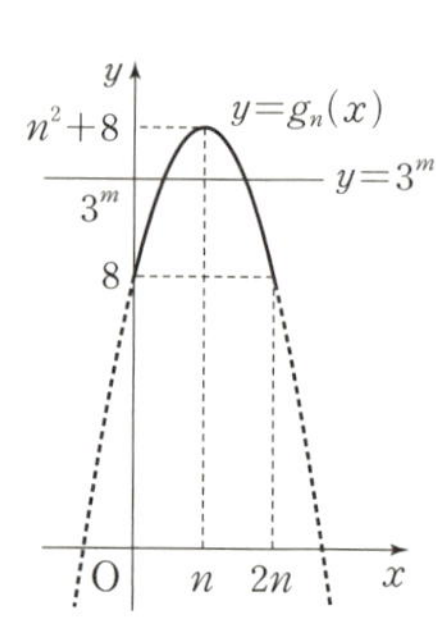

$g_n(0) = 8$, $g_n(2n) = 8$이므로 함수 $y = g_n(x)$의 최솟값은 8, 최댓값은 $n^2 + 8$이다.

(i) $n = 1$인 경우

$\quad n^2 + 8 = 9 = 3^2$이므로

$\quad a_n = 1$ → $g_n(x) = 9$인 경우 하나만 존재

(ii) $2 \leq n \leq 4$인 경우

$\quad 2 \leq n \leq 4$에서

$\quad 12 \leq n^2 + 8 \leq 24$이므로

$\quad a_n = 2$ → $g_n(x) = 9$인 경우 2개 존재

(iii) $5\leq n\leq 8$인 경우

$5\leq n\leq 8$에서 $33\leq n^2+8\leq 72$이므로

$a_n=4$ → $g_n(x)=9$인 경우 2개, $g_n(x)=27$인 경우 2개로 4개 존재

(iv) $9\leq n\leq 10$인 경우

$9\leq n\leq 10$에서 $89\leq n^2+8\leq 108$이므로

$a_n=6$ → $g_n(x)=9$인 경우 2개, $g_n(x)=27$인 경우 2개, $g_n(x)=81$인 경우 2개로 6개 존재

(i)~(iv)에서

$a_1+a_2+\cdots+a_{10}=1+3\cdot2+4\cdot4+2\cdot6=35$

0536 답 -3

치역에 대한 조건을 최댓값, 최솟값에 대한 조건으로 바꾸어 생각한다.

함수 $f(x)$의 밑이 1보다 크므로 $x=1$에서 최솟값 1을 갖는다.

$1=\log_2(6+b)$, $6+b=2$

$\therefore b=-4$

또한, $x=2$에서 최댓값 a를 가지므로

$a=\log_2 8$ $\therefore a=3$

$h(x)$가 최고차항의 계수가 양수인 일차함수이므로

$h(x)=px+q$ (단, p, q는 상수, $p>0$)

라 하면 함수 $g(x)$의 밑이 1보다 크므로 $x=1$에서 최솟값 1, $x=3$에서 최댓값 2를 갖는다.

$1=\log_3 h(1)$, $2=\log_3 h(3)$

$\therefore h(1)=3$, $h(3)=9$

즉, $p+q=3$, $3p+q=9$에서 두 식을 연립하여 풀면

$p=3$, $q=0$ $\therefore h(x)=3x$

$\therefore h(a+b)=h(-1)=-3$

0537 답 6

로그함수의 그래프로 둘러싸인 영역을 적당히 조각내어 넓이를 구하기 쉬운 도형으로 바꾸어 본다.

직선 AB의 기울기는 $\dfrac{3-0}{4-1}=1$이므로 두 직선 AC, BD의 기울기는 모두 -1이다.

이때 곡선 C_2는 곡선 C_1을 x축의 방향으로 $-k$만큼, y축의 방향으로 k만큼 평행이동한 것이므로 두 점 A, B를 x축의 방향으로 $-k$만큼, y축의 방향으로 k만큼 평행이동하면 각각 두 점 C, D에 대응함을 알 수 있다.

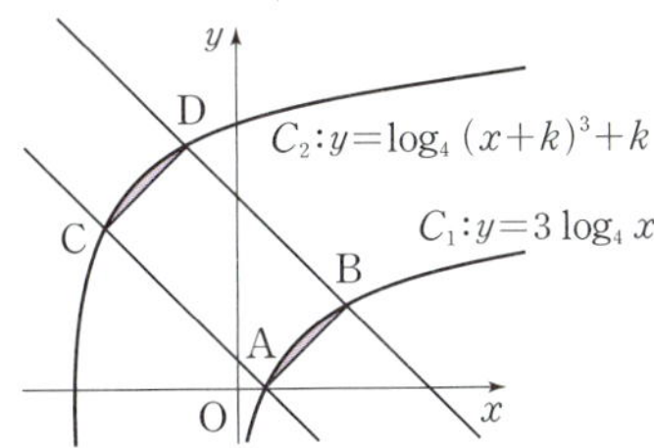

위 그림과 같이 선분 AB와 곡선 C_1으로 둘러싸인 영역과 선분 CD와 곡선 C_2로 둘러싸인 영역의 넓이는 같으므로 구하는 영역의 넓이는 직사각형 ABDC의 넓이와 같다.

$\overline{AB}=\sqrt{(4-1)^2+(3-0)^2}=3\sqrt{2}$, $\overline{AC}=k\sqrt{2}$이므로

$\overline{AB}\cdot\overline{AC}=3\sqrt{2}\cdot k\sqrt{2}=6k=36$ → A(1, 0), C($1-k$, $-k$)이므로 $\overline{AC}=\sqrt{(1-1+k)^2+(0+k)^2}=\sqrt{k^2+k^2}=k\sqrt{2}$

$\therefore k=6$

0538 답 ①

m, n이 자연수이므로 약수의 성질을 활용한다.

함수 $y=\log_3 9x$의 그래프가 점 B를 지나므로

$n=\log_3 9m=\log_3 m+2$ …… ㉠

오른쪽 그림과 같이 두 점 A, B에서 x축에 내린 수선의 발을 각각 C, D라 하면 삼각형 OBA의 넓이는 사다리꼴 ACDB의 넓이에서 두 삼각형 ACO, BOD의 넓이를 뺀 것이다.

즉, $\triangle OBA=\square ACDB-\triangle ACO-\triangle BOD$

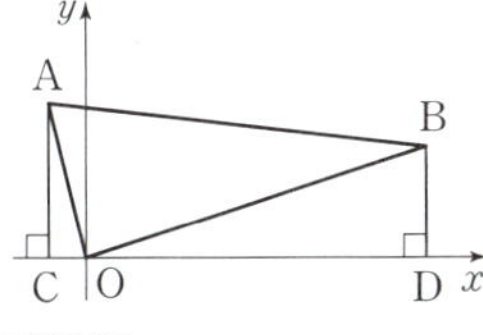

$29=\dfrac{1}{2}\cdot(m+1)\cdot(n+6)-\dfrac{1}{2}\cdot6\cdot1-\dfrac{1}{2}\cdot m\cdot n$

$=\dfrac{1}{2}(m+1)(n+6)-3-\dfrac{1}{2}mn$ → 사다리꼴의 넓이는 $\dfrac{1}{2}\cdot($높이$)\cdot\{($윗변의 길이$)+($아랫변의 길이$)\}$

$6m+n=58$ …… ㉡

㉡에 ㉠을 대입하여 정리하면

$6m+\log_3 m=56$ …… ㉢

㉢에서 $\log_3 m=56-6m$이고

m이 자연수이므로 $\log_3 m\geq0$이다. 즉,

$56-6m\geq0$

$\therefore m\leq\dfrac{56}{6}=9.\times\times\times$

또한 ㉢의 좌변이 자연수이므로 m은 3의 거듭제곱 꼴이므로 가능한 m의 값은 1, 3, 9이다.

(i) $m=1$인 경우

㉠에서 $n=\log_3 1+2=2$

이때 $m=1$, $n=2$이면 ㉡을 만족시키지 않는다.   → $6\cdot1+2=8\neq58$

(ii) $m=3$인 경우

㉠에서 $n=\log_3 3+2=3$

이때 $m=3$, $n=3$이면 ㉡을 만족시키지 않는다.   → $6\cdot3+3=21\neq58$

(iii) $m=9$인 경우

㉠에서 $n=\log_3 9+2=4$

이때 $m=9$, $n=4$이면 ㉡을 만족시킨다.   → $6\cdot9+4=58$

(i), (ii), (iii)에서 조건을 만족하는 두 자연수 m, n의 값은 $m=9$, $n=4$

$\therefore m+n=9+4=13$

0539 답 ①

함수 $g(x)$를 직접 구하기보다 함수 $f(x)$와의 관계를 이용하여 접근하자.

점 B는 곡선 $y=\log_2 x$와 x축의 교점이므로 B(1, 0)

직선 l_1이 x축에 수직이므로 두 점 A, B의 x좌표는 같다.

이때 점 A의 좌표를 $(1, a)$라 하면 $g(1)=a$이므로

$f(a)=1$ ← $g(x)$는 $f(x)$의 역함수이므로

$\log_2 a=1$ $\therefore a=2$

$\therefore$ A(1, 2)

직선 l_2가 x축과 평행하므로 두 점 A, C의 y좌표는 같다.

이때 점 C의 좌표를 $(c, 2)$라 하면 $f(c)=2$이므로

$\log_2 c=2$ $\therefore c=4$

$\therefore$ C(4, 2)

두 곡선 $y=f(x)$, $y=g(x)$는 직선 $y=x$에 대하여 대칭이므로

두 점 A, D도 직선 $y=x$에 대하여 대칭이다.

$\therefore$ D(2, 1) ← 직선 AD의 기울기가 -1이므로
직선 AD는 직선 $y=x$와 수직이다.

따라서 삼각형 BCD의 넓이는

$$\triangle BCD=\triangle ABC-\triangle ABD-\triangle ADC$$
$$=\frac{1}{2}\cdot2\cdot3-\frac{1}{2}\cdot2\cdot1-\frac{1}{2}\cdot3\cdot1$$
$$=3-1-\frac{3}{2}=\frac{1}{2}$$

0540 답 ①

직선 $y=2-x$, 두 곡선 $y=|\log_2 x|$, $y=\log_3 x$를 좌표평면에 나타내면 다음 그림과 같다.

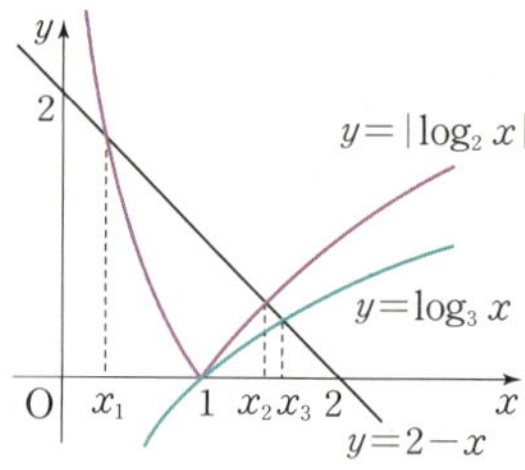

$\therefore x_1<x_2<x_3$

ㄱ. 그림에서 $|\log_2 x_1|<2$, $x_1<1$이고

$$|\log_2 x|=\begin{cases}\log_2 x & (x\geq1)\\ \log_2 \dfrac{1}{x} & (0<x<1)\end{cases}$$이므로

$\log_2 \dfrac{1}{x_1}<2$에서

$\log_2 \dfrac{1}{x_1}<\log_2 4$, $\dfrac{1}{x_1}<4$ $\therefore 4x_1>1$

$\therefore \log_3 4x_1>0$ (참)

ㄴ. 그림에서 $1<x_2<x_3$이므로

$0<\dfrac{x_2}{x_3}<1$

$\therefore \log_2 \dfrac{x_2}{x_3}<0$ (거짓)

ㄷ. 두 점 P$(x_2, \log_3 x_2)$, Q$(x_3, \log_3 x_3)$이라 하면 세 점 O, P, Q에 대하여 직선 OP의 기울기는 $\dfrac{\log_3 x_2}{x_2}$, 직선 OQ의 기울기는 $\dfrac{\log_3 x_3}{x_3}$이다.

두 직선의 기울기를 비교해 보면

$\dfrac{\log_3 x_2}{x_2}<\dfrac{\log_3 x_3}{x_3}$ (거짓)

따라서 옳은 것은 ㄱ이다.

0541 답 ②

$x^{\log_3 2}=2^{\log_3 x}$이므로 $2^{\log_3 x}=t\ (t>0)$라 하면

$1\leq x\leq n$에서

$1=2^{\log_3 1}\leq t\leq 2^{\log_3 n}$

이때 주어진 함수는

$$y=\frac{2^{\log_3 x+1}-2}{x^{\log_3 2}-4}=\frac{2\cdot2^{\log_3 x}-2}{2^{\log_3 x}-4}$$
$$=\frac{2t-2}{t-4}=\frac{6}{t-4}+2$$

$f(t)=\dfrac{6}{t-4}+2$라 하면 함수 $y=\dfrac{2^{\log_3 x+1}-2}{x^{\log_3 2}-4}$와 함수 $f(t)$의 최댓값은 같다.

함수 $y=f(t)$의 그래프는 오른쪽 그림과 같고 $f(1)=0$이므로 함수 $y=f(t)$의 최댓값이 0이기 위해서는 t의 값의 범위가 4보다 작아야 한다. → 그래프에서
$t>4$이면 (최댓값)>2

즉, $t=2^{\log_3 n}<4$에서

$\log_3 n<2$ $\therefore n<9$

따라서 구하는 자연수 n의 최댓값은 8이다.

0542 답 ②

$f(x)=x^2+\dfrac{9}{x^2+2}+4$라 하면

$$f(x)=x^2+\frac{9}{x^2+2}+4=x^2+2+\frac{9}{x^2+2}+2$$

$x^2+2>0$이므로 산술평균과 기하평균의 관계에 의하여

$$f(x)\geq2\sqrt{(x^2+2)\cdot\left(\frac{9}{x^2+2}\right)}+2=2\sqrt{9}+2=8$$

등호는 $x^2+2=\dfrac{9}{x^2+2}$일 때 성립하므로

$x^2+2=\dfrac{9}{x^2+2}$

$(x^2+2)^2=9$, $x^2+2=3\ (\because x^2+2>0)$

$x^2=1$ $\therefore x=\pm1$

즉, $x=\pm1$일 때, 함수 $f(x)$는 최솟값 8을 갖는다.

그러므로 함수 $y=\log_{\frac{1}{2}}\left(x^2+\dfrac{9}{x^2+2}+4\right)$는 $x=-1$ 또는 $x=1$

일 때 최댓값 $\log_{\frac{1}{2}} 8=-3$을 갖는다.

0543 답 ②

$\log_2 x^2 y^3 = 10$에서 로그의 성질을 이용하면
$$10 = \log_2 x^2 y^3$$
$$= \log_2 x^2 + \log_2 y^3$$
$$= 2\log_2 x + 3\log_2 y$$
$$= 4\log_4 x + 3\log_2 y$$
코시-슈바르츠의 부등식에 의하여
$$(4^2 + 3^2)\{(\log_4 x)^2 + (\log_2 y)^2\} \geq (4\log_4 x + 3\log_2 y)^2$$
$$\left(\text{단, 등호는 } \frac{\log_4 x}{4} = \frac{\log_2 y}{3} \text{일 때 성립}\right)$$
$4\log_4 x + 3\log_2 y = 10$이므로
$$25\{(\log_4 x)^2 + (\log_2 y)^2\} \geq 100$$
$$(\log_4 x)^2 + (\log_2 y)^2 \geq 4$$
따라서 주어진 식의 최솟값은 4이다.

> **해설 속 칠판** **코시-슈바르츠의 부등식**
>
> a, b, x, y가 실수일 때, 다음 부등식이 항상 성립한다.
> $$(a^2 + b^2)(x^2 + y^2) \geq (ax + by)^2 \left(\text{단, 등호는 } \frac{x}{a} = \frac{y}{b} \text{일 때 성립}\right)$$

0544 답 3

> **One Point Lesson**
> 밑의 조건에 주의하여 경우를 나누어 접근한다.

$\log_{x^2}(x+12) > 1$에서 $\dfrac{\log(x+12)}{\log x^2} > 1$

밑과 진수의 조건에 의해 $x^2 > 0$, $x^2 \neq 1$, $x+12 > 0$
$\therefore x \neq 0$, $x \neq \pm 1$, $x > -12$

(i) $-12 < x < -1$인 경우

$\log x^2 > 0$이므로 $\dfrac{\log(x+12)}{\log x^2} > 1$에서

$\log(x+12) > \log x^2$
$x+12 > x^2$, $x^2 - x - 12 < 0$
$(x+3)(x-4) < 0$ $\quad \therefore -3 < x < 4$
$\therefore -3 < x < -1$

(ii) $-1 < x < 0$ 또는 $0 < x < 1$인 경우

$\log x^2 < 0$이므로 $\dfrac{\log(x+12)}{\log x^2} > 1$에서

$\log(x+12) < \log x^2$
$x+12 < x^2$, $x^2 - x - 12 > 0$
$(x+3)(x-4) > 0$ $\quad \therefore x < -3$ 또는 $x > 4$
조건을 만족시키는 해가 없다.

(iii) $x > 1$인 경우

$\log x^2 > 0$이므로 $\dfrac{\log(x+12)}{\log x^2} > 1$에서

$\log(x+12) > \log x^2$
$x+12 > x^2$, $x^2 - x - 12 < 0$
$(x+3)(x-4) < 0$ $\quad \therefore -3 < x < 4$
$\therefore 1 < x < 4$

(i), (ii), (iii)에서 주어진 부등식의 해는
$-3 < x < -1$ 또는 $1 < x < 4$
따라서 주어진 부등식을 만족시키는 모든 정수 x의 값은 -2, 2, 3이므로 그 합은
$-2 + 2 + 3 = 3$

0545 답 ③

> **One Point Lesson**
> 주어진 방정식을 치환을 이용하여 간단한 방정식으로 바꾸어 본다.

원의 중심이 원점 O이고 반지름의 길이가 4이므로 집합 X의 임의의 점을 $\mathrm{P}(x, y)$라 하면
$$\overline{\mathrm{OP}} = 4, \ x^2 + y^2 = 16 \quad \cdots\cdots \ \text{㉠}$$

$\log_2 \dfrac{x}{y} = \left(\log_2 x + \log_{\frac{1}{2}} y\right)^2$에서 진수의 조건에 의하여

$\dfrac{x}{y} > 0$, $x > 0$, $y > 0$
$\therefore x > 0$, $y > 0$

$\log_2 \dfrac{x}{y} = \left(\log_2 x + \log_{\frac{1}{2}} y\right)^2$에서

$\log_2 \dfrac{x}{y} = (\log_2 x - \log_2 y)^2$

$\log_2 \dfrac{x}{y} = \left(\log_2 \dfrac{x}{y}\right)^2$

이므로 $\log_2 \dfrac{x}{y} = t$라 하면 주어진 방정식은
$$t = t^2$$
$$t^2 - t = 0, \ t(t-1) = 0$$
$\therefore t = 0$ 또는 $t = 1$

(i) $t = 0$인 경우

$\log_2 \dfrac{x}{y} = 0$이므로 $\dfrac{x}{y} = 1$ $\quad \therefore x = y$

$x = y$를 ㉠에 대입하면
$2y^2 = 16$, $y^2 = 8$ $\quad \therefore y = 2\sqrt{2}$ $(\because y > 0)$
$\therefore x = 2\sqrt{2}$, $y = 2\sqrt{2}$

(ii) $t = 1$인 경우

$\log_2 \dfrac{x}{y} = 1$이므로 $\dfrac{x}{y} = 2$ $\quad \therefore x = 2y$

$x = 2y$를 ㉠에 대입하면
$5y^2 = 16$, $y^2 = \dfrac{16}{5}$ $\quad \therefore y = \dfrac{4\sqrt{5}}{5}$
$\therefore x = \dfrac{8\sqrt{5}}{5}$, $y = \dfrac{4\sqrt{5}}{5}$

(i), (ii)에서 $X \cap Y$의 원소는 ㄱ, ㄹ이다.

0546 답 ①

> **One Point Lesson**
> 밑이 같은 경우와 다른 경우로 나누어서 푼다.

밑과 진수의 조건에서
$$x \neq 0, \ y \neq 0, \ x \neq \pm 1, \ y \neq \pm 1, \ x+y > 0 \quad \cdots\cdots \ \text{㉠}$$
$\log_{|x|}(x+y) = \log_{|y|}(x+y)$에서

(i) $x = y$인 경우 _{밑이 같은 첫 번째 경우!}
$3x^2 + xy - y^2 = 9$에서
$3x^2 + x \cdot x - x^2 = 9$ $(\because x = y)$
$3x^2 = 9$, $x^2 = 3$
$\therefore x = \sqrt{3}$ 또는 $x = -\sqrt{3}$
$\therefore x = \sqrt{3}, \ y = \sqrt{3}$ 또는 $x = -\sqrt{3}, \ y = -\sqrt{3}$
이때 $x = -\sqrt{3}, \ y = -\sqrt{3}$인 경우는 ㉠을 만족하지 않는다.

(ii) $x = -y$인 경우 _{밑이 같은 두 번째 경우!}
$x+y = -y+y = 0$이므로 ㉠을 만족하지 않는다.

(iii) 밑이 다른 경우, 즉 $x \neq y$, $x+y=1$의 경우

$3x^2+xy-y^2=9$에서

$3x^2+x(1-x)-(1-x)^2=9$ $(\because y=1-x)$

$x^2+3x-10=0$, $(x+5)(x-2)=0$

$\therefore x=-5$ 또는 $x=2$

$\therefore x=-5$, $y=6$ 또는 $x=2$, $y=-1$

이때 $x=2$, $y=-1$인 경우는 ㉠을 만족하지 않는다.

(i), (ii), (iii)에서 주어진 방정식의 해는

$x=\sqrt{3}$, $y=\sqrt{3}$ 또는 $x=-5$, $y=6$

따라서 주어진 방정식의 해의 개수는 2이다.

0547 답 ③

집합 B에서

$\left(\dfrac{3}{5}\right)^{x-4} < \left(\dfrac{25}{9}\right)^{4-x}$

$\left(\dfrac{3}{5}\right)^{x-4} < \left(\dfrac{5}{3}\right)^{8-2x}$

$\left(\dfrac{3}{5}\right)^{x-4} < \left(\dfrac{3}{5}\right)^{2x-8}$

밑이 0보다 크고 1보다 작으므로

$x-4 > 2x-8$ $\therefore x < 4$

$\therefore B=\{x \mid x < 4\}$

집합 A에서

$\log_2(2x^2+ax+b) \geq \log_{\sqrt{2}}|x|$

$\log_2(2x^2+ax+b) \geq 2\log_2|x|$

$\log_2(2x^2+ax+b) \geq \log_2 x^2$

$2x^2+ax+b \geq x^2$

$x^2+ax+b \geq 0$

이차방정식 $x^2+ax+b=0$의 두 근을 α, β $(\alpha < \beta)$라 하면

$x^2+ax+b \geq 0$이므로

$A=\{x \mid x \leq \alpha$ 또는 $x \geq \beta\}$

$A \cap B=C$이므로 $\alpha=-1$, $\beta=3$

이차방정식의 근과 계수의 관계에 의하여

$\alpha+\beta=-a$, $\alpha\beta=b$

$\therefore a=-2$, $b=-3$

$\therefore b-a=-3-(-2)=-1$

0548 답 7

밑과 진수의 조건에 의하여 $a>0$, $a \neq 1$, $b>0$, $b \neq 1$이고, a, b가 자연수이므로 $a>1$, $b>1$

$\therefore a \geq 2$, $b \geq 2$ $\cdots\cdots$ ㉠

조건 (나)에서 $\log_a b > \log_b a^6+1$

$\log_a b > 6\log_b a+1$, $\log_a b > \dfrac{6}{\log_a b}+1$

$\log_a b=t$ $(t>0)$라 하면

$t > \dfrac{6}{t}+1$

$t^2-t-6>0$, $(t+2)(t-3)>0$

$\therefore t>3$ $(\because t>0)$

즉, $\log_a b>3$이므로

$\log_a b > \log_a a^3$ $\therefore b>a^3$ $\cdots\cdots$ ㉡

조건 (가)에서 $8a-b>0$이므로

$a^3<b<8a$, $a^3<8a$

$a^2<8$ $\therefore 2 \leq a < 2\sqrt{2}$ $(\because a \geq 2)$

$\therefore a=2$ $\cdots\cdots$ ㉢

$a^3<b<8a$에서

$8<b<16$ $(\because$ ㉢$)$

따라서 조건을 만족시키는 순서쌍 (a, b)는 $(2, 9)$, $(2, 10)$, $(2, 11)$, $\cdots$, $(2, 15)$의 7개이다.

0549 답 7

$\dfrac{1}{\log_x 5}+\dfrac{1}{\log_y 3}=\sqrt{3}a$에서 $\log_5 x+\log_3 y=\sqrt{3}a$

$\dfrac{\log x}{\log 5}+\dfrac{\log y}{\log 3}=\sqrt{3}a$ $\cdots\cdots$ ㉠

$\log_3 x \cdot \log_5 y=a^2-4$에서

$\dfrac{\log x}{\log 3} \cdot \dfrac{\log y}{\log 5}=a^2-4$

$\dfrac{\log x}{\log 5} \cdot \dfrac{\log y}{\log 3}=a^2-4$ $\cdots\cdots$ ㉡

$\dfrac{\log x}{\log 5}=X$ $(X \neq 0)$, $\dfrac{\log y}{\log 3}=Y$ $(Y \neq 0)$라 하면 ㉠, ㉡에서 주

어진 연립방정식은 다음과 같이 나타낼 수 있다.

$X+Y=\sqrt{3}a$, $XY=a^2-4$ $\cdots\cdots$ ㉢

이때 X, Y를 두 근으로 하는 t에 대한 이차방정식을

$t^2-\sqrt{3}at+a^2-4=0$이라 하고 이 이차방정식의 판별식을 D라 하면

$D=(\sqrt{3}a)^2-4(a^2-4) \geq 0$

$-a^2+16 \geq 0$

$a^2-16 \leq 0$

$\therefore -4 \leq a \leq 4$

하지만 $a=\pm 2$일 때 이차방정식 $t^2-\sqrt{3}at+a^2-4=0$의 하나의 실근이 0이 되므로 $X \neq 0$, $Y \neq 0$을 만족시키지 않는다.

따라서 조건을 만족시키는 정수 a는 -4, -3, -1, 0, 1, 3, 4의 7개이다.

0550 답 ④

$\log_3 x=t$라 하면 $\sqrt[3]{3} \leq x \leq 27$에서 $\dfrac{1}{3} \leq t \leq 3$이고 주어진 방정식은

$\log_2 t-m(t+1)=0$

$\sqrt{3} \leq x \leq 81$에서 방정식 $\log_2(\log_3 x)-m\log_3 3x=0$이 실근을 가질 조건은 $\dfrac{1}{3} \leq t \leq 3$에서 방정식 $\log_2 t-m(t+1)=0$이 실근을 가질 조건과 같다.

$\log_2 t-m(t+1)=0$에서 $\log_2 t=m(t+1)$이므로 방정식

$\log_2 t = m(t+1)$이 실근을 가질 조건은 곡선 $y=\log_2 t$와 직선 $y=m(t+1)$이 교점을 가질 조건과 같다.

$\dfrac{1}{3} \le t \le 3$에서 곡선 $y=\log_2 t$는 오른쪽 그림과 같다.

직선 $y=m(t+1)$은 점 $(-1,\ 0)$을 지나므로 점 $(3,\ \log_2 3)$을 지날 때 기울기 m이 최대가 되고,

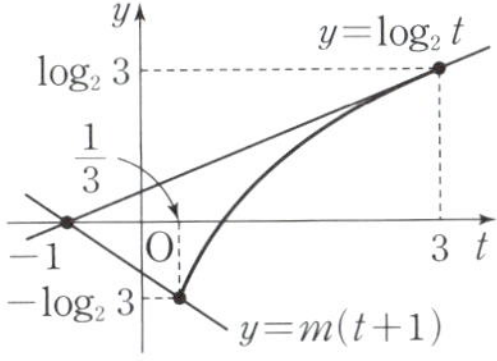

점 $\left(\dfrac{1}{3},\ -\log_2 3\right)$을 지날 때 기울기 m이 최소가 된다.

$\therefore -\dfrac{3}{4}\log_2 3 \le m \le \dfrac{1}{4}\log_2 3$

따라서 m의 최댓값은 $\dfrac{1}{4}\log_2 3$, 최솟값은 $-\dfrac{3}{4}\log_2 3$이므로 구하는 차는

$\dfrac{1}{4}\log_2 3 - \left(-\dfrac{3}{4}\log_2 3\right) = \log_2 3$

선생님 톡톡

이와 같이 복잡한 방정식의 근의 존재성에 대한 문제는 치환을 이용한 비교적 간단한 방정식의 근의 존재성에 대한 문제로 바꾸어 생각할 수 있어. 이때 주의할 점은 $f(x)=t$로 치환할 때, 함수 $f(x)$가 일대일대응이어야 한다는 점이야. 그래야 t가 존재할 때, 거꾸로 x가 존재함을 보일 수 있거든! 조금 복잡하지만 중요한 내용이니까 잘 이해하도록 해.

0551 답 3

One Point Lesson

로그가 포함된 부등식을 해결하여 집합 B의 원소를 먼저 파악한다.

진수의 조건에서 $x>0$ ...... ㉠

$\log_{\frac{1}{2}} x \cdot \log_{\frac{1}{2}} \dfrac{x^2}{256} > -6$에서

$\log_2 x \cdot \log_2 \dfrac{x^2}{256} > -6$

$\log_2 x \cdot (\log_2 x^2 - \log_2 256) > -6$

$2(\log_2 x)^2 - 8\log_2 x + 6 > 0$

$(\log_2 x)^2 - 4\log_2 x + 3 > 0$

$\log_2 x = t$라 하면 주어진 부등식은

$t^2 - 4t + 3 > 0$

$(t-1)(t-3) > 0$

$\therefore t < 1$ 또는 $t > 3$

즉, $\log_2 x < 1$ 또는 $\log_2 x > 3$이므로

$0 < x < 2 (\because ㉠)$ 또는 $x > 8$

$B = \{x \,|\, 0 < x < 2,\ x > 8\}$

$2x^2 - (2a+3)x + 3a < 0$에서

$(x-a)(2x-3) < 0$

(i) $a = \dfrac{3}{2}$이면 $\dfrac{1}{2}(2x-3)^2 < 0$

$\therefore A = \varnothing$ $\therefore A \subset B$

(ii) $a > \dfrac{3}{2}$이면 $A = \left\{x \,\Big|\, \dfrac{3}{2} < x < a\right\}$

$A \subset B$이므로 $\dfrac{3}{2} < a \le 2$

(iii) $a < \dfrac{3}{2}$이면 $A = \left\{x \,\Big|\, a < x < \dfrac{3}{2}\right\}$

$A \subset B$이므로 $0 \le a < \dfrac{3}{2}$

(i), (ii), (iii)에서 $A \subset B$를 만족시키는 a의 값의 범위는 $0 \le a \le 2$

따라서 만족하는 정수 a는 0, 1, 2이므로 모두 3개이다.

0552 답 최댓값: 5, 최솟값: 2

$0.25 \le x \le 2$에서 함수 $y = \log_{\frac{1}{2}} x + 3$의 그래프를 그려 보면 다음 그림과 같다.

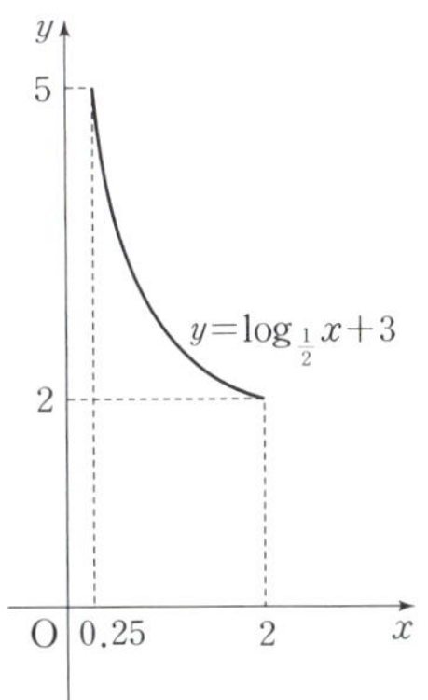

❶

따라서 함수 $y = \log_{\frac{1}{2}} x + 3$은 $x=0.25$에서 최댓값 5, $x=2$에서 최솟값 2를 갖는다.

❷

채점 기준	배점 비율
❶ 그래프를 그려 개형 파악하기	60%
❷ 함수의 최댓값과 최솟값 구하기	40%

0553 답 160

$f(x) = \log_3 \sqrt{1 - \dfrac{1}{x+2}}$

$\quad = \log_3 \left(\dfrac{x+1}{x+2}\right)^{\frac{1}{2}} = \dfrac{1}{2}\log_3 \dfrac{x+1}{x+2}$

❶

$f(1) + f(2) + \cdots + f(k)$

$= \dfrac{1}{2}\log_3 \dfrac{2}{3} + \dfrac{1}{2}\log_3 \dfrac{3}{4} + \dfrac{1}{2}\log_3 \dfrac{4}{5} + \cdots + \dfrac{1}{2}\log_3 \dfrac{k+1}{k+2}$

$= \dfrac{1}{2}\left(\log_3 \dfrac{2}{3} + \log_3 \dfrac{3}{4} + \log_3 \dfrac{4}{5} + \cdots + \log_3 \dfrac{k+1}{k+2}\right)$

$= \dfrac{1}{2}\log_3 \left(\dfrac{2}{3} \cdot \dfrac{3}{4} \cdot \dfrac{4}{5} \cdot \cdots \cdot \dfrac{k+1}{k+2}\right)$

$= \dfrac{1}{2}\log_3 \dfrac{2}{k+2}$

❷

$\dfrac{1}{2}\log_3 \dfrac{2}{k+2} = -2$에서

$\log_3 \dfrac{2}{k+2} = -4$

$\dfrac{2}{k+2} = \dfrac{1}{81}$, $k+2 = 162$ $\therefore k = 160$

❸

채점 기준	배점 비율
❶ 로그의 성질을 이용하여 $f(x)$ 변형하기	30%
❷ 규칙성을 찾아 식 간단히 하기	40%
❸ 로그가 포함된 방정식을 풀어 자연수 k의 값 구하기	30%

0554 답 $x=4$

$3^{\log_2 x}\cdot x^{\log_2 3}-3^{\log_2 x+1}-54=0$에서

$3^{\log_2 x}\cdot 3^{\log_2 x}-3\cdot 3^{\log_2 x}-54=0$

.... ❶

$3^{\log_2 x}=t\ (t>0)$라 하면 주어진 방정식은

$t^2-3t-54=0$

$(t+6)(t-9)=0$

$\therefore t=9\ (\because t>0)$

.... ❷

$3^{\log_2 x}=9$에서

$\log_2 x=2 \quad \therefore x=4$

.... ❸

채점 기준	배점 비율
❶ 로그의 성질을 이용하여 지수의 밑 통일하기	30%
❷ 공통인 부분을 치환하여 이차방정식 풀기	40%
❸ 로그가 포함된 방정식의 해 구하기	30%

0555 답 $\dfrac{1}{2}<p<1$ 또는 $p>4$

이차방정식 $x^2+2px+4q=0$이 서로 다른 두 실근을 가지므로
이차방정식 $x^2+2px+4q=0$의 판별식을 D라 하면

$\dfrac{D}{4}=p^2-4q>0$

$\therefore p^2>4q$

$\log_2 p\cdot\log_2 q=4$에서

$\log_2 q=\dfrac{4}{\log_2 p}$ ...... ㉠

$p^2>4q$에서

$\log_2 p^2>\log_2 4q$

$2\log_2 p>2+\log_2 q$

$2\log_2 p>2+\dfrac{4}{\log_2 p}\ (\because ㉠)$

$\log_2 p>1+\dfrac{2}{\log_2 p}$ ...... ㉡

.... ❶

$\log_2 p=t$라 하면 부등식 ㉡은

$t>1+\dfrac{2}{t}$

(ⅰ) $t>0$인 경우

$t>1+\dfrac{2}{t}$에서

$t^2>t+2,\ t^2-t-2>0$

$(t+1)(t-2)>0$

$\therefore t>2\ (\because t>0)$

(ⅱ) $t<0$인 경우

$t>1+\dfrac{2}{t}$에서

$t^2<t+2,\ t^2-t-2<0$

$(t+1)(t-2)<0$

$\therefore -1<t<0\ (\because t<0)$

.... ❷

(ⅰ), (ⅱ)에서 $-1<t<0$ 또는 $t>2$

즉, $-1<\log_2 p<0$ 또는 $\log_2 p>2$이므로

$\therefore \dfrac{1}{2}<p<1$ 또는 $p>4$

.... ❸

채점 기준	배점 비율
❶ 판별식과 주어진 조건을 이용하여 $\log_2 p$에 대한 부등식 얻기	40%
❷ 치환을 이용하여 $\log_2 p$의 값의 범위 구하기	40%
❸ p의 값의 범위 구하기	20%

0556 답 38년

현재 국가 A의 인구를 k, 국가 B의 인구를 $3k\ (k\neq0)$라 하면
n년 전의 두 국가 A, B의 인구는 각각 $\left(\dfrac{1}{1.02}\right)^n\cdot k$, $\left(\dfrac{1}{1.05}\right)^n\cdot 3k$
이다.

.... ❶

$\left(\dfrac{1}{1.02}\right)^n\cdot k>\left(\dfrac{1}{1.05}\right)^n\cdot 3k$에서

$\left(\dfrac{1}{1.02}\right)^n>3\left(\dfrac{1}{1.05}\right)^n$

$(1.05)^n>3(1.02)^n$

양변에 상용로그를 취하면

$\log (1.05)^n>\log 3(1.02)^n$

$n\log 1.05>\log 3+n\log 1.02$

$n(\log 1.05-\log 1.02)>\log 3$ ...... ㉠

.... ❷

㉠에 상용로그의 값을 대입하면

$n(0.0212-0.0086)>0.4771$

$0.0126n>0.4771$

$\therefore n>37.\times\times\times$

따라서 최소 38년 전에는 국가 A의 인구가 국가 B의 인구보다
많았다.

.... ❸

채점 기준	배점 비율
❶ n년 전의 두 국가의 인구수 구하기	30%
❷ 로그가 포함된 부등식 정리하기	40%
❸ 상용로그의 값을 이용하여 n의 값의 범위 구하기	30%

0557 답 $xy>1$

(나)에서 $\log x^2 y^{2+\log x}=\log 1$

$2\log x+(2+\log x)\log y=0$ ...... ㉠

$\log x=X,\ \log y=Y$라 하면 ㉠에서

$2X+(2+X)Y=0$

(가)에서 $x>1$이므로 $X>0$, 즉 $X+2>0$

$\therefore Y=\dfrac{-2X}{X+2}$

$\quad =\dfrac{-2(2+X)+4}{X+2}$

$\quad =\dfrac{4}{X+2}-2$

한편, $xy=k\ (k>0)$라 하면

$\log xy=\log k$

$\log x+\log y=\log k$

$X+Y=\log k$

.... ❶

즉, 조건을 만족시키는 $x,\ y$에 대한 xy의 값의 범위는 곡선

$Y=\dfrac{4}{X+2}-2\ (X>0)$와 직선 $X+Y=\log k$의 교점이 존재할

때의 k의 값의 범위와 같다. 그림과 같이

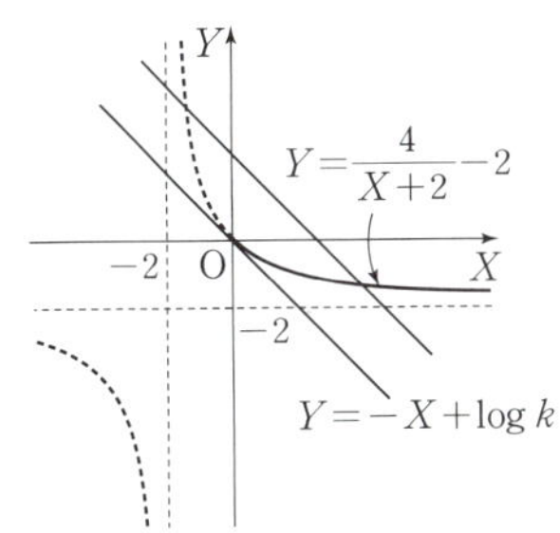

곡선 $Y=\dfrac{4}{X+2}-2\ (X>0)$와 직선 $X+Y=\log k$가 접할 때를 구해보자.

$\dfrac{4}{X+2}-2=-X+\log k$에서

$\dfrac{-2X}{X+2}=-X+\log k$

$X^2-\log k\cdot X-2\log k=0$ ...... ㉡

이차방정식 ㉡의 판별식을 D라 하면

$D=(-\log k)^2+8\log k=0$

$\log k\cdot(\log k+8)=0$

$\therefore \log k=0$ 또는 $\log k=-8$

$\log k>-2$이므로 $\log k=0$ ...... ❷

따라서 $\log k>0$이므로 $k>1$이다.

$\therefore xy>1$ ...... ❸

채점 기준	배점 비율
❶ 주어진 식을 정리하여 $\log x=X$, $\log y=Y$로 치환하여 생각하기	30 %
❷ 유리함수의 그래프를 이용하여 교점이 생길 조건 구하기	50 %
❸ xy의 값의 범위 구하기	20 %

05 삼각함수

0558 답 해설 참조

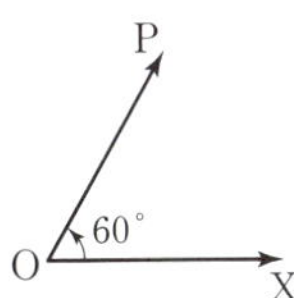

0559 답 해설 참조

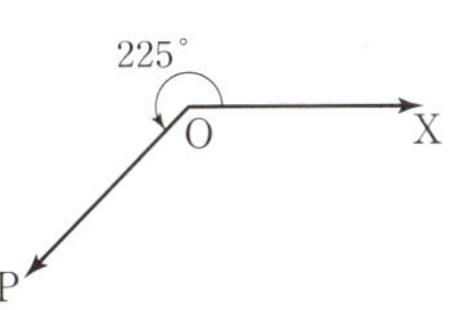

0560 답 해설 참조

0561 답 해설 참조

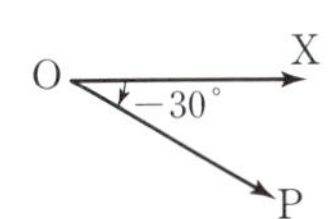

0562 답 $360°\times n+120°$ (n은 정수)

$\angle$XOP가 시계 반대 방향으로 $120°$의 크기를 가지므로 일반각 θ는 $360°\times n+120°$ (n은 정수)

0563 답 $360°\times n+270°$ (n은 정수)

$\angle$XOP가 시계 방향으로 $90°$의 크기를 가지므로 시계 반대 방향으로는 $270°$의 크기를 가진다. 즉, 일반각 θ는 $360°\times n+270°$ (n은 정수)

직각 표시를 보고 각의 크기가 $90°$임을 알 수 있어야 한다.

0564 답 $360°\times n+10°$, 제1사분면

$370°=360°+10°$이므로 일반각은 $360°\times n+10°$이고, $0°<10°<90°$이므로 $370°$는 제1사분면의 각이다.

0565 답 $360°\times n+140°$, 제2사분면

$860°=360°\times 2+140°$이므로 일반각은 $360°\times n+140°$이고, $90°<140°<180°$이므로 $860°$는 제2사분면의 각이다.

0566 답 $360°\times n+310°$, 제4사분면

$-50°=360°\times(-1)+310°$이므로 일반각은 $360°\times n+310°$이고, $270°<310°<360°$이므로 $-50°$는 제4사분면의 각이다.

0567 답 $360°\times n+250°$, 제3사분면

$-470°=360°\times(-2)+250°$이므로 일반각은 $360°\times n+250°$이고, $180°<250°<270°$이므로 $-470°$는 제3사분면의 각이다.

0568 답 $\dfrac{\pi}{3}$

$60°=60\times\dfrac{\pi}{180}=\dfrac{\pi}{3}$

0569 답 $\dfrac{7}{4}\pi$

$315°=315\times\dfrac{\pi}{180}=\dfrac{7}{4}\pi$

0570 (답) $-\dfrac{5}{6}\pi$

$-150°=(-150)\times\dfrac{\pi}{180}=-\dfrac{5}{6}\pi$

0571 (답) $-\dfrac{4}{3}\pi$

$-240°=(-240)\times\dfrac{\pi}{180}=-\dfrac{4}{3}\pi$

0572 (답) $30°$

$\dfrac{\pi}{6}=\dfrac{\pi}{6}\times\dfrac{180°}{\pi}=30°$

0573 (답) $135°$

$\dfrac{3}{4}\pi=\dfrac{3}{4}\pi\times\dfrac{180°}{\pi}=135°$

0574 (답) $-108°$

$-\dfrac{3}{5}\pi=\left(-\dfrac{3}{5}\pi\right)\times\dfrac{180°}{\pi}=-108°$

0575 (답) $-330°$

$-\dfrac{11}{6}\pi=\left(-\dfrac{11}{6}\pi\right)\times\dfrac{180°}{\pi}=-330°$

0576 (답) $l=5\pi,\ S=10\pi$

$l=4\cdot\dfrac{5}{4}\pi=5\pi,\ S=\dfrac{1}{2}\cdot4^2\cdot\dfrac{5}{4}\pi=\underline{10\pi}$ $\rightarrow$ 또는 $\dfrac{1}{2}\cdot4\cdot5\pi=10\pi$

0577 (답) $l=\dfrac{11}{3}\pi,\ S=\dfrac{11}{3}\pi$

$l=2\cdot\dfrac{11}{6}\pi=\dfrac{11}{3}\pi,\ S=\dfrac{1}{2}\cdot2^2\cdot\dfrac{11}{6}\pi=\dfrac{11}{3}\pi$ $\rightarrow$ 또는 $\dfrac{1}{2}\cdot2\cdot\dfrac{11}{3}\pi=\dfrac{11}{3}\pi$

0578 (답) $l=\pi,\ S=\dfrac{3}{2}\pi$

$60\cdot\dfrac{\pi}{180}=\dfrac{\pi}{3}$ 이므로

$l=3\cdot\dfrac{\pi}{3}=\pi,\ S=\dfrac{1}{2}\cdot3^2\cdot\dfrac{\pi}{3}=\dfrac{3}{2}\pi$ $\rightarrow$ 또는 $\dfrac{1}{2}\cdot3\cdot\pi=\dfrac{3}{2}\pi$

0579 (답) 10π

$\dfrac{1}{2}\cdot5\cdot4\pi=10\pi$

0580 (답) $\sin\theta=\dfrac{\sqrt{3}}{2},\ \cos\theta=\dfrac{1}{2},\ \tan\theta=\sqrt{3}$

$\overline{\mathrm{OP}}=\sqrt{1^2+(\sqrt{3})^2}=2$ 이므로

$\sin\theta=\dfrac{\sqrt{3}}{2},\ \cos\theta=\dfrac{1}{2},\ \tan\theta=\sqrt{3}$

0581 (답) $\sin\theta=\dfrac{2\sqrt{5}}{5},\ \cos\theta=-\dfrac{\sqrt{5}}{5},\ \tan\theta=-2$

$\overline{\mathrm{OP}}=\sqrt{(-2)^2+4^2}=2\sqrt{5}$ 이므로

$\sin\theta=\dfrac{2\sqrt{5}}{5},\ \cos\theta=-\dfrac{\sqrt{5}}{5},\ \tan\theta=-2$

0582 (답) $\sin\theta=-\dfrac{\sqrt{17}}{17},\ \cos\theta=-\dfrac{4\sqrt{17}}{17},\ \tan\theta=\dfrac{1}{4}$

$\overline{\mathrm{OP}}=\sqrt{(-4)^2+(-1)^2}=\sqrt{17}$ 이므로

$\sin\theta=-\dfrac{\sqrt{17}}{17},\ \cos\theta=-\dfrac{4\sqrt{17}}{17},\ \tan\theta=\dfrac{1}{4}$

0583 (답) $\sin\theta=-\dfrac{2\sqrt{29}}{29},\ \cos\theta=\dfrac{5\sqrt{29}}{29},\ \tan\theta=-\dfrac{2}{5}$

$\overline{\mathrm{OP}}=\sqrt{5^2+(-2)^2}=\sqrt{29}$ 이므로

$\sin\theta=-\dfrac{2\sqrt{29}}{29},\ \cos\theta=\dfrac{5\sqrt{29}}{29},\ \tan\theta=-\dfrac{2}{5}$

0584 (답) 제1사분면

$\sin\theta>0$ 에서 θ는 제1사분면 또는 제2사분면의 각이고,
$\cos\theta>0$ 에서 θ는 제1사분면 또는 제4사분면의 각이다.
따라서 θ는 제1사분면의 각이다.

0585 (답) 제2사분면

$\sin\theta>0$ 에서 θ는 제1사분면 또는 제2사분면의 각이고,
$\cos\theta<0$ 에서 θ는 제2사분면 또는 제3사분면의 각이다.
따라서 θ는 제2사분면의 각이다.

0586 (답) 제3사분면

$\tan\theta>0$ 에서 θ는 제1사분면 또는 제3사분면의 각이고,
$\sin\theta<0$ 에서 θ는 제3사분면 또는 제4사분면의 각이다.
따라서 θ는 제3사분면의 각이다.

0587 (답) 제4사분면

$\cos\theta>0$ 에서 θ는 제1사분면 또는 제4사분면의 각이고,
$\tan\theta<0$ 에서 θ는 제2사분면 또는 제4사분면의 각이다.
따라서 θ는 제4사분면의 각이다.

0588 (답) $\sin\theta=\dfrac{1}{2},\ \cos\theta=-\dfrac{\sqrt{3}}{2},\ \tan\theta=-\dfrac{\sqrt{3}}{3}$

오른쪽 그림과 같이 원점 O를 중심으로
하고 반지름의 길이가 1인 원과 각 $\theta=\dfrac{5}{6}\pi$를
나타내는 동경의 교점을 P, 점 P에서 x
축에 내린 수선의 발을 H라 하자.

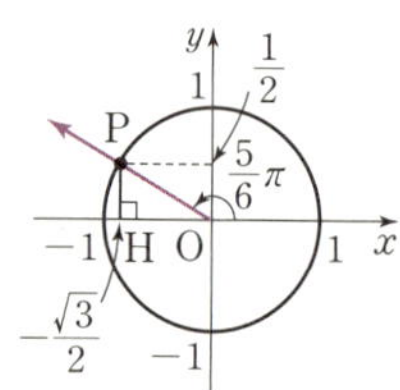

$\overline{\mathrm{OP}}=1,\ \angle\mathrm{POH}=\dfrac{\pi}{6}$ 이므로

$\mathrm{P}\left(-\dfrac{\sqrt{3}}{2},\ \dfrac{1}{2}\right)$ 에서 $\sin\theta=\dfrac{1}{2},\ \cos\theta=-\dfrac{\sqrt{3}}{2},\ \tan\theta=-\dfrac{\sqrt{3}}{3}$

0589 (답) $\sin\theta=-\dfrac{\sqrt{3}}{2},\ \cos\theta=-\dfrac{1}{2},\ \tan\theta=\sqrt{3}$

오른쪽 그림과 같이 원점 O를 중심으로 하
고 반지름의 길이가 1인 원과 각 $\theta=\dfrac{4}{3}\pi$를
나타내는 동경의 교점을 P, 점 P에서 x축
에 내린 수선의 발을 H라 하자.

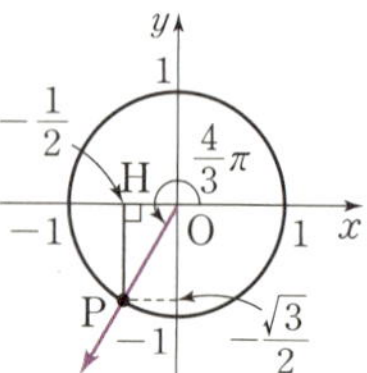

$\overline{\mathrm{OP}}=1,\ \angle\mathrm{POH}=\dfrac{\pi}{3}$ 이므로

$\mathrm{P}\left(-\dfrac{1}{2},\ -\dfrac{\sqrt{3}}{2}\right)$ 에서

$\sin\theta=-\dfrac{\sqrt{3}}{2},\ \cos\theta=-\dfrac{1}{2},\ \tan\theta=\sqrt{3}$

0590 답 $\sin\theta=-\dfrac{1}{2}$, $\cos\theta=\dfrac{\sqrt{3}}{2}$, $\tan\theta=-\dfrac{\sqrt{3}}{3}$

오른쪽 그림과 같이 원점 O를 중심으로 하고 반지름의 길이가 1인 원과 각 $\theta=-\dfrac{\pi}{6}$를 나타내는 동경의 교점을 P, 점 P에서 x축에 내린 수선의 발을 H라 하자.

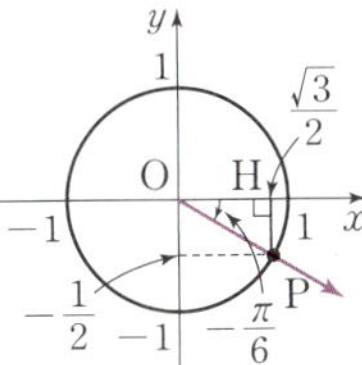

$\overline{\mathrm{OP}}=1$, $\angle\mathrm{POH}=\dfrac{\pi}{6}$이므로

$\mathrm{P}\left(\dfrac{\sqrt{3}}{2},\ -\dfrac{1}{2}\right)$에서

$\sin\theta=-\dfrac{1}{2}$, $\cos\theta=\dfrac{\sqrt{3}}{2}$, $\tan\theta=-\dfrac{\sqrt{3}}{3}$

0591 답 $\sin\theta=\dfrac{\sqrt{2}}{2}$, $\cos\theta=-\dfrac{\sqrt{2}}{2}$, $\tan\theta=-1$

오른쪽 그림과 같이 원점 O를 중심으로 하고 반지름의 길이가 1인 원과 각 $\theta=-\dfrac{5}{4}\pi$를 나타내는 동경의 교점을 P, 점 P에서 x축에 내린 수선의 발을 H라 하자.

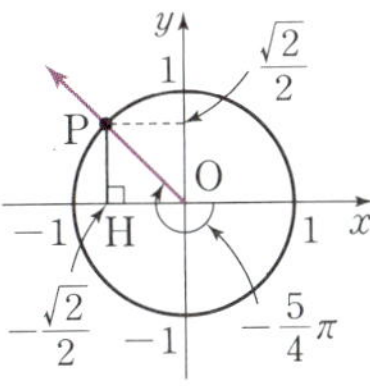

$\overline{\mathrm{OP}}=1$, $\angle\mathrm{POH}=\dfrac{\pi}{4}$이므로

$\mathrm{P}\left(-\dfrac{\sqrt{2}}{2},\ \dfrac{\sqrt{2}}{2}\right)$에서

$\sin\theta=\dfrac{\sqrt{2}}{2}$, $\cos\theta=-\dfrac{\sqrt{2}}{2}$, $\tan\theta=-1$

0592 답 $\cos\theta=\dfrac{4}{5}$, $\tan\theta=\dfrac{3}{4}$

각 θ가 제1사분면의 각이므로 $\cos\theta>0$이고,

$\sin^2\theta+\cos^2\theta=1$에서 ·문제에서 주어지지 않았지만 이용할 수 있어야 한다.

$\cos^2\theta=1-\sin^2\theta=1-\left(\dfrac{3}{5}\right)^2=\dfrac{16}{25}$이므로 $\cos\theta=\dfrac{4}{5}$,

$\tan\theta=\dfrac{\sin\theta}{\cos\theta}=\dfrac{3}{4}$

0593 답 $\sin\theta=-\dfrac{\sqrt{2}}{2}$, $\tan\theta=1$

각 θ가 제3사분면의 각이므로 $\sin\theta<0$이고,

$\sin^2\theta+\cos^2\theta=1$에서 ·문제에서 주어지지 않았지만 이용할 수 있어야 한다.

$\sin^2\theta=1-\cos^2\theta=1-\left(-\dfrac{\sqrt{2}}{2}\right)^2=\dfrac{1}{2}$이므로 $\sin\theta=-\dfrac{\sqrt{2}}{2}$,

$\tan\theta=\dfrac{\sin\theta}{\cos\theta}=1$

0594 답 $\dfrac{5}{18}$ ·문제에서 주어지지 않았지만 이용할 수 있어야 한다.

$\sin^2\theta+\cos^2\theta=1$이므로

$$(\sin\theta-\cos\theta)^2=\sin^2\theta-2\sin\theta\cos\theta+\cos^2\theta$$
$$=1-2\sin\theta\cos\theta$$
$$=\dfrac{4}{9}$$

에서

$2\sin\theta\cos\theta=\dfrac{5}{9}$

$\therefore\ \sin\theta\cos\theta=\dfrac{5}{18}$

0595 답 $\dfrac{1}{2}$ ·문제에서 주어지지 않았지만 이용할 수 있어야 한다.

$\sin^2\theta+\cos^2\theta=1$이므로

$$(\sin\theta+\cos\theta)^2=\sin^2\theta+2\sin\theta\cos\theta+\cos^2\theta$$
$$=1+2\sin\theta\cos\theta$$
$$=1+2\cdot\left(-\dfrac{1}{4}\right)=\dfrac{1}{2}$$

0596 답 $\sin^2\theta$

$$\dfrac{\tan^2\theta}{1+\tan^2\theta}=\dfrac{\dfrac{\sin^2\theta}{\cos^2\theta}}{1+\dfrac{\sin^2\theta}{\cos^2\theta}}$$

$$=\dfrac{\sin^2\theta}{\cos^2\theta+\sin^2\theta}=\sin^2\theta$$

→ $\sin^2\theta+\cos^2\theta=1$

0597 답 1

$$\dfrac{1}{\cos^2\theta}-\tan^2\theta=\dfrac{1}{\cos^2\theta}-\dfrac{\sin^2\theta}{\cos^2\theta}$$

$$=\dfrac{1-\sin^2\theta}{\cos^2\theta}=\dfrac{\cos^2\theta}{\cos^2\theta}=1$$

$\sin^2\theta+\cos^2\theta=1$에서
$1-\sin^2\theta=\cos^2\theta$

0598 답 $\dfrac{2}{\sin\theta}$

$$\dfrac{\sin\theta}{1+\cos\theta}+\dfrac{\sin\theta}{1-\cos\theta}=\dfrac{\sin\theta(1-\cos\theta)+\sin\theta(1+\cos\theta)}{(1+\cos\theta)(1-\cos\theta)}$$

$$=\dfrac{2\sin\theta}{1-\cos^2\theta}=\dfrac{2\sin\theta}{\sin^2\theta}=\dfrac{2}{\sin\theta}$$

$\sin^2\theta+\cos^2\theta=1$에서
$1-\cos^2\theta=\sin^2\theta$

유형 마스터
P attern

본문 092~104쪽

0599 답 제1사분면 또는 제3사분면

0600 답 ⑤

θ가 제3사분면의 각이므로

$360°\times n+180°<\theta<360°\times n+270°$ (n은 정수)

$\therefore\ 180°\times n+90°<\dfrac{\theta}{2}<180°\times n+135°$

(i) $n=2k$ (k는 정수)일 때 → $180°\times n$ 꼴을 $360°\times k$ 꼴로 나타내기 위해 $n=2k$, $n=2k+1$로 나누어 계산한다.

$180°\times 2k+90°<\dfrac{\theta}{2}<180°\times 2k+135°$

$\therefore\ 360°\times k+90°<\dfrac{\theta}{2}<360°\times k+135°$ → $90°<\dfrac{\theta}{2}<135°$인 동경의 위치와 같다.

즉, $\dfrac{\theta}{2}$는 제2사분면의 각이다.

(ii) $n=2k+1$ (k는 정수)일 때

$180°\times(2k+1)+90°<\dfrac{\theta}{2}<180°\times(2k+1)+135°$

$\therefore\ 360°\times k+270°<\dfrac{\theta}{2}<360°\times k+315°$ → $270°<\dfrac{\theta}{2}<315°$인 동경의 위치와 같다.

즉, $\dfrac{\theta}{2}$는 제4사분면의 각이다.

(i), (ii)에서 $\dfrac{\theta}{2}$는 제2사분면 또는 제4사분면의 각이다.

0601 답 ②

2θ가 제1사분면의 각이므로

$360° \times n < 2\theta < 360° \times n + 90°$ (n은 정수)

$\therefore 180° \times n < \theta < 180° \times n + 45°$

(i) $n = 2k$ (k는 정수)일 때   → $180° \times n$ 꼴을 $360° \times k$ 꼴로 나타내기 위해 $n = 2k$, $n = 2k+1$로 나누어 계산한다.

$\qquad 180° \times 2k < \theta < 180° \times 2k + 45°$

$\qquad \therefore 360° \times k < \theta < 360° \times k + 45°$ → $0° < \theta < 45°$인 동경의 위치와 같다.

$\qquad$ 즉, θ는 제1사분면의 각이다.

(ii) $n = 2k+1$ (k는 정수)일 때

$\qquad 180° \times (2k+1) < \theta < 180° \times (2k+1) + 45°$

$\qquad \therefore 360° \times k + 180° < \theta < 360° \times k + 225°$ → $180° < \theta < 225°$인 동경의 위치와 같다.

$\qquad$ 즉, θ는 제3사분면의 각이다.

(i), (ii)에서 θ를 나타내는 동경이 존재할 수 있는 사분면은 제1사분면 또는 제3사분면이므로 ㄱ, ㄷ이다.

0602 답 ①

θ가 제4사분면의 각이므로

$360° \times n + 270° < \theta < 360° \times n + 360°$ (n은 정수)

$\therefore 120° \times n + 90° < \dfrac{\theta}{3} < 120° \times n + 120°$

(i) $n = 3k$ (k는 정수)일 때   → $120° \times n$ 꼴을 $360° \times k$ 꼴로 나타내기 위해 $n = 3k$, $n = 3k+1$, $n = 3k+2$로 나누어 계산한다.

$\qquad 120° \times 3k + 90° < \dfrac{\theta}{3} < 120° \times 3k + 120°$

$\qquad \therefore 360° \times k + 90° < \dfrac{\theta}{3} < 360° \times k + 120°$ → $90° < \dfrac{\theta}{3} < 120°$인 동경의 위치와 같다.

$\qquad$ 즉, $\dfrac{\theta}{3}$는 제2사분면의 각이다.

(ii) $n = 3k+1$ (k는 정수)일 때

$\qquad 120° \times (3k+1) + 90° < \dfrac{\theta}{3} < 120° \times (3k+1) + 120°$

$\qquad \therefore 360° \times k + 210° < \dfrac{\theta}{3} < 360° \times k + 240°$ → $210° < \dfrac{\theta}{3} < 240°$인 동경의 위치와 같다.

$\qquad$ 즉, $\dfrac{\theta}{3}$는 제3사분면의 각이다.

(iii) $n = 3k+2$ (k는 정수)일 때

$\qquad 120° \times (3k+2) + 90° < \dfrac{\theta}{3} < 120° \times (3k+2) + 120°$

$\qquad \therefore 360° \times k + 330° < \dfrac{\theta}{3} < 360° \times k + 360°$ → $330° < \dfrac{\theta}{3} < 360°$인 동경의 위치와 같다.

$\qquad$ 즉, $\dfrac{\theta}{3}$는 제4사분면의 각이다.

(i), (ii), (iii)에서 $\dfrac{\theta}{3}$를 나타내는 동경이 존재할 수 없는 사분면은 제1사분면이다.

0603 답 ②

$\dfrac{\theta}{3}$가 제3사분면의 각이므로

$360° \times n + 180° < \dfrac{\theta}{3} < 360° \times n + 270°$ (n은 정수)

$360° \times 3n + 540° < \theta < 360° \times 3n + 810°$

$\therefore 360° \times (3n+1) + 180° < \theta < 360° \times (3n+1) + 450°$

(i) $360° \times (3n+1) + 180° < \theta < 360° \times (3n+1) + 270°$일 때

$\qquad \theta$를 나타내는 동경이 존재하는 사분면은 제3사분면이다.

(ii) $360° \times (3n+1) + 270° < \theta < 360° \times (3n+1) + 360°$일 때

$\qquad \theta$를 나타내는 동경이 존재하는 사분면은 제4사분면이다.

(iii) $360° \times (3n+1) + 360° < \theta < 360° \times (3n+1) + 450°$일 때

$\qquad 360° \times (3n+2) < \theta < 360° \times (3n+2) + 90°$이므로

$\qquad \theta$를 나타내는 동경이 존재하는 사분면은 제1사분면이다.

(i), (ii), (iii)에서 θ를 나타내는 동경이 존재할 수 없는 사분면은 제2사분면이다.

$\theta = 360° \times (3n+1) + 270°$, $\theta = 360° \times (3n+2)$인 경우에도 부등식의 범위에 속하지만 θ는 각각 y축, x축 위에 존재해. 그런데 좌표축은 어느 사분면도 아닌 것을 기억하고 있지? 그래서 답에 영향을 주지 않아.

0604 답 ②

0605 답 ③

ㄱ. $\dfrac{5}{3}\pi = \dfrac{5}{3}\pi \times \dfrac{180°}{\pi} = 300°$

ㄴ. $\dfrac{\pi}{18} = \dfrac{\pi}{18} \times \dfrac{180°}{\pi} = 10°$

ㄷ. $195° = 195 \times \dfrac{\pi}{180} = \dfrac{13}{12}\pi$

ㄹ. $-126° = (-126) \times \dfrac{\pi}{180} = -\dfrac{7}{10}\pi$

따라서 옳은 것은 ㄱ, ㄹ이다.

0606 답 ③

① $\dfrac{\pi}{6} = \dfrac{\pi}{6} \times \dfrac{180°}{\pi} = 30°$이므로 제1사분면이다.

② $1100° = 360° \times 3 + 20°$이므로 제1사분면이다.

③ $\dfrac{29}{6}\pi = 2\pi \times 2 + \dfrac{5}{6}\pi$이고 $\dfrac{5}{6}\pi = \dfrac{5}{6}\pi \times \dfrac{180°}{\pi} = 150°$이므로 제2사분면이다.

④ $-320° = 360° \times (-1) + 40°$이므로 제1사분면이다.

⑤ $-\dfrac{11}{6}\pi = 2\pi \times (-1) + \dfrac{\pi}{6}$이고 $\dfrac{\pi}{6} = 30°$이므로 제1사분면이다.

0607 답 ④

ㄱ. $5° = 5 \times \dfrac{\pi}{180} = \dfrac{\pi}{36}$ (참)

ㄴ. $\dfrac{2}{3}\pi = \dfrac{2}{3}\pi \times \dfrac{180°}{\pi} = 120°$이므로

$\qquad 210° + \dfrac{2}{3}\pi = 210° + 120° = 330°$ (거짓)

ㄷ. $\dfrac{\pi}{4} = \dfrac{\pi}{4} \times \dfrac{180°}{\pi} = 45°$, $-315° = 360° \times (-1) + 45°$

$\qquad$ 이므로 두 각 $\dfrac{\pi}{4}$와 $-315°$의 동경은 일치한다. (참)

따라서 옳은 것은 ㄱ, ㄷ이다.

0608 답 ③

$\dfrac{a}{3}\pi = \dfrac{a}{3}\pi \times \dfrac{180°}{\pi} = 60a°$

이므로 $\dfrac{a}{3}\pi = 15b°$에서

$60a° = 15b°$

$\therefore 4a = b$ …… ㉠

$(20a+40)°=(20a+40)\times\dfrac{\pi}{180}=\dfrac{a+2}{9}\pi$

이므로 $(20a+40)°=\dfrac{b}{18}\pi$에서 $\dfrac{a+2}{9}\pi=\dfrac{b}{18}\pi$

$\therefore 2a+4=b$ ...... ㉡

㉠, ㉡을 연립하여 풀면 $a=2$, $b=8$

$\therefore a+b=2+8=10$

0609 답 ④

0610 답 ③

두 각 2θ, 7θ를 나타내는 동경이 일치하므로

$7\theta-2\theta=2n\pi$ (n은 정수)

$5\theta=2n\pi$ $\quad\therefore \theta=\dfrac{2n}{5}\pi$ ...... ㉠

이때 $0\le\theta<5\pi$이므로

$0\le\dfrac{2n}{5}\pi<5\pi$ $\quad\therefore 0\le n<\dfrac{25}{2}$

따라서 $n=0, 1, 2, \cdots, 12$이므로 가능한 각 θ의 크기의 개수는

0, $\dfrac{2}{5}\pi$, $\dfrac{4}{5}\pi$, $\cdots$, $\dfrac{24}{5}\pi$의 13

$\quad\quad\quad\quad$ • $n=0, 1, 2, \cdots, 12$를 각각 ㉠에 대입한다.

0611 답 ③

두 각 θ, 5θ를 나타내는 동경이 원점에 대하여 대칭이므로

$5\theta-\theta=(2n+1)\pi$ (n은 정수)

$4\theta=(2n+1)\pi$ $\quad\therefore \theta=\dfrac{2n+1}{4}\pi$ ...... ㉠

이때 $\dfrac{3}{2}\pi<\theta<2\pi$이므로

$\dfrac{3}{2}\pi<\dfrac{2n+1}{4}\pi<2\pi$ $\quad\therefore \dfrac{5}{2}<n<\dfrac{7}{2}$

따라서 $n=3$이므로 $\theta=\dfrac{7}{4}\pi$이다.

$\quad\quad\quad\quad$ • $n=3$을 ㉠에 대입한다.

0612 답 ②

두 각 θ, 3θ를 나타내는 동경이 원점에 대하여 대칭이므로

$3\theta-\theta=(2n+1)\pi$ (n은 정수)

$2\theta=(2n+1)\pi$ $\quad\therefore \theta=\dfrac{2n+1}{2}\pi$ ...... ㉠

이때 $0\le\theta<10\pi$이므로

$0\le\dfrac{2n+1}{2}\pi<10\pi$ $\quad\therefore -\dfrac{1}{2}\le n<\dfrac{19}{2}$

따라서 $n=0, 1, 2, \cdots, 9$이므로 가능한 각 θ의 크기의 개수는

$\dfrac{\pi}{2}$, $\dfrac{3}{2}\pi$, $\dfrac{5}{2}\pi$, $\cdots$, $\dfrac{19}{2}\pi$의 10

$\quad\quad\quad\quad$ • $n=0, 1, 2, \cdots, 9$를 각각 ㉠에 대입한다.

0613 답 ②

두 각 3θ, -2θ를 나타내는 동경이 원점에 대하여 대칭이므로

$3\theta-(-2\theta)=(2n+1)\pi$ (n은 정수)

$5\theta=(2n+1)\pi$ $\quad\therefore \theta=\dfrac{2n+1}{5}\pi$ ...... ㉠

이때 $0<\theta<2\pi$이므로

$0<\dfrac{2n+1}{5}\pi<2\pi$ $\quad\therefore -\dfrac{1}{2}<n<\dfrac{9}{2}$

따라서 $n=0, 1, 2, 3, 4$이므로 모든 각 θ의 크기의 합은

$\dfrac{\pi}{5}+\dfrac{3}{5}\pi+\pi+\dfrac{7}{5}\pi+\dfrac{9}{5}\pi=5\pi$

$\quad\quad\quad\quad$ • $n=0, 1, 2, 3, 4$를 각각 ㉠에 대입한 값이다.

0614 답 ④

0615 답 ①

두 각 2θ, 5θ를 나타내는 동경이 x축에 대하여 대칭이므로

$2\theta+5\theta=2n\pi$ (n은 정수)

$7\theta=2n\pi$ $\quad\therefore \theta=\dfrac{2n}{7}\pi$ ...... ㉠

이때 $0<\theta<4\pi$이므로

$0<\dfrac{2n}{7}\pi<4\pi$ $\quad\therefore 0<n<14$

따라서 $n=1, 2, 3, \cdots, 13$이므로 가능한 각 θ의 크기의 개수는

$\dfrac{2}{7}\pi$, $\dfrac{4}{7}\pi$, $\dfrac{6}{7}\pi$, $\cdots$, $\dfrac{26}{7}\pi$의 13

$\quad\quad\quad\quad$ • $n=1, 2, 3, \cdots, 13$을 각각 ㉠에 대입한다.

0616 답 ⑤

두 각 θ, 4θ를 나타내는 동경이 y축에 대하여 대칭이므로

$\theta+4\theta=(2n+1)\pi$ (n은 정수)

$5\theta=(2n+1)\pi$ $\quad\therefore \theta=\dfrac{2n+1}{5}\pi$ ...... ㉠

이때 $\pi<\theta<\dfrac{3}{2}\pi$이므로

$\pi<\dfrac{2n+1}{5}\pi<\dfrac{3}{2}\pi$ $\quad\therefore 2<n<\dfrac{13}{4}$

따라서 $n=3$이므로 $\theta=\dfrac{7}{5}\pi$이다.

$\quad\quad\quad\quad$ • $n=3$을 ㉠에 대입한다.

0617 답 ④

두 각 θ, 2θ를 나타내는 동경이 직선 $y=x$에 대하여 대칭이므로

$\theta+2\theta=2n\pi+\dfrac{\pi}{2}$ (n은 정수)

$3\theta=2n\pi+\dfrac{\pi}{2}$ $\quad\therefore \theta=\dfrac{4n+1}{6}\pi$ ...... ㉠

이때 $\dfrac{\pi}{2}<\theta<\pi$이므로

$\dfrac{\pi}{2}<\dfrac{4n+1}{6}\pi<\pi$ $\quad\therefore \dfrac{1}{2}<n<\dfrac{5}{4}$

따라서 $n=1$이므로 $\theta=\dfrac{5}{6}\pi$이다.

$\quad\quad\quad\quad$ • $n=1$을 ㉠에 대입한다.

0618 답 ②

두 각 8θ, -3θ를 나타내는 동경이 직선 $y=x$에 대하여 대칭이므로

$8\theta+(-3\theta)=2n\pi+\dfrac{\pi}{2}$ (n은 정수)

$5\theta=2n\pi+\dfrac{\pi}{2}$

$\therefore \theta=\dfrac{4n+1}{10}\pi$ ...... ㉠

이때 $0<\theta<2\pi$이므로

$0<\dfrac{4n+1}{10}\pi<2\pi$

$\therefore -\dfrac{1}{4}<n<\dfrac{19}{4}$

따라서 $n=0, 1, 2, 3, 4$이므로 모든 각 θ의 크기의 합은

$\dfrac{\pi}{10}+\dfrac{\pi}{2}+\dfrac{9}{10}\pi+\dfrac{13}{10}\pi+\dfrac{17}{10}\pi=\dfrac{9}{2}\pi$

$\quad\quad\quad\quad$ • $n=0, 1, 2, 3, 4$를 각각 ㉠에 대입한 값의 합이다.

0619 답 ①

0620 답 ⑤

두 각 3θ, 7θ를 나타내는 동경이 이루는 각의 크기가 $\dfrac{4}{5}\pi$이므로

$7\theta-3\theta=2n\pi\pm\dfrac{4}{5}\pi$ (n은 정수)

$4\theta=2n\pi\pm\dfrac{4}{5}\pi$　　$\therefore\ \theta=\dfrac{5n\pm2}{10}\pi$

이때 $0<\theta<\dfrac{\pi}{4}$이므로

$0<\dfrac{5n\pm2}{10}\pi<\dfrac{\pi}{4}$

(i) $0<\dfrac{5n-2}{10}\pi<\dfrac{\pi}{4}$일 때, $\dfrac{2}{5}<n<\dfrac{9}{10}$

(ii) $0<\dfrac{5n+2}{10}\pi<\dfrac{\pi}{4}$일 때, $-\dfrac{2}{5}<n<\dfrac{1}{10}$

(i), (ii)에서 $n=0$이므로 $\theta=\dfrac{\pi}{5}$이다.

→ (ii)의 경우이므로 $n=0$을 $\dfrac{5n+2}{10}\pi$에 대입한다.

0621 답 ③

두 각 θ, 5θ를 나타내는 동경이 서로 수직이므로

$5\theta-\theta=2n\pi\pm\dfrac{\pi}{2}$ (n은 정수)

$4\theta=2n\pi\pm\dfrac{\pi}{2}$　　$\therefore\ \theta=\dfrac{4n\pm1}{8}\pi$

따라서 θ의 값은

$\cdots,\ -\dfrac{\pi}{8},\ \dfrac{\pi}{8},\ \dfrac{3}{8}\pi,\ \dfrac{5}{8}\pi,\ \dfrac{7}{8}\pi,\ \dfrac{9}{8}\pi,\ \dfrac{11}{8}\pi,\ \dfrac{13}{8}\pi,\ \cdots$

이므로 각 θ의 크기가 될 수 있는 것은 ③ $\dfrac{5}{8}\pi$이다.

→ $\pm\dfrac{(\text{홀수})}{8}\pi$ 꼴이다.

0622 답 ④

두 각 θ, 6θ를 나타내는 동경이 이루는 각의 크기가 $\dfrac{7}{6}\pi$이므로

$6\theta-\theta=2n\pi\pm\dfrac{7}{6}\pi$ (n은 정수)

$5\theta=2n\pi\pm\dfrac{7}{6}\pi$

$\therefore\ \theta=\dfrac{12n\pm7}{30}\pi$

이때 $0<\theta<6\pi$이므로

$0<\dfrac{12n\pm7}{30}\pi<6\pi$

(i) $0<\dfrac{12n-7}{30}\pi<6\pi$일 때, $\dfrac{7}{12}<n<\dfrac{187}{12}$

(ii) $0<\dfrac{12n+7}{30}\pi<6\pi$일 때, $-\dfrac{7}{12}<n<\dfrac{173}{12}$

(i), (ii)에서 $n=0$, 1, 2, $\cdots$, 14, 15이므로

$n=0$일 때, $\theta=\dfrac{7}{30}\pi$　　→ (ii)의 경우

$n=1$일 때, $\theta=\dfrac{12\pm7}{30}\pi$　　→ (i), (ii)의 경우

$n=2$일 때, $\theta=\dfrac{24\pm7}{30}\pi$　　→ (i), (ii)의 경우

　　　⋮　　　　　　　　⋮

$n=14$일 때, $\theta=\dfrac{168\pm7}{30}\pi$　　→ (i), (ii)의 경우

$n=15$일 때, $\theta=\dfrac{173}{30}\pi$　　→ (i)의 경우

따라서 가능한 각 θ의 크기의 개수는

$1+2\cdot14+1=30$

0623 답 ②

두 각 3θ, $-\theta$를 나타내는 동경이 이루는 각의 크기가 $\dfrac{7}{4}\pi$이므로

$3\theta-(-\theta)=2n\pi\pm\dfrac{7}{4}\pi$ (n은 정수)

$4\theta=2n\pi\pm\dfrac{7}{4}\pi$　　$\therefore\ \theta=\dfrac{8n\pm7}{16}\pi$

이때 $0<\theta<2\pi$이므로

$0<\dfrac{8n\pm7}{16}\pi<2\pi$

(i) $0<\dfrac{8n-7}{16}\pi<2\pi$일 때, $\dfrac{7}{8}<n<\dfrac{39}{8}$

(ii) $0<\dfrac{8n+7}{16}\pi<2\pi$일 때, $-\dfrac{7}{8}<n<\dfrac{25}{8}$

(i), (ii)에서 $n=0$, 1, 2, 3, 4이므로

$n=0$일 때, $\theta=\dfrac{7}{16}\pi$　　→ (ii)의 경우

$n=1$일 때, $\theta=\dfrac{8\pm7}{16}\pi$　　→ (i), (ii)의 경우

$n=2$일 때, $\theta=\dfrac{16\pm7}{16}\pi$　　→ (i), (ii)의 경우

$n=3$일 때, $\theta=\dfrac{24\pm7}{16}\pi$　　→ (i), (ii)의 경우

$n=4$일 때, $\theta=\dfrac{25}{16}\pi$　　→ (i)의 경우

따라서 모든 각 θ의 크기의 합은

$\dfrac{7}{16}\pi+2\cdot\left(\dfrac{8}{16}\pi+\dfrac{16}{16}\pi+\dfrac{24}{16}\pi\right)+\dfrac{25}{16}\pi=8\pi$

0624 답 ⑤

0625 답 ③

부채꼴의 반지름의 길이를 r라 하면

$12\pi=\dfrac{1}{2}\cdot r^2\cdot\dfrac{2}{3}\pi$

$r^2=36$　　$\therefore\ r=6\ (\because\ r>0)$

따라서 구하는 부채꼴의 호의 길이는

$6\cdot\dfrac{2}{3}\pi=4\pi$

0626 답 ①

부채꼴의 반지름의 길이를 r라 하면

$24\pi=\dfrac{1}{2}\cdot r\cdot6\pi$

$\therefore\ r=8$

이때 이 부채꼴의 중심각의 크기를 θ라 하면

$6\pi=8\cdot\theta$

$\therefore\ \theta=\dfrac{3}{4}\pi$

따라서 구하는 부채꼴의 중심각의 크기는 $\dfrac{3}{4}\pi$이다.

0627 답 ④

부채꼴의 반지름의 길이를 r라 하면 반지름의 길이와 호의 길이의 합이 8이므로 호의 길이는

$8-r$　　→ 부채꼴의 호의 길이를 l이라 할 때, $l+r=8$이므로

이때 부채꼴의 넓이는

$$\frac{1}{2}\cdot r\cdot(8-r)=-\frac{1}{2}r^2+4r$$
$$=-\frac{1}{2}(r-4)^2+8$$

따라서 구하는 부채꼴의 넓이는 $r=4$일 때, 최댓값 8을 갖는다.

0628 답 ②

부채꼴의 둘레의 길이가 36이므로 호의 길이는

$36-2r$ → 부채꼴의 호의 길이를 l이라 할 때, $2r+l=36$이므로

이때 부채꼴의 넓이는

$$\frac{1}{2}\cdot r\cdot(36-2r)=-r^2+18r$$
$$=-(r-9)^2+81$$

즉, 이 부채꼴의 넓이는 $r=9$일 때, 최댓값 81을 갖는다.

$\therefore S=81$

또한, $S=81$일 때의 중심각의 크기 θ를 구하면

$$81=\frac{1}{2}\cdot9^2\cdot\theta \quad \therefore \theta=2$$

$$\therefore \frac{S+r}{\theta}=\frac{81+9}{2}=45$$

0629 답 ⑤

0630 답 ③

$60-50=10$이므로 구하는 넓이는 반지름의 길이가 60 cm이고 중심각의 크기가 $\frac{6}{7}\pi$인 부채꼴의 넓이에서 반지름의 길이가 10 cm이고 중심각의 크기가 $\frac{6}{7}\pi$인 부채꼴의 넓이를 뺀 것과 같다. 즉,

$$\frac{1}{2}\cdot60^2\cdot\frac{6}{7}\pi-\frac{1}{2}\cdot10^2\cdot\frac{6}{7}\pi=1500\pi\,(\text{cm}^2)$$

0631 답 ⑤

원뿔의 전개도는 오른쪽 그림과 같고 옆면인 부채꼴의 넓이가 8π이므로 부채꼴의 중심각의 크기를 θ라 하면

$$8\pi=\frac{1}{2}\cdot4^2\cdot\theta \quad \therefore \theta=\pi$$

즉, 부채꼴의 호의 길이는

$4\cdot\pi=4\pi$

이때 부채꼴의 호의 길이는 밑면인 원의 둘레의 길이와 같으므로 밑면인 원의 반지름의 길이를 r라 하면

$4\pi=2\pi r \quad \therefore r=2$

원뿔의 높이를 h라 하면

$h=\sqrt{4^2-2^2}=2\sqrt{3}$ → 피타고라스 정리

따라서 구하는 원뿔의 부피는

$$\frac{1}{3}\cdot\pi\cdot2^2\cdot2\sqrt{3}=\frac{8\sqrt{3}}{3}\pi$$

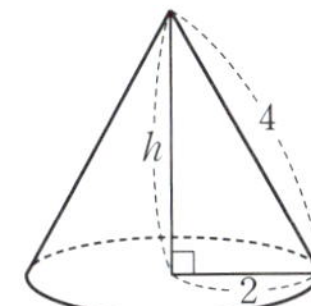

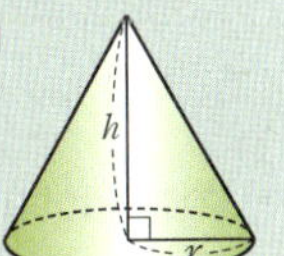

해설 속 칠판 **원뿔의 부피**

높이가 h이고, 밑면인 원의 반지름의 길이가 r인 원뿔의 부피 V는

$$V=\frac{1}{3}\pi r^2h$$

0632 답 ⑤

부채꼴 모양의 텃밭의 반지름의 길이를 r라 할 때, 호의 길이는

$40-2r$

이므로 이 부채꼴 모양의 텃밭의 넓이는

$$\frac{1}{2}\cdot r\cdot(40-2r)=-r^2+20r$$
$$=-(r-10)^2+100$$

따라서 텃밭의 넓이는 $r=10$일 때, 최댓값 100을 갖는다.

0633 답 ④

직각삼각형 ABC를 직선 CA를 축으로 하여 한 번 돌렸을 때 얻는 도형은 원뿔이다. 이 원뿔의 밑면인 원의 반지름의 길이가 3이고, 원뿔의 부피는 12π이므로

$$\frac{1}{3}\cdot\pi\cdot3^2\cdot\overline{\text{CA}}=12\pi \quad \therefore \overline{\text{CA}}=4$$

→ $\overline{\text{AB}}$ / 원뿔의 높이

원뿔의 모선의 길이는

$\sqrt{3^2+4^2}=5$ → $\overline{\text{CB}}$

한편, 옆면인 부채꼴의 호의 길이와 밑면인 원의 둘레의 길이가 같으므로 옆면의 부채꼴의 중심각의 크기를 θ라 하면

$$5\cdot\theta=2\pi\cdot3 \quad \therefore \theta=\frac{6}{5}\pi$$

따라서 구하는 원뿔의 옆면의 넓이는

$$\frac{1}{2}\cdot5^2\cdot\frac{6}{5}\pi=15\pi$$

→ $S=\frac{1}{2}rl$을 이용하여 $\frac{1}{2}\cdot5\cdot(2\pi\cdot3)=15\pi$로 구할 수 있다.

0634 답 ④

0635 답 ⑤

$\overline{\text{OP}}=\sqrt{1^2+(-2)^2}=\sqrt{5}$이므로

$$\sin\theta=-\frac{2\sqrt{5}}{5},\ \cos\theta=\frac{\sqrt{5}}{5},\ \tan\theta=-2$$

$$\therefore \frac{\sin\theta\tan\theta}{\cos\theta+\sqrt{5}}=\frac{\left(-\dfrac{2\sqrt{5}}{5}\right)\cdot(-2)}{\dfrac{\sqrt{5}}{5}+\sqrt{5}}=\frac{2}{3}$$

0636 답 ①

$\overline{\text{OP}}^2=a^2+(2\sqrt{5})^2=a^2+20$

$\therefore \overline{\text{OP}}=\sqrt{a^2+20}\ (\because \overline{\text{OP}}>0)$ ……㉠

이때 $\cos\theta=-\dfrac{2}{3}$이므로

$$\frac{a}{\sqrt{a^2+20}}=-\frac{2}{3}$$

$3a=-2\sqrt{a^2+20},\ a^2=16$

$\therefore a=-4\ (\because a<0)$ → 점 P$(a,\,2\sqrt{5})$가 제2사분면 위의 점이므로 $a<0$이다.

$a=-4$를 ㉠에 대입하면

$\overline{\text{OP}}=\sqrt{16+20}=6$

$\therefore a+\overline{\text{OP}}=-4+6=2$

0637 답 ②

직선 $4x+3y=0$이 원점 O를 지나므로 직선 위의 한 점 P$(-3k,\,4k)\,(k>0)$에 대하여 동경 OP가 나타내는 각의 크기는 θ이다.

→ $0<\theta<\pi$이므로

$\overline{OP}=\sqrt{(-3k)^2+(4k)^2}=5k$이므로

$\sin\theta=\dfrac{4k}{5k}=\dfrac{4}{5}$, $\cos\theta=\dfrac{-3k}{5k}=-\dfrac{3}{5}$

$n\sin\theta\cos\theta=n\cdot\dfrac{4}{5}\cdot\left(-\dfrac{3}{5}\right)=-\dfrac{12}{25}n$

따라서 $-\dfrac{12}{25}n$이 정수가 되도록 하는 자연수 n의 최솟값은 25이다.
→12와 25는 서로소이므로 n은 25의 배수이다.

0638 답 ③

$\tan\theta=\dfrac{1}{2}$이므로 직선 OP의 기울기는 $\dfrac{1}{2}$이다.

즉, 점 P는 직선 $y=\dfrac{1}{2}x$ 위의 점이므로

$b=\dfrac{1}{2}a$ →$x^2+y^2=10^2$, 즉 중심이 $(0,\,0)$이고
반지름의 길이가 10인 원의 방정식이다.

$\therefore a=2b$ ……… ㉠

또한, 점 P는 원 $x^2+y^2=100$ 위의 점이므로

$a^2+b^2=100$ ……… ㉡

㉠, ㉡을 연립하여 풀면 →점 $P(a,\,b)$는 제3사분면 위의 점이므로
$a<0,\ b<0$

$a=-4\sqrt{5},\ b=-2\sqrt{5}\ (\because a<0,\ b<0)$

이때 $\sin\theta=\dfrac{-2\sqrt{5}}{10}=-\dfrac{\sqrt{5}}{5}$, $\cos\theta=\dfrac{-4\sqrt{5}}{10}=-\dfrac{2\sqrt{5}}{5}$이므로

$a\sin\theta+b\cos\theta=(-4\sqrt{5})\cdot\left(-\dfrac{\sqrt{5}}{5}\right)+(-2\sqrt{5})\cdot\left(-\dfrac{2\sqrt{5}}{5}\right)=8$

직선이 x축의 양의 방향과 이루는 각의 크기가 θ일 때
(직선의 기울기)$=\tan\theta$

0639 답 ④

0640 답 ⑤

$\dfrac{3}{2}\pi<\theta<2\pi$이므로 θ는 제4사분면의 각이다.

따라서 $\sin\theta<0$, $\cos\theta>0$이고, $\sin\theta-\cos\theta<0$이므로

$|\sin\theta|+|\cos\theta|+\sqrt{(\sin\theta-\cos\theta)^2}$
$=|\sin\theta|+|\cos\theta|+|\sin\theta-\cos\theta|$
$=(-\sin\theta)+\cos\theta+\{-(\sin\theta-\cos\theta)\}$
$=2(\cos\theta-\sin\theta)$

0641 답 ③

$\sin\theta\cos\theta>0$이므로

$\sin\theta>0$, $\cos\theta>0$ 또는 $\sin\theta<0$, $\cos\theta<0$

즉, θ는 제1사분면 또는 제3사분면의 각이다. ……… ㉠

한편, $\dfrac{\cos\theta}{\tan\theta}<0$에서 $\dfrac{\cos^2\theta}{\sin\theta}<0$이므로 →$\cos^2\theta>0$이므로
$\sin\theta<0$

θ는 제3사분면 또는 제4사분면의 각이다. ……… ㉡

따라서 각 θ는 제3사분면의 각이다.
→㉠, ㉡에서 공통인 사분면을 찾는다.

0642 답 ②

$\sqrt{\dfrac{\sin\theta}{\cos\theta}}=-\dfrac{\sqrt{\sin\theta}}{\sqrt{\cos\theta}}$이므로

$\sin\theta>0$, $\cos\theta<0$

따라서 θ는 제2사분면의 각이므로 θ의 값이 될 수 있는 것은
② $\dfrac{2}{3}\pi$이다.

(1) $a<0,\ b<0$일 때
$\Rightarrow\sqrt{a}\sqrt{b}=-\sqrt{ab}$
(2) $a>0,\ b<0$일 때
$\Rightarrow\dfrac{\sqrt{a}}{\sqrt{b}}=-\sqrt{\dfrac{a}{b}}$

0643 답 ③

$\sin\theta\tan\theta\neq0$, $\sqrt{\sin\theta\tan\theta}=-\sqrt{\sin\theta}\sqrt{\tan\theta}$이므로

$\sin\theta<0$, $\tan\theta<0$

즉, θ는 제4사분면의 각이므로 $\cos\theta>0$이고

$\sin\theta-\cos\theta<0$, $\cos\theta-\tan\theta>0$

$\therefore \sqrt{(\sin\theta-\cos\theta)^2}+\sqrt{(\cos\theta-\tan\theta)^2}+\sqrt[3]{\sin^3\theta}+\sqrt[3]{\tan^3\theta}$
$=|\sin\theta-\cos\theta|+|\cos\theta-\tan\theta|+\sin\theta+\tan\theta$
$=-(\sin\theta-\cos\theta)+(\cos\theta-\tan\theta)+\sin\theta+\tan\theta$
$=2\cos\theta$

0644 답 ④

0645 답 ②

$\dfrac{\tan\theta}{\cos\theta}+\dfrac{1}{\cos^2\theta}=\dfrac{\sin\theta}{\cos^2\theta}+\dfrac{1}{\cos^2\theta}$

$=\dfrac{\sin\theta+1}{\cos^2\theta}$ →$\sin^2\theta+\cos^2\theta=1$에서
$\cos^2\theta=1-\sin^2\theta$

$=\dfrac{\sin\theta+1}{1-\sin^2\theta}$

$=\dfrac{1+\sin\theta}{(1-\sin\theta)(1+\sin\theta)}$

$=\dfrac{1}{1-\sin\theta}$

0646 답 1

$\left(\dfrac{1}{\sin\theta}-1\right)\left(\dfrac{1}{\cos\theta}-1\right)\left(\dfrac{1}{\sin\theta}+1\right)\left(\dfrac{1}{\cos\theta}+1\right)$

$=\left(\dfrac{1}{\sin\theta}-1\right)\left(\dfrac{1}{\sin\theta}+1\right)\left(\dfrac{1}{\cos\theta}-1\right)\left(\dfrac{1}{\cos\theta}+1\right)$

$=\left(\dfrac{1}{\sin^2\theta}-1\right)\left(\dfrac{1}{\cos^2\theta}-1\right)$

$=\dfrac{1-\sin^2\theta}{\sin^2\theta}\cdot\dfrac{1-\cos^2\theta}{\cos^2\theta}$ →$\sin^2\theta+\cos^2\theta=1$에서
$1-\sin^2\theta=\cos^2\theta$
$1-\cos^2\theta=\sin^2\theta$

$=\dfrac{\cos^2\theta}{\sin^2\theta}\cdot\dfrac{\sin^2\theta}{\cos^2\theta}=1$

0647 답 ⑤

$(\cos\theta+\tan\theta)^2+\left(\sin\theta+\dfrac{1}{\tan\theta}\right)^2-\left(\tan\theta-\dfrac{1}{\tan\theta}\right)^2$

$=\cos^2\theta+2\cos\theta\tan\theta+\tan^2\theta+\sin^2\theta+2\cdot\dfrac{\sin\theta}{\tan\theta}+\dfrac{1}{\tan^2\theta}$

$\qquad-\left(\tan^2\theta-2+\dfrac{1}{\tan^2\theta}\right)$

$=(\cos^2\theta+\sin^2\theta)+2\cos\theta\cdot\dfrac{\sin\theta}{\cos\theta}+2\sin\theta\cdot\dfrac{\cos\theta}{\sin\theta}+2$

$=2\sin\theta+2\cos\theta+3$

0648　답 ⑤

$$3+6\sin\theta\cos\theta=3(1+2\sin\theta\cos\theta)$$
$$=3(\sin^2\theta+\cos^2\theta+2\sin\theta\cos\theta)$$
$$=3(\sin\theta+\cos\theta)^2$$
$$3-6\sin\theta\cos\theta=3(1-2\sin\theta\cos\theta)$$
$$=3(\sin^2\theta+\cos^2\theta-2\sin\theta\cos\theta)$$
$$=3(\sin\theta-\cos\theta)^2$$

이고, $0<\sin\theta<\cos\theta$이므로

$$\sqrt{3+6\sin\theta\cos\theta}+\sqrt{3-6\sin\theta\cos\theta}$$
$$=\sqrt{3(\sin\theta+\cos\theta)^2}+\sqrt{3(\sin\theta-\cos\theta)^2}$$
$$=\sqrt{3}\,|\sin\theta+\cos\theta|+\sqrt{3}\,|\sin\theta-\cos\theta|$$
$$=\sqrt{3}(\sin\theta+\cos\theta)+\sqrt{3}(\cos\theta-\sin\theta)$$
$$=2\sqrt{3}\cos\theta$$

0649　답 ②

0650　답 ①

$$\sin^2\theta=1-\cos^2\theta=1-\left(-\frac{2}{3}\right)^2=\frac{5}{9}$$

이때 $\pi<\theta<\dfrac{3}{2}\pi$에서 $\sin\theta<0$이다. 즉,

（제3사분면）

$$\sin\theta=-\frac{\sqrt{5}}{3},\ \tan\theta=\frac{\sin\theta}{\cos\theta}=\frac{-\frac{\sqrt{5}}{3}}{-\frac{2}{3}}=\frac{\sqrt{5}}{2}$$

$$\therefore\ \sin\theta+\tan\theta=-\frac{\sqrt{5}}{3}+\frac{\sqrt{5}}{2}=\frac{\sqrt{5}}{6}$$

0651　답 ①

$\dfrac{1-\cos\theta}{1+\cos\theta}=7+4\sqrt{3}$에서

$$1-\cos\theta=(7+4\sqrt{3})(1+\cos\theta)$$
$$(8+4\sqrt{3})\cos\theta=-6-4\sqrt{3}$$
$$\therefore\ \cos\theta=-\frac{3+2\sqrt{3}}{4+2\sqrt{3}}=-\frac{\sqrt{3}}{2}$$

$$\frac{(3+2\sqrt{3})(4-2\sqrt{3})}{(4+2\sqrt{3})(4-2\sqrt{3})}=\frac{12-6\sqrt{3}+8\sqrt{3}-12}{16-12}=\frac{\sqrt{3}}{2}$$

$$\therefore\ \sin^2\theta=1-\cos^2\theta=1-\left(-\frac{\sqrt{3}}{2}\right)^2=\frac{1}{4}$$

이때 $\dfrac{\pi}{2}<\theta<\pi$에서 $\sin\theta>0$이다. 즉, （제2사분면）

$$\sin\theta=\frac{1}{2}$$

0652　답 ④

$$\frac{\cos\theta}{1+\sin\theta}+\frac{\cos\theta}{1-\sin\theta}$$
$$=\frac{\cos\theta-\sin\theta\cos\theta+\cos\theta+\sin\theta\cos\theta}{(1+\sin\theta)(1-\sin\theta)}$$
$$=\frac{2\cos\theta}{1-\sin^2\theta}=\frac{2\cos\theta}{\cos^2\theta}=\frac{2}{\cos\theta}$$
$$=\frac{5}{2}$$

（$\sin^2\theta+\cos^2\theta=1$에서 $1-\sin^2\theta=\cos^2\theta$）

에서 $5\cos\theta=4$

$$\therefore\ \cos\theta=\frac{4}{5}$$

$$\therefore\ \sin^2\theta=1-\cos^2\theta=1-\left(\frac{4}{5}\right)^2=\frac{9}{25}$$

이때 θ는 제1사분면의 각이므로 $\sin\theta>0$이다. 즉,

$$\sin\theta=\frac{3}{5},\ \tan\theta=\frac{\sin\theta}{\cos\theta}=\frac{\frac{3}{5}}{\frac{4}{5}}=\frac{3}{4}$$

$$\therefore\ \frac{1}{\sin\theta}+\frac{1}{\tan\theta}=\frac{5}{3}+\frac{4}{3}=3$$

0653　답 ④

（$\sin^2\theta+\cos^2\theta=1$에서 $\cos^2\theta=1-\sin^2\theta$）

$$\frac{\sin^2\theta-\cos^2\theta-\sin\theta}{2\sin\theta\cos^2\theta+\cos^2\theta}=\frac{\sin^2\theta-(1-\sin^2\theta)-\sin\theta}{\cos^2\theta(2\sin\theta+1)}$$

（$\sin^2\theta+\cos^2\theta=1$에서 $\cos^2\theta=1-\sin^2\theta$）

$$=\frac{2\sin^2\theta-\sin\theta-1}{(1-\sin^2\theta)(2\sin\theta+1)}$$
$$=\frac{(2\sin\theta+1)(\sin\theta-1)}{(1+\sin\theta)(1-\sin\theta)(2\sin\theta+1)}$$
$$=-\frac{1}{1+\sin\theta}$$
$$=-13$$

에서 $1+\sin\theta=\dfrac{1}{13}$

$$\therefore\ \sin\theta=-\frac{12}{13}$$

$$\cos^2\theta=1-\sin^2\theta=1-\left(-\frac{12}{13}\right)^2=\frac{25}{169}$$

이때 $\sin\theta\cos\theta<0$이므로 $\cos\theta>0$이다. 즉,

$$\cos\theta=\frac{5}{13}$$

（$\sin\theta<0$이므로 $\cos\theta>0$이다.）

한편, $m\sin\theta+n\cos\theta=0$에서

$$m\cdot\left(-\frac{12}{13}\right)+n\cdot\frac{5}{13}=0$$

$$\therefore\ \frac{n}{m}=\frac{12}{5}$$

이때 m, n은 서로소인 자연수이므로 $m=5$, $n=12$

$$\therefore\ m+n=5+12=17$$

0654　답 ②

0655　답 ⑤

$$(\cos\theta-\sin\theta)^2=\sin^2\theta-2\sin\theta\cos\theta+\cos^2\theta$$
$$=1-2\sin\theta\cos\theta$$
$$=1-2\cdot\left(-\frac{7}{18}\right)=\frac{16}{9}$$

이때 $\dfrac{3}{2}\pi<\theta<2\pi$이므로 $\sin\theta<0$, $\cos\theta>0$에서

$$\cos\theta-\sin\theta>0$$　（제4사분면）

$$\therefore\ \cos\theta-\sin\theta=\frac{4}{3}$$

0656　답 ②

$\sin\theta+\cos\theta=\dfrac{\sqrt{7}}{4}$에서 $(\sin\theta+\cos\theta)^2=\dfrac{7}{16}$

$$\sin^2\theta+2\sin\theta\cos\theta+\cos^2\theta=\frac{7}{16}$$

$$1+2\sin\theta\cos\theta=\frac{7}{16},\ 2\sin\theta\cos\theta=-\frac{9}{16}$$

$$\therefore\ \sin\theta\cos\theta=-\frac{9}{32}$$

$$\therefore (\sin\theta-\cos\theta)^2=\sin^2\theta-2\sin\theta\cos\theta+\cos^2\theta$$
$$=1-2\sin\theta\cos\theta$$
$$=1-2\cdot\left(-\frac{9}{32}\right)=\frac{25}{16}$$

이때 $\dfrac{\pi}{2}<\theta<\pi$이므로 $\sin\theta>0$, $\cos\theta<0$에서

$\sin\theta-\cos\theta>0$ 제2사분면

$$\therefore \sin\theta-\cos\theta=\frac{5}{4}$$

0657 답 ①

$\sin\theta-\cos\theta=-\dfrac{1}{3}$에서 $(\sin\theta-\cos\theta)^2=\dfrac{1}{9}$

$\sin^2\theta-2\sin\theta\cos\theta+\cos^2\theta=\dfrac{1}{9}$

$1-2\sin\theta\cos\theta=\dfrac{1}{9}$, $2\sin\theta\cos\theta=\dfrac{8}{9}$

$$\therefore \sin\theta\cos\theta=\frac{4}{9}$$

$\sin^2\theta+\cos^2\theta=1$에서 $(\sin^2\theta+\cos^2\theta)^2=1$

$\sin^4\theta+2\sin^2\theta\cos^2\theta+\cos^4\theta=1$

$\sin^4\theta+2\cdot\left(\dfrac{4}{9}\right)^2+\cos^4\theta=1$

$$\therefore \sin^4\theta+\cos^4\theta=\frac{49}{81}$$

$$\therefore \tan^2\theta+\frac{1}{\tan^2\theta}=\frac{\sin^2\theta}{\cos^2\theta}+\frac{\cos^2\theta}{\sin^2\theta}$$
$$=\frac{\sin^4\theta+\cos^4\theta}{\sin^2\theta\cos^2\theta}$$
$$=\frac{\frac{49}{81}}{\left(\frac{4}{9}\right)^2}=\frac{49}{16}$$

● 다른 풀이 ●

$$\tan^2\theta+\frac{1}{\tan^2\theta}=\frac{\sin^4\theta+\cos^4\theta}{\sin^2\theta\cos^2\theta}$$
$$=\frac{(\sin^2\theta+\cos^2\theta)^2-2\sin^2\theta\cos^2\theta}{\sin^2\theta\cos^2\theta}$$
$$=\frac{(\sin^2\theta+\cos^2\theta)^2}{\sin^2\theta\cos^2\theta}-2$$
$$=\frac{1}{\left(\frac{4}{9}\right)^2}-2=\frac{49}{16}$$

0658 답 ③

$\sin\theta+\cos\theta=\dfrac{\sqrt{2}}{2}$에서 $(\sin\theta+\cos\theta)^2=\dfrac{1}{2}$

$\sin^2\theta+2\sin\theta\cos\theta+\cos^2\theta=\dfrac{1}{2}$

$1+2\sin\theta\cos\theta=\dfrac{1}{2}$, $2\sin\theta\cos\theta=-\dfrac{1}{2}$

$$\therefore \sin\theta\cos\theta=-\frac{1}{4}$$

$$\therefore (\sin\theta-\cos\theta)^2=\sin^2\theta-2\sin\theta\cos\theta+\cos^2\theta$$
$$=1-2\sin\theta\cos\theta$$
$$=1-2\cdot\left(-\frac{1}{4}\right)=\frac{3}{2}$$

이때 $\dfrac{\pi}{2}<\theta<\pi$이므로 $\sin\theta>0$, $\cos\theta<0$에서   제2사분면

$\sin\theta-\cos\theta>0$

$$\therefore \sin\theta-\cos\theta=\frac{\sqrt{6}}{2}$$

$$\therefore \sin^4\theta-\cos^4\theta=(\sin^2\theta+\cos^2\theta)(\sin^2\theta-\cos^2\theta)$$
$$=\sin^2\theta-\cos^2\theta$$
$$=(\sin\theta+\cos\theta)(\sin\theta-\cos\theta)$$
$$=\frac{\sqrt{2}}{2}\cdot\frac{\sqrt{6}}{2}=\frac{\sqrt{3}}{2}$$

0659 답 ①

0660 답 ④

이차방정식의 근과 계수의 관계에 의하여

$\sin\theta+\cos\theta=\dfrac{a}{6}$, $\sin\theta\cos\theta=\dfrac{1}{6}$

$\sin\theta+\cos\theta=\dfrac{a}{6}$에서 $(\sin\theta+\cos\theta)^2=\dfrac{a^2}{36}$

$\sin^2\theta+2\sin\theta\cos\theta+\cos^2\theta=\dfrac{a^2}{36}$

$1+2\cdot\dfrac{1}{6}=\dfrac{a^2}{36}$, $a^2=48$

$$\therefore a=4\sqrt{3}\ (\because a>0)$$

0661 답 ⑤

이차방정식의 근과 계수의 관계에 의하여

$\sin\theta+\cos\theta=-\dfrac{\sqrt{2}}{2}$, $\sin\theta\cos\theta=-\dfrac{1}{4}$

$$\therefore (\sin\theta-\cos\theta)^2=(\sin\theta+\cos\theta)^2-4\sin\theta\cos\theta$$
$$=\left(-\frac{\sqrt{2}}{2}\right)^2-4\cdot\left(-\frac{1}{4}\right)=\frac{3}{2}$$

이때 θ가 제2사분면의 각이므로 $\sin\theta>0$, $\cos\theta<0$에서

$\sin\theta-\cos\theta>0$

$$\therefore \sin\theta-\cos\theta=\frac{\sqrt{6}}{2}$$

0662 답 ⑤

이차방정식의 근과 계수의 관계에 의하여

$(\sin\theta+\cos\theta)+(\sin\theta-\cos\theta)=\dfrac{6}{5}$ ······ ㉠

$(\sin\theta+\cos\theta)(\sin\theta-\cos\theta)=-\dfrac{a}{5}$ ······ ㉡

㉠에서 $2\sin\theta=\dfrac{6}{5}$ $\therefore \sin\theta=\dfrac{3}{5}$

㉡에서 $\cos^2\theta-\sin^2\theta=\dfrac{a}{5}$, $(1-\sin^2\theta)-\sin^2\theta=\dfrac{a}{5}$

$1-2\sin^2\theta=\dfrac{a}{5}$, $1-2\cdot\left(\dfrac{3}{5}\right)^2=\dfrac{a}{5}$, $\dfrac{7}{25}=\dfrac{a}{5}$

$$\therefore a=\frac{7}{5}$$

0663 답 ②

이차방정식 $12x^2-15x+a=0$에서 근과 계수의 관계에 의하여

$\sin\theta+\cos\theta=\dfrac{5}{4}$, $\sin\theta\cos\theta=\dfrac{a}{12}$ ······ ㉠

$\sin \theta + \cos \theta = \dfrac{5}{4}$에서 $(\sin \theta + \cos \theta)^2 = \dfrac{25}{16}$

$\sin^2 \theta + 2 \sin \theta \cos \theta + \cos^2 \theta = 1 + 2 \cdot \dfrac{a}{12} = \dfrac{25}{16}$, $\dfrac{a}{6} = \dfrac{9}{16}$

$\therefore a = \dfrac{27}{8}$

또한, 이차방정식 $x^2 - bx + 1 = 0$에서 근과 계수의 관계에 의하여

$$\tan \theta + \dfrac{1}{\tan \theta} = \dfrac{\sin \theta}{\cos \theta} + \dfrac{\cos \theta}{\sin \theta} = \dfrac{\sin^2 \theta + \cos^2 \theta}{\sin \theta \cos \theta}$$
$$= \dfrac{1}{\sin \theta \cos \theta} = \dfrac{32}{9}$$

$\therefore b = \dfrac{32}{9}$

$\therefore ab = \dfrac{27}{8} \cdot \dfrac{32}{9} = 12$

→㉠에서 $\sin \theta \cos \theta = \dfrac{\frac{27}{8}}{12} = \dfrac{9}{32}$

본문 105~107쪽

0664   답 ④

One Point Lesson
라디안의 정의를 정확히 알고 문제를 해결한다.

ㄱ. 1라디안은 반지름의 길이가 r인 원에서 길이가 r인 호에 대한 중심각의 크기이므로

$2\pi = 360°$ $\therefore 1° = \dfrac{\pi}{180}$ (라디안) (참)

ㄴ. 1라디안 $= \dfrac{180°}{\pi}$이므로 3라디안 $= \dfrac{540°}{\pi}$

$90° < \dfrac{540°}{\pi} < 180°$이므로 3라디안은 제2사분면의 각이다.

→ π는 약 3.14이므로 $\dfrac{540°}{\pi}$는 약 171.97°이다.   (거짓)

ㄷ. 반지름의 길이가 r이고 중심각의 크기가 2라디안인 부채꼴의 호의 길이는 $2r$이므로 부채꼴의 둘레의 길이는

$r + r + 2r = 4r$

즉, 부채꼴의 호의 길이는 둘레의 길이의 $\dfrac{1}{2}$이다. (참)

따라서 옳은 것은 ㄱ, ㄷ이다.

0665   답 ⑤

One Point Lesson
$\sqrt{\sin \theta} = -\sqrt{\cos \theta} \sqrt{\tan \theta}$를 $-\dfrac{\sqrt{\sin \theta}}{\sqrt{\cos \theta}} = \sqrt{\tan \theta}$로 나타낸 후 삼각함수의 부호를 결정한다.

$\cos \theta = 0$이면 $\sin \theta = \pm 1$이므로 $\cos \theta \neq 0$ → 양변을 $\sqrt{\cos \theta}$로 나누기 전에 확인한다.

$\sqrt{\sin \theta} = -\sqrt{\cos \theta} \sqrt{\tan \theta}$에서

$-\dfrac{\sqrt{\sin \theta}}{\sqrt{\cos \theta}} = \sqrt{\tan \theta}$ $\therefore -\dfrac{\sqrt{\sin \theta}}{\sqrt{\cos \theta}} = \sqrt{\dfrac{\sin \theta}{\cos \theta}}$

즉, $\sin \theta \geq 0$, $\cos \theta < 0$에서

$\sin \theta = \sqrt{\dfrac{1}{2}} = \dfrac{\sqrt{2}}{2}$

$\cos^2 \theta = 1 - \sin^2 \theta = 1 - \left(\dfrac{\sqrt{2}}{2}\right)^2 = \dfrac{1}{2}$ $\therefore \cos \theta = -\dfrac{\sqrt{2}}{2}$

$\tan \theta = \dfrac{\sin \theta}{\cos \theta} = \dfrac{\frac{\sqrt{2}}{2}}{-\frac{\sqrt{2}}{2}} = -1$

$\therefore \sin \theta + \cos \theta - \tan \theta = \dfrac{\sqrt{2}}{2} + \left(-\dfrac{\sqrt{2}}{2}\right) - (-1) = 1$

0666   답 ④

One Point Lesson
삼각함수의 관계를 이용하여 두 식 A, B를 간단히 한다.

$$A = \dfrac{\cos \theta}{1 - \tan \theta} + \dfrac{\sin \theta \tan \theta}{\tan \theta - 1} = \dfrac{\cos \theta}{1 - \frac{\sin \theta}{\cos \theta}} + \dfrac{\sin \theta \cdot \frac{\sin \theta}{\cos \theta}}{\frac{\sin \theta}{\cos \theta} - 1}$$

$$= \dfrac{\cos^2 \theta}{\cos \theta - \sin \theta} + \dfrac{\sin^2 \theta}{\sin \theta - \cos \theta} = \dfrac{\cos^2 \theta - \sin^2 \theta}{\cos \theta - \sin \theta}$$

$$= \dfrac{(\cos \theta - \sin \theta)(\cos \theta + \sin \theta)}{\cos \theta - \sin \theta} = \cos \theta + \sin \theta$$

$$B = \dfrac{\cos \theta}{1 - \tan \theta} - \dfrac{\sin \theta \tan \theta}{\tan \theta - 1} = \dfrac{\cos \theta}{1 - \frac{\sin \theta}{\cos \theta}} - \dfrac{\sin \theta \cdot \frac{\sin \theta}{\cos \theta}}{\frac{\sin \theta}{\cos \theta} - 1}$$

$$= \dfrac{\cos^2 \theta}{\cos \theta - \sin \theta} - \dfrac{\sin^2 \theta}{\sin \theta - \cos \theta} = \dfrac{\cos^2 \theta + \sin^2 \theta}{\cos \theta - \sin \theta}$$

$$= \dfrac{1}{\cos \theta - \sin \theta}$$

$\therefore A - \dfrac{1}{B} = \cos \theta + \sin \theta - (\cos \theta - \sin \theta) = 2 \sin \theta$

0667   답 ①

One Point Lesson
a, b, c에 대한 식을 세우고 a, b, c가 자연수라는 성질을 이용한다.

$6a° = 6a \times \dfrac{\pi}{180} = \dfrac{a}{30}\pi$이므로 $6a° = b\pi$에서

$\dfrac{a}{30}\pi = b\pi$ $\therefore \dfrac{a}{30} = b$ ……㉠

또한, $\dfrac{b}{40}\pi = \dfrac{b}{40}\pi \times \dfrac{180°}{\pi} = \dfrac{9b°}{2}$이므로 $\dfrac{b}{40}\pi = c°$에서

$\dfrac{9b°}{2} = c°$ $\therefore \dfrac{b}{2} = \dfrac{c}{9}$ ……㉡

㉠, ㉡에서

$\dfrac{a}{60} = \dfrac{b}{2} = \dfrac{c}{9}$ → 분모 60, 2, 9의 최대공약수는 1이다.

이때 a, b, c는 자연수이므로 위의 등식이 성립하려면 a는 60의 배수, b는 2의 배수, c는 9의 배수이어야 한다.

따라서 $a + b + c$가 최소가 되기 위한 a, b, c의 값은

$a = 60$, $b = 2$, $c = 9$

$\therefore a + b + c = 60 + 2 + 9 = 71$

0668   답 ①

One Point Lesson
$\sin \theta > 0$, $\cos \theta < 0$이면 θ는 제2사분면의 각이다.

$\sin \theta > 0$, $\cos \theta < 0$에서 θ는 제2사분면의 각이므로

$360° \times n + 90° < \theta < 360° \times n + 180°$ (n은 정수)

$\therefore 180° \times n + 45° < \dfrac{\theta}{2} < 180° \times n + 90°$

(ⅰ) $n=2k$ (k는 정수)일 때 → 180°×n 꼴을 360°×k 꼴로 나타내기 위해 $n=2k$, $n=2k+1$로 나누어 계산한다.

$$180°×2k+45°<\frac{\theta}{2}<180°×2k+90°$$

$$\therefore 360°×k+45°<\frac{\theta}{2}<360°×k+90° \quad \text{→ } 45°<\theta<90°\text{인 동경의 위치와 같다.}$$

(ⅱ) $n=2k+1$ (k는 정수)일 때

$$180°×(2k+1)+45°<\frac{\theta}{2}<180°×(2k+1)+90°$$

$$\therefore 360°×k+225°<\frac{\theta}{2}<360°×k+270° \quad \text{→ } 225°<\theta<270°\text{인 동경의 위치와 같다.}$$

(ⅰ), (ⅱ)에서 각 $\frac{\theta}{2}$의 동경이 속하는 모든 영역을 좌표평면 위에 나타낸 것은 ①이다.

0669 답 ①

먼저 $\sin\theta\cos\theta$의 값을 구한다.

$$\tan\theta+\frac{1}{\tan\theta}=\frac{\sin\theta}{\cos\theta}+\frac{\cos\theta}{\sin\theta}$$
$$=\frac{\sin^2\theta+\cos^2\theta}{\sin\theta\cos\theta}$$
$$=\frac{1}{\sin\theta\cos\theta}$$
$$=4$$

에서

$$\sin\theta\cos\theta=\frac{1}{4}$$

$$\therefore (\sin\theta+\cos\theta)^2=\sin^2\theta+2\sin\theta\cos\theta+\cos^2\theta$$
$$=1+2\sin\theta\cos\theta$$
$$=1+2\cdot\frac{1}{4}=\frac{3}{2}$$

이때 θ가 제3사분면의 각이므로 $\sin\theta<0$, $\cos\theta<0$에서
$\sin\theta+\cos\theta<0$

$$\therefore \sin\theta+\cos\theta=-\frac{\sqrt{6}}{2}$$

0670 답 ②

부채꼴의 넓이 공식과 삼각함수의 정의를 이용하여 S, T를 구한다.

부채꼴 OAB의 넓이 S는

$$S=\frac{1}{2}\cdot1^2\cdot\theta=\frac{\theta}{2}$$

이고, • $\cos\theta=\dfrac{\overline{OH}}{\overline{OB}}$ $\therefore \overline{OH}=\overline{OB}\cos\theta$ • $\sin\theta=\dfrac{\overline{BH}}{\overline{OB}}$ $\therefore \overline{BH}=\overline{OB}\sin\theta$

$$\overline{OH}=\overline{OB}\cos\theta=\cos\theta, \quad \overline{BH}=\overline{OB}\sin\theta=\sin\theta$$

이므로 삼각형 BOH의 넓이 T는

$$T=\frac{1}{2}\cdot\cos\theta\cdot\sin\theta=\frac{\cos\theta\sin\theta}{2}$$

이때 $\dfrac{T}{S}=\cos\theta\sin\theta$이므로

$$\frac{T}{S}=\frac{\dfrac{\cos\theta\sin\theta}{2}}{\dfrac{\theta}{2}}=\frac{\cos\theta\sin\theta}{\theta}=\cos\theta\sin\theta$$

에서
$\theta=1$ ($\because \cos\theta\sin\theta\neq0$) → $0<\theta<\dfrac{\pi}{2}$이므로

$$\therefore \overline{AH}=1-\overline{OH}=1-\cos\theta=1-\cos1$$

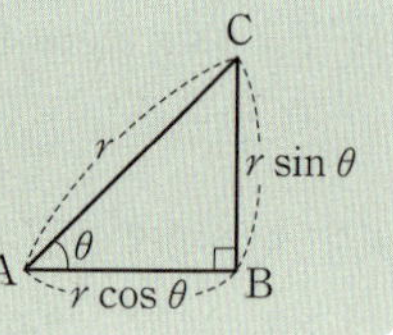

0671 답 π

두 각 θ_1, θ_2가 나타내는 동경이 x축에 대하여 대칭이면 $\theta_1+\theta_2=2n\pi$, y축에 대하여 대칭이면 $\theta_1+\theta_2=(2n+1)\pi$이다.

두 각 θ, 3θ를 나타내는 동경이 x축에 대하여 대칭이므로
$3\theta+\theta=2m\pi$ (m은 정수)

$$4\theta=2m\pi \qquad \therefore \theta=\frac{m}{2}\pi \qquad \cdots\cdots ㉠$$

또한, 두 각 θ, 6θ를 나타내는 동경이 y축에 대하여 대칭이므로
$\theta+6\theta=(2n+1)\pi$ (n은 정수)

$$7\theta=(2n+1)\pi \qquad \therefore \theta=\frac{2n+1}{7}\pi \qquad \cdots\cdots ㉡$$

㉠$=$㉡에서 $\dfrac{m}{2}=\dfrac{2n+1}{7}$이므로 m은 2의 배수, $2n+1$은 7의 배수 → 분모 2와 7은 서로소이다.

이다.

따라서 $m=2$, $n=3$일 때 θ는 최솟값 π를 갖는다. → $\dfrac{m}{2}=\dfrac{2n+1}{7}=1$

0672 답 ①

점 A의 좌표를 θ에 대한 삼각함수로 나타낸다.

$A(x, y)$라 하면 $\overline{OA}=1$이므로 $\sin\theta=y$, $\cos\theta=x$
또한, $B(-1, 0)$에서

$$\overline{AB}=\sqrt{(x+1)^2+y^2}$$
$$=\sqrt{x^2+y^2+2x+1}$$
$$=\sqrt{\cos^2\theta+\sin^2\theta+2\cos\theta+1}$$
$$=\sqrt{2\cos\theta+2}$$

이때 삼각형 ABO의 둘레의 길이는 $\dfrac{5}{2}$이므로

$$\overline{OA}+\overline{BO}+\overline{AB}=\frac{5}{2}\text{에서}$$

반지름

$$1+1+\sqrt{2+2\cos\theta}=\frac{5}{2}, \quad \sqrt{2+2\cos\theta}=\frac{1}{2}$$

$$2+2\cos\theta=\frac{1}{4}, \quad 2\cos\theta=-\frac{7}{4}$$

$$\therefore \cos\theta=-\frac{7}{8}$$

0673 답 ③

$\sin\theta+\cos\theta=a$라 하고 주어진 식을 a에 대한 식으로 나타낸다.

$\sin\theta+\cos\theta=a$라 하면 $(\sin\theta+\cos\theta)^2=a^2$에서
$\sin^2\theta+2\sin\theta\cos\theta+\cos^2\theta=a^2$
$1+2\sin\theta\cos\theta=a^2$, $2\sin\theta\cos\theta=a^2-1$

$$\therefore \sin\theta\cos\theta=\frac{a^2-1}{2}$$

이때 $\sin^3\theta+\cos^3\theta=\dfrac{11}{16}$에서

$\sin^3\theta+\cos^3\theta=(\sin\theta+\cos\theta)(\sin^2\theta-\sin\theta\cos\theta+\cos^2\theta)$

$\dfrac{11}{16}=a\left(1-\dfrac{a^2-1}{2}\right)$

$11=16a-8(a^3-a)$

$8a^3-24a+11=0$

$(2a-1)(4a^2+2a-11)=0$

$\therefore a=\dfrac{1}{2}\ (\because 0<\sin\theta+\cos\theta<1)$

$\therefore \sin\theta+\cos\theta=\dfrac{1}{2}$

0674 답 -1

이차방정식의 근과 계수의 관계를 이용하여 a, b 사이의 관계를 알아본다.

이차방정식 $x^2-ax+b=0$에서 근과 계수의 관계에 의하여
$\sin\theta+\cos\theta=a$, $\sin\theta\cos\theta=b$
또한, 이차방정식 $ax^2-bx+c=0$에서 근과 계수의 관계에 의하여
$\dfrac{1}{\sin\theta}+\dfrac{1}{\cos\theta}=\dfrac{b}{a}$, $\dfrac{1}{\sin\theta}\cdot\dfrac{1}{\cos\theta}=\dfrac{c}{a}$
이므로
$\dfrac{1}{\sin\theta}+\dfrac{1}{\cos\theta}=\dfrac{\sin\theta+\cos\theta}{\sin\theta\cos\theta}=\dfrac{a}{b}=\dfrac{b}{a}$

$a^2=b^2$, $(a+b)(a-b)=0$

$\therefore a=-b$ 또는 $a=b$

(i) $a=-b$일 때

$\quad \sin\theta\cos\theta=b=-a$이므로

$\quad (\sin\theta+\cos\theta)^2=1+2\sin\theta\cos\theta$에서

$\quad a^2=1-2a$, $a^2+2a-1=0$ → 이차방정식의 근의 공식을 이용한다.

$\quad \therefore a=-1+\sqrt{2}\ (\because 0<a<2)$, $b=1-\sqrt{2}$

$\quad$ 즉, $\dfrac{1}{\sin\theta\cos\theta}=\dfrac{1}{b}=\dfrac{c}{a}$이므로

$\quad c=\dfrac{a}{b}=-1$

(ii) $a=b$일 때

$\quad \sin\theta\cos\theta=b=a$이므로

$\quad (\sin\theta+\cos\theta)^2=1+2\sin\theta\cos\theta$에서

$\quad a^2=1+2a$, $a^2-2a-1=0$

$\quad$ 이때 $0<a<2$를 만족시키는 a의 값은 존재하지 않는다.

(i), (ii)에서

$a+b+c=(-1+\sqrt{2})+(1-\sqrt{2})+(-1)=-1$

0675 답 4

조건 (나)에서 부채꼴의 둘레의 길이와 원의 둘레의 길이 사이의 관계를 알아본다.

부채꼴 PAB의 넓이는 $\dfrac{1}{2}\cdot 1^2\cdot\theta=\dfrac{\theta}{2}$, 원 C의 넓이는 πr^2이고,

조건 (가)에서 원 C의 넓이는 부채꼴 PAB의 넓이의 $\dfrac{16}{\pi}$배이므로

$\dfrac{16}{\pi}\cdot\dfrac{\theta}{2}=\pi r^2$

$\therefore \theta=\dfrac{\pi^2}{8}r^2 \qquad \cdots\cdots\ ⊙$

또한, 부채꼴 PAB의 둘레의 길이는 $1+1+\theta=2+\theta$, 원 C의 둘레의 길이는 $2\pi r$이고, 조건 (나)에서 원 C의 둘레의 길이는 부채꼴 PAB의 둘레의 길이의 2배이므로

$2(2+\theta)=2\pi r$

$\therefore 2+\theta=\pi r \qquad \cdots\cdots\ ⓛ$

⊙, ⓛ을 연립하여 풀면

$r=\dfrac{4}{\pi}$, $\theta=2$

$\therefore \dfrac{\pi}{2}r+\theta=\dfrac{\pi}{2}\cdot\dfrac{4}{\pi}+2=4$

0676 답 $\dfrac{5\sqrt{5}}{6}$

$1+\dfrac{1}{1-\cos\theta}=4$에서

$\dfrac{1}{1-\cos\theta}=3$, $1-\cos\theta=\dfrac{1}{3}$

$\therefore \cos\theta=\dfrac{2}{3}$ ❶

$\therefore \sin^2\theta=1-\cos^2\theta=1-\left(\dfrac{2}{3}\right)^2=\dfrac{5}{9}$

이때 θ가 제1사분면의 각이므로 $\sin\theta>0$이다. 즉,

$\sin\theta=\dfrac{\sqrt{5}}{3}$, $\tan\theta=\dfrac{\sin\theta}{\cos\theta}=\dfrac{\sqrt{5}}{2}$ ❷

$\therefore \sin\theta+\tan\theta=\dfrac{\sqrt{5}}{3}+\dfrac{\sqrt{5}}{2}=\dfrac{5\sqrt{5}}{6}$ ❸

채점 기준	배점 비율
❶ $\cos\theta$의 값 구하기	40%
❷ $\sin\theta$, $\tan\theta$의 값 각각 구하기	50%
❸ $\sin\theta+\tan\theta$의 값 구하기	10%

0677 답 $\dfrac{\sqrt{3}}{2}$

각 θ를 나타내는 동경과 각 4θ를 나타내는 동경이 일직선 위에 있고 방향이 반대이므로 두 동경은 원점에 대하여 대칭이다. ❶

$4\theta-\theta=(2n+1)\pi$ (n은 정수)

$3\theta=(2n+1)\pi \qquad \therefore \theta=\dfrac{2n+1}{3}\pi$

이때 $0<\theta<\dfrac{\pi}{2}$이므로

$0<\dfrac{2n+1}{3}\pi<\dfrac{\pi}{2}$

$\therefore -\dfrac{1}{2}<n<\dfrac{1}{4}$

n은 정수이므로 $n=0$이다. ❷

따라서 $\theta=\dfrac{\pi}{3}$이므로

$\sin\theta=\sin\dfrac{\pi}{3}=\dfrac{\sqrt{3}}{2}$ ❸

채점 기준	배점 비율
❶ 두 각 θ, 4θ의 위치 관계 파악하기	30%
❷ n의 값 구하기	40%
❸ $\sin\theta$의 값 구하기	30%

0678 답 $4\sqrt{10}$

이 부채꼴의 반지름의 길이를 r, 중심각의 크기를 θ라 하면 넓이가 10이므로
$$\frac{1}{2}r^2\theta=10 \qquad \therefore r^2\theta=20 \qquad \cdots\cdots \bigcirc$$
❶

또한, 이 부채꼴의 호의 길이는 $r\theta$이므로 둘레의 길이는
$$r+r+r\theta=2r+r\theta$$
❷
$$=2r+\frac{20}{r} \ (\because \bigcirc)$$

이때 $2r>0$, $\dfrac{20}{r}>0$이므로 산술평균과 기하평균의 관계에 의하여
$$2r+\frac{20}{r}\geq 2\sqrt{2r\cdot\frac{20}{r}}$$
$$=4\sqrt{10} \ \left(\text{단, 등호는 } 2r=\frac{20}{r}, \text{ 즉 } r=\sqrt{10}\text{일 때 성립}\right)$$
따라서 구하는 최솟값은 $4\sqrt{10}$이다.
❸

채점 기준	배점 비율
❶ 부채꼴의 넓이를 반지름의 길이와 중심각의 크기를 이용하여 나타내기	20%
❷ 부채꼴의 둘레의 길이를 반지름의 길이와 중심각의 크기를 이용하여 나타내기	20%
❸ 부채꼴의 둘레의 길이의 최솟값 구하기	60%

0679 답 $18\sqrt{2}$

$$\log_2(\sin\theta)-\log_2(\cos\theta)=\log_2\left(\frac{\sin\theta}{\cos\theta}\right)$$
$$=\log_2(\tan\theta)=\frac{3}{2}$$
에서 $\tan\theta=2^{\frac{3}{2}}$ $\therefore \tan\theta=2\sqrt{2}$
❶

$\tan\theta=2\sqrt{2}$이므로 점 P는 원 $x^2+y^2=81$과 기울기가 $\tan\theta$이고 원점을 지나는 직선, 즉 $y=2\sqrt{2}x$와의 교점이다.
❷

$x^2+y^2=81$과 $y=2\sqrt{2}x$를 연립하여 풀면
$x=3$, $y=6\sqrt{2}$ ($\because \sin\theta>0$, $\cos\theta>0$)
따라서 $a=3$, $b=6\sqrt{2}$이므로   → 진수의 조건
$ab=3\cdot6\sqrt{2}=18\sqrt{2}$
❸

채점 기준	배점 비율
❶ $\tan\theta$의 값 구하기	40%
❷ $\tan\theta$의 의미를 파악하여 점 P의 위치 알기	30%
❸ ab의 값 구하기	30%

0680 답 -1

이차방정식 $x^2-(2\sin\theta+1)x-(\cos^2\theta+\cos\theta)=0$
의 두 근을 α, β라 하면
$\alpha+\beta=2\sin\theta+1$, $\alpha\beta=-\cos^2\theta-\cos\theta$
❶

이때 두 근의 차가 $\sqrt{5}$, 즉 $|\alpha-\beta|=\sqrt{5}$이므로 $(\alpha-\beta)^2=5$에서
$$(\alpha-\beta)^2=(\alpha+\beta)^2-4\alpha\beta$$
$$=(2\sin\theta+1)^2-4(-\cos^2\theta-\cos\theta)$$
$$=4\sin^2\theta+4\sin\theta+1+4\cos^2\theta+4\cos\theta$$
$$=4(\sin^2\theta+\cos^2\theta)+4(\sin\theta+\cos\theta)+1$$
$$=4(\sin\theta+\cos\theta)+5=5$$

즉, $\sin\theta+\cos\theta=0$이므로
$\sin\theta=-\cos\theta$ → $\cos\theta\neq0$이므로
❷
$$\therefore \tan\theta=\frac{\sin\theta}{\cos\theta}=\frac{-\cos\theta}{\cos\theta}=-1$$
❸

채점 기준	배점 비율
❶ 주어진 이차방정식의 두 근의 합과 곱 각각 구하기	30%
❷ $\sin\theta$, $\cos\theta$ 사이의 관계 구하기	50%
❸ $\tan\theta$의 값 구하기	20%

0681 답 10회

오전 9시에서 출발하여 분침이 12시 방향을 기준으로 시계방향으로 회전한 각의 크기를 θ라 하면 시침이 9시 방향을 기준으로 시계방향으로 회전한 각의 크기는 $\dfrac{\theta}{12}$이다.

즉, 12시 방향을 기준으로 시침이 시계방향으로 회전한 각의 크기는 $\dfrac{\theta}{12}+\dfrac{3}{2}\pi$이다.   → 12시 방향 기준으로 9시의 방향의 각이다.
❶

시침과 분침이 이루는 각의 크기가 $\dfrac{\pi}{6}$이어야 하므로
$$\theta-\left(\frac{\theta}{12}+\frac{3}{2}\pi\right)=2n\pi\pm\frac{\pi}{6} \ (n\text{은 정수})$$
$$\frac{11}{12}\theta=2n\pi+\frac{3}{2}\pi\pm\frac{\pi}{6}$$
$$\therefore \theta=\frac{24n+18\pm2}{11}\pi$$
❷

이때 오전 9시와 오후 3시 사이의 시간은 6시간이므로 분침은 6바퀴 회전한다.
즉, $0<\theta<12\pi$이므로
$$0<\frac{24n+18\pm2}{11}\pi<12\pi$$
$$\therefore -\frac{2}{3}<n<\frac{29}{6} \text{ 또는 } -\frac{5}{6}<n<\frac{14}{3}$$
$n=0$, 1, 2, 3, 4이므로 θ의 값은
$$\frac{18\pm2}{11}\pi, \frac{42\pm2}{11}\pi, \frac{66\pm2}{11}\pi, \frac{90\pm2}{11}\pi, \frac{114\pm2}{11}\pi\text{이다.}$$
따라서 구하는 횟수는 10회이다.
❸

채점 기준	배점 비율
❶ 시침과 분침이 회전한 각을 θ를 이용하여 나타내기	40%
❷ θ에 대한 식 구하기	30%
❸ 조건을 만족시키는 횟수 구하기	30%

본문 108~110쪽

0682 답 2

함수 $f(x)$의 주기가 4이므로 모든 실수 x에 대하여
$f(x+4)=f(x)$
$\therefore f(13)=f(9)=f(5)=f(1)=2$

0683 답 -1

함수 $f(x)$의 주기가 3이므로 모든 실수 x에 대하여
$f(x+3)=f(x)$
$\therefore f(9)=f(6)=f(3)=f(0)=0-1=-1$

0684 답 해설 참조

함수 $y=-\sin x$의 그래프는 함수 $y=\sin x$의 그래프를 x축에 대하여 대칭이동한 것과 같으므로 오른쪽 그림과 같다.

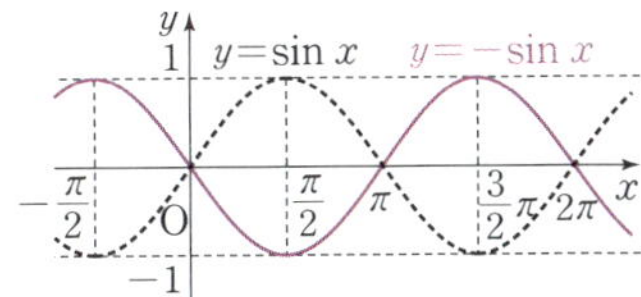

0685 답 해설 참조

함수 $y=\sin(-x)$의 그래프는 함수 $y=\sin x$의 그래프를 y축에 대하여 대칭이동한 것과 같으므로 오른쪽 그림과 같다.

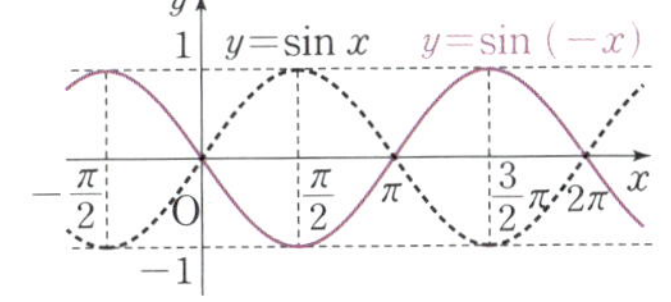

● 다른 풀이 ●

함수 $y=\sin x$의 그래프는 원점에 대하여 대칭이므로
$\sin(-x)=-\sin x$
따라서 함수 $y=\sin(-x)$의 그래프는 함수 $y=-\sin x$의 그래프와 같다.

0686 답 해설 참조

함수 $y=\sin x$의 주기가 2π이므로 모든 실수 x에 대하여
$\sin(x+2\pi)=\sin x$
따라서 오른쪽 그림과 같이 함수 $y=\sin(x+2\pi)$의 그래프는 함수 $y=\sin x$의 그래프와 일치한다.

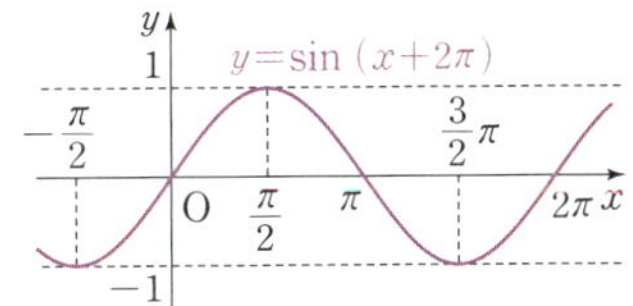

0687 답 해설 참조

함수 $y=\sin(x-\pi)$의 그래프는 함수 $y=\sin x$의 그래프를 x축의 방향으로 π만큼 평행이동한 것과 같으므로 오른쪽 그림과 같다.

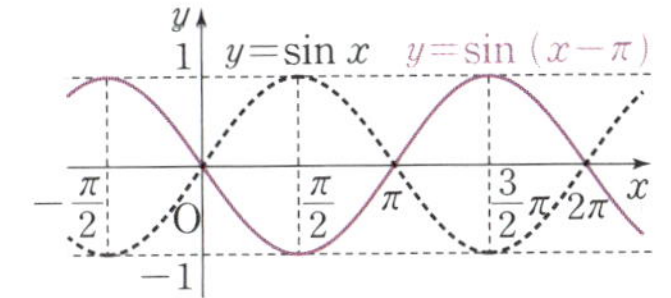

0688 답 해설 참조

치역: $-3\leq 3\sin x\leq 3$이므로 $\{y\,|\,-3\leq y\leq 3\}$

주기: $\dfrac{2\pi}{|1|}=2\pi$

함수의 그래프:

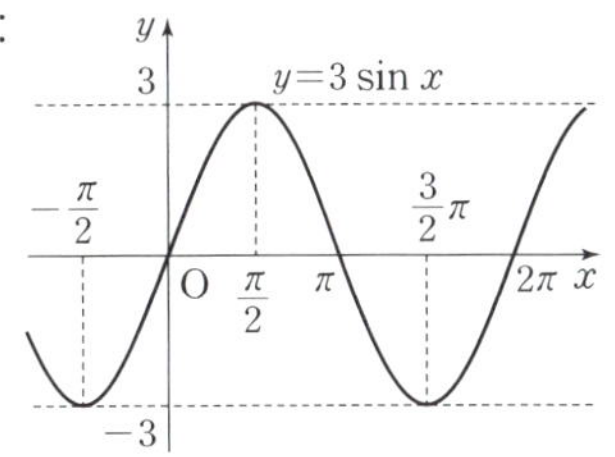

0689 답 해설 참조

치역: $-1\leq\sin 2x\leq 1$이므로 $\{y\,|\,-1\leq y\leq 1\}$

주기: $\dfrac{2\pi}{|2|}=\pi$

함수의 그래프:

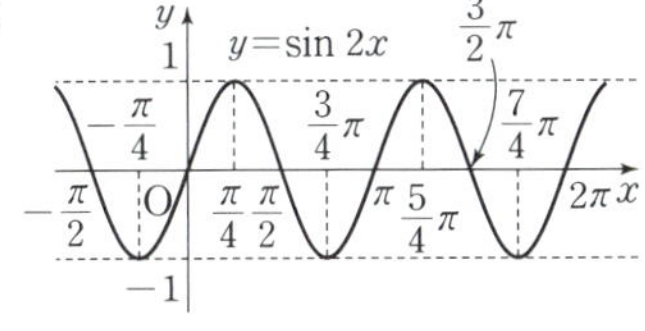

0690 답 해설 참조

함수 $y=-\cos x$의 그래프는 함수 $y=\cos x$의 그래프를 x축에 대하여 대칭이동한 것과 같으므로 오른쪽 그림과 같다.

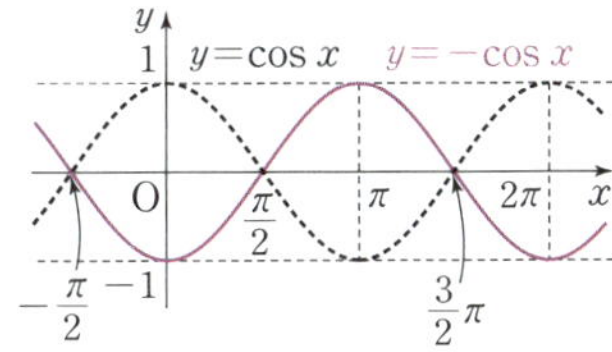

0691 답 해설 참조

함수 $y=\cos(-x)$의 그래프는 함수 $y=\cos x$의 그래프를 y축에 대하여 대칭이동한 것과 같고, 함수 $y=\cos x$의 그래프는 y축에 대하여 대칭이므로 오른쪽 그림과 같이 함수 $y=\cos x$의 그래프와 일치한다.

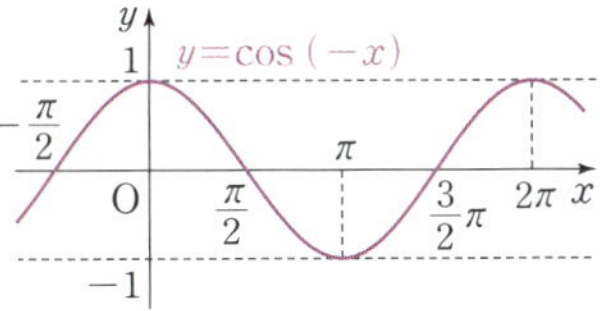

0692 답 해설 참조

함수 $y=\cos x$의 주기가 2π이므로 모든 실수 x에 대하여
$\cos(x+2\pi)=\cos x$
따라서 오른쪽 그림과 같이 함수 $y=\cos(x+2\pi)$의 그래프는 함수 $y=\cos x$의 그래프와 일치한다.

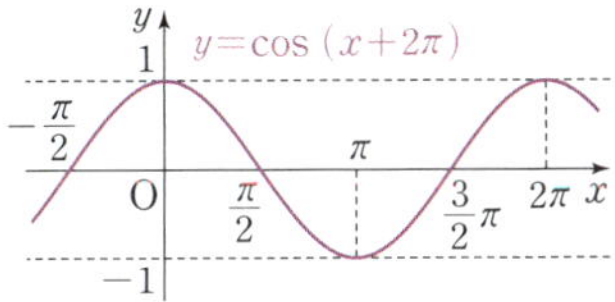

0693 답 해설 참조

함수 $y=\cos(x-\pi)$의 그래프는 함수 $y=\cos x$의 그래프를 x축의 방향으로 π만큼 평행이동한 것과 같으므로 오른쪽 그림과 같다.

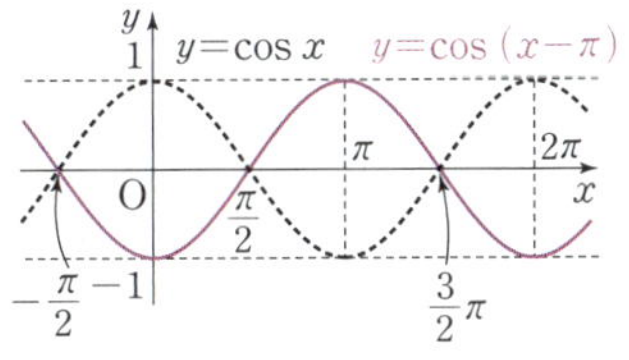

0694　<답> 해설 참조

치역 : $-2 \le 2\cos x \le 2$이므로 $\{y \mid -2 \le y \le 2\}$

주기 : $\dfrac{2\pi}{|1|} = 2\pi$

함수의 그래프 :

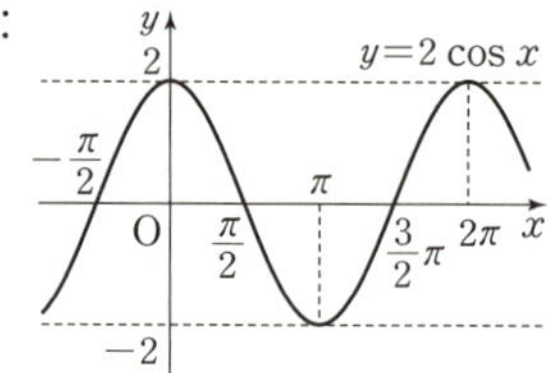

0695　<답> 해설 참조

치역 : $-1 \le \cos\dfrac{x}{2} \le 1$이므로 $\{y \mid -1 \le y \le 1\}$

주기 : $\dfrac{2\pi}{\left|\dfrac{1}{2}\right|} = 4\pi$

함수의 그래프 :

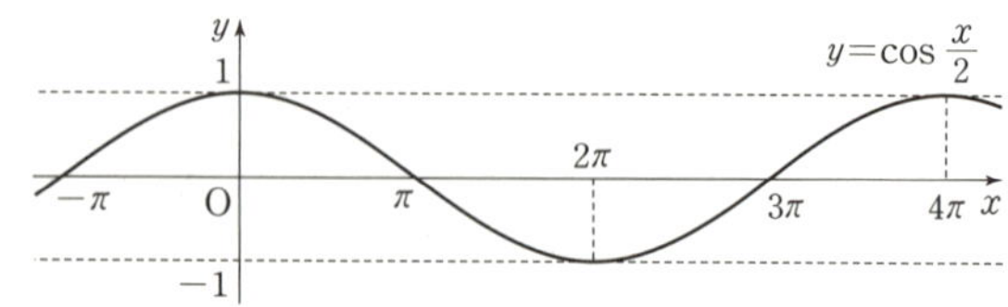

0696　<답> 해설 참조

함수 $y=\sin\left(x-\dfrac{\pi}{2}\right)$의 그래프는 함수 $y=\sin x$의 그래프를 x축의 방향으로 $\dfrac{\pi}{2}$만큼 평행이동한 것과 같으므로 오른쪽 그림과 같다.

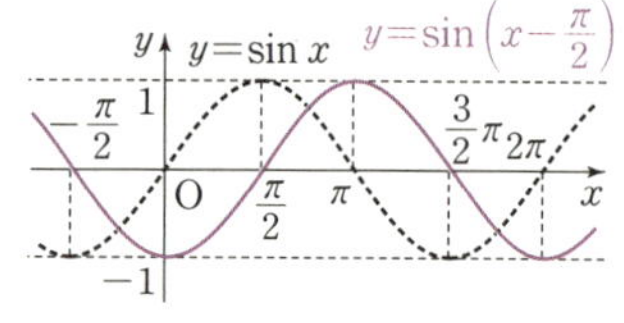

> **선생님 톡톡**
>
> 함수 $y=\sin\left(x-\dfrac{\pi}{2}\right)$의 그래프는 함수 $y=-\cos x$의 그래프와 정확히 일치해. 뒤에서 배우겠지만 모든 실수 x에 대하여 등식
> $$\sin\left(x-\dfrac{\pi}{2}\right)=-\cos x$$
> 가 성립한단다.

0697　<답> 해설 참조

함수 $y=\cos\left(x-\dfrac{\pi}{2}\right)$의 그래프는 함수 $y=\cos x$의 그래프를 x축의 방향으로 $\dfrac{\pi}{2}$만큼 평행이동한 것과 같으므로 오른쪽 그림과 같다.

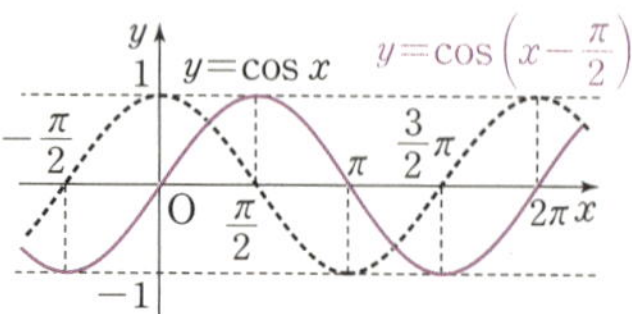

> **선생님 톡톡**
>
> 함수 $y=\cos\left(x-\dfrac{\pi}{2}\right)$의 그래프는 함수 $y=\sin x$의 그래프와 정확히 일치해. 뒤에서 배우겠지만 모든 실수 x에 대하여 등식
> $$\cos\left(x-\dfrac{\pi}{2}\right)=\sin x$$
> 가 성립한단다.

0698　<답> 해설 참조

함수 $y=-\tan x$의 그래프는 함수 $y=\tan x$의 그래프를 x축에 대하여 대칭이동한 것과 같으므로 오른쪽 그림과 같다.

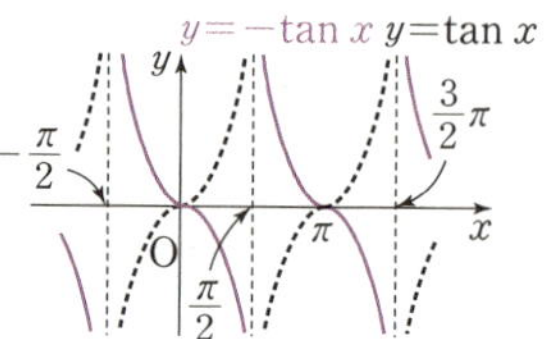

0699　<답> 해설 참조

함수 $y=\tan(-x)$의 그래프는 함수 $y=\tan x$의 그래프를 y축에 대하여 대칭이동한 것과 같으므로 오른쪽 그림과 같다.

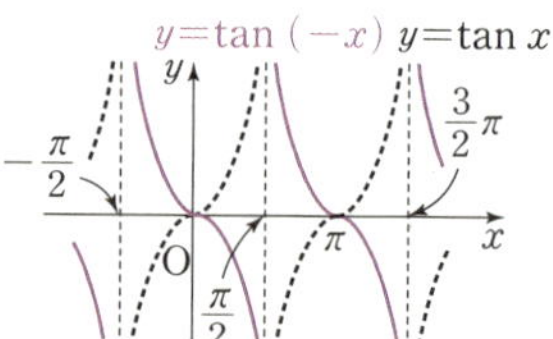

● **다른 풀이** ●

탄젠트함수의 그래프는 원점에 대하여 대칭이므로
$$\tan(-x)=-\tan x$$
따라서 함수 $y=\tan(-x)$의 그래프는 함수 $y=-\tan x$의 그래프와 같다.

0700　<답> 해설 참조

함수 $y=\tan x$의 주기가 π이므로 모든 실수 x에 대하여
$$\tan(x+\pi)=\tan x$$
오른쪽 그림과 같이 함수 $y=\tan(x+\pi)$의 그래프는 함수 $y=\tan x$의 그래프와 일치한다.

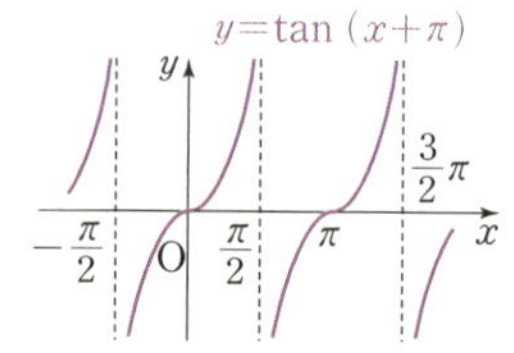

0701　<답> 해설 참조

함수 $y=\tan\left(x-\dfrac{\pi}{2}\right)$의 그래프는 함수 $y=\tan x$의 그래프를 x축의 방향으로 $\dfrac{\pi}{2}$만큼 평행이동한 것과 같으므로 오른쪽 그림과 같다.

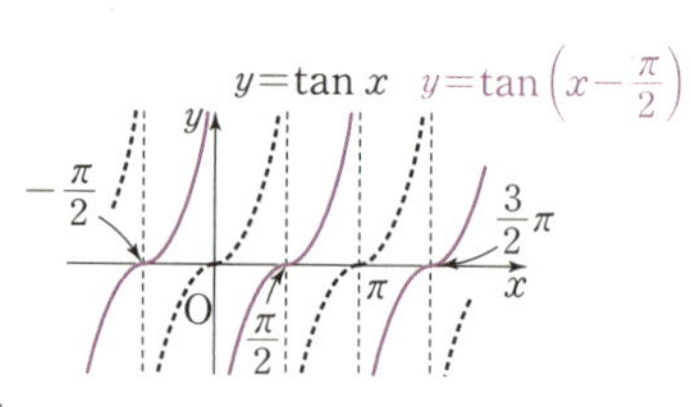

0702　<답> 해설 참조

주기 : $\dfrac{\pi}{|2|} = \dfrac{\pi}{2}$

점근선의 방정식 : $x=\dfrac{n}{2}\pi + \dfrac{\pi}{2\cdot 2} = \dfrac{n}{2}\pi + \dfrac{\pi}{4}$ (n은 정수)

함수의 그래프 :

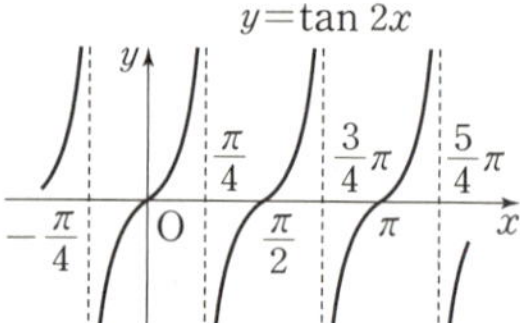

0703　<답> 해설 참조

주기 : $\dfrac{\pi}{\left|\dfrac{1}{3}\right|} = 3\pi$

점근선의 방정식 : $x=\dfrac{n}{\dfrac{1}{3}}\pi + \dfrac{\pi}{2\cdot\dfrac{1}{3}} = 3n\pi + \dfrac{3}{2}\pi$ (n은 정수)

함수의 그래프:

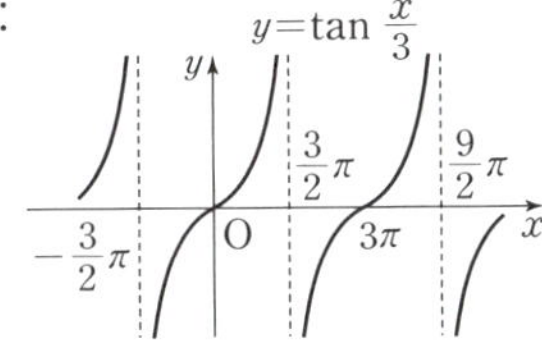

0704 답 최댓값: 2, 최솟값: -2, 주기: $\dfrac{2}{3}\pi$

최댓값: $|2|=2$, 최솟값: $-|2|=-2$, 주기: $\dfrac{2\pi}{|3|}=\dfrac{2}{3}\pi$

0705 답 최댓값: $\dfrac{1}{3}$, 최솟값: $-\dfrac{1}{3}$, 주기: π

최댓값: $\left|\dfrac{1}{3}\right|=\dfrac{1}{3}$, 최솟값: $-\left|\dfrac{1}{3}\right|=-\dfrac{1}{3}$, 주기: $\dfrac{2\pi}{|2|}=\pi$

0706 답 최댓값: 없다., 최솟값: 없다., 주기: $\dfrac{\pi}{3}$

치역이 실수 전체의 집합이므로 최댓값과 최솟값은 없다.

주기: $\dfrac{\pi}{|3|}=\dfrac{\pi}{3}$

0707 답 최댓값: 1, 최솟값: -2, 주기: 4π

최댓값: $\left|-\dfrac{3}{2}\right|+\left(-\dfrac{1}{2}\right)=1$,

최솟값: $-\left|-\dfrac{3}{2}\right|+\left(-\dfrac{1}{2}\right)=-2$,

주기: $\dfrac{2\pi}{\left|\dfrac{1}{2}\right|}=4\pi$

0708 답 최댓값: 4, 최솟값: -2, 주기: π

최댓값: $|3|+1=4$, 최솟값: $-|3|+1=-2$,

주기: $\dfrac{2\pi}{|-2|}=\pi$

0709 답 최댓값: 없다., 최솟값: 없다., 주기: 3π

치역이 실수 전체의 집합이므로 최댓값과 최솟값은 없다.

주기: $\dfrac{\pi}{\left|-\dfrac{1}{3}\right|}=3\pi$

0710 답 최댓값: 2, 최솟값: 0, 주기: π

함수 $y=|2\sin x|$의 그래프는 오른쪽 그림과 같이 함수 $y=2\sin x$의 그래프의 $y\geq0$인 부분을 남기고 $y<0$인 부분을 x축에 대하여 대칭이동한 것과 같다.

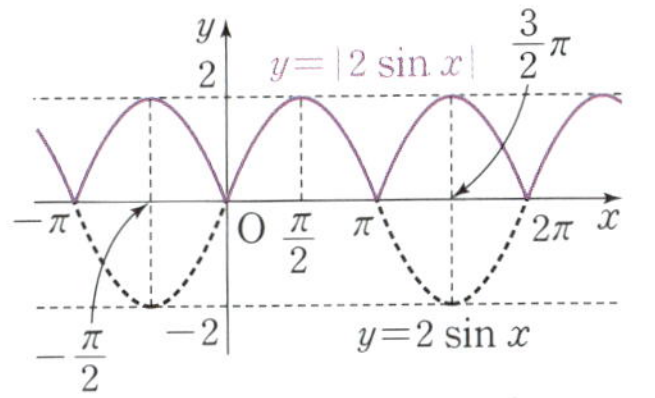

따라서 최댓값은 2, 최솟값은 0, 주기는 $\pi-0=\pi$이다.

$0\leq x\leq\pi$에서의 그래프가 반복된다.

● 다른 풀이 ●

$-1\leq\sin x\leq1$에서 $-2\leq2\sin x\leq2$

$\therefore\ 0\leq|2\sin x|\leq2$

따라서 함수 $y=|2\sin x|$의 최댓값과 최솟값은 각각 2, 0이다.

0711 답 최댓값: 1, 최솟값: 0, 주기: 2π

함수 $y=\left|\cos\dfrac{x}{2}\right|$의 그래프는 오른쪽 그림과 같이 함수 $y=\cos\dfrac{x}{2}$의 그래프의 $y\geq0$인 부분을 남기고 $y<0$인 부분을 x축에 대하여 대칭이동한 것과 같다.

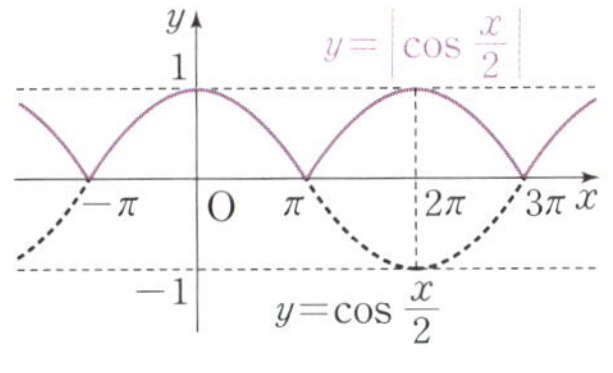

따라서 최댓값은 1, 최솟값은 0, 주기는 $\pi-(-\pi)=2\pi$이다.

$-\pi\leq x\leq\pi$에서의 그래프가 반복된다.

● 다른 풀이 ●

$-1\leq\cos x\leq1$에서 $-1\leq\cos\dfrac{x}{2}\leq1$

$\therefore\ 0\leq\left|\cos\dfrac{x}{2}\right|\leq1$

따라서 함수 $y=\left|\cos\dfrac{x}{2}\right|$의 최댓값과 최솟값은 각각 1, 0이다.

0712 답 최댓값: 없다., 최솟값: 0, 주기: $\dfrac{\pi}{2}$

함수 $y=|\tan 2x|$의 그래프는 오른쪽 그림과 같이 함수 $y=\tan 2x$의 그래프의 $y\geq0$인 부분을 남기고 $y<0$인 부분을 x축에 대하여 대칭이동한 것과 같다.

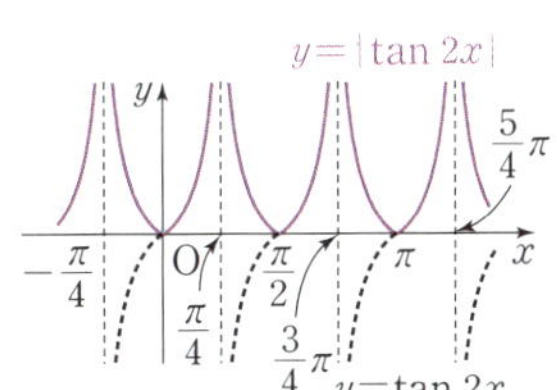

따라서 최댓값은 없고, 최솟값은 0,

주기는 $\dfrac{\pi}{4}-\left(-\dfrac{\pi}{4}\right)=\dfrac{\pi}{2}$이다.

$-\dfrac{\pi}{4}\leq x\leq\dfrac{\pi}{4}$에서의 그래프가 반복된다.

0713 답 ㄷ, ㄹ, ㅂ

ㄱ. $\sin(-x)=-\sin x$ (거짓)

ㄴ. $\cos\left(\dfrac{\pi}{2}+x\right)=-\sin x$ (거짓)

ㅁ. $\cos(\pi+x)=-\cos x$ (거짓)

0714 답 $-\dfrac{\sqrt{2}}{2}$

$\sin\left(-\dfrac{\pi}{4}\right)=-\sin\dfrac{\pi}{4}=-\dfrac{\sqrt{2}}{2}$

0715 답 $\dfrac{\sqrt{2}}{2}$

$\cos\dfrac{7}{4}\pi=\cos\left(2\pi-\dfrac{\pi}{4}\right)=\cos\dfrac{\pi}{4}=\dfrac{\sqrt{2}}{2}$

0716 답 $-\dfrac{\sqrt{3}}{2}$

$\sin\dfrac{4}{3}\pi=\sin\left(\pi+\dfrac{\pi}{3}\right)=-\sin\dfrac{\pi}{3}=-\dfrac{\sqrt{3}}{2}$

0717 답 $\dfrac{\sqrt{3}}{3}$

$\tan\dfrac{13}{6}\pi=\tan\left(2\pi+\dfrac{\pi}{6}\right)=\tan\dfrac{\pi}{6}=\dfrac{\sqrt{3}}{3}$

0718 답 $\dfrac{1}{2}$

$\cos(-60°)=\cos 60°=\dfrac{1}{2}$

0719 답 $\dfrac{\sqrt{3}}{2}$

$\sin 120°=\sin(90°+30°)=\cos 30°=\dfrac{\sqrt{3}}{2}$

● 다른 풀이 ●

$\sin 120°=\sin(180°-60°)=\sin 60°=\dfrac{\sqrt{3}}{2}$

0720 답 $-\dfrac{\sqrt{2}}{2}$

$\cos 225°=\cos(180°+45°)=-\cos 45°=-\dfrac{\sqrt{2}}{2}$

● 다른 풀이 ●

$\cos 225°=\cos(270°-45°)=-\sin 45°=-\dfrac{\sqrt{2}}{2}$

0721 답 $-\sqrt{3}$

$\tan 300°=\tan(360°-60°)=-\tan 60°=-\sqrt{3}$

● 다른 풀이 ●

$\tan 300°=\tan(270°+30°)=-\dfrac{1}{\tan 30°}=-\dfrac{1}{\dfrac{\sqrt{3}}{3}}=-\sqrt{3}$

0722 답 $x=\dfrac{\pi}{6}$ 또는 $x=\dfrac{5}{6}\pi$

오른쪽 그림과 같이 $0\le x<2\pi$에서 함수 $y=\sin x$의 그래프와 직선 $y=\dfrac{1}{2}$의 교점의 x좌표가 $\dfrac{\pi}{6}$, $\dfrac{5}{6}\pi$이므로

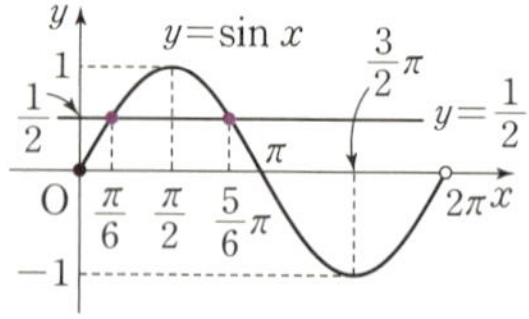

$x=\dfrac{\pi}{6}$ 또는 $x=\dfrac{5}{6}\pi$

0723 답 $x=\dfrac{3}{4}\pi$ 또는 $x=\dfrac{5}{4}\pi$

오른쪽 그림과 같이 $0\le x<2\pi$에서 함수 $y=\cos x$의 그래프와 직선 $y=-\dfrac{\sqrt{2}}{2}$의 교점의 x좌표가 $\dfrac{3}{4}\pi$, $\dfrac{5}{4}\pi$이므로

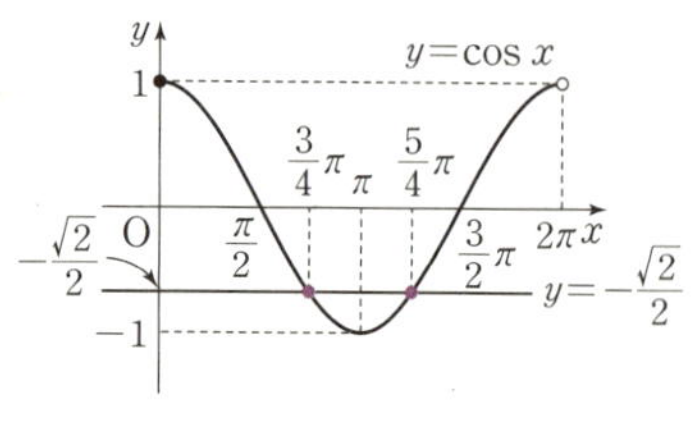

$x=\dfrac{3}{4}\pi$ 또는 $x=\dfrac{5}{4}\pi$

0724 답 $x=\dfrac{\pi}{3}$ 또는 $x=\dfrac{4}{3}\pi$

오른쪽 그림과 같이 $0\le x<2\pi$에서 함수 $y=\tan x$의 그래프와 직선 $y=\sqrt{3}$의 교점의 x좌표가 $\dfrac{\pi}{3}$, $\dfrac{4}{3}\pi$이므로

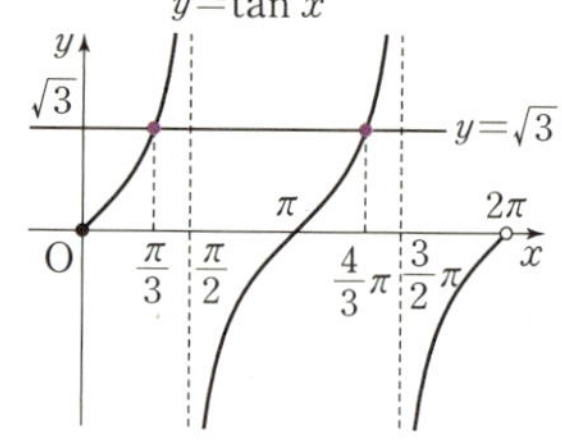

$x=\dfrac{\pi}{3}$ 또는 $x=\dfrac{4}{3}\pi$

0725 답 $x=\dfrac{4}{3}\pi$ 또는 $x=\dfrac{5}{3}\pi$

$2\sin x+\sqrt{3}=0$에서 $\sin x=-\dfrac{\sqrt{3}}{2}$

즉, 구하는 방정식의 해는 오른쪽 그림과 같이 $0\le x<2\pi$에서 함수 $y=\sin x$의 그래프와 직선 $y=-\dfrac{\sqrt{3}}{2}$의 교점의 x좌표가 $\dfrac{4}{3}\pi$, $\dfrac{5}{3}\pi$이므로

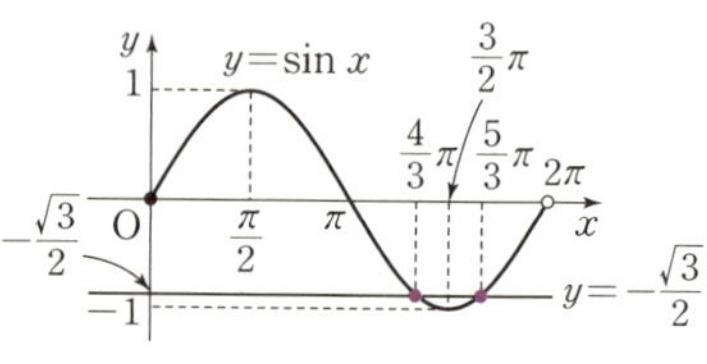

$x=\dfrac{4}{3}\pi$ 또는 $x=\dfrac{5}{3}\pi$

0726 답 $\dfrac{5}{4}\pi<x<\dfrac{7}{4}\pi$

오른쪽 그림과 같이 $0\le x<2\pi$에서 $y=\sin x$의 그래프가 직선 $y=-\dfrac{\sqrt{2}}{2}$보다 아래쪽에 있는 부분의 x의 값의 범위이므로

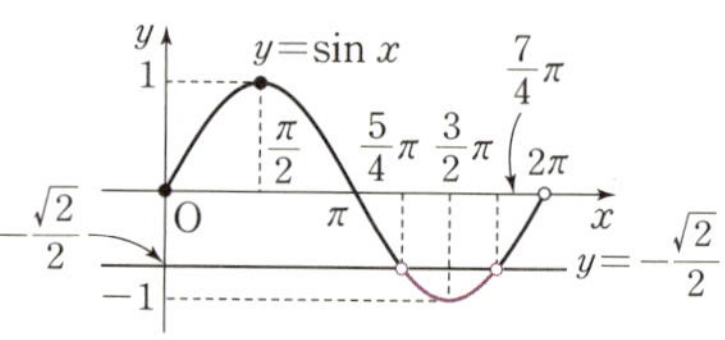

$\dfrac{5}{4}\pi<x<\dfrac{7}{4}\pi$

0727 답 $0\le x<\dfrac{\pi}{6}$ 또는 $\dfrac{11}{6}\pi<x<2\pi$

오른쪽 그림과 같이 $0\le x<2\pi$에서 함수 $y=\cos x$의 그래프가 직선 $y=\dfrac{\sqrt{3}}{2}$보다 위쪽에 있는 부분의 x의 값의 범위이므로

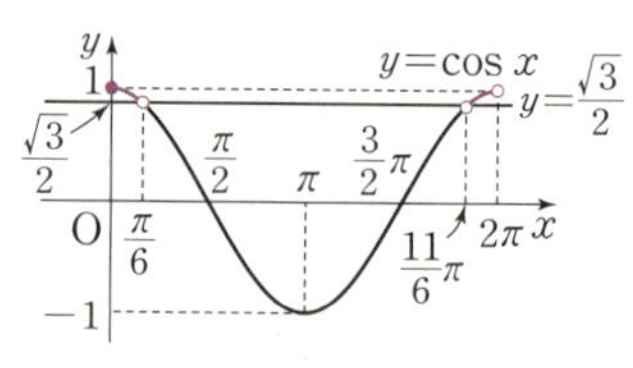

$0\le x<\dfrac{\pi}{6}$ 또는 $\dfrac{11}{6}\pi<x<2\pi$

0728 답 $\dfrac{\pi}{4}\le x<\dfrac{\pi}{2}$ 또는 $\dfrac{5}{4}\pi\le x<\dfrac{3}{2}\pi$

오른쪽 그림과 같이 $0\le x<2\pi$에서 함수 $y=\tan x$의 그래프와 직선 $y=1$과 만나는 부분 또는 직선보다 위쪽에 있는 부분의 x의 값의 범위이므로

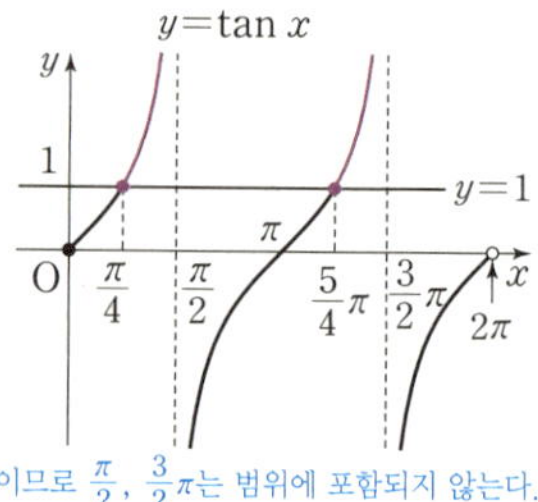

$\dfrac{\pi}{4}\le x<\dfrac{\pi}{2}$ 또는 $\dfrac{5}{4}\pi\le x<\dfrac{3}{2}\pi$

직선 $x=\dfrac{\pi}{2}$, 직선 $x=\dfrac{3}{2}\pi$는 함수 $y=\tan x$의 점근선이므로 $\dfrac{\pi}{2}$, $\dfrac{3}{2}\pi$는 범위에 포함되지 않는다.

0729 답 $\dfrac{2}{3}\pi \leq x \leq \dfrac{4}{3}\pi$

$2\cos x+1\leq 0$에서 $\cos x\leq -\dfrac{1}{2}$

즉, 구하는 부등식의 해
는 오른쪽 그림과 같이
$0\leq x<2\pi$에서 함수
$y=\cos x$의 그래프와 직
선 $y=-\dfrac{1}{2}$과 만나는 부

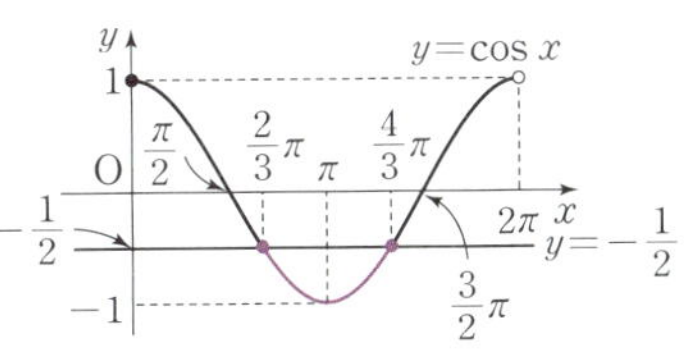

분 또는 직선보다 아래쪽에 있는 부분의 x의 값의 범위이므로

$\dfrac{2}{3}\pi \leq x \leq \dfrac{4}{3}\pi$

본문 111~129쪽

0730 답 ④

0731 답 ①

함수 $f(x)$의 주기가 p이므로 모든 실수 x에 대하여
$f(x)=f(x+p)$
위의 식의 양변에 $x=\pi$를 대입하면 $f(\pi)=f(\pi+p)$이므로
$$f(\pi+p)=f(\pi)$$
$$=\sin\dfrac{\pi}{2}+\cos\dfrac{\pi}{3}-1$$
$$=1+\dfrac{1}{2}-1=\dfrac{1}{2}$$

0732 답 ⑤

$f(0)=1$이므로
$$f(0)=\sin 0+\cos\left(\dfrac{\pi}{2}-0\right)+k$$
$$=0+0+k$$
$$=1$$
에서 $k=1$
$$\therefore f(x)=\sin\dfrac{x}{6}+\cos\left(\dfrac{\pi}{2}-\dfrac{x}{2}\right)+1$$
함수 $f(x)$의 주기가 p이므로 모든 실수 x에 대하여
$f(x)=f(x+p)=f(x+2p)$에서
$f(x)=f(x+2p)$
위의 식의 양변에 $x=\pi$를 대입하면 $f(\pi)=f(\pi+2p)$이므로
$$f(\pi+2p)=f(\pi)$$
$$=\sin\dfrac{\pi}{6}+\cos 0+1$$
$$=\dfrac{1}{2}+1+1=\dfrac{5}{2}$$

0733 답 ④

$f(x+1)=f(x-1)$에서 $f(x+2)=f(x)$
즉, x대신 $x+1$을 대입
$$f(23)=f(21)=f(19)=\cdots=f(1),$$

$$f(32)=f(30)=f(28)=\cdots=f(0),$$
$$f(232)=f(230)=f(228)=\cdots=f(0)$$
$$\therefore\ f(23)+f(32)+f(232)=f(1)+f(0)+f(0)$$
$$=2+1+1=4$$

함수 $f(x)$의 주기가 p이면 $f(x)=f(x+p)$를 만족시키지만
$f(x)=f(x+p)$를 만족시킨다고 해서 함수 $f(x)$의 주기가 p인 것은
아니야. 즉, 역은 성립하지 않아.
예를 들면, 함수 $f(x)=\tan x$는 $f(x)=f(x+2\pi)=f(x+4\pi)=\cdots$를
만족시키지만 주기는 2π가 아니고 π야.

0734 답 ③

조건 (나)에 의하여
$$f\left(\dfrac{13}{4}\pi\right)=f\left(\dfrac{9}{4}\pi\right)=f\left(\dfrac{5}{4}\pi\right)=f\left(\dfrac{\pi}{4}\right)$$
$$\therefore\ f\left(\dfrac{13}{4}\pi\right)=f\left(\dfrac{\pi}{4}\right)$$
$$=\sin\dfrac{\pi}{4}+\cos\dfrac{\pi}{2}$$
$$=\dfrac{\sqrt{2}}{2}+0=\dfrac{\sqrt{2}}{2}$$

0735 답 ③

0736 답 ②

주어진 함수의 그래프에서 최댓값과 최솟값이 각각 3, -3이므로
$|a|=3$ $0\leq x\leq\pi$에서의 그래프가 반복된다.
또한, 주기는 $\pi-0=\pi$이므로
$$\dfrac{2\pi}{|b|}=\pi,\ |b|=2\quad \therefore\ b=2\ (\because b>0)$$
이때 주어진 함수의 그래프는 함수 $y=3\sin 2x$의 그래프를 x축
에 대하여 대칭이동한 그래프이므로 함수 $y=\sin x$의 그래프와 같은 꼴이다.
$a=-3$
$$\therefore\ a+b=-3+2=-1$$

주어진 함수의 그래프는 함수 $y=3\sin 2x$의 그래프를 x축에 대하여 대
칭이동시킨 그래프이고, $\sin(-x)=-\sin x$이므로 주어진 함수의 그
래프를 나타내는 함수의 식은 $y=-3\sin 2x$ 또는 $y=3\sin(-2x)$야.

0737 답 ④

함수 $y=\dfrac{3}{2}\sin\dfrac{2}{3}\pi x$의 그래프는 다음 그림과 같다.

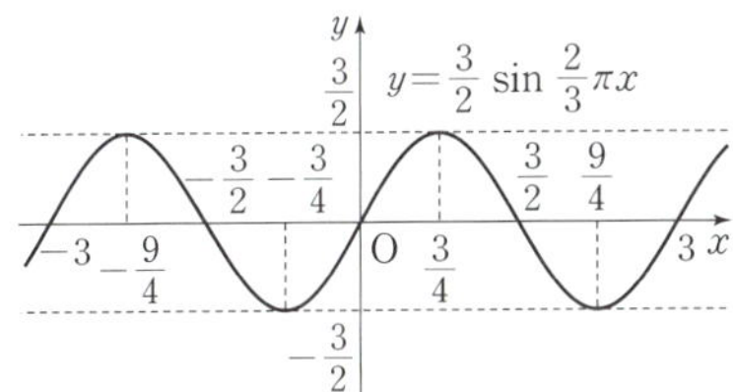

① 최댓값과 최솟값은 각각 $\dfrac{3}{2}$, $-\dfrac{3}{2}$이므로 최댓값과 최솟값의 차는

$$\dfrac{3}{2}-\left(-\dfrac{3}{2}\right)=3$$

② 주기는 $\dfrac{2\pi}{\left|\dfrac{2}{3}\pi\right|}=3$이다. 위의 그림에서 $0\leq x\leq 3$에서의 그래프가 반복된다.

③ 점 $\cdots$, $(-3, 0)$, $\left(-\dfrac{3}{2}, 0\right)$, $(0, 0)$, $\left(\dfrac{3}{2}, 0\right)$, $(3, 0)$, $\cdots$에
대하여 대칭이다. → 점 $\left(\dfrac{3n}{2}, 0\right)$ (n은 정수)에 대하여 대칭이다.

④ 직선 $\cdots$, $x=-\dfrac{9}{4}$, $x=-\dfrac{3}{4}$, $x=\dfrac{3}{4}$, $x=\dfrac{9}{4}$, $\cdots$에 대하여
대칭이므로 직선 $x=3$에 대하여 대칭인 것은 아니다. → 직선 $x=\dfrac{6n-3}{4}$ (n은 정수)에 대하여 대칭이다.

⑤ 함수 $y=f(x)$의 그래프는 원점에 대하여 대칭이므로 모든 실
수 x에 대하여 $f(-x)=-f(x)$이다.
$$\therefore f(x)=-f(-x)$$

0738 답 ④

함수 $y=\sin x$의 그래프는 직선 $x=\dfrac{\pi}{2}$에 대하여 대칭이므로
$$\dfrac{a+b}{2}=\dfrac{\pi}{2} \qquad \therefore a+b=\pi$$
→ 주어진 함수의 그래프에서 직선 $x=\dfrac{\pi}{2}$, $x=\dfrac{3}{2}\pi$, $x=\dfrac{5}{2}\pi$, $x=\dfrac{7}{2}\pi$에 대하여 대칭임을 알 수 있다.

또한, 함수 $y=\sin x$의 그래프는 직선 $x=\dfrac{5}{2}\pi$에 대하여 대칭이
므로
$$\dfrac{c+d}{2}=\dfrac{5}{2}\pi \qquad \therefore c+d=5\pi$$
→ 주어진 함수의 그래프를 보면 $x=\dfrac{\pi}{2}$에서 주기 2π만큼 떨어져 있는 것을 알 수 있다.

$$\therefore a+b+c+d=(a+b)+(c+d)=\pi+5\pi=6\pi$$

● 다른 풀이 ●

함수 $y=\sin x$는 직선 $x=\dfrac{3}{2}\pi$에 대하여 대칭이므로
$$\dfrac{a+d}{2}=\dfrac{3}{2}\pi, \ \dfrac{b+c}{2}=\dfrac{3}{2}\pi$$
$$\therefore a+d=3\pi, \ b+c=3\pi$$
$$\therefore a+b+c+d=(a+d)+(b+c)=3\pi+3\pi=6\pi$$

0739 답 1

함수 $f(x)=2\sin x$의 그래프는 직선 $x=\dfrac{\pi}{2}$에 대하여 대칭이므로
$$\dfrac{a+b}{2}=\dfrac{\pi}{2} \qquad \therefore a+b=\pi \qquad \cdots\cdots ㉠$$
→ 주어진 함수의 그래프에서 직선 $x=\dfrac{\pi}{2}$, $x=\dfrac{3}{2}\pi$에 대하여 대칭임을 알 수 있다.

또한, 함수 $f(x)=2\sin x$의 그래프는 직선 $x=\dfrac{3}{2}\pi$에 대하여 대칭
이므로
$$\dfrac{b+c}{2}=\dfrac{3}{2}\pi \qquad \therefore b+c=3\pi \qquad \cdots\cdots ㉡$$
→ 주어진 함수의 그래프를 보면 $x=\dfrac{\pi}{2}$에서 주기 π만큼 떨어져 있는 것을 알 수 있다.

㉡$-$㉠$\times 2$를 하면
$$c-b-2a=\pi \qquad \therefore \dfrac{c-b-2a}{6}=\dfrac{\pi}{6}$$
$$\therefore f\left(\dfrac{c-b-2a}{6}\right)=f\left(\dfrac{\pi}{6}\right)=2\sin\dfrac{\pi}{6}=2\times\dfrac{1}{2}=1$$

0740 답 ④

0741 답 ①

주어진 함수의 그래프에서 최댓값과 최솟값이 각각 $\dfrac{4}{3}$, $-\dfrac{4}{3}$
이므로
$$|a|=\dfrac{4}{3}$$
→ $-\dfrac{\pi}{6}\leq x\leq\dfrac{\pi}{2}$에서의 그래프가 반복된다.

또한, 주기는 $\dfrac{\pi}{2}-\left(-\dfrac{\pi}{6}\right)=\dfrac{2}{3}\pi$이므로
$$\dfrac{2\pi}{|b|}=\dfrac{2}{3}\pi, \ |b|=3 \qquad \therefore b=3 \ (\because b>0)$$

이때 주어진 함수의 그래프는 함수 $y=\dfrac{4}{3}\cos 3x$의 그래프를 x축
에 대하여 대칭이동한 그래프이므로 $a=-\dfrac{4}{3}$이다.
→ 함수 $y=\cos x$의 그래프와 같은 꼴이다.

$$\therefore a+b=-\dfrac{4}{3}+3=\dfrac{5}{3}$$

선생님 톡톡

주어진 함수의 그래프는 함수 $y=\dfrac{4}{3}\cos 3x$의 그래프를 x축에 대하여 대
칭이동시킨 그래프이고, $\cos(-x)=\cos x$이므로 주어진 함수의 그래프를
나타내는 함수의 식은 $y=-\dfrac{4}{3}\cos 3x$ 또는 $y=-\dfrac{4}{3}\cos(-3x)$야.

0742 답 ⑤

함수 $y=-\dfrac{3}{4}\cos\dfrac{\pi}{2}x$의 그래프는 다음 그림과 같다.

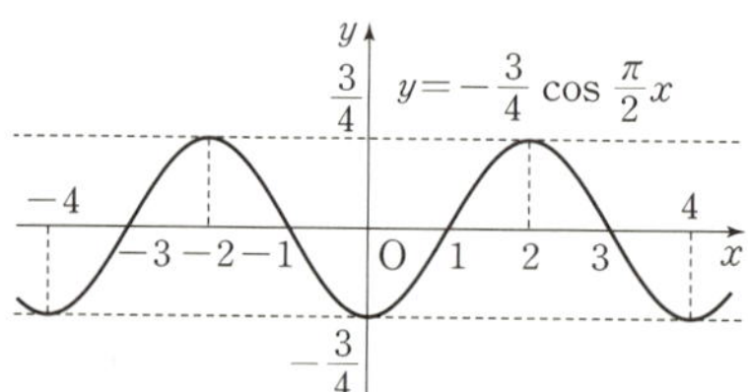

ㄱ. 주기는 $\dfrac{2\pi}{\left|\dfrac{\pi}{2}\right|}=4$이다. (참)
→ 위의 그림에서 $-2\leq x\leq 2$에서의 그래프가 반복된다.

ㄴ. 직선 $\cdots$, $x=-4$, $x=-2$, $x=0$, $x=2$, $x=4$, $\cdots$에 대하
여 대칭이다. (참) → 직선 $x=2n$ (n은 정수)에 대하여 대칭이다.

ㄷ. 함수 $y=f(x)$의 그래프는 y축에 대하여 대칭이므로 모든 실
수 x에 대하여 $f(x)=f(-x)$이다. (참)

따라서 옳은 것은 ㄱ, ㄴ, ㄷ이다.

0743 답 36

함수 $y=3\cos\dfrac{x}{2}$의 그래프는 직선 $x=2\pi$에 대하여 대칭이므로
$$\dfrac{x_1+x_2}{2}=2\pi \qquad \therefore x_1+x_2=4\pi$$
→ 주어진 함수의 그래프에서 직선 $x=2\pi$, $x=4\pi$, $x=6\pi$, $\cdots$에 대하여 대칭임을 알 수 있다.

함수 $y=3\cos\dfrac{x}{2}$의 그래프는 직선 $x=6\pi$에 대하여 대칭이므로
$$\dfrac{x_3+x_4}{2}=6\pi \qquad \therefore x_3+x_4=12\pi$$
→ 주어진 함수의 그래프를 보면 $x=2\pi$에서 주기 4π만큼 떨어져 있는 것을 알 수 있다.

$\vdots$ 같은 방법으로 $\dfrac{x_5+x_6}{2}=10\pi$에서 $x_5+x_6=20\pi$, $\dfrac{x_7+x_8}{2}=14\pi$에서 $x_7+x_8=28\pi$

함수 $y=3\cos\dfrac{x}{2}$의 그래프는 직선 $x=18\pi$에 대하여 대칭이므로
$$\dfrac{x_9+x_{10}}{2}=18\pi \qquad \therefore x_9+x_{10}=36\pi$$
→ 주어진 함수의 그래프를 보면 $x=14\pi$에서 주기 4π만큼 떨어져 있는 것을 알 수 있다.

$$\therefore a=36$$

0744 답 0

$c=9a$이고, 함수 $f(x)=\cos 3x$의 주기는 $\dfrac{2}{3}\pi$이므로
$$c-a=\dfrac{2}{3}\pi, \ 9a-a=\dfrac{2}{3}\pi \qquad \therefore a=\dfrac{\pi}{12}$$
→ $\dfrac{2\pi}{|3|}=\dfrac{2}{3}\pi$

또한, 함수 $f(x)=\cos 3x$의 그래프는 직선 $x=\dfrac{\pi}{3}$에 대하여 대칭
이므로 → $a\leq x\leq c$에서의 그래프가 반복된다.
$$\dfrac{a+b}{2}=\dfrac{\pi}{3}, \ a+b=\dfrac{2}{3}\pi$$

$$\therefore b=\frac{2}{3}\pi-a=\frac{2}{3}\pi-\frac{\pi}{12}=\frac{7}{12}\pi$$

$$\therefore f(c-b)=f(9a-b)=f\left(\frac{9}{12}\pi-\frac{7}{12}\pi\right)=f\left(\frac{\pi}{6}\right)$$

$$=\cos\frac{\pi}{2}=0$$

0745 답 ②

0746 답 ⑤

주어진 함수의 그래프에서 주기는 $\dfrac{\pi}{4}-\left(-\dfrac{\pi}{4}\right)=\dfrac{\pi}{2}$이므로

$\dfrac{\pi}{|b|}=\dfrac{\pi}{2}$, $|b|=2$ ← $-\dfrac{\pi}{4}<x<\dfrac{\pi}{4}$에서의 그래프가 반복된다.

$\therefore b=2\ (\because b>0)$

또한, $f\left(\dfrac{\pi}{6}\right)=3$이므로

$$f\left(\frac{\pi}{6}\right)=a\tan 2\cdot\frac{\pi}{6}=a\tan\frac{\pi}{3}=a\cdot\sqrt{3}=3$$

에서 $a=\sqrt{3}$

$\therefore ab=\sqrt{3}\cdot 2=2\sqrt{3}$

0747 답 ⑤ ← $\dfrac{\pi}{6}<x<\dfrac{\pi}{2}$에서의 그래프가 반복된다.

함수 $y=\tan 3x$의 주기는

$\dfrac{\pi}{|3|}=\dfrac{\pi}{3}$이므로 그래프는

오른쪽 그림과 같고

$x_1=\dfrac{\pi}{6}$, $x_2=\dfrac{\pi}{6}+\dfrac{\pi}{3}=\dfrac{\pi}{2}$,

$x_3=\dfrac{\pi}{2}+\dfrac{\pi}{3}=\dfrac{5}{6}\pi$ ← $+$ (주기)

$\therefore \tan\left(x_3-\dfrac{\pi}{2}\right)=\tan\left(\dfrac{5}{6}\pi-\dfrac{\pi}{2}\right)=\tan\dfrac{\pi}{3}=\sqrt{3}$

0748 답 ⑤

ㄱ. 함수 $f(x)=3\tan\left(-\dfrac{x}{2}\right)$의 그래프는 다음 그림과 같다.

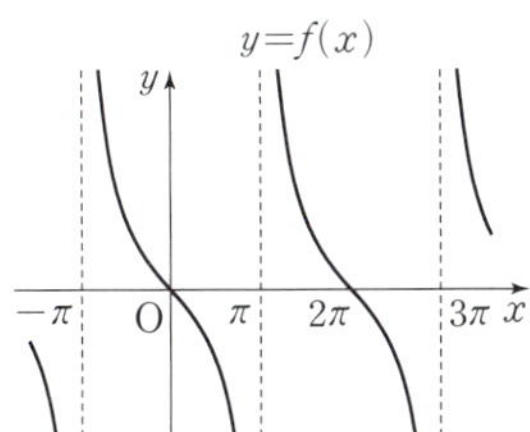

즉, 함수 $y=f(x)$의 그래프의 점근선의 방정식은

$\cdots$, $x=-3\pi$, $x=-\pi$, $x=\pi$, $x=3\pi$, $\cdots$이다. (참)

ㄴ. 함수 $f(x)=3\tan\left(-\dfrac{x}{2}\right)$의 주기는 ← $x=2n\pi+\pi$ (단, n은 정수)

$\dfrac{\pi}{\left|-\dfrac{1}{2}\right|}=2\pi$ ← 위의 그림에서 $-\pi<x<\pi$에서의 그래프가 반복된다.

이므로 정의역의 모든 원소 x에 대하여

$f(x)=f(x+2\pi)=f(x+4\pi)=\cdots$ ← 주기가 2π인 주기함수이므로

$\therefore f(x+4\pi)=f(x)$ (참)

ㄷ. 함수 $y=f(x)$의 그래프는 원점에 대하여 대칭이므로 모든 실수 x에 대하여 $f(-x)=-f(x)$이다. (참)

따라서 옳은 것은 ㄱ, ㄴ, ㄷ이다.

0749 답 3

오른쪽 그림과 같이 빗금친 부분의 넓이는 같으므로 구하는 도형의 넓이는 가로의 길이가 함수 $y=\tan\dfrac{\pi}{3}x$의 주기인 3, 세로의 길이가 $5k-k=4k$인 직사각형의 넓이와 같다.

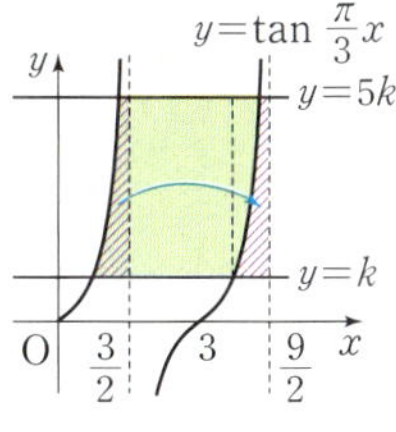

이때 직사각형의 넓이가 36이므로

$3\cdot 4k=36$ $\therefore k=3$

0750 답 ③

0751 답 ③ ← 괄호 안의 x의 계수를 1로 나타내야 한다.

$y=3\tan\left(\dfrac{x}{2}+1\right)+2$에서 $y-2=3\tan\dfrac{1}{2}(x+2)$

즉, 함수 $y=3\tan\left(\dfrac{x}{2}+1\right)+2$의 그래프는 함수 $y=3\tan\dfrac{x}{2}$의 그래프를 x축의 방향으로 -2만큼, y축의 방향으로 2만큼 평행이동한 그래프이다.

따라서 $a=3$, $b=\dfrac{1}{2}$, $m=-2$, $n=2$이므로

$$a+b+m+n=3+\frac{1}{2}+(-2)+2=\frac{7}{2}$$

0752 답 ④

함수 $y=-3\cos 2x$의 그래프를 x축의 방향으로 1만큼, y축의 방향으로 n만큼 평행이동하면

$y-n=-3\cos 2(x-1)$에서 $y=-3\cos 2(x-1)+n$

$\therefore f(x)=-3\cos 2(x-1)+n$

$f(x)$의 최댓값이 5이므로

$|-3|+n=5$, $3+n=5$ $\therefore n=2$

이때 함수 $f(x)$의 최솟값 m은

$m=-|-3|+2=-1$

$\therefore m+n=(-1)+2=1$

0753 답 1

$f(x)=a\sin\dfrac{1}{4}(x-\pi)-2+3=a\sin\dfrac{1}{4}(x-\pi)+1$

이때 모든 실수 x에 대하여 $f(x)\geq 0$이어야 하므로

(함수 $f(x)$의 최솟값)≥ 0이어야 한다. 즉,

$-|a|+1\geq 0$에서 $-a+1\geq 0\ (\because a>0)$

$\therefore a\leq 1$

따라서 양수 a의 최댓값은 1이다.

0754 답 ⑤

ㄱ. $y=3\cos\left(\dfrac{x}{2}+\dfrac{\pi}{4}\right)+1=3\cos\dfrac{1}{2}\left(x+\dfrac{\pi}{2}\right)+1$이므로 함수

$y=3\cos\left(\dfrac{x}{2}+\dfrac{\pi}{4}\right)+1$의 그래프는 함수 $y=3\cos\dfrac{x}{2}$의 그래프를 x축의 방향으로 $-\dfrac{\pi}{2}$만큼, y축의 방향으로 1만큼 평행이동한 것과 같다.

ㄴ. 함수 $y=-3\cos\dfrac{x}{2}-1$의 그래프는 함수 $y=3\cos\dfrac{x}{2}$의 그래 프를 x축에 대하여 대칭이동한 후 y축의 방향으로 -1만큼 평행이동한 것과 같다.

ㄷ. 두 함수 $y=3\cos\dfrac{x}{2}$, $y=3\sin\dfrac{x}{2}+1$의 그래프는 다음 그림 과 같다.

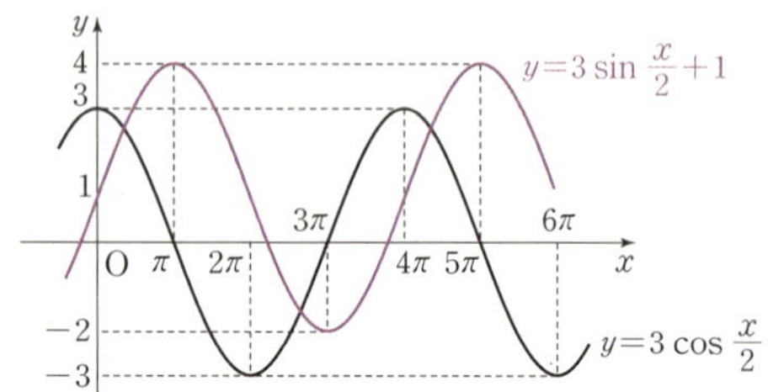

즉, 함수 $y=3\sin\dfrac{x}{2}+1$의 그래프는 함수 $y=3\cos\dfrac{x}{2}$의 그 래프를 x축의 방향으로 π만큼, y축의 방향으로 1만큼 평행이동 한 것과 같다.

따라서 겹쳐질 수 있는 그래프의 식은 ㄱ, ㄴ, ㄷ이다.

0755 답 ②

0756 답 $\dfrac{1}{5}$

주어진 함수의 최댓값이 5이므로
$|a|+c=5$ $\therefore a+c=5\ (\because a>0)$ ······ ㉠
또한, 최댓값과 최솟값의 차가 4이므로
$a+c-(-a+c)=4$에서 $2a=4$ $\therefore a=2$
$a=2$를 ㉠에 대입하면 $2+c=5$ $\therefore c=3$
한편, $f(x+p)=f(x)$를 만족시키는 가장 작은 양수 p의 값이 $\dfrac{5}{3}\pi$이므로 함수 $f(x)$의 주기는 $\dfrac{5}{3}\pi$이다. 즉,
$\dfrac{2\pi}{|b|}=\dfrac{5}{3}\pi$, $|b|=\dfrac{6}{5}$ $\therefore b=\dfrac{6}{5}\ (\because b>0)$
$\therefore a+b-c=2+\dfrac{6}{5}-3=\dfrac{1}{5}$

0757 답 ②

점근선의 방정식 $x=2(2n+1)\pi\ (n$은 정수$)$에서
$n=0$일 때 $x=2\pi$, $n=1$일 때 $x=6\pi$
이므로 함수 $f(x)$의 주기는 $6\pi-2\pi=4\pi$이다. 즉,
탄젠트함수에서는 이웃한 두 점근선 사이의 거리가 주기이다.
$\dfrac{\pi}{|b|}=4\pi$, $|b|=\dfrac{1}{4}$ $\therefore b=\dfrac{1}{4}\ (\because b>0)$
한편, $f(0)=-1$, $f(\pi)=3$이므로
$f(0)=c=-1$
$f(\pi)=a\tan\dfrac{\pi}{4}+c=a\cdot1+(-1)=3$ $\therefore a=4$
$\therefore abc=4\cdot\dfrac{1}{4}\cdot(-1)=-1$

0758 답 ⑤

조건 (가)에서
$\dfrac{2\pi}{|b|}=4\pi$, $|b|=\dfrac{1}{2}$ $\therefore b=\dfrac{1}{2}\ (\because b>0)$

조건 (나)에서
$|a|+c=6$ $\therefore -a+c=6\ (\because a<0)$ ······ ㉠
한편, $f\!\left(\dfrac{\pi}{6}\right)=3$이므로
$f\!\left(\dfrac{\pi}{6}\right)=a\cos\dfrac{1}{2}\!\left(\dfrac{\pi}{6}+\dfrac{\pi}{2}\right)+c$
$=a\cos\dfrac{\pi}{3}+c$
$=\dfrac{a}{2}+c=3$ ······ ㉡
㉠, ㉡을 연립하여 풀면 $a=-2$, $c=4$
$\therefore a+b+c=-2+\dfrac{1}{2}+4=\dfrac{5}{2}$

0759 답 1

점근선의 방정식 $x=n\pi\ (n$은 정수$)$에서
$n=0$일 때 $x=0$, $n=1$일 때 $x=\pi$
이므로 함수 $f(x)$의 주기는 $\pi-0=\pi$이다. 즉,
탄젠트함수에서는 이웃한 두 점근선 사이의 거리가 주기이다.
$\dfrac{\pi}{|b|}=\pi$, $|b|=1$ $\therefore b=1\ (\because b>0)$
한편, 함수 $y=f(x)$의 그래프는 함수 $y=a\tan x$의 그래프를 x 축의 방향으로 $-c\pi$만큼 평행이동한 것과 같고, 함수 $y=a\tan x$ 의 그래프의 점근선의 방정식은 $x=m\pi+\dfrac{\pi}{2}\ (m$은 정수$)$이므로
함수 $y=a\tan(x+c\pi)$의 그래프의 점근선의 방정식은
$x=m\pi+\dfrac{\pi}{2}-c\pi$
이 점근선의 방정식이 $x=n\pi$이므로
$m\pi+\dfrac{\pi}{2}-c\pi=n\pi$
$\therefore c=m-n+\dfrac{1}{2}$
이때 m, n은 정수이고, $0<c<1$이므로 $c=\dfrac{1}{2}$
$\therefore f(x)=a\tan\!\left(x+\dfrac{\pi}{2}\right)$
$f\!\left(-\dfrac{\pi}{4}\right)=2$이므로
$f\!\left(-\dfrac{\pi}{4}\right)=a\tan\!\left(-\dfrac{\pi}{4}+\dfrac{\pi}{2}\right)$
$=a\tan\dfrac{\pi}{4}$
$=a=2$
$\therefore abc=2\cdot1\cdot\dfrac{1}{2}=1$

0760 답 ①

0761 답 π

주어진 함수의 그래프에서 최댓값과 최솟값이 각각 2, -2이므로
$|a|=2$ $\therefore a=2\ (\because a>0)$
또한, $-\dfrac{\pi}{4}\le x\le\dfrac{5}{4}\pi$에서의 그래프가 함수 $y=a\cos(bx-c)$의 주기의 $\dfrac{3}{2}$만큼 그려지므로 주기는
$\left\{\dfrac{5}{4}\pi-\left(-\dfrac{\pi}{4}\right)\right\}\cdot\dfrac{2}{3}=\pi$
즉, $\dfrac{2\pi}{|b|}=\pi$, $|b|=2$ $\therefore b=2\ (\because b>0)$

한편, 주어진 함수의 그래프는 함수 $y=2\cos 2x$의 그래프를 x축
의 방향으로 $\dfrac{\pi}{2}$만큼 평행이동한 그래프와 같으므로

$$y=2\cos 2\left(x-\dfrac{\pi}{2}\right)=2\cos(2x-\pi)$$

$\therefore c=\pi$

$\therefore a-b+c=2-2+\pi=\pi$

0762 답 ①

주어진 함수의 그래프에서 주기는 $\dfrac{\pi}{2}-(-\pi)=\dfrac{3}{2}\pi$이므로

$$\dfrac{\pi}{|a|}=\dfrac{3}{2}\pi,\ |a|=\dfrac{2}{3}\qquad \therefore a=\dfrac{2}{3}\ (\because a>0)$$

한편, 주어진 함수의 그래프는 함수 $y=\tan \dfrac{2}{3}x$의 그래프를 x축

의 방향으로 $\dfrac{\pi}{2}-\dfrac{3}{4}\pi=-\dfrac{\pi}{4}$만큼 평행이동한 그래프와 같으므로

$$y=\tan \dfrac{2}{3}\left(x+\dfrac{\pi}{4}\right)=\tan\left(\dfrac{2}{3}x+\dfrac{\pi}{6}\right)$$

$\therefore b=\dfrac{\pi}{6}$

$\therefore ab=\dfrac{2}{3}\cdot\dfrac{\pi}{6}=\dfrac{\pi}{9}$

0763 답 ③

주어진 함수의 그래프에서 최댓값과 최솟값이 각각 2, -1이므로

$|a|+d=2,\ -|a|+d=-1$

$\therefore a+d=2,\ -a+d=-1\ (\because a>0)$

위의 두 식을 연립하여 풀면

$$a=\dfrac{3}{2},\ d=\dfrac{1}{2}$$

또한, $\dfrac{5}{12}\pi\leq x\leq \dfrac{11}{12}\pi$에서의 그래프가 함수

$y=a\sin(bx-c\pi)+d$의 주기의 $\dfrac{1}{2}$만큼 그려지므로 주기는

$$\left(\dfrac{11}{12}\pi-\dfrac{5}{12}\pi\right)\cdot 2=\pi$$

즉, $\dfrac{2\pi}{|b|}=\pi,\ |b|=2\qquad \therefore b=2\ (\because b>0)$

한편, 주어진 함수의 그래프는 함수 $y=\dfrac{3}{2}\sin 2x$의 그래프를 x축

의 방향으로 $\dfrac{5}{12}\pi-\dfrac{\pi}{4}=\dfrac{\pi}{6}$만큼, y축의 방향으로 $\dfrac{1}{2}$만큼 평행이
동한 그래프와 같으므로

$$y=\dfrac{3}{2}\sin 2\left(x-\dfrac{\pi}{6}\right)+\dfrac{1}{2}=\dfrac{3}{2}\sin\left(2x-\dfrac{\pi}{3}\right)+\dfrac{1}{2}$$

$\therefore c=\dfrac{1}{3}$

$\therefore a+b+c+d=\dfrac{3}{2}+2+\dfrac{1}{3}+\dfrac{1}{2}=\dfrac{13}{3}$

0764 답 ④

주어진 함수의 그래프에서 최댓값과 최솟값이 각각 4, 0이므로

$|a|+d=4,\ -|a|+d=0$

$\therefore a+d=4,\ -a+d=0\ (\because a>0)$

위의 두 식을 연립하여 풀면

$a=2,\ d=2$

또한, $0\leq x\leq \dfrac{3}{4}\pi$에서의 그래프가 함수 $y=a\cos(bx+c\pi)+d$

의 주기의 $\dfrac{3}{4}$만큼 그려지므로 주기는

$$\dfrac{3}{4}\pi\cdot\dfrac{4}{3}=\pi$$

즉, $\dfrac{2\pi}{|b|}=\pi,\ |b|=2\qquad \therefore b=2\ (\because b>0)$

한편, 주어진 함수의 그래프는 함수 $y=2\cos 2x$의 그래프를 x축
의 방향으로 $\dfrac{\pi}{4}$만큼, y축의 방향으로 2만큼 평행이동한 그래프와
같으므로

$$y=2\cos 2\left(x-\dfrac{\pi}{4}\right)+2=2\cos 2\left(x+\dfrac{3}{4}\pi\right)+2$$

$$=2\cos\left(2x+\dfrac{3}{2}\pi\right)+2$$

$\therefore c=\dfrac{3}{2}$

$\therefore a+b+2c+d=2+2+2\cdot\dfrac{3}{2}+2=9$

0765 답 5

0766 답 -3

함수 $f(x)$의 최솟값이 -2이므로

$c=-2$

또한, 주기가 2π이므로

$$\dfrac{\pi}{|b|}=2\pi\qquad \therefore b=\dfrac{1}{2}\ (\because b>0)$$

$\therefore f(x)=a\left|\sin \dfrac{x}{2}\right|-2$

이때 $f(\pi)=1$이므로

$$f(\pi)=a\left|\sin \dfrac{\pi}{2}\right|-2=a-2=1$$

에서 $a=3$

$\therefore abc=3\cdot\dfrac{1}{2}\cdot(-2)=-3$

0767 답 ①

주어진 함수의 그래프에서 최댓값과 최솟값이 각각 3, -1이므로

$a+c=3,\ c=-1\qquad \therefore a=4,\ c=-1$

또한, 주기가 $\dfrac{3}{2}\pi-0=\dfrac{3}{2}\pi$이므로

$$\dfrac{\pi}{|b|}=\dfrac{3}{2}\pi\qquad \therefore b=\dfrac{2}{3}\ (\because b>0)$$

$\therefore a+b+c=4+\dfrac{2}{3}+(-1)=\dfrac{11}{3}$

0768 답 ⑤

$-\dfrac{\pi}{4}\leq x\leq \dfrac{\pi}{6}$에서 함수

$y=|\tan x|+1$의 그래프는 오른
쪽 그림과 같다.

따라서 함수 $y=|\tan x|+1$은

$x=-\dfrac{\pi}{4}$일 때 최댓값

$$\tan\left|-\dfrac{\pi}{4}\right|+1=\tan \dfrac{\pi}{4}+1$$

$$=1+1=2$$

를 가지고, $x=0$일 때 최솟값
$\tan|0|+1=0+1=1$
을 가지므로 최댓값과 최솟값의 합은
$2+1=3$

0769 답 ③

$f(x)=-2\left|\sin\dfrac{x}{2}\right|+1=-\left|2\sin\dfrac{x}{2}\right|+1$
이므로 함수 $y=f(x)$의 그래프는 다음 그림과 같다.

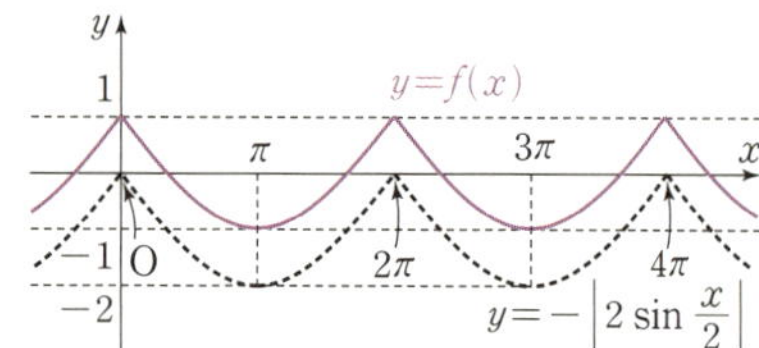

ㄱ. 함수 $f(x)$의 최댓값은 1이다. (참)
ㄴ. 함수 $f(x)$의 주기는 $2\pi-0=2\pi$이므로 함수 $y=\cos x$의 주기와 같다. (참) _{$0\le x\le 2\pi$에서의 그래프가 반복된다.}
ㄷ. 함수 $y=2\left|\cos\dfrac{x}{2}\right|$의 그래프는 다음 그림과 같다.

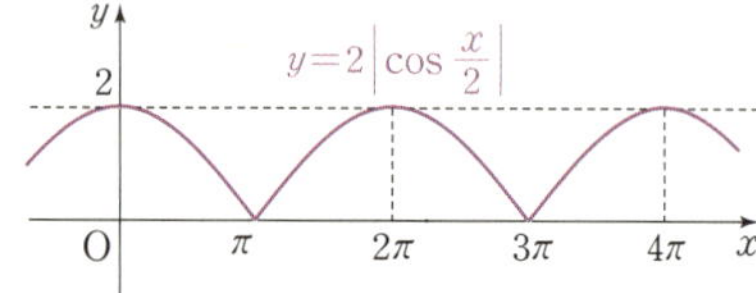

즉, 함수 $y=f(x)$의 그래프를 평행이동하여 함수 $y=2\left|\cos\dfrac{x}{2}\right|$의 그래프와 일치시킬 수 없다. (거짓)
따라서 옳은 것은 ㄱ, ㄴ이다.

● 다른 풀이 ●

ㄱ. 함수 $f(x)=-2\left|\sin\dfrac{x}{2}\right|+1$에서 $-2<0$이므로 최댓값은 1이다.

ㄴ. 함수 $f(x)$의 주기는 $\dfrac{\pi}{\left|\dfrac{1}{2}\right|}=2\pi$

0770 답 ①

0771 답 ⑤

$\left\{\cos\left(\dfrac{3}{2}\pi+x\right)+\cos\left(2\pi-x\right)\right\}\cos\left(\dfrac{\pi}{2}-x\right)$
$\qquad -\left\{\sin\left(\dfrac{3}{2}\pi+x\right)-\sin\left(2\pi-x\right)\right\}\sin\left(\dfrac{\pi}{2}+x\right)$
$=\{\sin x+\cos(-x)\}\sin x-\{-\cos x-\sin(-x)\}\cos x$
$=(\sin x+\cos x)\sin x-(-\cos x+\sin x)\cos x$
$=\sin^2 x+\cos^2 x=1$

0772 답 ②

$\cos 100°+\sin 160°=\cos(90°+10°)+\sin(180°-20°)$
$\qquad\qquad =-\sin 10°+\sin 20°$
$\qquad\qquad =-0.1736+0.3420$
$\qquad\qquad =0.1684$

0773 답 ⑤

$\sin\dfrac{5}{6}\pi+\cos\dfrac{5}{3}\pi+\tan\dfrac{5}{4}\pi$
$=\sin\left(\pi-\dfrac{\pi}{6}\right)+\cos\left(2\pi-\dfrac{\pi}{3}\right)+\tan\left(\pi+\dfrac{\pi}{4}\right)$
$=\sin\dfrac{\pi}{6}+\cos\left(-\dfrac{\pi}{3}\right)+\tan\dfrac{\pi}{4}$
$=\sin\dfrac{\pi}{6}+\cos\dfrac{\pi}{3}+\tan\dfrac{\pi}{4}$
$=\dfrac{1}{2}+\dfrac{1}{2}+1=2$

0774 답 ⑤

_{주기가 2π이므로 $\sin\dfrac{11}{4}\pi=\sin\dfrac{3}{4}\pi$}

$\cos\dfrac{13}{6}\pi\cos\dfrac{11}{6}\pi+\sin\left(-\dfrac{\pi}{4}\right)\sin\dfrac{11}{4}\pi$
$\qquad\qquad\qquad +\tan\dfrac{13}{6}\pi\tan\dfrac{10}{3}\pi$
$=\cos\left(2\pi+\dfrac{\pi}{6}\right)\cos\left(2\pi-\dfrac{\pi}{6}\right)+\left\{-\sin\dfrac{\pi}{4}\sin\left(\pi-\dfrac{\pi}{4}\right)\right\}$
$\qquad\qquad\qquad +\tan\left(2\pi+\dfrac{\pi}{6}\right)\tan\left(3\pi+\dfrac{\pi}{3}\right)$
$=\cos\dfrac{\pi}{6}\cdot\cos\left(-\dfrac{\pi}{6}\right)+\left(-\sin\dfrac{\pi}{4}\cdot\sin\dfrac{\pi}{4}\right)+\tan\dfrac{\pi}{6}\cdot\tan\dfrac{\pi}{3}$
$=\cos^2\dfrac{\pi}{6}-\sin^2\dfrac{\pi}{4}+\tan\dfrac{\pi}{6}\cdot\tan\dfrac{\pi}{3}$
$=\left(\dfrac{\sqrt{3}}{2}\right)^2-\left(\dfrac{\sqrt{2}}{2}\right)^2+\dfrac{\sqrt{3}}{3}\cdot\sqrt{3}=\dfrac{5}{4}$

_{주기가 π이므로 $\tan\left(2\pi+\dfrac{\pi}{6}\right)=\tan\dfrac{\pi}{6}$, $\tan\left(3\pi+\dfrac{\pi}{3}\right)=\tan\dfrac{\pi}{3}$}

0775 답 ③

0776 답 90

$\cos(90°+x)=-\sin x$에서
$\cos 91°=\cos(90°+1°)=-\sin 1°$,
$\cos 92°=\cos(90°+2°)=-\sin 2°$,
$\cos 93°=\cos(90°+3°)=-\sin 3°$,
$\qquad\qquad\vdots$
$\cos 180°=\cos(90°+90°)=-\sin 90°$
이므로
$\cos^2 1°+\cos^2 2°+\cos^2 3°+\cdots+\cos^2 180°$
$=\cos^2 1°+\cos^2 2°+\cdots+\cos^2 89°+\cos^2 90°$
$\qquad\qquad +\sin^2 1°+\sin^2 2°+\cdots+\sin^2 89°+\sin^2 90°$
$=(\sin^2 1°+\cos^2 1°)+(\sin^2 2°+\cos^2 2°)+\cdots$
$\qquad\qquad +(\sin^2 90°+\cos^2 90°)$
$=\underbrace{1+1+\cdots+1}_{90개}=90$

● 다른 풀이 ●

$\cos(180°-x)=-\cos x$이므로
$\cos^2 1°+\cos^2 2°+\cos^2 3°+\cdots+\cos^2 180°$
$=\cos^2 1°+\cos^2 2°+\cos^2 3°+\cdots+\cos^2 89°+\underline{\cos^2 90°}\;{}^{\to 0}$
$\qquad\quad +\cos^2 89°+\cos^2 88°+\cos^2 87°+\cdots+\cos^2 1°+\underline{\cos^2 0°}$
$\qquad\qquad\qquad\qquad\qquad\qquad\qquad\qquad\qquad{}^{\to 1}$
$=2(\cos^2 1°+\cos^2 2°+\cos^2 3°+\cdots+\cos^2 89°)+1$
이때
$S=\cos^2 1°+\cos^2 2°+\cos^2 3°+\cdots+\cos^2 89°\qquad\cdots\cdots\;\bigcirc$
라 하면 $\cos(90°-x)=\sin x$이므로
$S=\sin^2 89°+\sin^2 88°+\sin^2 87°+\cdots+\sin^2 1°\qquad\cdots\cdots\;\bigcirc$

$\bigcirc$, $\bigcirc$을 변끼리 더하여 정리하면

$$2S=(\sin^2 1°+\cos^2 1°)+(\sin^2 2°+\cos^2 2°)+\cdots$$
$$+(\sin^2 89°+\cos^2 89°)$$
$$=\underbrace{1+1+1+\cdots+1}_{89개}=89$$

따라서 $S=\dfrac{89}{2}$이므로 구하는 식의 값은

$$2S+1=2\cdot\dfrac{89}{2}+1=90$$

0777 답 ③

$\tan(90°-x)=\dfrac{1}{\tan x}$에서

$$\tan 89°=\tan(90°-1°)=\dfrac{1}{\tan 1°},$$

$$\tan 87°=\tan(90°-3°)=\dfrac{1}{\tan 3°},$$

$$\tan 85°=\tan(90°-5°)=\dfrac{1}{\tan 5°},$$

$$\vdots$$

$$\tan 47°=\tan(90°-43°)=\dfrac{1}{\tan 43°}$$

이므로

$$\tan 1°\times\tan 3°\times\tan 5°\times\cdots\times\tan 89°$$
$$=\tan 1°\times\tan 3°\times\cdots\times\tan 41°\times\tan 43°\times\tan 45°$$
$$\times\dfrac{1}{\tan 43°}\times\dfrac{1}{\tan 41°}\times\cdots\times\dfrac{1}{\tan 3°}\times\dfrac{1}{\tan 1°}$$
$$=\left(\tan 1°\times\dfrac{1}{\tan 1°}\right)\times\left(\tan 3°\times\dfrac{1}{\tan 3°}\right)\times\cdots$$
$$\times\left(\tan 43°\times\dfrac{1}{\tan 43°}\right)\times\tan 45°$$
$$=1\times1\times\cdots\times1\times1=1$$

0778 답 4

$\angle AOA_4=\dfrac{\pi}{2}$이고, $\sin\left(\dfrac{\pi}{2}-x\right)=\cos x$이므로

$$\sin(\angle AOA_5)=\sin\left(\dfrac{\pi}{2}+\angle AOA_1\right)=\cos(\angle AOA_1),$$

$$\sin(\angle AOA_6)=\sin\left(\dfrac{\pi}{2}+\angle AOA_2\right)=\cos(\angle AOA_2),$$

$$\sin(\angle AOA_7)=\sin\left(\dfrac{\pi}{2}+\angle AOA_3\right)=\cos(\angle AOA_3)$$

$$\therefore\ \sin^2(\angle AOA_1)+\sin^2(\angle AOA_2)+\cdots+\sin^2(\angle AOA_7)$$
$$=\sin^2(\angle AOA_1)+\sin^2(\angle AOA_2)+\sin^2(\angle AOA_3)$$
$$+\sin^2(\angle AOA_4)+\cos^2(\angle AOA_1)$$
$$+\cos^2(\angle AOA_2)+\cos^2(\angle AOA_3)$$
$$=\{\sin^2(\angle AOA_1)+\cos^2(\angle AOA_1)\}$$
$$+\{\sin^2(\angle AOA_2)+\cos^2(\angle AOA_2)\}$$
$$+\{\sin^2(\angle AOA_3)+\cos^2(\angle AOA_3)\}$$
$$+\sin^2\dfrac{\pi}{2}$$
$$=1+1+1+1=4$$

$\angle AOA_4=\dfrac{\pi}{2}$

0779 답 ⑤

$\cos\left(\dfrac{\pi}{2}-x\right)=\sin x$에서

$$\cos\dfrac{9}{20}\pi=\cos\left(\dfrac{\pi}{2}-\dfrac{\pi}{20}\right)=\sin\dfrac{\pi}{20},$$

$$\cos\dfrac{7}{20}\pi=\cos\left(\dfrac{\pi}{2}-\dfrac{3}{20}\pi\right)=\sin\dfrac{3}{20}\pi$$

이므로

$f\left(\dfrac{\pi}{20}\right)$ — 값을 먼저 대입하고, 식을 변형한다.

$$=\cos^2\dfrac{\pi}{20}+\cos^2\dfrac{3}{20}\pi+\cos^2\dfrac{\pi}{4}+\cos^2\dfrac{7}{20}\pi+\cos^2\dfrac{9}{20}\pi$$
$$=\cos^2\dfrac{\pi}{20}+\cos^2\dfrac{3}{20}\pi+\cos^2\dfrac{\pi}{4}+\sin^2\dfrac{3}{20}\pi+\sin^2\dfrac{\pi}{20}$$
$$=\left(\sin^2\dfrac{\pi}{20}+\cos^2\dfrac{\pi}{20}\right)+\left(\sin^2\dfrac{3}{20}\pi+\cos^2\dfrac{3}{20}\pi\right)+\left(\dfrac{\sqrt{2}}{2}\right)^2$$
$$=1+1+\dfrac{1}{2}=\dfrac{5}{2}$$

0780 답 ②

0781 답 ①

$$y=\sin(\pi-x)-3\cos\left(\dfrac{3}{2}\pi-x\right)+a$$
$$=\sin x-3(-\sin x)+a$$
$$=4\sin x+a$$

이때 주어진 함수의 최댓값이 3이므로

$$4+a=3\qquad\therefore a=-1$$

따라서 구하는 최솟값은

$$-4+(-1)=-5$$

0782 답 ⑤

$x+\dfrac{\pi}{6}=t$라 하면 $x-\dfrac{4}{3}\pi=t-\dfrac{3}{2}\pi$이므로

$$y=2\sin\left(x+\dfrac{\pi}{6}\right)+\cos\left(x-\dfrac{4}{3}\pi\right)+3$$
$$=2\sin t+\cos\left(t-\dfrac{3}{2}\pi\right)+3$$
$$=2\sin t-\sin t+3\quad \cos\left(t-\dfrac{3}{2}\pi\right)=\cos\left(\dfrac{3}{2}\pi-t\right)=-\sin t$$
$$=\sin t+3$$

이므로 주어진 함수의 최댓값과 최솟값은 각각

$$1+3=4,\ -1+3=2$$

따라서 최댓값과 최솟값의 합은

$$4+2=6$$

0783 답 ④

$$y=\sin(2\pi-x)+3\cos\left(\dfrac{\pi}{2}-x\right)+1$$
$$=-\sin x+3\sin x+1$$
$$=2\sin x+1$$

이때 $\dfrac{\pi}{6}\leq x\leq\dfrac{\pi}{2}$에서 함수 $y=2\sin x+1$의

그래프는 오른쪽 그림과 같고 $x=\dfrac{\pi}{2}$일 때,

최댓값 $2\sin\dfrac{\pi}{2}+1=2\cdot1+1=3$

을 가지고, $x=\dfrac{\pi}{6}$일 때 최솟값

$$2\sin\dfrac{\pi}{6}+1=2\cdot\dfrac{1}{2}+1=2$$

를 가진다.

따라서 $M=3$, $m=2$이므로
$Mm=3\cdot2=6$

0784　답 ②

$$\sin\left(x-\frac{\pi}{2}\right)=-\sin\left(\frac{\pi}{2}-x\right)=-\cos x$$

$$y=a\cos x-\sin\left(x-\frac{\pi}{2}\right)-1$$
$$=a\cos x+\cos x-1$$
$$=(a+1)\cos x-1$$

이때 $\dfrac{5}{6}\pi\leq x\leq\dfrac{13}{6}\pi$에서 함수
$y=(a+1)\cos x-1$의 그래프
는 오른쪽 그림과 같다. 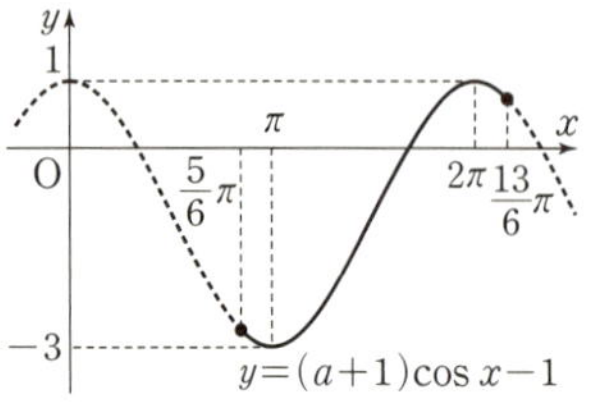
즉, $x=\pi$일 때 최솟값 -3을
가지므로
$(a+1)\cos\pi-1=-3$
$(a+1)\cdot(-1)-1=-3$, $-a-2=-3$
$\therefore a=1$
또한, $x=2\pi$일 때 최댓값을 가지므로
$2\cos2\pi-1=2\cdot1-1=1$
$\therefore M=1$
$\therefore a+M=1+1=2$

0785　답 $\dfrac{9}{4}$

0786　답 ③

$y=2\cos^2 x-\sin x$
$=2(1-\sin^2 x)-\sin x$
$=-2\sin^2 x-\sin x+2$
이때 $\sin x=t$라 하면
$0\leq x\leq2\pi$에서 $-1\leq t\leq1$이고
$y=-2t^2-t+2$
$=-2\left(t+\dfrac{1}{4}\right)^2+\dfrac{17}{8}$ 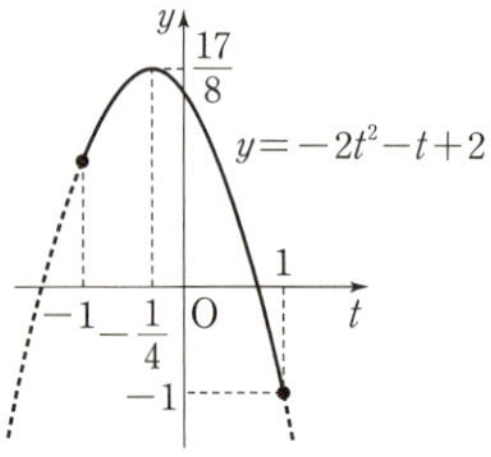
따라서 함수 $y=-2t^2-t+2$는
$t=-\dfrac{1}{4}$일 때 최댓값 $\dfrac{17}{8}$,
$t=1$일 때 최솟값 -1을 가지므로
$M=\dfrac{17}{8}$, $m=-1$
$\therefore M+m=\dfrac{17}{8}+(-1)=\dfrac{9}{8}$

0787　답 ③

$y=\cos^2 x-2\cos\left(x+\dfrac{\pi}{2}\right)+a$

$=1-\sin^2 x+2\sin x+a \longrightarrow$ $\sin^2 x+\cos^2 x=1$을 이용하여
사인함수에 대한 식으로 나타낸다.

$=-\sin^2 x+2\sin x+a+1$
이때 $\sin x=t$라 하면
$-1\leq t\leq1$이고
$y=-t^2+2t+a+1$
$=-(t-1)^2+a+2$ 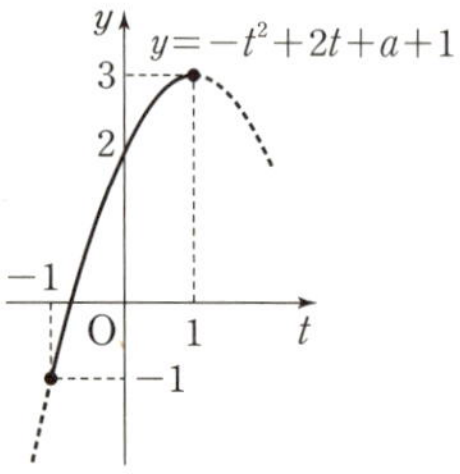
따라서 함수 $y=-t^2+2t+a+1$은
$t=1$일 때 최댓값이 $a+2$이므로
$a+2=3$　$\therefore a=1$

또한, $t=-1$일 때 최솟값을 가지므로
$m=-(-1-1)^2+3=-4+3=-1$
$\therefore a+m=1+(-1)=0$

0788　답 ④

$$y=\dfrac{4\sin\left(\dfrac{\pi}{2}+x\right)+7}{2\cos x+3}$$
$$=\dfrac{4\cos x+7}{2\cos x+3}$$

이때 $\cos x=t$라 하면 $-1\leq t\leq1$이고
$y=\dfrac{4t+7}{2t+3}$
$=\dfrac{1}{2t+3}+2$ 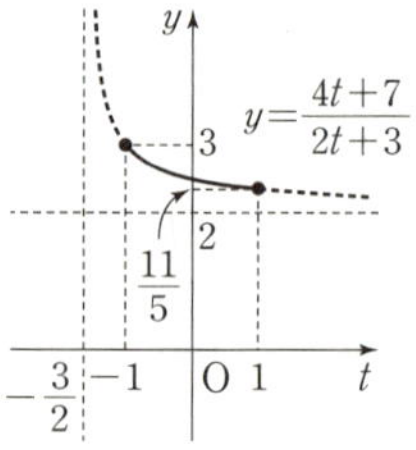
따라서 함수 $y=\dfrac{4t+7}{2t+3}$은
$t=-1$일 때 최댓값 3,
$t=1$일 때 최솟값 $\dfrac{11}{5}$을 가지므로
$M=3$, $m=\dfrac{11}{5}$
$\therefore M-m=3-\dfrac{11}{5}=\dfrac{4}{5}$

0789　답 5

$$y=\dfrac{2\cos\left(\dfrac{3}{2}\pi-x\right)-a+3}{\sin(\pi+x)+2}$$
$$=\dfrac{-2\sin x-a+3}{-\sin x+2}$$
$$=\dfrac{2\sin x+a-3}{\sin x-2}$$

이때 $\sin x=t$라 하면 $-1\leq t\leq1$이고
$y=\dfrac{2t+a-3}{t-2}$
$=\dfrac{a+1}{t-2}+2$

이때 $a>0$에서 $a+1>1$이므로
함수의 그래프의 개형은 오른쪽
그림과 같다.

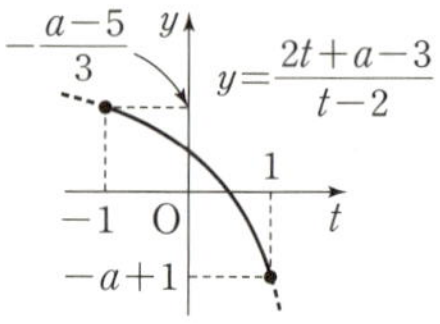

따라서 함수 $y=\dfrac{2t+a-3}{t-2}$은
$t=-1$일 때 최댓값이 $-\dfrac{a-5}{3}$이므로
$-\dfrac{a-5}{3}=1$, $a-5=-3$　$\therefore a=2$
또한, $t=1$일 때 최솟값을 가지므로
$m=\dfrac{3}{1-2}+2=-1$
$\therefore a^2+m^2=2^2+(-1)^2=5$

0790　답 ④

0791　답 ⑤

$x-\dfrac{\pi}{4}=t$라 하면 $0\leq x<2\pi$에서 $-\dfrac{\pi}{4}\leq t<\dfrac{7}{4}\pi$이고
$\tan\left(x-\dfrac{\pi}{4}\right)=\dfrac{\sqrt{3}}{3}$에서
$\tan t=\dfrac{\sqrt{3}}{3}$

즉, 오른쪽 그림과 같이
$-\dfrac{\pi}{4}\leq t<\dfrac{7}{4}\pi$에서 위의

방정식을 만족시키는 t의

값은

$t=\dfrac{\pi}{6}$ 또는 $t=\dfrac{7}{6}\pi$

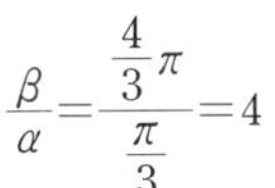

즉, $x-\dfrac{\pi}{4}=\dfrac{\pi}{6}$ 또는 $x-\dfrac{\pi}{4}=\dfrac{7}{6}\pi$

$\therefore x=\dfrac{5}{12}\pi$ 또는 $x=\dfrac{17}{12}\pi$

따라서 구하는 모든 x의 값의 합은

$\dfrac{5}{12}\pi+\dfrac{17}{12}\pi=\dfrac{11}{6}\pi$

0792 답 4

$x\neq\dfrac{\pi}{2}$, $x\neq\dfrac{3}{2}\pi$이므로 $\sqrt{3}\cos x=\sin x$에서

$\sqrt{3}=\dfrac{\sin x}{\cos x}$ → 주어진 방정식에 $x=\dfrac{\pi}{2}$, $x=\dfrac{3}{2}\pi$를 대입했을 때 식을 만족시키지 않는다. 즉, $\cos x\neq0$이므로 양변을 $\cos x$로 나눌 수 있다.

$\therefore \tan x=\sqrt{3}$

즉, 오른쪽 그림과 같이
$0\leq x<2\pi$에서 위의 방정식을
만족시키는 x의 값은

$x=\dfrac{\pi}{3}$ 또는 $x=\dfrac{4}{3}\pi$

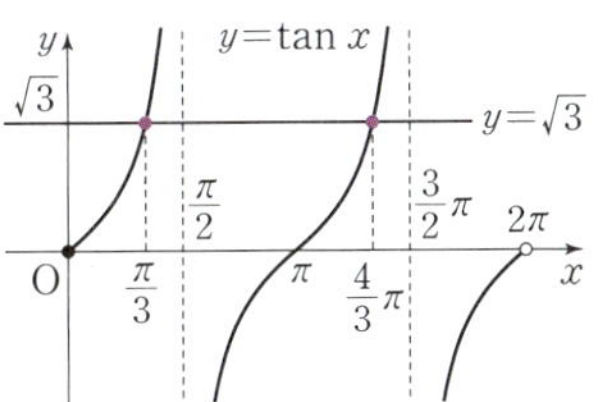

따라서 $\alpha=\dfrac{\pi}{3}$, $\beta=\dfrac{4}{3}\pi$이므로

$\dfrac{\beta}{\alpha}=\dfrac{\dfrac{4}{3}\pi}{\dfrac{\pi}{3}}=4$

0793 답 16

$\dfrac{\pi}{2}x=t$라 하면 $0\leq x<8$에서 $0\leq t<4\pi$이고

$2\cos\dfrac{\pi}{2}x-\sqrt{2}=0$에서

$2\cos t-\sqrt{2}=0$

$\therefore \cos t=\dfrac{\sqrt{2}}{2}$

즉, 다음 그림과 같이 $0\leq t<4\pi$에서 위의 방정식을 만족시키는 t의 값은

$t=\dfrac{\pi}{4}$ 또는 $t=\dfrac{7}{4}\pi$ 또는 $t=\dfrac{9}{4}\pi$ 또는 $t=\dfrac{15}{4}\pi$

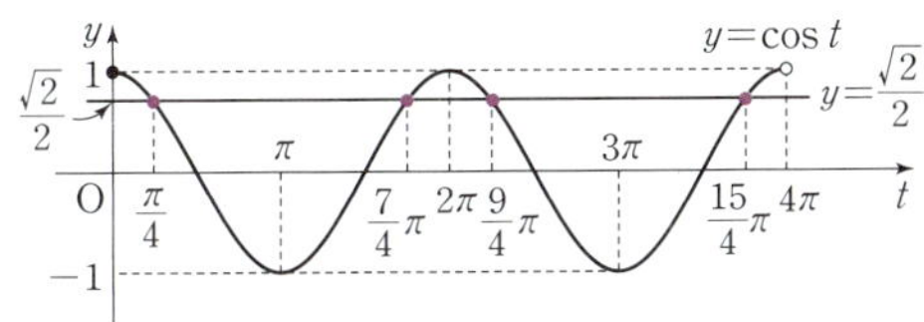

즉, $\dfrac{\pi}{2}x=\dfrac{\pi}{4}$ 또는 $\dfrac{\pi}{2}x=\dfrac{7}{4}\pi$ 또는 $\dfrac{\pi}{2}x=\dfrac{9}{4}\pi$ 또는 $\dfrac{\pi}{2}x=\dfrac{15}{4}\pi$

$\therefore x=\dfrac{1}{2}$ 또는 $x=\dfrac{7}{2}$ 또는 $x=\dfrac{9}{2}$ 또는 $x=\dfrac{15}{2}$

따라서 구하는 모든 실근의 합은

$\dfrac{1}{2}+\dfrac{7}{2}+\dfrac{9}{2}+\dfrac{15}{2}=16$

0794 답 ⑤

$x+\dfrac{\pi}{6}=t$라 하면 $0\leq x<2\pi$에서 $\dfrac{\pi}{6}\leq t<\dfrac{13}{6}\pi$이고

$\cos\left(x+\dfrac{\pi}{6}\right)+\sin\left(\dfrac{\pi}{3}-x\right)+1=0$에서

$\cos t+\sin\left(\dfrac{\pi}{2}-t\right)+1=0$

$\cos t+\cos t+1=0$ → 각을 변환하여 코사인함수에 대한 식으로 나타낸다.

$\therefore \cos t=-\dfrac{1}{2}$

즉, 오른쪽 그림과 같이
$\dfrac{\pi}{6}\leq t<\dfrac{13}{6}\pi$에서 위의 방정

식을 만족시키는 t의 값은

$t=\dfrac{2}{3}\pi$ 또는 $t=\dfrac{4}{3}\pi$

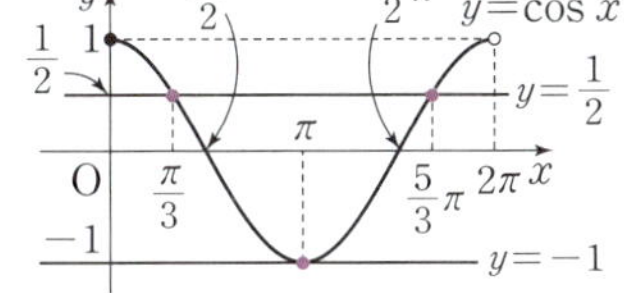

즉, $x+\dfrac{\pi}{6}=\dfrac{2}{3}\pi$ 또는 $x+\dfrac{\pi}{6}=\dfrac{4}{3}\pi$

$\therefore x=\dfrac{\pi}{2}$ 또는 $x=\dfrac{7}{6}\pi$

따라서 구하는 모든 x의 값의 합은

$\dfrac{\pi}{2}+\dfrac{7}{6}\pi=\dfrac{5}{3}\pi$

0795 답 ③

0796 답 3π

$2\sin^2 x-\cos x-1=0$에서

$2(1-\cos^2 x)-\cos x-1=0$ → $\sin^2 x+\cos^2 x=1$을 이용하여 코사인함수에 대한 식으로 나타낸다.

$2\cos^2 x+\cos x-1=0$

$(\cos x+1)(2\cos x-1)=0$

$\therefore \cos x=-1$ 또는 $\cos x=\dfrac{1}{2}$

(i) $\cos x=-1$일 때

  $x=\pi$

(ii) $\cos x=\dfrac{1}{2}$일 때

  $x=\dfrac{\pi}{3}$ 또는 $x=\dfrac{5}{3}\pi$

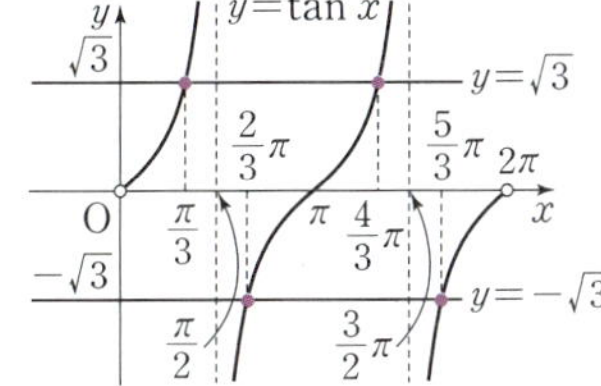

(i), (ii)에서 구하는 모든 실근의 합은

$\pi+\dfrac{\pi}{3}+\dfrac{5}{3}\pi=3\pi$

0797 답 ③

$\tan x=\dfrac{3}{\tan x}$에서 $\tan^2 x=3$

$\therefore \tan x=-\sqrt{3}$ 또는
  $\tan x=\sqrt{3}$

(i) $\tan x=-\sqrt{3}$일 때

  $x=\dfrac{2}{3}\pi$ 또는 $x=\dfrac{5}{3}\pi$

(ii) $\tan x=\sqrt{3}$일 때

  $x-\dfrac{\pi}{3}$ 또는 $x=\dfrac{4}{3}\pi$

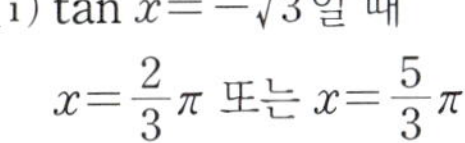

(i), (ii)에서 $a=\dfrac{\pi}{3}$, $b=\dfrac{2}{3}\pi$, $c=\dfrac{4}{3}\pi$, $d=\dfrac{5}{3}\pi$

$\therefore a+d-(b+c)=\dfrac{\pi}{3}+\dfrac{5}{3}\pi-\left(\dfrac{2}{3}\pi+\dfrac{4}{3}\pi\right)=0$

0798 답 ②

$1-10\cos x=25\sin^2 x$에서

$1-10\cos x=25(1-\cos^2 x)$ →$\sin^2 x+\cos^2 x=1$을 이용하여 코사인함수에 대한 식으로 나타낸다.

$25\cos^2 x-10\cos x-24=0$

$(5\cos x+4)(5\cos x-6)=0$

$\therefore \cos x=-\dfrac{4}{5}\ (\because -1\le \cos x\le 1)$

$\sin^2 x=1-\cos^2 x=1-\left(-\dfrac{4}{5}\right)^2=\dfrac{9}{25}$

이때 $0<x<\pi$에서 $\sin x>0$이므로

$\sin x=\dfrac{3}{5}$

$\therefore \tan x=\dfrac{\sin x}{\cos x}=\dfrac{\dfrac{3}{5}}{-\dfrac{4}{5}}=-\dfrac{3}{4}$

0799 답 ③

두 함수 $y=f(x)$, $y=g(x)$의 그래프의 교점의 개수는 방정식 $f(x)=g(x)$의 실근의 개수와 같다. →이때 두 함수 $y=f(x)$, $y=g(x)$의 그래프의 교점의 x좌표가 방정식 $f(x)=g(x)$의 근이다.

$f(x)=g(x)$에서

$\sin^2 x=2\cos x+1$

$\sin^2 x-2\cos x-1=0$

$(1-\cos^2 x)-2\cos x-1=0$ →$\sin^2 x+\cos^2 x=1$을 이용하여 코사인함수에 대한 식으로 나타낸다.

$\cos^2 x+2\cos x=0$

$\cos x(\cos x+2)=0$

$\therefore \cos x=0\ (\because -1\le \cos x\le 1)$

즉, $0\le x<2\pi$에서 위의 방정식을 만족시키는 x의 값은

$x=\dfrac{\pi}{2}$ 또는 $x=\dfrac{3}{2}\pi$

따라서 주어진 방정식 $f(x)=g(x)$의 실근의 개수는 2이고, 두 함수 $y=f(x)$, $y=g(x)$의 그래프의 교점의 개수도 2이다.

0800 답 ④

0801 답 ⑤

$8(\cos \pi x+1)=x^2$에서

$\cos \pi x=\dfrac{1}{8}x^2-1$

이때 주어진 방정식의 서로 다른 실근의 개수는 두 함수 $y=\cos \pi x$, $y=\dfrac{1}{8}x^2-1$의 그래프의 교점의 개수와 같고, 다음 그림과 같이 교점의 개수는 10이다.

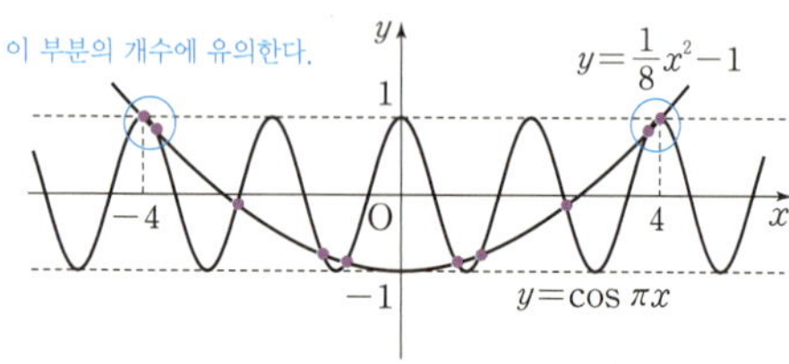

따라서 구하는 서로 다른 실근의 개수는 10이다.

0802 답 ④

$\sqrt{x}+|\tan \pi x|=2$에서

$|\tan \pi x|=2-\sqrt{x}$

이때 주어진 방정식의 서로 다른 실근의 개수는 두 함수 $y=|\tan \pi x|$, $y=2-\sqrt{x}$의 그래프의 교점의 개수와 같고, 다음 그림과 같이 교점의 개수는 8이다.

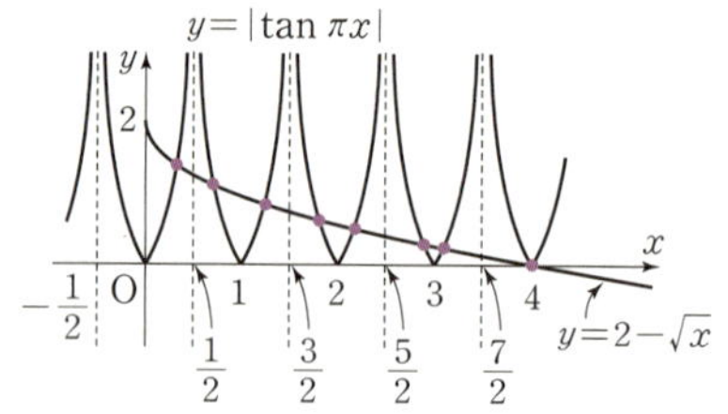

따라서 구하는 서로 다른 실근의 개수는 8이다.

0803 답 ③

$\sin 3x-\sin x=0$에서

$\sin 3x=\sin x$

이때 주어진 방정식의 서로 다른 실근의 개수는 두 함수 $y=\sin 3x$, $y=\sin x$의 그래프의 교점의 개수와 같고, 다음 그림과 같이 교점의 개수는 13이다.

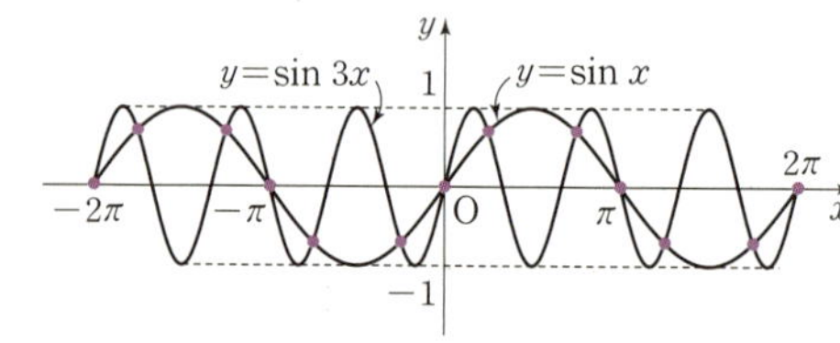

따라서 구하는 서로 다른 실근의 개수는 13이다.

0804 답 ③

$\sqrt{1-\sin^2 2x}=\sin x$에서

$\sqrt{\cos^2 2x}=\sin x$

$\therefore |\cos 2x|=\sin x$)$\sqrt{a^2}=|a|$이다.

이때 주어진 방정식의 서로 다른 실근의 개수는 두 함수 $y=|\cos 2x|$, $y=\sin x$의 그래프의 교점의 개수와 같고, 다음 그림과 같이 교점의 개수는 3이다.

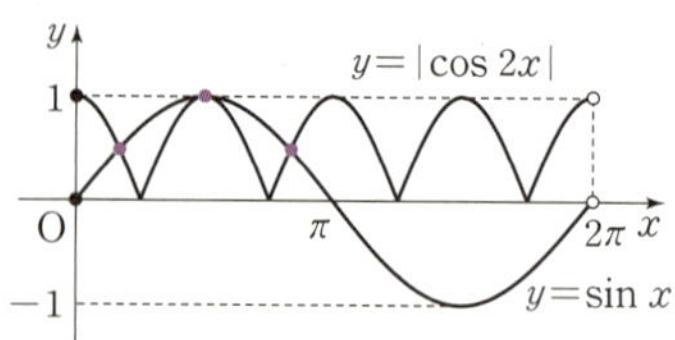

따라서 구하는 서로 다른 실근의 개수는 3이다.

0805 답 7

0806 답 ①

$\cos^2 x+\cos\left(\dfrac{\pi}{2}+x\right)+k=0$에서

$(1-\sin^2 x)-\sin x+k=0$

$\therefore \sin^2 x+\sin x-1=k$

즉, 주어진 방정식이 실근을 가지려면 함수 $y=\sin^2 x+\sin x-1$
의 그래프와 직선 $y=k$가 적어도 한 점에서 만나야 한다.

이때 $\sin x=t$라 하면 $-1\leq t\leq 1$이고

$y=\sin^2 x+\sin x-1$에서

$y=t^2+t-1=\left(t+\dfrac{1}{2}\right)^2-\dfrac{5}{4}$

이므로 오른쪽 그림과 같이 함수
$y=t^2+t-1$의 그래프와 직선 $y=k$
가 만나도록 하는 k의 값의 범위는
$-\dfrac{5}{4}\leq k\leq 1$

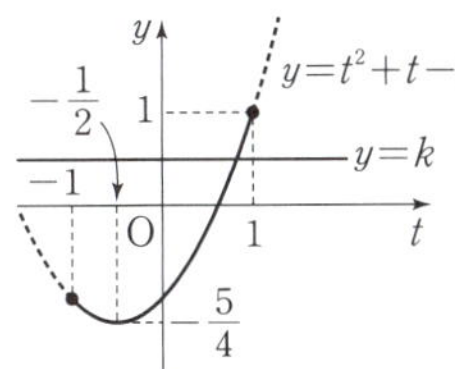

따라서 구하는 실수 k의 최댓값은 1
이다.

0807 답 12

$8\sin\left(x+\dfrac{\pi}{6}\right)-k=0$에서 $\sin\left(x+\dfrac{\pi}{6}\right)=\dfrac{k}{8}$

즉, 주어진 방정식의 실근의 개수는 $0\leq x<\pi$에서 함수
$y=\sin\left(x+\dfrac{\pi}{6}\right)$의 그래프와 직선 $y=\dfrac{k}{8}$의 교점의 개수와 같다.

이때 $x+\dfrac{\pi}{6}=t$라 하면 $0\leq x<\pi$에서 $\dfrac{\pi}{6}\leq t<\dfrac{7}{6}\pi$이고

$\sin\left(x+\dfrac{\pi}{6}\right)=\dfrac{k}{8}$에서

$\sin t=\dfrac{k}{8}$

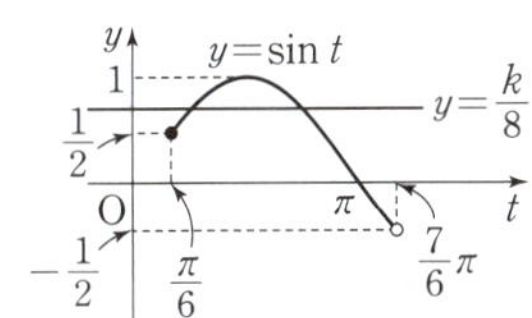

(ⅰ) 오직 하나의 실근을 가질 때

$\quad\dfrac{k}{8}=1$ 또는 $-\dfrac{1}{2}<\dfrac{k}{8}<\dfrac{1}{2}$

$\quad\therefore k=8$ 또는 $-4<k<4$

$\quad$즉, 조건을 만족시키는 정수 k의 개수는

$\quad-3,\ -2,\ -1,\ 0,\ 1,\ 2,\ 3,\ 8$의 8

(ⅱ) 서로 다른 두 개의 실근을 가질 때

$\quad\dfrac{1}{2}\leq\dfrac{k}{8}<1 \qquad \therefore 4\leq k<8$

$\quad$즉, 조건을 만족시키는 정수 k의 개수는

$\quad 4,\ 5,\ 6,\ 7$의 4

(ⅰ), (ⅱ)에서 $m=8,\ n=4$이므로

$m+n=8+4=12$

선생님 톡톡

주어진 방정식의 실근이 1개일 때와 2개일 때의 정수 k의 개수의 합을
구하는 문제야.

그런데 함수 $y=\sin\left(x+\dfrac{\pi}{6}\right)$의 그래프와 직선 $y=\dfrac{k}{8}$의 교점은 1개 또는

2개지? 즉, 경우를 나누지 않아도 교점이 생기는 $\dfrac{k}{8}$의 값의 범위인

$-\dfrac{1}{2}<\dfrac{k}{8}\leq 1$을 만족시키는 정수 k의 개수를 구해도 돼.

0808 답 ②

주어진 방정식이 실근을 가지려면 함수 $y=\dfrac{3}{3-2\cos x}$의 그래

프와 직선 $y=k$가 적어도 한 점에서 만나야 한다.

이때 $\cos x=t$라 하면 $-1\leq t\leq 1$이고

$y=\dfrac{3}{3-2\cos x}$에서 $y=\dfrac{3}{3-2t}=-\dfrac{3}{2\left(t-\dfrac{3}{2}\right)}$

이므로 오른쪽 그림과 같이 함수
$y=\dfrac{3}{3-2t}$의 그래프와 직선 $y=k$가
만나도록 하는 k의 값의 범위는
$\dfrac{3}{5}\leq k\leq 3$

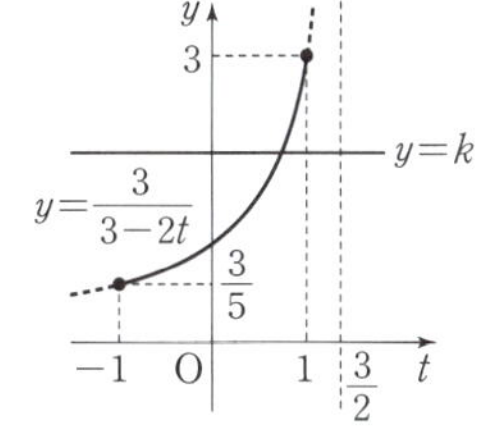

따라서 $M=3,\ m=\dfrac{3}{5}$이므로

$M-m=3-\dfrac{3}{5}=\dfrac{12}{5}$

0809 답 ②

$\dfrac{1-2\sin\left(\dfrac{3}{2}\pi+x\right)}{\cos x+2}=k$에서

$\dfrac{2\cos x+1}{\cos x+2}=k$

즉, 주어진 방정식이 실근을 가지려면 $\dfrac{\pi}{2}\leq x<\dfrac{3}{2}\pi$에서 함수

$y=\dfrac{2\cos x+1}{\cos x+2}$의 그래프와 직선 $y=k$가 적어도 한 점에서 만나
야 한다.

이때 $\cos x=t$라 하면 $\dfrac{\pi}{2}\leq x<\dfrac{3}{2}\pi$에서 $-1\leq t\leq 0$이고

$y=\dfrac{2\cos x+1}{\cos x+2}$에서

$y=\dfrac{2t+1}{t+2}=-\dfrac{3}{t+2}+2$

이므로 오른쪽 그림과 같이 함수
$y=\dfrac{2t+1}{t+2}$의 그래프와 직선 $y=k$
가 만나도록 하는 k의 값의 범위는
$-1\leq k\leq\dfrac{1}{2}$

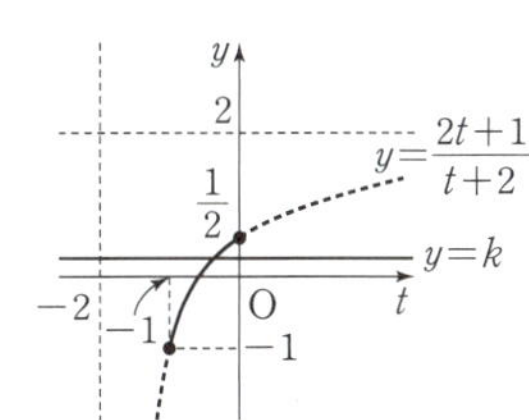

따라서 주어진 조건을 만족시키는
정수 k의 값은 -1, 0이므로 그 합은
$-1+0=-1$

0810 답 $\dfrac{10}{3}\pi$

0811 답 ①

$\dfrac{\pi}{2}\left(x+\dfrac{1}{3}\right)=t$라 하면 $0\leq x<4$에서 $\dfrac{\pi}{6}\leq t<\dfrac{13}{6}\pi$이고

$2\cos\dfrac{\pi}{2}\left(x+\dfrac{1}{3}\right)\leq\sqrt{2}$에서

$2\cos t\leq\sqrt{2} \qquad \therefore \cos t\leq\dfrac{\sqrt{2}}{2}$

즉, 오른쪽 그림과 같이
$\dfrac{\pi}{6}\leq t<\dfrac{13}{6}\pi$에서 위의 부등
식을 만족시키는 t의 값의 범
위는

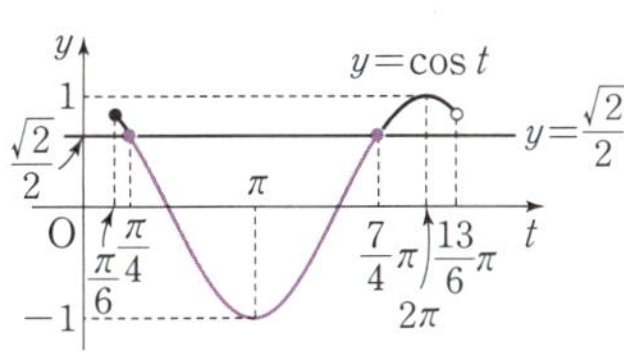

$\dfrac{\pi}{4}\leq t\leq\dfrac{7}{4}\pi$

즉, $\dfrac{\pi}{4}\leq\dfrac{\pi}{2}\left(x+\dfrac{1}{3}\right)\leq\dfrac{7}{4}\pi$이므로

$\dfrac{1}{2}\leq x+\dfrac{1}{3}\leq\dfrac{7}{2} \qquad \therefore \dfrac{1}{6}\leq x\leq\dfrac{19}{6}$

따라서 주어진 부등식을 만족시키는 정수 x의 값은 1, 2, 3이므로 그 합은

$1+2+3=6$

0812 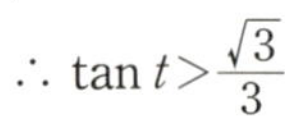 ①

$2x=t$라 하면 $0 \leq x < \pi$에서 $0 \leq t < 2\pi$이고

$\sqrt{3} \tan 2x - 1 > 0$에서

$\sqrt{3} \tan t - 1 > 0$

$\therefore \tan t > \dfrac{\sqrt{3}}{3}$

즉, 오른쪽 그림과 같이 $0 \leq t < 2\pi$에서 위의 부등식을 만족시키는 t의 값의 범위는

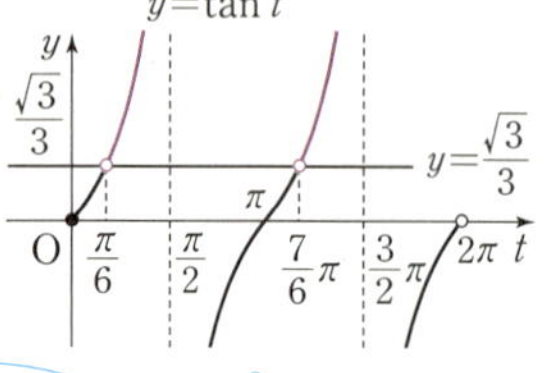

$\dfrac{\pi}{6} < t < \dfrac{\pi}{2}$ 또는 $\dfrac{7}{6}\pi < t < \dfrac{3}{2}\pi$

즉, $\dfrac{\pi}{6} < 2x < \dfrac{\pi}{2}$ 또는 $\dfrac{7}{6}\pi < 2x < \dfrac{3}{2}\pi$

$\therefore \dfrac{\pi}{12} < x < \dfrac{\pi}{4}$ 또는 $\dfrac{7}{12}\pi < x < \dfrac{3}{4}\pi$

따라서 $a=\dfrac{\pi}{12}$, $b=\dfrac{\pi}{4}$, $c=\dfrac{7}{12}\pi$, $d=\dfrac{3}{4}\pi$이므로

$b+d-(a+c)=\dfrac{\pi}{4}+\dfrac{3}{4}\pi-\left(\dfrac{\pi}{12}+\dfrac{7}{12}\pi\right)=\dfrac{\pi}{3}$

0813 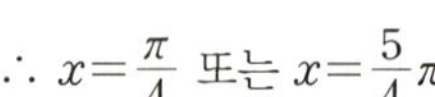 ①

$0 \leq x < 2\pi$에서 방정식 $\sin x = \cos x$의 해는

$\dfrac{\sin x}{\cos x}=1$에서

$\tan x = 1$

$\therefore x=\dfrac{\pi}{4}$ 또는 $x=\dfrac{5}{4}\pi$

즉, 두 함수 $y=\sin x$, $y=\cos x$의 그래프는 오른쪽 그림과 같이 $x=\dfrac{\pi}{4}$ 또는 $x=\dfrac{5}{4}\pi$에서 만난다.

$0 \leq x < 2\pi$에서 주어진 부등식을 만족시키는 x의 값의 범위는

$\dfrac{\pi}{4} < x < \dfrac{5}{4}\pi$ $\therefore \alpha=\dfrac{\pi}{4}$, $\beta=\dfrac{5}{4}\pi$

$\therefore \sin(\alpha+\beta)+\cos(\alpha-\beta)$

$=\sin\left(\dfrac{\pi}{4}+\dfrac{5}{4}\pi\right)+\cos\left(\dfrac{\pi}{4}-\dfrac{5}{4}\pi\right)$

$=\sin\dfrac{3}{2}\pi+\cos(-\pi)$

$=-1+(-1)=-2$

sin $x>\cos x$에서 $\tan x>1$로 나타내어 부등식을 풀면 안 돼! $\cos x$의 값이 음수 또는 0이 될 수 있어서 항상 $\tan x>1$이라 할 수 없거든.

0814  ③

$\dfrac{\pi}{4}x=t$라 하면 $0 \leq x \leq 8$에서 $0 \leq t \leq 2\pi$이고

$-1 \leq 2\cos\dfrac{\pi}{4}x \leq \sqrt{3}$에서 $-1 \leq 2\cos t \leq \sqrt{3}$

$\therefore -\dfrac{1}{2} \leq \cos t \leq \dfrac{\sqrt{3}}{2}$

즉, 오른쪽 그림과 같이 $0 \leq t \leq 2\pi$에서 위의 부등식을 만족시키는 t의 값의 범위는

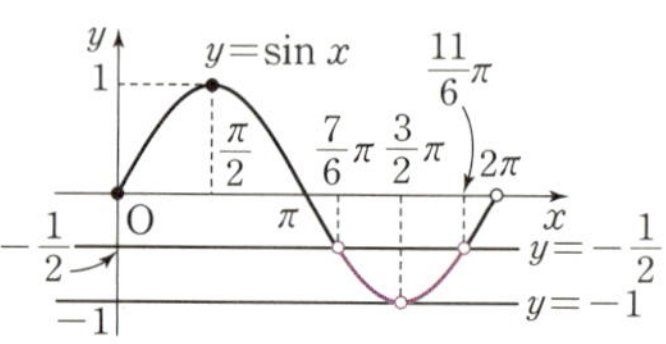

$\dfrac{\pi}{6} \leq t \leq \dfrac{2}{3}\pi$ 또는

$\dfrac{4}{3}\pi \leq t \leq \dfrac{11}{6}\pi$

즉, $\dfrac{\pi}{6} \leq \dfrac{\pi}{4}x \leq \dfrac{2}{3}\pi$ 또는 $\dfrac{4}{3}\pi \leq \dfrac{\pi}{4}x \leq \dfrac{11}{6}\pi$

$\therefore \dfrac{2}{3} \leq x \leq \dfrac{8}{3}$ 또는 $\dfrac{16}{3} \leq x \leq \dfrac{22}{3}$

따라서 주어진 부등식을 만족시키는 정수 x의 개수는 1, 2, 6, 7의 4

0815 답 2π

0816 답 ④

$\sin^2 x - \cos^2 x + 3\sin x + 2 < 0$에서

$\sin^2 x - (1-\sin^2 x) + 3\sin x + 2 < 0$

$2\sin^2 x + 3\sin x + 1 < 0$

$(\sin x + 1)(2\sin x + 1) < 0$

$\therefore -1 < \sin x < -\dfrac{1}{2}$

즉, 오른쪽 그림과 같이 $0 \leq x < 2\pi$에서 주어진 부등식을 만족시키는 x의 값의 범위는

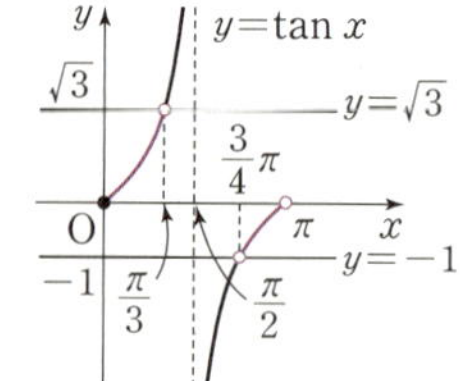

$\dfrac{7}{6}\pi < x < \dfrac{3}{2}\pi$ 또는 $\dfrac{3}{2}\pi < x < \dfrac{11}{6}\pi$

따라서 $a=\dfrac{7}{6}\pi$, $b=\dfrac{3}{2}\pi$, $c=\dfrac{3}{2}\pi$, $d=\dfrac{11}{6}\pi$이므로

$c+d-(a+b)=\dfrac{3}{2}\pi+\dfrac{11}{6}\pi-\left(\dfrac{7}{6}\pi+\dfrac{3}{2}\pi\right)=\dfrac{2}{3}\pi$

0817 답 ⑤

$\tan^2 x - (\sqrt{3}-1)\tan x < \sqrt{3}$에서

$\tan^2 x - (\sqrt{3}-1)\tan x - \sqrt{3} < 0$

$(\tan x + 1)(\tan x - \sqrt{3}) < 0$

$\therefore -1 < \tan x < \sqrt{3}$

즉, 오른쪽 그림과 같이 $0 \leq x < \pi$에서 주어진 부등식을 만족시키는 x의 값의 범위는

$0 \leq x < \dfrac{\pi}{3}$ 또는 $\dfrac{3}{4}\pi < x < \pi$

따라서 $a=0$, $b=\dfrac{\pi}{3}$, $c=\dfrac{3}{4}\pi$, $d=\pi$이므로

$a+b+c+d=0+\dfrac{\pi}{3}+\dfrac{3}{4}\pi+\pi=\dfrac{25}{12}\pi$

0818 답 4

$\sin^2 x \geq \cos^2 x$에서

$\sin^2 x \geq 1-\sin^2 x$

$\sin^2 x \geq \dfrac{1}{2}$

$\therefore \sin x \leq -\dfrac{\sqrt{2}}{2}$ 또는 $\sin x \geq \dfrac{\sqrt{2}}{2}$

즉, 오른쪽 그림과 같이
$0\leq x<2\pi$에서 주어진
부등식을 만족시키는 x
의 값의 범위는

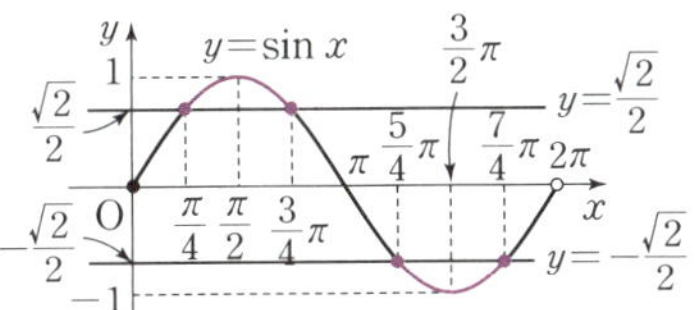

$\dfrac{\pi}{4}\leq x\leq\dfrac{3}{4}\pi$ 또는

$\dfrac{5}{4}\pi\leq x\leq\dfrac{7}{4}\pi$

따라서 $a=\dfrac{\pi}{4}$, $b=\dfrac{3}{4}\pi$, $c=\dfrac{5}{4}\pi$, $d=\dfrac{7}{4}\pi$이므로

$a+b+c+d=\dfrac{\pi}{4}+\dfrac{3}{4}\pi+\dfrac{5}{4}\pi+\dfrac{7}{4}\pi=4\pi$

$\therefore k=4$

0819 답 ③

$1-2\sin^2\dfrac{\pi}{4}x<\sqrt{1-\sin^2\dfrac{\pi}{4}x}$에서

$1-2\sin^2\dfrac{\pi}{4}x<\sqrt{\cos^2\dfrac{\pi}{4}x}$

$1-2\left(1-\cos^2\dfrac{\pi}{4}x\right)<\sqrt{\cos^2\dfrac{\pi}{4}x}$

$-1+2\cos^2\dfrac{\pi}{4}x<\left|\cos\dfrac{\pi}{4}x\right|$

$\therefore 2\cos^2\dfrac{\pi}{4}x-\left|\cos\dfrac{\pi}{4}x\right|-1<0$

이때 $\cos\dfrac{\pi}{4}x=t$라 하면 $-1\leq t\leq 1$이므로

$2|t|^2-|t|-1<0$ $t^2=|t|^2$이므로

$(2|t|+1)(|t|-1)<0$

$|t|-1<0$ $(\because 2|t|+1>0)$

$\therefore |t|<1$

즉, $\left|\cos\dfrac{\pi}{4}x\right|<1$이므로 오른
쪽 그림과 같이 $0\leq x<8$에서
주어진 부등식을 만족시키는 x
의 값의 범위는

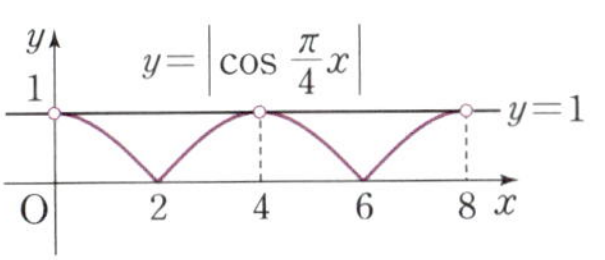

$0<x<4$ 또는 $4<x<8$
따라서 구하는 정수 x의 개수는
$1, 2, 3, 5, 6, 7$의 6

0820 답 ③

0821 답 ③

주어진 이차방정식의 판별식을 D라 하면

$\dfrac{D}{4}=\sin^2\theta-\sin\theta\geq 0$

$\sin\theta(\sin\theta-1)\geq 0$

$\therefore \sin\theta\leq 0$ 또는 $\sin\theta\geq 1$
즉, 오른쪽 그림과 같이 $0\leq\theta<\pi$에서 위의
부등식을 만족시키는 θ의 값은

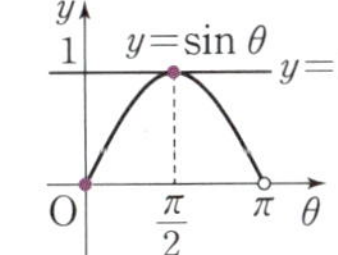

$\theta=0$ 또는 $\theta=\dfrac{\pi}{2}$

따라서 $p=0$, $q=\dfrac{\pi}{2}$ 또는 $p=\dfrac{\pi}{2}$, $q=0$이므로

$p+q=0+\dfrac{\pi}{2}=\dfrac{\pi}{2}$

0822 답 ④

이차방정식 $x^2-4x\sin\theta+1=0$의 판별식을 D라 하면 주어진
부등식이 모든 실수 x에 대하여 성립해야 하므로

$\dfrac{D}{4}=(-2\sin\theta)^2-1\cdot 1\leq 0$

$(2\sin\theta+1)(2\sin\theta-1)\leq 0$

$\therefore -\dfrac{1}{2}\leq\sin\theta\leq\dfrac{1}{2}$

즉, 오른쪽 그림과 같이
$\dfrac{\pi}{2}\leq\theta\leq\dfrac{3}{2}\pi$에서 위의
부등식을 만족시키는
θ의 값의 범위는

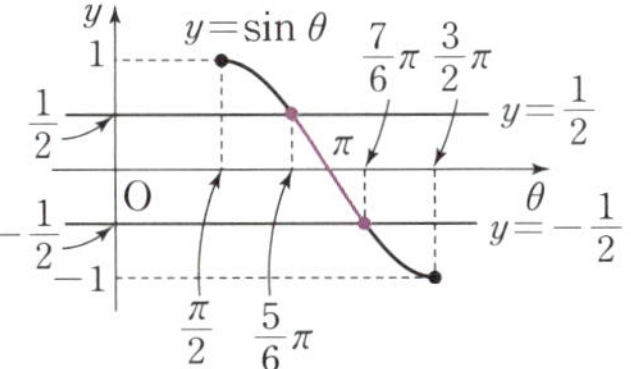

$\dfrac{5}{6}\pi\leq\theta\leq\dfrac{7}{6}\pi$

따라서 $\alpha=\dfrac{5}{6}\pi$, $\beta=\dfrac{7}{6}\pi$이므로

$\alpha+\beta=\dfrac{5}{6}\pi+\dfrac{7}{6}\pi=2\pi$

0823 답 ⑤

$f(x)=x^2-x\cos\theta+2\cos\theta-1$이라 하면 함수 $y=f(x)$의 그
래프는 x축과 서로 다른 두 점에서 만나야 한다.
그중 한 점의 x좌표는 0보다 크고 1보다 작고, 다른 한 점의 x좌
표는 0보다 작거나 1보다 커야 하므로 함수 $y=f(x)$의 그래프의
개형은 [그림 1] 또는 [그림 2]이다.

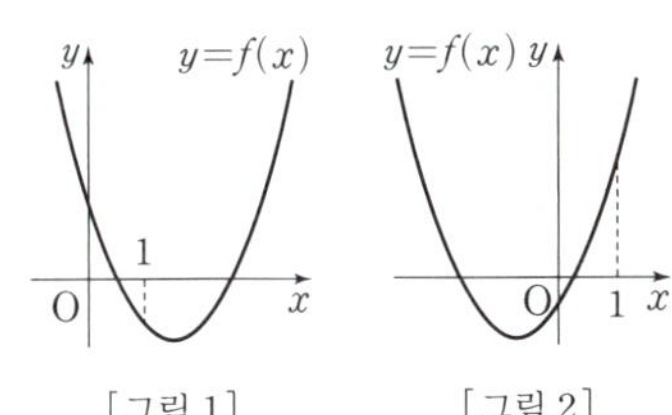

[그림 1]   [그림 2]

즉, $f(0)f(1)<0$이고   [그림 1]에서 $f(0)>0$, $f(1)<0$이므로 $f(0)f(1)<0$
                [그림 2]에서 $f(0)<0$, $f(1)>0$이므로 $f(0)f(1)<0$

$f(0)=2\cos\theta-1$,

$f(1)=1-\cos\theta+2\cos\theta-1=\cos\theta$

이므로

$(2\cos\theta-1)\cos\theta<0$

$\therefore 0<\cos\theta<\dfrac{1}{2}$

오른쪽 그림과 같이 $0\leq\theta<\dfrac{\pi}{2}$에서
위의 부등식을 만족시키는 θ의 값의 범위는

$\dfrac{\pi}{3}<\theta<\dfrac{\pi}{2}$

따라서 θ의 값이 될 수 있는 것은 ⑤ $\dfrac{5}{12}\pi$이다.

0824 답 ③

$f(x)=x^2-x\cos\theta-3\cos\theta+1$, $g(x)=x\cos\theta-\sin^2\theta$라
하자.
두 함수 $y=f(x)$, $y=g(x)$의 그래프가 한 점에서 만나려면 이차
방정식 $f(x)=g(x)$의 판별식을 D라 할 때, $D=0$이어야 한다.

$x^2-x\cos\theta-3\cos\theta+1=x\cos\theta-\sin^2\theta$

$x^2-2x\cos\theta-3\cos\theta+\sin^2\theta+1=0$

이므로

$$\frac{D}{4} = (-\cos\theta)^2 - (-3\cos\theta + \sin^2\theta + 1)$$
$$= \cos^2\theta + 3\cos\theta - \sin^2\theta - 1$$
$$= \cos^2\theta + 3\cos\theta - (1 - \cos^2\theta) - 1$$
$$= 2\cos^2\theta + 3\cos\theta - 2$$
$$= (\cos\theta + 2)(2\cos\theta - 1) = 0$$

에서 $2\cos\theta - 1 = 0\ (\because \cos\theta + 2 > 0)$

$\therefore \cos\theta = \dfrac{1}{2}$

즉, 오른쪽 그림과 같이 $0 \le \theta < 2\pi$에서 위의 방정식을 만족시키는 θ의 값은

$\theta = \dfrac{\pi}{3}$ 또는 $\theta = \dfrac{5}{3}\pi$

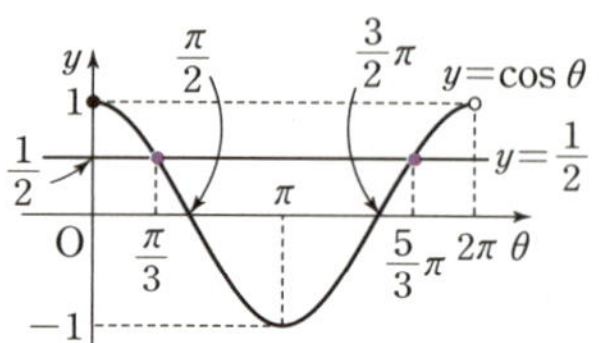

따라서 $\alpha = \dfrac{\pi}{3}$, $\beta = \dfrac{5}{3}\pi$이므로

$\beta - \alpha = \dfrac{5}{3}\pi - \dfrac{\pi}{3} = \dfrac{4}{3}\pi$

본문 130~133쪽

0825 답 ③

함수 $g(x)$를 간단히 나타낸 후 ㄱ, ㄴ, ㄷ의 참, 거짓을 판별한다.

$$g(x) = \tan\frac{x + 3\pi}{3}$$
$$= \tan\left(\pi + \frac{x}{3}\right)$$
$$= \tan\frac{x}{3}$$

ㄱ. 함수 $f(x)$의 주기는 $\dfrac{2\pi}{\frac{2}{3}} = 3\pi$이고, 함수 $g(x)$의 주기는

$\dfrac{\pi}{\frac{1}{3}} = 3\pi$이므로 두 함수는 모두 주기가 3π인 주기함수이다.

(참)

ㄴ. $f(-x) = \sin\left(-\dfrac{2}{3}x\right) = -\sin\dfrac{2}{3}x = -f(x)$,

$g(-x) = \tan\left(-\dfrac{x}{3}\right) = -\tan\dfrac{x}{3} = -g(x)$

즉, 두 함수 $y = f(x)$, $y = g(x)$의 그래프는 모두 원점에 대하여 대칭이다. (참)

ㄷ. 함수 $g(x) = \tan\dfrac{x}{3}$는 집합 $\left\{ x \,\middle|\, x = 3n\pi + \dfrac{3}{2}\pi\ (n은\ 정수) \right\}$

에서 정의되지 않는다. (거짓)

따라서 옳은 것은 ㄱ, ㄴ이다.

0826 답 ③

삼각함수의 그래프의 대칭성을 이용하여 도형을 분할한 후 같은 모양의 도형을 찾아 이동시킨다.

함수 $y = -\cos\pi x + 1$의 그래프는 오른쪽 그림과 같고 빗금친 부분의 넓이는 같으므로 구하는 도형의 넓이는 가로의 길이가

$\dfrac{3}{2} - \dfrac{1}{2} = 1$, 세로의 길이가 2인 직사각형의 넓이와 같다.

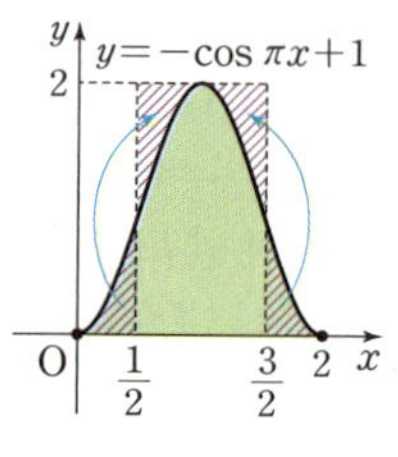

따라서 구하는 도형의 넓이는

$1 \cdot 2 = 2$

0827 답 1

함수 $y = \dfrac{\pi}{2}\sin x$의 치역이 함수 $y = \tan x$의 정의역이다.

$\dfrac{\pi}{6} \le x < \dfrac{\pi}{2}$에서 함수 $y = \dfrac{\pi}{2}\sin x$의 그래프는 오른쪽 그림과 같으므로

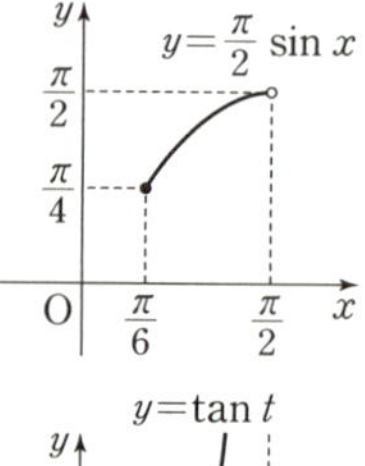

$\dfrac{\pi}{2}\sin x = t$라 하면

$\dfrac{\pi}{4} \le t < \dfrac{\pi}{2}$

따라서 함수 $y = \tan t$의 그래프는 오른쪽 그림과 같으므로 구하는 함수의 최솟값은

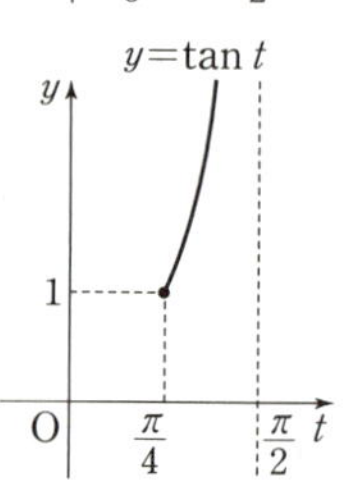

$t = \dfrac{\pi}{4}$, 즉 $x = \dfrac{\pi}{6}$일 때 1이다.

0828 답 17

각을 치환한 후 방정식을 푼다.

$\left(x + \dfrac{1}{6}\right)\pi = t$라 하면 $0 \le x < 3$에서 $\dfrac{\pi}{6} \le t < \dfrac{19}{6}\pi$이고

$\tan\left(x + \dfrac{1}{6}\right)\pi - 1 = 0$에서 $\tan t = 1$

$\therefore t = \dfrac{\pi}{4}$ 또는 $t = \dfrac{5}{4}\pi$

또는 $t = \dfrac{9}{4}\pi$

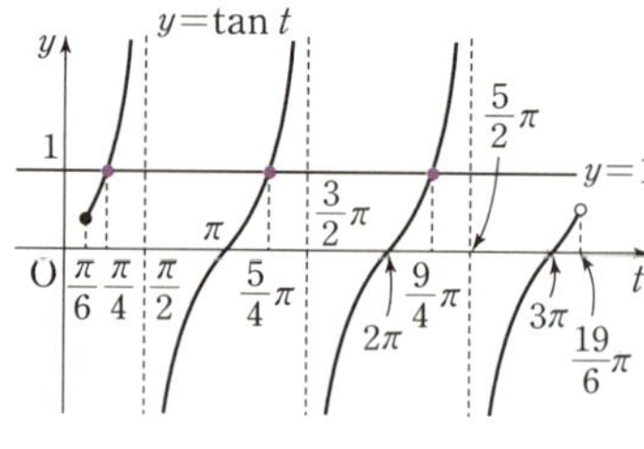

즉, $\left(x + \dfrac{1}{6}\right)\pi = \dfrac{\pi}{4}$ 또는

$\left(x + \dfrac{1}{6}\right)\pi = \dfrac{5}{4}\pi$ 또는

$\left(x + \dfrac{1}{6}\right)\pi = \dfrac{9}{4}\pi$

$\therefore x = \dfrac{1}{12}$ 또는 $x = \dfrac{13}{12}$ 또는 $x = \dfrac{25}{12}$

따라서 모든 실근의 합은

$\dfrac{1}{12} + \dfrac{13}{12} + \dfrac{25}{12} = \dfrac{13}{4}$

이므로 $p = 4$, $q = 13$

$\therefore p + q = 4 + 13 = 17$

0829 답 ③

각을 치환한 후 각각의 부등식을 풀어 공통 범위를 구한다.

$x+\dfrac{\pi}{4}=t$라 하면 $0\le x<2\pi$에서 $\dfrac{\pi}{4}\le t<\dfrac{9}{4}\pi$이고

$\sin\left(x+\dfrac{\pi}{4}\right)\le\dfrac{\sqrt{2}}{2}$에서

$\sin t\le\dfrac{\sqrt{2}}{2}$

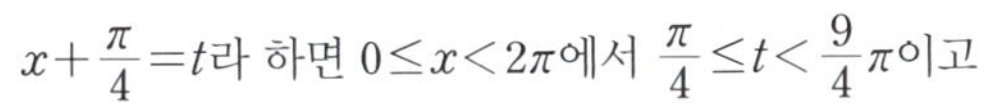

$\therefore\ t=\dfrac{\pi}{4}$ 또는

$\dfrac{3}{4}\pi\le t<\dfrac{9}{4}\pi$ $\qquad$ ……㉠

$\cos\left(x+\dfrac{\pi}{4}\right)\ge-\dfrac{\sqrt{2}}{2}$에서

$\cos t\ge-\dfrac{\sqrt{2}}{2}$

$\therefore\ \dfrac{\pi}{4}\le t\le\dfrac{3}{4}\pi$ 또는

$\dfrac{5}{4}\pi\le t<\dfrac{9}{4}\pi$ $\qquad$ ……㉡

㉠, ㉡의 공통 범위는

$t=\dfrac{\pi}{4}$ 또는 $t=\dfrac{3}{4}\pi$ 또는 $\dfrac{5}{4}\pi\le t<\dfrac{9}{4}\pi$

즉, $x+\dfrac{\pi}{4}=\dfrac{\pi}{4}$ 또는 $x+\dfrac{\pi}{4}=\dfrac{3}{4}\pi$ 또는 $\dfrac{5}{4}\pi\le x+\dfrac{\pi}{4}<\dfrac{9}{4}\pi$

$\therefore\ x=0$ 또는 $x=\dfrac{\pi}{2}$ 또는 $\pi\le x<2\pi$

$\therefore\ p+q+r+s=0+\dfrac{\pi}{2}+\pi+2\pi=\dfrac{7}{2}\pi$

0830 답 ③

각을 같게 한 후 주어진 식을 인수분해한다.

$2\cos\left(x-\dfrac{\pi}{2}\right)=\sqrt{2}\tan x$에서

$2\sin x=\sqrt{2}\tan x$ $\qquad$ $\cos\left(x-\dfrac{\pi}{2}\right)=\cos\left(\dfrac{\pi}{2}-x\right)=\sin x$

$2\sin x\cos x=\sqrt{2}\sin x\ \left(\because\ \tan x=\dfrac{\sin x}{\cos x}\right)$

$2\sin x\cos x-\sqrt{2}\sin x=0$

$\sin x(2\cos x-\sqrt{2})=0$

$\therefore\ \sin x=0$ 또는 $\cos x=\dfrac{\sqrt{2}}{2}$

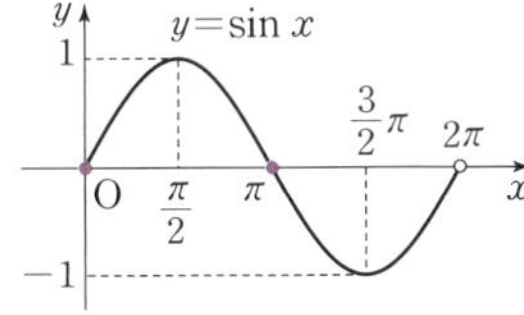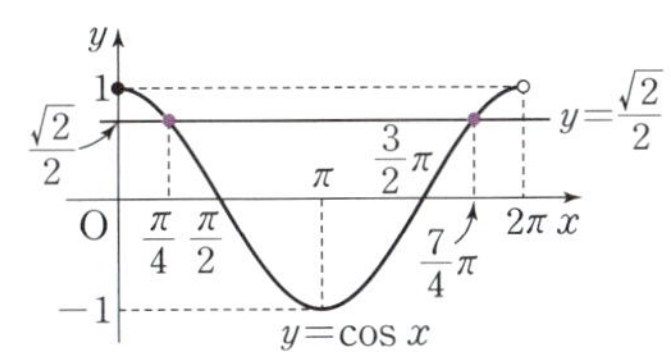

(ⅰ) $\sin x=0$일 때, $x=0$ 또는 $x=\pi$

(ⅱ) $\cos x=\dfrac{\sqrt{2}}{2}$일 때, $x=\dfrac{\pi}{4}$ 또는 $x=\dfrac{7}{4}\pi$

(ⅰ), (ⅱ)에서 구하는 모든 실수 x의 값의 합은

$0+\pi+\dfrac{\pi}{4}+\dfrac{7}{4}\pi=3\pi$

0831 답 6

한 문자를 소거하여 하나의 삼각함수로 나타낸다.

$x+y=\dfrac{5}{6}\pi$에서 $y=\dfrac{5}{6}\pi-x$이고, $x-\dfrac{\pi}{4}=t$라 하면

$\cos\left(x-\dfrac{\pi}{4}\right)+\sin\left(y+\dfrac{23}{12}\pi\right)+3$에서

$\cos t+\sin\left\{\left(\dfrac{5}{6}\pi-x\right)+\dfrac{23}{12}\pi\right\}+3$

$=\cos t+\sin\left(\dfrac{11}{4}\pi-x\right)+3$

$=\cos t+\sin\left\{\dfrac{11}{4}\pi-\left(t+\dfrac{\pi}{4}\right)\right\}+3$

$=\cos t+\sin\left(\dfrac{5}{2}\pi-t\right)+3$

$=\cos t+\cos t+3$ $\qquad$ $\sin\left(\dfrac{5}{2}\pi-t\right)=\sin\left(\dfrac{\pi}{2}-t\right)=\cos t$

$=2\cos t+3$

따라서 최댓값과 최솟값은 각각

$2+3=5,\ -2+3=1$

이므로 최댓값과 최솟값의 합은

$5+1=6$

0832 답 ④

x의 값에 따라 $\sin\left(\dfrac{\pi}{2}x+\dfrac{\pi}{3}\right)$가 변환되는 꼴을 이용하여 주어진 식을 간단히 한다.

$\sin\left(\dfrac{\pi}{2}+\theta\right)=\cos\theta,\ \sin(\pi+\theta)=-\sin\theta,$

$\sin\left(\dfrac{3}{2}\pi+\theta\right)=-\cos\theta,\ \sin(2\pi+\theta)=\sin\theta$

이므로 임의의 자연수 n에 대하여

$f(n)+f(n+1)+f(n+2)+f(n+3)=0$

$\therefore\ f(1)+f(2)+f(3)+\cdots+f(25)$

$\quad=f(1)+\{f(2)+f(3)+f(4)+f(5)\}+\cdots$

$\qquad\qquad\qquad+\{f(22)+f(23)+f(24)+f(25)\}$

$\quad=f(1)$

$\quad=\sin\left(\dfrac{\pi}{2}+\dfrac{\pi}{3}\right)$

$\quad=\cos\dfrac{\pi}{3}$

$\quad=\dfrac{1}{2}$

0833 답 ①

$\sin^2 x+\cos^2 x=1$을 이용하여 주어진 식을 인수분해한다.

$1+\sin x\cos x=\cos^2 x$에서

$1+\sin x\cos x=1-\sin^2 x$

$\sin^2 x+\sin x\cos x=0$

$\sin x(\sin x+\cos x)=0$

$\therefore\ \sin x=0$ 또는 $\sin x+\cos x=0$

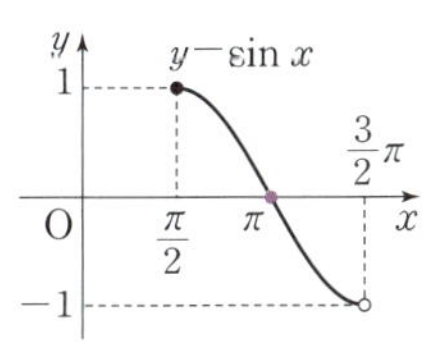

(ⅰ) $\sin x=0$일 때

$\quad x=\pi$

(ⅱ) $\sin x+\cos x=0$일 때

$\quad \sin x+\cos x=0$에서

$$\sin x = -\cos x$$
$$\tan x = -1$$
$$\therefore \ x = \frac{3}{4}\pi$$

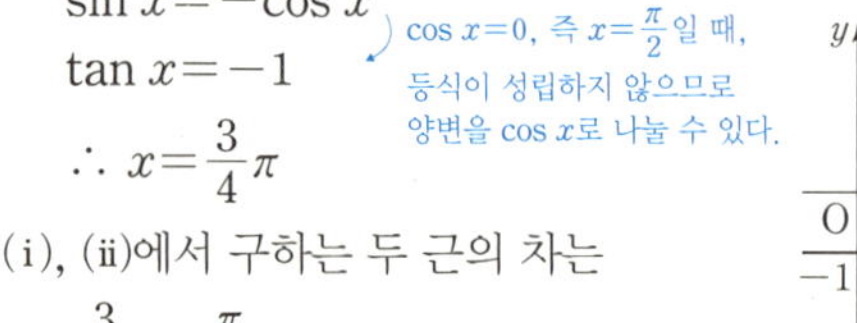

(i), (ii)에서 구하는 두 근의 차는

$$\pi - \frac{3}{4}\pi = \frac{\pi}{4}$$

0834 답 ③

치환을 이용하여 각을 같게 한 후 제한된 범위에서의 그래프를 확인하여 최 댓값과 최솟값을 구한다.

$x - \dfrac{\pi}{6} = t$라 하면 $\dfrac{\pi}{2} \leq x \leq \dfrac{3}{2}\pi$에서 $\dfrac{\pi}{3} \leq t \leq \dfrac{4}{3}\pi$

$$\begin{aligned}
\therefore \ y &= \cos\left(x - \frac{\pi}{6}\right) + 3\sin\left(x - \frac{2}{3}\pi\right) + 1 \\
&= \cos t + 3\sin\left(t - \frac{\pi}{2}\right) + 1 \\
&= \cos t - 3\cos t + 1 \\
&= -2\cos t + 1
\end{aligned}$$

$\sin\left(t - \frac{\pi}{2}\right) = -\sin\left(\frac{\pi}{2} - t\right) = -\cos t$

따라서 주어진 함수는 오른쪽 그림과 같이

$t = \pi$일 때, 최댓값을 가지고,

$t = \dfrac{\pi}{3}$일 때, 최솟값을 가지므로

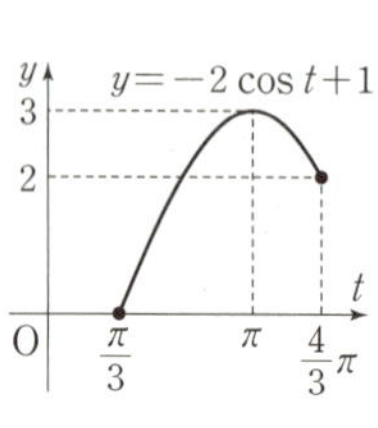

$$M = -2\cos\pi + 1 = -2\cdot(-1) + 1 = 3,$$
$$m = -2\cos\frac{\pi}{3} + 1 = -2\cdot\frac{1}{2} + 1 = 0$$
$$\therefore \ M - m = 3 - 0 = 3$$

0835 답 ②

치환을 이용하여 각을 같게 하여 하나의 삼각함수로 나타낸다.

$x - \dfrac{\pi}{4} = t$라 하면 $0 \leq x < 2\pi$에서 $-\dfrac{\pi}{4} \leq t < \dfrac{7}{4}\pi$

$\sin\left(x - \dfrac{\pi}{4}\right) + \cos\left(x - \dfrac{3}{4}\pi\right) < \sqrt{2}$에서

$\sin t + \cos\left(t - \dfrac{\pi}{2}\right) < \sqrt{2}$

$\sin t + \sin t < \sqrt{2}$

$\cos\left(t - \frac{\pi}{2}\right) = \cos\left(\frac{\pi}{2} - t\right) = \sin t$

$\therefore \ \sin t < \dfrac{\sqrt{2}}{2}$

즉, 오른쪽 그림과 같이

$-\dfrac{\pi}{4} \leq t < \dfrac{7}{4}\pi$에서 위의

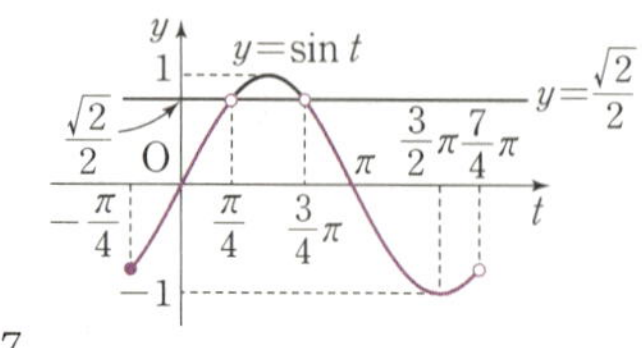

부등식을 만족시키는 t의 값의 범위는

$-\dfrac{\pi}{4} \leq t < \dfrac{\pi}{4}$ 또는 $\dfrac{3}{4}\pi < t < \dfrac{7}{4}\pi$

즉, $-\dfrac{\pi}{4} \leq x - \dfrac{\pi}{4} < \dfrac{\pi}{4}$ 또는 $\dfrac{3}{4}\pi < x - \dfrac{\pi}{4} < \dfrac{7}{4}\pi$

$\therefore \ 0 \leq x < \dfrac{\pi}{2}$ 또는 $\pi < x < 2\pi$

따라서 $a = 0$, $b = \dfrac{\pi}{2}$, $c = \pi$, $d = 2\pi$이므로

$$a + d - (b + c) = 0 + 2\pi - \left(\frac{\pi}{2} + \pi\right) = \frac{\pi}{2}$$

0836 답 10

식을 간단히 한 후 $-1 \leq \sin x \leq 1$임을 이용한다.

$\sin x + t\cos\left(x + \dfrac{3}{2}\pi\right) = 2$에서

$\sin x + t\sin x = 2$, $(1 + t)\sin x = 2$

$\therefore \ \sin x = \dfrac{2}{1 + t}$ $\ (\because \ 1 + t \neq 0)$

한편, $0 \leq x < 2\pi$에서 $-1 \leq \sin x \leq 1$이므로 주어진 방정식이 실근을 가지려면 $-1 \leq \dfrac{2}{t + 1} \leq 1$이어야 한다.

$f(t) = \dfrac{2}{t + 1}$라 하면 함수 $y = f(t)$의 그래프와 두 직선

$y = -1$, $y = 1$은 오른쪽 그림과 같

으므로 $-1 \leq \dfrac{2}{t + 1} \leq 1$을 만족시

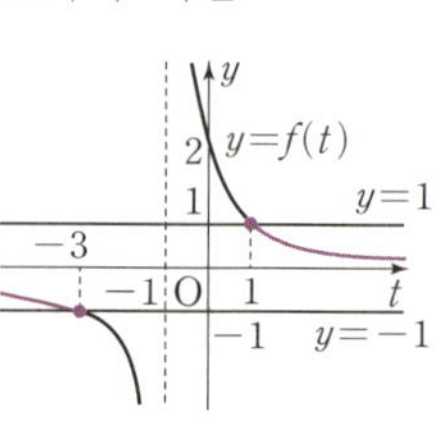

키는 실수 t의 값의 범위는

$t \leq -3$ 또는 $t \geq 1$

따라서 $p = -3$, $q = 1$이므로

$$p^2 + q^2 = (-3)^2 + 1^2 = 10$$

0837 답 0

각 θ의 크기를 구한 후 삼각함수의 성질을 이용하여 각을 변환한다.

각 θ를 나타내는 동경과 각 13θ를 나타내는 동경이 원점에 대하여 대칭이므로

$13\theta - \theta = 2n\pi + \pi$ (n은 정수), $12\theta = 2n\pi + \pi$

$\therefore \ \theta = \dfrac{2n + 1}{12}\pi$ $\quad$ ······ ㉠

이때 $0 < \theta < \dfrac{\pi}{6}$이므로 $0 < \dfrac{2n + 1}{12}\pi < \dfrac{\pi}{6}$

$\therefore \ -\dfrac{1}{2} < n < \dfrac{1}{2}$

즉, $n = 0$이므로 $\theta = \dfrac{\pi}{12}$ $\quad \therefore \ 12\theta = \pi$

따라서

$n = 0$을 ㉠에 대입한다.

$\sin 13\theta = \sin(12\theta + \theta) = \sin(\pi + \theta) = -\sin\theta$

$\sin 14\theta = \sin(12\theta + 2\theta) = \sin(\pi + 2\theta) = -\sin 2\theta$

$$\vdots$$

$\sin 24\theta = \sin(12\theta + 12\theta) = \sin(\pi + 12\theta) = -\sin 12\theta$

이므로

$$\begin{aligned}
&\sin\theta + \sin 2\theta + \sin 3\theta + \cdots + \sin 24\theta \\
&= \sin\theta + \sin 2\theta + \sin 3\theta + \cdots + \sin 12\theta \\
&\quad - \sin\theta - \sin 2\theta - \sin 3\theta - \cdots - \sin 12\theta \\
&= 0
\end{aligned}$$

0838 답 ④

식을 하나의 삼각함수로 나타내고 무리함수의 그래프를 이용한다.

$$\begin{aligned}
y &= \sqrt{3 + \sin(\pi + x) + \cos\left(x + \frac{\pi}{2}\right) + 1} \\
&= \sqrt{3 - \sin x - \sin x + 1} \\
&= \sqrt{3 - 2\sin x + 1}
\end{aligned}$$

이때 $\sin x = t$라 하면

$\dfrac{\pi}{6} \leq x \leq \dfrac{7}{6}\pi$에서 $-\dfrac{1}{2} \leq t \leq 1$이고

$y = \sqrt{3-2t}+1$

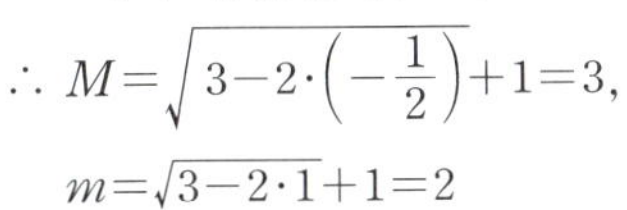

따라서 $-\dfrac{1}{2} \leq t \leq 1$에서 함수

$y = \sqrt{3-2t}+1$의 그래프는 오른쪽 그림

과 같으므로 $t = -\dfrac{1}{2}$에서 최댓값을 갖고,

$t = 1$에서 최솟값을 갖는다.

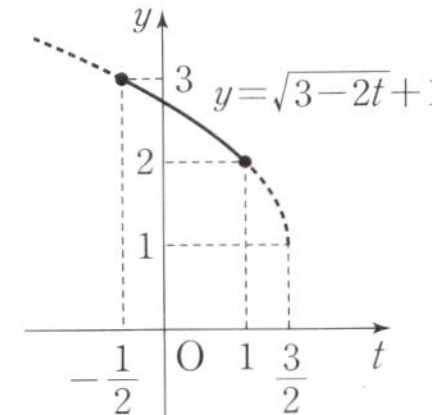

$\therefore M = \sqrt{3 - 2 \cdot \left(-\dfrac{1}{2}\right)}+1 = 3,$

$\quad m = \sqrt{3-2 \cdot 1}+1 = 2$

$\therefore M - m = 3-2 = 1$

0839 　답 ⑤

구하는 실수 t의 개수는 방정식 $f(x)=0$이 중근을 갖는 실수 t의 개수와 같다.

함수 $y=f(x)$의 그래프가 직선 $y=0$에 접해야 하므로 x에 대한

이차방정식 $f(x)=0$이 중근을 가져야 한다.

이차방정식 $x^2 - tx + 4\cos \pi t = 0$의 판별식을 D라 하면

$D = (-t)^2 - 4 \cdot 4\cos \pi t = 0$

$16\cos \pi t = t^2$

$\therefore \cos \pi t = \dfrac{t^2}{16} \quad \cdots\cdots \ \bigcirc$

이때 방정식 $\bigcirc$의 실근의 개수는 두 함수 $y = \cos \pi t$, $y = \dfrac{t^2}{16}$의

그래프의 교점의 개수와 같고, 다음 그림과 같이 교점의 개수는

10이다.

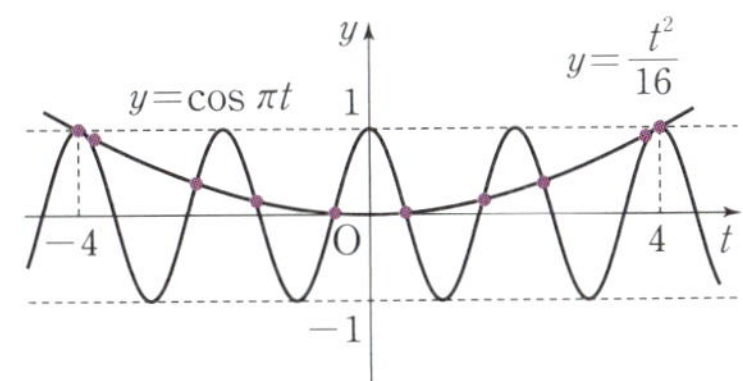

따라서 구하는 실수 t의 개수는 10이다.

0840 　답 36

조건을 만족시키는 함수의 그래프를 그려 본다.

함수 $f(x) = a\sin b\pi x$의 최댓값이 2이므로

$|a| = 2$

조건 (가)에서 $f(1) = f(3)$이고, 조건 (나)에서 곡선 $y=f(x)$와

직선 $y=f(1)$은 $1 < x < 3$에서 만나지 않으므로 함수 $y=f(x)$의

그래프는 직선 $x = \dfrac{1+3}{2}$, 즉 $x=2$에 대하여 대칭이다.

이때 조건 (가)에서

$0 < f(1) = f(3) < 2$이고,

$0 < x < \dfrac{2}{b}$이므로 조건을 만족시

키는 함수 $y=f(x)$의 그래프는

오른쪽 그림과 같다.

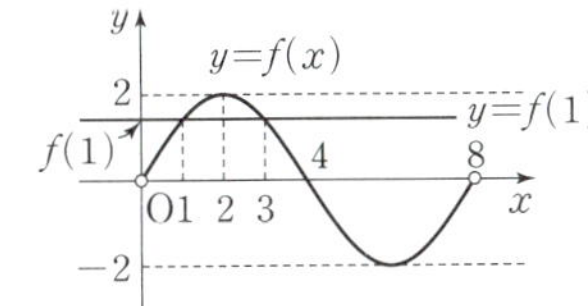

함수 $f(x)$의 주기가 8이므로

$\dfrac{2\pi}{|b\pi|} = 8$, $|b| = \dfrac{1}{4}$　$\therefore b = \dfrac{1}{4}$ $(\because b>0)$

$b > 0$이므로 $a > 0$　$\therefore a = 2$

$\therefore 16(a+b) = 16 \cdot \left(2 + \dfrac{1}{4}\right) = 36$

0841 　답 ①

먼저 $\sin \dfrac{\pi}{6}x \geq 0$, $\sin \dfrac{\pi}{6}x < 0$인 x의 값의 범위를 구하여 함수 $f(x)$의 식을 구한다.

$0 \leq x < 12$에서의 함수

$y = \sin \dfrac{\pi}{6}x$의 그래프는

오른쪽 그림과 같으므로

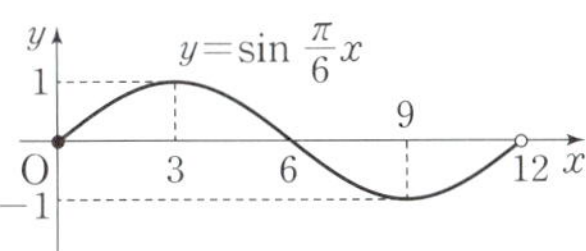

$f(x) = \begin{cases} 2\sin \dfrac{\pi}{6}x & (0 \leq x < 6) \\ 4\sin \dfrac{\pi}{6}x & (6 \leq x < 12) \end{cases}$

한편, 방정식 $|f(x)|=2$의 실근

은 함수 $y=|f(x)|$의 그래프와

직선 $y=2$의 교점의 x좌표와 같

다.

이때 함수 $y=|f(x)|$의 그래프는

오른쪽 그림과 같다.

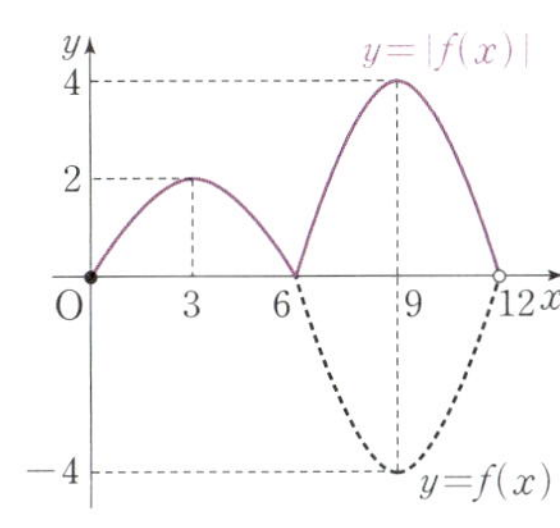

$\dfrac{\pi}{6}x = t$라 하면

(i) $0 \leq x < 6$일 때

$0 \leq x < 6$에서 $0 \leq t < \pi$이고,

$|f(x)| = 2$에서 $2\sin t = 2$이므로 $\sin t = 1$

$\therefore t = \dfrac{\pi}{2}$

즉, $\dfrac{\pi}{6}x = \dfrac{\pi}{2}$이므로

$x = 3$

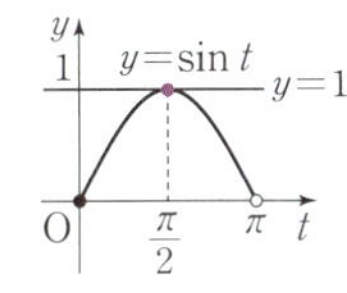

(ii) $6 \leq x < 12$일 때

$6 \leq x < 12$에서 $\pi \leq t < 2\pi$이고,

$|f(x)| = 2$에서 $-4\sin t = 2$이므로 $\sin t = -\dfrac{1}{2}$

$\therefore t = \dfrac{7}{6}\pi$ 또는 $t = \dfrac{11}{6}\pi$

즉, $\dfrac{\pi}{6}x = \dfrac{7}{6}\pi$

또는 $\dfrac{\pi}{6}x = \dfrac{11}{6}\pi$이므로

$x = 7$ 또는 $x = 11$

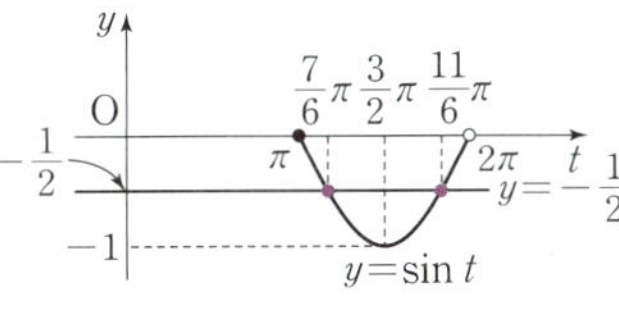

(i), (ii)에서 방정식 $|f(x)|=2$의 실근은

$x=3$ 또는 $x=7$ 또는 $x=11$

이므로 모든 실근의 합은

$3+7+11 = 21$

0842 　답 29

함수 $f(x)$의 주기는 선분 AC의 길이와 같다.

사각형 AODB는 정사각형이고, 넓이가 4이므로

$\overline{AO}^2=4$ $\therefore \overline{AO}=2\ (\because \overline{AO}>0)$

$\overline{BD}=\overline{AO}=2$이고, 삼각형 BDC의 넓이가 4이므로

$\dfrac{1}{2}\cdot\overline{BC}\cdot2=4$ $\therefore \overline{BC}=4$

$\therefore \overline{AC}=\overline{AB}+\overline{BC}=2+4=6$

즉, 함수 $f(x)=a\sin b\pi(x+c)$의 주기는 6이므로

$\dfrac{2\pi}{|b\pi|}=6,\ |b|=\dfrac{1}{3}$ $\therefore b=\dfrac{1}{3}\ (\because b>0)$

한편, 오른쪽 그림과 같이 함수 $y=f(x)$의 그래프와 x축이 만나는 점 중 원점에 가까운 순서대로 두 점을 각각 E, F라 하자.

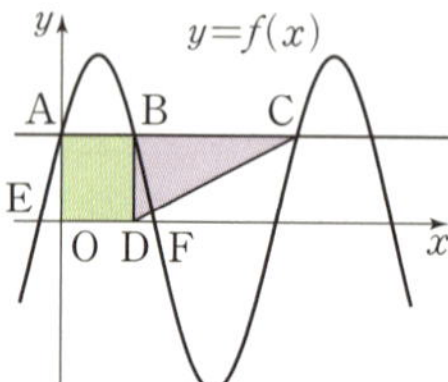

함수 $f(x)$의 주기가 6이므로

$\overline{EF}=3$

$\overline{OD}=2$이고, $\overline{EO}=\overline{DF}$이므로

$\overline{EO}=\overline{DF}=\dfrac{1}{2}(\overline{EF}-\overline{OD})=\dfrac{1}{2}(3-2)=\dfrac{1}{2}$

즉, 함수 $y=f(x)$의 그래프는 함수 $y=a\sin\dfrac{\pi}{3}x$의 그래프를

x축의 방향으로 $-\dfrac{1}{2}$만큼 평행이동한 것과 같으므로

$f(x)=a\sin\dfrac{\pi}{3}\left(x+\dfrac{1}{2}\right)$ $\therefore c=\dfrac{1}{2}$

이때 $\overline{AO}=2$에서 $f(0)=2$이므로

$f(0)=a\sin\left(\dfrac{\pi}{3}\cdot\dfrac{1}{2}\right)$

$=a\sin\dfrac{\pi}{6}$

$=\dfrac{a}{2}=2$

$\therefore a=4$

$\therefore 6(a+b+c)=6\left(4+\dfrac{1}{3}+\dfrac{1}{2}\right)=29$

0843 답 5

주어진 함수의 그래프는 함수 $y=3\sin x$의 그래프를 x축의 방향으로 $\dfrac{\pi}{2}$만큼, y축의 방향으로 -1만큼 평행이동한 것이므로 오른쪽 그림과 같다.

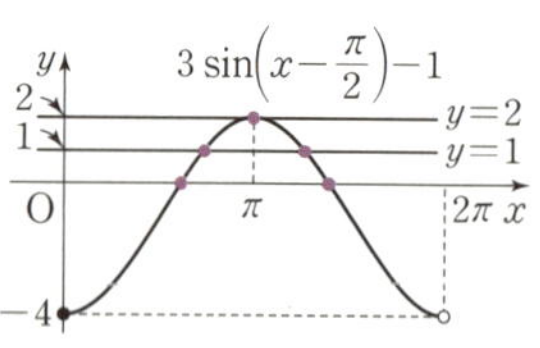

❶

따라서 주어진 함수의 그래프와 직선 $y=0$, $y=1$, $y=2$와의 교점의 개수는 각각 2, 2, 1이므로

$f(0)+f(1)+f(2)=2+2+1=5$

❷

● 다른 풀이 ●

$y=3\sin\left(x-\dfrac{\pi}{2}\right)-1=-3\cos x-1$이므로 주어진 함수의 그래프는 함수 $y=3\cos x$의 그래프를 x축에 대하여 대칭이동한 후 y축의 방향으로 -1만큼 평행이동한 것이다.

채점 기준	배점 비율
❶ 함수 $y=3\sin\left(x-\dfrac{\pi}{2}\right)-1$의 그래프 그리기	50%
❷ $f(0)+f(1)+f(2)$의 값 구하기	50%

0844 답 $\dfrac{4}{3}\pi$

주어진 함수의 그래프에서 최댓값과 최솟값이 각각 2, -2이므로

$|a|=2$ $\therefore a=2\ (\because a>0)$

❶

또한, 점 $(0,\ 1)$을 지나므로 $y=2\cos(bx+c)$에서

$1=2\cos c$

$\cos c=\dfrac{1}{2}$ $\therefore c=\dfrac{\pi}{3}\ \left(\because 0<c<\dfrac{\pi}{2}\right)$

❷

또한, 점 $\left(\dfrac{\pi}{12},\ 0\right)$을 지나므로 $y=2\cos\left(bx+\dfrac{\pi}{3}\right)$에서

$0=2\cos\left(\dfrac{\pi}{12}b+\dfrac{\pi}{3}\right)$

$\therefore \cos\left(\dfrac{\pi}{12}b+\dfrac{\pi}{3}\right)=0$

$\dfrac{\pi}{12}b+\dfrac{\pi}{3}=\dfrac{\pi}{2}\ (\because b>0)$

$b+4=6$ $\therefore b=2$

❸

$\therefore abc=2\cdot2\cdot\dfrac{\pi}{3}=\dfrac{4}{3}\pi$

❹

채점 기준	배점 비율
❶ a의 값 구하기	20%
❷ c의 값 구하기	30%
❸ b의 값 구하기	40%
❹ abc의 값 구하기	10%

선생님 톡톡

$b>0$, $\cos\left(\dfrac{\pi}{12}b+\dfrac{\pi}{3}\right)=0$에서 $\dfrac{\pi}{12}b+\dfrac{\pi}{3}$의 값은 $\dfrac{\pi}{2}$, $\dfrac{3}{2}\pi$, $\dfrac{5}{2}\pi$, $\cdots$ 가 될 수 있지만 $\dfrac{\pi}{12}b+\dfrac{\pi}{3}>\dfrac{\pi}{2}$이면 방정식 $\cos\left(bx+\dfrac{\pi}{3}\right)=0$을 만족시키는 가장 작은 양의 실수 x는 $\dfrac{\pi}{12}$보다 작아. 즉, 두 점 $(0,\ 0)$, $\left(\dfrac{\pi}{12},\ 0\right)$ 사이에 x축과 만나는 점이 존재하게 돼. 그런데 주어진 그래프에서 그런 점은 존재하지 않지? 그래서 $\dfrac{\pi}{12}b+\dfrac{\pi}{3}=\dfrac{\pi}{2}$이어야 해.

0845 답 $\dfrac{23}{6}\pi$

$\tan x-\dfrac{\sqrt{3}}{\tan x}=1-\sqrt{3}$에서

$\tan^2 x-(1-\sqrt{3})\tan x-\sqrt{3}=0$

$(\tan x+\sqrt{3})(\tan x-1)=0$

$\therefore \tan x=-\sqrt{3}$ 또는 $\tan x=1$

❶

(i) $\tan x=-\sqrt{3}$일 때

$x=\dfrac{2}{3}\pi$ 또는 $x=\dfrac{5}{3}\pi$

(ii) $\tan x=1$일 때

$x=\dfrac{\pi}{4}$ 또는 $x=\dfrac{5}{4}\pi$

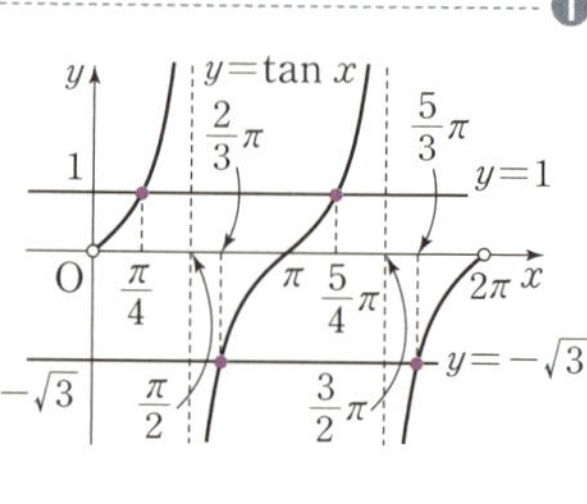

❷

(i), (ii)에서 구하는 모든 근의 합은

$\dfrac{2}{3}\pi+\dfrac{5}{3}\pi+\dfrac{\pi}{4}+\dfrac{5}{4}\pi=\dfrac{23}{6}\pi$

❸

0846 답 $\dfrac{\pi}{6}<x<\dfrac{\pi}{4}$

(ⅰ) $\dfrac{1}{2}<\sin x$인 경우

오른쪽 그림과 같이
$0\le x<2\pi$에서 부등식
$\dfrac{1}{2}<\sin x$를 만족시키는 x의
값의 범위는
$\dfrac{\pi}{6}<x<\dfrac{5}{6}\pi$

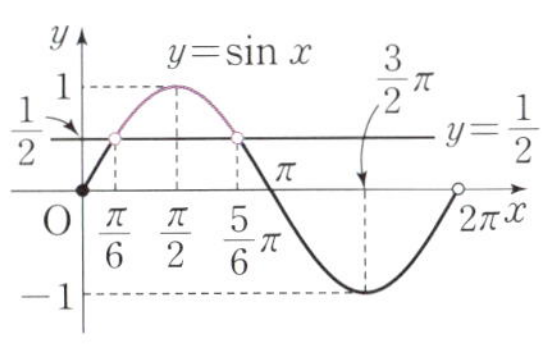

　　　　　　　　　　　　　　　❶

(ⅱ) $\sin x<\cos x$인 경우

$0\le x<2\pi$에서 방정식
$\sin x=\cos x$의 해는
$\dfrac{\sin x}{\cos x}=1$에서 $\tan x=1$
$\therefore x=\dfrac{\pi}{4}$ 또는 $x=\dfrac{5}{4}\pi$

즉, 두 함수 $y=\sin x$,
$y=\cos x$의 그래프는 오른쪽
그림과 같이 $x=\dfrac{\pi}{4}$ 또는
$x=\dfrac{5}{4}\pi$에서 만난다.

$0\le x<2\pi$에서 부등식
$\sin x<\cos x$를 만족시키는 x의 값의 범위는
$0\le x<\dfrac{\pi}{4}$ 또는 $\dfrac{5}{4}\pi<x<2\pi$

　　　　　　　　　　　　　　　❷

(ⅰ), (ⅱ)에서

부등식 $\dfrac{1}{2}<\sin x<\cos x$의 해의 범위는

$\dfrac{\pi}{6}<x<\dfrac{\pi}{4}$

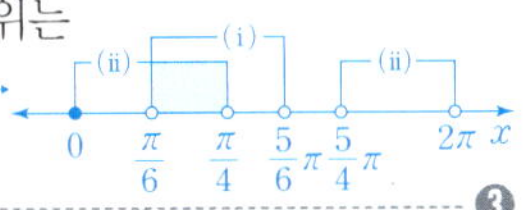

　　　　　　　　　　　　　　　❸

채점 기준	배점 비율
❶ 부등식 $\dfrac{1}{2}<\sin x$의 해의 범위 구하기	40%
❷ 부등식 $\sin x<\cos x$의 해의 범위 구하기	40%
❸ 부등식 $\dfrac{1}{2}<\sin x<\cos x$의 해의 범위 구하기	20%

0847 답 2

$\overline{AB}=1$이므로 직선 AD의 방정식은 $y=1$이다.

이때 두 점 A, D의 x좌표는 함수 $y=2\sin\dfrac{\pi}{3}x$의 그래프와 직선
$y=1$의 교점의 x좌표와 같으므로

$2\sin\dfrac{\pi}{3}x=1$에서

$\sin\dfrac{\pi}{3}x=\dfrac{1}{2}$

　　　　　　　　　　　　　　　❶

이때 $\dfrac{\pi}{3}x=t$라 하면 $0\le x\le3$에서 $0\le t\le\pi$이고

$\sin t=\dfrac{1}{2}$

$\therefore t=\dfrac{\pi}{6}$ 또는 $t=\dfrac{5}{6}\pi$

즉, $\dfrac{\pi}{3}x=\dfrac{\pi}{6}$ 또는 $\dfrac{\pi}{3}x=\dfrac{5}{6}\pi$

$\therefore x=\dfrac{1}{2}$ 또는 $x=\dfrac{5}{2}$

그러므로 두 점 A, D의 x좌표는 각각 $\dfrac{1}{2}$, $\dfrac{5}{2}$이다.

　　　　　　　　　　　　　　　❷

따라서 직사각형 ABCD의 넓이는

$\overline{AB}\cdot\overline{AD}=1\cdot\left(\dfrac{5}{2}-\dfrac{1}{2}\right)=2$

　　　　　　　　　　　　　　　❸

채점 기준	배점 비율
❶ 두 점 A, D의 x좌표를 구하는 방정식 세우기	30%
❷ 두 점 A, D의 x좌표 각각 구하기	50%
❸ 직사각형 ABCD의 넓이 구하기	20%

0848 답 $\dfrac{7}{5}$

$\angle C=\beta$이므로
$\sin(\alpha+\beta)-\cos(\alpha+\beta)=\sin(\pi-\beta)-\cos(\pi-\beta)$
$=\sin\beta+\cos\beta$ ...... ㉠

　　　　　　　　　　　　　　　❶

이때 오른쪽 그림과 같이 꼭짓점 A에서
변 BC에 내린 수선의 발을 H라 하면

$\overline{BH}=\dfrac{1}{2}\overline{BC}=\dfrac{1}{2}\cdot6=3$,

$\overline{AH}=\sqrt{\overline{AB}^2-\overline{BH}^2}=\sqrt{5^2-3^2}=4$

$\therefore \sin\beta=\dfrac{\overline{AH}}{\overline{AB}}=\dfrac{4}{5}$, $\cos\beta=\dfrac{\overline{BH}}{\overline{AB}}=\dfrac{3}{5}$

　　　　　　　　　　　　　　　❷

따라서 $\sin(\alpha+\beta)-\cos(\alpha+\beta)$의 값은 ㉠에서

$\dfrac{4}{5}+\dfrac{3}{5}=\dfrac{7}{5}$

　　　　　　　　　　　　　　　❸

채점 기준	배점 비율
❶ 주어진 식을 간단히 하기	50%
❷ $\sin\beta$, $\cos\beta$의 값 각각 구하기	30%
❸ $\sin(\alpha+\beta)-\cos(\alpha+\beta)$의 값 구하기	20%

본문 134~135쪽

0849 답 $3\sqrt{2}$

사인법칙에 의하여 $\dfrac{3}{\sin 30°}=\dfrac{b}{\sin 45°}$ 이므로

$3 \sin 45°=b \sin 30°$, $\dfrac{3\sqrt{2}}{2}=\dfrac{b}{2}$

$\therefore b=3\sqrt{2}$

0850 답 $3\sqrt{3}$

사인법칙에 의하여 $\dfrac{a}{\sin 60°}=\dfrac{3\sqrt{2}}{\sin 45°}$ 이므로

$a \sin 45°=3\sqrt{2} \sin 60°$, $\dfrac{\sqrt{2}}{2}a=\dfrac{3\sqrt{6}}{2}$, $\sqrt{2}\,a=3\sqrt{6}$

$\therefore a=3\sqrt{3}$

0851 답 $4\sqrt{2}$

사인법칙에 의하여 $\dfrac{8}{\sin 135°}=\dfrac{c}{\sin 30°}$ 이므로

$8 \sin 30°=c \sin 135°$, $4=\dfrac{\sqrt{2}}{2}c$, $\sqrt{2}c=8$

$\therefore c=4\sqrt{2}$ → $\sin 135°=\sin(90°+45°)=\cos 45°$

0852 답 $45°$ 또는 $135°$

사인법칙에 의하여 $\dfrac{\sqrt{2}}{\sin 30°}=\dfrac{2}{\sin B}$ 이므로

$\sqrt{2}\sin B=2 \sin 30°$

$\therefore \sin B=2\cdot\dfrac{1}{2}\cdot\dfrac{1}{\sqrt{2}}=\dfrac{\sqrt{2}}{2}$ → 삼각함수를 포함한 방정식을 푼다.

이때 $0°<B<180°$이므로 $B=45°$ 또는 $B=135°$
삼각형의 한 내각의 크기이므로

0853 답 $60°$ 또는 $120°$

사인법칙에 의하여 $\dfrac{2}{\sin 45°}=\dfrac{\sqrt{6}}{\sin C}$이므로

$2 \sin C=\sqrt{6} \sin 45°$

$\therefore \sin C=\sqrt{6}\cdot\dfrac{\sqrt{2}}{2}\cdot\dfrac{1}{2}=\dfrac{\sqrt{3}}{2}$ → 삼각함수를 포함한 방정식을 푼다.

이때 $0°<C<180°$이므로 $C=60°$ 또는 $C=120°$
삼각형의 한 내각의 크기이므로

0854 답 $30°$

사인법칙에 의하여 $\dfrac{\sqrt{3}}{\sin A}=\dfrac{3}{\sin 120°}$ 이므로

$\sqrt{3} \sin 120°=3 \sin A$ → $\sin 120°=\sin(90°+30°)=\cos 30°$

$\therefore \sin A=\sqrt{3}\cdot\dfrac{\sqrt{3}}{2}\cdot\dfrac{1}{3}=\dfrac{1}{2}$ → 삼각함수를 포함한 방정식을 푼다.

삼각형의 한 내각의 크기이므로
이때 $0°<A<180°$이므로 $A=30°$ 또는 $A=150°$

그런데 $A=150°$이면 $A+B=270°$이므로 삼각형의 세 내각의 크기의 합이 $180°$라는 사실에 모순이다. →문제에서 직접적으로 주어지지 않았지만 항상 확인해야 하는 중요한 과정이다.

$\therefore A=30°$

0855 답 $2\sqrt{3}$

삼각형 ABC의 외접원의 반지름의 길이를 R라 하면 사인법칙에 의하여

$\dfrac{6}{\sin 60°}=2R$, $2R \sin 60°=6$

$\therefore R=6\cdot\dfrac{1}{2}\cdot\dfrac{2}{\sqrt{3}}=2\sqrt{3}$

0856 답 $5\sqrt{2}$

삼각형 ABC의 외접원의 반지름의 길이를 R라 하면 사인법칙에 의하여

$\dfrac{10}{\sin 135°}=2R$, $2R \sin 135°=10$

  → $\sin 135°=\sin(90°+45°)=\cos 45°$

$\therefore R=10\cdot\dfrac{1}{2}\cdot\dfrac{2}{\sqrt{2}}=5\sqrt{2}$

0857 답 $\sqrt{7}$

코사인법칙에 의하여
$b^2=2^2+3^2-2\cdot2\cdot3\cdot\cos 60°$

$\quad=4+9-2\cdot2\cdot3\cdot\dfrac{1}{2}=7$

$\therefore b=\sqrt{7}\ (\because b>0)$
  → 삼각형의 한 변의 길이이므로

0858 답 1

코사인법칙에 의하여
$c^2=2^2+(\sqrt{3})^2-2\cdot2\cdot\sqrt{3}\cdot\cos 30°$

$\quad=4+3-2\cdot2\cdot\sqrt{3}\cdot\dfrac{\sqrt{3}}{2}=1$

$\therefore c=1\ (\because c>0)$
  → 삼각형의 한 변의 길이이므로

0859 답 $\sqrt{13}$

코사인법칙에 의하여
$a^2=(2\sqrt{2})^2+5^2-2\cdot2\sqrt{2}\cdot5\cdot\cos 45°$

$\quad=8+25-2\cdot2\sqrt{2}\cdot5\cdot\dfrac{\sqrt{2}}{2}=13$

$\therefore a=\sqrt{13}\ (\because a>0)$
  → 삼각형의 한 변의 길이이므로

0860 답 $2\sqrt{37}$

코사인법칙에 의하여
  → $\cos 120°=\cos(90°+30°)=-\sin 30°$
$b^2=6^2+8^2-2\cdot6\cdot8\cdot\cos 120°$

$\quad=36+64-2\cdot6\cdot8\cdot\left(-\dfrac{1}{2}\right)=148$

$\therefore b=2\sqrt{37}\ (\because b>0)$
  → 삼각형의 한 변의 길이이므로

0861 답 $\dfrac{5}{7}$

코사인법칙에 의하여
$\cos A=\dfrac{6^2+7^2-5^2}{2\cdot6\cdot7}=\dfrac{5}{7}$

0862 답 $\dfrac{5}{8}$

코사인법칙에 의하여
$\cos C=\dfrac{2^2+2^2-(\sqrt{3})^2}{2\cdot2\cdot2}=\dfrac{5}{8}$

0863 답 $60°$

코사인법칙에 의하여

$\cos B = \dfrac{3^2 + 5^2 - (\sqrt{19})^2}{2 \cdot 3 \cdot 5} = \dfrac{1}{2}$ → $0° < B < 180°$에서 삼각함수를 포함한 방정식을 푼다.

$\therefore B = 60°$

0864 답 $30°$

코사인법칙에 의하여

$\cos A = \dfrac{(2\sqrt{3})^2 + 2^2 - 2^2}{2 \cdot 2\sqrt{3} \cdot 2} = \dfrac{\sqrt{3}}{2}$ → $0° < A < 180°$에서 삼각함수를 포함한 방정식을 푼다.

$\therefore A = 30°$

0865 답 $\dfrac{5\sqrt{3}}{2}$

$\dfrac{1}{2} \cdot 2 \cdot 5 \cdot \sin 60° = \dfrac{1}{2} \cdot 2 \cdot 5 \cdot \dfrac{\sqrt{3}}{2} = \dfrac{5\sqrt{3}}{2}$

0866 답 $\dfrac{3}{2}$

$\dfrac{1}{2} \cdot \sqrt{2} \cdot 3 \cdot \sin 45° = \dfrac{1}{2} \cdot \sqrt{2} \cdot 3 \cdot \dfrac{\sqrt{2}}{2} = \dfrac{3}{2}$

0867 답 $20\sqrt{3}$

$\dfrac{1}{2} \cdot 10 \cdot 8 \cdot \sin 120° = \dfrac{1}{2} \cdot 10 \cdot 8 \cdot \dfrac{\sqrt{3}}{2} = 20\sqrt{3}$

→ $\sin 120° = \sin(90° + 30°) = \cos 30°$

0868 답 $90°$

$6 = \dfrac{1}{2} \cdot 6 \cdot 2 \cdot \sin C$

$6 = 6 \sin C \qquad \therefore \sin C = 1$ → $0° < C < 180°$에서 삼각함수를 포함한 방정식을 푼다.

$\therefore C = 90°$

0869 답 $60°$ 또는 $120°$

$3 = \dfrac{1}{2} \cdot \sqrt{3} \cdot 4 \cdot \sin A$

$3 = 2\sqrt{3} \sin A \qquad \therefore \sin A = \dfrac{\sqrt{3}}{2}$ → $0° < A < 180°$에서 삼각함수를 포함한 방정식을 푼다.

$\therefore A = 60°$ 또는 $A = 120°$

0870 답 $45°$ 또는 $135°$

$8 = \dfrac{1}{2} \cdot 4\sqrt{2} \cdot 4 \cdot \sin B$

$8 = 8\sqrt{2} \sin B \qquad \therefore \sin B = \dfrac{\sqrt{2}}{2}$ → $0° < B < 180°$에서 삼각함수를 포함한 방정식을 푼다.

$\therefore B = 45°$ 또는 $B = 135°$

0871 답 4

삼각형 ABC의 외접원의 반지름의 길이를 R라 하면 삼각형 ABC의 넓이는

$\dfrac{abc}{4R} = \dfrac{48}{4 \cdot 3} = 4$

0872 답 $\sqrt{6}$

$2 \cdot \sqrt{2} \cdot \sin 60° = 2 \cdot \sqrt{2} \cdot \dfrac{\sqrt{3}}{2} = \sqrt{6}$

0873 답 14

$4 \cdot 7 \cdot \sin 150° = 4 \cdot 7 \cdot \dfrac{1}{2} = 14$

→ $\sin 150° = \sin(90° + 60°) = \cos 60°$

0874 답 $2\sqrt{2}$

$\sqrt{2} \cdot 2\sqrt{2} \cdot \sin 45° = \sqrt{2} \cdot 2\sqrt{2} \cdot \dfrac{\sqrt{2}}{2} = 2\sqrt{2}$

0875 답 $15\sqrt{3}$

$\dfrac{1}{2} \cdot 6 \cdot 10 \cdot \sin 60° = \dfrac{1}{2} \cdot 6 \cdot 10 \cdot \dfrac{\sqrt{3}}{2} = 15\sqrt{3}$

0876 답 6

$\dfrac{1}{2} \cdot 4 \cdot 3\sqrt{2} \cdot \sin 45° = \dfrac{1}{2} \cdot 4 \cdot 3\sqrt{2} \cdot \dfrac{\sqrt{2}}{2} = 6$

0877 답 $9\sqrt{2}$

$\dfrac{1}{2} \cdot 6\sqrt{3} \cdot 2\sqrt{2} \cdot \sin 120° = \dfrac{1}{2} \cdot 6\sqrt{3} \cdot 2\sqrt{2} \cdot \dfrac{\sqrt{3}}{2} = 9\sqrt{2}$

[방법 1] $\sin 120° = \sin(90° + 30°) = \cos 30°$
[방법 2] 두 대각선이 이루는 각의 크기는 $180° - 120° = 60°$와 같다.

본문 136~148쪽

0878 답 ③

0879 답 ⑤

삼각형 ABC에서 $A + B + C = 180°$이므로
$B = 180° - (135° + 15°) = 30°$

사인법칙에 의하여 $\dfrac{3\sqrt{2}}{\sin 135°} = \dfrac{b}{\sin 30°}$ 이므로

$3\sqrt{2} \sin 30° = b \sin 135°$, $\dfrac{3\sqrt{2}}{2} = \dfrac{b\sqrt{2}}{2}$

$\therefore b = 3$ → $\sin 135° = \sin(90° + 45°) = \cos 45°$

0880 답 ④

사인법칙에 의하여 $\dfrac{5}{\sin 30°} = \dfrac{4}{\sin B}$ 이므로

$5 \sin B = 4 \sin 30°$, $5 \sin B = 4 \cdot \dfrac{1}{2}$

$\therefore \sin B = \dfrac{2}{5}$

$\therefore \cos^2 B = 1 - \sin^2 B = 1 - \left(\dfrac{2}{5}\right)^2 = \dfrac{21}{25}$

0881 답 ③

사인법칙에 의하여 $\dfrac{4}{\sin 60°} = \dfrac{c}{\sin C}$ 이므로

$4 \sin C = c \sin 60°$, $4 \sin C = \dfrac{\sqrt{3}}{2} c$

$\therefore c = \dfrac{8\sqrt{3}}{3} \sin C$

이때 $0°<C<120°$이므로 c는 $C=90°$일 때, 최댓값 $\dfrac{8\sqrt{3}}{3}$을 갖는다.

> $A+B+C=180°$이고 $A=60°$이므로

0882 답 ②

> $180°-(75°+90°)=15°$

$\angle CAD=15°$에서 $\angle BAC=45°$이고, 사인법칙에 의하여

> $\angle BAC=\angle BAD-\angle CAD=60°-15°=45°$

$$\dfrac{10}{\sin 45°}=\dfrac{\overline{AC}}{\sin 30°}$$

$10\sin 30°=\overline{AC}\sin 45°$

$5=\dfrac{\sqrt{2}}{2}\overline{AC}$

$\therefore \overline{AC}=5\sqrt{2}$

이때 삼각형 ACD에서 $\sin 15°=\dfrac{\overline{CD}}{\overline{AC}}$이고, $\sin 15°=\dfrac{1}{4}$이므로

$\dfrac{\overline{CD}}{\overline{AC}}=\dfrac{1}{4}$

$4\overline{CD}=\overline{AC}$

$4\overline{CD}=5\sqrt{2}$

$\therefore \overline{CD}=\dfrac{5\sqrt{2}}{4}$

0883 답 ④

0884 답 ②

정삼각형 ABC의 외접원의 반지름의 길이를 R라 하자.
정삼각형 ABC의 한 내각의 크기는 $60°$이므로 사인법칙에 의하여

$$\dfrac{3}{\sin 60°}=2R$$

> 문제에서 주어진 각에 대한 힌트이다.

$\therefore R=\dfrac{3}{\sin 60°}\cdot\dfrac{1}{2}=\dfrac{3}{\frac{\sqrt{3}}{2}}\cdot\dfrac{1}{2}=\sqrt{3}$

0885 답 ⑤

주어진 원의 반지름의 길이를 R라 하면 삼각형 BCD에서 사인법칙에 의하여

$$\dfrac{3}{\sin(\angle CBD)}=2R$$

$\therefore R=\dfrac{3}{\sin(\angle CBD)}\cdot\dfrac{1}{2}=\dfrac{3}{\frac{3}{5}}\cdot\dfrac{1}{2}=\dfrac{5}{2}$

또한, 삼각형 ABC에서 사인법칙에 의하여

$$\dfrac{4}{\sin(\angle ABC)}=2R=2\cdot\dfrac{5}{2}=5$$

$5\sin(\angle ABC)=4$

$\therefore \sin(\angle ABC)=\dfrac{4}{5}$

0886 답 ②

삼각형 ABC의 세 변의 길이 a, b, c에 대하여

$a+b+c=20$ ...... ㉠

사인법칙에 의하여

$$\dfrac{a}{\sin A}=\dfrac{b}{\sin B}=\dfrac{c}{\sin C}=2\cdot5=10$$

$\therefore \sin A=\dfrac{a}{10}$, $\sin B=\dfrac{b}{10}$, $\sin C=\dfrac{c}{10}$

$\therefore \sin A+\sin B+\sin C=\dfrac{a}{10}+\dfrac{b}{10}+\dfrac{c}{10}$

$\qquad\qquad =\dfrac{a+b+c}{10}=\dfrac{20}{10}$ $(\because ㉠)$

$\qquad\qquad =2$

0887 답 ③

직각삼각형 ABC에서

$\overline{AB}=\sqrt{\overline{AC}^2+\overline{BC}^2}=\sqrt{6^2+8^2}=10$

선분 BC를 $3:1$로 내분하는 점이 M이므로

$\overline{MC}=\dfrac{1}{4}\overline{BC}=\dfrac{1}{4}\cdot8=2$

직각삼각형 AMC에서

$\overline{AM}=\sqrt{\overline{AC}^2+\overline{MC}^2}=\sqrt{6^2+2^2}=2\sqrt{10}$

이때 삼각형 ABM의 외접원의 반지름의 길이를 R, $\angle ABC=\theta$라 하면

$\sin\theta=\dfrac{\overline{AC}}{\overline{AB}}=\dfrac{6}{10}=\dfrac{3}{5}$

삼각형 ABM에서 사인법칙에 의하여

$\dfrac{\overline{AM}}{\sin\theta}=2R$, $2R=\dfrac{2\sqrt{10}}{\frac{3}{5}}$

$\therefore R=\dfrac{5\sqrt{10}}{3}$

0888 답 ②

0889 답 ③

$(a+b):(b+c):(c+a)=7:11:8$에서
$a+b=7t$, $b+c=11t$, $c+a=8t$ $(t>0)$라 하자.
위의 식을 연립하여 풀면
$a=2t$, $b=5t$, $c=6t$ $\therefore a:b:c=2:5:6$
즉, $\sin A:\sin B:\sin C=a:b:c=2:5:6$이므로
$\sin A=2k$, $\sin B=5k$, $\sin C=6k$ $(k>0)$라 하면

$\dfrac{\sin A\sin B}{\sin^2 C}=\dfrac{2k\cdot5k}{(6k)^2}=\dfrac{10k^2}{36k^2}=\dfrac{5}{18}$

0890 답 ④

$A+B+C=\pi$이므로
$\sin(A+B):\sin(B+C):\sin(C+A)$

> 한 각에 대한 사인함수의 비로 나타내야 한다.

$=\sin(\pi-C):\sin(\pi-A):\sin(\pi-B)$
$=\sin C:\sin A:\sin B$
$=4:2:3$
즉, $a:b:c=\sin A:\sin B:\sin C=2:3:4$이므로
$a=2t$, $b=3t$, $c=4t$ $(t>0)$라 하면

$\dfrac{c^2}{ab}=\dfrac{(4t)^2}{2t\cdot3t}=\dfrac{16t^2}{6t^2}=\dfrac{8}{3}$

0891 답 ④

> 각의 크기와 사인함수는 정비례 관계가 아니다.

$A+B+C=\pi$이고 $A:B:C=1:1:4$이므로

$A=\dfrac{1}{6}\cdot\pi=\dfrac{\pi}{6}$, $B=\dfrac{\pi}{6}$, $C=\dfrac{4}{6}\cdot\pi=\dfrac{2}{3}\pi$

$\therefore \sin A=\dfrac{1}{2}$, $\sin B=\dfrac{1}{2}$, $\sin C=\dfrac{\sqrt{3}}{2}$

> $\sin\dfrac{2}{3}\pi=\sin\left(\pi-\dfrac{\pi}{3}\right)=\sin\dfrac{\pi}{3}$

$a:b:c=\sin A:\sin B:\sin C=1:1:\sqrt{3}$이므로
$a=t,\ b=t,\ c=\sqrt{3}\,t\ (t>0)$라 하면
$$\frac{ab+bc+ca}{a^2+b^2+c^2}=\frac{t\cdot t+t\cdot\sqrt{3}\,t+\sqrt{3}\,t\cdot t}{t^2+t^2+(\sqrt{3}\,t)^2}$$
$$=\frac{(1+2\sqrt{3})t^2}{5t^2}=\frac{1+2\sqrt{3}}{5}$$

0892 답 ④

$a+b-2c=0$ ······ ㉠
$2a-b-2c=0$ ······ ㉡
㉠+㉡을 하면
$3a-4c=0$ $\therefore a=\dfrac{4}{3}c$
㉠×2-㉡을 하면
$3b-2c=0$ $\therefore b=\dfrac{2}{3}c$
$\therefore a:b:c=\dfrac{4}{3}c:\dfrac{2}{3}c:c=4:2:3$
따라서 $a:b:c=\sin A:\sin B:\sin C=4:2:3$이므로
$\sin A=4k,\ \sin B=2k,\ \sin C=3k\ (k>0)$라 하면
$$\frac{(\sin A+\sin B+\sin C)^2}{\sin^2 A+\sin^2 B+\sin^2 C}=\frac{(4k+2k+3k)^2}{(4k)^2+(2k)^2+(3k)^2}$$
$$=\frac{81k^2}{29k^2}=\frac{81}{29}$$

0893 답 ②

0894 답 ④

코사인법칙에 의하여
$b^2=2^2+3^2-2\cdot2\cdot3\cdot\underline{\cos 120^\circ}$ → $\cos 120^\circ=\cos(90^\circ+30^\circ)=-\sin 30^\circ$
$\qquad=4+9-2\cdot2\cdot3\cdot\left(-\dfrac{1}{2}\right)=19$
$\therefore b=\sqrt{19}\ (\because b>0)$ → 삼각형의 한 변의 길이이므로
이때 삼각형 ABC의 외접원의 반지름의 길이를 R라 하면 사인법칙에 의하여
$\dfrac{\sqrt{19}}{\sin 120^\circ}=2R$ → $\sin 120^\circ=\sin(90^\circ+30^\circ)=\cos 30^\circ$
$\therefore R=\dfrac{\sqrt{19}}{\dfrac{\sqrt{3}}{2}}\cdot\dfrac{1}{2}=\dfrac{\sqrt{57}}{3}$
따라서 삼각형 ABC의 외접원의 넓이는
$$\pi R^2=\pi\left(\frac{\sqrt{57}}{3}\right)^2=\frac{19}{3}\pi$$

0895 답 ③

$A=\theta$라 하면 사인법칙에 의하여
$\dfrac{2}{\sin\theta}=2\cdot\sqrt{2}$ $\therefore \sin\theta=\dfrac{\sqrt{2}}{2}$ → $B>90^\circ$이므로 $A<90^\circ$, $C<90^\circ$이다.
이때 θ가 예각이므로 $\cos\theta>0$
$\therefore \cos\theta=\sqrt{1-\sin^2\theta}=\sqrt{1-\dfrac{1}{2}}=\dfrac{\sqrt{2}}{2}$
코사인법칙에 의하여
$2^2=b^2+(\sqrt{2})^2-2\cdot b\cdot\sqrt{2}\cdot\dfrac{\sqrt{2}}{2}$

$b^2-2b-2=0$ → 이차방정식의 근의 공식을 이용하여 구한다.
$\therefore b=1+\sqrt{3}\ (\because b>0)$ → 삼각형의 한 변의 길이이므로

0896 답 4

$\sin A:\sin B:\sin C=a:b:c$이므로
$\sin A=ak,\ \sin B=bk,\ \sin C=ck\ (k>0)$라 하자.
$\sin A+3\sin C=\sqrt{7}\sin B$에서
$ak+3ck=\sqrt{7}\,bk$
$a+3c=14$
$\therefore a=14-3c$ ······ ㉠
또한, 코사인법칙에 의하여
$(2\sqrt{7})^2=c^2+a^2-2ca\,\underline{\cos 120^\circ}$ → $\cos 120^\circ=\cos(90^\circ+30^\circ)=-\sin 30^\circ$
$28=c^2+a^2-2ca\cdot\left(-\dfrac{1}{2}\right)$
$\therefore 28=c^2+a^2+ca$ ······ ㉡
㉠을 ㉡에 대입하면
$28=c^2+(14-3c)^2+c(14-3c)$
$28=c^2+196-84c+9c^2+14c-3c^2$
$0=7c^2-70c+168,\ c^2-10c+24=0,\ (c-4)(c-6)=0$
$\therefore c=4$ 또는 $c=6$
(i) $c=4$일 때
$\qquad a=14-3\cdot4=2$ → $c=4$를 ㉠에 대입한다.
(ii) $c=6$일 때
$\qquad a=14-3\cdot6=-4$ → $c=6$을 ㉠에 대입한다.
$\qquad$즉, $a<0$이므로 삼각형이 결정되지 않는다.
(i), (ii)에서 $c=4$ → 삼각형의 세 변의 길이는 0보다 커야 한다.

0897 답 ④

사각형 ABCD가 원에 내접하므로
$\angle BAD+\angle BCD=180^\circ,\ \angle BAD+60^\circ=180^\circ$
$\therefore \angle BAD=120^\circ$
삼각형 ABD에서 코사인법칙에 의하여 → $\cos 120^\circ=\cos(90^\circ+30^\circ)=-\sin 30^\circ$
$\overline{BD}^2=3^2+4^2-2\cdot3\cdot4\cdot\cos 120^\circ$
$\qquad=9+16-2\cdot3\cdot4\cdot\left(-\dfrac{1}{2}\right)=37$
$\overline{BC}=x\ (x>0)$라 하면 삼각형 BCD에서
코사인법칙에 의하여
$37=x^2+4^2-2\cdot x\cdot4\cdot\cos 60^\circ$
$37=x^2+16-2\cdot x\cdot4\cdot\dfrac{1}{2}$
$x^2-4x-21=0$
$(x+3)(x-7)=0$
$\therefore x=7$
따라서 선분 BC의 길이는 7이다.

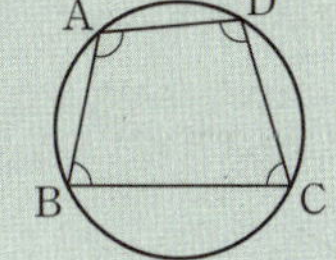

> **해설 속 칠판** **원에 내접하는 사각형의 성질**
>
> 원에 내접하는 사각형 ABCD에 대하여 대각끼리의
> 합은 180°이다.
> $\qquad\angle BAD+\angle BCD=180^\circ$
> $\qquad\angle ABC+\angle ADC=180^\circ$

0898 답 ②

0899 답 ④

$\sin A : \sin B : \sin C = a : b : c$이므로

$a : b : c = 2 : 3 : 4$

$a = 2t$, $b = 3t$, $c = 4t$ $(t > 0)$라 하면 코사인법칙에 의하여

$$\cos B = \frac{(4t)^2 + (2t)^2 - (3t)^2}{2 \cdot 4t \cdot 2t} = \frac{11t^2}{16t^2} = \frac{11}{16}$$

0900 답 ②

삼각형 ABC에서 코사인법칙에 의하여

$$\cos B = \frac{4^2 + 7^2 - 5^2}{2 \cdot 4 \cdot 7} = \frac{5}{7}$$

또한, 삼각형 ABD에서 코사인법칙에 의하여

$$\overline{AD}^2 = 4^2 + 4^2 - 2 \cdot 4 \cdot 4 \cdot \cos B$$
$$= 16 + 16 - 2 \cdot 4 \cdot 4 \cdot \frac{5}{7} = \frac{64}{7}$$

$$\therefore \overline{AD} = \frac{8}{\sqrt{7}} = \frac{8\sqrt{7}}{7} \quad (\because \overline{AD} > 0)$$

● 다른 풀이 ●

$\overline{AD} = x$ $(x > 0)$, $\angle ADB = \theta$라 하면

$\angle ADC = \pi - \theta$

이때 삼각형 ABD에서 코사인법칙에 의하여

$$\cos \theta = \frac{4^2 + x^2 - 4^2}{2 \cdot 4 \cdot x} = \frac{x}{8} \qquad \cdots\cdots \, \text{㉠}$$

또한, 삼각형 ADC에서 코사인법칙에 의하여

$$\cos (\pi - \theta) = \frac{3^2 + x^2 - 5^2}{2 \cdot 3 \cdot x}$$

$$-\cos \theta = \frac{x^2 - 16}{6x}$$

$$\therefore \cos \theta = \frac{16 - x^2}{6x} \qquad \cdots\cdots \, \text{㉡}$$

㉠=㉡에서

$$\frac{x}{8} = \frac{16 - x^2}{6x}$$

$$6x^2 = 128 - 8x^2, \quad 14x^2 = 128, \quad x^2 = \frac{64}{7}$$

$$\therefore x = \frac{8\sqrt{7}}{7}$$

따라서 $\overline{AD} = \dfrac{8\sqrt{7}}{7}$이다.

0901 답 ③

$2(a+b+c)(a+b-c) = 7ab$에서

$2\{(a+b)^2 - c^2\} = 7ab$

$a^2 + 2ab + b^2 - c^2 = \dfrac{7}{2}ab$

$\therefore a^2 + b^2 - c^2 = \dfrac{3}{2}ab$

이때 코사인법칙에 의하여

$$\cos C = \frac{a^2 + b^2 - c^2}{2ab} = \frac{\frac{3}{2}ab}{2ab} = \frac{3}{4}$$

▸ $0° < C < 180°$이므로 $0 < \sin C \le 1$

$$\therefore \sin C = \sqrt{1 - \cos^2 C} = \sqrt{1 - \left(\frac{3}{4}\right)^2} = \frac{\sqrt{7}}{4}$$

$$\therefore \tan C = \frac{\sin C}{\cos C} = \frac{\frac{\sqrt{7}}{4}}{\frac{3}{4}} = \frac{\sqrt{7}}{3}$$

0902 답 ②

코사인법칙에 의하여

$$\cos B = \frac{5^2 + 7^2 - 8^2}{2 \cdot 5 \cdot 7} = \frac{1}{7}$$

▸ $0° < B < 180°$이므로 $0 < \sin B \le 1$

$$\therefore \sin B = \sqrt{1 - \cos^2 B} = \sqrt{1 - \left(\frac{1}{7}\right)^2} = \frac{4\sqrt{3}}{7}$$

이때 삼각형 ABC의 외접원의 반지름의 길이를 R라 하면 사인법칙에 의하여 $\dfrac{8}{\sin B} = 2R$에서

$$R = \frac{8}{\frac{4\sqrt{3}}{7}} \cdot \frac{1}{2} = \frac{7\sqrt{3}}{3}$$

따라서 구하는 삼각형 ABC의 외접원의 넓이는

$$\pi \left(\frac{7\sqrt{3}}{3}\right)^2 = \frac{49}{3}\pi$$

0903 답 ⑤

0904 답 ①

삼각형 ABC의 외접원의 반지름의 길이를 R라 하면 사인법칙에 의하여

$$\sin A = \frac{a}{2R}, \quad \sin B = \frac{b}{2R}, \quad \sin C = \frac{c}{2R}$$

이때 $a \sin A = b \sin B = c \sin C$에서

$$a \cdot \frac{a}{2R} = b \cdot \frac{b}{2R} = c \cdot \frac{c}{2R}, \quad a^2 = b^2 = c^2$$

$\therefore a = b = c$ → a, b, c는 삼각형의 변의 길이이므로 양수이다.

따라서 삼각형 ABC는 정삼각형이다.

● 다른 풀이 ●

$\sin A : \sin B : \sin C = a : b : c$이므로

$\sin A = ak$, $\sin B = bk$, $\sin C = ck$ $(k > 0)$라 하자.

$a \sin A = b \sin B = c \sin C$에서

$a^2 k = b^2 k = c^2 k$, $a^2 = b^2 = c^2$

$\therefore a = b = c$

0905 답 ②

코사인법칙에 의하여

$$\cos A = \frac{b^2 + c^2 - a^2}{2bc}, \quad \cos C = \frac{a^2 + b^2 - c^2}{2ab}$$

이때 $c \cos A = a \cos C$에서

$$c \cdot \frac{b^2 + c^2 - a^2}{2bc} = a \cdot \frac{a^2 + b^2 - c^2}{2ab}$$

$b^2 + c^2 - a^2 = a^2 + b^2 - c^2$, $a^2 = c^2$

$\therefore a = c$ → a, c는 삼각형의 변의 길이이므로 양수이다.

따라서 삼각형 ABC는 $a = c$인 이등변삼각형이다.

0906 답 ②

삼각형 ABC의 외접원의 반지름의 길이를 R라 하면 사인법칙에 의하여

$$\sin A = \frac{a}{2R}, \quad \sin C = \frac{c}{2R}$$

또한, 코사인법칙에 의하여

$$\cos B = \frac{c^2 + a^2 - b^2}{2ca}$$

이때 $2 \sin A \cos B = \sin C$에서

$$2 \cdot \frac{a}{2R} \cdot \frac{c^2+a^2-b^2}{2ca} = \frac{c}{2R}$$

$$c^2+a^2-b^2=c^2, \quad a^2=b^2$$

$\therefore a=b$ —→ a, b는 삼각형의 변의 길이이므로 양수이다.

따라서 삼각형 ABC는 $a=b$인 이등변삼각형이다.

● 다른 풀이 ●

$\sin A : \sin B : \sin C = a : b : c$이므로

$\sin A = ak$, $\sin B = bk$, $\sin C = ck$ $(k>0)$라 하자.

$2 \sin A \cos B = \sin C$에서

$$2 \cdot ak \cdot \frac{c^2+a^2-b^2}{2ca} = ck, \quad c^2+a^2-b^2=c^2, \quad a^2=b^2$$

$\therefore a=b$

0907 답 ④

삼각형 ABC의 외접원의 반지름의 길이를 R라 하면 사인법칙에 의하여

$$\sin A = \frac{a}{2R}, \quad \sin B = \frac{b}{2R}, \quad \sin C = \frac{c}{2R}$$

이고

$$\cos^2 A = 1 - \sin^2 A = 1 - \frac{a^2}{4R^2},$$

$$\cos^2 B = 1 - \sin^2 B = 1 - \frac{b^2}{4R^2},$$

$$\cos^2 C = 1 - \sin^2 C = 1 - \frac{c^2}{4R^2}$$

이때 $\cos^2 A + \cos^2 B = 1 + \cos^2 C$에서

$$\left(1 - \frac{a^2}{4R^2}\right) + \left(1 - \frac{b^2}{4R^2}\right) = 1 + \left(1 - \frac{c^2}{4R^2}\right)$$

$\therefore a^2+b^2=c^2$

따라서 삼각형 ABC는 $C=90°$인 직각삼각형이다.

● 다른 풀이 ●

$\sin A : \sin B : \sin C = a : b : c$이므로

$\sin A = ak$, $\sin B = bk$, $\sin C = ck$ $(k>0)$라 하자.

$\cos^2 A = 1 - a^2 k^2$, $\cos^2 B = 1 - b^2 k^2$, $\cos^2 C = 1 - c^2 k^2$

이때 $\cos^2 A + \cos^2 B = 1 + \cos^2 C$에서

$(1 - a^2 k^2) + (1 - b^2 k^2) = 1 + (1 - c^2 k^2)$

$\therefore a^2+b^2=c^2$

0908 답 ④

0909 답 ②

오른쪽 그림과 같이 짧은바늘의 끝을 A, 긴바늘의 끝을 B, 시계의 중심을 O라 하면

$\overline{OA}=6$ cm, $\overline{OB}=9$ cm

$\angle AOB = 360° \times \dfrac{4}{12} = 120°$ —→ 시계에 있는 숫자 사이의 간격이 일정하므로 긴바늘과 짧은바늘 사이의 각을 구할 수 있다.

코사인법칙에 의하여 —→ $\cos 120° = \cos(90°+30°) = -\sin 30°$

$$\overline{AB}^2 = 6^2 + 9^2 - 2 \times 6 \times 9 \times \cos 120°$$

$$= 36 + 81 - 2 \times 6 \times 9 \times \left(-\frac{1}{2}\right) = 171$$

$\therefore \overline{AB} = 3\sqrt{19}$ cm $(\because \overline{AB}>0)$

따라서 두 바늘 끝 사이의 거리는 $3\sqrt{19}$ cm이다.

0910 답 ②

오른쪽 그림과 같이 삼각형의 세 꼭짓점을 각각 A, B, C라 하면 $\overline{AB}=13$ cm, $\overline{BC}=7$ cm, $\overline{CA}=8$ cm이고, 코사인법칙에 의하여

$$\cos C = \frac{8^2+7^2-13^2}{2 \cdot 8 \cdot 7} = -\frac{1}{2}$$

—→ 삼각함수를 포함한 방정식을 푼다.

$\therefore C = 120°$ $(\because 0° < C < 180°)$

이때 삼각형 ABC의 외접원의 반지름의 길이를 R라 하면 사인법칙에 의하여 $\dfrac{13}{\sin 120°} = 2R$이므로

—→ $\sin 120° = \sin(90°+30°) = \cos 30°$

$$R = \frac{13}{\frac{\sqrt{3}}{2}} \cdot \frac{1}{2} = \frac{13\sqrt{3}}{3} \text{ (cm)}$$

따라서 접시의 반지름의 길이는 $\dfrac{13\sqrt{3}}{3}$ cm이다.

0911 답 ①

삼각형 PAB에서

$\angle APB = 180° - (\angle PAB + \angle PBA)$
$= 180° - (65° + 55°) = 60°$

이므로 사인법칙에 의하여

$$\frac{100}{\sin 60°} = \frac{\overline{PA}}{\sin 55°}$$

$100 \sin 55° = \overline{PA} \sin 60°$, $100 \times 0.82 = \overline{PA} \times \dfrac{\sqrt{3}}{2}$

$\therefore \overline{PA} = 82 \times \dfrac{2}{\sqrt{3}} = \dfrac{164\sqrt{3}}{3}$ (m)

이때 삼각형 PAQ에서

$$\overline{PQ} = \overline{PA} \times \sin 60° = \frac{164\sqrt{3}}{3} \times \frac{\sqrt{3}}{2} = 82 \text{ (m)}$$

따라서 구하는 빌딩의 높이는 82 m이다.

0912 답 ⑤

은혜가 시속 4 km의 속력으로 30분만에 도착했으므로

$$\overline{AC} = 4 \cdot \frac{1}{2} = 2 \text{ (km)}$$

영주가 시속 20 km의 속력으로 30분만에 도착했으므로

$$\overline{BC} = 20 \cdot \frac{1}{2} = 10 \text{ (km)}$$

$\overline{AB}=x$ km $(x>0)$라 하면 코사인법칙에 의하여

$$10^2 = 2^2 + x^2 - 2 \cdot 2 \cdot x \cdot \cos 60°$$

$$100 = 4 + x^2 - 2 \cdot 2 \cdot x \cdot \frac{1}{2}$$

$$100 = 4 + x^2 - 2x$$

$$x^2 - 2x - 96 = 0$$

$\therefore x = 1 + \sqrt{97}$ —→ 이차방정식의 근의 공식을 이용하여 구한다.

따라서 두 지점 A, B 사이의 거리는 $(\sqrt{97}+1)$ km이다.

0913 답 ③

0914 답 ⑤

$A = 180° - (B+C)$
$= 180° - (120° + 30°) = 30°$

즉, 삼각형 ABC는 $a=c$인 이등변삼각형이므로
$c=2\sqrt{3}$
따라서 구하는 삼각형 ABC의 넓이는
$$\frac{1}{2}\cdot 2\sqrt{3}\cdot 2\sqrt{3}\cdot \sin 120^\circ =\frac{1}{2}\cdot 2\sqrt{3}\cdot 2\sqrt{3}\cdot \frac{\sqrt{3}}{2}$$

$$=3\sqrt{3}$$

0915 답 ③

삼각형 ABC의 넓이는 $2\sqrt{5}$이므로
$$\frac{1}{2}\cdot 3\cdot 4\cdot \sin B=2\sqrt{5}$$
$$\therefore \sin B=2\sqrt{5}\cdot \frac{1}{6}=\frac{\sqrt{5}}{3}$$
따라서
$$\cos B=\sqrt{1-\sin^2 B}=\sqrt{1-\left(\frac{\sqrt{5}}{3}\right)^2}=\frac{2}{3}$$

이므로 코사인법칙에 의하여
$$b^2=3^2+4^2-2\cdot 3\cdot 4\cdot \cos B$$
$$=9+16-2\cdot 3\cdot 4\cdot \frac{2}{3}=9$$
$$\therefore b=3 \ (\because b>0)$$

0916 답 ①

코사인법칙에 의하여

$$\cos B=\frac{3^2+4^2-(\sqrt{3})^2}{2\cdot 3\cdot 4}=\frac{11}{12}$$
$$\therefore \sin B=\sqrt{1-\cos^2 B}=\sqrt{1-\left(\frac{11}{12}\right)^2}=\frac{\sqrt{23}}{12}$$

따라서 구하는 삼각형 ABC의 넓이는
$$\frac{1}{2}\cdot 3\cdot 4\cdot \frac{\sqrt{23}}{12}=\frac{\sqrt{23}}{2}$$

0917 답 ①

코사인법칙에 의하여
$$(\sqrt{7})^2=b^2+c^2-2bc\cos 60^\circ$$
$$7=b^2+c^2-2bc\cdot \frac{1}{2}$$
$$7=b^2+c^2-bc$$
$$7=(b+c)^2-3bc$$
$$7=5^2-3bc$$
$$3bc=18 \quad \therefore bc=6$$
따라서 구하는 삼각형 ABC의 넓이는
$$\frac{1}{2}bc\sin 60^\circ =\frac{1}{2}\cdot 6\cdot \frac{\sqrt{3}}{2}=\frac{3\sqrt{3}}{2}$$

0918 답 ①

0919 답 ②

코사인법칙에 의하여

$$\cos A=\frac{6^2+4^2-(2\sqrt{5})^2}{2\cdot 6\cdot 4}=\frac{2}{3}$$
$$\therefore \sin A=\sqrt{1-\cos^2 A}=\sqrt{1-\left(\frac{2}{3}\right)^2}=\frac{\sqrt{5}}{3}$$

$$\therefore \triangle ABC=\frac{1}{2}\cdot 6\cdot 4\cdot \sin A$$
$$=\frac{1}{2}\cdot 6\cdot 4\cdot \frac{\sqrt{5}}{3}=4\sqrt{5} \quad \cdots\cdots \ ㉠$$
한편, 삼각형 ABC의 내접원의 반지름의 길이를 r라 하면
$$\triangle ABC=\frac{1}{2}r(2\sqrt{5}+6+4)$$
$$=(5+\sqrt{5})r \quad \cdots\cdots \ ㉡$$
㉠=㉡에서
$$4\sqrt{5}=(5+\sqrt{5})r$$
$$\therefore r=\frac{4\sqrt{5}}{5+\sqrt{5}}=\sqrt{5}-1$$

0920 답 ④

$\sin A:\sin B:\sin C=a:b:c$이므로
$$a:b:c=3:5:6$$
$a=3t$, $b=5t$, $c=6t$ $(t>0)$라 하면 코사인법칙에 의하여
$$\cos C=\frac{(3t)^2+(5t)^2-(6t)^2}{2\cdot 3t\cdot 5t}=-\frac{1}{15}$$
$$\therefore \sin C=\sqrt{1-\cos^2 C}=\sqrt{1-\left(-\frac{1}{15}\right)^2}=\frac{4\sqrt{14}}{15}$$

이때 삼각형 ABC의 넓이가 $2\sqrt{14}$이므로
$$\frac{1}{2}\cdot 3t\cdot 5t\cdot \sin C=2\sqrt{14}$$
$$\frac{1}{2}\cdot 3t\cdot 5t\cdot \frac{4\sqrt{14}}{15}=2\sqrt{14}$$
$$t^2=1$$
$$\therefore t=1$$
삼각형 ABC에 내접하는 원의 반지름의 길이를 r라 하면
$$\triangle ABC=\frac{1}{2}r(3+5+6)=2\sqrt{14}$$
$$7r=2\sqrt{14}$$
$$\therefore r=\frac{2\sqrt{14}}{7}$$

따라서 구하는 원의 반지름의 길이는 $\dfrac{2\sqrt{14}}{7}$이다.

0921 답 ④

$$\sin C=\sqrt{1-\cos^2 C}=\sqrt{1-\left(\frac{4}{5}\right)^2}=\frac{3}{5}$$
이므로

$$\triangle ABC=\frac{1}{2}ab\sin C=\frac{1}{2}ab\cdot \frac{3}{5}=\frac{3}{10}ab \quad \cdots\cdots \ ㉠$$
한편, 삼각형 ABC의 내접원의 반지름의 길이를 r라 하면
$$\triangle ABC=\frac{1}{2}r(a+b+c)=\frac{1}{2}r\cdot 16=8r \quad \cdots\cdots \ ㉡$$

㉠=㉡에서 $\dfrac{3}{10}ab=8r$
$$\therefore r=\frac{3}{80}ab \quad \cdots\cdots \ ㉢$$
이때 $\cos C=\dfrac{a^2+b^2-6^2}{2ab}=\dfrac{(a+b)^2-2ab-6^2}{2ab}$에서
$$\frac{4}{5}=\frac{10^2-2ab-6^2}{2ab}$$

$$8ab=5(64-2ab), \ 8ab=320-10ab$$

$18ab=320$

$\therefore ab=\dfrac{160}{9}$

$\therefore r=\dfrac{3}{80}\cdot\dfrac{160}{9}=\dfrac{2}{3}\ (\because \boxdot)$

따라서 구하는 원의 반지름의 길이는 $\dfrac{2}{3}$이다.

0922 답 ③

$a:b:c=3:3:4$에서

$a=3t,\ b=3t,\ c=4t\ (t>0)$라 하면

$\cos C=\dfrac{(3t)^2+(3t)^2-(4t)^2}{2\cdot 3t\cdot 3t}=\dfrac{1}{9}$

에서

$\sin C=\sqrt{1-\cos^2 C}=\sqrt{1-\left(\dfrac{1}{9}\right)^2}=\dfrac{4\sqrt{5}}{9}$

$\therefore \triangle\mathrm{ABC}=\dfrac{1}{2}\cdot 3t\cdot 3t\cdot \sin C$

$\qquad 0^\circ<C<180^\circ$이므로
$\qquad 0<\sin C\leq 1$

$\qquad\qquad =\dfrac{1}{2}\cdot 3t\cdot 3t\cdot\dfrac{4\sqrt{5}}{9}=2\sqrt{5}\,t^2 \quad\cdots\cdots\ \boxdot$

한편,

$\triangle\mathrm{ABC}=\dfrac{1}{2}r(3t+3t+4t)=5rt \quad\cdots\cdots\ \boxdot$

$\boxdot=\boxdot$에서

$2\sqrt{5}\,t^2=5rt$

$\therefore r=\dfrac{2\sqrt{5}}{5}t$

$\therefore \dfrac{abc}{r^3}=\dfrac{3t\cdot 3t\cdot 4t}{\left(\dfrac{2\sqrt{5}}{5}t\right)^3}=\dfrac{45\sqrt{5}}{2}$

● 다른 풀이 ●

헤론의 공식에 의하여 $\dfrac{3t+3t+4t}{2}=5t$이므로

$\triangle\mathrm{ABC}=\sqrt{5t(5t-3t)(5t-3t)(5t-4t)}$

$\qquad\qquad =\sqrt{5t\cdot 2t\cdot 2t\cdot t}=2\sqrt{5}\,t^2$

0923 답 ⑤

0924 답 $\dfrac{\sqrt{6}-\sqrt{2}}{4}$

$\sin 120^\circ=\sin(90^\circ+30^\circ)=\cos 30^\circ$

$\sin 120^\circ=\dfrac{\sqrt{3}}{2},\ \sin 45^\circ=\dfrac{\sqrt{2}}{2}$이고

삼각형 ABC의 넓이가 $3-\sqrt{3}$이므로

$2\cdot 2^2\cdot \sin A\cdot\sin 120^\circ\cdot\sin 45^\circ=2\cdot 4\cdot\sin A\cdot\dfrac{\sqrt{3}}{2}\cdot\dfrac{\sqrt{2}}{2}$

$\qquad\qquad\qquad\qquad =2\sqrt{6}\sin A$

$\qquad\qquad\qquad\qquad =3-\sqrt{3}$

에서

$\sin A=\dfrac{3-\sqrt{3}}{2\sqrt{6}}=\dfrac{\sqrt{6}-\sqrt{2}}{4}$

● 다른 풀이 ●

$\dfrac{3-\sqrt{3}}{2\sqrt{6}}=\dfrac{(3-\sqrt{3})\sqrt{6}}{2\sqrt{6}\cdot\sqrt{6}}=\dfrac{3\sqrt{6}-3\sqrt{2}}{12}=\dfrac{\sqrt{6}-\sqrt{2}}{4}$

사인법칙에 의하여

$\dfrac{b}{\sin 120^\circ}=\dfrac{c}{\sin 45^\circ}=2\cdot 2$

$\therefore b=2\cdot 2\cdot\sin 120^\circ=2\cdot 2\cdot\dfrac{\sqrt{3}}{2}=2\sqrt{3},$

$\quad c=2\cdot 2\cdot\sin 45^\circ=2\cdot 2\cdot\dfrac{\sqrt{2}}{2}=2\sqrt{2}$

이때 삼각형 ABC의 넓이가 $3-\sqrt{3}$이므로

$\dfrac{1}{2}\cdot 2\sqrt{3}\cdot 2\sqrt{2}\cdot\sin A=3-\sqrt{3},\ 2\sqrt{6}\sin A=3-\sqrt{3}$

$\therefore \sin A=\dfrac{3-\sqrt{3}}{2\sqrt{6}}=\dfrac{\sqrt{6}-\sqrt{2}}{4}$

0925 답 ⑤

$\angle\mathrm{AOB}=360^\circ\times\dfrac{3}{12}=90^\circ,$

$\angle\mathrm{COA}=360^\circ\times\dfrac{4}{12}=120^\circ$

이므로

$\angle\mathrm{ACB}=\dfrac{1}{2}\angle\mathrm{AOB}=\dfrac{1}{2}\times 90^\circ=45^\circ,$

$\angle\mathrm{ABC}=\dfrac{1}{2}\angle\mathrm{COA}=\dfrac{1}{2}\times 120^\circ=60^\circ$

이때 삼각형 ABC의 넓이가 $12+4\sqrt{3}$이므로

$2\cdot 4^2\cdot\sin 45^\circ\cdot\sin 60^\circ\cdot\sin(\angle\mathrm{BAC})=12+4\sqrt{3}$

$2\cdot 4^2\cdot\dfrac{\sqrt{2}}{2}\cdot\dfrac{\sqrt{3}}{2}\cdot\sin(\angle\mathrm{BAC})=12+4\sqrt{3}$

$8\sqrt{6}\sin(\angle\mathrm{BAC})=12+4\sqrt{3}$

$\therefore \sin(\angle\mathrm{BAC})=\dfrac{12+4\sqrt{3}}{8\sqrt{6}}=\dfrac{\sqrt{6}+\sqrt{2}}{4}$

$\dfrac{3+\sqrt{3}}{2\sqrt{6}}=\dfrac{(3+\sqrt{3})\sqrt{6}}{2\sqrt{6}\cdot\sqrt{6}}=\dfrac{3\sqrt{6}+3\sqrt{2}}{12}=\dfrac{\sqrt{6}+\sqrt{2}}{4}$

● 다른 풀이 ●

$\angle\mathrm{ABC}=60^\circ,\ \angle\mathrm{ACB}=45^\circ$이므로 사인법칙에 의하여

$\dfrac{b}{\sin 60^\circ}=\dfrac{c}{\sin 45^\circ}=2\cdot 4$

$\therefore b=2\cdot 4\cdot\sin 60^\circ=2\cdot 4\cdot\dfrac{\sqrt{3}}{2}=4\sqrt{3},$

$\quad c=2\cdot 4\cdot\sin 45^\circ=2\cdot 4\cdot\dfrac{\sqrt{2}}{2}=4\sqrt{2}$

이때 삼각형 ABC의 넓이가 $12+4\sqrt{3}$이므로

$\dfrac{1}{2}\cdot 4\sqrt{3}\cdot 4\sqrt{2}\cdot\sin(\angle\mathrm{BAC})=12+4\sqrt{3}$

$8\sqrt{6}\sin(\angle\mathrm{BAC})=12+4\sqrt{3}$

$\therefore \sin(\angle\mathrm{BAC})=\dfrac{12+4\sqrt{3}}{8\sqrt{6}}=\dfrac{\sqrt{6}+\sqrt{2}}{4}$

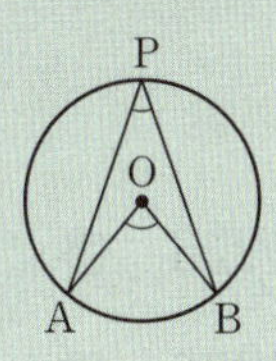

해설 속 칠판 **원주각과 중심각의 크기**

한 원에서 한 호에 대한 원주각의 크기는

$$\angle\mathrm{APB}=\dfrac{1}{2}\angle\mathrm{AOB}$$

0926 답 ①

$a^2:(b^2+c^2):(b^2-c^2)=9:10:6$에서

$a^2=9t^2,\ b^2+c^2=10t^2,\ b^2-c^2=6t^2\ (t>0)$이라 하면

$a^2=9t^2,\ b^2=8t^2,\ c^2=2t^2$

$\dfrac{\boxdot+\boxdot}{2}$에서 $b^2=8t^2,\ \dfrac{\boxdot-\boxdot}{2}$에서 $c^2=2t^2$

$\therefore a=3t,\ b=2\sqrt{2}\,t,\ c=\sqrt{2}\,t$

이때

$$\cos A = \frac{b^2+c^2-a^2}{2bc} = \frac{(2\sqrt{2}t)^2+(\sqrt{2}t)^2-(3t)^2}{2\cdot2\sqrt{2}t\cdot\sqrt{2}t} = \frac{1}{8}$$

에서

$$\sin A = \sqrt{1-\cos^2 A} = \sqrt{1-\left(\frac{1}{8}\right)^2} = \frac{3\sqrt{7}}{8}$$

이므로 사인법칙에 의하여

→ $0<A<180°$이므로
$0<\sin A\leq1$

$$\frac{3t}{\sin A}=2\cdot4\sqrt{7},\ 3t=2\cdot4\sqrt{7}\cdot\sin A$$

$$\therefore t=8\sqrt{7}\cdot\frac{3\sqrt{7}}{8}\cdot\frac{1}{3}=7$$

따라서 $a=21$, $b=14\sqrt{2}$, $c=7\sqrt{2}$이므로 삼각형 ABC의 넓이는

$$\frac{21\cdot14\sqrt{2}\cdot7\sqrt{2}}{4\cdot4\sqrt{7}}=\frac{147\sqrt{7}}{4}$$

$\frac{21\cdot7\cdot7}{4\sqrt{7}}=\frac{21\cdot7\cdot7\cdot\sqrt{7}}{4\sqrt{7}\cdot\sqrt{7}}=\frac{147\sqrt{7}}{4}$

0927 답 ⑤

삼각형 ABC의 외접원의 반지름의 길이를 R라 하면

사인법칙에 의하여 $\dfrac{\sqrt{6}}{\sin 60°}=2R$이므로

$$2R\sin 60°=\sqrt{6},\ 2R\cdot\frac{\sqrt{3}}{2}=\sqrt{6}$$

$$\therefore R=\sqrt{2}$$

한편,

$$\sin C=\sin\{180°-(A+B)\}=\sin(180°-165°)=\sin 15°,$$

$$\sin A=\sin 105°=\sin(90°+15°)=\cos 15°$$

이고, 삼각형 ABC의 넓이가 $\dfrac{\sqrt{3}}{2}$이므로

$$2\cdot(\sqrt{2})^2\cdot\sin 105°\cdot\sin 60°\cdot\sin 15°=\frac{\sqrt{3}}{2}$$

$$2\cdot2\cdot\cos 15°\cdot\frac{\sqrt{3}}{2}\cdot\sin 15°=\frac{\sqrt{3}}{2}$$

$$\therefore \sin 15°\cos 15°=\frac{1}{4}$$

$\sin^2 15°+\cos^2 15°=1$이므로

$$(\sin 15°+\cos 15°)^2=\sin^2 15°+\cos^2 15°+2\sin 15°\cos 15°$$
$$=1+2\cdot\frac{1}{4}=\frac{3}{2}$$

$$\therefore \sin 15°+\cos 15°=\frac{\sqrt{6}}{2}\ (\because\ \sin 15°>0,\ \cos 15°>0)$$

이때 $\sin 15°+\dfrac{1}{4\sin 15°}=\dfrac{\sqrt{6}}{2}\ \left(\because\ \cos 15°=\dfrac{1}{4\sin 15°}\right)$이므로

$$4\sin^2 15°-2\sqrt{6}\sin 15°+1=0$$

→ $\sin 15°=x$라 하고, x에 대한 이차방정식
$4x^2-2\sqrt{6}x+1=0$을 푼다.

$$\therefore \sin 15°=\frac{\sqrt{6}-\sqrt{2}}{4}\ \left(\because\ \sin 15°<\sin 30°=\frac{1}{2}\right)$$

$$\therefore \sin C=\frac{\sqrt{6}-\sqrt{2}}{4}$$

0928 답 ⑤

0929 답 ②

$$\triangle ABC=\frac{1}{2}\cdot4\cdot3=6$$

삼각형 ABC는 직각삼각형이므로

$$\overline{AC}=\sqrt{4^2+3^2}=5$$

이고, 삼각형 ACD에서 코사인법칙에 의하여

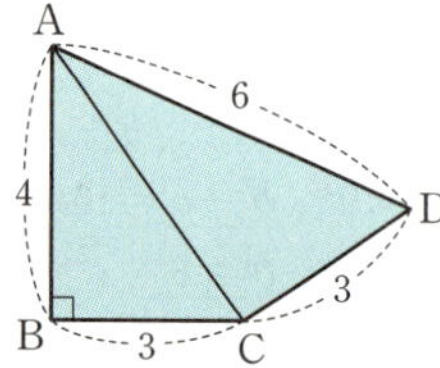

$$\cos(\angle CDA)=\frac{6^2+3^2-5^2}{2\cdot6\cdot3}=\frac{5}{9}$$

$$\therefore \sin(\angle CDA)=\sqrt{1-\cos^2(\angle CDA)}$$
$$=\sqrt{1-\left(\frac{5}{9}\right)^2}=\frac{2\sqrt{14}}{9}$$

$$\therefore \triangle ACD=\frac{1}{2}\cdot6\cdot3\cdot\sin(\angle CDA)$$
$$=\frac{1}{2}\cdot6\cdot3\cdot\frac{2\sqrt{14}}{9}=2\sqrt{14}$$

따라서 구하는 사각형 ABCD의 넓이는

$$\triangle ABC+\triangle ACD=6+2\sqrt{14}$$

● 다른 풀이 ●

$\overline{AC}=5$이므로 헤론의 공식에 의하여 $\dfrac{5+3+6}{2}=7$이고

$$\triangle ACD=\sqrt{7(7-5)(7-6)(7-3)}=2\sqrt{14}$$

0930 답 ④

사각형 ABCD가 원에 내접하므로

$$\angle ABC+\angle ADC=180°$$

$$\therefore \angle ADC=180°-120°=60°$$

$$\therefore \triangle ACD=\frac{1}{2}\cdot10\cdot6\cdot\sin 60°$$
$$=\frac{1}{2}\cdot10\cdot6\cdot\frac{\sqrt{3}}{2}=15\sqrt{3}$$

한편, 삼각형 ACD에서 코사인법칙에 의하여

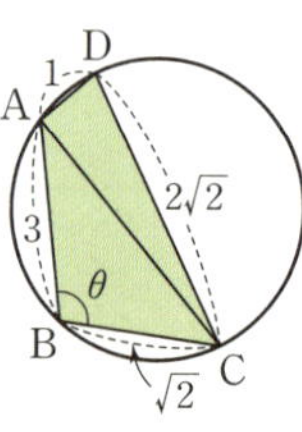

$$\overline{AC}^2=10^2+6^2-2\cdot10\cdot6\cdot\cos 60°$$
$$=100+36-2\cdot10\cdot6\cdot\frac{1}{2}=76$$

$\overline{AB}=x\ (x>0)$라 하면 삼각형 ABC에서
코사인법칙에 의하여

$$76=x^2+6^2-2\cdot x\cdot6\cdot\cos 120°$$

→ $\cos 120°=\cos(90°+30°)=-\sin 30°$

$$76=x^2+36-2\cdot x\cdot6\cdot\left(-\frac{1}{2}\right)$$

$$x^2+6x-40=0,\ (x+10)(x-4)=0$$

$$\therefore x=4$$

$$\therefore \triangle ABC=\frac{1}{2}\cdot4\cdot6\cdot\sin 120°$$

→ $\sin 120°=\sin(90°+30°)=\cos 30°$

$$=\frac{1}{2}\cdot4\cdot6\cdot\frac{\sqrt{3}}{2}=6\sqrt{3}$$

따라서 구하는 사각형 ABCD의 넓이는

$$\triangle ABC+\triangle ACD=6\sqrt{3}+15\sqrt{3}=21\sqrt{3}$$

0931 답 ①

$\angle ABC=\theta$라 하면 사각형 ABCD가 원에
내접하므로

$$\angle ADC=\pi-\theta$$

삼각형 ABC에서 코사인법칙에 의하여

$$\overline{AC}^2=3^2+(\sqrt{2})^2-2\cdot3\cdot\sqrt{2}\cdot\cos\theta$$
$$=11-6\sqrt{2}\cos\theta\quad\cdots\cdots\ \text{㉠}$$

또한, 삼각형 ACD에서 코사인법칙에 의하여

$$\overline{AC}^2=1^2+(2\sqrt{2})^2-2\cdot1\cdot2\sqrt{2}\cdot\cos(\pi-\theta)$$
$$=9+4\sqrt{2}\cos\theta\quad\cdots\cdots\ \text{㉡}$$

→ $-\cos\theta$

㉠=㉡에서
$11-6\sqrt{2}\cos\theta=9+4\sqrt{2}\cos\theta$
$10\sqrt{2}\cos\theta=2$
$\therefore\ \cos\theta=\dfrac{\sqrt{2}}{10}$

$\therefore\ \sin\theta=\sqrt{1-\cos^2\theta}=\sqrt{1-\left(\dfrac{\sqrt{2}}{10}\right)^2}=\dfrac{7\sqrt{2}}{10}$

따라서 사각형 ABCD의 넓이는
$\triangle \text{ABC}+\triangle \text{ACD}=\dfrac{1}{2}\cdot 3\cdot\sqrt{2}\cdot\sin\theta+\dfrac{1}{2}\cdot 1\cdot 2\sqrt{2}\cdot\underset{\cdot\,\sin\theta}{\underline{\sin(\pi-\theta)}}$
$=\dfrac{3\sqrt{2}}{2}\sin\theta+\sqrt{2}\sin\theta$
$=\dfrac{5\sqrt{2}}{2}\sin\theta$
$=\dfrac{5\sqrt{2}}{2}\cdot\dfrac{7\sqrt{2}}{10}$
$=\dfrac{7}{2}$

(margin note: $0°<\theta<180°$이므로 $0<\sin\theta\le 1$)

0932 답 ③

오른쪽 그림과 같이 $\angle \text{ABD}=\alpha$,
$\angle \text{DBC}=\beta$라 하자.
이때 삼각형 BCD에서 코사인법칙에
의하여
$\overline{\text{BD}}^2=(\sqrt{6}-\sqrt{2})^2+(2\sqrt{2})^2$
$\qquad -2\cdot(\sqrt{6}-\sqrt{2})\cdot 2\sqrt{2}\cdot\cos 120°$
$=(6-4\sqrt{3}+2)+8$
$\qquad -2\cdot(\sqrt{6}-\sqrt{2})\cdot 2\sqrt{2}\cdot\left(-\dfrac{1}{2}\right)$
$=12$
$\therefore\ \overline{\text{BD}}=2\sqrt{3}\ (\because\ \overline{\text{BD}}>0)$

(margin note: $\cos 120°=\cos(90°+30°)$ $=-\sin 30°$)

또한, 삼각형 BCD에서 사인법칙에 의하여
$\dfrac{2\sqrt{3}}{\sin 120°}=\dfrac{2\sqrt{2}}{\sin\beta}$
$2\sqrt{3}\sin\beta=2\sqrt{2}\ \underline{\sin 120°}$ → $\sin 120°=\sin(90°+30°)=\cos 30°$
$\sin\beta=\dfrac{2\sqrt{2}}{2\sqrt{3}}\cdot\dfrac{\sqrt{3}}{2}=\dfrac{\sqrt{2}}{2}$ → $0°<\beta<75°$에서 삼각함수를 포함한 방정식을 푼다.
$\therefore\ \beta=45°\ (\because\ 0°<\beta<75°),\ \alpha=30°\ (\because\ \alpha+\beta=75°)$

이때 사각형 ABCD의 넓이가 3이므로
$\triangle \text{ABD}+\triangle \text{BCD}$
$=\dfrac{1}{2}\cdot\overline{\text{AB}}\cdot 2\sqrt{3}\cdot\sin 30°+\dfrac{1}{2}\cdot(\sqrt{6}-\sqrt{2})\cdot 2\sqrt{2}\cdot\sin 120°$
$=\dfrac{1}{2}\cdot\overline{\text{AB}}\cdot 2\sqrt{3}\cdot\dfrac{1}{2}+\dfrac{1}{2}\cdot(\sqrt{6}-\sqrt{2})\cdot 2\sqrt{2}\cdot\dfrac{\sqrt{3}}{2}$
$=\dfrac{\sqrt{3}}{2}\overline{\text{AB}}+3-\sqrt{3}$
$=3$
에서
$\dfrac{\sqrt{3}}{2}\cdot\overline{\text{AB}}-\sqrt{3}$
$\therefore\ \overline{\text{AB}}=2$

(margin note: $\sin 120°$ $=\sin(90°+30°)$ $=\cos 30°$)

0933 답 ②

0934 답 ⑤

$\angle \text{A}=\angle \text{C}$이므로
$\sin(\angle \text{A})=\sin(\angle \text{C})$
$\qquad =\sqrt{1-\cos^2(\angle \text{C})}$
$\qquad =\sqrt{1-\left(-\dfrac{1}{3}\right)^2}=\dfrac{2\sqrt{2}}{3}$

따라서 평행사변형 ABCD의 넓이는
$3\cdot 5\cdot\sin(\angle \text{A})=3\cdot 5\cdot\dfrac{2\sqrt{2}}{3}=10\sqrt{2}$

0935 답 ③

$\overline{\text{AD}}=\overline{\text{BC}}=6$이고, 평행사변형 ABCD의 넓이가 15이므로
$5\cdot 6\cdot\sin(\angle \text{A})=15$
$\therefore\ \sin(\angle \text{A})=\dfrac{1}{2}$

0936 답 ①

삼각형 ABC에 대하여 코사인법칙에 의하여
$\cos(\angle \text{ABC})=\dfrac{4^2+8^2-6^2}{2\cdot 4\cdot 8}=\dfrac{11}{16}$
$\therefore\ \sin(\angle \text{ABC})=\sqrt{1-\cos^2(\angle \text{ABC})}=\sqrt{1-\left(\dfrac{11}{16}\right)^2}=\dfrac{3\sqrt{15}}{16}$

따라서 평행사변형 ABCD의 넓이는
$4\cdot 8\cdot\sin(\angle \text{ABC})=4\cdot 8\cdot\dfrac{3\sqrt{15}}{16}=6\sqrt{15}$

(margin note: $0°<\angle \text{ABC}<180°$이므로 $0<\sin(\angle \text{ABC})\le 1$)

● **다른 풀이** ●

삼각형 ABC에서 헤론의 공식에 의하여 $\dfrac{4+8+6}{2}=9$이므로
$\square \text{ABCD}=2\triangle \text{ABC}$
$\qquad =2\cdot\sqrt{9(9-4)(9-8)(9-6)}=6\sqrt{15}$

0937 답 ①

$\overline{\text{AB}}=x,\ \overline{\text{AD}}=y$라 하면 $\overline{\text{CD}}=x,\ \overline{\text{BC}}=y$
삼각형 ABC에서 코사인법칙에 의하여
$6^2=x^2+y^2-2xy\cos 60°$
$36=x^2+y^2-2xy\cdot\dfrac{1}{2}$
$\therefore\ 36=x^2+y^2-xy\quad\cdots\cdots\ ㉠$
또한, 삼각형 BCD에서 코사인법칙에 의하여
$(5\sqrt{2})^2=x^2+y^2-2xy\cos 120°$
$50=x^2+y^2-2xy\cdot\left(-\dfrac{1}{2}\right)$
$\therefore\ 50=x^2+y^2+xy\quad\cdots\cdots\ ㉡$

(margin note: $\angle \text{ABC}+\angle \text{BCD}=180°$이므로 $60°+\angle \text{BCD}=180°$ $\therefore\ \angle \text{BCD}=120°$ $\cos 120°=\cos(90°+30°)=-\sin 30°$)

㉡-㉠을 하면
$2xy=14$
$\therefore\ xy=7$
따라서 평행사변형 ABCD의 넓이는
$xy\sin 60°=7\cdot\dfrac{\sqrt{3}}{2}=\dfrac{7\sqrt{3}}{2}$

0938 답 ①

0939　답 ③

$\angle ABC = \angle CAB = 70°$이므로 삼각형 ABC는 이등변삼각형이다.

$\therefore \overline{AC} = 4$

따라서 구하는 사각형 $ABCD$의 넓이는

$\dfrac{1}{2} \cdot 4 \cdot 7 \cdot \sin 120° = \dfrac{1}{2} \cdot 4 \cdot 7 \cdot \dfrac{\sqrt{3}}{2} = 7\sqrt{3}$

↳ $\sin 120° = \sin(90°+30°) = \cos 30°$

0940　답 ④

오른쪽 그림과 같이
$\angle AOB = \theta$라 하면 삼각형 ABO
에서 코사인법칙에 의하여

$\cos \theta = \dfrac{3^2 + 4^2 - 3^2}{2 \cdot 3 \cdot 4} = \dfrac{2}{3}$

$\therefore \sin \theta = \sqrt{1 - \cos^2 \theta} = \sqrt{1 - \left(\dfrac{2}{3}\right)^2} = \dfrac{\sqrt{5}}{3}$

$0° < \theta < 180°$이므로
$0 < \sin \theta \le 1$

이때 사각형 $ABCD$의 넓이가 $10\sqrt{5}$이므로

$\dfrac{1}{2} \cdot (\overline{OC} + 4) \cdot 6 \cdot \sin \theta = 10\sqrt{5}$

$\dfrac{1}{2} \cdot (\overline{OC} + 4) \cdot 6 \cdot \dfrac{\sqrt{5}}{3} = 10\sqrt{5}$

$\overline{OC} + 4 = 10$

$\therefore \overline{OC} = 6$

0941　답 ①

$\overline{AC} = a$, $\overline{BD} = b$라 하면 사각형 $ABCD$의 넓이가 $6\sqrt{3}$이므로

$\dfrac{1}{2} ab \sin 60° = 6\sqrt{3}$

$\dfrac{1}{2} ab \cdot \dfrac{\sqrt{3}}{2} = 6\sqrt{3}$

$\dfrac{ab}{4} = 6$

$\therefore ab = 24$

$\overline{AC} + \overline{BD} = 10$에서 $a + b = 10$이므로

$\overline{AC}^2 + \overline{BD}^2 = a^2 + b^2$

$\qquad\qquad\quad = (a+b)^2 - 2ab$

$\qquad\qquad\quad = 10^2 - 2 \cdot 24 = 52$

0942　답 82

$\overline{AC} = \sqrt{6^2 + 8^2} = 10$, $\overline{OB} = \sqrt{4^2 + 6^2} = 2\sqrt{13}$
이므로

$\square OABC = \dfrac{1}{2} \cdot 10 \cdot 2\sqrt{13} \cdot \sin \theta$

$\qquad\quad = 10\sqrt{13} \sin \theta \qquad \cdots\cdots ㉠$

또한,

$\square OABC = \triangle OAB + \triangle OBC$

$\qquad\quad = \dfrac{1}{2} \cdot 6 \cdot 6 + \dfrac{1}{2} \cdot 8 \cdot 4 = 34 \qquad \cdots\cdots ㉡$

$\dfrac{1}{2} \cdot \overline{OA} \cdot (점\ B의\ y좌표) + \dfrac{1}{2} \cdot \overline{OC} \cdot (점\ B의\ x좌표)$

㉠ = ㉡에서

$10\sqrt{13} \sin \theta = 34$

$\therefore \sin \theta = \dfrac{34}{10\sqrt{13}} = \dfrac{17\sqrt{13}}{65}$

따라서 $p = 65$, $q = 17$이므로

$p + q = 65 + 17 = 82$

0943　답 ④

> **One Point Lesson**
> 선분 AD의 길이를 구한 후 코사인법칙을 이용한다.

삼각형 ABD에서 $\angle ADC = 30°$이므로

$\angle ABD + \angle BAD = 30°$

$\therefore \angle BAD = 15°$ → 또는 $\angle BDA = 150°$이므로 $\angle BAD = 180° - (15° + 150°) = 15°$

삼각형 ABD가 이등변삼각형이므로

$\overline{AD} = 2\sqrt{3}$

삼각형 ADC에서 $\overline{CD} = x$ $(x > 0)$라 하면 코사인법칙에 의하여

$(\sqrt{19})^2 = (2\sqrt{3})^2 + x^2 - 2 \cdot 2\sqrt{3} \cdot x \cdot \cos 30°$

$19 = 12 + x^2 - 2 \cdot 2\sqrt{3} \cdot x \cdot \dfrac{\sqrt{3}}{2}$

$19 = 12 + x^2 - 6x$, $x^2 - 6x - 7 = 0$

$(x+1)(x-7) = 0$

$\therefore x = 7$

따라서 선분 CD의 길이는 7이다.

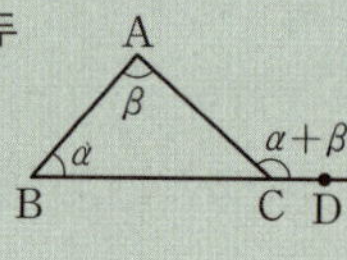

해설 속 칠판　삼각형의 외각의 성질

삼각형의 한 외각의 크기는 그와 이웃하지 않는 두 내각의 크기의 합과 같다.

$\Rightarrow \angle ACD = 180° - \angle ACB$

$\qquad\qquad = \angle ABC + \angle BAC$

0944　답 ④

> **One Point Lesson**
> $\triangle DEF = \triangle ABC - (\triangle ADF + \triangle BED + \triangle CFE)$

$\overline{AD} = \overline{BE} = \overline{CF} = \dfrac{3}{4} \cdot 4 = 3$, $\overline{AF} = \overline{BD} = \overline{CE} = \dfrac{1}{4} \cdot 4 = 1$

이고, 세 삼각형 ADF, BED, CFE는 서로 합동 (SAS 합동)
이다.

따라서 삼각형 DEF의 넓이는

$\sin A = \sin 60° = \dfrac{\sqrt{3}}{2}$

$\triangle ABC - 3\triangle ADF = \dfrac{1}{2} \cdot 4 \cdot 4 \cdot \dfrac{\sqrt{3}}{2} - 3\left(\dfrac{1}{2} \cdot 3 \cdot 1 \cdot \dfrac{\sqrt{3}}{2}\right)$

$\qquad\qquad\qquad\quad = 4\sqrt{3} - \dfrac{9\sqrt{3}}{4} = \dfrac{7\sqrt{3}}{4}$

0945　답 ⑤

> **One Point Lesson**
> 마주 보는 각의 크기의 합이 $180°$인 사각형은 원에 내접한다.

$\angle ABC + \angle CDA = 180°$이므로 사각형
$ABCD$는 원에 내접한다. 원의 중심을 O라
하면 점 O는 선분 AC 위에 있고, $\overline{AC} = 4$이
므로 원의 반지름의 길이는 2이다.
삼각형 ABD에서 사인법칙에 의하여

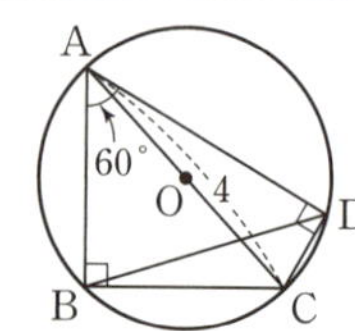

삼각형 ABC는 직각삼각형이므로 삼각형 ABC의 외심은 빗변 AC의 중점이다.

$\dfrac{\overline{BD}}{\sin 60°} = 2 \cdot 2$

$\therefore \overline{BD} = 2 \cdot 2 \cdot \sin 60° = 2 \cdot 2 \cdot \dfrac{\sqrt{3}}{2} = 2\sqrt{3}$

네 점 A, B, C, D를 지나는 원의 반지름의
길이가 2이므로
$$\overline{OB}=\overline{OD}=2$$
호 BD에 대한 원주각의 크기가 60°이므로
$$\angle BOD=60°\times2=120°$$
삼각형 BOD에서 코사인법칙에 의하여
$$\overline{BD}^2=2^2+2^2-2\times2\times2\times\cos120°$$
$$=4+4-2\times2\times2\times\left(-\frac{1}{2}\right)=12$$
$$\therefore \overline{BD}=2\sqrt{3}\ (\because \overline{BD}>0)$$

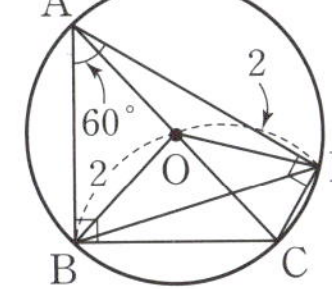

0946 ④

> **One Point Lesson**
> 삼각형의 세 변의 길이를 $\overline{AP}$, $\overline{BQ}$, $\overline{CR}$와 삼각형의 넓이 S를 이용하여
> 나타낸다.

$\overline{AP}:\overline{BQ}:\overline{CR}=3:4:6$이므로
$\overline{AP}=3t$, $\overline{BQ}=4t$, $\overline{CR}=6t\ (t>0)$라 하자.
삼각형 ABC의 넓이를 S라 하면
$$S=\frac{1}{2}\overline{BC}\cdot\overline{AP}=\frac{1}{2}\overline{CA}\cdot\overline{BQ}=\frac{1}{2}\overline{AB}\cdot\overline{CR}$$
$$\overline{AB}=\frac{2S}{\overline{CR}}=\frac{S}{3t},\ \overline{BC}=\frac{2S}{\overline{AP}}=\frac{2S}{3t},\ \overline{CA}=\frac{2S}{\overline{BQ}}=\frac{S}{2t}$$
$$\therefore \overline{AB}:\overline{BC}:\overline{CA}=\frac{S}{3t}:\frac{2S}{3t}:\frac{S}{2t}=2:4:3$$
이때 $\overline{AB}:\overline{BC}:\overline{CA}=\sin C:\sin A:\sin B$이므로
$\sin A=4k$, $\sin B=3k$, $\sin C=2k\ (k>0)$라 하면
$$\frac{\sin A+\sin B}{\sin A+\sin C}=\frac{4k+3k}{4k+2k}=\frac{7k}{6k}=\frac{7}{6}$$

0947 ④

> **One Point Lesson**
> 점 C에서 선분 AB에 내린 수선의 발을 H라 하면
> $$\overline{AB}=\overline{AH}+\overline{BH}=\overline{AC}\cos A+\overline{BC}\cos B$$

점 C에서 선분 AB에 내린 수선의 발을 H라
하면
$$\overline{AB}=\overline{AH}+\overline{BH}$$
$$=\overline{AC}\cos30°+\overline{BC}\cos B \quad\cdots\cdots\ \ominus$$
이때 삼각형 ABC에서 사인법칙에 의하여
$$\frac{\overline{BC}}{\sin30°}=2\cdot5$$
$$\therefore \overline{BC}=2\cdot5\cdot\sin30°=2\cdot5\cdot\frac{1}{2}=5$$
또한, $\dfrac{2\sqrt{3}}{\sin B}=2\cdot5$에서
$$\sin B=\frac{2\sqrt{3}}{10}=\frac{\sqrt{3}}{5}$$
$$\cos^2 B=1-\sin^2 B=1-\left(\frac{\sqrt{3}}{5}\right)^2=\frac{22}{25}$$
$$\therefore \cos B=\frac{\sqrt{22}}{5}\ (\because\ 0°<B<90°)$$
따라서 $\ominus$에서
$$\overline{AB}=2\sqrt{3}\cdot\frac{\sqrt{3}}{2}+5\cdot\frac{\sqrt{22}}{5}=3+\sqrt{22}$$

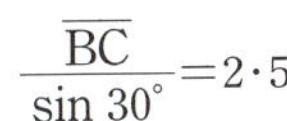

0948 ①

> **One Point Lesson**
> 반원의 중심에서 두 변에 수선의 발을 내려 삼각형의 넓이를 구한다.

코사인법칙에 의하여
$$\cos A=\frac{3^2+5^2-6^2}{2\cdot3\cdot5}=-\frac{1}{15}$$
$$\therefore \sin A=\sqrt{1-\cos^2 A}=\sqrt{1-\left(-\frac{1}{15}\right)^2}=\frac{4\sqrt{14}}{15}$$
$$\therefore \triangle ABC=\frac{1}{2}\overline{AB}\cdot\overline{AC}\cdot\sin A$$
$$=\frac{1}{2}\cdot3\cdot5\cdot\frac{4\sqrt{14}}{15}=2\sqrt{14} \quad\cdots\cdots\ \ominus$$
한편, 오른쪽 그림과 같이 삼각형
ABC에 내접하는 반원의 중심을 O,
반지름의 길이를 r라 하면
$$\triangle ABC=\triangle ABO+\triangle AOC$$
$$=\frac{1}{2}\cdot3r+\frac{1}{2}\cdot5r=4r \quad\cdots\cdots\ \ominus$$
$\ominus=\ominus$에서 $2\sqrt{14}=4r$
$$\therefore r=\frac{2\sqrt{14}}{4}=\frac{\sqrt{14}}{2}$$

삼각형 ABC에서 헤론의 공식에 의하여 $\dfrac{3+5+6}{2}=7$이므로
$$\triangle ABC=\sqrt{7(7-3)(7-5)(7-6)}=\sqrt{56}=2\sqrt{14}$$

0949 ④

> **One Point Lesson**
> 평행사변형의 넓이를 구하려면 한 꼭짓점의 각의 크기 또는 두 대각선의 길
> 이의 곱을 알아야 한다.

오른쪽 그림과 같이 평행사변형의 두 대
각선 AC와 BD의 교점을 O라 하고,
$\overline{OA}=a$, $\overline{OB}=b$라 하자.
삼각형 AOB에서 코사인법칙에 의하여
$$8^2=a^2+b^2-2ab\cos120°$$
$$64=a^2+b^2-2ab\cdot\left(-\frac{1}{2}\right)$$
$$\therefore 64=a^2+b^2+ab \quad\cdots\cdots\ \ominus$$
또한, 삼각형 AOD에서 코사인법칙에 의하여
$$5^2=a^2+b^2-2ab\cos60°$$
$$25=a^2+b^2-2ab\cdot\frac{1}{2}$$
$$\therefore 25=a^2+b^2-ab \quad\cdots\cdots\ \ominus$$
$\ominus-\ominus$을 하면
$$39=2ab \quad\quad \therefore ab=\frac{39}{2}$$
따라서 평행사변형 ABCD의 넓이는
$$\frac{1}{2}\cdot2a\cdot2b\cdot\sin120°=2ab\cdot\frac{\sqrt{3}}{2}=2\cdot\frac{39}{2}\cdot\frac{\sqrt{3}}{2}=\frac{39\sqrt{3}}{2}$$

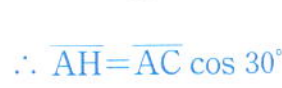

0950 ①

> **One Point Lesson**
> 특수각을 이용하여 각 선분에 대한 길이를 구한 후 코사인법칙을 이용한다.

직각삼각형 ABC에서
$$\overline{AC}=\dfrac{3}{\cos 60^\circ}=\dfrac{3}{\dfrac{1}{2}}=6,\ \overline{BC}=3\cdot\tan 60^\circ=3\cdot\sqrt{3}=3\sqrt{3}$$

선분 AC를 삼등분한 점 중 한 점이 D이므로
$$\overline{AD}=\dfrac{1}{3}\cdot\overline{AC}=\dfrac{1}{3}\cdot 6=2,\ \overline{CD}=\dfrac{2}{3}\cdot\overline{AC}=\dfrac{2}{3}\cdot 6=\underline{4}$$
→ 또는 $6-\overline{AD}=6-2=4$

삼각형 ABD에서 코사인법칙에 의하여
$$\overline{BD}^2=3^2+2^2-2\cdot 3\cdot 2\cdot\cos 60^\circ=9+4-2\cdot 3\cdot 2\cdot\dfrac{1}{2}=7$$
$$\therefore\ \overline{BD}=\sqrt{7}\ (\because\ \overline{BD}>0)$$
따라서 삼각형 BCD에서 코사인법칙에 의하여
$$\cos\theta=\dfrac{(\sqrt{7})^2+4^2-(3\sqrt{3})^2}{2\cdot\sqrt{7}\cdot 4}=-\dfrac{\sqrt{7}}{14}$$

0951 답 $100\sqrt{3}$ m

점 A 또는 점 B를 도로(직선)에 대하여 대칭이동한다.

오른쪽 그림과 같이 도로를 l이라
하고, 점 B를 직선 l에 대하여 대
칭이동한 점을 B′이라 하면
$$\overline{AQ}+\overline{BQ}=\overline{AQ}+\overline{B'Q}$$
$$\geq\overline{AB'}$$
→ 직선 거리가 최단 거리이다.

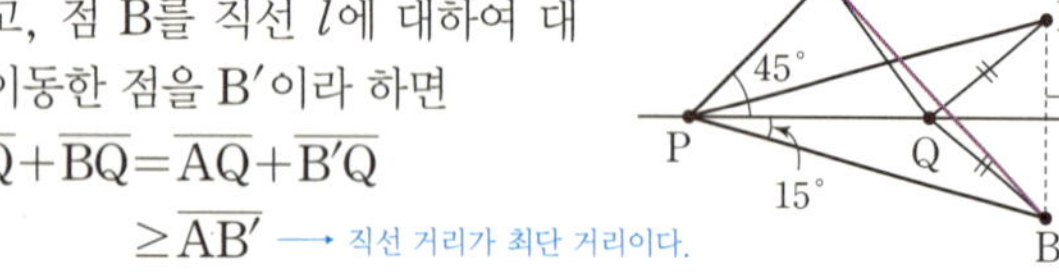

삼각형 APB′에서 코사인법칙에 의하여
$$\overline{AB'}^2=100^2+200^2-2\cdot 100\cdot 200\cdot\cos 60^\circ$$
$$=10000+40000-2\cdot 100\cdot 200\cdot\dfrac{1}{2}=30000$$
$$\therefore\ \overline{AB'}=100\sqrt{3}\ \text{m}$$
따라서 구하는 거리의 합의 최솟값은 $100\sqrt{3}$ m이다.

0952 답 ④

$\angle AMB=\theta$라 하고 두 삼각형 ABM, AMC에서 사인법칙을 이용한다.

선분 BC를 $2:1$로 내분하는 점이 M이므로
$\overline{BM}=2t,\ \overline{CM}=t\ (t>0)$라 하자.
이때 $\angle AMB=\theta$라 하면
$\angle AMC=\pi-\theta$

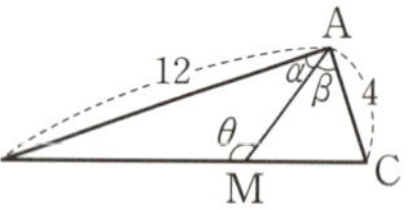

삼각형 ABM에서 사인법칙에 의하여
$$\dfrac{\overline{BM}}{\sin\alpha}=\dfrac{12}{\sin\theta}$$
$$\overline{BM}\sin\theta=12\sin\alpha,\ 2t\sin\theta=12\sin\alpha$$
$$\therefore\ \sin\alpha=\dfrac{t\sin\theta}{6}$$
또한, 삼각형 AMC에서 사인법칙에 의하여
$$\dfrac{\overline{CM}}{\sin\beta}=\dfrac{4}{\sin(\pi-\theta)}$$
→ $\sin\theta$
$$\overline{CM}\sin\theta=4\sin\beta,\ t\sin\theta=4\sin\beta$$
$$\therefore\ \sin\beta=\dfrac{t\sin\theta}{4}$$
$$\therefore\ \dfrac{\sin\alpha}{\sin\beta}=\dfrac{\dfrac{t\sin\theta}{6}}{\dfrac{t\sin\theta}{4}}=\dfrac{2}{3}$$

0953 답 99

두 선분 AB, CD의 연장선을 그어 두 삼각형의 넓이의 차를 이용한다.

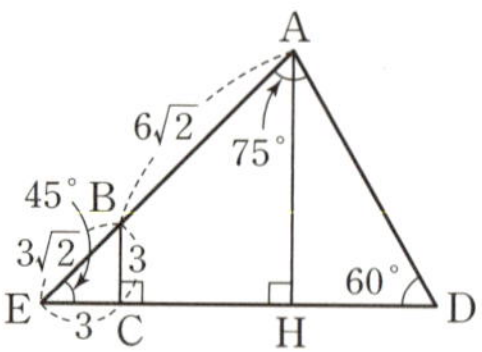

위의 그림과 같이 선분 AB의 연장선과 선분 CD의 연장선이 만
나는 점을 E라 하면 삼각형 AED에서
$$\angle E=180^\circ-(75^\circ+60^\circ)=45^\circ$$
즉, 삼각형 BEC는 직각이등변삼각형이므로
$$\overline{BC}=\overline{CE}=3,\ \overline{BE}=3\sqrt{2}$$
→ $\overline{BC}:\overline{BE}=1:\sqrt{2}$
이때 삼각형 AED에서 사인법칙에 의하여
$$\dfrac{9\sqrt{2}}{\sin 60^\circ}=\dfrac{\overline{AD}}{\sin 45^\circ}$$
$$9\sqrt{2}\sin 45^\circ=\overline{AD}\sin 60^\circ,\ 9\sqrt{2}\cdot\dfrac{\sqrt{2}}{2}=\overline{AD}\cdot\dfrac{\sqrt{3}}{2}$$
$$\therefore\ \overline{AD}=\dfrac{18}{\sqrt{3}}=6\sqrt{3}$$
또한, 점 A에서 선분 ED에 내린 수선의 발을 H라 하면
$$\overline{ED}=\overline{EH}+\overline{HD}$$
→ $\cos 45^\circ=\dfrac{\overline{EH}}{\overline{AE}}$ ∴ $\overline{EH}=\overline{AE}\cos 45^\circ$
$$=\overline{AE}\cos 45^\circ+\overline{AD}\cos 60^\circ$$
→ $\cos 60^\circ=\dfrac{\overline{HD}}{\overline{AD}}$ ∴ $\overline{HD}=\overline{AD}\cos 60^\circ$
$$=9\sqrt{2}\cdot\dfrac{\sqrt{2}}{2}+6\sqrt{3}\cdot\dfrac{1}{2}$$
$$=9+3\sqrt{3}$$
$$\therefore\ \square ABCD=\triangle AED-\triangle BEC$$
$$=\dfrac{1}{2}\cdot 9\sqrt{2}\cdot(9+3\sqrt{3})\cdot\dfrac{\sqrt{2}}{2}-\dfrac{1}{2}\cdot 3\cdot 3$$
$$=\dfrac{81}{2}+\dfrac{27\sqrt{3}}{2}-\dfrac{9}{2}=\dfrac{72+27\sqrt{3}}{2}$$
따라서 $p=72,\ q=27$이므로
$$p+q=72+27=99$$

0954 답 $6\sqrt{3}$

점 P를 두 선분 AB, AC에 대하여 대칭이동한다.

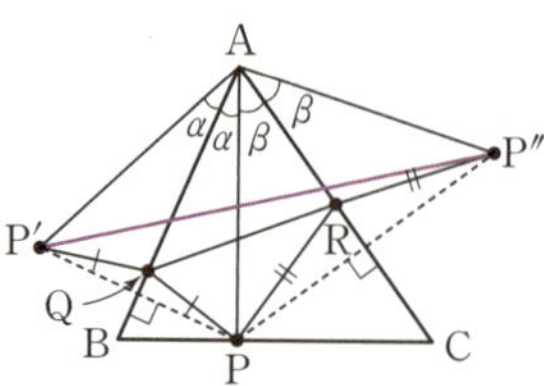

위의 그림과 같이 $\angle PAQ=\alpha$, $\angle PAR=\beta$라 하고, 점 P를 선
분 AB, AC에 대하여 대칭이동한 점을 각각 P′, P″이라 하면
$$\angle PAQ=\angle P'AQ=\alpha,\ \overline{PQ}=\overline{P'Q},\ \overline{AP}=\overline{AP'},$$
$$\angle PAC=\angle P''AC=\beta,\ \overline{PR}=\overline{P''R},\ \overline{AP}=\overline{AP''}$$
이므로
$$\overline{PQ}+\overline{QR}+\overline{RP}=\overline{P'Q}+\overline{QR}+\overline{P''R}$$
$$\geq\overline{P'P''}$$
→ 직선 거리가 최단 거리이다.

이때
$$\angle P'AP''=2(\alpha+\beta)=2\times60°=120°,\ \overline{AP'}=\overline{AP''}=\overline{AP}=6$$
이므로 삼각형 $AP'P''$에서 코사인법칙에 의하여
$$\overline{P'P''}^2=6^2+6^2-2\times6\times6\times\underline{\cos120°}\ \rightarrow\ \cos120°=\cos(90°+30°)=-\sin30°$$
$$=36+36-2\times6\times6\times\left(-\frac{1}{2}\right)=108$$
따라서 구하는 최솟값은 $\sqrt{108}=6\sqrt{3}$이다.

0955　답 18

$\sin(A+C)=\dfrac{3}{8}$이고, $A+B+C=\pi$이므로
$$\sin(A+C)=\sin(\pi-B)=\sin B$$
$$\therefore\ \sin B=\frac{3}{8}$$
❶

따라서 삼각형 ABC의 넓이는
$$\frac{1}{2}\cdot12\cdot8\cdot\frac{3}{8}=18$$
❷

채점 기준	배점 비율
❶ $\sin B$의 값 구하기	50%
❷ 삼각형 ABC의 넓이 구하기	50%

0956　답 해설 참조

사인법칙에 의하여 $\dfrac{a}{\sin A}=\dfrac{b}{\sin B}=2R$에서
$$a=2R\sin A,\ b=2R\sin B$$
❶

$$\therefore\ S=\frac{1}{2}ab\sin C$$
$$=\frac{1}{2}\cdot2R\sin A\cdot2R\sin B\cdot\sin C$$
$$=2R^2\sin A\sin B\sin C$$
❷

채점 기준	배점 비율
❶ 삼각형의 각 변을 R와 사인함수를 이용하여 나타내기	50%
❷ $S=2R^2\sin A\sin B\sin C$가 성립함을 증명하기	50%

0957　답 36

오른쪽 그림과 같이 $\angle BAC=\theta$라 하면
$$\angle ABD=\frac{\pi}{2}-\theta\ \rightarrow\ \angle AEB=\frac{\pi}{2}이므로$$
삼각형 ABC에서 사인법칙에 의하여
$$\frac{\overline{BC}}{\sin\theta}=2\cdot3$$
$$\therefore\ \overline{BC}=6\sin\theta$$
❶

또한, 삼각형 ABD에서 사인법칙에 의하여
$$\frac{\overline{AD}}{\sin\left(\frac{\pi}{2}-\theta\right)}=2\cdot3$$
$$\therefore\ \overline{AD}=6\sin\left(\frac{\pi}{2}-\theta\right)=6\cos\theta$$
❷

$$\therefore\ \overline{AD}^2+\overline{BC}^2=6^2\cos^2\theta+6^2\sin^2\theta$$
$$=36(\cos^2\theta+\sin^2\theta)$$
$$=36$$
❸

채점 기준	배점 비율
❶ 선분 BC를 사인함수를 이용하여 나타내기	40%
❷ 선분 AD를 코사인함수를 이용하여 나타내기	40%
❸ $\overline{AD}^2+\overline{BC}^2$의 값 구하기	20%

0958　답 $4\sqrt{3}$

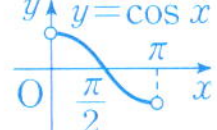
$0°<A<180°$에서 코사인함수는 각의 크기가 커질수록 함숫값은 작아진다.

A의 크기가 최대일 때, $\cos A$의 값은 최솟값을 갖는다.
❶

삼각형 ABC에서 코사인법칙에 의하여
$$\cos A=\frac{8^2+c^2-4^2}{2\cdot8\cdot c}=\frac{48+c^2}{16c}=\frac{3}{c}+\frac{c}{16}$$
❷

이때 $\dfrac{3}{c}>0$, $\dfrac{c}{16}>0$이므로 산술평균과 기하평균의 관계에 의하여
$$\frac{3}{c}+\frac{c}{16}\geq2\sqrt{\frac{3}{c}\cdot\frac{c}{16}}=\frac{\sqrt{3}}{2}$$
$$\left(\text{단, 등호는 }\frac{3}{c}=\frac{c}{16},\text{ 즉 }c=4\sqrt{3}\text{일 때 성립}\right)$$

따라서 $c=4\sqrt{3}$일 때, $\cos A$는 최솟값 $\dfrac{\sqrt{3}}{2}$을 가지므로 구하는 c의 값은 $4\sqrt{3}$이다.
❸

채점 기준	배점 비율
❶ 각의 크기와 코사인함수의 관계 알기	20%
❷ $\cos A$를 c에 대하여 나타내기	30%
❸ c의 값 구하기	50%

0959　답 $\sqrt{30}$

$\overline{AP}=x$, $\overline{AQ}=y$라 하면
$$\triangle APQ=\frac{1}{2}\triangle ABC에서$$
$$\frac{1}{2}xy\sin A=\frac{1}{2}\cdot\frac{1}{2}\cdot5\cdot7\sin A$$
$$\therefore\ xy=\frac{35}{2}$$
❶

삼각형 ABC에서 코사인법칙에 의하여
$$\cos A=\frac{5^2+7^2-8^2}{2\cdot5\cdot7}=\frac{1}{7}$$
❷

또한, 삼각형 APQ에서 코사인법칙에 의하여
$$\overline{PQ}^2=x^2+y^2-2xy\cos A$$
$$=x^2+y^2-\frac{2}{7}xy$$

이때 $x^2>0$, $y^2>0$이므로 산술평균과 기하평균의 관계에 의하여
$$x^2+y^2-\frac{2}{7}xy\geq2\sqrt{x^2\cdot y^2}-\frac{2}{7}xy$$
$$=2xy-\frac{2}{7}xy=\frac{12}{7}xy$$
$$=\frac{12}{7}\cdot\frac{35}{2}=30\ (\text{단, 등호는 }x=y\text{일 때 성립})$$

따라서 선분 PQ의 길이의 최솟값은 $\sqrt{30}$이다.
❸

채점 기준	배점 비율
❶ $\overline{AP}\cdot\overline{AQ}$의 값 구하기	30%
❷ $\cos A$의 값 구하기	20%
❸ 선분 PQ의 길이의 최솟값 구하기	50%

0960　답 $3\sqrt{7}$

원뿔의 옆면의 전개도는 오른쪽 그림과 같다. ❶

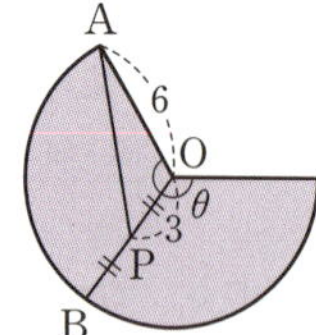

이때 부채꼴의 중심각의 크기를 θ라 하면 부채꼴의 호의 길이는 밑면인 원의 둘레의 길이와 같으므로

$6\theta=2\pi\cdot4$

$\therefore\ \theta=\dfrac{4}{3}\pi$

이때 구하는 최단 거리는 선분 AP의 길이와 같고 ❷

$\angle\mathrm{AOB}=\dfrac{1}{2}\cdot\theta=\dfrac{1}{2}\cdot\dfrac{4}{3}\pi=\dfrac{2}{3}\pi$,

$\overline{\mathrm{OP}}=\dfrac{1}{2}\overline{\mathrm{OB}}=\dfrac{1}{2}\overline{\mathrm{OA}}=\dfrac{1}{2}\cdot6=3$

이므로 삼각형 APO에서 코사인법칙에 의하여

$\overline{\mathrm{AP}}^2=6^2+3^2-2\cdot6\cdot3\cdot\cos\dfrac{2}{3}\pi$　$\left(\cos\dfrac{2}{3}\pi=\cos\left(\pi-\dfrac{\pi}{3}\right)=-\cos\dfrac{\pi}{3}\right)$

$\qquad\ =36+9-2\cdot6\cdot3\cdot\left(-\dfrac{1}{2}\right)=63$

$\therefore\ \overline{\mathrm{AP}}=3\sqrt{7}\ (\because\ \overline{\mathrm{AP}}>0)$

따라서 두 점 A, P를 이은 최단 거리는 $3\sqrt{7}$이다. ❸

채점 기준	배점 비율
❶ 원뿔의 옆면의 전개도 그리기	20%
❷ 부채꼴의 중심각의 크기 구하기	20%
❸ 조건을 만족시키는 최단 거리 구하기	60%

08　등차수열

본문 154~155쪽

0961　답 4, 16

0962　답 0, 0

0963　답 -2, -4

0964　답 1, 4, 7, 10

$a_n=3n-2$에 $n=1$, 2, 3, 4를 차례대로 대입하면

$a_1=3\cdot1-2=1$, $a_2=3\cdot2-2=4$,

$a_3=3\cdot3-2=7$, $a_4=3\cdot4-2=10$

0965　답 0, 3, 8, 15

$a_n=n^2-1$에 $n=1$, 2, 3, 4를 차례대로 대입하면

$a_1=1^2-1=0$, $a_2=2^2-1=3$,

$a_3=3^2-1=8$, $a_4=4^2-1=15$

0966　답 -1, 1, -1, 1

$a_n=(-1)^n$에 $n=1$, 2, 3, 4를 차례대로 대입하면

$a_1=(-1)^1=-1$, $a_2=(-1)^2=1$,

$a_3=(-1)^3=-1$, $a_4=(-1)^4=1$

0967　답 $a_n=5$

0968　답 $a_n=2n$

0969　답 $a_n=\dfrac{n}{n+1}$

0970　답 5, 7

$3-1=2$에서 공차가 2이므로 주어진 수열은

$1,\ 3,\ \boxed{5},\ \boxed{7},\ 9,\ \cdots$

0971　답 10, -2

$4-7=-3$에서 공차가 -3이므로 주어진 수열은

$\boxed{10},\ 7,\ 4,\ 1,\ \boxed{-2},\ \cdots$

0972　답 8

첫째항이 -4, 공차가 3이므로 주어진 수열은

$-4,\ -1,\ 2,\ 5,\ 8,\ \cdots$

따라서 제5항은 8이다.

0973　답 $a_n=-4n+7$

$a_n=3+(n-1)\cdot(-4)=-4n+7$

0974 답 $a_n=3n-1$

첫째항이 2이고, $5-2=3$에서 공차가 3이므로
$a_n=2+(n-1)\cdot3=3n-1$

0975 답 (1) -26 (2) 제14항

$a_n=50+(n-1)\cdot(-4)=-4n+54$

(1) $a_n=-4n+54$에 $n=20$을 대입하면
$\quad a_{20}=(-4)\cdot20+54=-26$

(2) -2를 제n항이라 하면
$\quad -4n+54=-2,\ 4n=56 \qquad \therefore n=14$
따라서 -2는 제14항이다.

0976 답 9

$x=\dfrac{11+7}{2}=9$

0977 답 (가) d (나) n

첫째항이 a, 공차가 d인 등차수열 $\{a_n\}$의 제n항을 l, 첫째항부터
제n항까지의 합을 S_n이라 하면
$S_n=a+(a+d)+(a+2d)+\cdots+(l-2d)+(l-\boxed{d})+l$
$$\cdots\cdots\ \unicode{x24D8}$$

이고, $\unicode{x24D8}$의 우변의 합의 순서를 거꾸로 나타내면
$S_n=l+(l-\boxed{d})+(l-2d)+\cdots+(a+2d)+(a+d)+a$
$$\cdots\cdots\ \unicode{x24D9}$$

$\unicode{x24D8}$, $\unicode{x24D9}$을 변끼리 더하면
$2S_n=(a+l)+(a+l)+(a+l)+\cdots$
$$\qquad\qquad\qquad +(a+l)+(a+l)+(a+l)$$
$\quad=\boxed{n}\times(a+l)$
이므로
$$S_n=\frac{n(a+l)}{2} \qquad\cdots\cdots\ \unicode{x24DA}$$
이때 $l=a+(n-1)d$이므로 이를 $\unicode{x24DA}$에 대입하여 정리하면
$$S_n=\frac{n\{2a+(n-1)d\}}{2}$$

0978 답 240

$\dfrac{15\{(-12)+44\}}{2}=\dfrac{15\cdot32}{2}=240$

0979 답 890

$\dfrac{20\{2\cdot(-3)+19\cdot5\}}{2}=\dfrac{20\cdot89}{2}=890$

0980 답 1980

$2,\ 4,\ 6,\ \cdots,\ 88$은 첫째항이 2, 공차가 2인 등차수열이므로 일반항
a_n은 $a_n=2+(n-1)\cdot2=2n$
88을 제n항이라 하면
$2n=88 \qquad \therefore n=44$
$\therefore 2+4+6+\cdots+88=\dfrac{44(2+88)}{2}=1980$

0981 답 456

$60,\ 56,\ 52,\ \cdots,\ 16$은 첫째항이 60, 공차가 -4인 등차수열이므로
일반항 a_n은
$a_n=60+(n-1)\cdot(-4)=-4n+64$
16을 제n항이라 하면
$-4n+64=16,\ 4n=48 \qquad \therefore n=12$
$\therefore 60+56+52+\cdots+16=\dfrac{12(60+16)}{2}=456$

0982 답 1

$a_{10}=S_{10}-S_9=(10+3)-(9+3)=1$

0983 답 20

$a_{10}=S_{10}-S_9=(10^2+10)-(9^2+9)=20$

0984 답 57

$a_{10}=S_{10}-S_9=(3\cdot10^2-1)-(3\cdot9^2-1)=57$

0985 답 $-\dfrac{1}{90}$

$a_{10}=S_{10}-S_9=\dfrac{11}{10}-\dfrac{10}{9}=-\dfrac{1}{90}$

0986 답 $a_1=-3,\ a_n=2n-1\ (n\geq2)$

(i) $n=1$일 때, $a_1=S_1=1^2-4=-3$
(ii) $n\geq2$일 때
$$\begin{aligned}a_n&=S_n-S_{n-1}\\&=n^2-4-\{(n-1)^2-4\}\\&=n^2-4-(n^2-2n-3)\\&=2n-1\end{aligned}$$
(i), (ii)에서 수열 $\{a_n\}$의 일반항은
$a_1=-3,\ a_n=2n-1\ (n\geq2)$

0987 답 $a_n=2n-7$

(i) $n=1$일 때, $a_1=S_1=1^2-6\cdot1=-5$
(ii) $n\geq2$일 때
$$\begin{aligned}a_n&=S_n-S_{n-1}\\&=n^2-6n-\{(n-1)^2-6(n-1)\}\\&=n^2-6n-(n^2-8n+7)\\&=2n-7 \qquad\cdots\cdots\ \unicode{x24D8}\end{aligned}$$
이때 $a_1=-5$는 $\unicode{x24D8}$에 $n=1$을 대입한 것과 같으므로
$a_n=2n-7$

0988 답 $a_n=4n-1$

(i) $n=1$일 때, $a_1=S_1=2\cdot1^2+1=3$
(ii) $n\geq2$일 때
$$\begin{aligned}a_n&=S_n-S_{n-1}\\&=2n^2+n-\{2(n-1)^2+(n-1)\}\\&=2n^2+n-(2n^2-3n+1)\\&=4n-1 \qquad\cdots\cdots\ \unicode{x24D8}\end{aligned}$$
이때 $a_1=3$은 $\unicode{x24D8}$에 $n=1$을 대입한 것과 같으므로
$a_n=4n-1$

0989 답 $a_1=1$, $a_n=-\dfrac{1}{n(n-1)}$ $(n\geq2)$

(i) $n=1$일 때, $a_1=S_1=1$

(ii) $n\geq2$일 때
$$\begin{aligned}a_n&=S_n-S_{n-1}\\&=\frac{1}{n}-\frac{1}{n-1}\\&=-\frac{1}{n(n-1)}\end{aligned}$$

(i), (ii)에서 수열 $\{a_n\}$의 일반항은
$$a_1=1,\ a_n=-\frac{1}{n(n-1)}\ (n\geq2)$$

P attern 유형 마스터

본문 156~168쪽

0990 답 ④

0991 답 ③

등차수열 $\{a_n\}$의 첫째항을 a, 공차를 d라 하자.

$a_3+a_7=26$에서 $(a+2d)+(a+6d)=26$

$\therefore 2a+8d=26$ ······ ㉠

$a_{10}+a_{15}=71$에서 $(a+9d)+(a+14d)=71$

$\therefore 2a+23d=71$ ······ ㉡

㉠, ㉡을 연립하여 풀면 $a=1$, $d=3$

따라서 $a_n=1+(n-1)\cdot3=3n-2$이므로

$a_{20}=3\cdot20-2=58$

0992 답 ②

$a_n=3n+k$이므로 등차수열 $\{a_n\}$의 공차는 3

첫째항은 공차의 2배이므로 첫째항은 $2\cdot3=6$ ㉠

또한, $a_n=3n+k$에 $n=1$을 대입하면 $a_1=3+k$ ㉡

즉, $3+k=6$이므로 $k=3$

㉠=㉡이므로

0993 답 ②

등차수열 $\{a_n\}$의 공차를 d라 하자.

$d=a_2-a_1=a_3-a_2=a_4-a_3=\cdots=a_{50}-a_{49}$이므로

$a_1-a_2+a_3-a_4+\cdots+a_{49}-a_{50}$

$=-\{(a_2-a_1)+(a_4-a_3)+\cdots+(a_{50}-a_{49})\}$

$=-25d=75$

에서 $d=-3$

따라서 $a_n=2+(n-1)\cdot(-3)=-3n+5$이므로

$a_{10}=-3\cdot10+5=-25$

0994 답 ⑤

등차수열 $\{a_n\}$의 일반항 a_n을 $a_n=pn+q$ $(p,\ q$는 상수$)$라 하면

수열 $\{b_n\}$의 일반항 b_n은

$b_n=2(pn+q)+k=2pn+2q+k$ ······ ㉠

즉, 수열 $\{b_n\}$도 등차수열이므로 $\{b_n\}$의 첫째항을 a, 공차를 d라

하자. 일반적으로 일반항이 n에 대한 일차식이면 등차수열이고, 그 역도 성립한다.

$b_2=4$에서 $a+d=4$ ······ ㉡

$b_3+b_4=-4$에서 $(a+2d)+(a+3d)=-4$

$\therefore 2a+5d=-4$ ······ ㉢

㉡, ㉢을 연립하여 풀면 $a=8$, $d=-4$

따라서 $b_n=8+(n-1)\cdot(-4)=-4n+12$이므로 ㉠에서

$2p=-4$, $2q+k=12$ $\therefore p=-2$, $q=\dfrac{12-k}{2}$

$\therefore a_n=-2n+\dfrac{12-k}{2}$

즉, $a_2=b_5$에서 $-4+\dfrac{12-k}{2}=-8$

$12-k=-8$ $\therefore k=20$

0995 답 ④

0996 답 ②

등차수열 $\{a_n\}$의 첫째항을 a, 공차를 d라 하자.

$a_8+a_{17}=0$에서 $(a+7d)+(a+16d)=0$

$\therefore 2a+23d=0$ ······ ㉠

$a_{15}-a_{10}=20$에서 $(a+14d)-(a+9d)=20$

$5d=20$ $\therefore d=4$

$d=4$를 ㉠에 대입하면 $a=-46$

$\therefore a_n=-46+(n-1)\cdot4=4n-50$

즉, $a_k=58$에서 $4k-50=58$

$4k=108$ $\therefore k=27$

0997 답 ②

등차수열 $\{a_n\}$의 첫째항을 a, 공차를 d라 하자.

첫째항과 공차의 합이 -57이므로

$a+d=-57$ ······ ㉠

공차 d가 양수이므로 ㉠에 의하여 첫째항 a는 음수이다.

또한, 첫째항과 공차의 차가 65이므로

$d-a=65$ ······ ㉡ ($a<0$, $d>0$이므로 $a-d=65$는 성립하지 않는다.)

㉠, ㉡을 연립하여 풀면 $a=-61$, $d=4$

$\therefore a_n=-61+(n-1)\cdot4=4n-65$

첫째항이 음수, 공차가 양수이므로 $a_ka_{k+1}<0$을 만족시키려면 제$(k+1)$항이 처음으로 양수가 되는 항이어야 한다.

즉, $4(k+1)-65=4k-61>0$에서

$4k>61$ $\therefore k>\dfrac{61}{4}=15.25$

따라서 조건을 만족시키는 자연수 k의 값은 16이다.

0998 답 8

등차수열 $\{a_n\}$의 첫째항이 30, 공차가 -4이므로 일반항 a_n은

$a_n=30+(n-1)\cdot(-4)=-4n+34$

등차수열 $\{b_n\}$의 첫째항이 -15, 공차가 2이므로 일반항 b_n은

$b_n=-15+(n-1)\cdot2=2n-17$

$b_k<a_k$에서 $2k-17<-4k+34$

$6k<51$ $\therefore k<\dfrac{51}{6}=8.5$

따라서 조건을 만족시키는 자연수 k의 최댓값은 8이다.

0999 답 ②

등차수열 $\{a_n\}$의 공차를 d $(d$는 정수$)$라 하자.

조건 (나)에서 처음으로 양수가 되는 항은 제14항이므로
$d > 0$
즉, 조건 (가)의 $-\dfrac{a_1}{10} = |a_2 - a_1| + 1$에서

$-\dfrac{a_1}{10} = d + 1 \qquad \therefore a_1 = -10d - 10$

$\therefore a_n = a_1 + (n-1)d$
$\qquad = -10d - 10 + (n-1)d$
$\qquad = dn - 11d - 10 \quad \cdots\cdots \ \text{㉠}$

이때 조건 (나)에 의하여 $a_{13} < 0$이므로
$2d - 10 < 0, \ 2d < 10$
$\therefore d < 5 \qquad \cdots\cdots \ \text{㉡}$
$a_{14} > 0$이므로
$3d - 10 > 0, \ 3d > 10$
$\therefore d > \dfrac{10}{3} = 3.\times\times\times \qquad \cdots\cdots \ \text{㉢}$
㉡, ㉢의 공통부분을 구하면
$3.\times\times\times < d < 5 \qquad \therefore d = 4 \ (\because d \text{는 정수})$
$d = 4$를 ㉠에 대입하면
$a_n = 4n - 54$
$\therefore a_{20} = 4 \cdot 20 - 54 = 26$

1000 답 ④

1001 답 ③

주어진 등차수열의 공차를 d라 하자.
첫째항이 -3, 제5항이 13이므로
$-3 + 4d = 13, \ 4d = 16 \qquad \therefore d = 4$
이때 a, b, c는 각각 주어진 등차수열의 제2항, 제3항, 제4항이므로
$a = -3 + 4 = 1, \ b = -3 + 2 \cdot 4 = 5, \ c = -3 + 3 \cdot 4 = 9$
$\therefore b(c - a) = 5 \cdot (9 - 1) = 5 \cdot 8 = 40$

1002 답 ④

주어진 등차수열의 공차를 d라 하자.
첫째항이 38, 제$(n+2)$항이 -2이므로
$38 + (n+1)d = -2, \ (n+1)d = -40$
$\therefore d = -\dfrac{40}{n+1}$
이때 a_9는 주어진 등차수열의 제10항이므로 $a_9 = 20$에서
$38 + 9 \cdot \left(-\dfrac{40}{n+1} \right) = 20$
$9 \cdot \left(-\dfrac{40}{n+1} \right) = -18$
$n + 1 = 20 \qquad \therefore n = 19$

1003 답 ①

주어진 등차수열의 공차를 d라 하자.
수열 -1, a_1, a_2, $\cdots$, a_7, 23은 첫째항이 -1, 제9항이 23이므로
$-1 + 8d = 23, \ 8d = 24 \qquad \therefore d = 3$
수열 23, b_1, b_2, $\cdots$, b_n, 41은 첫째항이 23, 공차가 3, 제$(n+2)$항이 41이므로
$23 + (n+1) \cdot 3 = 41, \ (n+1) \cdot 3 = 18$
$n + 1 = 6 \qquad \therefore n = 5$

1004 답 ①

$a = |a_1|$이므로 $a > 0$이고, 주어진 등차수열의 공차를 d라 하면
제20항이 $-37 < 0$이므로
$d < 0$
이때 $\underline{a \neq a_1}$이므로

$a_1 = -a$
$\therefore d = a_1 - a = -a - a = -2a \qquad \cdots\cdots \ \text{㉠}$
또한, 주어진 등차수열의 첫째항이 a, 제20항이 -37이므로
$a + 19d = -37 \qquad \cdots\cdots \ \text{㉡}$
㉠을 ㉡에 대입하면
$a + 19 \cdot (-2a) = -37$
$-37a = -37 \qquad \therefore a = 1$

1005 답 ②

1006 답 ⑤

세 수 -2, x, 6이 이 순서대로 등차수열을 이루므로
$x = \dfrac{-2 + 6}{2} = 2$
세 수 6, y, 14도 이 순서대로 등차수열을 이루므로
$y = \dfrac{6 + 14}{2} = 10$
$\therefore xy = 2 \cdot 10 = 20$

1007 답 ③

세 수 -3, a, b가 이 순서대로 등차수열을 이루므로
$2a = -3 + b \qquad \therefore b = 2a + 3 \quad \cdots\cdots \ \text{㉠}$
세 수 a^2, 13, b^2도 이 순서대로 등차수열을 이루므로
$2 \cdot 13 = a^2 + b^2 \qquad \cdots\cdots \ \text{㉡}$
㉠을 ㉡에 대입하면
$a^2 + (2a + 3)^2 = 26, \ 5a^2 + 12a - 17 = 0$
$(5a + 17)(a - 1) = 0 \qquad \therefore a = 1 \ (\because a \text{는 자연수})$
$a = 1$을 ㉠에 대입하면
$b = 5$
$\therefore a + b = 1 + 5 = 6$

1008 답 ④

이차방정식 $x^2 - 3x - 7 = 0$에서 근과 계수의 관계에 의하여
$\alpha + \beta = 3, \ \alpha\beta = -7$
세 수 α, k, β가 이 순서대로 등차수열을 이루므로
$k = \dfrac{\alpha + \beta}{2} = \dfrac{3}{2}$
세 수 $\dfrac{1}{\alpha}$, l, $\dfrac{1}{\beta}$도 이 순서대로 등차수열을 이루므로
$l = \dfrac{1}{2} \left(\dfrac{1}{\alpha} + \dfrac{1}{\beta} \right) = \dfrac{\alpha + \beta}{2\alpha\beta} = \dfrac{3}{2 \cdot (-7)} = -\dfrac{3}{14}$
$\therefore k - l = \dfrac{3}{2} - \left(-\dfrac{3}{14} \right) = \dfrac{12}{7}$

1009 답 39

세 수 1, c, 5가 이 순서대로 등차수열을 이루므로
$c = \dfrac{1 + 5}{2} = 3$

세 수 3, d, 9가 이 순서대로 등차수열을 이루므로
$$d=\frac{3+9}{2}=6$$
세 수 1, 6, f가 이 순서대로 등차수열을 이루므로
$$2\cdot6=1+f \quad \therefore f=11$$
세 수 b, 9, 11이 이 순서대로 등차수열을 이루므로
$$2\cdot9=b+11 \quad \therefore b=7$$
세 수 1, a, 7이 이 순서대로 등차수열을 이루므로
$$a=\frac{1+7}{2}=4$$
세 수 5, e, 11이 이 순서대로 등차수열을 이루므로
$$e=\frac{5+11}{2}=8$$
$$\therefore a+b+c+d+e+f=4+7+3+6+8+11=39$$

1010 답 ①

1011 답 ⑤

등차수열을 이루는 네 수를 $a-3d$, $a-d$, $a+d$, $a+3d$로 놓자.
네 수의 합이 64이므로
$$(a-3d)+(a-d)+(a+d)+(a+3d)=64$$
$$4a=64 \quad \therefore a=16$$
가장 큰 수는 가장 작은 수의 7배이므로
$$16+3d=7(16-3d)$$
$$24d=96 \quad \therefore d=4$$
따라서 이 수열의 공차 $2d$는
$$2\cdot4=8$$
→ 공차를 d로 착각하면 안된다.

1012 답 ④

삼차방정식 $x^3-3x^2+kx+15=0$의 세 실근을
$a-d$, a, $a+d$로 놓자.
삼차방정식의 근과 계수의 관계에 의하여

→ 삼차방정식 $ax^3+bx^2+cx+d=0$의
세 근을 α, β, γ라 하면
$\alpha+\beta+\gamma=-\dfrac{b}{a}$
$\alpha\beta+\beta\gamma+\gamma\alpha=\dfrac{c}{a}$
$\alpha\beta\gamma=-\dfrac{d}{a}$

$$(a-d)+a+(a+d)=3 \quad \cdots\cdots ㉠$$
$$(a-d)\cdot a\cdot(a+d)=-15 \quad \cdots\cdots ㉡$$
㉠에서 $3a=3 \quad \therefore a=1$
㉡에서 $a^3-ad^2=1-d^2=-15$
$$d^2=16 \quad \therefore d=\pm4$$
즉, 세 실근은 -3, 1, 5이므로 삼차방정식의 근과 계수의 관계에
의하여
$$k=(-3)\cdot1+1\cdot5+5\cdot(-3)=-13$$

1013 답 24

직각삼각형 ABC의 세 변의 길이를 $a-d$, a, $a+d$ $(a>d)$로 놓자.
$d>0$이라 하면
→ 빗변의 길이가 $a+d$이다.
$a-d<a+d$, $a<a+d$이므로
$$a+d=10 \quad \therefore d=10-a \quad \cdots\cdots ㉠$$
또한, 피타고라스 정리에 의하여
$$(a-d)^2+a^2=10^2 \quad \cdots\cdots ㉡$$
㉠을 ㉡에 대입하면
$$\{a-(10-a)\}^2+a^2=10^2$$
$$(2a-10)^2+a^2=10^2, \ 5a^2-40a=0$$
$$a(a-8)=0 \quad \therefore a=8 \ (\because a\neq0)$$

$a=8$을 ㉠에 대입하면 $d=2$
즉, 세 변의 길이는 6, 8, 10
따라서 빗변이 아닌 두 변의 길이가 6, 8이므로 직각삼각형 ABC의
넓이는 $\dfrac{1}{2}\cdot6\cdot8=24$이다.

1014 답 ①

직각삼각형 ABD에서 선분 BD가 빗변이므로
$$\overline{AD}<\overline{BD}, \ \overline{AB}<\overline{BD}$$
직각삼각형 BCD에서 선분 CD가 빗변이므로
$$\overline{BD}<\overline{CD}, \ \overline{BC}<\overline{CD}$$
또한, $\overline{BD}<\overline{BC}$이므로
$$\overline{AD}<\overline{BC}<\overline{CD}, \ \overline{AB}<\overline{BC}<\overline{CD}$$
즉, 등차수열을 이루는 사각형 ABCD의 네 변의 길이를
$a-3d$, $a-d$, $a+d$, $a+3d$ $(a>3d, \ d>0)$로 놓으면
$$\overline{AB}=a-3d, \ \overline{AD}=a-d, \ \overline{BC}=a+d, \ \overline{CD}=a+3d \ \text{또는}$$
$$\overline{AD}=a-3d, \ \overline{AB}=a-d, \ \overline{BC}=a+d, \ \overline{CD}=a+3d$$
→ 주어진 조건으로는 $\overline{AB}$, $\overline{AD}$의
대소 관계를 결정할 수 없으므로
네 변의 길이의 합이 8이므로
$$(a-3d)+(a-d)+(a+d)+(a+3d)=8$$
$$4a=8 \quad \therefore a=2$$
두 직각삼각형 ABD, BCD에서 피타고라스 정리에 의하여
$$\overline{AB}^2+\overline{AD}^2=\overline{BD}^2 \quad \cdots\cdots ㉠$$
$$\overline{BC}^2+\overline{BD}^2=\overline{CD}^2 \quad \cdots\cdots ㉡$$
㉠을 ㉡에 대입하면
$$\overline{BC}^2+(\overline{AB}^2+\overline{AD}^2)=\overline{CD}^2$$
$$\overline{AB}^2+\overline{AD}^2+\overline{BC}^2=\overline{CD}^2$$
$$(2-3d)^2+(2-d)^2+(2+d)^2=(2+3d)^2$$
$$2d^2-24d+8=0, \ d^2-12d+4=0$$
$$\therefore d=6\pm4\sqrt{2}$$
(i) $d=6-4\sqrt{2}$인 경우
　　가장 짧은 변의 길이는
　　$2-3(6-4\sqrt{2})=-16+12\sqrt{2}>0$
(ii) $d=6+4\sqrt{2}$인 경우
　　가장 짧은 변의 길이는
　　$2-3(6+4\sqrt{2})=-16-12\sqrt{2}<0$
　　이므로 이 경우는 조건을 만족시키지 않는다.
(i), (ii)에서 가장 짧은 변의 길이는 $-16+12\sqrt{2}$이므로
$$a=-16, \ b=12$$
$$\therefore a+b=-16+12=-4$$

1015 답 ③

1016 답 ①

등차수열 $\{a_n\}$의 첫째항과 공차를 모두 a라 하면 일반항 a_n은
$$a_n=a+(n-1)a=an$$
제10항이 20이므로
$$10a=20 \quad \therefore a=2$$
따라서 등차수열 $\{a_n\}$의 첫째항부터 제20항까지의 합은
$$\frac{20\{2\cdot2+(20-1)\cdot2\}}{2}=420$$

1017 답 ⑤

첫째항이 2, 제k항이 -40인 등차수열 $\{a_n\}$의 첫째항부터 제k항
까지의 합이 -418이므로

$$\frac{k\{2+(-40)\}}{2}=-418$$

$$-19k=-418 \qquad \therefore k=22$$

즉, 제22항이 -40이므로 등차수열 $\{a_n\}$의 공차를 d라 하면

$$2+21d=-40, \ 21d=-42 \qquad \therefore d=-2$$

따라서 수열 $\{a_n\}$의 공차는 -2이다.

1018 답 ⑤

등차수열 $\{a_n\}$의 첫째항을 a, 공차를 d라 하자.

$a_3+a_4+a_5=30$에서

$$(a+2d)+(a+3d)+(a+4d)=30$$

$$3a+9d=30 \qquad \therefore a+3d=10 \qquad \cdots\cdots \ \bigcirc$$

$a_7+a_8+a_9=66$에서

$$(a+6d)+(a+7d)+(a+8d)=66$$

$$3a+21d=66 \qquad \therefore a+7d=22 \qquad \cdots\cdots \ \bigcirc$$

$\bigcirc$, $\bigcirc$을 연립하여 풀면 $a=1$, $d=3$

$$\therefore a_n=1+(n-1)\cdot 3=3n-2$$

이때 $a_1=1$, $a_{10}=28$, $a_{20}=58$이므로 등차수열 $\{a_n\}$의 제11항부
터 제20항까지의 합은

$$a_{11}+a_{12}+a_{13}+\cdots+a_{20}=S_{20}-S_{10}$$

$$=\frac{20(1+58)}{2}-\frac{10(1+28)}{2}$$

$$=590-145=445$$

1019 답 719

등차수열 $\{a_n\}$의 공차를 d라 하자.

첫째항이 -32, 제25항이 40이므로

$$-32+24d=40, \ 24d=72 \qquad \therefore d=3$$

$$\therefore a_n=-32+(n-1)\cdot 3=3n-35$$

$a_n>0$에서 $3n-35>0$

$$3n>35 \qquad \therefore n>\frac{35}{3}=11.\times\times\times$$

즉, 등차수열 $\{a_n\}$은 첫째항부터 제11항까지 음수이고, 제12항부
터 양수이다.

이때 $a_1=-32$, $a_{11}=-2$, $a_{12}=1$, $a_{30}=55$이므로

$$|a_1|+|a_2|+|a_3|+\cdots+|a_{30}|$$

$$=-(a_1+a_2+a_3+\cdots+a_{11})+(a_{12}+a_{13}+a_{14}+\cdots+a_{30})$$

$$=-\frac{11\{(-32)+(-2)\}}{2}+\frac{19(1+55)}{2}$$

$$=-(-187)+532=719$$

1020 답 ②

1021 답 ④

$$1+a_1+a_2+a_3+\cdots+u_n+97-1+1127+97=1225$$

즉, 첫째항이 1, 끝항이 97, 항의 개수가 $n+2$인 등차수열의 합이
1225이므로

$$\frac{(n+2)(1+97)}{2}=1225, \ n+2=25 \qquad \therefore n=23$$

1022 답 ③

주어진 등차수열의 공차를 d라 하자.

첫째항이 -1이므로 $a_4=15$에서

$$-1+4d=15, \ 4d=16 \qquad \therefore d=4$$

주어진 등차수열의 제5항이다.

제$(n+2)$항이 59이므로

$$-1+(n+1)\cdot 4=59, \ n+1=15 \qquad \therefore n=14$$

즉, 첫째항이 -1, 끝항이 59, 항의 개수가 16인 등차수열의 합은

$$\frac{16\{(-1)+59\}}{2}=464$$

1023 답 462

주어진 등차수열의 공차를 d라 하자.

수열 -8, a_1, a_2, $\cdots$, a_n, 13은 첫째항이 -8, 제$(n+2)$항이 13

이므로 $-8+(n+1)d=13$, $(n+1)d=21 \qquad \therefore d=\dfrac{21}{n+1}$

수열 13, b_1, b_2, $\cdots$, b_{2n}, 52는 첫째항이 13, 제$(2n+2)$항이 52

이므로 $13+(2n+1)d=52$, $(2n+1)d=39 \qquad \therefore d=\dfrac{39}{2n+1}$

즉, $\dfrac{21}{n+1}=\dfrac{39}{2n+1}$이므로

$$21(2n+1)=39(n+1), \ 3n=18 \qquad \therefore n=6$$

따라서 첫째항이 -8, 끝항이 52, 항의 개수가 21인 등차수열의

합은 $\dfrac{21\{(-8)+52\}}{2}=462$

1024 답 ①

주어진 등차수열의 공차를 d라 하자.

수열 -12, a_1, a_2, $\cdots$, a_m, 18은 첫째항이 -12, 제$(m+2)$항
이 18이므로 $-12+(m+1)d=18$

$$(m+1)d=30 \qquad \therefore d=\frac{30}{m+1}$$

수열 18, b_1, b_2, $\cdots$, b_n, 75는 첫째항이 18, 제$(n+2)$항이 75이
므로 $18+(n+1)d=75$

$$(n+1)d=57 \qquad \therefore d=\frac{57}{n+1}$$

즉, $\dfrac{30}{m+1}=\dfrac{57}{n+1}$이므로 $30(n+1)=57(m+1)$

$$\therefore 19m-10n=-9 \qquad \cdots\cdots \ \bigcirc$$

한편, 수열 -12, a_1, a_2, $\cdots$, a_m, 18은 첫째항이 -12, 끝항이
18, 항의 개수가 $m+2$인 등차수열이므로 이 수열의 합은

$$\frac{(m+2)\{(-12)+18\}}{2}=3m+6$$

$$\therefore a_1+a_2+\cdots+a_m=(3m+6)-(-12)-18=3m$$

수열 18, b_1, b_2, $\cdots$, b_n, 75는 첫째항이 18, 끝항이 75, 항의 개수
가 $n+2$인 등차수열이므로 이 수열의 합은

$$\frac{(n+2)(18+75)}{2}=\frac{93(n+2)}{2}$$

$$\therefore b_1+b_2+\cdots+b_n=\frac{93(n+2)}{2}-18-75=\frac{93}{2}n$$

이때 $31(a_1+a_2+\cdots+a_m)=b_1+b_2+\cdots+b_n$이므로

$$31\cdot 3m=\frac{93}{2}n, \ 186m-93n=0$$

$$\therefore 2m-n=0 \qquad \cdots\cdots \ \bigcirc$$

$\bigcirc$, $\bigcirc$을 연립하여 풀면 $m=9$, $n=18$

$$\therefore n-m=18-9=9$$

1025 답 ③

1026 답 ⑤

$a_1=3-2\sqrt{2}$, $b_1=2\sqrt{2}$이므로 두 등차수열 $\{a_n\}$, $\{b_n\}$의 첫째항
의 합은 $(3-2\sqrt{2})+2\sqrt{2}=3$
또한,
$a_2-a_1=(4-3\sqrt{2})-(3-2\sqrt{2})=1-\sqrt{2}$,
$b_2-b_1=(1+3\sqrt{2})-2\sqrt{2}=1+\sqrt{2}$
이므로 두 등차수열 $\{a_n\}$, $\{b_n\}$의 공차의 합은
$(1-\sqrt{2})+(1+\sqrt{2})=2$
즉, 수열 $\{a_n+b_n\}$은 첫째항이 3, 공차가 2인 등차수열이므로
$(a_1+a_2+a_3+\cdots+a_{20})+(b_1+b_2+b_3+\cdots+b_{20})$
$=(a_1+b_1)+(a_2+b_2)+(a_3+b_3)+\cdots+(a_{20}+b_{20})$
$=\dfrac{20\{2\cdot3+(20-1)\cdot2\}}{2}=440$

> 등차수열의 일반항이 $pn+q$ (p, q는 상수) 꼴일 때 공차는 p이다.

1027 답 242

두 등차수열 $\{a_n\}$, $\{b_n\}$의 공차를 각각 d, d'이라 하면
$a_1-b_1=2-5=-3$, $d-d'=3-(-2)=5$
즉, 수열 $\{a_n-b_n\}$은 첫째항이 -3, 공차가 5인 등차수열이므로
$(a_1+a_2+a_3+\cdots+a_{11})-(b_1+b_2+b_3+\cdots+b_{11})$
$=(a_1-b_1)+(a_2-b_2)+(a_3-b_3)+\cdots+(a_{11}-b_{11})$
$=\dfrac{11\{2\cdot(-3)+(11-1)\cdot5\}}{2}=242$

1028 답 ③

주어진 수열의 홀수항을 차례대로 나열하면
$1,\ 3,\ 5,\ 7,\ 9,\ \cdots$
이 수열을 $\{a_n\}$이라 하면 $\{a_n\}$은 첫째항이 1, 공차가 2인 등차
수열이다.
주어진 수열의 짝수항을 차례대로 나열하면
$-1,\ 2,\ 5,\ 8,\ 11,\ \cdots$
이 수열을 $\{b_n\}$이라 하면 $\{b_n\}$은 첫째항이 -1, 공차가 3인 등차
수열이다.
따라서 주어진 수열의 첫째항부터 제40항까지의 합은 수열
$\{a_n+b_n\}$의 첫째항부터 제20항까지의 합과 같다.
즉, 수열 $\{a_n+b_n\}$은 첫째항이 $1+(-1)=0$, 공차가 $2+3=5$인
등차수열이므로
$(a_1+b_1)+(a_2+b_2)+(a_3+b_3)+\cdots+(a_{20}+b_{20})$
$=\dfrac{20\{2\cdot0+(20-1)\cdot5\}}{2}=950$

1029 답 ②

등차수열 $\{a_n\}$의 첫째항은 $a_1=-29$로 음수이고, 공차는 3으로
양수이다.
$a_n>0$에서 $3n-32>0$, $3n>32$ $\therefore n>\dfrac{32}{3}=10.\times\times\times$
즉, 등차수열 $\{a_n\}$은 첫째항부터 제10항까지 음수이고, 제11항부
터 양수이다.
등차수열 $\{b_n\}$의 첫째항은 $b_1=19$로 양수이고, 공차는 -2로 음수
이다.
$b_n<0$에서 $-2n+21<0$, $2n>21$ $\therefore n>\dfrac{21}{2}=10.5$

즉, 등차수열 $\{b_n\}$은 첫째항부터 제10항까지 양수이고, 제11항부
터 음수이다.
한편, 두 등차수열 $\{a_n\}$, $\{b_n\}$에 대하여 수열 $\{b_n-a_n\}$은 첫째항
이 $19-(-29)=48$, 공차가 $-2-3=-5$인 등차수열이다.
이때 $b_1-a_1=48$, $b_{10}-a_{10}=3$, $b_{11}-a_{11}=-2$, $b_{18}-a_{18}=-37$
이므로
$(|a_1|+|a_2|+\cdots+|a_{18}|)+(|b_1|+|b_2|+\cdots+|b_{18}|)$
$=\{-(a_1+a_2+\cdots+a_{10})+(a_{11}+a_{12}+\cdots+a_{18})\}$
$\qquad +\{(b_1+b_2+\cdots+b_{10})-(b_{11}+b_{12}+\cdots+b_{18})\}$
$=\{(b_1-a_1)+(b_2-a_2)+\cdots+(b_{10}-a_{10})\}$
$\qquad -\{(b_{11}-a_{11})+(b_{12}-a_{12})+\cdots+(b_{18}-a_{18})\}$
$=\dfrac{10(48+3)}{2}-\dfrac{8\{(-2)+(-37)\}}{2}$
$=255-(-156)=411$

1030 답 ④

1031 답 ②

등차수열 $\{a_n\}$의 첫째항을 a, 공차를 d, 첫째항부터 제n항까지
의 합을 S_n이라 하자.
첫째항부터 제8항까지의 합이 64, 제9항부터 제18항까지의 합이
260이므로
$S_8=64$, $S_{18}=64+260=324$
$S_8=64$에서
$\dfrac{8(2a+7d)}{2}=64$ $\therefore 2a+7d=16$ $\cdots\cdots$ ㉠
$S_{18}=324$에서
$\dfrac{18(2a+17d)}{2}=324$ $\therefore 2a+17d=36$ $\cdots\cdots$ ㉡
㉠, ㉡을 연립하여 풀면
$a=1$, $d=2$
$\therefore S_{24}=\dfrac{24\{2\cdot1+(24-1)\cdot2\}}{2}=576$

> **선생님 톡톡**
>
> 이 문제는 대표 예제처럼 조건이 일정한 항의 개수만큼에 대한 S_n으로
> 주어지지 않았으니까 대표 예제의 ● **다른 풀이** ●를 적용할 수 없어.

1032 답 ②

등차수열 $\{a_n\}$의 첫째항을 a, 공차를 d라 하자.
$S_{10}=190$에서
$\dfrac{10(2a+9d)}{2}=190$ $\therefore 2a+9d=38$ $\cdots\cdots$ ㉠
$S_{15}+S_{35}=0$에서
$\dfrac{15(2a+14d)}{2}+\dfrac{35(2a+34d)}{2}=0$
$(3a+21d)+(7a+119d)=0$
$10a+140d=0$ $\therefore a+14d=0$ $\cdots\cdots$ ㉡
㉠, ㉡을 연립하여 풀면
$a=28$, $d=-2$
$\therefore a_n=28+(n-1)\cdot(-2)=-2n+30$
이때 $a_5=20$, $a_{15}=0$이므로
$a_5+a_6+a_7+\cdots+a_{15}=\dfrac{11(20+0)}{2}=110$

1033 답 10

등차수열 $\{a_n\}$의 첫째항을 a, 공차를 d라 하면
$a=S_1=58$
$S_5=250$에서
$\dfrac{5(2\cdot58+4d)}{2}=250$, $2d=-8$
$\therefore d=-4$
즉,
$$S_k=\dfrac{k\{2\cdot58+(k-1)\cdot(-4)\}}{2}$$
$$=\dfrac{k(-4k+120)}{2}=k(-2k+60),$$
$$S_{2k}=\dfrac{2k\{2\cdot58+(2k-1)\cdot(-4)\}}{2}$$
$$=k(-8k+120)$$
이므로 $S_k=S_{2k}$에서
$k(-2k+60)=k(-8k+120)$
$-2k+60=-8k+120$ ← k가 자연수이므로 양변을 k로 나눌 수 있다.
$6k=60$ $\therefore k=10$

1034 답 42

등차수열 $\{a_n\}$의 첫째항을 a라 하자.
첫째항부터 제5항까지의 합이 305이므로
$\dfrac{5(2a+4d)}{2}=305$ $\therefore a+2d=61$ …… ㉠
제10항부터 제20항까지의 합이 275이므로
$\dfrac{11\{(a+9d)+(a+19d)\}}{2}=275$
$\quad$항의 개수 제10항   제20항
$\therefore a+14d=25$ …… ㉡
㉠, ㉡을 연립하여 풀면 $a=67$, $d=-3$
또한, 첫째항부터 제k항까지의 합이 390이므로
$\dfrac{k\{2\cdot67+(k-1)\cdot(-3)\}}{2}=390$
$k(137-3k)=780$, $3k^2-137k+780=0$
$(3k-20)(k-39)=0$ $\therefore k=39$ ($\because k$는 자연수)
$\therefore k-d=39-(-3)=42$

1035 답 ④

1036 답 ③

등차수열 $\{a_n\}$의 첫째항을 a, 공차를 d라 하자.
제2항이 -52이므로
$a+d=-52$ …… ㉠
제6항이 -40이므로
$a+5d=-40$ …… ㉡
㉠, ㉡을 연립하여 풀면 $a=-55$, $d=3$
$\therefore a_n=-55+(n-1)\cdot3=3n-58$
$a_n>0$에서 $3n-58>0$
$3n>58$ $\therefore n>\dfrac{58}{3}=19.\times\times\times$
즉, 등차수열 $\{a_n\}$은 제20항에서 처음으로 양수가 되므로 S_n의 최솟값은 S_{19}이다.
$\therefore k=19$

1037 답 ④

등차수열 $\{a_n\}$의 첫째항이 음수이고 S_n이 $n=13$에서 최솟값을 가지므로 $a_{13}<0$, $a_{14}>0$이다.
$a_{13}<0$에서 $-100+12d<0$
$12d<100$ $\therefore d<\dfrac{100}{12}=8.\times\times\times$ …… ㉠
$a_{14}>0$에서 $-100+13d>0$
$13d>100$ $\therefore d>\dfrac{100}{13}=7.\times\times\times$ …… ㉡
㉠, ㉡의 공통부분을 구하면 $7.\times\times\times<d<8.\times\times\times$
따라서 정수 d의 값은 8이다.

1038 답 ②

등차수열 $\{a_n\}$의 공차를 d, 첫째항부터 제n항까지의 합을 S_n이라 하자.
$a_1+a_2+a_3+\cdots+a_8=a_1+a_2+a_3+\cdots+a_{13}$, 즉 $S_8=S_{13}$이므로
$\dfrac{8\{2\cdot(-30)+7d\}}{2}=\dfrac{13\{2\cdot(-30)+12d\}}{2}$
$-240+28d=-390+78d$, $50d=150$ $\therefore d=3$
$\therefore a_n=-30+(n-1)\cdot3=3n-33$
$a_n\geq0$에서 $3n-33\geq0$
$3n\geq33$ $\therefore n\geq11$
따라서 등차수열 $\{a_n\}$은 $a_{11}=0$이고 제12항에서 처음으로 양수가 되므로 $a_1+a_2+a_3+\cdots+a_n$, 즉 S_n의 최솟값은 $S_{10}=S_{11}$이다.
$\therefore S_{10}=\dfrac{10\{2\cdot(-30)+(10-1)\cdot3\}}{2}=-165$

1039 답 3

등차수열 $\{a_n\}$의 공차를 d라 하자.
등차수열 $\{a_n\}$의 첫째항이 양수이고 S_n이 $n=k$, $n=l$에서 최댓값을 가지므로 공차 d는 음수이고 $k=l-1$, $a_l=0$ ($\because k<l$)이다.
$a_l=0$에서 $51+(l-1)d=0$
$51+kd=0$ ($\because k=l-1$) $\therefore kd=-51$
이때 d가 음의 정수이므로 k는 51의 약수이다.
$\therefore k=17$, $d=-3$ ($\because 10<k<l<50$)
$\therefore a_{17}=51+16\cdot(-3)=3$

1040 답 ③

1041 답 ①

$X=\{3,\ 6,\ 9,\ \cdots,\ 99\}$이므로 집합 X의 원소는 첫째항이 3, 공차가 3인 등차수열의 첫째항부터 제33항까지이다.
$\therefore n(X)=a=33$
집합 X의 원소의 총합은 첫째항이 3, 끝항이 99, 항의 개수가 33인 등차수열의 합과 같으므로
$b=\dfrac{33(3+99)}{2}=1683$
$\therefore b-a=1683-33=1650$

1042 답 ②

두 자리 자연수 중에서 4의 배수를 작은 것부터 차례대로 나열하면
$12,\ 16,\ 20,\ \cdots,\ 96$ …… ㉠
↳ 첫째항이 12, 공차가 4인 등차수열

이때 $96=12+21\cdot4$에서 ㉠은 첫째항이 12, 끝항이 96, 항의 개수가 22인 등차수열과 같으므로 그 합은

$$12+16+20+\cdots+96=\frac{22(12+96)}{2}=1188$$

두 자리 자연수 중에서 7의 배수를 작은 것부터 차례대로 나열하면

$$14,\ 21,\ 28,\ \cdots,\ 98\qquad\cdots\cdots\text{㉡}$$

이때 $98=14+12\cdot7$에서 ㉡은 첫째항이 14, 끝항이 98, 항의 개수가 13인 등차수열과 같으므로 그 합은

$$14+21+28+\cdots+98=\frac{13(14+98)}{2}=728$$

한편, 두 자리 자연수 중에서 4와 7의 최소공배수인 28의 배수는 28, 56, 84이므로 그 합은

$$28+56+84=168$$

따라서 구하는 총합은

$$1188+728-168=1748$$

1043 답 23

자연수 k의 배수 중에서 100 이하인 수의 개수를 n이라 하고, 이 수를 작은 것부터 차례대로 나열하면

$$k,\ 2k,\ 3k,\ \cdots,\ nk\ (nk\leq100)\qquad\cdots\cdots\text{㉠}$$

이때 ㉠은 첫째항이 k, 끝항이 nk, 항의 개수가 n인 등차수열과 같고, 총합이 230이므로

$$\frac{n(k+nk)}{2}=230,\ \frac{nk(n+1)}{2}=230$$

$$\therefore\ nk(n+1)=460=2^2\cdot5\cdot23\qquad\cdots\cdots\text{㉡}$$

이때 n, $n+1$은 연속된 자연수이므로

(i) $n=1$, $n+1=2$인 경우

㉡에서 $k=\dfrac{460}{n(n+1)}=\dfrac{460}{1\cdot2}=230$

즉, $nk=230$이므로 이 경우는 $nk\leq100$을 만족시키지 않는다.

(ii) $n=4$, $n+1=5$인 경우

㉡에서 $k=\dfrac{460}{n(n+1)}=\dfrac{460}{4\cdot5}=23$

(i), (ii)에서 조건을 만족시키는 자연수 k의 값은 23이다.

1044 답 ①

$20\leq p\leq30$인 유리수 p 중에서 5를 분모로 갖는 분수를 작은 것부터 차례대로 나열하면

$$_{20=}\frac{100}{5},\ \frac{101}{5},\ \frac{102}{5},\ \cdots,\ \frac{150}{5}_{=30}$$

이때 분자가 5의 배수인 분수는 기약분수가 아니므로 100과 150 사이에 있는 자연수 중에서 5의 배수를 작은 것부터 차례대로 나열하면

$$100,\ 105,\ 110,\ \cdots,\ 150$$

즉, 구하는 기약분수의 총합은

$$\left(\frac{100}{5}+\frac{101}{5}+\cdots+\frac{150}{5}\right)-\left(\frac{100}{5}+\frac{105}{5}+\cdots+\frac{150}{5}\right)$$

$$=\frac{100+101+\cdots+150}{5}-\frac{100+105+\cdots+150}{5}\qquad\cdots\cdots\text{㉠}$$

이때 $150=100+50\cdot1$에서 $100+101+\cdots+150$은 첫째항이 100, 끝항이 150, 항의 개수가 51인 등차수열의 합이므로

$$100+101+\cdots+150=\frac{51(100+150)}{2}=6375$$

또한, $150=100+10\cdot5$에서 $100+105+\cdots+150$은 첫째항이 100, 끝항이 150, 항의 개수가 11인 등차수열의 합이므로

$$100+105+\cdots+150=\frac{11(100+150)}{2}=1375$$

따라서 ㉠에서

$$\frac{100+101+\cdots+150}{5}-\frac{100+105+\cdots+150}{5}$$

$$=\frac{6375}{5}-\frac{1375}{5}=1000$$

1045 답 ①

1046 답 ④

연속하는 20개의 홀수 중에서 가장 작은 수를 a라 하면 20개의 홀수는 첫째항이 a, 공차가 2인 등차수열을 이룬다.

연속하는 20개의 홀수의 합이 640이므로

$$\frac{20\{2a+(20-1)\cdot2\}}{2}=640,\ 2a=26\qquad\therefore\ a=13$$

따라서 가장 큰 홀수는 이 등차수열의 제20항이므로

$$13+(20-1)\cdot2=51$$

1047 답 ③

이 탑의 층수를 n, 각 층을 이루는 벽돌의 수를 각각 a_1, a_2, a_3, $\cdots$, a_n이라 하면 a_1, a_2, a_3, $\cdots$, a_n은 이 순서대로 $a_1=43$, $a_n=1$인 등차수열을 이룬다.

전체 탑을 이루는 벽돌의 수가 330이므로

$$a_1+a_2+a_3+\cdots+a_n=330\text{에서}$$

$$\frac{n(a_1+a_n)}{2}=\frac{n(43+1)}{2}=330$$

$$22n=330\qquad\therefore\ n=15$$

1048 답 10

$Q_n(n,\ 3n+2)$이므로 $\overline{P_nQ_n}=3n+2$

즉, $\overline{P_1Q_1}+\overline{P_2Q_2}+\overline{P_3Q_3}+\cdots+\overline{P_kQ_k}$는 첫째항이 5, 공차가 3인 등차수열의 첫째항부터 제k항까지의 합과 같고, 그 합이 185이므로

$$\frac{k\{2\cdot5+(k-1)\cdot3\}}{2}=185$$

$$k(3k+7)=370,\ 3k^2+7k-370=0$$

$$(3k+37)(k-10)=0\qquad\therefore\ k=10\ (\because k\text{는 자연수})$$

1049 답 315

점 P_1, P_2, P_3, $\cdots$, P_{19}는 선분 AC를 20등분하므로 각 점에서 선분 AB에 내린 수선의 발 Q_1, Q_2, Q_3, $\cdots$, Q_{19}도 선분 AB를 20등분한다.

$$\therefore\ \overline{AQ_1}=\overline{Q_1Q_2}=\overline{Q_2Q_3}=\cdots=\overline{Q_{19}B}=2\ (\because \overline{AB}=40)$$

또한, 직각삼각형 AP_1Q_1, AP_2Q_2, AP_3Q_3, $\cdots$, ACB는 모두 닮음이므로

$$\overline{P_1Q_1}=\frac{30}{20}=\frac{3}{2},\ \overline{P_2Q_2}=2\cdot\overline{P_1Q_1}=2\cdot\frac{3}{2}=3,$$

$$\overline{P_3Q_3}=3\cdot\overline{P_1Q_1}=3\cdot\frac{3}{2}=\frac{9}{2},\ \cdots,$$

$$\overline{P_{19}Q_{19}}=19\cdot\overline{P_1Q_1}=19\cdot\frac{3}{2}=\frac{57}{2},\ \overline{BC}=30$$

즉, $\overline{P_2Q_2}-\overline{P_1Q_1}=\overline{P_3Q_3}-\overline{P_2Q_2}=\cdots=\overline{BC}-\overline{P_{19}Q_{19}}=\dfrac{3}{2}$이므로

$\overline{P_1Q_1}$, $\overline{P_2Q_2}$, $\overline{P_3Q_3}$, $\cdots$, $\overline{P_{19}Q_{19}}$, $\overline{BC}$의 길이는 이 순서대로 첫째항이 $\dfrac{3}{2}$, 끝항이 30, 항의 개수가 20인 등차수열을 이룬다.

$\therefore \triangle AP_1Q_1+\triangle Q_1P_2Q_2+\triangle Q_2P_3Q_3+\cdots+\triangle Q_{19}CB$

$=\dfrac{1}{2}\cdot\overline{AQ_1}\cdot\overline{P_1Q_1}+\dfrac{1}{2}\cdot\overline{Q_1Q_2}\cdot\overline{P_2Q_2}+\dfrac{1}{2}\cdot\overline{Q_2Q_3}\cdot\overline{P_3Q_3}+\cdots$

$\qquad\qquad\qquad\qquad\qquad\qquad\qquad+\dfrac{1}{2}\cdot\overline{Q_{19}B}\cdot\overline{BC}$

$=\dfrac{1}{2}\cdot\overline{AQ_1}\cdot\overline{P_1Q_1}+\dfrac{1}{2}\cdot\overline{AQ_1}\cdot\overline{P_2Q_2}+\dfrac{1}{2}\cdot\overline{AQ_1}\cdot\overline{P_3Q_3}+\cdots$

$\qquad\qquad\qquad\qquad\qquad\qquad\qquad+\dfrac{1}{2}\cdot\overline{AQ_1}\cdot\overline{BC}$

$=\dfrac{1}{2}\cdot\overline{AQ_1}\cdot(\overline{P_1Q_1}+\overline{P_2Q_2}+\overline{P_3Q_3}+\cdots+\overline{P_{19}Q_{19}}+\overline{BC})$

$=\dfrac{1}{2}\cdot2\cdot\dfrac{20\left(\dfrac{3}{2}+30\right)}{2}=315$

1050 답 ②

1051 답 ①

$S_n=2n^2+kn+3-k$에서

(i) $n=1$일 때, $a_1=S_1=5$

(ii) $n\geq2$일 때

$\quad a_n=S_n-S_{n-1}$

$\qquad=(2n^2+kn+3-k)-\{2(n-1)^2+k(n-1)+3-k\}$

$\qquad=4n+k-2 \quad\cdots\cdots\ ㉠$

이때 수열 $\{a_n\}$이 첫째항부터 등차수열을 이루므로 $a_1=5$는 ㉠에 $n=1$을 대입한 것과 같아야 한다.

즉, $4+k-2=5$에서 $k=3$

따라서 $a_n=4n+1$이므로 $p=4$, $q=1$

$\therefore pq=4\cdot1=4$

1052 답 ①

$S_n=n^2-15n$, $S_n'=2n^2+kn$이라 하면

$a_8=S_8-S_7=(8^2-15\cdot8)-(7^2-15\cdot7)=0$,

$b_8=S_8'-S_7'=(2\cdot8^2+8k)-(2\cdot7^2+7k)=30+k$

이므로 $a_8=b_8$에서

$30+k=0 \quad\therefore k=-30$

따라서

$a_{16}=S_{16}-S_{15}=(16^2-15\cdot16)-(15^2-15\cdot15)=16$,

$b_{16}=S_{16}'-S_{15}'=\{2\cdot16^2+(-30)\cdot16\}-\{2\cdot15^2+(-30)\cdot15\}$

$\qquad=32$

이므로 $a_{16}-b_{16}=16-32=-16$

1053 답 ①

$a_1+a_3+a_5+\cdots+a_{2n-1}=2n^2-21n$에서

$a_1=-19$, $a_1+a_3=-34$이므로 $a_1=-19$, $a_3=-15$

$a_2+a_4+a_6+\cdots+a_{2n}=2n^2+kn$에서 $a_2=2+k$

즉, 세 수 -19, $2+k$, -15가 이 순서대로 등차수열을 이루므로

$2+k=\dfrac{-19+(-15)}{2}=-17 \quad\therefore k=-19$

한편, 등차수열 $\{a_n\}$의 첫째항부터 제n항까지의 합을 S_n이라 하면

$S_{2n}=a_1+a_2+a_3+a_4+\cdots+a_{2n-1}+a_{2n}$

$\qquad=(a_1+a_3+a_5+\cdots+a_{2n-1})+(a_2+a_4+a_6+\cdots+a_{2n})$

$\qquad=(2n^2-21n)+(2n^2-19n)=4n^2-40n$

따라서 등차수열 $\{a_n\}$의 제11항부터 제20항까지의 합은

$a_{11}+a_{12}+a_{13}+\cdots+a_{20}=S_{20}-S_{10}$

$\qquad\qquad\qquad\qquad\quad=(4\cdot10^2-40\cdot10)-(4\cdot5^2-40\cdot5)$

$\qquad\qquad\qquad\qquad\quad=100$

1054 답 64

$S_n=an^2+16n+a^2-a-2$에서

$n=1$일 때, $a_1=S_1=a^2+14$

$n\geq2$일 때

$\quad a_n=S_n-S_{n-1}$

$\qquad=(an^2+16n+a^2-a-2)$

$\qquad\quad-\{a(n-1)^2+16(n-1)+a^2-a-2\}$

$\qquad=2an-a+16 \quad\cdots\cdots\ ㉠$

이때 수열 $\{a_n\}$이 첫째항부터 등차수열을 이루므로 $a_1=a^2+14$는 ㉠에 $n=1$을 대입한 것과 같아야 한다.

즉, $a^2+14=2a-a+16$에서 $a^2-a-2=0$

$(a+1)(a-2)=0 \quad\therefore a=-1$ 또는 $a=2$

(i) $a=-1$인 경우

$\quad a_n=-2n+17$, $S_n=-n^2+16n$이므로

$\quad a_n<0$에서 $-2n+17<0$

$\quad 2n>17 \quad\therefore n>\dfrac{17}{2}=8.5$

$\quad$즉, 등차수열 $\{a_n\}$은 제9항에서 처음으로 음수가 되므로 첫째항부터 제8항까지의 합이 최댓값 M이다.

$\quad\therefore M=S_8=-8^2+16\cdot8=64$

(ii) $a=2$인 경우

$\quad a_n=4n+14$이므로 등차수열 $\{a_n\}$은 첫째항과 공차가 모두 양수이다.

$\quad$즉, 첫째항부터 제n항까지의 합의 최댓값이 존재하지 않는다.

(i), (ii)에서 $M=64$

● 다른 풀이 ●

$S_n=an^2+16n+a^2-a-2$에서

수열 $\{a_n\}$이 첫째항부터 등차수열을 이루므로

$a^2-a-2=0$, $(a+1)(a-2)=0 \quad\therefore a=-1$ 또는 $a=2$

1055 답 ③

One Point Lesson

등차수열의 첫째항과 공차를 미지수로 놓고 주어진 등식에 대입하여 식을 정리한다.

등차수열 $\{a_n\}$의 공차를 k라 하면 첫째항은 $2k$이고, $a_n>0$이므로 $a_1=2k>0$에서 $k>0$이다.

$\therefore a_n=2k+(n-1)k=kn+k$

즉,

$$\frac{1}{a_1a_2}+\frac{1}{a_2a_3}+\frac{1}{a_3a_4}+\cdots+\frac{1}{a_{18}a_{19}}$$

$$=\frac{1}{(k+k)(2k+k)}+\frac{1}{(2k+k)(3k+k)}+\frac{1}{(3k+k)(4k+k)}$$
$$+\cdots+\frac{1}{(18k+k)(19k+k)}$$

$$=\frac{1}{(2\cdot3)k^2}+\frac{1}{(3\cdot4)k^2}+\frac{1}{(4\cdot5)k^2}+\cdots+\frac{1}{(19\cdot20)k^2}$$

$$=\frac{1}{k^2}\left\{\left(\frac{1}{2}-\frac{1}{3}\right)+\left(\frac{1}{3}-\frac{1}{4}\right)+\left(\frac{1}{4}-\frac{1}{5}\right)+\cdots+\left(\frac{1}{19}-\frac{1}{20}\right)\right\}$$

$$=\frac{1}{k^2}\left(\frac{1}{2}-\frac{1}{20}\right)$$

$$=\frac{1}{k^2}\cdot\frac{9}{20}=\frac{1}{20}$$

에서 $k^2=9$ $\therefore k=3$ $(\because k>0)$
따라서 수열 $\{a_n\}$의 공차는 3이다.

1056 답 ②

두 등차수열 $\{a_n\}$, $\{b_n\}$의 항을 각각 나열하여 집합 $A\cap B$의 원소를 찾는다.

$\{a_n\}$: 1, 4, 7, 10, 13, 16, $\cdots$
$\{b_n\}$: 1, 5, 9, 13, 17, 21, $\cdots$
두 집합 $A=\{a_1, a_2, a_3, \cdots\}$, $B=\{b_1, b_2, b_3, \cdots\}$에 대하여 집합 $A\cap B$의 원소를 작은 것부터 차례대로 나열하면
1, 13, 25, $\cdots$
즉, 수열 $\{c_n\}$은 첫째항이 1, 공차가 12인 등차수열이므로
$c_n=1+(n-1)\cdot12=12n-11$
이때 $c_1=1$, $c_{40}=469$이므로
$$c_1+c_2+c_3+\cdots+c_{40}=\frac{40(1+469)}{2}=9400$$

선생님 톡톡

수열의 모든 문제를 식으로만 푸는 것은 아니야. 이 문제처럼 수열의 항을 일일이 나열해서 규칙성을 추론하는 문제도 있다는 것을 기억해.

1057 답 1

등차수열 $\{a_n\}$의 일반항 a_n을 구한 후 두 등차수열 $\{a_n\}$, $\{b_n\}$의 제n항의 합이 항상 일정함을 이용하여 등차수열 $\{b_n\}$의 일반항 b_n을 구한다.

등차수열 $\{a_n\}$은 제31항에서 처음으로 음수가 되는 항을 가지므로 이 수열의 첫째항은 양수이고 공차는 음수이다.
$\therefore d=-4$
등차수열 $\{a_n\}$의 첫째항을 a $(a>0)$라 하면 $a_{31}=-3$에서
$a+30\cdot(-4)=-3$
$\therefore a=117$
$\therefore a_n=117+(n-1)\cdot(-4)=-4n+121$
이때 두 등차수열 $\{a_n\}$, $\{b_n\}$의 제n항의 합이 100으로 항상 일정하므로 $b_n=4n-21$
$b_n=0$에서 $4n-21=0$
$4n=21$ $\therefore n=\frac{21}{4}=5.25$
따라서 $|b_5|=1$, $|b_6|=3$이므로 $|b_n|$의 최솟값은 1이다.

1058 답 ①

주어진 조건식을 만족시키는 식을 세워 정리한 후 공차는 정수, k는 자연수임을 이용한다.

등차수열 $\{a_n\}$의 첫째항을 a, 공차를 d라 하자.
$S_k=55$에서
$$\frac{k\{2a+(k-1)d\}}{2}=55,\ k\{2a+(k-1)d\}=110$$
$\therefore 2ak+k(k-1)d=110$ $\cdots\cdots$ ㉠
$S_{2k}=35$에서
$$\frac{2k\{2a+(2k-1)d\}}{2}=35,\ 2k\{2a+(2k-1)d\}=70$$
$\therefore 4ak+2k(2k-1)d=70$ $\cdots\cdots$ ㉡
㉡$-$㉠$\times2$를 하면
$2dk^2=-150$ $\therefore dk^2=-75=-3\cdot5^2$
이때 d는 정수이고 k는 자연수이므로 $d=-3$, $k=5$

● 다른 풀이 ●
$S_k=55$, $S_{2k}-S_k=35-55=-20$이므로 수열 S_k, $S_{2k}-S_k$, $S_{3k}-S_{2k}$, $\cdots$는 첫째항이 55, 공차가 -75인 등차수열을 이룬다.
이 수열의 공차를 d'이라 하고, 등차수열 $\{a_n\}$의 첫째항을 a, 공차를 d라 하면
$$d'=(S_{2k}-S_k)-S_k=S_{2k}-2S_k$$
$$=\frac{2k\{2a+(2k-1)d\}}{2}-2\cdot\frac{k\{2a+(k-1)d\}}{2}$$
$$=k\{2a+(2k-1)d\}-k\{2a+(k-1)d\}$$
$$=dk^2=-75=-3\cdot5^2$$
에서 $d=-3$, $k=5$ $(\because d$는 정수, k는 자연수$)$

1059 답 ③

수열의 합과 일반항 사이의 관계를 이용하여 주어진 조건을 두 수열의 특정한 항의 합으로 표현한다.

$S_{29}+T_{29}=563$, $S_{30}+T_{30}=600$에서
$$a_{30}+b_{30}=(S_{30}-S_{29})+(T_{30}-T_{29})=(S_{30}+T_{30})-(S_{29}+T_{29})$$
$$=600-563=37$$
따라서 구하는 값 a_1+b_1은 등차수열 $\{a_n+b_n\}$의 첫째항이므로
$S_{30}+T_{30}=600$에서
$$\frac{30\{(a_1+b_1)+(a_{30}+b_{30})\}}{2}=600$$

항의 개수 · 첫째항 · 끝항

$15(a_1+b_1+37)=600$ $\therefore a_1+b_1=3$

1060 답 178

주어진 수열의 합에 대한 식을 세운 후 a, b가 자연수이므로 약수의 성질을 이용한다.

$$a+a_1+a_2+a_3+\cdots+a_n+b=\frac{(n+2)(a+b)}{2}$$이므로
$$a+89+b=\frac{(n+2)(a+b)}{2},\ \frac{(n+2)(a+b)}{2}-(a+b)=89$$
$$(a+b)\left(\frac{n+2}{2}-1\right)=89,\ \frac{n(a+b)}{2}=89$$
$\therefore n(a+b)=2\cdot89$ $\cdots\cdots$ ㉠

⊙에서 $a+b$는 2의 약수 또는 89의 약수이다.

(ⅰ) $a+b$가 2의 약수인 경우

　a, b가 자연수이므로

　$a+b=2$　∴ $a=1$, $b=1$

　그런데 이 경우는 $a\neq b$를 만족시키지 않는다.

(ⅱ) $a+b$가 89의 약수인 경우

　89는 소수이고 $a+b\neq 1$이므로

　$a+b=89$

(ⅰ), (ⅱ)에서 $a+b=89$, $n=2$ (∵ ⊙)이므로 주어진 수열의 모든 항의 합은

$$\frac{(n+2)(a+b)}{2}=\frac{(2+2)\cdot 89}{2}=178$$

1061　답 21

두 조건 (가), (나)를 만족시키는 자연수 m의 값을 구한다.

등차수열 $\{a_n\}$은 첫째항이 5, 제$(m+2)$항이 25이므로

$5+(m+1)d=25$, $(m+1)d=20$

∴ $d=\dfrac{20}{m+1}$

등차수열 $\{b_n\}$은 첫째항이 5, 제$(n+2)$항이 45이므로

$5+(n+1)e=45$, $(n+1)e=40$

∴ $e=\dfrac{40}{n+1}$

조건 (가)의 $d\geq 2e$에서

$\dfrac{20}{m+1}\geq\dfrac{80}{n+1}$, $n+1\geq 4(m+1)$

∴ $n\geq 4m+3$　……　⊙

⊙과 조건 (나)에 의하여 $5m+3\leq m+n\leq 20$

즉, $5m+3\leq 20$이므로 $5m\leq 17$　∴ $m\leq\dfrac{17}{5}=3.4$

∴ $m=1$, 2, 3

(ⅰ) $m=1$인 경우

　⊙에서 $n\geq 7$, 조건 (나)에서 $10\leq n\leq 19$이므로 공통부분은 $10\leq n\leq 19$

　즉, 이 경우의 순서쌍 (m, n)의 개수는 $(1, 10)$, $(1, 11)$, $(1, 12)$, $\cdots$, $(1, 19)$의 10이다.

(ⅱ) $m=2$인 경우

　⊙에서 $n\geq 11$, 조건 (나)에서 $9\leq n\leq 18$이므로 공통부분은 $11\leq n\leq 18$

　즉, 이 경우의 순서쌍 (m, n)의 개수는 $(2, 11)$, $(2, 12)$, $(2, 13)$, $\cdots$, $(2, 18)$의 8이다.

(ⅲ) $m=3$인 경우

　⊙에서 $n\geq 15$, 조건 (나)에서 $8\leq n\leq 17$이므로 공통부분은 $15\leq n\leq 17$

　즉, 이 경우의 순서쌍 (m, n)의 개수는 $(3, 15)$, $(3, 16)$, $(3, 17)$의 3이다.

(ⅰ), (ⅱ), (ⅲ)에서 순서쌍 (m, n)의 개수는 $10+8+3=21$이다.

여러 문자에 대한 방정식과 달리 부등식이 조건으로 주어진 경우, 단순하게 부등식끼리 더하거나 빼는 것으로는 문제 해결이 어려워. 이와 같은 문제는 조건을 만족시키는 자연수 또는 정수에 따라 경우를 나누어 순서쌍의 개수를 하나하나 세야 해.

1062　답 ⑤

세 삼각형 ABE, AED, BCD가 모두 직각삼각형임을 이용하여 넓이에 대한 조건을 선분의 길이에 대한 조건으로 바꾸어 생각한다.

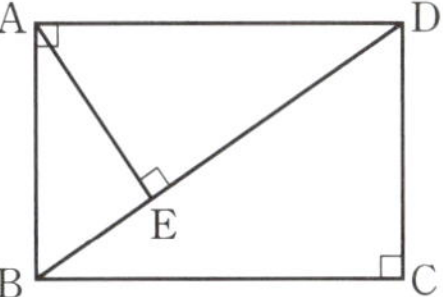

오른쪽 그림에서 세 삼각형 ABE, AED, BCD는 $\triangle ABE\backsim\triangle DAE\backsim\triangle BDC$인 직각삼각형이고, 두 삼각형 BCD, ABD는 $\triangle BDC\equiv\triangle DBA$이므로 세 삼각형 ABE, AED, ABD도 $\triangle ABE\backsim\triangle DAE\backsim\triangle DBA$인 직각삼각형이다.

이때 세 삼각형 ABE, AED, ABD의 높이는 모두 선분 AE의 길이로 공통이고, 밑변은 각각 선분 BE, DE, BD이다.

또한, 세 삼각형 ABE, AED, ABD의 넓이가 이 순서대로 등차수열을 이루므로 세 선분 BE, DE, BD의 길이도 이 순서대로 등차수열을 이룬다.

$\overline{BE}=a-d$, $\overline{DE}=a$, $\overline{BD}=a+d$ $(a>d, d>0)$로 놓으면

$\overline{BE}+\overline{DE}=\overline{BD}$이므로 $(a-d)+a=a+d$　∴ $a=2d$

∴ $\overline{BE}=d$, $\overline{DE}=2d$, $\overline{BD}=3d$

$\overline{AE}^2=\overline{BE}\cdot\overline{DE}$이므로 $\overline{AE}^2=d\cdot 2d=2d^2$　∴ $\overline{AE}=\sqrt{2}d$ (∵ $d>0$)

즉, 직각삼각형 ABE에서 피타고라스 정리에 의하여

$\overline{BE}^2+\overline{AE}^2=\overline{AB}^2$, $d^2+(\sqrt{2}d)^2=(2\sqrt{3})^2$

$3d^2=12$, $d^2=4$　∴ $d=2$ (∵ $d>0$)

따라서 선분 BD의 길이는 $3\cdot 2=6$이다.

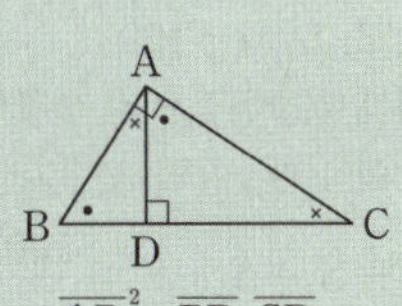

∠A=90°인 직각삼각형 ABC의 꼭짓점 A에서 변 BC에 내린 수선의 발을 D라 하면 세 직각삼각형 ABC, DBA, DAC는 모두 닮음이므로

(1) $\overline{AB}^2=\overline{BD}\cdot\overline{BC}$　(2) $\overline{AC}^2=\overline{CD}\cdot\overline{CB}$　(3) $\overline{AD}^2=\overline{BD}\cdot\overline{CD}$

1063　답 2

수열 $\{a_nb_n\}$을 홀수항과 짝수항으로 나누어 나열한다.

$\{a_nb_n\}: b_1, 2b_2, b_3, 2b_4, b_5, 2b_6, \cdots$

수열 $\{a_nb_n\}$의 홀수항을 차례로 나열하면 $b_1, b_3, b_5, \cdots$

이 수열을 $\{c_n\}$이라 하면 $\{c_n\}$은 첫째항이 b_1, 공차가 $2d$인 등차수열이다.

수열 $\{a_nb_n\}$의 짝수항을 차례로 나열하면 $2b_2, 2b_4, 2b_6, \cdots$

이 수열을 $\{d_n\}$이라 하면 $\{d_n\}$은 첫째항이 $2b_2$, 공차가 $4d$인 등차수열이다.

따라서 수열 $\{a_nb_n\}$의 첫째항부터 제20항까지의 합은

$a_1b_1+a_2b_2+a_3b_3+a_4b_4+\cdots+a_{19}b_{19}+a_{20}b_{20}$

$=b_1+2b_2+b_3+2b_4+\cdots+b_{19}+2b_{20}$

$=(b_1+b_3+\cdots+b_{19})+(2b_2+2b_4+\cdots+2b_{20})$

$=\dfrac{10\{2\cdot b_1+(10-1)\cdot 2d\}}{2}+\dfrac{10\{2\cdot 2b_2+(10-1)\cdot 4d\}}{2}$

$=\dfrac{10\{2\cdot(-3)+9\cdot 2d\}}{2}+\dfrac{10\{4\cdot(-3+d)+9\cdot 4d\}}{2}$

$=5(18d-6)+5(40d-12)=290d-90=490$

에서 $290d=580$　∴ $d=2$

1064 답 ③

S_1, S_2, S_3, $\cdots$의 값을 각각 구하는 것보다는 200 이하의 자연수를 8로 나누었을 때의 나머지가 짝수인 것과 홀수인 것으로 나누어 생각해 본다.

200 이하의 자연수 중에서 8의 배수의 총합을 S_0이라 하자.
200 이하의 자연수 중에서 8의 배수를 작은 것부터 차례대로 나열하면

8, 16, 24, $\cdots$, 200

이때 $200=8+24\cdot8$에서 S_0의 값은 첫째항이 8, 끝항이 200, 항의 개수가 25인 등차수열의 합과 같으므로

$$S_0=\frac{25(8+200)}{2}=2600$$

한편, $S_0+S_2+S_4+S_6$의 값은 200 이하의 자연수 중에서 8로 나누었을 때의 나머지가 각각 0, 2, 4, 6인 수의 총합이고, 이는 200 이하의 자연수 중에서 2의 배수의 총합과 같다.
200 이하의 자연수 중에서 2의 배수를 작은 것부터 차례대로 나열하면

2, 4, 6, $\cdots$, 200

이때 $200=2+99\cdot2$에서 $S_0+S_2+S_4+S_6$의 값은 첫째항이 2, 끝항이 200, 항의 개수가 100인 등차수열의 합과 같으므로

$$S_0+S_2+S_4+S_6=\frac{100(2+200)}{2}=10100$$

같은 방법으로, $S_1+S_3+S_5+S_7$의 값은 200 이하의 자연수 중에서 2로 나누었을 때의 나머지가 1인 수의 총합과 같다.
200 이하의 자연수 중에서 2로 나누었을 때의 나머지가 1인 수를 작은 것부터 차례대로 나열하면

1, 3, 5, $\cdots$, 199

이때 $199=1+99\cdot2$에서 $S_1+S_3+S_5+S_7$의 값은 첫째항이 1, 끝항이 199, 항의 개수가 100인 등차수열의 합과 같으므로

$$S_1+S_3+S_5+S_7=\frac{100(1+199)}{2}=10000$$

$$\begin{aligned}\therefore\ S_1&-S_2+S_3-S_4+S_5-S_6+S_7\\&=-(S_0-S_1+S_2-S_3+S_4-S_5+S_6-S_7)+S_0\\&=-(S_0+S_2+S_4+S_6)+(S_1+S_3+S_5+S_7)+S_0\\&=-10100+10000+2600\\&=2500\end{aligned}$$

1065 답 10

주어진 영역에 존재하는 점의 x좌표 또는 y좌표를 고정시킨 후 조건을 만족시키는 점의 개수를 구한다.

두 점 A_n, B_n은 각각
$A_n(2n, 0)$, $B_n(0, 5n)$이고
$5x+2y=10n$에서 $2y=10n-5x$

$$\therefore\ y=5n-\frac{5}{2}x \quad \cdots\cdots\ \text{㉠}$$

음이 아닌 정수 m $(0\leq m\leq2n)$에 대하여 주어진 영역에 존재하는 점 중 x좌표가 m, y좌표가 정수인 점의 개수를 구하면
(i) $m=2k$ $(0\leq k\leq n)$인 경우

㉠에서 $0\leq y\leq5n-\frac{5}{2}m$, 즉 $0\leq y\leq5n-5k$이므로 이 경우의 조건을 만족시키는 점의 개수는 $5n-5k+1$이다.

(ii) $m=2k+1$ $(0\leq k\leq n-1)$인 경우

㉠에서 $0\leq y\leq5n-\frac{5}{2}m$, 즉 $0\leq y\leq5n-5k-\frac{5}{2}$이므로 이 경우의 조건을 만족시키는 점의 개수는 $5n-5k-2$이다.

(i), (ii)에서 $a_k=5n-5k+1$, $b_k=5n-5k-2$라 하면
$a_0=5n+1$, $a_n=1$, $b_0=5n-2$, $b_{n-1}=3$이므로

$$\begin{aligned}S_n&=(a_0+b_0)+(a_1+b_1)+(a_2+b_2)+\cdots+(a_{n-1}+b_{n-1})+a_n\\&=(a_0+a_1+a_2+\cdots+a_n)+(b_0+b_1+b_2+\cdots+b_{n-1})\\&=\frac{(n+1)\{(5n+1)+1\}}{2}+\frac{n\{(5n-2)+3\}}{2}\\&=5n^2+4n+1=541\end{aligned}$$

에서 $5n^2+4n-540=0$, $(5n+54)(n-10)=0$
$$\therefore\ n=10\ (\because\ n\text{은 자연수})$$

1066 답 ④

k를 a 또는 b에 대한 함수로 생각하여 함수의 그래프와 직선의 서로 다른 교점의 개수로 생각한다.

두 조건 (나), (다)에 의하여 세 수 a, b, 4는 모두 다른 수이다.
(i) $a<b<4$인 경우

세 수 a, b, 4가 이 순서대로 등차수열을 이루므로
$2b=a+4$ $\therefore a=2b-4$
$\therefore k=ab=(2b-4)b=2b^2-4b=2(b-1)^2-2$ $(\because$ 조건 (가))
이때 $b<4$인 모든 실수 b에 대하여 두 조건 (나), (다)를 만족시키는 실수 a가 존재한다.

(ii) $a<4<b$인 경우

세 수 a, 4, b가 이 순서대로 등차수열을 이루므로
$2\cdot4=a+b$ $\therefore a=8-b$
$\therefore k=ab=(8-b)b=-b^2+8b=-(b-4)^2+16$ $(\because$ 조건 (가))
이때 $b>4$인 모든 실수 b에 대하여 두 조건 (나), (다)를 만족시키는 실수 a가 존재한다.

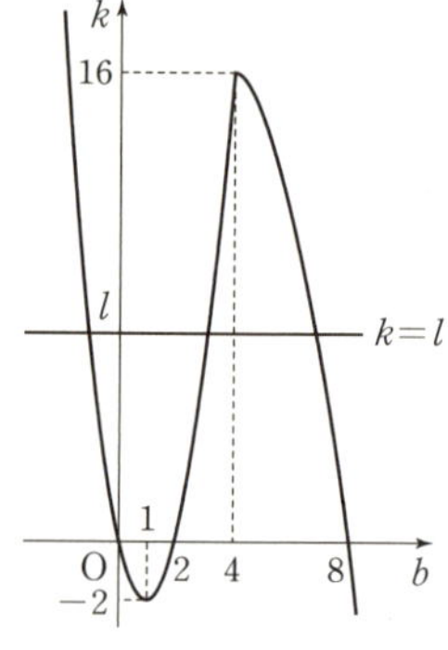

(i), (ii)에서 b의 값에 따른 k의 값을 함수의 그래프로 나타내면 오른쪽 그림과 같다.
이때 k가 정수인 b의 값이 3개 존재해야 하므로 오른쪽 그림에서 함수의 그래프와 직선 $k=l$ $(l$은 정수)이 서로 다른 세 점에서 만나야 한다.
즉, $k=-1$, 0, 1, $\cdots$, 15이어야 하므로 k의 최댓값 $M=15$, 최솟값 $m=-1$이다.
$$\therefore\ M-m=15-(-1)=16$$

1067 답 해설 참조

수열 $\{3n+2\}$가 등차수열임을 보이려면 각 항에서 바로 앞의 항을 뺀 값이 일정함을 보이면 된다.

❶

수열 $\{3n+2\}$의 일반항을 a_n이라 하면
$a_n=3n+2$, $a_{n+1}=3(n+1)+2=3n+5$
$$\therefore\ a_{n+1}-a_n=3n+5-(3n+2)=3$$
즉, 모든 자연수 n에 대하여 각 항에서 바로 앞의 항을 뺀 값이 3으로 일정하므로 수열 $\{3n+2\}$는 공차가 3인 등차수열이다.

❷

채점 기준	배점 비율
❶ 등차수열의 뜻 알기	40%
❷ 모든 자연수 n에 대하여 일정한 공차가 있음을 보이기	60%

1068 답 $-\dfrac{23}{24}$

세 수 a, b, c가 이 순서대로 등차수열을 이루므로
$$2b=a+c \qquad \cdots\cdots\ \text{㉠}$$
세 수 $-a^2$, b^2, c^2도 이 순서대로 등차수열을 이루므로
$$2b^2=-a^2+c^2 \qquad \therefore\ 2b^2=(c+a)(c-a) \qquad \cdots\cdots\ \text{㉡}$$
❶

㉡÷㉠을 하면 $b=c-a$ $\qquad\cdots\cdots\ \text{㉢}$

㉠, ㉢을 연립하여 정리하면 $a=\dfrac{c}{3}$, $b=\dfrac{2}{3}c$
❷

$$\therefore\ \frac{ab+2bc+3ca}{(a+b+c)(a-b-c)}=\frac{\dfrac{c}{3}\cdot\dfrac{2}{3}c+2\cdot\dfrac{2}{3}c\cdot c+3c\cdot\dfrac{c}{3}}{\left(\dfrac{c}{3}+\dfrac{2}{3}c+c\right)\left(\dfrac{c}{3}-\dfrac{2}{3}c-c\right)}$$

$$=\frac{\left(\dfrac{2}{9}+\dfrac{4}{3}+1\right)c^2}{2\cdot\left(-\dfrac{4}{3}\right)c^2}$$

$$=\frac{\dfrac{23}{9}}{-\dfrac{8}{3}}=-\frac{23}{24}$$
❸

채점 기준	배점 비율
❶ 등차중항을 이용하여 세 수 a, b, c 사이의 관계식 구하기	30%
❷ ❶에서 구한 관계식을 이용하여 a, b, c를 한 문자로 정리하기	40%
❸ $\dfrac{ab+2bc+3ca}{(a+b+c)(a-b-c)}$의 값 구하기	30%

1069 답 264

등차수열 $\{a_n\}$의 공차를 d라 하면
$a_9=44+8d$, $a_{15}=44+14d$
$a_9+a_{10}+a_{11}+\cdots+a_{15}$는 첫째항이 a_9, 끝항이 a_{15}, 항의 개수가 7인 등차수열의 합이므로
$$a_9+a_{10}+a_{11}+\cdots+a_{15}=\frac{7\{(44+8d)+(44+14d)\}}{2}$$
$$=77(4+d)=0$$
에서 $4+d=0$ $\qquad\therefore\ d=-4$
$$\therefore\ a_n=44+(n-1)\cdot(-4)=-4n+48$$
❶

$a_n\leq0$에서 $-4n+48\leq0$, $4n\geq48$ $\qquad\therefore\ n\geq12$
즉, 등차수열 $\{a_n\}$은 $a_{12}=0$이고 제13항에서 처음으로 음수가 된다.
❷

따라서 S_n의 최댓값은 $S_{11}=S_{12}$이므로
$$S_{11}=\frac{11\{2\cdot44+(11-1)\cdot(-4)\}}{2}=264$$
❸

채점 기준	배점 비율
❶ 주어진 부분합을 이용하여 등차수열 $\{a_n\}$의 일반항 a_n 구하기	40%
❷ 등차수열 $\{a_n\}$이 처음으로 음수가 되는 항 구하기	40%
❸ S_n의 최댓값 구하기	20%

1070 답 6

등차수열 $\{a_n\}$의 공차를 d라 하자.
조건 (가)의 $a_2=9$에서 $a_1+d=9$
$$\therefore\ a_1=9-d$$
$$\therefore\ a_n=9-d+(n-1)d=(n-2)d+9$$
❶

등차수열 $\{a_n\}$의 첫째항부터 제n항까지의 합을 S_n이라 하면
$$S_n=\frac{n\{2(9-d)+(n-1)d\}}{2}$$
$$=\frac{n(dn-3d+18)}{2} \qquad \cdots\cdots\ \text{㉠}$$
또한, 등차수열 $\{a_n\}$의 첫째항부터 제$2n$항까지의 합 S_{2n}은
$$S_{2n}=\frac{2n\{2(9-d)+(2n-1)d\}}{2}$$
$$=n(2dn-3d+18) \qquad \cdots\cdots\ \text{㉡}$$
이때 조건 (나)에서 $S_n=\dfrac{1}{3}(S_{2n}-S_n)$이므로
$$4S_n=S_{2n}$$
❷

㉠, ㉡에서
$$4\cdot\frac{n(dn-3d+18)}{2}=n(2dn-3d+18)$$
$$2n(dn-3d+18)=n(2dn-3d+18)$$
$$2dn-6d+36=2dn-3d+18$$
$$3d=18 \qquad\therefore\ d=6$$
따라서 등차수열 $\{a_n\}$의 공차는 6이다.
❸

채점 기준	배점 비율
❶ 등차수열 $\{a_n\}$의 일반항 a_n 구하기	30%
❷ 조건 (나)를 등차수열의 합 사이의 관계식으로 나타내기	50%
❸ 등차수열 $\{a_n\}$의 공차 구하기	20%

1071 답 -425

등차수열 $\{a_n\}$의 첫째항을 a, 공차를 d라 하자.
(단, a, d는 자연수)
제100항이 11의 배수이므로 $a+99d=11k$ (k는 자연수)라 하면
$$a=11k-99d=11(k-9d)$$
즉, a도 11의 배수이다.
❶

또한, 등차수열 $\{a_n\}$의 첫째항부터 제10항까지의 합이 985이므로
$$\frac{10\{2a+(10-1)d\}}{2}=985$$
$$2a+9d=197,\ 9d=197-2a$$
$$\therefore\ d=\frac{197-2a}{9}$$
이때 d가 자연수이므로 197, $2a$를 각각 9로 나누었을 때의 나머지가 같아야 한다. — a가 11의 배수이므로 $2a$는 22의 배수이다.
$197=9\cdot21+8$이므로 $22\leq2a\leq176$에서 $2a$를 9로 나누었을 때의 나머지가 8인 경우는 $2a=44$일 때뿐이다.
$$\therefore\ d=\frac{197-44}{9}=17$$
❷

$$\therefore\ a_1-a_2+a_3-a_4+\cdots+a_{49}-a_{50}$$
$$=-\{(a_2-a_1)+(a_4-a_3)+\cdots+(a_{50}-a_{49})\}$$
$$=-25d=-25\cdot17=-425$$
❸

채점 기준	배점 비율
❶ 제100항을 이용하여 등차수열 $\{a_n\}$의 첫째항이 11의 배수임을 보이기	30%
❷ 등차수열 $\{a_n\}$의 첫째항부터 제10항까지의 합을 이용하여 수열 $\{a_n\}$의 공차 구하기	50%
❸ $a_1-a_2+a_3-a_4+\cdots+a_{49}-a_{50}$의 값 구하기	20%

1072   답 12

등차수열 $\{a_n\}$의 첫째항이 40, 공차가 -3이므로 일반항 a_n은
$$a_n=40+(n-1)\cdot(-3)=-3n+43$$
$$\therefore b_n=2(-3n+43)+k=-6n+86+k$$
즉, $a_nb_n<0$에서 $(-3n+43)(-6n+86+k)<0$
$$\therefore (3n-43)(6n-86-k)<0 \quad \cdots\cdots \ \text{㉠}$$
❶

(i) $\dfrac{43}{3}=\dfrac{86+k}{6}$인 경우

부등식 ㉠을 만족시키는 자연수 n은 존재하지 않는다.
❷

(ii) $\dfrac{43}{3}>\dfrac{86+k}{6}$인 경우

$\dfrac{43}{3}>\dfrac{86+k}{6}$에서 $k<0$이므로 부등식 ㉠의 해는

$$\dfrac{86+k}{6}<n<\dfrac{43}{3}=14.\times\times\times$$

이때 $n(X)=4$를 만족시키려면 $n=11$, 12, 13, 14이어야 하므로

$$10\leq\dfrac{86+k}{6}<11, \ 60\leq 86+k<66 \quad \therefore -26\leq k<-20$$

즉, 이 경우의 정수 k의 개수는 -26, -25, -24, -23, -22, -21의 6이다.
❸

(iii) $\dfrac{43}{3}<\dfrac{86+k}{6}$인 경우

$\dfrac{43}{3}<\dfrac{86+k}{6}$에서 $k>0$이므로 부등식 ㉠의 해는

$$14.\times\times\times=\dfrac{43}{3}<n<\dfrac{86+k}{6}$$

이때 $n(X)=4$를 만족시키려면 $n=15$, 16, 17, 18이어야 하므로

$$18<\dfrac{86+k}{6}\leq 19, \ 108<86+k\leq 114 \quad \therefore 22<k\leq 28$$

즉, 이 경우의 정수 k의 개수는 23, 24, 25, 26, 27, 28의 6이다.
❹

(i), (ii), (iii)에서 정수 k의 개수는 $6+6=12$이다.
❺

채점 기준	배점 비율
❶ a_n, b_n을 각각 구한 후 부등식 $a_nb_n<0$을 n, k에 대한 식으로 나타내기	20%
❷ $\dfrac{43}{3}=\dfrac{86+k}{6}$인 경우, 자연수 n은 존재하지 않음을 보이기	10%
❸ $\dfrac{43}{3}>\dfrac{86+k}{6}$인 경우, 정수 k의 개수 구하기	30%
❹ $\dfrac{43}{3}<\dfrac{86+k}{6}$인 경우, 정수 k의 개수 구하기	30%
❺ 조건을 만족시키는 정수 k의 개수 구하기	10%

본문 172쪽

1073   답 4, 8

$\dfrac{2}{1}=2$에서 공비가 2이므로 주어진 수열은

$$1, \ 2, \ \boxed{4}, \ \boxed{8}, \ 16, \cdots$$
$$\underset{\times 2}{} \ \underset{\times 2}{}$$

1074   답 -25, $-\dfrac{1}{5}$

$\dfrac{-1}{-5}=\dfrac{1}{5}$에서 공비가 $\dfrac{1}{5}$이므로 주어진 수열은

$$\boxed{-25}, \ -5, \ -1, \ \boxed{-\dfrac{1}{5}}, \ -\dfrac{1}{25}, \cdots$$
$$\underset{\times\frac{1}{5}}{} \qquad \underset{\times\frac{1}{5}}{}$$

1075   답 $a_n=3\cdot(-4)^{n-1}$

1076   답 $a_n=\left(\dfrac{1}{3}\right)^{n-3}$

첫째항이 9이고, $\dfrac{3}{9}=\dfrac{1}{3}$에서 공비가 $\dfrac{1}{3}$이므로

$$a_n=9\cdot\left(\dfrac{1}{3}\right)^{n-1}=\left(\dfrac{1}{3}\right)^{n-3}$$

1077   답 (1) 6 (2) 제8항

등비수열 $\{a_n\}$의 일반항 a_n은 $a_n=48\cdot\left(\dfrac{1}{2}\right)^{n-1}$

(1) $a_n=48\cdot\left(\dfrac{1}{2}\right)^{n-1}$에 $n=4$를 대입하면

$$a_4=48\cdot\left(\dfrac{1}{2}\right)^3=6$$

(2) $\dfrac{3}{8}$을 제n항이라 하면

$$48\cdot\left(\dfrac{1}{2}\right)^{n-1}=\dfrac{3}{8}, \ \left(\dfrac{1}{2}\right)^{n-1}=\left(\dfrac{1}{2}\right)^7$$
$$n-1=7 \quad \therefore n=8$$

따라서 $\dfrac{3}{8}$은 제8항이다.

1078   답 6

$$x^2=2\cdot 18=36 \quad \therefore x=6 \ (\because x>0)$$

1079   답 2

$$x^2=(-3)\cdot\left(-\dfrac{4}{3}\right)=4 \quad \therefore x=2 \ (\because x>0)$$

1080   답 252

$$\dfrac{4\cdot(2^6-1)}{2-1}=4\cdot 63=252$$

1081　답 $\dfrac{255}{128}$

$$\dfrac{1\cdot\left\{1-\left(\dfrac{1}{2}\right)^8\right\}}{1-\dfrac{1}{2}}=2\left\{1-\left(\dfrac{1}{2}\right)^8\right\}=\dfrac{255}{128}$$

1082　답 $3^{10}-1$

주어진 수열은 첫째항이 2, 공비가 3인 등비수열이므로 첫째항부터
제10항까지의 합은

$$\dfrac{2\cdot(3^{10}-1)}{3-1}=3^{10}-1$$

1083　답 $93(\sqrt{2}-1)$

주어진 수열은 첫째항이 -3, 공비가 $-\sqrt{2}$ 인 등비수열이므로
첫째항부터 제10항까지의 합은

$$\dfrac{(-3)\cdot\left\{1-(-\sqrt{2})^{10}\right\}}{1-(-\sqrt{2})}=\dfrac{(-3)\cdot(-31)}{\sqrt{2}+1}$$
$$=\dfrac{93(\sqrt{2}-1)}{(\sqrt{2}+1)(\sqrt{2}-1)}$$
$$=93(\sqrt{2}-1)$$

1084　답 1533

$3,\ 6,\ 12,\ \cdots,\ 768$은 첫째항이 3, 공비가 2인 등비수열이므로
일반항 a_n은 $a_n=3\cdot2^{n-1}$
768을 제n항이라 하면
$3\cdot2^{n-1}=768,\ 2^{n-1}=256=2^8$
$n-1=8$　$\therefore n=9$
$$\therefore 3+6+12+\cdots+768=\dfrac{3\cdot(2^9-1)}{2-1}=1533$$

1085　답 $\dfrac{129}{4}$

$48,\ -24,\ 12,\ \cdots,\ \dfrac{3}{4}$은 첫째항이 48, 공비가 $-\dfrac{1}{2}$ 인 등비수열
이므로 일반항 a_n은 $a_n=48\cdot\left(-\dfrac{1}{2}\right)^{n-1}$

$\dfrac{3}{4}$을 제n항이라 하면
$$48\cdot\left(-\dfrac{1}{2}\right)^{n-1}=\dfrac{3}{4},\ \left(-\dfrac{1}{2}\right)^{n-1}=\dfrac{1}{64}=\left(-\dfrac{1}{2}\right)^6$$
$n-1=6$　$\therefore n=7$
$$\therefore 48-24+12-\cdots+\dfrac{3}{4}=\dfrac{48\cdot\left\{1-\left(-\dfrac{1}{2}\right)^7\right\}}{1-\left(-\dfrac{1}{2}\right)}=\dfrac{129}{4}$$

본문 173~184쪽

1086　답 ④

1087　답 ⑤

등비수열 $\{a_n\}$의 첫째항을 a, 공비를 $r\ (r<0)$라 하자.
$a_2=18$에서 $ar=18$　$\cdots\cdots$ ㉠
$a_3:a_5=4:1$에서 $a_3=4a_5$
즉, $ar^2=4ar^4$이므로 $r^2=\dfrac{1}{4}$　$\therefore r=-\dfrac{1}{2}\ (\because r<0)$

$r=-\dfrac{1}{2}$을 ㉠에 대입하면 $a=-36$

따라서 $a_n=(-36)\cdot\left(-\dfrac{1}{2}\right)^{n-1}$ 이므로

$$a_4=(-36)\cdot\left(-\dfrac{1}{2}\right)^3=\dfrac{9}{2}$$

1088　답 ①

등비수열 $\{a_n\}$의 첫째항이 $\dfrac{1}{2}$, 공비가 2이므로 일반항 a_n은

$$a_n=\dfrac{1}{2}\cdot2^{n-1}=2^{n-2}$$

$\therefore \log_2 a_1+\log_2 a_2+\log_2 a_3+\cdots+\log_2 a_{10}$
$\quad=\log_2 2^{-1}+\log_2 2^0+\log_2 2^1+\cdots+\log_2 2^8$
$\quad=\log_2(2^{-1}\cdot2^0\cdot2^1\cdot\cdots\cdot2^8)$
$\quad=\log_2 2^{-1+0+1+2+3+\cdots+8}$
$\quad=2+3+\cdots+8=\dfrac{7(2+8)}{2}=35$

1089　답 125

등비수열 $\{a_n\}$의 공비를 r라 하자.
$$\dfrac{a_2+a_3+a_4}{a_5+a_6+a_7}=\dfrac{a_1r+a_1r^2+a_1r^3}{a_1r^4+a_1r^5+a_1r^6}=\dfrac{a_1r(1+r+r^2)}{a_1r^4(1+r+r^2)}$$
$$=\dfrac{1}{r^3}=\dfrac{1}{5}$$
이므로 $r^3=5$
$$\therefore \dfrac{a_{10}}{a_1}=\dfrac{a_1r^9}{a_1}=r^9=(r^3)^3=5^3=125$$

1090　답 ②

등비수열 $\{a_n\}$의 공비를 r라 하자.
$a_2+a_5=-\dfrac{26}{9}$에서 $a_1r+a_1r^4=-\dfrac{26}{9}$

$\therefore a_1r(1+r^3)=-\dfrac{26}{9}$　$\cdots\cdots$ ㉠

$a_1a_2a_3=-27$에서 $a_1\cdot a_1r\cdot a_1r^2=-27$
$(a_1r)^3=-27$　$\therefore a_1r=-3$　$\cdots\cdots$ ㉡

㉡을 ㉠에 대입하면 $(-3)\cdot(1+r^3)=-\dfrac{26}{9}$

$1+r^3=\dfrac{26}{27},\ r^3=-\dfrac{1}{27}$　$\therefore r=-\dfrac{1}{3}$

$r=-\dfrac{1}{3}$을 ㉡에 대입하면 $a_1=9$

따라서 $a_n=9\cdot\left(-\dfrac{1}{3}\right)^{n-1}$ 이므로

$$a_6=9\cdot\left(-\dfrac{1}{3}\right)^5=-\dfrac{1}{27}$$

1091　답 ②

1092 답 ②

등비수열 $\{a_n\}$의 첫째항을 a, 공비를 r $(r>0)$라 하자.

$a_2=12$에서 $ar=12$ ...... ㉠

$a_4=3$에서 $ar^3=3$ ...... ㉡

㉡÷㉠을 하면 $r^2=\dfrac{1}{4}$ $\quad\therefore r=\dfrac{1}{2}$ $(\because r>0)$

$r=\dfrac{1}{2}$을 ㉠에 대입하면 $a=24$

$\therefore a_n=24\cdot\left(\dfrac{1}{2}\right)^{n-1}=\dfrac{48}{2^n}$

즉, $\dfrac{48}{2^n}<\dfrac{1}{20}$에서 $\dfrac{1}{2^n}<\dfrac{1}{960}$

이때 $\dfrac{1}{2^9}=\dfrac{1}{512}$, $\dfrac{1}{2^{10}}=\dfrac{1}{1024}$이므로 $n\geq 10$

따라서 처음으로 $\dfrac{1}{20}$보다 작아지는 항은 제10항이다.

1093 답 ③

등비수열 $\{a_n\}$의 첫째항을 a라 하자.

$a_4=8$에서 $a\cdot(-\sqrt{2})^3=8$

$-2\sqrt{2}\,a=8$ $\quad\therefore a=-2\sqrt{2}$

$\therefore a_n=(-2\sqrt{2})\cdot(-\sqrt{2})^{n-1}=2\cdot(-\sqrt{2})^n$

즉, $a_k=128$에서 $2\cdot(-\sqrt{2})^k=128$

$(-\sqrt{2})^k=64=2^6=(-\sqrt{2})^{12}$ $\quad\therefore k=12$

1094 답 11

등비수열 $\{a_n\}$의 첫째항을 a $(a>0)$, 공비를 r $(r>0)$라 하자.

$a_2 a_4=2^{18}$에서 $ar\cdot ar^3=2^{18}$ $\quad\therefore a^2 r^4=2^{18}$ ...... ㉠

$a_3 a_5=2^{17}$에서 $ar^2\cdot ar^4=2^{17}$ $\quad\therefore a^2 r^6=2^{17}$ ...... ㉡

㉡÷㉠을 하면 $r^2=\dfrac{1}{2}$ $\quad\therefore r=\dfrac{1}{\sqrt{2}}$ $(\because r>0)$

$r=\dfrac{1}{\sqrt{2}}$을 ㉠에 대입하면 $a^2=2^{20}$ $\quad\therefore a=2^{10}$ $(\because a>0)$

$\therefore a_n=2^{10}\cdot\left(\dfrac{1}{\sqrt{2}}\right)^{n-1}=2^{10}\cdot 2^{-\frac{1}{2}(n-1)}=2^{10-\frac{1}{2}n+\frac{1}{2}}=2^{\frac{21-n}{2}}$

즉, a_n이 정수가 되려면 $\dfrac{21-n}{2}$이 0 또는 자연수이어야 하므로

$\dfrac{21-n}{2}=0,\ \underline{1,\ 2,\ 3,\cdots,\ 10}$

따라서 자연수 n의 개수는 1, 3, 5, $\cdots$, 21의 11이다.

1095 답 ⑤

등비수열 $\{a_n\}$의 첫째항을 a $(a>0)$, 공비를 r_1 $(r_1>0)$이라 하면 일반항 a_n은 $a_n=ar_1^{\,n-1}$

등비수열 $\{b_n\}$의 첫째항을 b $(b>0)$, 공비를 r_2 $(r_2>0)$라 하면 일반항 b_n은 $b_n=br_2^{\,n-1}$

$a_3=b_4$에서 $ar_1^{\,2}=br_2^{\,3}$ ...... ㉠

$a_5=b_8$에서 $ar_1^{\,4}=br_2^{\,7}$ ...... ㉡

㉡÷㉠을 하면 $r_1^{\,2}=r_2^{\,4}$

$\therefore r_2=\sqrt{r_1}$ $(\because r_1>0,\ r_2>0)$ ...... ㉢

㉢을 ㉠에 대입하면 $ar_1^{\,2}=b(\sqrt{r_1})^3$ $\quad\therefore b=a\sqrt{r_1}$

$\therefore b_n=a\sqrt{r_1}\cdot(\sqrt{r_1})^{n-1}=a(\sqrt{r_1})^n$

즉, $a_{17}=b_k$에서 $ar_1^{\,16}=a\cdot(\sqrt{r_1})^k$

$r_1^{\,16}=r_1^{\,\frac{k}{2}}$, $16=\dfrac{k}{2}$ $\quad\therefore k=32$

1096 답 ②

1097 답 ③

p, q, r가 모두 양수이므로 주어진 등비수열의 공비를 k $(k>0)$라 하자.

첫째항이 32, 제5항이 162이므로

$32\cdot k^4=162$, $k^4=\dfrac{81}{16}=\left(\dfrac{3}{2}\right)^4$ $\quad\therefore k=\dfrac{3}{2}$ $(\because k>0)$

이때 p, q, r는 각각 주어진 등비수열의 제2항, 제3항, 제4항이므로

$p=32\cdot\dfrac{3}{2}=48$, $q=32\cdot\left(\dfrac{3}{2}\right)^2=72$, $r=32\cdot\left(\dfrac{3}{2}\right)^3=108$

$\therefore p+q+r=48+72+108=228$

1098 답 4

주어진 등비수열의 첫째항이 6, 공비가 $-\dfrac{1}{3}$, 제$(n+2)$항이 $-\dfrac{2}{81}$이므로

$6\cdot\left(-\dfrac{1}{3}\right)^{n+1}=-\dfrac{2}{81}$, $\left(-\dfrac{1}{3}\right)^{n+1}=-\dfrac{1}{243}=\left(-\dfrac{1}{3}\right)^5$

$n+1=5$ $\quad\therefore n=4$

1099 답 ④

a_1, a_2, a_3, a_4, a_5가 모두 양수이므로 주어진 등비수열의 공비를 r $(r>0)$라 하자.

첫째항이 3, 제7항이 81이므로

$3\cdot r^6=81$, $r^6=27$ $\quad\therefore r=\sqrt{3}$ $(\because r>0)$

이때 a_1, a_2, $\cdots$, a_5는 각각 주어진 등비수열의 제2항, 제3항, $\cdots$, 제6항이므로

$a_1=3\cdot\sqrt{3}$, $a_2=3\cdot(\sqrt{3})^2$, $\cdots$, $a_5=3\cdot(\sqrt{3})^5$

$\begin{aligned}\therefore a_1 a_2 a_3 a_4 a_5 &=3\sqrt{3}\cdot 3(\sqrt{3})^2\cdot\cdots\cdot 3(\sqrt{3})^5\\ &=3^5\cdot(\sqrt{3})^{1+2+\cdots+5}\\ &=3^5\cdot(3^{\frac{1}{2}})^{15}=3^{\frac{25}{2}}\end{aligned}$

따라서 $m=2$, $n=25$이므로 $m+n=2+25=27$이다.

1100 답 ③

x, y, z가 모두 양수이므로 주어진 등비수열의 공비를 r $(r>0)$라 하자.

첫째항이 a, 제5항이 b이므로

$ar^4=b$, $r^4=\dfrac{b}{a}$ $\quad\therefore r=\sqrt[4]{\dfrac{b}{a}}$ $(\because r>0)$

이때 x, y, z는 각각 주어진 등비수열의 제2항, 제3항, 제4항이므로

$x=ar$, $y=ar^2$, $z=ar^3$

$\begin{aligned}\therefore xyz &=ar\cdot ar^2\cdot ar^3=a^3 r^6\\ &=a^3\cdot\left(\sqrt[4]{\dfrac{b}{a}}\right)^6=a^3\cdot(a^{-\frac{1}{4}}b^{\frac{1}{4}})^6\\ &=a^{\frac{3}{2}}b^{\frac{3}{2}}=(ab)^{\frac{3}{2}}=\sqrt{(ab)^3}\end{aligned}$

1101 답 ①

1102 답 ①

다항식 $f(x)=x^2+x+a$를 $x+1$, $x-1$, $x-4$로 나누었을 때의
나머지가 각각 $f(-1)=a$, $f(1)=a+2$, $f(4)=a+20$이므로
a, $a+2$, $a+20$은 이 순서대로 등비수열을 이룬다. 즉,

$(a+2)^2=a(a+20)$, $16a=4$ $\quad\therefore a=\dfrac{1}{4}$

1103 답 ④

이차방정식 $x^2-kx+8=0$의 서로 다른 두 실근이 α, β이므로
근과 계수의 관계에 의하여

$\alpha+\beta=k$, $\alpha\beta=8$ $\qquad$ ……… ㉠

α, β, $\alpha\beta$가 이 순서대로 등비수열을 이루므로

$\beta^2=\alpha\cdot\alpha\beta=\alpha^2\beta$ $\quad\therefore \beta=\alpha^2$ $\qquad$ ……… ㉡

㉡을 ㉠의 $\alpha\beta=8$에 대입하면

$\alpha\cdot\alpha^2=8$, $\alpha^3=8$ $\quad\therefore \alpha=2$

$\alpha=2$를 ㉡에 대입하면 $\beta=4$

따라서 ㉠의 $\alpha+\beta=k$에서

$k=2+4=6$

이차방정식 $x^2-kx+8=0$에 $x=0$을 대입하면
$8=0$으로 모순이므로 0은 이차방정식
$x^2-kx+8=0$의 근이 될 수 없다.
따라서 $\alpha\neq0$, $\beta\neq0$이므로 $\beta^2=\alpha^2\beta$의 양변을
β로 나눌 수 있다.

1104 답 10

10, $y+1$, x는 이 순서대로 등차수열을 이루므로

$2(y+1)=10+x$ $\quad\therefore x=2y-8$ $\qquad$ ……… ㉠

9, $-2y$, x^2은 이 순서대로 등비수열을 이루므로

$(-2y)^2=9x^2$ $\quad\therefore 4y^2=9x^2$ $\qquad$ ……… ㉡

㉠을 ㉡에 대입하면

$4y^2=9(2y-8)^2$, $y^2-9y+18=0$

$(y-3)(y-6)=0$ $\quad\therefore y=3$ 또는 $y=6$

(i) $y=3$을 ㉠에 대입하면

$\quad x=2\cdot3-8=-2<0$

이므로 $x>0$을 만족시키지 않는다.

(ii) $y=6$을 ㉠에 대입하면

$\quad x=2\cdot6-8=4$

(i), (ii)에서 $x=4$, $y=6$이므로

$x+y=4+6=10$

1105 답 ④

선분 AD가 $\angle$A의 이등분선이므로
$\overline{AB}:\overline{AC}=\overline{BD}:\overline{CD}=a:ak$ (a, k는 양수)라 하자.
오른쪽 그림과 같이 점 A에서 선
분 BC에 내린 수선의 발을 H라
하면 세 삼각형 ABD, ADC,
ABC의 높이는 모두 선분 AH
의 길이로 공통이고, 밑변은 각
각 선분 BD, CD, BC이다.

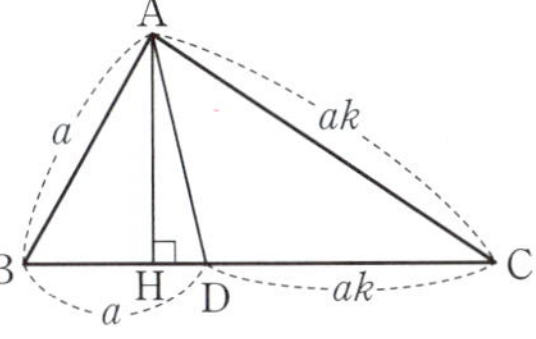

또한, 세 삼각형 ABD, ADC, ABC의 넓이가 이 순서대로 등비
수열을 이루므로 세 선분 BD, CD, BC의 길이도 이 순서대로 등비
수열을 이룬다.

즉, $\overline{BD}=a$, $\overline{CD}=ak$, $\overline{BC}=a+ak=a(1+k)$이므로

$(ak)^2=a\cdot a(1+k)$, $a^2k^2=a^2(1+k)$, $k^2-k-1=0$

$\therefore k=\dfrac{1+\sqrt5}{2}$ $(\because k>0)$

따라서

$\dfrac{\triangle ABC}{\triangle ABD}=\dfrac{\overline{BC}}{\overline{BD}}=\dfrac{a(1+k)}{a}=1+k=1+\dfrac{1+\sqrt5}{2}=\dfrac{3+\sqrt5}{2}$

이므로 $\triangle ABC=\dfrac{3+\sqrt5}{2}\times\triangle ABD$

$\therefore m=\dfrac{3+\sqrt5}{2}$

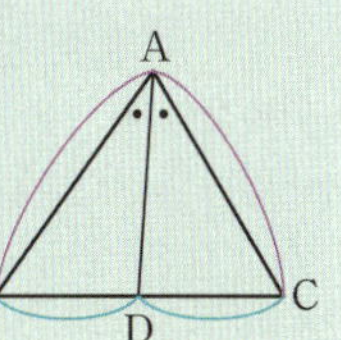

1106 답 ②

1107 답 ①

삼차방정식 $x^3+14x^2-84x+m=0$의 서로 다른 세 실근을
a, ar, ar^2으로 놓자.
삼차방정식의 근과 계수의 관계에 의하여

$a+ar+ar^2=-14$ $\qquad$ ……… ㉠

$a\cdot ar+ar\cdot ar^2+ar^2\cdot a=-84$ $\qquad$ ……… ㉡

$a\cdot ar\cdot ar^2=-m$ $\qquad$ ……… ㉢

㉡에서 $ar(a+ar+ar^2)=-84$ $\qquad$ ……… ㉣

㉢에서 $(ar)^3=-m$ $\qquad$ ……… ㉤

㉠을 ㉣에 대입하면 $ar\cdot(-14)=-84$ $\quad\therefore ar=6$

$ar=6$을 ㉤에 대입하면 $6^3=-m$ $\quad\therefore m=-216$

1108 답 ⑤

곡선 $y=2x^3-kx^2-10x$와 직선 $y=16x-16$의 교점의 x좌표는
삼차방정식 $2x^3-kx^2-10x=16x-16$의 실근과 같다.
즉, 삼차방정식 $2x^3-kx^2-26x+16=0$의 서로 다른 세 실근이
등비수열을 이루므로 세 실근을 a, ar, ar^2으로 놓자.
삼차방정식의 근과 계수의 관계에 의하여

$a+ar+ar^2=\dfrac{k}{2}$ $\qquad$ ……… ㉠

$a\cdot ar+ar\cdot ar^2+ar^2\cdot a=-13$ $\qquad$ ……… ㉡

$a\cdot ar\cdot ar^2=-8$ $\qquad$ ……… ㉢

㉠에서 $a(1+r+r^2)=\dfrac{k}{2}$ $\qquad$ ……… ㉣

㉡에서 $a^2r(1+r+r^2)=-13$ $\qquad$ ……… ㉤

㉢에서 $(ar)^3=-8$ $\quad\therefore ar=-2$ $\qquad$ ……… ㉥

㉥을 ㉤에 대입하면 $-2a(1+r+r^2)=-13$

$\therefore a(1+r+r^2)=\dfrac{13}{2}$

따라서 ㉣에 의하여 $\dfrac{k}{2}=\dfrac{13}{2}$ $\quad\therefore k=13$

1109 답 56

직육면체의 가로의 길이, 세로의 길이,
높이가 이 순서대로 등비수열을 이루므
로 가로의 길이를 a, 세로의 길이를 ar,
높이를 ar^2으로 놓자.

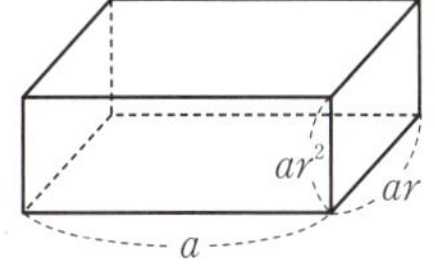

직육면체의 겉넓이가 112이므로
$$2(a \cdot ar + a \cdot ar^2 + ar \cdot ar^2) = 112$$
$$\therefore \ ar(a + ar + ar^2) = 56 \quad \cdots\cdots \ \text{㉠}$$
직육면체의 부피가 64이므로
$$a \cdot ar \cdot ar^2 = 64, \ (ar)^3 = 64 \quad \therefore \ ar = 4$$
$ar = 4$를 ㉠에 대입하면 $4(a + ar + ar^2) = 56$
따라서 직육면체의 모든 모서리의 길이의 합은
$$4(a + ar + ar^2) = 56$$

● **다른 풀이** ● ─→ 등비중항을 이용한 풀이
직육면체의 가로의 길이를 a, 세로의 길이를 b, 높이를 c라 하면
a, b, c가 이 순서대로 등비수열을 이루므로
$$b^2 = ac \quad \cdots\cdots \ \text{㉠}$$
직육면체의 겉넓이가 112이므로
$$2(ab + bc + ca) = 112 \quad \therefore \ ab + bc + ca = 56 \quad \cdots\cdots \ \text{㉡}$$
직육면체의 부피가 64이므로
$$abc = 64 \quad \cdots\cdots \ \text{㉢}$$
㉠을 ㉢에 대입하면 $b^3 = 64$ $\quad \therefore \ b = 4 \ (\because b > 0)$
$b = 4$를 ㉠에 대입하면 $ac = 16$
즉, ㉡에서 $4a + 4c + 16 = 56$ $\quad \therefore \ a + c = 10$
따라서 직육면체의 모든 모서리의 길이의 합은
$$4(a + b + c) = 4 \cdot (10 + 4) = 56$$

1110 <답> 8

세 짝수 a, b, c가 이 순서대로 등비수열을 이루므로
a, $b = ar$, $c = ar^2$ (a는 짝수, r는 $r \geq 2$인 자연수)으로 놓자.
$a + b + c = 42$에서 $a + ar + ar^2 = 42$ $\quad \xrightarrow{\ \because a < b < c\ }$
$$\therefore \ a(1 + r + r^2) = 42 \quad \cdots\cdots \ \text{㉠}$$
(i) $r = 2$인 경우
　　㉠에서 $7a = 42$ $\quad \therefore \ a = 6$
(ii) $r = 3$인 경우
　　㉠에서 $13a = 42$ $\quad \therefore \ a = \dfrac{42}{13}$
　　그런데 a가 짝수이므로 이 경우는 조건을 만족시키지 않는다.
(iii) $r = 4$인 경우
　　㉠에서 $21a = 42$ $\quad \therefore \ a = 2$
(iv) $r = 5$인 경우
　　㉠에서 $31a = 42$ $\quad \therefore \ a = \dfrac{42}{31}$
　　그런데 a가 짝수이므로 이 경우는 조건을 만족시키지 않는다.
(v) $r \geq 6$인 경우
　　$1 + r + r^2 \geq 43$이므로 ㉠을 만족시키는 짝수 a가 존재하지 않는다.
(i)~(v)에서 $a = 2$, 6이므로 모든 a의 값의 합은 $2 + 6 = 8$이다.

1111 <답> ③

1112 <답> ④

처음 소음의 크기를 a dB이라 하고, 매트를 1장 설치할 때마다
소음의 크기가 r %씩 줄어든다고 하자.
3장의 매트를 설치한 후 소음의 크기가 처음 소음의 크기보다
20 % 줄어들었으므로
$$a\left(1 - \frac{r}{100}\right)^3 = 0.8a \quad \therefore \ \left(1 - \frac{r}{100}\right)^3 = 0.8$$

즉, 6장의 매트를 설치하면
$$a\left(1 - \frac{r}{100}\right)^6 = a\left\{\left(1 - \frac{r}{100}\right)^3\right\}^2 = a \times 0.8^2 = 0.64a$$
따라서 6장의 매트를 설치하면 소음의 크기가 처음 소음의 크기보다
36 % 줄어든다.

1113 <답> ③

2017년 1월의 수익을 a만 원이라 하고, 매월 수익의 증가율을 r라
하자.
2017년 1월부터 n개월 후의 수익은 $\{a(1 + r)^n\}$만 원
6개월 후인 2017년 7월의 수익이 2017년 1월의 수익의 4배가 되
었으므로
$$a(1 + r)^6 = 4a \quad \therefore \ (1 + r)^6 = 4$$
즉, 12개월 후인 2018년 1월의 수익이 $\{a(1 + r)^{12}\}$만 원이므로
6개월 동안 증가한 수익은
$$\begin{aligned} a(1 + r)^{12} - a(1 + r)^6 &= a(1 + r)^6\{(1 + r)^6 - 1\} \\ &= 4a(4 - 1) = 12a = 1200 \ (\text{만 원}) \end{aligned}$$
에서 $a = 100 \ (\text{만 원})$
따라서 2017년 4월의 수익은
$$a(1 + r)^3 = a\{(1 + r)^6\}^{\frac{1}{2}} = 100 \cdot 4^{\frac{1}{2}} = 200 \ (\text{만 원})$$

1114 <답> 12개월

현재 매출액을 a, 매월 매출액의 증가율을 r라 하자.
3개월 후의 매출액이 현재 매출액의 1.2배이므로
$$a(1 + r)^3 = 1.2a \quad \therefore \ (1 + r)^3 = 1.2$$
n개월 후의 매출액은 $a(1 + r)^n$이므로
$$a(1 + r)^n > 2a \quad \therefore \ (1 + r)^n > 2 \quad \cdots\cdots \ \text{㉠}$$
㉠의 양변을 세제곱하면
$$\{(1 + r)^3\}^n > 2^3 \quad \therefore \ 1.2^n > 2^3 \quad \cdots\cdots \ \text{㉡}$$
㉡의 양변에 상용로그를 취하면
$$\log 1.2^n > \log 2^3, \ n(\log 12 - 1) > 3 \log 2$$
$$n(2 \log 2 + \log 3 - 1) > 3 \log 2$$
$$\therefore \ n > \frac{3 \log 2}{2 \log 2 + \log 3 - 1} = \frac{3 \times 0.30}{2 \times 0.30 + 0.48 - 1} = 11.25$$
따라서 현재 매출액의 2배를 초과하게 되는 것은 12개월 후이다.

1115 <답> ②

선수 A의 속력이 선수 B의 속력
의 2배이므로 수열 $\{a_{n+1} - a_n\}$은
첫째항이 $a_2 - a_1 = 100$, 공비가 $\dfrac{1}{2}$인 등비수열을 이룬다.
$$\therefore \ a_{n+1} - a_n = 100 \cdot \left(\frac{1}{2}\right)^{n-1}$$
$$100 \cdot \left(\frac{1}{2}\right)^{n-1} < 1$$에서 $\left(\frac{1}{2}\right)^{n-1} < \frac{1}{100}$, $2^{n-1} > 100$
이때 $2^6 = 64$, $2^7 = 128$이므로
$$n - 1 \geq 7 \quad \therefore \ n \geq 8$$
즉, $a_9 - a_8 = 100 \cdot \left(\frac{1}{2}\right)^7 < 1 < a_8 - a_7 = 100 \cdot \left(\frac{1}{2}\right)^6$이므로 선수 A가
a_7과 a_8 사이에 있을 때, 두 선수 A, B 사이의 거리가 처음으로
1 m 미만이 된다.

1116 <답> ④

1117 답 6

정사각형 A_2는 정사각형 A_1의 각 변의 중점을 이어서 만든 정사각형이므로

$(A_2$의 넓이$)=\dfrac{1}{2}\cdot(A_1$의 넓이$)$

$\therefore (A_1$의 넓이$)=2\cdot\dfrac{9}{4}=\dfrac{9}{2}$

한편, 정사각형 A_{n+1}은 정사각형 A_n의 각 변의 중점을 이어서 만든 정사각형이므로

$(A_{n+1}$의 넓이$)=\dfrac{1}{2}\cdot(A_n$의 넓이$)$

즉, 정사각형 A_n의 넓이는 첫째항이 $\dfrac{9}{2}$, 공비가 $\dfrac{1}{2}$인 등비수열

이므로 정사각형 A_n의 넓이는 $\dfrac{9}{2}\cdot\left(\dfrac{1}{2}\right)^{n-1}$

정사각형 A_6의 넓이는 $\dfrac{9}{2}\cdot\left(\dfrac{1}{2}\right)^{5}=\dfrac{9}{64}$이므로 정사각형 A_6의 한

변의 길이는 $\sqrt{\dfrac{9}{64}}=\dfrac{3}{8}$

따라서 정사각형 A_6의 네 변의 길이의 합 S는

$S=4\cdot\dfrac{3}{8}=\dfrac{3}{2}$ $\therefore 4S=4\cdot\dfrac{3}{2}=6$

1118 답 ②

도형 T_n의 한 변의 길이를 a_n이라 하자.

$a_1=1\cdot\dfrac{1}{3}=\dfrac{1}{3}$이고, $a_{n+1}=\dfrac{1}{3}a_n$이므로 수열 $\{a_n\}$은 첫째항이

$\dfrac{1}{3}$, 공비가 $\dfrac{1}{3}$인 등비수열이다.

$\therefore a_n=\dfrac{1}{3}\cdot\left(\dfrac{1}{3}\right)^{n-1}=\left(\dfrac{1}{3}\right)^{n}$

이때 매 시행마다 도형의 변의 개수가 4배씩 늘어나므로 도형 T_n의 둘레의 길이를 l_n이라 하면 수열 $\{l_n\}$은 첫째항이

$12\cdot a_1=12\cdot\dfrac{1}{3}=4$, 공비가 $4\cdot\dfrac{1}{3}=\dfrac{4}{3}$인 등비수열이다.

따라서 $l_n=4\cdot\left(\dfrac{4}{3}\right)^{n-1}$이므로 $l_{10}=4\cdot\left(\dfrac{4}{3}\right)^{9}=\dfrac{2^{20}}{3^{9}}$이다.

1119 답 29

오른쪽 그림과 같이 선분 A_1D_1과 선분 B_1E_1이 만나는 점을 O라 하면 삼각형 A_1OB_1은 한 변의 길이가 1인 정삼각형이므로 정육각형 $A_1B_1C_1D_1E_1F_1$의 넓이 S_1은

$S_1=6\times\triangle A_1OB_1$

$\quad=6\times\left(\dfrac{\sqrt{3}}{4}\times1^{2}\right)=\dfrac{3\sqrt{3}}{2}$

한편, 오른쪽 그림과 같이 정육각형 $A_nB_nC_nD_nE_nF_n$의 한 변의 길이를 l_n이라 하면 삼각형 $A_nA_{n+1}F_{n+1}$에서 코사인법칙에 의하여

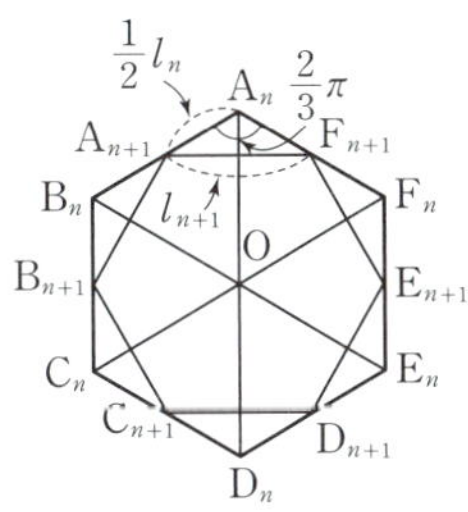

$l_{n+1}^{\ 2}=\left(\dfrac{1}{2}l_n\right)^{2}+\left(\dfrac{1}{2}l_n\right)^{2}$

$\qquad -2\times\dfrac{1}{2}l_n\times\dfrac{1}{2}l_n\times\cos\dfrac{2}{3}\pi$

$\qquad =\dfrac{1}{4}l_n^{\ 2}+\dfrac{1}{4}l_n^{\ 2}+\dfrac{1}{4}l_n^{\ 2}=\dfrac{3}{4}l_n^{\ 2}$

이므로

$S_n=6\times\triangle A_nOB_n=6\times\dfrac{\sqrt{3}}{4}l_n^{\ 2}=\dfrac{3\sqrt{3}}{2}l_n^{\ 2}$

$S_{n+1}=6\times\triangle A_{n+1}OB_{n+1}=6\times\dfrac{\sqrt{3}}{4}l_{n+1}^{\ 2}$

$\qquad =6\times\dfrac{\sqrt{3}}{4}\times\dfrac{3}{4}l_n^{\ 2}=\dfrac{3}{4}\times\dfrac{3\sqrt{3}}{2}l_n^{\ 2}=\dfrac{3}{4}S_n$

즉, 수열 $\{S_n\}$은 첫째항이 $\dfrac{3\sqrt{3}}{2}$, 공비가 $\dfrac{3}{4}$인 등비수열이므로

$S_n=\dfrac{3\sqrt{3}}{2}\times\left(\dfrac{3}{4}\right)^{n-1}$

따라서 $S_{10}=\dfrac{3\sqrt{3}}{2}\times\left(\dfrac{3}{4}\right)^{9}=\sqrt{3}\times\dfrac{3^{10}}{2^{19}}$이므로

$m=19,\ n=10$ $\therefore m+n=19+10=29$

1120 답 ⑤

1121 답 ③

등비수열 $\{a_n\}$의 첫째항을 a, 공비를 r라 하자.

$a_3+a_5=5$에서 $ar^2+ar^4=5$ $\qquad\cdots\cdots\ \bigcirc$

$a_6+a_8=40$에서 $ar^5+ar^7=r^3(ar^2+ar^4)=40$ $\qquad\cdots\cdots\ \bigcirc\!\bigcirc$

$\bigcirc$을 $\bigcirc\!\bigcirc$에 대입하면 $5r^3=40,\ r^3=8$ $\therefore r=2$

$r=2$를 $\bigcirc$에 대입하면 $4a+16a=5,\ 20a=5$ $\therefore a=\dfrac{1}{4}$

따라서 $S_8=\dfrac{\dfrac{1}{4}\cdot(2^8-1)}{2-1}=\dfrac{1}{4}(2^8-1)$이므로

$4S_8=4\cdot\dfrac{1}{4}(2^8-1)=255$

1122 답 ②

등비수열 $\{a_n\}$의 공비를 r라 하자.

$a_3=\dfrac{3}{2}$에서 $a_1r^2=\dfrac{3}{2}$ $\qquad\cdots\cdots\ \bigcirc$

$a_6=-\dfrac{3}{16}$에서 $a_1r^5=-\dfrac{3}{16}$ $\qquad\cdots\cdots\ \bigcirc\!\bigcirc$

$\bigcirc\!\bigcirc\div\bigcirc$을 하면 $r^3=-\dfrac{1}{8}$ $\therefore r=-\dfrac{1}{2}$

$r=-\dfrac{1}{2}$을 $\bigcirc$에 대입하면

$a_1\cdot\left(-\dfrac{1}{2}\right)^{2}=\dfrac{3}{2}$ $\therefore a_1=6$

즉, 수열 $\{a_n^{\ 2}\}$은 첫째항이 $6^2=36$, 공비가 $\left(-\dfrac{1}{2}\right)^{2}=\dfrac{1}{4}$인 등비수열이므로

$a_1^{\ 2}+a_2^{\ 2}+a_3^{\ 2}+\cdots+a_{10}^{\ 2}=\dfrac{36\cdot\left\{1-\left(\dfrac{1}{4}\right)^{10}\right\}}{1-\dfrac{1}{4}}=48\left(1-\dfrac{1}{2^{20}}\right)$

$\therefore k=48$

1123 답 ④

주어진 수열의 첫째항부터 제10항까지의 합은

$9+99+999+\cdots+9999999999$

$=(10-1)+(10^2-1)+(10^3-1)+\cdots+(10^{10}-1)$

$=(10+10^2+10^3+\cdots+10^{10})-10$

$=10^2+10^3+10^4+\cdots+10^{10}$

$=\dfrac{10^2\cdot(10^9-1)}{10-1}=\dfrac{100}{9}(10^9-1)$

1124 달 ②

$6^{100}=(2\cdot3)^{100}=2^{100}\cdot3^{100}$이므로 6^{100}의 약수의 총합은
$(1+2+2^2+\cdots+2^{100})(1+3+3^2+\cdots+3^{100})$
$=\dfrac{1\cdot(2^{101}-1)}{2-1}\cdot\dfrac{1\cdot(3^{101}-1)}{3-1}=(2^{101}-1)\cdot\dfrac{3^{101}-1}{2}$
$=(2\cdot2^{100}-1)\cdot\dfrac{3\cdot3^{100}-1}{2}=\dfrac12(2p-1)(3q-1)$

> **해설 속 칠판** 약수의 개수와 총합
>
> 자연수 N이 $N=a^p\cdot b^q\cdot c^r$ (a, b, c는 서로 다른 소수, p, q, r는 자연수)
> 꼴로 소인수분해될 때
> ① (N의 약수의 개수)$=(p+1)(q+1)(r+1)$
> ② (N의 약수의 총합)$=(1+a+a^2+\cdots+a^p)\cdot(1+b+b^2+\cdots+b^q)$
> $\qquad\qquad\qquad\qquad\qquad\qquad\cdot(1+c+c^2+\cdots+c^r)$

1125 달 ②

1126 달 140

등비수열 $\{a_n\}$의 첫째항을 a, 공비를 r라 하자.
$S_n=20$에서 $\dfrac{a(r^n-1)}{r-1}=20$ $\qquad\cdots\cdots$ ㉠
$S_{2n}=60$에서 $\dfrac{a(r^{2n}-1)}{r-1}=\dfrac{a(r^n-1)(r^n+1)}{r-1}=60$ $\qquad\cdots\cdots$ ㉡
㉡÷㉠을 하면 $r^n+1=3$ $\quad\therefore r^n=2$
$\therefore S_{3n}=\dfrac{a(r^{3n}-1)}{r-1}=\dfrac{a(r^n-1)}{r-1}\cdot(r^{2n}+r^n+1)$
$\qquad\quad=20\cdot(2^2+2+1)=140$

● 다른 풀이 ●

$S_n=20$, $S_{2n}-S_n=60-20=40$이므로 수열 S_n, $S_{2n}-S_n$,
$S_{3n}-S_{2n}$, $\cdots$은 첫째항이 20, 공비가 2인 등비수열을 이룬다.
$\therefore S_{3n}=S_n+(S_{2n}-S_n)+(S_{3n}-S_{2n})$
$\qquad\quad=\dfrac{20\cdot(2^3-1)}{2-1}=140$

1127 달 ④

등비수열 $\{a_n\}$의 공비를 r라 하자.
$a_1+a_2+a_3+\cdots+a_{16}=160$에서
$\dfrac{a_1(r^{16}-1)}{r-1}=160$ $\qquad\cdots\cdots$ ㉠
또한, 등비수열 a_2, a_4, a_6, $\cdots$, a_{16}의 공비는 r^2이므로
$a_2+a_4+a_6+\cdots+a_{16}=40$에서
$\dfrac{a_1r\{(r^2)^8-1\}}{r^2-1}=\dfrac{a_1r(r^{16}-1)}{(r-1)(r+1)}=40$ $\qquad\cdots\cdots$ ㉡
㉡÷㉠을 하면
$\dfrac{r}{r+1}=\dfrac14$, $4r=r+1$, $3r=1$ $\quad\therefore r=\dfrac13$

1128 달 ②

등비수열 $\{a_n\}$의 공비를 r라 하자.
$a_1+a_2+a_3=5$에서
$a_1+a_1r+a_1r^2=a_1(1+r+r^2)=5$ $\qquad\cdots\cdots$ ㉠
$a_4+a_5+a_6=10$에서
$a_1r^3+a_1r^4+a_1r^5=a_1r^3(1+r+r^2)=10$ $\qquad\cdots\cdots$ ㉡

㉠을 ㉡에 대입하면 $5r^3=10$ $\quad\therefore r^3=2$
$\therefore a_7+a_8+a_9+\cdots+a_{30}$
$\quad=(a_1+a_2+a_3)+(a_4+a_5+a_6)+\cdots+(a_{28}+a_{29}+a_{30})$
$\qquad-\{(a_1+a_2+a_3)+(a_4+a_5+a_6)\}$
$\quad=(a_1+a_2+a_3)+r^3(a_1+a_2+a_3)+\cdots+(r^3)^9\cdot(a_1+a_2+a_3)$
$\qquad-\{(a_1+a_2+a_3)+(a_4+a_5+a_6)\}$
$\quad=\dfrac{(a_1+a_2+a_3)\cdot\{(r^3)^{10}-1\}}{r^3-1}-15$
$\quad=\dfrac{5\cdot(2^{10}-1)}{2-1}-15=5(2^{10}-4)$

● 다른 풀이 ●

$a_1+a_2+a_3=S_3=5$, $a_4+a_5+a_6=S_6-S_3=10$이므로 수열 S_3,
S_6-S_3, $\cdots$, $S_{30}-S_{27}$, $\cdots$은 첫째항이 5, 공비가 2인 등비수열을
이룬다.
$\therefore S_{30}=S_3+(S_6-S_3)+(S_9-S_6)+\cdots+(S_{30}-S_{27})$
$\qquad\quad=\dfrac{5\cdot(2^{10}-1)}{2-1}=5(2^{10}-1)$
$\therefore a_7+a_8+a_9+\cdots+a_{30}=S_{30}-S_6$
$\qquad\qquad\qquad\qquad\qquad=5(2^{10}-1)-(5+10)=5(2^{10}-4)$

1129 달 13

수열 $\{a_n\}$이 등비수열이므로 수열 $\left\{\dfrac{1}{a_n}\right\}$도 등비수열이다.

등비수열 $\left\{\dfrac{1}{a_n}\right\}$의 첫째항을 p, 공비를 r라 하자.
$S_5=\dfrac{p(r^5-1)}{r-1}$, $S_{10}=\dfrac{p(r^{10}-1)}{r-1}$이므로 $S_{10}=4S_5$에서
$\dfrac{p(r^{10}-1)}{r-1}=4\cdot\dfrac{p(r^5-1)}{r-1}$, $\dfrac{p(r^5-1)(r^5+1)}{r-1}=4\cdot\dfrac{p(r^5-1)}{r-1}$
$r^5+1=4$ $\quad\therefore r^5=3$
$\therefore S_{15}=\dfrac{p(r^{15}-1)}{r-1}=\dfrac{p(r^5-1)}{r-1}\cdot(r^{10}+r^5+1)$
$\qquad\quad=S_5\cdot(3^2+3+1)=13S_5$
$\therefore k=13$

● 다른 풀이 ●

수열 $\{a_n\}$이 등비수열이므로 수열 $\left\{\dfrac{1}{a_n}\right\}$도 등비수열이다.

이때 $S_{10}-S_5=4S_5-S_5=3S_5$이므로 수열 S_5, $S_{10}-S_5$, $S_{15}-S_{10}$,
$\cdots$은 첫째항이 S_5, 공비가 3인 등비수열을 이룬다.
즉, $S_{15}-S_{10}=S_5\cdot3^2$이므로
$S_{15}=9S_5+S_{10}=9S_5+4S_5=13S_5$ $\quad\therefore k=13$

1130 달 ①

1131 달 ④

$S_n=4^n+1$에서 $n\geq2$일 때
$a_n=S_n-S_{n-1}$
$\quad=(4^n+1)-(4^{n-1}+1)$
$\quad=3\cdot4^{n-1}$
이때 a_2, a_3, a_4, $\cdots$가 등비수열이므로 수열 $\{a_{2n}\}$도
첫째항이 $a_2=3\cdot4=12$, 공비가 $4^2=16$인 등비수열이다.
$\therefore a_{2n}=12\cdot16^{n-1}$
따라서 수열 $\{a_{2n}\}$의 공비는 16이다.

1132 답 ②

$a_4 = S_4 - S_3 = (10 \cdot 4^2 - 16 \cdot 4) - (10 \cdot 3^2 - 16 \cdot 3) = 54$,
$b_4 = T_4 - T_3 = (p^4 - 4) - (p^3 - 4) = p^4 - p^3 = p^3(p-1)$
이므로 $a_4 = b_4$에서
$p^3(p-1) = 54 = 2 \cdot 3^3$
$\therefore p = 3$ ($\because p$는 자연수)

1133 답 ③

$S_n = 3 \times (-2)^{3-n} - \dfrac{4}{3} a_2$에서
$a_2 = S_2 - S_1$
$\quad = \left\{ 3 \times (-2) - \dfrac{4}{3} a_2 \right\} - \left\{ 3 \times (-2)^2 - \dfrac{4}{3} a_2 \right\}$
$\quad = -18$
즉,
$S_n = 3 \times (-2)^{3-n} - \dfrac{4}{3} \times (-18)$
$\quad = 3 \times (-2)^{3-n} + 24$
이므로
$a_1 = S_1 = 3 \times (-2)^2 + 24 = 36$

1134 답 25

$S_n = n^2 + n + 1$에서
(ⅰ) $n = 1$일 때, $a_1 = S_1 = 3$
(ⅱ) $n \geq 2$일 때
$\quad a_n = S_n - S_{n-1}$
$\quad\quad = (n^2 + n + 1) - \{(n-1)^2 + (n-1) + 1\}$
$\quad\quad = 2n$
$\therefore 2^{a_1} + 2^{a_2} + 2^{a_3} + \cdots + 2^{a_{10}} = 2^3 + 2^4 + 2^6 + \cdots + 2^{20}$

→ (ⅱ)의 $a_n = 2n$에 $n=1$을 대입하여 $a_1 = 2$로 착각하면 안된다.

$\quad\quad = 2^3 + \dfrac{2^4(4^9 - 1)}{4 - 1}$
$\quad\quad = 8 + \dfrac{1}{3}(2^{22} - 16)$
$\quad\quad = \dfrac{1}{3}(2^{22} + 2^3)$

따라서 $p = 22$, $q = 3$ 또는 $p = 3$, $q = 22$이므로
$p + q = 22 + 3 = 25$

1135 답 ②

1136 답 ②

2011년에 생산된 쌀의 양을 a kg이라 하고, 매년 생산되는 쌀의 양이 전년도에 생산된 쌀의 양의 r배라 하자.

2011년부터 2015년까지 5년 동안 생산된 쌀의 양이 12만 kg이므로
$\dfrac{a(r^5 - 1)}{r - 1} = 120000 \quad \cdots\cdots \text{㉠}$

2016년부터 2020년까지 5년 동안 생산된 쌀의 양이 3만 kg이므로
$\dfrac{ar^5(r^5 - 1)}{r - 1} = 30000 \quad \cdots\cdots \text{㉡}$

㉡÷㉠을 하면 $r^5 = \dfrac{1}{4}$

따라서 2021년에 생산될 쌀의 양은 $ar^{10} = a \cdot (r^5)^2 = \dfrac{1}{16} a$ (kg)이므로 2011년에 생산된 쌀의 양의 $\dfrac{1}{16}$배이다.

1137 답 ④

오른쪽 그림과 같이 두 삼각형 $P_1A_1B_1$, $A_1Q_1B_1$은 한 변의 길이가 3인 정삼각형이므로 두 호 $P_1A_1Q_1$, $P_1B_1Q_1$의 길이의 합 l_1은

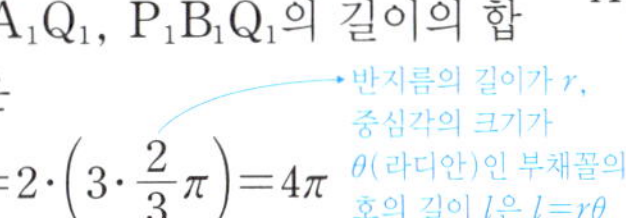

$l_1 = 2 \cdot \left(3 \cdot \dfrac{2}{3} \pi \right) = 4\pi$

→ 반지름의 길이가 r, 중심각의 크기가 θ(라디안)인 부채꼴의 호의 길이 l은 $l = r\theta$

한편, 오른쪽 그림과 같이 $(n+1)$번째에 얻은 도형의 두 원의 반지름의 길이를 r_{n+1}이라 하면 $\overline{A_{n+1}B_{n+1}} = \dfrac{1}{3} \overline{A_n B_n}$

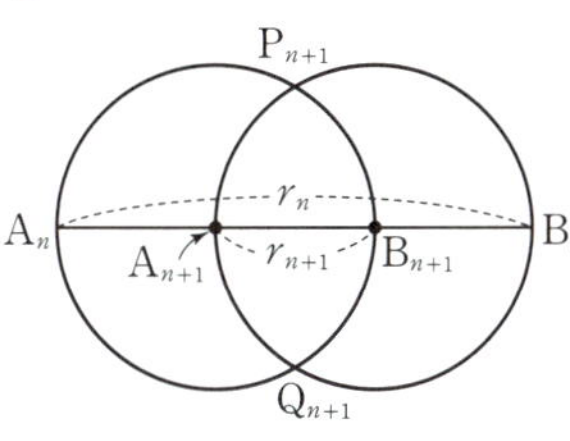

이므로 $r_{n+1} = \dfrac{1}{3} r_n$

이때 두 호 $P_n A_n Q_n$, $P_n B_n Q_n$의 길이의 합 l_n은
$l_n = 2 \cdot \left(r_n \cdot \dfrac{2}{3} \pi \right) = \dfrac{4}{3} \pi r_n$

같은 방법으로 두 호 $P_{n+1}A_{n+1}Q_{n+1}$, $P_{n+1}B_{n+1}Q_{n+1}$의 길이의 합 l_{n+1}은
$l_{n+1} = 2 \cdot \left(r_{n+1} \cdot \dfrac{2}{3} \pi \right) = \dfrac{4}{3} \pi \cdot \dfrac{1}{3} r_n = \dfrac{1}{3} l_n$

따라서 수열 $\{l_n\}$은 첫째항 4π, 공비가 $\dfrac{1}{3}$인 등비수열이므로
$l_1 + l_2 + l_3 + \cdots + l_8 = \dfrac{4\pi \left\{ 1 - \left(\dfrac{1}{3} \right)^8 \right\}}{1 - \dfrac{1}{3}} = 6\pi \left\{ 1 - \left(\dfrac{1}{3} \right)^8 \right\}$

1138 답 ③

삼각형 $R_1 P_2 R_2$의 넓이 S_1은
$S_1 = \dfrac{1}{2} \cdot \overline{R_1 P_2} \cdot \overline{P_2 R_2} = \dfrac{1}{2} \cdot (12 - 6) \cdot 6 = 18$

한편, 오른쪽 그림과 같이 $\overline{P_n R_n} = l_n$이라 하면 두 직각삼각형 $R_n P_{n+1} R_{n+1}$, $R_{n+1} P_{n+2} R_{n+2}$는 서로 닮음이므로

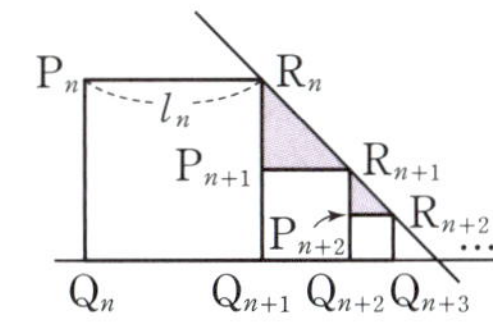

$\overline{R_n P_{n+1}} : \overline{P_{n+1} R_{n+1}}$
$\quad = \overline{R_{n+1} P_{n+2}} : \overline{P_{n+2} R_{n+2}}$
$(l_n - l_{n+1}) : l_{n+1} = (l_{n+1} - l_{n+2}) : l_{n+2}$
$l_{n+1}(l_{n+1} - l_{n+2}) = l_{n+2}(l_n - l_{n+1})$
$l_{n+1}^2 - l_{n+1} l_{n+2} = l_n l_{n+2} - l_{n+1} l_{n+2}$
$\therefore l_{n+1}^2 = l_n l_{n+2}$ → 수열 $\{l_n\}$은 등비수열이다.

이때 $l_1 = \overline{P_1 R_1} = \overline{Q_1 Q_2} = 12$, $l_2 = \overline{P_2 R_2} = \overline{Q_2 Q_3} = 6$이므로 수열 $\{l_n\}$은 첫째항이 12, 공비가 $\dfrac{1}{2}$인 등비수열이다. 즉,

$S_n : S_{n+1} = \triangle R_n P_{n+1} R_{n+1} : \triangle R_{n+1} P_{n+2} R_{n+2}$
$\quad = l_{n+1}^2 : l_{n+2}^2 = l_{n+1}^2 : \dfrac{1}{4} l_{n+1}^2 = 4 : 1$

→ $\overline{P_{n+1} R_{n+1}} : \overline{P_{n+2} R_{n+2}} = l_{n+1} : l_{n+2}$이므로 $S_n : S_{n+1} = l_{n+1}^2 : l_{n+2}^2$

에서 $S_{n+1} = \dfrac{1}{4} S_n$

따라서 수열 $\{S_n\}$은 첫째항이 18, 공비가 $\dfrac{1}{4}$인 등비수열이므로
$S_1 + S_2 + S_3 + \cdots + S_{20} = \dfrac{18 \left\{ 1 - \left(\dfrac{1}{4} \right)^{20} \right\}}{1 - \dfrac{1}{4}} = 24 \left\{ 1 - \left(\dfrac{1}{4} \right)^{20} \right\}$

1139 답 ②

1140 답 280만 원

매년 말 적립금의 원리합계를 그림으로 나타내면 다음과 같다.

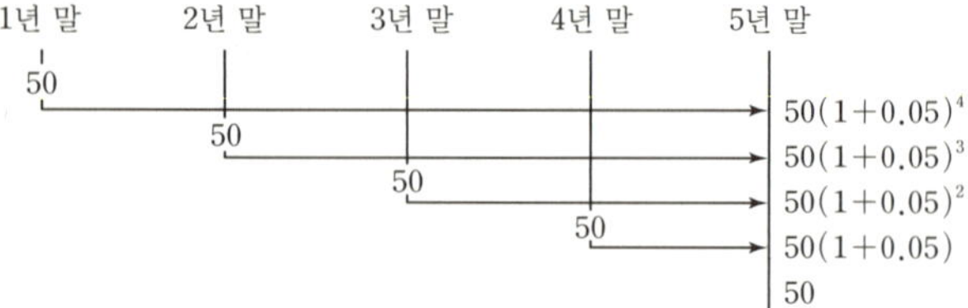

즉, 5년째 말의 적립금의 원리합계는
$$50+50(1+0.05)+\cdots+50(1+0.05)^4$$
$$=50+50\times1.05+\cdots+50\times1.05^4$$
$$=\frac{50(1.05^5-1)}{1.05-1}=\frac{50\times0.28}{0.05}=280(\text{만 원})$$

1141 답 ⑤

매년 초에 적립해야 하는 금액을 a만 원이라 할 때, 매년 초 적립금의 원리합계를 그림으로 나타내면 다음과 같다.

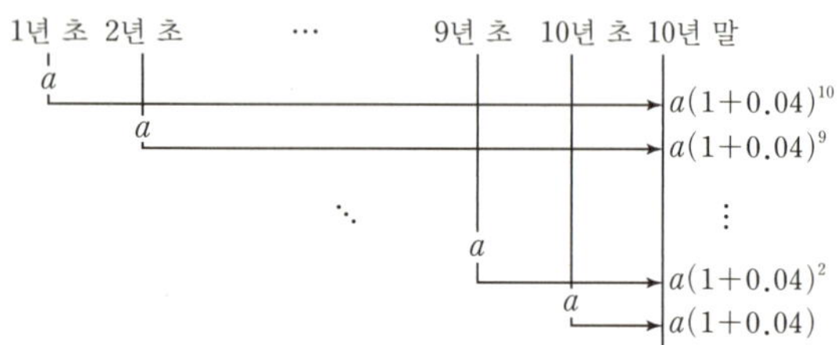

즉, 10년째 말의 적립금의 원리합계는
$$a(1+0.04)+a(1+0.04)^2+\cdots+a(1+0.04)^9+a(1+0.04)^{10}$$
$$=a\times1.04+a\times1.04^2+\cdots+a\times1.04^9+a\times1.04^{10}$$
$$=\frac{a\times1.04\times(1.04^{10}-1)}{1.04-1}=\frac{a\times1.04\times0.48}{0.04}=12.48a(\text{만 원})$$
이때 $12.48a=6240$이어야 하므로 $a=500(\text{만 원})$
따라서 매년 초에 500만 원씩 적립해야 한다.

1142 답 ④

매월 초 적립금의 원리합계를 그림으로 나타내면 다음과 같다.

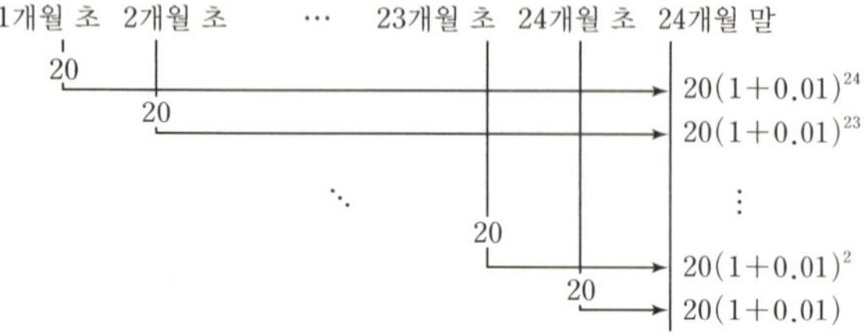

즉, 24개월째 말의 적립금의 원리합계는
$$20(1+0.01)+20(1+0.01)^2+\cdots$$
$$+20(1+0.01)^{23}+20(1+0.01)^{24}$$
$$=20\times1.01+20\times1.01^2+\cdots+20\times1.01^{23}+20\times1.01^{24}$$
$$=\frac{20\times1.01\times(1.01^{24}-1)}{1.01-1}=\frac{20\times1.01\times0.3}{0.01}=606(\text{만 원})$$
이때 24개월 동안 적립한 원금은 $20\times24=480(\text{만 원})$이므로 이자소득은 $606-480=126(\text{만 원})$이다.

따라서 납부해야 할 세금은 $126\times0.154=19.404(\text{만 원})$이므로 연수가 24개월째 말에 실제로 받는 금액은
$$6060000-194040=5865960(\text{원})$$

1143 답 10500만 원

매년 1월 1일에 적립한 금액의 원리합계를 그림으로 나타내면 다음과 같다.

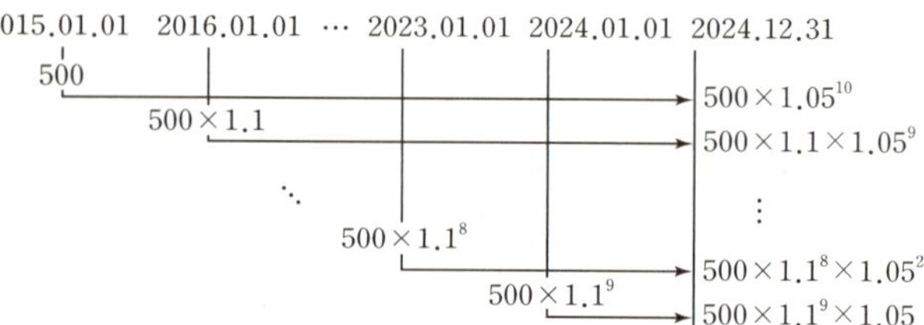

즉, 2024년 12월 31일의 적립금의 원리합계는
$$500\times1.05^{10}+500\times1.1\times1.05^9+\cdots+500\times1.1^8\times1.05^2$$
$$+500\times1.1^9\times1.05$$
$$=\frac{500\times1.05^{10}\times\left\{\left(\frac{1.1}{1.05}\right)^{10}-1\right\}}{\frac{1.1}{1.05}-1}$$
$$=\frac{500\times1.05^{10}\times\left(\frac{1.1^{10}}{1.05^{10}}-1\right)}{\frac{0.05}{1.05}}=\frac{500\times1.6\times\left(\frac{2.6}{1.6}-1\right)}{\frac{1}{21}}$$
$$=500\times1.6\times\frac{1}{1.6}\times21=10500(\text{만 원})$$

실전 업 Real

본문 185~187쪽

1144 답 ④

> **One Point Lesson**
> B가 나타내는 정사각형의 한 변의 길이를 a라 하고, 세 부분 A, B, C의 넓이를 각각 a에 대한 식으로 나타낸다.

B가 나타내는 정사각형의 한 변의 길이를 a라 하면 세 부분 A, B, C의 넓이는 각각 3^2-a^2, a^2, 4^2-a^2이다.
A, B, C의 넓이가 이 순서대로 등비수열을 이루므로
$$(a^2)^2=(3^2-a^2)\cdot(4^2-a^2),\quad a^4=a^4-25a^2+144$$
$$25a^2=144\qquad\therefore a^2=\frac{144}{25}$$

따라서 B의 넓이는 $\frac{144}{25}$이다.

1145 답 6

> **One Point Lesson**
> 주어진 등비수열에서 x_1은 제2항이고, 384는 제$(n+2)$항임을 이용한다.

주어진 등비수열의 공비를 r라 하자.
첫째항이 3, 제$(n+2)$항이 384이므로
$$3\cdot r^{n+1}=384\qquad\therefore r^{n+1}=128\qquad\qquad\cdots\cdots\ \bigcirc$$

또한, $x_1+x_2+x_3+\cdots+x_n=378$에서
$$\frac{3r(r^n-1)}{r-1}=378 \quad\therefore r^{n+1}-r=126(r-1) \quad\cdots\cdots ㉡$$
㉠을 ㉡에 대입하면
$$128-r=126(r-1),\ 127r=254 \quad\therefore r=2$$
$r=2$를 ㉠에 대입하면
$$2^{n+1}=128=2^7,\ n+1=7 \quad\therefore n=6$$

1146 답 ③

수열 $\{a_n\}$이 첫째항부터 등비수열을 이룸을 이용하여 두 상수 p, q에 대한 관계식을 찾는다.

$S_n=p^{n+1}-q$에서
(i) $n=1$일 때, $a_1=S_1=p^2-q$
(ii) $n\geq 2$일 때
$$\begin{aligned} a_n&=S_n-S_{n-1}\\ &=(p^{n+1}-q)-(p^n-q)\\ &=(p-1)p^n \quad\cdots\cdots ㉠\end{aligned}$$
이때 수열 $\{a_n\}$이 첫째항부터 등비수열을 이루므로 $a_1=p^2-q$는 ㉠에 $n=1$을 대입한 것과 같아야 한다.
즉, $p^2-q=(p-1)p$에서
$$p^2-p=p^2-q \quad\therefore p=q$$
또한, 등비수열 $\{a_n\}$의 공비가 $\dfrac{1}{2}$이므로 ㉠에서 $p=\dfrac{1}{2}$
$$\therefore p^3+q^3=\left(\frac{1}{2}\right)^3+\left(\frac{1}{2}\right)^3=\frac{1}{4}$$

● 다른 풀이 ●
$S_n=p^{n+1}-q=p\cdot p^n-q$에서
수열 $\{a_n\}$이 첫째항부터 등비수열을 이루므로
$$p-q=0 \quad\therefore p=q$$

1147 답 400

등비수열 $\{a_n\}$의 첫째항을 a, 공비를 r라 하고, 주어진 등비수열의 합을 각각 a, r에 대한 식으로 나타낸다.

등비수열 $\{a_n\}$의 첫째항을 a, 공비를 r라 하자.
$S_{20}=40$에서
$$\frac{a(r^{20}-1)}{r-1}=40,$$
$\dfrac{S_{30}}{S_{10}}=13$에서
$$\frac{\dfrac{a(r^{30}-1)}{r-1}}{\dfrac{a(r^{10}-1)}{r-1}}=\frac{\dfrac{a(r^{10}-1)(r^{20}+r^{10}+1)}{r-1}}{\dfrac{a(r^{10}-1)}{r-1}}=r^{20}+r^{10}+1=13$$
이므로 $(r^{10})^2+r^{10}-12=0$
$$(r^{10}+4)(r^{10}-3)=0 \quad\therefore r^{10}=3\ (\because r^{10}>0)$$
$$\therefore S_{40}=\frac{a(r^{40}-1)}{r-1}=\frac{a(r^{20}-1)(r^{20}+1)}{r-1}$$
$$=\frac{a(r^{20}-1)}{r-1}\cdot\{(r^{10})^2+1\}$$
$$=40\cdot(3^2+1)=400$$

1148 답 8

등차수열 $\{a_n\}$의 공차를 d라 하고, $d=a_2-a_1=a_3-a_2=a_4-a_3=\cdots$임을 이용한다.

등차수열 $\{a_n\}$의 공차를 $d\ (d\neq 0)$라 하고, 등비수열 $\{b_n\}$의 공비를 r라 하자.
조건 (가)에서 $a_1=b_1$, $a_2=b_2=b_1r$, $a_4=b_4=b_1r^3$이므로
$$a_2-a_1=b_1r-b_1=b_1(r-1)=d \quad\cdots\cdots ㉠$$
$$a_4-a_2=b_1r^3-b_1r=b_1r(r^2-1)=2d \quad\cdots\cdots ㉡$$
㉠, ㉡을 연립하면
$$b_1r(r^2-1)=2b_1(r-1)$$
$$b_1r(r-1)(r+1)-2b_1(r-1)=0$$
$$b_1(r-1)(r^2+r-2)=0$$
$$b_1(r-1)^2(r+2)=0$$
$$\therefore r=-2 \text{ 또는 } r=1$$
(i) $r=-2$인 경우
$$b_{10}=b_5r^5=\left(-\frac{1}{4}\right)\cdot(-2)^5=8\ (\because \text{조건 (나)})$$
(ii) $r=1$인 경우
$b_1=b_2$이므로 $a_1=a_2$
즉, $d=0$이므로 이 경우는 $d\neq 0$을 만족시키지 않는다.
(i), (ii)에서 $b_{10}=8$이다.

1149 답 3

이차방정식의 근과 계수의 관계를 이용하여 주어진 등비수열의 합을 간단히 한다.

이차방정식 $x^2+x+1=0$에서 근과 계수의 관계에 의하여
$$\alpha+\beta=-1,\ \alpha\beta=1 \quad\cdots\cdots ㉠$$
$\alpha\beta=1$에서 $\dfrac{1}{\alpha}=\beta$, $\dfrac{1}{\beta}=\alpha \quad\cdots\cdots ㉡$
또한, $x^2+x+1=0$의 양변에 $x-1$을 곱하면
$(x-1)(x^2+x+1)=0$, 즉 $x^3-1=0$이므로 α, β는 삼차방정식 $x^3-1=0$의 근이다.
$$\therefore \alpha^3=1,\ \beta^3=1 \quad\cdots\cdots ㉢$$
$$\therefore \left(1-\frac{1}{\alpha}+\frac{1}{\alpha^2}-\cdots-\frac{1}{\alpha^{19}}\right)\left(1-\frac{1}{\beta}+\frac{1}{\beta^2}-\cdots-\frac{1}{\beta^{19}}\right)$$
$$=(1-\beta+\beta^2-\cdots-\beta^{19})(1-\alpha+\alpha^2-\cdots-\alpha^{19})\ (\because ㉡)$$
$$=\frac{1\cdot\{1-(-\beta)^{20}\}}{1-(-\beta)}\cdot\frac{1\cdot\{1-(-\alpha)^{20}\}}{1-(-\alpha)}=\frac{1-\beta^{20}}{1+\beta}\cdot\frac{1-\alpha^{20}}{1+\alpha}$$
$$=\frac{1-(\beta^3)^6\cdot\beta^2}{1+\beta}\cdot\frac{1-(\alpha^3)^6\cdot\alpha^2}{1+\alpha}=\frac{1-\beta^2}{1+\beta}\cdot\frac{1-\alpha^2}{1+\alpha}\ (\because ㉢)$$
$$=\frac{(1+\beta)(1-\beta)}{1+\beta}\cdot\frac{(1+\alpha)(1-\alpha)}{1+\alpha}$$
$$=(1-\beta)(1-\alpha)=1-(\alpha+\beta)+\alpha\beta$$
$$=1-(-1)+1=3\ (\because ㉠)$$

1150 답 64

등차수열 $\{x_n\}$에 대하여 $l_n=f(x_n)=a^{x_n}$임을 이용하여 수열 $\{l_n\}$이 어떤 수열인지 알아본다.

등차수열 $\{x_n\}$의 공차를 $d\ (d>0)$라 하면 $x_{n+1}-x_n=d$이므로
$l_n=f(x_n)=a^{x_n}$, $l_{n+1}=f(x_{n+1})=a^{x_{n+1}}$
$$\therefore \frac{l_{n+1}}{l_n}=\frac{a^{x_{n+1}}}{a^{x_n}}=a^{x_{n+1}-x_n}=a^d$$

즉, 모든 자연수 n에 대하여 a^d은 상수이므로 수열 $\{l_n\}$은 등비수열이다.
등비수열 $\{l_n\}$의 첫째항을 l, 공비를 r라 하면
$$\frac{l_7}{l_2}=\frac{lr^6}{lr}=r^5,\ \frac{l_8}{l_3}=\frac{lr^7}{lr^2}=r^5,\ \cdots,\ \frac{l_{16}}{l_{11}}=\frac{lr^{15}}{lr^{10}}=r^5$$이므로
$$\frac{l_7}{l_2}+\frac{l_8}{l_3}+\frac{l_9}{l_4}+\cdots+\frac{l_{16}}{l_{11}}=40$$에서
$$10r^5=40 \qquad \therefore r^5=4$$
$$\therefore \frac{l_{21}}{l_6}=\frac{lr^{20}}{lr^5}=r^{15}=(r^5)^3=4^3=64$$

1151 답 ④

매년 초 적립금의 원리합계를 그림으로 나타내면 다음과 같다.

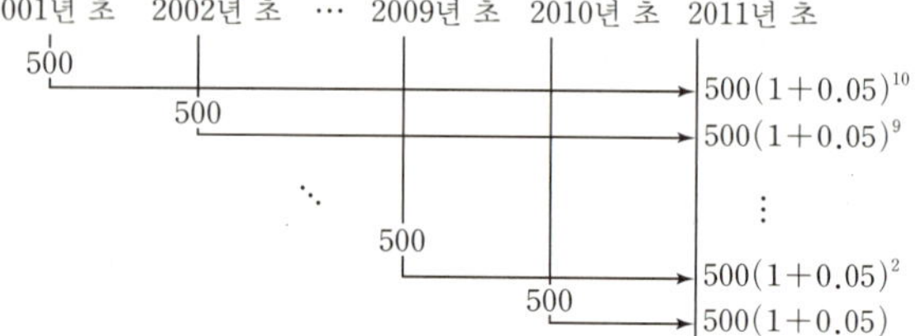

즉, 2011년 초의 적립금의 원리합계는
$$500(1+0.05)+500(1+0.05)^2+\cdots$$
$$+500(1+0.05)^9+500(1+0.05)^{10}$$
$$=500\times1.05+500\times1.05^2+\cdots+500\times1.05^9+500\times1.05^{10}$$
$$=\frac{500\times1.05\times(1.05^{10}-1)}{1.05-1}$$
$$=\frac{500\times1.05\times0.6}{0.05}=6300(만\ 원)$$

이 6300만 원을 2011년 초부터 연이율 4 %의 복리로 10년 동안 예치한 금액의 2021년 초의 원리합계는
$$6300(1+0.04)^{10}=6300\times1.04^{10}=6300\times1.5=9450(만\ 원)$$
따라서 지민이가 2021년 초에 받게 되는 금액의 원리합계는 9450만 원이다.

1152 답 5

말이 시계 방향으로 1만큼 이동하면 말이 이동한 칸의 수를 1, 시계 반대 방향으로 1만큼 이동하면 말이 이동한 칸의 수를 -1이라 하자.
말이 처음 1의 위치에서 시작하여 n번째 시행 후 말의 위치에 적혀 있는 숫자를 a_n이라 하면

$a_1=1+2$
$a_2=1+2-2^2$
$a_3=1+2-2^2+2^3$
$a_4=1+2-2^2+2^3-2^4$
$\vdots$
$a_{10}=1+2-2^2+\cdots+2^9-2^{10}$
$\quad=1+(2+2^3+\cdots+2^9)-(2^2+2^4+\cdots+2^{10})$
$\quad=1+\dfrac{2\cdot(4^5-1)}{4-1}-\dfrac{4\cdot(4^5-1)}{4-1}$
$\quad=1+682-1364=-681$

이때 $-681=-14\cdot49+5$이므로 10번째 시행 후 말의 위치에 적혀 있는 숫자는 5이다.

1153 답 ⑤

ㄱ. $x,\ a,\ b,\ y$가 이 순서대로 등차수열을 이루므로 이 수열의 공차를 m이라 하면 $a=x+m,\ b=x+2m,\ y=x+3m$
$\therefore x+y=x+(x+3m)=(x+m)+(x+2m)=a+b$ (참)

ㄴ. $x,\ c,\ d,\ y$가 이 순서대로 등비수열을 이루므로 이 수열의 공비를 r라 하면 $c=xr,\ d=xr^2,\ y=xr^3$ $\qquad\cdots\cdots$ ㉠
$\therefore xy=x\cdot xr^3=xr\cdot xr^2=cd$ (참)

ㄷ. ㉠의 $y=xr^3$에서 $r^3=\dfrac{y}{x}$ $\qquad\therefore r=\sqrt[3]{\dfrac{y}{x}}$
$$\therefore c=xr=x\cdot\sqrt[3]{\frac{y}{x}}=\sqrt[3]{x^2y},\ d=xr^2=x\cdot\left(\sqrt[3]{\frac{y}{x}}\right)^2=\sqrt[3]{xy^2}$$
$$\therefore (a+b)-(c+d)=(x+y)-(\sqrt[3]{x^2y}+\sqrt[3]{xy^2})\ (\because\ ㄱ)$$
$$\qquad\cdots\cdots ㉡$$
이때 $\sqrt[3]{x}=X,\ \sqrt[3]{y}=Y\ (X>0,\ Y>0$이고, $X\neq Y)$라 하면 $x=X^3,\ y=Y^3$이므로 ㉡의 우변에서
$$(x+y)-(\sqrt[3]{x^2y}+\sqrt[3]{xy^2})$$
$$=(X^3+Y^3)-(X^2Y+XY^2)$$
$$=(X+Y)(X^2-XY+Y^2)-XY(X+Y)$$
$$=(X+Y)(X^2-2XY+Y^2)$$
$$=(X+Y)(X-Y)^2>0$$
즉, ㉡에서 $(a+b)-(c+d)>0$이므로 $a+b>c+d$ (참)
따라서 옳은 것은 ㄱ, ㄴ, ㄷ이다.

1154 답 15

n회의 시행에서 새로 그려진 세 원의 중심을 각각 A_n, B_n, C_n이라 하고, 각 원의 반지름의 길이를 r_n이라 하자.
오른쪽 그림과 같이 삼각형 $A_1B_1C_1$은 정삼각형이고, 원 C의 중심을 O라 하면 O는 정삼각형 $A_1B_1C_1$의 무게중심이다.

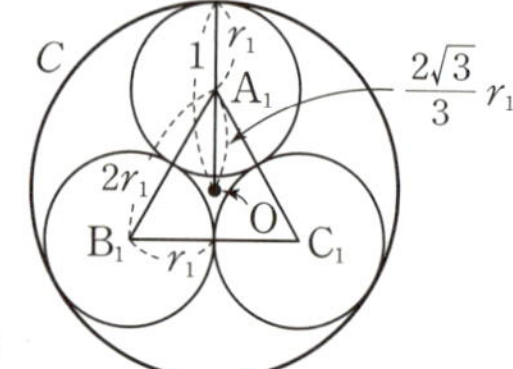

$$\therefore \overline{OA_1}=\frac{2}{3}\times\left(\frac{\sqrt{3}}{2}\times2r_1\right)=\frac{2\sqrt{3}}{3}r_1$$

이때 원 C의 반지름의 길이가 1이므로 $\overline{OA_1}+r_1=1$에서

$$\frac{2\sqrt{3}}{3}r_1+r_1=1, \quad \frac{2\sqrt{3}+3}{3}r_1=1$$

$$\therefore r_1=\frac{3}{2\sqrt{3}+3}=\frac{3(2\sqrt{3}-3)}{(2\sqrt{3}+3)(2\sqrt{3}-3)}=2\sqrt{3}-3$$

한편, 오른쪽 그림과 같이 $(n+1)$회의 시행에서 새로 그려진 세 원의 중심 A_{n+1}, B_{n+1}, C_{n+1}에 대하여 삼각형 $A_{n+1}B_{n+1}C_{n+1}$은 정삼각형이고, A_n은 정삼각형 $A_{n+1}B_{n+1}C_{n+1}$의 무게중심이다.

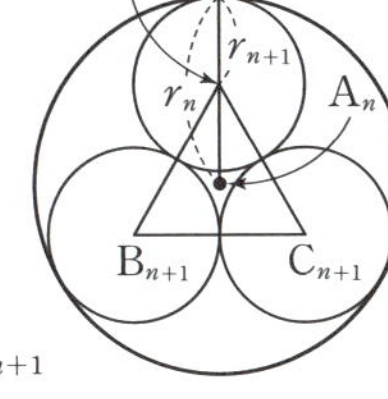

$$\therefore \overline{A_nA_{n+1}}=\frac{2}{3}\times\left(\frac{\sqrt{3}}{2}\times 2r_{n+1}\right)=\frac{2\sqrt{3}}{3}r_{n+1}$$

이때 $\overline{A_nA_{n+1}}+r_{n+1}=r_n$이므로

$$\frac{2\sqrt{3}}{3}r_{n+1}+r_{n+1}=r_n, \quad \frac{2\sqrt{3}+3}{3}r_{n+1}=r_n$$

$$\therefore r_{n+1}=\frac{3}{2\sqrt{3}+3}r_n=\frac{3(2\sqrt{3}-3)}{(2\sqrt{3}+3)(2\sqrt{3}-3)}r_n=(2\sqrt{3}-3)r_n$$

즉, 수열 $\{r_n\}$은 첫째항이 $2\sqrt{3}-3$, 공비가 $2\sqrt{3}-3$인 등비수열이므로

$$r_n=(2\sqrt{3}-3)\times(2\sqrt{3}-3)^{n-1}=(2\sqrt{3}-3)^n$$

이때 매 시행마다 원의 개수가 3배씩 늘어나므로 10회의 시행에서 새로 그려진 모든 원의 둘레의 길이의 합은

$$3^{10}\times 2\pi\times(2\sqrt{3}-3)^{10}=2\pi\times(6\sqrt{3}-9)^{10}$$

따라서 $a=6$, $b=9$이므로

$$a+b=6+9=15$$

1155 답 ④

> **One Point Lesson**
> 직각삼각형의 닮음을 이용하여 그 길이가 등비수열을 이루는 선분을 찾는다.

(ⅰ) 세 점 A, R, Q는 선분 AQ를 지름으로 하는 원 위의 점이므로 삼각형 QRA는 $\angle R=90°$인 직각삼각형이다.

$$\therefore \overline{OR}^2=\overline{OA}\cdot\overline{OQ}$$

즉, 세 선분 $\overline{OA}$, $\overline{OR}$, $\overline{OQ}$의 길이는 이 순서대로 등비수열을 이룬다.
→ 직각삼각형의 닮음을 이용한 것이다.
해설 127쪽 1062번의 해설 속 칠판 - (3)을 참고하자.

(ⅱ) 세 점 R, Q, P는 선분 PR를 지름으로 하는 원 위의 점이므로 삼각형 PQR는 $\angle Q=90°$인 직각삼각형이다.

$$\therefore \overline{OQ}^2=\overline{OR}\cdot\overline{OP}$$

즉, 세 선분 $\overline{OR}$, $\overline{OQ}$, $\overline{OP}$의 길이는 이 순서대로 등비수열을 이룬다.

(ⅲ) 세 점 Q, P, B는 선분 BQ를 지름으로 하는 원 위의 점이므로 삼각형 BPQ는 $\angle P=90°$인 직각삼각형이다.

$$\therefore \overline{OP}^2=\overline{OQ}\cdot\overline{OB}$$

즉, 세 선분 $\overline{OQ}$, $\overline{OP}$, $\overline{OB}$의 길이는 이 순서대로 등비수열을 이룬다.

(ⅰ), (ⅱ), (ⅲ)에서 다섯 개의 선분 $\overline{OA}$, $\overline{OR}$, $\overline{OQ}$, $\overline{OP}$, $\overline{OB}$는 이 순서대로 등비수열을 이루므로 이 등비수열의 공비를 k $(k>0)$라 하면 $\overline{OB}=\overline{OA}\cdot k^4$

$$\frac{\overline{OB}}{\overline{OA}}=k^4=\frac{9}{4} \qquad \therefore k=\frac{\sqrt{6}}{2} \ (\because k>0)$$

$$\therefore \frac{\overline{OB}}{\overline{OR}}=k^3=\left(\frac{\sqrt{6}}{2}\right)^3=\frac{3\sqrt{6}}{4}$$

1156 답 2

a, b, c가 이 순서대로 등비수열을 이루므로

$$b^2=ac$$ ❶

$$\therefore \frac{1}{\log_a b}+\frac{1}{\log_c b}=\log_b a+\log_b c$$
$$=\log_b ac$$
$$=\log_b b^2=2$$ ❷

채점 기준	배점 비율
❶ 등비중항을 이용하기	30%
❷ $\dfrac{1}{\log_a b}+\dfrac{1}{\log_c b}$의 값 구하기	70%

1157 답 $\dfrac{n^3}{m^2}$

등비수열 $\{a_n\}$의 첫째항을 a, 공비를 r라 하자.

$a_m=n$에서 $ar^{m-1}=n$

$$\therefore r^m=\frac{nr}{a}$$

$a_n=m$에서 $ar^{n-1}=m$

$$\therefore r^n=\frac{mr}{a}$$ ❶

$$\therefore a_{3m-2n}=ar^{3m-2n-1}=\frac{a}{r}\cdot(r^m)^3\cdot\frac{1}{(r^n)^2}$$
$$=\frac{a}{r}\cdot\left(\frac{nr}{a}\right)^3\cdot\left(\frac{a}{mr}\right)^2=\frac{n^3}{m^2}$$ ❷

채점 기준	배점 비율
❶ 주어진 조건을 첫째항과 공비에 대한 식으로 나타내기	60%
❷ a_{3m-2n}을 m, n으로 나타내기	40%

1158 답 27

등비수열 $\{a_n\}$의 첫째항이 30, 공비가 $-\dfrac{1}{2}$이므로 일반항 a_n은

$$a_n=30\cdot\left(-\frac{1}{2}\right)^{n-1}$$
→ 공비가 음수이기 때문에 n이 짝수인 경우와 홀수인 경우로 나눈다. ❶

(ⅰ) n이 짝수인 경우 →$n-1$은 홀수이다.

$\dfrac{1}{100}<a_n<1$에서 $\dfrac{1}{100}<30\cdot\left(-\dfrac{1}{2}\right)^{n-1}<1$

그런데 이 경우는 $a_n=30\cdot\left(-\dfrac{1}{2}\right)^{n-1}>\dfrac{1}{100}$을 만족시키지 않는다. ❷

(ⅱ) n이 홀수인 경우 →$n-1$은 짝수이다.

$$a_n=30\cdot\left(-\frac{1}{2}\right)^{n-1}=30\cdot(-1)^{n-1}\cdot\left(\frac{1}{2}\right)^{n-1}=30\cdot\left(\frac{1}{2}\right)^{n-1}$$

이므로 $\dfrac{1}{100}<a_n<1$에서 $\dfrac{1}{100}<30\cdot\left(\dfrac{1}{2}\right)^{n-1}<1$

$$\frac{1}{3000}<\left(\frac{1}{2}\right)^{n-1}<\frac{1}{30} \qquad \therefore n=7,\ 9,\ 11$$ ❸

(ⅰ), (ⅱ)에서 조건을 만족시키는 자연수 n은 $n=7,\ 9,\ 11$이므로 그 합은 $7+9+11=27$이다. ❹

채점 기준	배점 비율
❶ 등비수열 $\{a_n\}$의 일반항 a_n 구하기	20%
❷ n이 짝수인 경우, 조건을 만족시키지 않음을 보이기	30%
❸ n이 홀수인 경우, 조건을 만족시키는 자연수 n의 값 구하기	40%
❹ 모든 자연수 n의 값의 합 구하기	10%

1159 답 43만 원

n년 후의 1년 동안 자동차의 주행 거리는 (5000×1.1^n) km

처음으로 10000 km를 초과하는 해는 $5000 \times 1.1^n > 10000$에서

$1.1^n > 2$

이때 주어진 표에서 $1.1^7 = 1.95$, $1.1^8 = 2.14$이므로

$n \geq 8$

❶

즉, 올해로부터 7년 후까지의 1년 동안 자동차의 주행 거리가 모두 10000 km 이하이므로 8년 후까지 보험료를 10 % 할인받고, 그 이후부터는 보험료가 유지된다.

따라서 10년 후에 납입하는 보험료는

$100 \times 0.9^8 = 100 \times 0.43 = 43($만 원$)$

❷

채점 기준	배점 비율
❶ 자동차의 주행 거리가 처음으로 10000 km를 초과하는 해 구하기	50%
❷ 10년 후에 납입하는 보험료 구하기	50%

1160 답 270

150 이하의 자연수 중에서 등비수열을 이루는 4개의 자연수를 a, ar, ar^2, ar^3 (a, r는 자연수이고, $r > 1$)으로 놓으면

$ar^3 \leq 150$ $\cdots\cdots$ ㉠

❶

(ⅰ) $r = 2$인 경우

㉠에서 $8a \leq 150$, $a \leq \dfrac{150}{8} = 18.75$ $\therefore 1 \leq a \leq 18$

즉, 4개의 수의 합의 최댓값은

$a + ar + ar^2 + ar^3 = \dfrac{a(r^4 - 1)}{r - 1}$에서

$\dfrac{18 \cdot (2^4 - 1)}{2 - 1} = 270$

(ⅱ) $r = 3$인 경우

㉠에서 $27a \leq 150$, $a \leq \dfrac{150}{27} = 5.\times\times\times$ $\therefore 1 \leq a \leq 5$

즉, 4개의 수의 합의 최댓값은

$\dfrac{5 \cdot (3^4 - 1)}{3 - 1} = 200$

(ⅲ) $r = 4$인 경우

㉠에서 $64a \leq 150$, $a \leq \dfrac{150}{64} = 2.\times\times\times$ $\therefore 1 \leq a \leq 2$

즉, 4개의 수의 합의 최댓값은

$\dfrac{2 \cdot (4^4 - 1)}{4 - 1} = 170$

(ⅳ) $r = 5$인 경우

㉠에서 $125a \leq 150$, $a \leq \dfrac{150}{125} = 1.2$ $\therefore a = 1$

즉, 4개의 수의 합의 최댓값은

$\dfrac{1 \cdot (5^4 - 1)}{5 - 1} = 156$

(ⅴ) $r \geq 6$인 경우

㉠에서 $r^3 > 150$이므로 조건을 만족시키는 자연수 a는 존재하지 않는다.

❷

(ⅰ)~(ⅴ)에서 4개의 수의 합의 최댓값은 270이다.

❸

채점 기준	배점 비율
❶ 등비수열을 이루는 4개의 자연수를 문자로 나타내어 부등식 세우기	20%
❷ r의 값에 따른 4개의 수의 합의 최댓값 구하기	70%
❸ 4개의 수의 합의 최댓값 구하기	10%

1161 답 $\dfrac{\pi}{3}\left\{1 + \left(\dfrac{1}{3}\right)^{10}\right\}$

$\angle A_n OB_n = \theta_n$이라 하자.

호 AB를 삼등분하는 점이 A_1, B_1이므로

$\theta_1 = \angle A_1 OB_1 = \angle BOB_1 = \dfrac{1}{3} \cdot \angle AOB$

$= \dfrac{1}{3} \cdot \dfrac{2}{3}\pi = \dfrac{2}{9}\pi$

❶

한편, 호 $A_n B_n$을 삼등분하는 점이 A_{n+1}, B_{n+1}이므로

$\theta_{n+1} = \angle A_{n+1} OB_{n+1} = \angle B_n OB_{n+1}$

$= \dfrac{1}{3} \cdot \angle A_n OB_n = \dfrac{1}{3}\theta_n$

즉, 수열 $\{\theta_n\}$은 첫째항이 $\dfrac{2}{9}\pi$, 공비가 $\dfrac{1}{3}$인 등비수열이다.

❷

$\therefore \angle AOB_{10}$

$= \angle AOB - (\angle BOB_1 + \angle B_1 OB_2 + \cdots + \angle B_9 OB_{10})$

$= \dfrac{2}{3}\pi - (\theta_1 + \theta_2 + \cdots + \theta_{10})$

$= \dfrac{2}{3}\pi - \dfrac{\dfrac{2}{9}\pi \cdot \left\{1 - \left(\dfrac{1}{3}\right)^{10}\right\}}{1 - \dfrac{1}{3}}$

$= \dfrac{2}{3}\pi - \dfrac{\pi}{3}\left\{1 - \left(\dfrac{1}{3}\right)^{10}\right\}$

$= \dfrac{\pi}{3}\left\{1 + \left(\dfrac{1}{3}\right)^{10}\right\}$

❸

채점 기준	배점 비율
❶ $\angle A_n OB_n = \theta_n$이라 하고 수열 $\{\theta_n\}$의 첫째항 구하기	20%
❷ 수열 $\{\theta_n\}$의 공비 구하기	30%
❸ $\angle AOB_{10}$의 크기 구하기	50%

10 수열의 합

1162 답 $2+4+6+8$

$$\sum_{k=1}^{4}2k=2\cdot1+2\cdot2+2\cdot3+2\cdot4=2+4+6+8$$

1163 답 $1+2+4+8+16$

$$\sum_{n=1}^{5}2^{n-1}=2^0+2^1+2^2+2^3+2^4=1+2+4+8+16$$

1164 답 $3+5+7+\cdots+(2n+1)$

$$\sum_{j=1}^{n}(2j+1)=(2\cdot1+1)+(2\cdot2+1)+(2\cdot3+1)+\cdots+(2\cdot n+1)$$
$$=3+5+7+\cdots+(2n+1)$$

1165 답 $5^2+6^2+7^2+\cdots+n^2$

$$\sum_{i=5}^{n}i^2=5^2+6^2+7^2+\cdots+n^2$$

1166 답 $\displaystyle\sum_{k=1}^{8}2$

수열 2, 2, 2, 2, 2, 2, 2, 2의 제k항을 a_k라 하면 $a_k=2$이고, 항의 개수는 8이므로

$$2+2+2+2+2+2+2+2=\sum_{k=1}^{8}a_k=\sum_{k=1}^{8}2$$

1167 답 $\displaystyle\sum_{k=1}^{n}(2k-1)$

수열 1, 3, 5, $\cdots$, $2n-1$의 제k항을 a_k라 하면 $a_k=2k-1$이고, 항의 개수는 n이므로

$$1+3+5+\cdots+(2n-1)=\sum_{k=1}^{n}a_k=\sum_{k=1}^{n}(2k-1)$$

1168 답 $\displaystyle\sum_{k=1}^{n}3^k$

수열 3, 3^2, 3^3, $\cdots$, 3^n의 제k항을 a_k라 하면 $a_k=3^k$이고, 항의 개수는 n이므로

$$3+3^2+3^3+\cdots+3^n=\sum_{k=1}^{n}a_k=\sum_{k=1}^{n}3^k$$

1169 답 $\displaystyle\sum_{k=1}^{50}\frac{1}{k}$

수열 1, $\dfrac{1}{2}$, $\dfrac{1}{3}$, $\cdots$, $\dfrac{1}{50}$의 제k항을 a_k라 하면 $a_k=\dfrac{1}{k}$이고, 항의 개수는 50이므로

$$1+\frac{1}{2}+\frac{1}{3}+\cdots+\frac{1}{50}=\sum_{k=1}^{50}a_k=\sum_{k=1}^{50}\frac{1}{k}$$

1170 답 $\displaystyle\sum_{k=1}^{12}2k$

수열 2, 4, 6, $\cdots$, 24의 제k항을 a_k라 하면 $a_k=2k$이고, 항의 개수는 12이므로

1171 답 44

$$\sum_{k=1}^{8}(2a_k+3)=2\sum_{k=1}^{8}a_k+\sum_{k=1}^{8}3=2\cdot10+3\cdot8=20+24=44$$

1172 답 38

$$\sum_{k=1}^{8}(-b_k+4)=-\sum_{k=1}^{8}b_k+\sum_{k=1}^{8}4=-(-6)+4\cdot8=6+32=38$$

1173 답 22

$$\sum_{k=1}^{8}(a_k-2b_k)=\sum_{k=1}^{8}a_k-2\sum_{k=1}^{8}b_k=10-2\cdot(-6)=10+12=22$$

1174 답 -16

$$\sum_{k=1}^{8}(3a_k+b_k-5)=3\sum_{k=1}^{8}a_k+\sum_{k=1}^{8}b_k-\sum_{k=1}^{8}5$$
$$=3\cdot10+(-6)-5\cdot8$$
$$=30-6-40=-16$$

1175 답 130

$$\sum_{k=1}^{10}(2k+2)=2\sum_{k=1}^{10}k+\sum_{k=1}^{10}2=2\cdot\frac{10\cdot11}{2}+2\cdot10=110+20=130$$

1176 답 110

$$\sum_{k=1}^{5}(3k^2-4k+1)=3\sum_{k=1}^{5}k^2-4\sum_{k=1}^{5}k+\sum_{k=1}^{5}1$$
$$=3\cdot\frac{5\cdot6\cdot11}{6}-4\cdot\frac{5\cdot6}{2}+1\cdot5$$
$$=165-60+5=110$$

1177 답 -2

$$\sum_{k=1}^{4}(k+1)(k-3)=\sum_{k=1}^{4}(k^2-2k-3)=\sum_{k=1}^{4}k^2-2\sum_{k=1}^{4}k-\sum_{k=1}^{4}3$$
$$=\frac{4\cdot5\cdot9}{6}-2\cdot\frac{4\cdot5}{2}-3\cdot4=30-20-12=-2$$

1178 답 420

$$\sum_{k=1}^{6}k(k+1)(k-1)=\sum_{k=1}^{6}(k^3-k)=\sum_{k=1}^{6}k^3-\sum_{k=1}^{6}k$$
$$=\left(\frac{6\cdot7}{2}\right)^2-\frac{6\cdot7}{2}=21^2-21=420$$
$$=21(21-1)$$
$$=21\cdot20$$
$$=420$$

1179 답 $\dfrac{n(n+1)(2n+7)}{6}$

수열 $1\cdot3$, $2\cdot4$, $3\cdot5$, $\cdots$, $n(n+2)$의 제k항을 a_k라 하면

$$a_k=k(k+2)=k^2+2k$$
$$\therefore\ 1\cdot3+2\cdot4+3\cdot5+\cdots+n(n+2)$$
$$=\sum_{k=1}^{n}a_k=\sum_{k=1}^{n}(k^2+2k)$$
$$=\sum_{k=1}^{n}k^2+2\sum_{k=1}^{n}k$$
$$=\frac{n(n+1)(2n+1)}{6}+2\cdot\frac{n(n+1)}{2}$$
$$=\frac{n(n+1)(2n+7)}{6}$$

1180 답 $\dfrac{n(4n^2+12n+11)}{3}$

수열 3^2, 5^2, 7^2, $\cdots$, $(2n+1)^2$의 제k항을 a_k라 하면
$a_k=(2k+1)^2=4k^2+4k+1$
$\therefore 3^2+5^2+7^2+\cdots+(2n+1)^2$

$$=\sum_{k=1}^{n} a_k=\sum_{k=1}^{n}(4k^2+4k+1)$$

$$=4\sum_{k=1}^{n}k^2+4\sum_{k=1}^{n}k+\sum_{k=1}^{n}1$$

$$=4\cdot\frac{n(n+1)(2n+1)}{6}+4\cdot\frac{n(n+1)}{2}+1\cdot n$$

$$=\frac{n(4n^2+12n+11)}{3}$$

1181 답 380

$$3^2+4^2+5^2+\cdots+10^2=\sum_{k=3}^{10}k^2=\sum_{k=1}^{10}k^2-\sum_{k=1}^{2}k^2$$

$$=\frac{10\cdot11\cdot21}{6}-(1^2+2^2)$$

$$=385-5=380$$

● 다른 풀이 ●

수열 3^2, 4^2, 5^2, $\cdots$, 10^2의 제k항을 a_k라 하면
$a_k=(k+2)^2$
$(k+2)^2=10^2$에서 $k+2=10$ $\quad\therefore k=8$
$\therefore 3^2+4^2+5^2+\cdots+10^2=\sum_{k=1}^{8}a_k=\sum_{k=1}^{8}(k+2)^2$

$$=\sum_{k=1}^{8}(k^2+4k+4)$$

$$=\sum_{k=1}^{8}k^2+4\sum_{k=1}^{8}k+\sum_{k=1}^{8}4$$

$$=\frac{8\cdot9\cdot17}{6}+4\cdot\frac{8\cdot9}{2}+4\cdot8$$

$$=204+144+32=380$$

1182 답 1500

$$1^2\cdot2+2^2\cdot3+3^2\cdot4+\cdots+8^2\cdot9=\sum_{k=1}^{8}k^2(k+1)=\sum_{k=1}^{8}(k^3+k^2)$$

$$=\sum_{k=1}^{8}k^3+\sum_{k=1}^{8}k^2$$

$$=\left(\frac{8\cdot9}{2}\right)^2+\frac{8\cdot9\cdot17}{6}$$

$$=1296+204=1500$$

1183 답 $\dfrac{175}{132}$

$$\sum_{k=1}^{10}\frac{2}{k(k+2)}=\sum_{k=1}^{10}\frac{2}{(k+2)-k}\left(\frac{1}{k}-\frac{1}{k+2}\right)$$

$$=\sum_{k=1}^{10}\left(\frac{1}{k}-\frac{1}{k+2}\right)$$

$$=\left(1-\frac{1}{3}\right)+\left(\frac{1}{2}-\frac{1}{4}\right)+\left(\frac{1}{3}-\frac{1}{5}\right)+\cdots$$
$$+\left(\frac{1}{9}-\frac{1}{11}\right)+\left(\frac{1}{10}-\frac{1}{12}\right)$$

$$=1+\frac{1}{2}-\frac{1}{11}-\frac{1}{12}$$

$$=\frac{175}{132}$$

1184 답 $\dfrac{10}{11}$

$$\sum_{k=3}^{12}\frac{1}{(k-2)(k-1)}=\sum_{k=3}^{12}\frac{1}{(k-1)-(k-2)}\left(\frac{1}{k-2}-\frac{1}{k-1}\right)$$

$$=\sum_{k=3}^{12}\left(\frac{1}{k-2}-\frac{1}{k-1}\right)$$

$$=\left(1-\frac{1}{2}\right)+\left(\frac{1}{2}-\frac{1}{3}\right)+\left(\frac{1}{3}-\frac{1}{4}\right)+\cdots$$
$$+\left(\frac{1}{10}-\frac{1}{11}\right)$$

$$=1-\frac{1}{11}=\frac{10}{11}$$

● 다른 풀이 ●

$k-2=i$라 하면

$$\sum_{k=3}^{12}\frac{1}{(k-2)(k-1)}=\sum_{i=1}^{10}\frac{1}{i(i+1)}=\sum_{i=1}^{10}\left(\frac{1}{i}-\frac{1}{i+1}\right)$$

$$=\left(1-\frac{1}{2}\right)+\left(\frac{1}{2}-\frac{1}{3}\right)+\left(\frac{1}{3}-\frac{1}{4}\right)+\cdots$$
$$+\left(\frac{1}{10}-\frac{1}{11}\right)$$

$$=1-\frac{1}{11}=\frac{10}{11}$$

1185 답 6

$$\sum_{k=1}^{15}\frac{2}{\sqrt{k}+\sqrt{k+1}}=2\sum_{k=1}^{15}\frac{\sqrt{k+1}-\sqrt{k}}{(\sqrt{k+1}+\sqrt{k})(\sqrt{k+1}-\sqrt{k})}$$

$$=2\sum_{k=1}^{15}\frac{\sqrt{k+1}-\sqrt{k}}{(k+1)-k}$$

$$=2\sum_{k=1}^{15}(\sqrt{k+1}-\sqrt{k})$$

$$=2\{(\sqrt{2}-1)+(\sqrt{3}-\sqrt{2})+(\sqrt{4}-\sqrt{3})+\cdots$$
$$+(\sqrt{16}-\sqrt{15})\}$$

$$=2\cdot(4-1)=6$$

1186 답 4

$$\sum_{k=1}^{4}\frac{4}{\sqrt{2k-1}+\sqrt{2k+1}}$$

$$=4\sum_{k=1}^{4}\frac{\sqrt{2k+1}-\sqrt{2k-1}}{(\sqrt{2k+1}+\sqrt{2k-1})(\sqrt{2k+1}-\sqrt{2k-1})}$$

$$=4\sum_{k=1}^{4}\frac{\sqrt{2k+1}-\sqrt{2k-1}}{(2k+1)-(2k-1)}$$

$$=2\sum_{k=1}^{4}(\sqrt{2k+1}-\sqrt{2k-1})$$

$$=2\{(\sqrt{3}-1)+(\sqrt{5}-\sqrt{3})+(\sqrt{7}-\sqrt{5})+(\sqrt{9}-\sqrt{7})\}$$
$$=2\cdot(3-1)=4$$

1187 답 $\dfrac{n}{n+1}$

$$\frac{1}{1\cdot2}+\frac{1}{2\cdot3}+\frac{1}{3\cdot4}+\cdots+\frac{1}{n(n+1)}$$

$$=\sum_{k=1}^{n}\frac{1}{k(k+1)}=\sum_{k=1}^{n}\left(\frac{1}{k}-\frac{1}{k+1}\right)$$

$$=\left(1-\frac{1}{2}\right)+\left(\frac{1}{2}-\frac{1}{3}\right)+\left(\frac{1}{3}-\frac{1}{4}\right)+\cdots+\left(\frac{1}{n}-\frac{1}{n+1}\right)$$

$$=1-\frac{1}{n+1}=\frac{n}{n+1}$$

1188 답 $\dfrac{n}{3n+1}$

$$\dfrac{1}{1\cdot 4}+\dfrac{1}{4\cdot 7}+\dfrac{1}{7\cdot 10}+\cdots+\dfrac{1}{(3n-2)(3n+1)}$$

$$=\sum_{k=1}^{n}\dfrac{1}{(3k-2)(3k+1)}$$

$$=\sum_{k=1}^{n}\dfrac{1}{3}\left(\dfrac{1}{3k-2}-\dfrac{1}{3k+1}\right)$$

$$=\dfrac{1}{3}\left\{\left(1-\dfrac{1}{4}\right)+\left(\dfrac{1}{4}-\dfrac{1}{7}\right)+\left(\dfrac{1}{7}-\dfrac{1}{10}\right)+\cdots \right.$$
$$\left. +\left(\dfrac{1}{3n-2}-\dfrac{1}{3n+1}\right)\right\}$$

$$=\dfrac{1}{3}\left(1-\dfrac{1}{3n+1}\right)=\dfrac{n}{3n+1}$$

1189 답 $\sqrt{2n+1}-1$

$$\dfrac{1}{\sqrt{1}+\sqrt{2}}+\dfrac{1}{\sqrt{2}+\sqrt{3}}+\dfrac{1}{\sqrt{3}+\sqrt{4}}+\cdots+\dfrac{1}{\sqrt{2n}+\sqrt{2n+1}}$$

$$=\sum_{k=1}^{2n}\dfrac{1}{\sqrt{k}+\sqrt{k+1}}$$

$$=\sum_{k=1}^{2n}\dfrac{\sqrt{k+1}-\sqrt{k}}{(\sqrt{k+1}+\sqrt{k})(\sqrt{k+1}-\sqrt{k})}$$

$$=\sum_{k=1}^{2n}(\sqrt{k+1}-\sqrt{k})$$

$$=(\sqrt{2}-1)+(\sqrt{3}-\sqrt{2})+(\sqrt{4}-\sqrt{3})+\cdots+(\sqrt{2n+1}-\sqrt{2n})$$

$$=\sqrt{2n+1}-1$$

1190 답 $\sqrt{2n+1}-\sqrt{5}$

$$\dfrac{2}{\sqrt{5}+\sqrt{7}}+\dfrac{2}{\sqrt{7}+\sqrt{9}}+\dfrac{2}{\sqrt{9}+\sqrt{11}}+\cdots+\dfrac{2}{\sqrt{2n-1}+\sqrt{2n+1}}$$

$$=\sum_{k=3}^{n}\dfrac{2}{\sqrt{2k-1}+\sqrt{2k+1}}$$

$$=\sum_{k=3}^{n}\dfrac{2(\sqrt{2k+1}-\sqrt{2k-1})}{(\sqrt{2k+1}+\sqrt{2k-1})(\sqrt{2k+1}-\sqrt{2k-1})}$$

$$=\sum_{k=3}^{n}(\sqrt{2k+1}-\sqrt{2k-1})$$

$$=(\sqrt{7}-\sqrt{5})+(\sqrt{9}-\sqrt{7})+(\sqrt{11}-\sqrt{9})+\cdots$$
$$+(\sqrt{2n+1}-\sqrt{2n-1})$$

$$=\sqrt{2n+1}-\sqrt{5}$$

1191 답 (1) $(1, 2, 3, \cdots, n)$ (2) $\dfrac{n(n+1)}{2}$
(3) 10번째 묶음 (4) 제55항

(1) 첫 번째 묶음은 (1), 2번째 묶음은 $(1, 2)$,
3번째 묶음은 $(1, 2, 3)$, $\cdots$
즉, n번째 묶음은 $(1, 2, 3, \cdots, n)$이다.

(2) n번째 묶음의 항의 개수가 n이므로 첫 번째 묶음부터 n번째
묶음까지의 항의 개수는
$$\sum_{k=1}^{n}k=\dfrac{n(n+1)}{2}$$

(3) 처음으로 나타나는 10은 1, 2, 3, $\cdots$, 10으로 이루어진 10번
째 묶음에 포함되어 있다.

(4) 처음으로 나타나는 10은 10번째 묶음의 10번째 항이므로
$$\dfrac{10\cdot 11}{2}=55$$
즉, 제55항이다.

1192 답 ③

1193 답 ①

$$\sum_{k=1}^{n}(a_{3k-2}+a_{3k-1}+a_{3k})=(a_1+a_2+a_3)+(a_4+a_5+a_6)+\cdots$$
$$+(a_{3n-2}+a_{3n-1}+a_{3n})$$

$$=\sum_{k=1}^{3n}a_k=4^n$$

이므로 $\sum_{k=1}^{15}a_k=4^5=2^{10}$ ← 양변에 $n=5$를 대입

1194 답 ④

$$\sum_{k=1}^{15}(a_{2k-1}+a_{2k})=(a_1+a_2)+(a_3+a_4)+(a_5+a_6)+\cdots$$
$$+(a_{29}+a_{30})$$

$$=\sum_{k=1}^{30}a_k=30^2-30=870$$

1195 답 ②

$\sum_{k=1}^{n}a_k=4n^2$에서 $\sum_{k=1}^{10}a_k=4\cdot 10^2=400$

$\sum_{k=1}^{n}a_{2k}=5n$에서 $\sum_{k=1}^{5}a_{2k}=5\cdot 5=25$

$$\therefore \sum_{k=1}^{5}a_{2k-1}=a_1+a_3+a_5+a_7+a_9$$
$$=(a_1+a_2+a_3+\cdots+a_{10})-(a_2+a_4+a_6+a_8+a_{10})$$
$$=\sum_{k=1}^{10}a_k-\sum_{k=1}^{5}a_{2k}=400-25=375$$

● 다른 풀이 ●

$\sum_{k=1}^{n}a_k=4n^2$에서 $\sum_{k=1}^{2n}a_k=4\cdot(2n)^2=16n^2$이고

$$\sum_{k=1}^{2n}a_k-\sum_{k=1}^{n}a_{2k}=(a_1+a_2+a_3+\cdots+a_{2n})-(a_2+a_4+a_6+\cdots+a_{2n})$$

$$=a_1+a_3+a_5+\cdots+a_{2n-1}=\sum_{k=1}^{n}a_{2k-1}$$

이므로 $\sum_{k=1}^{n}a_{2k-1}=16n^2-5n$

$$\therefore \sum_{k=1}^{5}a_{2k-1}=16\cdot 5^2-5\cdot 5=375$$

1196 답 ①

$$\sum_{k=1}^{9}(a_k+a_{k+1})=(a_1+a_2)+(a_2+a_3)+(a_3+a_4)+\cdots$$
$$+(a_9+a_{10})$$

$$=2(a_1+a_2+a_3+\cdots+a_{10})-a_1-a_{10}$$

$$=2\sum_{k=1}^{10}a_k-a_1-a_{10}$$

이때 $\sum_{k=1}^{n}(a_k+a_{k+1})=n^2+2n$에서

$$\sum_{k=1}^{9}(a_k+a_{k+1})=9^2+2\cdot 9=99$$이므로

$$2\sum_{k=1}^{10}a_k-a_1-a_{10}=99$$

$$\therefore a_{10}=2\sum_{k=1}^{10}a_k-a_1-99=2\cdot 55-1-99=10$$

1197　답 ②

1198　답 ⑤

$3(a_k+b_k)+(2a_k-3b_k)=5a_k$이므로

$$\sum_{k=1}^{10}3(a_k+b_k)+\sum_{k=1}^{10}(2a_k-3b_k)=5\sum_{k=1}^{10}a_k$$

또한,

$$\sum_{k=1}^{10}3(a_k+b_k)+\sum_{k=1}^{10}(2a_k-3b_k)=3\cdot(-20)+100=40$$

이므로 $5\sum_{k=1}^{10}a_k=40$　　$\therefore \sum_{k=1}^{10}a_k=8$

1199　답 ③

$2a_kb_k=(a_k+b_k)^2-(a_k^2+b_k^2)$이므로

$$\sum_{k=1}^{20}2a_kb_k=\sum_{k=1}^{20}\{(a_k+b_k)^2-(a_k^2+b_k^2)\}$$
$$=\sum_{k=1}^{20}(a_k+b_k)^2-\sum_{k=1}^{20}(a_k^2+b_k^2)$$
$$=50-30=20$$

$$\therefore \sum_{k=1}^{20}a_kb_k=\frac{1}{2}\sum_{k=1}^{20}2a_kb_k=\frac{1}{2}\cdot20=10$$

1200　답 ④

$\sum_{k=1}^{20}a_k=3\cdot20^2=1200$, $\sum_{k=1}^{20}b_k=-4\cdot20=-80$이므로

$$\sum_{k=1}^{20}(a_k+10b_k+15)=\sum_{k=1}^{20}a_k+10\sum_{k=1}^{20}b_k+\sum_{k=1}^{20}15$$
$$=1200+10\cdot(-80)+15\cdot20=700$$

1201　답 ②

$$\sum_{k=1}^{10}\frac{a_k^2}{a_k+1}-\sum_{k=1}^{10}\frac{1}{a_k+1}=\sum_{k=1}^{10}\frac{a_k^2-1}{a_k+1}=\sum_{k=1}^{10}\frac{(a_k-1)(a_k+1)}{a_k+1}$$
$$=\sum_{k=1}^{10}(a_k-1)=\sum_{k=1}^{10}a_k-1\cdot10$$
$$=\sum_{k=1}^{10}a_k-10$$

이때

$$\sum_{k=1}^{10}\frac{a_k^2}{a_k+1}-\sum_{k=1}^{10}\frac{1}{a_k+1}=50-5=45$$

이므로 $\sum_{k=1}^{10}a_k-10=45$　　$\therefore \sum_{k=1}^{10}a_k=45+10=55$

1202　답 ③

1203　답 ⑤

$$\sum_{k=1}^{10}(3^k-3^{-k})^2=\sum_{k=1}^{10}(3^{2k}-2\cdot3^k\cdot3^{-k}+3^{-2k})$$
$$=\sum_{k=1}^{10}9^k-\sum_{k=1}^{10}2+\sum_{k=1}^{10}\left(\frac{1}{9}\right)^k$$

$$=\frac{9(9^{10}-1)}{9-1}-2\cdot10+\frac{\frac{1}{9}\left\{1-\left(\frac{1}{9}\right)^{10}\right\}}{1-\frac{1}{9}}$$
$$=\frac{9^{11}}{8}-\frac{9}{8}-20+\frac{1}{8}-\frac{1}{8}\left(\frac{1}{9}\right)^{10}$$
$$=\frac{9^{11}}{8}-\frac{1}{8}\left(\frac{1}{9}\right)^{10}-21$$

1204　답 ③

$$\sum_{k=1}^{20}\frac{4^k-3^k}{6^k}=\sum_{k=1}^{20}\left(\frac{4^k}{6^k}-\frac{3^k}{6^k}\right)$$
$$=\sum_{k=1}^{20}\left(\frac{2}{3}\right)^k-\sum_{k=1}^{20}\left(\frac{1}{2}\right)^k$$
$$=\frac{\frac{2}{3}\left\{1-\left(\frac{2}{3}\right)^{20}\right\}}{1-\frac{2}{3}}-\frac{\frac{1}{2}\left\{1-\left(\frac{1}{2}\right)^{20}\right\}}{1-\frac{1}{2}}$$
$$=2\left\{1-\left(\frac{2}{3}\right)^{20}\right\}-\left\{1-\left(\frac{1}{2}\right)^{20}\right\}$$
$$=1+\left(\frac{1}{2}\right)^{20}-2\left(\frac{2}{3}\right)^{20}$$

따라서 $a=1$, $b=1$, $c=-2$이므로
$a+b+c=1+1+(-2)=0$

1205　답 ②

$S_n=\dfrac{1\cdot(3^n-1)}{3-1}=\dfrac{3^n-1}{2}$이므로

$$\sum_{k=1}^{20}S_k=\sum_{k=1}^{20}\frac{3^k-1}{2}$$
$$=\frac{1}{2}\sum_{k=1}^{20}3^k-\sum_{k=1}^{20}\frac{1}{2}$$
$$=\frac{1}{2}\cdot\frac{3(3^{20}-1)}{3-1}-\frac{1}{2}\cdot20$$
$$=\frac{3^{21}-3}{4}-10=\frac{3^{21}}{4}-\frac{43}{4}$$

1206　답 ③

$$\sum_{k=1}^{n}(2^k-4)^2=\sum_{k=1}^{n}(2^{2k}-2\cdot2^k\cdot4+16)$$
$$=\sum_{k=1}^{n}4^k-8\sum_{k=1}^{n}2^k+16\cdot n$$
$$=100+16n$$

이므로 $\sum_{k=1}^{n}4^k-8\sum_{k=1}^{n}2^k=100$

$$\frac{4(4^n-1)}{4-1}-8\cdot\frac{2(2^n-1)}{2-1}=100$$
$$\frac{4}{3}(4^n-1)-16(2^n-1)=100$$
$$4^n-12\cdot2^n-64=0$$
$$(2^n+4)(2^n-16)=0$$

이때 자연수 n에 대하여 $2^n\geq2$이므로
$2^n=16=2^4$　　$\therefore n=4$

1207　답 ④

1208　답 ⑤

$$\sum_{k=1}^{10}(k^3-k^2)+\sum_{i=1}^{10}(i^2+i+1)=\sum_{k=1}^{10}(k^3-k^2)+\sum_{k=1}^{10}(k^2+k+1)$$
$$=\sum_{k=1}^{10}(k^3+k+1)$$
$$=\sum_{k=1}^{10}k^3+\sum_{k=1}^{10}k+\sum_{k=1}^{10}1$$
$$=\left(\frac{10\cdot11}{2}\right)^2+\frac{10\cdot11}{2}+1\cdot10$$
$$=3025+55+10=3090$$

1209 답 ⑤

$$\sum_{k=1}^{n+1}(k^2-3k)=\sum_{k=1}^{n+1}k^2-3\sum_{k=1}^{n+1}k$$
$$=\frac{(n+1)(n+2)(2n+3)}{6}-3\cdot\frac{(n+1)(n+2)}{2}$$
$$=\frac{(n+1)(n+2)(n-3)}{3}=28$$

이므로 $\dfrac{(n+1)(n+2)(n-3)}{3}-28=0$

$(n+1)(n+2)(n-3)-84=0,\ n^3-7n-90=0$

$(n-5)(n^2+5n+18)=0$　∴ $n=5$ ($\because$ n은 자연수)

1210 답 ①

$1^2+2^2+3^2+\cdots+k^2=\sum_{i=1}^{k}i^2=\dfrac{k(k+1)(2k+1)}{6}$ 이므로

$$\sum_{k=1}^{10}\frac{6(1^2+2^2+3^2+\cdots+k^2)}{k}=\sum_{k=1}^{10}\frac{6\cdot\dfrac{k(k+1)(2k+1)}{6}}{k}$$
$$=\sum_{k=1}^{10}(k+1)(2k+1)$$
$$=\sum_{k=1}^{10}(2k^2+3k+1)$$
$$=2\sum_{k=1}^{10}k^2+3\sum_{k=1}^{10}k+\sum_{k=1}^{10}1$$
$$=2\cdot\frac{10\cdot11\cdot21}{6}+3\cdot\frac{10\cdot11}{2}+1\cdot10$$
$$=770+165+10=945$$

1211 답 ④

$$\sum_{k=1}^{15}k+\sum_{k=2}^{15}k+\sum_{k=3}^{15}k+\cdots+\sum_{k=15}^{15}k$$
$$=(1+2+\cdots+15)+(2+3+\cdots+15)+\cdots+(14+15)+15$$
$$=1\cdot1+2\cdot2+3\cdot3+\cdots+15\cdot15$$
$$=\sum_{k=1}^{15}k^2=\frac{15\cdot16\cdot31}{6}=1240$$

1이 1개, 2가 2개, 3이 3개, $\cdots$, 15가 15개

1212 답 ②

1213 답 ③

$$\sum_{n=1}^{6}\left(\sum_{m=1}^{n}mn\right)=\sum_{n=1}^{6}\left\{n\cdot\frac{n(n+1)}{2}\right\}=\frac{1}{2}\sum_{n=1}^{6}(n^3+n^2)$$
$$=\frac{1}{2}\left\{\left(\frac{6\cdot7}{2}\right)^2+\frac{6\cdot7\cdot13}{6}\right\}=\frac{1}{2}(441+91)=266$$

m에 대한 수열의 합이므로 n은 상수이다.

1214 답 2

$$\sum_{n=1}^{5}\left[\sum_{m=1}^{n}\left\{\sum_{k=1}^{m}(n+a)\right\}\right]=\sum_{n=1}^{5}\left\{\sum_{m=1}^{n}(nm+am)\right\}$$
$$=\sum_{n=1}^{5}\left\{n\cdot\frac{n(n+1)}{2}+a\cdot\frac{n(n+1)}{2}\right\}$$
$$=\frac{1}{2}\sum_{n=1}^{5}\{n^3+(1+a)n^2+an\}$$
$$=\frac{1}{2}\left\{\left(\frac{5\cdot6}{2}\right)^2+(1+a)\cdot\frac{5\cdot6\cdot11}{6}\right.$$
$$\left.+a\cdot\frac{5\cdot6}{2}\right\}$$
$$=\frac{1}{2}(280+70a)=140+35a=210$$

이므로 $35a=70$　∴ $a=2$

1215 답 ④

이차방정식 $x^2-13x+30=0$에서 근과 계수의 관계에 의하여
$m+n=13,\ mn=30$

$$\therefore \sum_{i=1}^{m}\left\{\sum_{j=1}^{n}(i+j)\right\}=\sum_{i=1}^{m}\left\{in+\frac{n(n+1)}{2}\right\}$$
$$=\frac{m(m+1)}{2}\cdot n+\frac{n(n+1)}{2}\cdot m$$
$$=\frac{mn}{2}(m+n+2)$$
$$=\frac{30}{2}(13+2)=225$$

● 다른 풀이 ●

$x^2-13x+30=0$에서 $(x-3)(x-10)=0$이므로 이차방정식
$x^2-13x+30=0$의 두 근을 $m=3,\ n=10$이라 하면

$$\sum_{i=1}^{m}\left\{\sum_{j=1}^{n}(i+j)\right\}=\sum_{i=1}^{3}\left\{\sum_{j=1}^{10}(i+j)\right\}$$
$$=\sum_{i=1}^{3}\left(10i+\frac{10\cdot11}{2}\right)$$
$$=10\cdot\frac{3\cdot4}{2}+55\cdot3$$
$$=60+165=225$$

1216 답 ⑤

$$\sum_{n=1}^{10}\left(\sum_{k=1}^{n}2^{n-k}\right)=\sum_{n=1}^{10}\left(\sum_{k=1}^{n}\frac{2^n}{2^k}\right)=\sum_{n=1}^{10}\left\{2^n\sum_{k=1}^{n}\left(\frac{1}{2}\right)^k\right\}$$
$$=\sum_{n=1}^{10}\left[2^n\cdot\frac{\dfrac{1}{2}\left\{1-\left(\dfrac{1}{2}\right)^n\right\}}{1-\dfrac{1}{2}}\right]$$
$$=\sum_{n=1}^{10}\left\{2^n\cdot\left(1-\frac{1}{2^n}\right)\right\}=\sum_{n=1}^{10}(2^n-1)$$
$$=\frac{2(2^{10}-1)}{2-1}-1\cdot10$$
$$=2^{11}-2-10=2036$$

1217 답 ③

1218 답 ④

수열 $\{a_n\}$의 첫째항부터 제n항까지의 합을 S_n이라 하면
$S_n=n^3-2n^2+n$

$n\geq2$일 때
$$a_n=S_n-S_{n-1}$$
$$=(n^3-2n^2+n)-\{(n-1)^3-2(n-1)^2+(n-1)\}$$
$$=3n^2-7n+4$$

따라서 $a_{2k}=3\cdot(2k)^2-7\cdot2k+4=12k^2-14k+4$이므로

$$\sum_{k=1}^{5}a_{2k}=\sum_{k=1}^{5}(12k^2-14k+4)$$
$$=12\cdot\frac{5\cdot6\cdot11}{6}-14\cdot\frac{5\cdot6}{2}+4\cdot5$$
$$=660-210+20=470$$

1219 답 ②

수열 $\{a_n\}$의 첫째항부터 제n항까지의 합을 S_n이라 하면
$S_n=3^n-1$

(i) $n=1$일 때, $a_1=S_1=2$

(ii) $n\geq2$일 때
$$a_n=S_n-S_{n-1}$$
$$=(3^n-1)-(3^{n-1}-1)$$
$$=2\cdot3^{n-1} \quad \cdots\cdots \text{㉠}$$

이때 $a_1=2$는 ㉠에 $n=1$을 대입한 것과 같으므로
$$a_n=2\cdot3^{n-1}$$
$$\therefore \sum_{k=1}^{10}\frac{1}{a_k}=\sum_{k=1}^{10}\frac{1}{2\cdot3^{k-1}}$$
$$=\frac{1}{2}\sum_{k=1}^{10}\left(\frac{1}{3}\right)^{k-1}$$
$$=\frac{1}{2}\cdot\frac{1\cdot\left\{1-\left(\frac{1}{3}\right)^{10}\right\}}{1-\frac{1}{3}}$$
$$=\frac{3}{4}\left(1-\frac{1}{3^{10}}\right)$$

1220 답 ④

수열 $\{a_n\}$의 첫째항부터 제n항까지의 합을 S_n이라 하면
$$S_n=n^2+2n$$

(i) $n=1$일 때, $a_1=S_1=3$

(ii) $n\geq2$일 때
$$a_n=S_n-S_{n-1}$$
$$=(n^2+2n)-\{(n-1)^2+2(n-1)\}$$
$$=2n+1 \quad \cdots\cdots \text{㉠}$$

이때 $a_1=3$은 ㉠에 $n=1$을 대입한 것과 같으므로
$$a_n=2n+1$$
$$\therefore \sum_{k=1}^{6}(k-1)^2a_k=\sum_{k=1}^{6}(k-1)^2(2k+1)$$
$$=\sum_{k=1}^{6}(2k^3-3k^2+1)$$
$$=2\cdot\left(\frac{6\cdot7}{2}\right)^2-3\cdot\frac{6\cdot7\cdot13}{6}+1\cdot6$$
$$=882-273+6=615$$

● 다른 풀이 ●

$a_n=2n+1$에서 $a_{n+1}=2(n+1)+1=2n+3$이므로
$$\sum_{k=1}^{6}(k-1)^2a_k=\sum_{k=2}^{6}(k-1)^2a_k=\sum_{k=1}^{5}k^2a_{k+1}$$
$$=\sum_{k=1}^{5}k^2(2k+3)=\sum_{k=1}^{5}(2k^3+3k^2)$$
$$=2\cdot\left(\frac{5\cdot6}{2}\right)^2+3\cdot\frac{5\cdot6\cdot11}{6}$$
$$=450+165=615$$

1221 답 2846

수열 $\{a_n\}$의 첫째항부터 제n항까지의 합을 S_n이라 하면
$$S_n=2n^3+3n^2+n+6$$

(i) $n=1$일 때, $a_1=S_1=12$

(ii) $n\geq2$일 때
$$a_n=S_n-S_{n-1}$$
$$=(2n^3+3n^2+n+6)$$
$$\qquad -\{2(n-1)^3+3(n-1)^2+(n-1)+6\}$$
$$=6n^2 \quad \cdots\cdots \text{㉠}$$

$$\therefore \frac{1}{6}\sum_{k=1}^{10}a_{3k-2}=\frac{1}{6}\left(a_1+\sum_{k=2}^{10}a_{3k-2}\right)$$

$$=\frac{1}{6}\left\{12+\sum_{k=2}^{10}6(3k-2)^2\right\}$$
$$=2+\sum_{k=1}^{10}(9k^2-12k+4)-1$$
$$=1+\sum_{k=1}^{10}(9k^2-12k+4)$$
$$=1+9\cdot\frac{10\cdot11\cdot21}{6}-12\cdot\frac{10\cdot11}{2}+4\cdot10$$
$$=1+3465-660+40=2846$$

1222 답 ⑤

1223 답 ④

수열 $1\cdot2^2,\ 2\cdot3^2,\ 3\cdot4^2,\ \cdots$의 제$k$항을 a_k라 하면
$$a_k=k(k+1)^2=k^3+2k^2+k$$

따라서 첫째항부터 제10항까지의 합은
$$\sum_{k=1}^{10}a_k=\sum_{k=1}^{10}(k^3+2k^2+k)$$
$$=\left(\frac{10\cdot11}{2}\right)^2+2\cdot\frac{10\cdot11\cdot21}{6}+\frac{10\cdot11}{2}$$
$$=3025+770+55=3850$$

1224 답 ①

수열 $1,\ 1+2,\ 1+2+4,\ 1+2+4+8,\ \cdots$의 제$k$항을 a_k라 하면
$$a_k=1+2+2^2+\cdots+2^{k-1}=\frac{1\cdot(2^k-1)}{2-1}=2^k-1$$

즉, 첫째항부터 제30항까지의 합은
$$\sum_{k=1}^{30}a_k=\sum_{k=1}^{30}(2^k-1)=\frac{2(2^{30}-1)}{2-1}-1\cdot30=2^{31}-32$$

따라서 $a=31$, $b=32$이므로 $a+b=31+32=63$이다.

1225 답 750

수열 $\{a_n\}$에 대하여 제k항 a_k는
$$a_k=k+2k+3k+\cdots+k\cdot k=k(1+2+3+\cdots+k)$$
$$=k\sum_{i=1}^{k}i=k\cdot\frac{k(k+1)}{2}=\frac{1}{2}(k^3+k^2)$$
$$\therefore \sum_{k=1}^{8}a_k=\frac{1}{2}\sum_{k=1}^{8}(k^3+k^2)=\frac{1}{2}\left\{\left(\frac{8\cdot9}{2}\right)^2+\frac{8\cdot9\cdot17}{6}\right\}$$
$$=\frac{1}{2}(1296+204)=750$$

1226 답 ③

수열 $9^2,\ 99^2,\ 999^2,\ \cdots,\ (999\cdots9)^2$의 제$k$항을 a_k라 하면
$$a_k=(\underbrace{999\cdots9}_{k\text{개}})^2=(10^k-1)^2$$
$$\therefore S=\sum_{k=1}^{10}a_k=\sum_{k=1}^{10}(10^k-1)^2=\sum_{k=1}^{10}(10^{2k}-2\cdot10^k+1)$$
$$=\sum_{k=1}^{10}100^k-2\sum_{k=1}^{10}10^k+\sum_{k=1}^{10}1$$
$$=\frac{100(100^{10}-1)}{100-1}-2\cdot\frac{10(10^{10}-1)}{10-1}+1\cdot10$$
$$=\frac{100^{11}-100}{99}-2\cdot\frac{10^{11}-10}{9}+10$$

$$\therefore\ 99S=100^{11}-100-22(10^{11}-10)+990$$
$$=100^{11}-22\cdot10^{11}+1110$$

1227 답 ④

1228 답 ②

수열 $\dfrac{1^2}{n(n+1)},\ \dfrac{2^2}{n(n+1)},\ \dfrac{3^2}{n(n+1)},\ \cdots,\ \dfrac{n^2}{n(n+1)}$ 의 제k항

을 a_k라 하면

$$a_k=\frac{k^2}{n(n+1)}$$

$$\therefore\ \frac{1^2}{n(n+1)}+\frac{2^2}{n(n+1)}+\frac{3^2}{n(n+1)}+\cdots+\frac{n^2}{n(n+1)}$$

$$=\sum_{k=1}^{n}a_k=\sum_{k=1}^{n}\frac{k^2}{n(n+1)}=\frac{1}{n(n+1)}\sum_{k=1}^{n}k^2$$

$$=\frac{1}{n(n+1)}\cdot\frac{n(n+1)(2n+1)}{6}=\frac{2n+1}{6}$$

1229 답 ②

수열 $1\cdot n,\ 2\cdot(n-1),\ 3\cdot(n-2),\ \cdots,\ n\cdot1$의 제$k$항을 a_k라 하면

$$a_k=k(n-k+1)$$

$$\therefore\ 1\cdot n+2\cdot(n-1)+3\cdot(n-2)+\cdots+n\cdot1$$

$$=\sum_{k=1}^{n}a_k=\sum_{k=1}^{n}k(n-k+1)$$

$$=\sum_{k=1}^{n}\{-k^2+(n+1)k\}$$

$$=-\frac{n(n+1)(2n+1)}{6}+(n+1)\cdot\frac{n(n+1)}{2}$$

$$=\frac{n(n+1)(n+2)}{6}$$

따라서 $a=1,\ b=2,\ c=6$ 또는 $a=2,\ b=1,\ c=6$이므로

$a+b+c=9$

1230 답 ③

수열 $\left(\dfrac{n+1}{n}\right)^2,\ \left(\dfrac{n+2}{n}\right)^2,\ \left(\dfrac{n+3}{n}\right)^2,\ \cdots,\ \left(\dfrac{2n}{n}\right)^2$의 제$k$항을 a_k라

하면 $a_k=\left(\dfrac{n+k}{n}\right)^2$

즉,

$$\left(\frac{n+1}{n}\right)^2+\left(\frac{n+2}{n}\right)^2+\left(\frac{n+3}{n}\right)^2+\cdots+\left(\frac{2n}{n}\right)^2$$

$$=\sum_{k=1}^{n}a_k=\sum_{k=1}^{n}\left(\frac{n+k}{n}\right)^2$$

$$=\sum_{k=1}^{n}\left(1+\frac{2k}{n}+\frac{k^2}{n^2}\right)$$

$$=\sum_{k=1}^{n}1+\frac{2}{n}\sum_{k=1}^{n}k+\frac{1}{n^2}\sum_{k=1}^{n}k^2$$

$$=1\cdot n+\frac{2}{n}\cdot\frac{n(n+1)}{2}+\frac{1}{n^2}\cdot\frac{n(n+1)(2n+1)}{6}$$

$$=n+(n+1)+\frac{(n+1)(2n+1)}{6n}$$

$$=\frac{(7n+1)(2n+1)}{6n}=\frac{5(n-2)^2}{n}$$

이므로 $30(n-2)^2=(7n+1)(2n+1)$

$16n^2-129n+119=0,\ (16n-17)(n-7)=0$

$\therefore\ n=7$ ($\because\ n$은 자연수)

1231 답 20

수열 $1\cdot(2n-1),\ 2\cdot(2n-3),\ 3\cdot(2n-5),\ \cdots,\ n\cdot1$의 제$k$항을

a_k라 하면 $a_k=k(2n-2k+1)$

즉,

$$1\cdot(2n-1)+2\cdot(2n-3)+3\cdot(2n-5)+\cdots+n\cdot1$$

$$=\sum_{k=1}^{n}a_k=\sum_{k=1}^{n}k(2n-2k+1)$$

$$=\sum_{k=1}^{n}\{-2k^2+(2n+1)k\}$$

$$=-2\sum_{k=1}^{n}k^2+(2n+1)\sum_{k=1}^{n}k$$

$$=-2\cdot\frac{n(n+1)(2n+1)}{6}+(2n+1)\cdot\frac{n(n+1)}{2}$$

$$=\frac{n(n+1)(2n+1)}{6}$$

$$=\sum_{k=1}^{n}k^2=\sum_{k=1}^{20}k^2$$

이므로 $n=20$

1232 답 ⑤

1233 답 301

수열 $1,\ \dfrac{1}{1+2},\ \dfrac{1}{1+2+3},\ \cdots,\ \dfrac{1}{1+2+3+\cdots+100}$ 의 제k항을

a_k라 하면

$$a_k=\frac{1}{1+2+3+\cdots+k}=\frac{1}{\sum_{i=1}^{k}i}$$

$$=\frac{2}{k(k+1)}=2\left(\frac{1}{k}-\frac{1}{k+1}\right)$$

$$\therefore\ 1+\frac{1}{1+2}+\frac{1}{1+2+3}+\cdots+\frac{1}{1+2+3+\cdots+100}$$

$$=\sum_{k=1}^{100}a_k=\sum_{k=1}^{100}2\left(\frac{1}{k}-\frac{1}{k+1}\right)$$

$$=2\left\{\left(1-\frac{1}{2}\right)+\left(\frac{1}{2}-\frac{1}{3}\right)+\left(\frac{1}{3}-\frac{1}{4}\right)+\cdots\right.$$
$$\left.+\left(\frac{1}{100}-\frac{1}{101}\right)\right\}$$

$$=2\left(1-\frac{1}{101}\right)=\frac{200}{101}$$

따라서 $p=101,\ q=200$이므로

$p+q=101+200=301$

1234 답 ③

$$(g\circ f)(k)=g(f(k))=g(2k+2)$$
$$=(2k+2)^2-1$$
$$=(2k+1)(2k+3)$$

$$\therefore\ \sum_{k=1}^{10}\frac{4}{(g\circ f)(k)}$$

$$=\sum_{k=1}^{10}\frac{4}{(2k+1)(2k+3)}$$

$$=\sum_{k=1}^{10}2\left(\frac{1}{2k+1}-\frac{1}{2k+3}\right)$$

$$=2\left\{\left(\frac{1}{3}-\frac{1}{5}\right)+\left(\frac{1}{5}-\frac{1}{7}\right)+\left(\frac{1}{7}-\frac{1}{9}\right)+\cdots+\left(\frac{1}{21}-\frac{1}{23}\right)\right\}$$

$$=2\left(\frac{1}{3}-\frac{1}{23}\right)=\frac{40}{69}$$

1235　답 27

$$S_n=\sum_{k=1}^{n}\frac{k(k+1)}{1^3+2^3+3^3+\cdots+k^3}=\sum_{k=1}^{n}\frac{k(k+1)}{\sum_{i=1}^{k}i^3}$$

$$=\sum_{k=1}^{n}\frac{k(k+1)}{\left\{\frac{k(k+1)}{2}\right\}^2}=\sum_{k=1}^{n}\frac{4}{k(k+1)}=\sum_{k=1}^{n}4\left(\frac{1}{k}-\frac{1}{k+1}\right)$$

$$=4\left\{\left(1-\frac{1}{2}\right)+\left(\frac{1}{2}-\frac{1}{3}\right)+\left(\frac{1}{3}-\frac{1}{4}\right)+\cdots+\left(\frac{1}{n}-\frac{1}{n+1}\right)\right\}$$

$$=4\left(1-\frac{1}{n+1}\right)=\frac{4n}{n+1}$$

즉, $S_m=\dfrac{27}{7}$에서 $\dfrac{4m}{m+1}=\dfrac{27}{7}$

$28m=27(m+1)$ 　　 $\therefore m=27$

1236　답 ①

$$a_n=\frac{(n+1)^2}{n(n+2)}=\frac{n^2+2n+1}{n(n+2)}=\frac{n(n+2)+1}{n(n+2)}$$

$$=1+\frac{1}{n(n+2)}=1+\frac{1}{2}\left(\frac{1}{n}-\frac{1}{n+2}\right)$$

$$\therefore \sum_{k=1}^{8}a_k=\sum_{k=1}^{8}\left\{1+\frac{1}{2}\left(\frac{1}{k}-\frac{1}{k+2}\right)\right\}$$

$$=1\cdot 8+\frac{1}{2}\left\{\left(1-\frac{1}{3}\right)+\left(\frac{1}{2}-\frac{1}{4}\right)+\left(\frac{1}{3}-\frac{1}{5}\right)+\cdots\right.$$
$$\left.+\left(\frac{1}{7}-\frac{1}{9}\right)+\left(\frac{1}{8}-\frac{1}{10}\right)\right\}$$

$$=8+\frac{1}{2}\left(1+\frac{1}{2}-\frac{1}{9}-\frac{1}{10}\right)=\frac{389}{45}$$

1237　답 ②

1238　답 ④

$$\sum_{k=1}^{5}(-1)^{k-1}\frac{1}{\sqrt{k+1}-\sqrt{k}}$$

$$=\sum_{k=1}^{5}(-1)^{k-1}\frac{\sqrt{k+1}+\sqrt{k}}{(\sqrt{k+1}-\sqrt{k})(\sqrt{k+1}+\sqrt{k})}$$

$$=\sum_{k=1}^{5}(-1)^{k-1}(\sqrt{k+1}+\sqrt{k})$$

$$=(\sqrt{2}+1)-(\sqrt{3}+\sqrt{2})+(\sqrt{4}+\sqrt{3})-(\sqrt{5}+\sqrt{4})+(\sqrt{6}+\sqrt{5})$$

$$=\sqrt{6}+1$$

1239　답 ②

$$\frac{1}{a_k}=\frac{2}{\sqrt{2k-1}+\sqrt{2k+1}}$$

$$=\frac{2(\sqrt{2k+1}-\sqrt{2k-1})}{(\sqrt{2k+1}+\sqrt{2k-1})(\sqrt{2k+1}-\sqrt{2k-1})}$$

$$=\sqrt{2k+1}-\sqrt{2k-1}$$

즉,

$$\sum_{k=1}^{n}\frac{1}{a_k}=\sum_{k=1}^{n}(\sqrt{2k+1}-\sqrt{2k-1})$$

$$=(\sqrt{3}-1)+(\sqrt{5}-\sqrt{3})+(\sqrt{7}-\sqrt{5})+\cdots$$
$$+(\sqrt{2n+1}-\sqrt{2n-1})$$

$$=\sqrt{2n+1}-1=8$$

이므로 $\sqrt{2n+1}=9$, $2n+1=81$

$2n=80$ 　　 $\therefore n=40$

1240　답 ②

$$\sum_{k=1}^{8}\frac{k+1}{\sqrt{k^2+k}+\sqrt{k^2+3k+2}}$$

$$=\sum_{k=1}^{8}\frac{(k+1)(\sqrt{k^2+3k+2}-\sqrt{k^2+k})}{(\sqrt{k^2+3k+2}+\sqrt{k^2+k})(\sqrt{k^2+3k+2}-\sqrt{k^2+k})}$$

$$=\sum_{k=1}^{8}\frac{(k+1)(\sqrt{k^2+3k+2}-\sqrt{k^2+k})}{(k^2+3k+2)-(k^2+k)}$$

$$=\sum_{k=1}^{8}\frac{(k+1)(\sqrt{k^2+3k+2}-\sqrt{k^2+k})}{2(k+1)}$$

$$=\sum_{k=1}^{8}\frac{\sqrt{k^2+3k+2}-\sqrt{k^2+k}}{2}$$

$$=\sum_{k=1}^{8}\frac{\sqrt{(k+1)(k+2)}-\sqrt{k(k+1)}}{2}$$

$$=\frac{1}{2}\left\{(\sqrt{2\cdot3}-\sqrt{1\cdot2})+(\sqrt{3\cdot4}-\sqrt{2\cdot3})+(\sqrt{4\cdot5}-\sqrt{3\cdot4})+\cdots\right.$$
$$\left.+(\sqrt{9\cdot10}-\sqrt{8\cdot9})\right\}$$

$$=\frac{1}{2}(3\sqrt{10}-\sqrt{2})$$

1241　답 19

등차수열 $\{a_n\}$의 공차를 $d\ (d>0)$라 하자.

즉,

$$\sum_{k=1}^{10}\frac{1}{\sqrt{a_k+1}+\sqrt{a_{k+1}+1}}$$

$$=\sum_{k=1}^{10}\frac{(\sqrt{a_k+1}-\sqrt{a_{k+1}+1})}{(\sqrt{a_k+1}+\sqrt{a_{k+1}+1})(\sqrt{a_k+1}-\sqrt{a_{k+1}+1})}$$

$$=\sum_{k=1}^{10}\frac{\sqrt{a_k+1}-\sqrt{a_{k+1}+1}}{a_k-a_{k+1}}=\sum_{k=1}^{10}\frac{\sqrt{a_{k+1}+1}-\sqrt{a_k+1}}{a_{k+1}-a_k}$$

$$=\frac{1}{d}\sum_{k=1}^{10}(\sqrt{a_{k+1}+1}-\sqrt{a_k+1})\ (\because a_{k+1}-a_k=d)$$

$$=\frac{1}{d}\left\{(\sqrt{a_2+1}-\sqrt{a_1+1})+(\sqrt{a_3+1}-\sqrt{a_2+1})\right.$$
$$\left.+(\sqrt{a_4+1}-\sqrt{a_3+1})+\cdots+(\sqrt{a_{11}+1}-\sqrt{a_{10}+1})\right\}$$

$$=\frac{1}{d}(\sqrt{a_{11}+1}-\sqrt{a_1+1})$$

$$=\frac{1}{d}(\sqrt{(-1+10d)+1}-\sqrt{-1+1})$$

$$=\frac{\sqrt{10}}{\sqrt{d}}=\sqrt{2}$$

이므로 $\sqrt{d}=\sqrt{5}$ 　　 $\therefore d=5$

$\therefore a_5=-1+4\cdot5=19$

1242　답 ⑤

1243　답 ②

$$\sum_{k=2}^{27}\log_3\frac{k^2-1}{k^2}=\sum_{k=2}^{27}\log_3\frac{(k-1)(k+1)}{k\cdot k}$$

$$=\log_3\frac{1\cdot3}{2\cdot2}+\log_3\frac{2\cdot4}{3\cdot3}+\log_3\frac{3\cdot5}{4\cdot4}+\cdots$$
$$+\log_3\frac{26\cdot28}{27\cdot27}$$

$$=\log_3\left(\frac{1}{2}\cdot\frac{3}{2}\cdot\frac{2}{3}\cdot\frac{4}{3}\cdot\frac{3}{4}\cdot\frac{5}{4}\cdots\cdots\frac{26}{27}\cdot\frac{28}{27}\right)$$

$$=\log_3\left(\frac{1}{2}\cdot\frac{28}{27}\right)=\log_3\frac{14}{27}$$

$$=\log_3 14-\log_3 3^3=\log_3 14-3$$

1244 답 ②

$$\sum_{k=1}^{n} \log_5 \frac{2k+3}{2k+1} = \log_5 \frac{5}{3} + \log_5 \frac{7}{5} + \log_5 \frac{9}{7} + \cdots + \log_5 \frac{2n+3}{2n+1}$$

$$= \log_5 \left(\frac{5}{3} \cdot \frac{7}{5} \cdot \frac{9}{7} \cdot \cdots \cdot \frac{2n+3}{2n+1} \right)$$

$$= \log_5 \frac{2n+3}{3} = 3$$

이므로 $\log_5 \frac{2n+3}{3} = \log_5 5^3$에서

$$\frac{2n+3}{3} = 125, \ 2n = 372 \qquad \therefore \ n = 186$$

1245 답 ①

수열 $\{a_n\}$이 첫째항이 2, 공비가 4인 등비수열이므로

$a_n = 2 \cdot 4^{n-1} = 2^{2n-1}$

$$\therefore \sum_{k=1}^{10} k \log_2 a_k = \sum_{k=1}^{10} k \log_2 2^{2k-1}$$

$$= \sum_{k=1}^{10} k(2k-1) = \sum_{k=1}^{10} (2k^2 - k)$$

$$= 2 \cdot \frac{10 \cdot 11 \cdot 21}{6} - \frac{10 \cdot 11}{2}$$

$$= 770 - 55 = 715$$

1246 답 ①

$$\sum_{k=1}^{62} \log_{\sqrt{6}} \{\log_{k+1}(k+2)\}$$

$$= \sum_{k=1}^{62} 2 \log_6 \frac{\log(k+2)}{\log(k+1)}$$

$$= 2 \left(\log_6 \frac{\log 3}{\log 2} + \log_6 \frac{\log 4}{\log 3} + \log_6 \frac{\log 5}{\log 4} + \cdots + \log_6 \frac{\log 64}{\log 63} \right)$$

$$= 2 \log_6 \left(\frac{\log 3}{\log 2} \cdot \frac{\log 4}{\log 3} \cdot \frac{\log 5}{\log 4} \cdot \cdots \cdot \frac{\log 64}{\log 63} \right)$$

$$= 2 \log_6 \frac{\log 64}{\log 2} = 2 \log_6 (\log_2 64)$$

$$= 2 \log_6 (\log_2 2^6) = 2 \log_6 6 = 2$$

1247 답 ④

1248 답 ⑤

주어진 수열을

$(2), \ (2, 4), \ (2, 4, 8), \ (2, 4, 8, 16), \ \cdots$

과 같이 묶으면 n번째 묶음의 마지막 항은 2^n이다.

즉, $64 = 2^6$이므로 64는 6번째 묶음에서 처음으로 나타나고 7번째 묶음의 6번째 항에서 2번째로 나타난다.

이때 n번째 묶음의 항의 개수는 n이므로 첫 번째 묶음부터 6번째 묶음까지의 항의 개수는

$$\sum_{k=1}^{6} k = \frac{6 \cdot 7}{2} = 21$$

7번째 묶음의 6번째 항

따라서 $21 + 6 = 27$이므로 2번째로 나타나는 64는 제27항이다.

첫 번째 묶음부터 6번째 묶음까지에 포함된 모든 항의 개수

1249 답 ②

주어진 수열을

$$\left(\frac{1}{2} \right), \ \left(\frac{1}{3}, \ \frac{2}{3} \right), \ \left(\frac{1}{4}, \ \frac{2}{4}, \ \frac{3}{4} \right), \ \left(\frac{1}{5}, \ \frac{2}{5}, \ \frac{3}{5}, \ \frac{4}{5} \right), \ \cdots$$

와 같이 묶으면 n번째 묶음의 n개의 항의 분모는 모두 $n+1$이고 분자는 각각 1부터 n까지이다.

이때 첫 번째 묶음부터 n번째 묶음까지의 항의 개수는

$$\sum_{k=1}^{n} k = \frac{n(n+1)}{2}$$

즉, $\underset{\smash{66}}{\underbrace{\frac{11 \cdot 12}{2}}} < 70 \leq \underset{\smash{66+4}}{\underbrace{\frac{12 \cdot 13}{2}}}$이므로 제70항은 12번째 묶음의 4번째 항이다.

따라서 12번째 묶음은 $\left(\frac{1}{13}, \ \frac{2}{13}, \ \frac{3}{13}, \ \frac{4}{13}, \ \cdots, \ \frac{12}{13} \right)$이므로

제70항은 $\frac{4}{13}$이다.

1250 답 ①

주어진 수열을

$\{(1, 3), (3, 1)\}, \ \{(1, 5), (3, 3), (5, 1)\},$

$\{(1, 7), (3, 5), (5, 3), (7, 1)\}, \ \cdots$

과 같이 묶으면 n번째 묶음의 첫 번째 항은 $(1, 2n+1)$이다.

이때 n번째 묶음의 항의 개수는 $n+1$이므로 첫 번째 묶음부터 n번째 묶음까지의 항의 개수는

$$\sum_{k=1}^{n} (k+1) = \frac{n(n+1)}{2} + 1 \cdot n = \frac{n(n+3)}{2}$$

즉, $\underset{\smash{104}}{\underbrace{\frac{13 \cdot 16}{2}}} < 110 \leq \underset{\smash{104+6}}{\underbrace{\frac{14 \cdot 17}{2}}}$이므로 제110항은 14번째 묶음의 6번째 항이다.

14번째 묶음은 $\{(1, 29), (3, 27), (5, 25), (7, 23), (9, 21), (11, 19), \cdots, (29, 1)\}$이므로 6번째 항은 $(11, 19)$이다.

따라서 $a = 11, \ b = 19$이므로

$a - b = 11 - 19 = -8$

1251 답 410

주어진 수열 $\{a_n\}$을

$(1), \ (1, 3), \ (1, 3, 5), \ (1, 3, 5, 7), \ \cdots$

과 같이 묶으면 n번째 묶음의 마지막 항은 $2n-1$이다.

이때 n번째 묶음의 항의 개수는 n이므로 첫 번째 묶음부터 n번째 묶음까지의 항의 개수는

$$\sum_{k=1}^{n} k = \frac{n(n+1)}{2}$$

즉, $\underset{\smash{55}}{\underbrace{\frac{10 \cdot 11}{2}}} < 60 \leq \underset{\smash{55+5}}{\underbrace{\frac{11 \cdot 12}{2}}}$이므로 제60항은 11번째 묶음의 5번째 항이다.

n번째 묶음에 포함된 모든 항의 합을 S_n이라 하면

$$S_n = \sum_{k=1}^{n} (2k-1) = 2 \cdot \frac{n(n+1)}{2} - 1 \cdot n = n^2$$

$$\therefore \sum_{k=1}^{60} a_k = \sum_{k=1}^{55} a_k + \sum_{k=56}^{60} a_k = \sum_{k=1}^{10} S_k + \sum_{k=1}^{5} (2k-1)$$

$$= \sum_{k=1}^{10} k^2 + 2 \cdot \frac{5 \cdot 6}{2} - 1 \cdot 5$$

$$= \frac{10 \cdot 11 \cdot 21}{6} + 25$$

$$= 385 + 25 = 410$$

1252 답 ①

1253 답 ②

각 줄의 첫 번째에 있는 자연수는 차례대로 $1^2, \ 2^2, \ 3^2, \ \cdots$이므로 7번째 줄의 첫 번째에 있는 수는 $7^2 = 49$이다.

7번째 줄의 첫 번째에 있는 자연수부터 5번째에 있는 자연수까지
1씩 작아지므로 7번째 줄의 왼쪽에서 5번째에 있는 수는
$49-4=45$

1254 답 ④

위에서 n번째 줄에 나열된 수들은 왼쪽에서부터 차례대로 첫째항
이 n, 공차가 n, 항의 개수가 n인 등차수열을 이루므로 위에서
n번째 줄에 나열된 모든 수의 합은
$$\frac{n\{2n+(n-1)n\}}{2}=\frac{n^3+n^2}{2}$$
따라서 첫 번째 줄부터 9번째 줄까지 나열된 45개의 수의 합은
$$\sum_{k=1}^{9}\frac{k^3+k^2}{2}=\frac{1}{2}\left(\sum_{k=1}^{9}k^3+\sum_{k=1}^{9}k^2\right)$$
$$=\frac{1}{2}\left\{\left(\frac{9\cdot10}{2}\right)^2+\frac{9\cdot10\cdot19}{6}\right\}$$
$$=\frac{1}{2}(2025+285)=1155$$

1255 답 514

오른쪽 그림과 같이 중앙의 1
에서부터 시작하여 오른쪽 아
래 대각선 방향으로 1, 9, 25,
$\cdots$, $(2n-1)^2$이 차례대로 쓰
여진다.
따라서 $225=15^2$, $17^2=289$
이므로 $a=289-1=288$,
$b=225+1=226$
$\therefore a+b=288+226=514$

1256 답 24

주어진 바둑판 모양의 표에 있는 수를 2의
거듭제곱 꼴로 나타내면 오른쪽 그림과 같다.
즉, 두 자연수 m, n에 대하여 m번째 줄에 나
열된 수는 왼쪽에서부터 차례대로 2^0, 2^{m-1},
$2^{2(m-1)}$, $2^{3(m-1)}$, $\cdots$이므로 이 수들은 첫째
항이 1, 공비가 2^{m-1}인 등비수열을 이룬다.
또한, m번째 줄의 왼쪽에서 n번째 칸에 있는 수는
$$1\cdot(2^{m-1})^{n-1}=2^{(m-1)(n-1)}$$
따라서 2^{85}은 i번째 줄의 왼쪽에서 j번째에 있는 수이므로
$$2^{85}=2^{(i-1)(j-1)}$$
이때 $85=5\cdot17$에서 5와 17은 서로소이고, i, j는 3 이상의 자연
수이므로 $i-1=5$, $j-1=17$ 또는 $i-1=17$, $j-1=5$
$\therefore i=6$, $j=18$ 또는 $i=18$, $j=6$
$\therefore i+j=24$

본문 203~205쪽

1257 답 ④

나머지정리를 이용하여 수열 $\{a_n\}$의 일반항 a_n을 구한다.

↳ 다항식 $f(x)$를 일차식 $x-a$로 나누었을 때의 나머지는 $f(a)$이다.

나머지정리에 의하여
$$a_n=f(4)=4^n(4-1)=3\cdot4^n$$
$$\therefore \sum_{k=1}^{100}a_k=\sum_{k=1}^{100}3\cdot4^k=3\sum_{k=1}^{100}4^k$$
$$=3\cdot\frac{4(4^{100}-1)}{4-1}=4^{101}-4$$

1258 답 ④

자연수의 거듭제곱의 합을 이용하여 $\sum_{k=1}^{8}(k-a)^2$을 a에 대한 이차식으로 정
리한다.

$$\sum_{k=1}^{8}(k-a)^2=\sum_{k=1}^{8}(k^2-2ak+a^2)$$
$$=\sum_{k=1}^{8}k^2-2a\sum_{k=1}^{8}k+\sum_{k=1}^{8}a^2$$
$$=\frac{8\cdot9\cdot17}{6}-2a\cdot\frac{8\cdot9}{2}+8a^2$$
$$=8a^2-72a+204=8\left(a-\frac{9}{2}\right)^2+42$$
따라서 $a=\frac{9}{2}$일 때 최솟값 42를 갖는다.

1259 답 ③

평균이 $2n+1$임을 이용하여 수열 $\{a_n\}$의 첫째항부터 제n항까지의 합을
구한다.

$$\frac{a_1+a_2+a_3+\cdots+a_n}{n}=2n+1$$이므로
$$a_1+a_2+a_3+\cdots+a_n=n(2n+1)$$
$$\therefore \sum_{k=1}^{n}a_k=n(2n+1)=2n^2+n$$
수열 $\{a_n\}$의 첫째항부터 제n항까지의 합을 S_n이라 하면
$S_n=2n^2+n$에서
(i) $n=1$일 때, $a_1=S_1=3$
(ii) $n\geq2$일 때
$$a_n=S_n-S_{n-1}$$
$$=(2n^2+n)-\{2(n-1)^2+(n-1)\}$$
$$=4n-1 \qquad\cdots\cdots ㉠$$
이때 $a_1=3$은 ㉠에 $n=1$을 대입한 것과 같으므로
$$a_n=4n-1$$
$$\therefore \sum_{k=1}^{10}a_{2k}=\sum_{k=1}^{10}(8k-1)=8\cdot\frac{10\cdot11}{2}-1\cdot10$$
$$=440-10=430$$

1260 답 ③

$\sum_{k=1}^{n}(a_k+b_k)\neq\sqrt{\sum_{k=1}^{n}(a_k+b_k)^2}$임에 유의한다.

ㄱ. $$\sum_{k=1}^{10}(a_k+b_k)^2=\sum_{k=1}^{10}(a_k^2+2a_kb_k+b_k^2)$$
$$=\sum_{k=1}^{10}(a_k^2+b_k^2)+2\sum_{k=1}^{10}a_kb_k$$
$$=7+2\cdot3=13 \text{ (참)}$$

ㄴ. $\displaystyle\sum_{k=6}^{10}(a_k-b_k)^2=\sum_{k=1}^{10}(a_k-b_k)^2-\sum_{k=1}^{5}(a_k-b_k)^2$

$$=\sum_{k=1}^{10}(a_k^2-2a_kb_k+b_k^2)-\sum_{k=1}^{5}(a_k^2-2a_kb_k+b_k^2)$$

$$=\sum_{k=1}^{10}(a_k^2+b_k^2)-2\sum_{k=1}^{10}a_kb_k$$

$$-\left\{\sum_{k=1}^{5}(a_k^2+b_k^2)-2\sum_{k=1}^{5}a_kb_k\right\}$$

$$=7-2\cdot3-(2-2\cdot1)=1\text{ (참)}$$

ㄷ. [반례] $a_1=1$, $b_1=1$, $a_6=2$, $b_6=1$이고, 나머지 항들이 0인

두 수열 $\{a_n\}$, $\{b_n\}$에 대하여 $\displaystyle\sum_{k=1}^{10}a_k^2+\sum_{k=1}^{10}b_k^2=7$, $\displaystyle\sum_{k=1}^{10}a_kb_k=3$,

$\displaystyle\sum_{k=1}^{5}a_k^2+\sum_{k=1}^{5}b_k^2=2$, $\displaystyle\sum_{k=1}^{5}a_kb_k=1$이지만

$\displaystyle\sum_{k=1}^{10}(a_k+b_k)=(1+1)+(2+1)=5\neq\sqrt{13}$ (거짓)

따라서 옳은 것은 ㄱ, ㄴ이다.

1261　답 480

$k=1$일 때, $\log_2 k=0$

$2\leq k<4$일 때, $1\leq\log_2 k<2$이므로 $[\log_2 k]=1$

$4\leq k<8$일 때, $2\leq\log_2 k<3$이므로 $[\log_2 k]=2$

$8\leq k<16$일 때, $3\leq\log_2 k<4$이므로 $[\log_2 k]=3$

$16\leq k<32$일 때, $4\leq\log_2 k<5$이므로 $[\log_2 k]=4$

$32\leq k<64$일 때, $5\leq\log_2 k<6$이므로 $[\log_2 k]=5$

$64\leq k\leq100$일 때, $6\leq\log_2 k<7$이므로 $[\log_2 k]=6$

$\therefore \displaystyle\sum_{k=1}^{100}[\log_2 k]=0\cdot1+1\cdot2+2\cdot4+3\cdot8+4\cdot16+5\cdot32+6\cdot37$

$$=2+8+24+64+160+222=480$$

1262　답 ②

점 A_n의 x좌표를 구하면 $\dfrac{x^2}{2}+1=n$에서 $x^2=2n-2$

이때 점 A_n은 제2사분면 위의 점이므로

$x=-\sqrt{2n-2}$ $\quad\therefore \mathrm{A}_n(-\sqrt{2n-2},\ n)$

점 B_n의 x좌표를 구하면 $\dfrac{x^2}{2}=n$에서 $x^2=2n$

이때 점 B_n은 제1사분면 위의 점이므로

$x=\sqrt{2n}$ $\quad\therefore \mathrm{B}_n(\sqrt{2n},\ n)$

즉, $\overline{\mathrm{A}_n\mathrm{B}_n}=\sqrt{2n}+\sqrt{2n-2}$이므로

$\displaystyle\sum_{k=2}^{49}\dfrac{1}{\mathrm{A}_n\mathrm{B}_n}=\sum_{k=2}^{49}\dfrac{1}{\sqrt{2n}+\sqrt{2n-2}}$

$$=\sum_{k=2}^{49}\dfrac{\sqrt{2n}-\sqrt{2n-2}}{(\sqrt{2n}+\sqrt{2n-2})(\sqrt{2n}-\sqrt{2n-2})}$$

$$=\sum_{k=2}^{49}\dfrac{\sqrt{2n}-\sqrt{2n-2}}{2}$$

$$=\dfrac{1}{2}\{(\sqrt{4}-\sqrt{2})+(\sqrt{6}-\sqrt{4})+(\sqrt{8}-\sqrt{6})+\cdots$$

$$+(\sqrt{98}-\sqrt{96})\}$$

$$=\dfrac{1}{2}(7\sqrt{2}-\sqrt{2})=3\sqrt{2}$$

1263　답 ②

k 또는 n이 짝수일 때, $\sin\dfrac{kn\pi}{2}=0$이다.

$\therefore \displaystyle\sum_{n=1}^{10}\left(\sum_{k=1}^{n}2^k\sin\dfrac{kn\pi}{2}\right)$

$$=\sum_{n=1}^{10}\left(2\sin\dfrac{n\pi}{2}+2^3\sin\dfrac{3n\pi}{2}+2^5\sin\dfrac{5n\pi}{2}+\cdots\right.$$

$$\left.+2^n\sin\dfrac{n^2\pi}{2}\right)$$

$$=2\sin\dfrac{\pi}{2}+\left(2\sin\dfrac{3\pi}{2}+2^3\sin\dfrac{9\pi}{2}\right)$$

$$+\left(2\sin\dfrac{5\pi}{2}+2^3\sin\dfrac{15\pi}{2}+2^5\sin\dfrac{25\pi}{2}\right)+\cdots$$

$$+\left(2\sin\dfrac{9\pi}{2}+2^3\sin\dfrac{27\pi}{2}+2^5\sin\dfrac{45\pi}{2}\right.$$

$$\left.+2^7\sin\dfrac{63\pi}{2}+2^9\sin\dfrac{81\pi}{2}\right)$$

$$=2+(-2+2^3)+(2-2^3+2^5)+(-2+2^3-2^5+2^7)$$

$$+(2-2^3+2^5-2^7+2^9)$$

$$=2+6+26+102+410=546$$

1264　답 ④

$a_n=\left(\dfrac{1}{2}\right)^{n-1}$이므로 $\displaystyle\sum_{k=1}^{10}ka_k=S$라 하면

$S=\displaystyle\sum_{k=1}^{10}ka_k=1+2\cdot\dfrac{1}{2}+3\cdot\left(\dfrac{1}{2}\right)^2+\cdots+10\cdot\left(\dfrac{1}{2}\right)^9$　……㉠

㉠의 양변에 $\dfrac{1}{2}$을 곱하면

$\dfrac{1}{2}S=\dfrac{1}{2}+2\cdot\left(\dfrac{1}{2}\right)^2+3\cdot\left(\dfrac{1}{2}\right)^3+\cdots+10\cdot\left(\dfrac{1}{2}\right)^{10}$　……㉡

㉠$-$㉡을 하면

$\dfrac{1}{2}S=1+\dfrac{1}{2}+\left(\dfrac{1}{2}\right)^2+\cdots+\left(\dfrac{1}{2}\right)^9-10\cdot\left(\dfrac{1}{2}\right)^{10}$

$$=\dfrac{1\cdot\left\{1-\left(\dfrac{1}{2}\right)^{10}\right\}}{1-\dfrac{1}{2}}-10\cdot\left(\dfrac{1}{2}\right)^{10}$$

$$=2-2\cdot\left(\dfrac{1}{2}\right)^{10}-10\cdot\left(\dfrac{1}{2}\right)^{10}$$

$$=2-12\cdot\left(\dfrac{1}{2}\right)^{10}$$

$\therefore S=\displaystyle\sum_{k=1}^{10}ka_k=4-3\cdot\left(\dfrac{1}{2}\right)^7$

1265　답 308

$na_1+(n-1)a_2+(n-2)a_3+\cdots+2a_{n-1}+a_n=n^3+2n^2-n$

　……㉠

(i) $n=1$일 때, ㉠에서
$$1 \cdot a_1 = 2 \qquad \therefore a_1 = 2$$
(ii) $n \geq 2$일 때
㉠에 n 대신 $n-1$을 대입하면
$$(n-1)a_1 + (n-2)a_2 + (n-3)a_3 + \cdots + 2a_{n-2} + a_{n-1}$$
$$= (n-1)^3 + 2(n-1)^2 - (n-1) \qquad \cdots\cdots ㉡$$
㉠$-$㉡을 하면
$$a_1 + a_2 + a_3 + \cdots + a_{n-1} + a_n = 3n^2 + n - 2 \qquad \cdots\cdots ㉢$$
이때 $a_1 = 2$는 ㉢에 $n=1$을 대입한 것과 같으므로
$$a_1 + a_2 + a_3 + \cdots + a_n = 3n^2 + n - 2$$
따라서 $\displaystyle\sum_{k=1}^{n} a_k = 3n^2 + n - 2$이므로
$$\sum_{k=1}^{10} a_k = 3 \cdot 10^2 + 10 - 2 = 308$$

1266   답 9번

위에서 m번째 줄에 나열된 수가 차례대로 이루는 수열을 찾는다.

위에서 m번째 줄에 나열된 수들은 왼쪽에서부터 차례대로 첫째
항이 1, 공차가 $2(m-1)$인 등차수열을 이루므로 위에서 m번째
줄의 왼쪽에서 n번째에 있는 수는
$$1 + (n-1)\{2(m-1)\} = 2(m-1)(n-1) + 1$$
즉, $2(m-1)(n-1) + 1 = 73$에서
$$(m-1)(n-1) = 36 = 2^2 \cdot 3^2 \qquad \cdots\cdots ㉠$$
두 자연수 m, n에 대하여 ㉠을 만족시키는 $m-1$, $n-1$의 값을
표로 나타내면 다음과 같다.

$m-1$	1	2	3	2^2	$2 \cdot 3$	3^2	$2^2 \cdot 3$	$2 \cdot 3^2$	$2^2 \cdot 3^2$
$n-1$	$2^2 \cdot 3^2$	$2 \cdot 3^2$	$2^2 \cdot 3$	3^2	$2 \cdot 3$	2^2	3	2	1

즉, 순서쌍 (m, n)은 $(2, 37)$, $(3, 19)$, $(4, 13)$, $(5, 10)$,
$(7, 7)$, $(10, 5)$, $(13, 4)$, $(19, 3)$, $(37, 2)$이다.
따라서 73은 위에서 2번째 줄의 왼쪽에서 37번째에서, 3번째 줄의
왼쪽에서 19번째에서, 4번째 줄의 왼쪽에서 13번째에서, $\cdots$, 37번
째 줄의 왼쪽에서 2번째에서 나타나므로 총 9번 나타난다.

$36 = 2^2 \cdot 3^2$의 약수의 개수는 $(2+1)(2+1) = 3 \cdot 3 = 9$이므로 $m-1$의 값이 될 수 있는
자연수의 개수도 9이다.

1267   답 72

조건 (가)를 이용하여 집합 U의 원소를 집합 A에 속하는 원소와 속하지 않
는 원소로 나눈다.

집합 A의 원소의 개수는 10이고, 조건 (가)에서 서로 다른 두 원
소의 합이 21이 아니므로 집합 A에 속하지 않는 원소는
$$21 - a_k \ (1 \leq k \leq 10)$$
즉, $\displaystyle\sum_{k=1}^{10} a_k^2$의 값과 $\displaystyle\sum_{k=1}^{10} (21-a_k)^2$의 값의 합은 전체집합 U의 모든
원소의 제곱의 합과 같으므로
$$\sum_{k=1}^{10} a_k^2 + \sum_{k=1}^{10} (21-a_k)^2 = \sum_{i=1}^{20} i^2 \text{에서}$$
$$\sum_{k=1}^{10} a_k^2 + \sum_{k=1}^{10} 21^2 - 42 \sum_{k=1}^{10} a_k + \sum_{k=1}^{10} a_k^2 = \frac{20 \cdot 21 \cdot 41}{6}$$
$$2 \sum_{k=1}^{10} a_k^2 - 42 \sum_{k=1}^{10} a_k + \sum_{k=1}^{10} 21^2 = 2870$$
$$2 \cdot 742 - 42 \sum_{k=1}^{10} a_k + 21^2 \cdot 10 = 2870 \ (\because \text{조건 (나)})$$
$$42 \sum_{k=1}^{10} a_k = 3024 \qquad \therefore \sum_{k=1}^{10} a_k = 72$$

1268   답 ②

z^2, z^3, z^4, $\cdots$을 각각 계산하여 z^k의 값의 규칙성을 찾는다.

$$z = \frac{1+i}{\sqrt{2}}, \ z^2 = \left(\frac{1+i}{\sqrt{2}}\right)^2 = \frac{2i}{2} = i,$$
$$z^3 = i \cdot \left(\frac{1+i}{\sqrt{2}}\right) = \frac{i-1}{\sqrt{2}}, \ z^4 = i^2 = -1, \cdots$$

$z^5 = -\frac{1+i}{\sqrt{2}}, \ z^6 = i^3 = -i,$
$z^7 = (-i) \cdot \left(\frac{1+i}{\sqrt{2}}\right) = \frac{1-i}{\sqrt{2}},$
$z^8 = (-1)^2 = 1, \cdots$

즉, 음이 아닌 정수 m에 대하여 $4m \leq n \leq 4m+3$일 때
$a_n = m$이므로
$$\sum_{k=1}^{31} z^k a_k = 0 \cdot (z + z^2 + z^3) + 1 \cdot (z^4 + z^5 + z^6 + z^7)$$
$$\qquad + 2 \cdot (z^8 + z^9 + z^{10} + z^{11}) + \cdots + 7 \cdot (z^{28} + z^{29} + z^{30} + z^{31})$$
$$= z^4(1 + z + z^2 + z^3) + 2z^8(1 + z + z^2 + z^3)$$
$$\qquad + 3z^{12}(1 + z + z^2 + z^3) + \cdots + 7z^{28}(1 + z + z^2 + z^3)$$
$$= -(1 + z + z^2 + z^3) + 2(1 + z + z^2 + z^3)$$
$$\qquad - 3(1 + z + z^2 + z^3) + \cdots - 7(1 + z + z^2 + z^3)$$
$$= -4(1 + z + z^2 + z^3)$$
이때 $1 + z + z^2 + z^3 = 1 + \dfrac{1+i}{\sqrt{2}} + i + \dfrac{i-1}{\sqrt{2}} = 1 + (\sqrt{2}+1)i$이므로
$$\sum_{k=1}^{31} z^k a_k = -4(1 + z + z^2 + z^3) = -4 - 4(\sqrt{2}+1)i$$
따라서 $a = -4$, $b = -4(\sqrt{2}+1)$이므로
$$a - b = -4 - \{-4(\sqrt{2}+1)\} = 4\sqrt{2}$$

1269   답 -1

$$\sum_{k=1}^{10} (a_k - 1)^3 = \sum_{k=1}^{10} (a_k^3 - 3a_k^2 + 3a_k - 1)$$

❶

$$= \sum_{k=1}^{10} a_k^3 - 3\sum_{k=1}^{10} a_k^2 + 3\sum_{k=1}^{10} a_k - \sum_{k=1}^{10} 1$$
$$= 12 - 3 \cdot 4 + 3 \cdot 3 - 1 \cdot 10 = -1$$

❷

채점 기준	배점 비율
❶ $(a_k-1)^3$ 전개하기	30%
❷ $\sum$의 성질을 이용하여 $\displaystyle\sum_{k=1}^{10} (a_k-1)^3$의 값 구하기	70%

1270   답 해설 참조

$(k+1)^3 = k^3 + 3k^2 + 3k + 1$, 즉
$(k+1)^3 - k^3 = 3k^2 + 3k + 1$이므로

❶

$$\sum_{k=1}^{n} \{(k+1)^3 - k^3\} = \sum_{k=1}^{n} (3k^2 + 3k + 1),$$
$$\sum_{k=1}^{n} (k+1)^3 - \sum_{k=1}^{n} k^3 = 3\sum_{k=1}^{n} k^2 + 3\sum_{k=1}^{n} k + \sum_{k=1}^{n} 1,$$
$$\{2^3 + 3^3 + 4^3 + \cdots + (n+1)^3\} - (1^3 + 2^3 + 3^3 + \cdots + n^3)$$
$$= 3\sum_{k=1}^{n} k^2 + 3\sum_{k=1}^{n} k + \sum_{k=1}^{n} 1,$$
$$(n+1)^3 - 1 = 3\sum_{k=1}^{n} k^2 + 3\sum_{k=1}^{n} k + \sum_{k=1}^{n} 1$$
에서
$$3\sum_{k=1}^{n} k^2 = (n+1)^3 - 1 - 3\sum_{k=1}^{n} k - \sum_{k=1}^{n} 1$$
$$= n^3 + 3n^2 + 3n + 1 - 1 - 3 \cdot \frac{n(n+1)}{2} - 1 \cdot n$$
$$= \frac{n(n+1)(2n+1)}{2}$$

$$\therefore \sum_{k=1}^{n} k^2 = \frac{n(n+1)(2n+1)}{6}$$

         ❷

채점 기준	배점 비율
❶ 곱셈 공식을 이용하여 $(k+1)^3-k^3=3k^2+3k+1$임을 알기	30%
❷ $\sum$의 성질과 자연수의 거듭제곱의 합을 이용하여 $\sum_{k=1}^{n} k^2$을 n에 대한 식으로 나타내기	70%

1271   답 50

함수 $y=\sqrt{x}$의 그래프와 직선 $y=n$의 교점의 x좌표를 구하면

$\sqrt{x}=n$에서 $x=n^2$ $\therefore x_n=n^2$ ❶

즉,
$$\sum_{k=1}^{m} \frac{2}{4x_k-1} = \sum_{k=1}^{m} \frac{2}{4k^2-1}$$
$$= \sum_{k=1}^{m} \frac{2}{(2k-1)(2k+1)}$$
$$= \sum_{k=1}^{m} \left(\frac{1}{2k-1} - \frac{1}{2k+1} \right)$$
$$= \left(1 - \frac{1}{3}\right) + \left(\frac{1}{3} - \frac{1}{5}\right) + \left(\frac{1}{5} - \frac{1}{7}\right) + \cdots$$
$$+ \left(\frac{1}{2m-1} - \frac{1}{2m+1}\right)$$
$$= 1 - \frac{1}{2m+1}$$
$$= \frac{2m}{2m+1} > 0.99$$

에서 $\dfrac{2m}{2m+1} > \dfrac{99}{100}$

$200m > 99(2m+1),\ 2m > 99$

$\therefore m > \dfrac{99}{2} = 49.5$ ❷

따라서 자연수 m의 최솟값은 50이다.   ❸

채점 기준	배점 비율
❶ x_n을 n에 대한 식으로 나타내기	30%
❷ 부분분수로의 변형을 이용하여 $\sum_{k=1}^{m} \frac{2}{4x_k-1} > 0.99$를 만족시키는 실수 m의 값의 범위 구하기	60%
❸ 자연수 m의 최솟값 구하기	10%

1272   답 $\dfrac{1023}{1024}$

$$a_n = \frac{1+2+2^2+\cdots+2^{n-1}}{2^n+2^{n+1}+2^{n+2}+\cdots+2^{2n-1}}$$
$$= \frac{1+2+2^2+\cdots+2^{n-1}}{2^n(1+2+2^2+\cdots+2^{n-1})}$$
$$= \frac{1}{2^n}$$

    ❶

$$\therefore \sum_{k=1}^{10} a_k = \sum_{k=1}^{10} \left(\frac{1}{2}\right)^k = \frac{\frac{1}{2}\left\{1-\left(\frac{1}{2}\right)^{10}\right\}}{1-\frac{1}{2}}$$
$$= 1 - \left(\frac{1}{2}\right)^{10} = \frac{1023}{1024}$$

    ❷

채점 기준	배점 비율
❶ 수열 $\{a_n\}$의 일반항 a_n 구하기	60%
❷ $\sum_{k=1}^{10} a_k$의 값 구하기	40%

1273   답 2020

등차수열 $\{a_n\}$의 첫째항을 a, 공차를 d라 하자.

$\sum_{k=1}^{3} a_{3k-2} = 30$에서

$$\sum_{k=1}^{3} a_{3k-2} = a_1 + a_4 + a_7$$
$$= a + (a+3d) + (a+6d)$$
$$= 3(a+3d) = 30$$

이므로 $a+3d=10$ …… ㉠

$\sum_{k=2}^{5} a_{3k-1} = 84$에서

$$\sum_{k=2}^{5} a_{3k-1} = a_5 + a_8 + a_{11} + a_{14}$$
$$= (a+4d) + (a+7d) + (a+10d) + (a+13d)$$
$$= 2(2a+17d) = 84$$

이므로 $2a+17d=42$ …… ㉡   ❶

㉠, ㉡을 연립하여 풀면

$a=4,\ d=2$

$\therefore a_n = 4 + (n-1)\cdot 2 = 2n+2$ ❷

$$\therefore \sum_{k=1}^{10} a_k^2 = \sum_{k=1}^{10} (2k+2)^2$$
$$= 4 \sum_{k=1}^{10} (k^2 + 2k + 1)$$
$$= 4 \left(\frac{10\cdot 11\cdot 21}{6} + 2\cdot \frac{10\cdot 11}{2} + 1\cdot 10 \right)$$
$$= 4(385 + 110 + 10) = 2020$$

    ❸

채점 기준	배점 비율
❶ 등차수열 $\{a_n\}$의 첫째항을 a, 공차를 d라 하고, $\sum_{k=1}^{3} a_{3k-2}$, $\sum_{k=2}^{5} a_{3k-1}$을 각각 a, d에 대한 식으로 나타내기	40%
❷ 등차수열 $\{a_n\}$의 일반항 a_n 구하기	20%
❸ $\sum_{k=1}^{10} a_k^2$의 값 구하기	40%

1274   답 $\dfrac{37}{4}$

주어진 수열을

$$\left(\frac{1}{1^2}\right), \left(\frac{1}{2^2}, \frac{3}{2^2}\right), \left(\frac{1}{3^2}, \frac{3}{3^2}, \frac{5}{3^2}\right), \left(\frac{1}{4^2}, \frac{3}{4^2}, \frac{5}{4^2}, \frac{7}{4^2}\right), \cdots$$

과 같이 분모가 같은 것끼리 묶으면 n번째 묶음의 첫 번째 항은

$\dfrac{1}{n^2}$이다.

이때 n번째 묶음의 항의 개수는 n이므로 첫 번째 묶음부터 n번째 묶음까지의 항의 개수는

$$\sum_{k=1}^{n} k = \frac{n(n+1)}{2}$$

즉, $\dfrac{9\cdot 10}{2} < 50 \leq \dfrac{10\cdot 11}{2}$이므로 제50항은 10번째 묶음의 5번째 항이다.   ❶

n번째 묶음에 포함된 모든 항의 합은

$$\dfrac{1+3+5+\cdots+(2n-1)}{n^2}=\dfrac{\displaystyle\sum_{k=1}^{n}(2k-1)}{n^2}$$

$$=\dfrac{2\cdot\dfrac{n(n+1)}{2}-1\cdot n}{n^2}$$

$$=\dfrac{n^2}{n^2}=1$$

❷

따라서 첫째항부터 제50항까지의 합은

$$1\cdot9+\dfrac{1}{10^2}+\dfrac{3}{10^2}+\dfrac{5}{10^2}+\dfrac{7}{10^2}+\dfrac{9}{10^2}=9+\dfrac{1+3+5+7+9}{100}$$

첫 번째 묶음부터
9번째 묶음까지에
포함된 모든 항의 합

10번째 묶음의 첫 번째 항
부터 5번째 항까지의 합

$$=9+\dfrac{1}{4}=\dfrac{37}{4}$$

❸

채점 기준	배점 비율
❶ 특정한 규칙에 따라 주어진 수열을 묶어서 제50항이 몇 번째 묶음의 몇 번째 항인지 구하기	50%
❷ n번째 묶음에 포함된 모든 항의 합 구하기	30%
❸ 첫째항부터 제50항까지의 합 구하기	20%

본문 206~207쪽

1275 답 11

$a_{n+1}=a_n+n$에서

$a_2=a_1+1=5+1=6$

$a_3=a_2+2=6+2=8$

$\therefore a_4=a_3+3=8+3=11$

1276 답 17

$a_{n+1}=2a_n-1$에서

$a_2=2a_1-1=2\cdot3-1=5$

$a_3=2a_2-1=2\cdot5-1=9$

$\therefore a_4=2a_3-1=2\cdot9-1=17$

1277 답 3

$a_{n+2}=a_n-a_{n+1}$에서

$a_3=a_1-a_2=1-2=-1$

$\therefore a_4=a_2-a_3=2-(-1)=3$

1278 답 1

$a_{n+2}=a_na_{n+1}$에서

$a_3=a_1a_2=1\cdot(-1)=-1$

$\therefore a_4=a_2a_3=(-1)\cdot(-1)=1$

1279 답 8

$a_{n+1}=\dfrac{2n}{n+1}a_n$에서

$a_2=a_1=4$

$a_3=\dfrac{4}{3}a_2=\dfrac{4}{3}\cdot4=\dfrac{16}{3}$

$\therefore a_4=\dfrac{6}{4}a_3=\dfrac{6}{4}\cdot\dfrac{16}{3}=8$

● 다른 풀이 ●

$a_{n+1}=\dfrac{2n}{n+1}a_n$에 $n=1,\ 2,\ 3$을 차례대로 대입하여 변끼리 곱하면

$a_2\cdot a_3\cdot a_4=a_1\cdot\dfrac{4}{3}a_2\cdot\dfrac{6}{4}a_3 \quad \therefore a_4=2a_1$

이때 $a_1=4$이므로 $a_4=8$

1280 답 $\dfrac{11}{4}$

$a_{n+1}=a_n+\dfrac{1}{n(n+1)}$에서

$a_2=a_1+\dfrac{1}{2}=2+\dfrac{1}{2}=\dfrac{5}{2}$

$a_3=a_2+\dfrac{1}{6}=\dfrac{5}{2}+\dfrac{1}{6}=\dfrac{8}{3}$

$\therefore a_4=a_3+\dfrac{1}{12}=\dfrac{8}{3}+\dfrac{1}{12}=\dfrac{11}{4}$

부분분수로의 변형

$a_{n+1}=a_n+\dfrac{1}{n(n+1)}$에서 $a_{n+1}=a_n+\dfrac{1}{n}-\dfrac{1}{n+1}$

이므로 $n=1$, 2, 3을 차례대로 대입하여 변끼리 더하면

$a_2+a_3+a_4=a_1+1-\dfrac{1}{2}+a_2+\dfrac{1}{2}-\dfrac{1}{3}+a_3+\dfrac{1}{3}-\dfrac{1}{4}$

$\therefore a_4=a_1+1-\dfrac{1}{4}=a_1+\dfrac{3}{4}$

이때 $a_1=2$이므로 $a_4=\dfrac{11}{4}$

1281

답 $a_1=2$, $a_{n+1}=\dfrac{1}{a_n}$ $(n=1, 2, 3, \cdots)$

선생님 톡톡

수열을 귀납적으로 정의하는 방법은 다양하게 존재할 수 있어.
예를 들어 다음과 같은 정의도 답이 될 수 있어.
$a_1=2$, $a_{n+1}=2^{(-1)^n}$ $(n=1, 2, 3, \cdots)$ 또는
$a_1=2$, $a_2=\dfrac{1}{2}$, $a_{n+2}=a_n$ $(n=1, 2, 3, \cdots)$

1282

답 $a_1=-1$, $a_{n+1}=a_n+3$ $(n=1, 2, 3, \cdots)$

주어진 수열은 첫째항이 -1, 공차가 3인 등차수열이므로
$a_1=-1$, $a_{n+1}=a_n+3$ $(n=1, 2, 3, \cdots)$

1283

답 $a_1=2$, $a_{n+1}=a_n-4$ $(n=1, 2, 3, \cdots)$

주어진 수열은 첫째항이 2, 공차가 -4인 등차수열이므로
$a_1=2$, $a_{n+1}=a_n-4$ $(n=1, 2, 3, \cdots)$

1284

답 $a_1=2$, $a_2=7$,
　　$2a_{n+1}=a_n+a_{n+2}$ $(n=1, 2, 3, \cdots)$

주어진 수열은 첫째항 2, 공차가 5인 등차수열이므로
$a_1=2$, $a_2=7$, $2a_{n+1}=a_n+a_{n+2}$ $(n=1, 2, 3, \cdots)$

1285

답 $a_1=20$, $a_2=15$,
　　$2a_{n+1}=a_n+a_{n+2}$ $(n=1, 2, 3, \cdots)$

주어진 수열은 첫째항이 20, 공차가 -5인 등차수열이므로
$a_1=20$, $a_2=15$, $2a_{n+1}=a_n+a_{n+2}$ $(n=1, 2, 3, \cdots)$

1286

답 $a_n=2n+1$

$a_{n+1}=a_n+2$에서 주어진 수열은 공차가 2인 등차수열이다.
이때 첫째항이 3이므로
$a_n=3+(n-1)\cdot2=2n+1$ → 첫째항이 a, 공차가 d인 등차수열의 일반항 a_n은
$a_n=a+(n-1)d$

1287

답 $a_n=-n-2$

$a_{n+1}-a_n=-1$에서 주어진 수열은 공차가 -1인 등차수열이다.
이때 첫째항이 -3이므로
$a_n=-3+(n-1)\cdot(-1)=-n-2$

1288

답 $a_n=5n-4$

$a_{n+2}-a_{n+1}=a_{n+1}-a_n$에서 주어진 수열은 등차수열이고
$a_1=1$, $a_2-a_1=6-1=5$
이므로 첫째항이 1, 공차가 5이다.
$\therefore a_n=1+(n-1)\cdot5=5n-4$

1289

답 $a_n=-3n+23$

$2a_{n+1}=a_n+a_{n+2}$에서 주어진 수열은 등차수열이고
$a_1=20$, $a_2-a_1=17-20=-3$
이므로 첫째항이 20, 공차가 -3이다.
$\therefore a_n=20+(n-1)\cdot(-3)=-3n+23$

1290

답 $a_1=2$, $a_{n+1}=2a_n$ $(n=1, 2, 3, \cdots)$

주어진 수열은 첫째항이 2, 공비가 2인 등비수열이므로
$a_1=2$, $a_{n+1}=2a_n$ $(n=1, 2, 3, \cdots)$

1291

답 $a_1=27$, $a_{n+1}=\dfrac{1}{3}a_n$ $(n=1, 2, 3, \cdots)$

주어진 수열은 첫째항이 27, 공비가 $\dfrac{1}{3}$인 등비수열이므로
$a_1=27$, $a_{n+1}=\dfrac{1}{3}a_n$ $(n=1, 2, 3, \cdots)$

1292

답 $a_1=1$, $a_2=5$, $a_{n+1}{}^2=a_na_{n+2}$ $(n=1, 2, 3, \cdots)$

주어진 수열은 첫째항이 1, 공비가 5인 등비수열이므로
$a_1=1$, $a_2=5$, $a_{n+1}{}^2=a_na_{n+2}$ $(n=1, 2, 3, \cdots)$

1293

답 $a_1=\dfrac{1}{4}$, $a_2=\dfrac{1}{2}$, $a_{n+1}{}^2=a_na_{n+2}$ $(n=1, 2, 3, \cdots)$

주어진 수열은 첫째항이 $\dfrac{1}{4}$, 공비가 2인 등비수열이므로
$a_1=\dfrac{1}{4}$, $a_2=\dfrac{1}{2}$, $a_{n+1}{}^2=a_na_{n+2}$ $(n=1, 2, 3, \cdots)$

1294

답 $a_n=2\cdot3^{n-1}$

$a_{n+1}=3a_n$에서 주어진 수열은 공비가 3인 등비수열이다.
이때 첫째항이 2이므로
$a_n=2\cdot3^{n-1}$ → 첫째항이 a, 공비가 r인 등비수열의 일반항 a_n은
$a_n=ar^{n-1}$

1295

답 $a_n=3\cdot\left(\dfrac{1}{2}\right)^{n-1}$

$\dfrac{a_{n+1}}{a_n}=\dfrac{1}{2}$에서 주어진 수열은 공비가 $\dfrac{1}{2}$인 등비수열이다.
이때 첫째항이 3이므로
$a_n=3\cdot\left(\dfrac{1}{2}\right)^{n-1}$

1296

답 $a_n=3\cdot(-2)^{n-1}$

$\dfrac{a_{n+2}}{a_{n+1}}=\dfrac{a_{n+1}}{a_n}$에서 주어진 수열은 등비수열이고
$a_1=3$, $\dfrac{a_2}{a_1}=\dfrac{-6}{3}=-2$
이므로 첫째항이 3, 공비가 -2이다.
$\therefore a_n=3\cdot(-2)^{n-1}$

1297

답 $a_n=\left(\dfrac{1}{3}\right)^{n-1}$

$a_{n+1}{}^2=a_na_{n+2}$에서 주어진 수열은 등비수열이고
$a_1=1$, $\dfrac{a_2}{a_1}=\dfrac{\frac{1}{3}}{1}=\dfrac{1}{3}$

이므로 첫째항이 1, 공비가 $\dfrac{1}{3}$이다.

$\therefore a_n=\left(\dfrac{1}{3}\right)^{n-1}$

1298 답 (가) 1 (나) $(k+1)^2$

(i) $n=1$일 때,

(좌변)$=$(우변)$=\boxed{1}$

이므로 주어진 등식이 성립한다.

(ii) $n=k$일 때, 주어진 등식이 성립한다고 가정하면

$1+3+5+\cdots+(2k-1)=k^2$

위의 식의 양변에 $2k+1$을 더하면

$1+3+5+\cdots+(2k-1)+(2k+1)=k^2+(2k+1)$

$\qquad\qquad\qquad\qquad\qquad\ =\boxed{(k+1)^2}$

따라서 $n=k+1$일 때도 주어진 등식이 성립한다.

(i), (ii)에서 모든 자연수 n에 대하여 주어진 등식이 성립한다.

1299 답 해설 참조

(i) $n=2$일 때,

(좌변)$=(1+h)^2=1+2h+h^2$, (우변)$=1+2h$

이때 $h^2>0$이므로 주어진 부등식이 성립한다.

(ii) $n=k\ (k\geq2)$일 때, 주어진 부등식이 성립한다고 가정하면

$(1+h)^k>1+kh$

$1+h>0$이므로 위의 식의 양변에 $1+h$를 곱하면

$(1+h)^{k+1}>(1+kh)(1+h)$

$\qquad\qquad\ =1+(k+1)h+kh^2$

$\qquad\qquad\ >1+(k+1)h$

따라서 $n=k+1$일 때도 주어진 부등식이 성립한다.

(i), (ii)에서 $n\geq2$인 모든 자연수 n에 대하여 주어진 부등식이 성립한다.

본문 208~217쪽

1300 답 ③

1301 답 ②

$a_{n+1}=2a_n+2$에 $n=1,\ 2,\ 3,\ \cdots,\ 9$를 차례대로 대입하면

$a_2=2a_1+2=2\cdot2+2=2^2+2$

$a_3=2a_2+2=2(2^2+2)+2=2^3+2^2+2$

$a_4=2a_3+2=2(2^3+2^2+2)+2=2^4+2^3+2^2+2$

$\quad\vdots$

$a_{10}=2^{10}+2^9+2^8+\cdots+2=\dfrac{2(2^{10}-1)}{2-1}=2046$

첫째항이 2, 공비가 2인 등비수열의 첫째항부터 제10항까지의 합과 같다.

1302 답 ⑤

$a_{n+2}=2a_n-a_{n+1}$에 $n=1,\ 2,\ 3,\ 4$를 차례대로 대입하면

$a_3=2a_1-a_2=2a-b$

$a_4=2a_2-a_3=2b-(2a-b)=-2a+3b$

$a_5=2a_3-a_4=2(2a-b)-(-2a+3b)=6a-5b$

$a_6=2a_4-a_5=2(-2a+3b)-(6a-5b)=-10a+11b$

$a_4=5$이므로 $-2a+3b=5$ $\qquad$ $\cdots\cdots$ ㉠

$a_6=13$이므로 $-10a+11b=13$ $\qquad$ $\cdots\cdots$ ㉡

㉠, ㉡을 연립하여 풀면

$a=2,\ b=3$

$\therefore a+b=2+3=5$

1303 답 ③

조건 (나)의 $a_{n+1}=-a_n+n^2$에서

$a_{n+1}+a_n=n^2$

위의 식에 $n=2,\ 4,\ 6,\ 8$을 차례대로 대입하면

$a_3+a_2=4$

$a_5+a_4=16$

$a_7+a_6=36$

$a_9+a_8=64$

$a_1,\ a_2,\ a_3,\ \cdots,\ a_9$의 값의 합을 구하는 문제이므로 각각의 값을 따로 구하지 않아도 된다.

$\therefore \displaystyle\sum_{n=1}^{9}a_n=a_1+(a_2+a_3)+(a_4+a_5)+(a_6+a_7)+(a_8+a_9)$

$\qquad\qquad\ =3+4+16+36+64=123$

1304 답 ②

$a_{n+1}=1-\dfrac{1}{a_n}$에 $n=1,\ 2,\ 3,\ \cdots$을 차례대로 대입하면

$a_2=1-\dfrac{1}{a_1}=1-\dfrac{1}{2}=\dfrac{1}{2}$

$a_3=1-\dfrac{1}{a_2}=1-2=-1$

$a_4=1-\dfrac{1}{a_3}=1+1=\underline{2}$

$a_5=1-\dfrac{1}{a_4}=1-\dfrac{1}{2}=\dfrac{1}{2}$

$a_6=1-\dfrac{1}{a_5}=1-2=-1$

$\quad\vdots$

$a_4=2=a_1$이므로 $a_1=a_4=a_7=a_{10}=\cdots$이다. 마찬가지로 $a_2=a_5=a_8=a_{11}=\cdots$, $a_3=a_6=a_9=a_{12}=\cdots$이다.

즉, 수열 $\{a_n\}$은 $2,\ \dfrac{1}{2},\ -1$이 순서대로 반복되므로

$a_1+a_2+a_3+\cdots+a_{50}=(a_1+a_2+a_3)+(a_4+a_5+a_6)+\cdots$

$\qquad\qquad\qquad\qquad\quad +(a_{46}+a_{47}+a_{48})+a_{49}+a_{50}$

$\qquad\qquad\qquad\ =16(a_1+a_2+a_3)+a_{49}+a_{50}$

$\qquad\qquad\qquad\ =16\cdot\left\{2+\dfrac{1}{2}+(-1)\right\}+2+\dfrac{1}{2}=\dfrac{53}{2}$

1305 답 ③

1306 답 ②

$a_n-a_{n+1}+3=0$에서 $a_{n+1}=a_n+3$

즉, 수열 $\{a_n\}$은 첫째항이 a, 공차가 3인 등차수열이므로

$a_n=a+(n-1)\cdot3=3n+a-3$

$a_{10}=10$이므로 $a+27=10$

$\therefore a=-17$

1307 답 ④

$a_{n+2}-a_{n+1}=a_{n+1}-a_n$에서 수열 $\{a_n\}$은 등차수열이고

$a_1=a,\ a_2-a_1=b-a$

이므로 첫째항이 a, 공차가 $b-a$이다.

$\therefore\ a_n=a+(n-1)\cdot(b-a)$

$3a_3=a_8$에서 $3\{a+2\cdot(b-a)\}=a+7\cdot(b-a)$

$-3a+6b=-6a+7b$

$\therefore\ b=3a$ $\cdots\cdots$ ㉠

$a_6=22$에서 $a+5(b-a)=22$

$\therefore\ -4a+5b=22$ $\cdots\cdots$ ㉡

㉠을 ㉡에 대입하여 정리하면

$11a=22$ $\therefore\ a=2$

$a=2$를 ㉠에 대입하면 $b=6$

$\therefore\ a+b=2+6=8$

1308 답 ③

$a_{n+2}-2a_{n+1}+a_n=0$에서 수열 $\{a_n\}$은 등차수열이고

$a_1=68$, $a_3-a_1=62-68=-6$ —— $a_3-a_1=(a_1+2d)-a_1$
$=2d=-6$

이므로 첫째항이 68, 공차가 -3이다.

$\therefore\ a_n=68+(n-1)\cdot(-3)=-3n+71$

이때 첫째항이 양수, 공차가 음수이므로

$a_n<0$에서 $-3n+71<0$

$\therefore\ n>\dfrac{71}{3}=23.\times\times\times$

즉, 수열 $\{a_n\}$은 첫째항부터 제23항까지 양수이고, 제24항부터 음수이다.

이때 $f(k)$는 수열 $\{a_n\}$의 첫째항부터 제k항까지의 합이므로 $k=23$일 때 최댓값을 갖는다.

따라서 $f(k)$의 최댓값은

$f(23)=\displaystyle\sum_{n=1}^{23}a_n=\dfrac{23(68+2)}{2}=805$

첫째항이 68, 제23항이 $-3\cdot23+71=2$이므로

1309 답 ①

수열 $\{a_n\}$이 등차수열이므로 주어진 관계식에서 a_{n+1}의 계수와 a_n의 계수가 같아야 한다.

즉, $k^2-12k+30=-k^2+8k-12$에서

$2k^2-20k+42=0$, $k^2-10k+21=0$

$(k-3)(k-7)=0$ $\therefore\ k=3$ 또는 $k=7$

(ⅰ) $k=3$일 때

수열 $\{a_n\}$은 $a_1=3$, $3a_{n+1}=3a_n+3$, 즉 $a_{n+1}=a_n+1$로 정의되고 첫째항이 3, 공차가 1인 등차수열이므로 모든 자연수 n에 대하여 $a_n>0$이다.

(ⅱ) $k=7$일 때

수열 $\{a_n\}$은 $a_1=3$, $-5a_{n+1}=-5a_n+7$, 즉 $a_{n+1}=a_n-\dfrac{7}{5}$로

정의되고 첫째항이 3, 공차가 $-\dfrac{7}{5}$인 등차수열이지만 음수인

항이 존재하므로 주어진 조건을 만족시키지 않는다.

(ⅰ), (ⅱ)에서 $k=3$ $a_2=3-\dfrac{7}{5}=\dfrac{8}{5}$, $a_3=\dfrac{8}{5}-\dfrac{7}{5}=\dfrac{1}{5}$, $a_4=\dfrac{1}{5}-\dfrac{7}{5}=-\dfrac{6}{5}$
이므로 제4항부터 음수이다.

선생님 톡톡

수열 $\{a_n\}$이 $pa_{n+1}=qa_n+r$ $(p,\ q,\ r$는 상수)로 정의될 때

$p=q\neq0$ ⟺ 수열 $\{a_n\}$이 등차수열

즉, a_{n+1}의 계수와 a_n의 계수가 같으면 등차수열임을 알 수 있어!

1310 답 ②

1311 답 ③

$\dfrac{a_n+3}{a_{n+1}+1}=3$에서 $a_n+3=3(a_{n+1}+1)$ $\therefore\ a_{n+1}=\dfrac{1}{3}a_n$

즉, 수열 $\{a_n\}$은 첫째항이 729, 공비가 $\dfrac{1}{3}$인 등비수열이므로

$a_n=729\cdot\left(\dfrac{1}{3}\right)^{n-1}=3^6\cdot3^{-n+1}=3^{-n+7}$

따라서 $a_{10}=3^{-3}$이므로

$k=-3$

1312 답 ⑤

$a_{n+1}{}^2=a_na_{n+2}$에서 수열 $\{a_n\}$은 등비수열이다.

등비수열 $\{a_n\}$의 공비를 r라 하면 $\dfrac{a_{10}}{a_2}+\dfrac{a_{12}}{a_4}+\dfrac{a_{14}}{a_6}=12$에서

$r^8+r^8+r^8=12$, $3r^8=12$

$\dfrac{a_{10}}{a_2}+\dfrac{a_{12}}{a_4}+\dfrac{a_{14}}{a_6}$

따라서 $r^8=4$이므로

$a_{25}=a_1\cdot r^{24}=2\cdot(r^8)^3=2\cdot4^3=128$

$=\dfrac{ar^9}{ar}+\dfrac{ar^{11}}{ar^3}+\dfrac{ar^{13}}{ar^5}$
$=r^8+r^8+r^8$

1313 답 ①

$a_{n+1}=\sqrt{a_na_{n+2}}$에서 $a_{n+1}{}^2=a_na_{n+2}$이므로 수열 $\{a_n\}$은 각 항이 모두 양수인 등비수열이다.

등비수열 $\{a_n\}$의 첫째항을 a, 공비를 r $(r>0)$라 하면

$a_2=2$이므로 $ar=2$ $\cdots\cdots$ ㉠

$a_4=4$이므로 $ar^3=4$ $\cdots\cdots$ ㉡

㉡÷㉠을 하면 $r^2=2$

$\therefore\ r=\sqrt{2}$, $a=\sqrt{2}$

$\therefore\ a_n=(\sqrt{2})^n$

따라서 수열 $\{a_n\}$은 n이 짝수일 때 정수이므로 a_1, a_2, a_3, $\cdots$, a_{10} 중 정수인 항의 개수는 a_2, a_4, a_6, a_8, a_{10}의 5이다.

1314 답 ⑤

$\log_2 a_{n+1}-\log_2 a_n=2$에서 $\log_2\dfrac{a_{n+1}}{a_n}=2$

$\dfrac{a_{n+1}}{a_n}=2^2=4$ $\therefore\ a_{n+1}=4a_n$

즉, 수열 $\{a_n\}$은 첫째항이 $\dfrac{1}{p}$, 공비가 4인 등비수열이므로

$a_n=\dfrac{1}{p}\cdot4^{n-1}$

이때 등비수열 $\{a_n\}$의 첫째항부터 제n항까지의 합 S_n은

$S_n=\dfrac{\dfrac{1}{p}\cdot(4^n-1)}{4-1}=\dfrac{4^n-1}{3p}$

이므로

$S_6=\dfrac{4^6-1}{3p}=\dfrac{4095}{3p}=\dfrac{1365}{p}=\dfrac{3\cdot5\cdot7\cdot13}{p}$

따라서 S_6의 값이 자연수가 되도록 하는 소수 p의 최댓값은 13이다.

1315 답 ⑤

1316 답 ①

n시간 후 배양액 속의 미생물의 수는

4마리로 분열

$a_{n+1}=4(a_n-2)=4a_n-8$

$\therefore\ k=-8$ 2마리는 죽고

배양액에 미생물 3마리를 넣고 1시간 후 배양액 속에 들어있는
미생물의 수 a_1은
$a_1=4(3-2)=4$
$a_{n+1}=4a_n-8$에 $n=1, 2, 3, \cdots$을 차례대로 대입하면
$a_2=4a_1-8=4\cdot4-8=8$
$a_3=4a_2-8=4\cdot8-8=24$
$a_4=4a_3-8=4\cdot24-8=88$
$a_5=4a_4-8=4\cdot88-8=344$
$a_6=4a_5-8=4\cdot344-8=1368$
$\vdots$

따라서 처음으로 500마리가 넘게 관찰되는 것은 6시간 후이므로
$m-k$의 최솟값은 $m=6$일 때
$6-(-8)=14$

1317 답 ①

A_{n+2} 방으로 가려면 A_n 방에서 이동하거나 A_{n+1} 방에서 이동해야
하므로
$a_{n+2}=a_n+a_{n+1}$
따라서 $x=1, y=1$이므로
$x+y=1+1=2$

1318 답 ④

n개의 원에 1개의 원을 추가하면 이 원은 기존의 n개의 원과 각각
두 점에서 만나므로 $2n$개의 새로운 교점이 생긴다.
$\therefore a_{n+1}=a_n+2n$
위의 식에 $n=2, 3, 4, \cdots, 6$을 차례대로 대입하면
$a_2=2$ _{→ 원이 최소 2개 있어야 교점이 생긴다.}
$a_3=a_2+2\cdot2=2+4=6$
$a_4=a_3+2\cdot3=6+6=12$
$a_5=a_4+2\cdot4=12+8=20$
$a_6=a_5+2\cdot5=20+10=30$
$\therefore a_7=a_6+2\cdot6=30+12=42$

1319 답 15

한 변의 길이가 3인 정사각형의 둘레의 길이는 $3\cdot4=12$이므로
$a_1=12$
$(n+1)$단계의 도형의 둘레의 길이는 n단계의 도형의 둘레의 길이
에 새로 붙이는 정사각형의 한 변의 길이의 2배를 더한 것이므로
$a_{n+1}=a_n+2\cdot\left(\dfrac{1}{3}\right)^{n-1}$
위의 식에 $n=1, 2, 3, 4, 5$를 차례대로 대입하여 변끼리 더하면
$a_2+a_3+a_4+a_5+a_6$
$=a_1+2+a_2+\dfrac{2}{3}+a_3+\dfrac{2}{3^2}+a_4+\dfrac{2}{3^3}+a_5+\dfrac{2}{3^4}$
$\therefore a_6=a_1+2+\dfrac{2}{3}+\dfrac{2}{3^2}+\dfrac{2}{3^3}+\dfrac{2}{3^4}$
$=12+\dfrac{2\left(1-\dfrac{1}{3^5}\right)}{1-\dfrac{1}{3}}$
$=12+3\left(1-\dfrac{1}{3^5}\right)=15-\dfrac{1}{3^4}$
$\therefore k=15$

1320 답 ④

1321 답 ④

$X=\{3, 7, 11, 15, 19, \cdots\}$이므로 집합 X의 원소는 첫째항이 3,
공차가 4인 등차수열을 이룬다.
먼저 $p(3)$이 참임을 보이고 $p(3)$이 참일 때 $p(7)$이 참임을 보이면
된다.
마찬가지로 $p(7)$이 참일 때 $p(11)$이 참임을 보이면 된다.
$\vdots$
즉, $p(3)$이 참이고 $p(k)$가 참일 때 $p(k+4)$도 참임을 보이면 집합
X의 모든 원소 x에 대하여 명제 $p(x)$가 참이다.
따라서 반드시 보여야 하는 것은 ㄴ, ㄹ이다.

1322 답 ②

조건 (가)에서 $p(1)$이 참이므로 조건 (나)에서 $p(2)$가 참이다.
$p(2)$가 참이므로 조건 (나)에서 $p(4)$가 참이다.
$p(4)$가 참이므로 조건 (나)에서 $p(8)$이 참이다.
$\vdots$
즉, 자연수 m에 대하여 $p(2^{m-1})$은 모두 참이다.
또한, 조건 (가)에서 $p(3)$이 참이므로 조건 (나)에서 $p(6)$이 참
이다.
$p(6)$이 참이므로 조건 (나)에서 $p(12)$가 참이다.
$p(12)$가 참이므로 조건 (나)에서 $p(24)$가 참이다.
$\vdots$
즉, 자연수 l에 대하여 $p(3\cdot2^{l-1})$은 모두 참이다.
이때 $96=3\cdot2^5$이므로 $p(96)$은 반드시 참이다.

1323 답 ②

$p(3)$이 참이면 주어진 조건에 의하여 $p(5), p(7), p(9), \cdots$가
모두 참이다.
즉, 3 이상의 모든 홀수에 대하여 $p(n)$은 참이다.
또한, $p(4)$가 참이면 주어진 조건에 의하여 $p(6), p(8), p(10),$
$\cdots$이 모두 참이다.
즉, 4 이상의 모든 짝수에 대하여 $p(n)$은 참이다.
따라서 $p(3), p(4)$가 참이면 3 이상의 자연수 n에 대하여 $p(n)$이
성립하므로
$a=3, b=4 (\because a<b)$
$\therefore a+b=3+4=7$

1324 답 ③

$p(1)$이 참이면 조건 (나)에서 $p(4), p(7), p(10), \cdots$이 모두 참
이다.
또한, $p(2)$가 참이면 조건 (나)에서 $p(5), p(8), p(11), \cdots$이
모두 참이다.
마찬가지로 $p(3)$이 참이면 조건 (나)에서 $p(6), p(9), p(12),$
$\cdots$가 모두 참이다.   _{→ $p(1), p(2), p(3)$이 동시에 참이어야 하므로}
즉, 조건 (가)에서 a는 1, 2, 3의 공배수이어야 함을 알 수 있다.
따라서 a는 6의 배수이므로 주어진 조건을 만족시키는 두 자리의
자연수 a의 개수는 12, 18, 24, $\cdots$, 96의 15이다.

1325 답 ②

1326 답 ③

(i) $n=1$일 때, $6-5+24=25$이므로 25의 배수이다.

(ii) $n=k$일 때, $6^n-5n+24$가 25의 배수라 가정하면

$$6^k-5k+24=\boxed{25N}\ (N\text{은 자연수})$$

$n=k+1$일 때

$$6^{k+1}-5(k+1)+24=6^{k+1}-5k+19$$

$$\underset{6^k-5k+24=25N\text{이므로}}{=}6\times\boxed{25N}+25(\boxed{k-5})$$

$$=25(6N+\boxed{k-5})$$

따라서 $n=k+1$일 때도 $6^n-5n+24$가 25의 배수이다.

(i), (ii)에서 모든 자연수 n에 대하여 $6^n-5n+24$는 25의 배수이다.

따라서 $f(N)=25N$, $g(k)=k-5$이므로

$$f(2)+g(7)=50+2=52$$

1327 답 50

(i) $n=1$일 때, $\dfrac{1}{6}+\dfrac{1}{2}+\dfrac{1}{3}=1$이므로 자연수이다.

(ii) $n=k$일 때, $\dfrac{n^3}{6}+\dfrac{n^2}{2}+\dfrac{n}{3}$이 자연수라 가정하면

$\dfrac{k^3}{6}+\dfrac{k^2}{2}+\dfrac{k}{3}$가 자연수이므로 $n=k+1$일 때

$$\dfrac{(k+1)^3}{6}+\dfrac{(k+1)^2}{2}+\dfrac{k+1}{3}$$

$$=\dfrac{k^3}{6}+\dfrac{k^2}{2}+\dfrac{k}{3}+\dfrac{\boxed{3k^2+3k+1}}{6}+\dfrac{2k+1}{2}+\dfrac{1}{3}$$

$$=\dfrac{k^3}{6}+\dfrac{k^2}{2}+\dfrac{k}{3}+\dfrac{(k+1)\times(\boxed{k+2})}{2}$$

가정에 의하여 자연수이다. 연속한 두 자연수의 곱은 짝수이므로 자연수이다.

따라서 $n=k+1$일 때도 $\dfrac{n^3}{6}+\dfrac{n^2}{2}+\dfrac{n}{3}$이 자연수이다.

(i), (ii)에서 모든 자연수 n에 대하여 $\dfrac{n^3}{6}+\dfrac{n^2}{2}+\dfrac{n}{3}$이 자연수이다.

따라서 $f(k)=3k^2+3k+1$, $g(k)=k+2$이므로

$$f(4)-g(9)=(3\times4^2+3\times4+1)-11=50$$

1328 답 ②

1329 답 ⑤

(i) $n=1$일 때, (좌변)$=$(우변)$=\boxed{\dfrac{1}{3}}$이므로 주어진 등식이 성립한다.

(ii) $n=k$일 때, 주어진 등식이 성립한다고 가정하면

$$\dfrac{1}{1\times3}+\dfrac{1}{3\times5}+\cdots+\dfrac{1}{(2k-1)(2k+1)}=\dfrac{k}{2k+1}$$

위의 식의 양변에 $\boxed{\dfrac{1}{(2k+1)(2k+3)}}$을 더하면

$$\dfrac{1}{1\times3}+\dfrac{1}{3\times5}+\cdots+\dfrac{1}{(2k-1)(2k+1)}$$

$$+\dfrac{1}{(2k+1)(2k+3)}$$

$$=\dfrac{k}{2k+1}+\boxed{\dfrac{1}{(2k+1)(2k+3)}}$$

$$=\dfrac{k+1}{2k+3}=\dfrac{k+1}{2(k+1)+1}$$

따라서 $n=k+1$일 때도 주어진 등식이 성립한다.

(i), (ii)에서 모든 자연수 n에 대하여 주어진 등식이 성립한다.

따라서 $a=\dfrac{1}{3}$, $f(k)=\dfrac{1}{(2k+1)(2k+3)}$이므로

$$30\times\dfrac{f(1)}{a}=30\times\dfrac{\frac{1}{3\times5}}{\frac{1}{3}}=30\times\dfrac{1}{5}=6$$

1330 답 ⑤

주어진 등식의 좌변을 간단히 하면

$$\sum_{k=1}^{n}\{k(k+1)\times(k+1)!+(k+2)!\}$$

$$=\sum_{k=1}^{n}[\{k(k+1)+(k+2)\}\times(k+1)!]$$

$$=\sum_{k=1}^{n}\{(k^2+2k+2)\times(k+1)!\}$$

(i) $n=1$일 때,

(좌변)$=(1^2+2\times1+2)\times2!=10$,

(우변)$=2\times3!-2=10$

이므로 주어진 등식이 성립한다.

(ii) $n=m$일 때, 주어진 등식이 성립한다고 가정하면

$$\sum_{k=1}^{m}\{k(k+1)\times(k+1)!+(k+2)!\}$$

$$=(m+1)\times(m+2)!-2$$

위의 식의 양변에 $(\boxed{m^2+4m+5})\times(m+2)!$을 더하면

$k=m+1$일 때 $(k^2+2k+2)\times(k+1)!$의 값이다.

$$\sum_{k=1}^{m+1}\{k(k+1)\times(k+1)!+(k+2)!\}$$

$$=(m+1)\times(m+2)!-2+(\boxed{m^2+4m+5})\times(m+2)!$$

$$=(\boxed{m^2+5m+6})\times(m+2)!-2$$

$$=(m+2)\times(m+3)!-2$$

$(m^2+5m+6)\times(m+2)!$ $=(m+2)(m+3)\times(m+2)!$ $=(m+2)\times(m+3)!$

따라서 $n=m+1$일 때도 주어진 등식이 성립한다.

(i), (ii)에서 모든 자연수 n에 대하여 주어진 등식이 성립한다.

따라서 $f(m)=m^2+4m+5$, $g(m)=m^2+5m+6$이므로

$$f(4)+g(2)=(4^2+4\times4+5)+(2^2+5\times2+6)=57$$

1331 답 ②

1332 답 ③

(i) $n=1$일 때, (좌변)$=\boxed{6}$, (우변)$=3$이므로 주어진 부등식이 성립한다.

(ii) $n=m$일 때, 주어진 부등식이 성립한다고 가정하면

$$(m+2)!>\boxed{3^m}$$

이므로

$$(m+3)!=(m+3)\times(m+2)!$$

$$>(m+3)\times\boxed{3^m}$$

이때 m은 자연수이므로

$$m\geq1,\ m+3\geq4>3$$

$$(m+3)!>(m+3)\times\boxed{3^m}$$

$$>3\times\boxed{3^m}$$

$$=\boxed{3^{m+1}}$$

따라서 $n=m+1$일 때도 주어진 부등식이 성립한다.

(i), (ii)에서 모든 자연수 n에 대하여 주어진 부등식이 성립한다.

따라서 $a=6$, $f(m)=3^m$, $g(m)=3^{m+1}$이므로
$$\frac{f(a)}{g(2)}=\frac{f(6)}{3^3}=\frac{3^6}{3^3}=3^3=27$$

1333 답 ④

(i) $n=1$일 때, (좌변)$=\dfrac{1}{2}$, (우변)$=\dfrac{3}{4}$이므로 주어진 부등식이 성립한다.

(ii) $n=k$일 때, 주어진 부등식이 성립한다고 가정하면
$$1-\frac{1}{2}+\frac{1}{3}-\frac{1}{4}+\cdots+\frac{1}{2k-1}-\frac{1}{2k}<\boxed{1-\frac{1}{4k}}$$

위의 식의 양변에 $\boxed{\dfrac{1}{2k+1}-\dfrac{1}{2k+2}}$을 더하면
$$1-\frac{1}{2}+\frac{1}{3}-\frac{1}{4}+\cdots+\frac{1}{2k-1}-\frac{1}{2k}+\boxed{\frac{1}{2k+1}-\frac{1}{2k+2}}$$
$$<1-\frac{1}{4k}+\boxed{\frac{1}{2k+1}-\frac{1}{2k+2}}$$
$$<1-\frac{1}{4(k+1)} \qquad {\scriptstyle -\frac{1}{4k^2+4k}+\frac{1}{4k^2+6k+2}<0}$$
$$\left(\because -\frac{1}{4k}+\frac{1}{4(k+1)}+\boxed{\frac{1}{2k+1}-\frac{1}{2k+2}}<0\right)$$

따라서 $n=k+1$일 때도 주어진 부등식이 성립한다.

(i), (ii)에서 모든 자연수 n에 대하여 주어진 부등식이 성립한다.

따라서 $f(k)=1-\dfrac{1}{4k}$, $g(k)=\dfrac{1}{2k+1}-\dfrac{1}{2k+2}$이므로
$$\frac{f(14)}{g(3)}=\frac{1-\frac{1}{56}}{\frac{1}{7}-\frac{1}{8}}=\frac{\frac{55}{56}}{\frac{1}{56}}=55$$

1334 답 ④

1335 답 ②

(i) $n=1$일 때, $a_1=\dfrac{3\times1-1}{1}=2$이므로 성립한다.

(ii) $n=k$일 때, $a_k=\dfrac{3k-1}{k}$이 성립한다고 가정하면
$$a_{k+1}=\frac{9-2a_k}{4-a_k}=\frac{9-\boxed{\dfrac{2(3k-1)}{k}}}{4-\dfrac{3k-1}{k}}=\boxed{\dfrac{3k+2}{k+1}} \qquad {\scriptstyle a_k=\frac{3k-1}{k}이므로}$$

따라서 $n=k+1$일 때도 주어진 일반항이 성립한다.

(i), (ii)에서 수열 $\{a_n\}$의 일반항은 $a_n=\dfrac{3n-1}{n}$이다.

따라서 $f(k)=\dfrac{2(3k-1)}{k}$, $g(k)=3k+2$이므로
$$f(2)\times g(6)=\frac{2\times5}{2}\times(18+2)=100$$

1336 답 77

(i) $n=1$일 때, (좌변)$=$(우변)$=1$이므로 주어진 등식이 성립한다.

(ii) $n=m$일 때, 주어진 등식이 성립한다고 가정하면
$$\sum_{k=1}^{m} a_k{}^2=a_m a_{m+1}$$

위의 등식의 양변에 $\boxed{a_{m+1}{}^2}$을 더하면
$$\sum_{k=1}^{m} a_k{}^2+\boxed{a_{m+1}{}^2}=a_m a_{m+1}+\boxed{a_{m+1}{}^2}$$
$$=\boxed{a_{m+1}}\times(a_m+a_{m+1})$$
$$=a_{m+1}a_{m+2}$$

따라서 $n=m+1$일 때도 주어진 등식이 성립한다.

(i), (ii)에서 모든 자연수 n에 대하여 주어진 등식이 성립한다.

따라서 $f(m)=a_{m+1}{}^2$, $g(m)=a_{m+1}$이고
$a_{n+2}=a_n+a_{n+1}$에서 $a_1=1$, $a_2=1$이므로
$a_3=a_1+a_2=1+1=2$, $a_4=a_2+a_3=1+2=3$,
$a_5=a_3+a_4=2+3=5$, $a_6=a_4+a_5=3+5=8$,
$a_7=a_5+a_6=5+8=13$
$$\therefore f(5)+g(6)=a_6{}^2+a_7=8^2+13=77$$

본문 218~220쪽

1337 답 ①

One Point Lesson
수열의 귀납적 정의를 이용하여 a_1, a_2, a_3, $\cdots$의 값을 차례대로 구한 후 규칙성을 찾아본다.

$a_{n+2}=\dfrac{a_{n+1}+1}{a_n}$에 $n=1$, 2, 3, $\cdots$을 차례대로 대입하면
$$a_3=\frac{a_2+1}{a_1}=\frac{2+1}{3}=1$$
$$a_4=\frac{a_3+1}{a_2}=\frac{1+1}{2}=1$$
$$a_5=\frac{a_4+1}{a_3}=\frac{1+1}{1}=2$$
$$a_6=\frac{a_5+1}{a_4}=\frac{2+1}{1}=3$$
$$a_7=\frac{a_6+1}{a_5}=\frac{3+1}{2}=2$$
$$\vdots$$

${\scriptstyle a_6=a_1,\ a_7=a_2이고\ a_{n+2}는\ a_n,\ a_{n+1}로\ 결정되므로}$
${\scriptstyle a_1,\ a_2,\ a_3,\ a_4,\ a_5가\ 순서대로\ 반복됨을\ 알\ 수\ 있다.}$

즉, 수열 $\{a_n\}$은 3, 2, 1, 1, 2가 이 순서대로 반복되므로
$$\sum_{k=1}^{100} a_k=(a_1+a_2+a_3+a_4+a_5)+(a_6+a_7+a_8+a_9+a_{10})+\cdots$$
$$+(a_{96}+a_{97}+a_{98}+a_{99}+a_{100})$$
$$=20(a_1+a_2+a_3+a_4+a_5)$$
$$=20(3+2+1+1+2)=180$$

1338 답 ④

One Point Lesson
등차수열의 공차가 음수일 경우 반드시 음수인 항이 존재한다.

$4(a_{n+1}+a_n)^2=16a_n a_{n+1}+9$에서
$$(a_{n+1}+a_n)^2=4a_n a_{n+1}+\frac{9}{4}, \quad (a_{n+1}-a_n)^2=\frac{9}{4}$$
$$\therefore a_{n+1}-a_n=\pm\frac{3}{2}$$

(i) $a_{n+1}-a_n=\dfrac{3}{2}$인 경우

수열 $\{a_n\}$은 첫째항이 31, 공차가 $\dfrac{3}{2}$인 등차수열이므로

$$a_n=31+(n-1)\cdot\dfrac{3}{2}=\dfrac{3}{2}n+\dfrac{59}{2}$$

(ii) $a_{n+1}-a_n=-\dfrac{3}{2}$인 경우

수열 $\{a_n\}$은 첫째항이 31, 공차가 $-\dfrac{3}{2}$인 등차수열이지만 음수인 항이 존재하므로 조건 (가)를 만족시키지 않는다.

(i), (ii)에서 $a_{51}=\dfrac{3}{2}\cdot51+\dfrac{59}{2}=106$

$a_n=31+(n-1)\cdot\left(-\dfrac{3}{2}\right)=-\dfrac{3}{2}n+\dfrac{65}{2}<0$에서

$n>\dfrac{65}{3}=21.\times\times\times$이므로 제22항부터 음수이다.

1339 답 ①

$(2n+1)a_n=b_n$이라 하면 $(2n+3)a_{n+1}=(2n+1)a_n+2$에서
$b_{n+1}=b_n+2$
이때 $b_1=3a_1=3\cdot2=6$이므로 수열 $\{b_n\}$은 첫째항이 6, 공차가 2인 등차수열이다.

$\therefore b_n=6+(n-1)\cdot2=2n+4$

즉, $(2n+1)a_n=2n+4$이므로

$$a_n=\dfrac{2n+4}{2n+1}$$

$\therefore a_{30}=\dfrac{64}{61}$

따라서 $p=61$, $q=64$이므로

$p+q=61+64=125$

1340 답 ②

이차방정식 $a_{n+2}x^2-2a_{n+1}x+a_n=0$이 중근을 가지므로 이 이차방정식의 판별식을 D라 하면

$\dfrac{D}{4}=a_{n+1}{}^2-a_na_{n+2}=0$ $\therefore a_{n+1}{}^2=a_na_{n+2}$

즉, 수열 $\{a_n\}$은 등비수열이고

$a_1=2$, $\dfrac{a_2}{a_1}=\dfrac{4}{2}=2$이므로 첫째항이 2, 공비가 2이다.

$\therefore a_n=2\cdot2^{n-1}=2^n$

한편 이차방정식 $a_{n+2}x^2-2a_{n+1}x+a_n=0$에서 근의 공식에 의하여

$$x=\dfrac{a_{n+1}\pm\sqrt{a_{n+1}{}^2-a_na_{n+2}}}{a_{n+2}}$$

$$=\dfrac{a_{n+1}}{a_{n+2}}\ (\because a_{n+1}{}^2-a_na_{n+2}=0)$$

$$=\dfrac{1}{2}\ (중근)$$

$\dfrac{a_{n+1}}{a_{n+2}}=\dfrac{2^{n+1}}{2^{n+2}}=\dfrac{1}{2}$

따라서 $b_n=\dfrac{1}{2}$이므로

$$b_1+b_2+b_3+\cdots+b_{100}=\dfrac{1}{2}+\dfrac{1}{2}+\dfrac{1}{2}+\cdots+\dfrac{1}{2}$$

$$=100\cdot\dfrac{1}{2}=50$$

$a_n=2^n$이므로 주어진 이차방정식에 대입하면
$2^{n+2}x^2-2\cdot2^{n+1}x+2^n=0$
$2^n>0$이므로
$4x^2-4x+1=0$, $(2x-1)^2=0$ $\therefore x=\dfrac{1}{2}$ (중근)

1341 답 ④

$a_{n+1}=a_n{}^2+a_n$에서 $a_{n+1}=a_n(a_n+1)$

$\therefore a_n+1=\dfrac{a_{n+1}}{a_n}\ (\because a_n>0)$

$$\therefore \sum_{k=1}^{100}\log(a_k+1)=\sum_{k=1}^{100}\log\dfrac{a_{k+1}}{a_k}$$

$$=\log\dfrac{a_2}{a_1}+\log\dfrac{a_3}{a_2}+\log\dfrac{a_4}{a_3}+\cdots+\log\dfrac{a_{101}}{a_{100}}$$

$$=\log\left(\dfrac{a_2}{a_1}\cdot\dfrac{a_3}{a_2}\cdot\dfrac{a_4}{a_3}\cdot\cdots\cdot\dfrac{a_{101}}{a_{100}}\right)$$

$$=\log\dfrac{a_{101}}{a_1}$$

$$=\log a_{101}$$

1342 답 ②

어떤 자연수 m에 대하여 $p(m)$이 참이면 조건 (가)에 의하여 $p(m+2)$도 참이다.
$p(m)$, $p(m+2)$가 참이므로 조건 (나)에 의하여 $p(m+3)$이 참이다.
마찬가지로 $p(m+2)$가 참이므로 $p(m+4)$, $p(m+5)$가 참이다.
$p(m+3)$이 참이므로 $p(m+5)$, $p(m+6)$이 참이다.

$$\vdots$$

따라서 $m+1$을 제외한 $n\geq m$인 모든 자연수 n에 대하여 $p(n)$이 참이다.

(i) $m=1$일 때
구하는 순서쌍 (a,b)의 개수는 $(1,1)$, $(1,3)$, $(1,4)$, $(1,5)$, $(1,6)$, $(1,7)$, $(1,8)$, $(1,9)$의 8

(ii) $m=2$일 때
구하는 순서쌍 (a,b)의 개수는 $(2,2)$, $(2,4)$, $(2,5)$, $(2,6)$, $(2,7)$, $(2,8)$, $(2,9)$의 7

(iii) $m=3$일 때
구하는 순서쌍 (a,b)의 개수는 $(3,3)$, $(3,5)$, $(3,6)$, $(3,7)$, $(3,8)$, $(3,9)$의 6

$$\vdots$$

(viii) $m=8$일 때
구하는 순서쌍 (a,b)의 개수는 $(8,8)$의 1

(ix) $m=9$일 때
구하는 순서쌍 (a,b)의 개수는 $(9,9)$의 1

(i)~(ix)에서 $8+7+6+\cdots+1+1=37$

1343 답 ①

(i) $n=1$일 때, (좌변)=(우변)=1이므로 주어진 등식이 성립한다.

(ii) $n=m$일 때, 주어진 등식이 성립한다고 가정하면

$$\sum_{k=1}^{m}\left\{k\times\left(\frac{1}{k}+\frac{1}{k+1}+\frac{1}{k+2}+\cdots+\frac{1}{m}\right)\right\}=\boxed{\frac{m(m+3)}{4}}$$

이다. $n=m+1$일 때 주어진 등식이 성립함을 보이자.

$$\sum_{k=1}^{m+1}\left\{k\times\left(\frac{1}{k}+\frac{1}{k+1}+\frac{1}{k+2}+\cdots+\frac{1}{m+1}\right)\right\}$$

$$=\sum_{k=1}^{m}\left\{k\times\left(\frac{1}{k}+\frac{1}{k+1}+\frac{1}{k+2}+\cdots+\frac{1}{m}\right)\right\}$$

$$\qquad\qquad+\sum_{k=1}^{m}\left(k\times\boxed{\frac{1}{m+1}}\right)+1$$

$$=\frac{m(m+3)}{4}+\frac{m}{2}+1$$

$$=\frac{(m+1)(m+4)}{4}$$

$\sum_{k=1}^{m}\left(k\times\frac{1}{m+1}\right)$
$=\frac{1}{m+1}\times\sum_{k=1}^{m}k=\frac{1}{m+1}\times\frac{m(m+1)}{2}$
$=\frac{m}{2}$

따라서 $n=m+1$일 때도 주어진 등식이 성립한다.

(i), (ii)에서 모든 자연수 n에 대하여 주어진 등식이 성립한다.

따라서 $f(m)=\dfrac{m(m+3)}{4}$, $g(m)=\dfrac{1}{m+1}$이므로

$$f(13)\times g(3)=\frac{13\times16}{4}\times\frac{1}{4}=52\times\frac{1}{4}=13$$

1344 답 ⑤

(i) $n=1$일 때, (좌변)$=a_1=\dfrac{1}{2}$, (우변)$=2-\dfrac{1+2}{2^1}=\dfrac{1}{2}$

이므로 주어진 등식이 성립한다.

(ii) $n=2$일 때

$a_2=\dfrac{a_1}{2}+\dfrac{1}{2^2}=\dfrac{\frac{1}{2}}{2}+\dfrac{1}{4}=\dfrac{1}{4}+\dfrac{1}{4}=\dfrac{1}{2}$

(좌변)$=a_1+a_2=\dfrac{1}{2}+\dfrac{1}{2}=1$, (우변)$=2-\dfrac{2+2}{2^2}=1$

이므로 주어진 등식이 성립한다.

(iii) $n=m-1$, $n=m$ $(m\geq2)$일 때, 주어진 등식이 성립한다고 가정하면

$$\sum_{k=1}^{m-1}a_k=2-\frac{m+1}{2^{m-1}},\quad \sum_{k=1}^{m}a_k=2-\frac{m+2}{2^m}$$

이다. $n=m+1$일 때 주어진 등식이 성립함을 보이자.

$$\sum_{k=1}^{m+1}a_k=\sum_{k=1}^{m}a_k+a_{m+1}$$

$a_{m+1}=\dfrac{a_m}{2}+\dfrac{1}{2^{m+1}}$
$S_m-S_{m-1}=a_m$

$$=\sum_{k=1}^{m}a_k+\frac{1}{2}\left(\sum_{k=1}^{m}a_k-\sum_{k=1}^{m-1}a_k\right)+\boxed{\frac{1}{2^{m+1}}}$$

$$=\frac{3}{2}\sum_{k=1}^{m}a_k-\frac{1}{2}\sum_{k=1}^{m-1}a_k+\boxed{\frac{1}{2^{m+1}}}$$

$$=\frac{3}{2}\left(2-\frac{m+2}{2^m}\right)-\frac{1}{2}\left(2-\frac{m+1}{2^{m-1}}\right)+\boxed{\frac{1}{2^{m+1}}}$$

$$=2-\frac{3m+6}{2^{m+1}}+\boxed{\frac{m+1}{2^m}}+\boxed{\frac{1}{2^{m+1}}}$$

$$=2-\frac{m+3}{2^{m+1}}$$

따라서 $n=m+1$일 때도 주어진 등식이 성립한다.

(i), (ii), (iii)에서 모든 자연수 n에 대하여 주어진 등식이 성립한다.

따라서 $f(m)=\dfrac{1}{2^{m+1}}$, $g(m)=\dfrac{m+1}{2^m}$이므로

$$\frac{g(11)}{f(11)}=\frac{\frac{12}{2^{11}}}{\frac{1}{2^{12}}}=24$$

1345 답 4

(i) $n=2$일 때, $x^2-2x+1=(x-1)^2$이므로 주어진 다항식이 $(x-1)^2$으로 나누어떨어진다.

(ii) $n=k$ $(k\geq2)$일 때, $x^k-kx+k-1$이 $(x-1)^2$으로 나누어떨어진다고 가정하면

$$x^{k+1}-(k+1)x+k$$

$$=\boxed{x^k-kx+k-1}+(x^{k+1}-x^k-x+1)$$

이고

$$x^{k+1}-x^k-x+1$$

$$=\boxed{(x-1)^2}\times(x^{k-1}+x^{k-2}+x^{k-3}+\cdots+x+1)$$

이므로 다항식 $x^{k+1}-(k+1)x+k$는 $(x-1)^2$으로 나누어떨어진다.

따라서 $n=k+1$일 때도 주어진 명제가 성립한다.

(i), (ii)에서 2 이상의 자연수 n에 대하여 다항식 $x^n-nx+n-1$이 $(x-1)^2$으로 나누어떨어진다.

따라서 $f(k)=-k$, $g(x)=(x-1)^2$이므로

$$f(5)+g(4)=-5+3^2=4$$

1346 답 ③

$2n$개의 정사각형으로 이루어진 판을 두 개의 타일 A, B를 이용하여 빈틈없이 덮으려면 다음과 같이 두 가지 경우로 나누어 생각할 수 있다.

(i) 왼쪽부터 $2(n-2)$개의 정사각형을 타일로 덮은 후 나머지 타일을 다음의 6가지 방법으로 덮는 경우

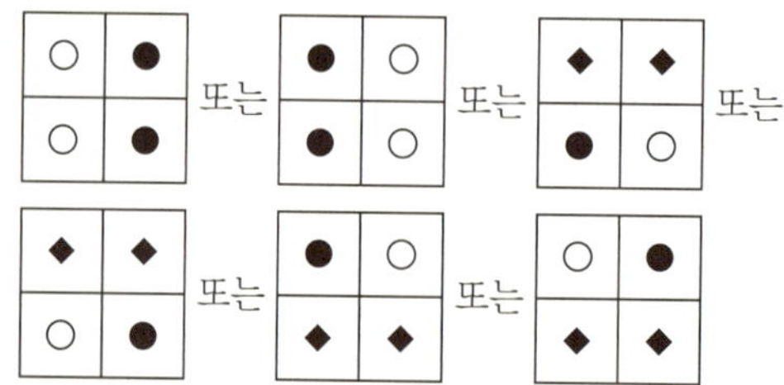

(ii) 왼쪽부터 $2(n-1)$개의 정사각형을 타일로 덮은 후 나머지 타일을 다음의 3가지 방법으로 덮는 경우

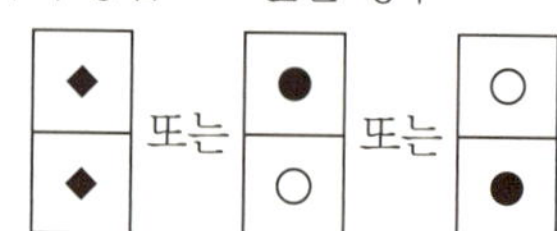

이때 (i)에서

$$\begin{array}{cccccc} \boxed{\begin{matrix}\bullet&\bullet\\\circ&\circ\end{matrix}}, & \boxed{\begin{matrix}\circ&\circ\\\bullet&\bullet\end{matrix}}, & \boxed{\begin{matrix}\bullet&\circ\\\circ&\bullet\end{matrix}}, & \boxed{\begin{matrix}\circ&\bullet\\\bullet&\circ\end{matrix}}, & \boxed{\begin{matrix}\bullet&\blacklozenge\\\circ&\blacklozenge\end{matrix}}, \\[2em] \boxed{\begin{matrix}\circ&\blacklozenge\\\bullet&\blacklozenge\end{matrix}}, & \boxed{\begin{matrix}\blacklozenge&\bullet\\\blacklozenge&\circ\end{matrix}}, & \boxed{\begin{matrix}\blacklozenge&\circ\\\blacklozenge&\bullet\end{matrix}}, & \boxed{\begin{matrix}\blacklozenge&\blacklozenge\\\bullet&\blacklozenge\end{matrix}} \end{array}$$

의 경우는 (ii)와 겹치므로 생각하지 않는다.

(i), (ii)에서 $a_n = 6a_{n-2} + 3a_{n-1}$ $(n \geq 3)$

따라서 $a_1 = 3$, $a_2 = 15$이므로

$a_3 = 6a_1 + 3a_2 = 6 \cdot 3 + 3 \cdot 15 = 63$

$a_4 = 6a_2 + 3a_3 = 6 \cdot 15 + 3 \cdot 63 = 279$

$\therefore a_5 = 6a_3 + 3a_4 = 6 \cdot 63 + 3 \cdot 279 = 1215$

1347 답 90

$a_{n+1} = 4^n a_n$에 $n = 1, 2, 3, \cdots, 9$를 차례대로 대입하면

$a_2 = 4a_1 = 4$

$a_3 = 4^2 a_2 = 4^2 \cdot 4 = 4^{2+1}$

$a_4 = 4^3 a_3 = 4^3 \cdot 4^{2+1} = 4^{3+2+1}$

$\quad \vdots$

$a_{10} = 4^{9+8+7+\cdots+1}$

❶

자연수의 거듭제곱의 합을 이용하면

$9 + 8 + 7 + \cdots + 1 = \dfrac{9 \cdot 10}{2} = 45$

이므로 $a_{10} = 4^{45}$ $\quad \cdot 1+2+3+\cdots+n = \frac{n(n+1)}{2}$

❷ $\quad \cdot \log_2 2 = 1$이므로

$\therefore \log_2 a_{10} = \log_2 4^{45} = \log_2 (2^2)^{45} = \log_2 2^{90} = 90$

❸

채점 기준	배점 비율
❶ 수열 $\{a_n\}$의 이웃하는 두 항 사이의 관계식에 $n = 1, 2, 3, \cdots$, 9를 차례대로 대입하여 규칙성 찾기	50%
❷ a_{10}의 값 구하기	20%
❸ $\log_2 a_{10}$의 값 구하기	30%

1348 답 7

$a_{n+1}(a_{n+1} + 4a_n) = 3a_n(2a_{n+1} + a_n)$에서

${a_{n+1}}^2 + 4a_n a_{n+1} = 6a_n a_{n+1} + 3{a_n}^2$

${a_{n+1}}^2 - 2a_n a_{n+1} - 3{a_n}^2 = 0$

$(a_{n+1} + a_n)(a_{n+1} - 3a_n) = 0$

$\therefore a_{n+1} = -a_n$ 또는 $a_{n+1} = 3a_n$

❶

(i) $a_{n+1} = -a_n$인 경우

수열 $\{a_n\}$은 첫째항이 2, 공비가 -1인 등비수열이므로

$a_2 = -2$, $a_3 = 2$, $a_4 = -2$, $\cdots$

즉, S_n의 값이 2 또는 0뿐이므로 $S_n > 999$를 만족시키는 자연수 n이 존재하지 않는다.

(ii) $a_{n+1} = 3a_n$인 경우

수열 $\{a_n\}$은 첫째항이 2, 공비가 3인 등비수열이므로

$a_n = 2 \cdot 3^{n-1}$

(i), (ii)에서 $S_n = \dfrac{2(3^n - 1)}{3 - 1} = 3^n - 1$

❷

$S_n > 999$에서

$3^n - 1 > 999$ $\quad \therefore 3^n > 1000$ $\quad \cdots\cdots$ ㉠

이때 $3^6 = 729$, $3^7 = 2187$이므로

㉠을 만족시키는 자연수 n의 최솟값은 7이다.

❸

채점 기준	배점 비율
❶ 수열 $\{a_n\}$의 이웃하는 두 항 사이의 관계식 구하기	30%
❷ $a_{n+1} = -a_n$, $a_{n+1} = 3a_n$인 경우로 나누어 S_n 구하기	50%
❸ 주어진 부등식을 만족시키는 자연수 n의 최솟값 구하기	20%

1349 답 해설 참조

(i) $n = 2$일 때,

$(좌변) = 1 + \dfrac{1}{\sqrt{2}} = \dfrac{2 + \sqrt{2}}{2}$, $(우변) = \sqrt{2}$

$(좌변) - (우변) = \dfrac{2 + \sqrt{2}}{2} - \sqrt{2} = \dfrac{2 - \sqrt{2}}{2} > 0$

이므로 주어진 부등식이 성립한다.

❶

(ii) $n = k$ $(k \geq 2)$일 때, 주어진 부등식이 성립한다고 가정하면

$1 + \dfrac{1}{\sqrt{2}} + \dfrac{1}{\sqrt{3}} + \cdots + \dfrac{1}{\sqrt{k}} > \sqrt{k}$

이다. $n = k+1$일 때 주어진 부등식이 성립함을 보이자.

$\left(1 + \dfrac{1}{\sqrt{2}} + \dfrac{1}{\sqrt{3}} + \cdots + \dfrac{1}{\sqrt{k}} + \dfrac{1}{\sqrt{k+1}} \right) - \sqrt{k+1}$

$= \left(1 + \dfrac{1}{\sqrt{2}} + \dfrac{1}{\sqrt{3}} + \cdots + \dfrac{1}{\sqrt{k}} \right) + \dfrac{1}{\sqrt{k+1}} - \sqrt{k+1}$

$> \sqrt{k} + \dfrac{1}{\sqrt{k+1}} - \sqrt{k+1}$

$= \dfrac{\sqrt{k(k+1)} - k}{\sqrt{k+1}}$

> 0 $\quad \rightarrow \sqrt{k(k+1)} - k = \sqrt{k^2 + k} - \sqrt{k^2} > 0$

$\therefore 1 + \dfrac{1}{\sqrt{2}} + \cdots + \dfrac{1}{\sqrt{k}} + \dfrac{1}{\sqrt{k+1}} > \sqrt{k+1}$

따라서 $n = k+1$일 때도 주어진 부등식이 성립한다.

❷

(i), (ii)에서 2 이상의 자연수 n에 대하여 주어진 부등식이 성립한다.

❸

채점 기준	배점 비율
❶ $n = 2$일 때, 주어진 부등식이 성립함을 보이기	30%
❷ $n = k$ $(k \geq 2)$일 때, 주어진 부등식이 성립한다고 가정하고 $n = k+1$일 때도 주어진 부등식이 성립함을 보이기	50%
❸ 2 이상의 자연수 n에 대하여 주어진 부등식이 성립함을 알기	20%

MEMO

MEMO

MEMO

메가스터디 문제기본서
CPR
수학 I

메가스터디 **문제기본서**

CPR

수학 Ⅰ

C CONCEPT

P PATTERN

R REAL

메가스터디**BOOKS**

www.megastudybooks.com

내용 문의 | 02-6984-6901 구입 문의 | 02-6984-6868,9

초판 9쇄	2024년 1월 10일
초판 1쇄	2018년 6월 1일
펴낸곳	메가스터디(주)
펴낸이	손은진
개발 책임	배경윤
개발	김민, 오성한, 신상희, 성기은
디자인	이정숙
마케팅	엄재욱, 김세정
제작	이성재, 장병미
주소	서울시 서초구 효령로 304(서초동) 국제전자센터 24층
대표전화	1661.5431 (내용 문의 02-6984-6901 / 구입 문의 02-6984-6868,9)
홈페이지	http://www.megastudybooks.com
출판사 신고 번호	제 2015-000159호
출간제안/원고투고	writer@megastudy.net

메가스터디BOOKS

'메가스터디북스'는 메가스터디㈜의 출판 전문 브랜드입니다.
유아/초등 학습서, 중고등 수능/내신 참고서는 물론, 지식, 교양, 인문 분야에서 다양한 도서를 출간하고 있습니다.